비동시성의 동시성

비동시성의 동시성

한국 근대정치의 다중적 시간

Simultaneity of Non-Simultaneous:
Multiple Temporalities of Modern Politics in Korea

임혁백

KOREA
UNIVERSITY
PRESS
고려대학교
출판문화원

구범모 스승님께 이 책을 바칩니다

감사의 글

정년을 앞두고 이제까지 가르치고 쓰고 읽은 한국 정치를 정리하는 책을 쓰면서 공자가 냇가에서 제자들에게 하신 말씀이 떠올랐다. "흘러가는 것은 이와 같도다. 밤낮으로 멈추지 않는 구나"(子在川上曰 逝者如斯夫 不舍晝夜 —《論語》, 子罕 16). 필자가 좋아하는 진보적 유가인 맹자는 "근원이 있는 샘물은 용솟음쳐 주야로 그치지 않고 계속 흘러 구덩이를 채운 뒤에 계속 전진하여 사해에 이른다"(孟子曰 原泉混混 不舍晝夜 盈科而後 進 放乎四海, —《孟子》, 離婁章句 下, 18)고 공자의 천상지탄(川上之嘆)을 진보적으로 해석했다. 조선 후기의 진보적인 실학자 다산 정약용 선생도 "우리의 생명은 한 걸음 한 걸음 기나긴 길을 가는 것이니, 일견하지 않고 간단없이 앞으로 나아가고 있는 것이다. 이는 날렵한 수레를 타고 경사진 비탈을 내려가면 유유히 흘러 내려오는 수레를 멈출 수 없는 것과 마찬가지이다."(惟吳人生命 步步長逝 無一見之間斷 如乘經車而下斜坪 流流乎不可止也,《與猶堂全書》, 〈論語古今註〉, 子罕)라고 해석하여 맹자의 견해에 공감하였다. 다산 선생은 공자가 냇가에서 세월의 무상함을 탄식한 것이 아니라 미래는 끊임없이 전진할 것이기 때문에 군자는 항상 덕(德)을 쌓고 수업(修業)하여 시대적 요구에 응답해야 한다고 제자들에게 경계한 것이라는 진보적 해석을 하였다.*

* 逝者, 人生也 自生至死 無時不逝 〔…〕 君子進德修業 欲及時也 而學者恒忘此機 此夫子所以警之也(逝는 사람이 태어나 죽을 때까지 흘러가지 않는 때가 없음을 말한다 〔…〕 그러므로 군자는 덕을 쌓고 수업하여 이러한 시대적 요구에 도달하여야 한다. 그런데 학자들은 이러한 기틀을 잊고 있고 있기 때문에 공자께서 이를 경계하신 것이다). 〔丁若鏞,《論語古今註》卷 4, 子罕,《與猶堂全書》8권, 다산학술문화재단(2011), 330-331쪽.《國譯 與猶堂全書 3》, 54-55쪽〕

그런데 19세기 말 개항(1876)에서 시작하여 21세기에도 계속되고 있는 한국의 '긴 20세기(long twentieth century)'를 추적하면서 필자는 기본적으로 한국 역사가 전근대에서 근대로 다시 탈근대로 전진하여 왔다는 것을 확인할 수 있었다. 그러나 우리의 '긴 20세기'에도 항상 전진한 것은 아니고 그 속에는 단절이 있었고, 충돌이 있었으며, 혁명, 전쟁, 민중항쟁이 있었다. 이는 한국 역사에는 많은 '비동시적 시간들'이 공존하고 있었을 뿐만 아니라 충돌하고 있었고, 이러한 비동시적 시간들의 공존과 충돌의 변증법의 결과로 우리 근대 역사가 전진한 것이다. 역사가 진보하기 위해서는 맹자가 이야기한 대로 역사의 진보를 가로막는 '구덩이'를 메우고, 헤겔(Hegel)이 이야기한 역사의 '질곡(yoke)'에서 벗어나야 하고, 정약용 선생이 이야기한 바와 같이 멈추지 않고 전진하는 수레바퀴와 같은 역사의 시대적 요구에 응답할 준비를 해야 한다.

'긴 20세기'에 한국인들은 근대의 시간으로 전진하기 위해 집단적으로 고통을 감수하면서 역사의 진보를 가로막는 구덩이를 메우고 역사의 질곡에서 벗어나기 위해 엄청난 희생을 치렀다. 한국인들 앞에 놓여진 근대로 가는 길은 꽃길이 아니라 가시밭길이었고, 넓은 신작로(新作路)가 아니라 많은 구덩이가 패여 있고 울퉁불퉁한 험로(險路)였다. 근대로 가는 길에 전근대의 길이 치워지지 않은 채 잔존하고 있었고 외국물을 먹은 지식인들은 철 이른 탈근대의 길을 실험하기도 했다. 그래서 전근대적인 개항기에서부터 탈근대의 시간으로 들어가고 있는 오늘날에 이르기까지 많은 비동시적인 시간들이 공존하면서 충돌하였다. 척화파와 개화파, 식민주의자와 저항적 민족주의자, 분단국가 건설자와 통일국가 건설자, 전쟁과 평화, 냉전 반공주의자와 자유민주주의자, 대학생의 근대시간과 군인들의 근대시간, 유신과 반유신, 군벌독재와 민주화 운동가들, 3김 민주주의와 3김 가산주의, 발전국가와 신자유주의, 전근대, 근대와 탈근대 등 다양한 비동시적 시간들이 공존하면서 충돌하여 역사의 진보를 막는 구덩이를 메우고 질곡에서 벗어나 오늘의 선진 대한민국을 만들었다.

그러나 역사는 '자동적으로' 진보하지 않는다. 우리가 어렵게 달성한 민주주의는 후퇴할 수 있다는 것을 최근 목격하고 있고, '기적'으로 불리던 한국 경제도 외부적 충격과 내부적 모순으로 국난에 버금가는 위기를 맞을 수 있다는 것을 1997년에 경험하였다. 역시 마르크스가 이야기한 '인간이 역사를 만든다'는 말은 그럴듯하게 들린다. 우리는 지난 '긴 20세기'의 한국 역사에서 어떤 교훈을 얻을 수 있으며 계속 전진하는 역사를 만들기 위해 우리가 해야 할 일은 무엇인가에 관해 '작은 이야기'를 후학들에게 들려주기 위해 이 책을 썼다.

필자는 고려대학교 정치외교학과에서 한국 정치론을 가르치면서 '긴 20세기'의 근대 한국 정치사를 일견할 수 있는 책을 제자들에게 제공할 수 있으면 좋겠다는 소망을 갖고 있었는데 소망이 현실이 되기 위해서는 어떤 계기가 필요하였다. 그런데 그 계기를 서울대 명예교수이신 김광억 선생님이 만들어 주셨다. 김광억 서울대 인류학과 교수님은 저자가 2007년 대우재단으로부터 명저 저술 연구비를 받는 데 많은 도움을 주셨다. 평소 학문적으로 그리고 인격적으로 존경하는 김광억 교수님께 이렇게 대우재단의 지원을 받아 저술에 착수할 수 있게 해 주신 데 대해 심심한 고마움을 표한다.

필자는 이 책을 필자의 스승이자, 후원자이시고, 어려울 때마다 '가뭄에 단비(急時雨)'같이 필자를 도와주시고 구출해 주시고, 용기를 북돋워 주시는 구범모 선생님께 헌정한다. 대학 은사이신 구범모 선생님은 필자가 서울대학교 정치학과 재학 중에 남북적십자사 조절위원으로 가시면서 본격적으로 박정희 대통령의 '근대화'를 조언하신 핵심 지식인이었다. 구범모 선생님은 서울대학교 교수 재직 중 미국 아이비리그 명문 코넬대학에 2년 연수를 가셨는데 당시 근대화 연구의 센터였던 코넬 대학에서 전후 미국 정치학의 성장산업이었던 근대화 연구에 접하면서 후진국에서 온 지식인의 눈이 확 뜨이는 개안(開眼)의 환희를 느꼈다고 하셨다. 당시 경제개발5개년 계획을 짜면서 박정희 대통령은 한국형 근대화 이론과 실제에 관해 가르쳐 주고 조언해 줄 지식인을 찾고 있었는데 근대화 연구의 센터인 코넬대학에서 가장 '따끈따끈한' 근대화론을 학습하고 연구해 온 구범모 교수님이 적격이었다. 그래서 박 대통령은 구범모 교수님을 정부시책 평가교수로 임명하면서 항상 근거리에서 구범모 교수님으로부터 조언을 구했다. 그리고 7·4공동성명으로 남북관계가 새로운 국면에 접어들자 구범모 교수님을 직접 데리고 쓰시다가 유정회 소속 국회의원으로 사실상 임명하셨고 1978년 총선에서는 문경 예천에서 민주공화당 공천을 받아 출마한 구범모 교수님을 도우기 위해 박 대통령이 대구사범 졸업 후 최초의 교사 생활을 한 문경의 초등학교를 방문한다는 핑계로 사실상 선거운동을 해 주었다. 1978년 총선에서 박정희 대통령이 유일하게 사실상의 선거운동을 해 준 민주공화당 후보가 구범모 선생님이었다. 그만큼 구범모 선생님에 대한 박 대통령의 애정은 남달랐고, 신뢰는 깊었고, 소통은 격의가 없었다. 이와 같이 구범모 선생님은 박정희의 사람이었고 박정희 대통령 사후에는 군부정권이나 보수정권에 참여해 달라는 권유를 받았으나 불사이군(不事二君)이라는 말로 거절하셨다. 구범모 선생님의 박정희 대통령에 대한 충성심은 대단하였으나 맹목적 충성이나 면종복배(面從腹背)의 가식적인 충성이 아니라, 진심으로 박정희 대통령을 위해서 고언을 서슴지 않는 진정성이 있는 충성이었다.

그러면서도 구범모 선생님은 진보적인 학생들이나 젊은 교수들로부터 새로운 이야기를 듣는 것을 게을리하지 않으신다. 그리고 정치학과 재직 시에나 학교를 떠난 뒤에도 구범모 선생님은 민주화 운동으로 잡혀간 제자들을 스스로 보증서를 쓰고 빼내 오는 제자 사랑이 대단한 분이었다. 지금 1960년의 민주화 운동으로 중앙정보부와 경찰에 잡혀갔거나 재판에 회부된 진보적 민주화운동 학생들 중 구범모 선생님의 도움을 받지 않은 학생들이 없었다. 이 점에서 구범모 선생님은 대학생의 근대화 시간과 군부정권의 근대화 시간이라는 비동시적 시간을 동시에 산 지식인이다. 그리고 지금도 근대화된 한국에서의 시간과 미래의 IT혁명과 세계화가 견인할 탈근대의 시간에 대해 계속 물어보시고 들으려

하신다는 점에서 근대와 탈근대의 비동시성을 동시에 살고 있는 원로 정치학자이시다. 그 점에서 구범모 선생님은 바로 개인적으로 비동시성적 시간을 동시에 사시는 분이고 따라서 이 책을 헌정받아야 할 최적의 지식인이자 스승님이다.

구범모 선생님은 이 책의 집필 계획을 짜는 데 천금 같은 조언과 고언을 해주셨고 특히 구하기 힘든 자료들도 구해 주셨다. 대학에서는 학은을 입었고, 은퇴하신 후에도 계속 인생의 지혜와 도리를 몸소 실천함으로써 필자에게 가르쳐 주시는 구범모 선생님께 다시 한 번 감사드린다.

감사를 드려야 할 분은 많으나 지면 관계로 중요한 분만을 소개한다면 먼저 필자가 고려대로 옮겼을 때 정경대학장을 하셨던 백완기 교수님은 한국 정치에 관해 이론을 가지고 수미일관하게 써내려 간 책을 출판해 보라고 격려하고 응원해 주셨다. 그리고 김성수 선생에 관해 쓰신 최신 저서를 주시면서 글 쓰는 데 도움이 되었으면 좋겠다고 하셨다. 이 자리를 빌려 감사드린다. 시카고대에서 박사 취득 후 귀국했을 때 이화여대 교수로 따뜻하게 맞아 주셨는데 고려대로 옮기는 바람에 항상 미안하고 죄송한 마음을 가지고 있는 진덕규 교수님께도 사과 겸 감사를 드리고 이 책에서 진덕규 교수님의 한국 정치에 관한 글을 많이 인용하면서 선생님께서 그동안 쌓으신 학문과 학덕을 확인할 수 있었다고 감히 말씀드린다. 서울대학교 명예교수이신 이정복 교수님도 2008년에 이 책의 시작(試作)이랄 수 있는 〈건국 이후 60년간 한국 국가 성격의 변화〉 논문을 '대한민국 건국 60주년 건국 심포지엄'에 발표할 기회를 주셨고, 이 교수님의 방대한 《한국정치의 분석과 이해》는 책을 집필하는 데 많은 도움을 주었다. 이 자리를 빌려 감사를 드린다. 김홍우 교수님의 방대한 한국 현상학 책은 한국인들의 비동시성의 심성학적 바탕을 이해하는 데 큰 도움이 되었다는 것을 김 교수님께 말씀드린다.

김학준 교수님은 '한국전쟁' 부분을 쓰는 데 기본 나침반을 주셨다. 항상 부지런히 대작을 쓰시는 김학준 교수님을 항상 진심으로 존경하고 있다는 필자의 마음을 지면을 빌어 전하고 싶다. 한국전쟁을 쓰는 과정에서 박명림 교수의 책과 글이 또한 크게 도움이 되었다는 것을 밝힌다. 박명림 교수는 부르스 커밍스의 '기념비적' 한국전쟁 연구를 극복한 국내파 정치역사학자이다. 한국 정치학도 이제 미국에 가서 공부하지 않고도 대가가 될 수 있다는 것을 박명림 교수가 보여 주었다. 이 책을 쓰는 데 한배호 교수님과 최장집 교수님, 그리고 고 이호재 교수님으로부터 많은 학덕(學德)을 입었고, 책과 글을 통해 많은 도움을 받았다. 김병국 교수는 박정희 연구를 하는 데 많은 자극과 도움을 주었고 이 책의 박정희 부분을 쓰는 데 큰 도움이 되었다. 그리고 김병국 교수와 공저한 동아시아 금융위기에 관한 논문은 한국의 신자유주의 등장의 배경을 설명하는 데 도움이 되었다.

그러나 원고를 써 놓았다고 책이 되지 않는다. 원고가 책이 되기까지는 보이지 않는 많은 손들의 수고와 여러 사람들의 고언과 격려 그리고 도우미가 필요하다. 먼저 박사 제자들이 수고하였다. 고려대 이성우 박사와 신희섭 박사는 책 전체의 구조물에 관해 좋은 이야기를 많이 해 주었고, 매 장을 썼을 때마다 꼼꼼하게 첨삭해야 할 부분을 지적해 주었다. 최근에 박사학위를 받은 신예 정치학자들이라 그런지 질문과 논평은 날카로웠고, 족집게처럼 문제점을 뽑아서 지적해 주어 장과 절을 가다듬는 데 많은 도움이 되었다.

필자의 제자들인 이규정, 권수현 정치학 박사, 신혜현, 박상운, 이주희, 이효빈 박사과정생, 최유정 석사, 이혜민, 김혜경 석사과정생은 이 책의 원고를 교정하고, 참고문헌을 정리하고, 색인을 만드는 작업을 담당해 주었다. 특히 권수현 박사는 이 책을 기획하는 과정에서 많은 도움을 주었고, 이혜민 석사과정생은 연구조교로서 궂은 일을 도맡아 하였다. 이혜민 양의 능력과 성실함은 아무도 따라갈 수 없다. 이 자리를 빌려 모든 제자들과 학생들의 헌신적인 도움에 고마움을 표한다.

그러나 구슬이 서 말이라도 꿰어야 보배다. 서투르게 흩어져 있는 방대한 원고를 묶어서 이렇게 아름다운 비단 같고 보석 같은 책으로 만들어 주신 고려대학교 출판부장 유석훈 언어학과 교수님, 꼼꼼하게 교정에서 출판에 이르기까지 애정을 갖고 이 책을 만들어 주신 편집실에도 진심으로 감사를 드린다.

2014년 11월
만추의 안암동 연구실에서
임혁백

차례

제4장 일제 강점기하의 역사적 시간의 충돌

[보론] "식민지 근대화론"을 둘러싼 논쟁에 관한 소고

제5장 해방시간의 정치: 분단국가 건설과 민족 파괴의 비동시성

제6장 '1948년 체제'의 형성: 근대국가 건설의 비동시성

제7장 한국전쟁과 근대 국가건설: 한국전쟁의 원인과 결과

제14장 '1987년 체제': 3김 시대의 민주주의

제15장 3김 정치시대 이후의 민주주의

제3부 한국 근대화 시간의 특성과 미래: 비동시성의 공존과 충돌, 그리고 지양

프롤로그

1. 한국 근대정치의 다중적 시간 — '긴 20세기'인가, '짧은 20세기'인가?

캘린더 시간으로 20세기가 끝나가는 시점에서 새로운 밀레니엄(new millenium)을 준비하면서 역사정치학자들은[1] 지나가고 있는 20세기의 역사적 시간의 성격을 규정하는 작업에 들어갔다. 역사적 시간(historical time)으로 20세기를 보는 두 개의 시각이 경쟁하였다. 이탈리아의 역사정치학자인 조반니 아리기(Giovanni Arrighi)는 20세기를 '긴 20세기'의 끝자락이라고 규정하였는데 반해(Arrighi, 1994) 홉스봄(Eric Hobsbawm)은 20세기는 1914년에 시작하여 1991년에 이미 끝난 '짧은 20세기'라는 상반된 역사적 성격 규정을 하였다.(Hobsbawm, 1994a: 1-17) 아리기는 브로델의 장기지속(longue duree)시간 개념을 차용하여 플로렌스, 베니스 제노아, 네덜란드, 대영제국의 헤게모니와 아메리칸 임페리움으로 이어지는 700년에 걸친 '긴, 긴 20세기'라는 너무 긴 20세기를 그림으로써 20세기를 사회과학적으로 분석하기 어렵게 하였다. 반면에 에릭 홉스봄은 아리기의 《긴 20세기》와 같은 해에 《극단의 세기(*The Age of Extremes*)》(1994)를 출간하면서 20세기를 '짧은 20세기(Short Twentieth Century)'로 불렀다. 홉스봄은 20세기 전반(1914-1945)은 전쟁, 야만, 학살로 얼

1 역사정치학(historical politicology, Historische Politikwissenschaft)이라는 용어는 시노하라 하지메가 《역사정치학: 혁명, 전쟁, 민주주의를 통해 본 근대유럽의 정치변동》(김석근 역)에서 본격적으로 사용하였다. 한국에서는 진덕규 교수가 단순히 과거를 논의하는 '박물관의 정치학'이 아니라 생명력 있는 정치학이 되기 위해서는 역사를 바탕으로 하는 정치학 이론 정립이 필요하다고 역설하면서 한국에서도 '역사정치학'을 정립할 것을 제안했다.(진덕규, 1993: 〈머리말〉)

룩진 '파멸의 시기'였고 20세기 후반은 냉전, 케인지안 황금기, 민주주의 사회문화혁명, 그리고 '현존' 사회주의가 몰락한 1991년에 종말을 고한 '황금기(golden age)'였다고 하면서 전쟁과 평화, 야만과 문명, '현존' 사회주의(스탈린주의)의 등장과 몰락이라는 두 극단이 한 세기 내에 연쇄적으로 실험된 '짧은 세기'로 규정하면서 희망, 평화, 번영, 공존의 21세기로 빨리 가기를 원하는 소망적 사고를 담고 있다.

한국의 20세기는 사실상 1876년 개항으로부터 시작되어 아직도 현재 진행형인 '긴 20세기'이다.[2] 한국의 '긴 20세기'는 개항, 식민지배, 해방 후 내전상태, 분단국가 건설, 전면적인 한국전쟁이라는 내파(內破)와 외파(外破)의 전반기와 민주주의의 도입과 좌절, 군사 쿠데타, 압축적 산업화, 민주화, 신자유주의적 세계화로 이어지는 자유, 평화, 번영의 후반기로 나눌 수 있다. '긴 20세기'의 전반기가 제국주의, 식민주의, 냉전, 사회혁명, 전쟁으로 얼룩진 20세기라면, 후반부는 군부독재라는 긴 막간기(interlude)를 제외하면 산업화, 민주화, 세계화로 이어지는 모범적인 부르주아 근대화의 시간이었다. 한국의 20세기가 시간의 길이로 보면 아리기의 600년이 넘는 '긴 20세기'보다는 짧으나 홉스봄의 '짧은 20세기(1914-1991)'보다는 길다. 왜냐하면 한국의 20세기는 21세기에 들어선 지 10년이 넘은 지금도 현재진행형이기 때문이다. 한국의 '긴 20세기'는 한국 민족시간(national time)이 '세계시간(world time)'에 편입된 1876년 개항부터 세계시간과의 지체현상은 있었지만 대체로 세계시간의 흐름과 공명(共鳴)하면서 흘러갔다. 따라서 현재 진행형인 한국의 '긴 20세기'는 지난 세기 말부터 헤게모니적인 정치경제 레짐으로 군림하고 있는 신자유주의적 세계화가 대항적 정치경제 헤게모니에 의해 대체되기까지는 지속될 것으로 보인다.[3]

---

2 그러나 한국의 '긴 20세기'는 아리기의 700년에 걸친 '긴, 긴 20세기'보다는 짧은 1450년에서 1640년에 걸친 브로델, 월러스틴, 앤더슨과 같은 거시 역사정치학자들이 이야기하는 '긴 16세기(Long Sixteenth Century)'와 비슷한 '긴 세기'이다.

3 아나톨리 칼레츠키가 애덤 스미스의 신고전주의 자본주의 1.0 세대, 케인즈의 국가 개입주의적 자

2. '비동시성의 동시성' 개념의 모방(imitation)과 혁신(innovation)

이 책에서 필자는 블로흐(Ernst Bloch)의 '비동시성의 동시성' 개념을 '혁신(innovation)'하여 한국의 '긴 20세기'를 분석할 것이다. 그런데 필자는 블로흐를 알기 전에 이미 조악(粗惡)한 수준의 '비동시성의 동시성' 개념을 사용하였다. 20세기가 끝나고 밀레니엄이 시작되려고 하는 시점(1998-1999년)에서 필자는 대통령 자문 정책기획위원회 위원으로 있으면서 새로운 천년(millenium)을 준비하기 위한 한국의 '새천년 국가 비전과 전략' 연구 총괄을 하면서 새천년 국가 비전과 전략 프로젝트를 일이관지(一以貫之)하는 총론을 담당하였다. 필자는 지나가고 있는 20세기뿐 아니라 다가올 21세기의 한국 정치를 관통할 수 있는 특징적 개념이 무엇일까를 고민하였고, 최장집 교수가 가끔 이야기했던 '비동시성의 동시성' 개념이 근대 한국 정치를 설명하는 데 적절하겠다는 생각을 하고 필자가 나름대로 정리한 비동시성의 동시성의 개념을 가지고 한국의 '긴 20세기' 설명을 시도하였다.[4]

> 적극적 혁신에 들어가기 전에 우리는 한국의 역사적 시간의 특수성을 인식해야 할 것이다. 후발 산업국가인 한국은 전근대, 근대, 탈근대를 단계적으로 이행해 온 선진국과는 달리 전근대, 근대, 탈근대가 동시에 나타나는 '역사적 시간의 동시성'을 보여 주고 있다. 선진국이 수백 년에 걸쳐 달성했던 근대화를 수십 년 만에 압축적으로 달성하려 한 데서 나온 부작용인 것이다. 우리는 정치, 기업경영, 노사관계, 가족관계에서 여전히 전근대적인 관습, 가치, 행태를 청산하지 못하고 있으며, 근대화를 완성하지 못한 채 21세기에 들어서고 있다. 분단

본주의 2.0 세대 이후에 프리드만의 신자유주의 자본주의 3.0 세대하에 있었으나 2008년 글로벌 금융위기로 생명을 다하고 공감, 공유, 공존의 자본주의 4.0이 도래할 것이라고 했으나 아직 자본주의 4.0이 헤게모니를 획득할 기미는 보이지 않는다.(Kaletsky, 2011) 오히려 표피적으로는 신자유주의가 다시 원기를 회복하고 있는 것처럼 보인다. 불확실성의 근원은 미국의 헤게모니가 쇠퇴하고 있으나 중국을 비롯해서 미국의 헤게모니를 대체할 경제나 국가가 없다는 것이다. 그람시의 표현을 빌리면, "옛것은 죽어가고 있으나 새것이 태어나지 않고 있는" 과도기적 상황이다.(Gramsci, 1971)

4 최장집 교수는 후발산업화 국가에서 근대화의 3대 프로젝트인 산업화, 국민국가 형성, 민주화가 동시적으로 일어나는 현상을 '근대화 변화의 동시성(simultaneity of changes at different levels)'으로 불렀다.(최장집, 1996b: 18)

국가가 지속됨으로써 우리는 여전히 근대화의 기본적 단위인 민족국가(국민국가)를 완성하지 못하고 있다. 민주화가 본 궤도에 올라섰으나 여전히 시민권과 법치주의가 확립되지 못하고 있다. 또한 20세기 근대의 성과라 할 수 있는 복지국가의 건설은 아직 초기 단계에 머물고 있다. 우리는 근대를 완성하지 못했으나 세계시간의 동시화라는 압력에 의해 탈근대에 들어가고 있다. 21세기 탈근대화시대의 과제인 지식정보사회, 안전사회, 문화적 풍요, 환경공동체, 질 높은 생활정치의 문제를 해결해야 할 과제가 우리를 기다리고 있는 것이다. 따라서 우리는 제도·관습·의식에 남아 있는 전근대성을 탈피하고, 국민국가 건설, 민주화와 산업화를 세 축으로 하는 근대화를 완성하며, 미래 지식정보사회에 대해 대비하는 탈근대화의 과제를 동시에 해결해야 하는 문제에 직면하고 있다.(임혁백·안석교, 2000: 26-27)

필자는 '긴 20세기'에 전근대, 근대, 탈근대의 시간이 동시적으로 나타나는 비동시성의 동시성의 원인은 압축적 후발 산업화였다고 보았다. 후발 산업화를 압축적으로 달성하려는 조바심, 속도전, 역사단계의 단축(telescoping stages)이 전근대를 온존시킨 채, 근대에 들어가고, 근대를 완성하지 못한 채, 탈근대에 들어가는 비동시성 현상을 만들어 냈다는 것이다. 그래서 대한민국의 새천년 과제는 한편으로 전근대성을 탈피하면서 다른 한편으로 근대성을 완결하고 또한 탈근대에 진입해야 하는 3중적 과제를 동시에 수행하는 것이라고 결론지었다. 한국은 압축적 근대화 과정에서 경제발전과 고도성장을 위한 경제지상주의 환경을 조성하는 데에만 초점을 맞추는 동안 정신적, 문화적 자산의 관리를 소홀히 했고, 사람과 사람 간의 질서 있는 관계를 마련하는 데 필수적인 사회적 소통과 공동체를 우선하는 공화주의적 가치관의 빈곤에 직면하였다. 그러나 성장주의적 사회 지배층은 이러한 가치관을 성장 저해 요소로 간주하여 배척하고 제거해야 할 대상으로 지목하였고, 밀레니엄이 다가오고 있는 캘린더적 20세기 말 시간에서 한국의 '비동시성의 동시성'은 역사적 정체성의 혼란 초래와 집단적 정신 분열증을 초래, 그리고 집단 간 사회적 신뢰의 붕괴 가능성을 경고하였다.

필자는 4년간에 걸쳐(2004-2007) 한국정보통신정책연구원(KISDI)에서 《IT

의 사회문화적 영향연구》 프로젝트를 수행하면서 한국에서의 장기지속의 역사정치시간의 특징에 관한 연구를 할 기회를 가졌는데, 연구결과 《새천년의 한국과 세계》와 비슷한 '비동시성의 동시성'을 발견하였다.[5]

그래서 한국학술협의회가 2008년 9월 연구비를 지원하겠다고 결정했을 때, 필자는 본격적으로 '비동시성의 동시성'이라는 개념으로 한국 근대화 시간의 특징적 양상을 분석하겠다는 목적을 가지고 〈비동시성의 동시성: 분단국가, 근대화, 세계화, 1948-2008(Coexistence of Different Historical Times: State Building, Modernization, and Globalization, 1948-2008)〉이라는 주제의 연구계획서를 제출하였다.

필자의 비동시성 개념은 기본적으로 전간기(inter-war period) 독일 바이마르의 역사철학자인 에른스트 블로흐(Ernst Bloch)에 의해 개발된 '비동시성' 개념에 의존하고 있다.[6] 블로흐는 전간기 바이마르의 우울한 시간 속에서도 비동시성 시간들 간의 모순이 반드시 역사적 퇴행이나 발전에 장애로 작용하는 것은 아니고 비동시성 시간들 간의 모순이 변증법적 종합(synthesis)과정을 거쳐 역사 발전을 가져올 수도 있다는 낙관적인 진보적 역사발전론을 개진하였다.

블로흐의 비동시성 개념을 사용하면서 필자는 한국 정치의 역사적 시간을 좀더 동태적으로 분석할 수 있게 되었고 비동시성을 초래한 원인도 다중적이라는 것을 깨달았으며, 비동시성 시간들의 공존과 충돌이 반드시 역사의 퇴보

5 임혁백, 2009, 《신유목민주의적 민주주의》, 나남, 107-108쪽. 필자는 2008년 5월 2-3일 홍콩대학에서 개최된 동아시아와 동남아시아의 민주주의 20년에 관한 국제학술회의 발표에서도 비슷한 비동시성의 동시성 개념인 '1987년 이후 한국 민주주의에서의 전통과 근대의 공존(coexitence of tradition and modernity in Korean Democracy since 1987)'이라는 표현을 했다.(Im, Hyug Baeg, 2010: 103-104) 그리고 1987년 이후의 한국 민주주의(2011)에서 필자는 민주화 이후의 한국 정치 사회에도 전근대, 근대, 탈근대화라는 비동시적 역사적 시간이 공존하고 있으며, 따라서 한국 정치의 미래과제는 "전근대를 청산하고, 근대를 완성하며, 탈근대에 진입"하는 것이라고 결론지었다.(임혁백, 2011: 465-470)

6 강정인 교수는 블로흐의 개념으로 민주화 이전의 한국 정치이념, 특히 보수주의와 자유주의, 권위주의와 자유민주주의에서 발견되는 '이중적 질서의 병존'을 논의하고 있다.(강정인, 2008: 116-147; 강정인, 2009; 강정인, 2013: 225-309; 강정인, 2014: 77-119)

와 퇴행만을 가져오는 것이 아니라 변증법적 종합을 통해 한국이 미래로 전진하는 데 유용한 자산이 될 수 있다는 것도 알게 되었다.

그러면서도 필자는 블로흐의 비동시성 개념을 가지고 한국 근대의 역사적 시간을 분석하는 데 있어서 블로흐를 뛰어넘기 위해 노력하였다. 먼저 블로흐의 비동시성 개념은 1930년대 식민지 한국과 다른 전간기(戰間期) 바이마르 독일이라는 역사적 상황에서 나온 것이기 때문에 적용 가능성에서 문제가 있을 수 있다. 둘째, 한국은 전간기 독일과는 상이한 지정학적 그리고 정치경제적 위치에 있는 세계의 변방국가라는 역사적 맥락하에 있었기 때문에 블로흐의 개념을 기계적으로 적용할 수 없었다.

따라서 한국의 사례를 비동시성의 개념으로 설명하기 위해서는 개념의 혁신(innovation)이 필요하였다. 이러한 개념 혁신은 한국 정치학의 세계화를 위해서도 필요한 작업이다. 한국 정치의 세계화를 위해서는 한국 정치 현상을 세계의 보편적인 개념과 언어로 분석, 설명할 수 있어야 한다. 서구 정치학의 원천 개념을 수입하여 분석, 설명하면 한국 정치학은 '모방(imitate)'의 단계를 넘어설 수 없다. 한국 정치학의 세계화를 위해서는 모방의 단계를 넘어 서구에서 수입한 정치학 개념과 언어를 창조적으로 '혁신(innovation)'할 수 있어야 한다. 서구 사회과학 개념과 이론의 '모방'에서 '혁신'으로 가야만 한국 정치학은 세계적(global)이면서 동시에 보편적(universal) 수준으로 올라설 수 있다.[7]

블로흐의 비동시성 개념을 '긴 20세기'에 '변방적 근대화(peripheral modernization)'를 이룩한 한국에 기계적으로 적용할 경우 보편적 개념의 '모방'에 지나지 않게 된다. 따라서 블로흐의 비동시성 개념을 변방국가였던 한국에 적용할

7 아담 쉐보르스키에 의하면, 모방은 기왕에 개발된 방법을 사용하여 이미 공식화된(formulated) 질문에 답하는 것인 데 반해, 혁신은 실질적이고 방법론적인 연구 의제(agenda) 개발을 주도하는 리더십이다. 지적 혁신은 다른 사람들이 대답하고 싶어 하는 '질문들'과 다른 사람들이 사용하고 싶어 하는 '방법론'을 만들어 낼 수 있을 때 일어난다. 말하자면 '혁신'은 경험적 연구를 인도할 수 있는 이론들을 개발하는 것이고, '모방'은 이미 공식화된 이론들은 검증(testing)하는 것이다.(Przeworski, 2010)

때 발생하는 방법론적 문제를 제기하고 이를 극복하기 위한 새로운 개념의 혁신을 이루어야 한다.[8]

블로흐의 비동시성 개념을 '혁신'하기 위해서는 첫째, 전간기 바이마르의 역사철학자인 블로흐의 비동시성 개념에 내재한 마르크스주의 편향을 극복하여야 한다. 블로흐의 비동시성의 비동시성 시간은 생산양식, 계급, 산업화의 시간이다. 이러한 경제주의적 또는 경제결정론적인 비동시성 개념을 한국에 적용할 경우 '긴 20세기' 기간의 대부분을 '권력이 풍요를 압도하고(power over plenty)'(Katzenstein, 1977), 이념, 정치권력, 안보 우위의 시간을 보낸 한국의 '변방적 근대화'의 국면적 시간의 변화를 설명해 낼 수 없다.

둘째, 비동시성 개념 혁신의 방향은 '글로벌한 비동시성 개념의 지방화(localization)'가 되어야 한다. 비동시성 개념을 혁신하기 위해서는 서구의 경험에서 도출할 수 없었던 비동시성 시간의 특성들을 세계의 변방인 한국에서의 비동시성 경험을 통해 찾아야 한다. 그렇다면 블로흐의 원천적인 '비동시성' 개념의 '혁신'을 위해 필자가 세계의 변방인 한국의 '긴 20세기' 역사적 시간 분석을 통해 도출한 개념과 이론의 '혁신'은 무엇인가?

첫 번째 이론적 '혁신'은 한국의 근대 시간은 '다중적 근대(multiple modernities)'의 시간과 '다양한 근대(varieties of modernity)'의 시간을 동시에 갖고 있다는 것이다. 다중적 근대(Eisenstadt, 2000: 1-29)는 근대의 시간에 다수의 상이한 '근대들'이 동시에 존재한다는 것이고,[9] '근대의 다양성(Schmidt, Volker H.,

8 주변부에서 일어난 이론적 '혁신'의 예는 중심부의 '근대화 이론'을 혁신한 카르도소와 팔레토(Cardoso and Faletto, 1969)의 '종속적 발전이론(dependent development)'과 오도넬(Guillermo O'Donnell, 1971)의 관료적 권위주의 이론(theory of bureaucratic authoritarianism)이 있다.

9 블로흐의 비동시성의 동시성과 아이젠스타트의 다중적 근대의 차이점은 블로흐는 근대, 전근대, 탈근대라는 상이한 비동시적 역사적 시간들이 근대의 시간에 동시에 나타난다는 비동시적 '시간 간의(inter-temporal)' 동시성을 이야기하고 있는 데 반해 아이젠스타트는 상이한 지역(서구의 근대, 아시아의 근대, 남미의 근대, 중동의 근대 등)에서 상이한 개념의 '근대(서구의 표준적 근대 개념, 중국의 문화권적 근대개념, 이슬람과 이스라엘의 종교적 근대개념 등)'시간들이 근대 세계 내에서 병존하고 있는 다중성(intra-temporal multiplicity)을 이야기하고 있다. 파리 퐁피두 센터가 2014년 발간한 *Multiple*

2006)'은 홀과 소스키스의 '자본주의의 다양성' 이론(Hall and Soskice, 2001)에서 보는 것처럼 거시적으로 개념화된 '근대'의 하위 단위들이 다양한 차이를 보인다는 것이다. 예를 들면 자본주의 다양성 이론은 근대 자본주의 내에서 앵글로색슨 자유자본주의, 독일의 라인 자본주의, 북구의 노르딕 복지자본주의, 한국과 일본의 발전국가 자본주의 등 다양한 자본주의 과(科, family)가 존재한다고 이야기한다. 다중적 근대론이나 다양한 근대론은 모두 하위시간들이 서구 중심적 세계화의 보편적 시간으로 수렴하거나 동질화된다는 것을 부정하는 것은 동일하나, 아이젠스타트의 다중적 근대이론은 문명 또는 문화 중심적인 거시적 속(屬, genus)을 비교하는 데 반해, '근대의 다양성(varieties)' 이론은 제도, 가치, 종교, 국가, 과학, 의학과 같은 과(科)나 클러스터(cluster)를 비교한다는 차이가 있다.(Schmidt, 2006: 77-97)

한국은 시기적으로 변방적 근대화, 식민지 근대화, 정치 군사 우위의 근대화, 권위주의적 근대화, 민주적 근대화, 신자유주의적 근대화와 같은 '다중적 근대화'의 시간을 자발적으로 또는 외부 세력의 강요에 의해 보냈다. 근대의 하위 시간도 다양하였다. 한국 '근대의 다양성'은 '긴 20세기'의 국면적 시간마다 나타난다. 일제 식민국가의 시간, 식민지 지식인의 시간, 해방시간의 국가건설자들의 시간, 1950년대의 미국과 이승만의 시간, 4월혁명과 60년대의 대학생들과 지식인들의 시간과 박정희와 쿠데타 음모자들(coup mongers)의 시간, 70년대의 유신체제의 헤게모니 운동과 대학생과 지식인들의 대항 헤게모니 운동 시간의 충돌, 80년대의 신군부의 군벌주의 시간과 민중민주운동의 민주화 시간의 충돌, 90년대의 3김의 민주화 시간, 그리고 새천년의 시작기에 탈근대적인 신유목주의와 근대적인 신자유주의의 공존 등 '다양한 역사적 시간들'이 공존,

---

*Modernities: 1905-1970*는 다중적 근대를 상이한 모더니즘 양식들(마술적 현실주의, 사회적 현실주의, 초현실주의, 아트 데코, 토테미즘, 추상주의 등)뿐 아니라 상이한 지역(아메리카, 중국, 일본, 지중해, 아프리카, 브라질, 중동)에서 다중적으로 일어난 근대의 운동으로 보고 있다.(Paris: Centre Pompidu, 2014)

충돌, 명멸하였다. 전두환이 1988년 '서울 올림픽'을 준비하면서 중요한 공공장소에 붙여놓고 국민들을 독려한 "한국의 1년이 세계의 10년이다"라는 깃발(banner)에서 보듯이 한국은 개항 이후 숨 막히는 속도로 서구에서는 수세기가 걸린 근대화의 시간을 압축적으로 단축하였다.

두 번째 혁신은 한국의 근대화는 '긴 20세기'의 국면(conjunctures)마다 상이한 비동시성이 공존하였을 뿐만 아니라 '충돌(colliding)'[10]하였다는 것을 발견한 것이다. 필자는 '긴 20세기'에서 다양한 비동시성 '시간들의 충돌(collision of temporalities)'이라는 역사적 시간의 특성을 발견하였고, 이는 블로흐의 비동시성 개념을 발전시킬 수 있을 것으로 기대하고 있다. 블로흐의 비동시성 개념에서는 비동시적인 시간들이 '현재'의 근대시간에 동시적으로 '공존'하고 있지, '충돌'하고 있지는 않다. 마르크시스트인 블로흐는 비동시성의 공존이 생산양식의 변화와 같은 질적 비약(quantum jump)을 이룰 때 다양한 비동시성 시간의 종합(synthesis)으로 새로운 사회경제질서로 진보한다는 낙관론을 펴고 있다. 그러나 '변방적 근대화'의 세계는 다르다. 변방에서는 비동시적 '근대' 시간이 공존하기보다 충돌하는 경우가 많고 역사적 시간은 연속성을 띠기보다는 단절되는 경우가 많다.

한국의 '긴 20세기'의 근대화 시간도 공존보다는 충돌이 많았다. 구한말의 시간에서도 상이한 근대의 개념이 경쟁하면서 공존하고 있었고, 일제 강점기 하에서는 식민국가와 식민지 백성 간에 근대의 개념을 둘러싸고 충돌하였다. 나라를 되찾은 1945년 이후 국내 정치(이념전쟁)와 국제 정치(냉전)의 상호결정(co-determination)으로 분단국가가 건설되고 한국전쟁이라는 제2차 세계대전 이후 가장 큰 규모의 정규전이자 국제전을 치르는 시간 중에도 '근대국가' 건설 대안들 간의 충돌과 공존이 있었다.

10 역사적 '시간의 충돌(collision of temporalities)'에 관해서는 Hartoonian, 2007: 474 참조.

1950년대에 반공주의의 압도적 결정적 이념하에서 역사적 시간은 이승만 체제로 동시화(synchronization)되는 듯했으나 다시 4월혁명으로 동시성은 깨지고(desynchronization), 상이한 근대 시간의 재동시성(resynchronization)을 회복하려 하는 와중에 5월 쿠데타가 발생하여 무위로 돌아갔다. 5월 쿠데타 후 산업화라는 이름의 '근대'의 기치를 들고 군인들이 한국의 근대시간을 주도해 나갔으나 4월혁명의 주체들의 대항 헤게모니에 의해 도전받았다. 이러한 대항 헤게모니에 대한 선제적 대응으로 박정희는 유신체제를 수립하여 관료적 권위주의라는 새로운 근대시간으로 재동시화시키려 했으나 대학생, 지식인들과 야당의 대항 헤게모니와 충돌하여 천수를 누리지 못하고 측근에 의해 암살되었다.

박정희가 비운 자리에 '서울의 봄'으로 불리는 민주화의 시간이 일어났으나 바로 퇴행적인 군벌독재(caudillismo)에 의해 민주화의 꿈은 좌절되었다. 5공 군벌독재의 시간은 퇴행적인 과거를 불러와서 군부가 주도하는 전근대적 근대시간이었다. 다시 전근대적 군부 권위주의, 대학생들과 지식인의 근대적 자유민주주의와 민중민주주의에 이르는 다중적 근대의 시간이 공존하면서 충돌하였다. 그 후 전근대와 근대 시간들의 '해결점 없이 장기화된' 충돌을 거쳐 한국에서 민주화 시간이 도래하였다. 1987년 이후의 민주화 시간을 주도한 지도자는 노태우와 3김(김영삼, 김대중, 김종필)이었다. 한국 민주화 시대와 동의어로 불리는 3김 시대에 자유민주주의의 제도화가 이루어졌으나 동시에 가산주의라는 전근대적 시간이 공존하고 있었다. 3김 시대 이후에는 전근대적 가산주의는 쇠퇴하였으나 유목주의, 환경, 여성, 시민사회와 같은 산업화 이후 시대의 의제가 지배하는 탈근대의 시간들이 근대와 합류하였다. 그리고 근대의 시간도 박정희 이후 지속되어 온 헤게모니적 경제 패러다임인 '발전국가'가 1997년 외환금융위기로 황혼을 맞고 신자유주의 시간이 외삽적으로 도래해 진보 정권 10년의 주류 경제시간으로 군림하였고, 2007년 보수정권으로 복귀하면서 더욱 심화되고 있다.

세 번째 혁신은 근대국가 건설에서 마르크스주의적 편향을 극복했다는 것이다. 마르크시스트들은 근대 자본주의의 지배계급인 '정복 부르주아지(conquering bourgeoisie)'가 근대국가를 건설했다는 경제결정론적 국가형성론을 개진하였으나, 틸리(C. Tilly)와 같은 베버리안(Weberian) 역사정치학자들이 '근대국가를 건설한 자들은 상인(merchants)이 아니라 기사(knights)들이었다'는 사실을 실증적으로 발견함으로써 '정복 부르주아지 테제'는 부정되었다.(Tilly, 1975)[11] 틸리의 근대국가 건설 이론은 군사주의적 편향이 있지만 마르크시스트 국가건설 이론의 경제주의적 편향을 시정함으로써 국가건설 이론의 균형을 잡아 준 공헌을 했다.

마르크시스트인 블로흐도 비동시성의 발생 원인을 경제주의적인 요소에서 찾으려 했다. 후발 산업화 국가인 바이마르 독일에서 나타나는 공간적 불균등 발전(uneven development)과 계급 간의 불평등 발전(unequal rate of development)이 비동시적인 시간들이 동시에 공존하게 한 주요인이라는 것이다. 그런데 필자는 '긴 20세기' 한국의 비동시성의 시간을 국면적으로 나누어 살펴 본 결과, 일제 강점기 식민국가 건설자는 식민지 국가 관료와 군대였고 비동시성은 이러한 군사주의적 식민국가 건설자들과 이에 대항하는 지식인들과 독립운동가들 간의 충돌로 출현한 것이었고, 해방 후의 분단국가 건설도 자본가들이 주도한 것이 아니고 해방 이후 돌아온 '귀환자들(returnees)'과 국내에 잔존한 일제 협력자들이 국가건설을 주도하였다. 파행적인 분단국가 건설의 귀결로 발발한 한국전쟁은 이승만의 국가건설을 완결시켜 주었다. 한국전쟁과 이승만의 국가건설은 '전쟁 수행이 국가를 만든다(war making is state making)'

11 Tilly, Charles, 1974. 틸리는 1992년에 출판한 저서, *Capital, Coercion and European States, 990-1992*(Oxford: Blackwell, 1992)에서 자본(자본가)을 기사(군대)와 동급의 근대국가 건설자라고 수정하였다.

는 틸리의 명제를 확인해 준 사례였다. 한국의 근대국가 건설에서 정치, 안보적 고려가 경제적 이익의 계산에 우선한다는 것을 보여 주는 사례는 유신 체제의 등장, 80년대의 민주화, 그리고 87년 이후의 민주화 체제에서도 발견된다.

따라서 비동시성적인 시간의 출현과 공존은 반드시 경제적인 모순으로 발생하는 계급들 간의 시간에만 나타나는 것이 아니라 대학생, 군인, 정치가, 독립운동가, 민중민주 운동가와 같은 비경제적인인 범주에 속하는 정치적, 군사적, 문화적 시간에서도 나타나며, 특히 한국과 같은 후발 산업화 국가이자 '주변부 근대(peripheral modernism)' 국가에서 잘 나타난다는 사실을 발견하였다.

위에서 서술한 바와 같이, 필자는 블로흐의 비동시성 이론을 세 가지 측면에서 자그마한 '혁신'을 이룩했다. 첫째, 이 책은 블로흐가 전간기 바이마르 독일에만 집중함으로써 다루지 못한 '다중적 근대'와 '근대의 다양성'을 한국의 '긴 20세기'에서 발견하였다. 둘째, 비동시성 시간의 동시적 '공존'뿐 아니라 '충돌'을 다루었고, 또한 압축적인 근대화가 일어나는 변방의 근대는 충돌의 시간이 공존의 시간을 압도한다는 것을 발견하였다. 셋째, 블로흐의 비동시성 개념과 이론의 경제주의적 편향을 시정하고 근대를 건설하는 데 있어서 자본과 동등한 비중으로 군인들과 정치인들이 핵심적인 역할을 했다고 주장함으로써, 비동시성 이론을 주변부 근대국가까지 확장할 수 있는 이론적 기반을 닦으려 하였다.

제1부

비동시성의
동시성의 창으로 본
근대시간

제1장

이론적 논의

비동시성 시간의 공존과 충돌

1. 역사적 시간의 사회과학적 분석

한국 근대화의 시간은 어디에 와 있으며 어디로 가고 있는가? 한국 근대화 시간의 문제를 분석하기 위해서는 '역사적 시간(historical time)'의 사회과학적 분석에 들어가야 한다.

시간에 관한 사회과학적 분석의 틀을 제공한 역사학자는 아날학파(Annales School)의 페르낭 브로델이다.(Braudel, 1996) 브로델에 의하면, 역사적 시간에는 '장기지속(longue duree)', '국면(conjuncture)', '사건(events)'이 있다. '장기지속'은 마치 정지된 시간처럼 느껴지는 안정적이고 일관되게 유지되는 관계구조의 시간이다. 반면에 '사건사'는 미시적이고, 표피적이며 의식적인 시간이다. '국면'은 10년, 20년, 50년 정도의 중간 길이의 역사적 시간으로 '장기지속'의 구조 속에서 행위자들의 상호작용으로 만들어지는 집단 또는 집단 형성(grouping)의 역사이다.

'사건사'가 '개인적 시간(individual time)'이라면 '국면'은 '사회적 시간(social time)'이다. 그러므로 국면은 일반적으로 복합적인 시간으로 이루어져 있다. 하나의 국면이 아니라 정치적, 경제적, 사회적 국면이 복합적, 중층적으로 이루어진 '복합적, 중층적 국면(multiple conjunctures)'인 것이다. '사건사'에서 역사적 내포(intension)가 극대화되는 반면 역사적 외연(extension)은 극소화된다.

반대로 '장기지속'에서는 역사적 외연이 극대화되는 반면 역사적 내포는 극소화된다. 국면적 시간에서 역사적 내포와 외연이 균형을 이루게 된다.(Braudel, 1980: 25-54; Braudel, 1992: 11-42) 브로델의 역사에서 지속하는 시간은 하나의 단선적 시간이 아니고 복수의 다중적 시간(multiple temporalities)이며, 역사적 시간이 전개되는 공간도 일면적 차원의 단일 공간이 아니라 다공간적, 다차원적(multidimensional) 공간이다.

'장기지속(longue duree)'의 시간은 거시적, 구조적 시간이다. 브로델, 월러스틴(Immanuel Wallerstein), 페리 앤더슨(Perry Anderson)을 비롯한 '거시 역사 사회과학자들(macro historical sociologists)'은 자본주의와 근대국가가 함께 형성되는 1450년부터 1640년에 이르는 근 200년간의 거시적 시간을 '긴 16세기(long sixteenth century: 1450-1640년)'라고 불렀는데,[12] 이 '긴 16세기'가 전형적인 '장기지속'의 시간이다.[13] 200년이 넘는 '긴 16세기' 동안 자본주의가 형성되었지만 정작 그 속에서 살고 있던 유럽인들은 봉건적 경제관계에서 자본주의적 경제관계로 이전되고 있었던 거시적 시간의 변동을 의식하지 못했다. 장기지속의 시간이 거시적 시간이라면 '사건사(l'histoire evenementielle)'는 미시적 시간이다. 이는 미시적이고 표피적이며, 개인들이 의식하는 의식적 시간이다. 눈 덮인 얼음 속에 흐르는 물에 비유하자면, 눈과 얼음은 피상적 움직임이고 표피이며 사람들이 쉽게 의식할 수 있다. 그러나 그 눈과 얼음장 아래로 흐르는 물은 개인들이 의식하지 못한다. 그러나 의식하지 못하는 눈과 얼음장 밑에서 물은 흐르고 있고 그 물의 흐름이 장기적, 거시적으로 역사를 만들어 나가는 시간인 것이다.

---

12 에딘버러대학의 블랑카드(Blanchard, Ian)와 란데슈타이너(E. Landesteiner) 교수는 긴 16세기의 기간을 1450-1650년으로 10년 길게 잡고 있다.(Blanchard, 1998)

13 브로델의 선구적 연구에 이어 장기지속 시간 연구가 나왔다. 홉스봄은 '긴 19세기(1789-1914년)', 아리기(Giovanni Arrighi, 1994)는 '긴 20세기'를 썼다. 아리기는 700여 년에 걸친 자본 축적과 국가형성의 '긴 20세기'를 썼는데 '긴 20세기'는 '초장기지속 시간'으로 불러야 할 것 같다.

'복합국면'은 한 세대 단위(30년 정도)의 역사적 시간으로, 미시적 시간과 거시적 시간 사이에서 일어나는 인과관계가 비교적 분명한 역사적 시간으로 역사학과 사회과학을 결합해서 역사를 사회과학적으로 분석하는 데 용이한 시간이다. 필자는 내포성이 강한 사건사적 편향과 지나치게 외연을 확대하여 높은 추상성을 지닌 구조사적 분석을 강조하는 '장기지속' 시간의 편향을 극복하고 복합국면을 중심으로 분석 수준의 변증법적 통합을 시도한다. 그람시의 표현을 빌리면, '유기적인 것과 복합국면적인 것 간의 정확한 관계를 파악'함으로써 '기계적 인과성(유기성)'을 과대평가하는 '경제주의의 과잉'과 역으로 '개별적 요소(복합국면성, 사건성)'를 과대평가하는 '이데올로기의 과잉'이라는 양 편향을 극복하려 한다.(Gramsci, 1971: 177-178; 손호철, 1997: 32-33)

역사적 시간이 일어나고 있는 공간도 다차원적이다. 그래서 아민자데는 역사적 시간을 '관계적 개념의 시간(relational conception of time)'으로 정의한다. 아민자데에 의하면, 시간이란 연속적으로 이어지는 경로 간의 관계에 대한 공유된 이해이다. 시간이 변화한다는 것은 이러한 연속적 경로에 대한 공유된 이해와 선택이 변화한다는 것이다. 아민자데는 시간을 먼저 지구촌의 보편적 환경을 다루는 거시적인 '지리적 시간(geographical time)'과 지구촌 모든 곳에 보편적으로 적용되는 캘린더 시간(clock time)과 같은 거시적 시간과 전통적인 역사학의 공간인 개별 인간사, 사건사를 다루는 미시적 시간으로 나누고, 그 사이에 중범위의 세계시간, 국가시간, 민족시간, 종교시간, 시장시간, 계급시간, 그리고 여러 사회집단, 문명, 전쟁, 경제제도, 국가를 다루는 사회시간(social time)을 위치시키고, 극히 제한된 개인시간, 가족시간과 같이 독특한(unique) 특수시간으로서의 미시적 시간을 위치시킨다.(Aminzade, 1992; Tilly, 1994) 그러나 미시적 사건사의 공간은 지나치게 독특해서 사회과학적 이론이 되기 힘들고 따라서 '역사가들의 역사(historians' history)'(J. H. Hexter, 1968)로 그치는 한계가 있다. 따라서 여기서 다루는 한국의 근대화에 관한 역사적 시간의 공간은 '사회시간'이다.

아민자데와 브로델의 역사시간 개념의 차이는 아민자데가 시간이 적용되는 공간의 크기와 범위를 기준으로 역사시간을 나눈 데 반해, 브로델은 시간이 역사적으로 적용되는 길이를 기준으로 사건사, 국면사, 장기지속 시간으로 나누고 있다는 것이다. 필자는 브로델의 역사적 시간과 아민자데의 관계적 시간 개념을 모두 사용할 것이다. 그리고 브로델의 시간 중 '장기지속'의 시간이나 '사건사'의 시간보다는 중간 길이의 역사적 시간 즉 '복합국면(l'histoire conjoncturelle)'의 시간을 주로 분석할 것이다.

이 책에서 공간적으로 사회적 시간(특히 한국 근대화의 시간, 민족시간), 시간적으로 '복합적 국면(conjunctures)'을 주로 분석하는 이유는 '비동시적 역사적 시간들'이 어떻게 동시적으로 공존하고, 충돌하면서, 다음 국면으로 옮겨가는가를 보기 위해서다. 장기지속의 시간은 비동시성의 모순이 재동시화되어 통합되거나, 비동시성의 모순이 폭발하여 혁명적 상황으로 발전하는 경로를 인과적으로 분석하기에는 지나치게 외연이 큰 거시적 시간이고 사건사의 시간은 국면적 변화의 '숲'을 보기에는 지나치게 작은 '나무'이기 때문이다. 분명 1876년에서 2014년이라는 150년에 걸친 기간은 한국에서 자본주의의 도입과 축적, 국가건설, 민주화라는 근대화의 프로젝트를 상당 부분 완성한 한국의 '긴 20세기'로 불릴 수 있는 '장기지속'의 시간이다. 그러나 한국의 '긴 20세기'를 거시적인 장기지속의 시간으로 분석하는 것은 정치과학적이지 못하다. 한국의 '긴 20세기'에서 근대화는 서구와 같이 진화적(evolutionaly), 연속적, 단계적, 자생적으로 진행된 것이 아니고 전쟁, 민중항쟁, 쿠데타 같은 혁명적 변화에 의해 단절적이고 '양자 비약적(quantum jump)'이고, 외부 세력이 국면적 변화에서 결정적 역할을 수행한 '외삽적(externally imposed)'으로 이루어졌기 때문에 거시적 구조분석이 아니라 사회과학적 인과분석이 용이한 복합국면적 사회시간 분석이 한국의 '긴 20세기'의 비동시성의 동시성을 분석하는 유용한 틀이라고 생각한다.

2. 사회과학적 역사시간 분석 — 구조와 행위자

사회적 시간을 통시적으로 분석하는 데 있어서 중요한 쟁점은 행위자와 구조를 어떻게 위치시키는가이다. 행위자와 구조의 문제는 오래된 사회과학계의 논쟁점이었다. 한국 근대화의 사회적 시간을 통시적으로 분석하면서 필자는 사회과학적 시간은 자연과학적 시간과 다르다는 것을 확실히 하면서 출발하고 있다. 알몬드와 젠코가 "구름, 시계, 그리고 정치연구"(Almond and Genco, 1977)에서 정치현상은 뉴턴 물리학에서 이야기하는 시계와 같이 규칙적, 예측 가능한 것이 아니고, 구름처럼 불규칙하고, 무질서하며, 무정부적이고, 예측 불가능한 혼돈이 특징이다. 자연과학의 시간을 대표하는 시계와는 달리 사회과학의 시간은 구름으로 대표된다. 두꺼운 구름, 얇은 구름, 잔뜩 흐린 구름이 있을 수 있으나, 근본적으로 사회과학에는 구름만이 존재한다. 정치학이 사회과학이 되기 위해서는 그 구름 속에 있는 시계를 찾아낼 수 있어야 한다. 비결정적이고, 우연적이며, 예측 불가능하며, 불규칙적이고, 무질서한 구름 속에서 규칙적이고 예측 가능한 질서를 찾아내는 것이 '정치과학(political science)'이 해야 할 일이다.

구름의 우연성과 시계의 규칙성, 계획성은 정치현상의 구조와 행위자에서도 발견된다. 알몬드와 젠코는 러시아혁명을 예를 들어, 구조와 행위자의 관계를 깔끔하게 설명하고 있다. 러시아의 볼셰비키혁명은 혁명에 필요한 구조적 조건의 성숙이나 혁명을 이끈 지도자인 레닌의 퍼스낼리티와 행동전략 중 어느 하나로만 설명되지 않는다. 구조와 행위자라는 두 요소가 어떻게 결합하여 볼셰비키혁명이 성공할 수 있었는가를 설명해야 한다. 러시아혁명은 혁명에 필요한 정치적 '틈새(political niche)'가 발생했을 때, 즉 혁명에 필요한 구조적 조건이 성숙했을 때, 자동적, 자발적으로 민중의 분노가 폭발하여 성공한 것이 아니고, 그 정치적 틈새 내에 있는 혁명의 '제약과 기회를 검증하고, 시험하고, 학습'한 뒤, 혁명을 '음모하고, 기획하고, 의지를 불태우고, 우발적 사태가 발생했을 때 즉각적으로 긴급대책(contingency plan)을 만들어 대응한' 레닌(V.I. Lenin)

과의 결합에 의해서 가능했던 것이다.(Almond and Genco, 1977: 497) 혁명에 필요한 적소의 성숙 또는 혁명의 구조적 조건의 성숙이 자동적으로 혁명을 가져다주지 않는다. 그것은 단지 혁명이 일어날 수 있는 '선택의 구조(structure of choice)'를 형성해 줄 뿐이다. 러시아혁명은 혁명의 성공확률이 높아진 역사구조적 틈새가 발생한 상황하에서 레닌이라는 걸출한 지도자가 굳건한 의지를 다지면서 혁명의 틈새를 파고들어 창조적으로 국면적 변화에 적응하고 혁명과정에서 발생하는 일상적 또는 긴급한 문제들을 해결하였기 때문에 최종적으로 러시아혁명이 성공한 것이다.

이와 같이 정치현상은 구름처럼 무질서한 우연성으로만 구성되어 있는 것은 아니다. 그렇다고 시계처럼 구조가 인간의 행동을 결정하는 구조결정론이 작용하는 구조기능적 현상도 아니다. 필자는 먼저 구조를 보고 나서 그러한 주어진 구조적 제약 속에서 우리 역사의 주인공들이 어떻게 창조적이고 적응적이며, 문제해결(problem-solving) 능력을 가지고 그들을 제약하는 구조와 대면하여 최적의 선택을 하였는가를 볼 것이다.(Almond and Genco, 1977: 497) 필자는 알몬드와 젠코가 이야기한 사회적 시간의 불규칙성으로 인해 '비동시성의 동시성'이 나타나는 한국 정치의 특성을 구조와 행위자 간의 관계를 중심으로 파악하려 한다. 구조와 행위자 간의 관계를 일방적으로 구조결정론이나 행위자의 전략적 선택으로 다루지 않고, 구조를 먼저 보고 구조적 제약하에서 행위자들이 어떻게 전략적으로 선택하는가를 볼 것이다.

3. 비동시성의 동시성 — 개념[14]

후발 산업국가인 한국은 전근대와 근대 그리고 탈근대를 단계적으로 이행해 온 선진국과 달리 '전근대' '근대' '탈근대'라는 비동시적 역사 시간이 동시적으로 공존하고 있는 '비동시성의 동시성'을 기본적인 특징으로 하고 있다. 선진국이 수백 년에 걸쳐 이루어 낸 근대화를 수십 년 만에 압축적으로 달성하면서 세 가지의 다른 시간대의 모습이 통시적으로 그리고 공간적으로 나타나고 있다. 필자는 구 한말과 일제 강점기로부터 지금까지 계속되고 있는 '긴 20세기'에 이루어지고 있는 근대로의 행진을 '비동시성의 동시성(simultaneity of nonsimultaneous)'이라는 개념으로 분석, 기술하고자 한다.

'비동시성의 동시성(die 'Ungleichzeitigkeit' des Gleichzeitigen)'은 에른스트 블로흐(Ernst Bloch)가 개발한 정치, 철학, 문화의 개념이다. 전간기(戰間期, interwar period)의 역사철학자인 블로흐는 바이마르 공화국 시대의 독일의 정치, 철학, 문화의 특징적 양상을 그려내기 위해 '비동시성의 동시성'이라는 개념을 개발하였다.[15] 바이마르 공화국 시대의 독일의 정치와 문화는 19세기 독일을 통일시킨 비스마르크, 폰 몰트케 장군, 빌헬름 황제가 만들어 낸 '권위주의적 근대화' 또는 배링턴 무어가 이야기한 '위로부터의 혁명(revolution from above)'의 부산물인 '전근대적인' 문화, 의식, 정치구조가 여전히 남아 있었고, 제1차 세계대전에서 독일이 패전하면서 서구 세력(영국과 프랑스, 그리고 미국)으로부터 받아들인 바이마르헌법으로 대표되는 '근대적인' 서구의 자유민주주의 정치문화가 형식적으로 독일을 지배하고 있는 듯했으나, 히틀러로 대표되는 국가사회주의(나치즘)라는 반동적이면서 미래지향적인 '전체주의(totalitarianism)' 정치와 문화가 얼음이 깔린 개울 속에서 태동하고 있었고 표피적으로는 아방가르드, 현실주의, 초현실주의, 다다이즘과 같은 포스트 모던한 문화, 예술운동이 출현

14 비동시성의 동시성을 Ernst Bloch는 "die Ungleichzeitigkeit des Gleichzeitigen"으로 사용했으나 영어로는 the non-simultaneity of the simultaneous 또는 non-synchronicity of synchronism으로 번역되고 있다. 특히 Mark Ritter는 Bloch의 *Erbschaft dieser Zeit*(Heritage of Our Times, 1935)의 한 장을 번역해서 *New German Critique*(1977)에 게재하면서 "Nonsyncronism and the Obligation of Its Dialectics"라고 제목을 달았다. 그러나 다른 대부분의 학자들은 Bloch의 비동시성 개념을 non-simultaneity로 번역하고 있다.

15 물론 '비동시성의 동시성'이라는 말은 독일 예술사가인 핀더(Wilhelm Pinder)가 1926년에 출판한 저서, *Das Problem der Generation in der Kuntgeschichte Europas*(The Problem of Generation in European Art History)(Berlin: Frankfurter Verlags-Anstalt)에서 처음 사용했으나, 예술 분야에 한정되어 있었고 정치철학적 용어로서 '비동시성의 동시성'은 블로흐에 의해 개념화되었다.

하여 기존의 전근대적인 문화와 가치뿐 아니라 근대 자체를 부정하고 조소하는 1930년대 전간기적 '탈근대'가 공존하고 있었다.

바이마르 독일에서 이러한 상이한 역사적 시간(권위주의, 민주주의, 전체주의, 탈근대주의)이 동시적으로 공존하고 있는 현상을 특징적으로 묘사하기 위해 블로흐는 '비동시성의 동시성'이라는 개념을 발견하였다.[16]

블로흐는 "비동시성" 논문에서 비동시성과 동시성 간의 모순의 변증법은 다중적 시간뿐만 아니라 다공간적 차원에서도 일어난다고 주장했다. "모든 사람은 동일한 '현재(Now)'에 살고 있지 않다".(Bloch, 1935: 91) 지배적인 '현재(contemporary)' 자본주의에 의해 '동시화된' 독일 경제와 문화도 상당한 정도의 전자본주의적(pre-capitalistic) 요소를 담고 있다. 많은 독일의 계층들은 '현재' 자본주의(capitalist 'Now')와 모순되는 전자본주의적 요소를 갖고 있다. 청년층, 경제적으로 약화된 농민, 새롭게 궁핍화된 중산층에는 전자본주의적 시간의 맥박과 상부구조가 여전히 작동하고 있는 모순을 보여 준다. 그러므로 비동시성이 추락한 계급을 부활시키거나 그들의 의식 속에 전자본주의를 다시 부활시킨다.(Bloch, 1935: 106)

블로흐는 비동시성의 모순을 변증법적으로 파악한다. 만약 어떤 추락하는 계층이나 계급이 '현재(Now)' 시간의 모순을 원치 않을 때, 그들은 '주관적으로'(또는 내부적으로) 비동시적이며, '현재(Now)'에 남아 있는 과거 시간의 찌꺼기(remnants)들은 '객관적으로(또는 외부적으로)' 비동시적이다. 비동시성 시간들 간의 모순의 변증법에서 우리는 블로흐가 비동시성 개념을 단지 비동시적 시간들이 동시적으로 공존하는 사실을 서술하기 위한 것이 아니고 비동시성이

16 블로흐는 '비동시성의 동시성' 개념을 전간기 말기인 1932년 발표된 〈비동시성과 그 변증법에의 복무(Nonsynchronism and the Obligation to Its Dialectics)〉라는 논문에서 처음 사용하였고, 그 논문은 1935년에 출판한 저서, *Heritage of Our Times*(HT: *Erbschaft dieser Zeit*)(Frankfurt am Mein: Suhrkamp Verlag, 1935)의 한 장으로 나왔고, 블로흐 사후인 1977년에 *New German Critique*(No.11, 1977)에서 영문 번역 논문으로 출간되었다.

일어나는 정치, 경제, 사회적 모순과 그 모순들이 어떻게 다시 동시화되는가를 분석하는 인과적 개념으로 개발했다는 것을 알게 된다.

비동시성의 동시성은 불균등 발전(uneven development) 또는 결합적 발전(combined development)이 일어나는 후발 산업화사회에서 주로 일어나는 정치, 철학, 사회, 문화 현상으로 '극단적으로 다른 역사적 시간의 모순적인 사회, 문화적 구성체들이 공존하고 있는 현상'이다.(Durst, 2004) 블로흐는 《우리 시대의 유산(The Heritage of Our Times)》에서 비동시성의 동시성 세계에서 사람들은 "같은 시간에(at the same time: 캘린더 시간, 필자) 살고 있으나, 같은 시간 속에(in the same time: 역사적 시간, 필자) 살고 있지 않다"고 주장한다.(Brose, 2004) 말하자면, 여러 범주의 사람들은 캘린더 시간으로는 동일한 시간에 살고 있지만 '역사적 시간'으로는 상이한 시간에 살고 있다는 것이다.[17]

블로흐는 기념비적인 논문, 〈Nonsynchronism and the Obligation to Its Dialectics〉(Bloch, 1935; Bloch and Ritter, 1977)에서 바이마르 독일이 '비동시성(non- simultaneity)'의 고전적 사례일 수밖에 없는 이유로, 첫째, 독일은 후발 산업국가로 이질적인 경제발전 단계들이 동시적으로 공존하고 있는 '불균등 근대화(uneven modernization)'의 양상을 보여 주고 있었기 때문이라는 것이다. 독일은 산업화의 후발주자이기 때문에 선발주자인 영국을 따라잡기 위해서는 산업화의 단계를 단축 또는 뛰어넘는 압축적 산업화를 추진할 수밖에 없었고, 압축적 산업화는 전근대의 시간을 온존시킴으로써 근대화로 자신의 우월적 지위가 흔들리게 된 구 지주계급인 융커들로 하여금 다시 준동할 기회

17 브로스(Brose)는 이를 "living with different times or living in different times"라는 구절로 다른 다양한 역사적 시간들과 같이 사는 것과 서로 다른 역사적 시간 속에 사는 것을 구분하였다. 비동시성의 동시성 세계에서 사람들은 국가, 사회조직에 의해서 기능적으로 통합되고(Parsons, 1965: latent pattern maintenance) 동시화된 '같은' 시간(synchronized time) 속에 살고 있지만, 여전히 공존하고 있는 다른 역사적 시간들 속에서 그에게 주어진 서로 다른 역할을 수행하고 있다.(Brose, 2004: 16-17)

를 주었다. 1930년대 미국에서 출발한 대공황의 물결이 유럽대륙으로 번지게 되자, 근대와 전근대 사이에서 모호한 위치에 있던 독일 농민들은 절망적이 되었으며, 쁘띠 부르주아지들은 파산하였다. 대공황은 독일에 여전히 전자본주의(pre-capitalist)의 유령이 많이 남아 있다는 것을 일깨워 주었다. 그러나 전간기 독일은 프랑스에 비해 저발전된 나라가 아니고 자본력이 화산처럼 폭발하고 있는 나라였다. 전간기 바이마르 독일에서는 전자본주의의 시간과 역동적 '현재' 자본주의의 시간이 동시에 공존하고 있었다.(Bloch, 1977: 22-30)

'비동시성(non-simultaneous)'은 마르크스가 이미 《정치경제학비판》에서 불평등발전(unequal rate of development)과 불균등발전(uneven development)이라는 용어로 개념화한 바 있다. 그러나 마르크스는 《자본론》 1권에서 자본, 자본주의의 재생산이 이루어지기 위해서는 상품 생산과정에서 모든 생산요소들의 동시성(synchronicity)이 필수적으로 요구되는데, 만약 자본주의의 '가치의 법칙(law of value)'이 지배하면 동시성은 자발적으로 이루어진다는 낙관론을 폈다. 유작인 《그룬드리스(*Grundrisse*)》〔1939(1858)〕에서도 마르크스는 상품생산과 교환의 원활한 재생산을 위해 동시성은 시간적으로 뿐 아니라 공간적으로도 반드시 일어나야 하며, 따라서 "시간에 의한(다양한) 공간적 거리의(필자) 괴멸(annihilation of space by time)"은 필연적이라고 주장했다. 말하자면 자본주의가 보편적으로 발전하기 위해서는 비동시성을 야기하는 시간적 지체(time lag)뿐 아니라 공간적 거리라는 장애물들이 없어져야 한다는 것이다.

블로흐는 마르크스가 '비동시성의 동시적 공존 현상'을 보지 못한 것은 마르크스가 자본주의를 대체하는 혁명에만 관심이 있었지, 끊임없는 원초적인 노예화, 폭력적 야만성, 착취, 군사주의, 봉건주의의 잔재 등 퇴영적 퇴폐주의가 자본주의라는 근대적인 이념적 요소에 내재한다는 사실을 등한시했기 때문이라고 주장했다. 블로흐는 마르크스가 이야기한 바와는 반대로 근대적 자본주의 시간에 의해 다양한 퇴영적 전근대 시간들이 괴멸되지 않았다고 이야기한다. 블로흐는 마르크스가 "낡은 사회주의 운동들이 가지고 있는 문제들을 경시하고, 잘못 해석하였으며, 사소한 문제"로 만들어 버렸다고 지적한다.(Bloch, 2000: 244)[18] 이러한 이념(idea)의 힘에 대한 유물론자 마르크스의 불신은 그의 혁명이론이 단순한 이론에서 실천(praxis)으로 발전하는 데 장애요인이 되었다는 것이다.(Durst, 2004: 174)

마르크스 사후 상품생산과 교환에서 요소들 간의 '동시성' 테제가 도전을 받은 것은 우연이 아니다. 블로흐가 대표적인 비판자였다. 《우리 시대의 유산(*The Heritage of Our Times*)》(1932)에서 블로흐는 동시적 그리고 비동시적 모순들 간의 다시간적(multi-temporal), 다공간적(multi-spatial) 변증법을 체계적으로 설명하였다. "모든 사람들이 똑같이 '지금(Now)'에 살고 있지 않다."(Bloch, 1935: 97) 젊은 세대, 가난한 농민, 새로이 궁핍화된 중산계급은 전자본주의 시간의 맥박, 비축물로 보인다. 이런 전자본주의 사람들은 '지금'의 자본주의자들(capitalist Now)과 모순적 관계에 빠질 수밖에 없다.(Durst, 2004: 184) 결국 블로흐의 비동시성 이론에 의하면, 역사는 '오픈 북(open book)'과 같은 것이다. 역사적 드라마는 과거, 현재, 미래의 시간을 매우 급진적으로 단절적, 파편적 그리고 비예측적인 방식으로 해결하지 못하는 모순을 열어 놓는다는 것이다. 블로흐는 마르크시즘뿐 아니라 자유주의적 근대화론자들이 주장하는 역사의 동시성, 연속성, 통합성, 예측 가능성을 거부하였고, 대신 다양한 근대화가 있을 수 있다는 '다중적 근대화(multiple modernities)' 시간의 가능성을 열었고, 공간적으로도 '비동시성'은 국가 사이에만 나타는 것이 아니고, 루터(Luther)와 같은 '개인, 그리고 파시스트와 같은 '집단' 내부에서도 나타날 수 있다는 것을

18 최근(2013년) 진보당 내란음모사건은 가장 근대적인 노동계급 정당이어야 할 진보당의 퇴영적인 전근대성을 드러내었다. 몇 백 명의 진보당원들이 장난감 총으로 국가를 전복하겠다는 '혁명놀이'를 하였다는 사실은 그들이 노동계급정당이라는 근대에 살고 있지 않고 퇴영적인 전근대와 퇴폐적인(decadent) 탈근대의 다중적 시간에 살고 있다는 것을 보여 주고 있다.

예견하였다.[19]

블로흐의 비동시성의 동시성은 '후기 마르크시스트', 그리고 '포스트 모더니스트들'에게 많은 영향을 미쳤다. 알튀세르와 발리바르 그리고 플란차스와 같은 구조주의 마르크시스트들은 '후기 자본주의(late capitalism)'에서 '동시성'을 특징으로 하는 마르크스의 '근대'가 사라졌다고 보면서 "불균등 발전의 법칙(law of uneven development)"을 이야기했다. 이들의 주장은 자본주의하에서 여러 층위들이 불균등하게 발전하는 것은 불가피하다는 것이다. 왜냐하면 자본주의가 발전하기 위해서는 완전히 자본주의화되지 않은 시대착오적인 저발전된 구 세력이 생존하고 온존해야 그들에 대한 착취가 순조롭게 이루어지기 때문이라는 것이다. 알튀세르와 발리바르는 *Reading Capital*(1970)에서 서로 다른 생산양식의 공존은 마르크스가 이야기한 대로 더 진보된 생산으로 동시화(synchronization)되기 위한 목적론적(teleological) 전진이 아니라, 복수의 생산양식이 공존하는 과도기적 현상으로 이해해야 한다고 주장했다. 그리스 출신 정치학자 플란차스는 영토적, 그리고 역사-문화적 전통에서 기원하는 사회문화적 차이는 '불균등 발전'을 낳고, 역사적 시간의 불균등은 분화되고, 다양하게 분류되며, '민족'이라고 부르는 독특한 공간에 영향을 준다고 하면서,(Poulantzas, 1978) 그러한 차이(블로흐의 비동시성)는 글로벌 자본주의 발전의 전제조건이라고 하였다. 플란차스는 마르크스의 예측과는 달리 이러한 비동시적 자본주의가 위기에도 불구하고 살아남을 뿐 아니라 더욱 발전하는 것은 '자본주의 국가'가 이러한 다양한 요소들을 묶고, 조정하고, 규제하여 다양한

19 '현재' 자본주의자(capitalist Now)와 비슷한 '현재' 프로테스탄트로 루터(Luther)가 있다. 루터는 교황의 억압적 권위로부터 농민들의 내적 자유를 혁명적으로 옹호했지만, 내적 자유는 군주의 의지(will of prince)의 외적 자유에 대한 복종, 항복에 의해서 달성된다고 하면서 1520년대의 독일 농민전쟁에서 군주의 편에 섰다. 루터는 인간 정신의 자율성을 획득하기 위해 정치권력에 대한 맹목적 복종과 타협한 것이다.(KnK, 565) 이는 종교적 근대시간의 창시자 루터에게도 전근대적 시간과 근대적 시간이 공존하는 비동시성의 동시성이 있다는 것을 보여 준다.(Durst, 2004: 177)

요소들이 '다양성 속에서 통일된 행동'을 하게 하여 마르크스가 이야기한 '동시성'을 이루게 함으로써 가능하다는 네오 마르크시스트 국가이론을 제시하였다.(Poulantzas, 1974)

포스트 모더니스트들도 비동시성을 진지하게 이야기하였다. 포스트 모더니스트인 제임슨(Frederic Jameson)은 말하기를,

> 모더니즘은 사회발전의 불균등성과 독특하게 일치하는데 이는 에른스트 블로흐가 이야기한 '비동시성의 동시성(simultaniety of the non-simultaneous or synchronicity of the non-synchronous)' 현상의 일종이다. 이는 급진적으로 서로 다른 역사적 시간들이 공존하는 현실로서 수공업자들과 대규모 재벌 카르텔이 공존하고, 농민들이 크룹(Krupp: 독일 최대의 철강재벌)의 공장 부지 또는 더 멀리 미국 포드 자동차 공장에서 '경작'을 하는 현상을 말한다.(Jameson, 1991: 307)

제임슨은 포스트 모더니즘의 도래와 함께, 모더니즘의 비동시성은 표준화, 동질화, 다국적화를 특징으로 하는 포스트 모더니즘의 '동시성'에 의해 대체된다는 역설적 주장을 하였다. 포스트 모던이라는 말은 과거의 생존, 잔여, 찌꺼기, 박물관에나 들어가야 할 유물들을 흔적도 없이 쓸어 버려야 한다는 의미를 가지고 있다는 것이다. 포스트 모던 시대에 과거는 사라져야 하는 것이다. 그와 함께, 전근대의 찌꺼기들 즉, '과거에 대한 공유된 감정, 역사적 집단적 기억을 되살리자'라는 민족주의적 구호도 사라져야 하는 것이었다.

그러나 건축학에서는 '과거'를 재건축, 복원하겠다면서 다시 전근대가 부활하여 현재로 이관하려 하는 기도가 시도되고 있고 성공하기도 한다. 탈근대 시간인 현재, 모든 것은 조직되고 계획된다. '자연'과 함께 농민, 쁘띠 부르주아 상인, 수공업자, 봉건 귀족, 제국 관료들도 역사에서 지워지고 있다. 제임슨과 같은 포스트 모더니스트가 이야기하는 현재의 포스트 모던 시간은 사실상 동질적으로 근대화된 시간이다. 이제 더 이상 비동시성의 동시성에 당황해 하지 말고, 서구의 시각에서 보는 발전 또는 합리성이라는 '거대한 시계' 내에서 동일

한 시간에 도달했다고 봐야 한다고 제임슨은 주장한다. 그래서 제임슨은 모더니즘은 '미완성의 근대화'라는 특징을 갖고 있고, 오히려 포스트 모더니즘이 모더니즘보다 더 '모던(근대적)'하게 되었다고 주장한다.(Jameson, 1991: 319-310)

비동시성의 동시성의 개념을 만든 블로흐는 전간기의 바이마르 독일을 자신의 비동시성의 동시성 개념의 원형 사례로 보고 있다. 당시 바이마르에서는 전근대적 융커 권위주의, 프러시아화된 독일 민족주의, '비기독교적 권력숭배', '1789년 프랑스혁명의 정치적 이상을 비인간적 조롱', '근대적 바이마르 민주주의', '꿈틀거리고 있는 나치 전체주의', 그리고 '아방가르드(avant-garde)', 표현주의(Expressionismus),[20] 다다이즘(dadaism, 허무주의), 초현실주의(surrealism)[21] 등의 1930년대의 ' 포스트 모던 시간'과 같은 비동시적 역사적 시간들이 동시적으로 공존, 혼존하고 있었다.(Bloch, 1985: 517ff) 말하자면 전간기 바이마르 독일은 블로흐의 '비동시성의 동시성'의 이념형을 보여 주고 있었던 것이다.[22] 블로흐는 1930년대의 유럽에서 제국주의의 확장으로 전자본주의의 '낡고 잔여적인(archaic or residual)' 사회관계가 극복된 것이 아니고 근대 자본주의 관계는 포괄적이지만 제한적이고, 복잡하고 단절적인 전체의 일부분일 뿐이라고 주장하면서, 1930년대의 유럽 자본주의 사회를 '세계시장으로 발전한 근대 자본주의'에 의해서 '통합된 총체(integrated totality)'로 보는 루카치(Lukacs)의 관점

20 짐멜(Georg Simmel)은 '표현주의'를 주체의 내적 감정을 즉각적으로 표현하려고 갈망하는 예술 운동으로 정의하면서, '표현주의자들'은 '전통적' 예술 관행의 제약으로부터 자신을 자유롭게 하려고 열망한다고 했다.(Simmel, 2002: 172)

21 초현실주의(surrealism)도 근대적 자본주의에 의해 통제되지 않는 탈근대 시간인데, 표현주의와 다른 점은 근본적으로 모호하고, 비영속적인 '진정한' 표현주의(genuine expressionism)라는 것이다.

22 트로츠키는 《영구혁명(*The Permanent Revolution*)》에서 상이한 민족으로 구성되고 짜르가 지배하는 절대주의 국가이면서 기본적으로 농업사회이면서, 표트르 대제부터 시작된 산업화가 여러 도시에서 급속도로 진행되고 있으나, 외국자본에 의존하고 있고(대외종속성), 부르주아지는 차르 국가의 후견하에 발전하고 있는 한계로 인해 정치적으로 취약하였다. 그 결과 1917년 러시아는 원시적 농업생산과 반봉건 국가와 근대산업사회와 결합한 낡은 시대착오적 문화가 지배하고 있었다고 러시아적인 비동시성의 동시성을 이야기하였다.(Trotsky, Leon, D., 2007)

을 비판하였다.

필자는 비동시성의 동시성 개념은 선발 산업화 국가보다는 후발 산업화 국가에 더 유용하다고 본다. 블로흐의 개념이 '선발 산업화 국가'로서 이미 '발전되고', '근대화된' 서구의 자본주의적 민주주의 국가보다는 후발 산업화 국가로 출발하여 공격적, '단축적', '돌진적',(한상진, 1995; 이병천, 2003) 압축적(compressed) 산업화로 근대화의 단계를 단축하여(telescoping) 서구를 단시일 내에 '따라 잡으려는(catch-up)' 한국과 같은 2세대 후발 산업화 국가나, 태국, 말레이시아, 인도네시아와 같은 3세대 후, 후발 산업화 국가(late, late industrializers)에 잘 들어맞는다고 생각하여 한국 근대화 연구에 차용하려 하는 것이다.

4. 서구와 독일의 근대화에서 나타나는 비동시성

블로흐의 비동시성 개념이 후발 산업화 국가인 한국에의 적용 가능성을 살펴보기 전에 서구의 선발 산업화 국가들의 사례를 먼저 살펴볼까 한다. 서구의 경우, 먼저 유혈적 종교전쟁의 소용돌이를 마감하는 베스트팔렌조약이 1648년에 체결된 이후 주권(sovereignty)을 가진 영토국가들(territorial states)의 근대국제체제가 베스트팔렌 체제라는 이름으로 출범하였고, 이 체제하에서 대외적 주권을 확보한 국가들 간에 근대국가 건설(state building) 경쟁에 들어가게 된다. 프랑스를 이념형으로 볼 때, 프랑스의 절대군주들은 전쟁을 수행하기 위해 필요한 관료 충원, 징세기구, 상비군을 근대적인 형태로 만드는 '국가 건설'에 들어갔고, 프랑스혁명이 일어나자 반동적 유럽 군주들이 프랑스혁명을 진압하기 위해 프랑스로 침입하자 프랑스 내의 여러 종족들은 서로 간의 차이를 넘어 "우리는 모두 다 같은 "프랑스 민족(French nation)의 일원"이라는 구호 하에 '라 마르세예즈(La Marseillaise)'를 부르면서 용병들을 이끌고 온 유럽 군주국들의 군대를 격파하였다. 근대 민족건설(nation building)이 이루어진 것이다. 민족건설이 이루어진 후 산업화의 선두 주자인 영국을 따라잡기 위한 '산업화'가 추진되었고 19세기 중반에 이르면 프랑스는 영국을 따라잡게 된다.

민주화는 산업화와 거의 동시에 추진되었는데, 이전과 달리 국민 모두가 동원된(국민개병제) 프랑스혁명과 나폴레옹전쟁에 민족(국민)의 일원으로 참가했던 노동자, 농민, 무산자들이 고향으로 돌아오면서 귀환자들은(returnees) 같은 민족의 일원으로서 정치적 권리, 즉 투표권을 요구했고 영국보다 먼저 보편적 투표권이 부여되면서 민주화가 일어났다. 서유럽 국가 간에 편차는 있을 수가 있으나 서구의 근대화는 대체로 이념형적 사례인 영국과 프랑스가 걸어온 바와 같이 단계적으로, 장기적인 시간을 거쳐, 전근대를 청산하면서 진행되었기 때문에 블로흐가 이야기하는 비동시성의 동시성의 양상이 나타나긴 했지만 그렇게 두드러지게 출현하지 않았다.

반면에 독일은 비동시성의 출현을 극명하게 보여 준다. 독일은 '유럽 내에서의 제3세계'였고, 1871년 1월에서야 통일을 이룩해서 국가건설이 완료되었고, 여전히 오스트리아와 같은 동일한 독일 민족을 배제한 채 소독일주의에 의한 '결손' 통일(defective unification)을 이루면서 국가건설이 바로 민족건설로 이어지지 않았다. 그래서 게르만족의 혈통주의와 과거 게르만족의 신화에 근거한 독일 민족주의가 출현하였고 이에 근거하여 독일 민족을 만들려고 함으로써 이웃나라와 불화, 반목, 전쟁을 하게 되었다. 홉스봄(Hobsbawm)이 이야기한 "민족주의가 민족에 선행하며", "민족은 민족주의가 만든 인공물(artifact), 발명품(invention), 그리고 사회공학(social engineering)의 산물"이라는 말이 프러시아 독일보다 더 잘 들어맞는 사례가 드물다.(Hobsbawm, 1994)

독일이 영국과 프랑스를 따라잡기 위해 공격적으로 근대화를 추진하는 과정에서 제1차 세계대전이 일어났고, 패전하면서 승자인 서구 1세대 근대화 국가들이 강요한 '가장 선진적인 민주헌법'인 바이마르 헌법에 의해 통치되는 바이마르 민주주의가 외삽적으로 들어섰으나, 전근대적인 독일 민족신화, 위로부터의 권위주의적 근대화, 독일 권위주의의 습속(folklore, mores) 등 '프러시아화된 독일(Prussified Germany)'의 전근대적인 시간은 여전히 살아남아 독일의 바이마르 민주정부를 불안하게 했고, 이를 틈타 히틀러의 나치가 스물스물 불만에 가득한 대중 속으로 스며들었다. 나치즘 자체가 비동시성의 동시성의 독일적 표현이었다.

동시에 비록 단명에 그쳤지만 그러한 혹독한 정치적 현실 속에서 표현주의, 다다이즘(dadaism), 초현실주의, 아방가르드 운동 같은 전간기 포스트 모던 시간이 공존하고 있었다. 나치는 당시 독일 사회주의자들이 비판한 것처럼 시대착오적인, 박물관에 들어가야 할 정도로 낡고 광신도적인 종교적 광란이 아니라 독일 민족신화의 기억을 되살리는 '원시성(primitiveness)'과 민주주의를 전복하려는 반동성과 국가사회주의적 산업화를 추진하는 근대성, 정통성 있는 유토피아의 맥박을 결합하여 독일 중산층을 매료시켰다.

그러므로 독일의 진보적 사회주의자들이 해야 했던 일은 비합리적이고, 고고학적이고 낭만적인 신화, 반자본주의에서 나오는 혁명적 환상을 버리고, 프롤레타리아트 요소만 강조하고 있는 '공산주의'의 이름 자체를 완전히 동시대적으로 대개조하고 피폐해진 중산층을 끌어들이며, 대중의 가슴과 마음을 빼어 올 수 있는 대안적 이데올로기를 개발하여 바이마르 독일 자본주의의 '비동시성의 모순'을 해결해야 한다고 블로흐는 주장했다. 그리고 이러한 비동시적 역사적 시간, 문화와 정치가 동시적으로 존재하는 바이마르의 모순적 공존을 표현하기 위해 블로흐는 '비동시성의 동시성' 개념을 만들었다.

5. 주변부 근대(peripheral modernism)에서 나타나는 비동시성

필자가 비동시성 개념을 사용하는 것은 단지 비동시적 시간들이 동시에 공존하는 '비정상적인(anomaly)' 현상을 묘사, 설명하기 위한 것이 아니라, '비동시성의 동시성'을 야기한 모순들의 분석을 통하여 '비정상적으로'높은 경제성장,

한강의 기적을 이루면서 동시에 유례없는 억압적인 기술관료적 통치를 했던 군부 권위주의가 개발연대와 유신시대 이후 5공 군부정권하에서도 지속되었던 비정상적 상황을 설명하는 것은 물론이고, 어떻게 1987년의 민주화 이후에도 전근대적인 가부장주의, 가산주의(patrimonialism), 지역주의가 근대적인 자유민주주의 내에 강고하게 온존, 잔존하여 한국 민주주의의 발전을 지체시켰는가를 분석하기 위한 것이다.

유신시대에 일어난 '한강의 기적'을 비롯한 기적으로 불리는 여러 기적들은 '기적적으로(miraculously)' 일어난 것이 아니고 거기에는 엄격한 사회과학적 인과관계의 법칙이 적용된다. 따라서 우리는 역사 속에서 구조와 문화적 결정성뿐만 아니라 그러한 구조적, 문화적, 경로의존적 제약하에서 역사를 만들어 가는 행위자의 선택을 중시해야 한다.[23]

비동시성을 초래하는 데 있어서 구조나 문화보다 행위자의 선택을 중시한다면, 블로흐가 이야기한 '객관적 비동시성(objectively nonsynchronous)'보다 '주관적 비동시성(subjectively nonsynchronous)'에 주목해야 한다.(Bloch, 1977: 31) 주관적 비동시성은 행위자가 현재(Now)를 원치 않고 그냥 단순히 휴면상태(torpidity)에 들어감으로써 발생하는 비동시성의 모순을 이야기하는 반면, 객관적 비동시성은 과거 시간의 잔재들이 객관적으로 현존하고 있는 비동시성이다.(Bloch, 1977: 31)[24]

---

23 마르크스는 《루이 보나파르트의 브뤼메르 18일》에서 "인간은 자신의 역사를 만든다. 그러나 그들은 자신이 원하는 대로 만들지는 않으며, 자신이 스스로 선택한 환경하에서 만들지도 않는다. 인간은 기왕에 존재하고 있거나, 과거로부터 주어지고 전승되어 온 환경하에서 역사를 만든다"(Men make their own history, but they do not make it as they please; they do not make it under self-selected circumstances, but under circumstances existing already, given and transmitted from the past)고 언명함으로써 역사 만들기에서 구조와 행위자의 선택 간의 관계를 명확히 하면서도, 구조적 제약하에서 자율적인 선택을 통해 역사를 만들어 가는 역사의 주 행위자인 인간을 강조했다. 《브뤼메르 18일》에서의 마르크스는 구조적 결정론자가 아니라 행위자의 합리적 선택론자로 보인다.[Marx(1963/ 1852)]

24 또한 블로흐는 주관적 비동시성은 과거 오랜 시간 동안 축적된 분노가 현재시간에서 '억압된 분노

바이마르 독일의 궁핍화된 중산층의 예를 들면, 그들은 내적 수준(inner level)에서는 '현재(the Now)'와 모순적 관계에 있으면서도 그들의 분노는 휴면 상태에 있었다(주관적 비동시성). 그러나 외적 수준(outer level)에서는 그들의 과거의 잔재가 '현재'로부터 소외당함으로써 그들은 추락하였다(객관적 비동시성).(Bloch, 1977: 31) 객관적 비동시성은 현재로부터 소외되어 있을 뿐 아니라 현재와 거리가 멀다. 그것은 자본주의에 의해 지양(止揚)되지 않은 '쇠퇴하는 잔재' 또는 '미완성된 과거(uncompleted past)'이다. 주관적 비동시성은 이러한 밖으로부터 주어진 객관적 비동시성을 활성화시킨다. 주관적 그리고 객관적 비동시성이 결합됨으로써 억압된 분노는 반란으로 왜곡되고, 객관적으로는 소외된 찌꺼기(left-over)의 존재와 의식이 된다. 구사회의 요소가 부활하여 구사회의 질서를 상대적으로 무질서한 현 사회에 세우고 구현하려 한다. 자연과 인간은 전통과 '현재' 자본주의 간의 객관적 모순으로 상호 대체되기보다는 상호 파괴된다. 그 모순은 전통과 '현재' 자본주의 간의, 그리고 아직도 죽지 않은 구 사회의 잔재들 간의 모순이다. 주관적 비동시성의 모순은 날카롭지 못하고 객관적 비동시성의 모순은 가시적이지 않다. 만약 객관적 동시적 모순이 '현재' 자본주의와 같이 동반성장하지 않는다면, 시대착오적인 야만과 기억이 위기로 표출될 것이고 객관적이고 혁명적인 모순에 대한 주관적 또는 객관적으로 반동적인(reactionary) 해답이 될 것이다.(Bloch, 1977: 32)

블로흐의 비동시성 이론은 바이마르 독일에서 지양되지 않는 과거의 찌꺼기는 '현재' 자본주의에 의해 소외되면서 궁핍화된 중산층과 같은 행위자들에 의해 시대착오적인 야만을 동반한 반동적인 재동시화의 추구, 즉 나치즘을 결과했다는 것을 설명해 준다.

(pent-up anger)'로 동면하고 있는 비동시성인 반면, 객관적 비동시성은 미완성된 과거의 쓰러져 가는 잔재들을 포함하고 있고, '현재'로부터 멀리 떨어져 있고 소외되어 있어서 아직도 자본주의에 의해 '지양(sublated)'되지 않은 비동시성으로 보고 있다.

근대화 이론과 비동시성 이론

블로흐의 비동시성 이론은 주류 근대화 이론의 역사관을 비판하고 바로잡는 데 유용하다. 근대화 이론은 사회를 전통사회와 근대사회로 이분법적으로 나누고 역사는 전통사회에서 근대사회로 진화론적으로 발전한다는 진화론적 역사 이론을 기본으로 하고 있다.[25] 따라서 역사의 경로는 원시사회에서 선진사회로 진화하는 단선적인(unidirectivnal) 길 밖에 없으며, 근대화는 진보, 인본주의, 문명이라는 가치를 대변하고 전통은 퇴보, 정체성, 야만을 의미한다. 근대화론자들은 근대가 전통보다 더 나은 상태, 바람직한 상태이기 때문에 단선적으로 추구해야 할 유일한 역사의 길이라 주장한다. 그런데 역사의 길에서 전통과 근대는 상호 갈등 상태에 있을 수밖에 없지만, 전통에서 근대로 가는 과정은 혁명적 과정이 아니라 수세기가 걸리는 장기적이고, 점진적이고, 일련의 단편적(piecemeal) 변화의 과정이라고 주장한다.(Alvin So, 1990; Rudolph and Rudolph, 1984)

이러한 근대화 이론의 역사관은 탈코트 파슨스(Talcott Parsons)의 구조기능주의에 기반을 두고 있다. 모든 사회체제(social system)는 유기체와 같다는 가정하에 유기체의 각 부분은 유기체 전체의 유지를 위해 각자에게 맡겨진 특정 기능을 수행해야 한다. 경제는 환경에의 적응 기능(Adaptation)을 수행해야 하고, 정부와 권력은 목표를 달성해야 하며(Goal attainment), 법, 제도, 종교는 사회통합(Integration)의 기능을 수행해야 하고, 가족과 교육기관은 기존의 가치체계의 유형을 유지(Latent pattern maintenance)하는 기능을 수행해야 한다(A.G.I.L. System).[26]

---

25 Tonnies의 Gemeinschaft와 Gesellschaft, Durkheim의 mechanical solidarity와 organic solidarity, Spencer의 military society와 industrial society, Weber의 patrimonialism과 bureaucratic rational legal society.

26 파슨스의 AGIL 모델. 구조기능주의에서 전통사회와 근대사회를 구별하는 가치 유형은 전통사회는 감정적(affective)이고 근대사회는 감정 중립적(affective neutral)이다. 감정적 가치는 개인적이고(personal), 정서적(emotional)이며, 면대면(face-to-face)의 직접적 관계의 가치이고, 감정 중립적 가치는 익명적이고(impersonal), 비정서적, 객관적(detached)이며, 간접적(indirect)이다.

블로흐의 이론이 비동시성 이론인 데 반해, 파슨스의 구조기능주의와 근대화 이론은 동시성 이론이다. 파슨스의 구조기능주의에 바탕을 둔 근대화 이론은 역사를 체제유지라는 '항상성'을 유지하려는 일련의 과정으로 본다. 파슨스에 의하면 사회체제는 유기체의 일종이기 때문에 '항상성(homeostatic equilibrium)'을 유지시키기 위해서 항상 상호작용한다고 주장한다. 사회체제 내의 각 부분은 사회를 변화시키기보다는 사회체제를 유지시키기 위해 항상 상호작용한다는 파슨스의 이론은 사회관계는 갈등하는 관계에 있기보다는 조화로운 관계에 있으며 안정되어 있고, 균형에 도달해 있다고 본다. 그런데 동시화된 사회체제에 변화를 주는 '교란 인자(factor of disturbance)'가 나타났을 때 일시적으로 체제가(부분적으로) 해체되는 '비동시화(desynchronization)'가 일어나나 곧 항상성을 유지하려는 사회 제 요소들의 움직임들이 결합되면서 '재동시화(resynchronzation)'를 통해 새로운 동시성이라는 균형상태에 도달하게 되고 사회체제의 각 부분은 재동시화된 체제를 유지하기 위해 다시 각자에게 맡겨진 기능을 수행한다는 것이다.[27] 그렇다면 블로흐의 비동시성 이론은 어떻게 근대화 이론과 구조기능주의에 타격을 가했는가?[28]

첫째, 블로흐의 비동시성 이론은 사회체제의 각 부분이 체제의 유지라는 항상성을 유지하기 위해 자발적으로 계속 노력한다는 구조기능주의의 항상성(homeostasis) 가정에 타격을 가했다. 비동시성의 동시성 이론은 근대사회가 근대의 시간으로 동시화되지 않고, 전근대 또는 전통의 시간의 찌꺼기가 남아 근대의 시간에 합류하고 있으며, 아방가르드와 같은 탈근대의 시간이 조숙하게

27 따라서 구조기능주의 이론은 변화와 혁명을 거부하고 현상유지(staus-quo)를 지향한다는 점에서 사회체제에 대한 보수적인 편견과 가정을 하고 있다.

28 블로흐의 비동시성 이론은 1930년대에 나왔고 '주류 근대화 이론'은 1950년대 말에서 1960년대에 나왔기 때문에 학설사적으로 "근대화론이 비동시성 이론을 기각했는가 아니면 지지하고 있는가?"를 보는 것이 정(正)의 인과관계론이 된다. 그러나 여기서는 학설사적이 아니라 근대화를 설명하는 이론들 간의 상호 관계를 보기 때문에 시간적으로 먼저 나온 비동시성 이론이 나중에 나온 근대화 이론을 어떻게 지지하고 기각하고 있는가를 보고 있다.

근대의 시간에 끼어들고 있는 모순적 시간이 존재한다는 사실을 알려줌으로써 근대화 이론과 구조기능주의의 동시화(synchronization) 역사관의 유효성에 의문을 던졌다.

둘째, 블로흐의 비동시성 이론은 역사적 시간을 근대와 전근대(또는 전통)로 이분화하여 항상 전근대 또는 전통의 시간에서 근대의 시간으로 진화한다는 이분법적 진화론적 역사관에 찬물을 끼얹었다. 전근대 시간의 잔존물이 근대 시간에 섞여 있고, 역으로 전통의 과거 시간에 근대의 요소가 숨어 있다면 모든 역사를 이분법적으로 자를 수 없을 뿐만 아니라, 전통에서 근대로 가는 것만이 진보라는 가정 역시 허구가 될 가능성이 크다. 블로흐는 진보 사관을 비판함으로써 헤겔만 비판한 것이 아니라 마르크스도 비판하였다.[29]

'긴 16세기(long sixteenth century)' 이후 서구에서 지배적인(dominant) 시간은 있었으나 동시화된 보편적인(universal) 시간은 없었다. 중심부의 시간과 주변부의 토착시간은 일치하지 않았고, 중심부 국가들 내에서도 시간의 격차가 있었다. 19세기 제국주의자들이 '백인의 의무(white men's burden)'라는 명분하에 주변부의 시간을 중심부의 시간과 동시화하려 했으나 제국주의자들의 동시화 노력은 인종주의와 오리엔탈리즘, 금융독점자본의 착취(레닌)를 더욱 강화시켜 제국의 본국 시간과 식민지 시간의 간극을 벌려 놓았을 뿐이다.

제2차 세계대전 후 냉전체제가 형성되고 자본주의 체제와 사회주의 체제 간의 경쟁이 심화되면서 자본주의 세계경제를 수호하는 역할을 맡게 된 초강대국 미국은 주변부의 전근대적 시간을 중심부 시간과 재동시화시키려 하였다.

29 역사를 자유의 실현 과정으로 보는 헤겔은 예나(Jena)전쟁에서 프러시아를 격파하고 승리한 나폴레옹이 말을 타고 예나에 입성하자 '저기 마상에서 시대정신(zeitgeist)이 지나간다'고 하면서 나폴레옹을 칭송하였다. 나폴레옹이 유럽에 자유를 실현시켜 줄 '마상의 영웅'이라고 믿었기 때문이다. 그러나 서구의 역사는 자유의 실현이라는 시대정신이 구현되는 방향으로만 가지 않았고, 나폴레옹은 자유를 구현하는 영웅이 아니라 자유를 억압하는 압제자로 나타났다. 그 결과 나폴레옹에 대한 저항 연합군이 워털루에서 승리하고 전 유럽 대륙의 시간을 프랑스혁명의 시간으로 동시화하려는 나폴레옹의 노력은 물거품이 되었다.

19세기 유럽의 제국주의 국가들이 했던 '백인의 의무' 역할을 새로운 제국인 미국이 담당하였다. 근대화 이론은 새로운 제국인 미국의 재동시화 전략의 사회과학적 표현일 뿐이다. 근대화 이론의 핵심은 주변부 국가들이 전근대에서 근대로 가기 위해서는 서구(미국)가 걸어왔던 길을 단선적으로, 단계적으로, 점진적으로 밟아서 서구의 중심부가 주도하는 세계시간과 동시화시켜야 한다는 것이다.

그러나 미국의 근대화 이론은 보편적인 이론으로 승격하지 못했다. 미국 중심의 근대화 이론에 맞서서 주변부에서, 특히 남미에서 '종속이론(dependency theory)'이라는 대항이론(counter-theory)이 나왔다. 종속이론은 근대화 이론의 낙관주의, 서구 중심주의, 단선주의를 비판하고, 근대로 가는 길은 서구의 길만 있는 것이 아니라 여러 가지 길이 있으며, 서구가 갔던 길을 맹목적으로 따라갈 경우 '저발전의 발전(development of underdevelopment)'(A.G. Frank, 1966)으로 빈곤과 억압이 악순환되는 저발전 상태를 다람쥐 쳇바퀴 돌 듯 계속 반복하게 된다는 비관주의를 표명하였다. 이와 같이 교조적 종속이론은 반드시 서구가 걸어갔던 길을 반복할 필요는 없다고 하면서 서구중심주의와 단계적 점진주의를 비판하고, 숙명적 저발전에서 벗어나기 위해서는 연속보다는 단절, 점진적 진화보다는 혁명을 주장하였다.(A.G. Frank, 1966)

비동시성의 관점에서 보면, 근대화 이론을 비판하는 초기 교조적 종속이론도 동시성 이론이다. 그런데 1970년대 이후 종속이론 내부에서 비동시성을 주장하는 분파가 출현하였다. '종속적 발전(dependent development)' 이론, '연관발전이론(associated development)', 관료적 권위주의 이론(bureaucratic authoritarianism)은 종속적 주변부에서도 종속적 산업화가 일어나 전근대와 근대라는 비동시성이 결합하여 억압적 발전, 권위주의적이고 외세 의존적인 근대화가 일어나고 있다고 주장하였다. '비동시성의 동시성'의 특징을 가지고 있는 '주변부 근대화(peripheral modernization)'는 서구의 근대화와 다른 '왜곡된' 근대화의 경로를 걸어갔다. 서구에서는 국가건설, 민족건설, 산업화, 민주화를 단계적으로 점진적으로 발전시킴으로써 근대화를 완결하고 근대화 시간의 하부 시간들을 재동시화시킨(특히 영국) 반면, 주변부 국가에서는 민족건설이 생략되거나 종족분쟁과 갈등이 지속되는 가운데 근대화가 추진되었고, 민주화 없는 산업화가 강압적으로 '위로부터' 추진되었다. 이러한 왜곡된 근대화의 결과는 재동시화(resynchronization)되지 않은 '결손 근대화(defective modernization)'였다. 민주화 없는 산업화, 민족건설 없는 국가건설, 민주화와 민족 파괴의 병존 등이 결손 근대화의 징후군이다.

그러나 1974년부터 불어온 민주화의 제3의 물결(Third Wave)은 '비동시성의 동시성' 테제에 도전한 국면적 세계시간(conjunctural world time)이다. 1970년대 중반 포르투갈의 카네이션 혁명(1974년)을 시작으로 불어닥친 민주화의 물결은 지중해의 권위주의 국가들을(그리스, 스페인) 민주화시키고, 남미로 번져 브라질, 아르헨티나, 페루 등을 민주화시키고 1986년에는 동아시아에 상륙하여 필리핀의 민주화(1986년)를 기점으로 한국, 대만, 태국, 인도네시아를 민주화시키고, 최종적으로는 1989년 동구 사회주의의 몰락과 함께 1991년까지 동구과 러시아로 이루어지는 유럽의 '제2세계' 전체를 민주화시킴으로써 산업화 시간과 민주화 시간의 비동시성을 극복하고 근대화 시간의 동시성을 실현시켰다. 민주화의 제3의 물결과 함께 '비동시성의 동시성' 테제는 힘을 잃고 글로벌한 차원에서 민주주의 시간으로 동시화될 것이라는 동시성 테제가 힘을 얻고 정치학에서 사라지는 것처럼 보였던 근대화 이론인 '신근대화(neo-modernization)' 이론으로 부활하였다.

그러나 민주화가 일어나고 공고화되고 있는 신흥 산업국가들의 후발 산업화의 시간은 보편적인 서구의 산업화의 시간과 일치하지 않을 뿐 아니라 산업화의 시간이 지연되고 지체되어 동시성을 보이지 않는다. 선진 산업화 국가들 들의 시간도 일치하지 않고 앵글로색슨 시간, 노르딕 시간, 라인 시간, 동아시아 시간으로 분화되어 있다. 더구나 1997년 동아시아 신흥 산업국가들에서 금융위기가 발발하고, 1990년대부터 시작된 일본의 '잃어버린 10년(lost decade)'이 그칠 줄 모르고 반복되자, 패권국가인 미국은 앵글로색슨 신자유주의 시간 외에 다른 산업화 시간을 허용하지 않겠다는 의지를 보여 주었다. 월스트리트, IMF, 미 재무성(Wall Street-IMF-US Treasury) 3각 콤플렉스가 정한 워싱턴 컨센서스로 불리는 단선적인 길만 허용되는 세계화의 시간이 시작되었다. 당분간은 신자유주의적 세계화 시간으로 동시화되는 듯했다. 그러나 2008년 글로벌 금융위기가 세계 자본주의의 심장부인 월스트리트에서 터짐으로써 유일의 패권국가 미국의 지도력에 상처를 주었다. 동시성의 테제는 다시 흔들리고 '자본주의의 다양성(varieties of capitalism: VOC)' 등 비동시성에 초점을 맞추는 정치경제이론들이 나오고 있다.

세계화 논쟁은 세계화 시대의 글로벌 자본주의가 다양한 자본주의의 시간을 동시화시키는 방향으로 갈 것인가, 아니면 다양한 비동시적인 자본주의들의 시간이 동시적으로 공존하는 방향으로 갈 것인가로 압축되고 있다.(Hall and Soskice, 2001) 2008년의 글로벌 금융위기는 신자유주의 모델이 유일한 세계화 모델이 될 수 없다는 것을 보여 주었다. 그러나 '옛것은 죽어 가고 있으나 새것은 태어나지 않았다'는 그람시의 이야기처럼 현재 세계시간은 신자유주의가 더 이상 유효한 보편적 자본주의의 시간이 될 수 없다는 것이 분명해지고 있으나 이를 대체할 새로운 보편적 시간이 나타나지 않고 있는 '비동시성의 동시성'의 시간이라는 것이 더욱 힘을 얻고 있다.

이 점에서 볼 때, 한국에도 현재 보편적 시간은 없다. 한국에서는 동아시아형 발전국가 시간, 미국형 신자유주의 시간, 그리고 노르딕 또는 독일형 케인지안 복지국가 시간, 미래형 IT 기반 탈산업화 시간이 동시적으로 공존하고 있다.

한국에서 '비동시성의 동시성' 또는 '동시화된 모순(synchronous contradiction)'은 블로흐가 이야기한 바와 같이, 전근대적 잔재가 소멸했는데도 불구하고 과거는 불완전하게 청산되었고, 근대적 시간으로의 억압적 집중, 동시화는 탈근대적 미래로 가는 데 장애물이 되고 있다.(Bloch and Ritter, 1977: 33) 말하자면 한국적인 특수 시간은 비동시성이 압축적 근대화에 긍정적으로 작용했다는 것이다. 비동시성이 불균등 발전을 가능하게 했고, 마르크스나 근대화주의자들이 이야기한 단선론적 발전과는 달리, 다공간적, 다시간적 모순에 기초한 불균등 발전, 불균등 발전을 통해 질풍노도와 같은 압축적 산업화를 달성할 수 있었다. 그러나 압축적 산업화는 비동시성의 동시성을 심화시켜 전근대와 왜곡된 근대의 찌꺼기를 탈근대시대에까지 이월시켜 한국 민주주의의 질적 심화에 커다란 장애가 되고 있고, 공감, 공유, 공존의 '자본주의 4.0시대'로(Kalestky, 2011) 한국 자본주의가 진화하는 것을 가로막고 있다.

제2장

한국의 근대에서 발견되는 비동시성 시간의 공존과 충돌

한국 역사에서의 비동시성은 전근대에서 근대로 넘어가는 시기부터 현재까지의 역사를 거치면서 많은 사례들 속에서 잘 나타나고 있다. 전근대에서 근대로 넘어가는 과도기적 시간에 성리학, 실학과 천주교, 개항을 주장하는 개화파와 방어적 민족주의자들의 위정척사론의 시간이 동시적 공존하면서 충돌한 사례, 일제하에서의 근대화와 전근대적 야만의 동시적 존재, 해방 후의 민족주의, 공산주의, 중도주의의 경쟁적이고 갈등적인 공존, 농지개혁 같은 건설적 근대시간과 함께 물적 파괴와 대량학살을 초래한 야만의 근대시간이 공존한 한국전쟁, 근대, 전근대, 탈근대가 공존한 압축적 근대화, 전근대적 가산주의와 근대 민주주의가 공존한 민주화 이후의 한국 민주주의, 국가 중심 자본주의(발전국가)와 신자유주의가 공존한 세계화 시대의 한국 자본주의 등 쉽게 찾을 수 있는 비동시성의 한국적 사례는 이 책에서 다룰 핵심 사례가 될 것이다.

비동시성의 동시성 사회에서 변화의 동력은 '동시화된 모순'의 변증법이다. 동시화된 모순의 변증법이 어느 시간으로 통합(동시화)되느냐에 따라 한국 근대사회는 퇴행, 현상유지, 발전 중 한 길을 가게 될 것이다. 민주화 이후 국가와 사회의 관용도가 높아지고 넓어지면서 동시화된 모순은 그만큼 커지게 된다. 높아진 관용도가 체제 안으로 진입이 허용되지 않던 반민주, 극우, 극좌, 복고적 권위주의 반체제 집단을 체제 내로 끌어들이게 되었고 극단적인 집단 간의 대치, 대결, 갈등이 결국은 민주주의의 근간을 흔드는 바람직하지 못한 결과를 초래하였다. 그러나 비동시적 시간 간의 충돌은 비동시적 시간의 동시화라는 통합 노력을 유인하기도 하여 과거 '사꾸라 문화'를 비난했던 비타협적 정치문화는 타협, 관용, 차이의 인정을 바탕으로 통합을 지향하는 중도통합 문화, 중용의 문화로 다시 부상하고 있다.

필자는 이 책을 통해 한국의 근대화 과정에서 발견하는 비동시성을 분석한다. 왜냐하면 한국의 사회시간(social time)이 전통에서 근대로 연속적으로 사회 각 부분이 균등하게 발전한 것은 아니고, 많은 부분이 불연속적이고 단절적으로 불균등하게 발전, 저발전, 재발전의 상이한 길을 걸었기 때문이다. 한국 사회에는 근대화의 거대한 구조적 변화에도 불구하고 전통은 끈질기게 공존했으며, 근대화와 전통은 항상 긴장과 갈등하였고, 일상의 규범과 가치를 파괴하는 근대화의 논리에 대해 전통은 거부와 저항으로 맞섰다.(안병직, 2002: 34-35) 비동시성적 모순의 변증법은 한국형 근대화를 설명하는 데 핵심적 개념이 될 수 있다. 그렇다면 한국의 '주변부 근대화' 과정에서 '비동시성의 동시성'이 어떻게 나타나고 있는가를 먼저 살펴보자.

블로흐의 비동시성의 개념이 바이마르 독일보다 더 잘 들어맞는 사례가 동아시아의 한국이다. 한국은 비동시성의 동시성 개념의 '유럽 중심주의'를 극복할 수 있는 좋은 사례이다. 한국은 후발 산업화 국가로서 근대화를 단축적, 압축적으로 추진하는 과정에서 전근대적 문화, 정치, 습속(mores)을 청산하지 못하고 근대에 서둘러 들어왔다. 그 결과 근대화의 4대 프로젝트인 국가건설, 민족건설, 산업화, 민주화를 압축적으로 달성했지만 전근대가 제대로 정리되지 않고 미완의 민족건설로 우리의 근대화는 '결손 근대화(defective modernization)'가 될 수밖에 없었다. 그렇다면 우리의 근대 시간의 비동시성의 특징은 무엇인가?

1. 한국 근대 시간의 특성

1) 다중적 근대(multiple modernities)

한국의 근대화의 시간이 비동시성적이 되면서 서구의 고전적 근대화와 다른 '결손 근대화'로 변형된 것은 무엇보다도 한국의 근대화 과정은 다중적 근대화(multiple modernities)의 양상을 보여 주고 있기 때문이다. 베버리안(Weberian) 사회학자 아이젠스타트(S. N. Eisenstadt, 2003)는 근대화의 길에는 서구가 걸어온 단선적 근대화의 길만 있는 것이 아니라 매우 다양한 '다중적 근대화'의 길들이 있었다고 주장했다. 배링턴 무어가 《독재와 민주주의의 사회적 기원》에서 이야기했듯이 서구 내에서도 다양한 근대화의 길이 있었고, 서구와 비서구의 근대화의 길도 달랐고, 비서구 내에서도 다양한 근대화의 길이 공존하고 있었다고 서술하였다. 또한 서구, 특히 스페인과 포르투갈의 식민지였던 남미에서는 서구의 근대화에 대항하는 그들 나름의 독자적인 '대안적 근대화'를 발전시켰고, 중국과 인도는 장구한 전통 속에 나름대로의 근대성이 내포되어 있는 '전통의 근대성(tradition of modernity)'(Rudolph and Rudolph, 1984)을 보유하고 있었다.

아이젠스타트의 주장과 같이 '근대'는 복수(plural, multiple)의 개념이고, 다양한 '근대화'의 길이 있다는 것을 받아들인다면,[30] 서구의 고전적인 근대화의 길을 가지 않았다고 아직 '주변부'의 나라들이 근대화되지 않았다고 단정하는 것은 오류이고 지나친 서구 중심적 근대화 개념이다.

한국은 1876년 강화도조약으로 '반주변부 국가'인 명치일본에 의해서 '강요된 근대화' 과정에 들어가기 전에는 중화권 내에서 선진 조공국으로서 서구와

30 슈미트(Volker H. Schmidt)는 문화적이고 문화 간의 차이에 주목하는 '다중적 근대화(multiple modernities)' 개념을 비판하고, 홀과 소스키스(Hall and Soskice, 2001)가 개념화한 '자본주의의 다양성(varieties of capitalism)' 개념에서 착안하여 제도주의적이고, 실질적이며, 단일(singular) 근대화 개념 속에서 다양한 근대화 클러스터들의 특징을 드러낼 수 있는 '근대화의 다양성(varieties of modernity)'을 대안적 개념으로 제시하였다.(Schmidt, 2006)

완전히 다른 역사적 시간 속에 살고 있었다.[31] 물론 조일(임진왜란), 조청(정묘, 병자호란) 전쟁 후 청나라에 볼모로 잡혀간 소현세자에 의해서 '서구의 근대 배우기'가 시작되었고, 그가 살해된 이후에는 실학을 배운다는 명목으로 북경으로 갔던 진보적이고 개혁적인 유학자들에 의해서 서구의 근대개념이 소개되고 서구 근대화를 따라 하자는 논의들이 있었으나 여전히 19세기 말까지도 조선의 역사시간은 기본적으로 중화문화권의 시간이었고 상층부 일부에서만 서구의 근대시간이 병존하는 다중적 근대화의 시간이었다.

그러나 서구와 일본의 함포외교의 위협하에 개항이 이루어지고 서구의 근대 시간이 외삽적으로 강요되었을 때, 보수적 개혁파들은 서구의 근대를 도구주의적으로 받아들이자는 움직임을 보였고(東道西器), 급진적 개혁파들(開化派)은 명치일본이 수입한 근대화를 받아들여 나라를 전면적으로 개조하자는 구호하에 갑신정변이라는 실패한 쿠데타를 벌였다. 두 움직임이 모두 진정한 서구의 근대, 근대화의 개념을 받아들인 것이 아니었고, 서구의 근대화 시간과 중화권에 속한 조선의 시간, 그리고 서구의 근대화를 외삽적으로 수용하여 반주변부적 근대화를 이룩한 명치 일본을 통해 간접적으로 수입된 근대화 시간을 결합하여 조선의 근대화를 이루려는 '결합된 근대화(combined modernization)'였다.

그러므로 한국에서는 병자호란 이후부터 블로흐가 이야기한 '비동시성의

31 조선(朝鮮)은 중화세계질서(中華世界秩序)에서 가장 높은 서열의 조공국이었고 그래서 중국이나 조선 스스로 소중화(小中華)라 불렀다. 중화세계질서는 동심원적 구조를 하고 있는 황제의 직접 통제하에 있는 내신(內臣)과는 달리 조선은 외신(外臣)으로 외부적으로는 황제의 신하이나(황제로부터 관작을 받음, 책봉국의 연호와 달력 사용, 세자, 왕비 승인) 내부적으로는 독자적으로 자신의 나라를 다스리는 독립왕국이었다. 외신은 조공국으로서 책봉국인 중국과 수직적이면서 호혜적인 동맹관계에 있었는데, 책봉국은 조공에 대한 대가로 조공국의 안보를 보장하는 동맹체제였다. 중화질서세계의 바깥에는 중화체제에 속해 있지는 않으나 중화체제에 들어오는 것이 허용된 일본과 같은 절역조공국(絶域朝貢國)과 중국 황제의 지배력이 못 미치는 적대국으로 독자적 세계를 형성하고 스스로 황제를 자칭하며 조공관계를 맺지 않는 거란, 여진, 몽골, 왜구, 만주와 같은 인대국(隣對國)이 있었다.(배기찬, 2005: 53-61)

동시성' 현상이 나타났다고 이야기할 수 있다. 중국(청)을 통해 들어오긴 했지만 서구적 근대, 근대화의 맹아가 생겨났고 꾸준히 자라나고 있었으며, 서구 근대화주의자(실학파, 천주교인들)를 철저하게 탄압하고 억압했던 근본주의적 성리학자 관료들의 붕당인 노론이 있었고, 그리고 개항 이후에는 일본과 러시아의 근대화 모델을 수입해야 한다는 반주변부 근대화 모델을 주장하는 엘리트들이 자생적으로 출현하였다. 한말에는 서로 다른 역사적 시간에 살고 있는 제 정치세력과 그들의 담론들이 동시적으로 경쟁하면서 공존하는 '주변부적 비동시성'의 시간이 동시적으로 존재하고 있었다.[32]

이와 같이 비동시성 개념과 다중적 근대화의 개념은 '식민지 근대화론'이라는 이름으로 한국 근대화가 일본 제국주의에 의해 시작되었으며 한국 근대화는 일본 근대화의 '자손(offspring)'이라는 왜곡된 한국 근대화 시각을 극복할 수 있게 해 주었다. 우리는 오래전부터 서구의 근대화와는 다른 근대화 개념을 갖고 있었으며, 서구의 근대화 개념의 맹아도 조선 말, 구한말, 또는 일제 식민지하에서 나온 것이 아니고 왜란과 호란이라는 거대한 사회적 변혁이 일어난 한국의 '긴 16세기(1568-1659년: 선조-효종)'에 청나라로 볼모로 잡혀간 조선 사람들이 심양에서 그리고 북경에서 서구의 근대화와 조우하면서 시작되었다는 이야기가 더 그럴 듯하게 들리고 실제로 이를 증거해 줄 물증과 자료가 존재한다.[33]

32 임란 이전의 조선에서 다양한 역사적 시간이 허용되지 않았다. 조선시대에는 성리학이라는 하나의 이치로써 모든 것을 꿰뚫는다는 一以貫之만이 허용되었다. 一以貫之는 《논어(論語)》 〈위령공편(衛靈公篇)〉에서 공자가 "나는 많이 배워서 그것을 모두 기억하는 것이 아니라, 하나로 모든 것을 꿸 뿐이다"라고 하였고, 증자(曾子)가 〈이인편(里仁篇)〉에서 "공자님이 꿰뚫으려고 하는 도는(一貫之道) 충(忠)과 서(恕)일 뿐이다"라고 했다. 조선조에서는 고려에서처럼 '다양한 원리로 모든 것을 꿰뚫는다'는 多以貫之는 허용되지 않았다. 단 하나의 역사적 시간 즉 성리학의 시간만이 존재하고 있었다.

33 소현세자는 병자호란에서의 패배로 청제국의 당시 수도인 심양에 볼모로 잡혀갔는데, 소현세자와 그 일행은 1644년 심양에서 예수회(Jesuit) 선교사이자 기상청장이던 아담 샬 신부와 교우하면서 서양의 '근대' 과학, 사상, 종교를 알게 되었고, 소현세자는 심양에서 학습한 '근대'를 조선에 도입하여 조선을 근대국가로 만들겠다는 꿈을 키웠다. 소현세자가 귀국 시 아담 샬은 천주교 서적 외에,

일본 제국주의에 의한 조선의 합병과 강점, 그리고 명치일본의 군국주의적 근대화 개념을 한반도의 한국인들에 강요함으로써 우리의 근대화는 과거와 단절되고(조선시대에 자생적으로 일어난 근대화 개념), 서구의 고전적 근대화의 길에서 한참 벗어난 파행성을 면치 못하였고, 무엇보다도 '전통의 근대성(modernity of tradition)'이 말살된 채 전통사회의 뿌리가 송두리째 뽑힌 채(uprooted) 인구의 상당 부분이 수백 년 동안 살던 정든 고향을 떠나 타지로, 만주로, 일본으로 방출되거나 징용되거나, 도주 또는 피신형 이주를 하게 됨으로써 제1세대 디아스포라 한국인을 형성하였다. 박정희 정권은 1960년대와 1970년대에 이러한 '식민지 근대화'를 우리 근대화의 이념형으로 설정함으로써 우리의 근대화는 돌진적이 되었고 프러시아와 명치일본에서 일어난 '위로부터의 혁명'을 통한 권위주의적 산업화는 피할 수 없는 우리 근대화의 길이 되고 말았다. 식민지 근대화 논쟁은 탈근대에 접어들고 있는 이 시점에까지 계속되고 있고, 탈근대의 시대에 '식민지 근대화'를 이야기한다는 것 자체가 시대착오적이며, 우리의 미래 세대를 잘못된 근대화의 길로 오도할 가능성이 크다.

2) 다양한 근대(varieties of modernity)

한국의 근대는 다중적일 뿐 아니라 다양했다. 한국 민족은 세계에서 가장 동질적인 민족이나, 한민족의 구성원인 한국인들은 비동시적인 다양한 문화와 가치를 내면화하고 있다. 한국인들은 근본주의적(fundamentalism)이면서 순응주의적(conformism)인 동시에 개인주의적(individualism)이고 쟁투적(contentious)이

천문, 산학 등의 과학서적, 여지구를 선물했고, 소현세자는 많은 서구에 관한 서적과 이방조, 장삼외 등 중국 천주교 신자인 환관과 궁녀를 데리고 왔다. 그러나 소현세자의 꿈은 성리학 근본주의자들과 노론 기득권 세력이 소현세자와 측근들을 제거함으로써 무산되었다. 소현세자가 아담 샬과 교류한 때가 1644년이었는데 이는 일본이 미국 페리 제독에 의해 강제 개항된 1853-1854년보다 200여 년이나 앞선 시간이었다. 만약 소현세자가 청에서 배운 '근대' 지식을 가지고 개항을 했으면 조선은 일본보다 훨씬 먼저 근대화되었을 것이다. 소현세자의 죽음은 조선의 근대화 시간에서 최대의 사건이다.(이덕일, 1997: 153-163; 이덕일, 2007: 202-203)

다.(임혁백, 2011c)

먼저 한국인들의 근본주의적인 성향은 종교와 이데올로기에서 발견할 수 있다. 한국의 종교는 외부로부터 유입된 종교가 강하게 정착·발전했다. 불교, 유교, 기독교 등의 한국의 주류 종교는 모두 한국이 낳은 자생적 종교는 아니지만 한국에서 가장 활성화되었다고 할 수 있다. 불교는 신라시대에 당나라로부터 유입되었는데 신라에서 가장 융성했다. 고려시대에 유입된 유교는 조선조에서 국가 이데올로기로 정착하였고, 신유교주의(neo-confucianism: 성리학)는 이퇴계와 이율곡에 의해 최고 수준으로 발전되었다. 서구로부터 유입된 기독교는 현재 전 세계적으로 가장 큰 교회들이 한국에 있을 정도로 양적으로 발전하였다.[34] 한편 북한도 소련으로부터 받아들인 스탈린주의를 김일성 주체사상이라는 스탈린주의의 가장 극단적인 형태로 발전시켰다. 이렇듯 많은 종교와 이데올로기가 한국에서 가장 크게 발전하였으며 '갈 데까지 가는' 근본주의적 성향까지 보여 주고 있다.[35]

또한 세계에서 가장 동질적인 한국인들은 순응주의적(conformism) 성격이 강하다. 한국은 국민(demos)과 종족(ethnos)이 일치하는 동질적 국가(homogeneous country)이다. 이러한 민족적 동질성은 사회적 순응주의를 강화하는 기제로 작용했다. 하버드 대학의 페어뱅크(Fairbank) 교수 역시 한국이 가장 민족적 동질성이 강한 나라로 보았다.[36]

그러나 동시에 한국인들은 개인주의적이고 평등주의적(egalitarian)이며, 쟁투적(contentious)이다. 한국인들은 동아시아 3국 중에서 가장 강한 평등주의

34 전 세계 20개 대형 교회 중 13개 교회가 한국에 있다.

35 그런데 근본주의와 명분주의가 이분법적 대결구도를 형성하기도 하지만 또한 동시에 다양한 대안적 조직이 관용되는 다원주의적 정치문화이기도 하다.

36 페어뱅크(John King Fairbank, 1973) 하버드 대학 동양학 교수는 한국이 가장 동질적인 국가로 알려진 일본보다 더 동질성이 강한 나라로 보았다. 한국과는 달리 일본에는 60만의 한국인이 있기 때문에 일본의 민족적 동질성이 그만큼 한국보다 떨어진다는 것이다.

적 성향을 갖고 있는 국민이다. 한국인들에게는 소위 '정주영 신드롬'이 있는데 해방시간에 월남한 한 노동자가 한국 제일의 재벌 총수가 된 성공 스토리에서 한국의 서민과 샐러리맨들은 '나도 정주영처럼 성공할 수 있다(Can Do Spirit)'라는 영감을 얻었다. 이러한 평등주의적 성격으로 인해 한국인들은 끊임없이 자신의 지위를 향상하려는 노력을 한다. 그리고 이러한 평등의식이 한국인으로 하여금 가장 짧은 시간 안에 놀라운 압축적으로 산업화를 달성할 수 있는 견인차 역할을 하였다.

한국인들은 개인주의적이며 쟁투적(contentious)이다. 루시안 파이는 한국인들을 '동양의 아일랜드인(Irish of the East)'이라고 불렀다. 한국인들은 아일랜드인들처럼 공적인 권위에 순응하나, 순응하는 만큼 국가나 공공권력이 수퍼맨처럼 자신의 모든 일을 해결해 주기를 바란다. 그리고 사적인 인간으로서 한국인들은 권위를 존중하는 스타일이 아니고 자신의 권리를 전투적으로 방어하려 한다. 그래서 파이는 한국인들을 동아시아에서 가장 '공격적인 유교주의자(agrresive Confucians)'라고 불렀다.(Pye, 1985: 216-228)[37] 한국인들은 종속성(dependency)과 강한 주창성(主唱性, assertiveness)의 비동시성을 갖고 있는 것이다.

한국인들의 쟁투성(爭鬪性, contentiousness)은 일제 식민지 시대에서도 발현되었다. 한국인들은 외부 영향에 쉽게 동화되는 순응주의적 속성을 갖고 있으면서도 자신의 고유한 영역을 침범당했을 때 강한 저항으로 맞서는 성향을 동시에 갖고 있다. 일본의 식민 지배하에서 한국은 일본의 식민지들 중에서 가장 저항적인 식민지 백성이었다. 일본은 한국의 전략적·경제적 중요성 때문에 식민지 국가들 중에서 가장 강한 강압정책을 실시하였는데 그럼에도 불구하고 한국은 대만과 달리 동화되지 않고 강하게 저항하였다.(Meyers and Peattie 1984)

37 파이는 한국이 유교의 종주국인 중국보다 더 '유교적'이라고 평했다.(Pye, 1985: 223)

또한 권위주의 산업화 시기에도 한국 노동자들은 비슷한 상황에 있었던 대만의 노동자보다 훨씬 강력하게 노조를 조직해 일본에 저항하였다. 고도로 억압적인 유신 시대와 5공 군부독재 하에서도 한국인들은 노조를 조직하고 목숨을 내던지는 극한적인 저항을 하였다. 정주영 신드롬은 자연스럽게 나온 것이 아니다. 한국의 자본가들도 쟁투적이었다. 한국의 기업가들이 '위험을 감수하는(risk-taking)'(Pye, 1985: 220)[38] 슘페터적인 기업가 정신을 가지고 공격적 투자를 했는데 다행히도 박정희의 발전국가 모델과 우호적인 국제경제 환경과 맞아 떨어지면서 '재벌'이 되었고 한국의 산업화를 성공시킨 것이다. 위험을 감수하는 정신은 기업가들에게만 발견되는 것이 아니고 한국 국민들 특히 한국 엘리트들의 행동에서 나타난다.(Pye, 1985: 217) 한국인들은 식민, 분단, 전쟁, 혁명, 쿠데타, 유신독재, 외환금융위기와 같은 재난을 겪으면서 생존하여 산업화와 민주화라는 근대화의 두 프로젝트를 성공시켰다. 이러한 한국인들의 기적적 성공의 배경에는 재앙적 역사 속에서 '재난 신드롬(disaster syndrom)'을 경험하면서,(Wolfenstein, 1957) '조용한 아침의 나라'의 은둔의 왕국의 전근대적 '백성'에서 쟁투적이고 공격적이며 개인주의적인 '근대인'으로 변신하여 공격적으로 근대화를 추구한 결과이다.

이러한 한국 문화의 이중성은 한국인 내부에 근대와 전근대적인 비동시적 시간을 내장시켰다. 김영명 교수는 근대 한국인들 내부에 비동시적인 시간들이 동시적으로 존재하고 있다는 사실을 발견하였다.(김영명, 2011) 김영명 교수는 한국인들 내부에 획일성과 다양성, 집중성과 평등주의, 조급성과 느림의 문화와 같은 비동시성적 시간이 동시에 공존하고 충돌하고 있다고 주장한다.

첫째, 한국인들은 일상생활에서나 이념에서 남이 나와 똑같아야 안심이 되는 획일성의 문화를 가진 민족이다. 한국인들의 획일성이 근대의 시간이 시작되

38 클리포드도 공격적 기업가들이 한국 산업화의 세 주역(기업가, 관료, 장군) 중 첫 번째 주역이라고 이야기한다.(Clifford, 1994)

었을 때 위정척사를 명분으로 쇄국정책과 같은 서구에 대한 배타적 정책으로 개항의 시기를 놓치게 했다. 반면에 일제가 패망한 뒤에는 새로운 세계 패권국가인 미국에만 의존해야 한다는 획일적인 사대주의를 집단적으로 신봉함으로써 한국의 평화와 번영을 실현할 수 있었으나 균형 잡힌 대외정책을 수립할 수 없었다. 획일성의 문화는 한국인으로서의 정체성을 세우고 똑같은 한국인들끼리 단결할 수 있는 힘의 원동력이 될 수 있었으나 자유민주주의를 확립하는 데 필요한 다원주의 문화를 이식하는 데 장애가 되었다.

둘째, 한국인들의 중앙 집중성은 세계적이다. 헨더슨은 한국의 정치는 중앙인 서울에서 소용돌이치는 '소용돌이의 정치'로 불렀다.(Henderson, 1968) 모든 권력, 부, 교육기관, 문화가 서울에 집중되어 있는 나라가 한국이고 중앙집권 정치, 재벌집중 경제, 서울 집중 교육과 문화의 한국을 낳았다. 그러나 한국인이 가지고 있는 다른 대항적인 문화인 평등주의와 평등화의 문화가 부, 권력, 교육, 문화의 지나친 편중을 막는 방파제의 역할을 하고 있다.

셋째, 한국은 '빨리빨리'의 나라로 불릴 정도로 조급성의 문화가 지배한다. '빨리빨리'의 문화가 60, 70년대의 '압축적 산업화'를 가능케 했고, 21세기에 들어서서 속도전을 방불케 하는 빠른 혁신, 신상품 개발과 적응력을 요구하는 IT 산업에서 한국인들이 세계적 경쟁력을 갖게 해 준 요인이기도 하지만, 빨리빨리의 조급성 문화는 한국인들의 냄비근성을 키웠다. 행정을 졸속으로 하고, 대형 건축물과 토건사업을 대충대충하여 대형 참사를 불러오기도 했다. 정치제도적으로도 헌법과 제도가 정착하고 제도화될 '제도적 시간(institutional time)'을 주지 않고 정치적 문제만 생기면 제도를 바꾸자, 헌법을 개정하자는 조급성이 튀어나오는 나라가 한국이다. 이제 '역동적인 한국(dynamic Korea)'도 좋지만 빨리빨리 문화에 대한 대항문화가 될 수 있는 '느림의 문화'를 이식해야 압축적 근대화 이후의 한국을 선진국으로 끌어올릴 수 있다.

결론적으로, 한국인들의 내면에는 획일성, 순응성과 쟁투성, 조급성이 공존하고 있고, 중앙집중성과 중앙 집권주의와 평등주의, 개인주의, 다양성과 같은 다양한 비동시성적 시간들이 공존하면서 충돌하고 있다.[39] 이러한 한국인들 내부에 내재하고 있는 '다양한 근대성'은 한국의 근대화 시간을 단축시켰지만 근대에서 탈근대로 진입하는 데 있어서는 장애요인이 되고 있다.

3) 강한 지정학적 비동시성

지정학적으로 볼 때, 한국의 근대화에서 외부 세력의 결정력이 너무 강했다는 특성이 공간적인 비동시성의 동시성을 초래하였다. 일찍이 오토 힌체(Otto Hintze)는 외정(foreign policy, external politics, war-making)의 중요성을 강조하면서, 전쟁 수행(war-making)을 위한 재정기구, 관료기구, 조세기구, 상비군 체제를 갖추는 과정에서 국가가 형성(state-making)되었다고 주장하였다.[40] 프러시아 역사정치학파의 대표 격인 힌체는 외정과 내정의 상호결정론(codetermination)을 주장하면서 내전이든 국제전이든 상관없이 전쟁의 중요성을 강조하였다.(Hintze, 1968) 한국은 근대화 과정에서 구한말에 이미 청일전쟁, 러일전쟁의 전장(戰場)이 됨으로써 외부 세력에 의한 '왜곡된 개방'의 길을 가게 되었고, 일제하에서도 일본의 대동아전쟁의 주 병참기지가 되어 파행적 근대화의 길을 겪을 수밖에 없었으며, 해방 후 내전과 국제전이 결합된 한국전쟁도 대한민국의 근대화에 지대한 영향을 미쳤다.

특히 한국전쟁은 전후 국가건설의 틀을 설정하고 국가건설의 속도를 가속화시켰다. 그러나 서구의 근대화 과정에서 국가건설이 민족건설('근대 국민만

39 한국인들의 심성에 내재하고 있는 획일성, 근본주의, 순응주의 등은 한국에서만 발견되는 독특한 정치문화가 아니고 중동, 동구의 종족과 종교에 바탕을 전근대적 권위주의 국가의 국민들 내에서도 흔히 발견되는 정치문화이다. 필자가 강조하는 것은 한국인의 정치문화에는 이러한 전근대적 정치문화 특성과 함께 개인주의, 쟁투주의, 평등주의와 같은 비동시적인 근대적 정치문화가 동시적으로 공존하고 있고, 이러한 비동시적 정치문화가 한국의 압축적 근대화의 동력이 되었다는 것이다.

40 C. Tilly, M. Mann, T. Skocpol 등 네오 베버리안들도 동일한 주장을 하고 있다.

들기')로 이어졌던 것과는 달리, 한국에서는 국가건설이 분단국가 건설로 파행적으로 이루어져 기왕에 존재하고 있는 민족을 파괴하는 결과를 가져왔다(nation-destroying).

한국에서의 비동시성이 외부적 요인 특히 전쟁에 의해 결정되었다는 주장은 놀랄 일이 아니다. 병자호란에서의 패배로 볼모로 잡혀간 소현세자가 귀환하면서 조선에서 근대 시간의 도입이 시도될 뻔 했으나 당시 기득권 노론세력에 의해 무참히 억압되었고, 영정조 시대에 실학파와 천주교도들이 서구의 근대화 시간을 도입하는 데 적극적이었으나 정조 사후 천주교도들은 무참히 살해되었고, 유교질서의 테두리 내에서 서구 근대화의 시간을 도입하려던 실학파들도 몰락하였다. 조선에서의 비동시성은 억압되고 다시 근본주의적 유교의 시간으로 동시화되었고, 동시성은 대원군의 쇄국정책까지 이어졌으나, 서구 제국주의의 마지막 사냥감이었던 조선은 결국 서구 열강과 근대화된 주변부 국가인 명치 일본에 의해 '밖으로부터의 근대화(modernization from outside)'를 강요당하면서 다시 비동시성의 시간이 복원되었다.

청일전쟁과 노일전쟁은 조선과 대한제국이 전쟁의 당사자가 아니라 전장(戰場)이 된 사건이었다. 그 결과 외부로부터 강요된 개혁, 경장이라는 이름의 근대와 이에 저항하는 전근대적 왕정수호운동, 근대적인 독립운동, 농민운동 같은 비동시성의 시간이 공존, 충돌하였다. 노일전쟁은 조선을 둘러싼 제국주의 전쟁의 최종 승자가 일본 제국이라는 사실을 확인시켜 주었고, 일본은 한반도 수탈과 중국 대륙 병참기지 건설을 위한 '주변부 근대화'를 '식민지 근대화론'이라는 이름으로 그럴듯하게 포장해서 한반도에 상륙시켰다. 일본 제국주의가 패망한 뒤, 미국이 한국을 냉전체제의 전초(전방초소, outpost) 국가로 만드는 데 후견국가의 역할을 담당했으나 1950년 6월에 발발한 유혈적인 내전인 동시에 국제전인 한국전쟁을 피할 수는 없었다. 한국전쟁 이후 비동시성은 강화되었다. 북한에서는 공산주의의 시간이 남한의 자본주의의 시간과 대립하고 있었고, 남한 내에서는 전근대적 가산주의, 근대적인 자유민주주의, 그리고 미국에 의해 수입된 '아메리카니즘'이라는 당시의 한국의 역사적 시간으로 볼 때 '탈근대적'이라 할 수 있는 시간이 공존하고 있었다.

2. 한국의 비동시성과 블로흐의 비동시성 비교

1) 비동시성의 원인 1 — 계급 대 경제 외적(extra-economic) 담론

블로흐는 전간기 바이마르 독일의 비동시성을 초래한 원인으로 계급 간의 시간 격차를 들었다. 블로흐는 바이마르 독일에서 정통 마르크시스트들과 루카치가 주장하는 것처럼 근대 "자본주의의 발전으로 자본주의적 동시성으로 동질화"되는(Lukacs, 1971) 변증법이 일어나지 않고, 농민과 융커 토지귀족들, 도시 부르주아지와 노동자들, 그리고 아방가르드와 표현주의자들이 각각 전근대, 근대, 탈근대의 시간에 살고 있는 비동시성을 목격하면서 루카치의 '통합된 총체성'의 구현으로서의 자본주의적 근대사회의 동시성을 인정하지 않았다. 그런데 블로흐가 바이마르 독일에서 발견한 것은 바이마르 독일 내부의 현존하는 계급간의 시간 격차로 일어난 비동시성이었다.

그런데 한국에서 비동시성을 초래한 것은 원인은 블로흐가 이야기하는 계급 간의 시간 격차도 있지만 '식민지적 근대화', '변방적 근대화, '외삽적 근대화(imposed modernization from outside)'라는 말에서 보듯이 한국 역사의 국면마다 계급 간의 격차로 일어난 비동시성보다는 해방 전의 일본 제국주의와 해방 이후의 아메리칸 임페리움이라는 외부 요인이 내부적 계급요인보다 더 크게 작용하였다. 그런데 한국인들에게 근대를 가져다준 외세들의 기본적 이익은 고전적인 제국주의의 경제적 이익(식민지 수탈)과 달랐다. 한국에서의 일제와 미국의 핵심 이익은 정치적, 군사적, 전략적 이익이었고, 경제적 이익은 부차적이었다. 그러므로 한국에서 중심적인 비동시성은 경제외적(extra-economic)인 지식인들, 대학생들, 독립운동가들, 외세부역자들 간에 동시적으로 일어난 비동시성이었고 이러한 비경제적 요인에 의한 비동시성의 특성은 유신, 5공 군벌독재, 80년대의 민주화, 3김 시대와 그 이후의 탈근대적 시기에도 뚜렷이 나타났다.

2) 비동시성의 원인 2 — '느림의 시간' 대 '속도전의 시간'

블로흐의 비동시성과 한국의 비동시성의 원인을 비교하면서 찾을 수 있는 차이점은 상기한 '비경제적'인 담론과 외정(外政)의 압도적 영향력 외에도 '근대화의 속도'이다.[41]

물론 블로흐는 계급 간의 불평등 발전과 지역 간의 불균등 발전이 비동시성의 원인이라고 지적하였지만 근대화의 속도가 비동시성을 초래한다는 데에는 주목하지 못했다. 바이마르 독일이 당시 영국과 프랑스에 비해서는 반주변부 근대화 국가이었지만 주변부 근대화를 하고 있었던 한국에서 보면 서구 중심부의 핵심 근대국가였다. 위로부터의 산업화를 통해 선발 산업국가인 영국과 프랑스를 1870년대에 이미 따라 잡았으나 근대화 시간을 과속으로 추진하면서 이웃 나라들과 충돌하여 패전(제1차 세계대전)하고 난 뒤에 벌어진 비동시성이었다.

반면에 한국의 한국 근대화는 처음부터 외삽적으로 강요되었고, 해방 후에는 시혜적으로 주어져서 자생성이 결여되어 있었고, 미국의 선물이 끝난 뒤에는 계속 '따라잡기' 근대화로 돌진할 수밖에 없었다. 따라서 바이마르 독일과는 달리, 한국의 근대화는 가장 빠른 시간 내에 서구와 일본을 따라잡는 '속도'가 중요하였다. 그래서 많은 한국 근대화 연구자들은 한국 근대화의 시간을 정상적인 근대화의 '단계를 생략하고 뛰어넘어(skipping)', '단축한(telescoping)', '압축적인(compressed)' 근대화로 부른다. 분단, 전쟁과 냉전과 같은 외적 요소가 북한의 사회주의 정권의 토지개혁과 비슷한 성격의 급진적 자유주의 농지개

41 블로흐의 비동시성과 비교해 볼 때, 한국의 '비동시성'을 특징짓는 요소 중의 하나는 '근대화의 속도(speed)'이다.

혁을 단시일 내에 완결지음으로써 500년 동안 한국사회를 지배해 온 양반 지주계급이 소멸하였다. 때문에 한국에서는 도시 중심의 산업화를 시도하는 근대화 세력에 저항할 수 있는 계급이 남아 있지 않게 되었다. 군부 쿠데타 세력이 주도한 근대화는 군대문화의 특징인 속도전, 돌진성, 상명하달의 위계적 정치문화를 한국사회에 내장시켰다. 압축적 산업화는 비동시적 역사적 시간의 동시적 공존과 선택적 친화력(elective affinity)이 있었다. 속도전에 의해 추진되는 압축적 산업화는 전근대의 시간을 청산하지 못한 채 근대화의 핵심 프로젝트인 산업화의 시간으로 들어서게 했고, 수출 지향적 산업화는 서구의 선진문화와의 접촉, 수입을 급증시켜 한국에도 미국과 영국의 비틀즈와 같은 당시로 보면 '탈근대적'인 아방가르드 문화의 기수들이 장발 가수의 모양을 하고 통기타 문화, '청년문화(한완상)'를 꽃피움으로써 한국에서 유신독재라는 폭력적 근대의 정점에서 때 이르게 평화적인 '탈근대'의 시간을 도래시켰다.

전근대적인 농촌을 개조하자는 '새마을운동'이 전국적으로 반관반민의 형태로 일어났다는 사실 자체가 근대화가 급속하게 압축적으로 진행되던 시기에 아직 대부분의 사회는 전근대의 문화를 내장하고 있었고, 이러한 전근대적 문화의 잔존이 근대화 속도전에 장애물이 된다고 판단한 근대화의 아버지 박정희는 전근대의 청산 역시 속도전 방식으로 추진하려 하였다. 수백 년 내려온 초가지붕을 걷어내고 산업화의 부산물이자 찌꺼기인 형형색색의 플라스틱 '스레트' 지붕으로 바꾸었다. 그러나, 전근대의 유물은 쉽게 걷어낼 수 있었으나 전근대의 문화는 걷어낼 수 없었다. 많은 전근대의 문화가 잔존하고 있었고 실제로 압축적 근대화를 돌진적으로 추진하던 근대화 한국을 작동케 하는 소프트웨어였다.

이와 같이 한국에서의 압축적 근대화는 전근대의 시간을 잔존시킨 채 빠르게 진전되었으나 한국을 서구에 개방시키고, 서구의 아방가르드 문화의 수입을 앞당겼다. 압축적 산업화에 필수적으로 수반되는 문화적 스트레스는 통기타 문화, 청년문화와 같은 탈근대문화가 때 이르게 상륙하게 하는 촉진제였다. 압축적 산업화가 전근대를 온존시킨 채 서둘러 진행되었고, 압축적 산업화의 스트레스가 탈근대적 아방가르드 문화를 조기에 수입하게 한 역설적인 유인 요인이었다. 전근대, 근대, 탈근대의 시간이 '조국 근대화'를 내걸고 '5000년의 가난'에 찌든 농촌을 완전히 개조하고, 무작정 상경한 청년들을 '근대적인' 산업 프롤레타리아트로 개조하는 근대화 시간의 한복판에 전근대 시간의 찌꺼기가 온존하고 있었고, 탈근대 통기타 가수들이 생맥주 홀에서 아방가르드 청년들의 환호를 받고 있었다. 한국에서는 전형적인 '비동시성의 동시성'의 시간이 '근대화의 아버지' 박정희가 '조국 근대화'를 압축적, 돌진적으로 추진하던 그 시점에서 정점을 찍고 있었다.

압축적·근대화로 상징되는 속도전은 한국의 근대화 시간에 비동시성의 요소를 양산한 주요인이다. 그러나 전간기 바이마르 독일에서는 이러한 속도전적인 근대화가 일어나지 않았고 19세기와 20세기에 걸쳐 비스마르크와 빌헬름 황제가 독일 민족통일, 산업화, 복지화, 그리고 제국주의 경쟁을 숨가쁘게 벌이다 제1차 세계대전을 유발하고 패전국이 되어 바이마르 독일로 전환하여 근대화의 속도를 조절하면서 반성하는 시간을 보내고 있었다. 블로흐는 빌헬름 프러시아 황제가 독일민족통일, 산업화, 복지화, 그리고 제국주의 경쟁을 숨가쁘게 벌이던 '속도전의 시간'이 패전 후 바이마르 공화국 시대에 들어서서 '느림의 시간'으로 바뀌면서 '속도전의 시간'에 숨죽이고 있었던 모순들이 튀어나왔고 이들이 바이마르 독일의 비동시성의 시간을 형성하였다고 이야기한다. 반면에 주변부적 근대화를 추진했던 한국에서는 시간을 단축하고 역사적 단계를 뛰어넘는 압축적 근대화가 시도되었고 전근대적 요소들을 억압하려 했으나 시간이 없었고 오히려 지배 엘리트들은 과거의 전근대적 요소를 불러와 자신들의 지배를 합리화하고 영구적으로 지속시키려 했다. 근대의 시간에 지배 엘리트들의 '과거 불러오기'는 대항 엘리트의 반발을 불러왔고 그러한 대항 엘리트들의 반발이 청년문화와 같은 탈근대 현상으로 나타났다. 요약하자면 바이마르 독일에서 비동시성을 관찰한 블로흐는 속도의 중요성을 간과했으나 한국에서는 근대화의 '속도'가 비동시성적인 시간들의 출현에 핵심적이었고, 한국에서 나타난 속도의 요소는 비동시성 이론의 발전에 기여하였다.

제2부

한국의 '긴 20세기'에서 발견되는 다중적 시간들

제3장

한국의 '긴 20세기' 개괄

1. 한국 근대 시간의 전사(前史)

조선 후기 영정조 대의 '진경시대'부터 시작된 비동시성의 현상은 역설적으로 한국 정치와 사회를 풍부한 충분히 연구할 만한(researchable) 가치가 있는 사례로 만들었다. 비동시성적 현상은 한국을 독특한 전근대의 역사(전국적으로 중앙집권적 권력구조라는 근대적 가산제적 상황(patrimonialism))하에서 정작 중앙에서는 신권이 왕권을 압도하는 전근대적 봉건제(feudalism)가 공존하는 비동시성이 있었고, 개항 국면에서 전근대의 지속을 주장하는 '위정척사파(衛正斥邪派)'와 일본을 통해 간접적으로 서구의 근대를 급진적으로 수입해야 한다는 개화파(開化派)의 시간이 충돌하면서 공존하는 '비동시성'이 있었다.[42]

역사는 항상 연속, 단절, 연속으로 이루어져 있다. 우리가 일제 강점기에 일제라는 외부 세력에 의한 파행적 근대화를 이해하기 위해서 우리는 한국 근대 시간의 전사(前史)라고 할 수 있는 조선 후기 사회의 정치, 경제, 문화체제로 거

42 우리는 임진왜란과 정묘·병자호란이라는 두 전쟁을 치른 후에 조선의 주자학적 시간이 근본적으로 변화했다는 사실을 알고 있다. 그러나 우리의 국사학자들이나 정치사학자들은 조선 후기의 비동시성의 동시성을 이해 못하면서 연대기적 역사 서술, 근대화론의 단선적 역사관, 제국주의적 역사관, 낡은 것을 고집하는 근본주의 성리학으로 조선 후기부터 일제 강점기에 이르기까지 한국 역사를 총체적으로 서술하려는 무리를 범하고 있다. 이 모든 역사관과 역사 서술은 조선 후기의 역사를 '부분적'으로 설명하고 분석해 낼 수 있으나 '부분이론(partial theory)'으로서의 한계를 극복하지 못하고 있다.

슬러 올라가야 한다.

근대화와 관련해서 조선 후기 사회를 보는 눈에는 두 가지 시각이 있다. 민족주의사관은 조선의 국가는 강력한 유교학자 관료집단으로 구성된 중앙집권적인 국가였고, 중앙정부가 지방을 강력하게 통제하고 있었으며, 중앙정부에 권력이 집중되었으며, 중앙정부는 효과적으로 징세, 징병, 징출할 수 있는 능력이 있었다고 하면서 근대 유럽의 절대주의 국가에 못지않은 근대성을 보유하고 있었다고 주장한다. 그리고 경제사적으로 볼 때 병자호란 이후 청에 볼모로 갔던 학자 관료들이 돌아오고 천주학이 도래하면서 서구의 과학기술이 수입되어 영조와 정조의 진경시대에는 도쿠카와 막부가 지배했던 에도시대의 일본과 겨룰 수 있을 정도의 경제적 근대화가 이루어져 있었다는 것이다. 이러한 후기 조선의 근대적 성격을 이론화한 것이 교조주의적 성리학을 개혁하여 실사구시의 근대화에 맞게 개조하려 했던 '실학'이었고, 많은 실학연구가들은 실학에서 조선 후기의 근대화의 맹아를 발견하였다고 주장한다.

반면에 제임스 팔레 교수와 그의 문하생들은 조선 후기의 국가는 국내의 지배계급과 외부 세력으로부터의 압력에 취약한 '약한 국가'였고, 중앙뿐만 아니라 지방에서도 국가가 양반으로 불리는 토지귀족에 의해 지배되고 있었다고 주장한다.(Palais, 1976) 후기 조선 사회에서 국가와 양반으로 불리는 토지귀족은 농업 잉여를 차지하기 위해 경쟁하였고, 관료들은 더 이상 조선 전성기의 학자관료가 아니라 토지귀족의 필요에 적응하고 이를 충족시키려 하는 봉건관료였다. 조선 후기 관료들은 왕의 영지를 관리하는 중앙집권국가의 가신도 아니고 가산제 국가의 가산관료(patrimonial bureaucracy)도 아니었다. 말하자면, 조선 후기의 관료국가는 '강한 국가'가 갖추어야 할 양반 지배계급으로부터의 자율성과 추출능력이 부족하였다. 조선 후기의 계급구조는 양반이라는 귀족 '신분'과 사적 토지소유 '계급'이 결합한 지배계급과 평민으로 구성된 구조였고, 양반은 유럽의 봉건귀족(feudal nobility)과 비슷한 신분과 경제력을 지니고 있었다. 이러한 강력한 토지귀족계급이 지배하는 구조하에서 노론이라는 '붕당'이 일당 지배체제를 수립하여 권력을 독점하고 중앙정부를 장악하여 농민에 대한 수탈을 강화하였다. 그 결과 조선 말기에 농민들의 민란이 일어났고, 중앙정부가 약화되어 외세의 침입에 취약하게 되었다. 커밍스는 조선 말기 토지귀족의 국가 잠식이 외세에 대한 국가의 대응 능력을 감소시켰다고 주장한다.(Cumings, 1981)[43]

팔레학파와 민족주의학파 간의 논쟁에서 우리가 발견할 수 있는 것은 조선 후기 사회에도 비동시성의 동시성이 존재하고 있었다는 것이다. 조선왕조는 임진왜란, 정묘·병자호란에도 불구하고 600년 이상 '장기지속(longue duree, Braudel)'하였다. 조선왕조가 장기지속했다는 사실은 조선왕조의 끈질긴 생명력을 보여 주는 것이고 조선왕조의 국가는 서구의 근대국가가 갖추어야 할 덕목과 제도, 군주의 리더십, 학자관료들의 팔로워십, 과거를 통해 선발한 근대적인 관료기구, 중앙과 지방의 소통기구,(임혁백, 2012) 근대화된 징세, 징병, 징용, 전시 징발 제도를 갖추고 있었다. 이는 후기 조선을 '약한 국가, 강한 토지귀족'을 가진 전근대적 봉건제 또는 가산제 국가로 규정하는 팔레학파의 주장이 근거가 약하다는 것을 보여 준다.[44]

---

43 팔레학파의 문제점은 그들이 가장 열렬한 식민지 근대화론의 지지자라는 사실이다. 토지귀족계급에 의해 약화된 국가는 외세의 침입에 취약할 수밖에 없어서 자연히 그 당시 조선을 둘러싼 제국주의 경쟁에서 승리한 일본의 식민지가 될 수밖에 없었는데, 제국주의 일본에 의해 '밖으로부터의 근대화'와 '위로부터의 근대화'가 동시에 이루어졌다는 것이다. 대한제국을 근대화시킨 일본이 가장 선진적인 제국주의가 아니라 최후의 제국주의 대열에 합류한 반주변부 국가였고, 따라서 대한제국이라는 주변부 국가는 반주변부 국가에 의해 '근대화'되는 '주변부 근대화의 길'을 걷는 파행을 보였다.

44 헨더슨은 고려왕조, 이씨조선왕조, 일제 식민국가에서 해방 후 근대국가에 이르기까지 한국의 국가는 중앙집권국가(centralized state)였고, 권력, 경제, 문화가 서울에 지나치게 집중된(concentrated) 국가이며 조선왕조에서 해방 후까지 모든 사람들이 중앙의 권력을 차지하기 위해 피나는 투쟁을 벌이는 '소용돌이의 정치(politics of vortex)'가 전근대에서 근대까지 일관되게 지속된 한국 정치의 특징이라고 주장함으로써 팔레의 '연약한 조선국가' 주장을 부정하는 책 *Korea: The Politics of Vortes*를 팔레의 *Politics and Policy in Traditional Korea*가 출판되기(1976년) 전인 1968년에 출판했다. 헨더슨의 책은 한국 정치론의 교과서였고 미국과 한국에 널리 읽혔는데 팔레가 헨더슨의 책에 대한 피상적 언급만 했을 뿐 심층분석을 통해 핸더슨을 극복, 비판하지 않았

그렇다고 후기 조선 사회를 근대사회로 보아야 할 결정적 증거는 없다. 근대화의 4대 필수 프로젝트인 국가건설, 민족건설, 산업화, 민주화 중 근대화된 국가건설이 있었을 뿐 다른 3대 프로젝트는 국가에 의해서 시도되지도 않았고 시민사회 내에서 자생적으로 시도된 움직임도 강력하게 억압되었다.

후기 조선 사회는 전근대와 근대 중 어느 하나도 결정적이지 않으며 이 두 조류가 혼합되어 한국 근대화의 전사(前史)를 만들어 내고 있다고 보아야 할 것이다. 19세기에 천주교와 서학(西學)과 같은 근대의 시간이 소현세자의 후예들, 실학파, '천주쟁이들'에 의해 전파되기 시작한 것을 보면서 후기 조선은 조용히 전근대의 시간에 머물러 있던 '조용한 아침의 나라(朝鮮)'도 아니고 '은자의 왕국(Hermit Kingdom)'도 아니었다. 후기 조선은 근대의 시간을 향해 꿈틀거리고 있었던 '아침의 나라'였다.

그러나 후기 조선은 전근대에서 벗어나지 못하고 있었다. '천주쟁이들'을 수만 명 학살한 사건은 세계 종교학살에서 기록되어야 할 대사건이자, 지배층이 '서학' 즉 근대화를 정면으로 거부한 사건으로 조선의 근대화를 백 년 이상 지체시켰다. 그리고 산업화와 민주화가 시도되지 않음으로써 삼남에 민란이 일어나고, 급기야는 동학농민혁명이 일어났다는 사실은 지배세력이 근대화의 핵심인 산업화와 민주화를 추진할 의지와 능력도 없었다는 것을 보여 준다. '3정의 문란(三政의 紊亂)'[45]으로 진주민란을 비롯한 농민반란이 3남지방(경상, 전라, 충청)을 휩쓸었고, 마침내는 대규모의 농민전쟁인 갑오 동학농민혁명을 불러일으켰다.

다는 것은 이상한 일이다. 커밍스는 조선국가가 중앙에서는 강력했고, 지방에서는 약했다는 절충론을 편다.(Cumings, 1981: chap. 1) 아마 팔레학파의 일원이었던 인연이 작용하지 않았나 생각된다. 헨더슨과 팔레의 조선조 말기의 국가 논쟁은 후기 조선조 국가가 가산제와 봉건제가 결합되어 있는 비동시성을 띠고 있었다는 것을 보여 주고 있고 이러한 비동시성이 조선조의 멸망과 한국의 일제 식민지화로 이어지는 역사적 경로를 이해하는 데 도움을 준다.

45 삼정(三政)은 토지세인 전정(田政), 군역을 포(布)로 받는 군정(軍政), 정부의 구휼미 제도로 사실상 고리대금업이 돼 버린 환곡(還穀)을 말한다.

조선 말 그리고 대한제국 초기에는 서구의 가산제하에서 발견되는 다양한 민중반란이 있었다.[46] 증산도 등에서 보는 바와 같이 도참설, 미륵신앙으로 무장한 천년왕국설적 반란이 있었는가 하면, 장길산의 이야기에서 보는 바와 같이 로빈후드형 의적이 출몰하는가 하면, 삼남지방의 민란과 같은 민중적 농민반란과 동학혁명에서 보는 바와 같이 기존 질서를 부정하는 대규모의 농민전쟁이 일어났다. 특히 동학농민혁명은 동학이라는 종교적 요소가 가미되어 농민전쟁의 규모가 나라를 흔들 정도로 커졌고, 청일전쟁이라는 국제전을 유발하는 요인이 되었다.

비동시성의 동시성은 조선말의 민중의 시간에서도 발견된다. 민중들은 농민반란과 농민전쟁을 통해 세계시간과 민족시간에 대응하는 자신들의 입장을 행동으로 표출하였다. 농민반란의 지도자들이 기존의 가산제적 왕조질서를 부정하지 않았으나, 동학농민전쟁 지도자들은 왕조질서를 개혁하되 그 자체를 뒤집는 혁명적 사고가 없는 전근대성을 유지하면서도 외세의 개입에 결연히 저항하는 민족주의라는 근대의 요소도 함께 갖고 있었다. 서학으로 불리는 천주교를 반대하여 동학이라는 이름을 칭하면서도 하눌님이라는 기독교적인 요소를 가미하고, 교조주의적이고 국가종교인 주자학에 도전하면서도 유불선(儒彿禪)을 결합한 통합적(syncretic) 종교인 동학 자체가 비동시성의 동시성 종교였다. 동학 안에는 근대와 전근대, 서양과 동양, 유교, 불교, 샤마니즘, 기독교의 요소가 혼재하고 있었다.

---

46 벤딕스(R. Bendix)에 의하면 가산제 독재국가의 부패가 심화되면 3가지 유형의 반란이 일어난다. 첫째는 구세주나 미륵이 나타나 세상을 구제, 구원해 줄 것이라는 '천년왕국설(millenium)'을 믿는 종교적 집단에 의해 아래로부터의 동원되고 조직된 급진적이고 대규모의 민중반란이고, 둘째는 로빈 후드와 같은 세속적이고 보수적인 사회적 산적(social banditry)과 시실리의 마피아같이 기존의 지배적 사회질서를 부정하고 지주들의 지원하에 한 지방을 통치하는 '사적 조직폭력' 형태의 사회적 산적이 있고, 셋째는 민중적 정통성을 주장하며 농민전쟁의 이름으로 표출된 폭력적 민중반란이다.(Bendix, 1977)

2. 일제 강점기에서 발견되는 비동시성

일본 제국주의는 새로운 식민지인 한국에 자신들의 제국주의 통치를 강요하였다. 그런데 일본의 제국주의 자체가 비동시성의 동시성의 요소를 갖고 있었다. 일본 제국주의는 제국주의의 세계시간에서 볼 때 때늦은 시간(late in the world time of imperialism)에 출범하였다. 거기에 더하여 일본 제국은 제국주의의 중심이 아니라 반주변부였다. 말하자면 일본 제국주의의 특징적 양상은 반주변부 국가인 일본이 동아시아 주변부 국가들을 식민화하려는 것이었다. 더구나 한국에 대한 일본 제국주의는 이미 문명화되고 자존심이 강한 이웃 한국의 국민과 국가를 식민화하려 했기 때문에 다른 일본 식민지(대만, 만주국)보다 더 거센 저항을 받았다.

일제는 국가건설을 일본보다 더 앞서 완료하였고(1392년), 서세동점(西勢東漸)의 격랑 속에서도 한국 국민을 만들려는 민족건설 운동이 일어나고 있었으며, 동학혁명, 독립협회, 대한제국 건설, 의병운동 등의 근대적 민족주의 운동이 태동하고 있는 한국을 식민화하려 한 시대착오적인 제국주의였던 것이다.

이러한 문명화된 이웃 국가를 식민화하기 위해 일제는 강압과 회유, 착취와 산업건설, 전근대적 가치와 문화를 온존, 연장시키면서 동시에 일본식 근대화의 언술과 이념을 가지고 한국인들을 세뇌시키려 하였다. 일제의 한반도 식민통치는 전근대와 근대가 함께 공존하는 비동시성의 동시성이 지배하는 식민통치였다. 한편으로는 식민통치의 편의를 위해 조선 말, 대한제국의 봉건적 친일지배계급을 온존시키면서 이들의 지위와 권력을 보장해 주기 위해 전근대적인 가산제적이고 가부장적인 정치문화를 지속시켰다. 다른 한편으로는 중국 대륙 침략을 위한 근대적 교통, 통신시설과 군수지원 산업시설을 한반도에 건설하였다. 한국인들은 외생적인 산업화와 대면한 것이다. 전근대적인 계급구조, 정치문화와 외생적이지만 산업화라는 근대가 공존하는 일제 강점기의 비동시성은 일제로부터 해방된 후에도 한국인의 의식과 가치관 속에 남아 해방 후 건국, 전쟁, 산업화와 민주화에 경로의존으로 작용하였다.

3. 해방 후 산업화와 민주화 과정에서 발견되는 비동시성

한국은 다른 국가가 몇 세기에 걸쳐서 겪었던 일을 지난 50년 동안에 경험하였다. 한국은 근대화의 단계를 단축하기(telescoping) 위한 압축적인 성장과 발전, 그리고 그에 대항하는 세력의 좌절을 보여 주고 있다. 한국인에게 있어서 지난 반세기는 길고, 고통스럽지만 많은 것을 성취한 여정의 시간이었다. 지난 50년간 한국은 해방에서 분단, 내전, 국가건설, 군부 쿠데타, 산업화, 민주화, IT혁명, 세계화 등 생각할 수 있는 모든 시간을 경험했으며 이 경험은 매우 짧은 시간 내에 '압축적'으로 이루어졌다.

이와 같이 해방 후 반세기가 넘게 한국인들은 민족시간과 세계시간의 간극을 메우기 위해 압축적으로 산업화를 추진하고 지체된 민주화를 앞당기기 위해 동분서주하였다. 자연히 전근대를 성찰적으로 청산하면서 근대로 나갈 시간적 여유가 없었고, 그 결과 전근대의 시간과 근대의 시간이라는 비동시적 시간이 동시적으로 공존하게 되었고 근대를 마무리하지 못한 채 IT혁명과 세계화 물결의 격랑에 휩쓸려 탈근대의 시간에 "빨리 빨리" 진입하고 있다.

1) 근대로의 행진

한국인들이 이룬 성취는 무엇보다도 분단과 한국전쟁의 폐해, 군부독재에도 불구하고 산업화의 단계를 뛰어넘어 짧은 시간 안에 산업화를 이뤄 냈다는 것이다. 한국인들은 세계에서 가장 가난한 나라 중에 하나였던 한국을 50년 사이에 국민소득 2만 달러(2008년 기준)의 경제 대국으로 바꿔 놓았다.

한국인들이 이룩한 또 하나의 성취는 가장 군사화된 국가에서 성공적으로 민주적 전환을 이뤄 냈다는 것이다. 한국은 동아시아에서 자생적으로 민주화를 이룩한 유일한 나라로 시민들이 직접 거리로 나가서 군부를 퇴진시키고 민

주화를 이뤄 냈으며, 민주화 이후에는 짧은 시간 내에 평화적 정권교체를 이루어 내었다.(Im, 2008)

1980년대 중반까지 한국의 자본주의 발전은 민주주의를 촉진하지 못하고 대신 권위주의를 강화하였다. 그러나 1980년대 중반 이후로 권위주의에서 민주주의로 성공적인 전환이 일어났고, 이는 근대화 이론을 강화하는 사례가 되었다. 근대화 이론의 중심 주장은 자본주의 경제발전이 민주주의를 촉진하고 공고화한다는 것이다. 한국은 신근대화 이론(neo-modernization thesis)을 지지하는 대표적 사례이다.[47]

민주화의 차원에서 김영삼 정부의 독재자에 대한 과거 청산은 과거사 청산의 모범사례가 되었다. 민주화 이후에 나타난 남미의 민주주의는 '후견적 민주주의(tutelary democracy)'로 형식상 민주주의이다. 군부가 막후에서 조정하고 결정적 영향력을 행사하고 있기 때문에 실질적인 문민통치라고 할 수 없었다. 하지만 김영삼 정부는 수백만의 군대가 휴전선에서 대치하고 있는, 세계에서 가장 군사화된 지역에서 군부에 대한 민간 통제를 확고히 수립하였다.

2) 전근대의 온존

선진국들이 몇 세기에 걸쳐 이루어 낸 근대화의 프로젝트를 불과 반세기 만에 이루어 낸 압축적 산업화는 성공의 측면도 있지만, 동시에 분단 상황이 한국인들에게 압박을 가했던 체제경쟁과 군부독재하에서 이룬 '권위주의적 산업화'라는 어두운 얼굴도 있다. 한국인들은 독재의 채찍을 맞으며 산업화를 이루어 내

47 이렇듯 한국에서 압축적으로 일어난 근대화의 경험은 전 세계적으로 학문적 관심의 대상이 되었다. 한국은 '형평성을 동반한 성장', '수출 주도 산업화', '제3세계 민주화'의 역할 모델(role model)이 되었다. 그리고 이는 '한국으로부터 배우자(learning from Korea)'라는 열풍을 일으켰다. 한국 정치의 성과에 대해 이를 모델로 삼아 배우고자 하는 국가들이 생겨났다. 신권위주의 경제개발 모델로 '박정희 모델'은 마하티르의 '동방정책(look east policy)'뿐만 아니라, 등소평의 사회주의적 개방 모델이 되었다. 또한 냉전 붕괴 이후에 러시아와 동구에서는 '박정희 모델'을 모방하고자 하는 움직임이 활발히 나타났다.

었고, 세계에서 가장 군사화된 지역이라는 열악한 조건하에서 군부를 축출하고 민주화를 이루어 내었다.

바로 이러한 한국 근대화의 '기적', '예외주의', '압축성'은 전근대의 시간을 단축하고 '역사적 단계를 뛰어넘어' 근대의 시간으로 하루 빨리 들어가려는 한국인들의 '빨리 빨리' 정신을 보여 주는 것이기도 하지만, 한국이 세계시간에 편입된 구한말부터 한국인들에 가해진 '지정학적 압박'이 큰 몫을 했다고 볼 수 있다. 바로 이러한 압축성과 지정학적 압박이 '속도의 정치'(Virillo, 1986)를 낳아 한국에서 전근대를 온존하고 때 이르게 탈근대로 들어가게 하는 '비동시성의 동시성'을 낳게 한 주요 원인이다.

첫째, 세계시간에 편입된 후 한국인들에 가해진 지정학적 압박은 엄청났고 한국인들로 하여금 전근대를 청산한 뒤 단계적으로 근대에 진입한다는 서구의 '선발 발전국가'의 길보다는 '빨리 빨리' 근대화를 하여 지정학적 압박에서 벗어나고 한반도 주변의 열강들과 지정학적 균형을 이루어야 한다는 열망을 갖게 하였다.

한반도는 중국, 일본, 러시아 사이에 위치한 아시아의 요충지로서 전략적 가치를 가지고 있다. 지난 2000년 역사 속에서 한국은 동아시아의 십자로(crossroad of East Asia)로써 한, 당 제국, 몽골, 청나라, 일본의 침략을 끊임없이 받아 왔다. 중국은 해양으로 중화 헤게모니를 확장하기 위한 교두보로 한반도를 이용했고 일본은 중국 대륙으로 진출하기 위한 '다리'로 한반도를 이용했다.(한명기, 1999) 고려는 몽골 원제국의 일본 원정을 위한 전초기지로 이용되었고, 도요토미 히데요시는 명제국을 정복하기 위한 길을 빌려 달라면서(假道入明) 조선반도에서 전쟁을 일으켰다. 일본의 명치유신 지도자 야마가타 아리토모(山縣有明)는 한국을 '일본의 심장을 겨누는 칼'이라고 보았다.(박명림, 2004: 21) 한말 선각자 유길준은 한국은 '아시아의 인후'라고 날카롭게 묘사했는데, 그가 바라본 대로 청일전쟁, 노일전쟁, 한국전쟁 등 '전쟁의 세기'에 동아시아에서 일어난 주요 전쟁은 바로 그 '동아시아의 인후'에서 일어났다. 이와 같이 한반도는 강대국의 패권경쟁의 각축장이 되는 숙명을 감수해야 했다.(임혁백, 2009f)

그러나 한국인들은 지정학적 숙명을 지정학적 기회와 지정학적 자산으로 바꾸는 지혜를 발휘하면서 압축적 산업화를 달성할 수 있었다. 냉전체제가 형성되기 전까지만 하더라도 미국에 있어서 한반도는 극동의 변방에 있는 가난한 나라에 지나지 않았다. 그러나 냉전 이후 한국의 전략적 가치는 급등하여 미국의 대(對)공산권 포위라인을 지키는 완충국가(buffer state)가 되었다. 냉전시대에 이러한 전략적 중요성이 부각된 이후 한국은 미국의 수혜국으로서의 지위를 누렸다. 미국은 다른 제3세계 국가들에 대해서는 착취적인 패권이었지만 한국에 대해서는 지리적·전략적 가치 때문에 '자비로운 헤게모니(benevolent hegemony)'가 되었다.(Hersh, 1993) 미국의 자비로운 헤게모니하에서 한국은 산업화를 조기에 달성하여 20세기 후반에 변방(주변부)에서 중심국으로 부상하였다.

이와 같이 한국은 반도라는 지정학적 숙명을 지정학적 기회로 이용하여 주변부에서 중심부로 지위 상승을 이룩한 이례적인 사례에 속한다. 그러나 지정학적 압박이 한국의 민주화에는 반드시 긍정적으로 작용하지 않았다. 동구의 사회주의 정권의 붕괴 이후 다른 지역의 많은 나라에서는 냉전이 해체되었고 독일은 분단을 해소하고 통일을 이룩했음에도 불구하고 한반도는 여전히 유일한 '냉전의 섬'으로 남아서, 한국의 민주화의 진전을 가로막는 '방해 요인'이 되고 있다.

민주화 이후 한국의 보수 기득권 세력들이 지역주의를 호명하여 계속 집권하려 했으나 세대라는 새로운 균열이 형성되어 '젊은 세대'가 IT혁명이 제공하는 신유목적 소통수단(SNS, social media)을 통해 '진보적' 정치세력을 위해 표를 동원하고 조직한 결과 두 차례에 걸쳐 10년간 정권을 빼앗기는 '잃어버린 10년'을 마감하고 정권을 재탈환하기 위해 동원한 것이 전근대적인 '반공주의'의 호명이었다. 그들은 매카시즘적 '빨갱이 사냥', '종북세력 몰아붙이기'와 같은 극우적인 조직의 동원을 통해 선거구도를 바꾸고 재집권에 성공하였다. 그 결과 한반도에서 냉전은 더욱 격화되어 지정학적 압박을 통한 근대와 전근대의 동시적 공존은 오히려 견고해지고 있다.

둘째, 한국은 1987년에 민주주의로의 전환에 성공한 이래 10년 만에 공고화를 완료하였고, 현재 공고화된 민주주의의 질(quality of democracy)을 높이기 위해 힘쓰고 있다. 그러나 빠른 속도로 민주화가 진전되고 있음에도 불구하고 한국 정치에서 전근대적 시간은 강하게 남아 있다.

1987년 이후 한국의 정당체제는 3김(김영삼, 김종필, 김대중)의 지역을 기반으로 하는 봉건적 맹주들의 가산제적 사당의 특징을 갖는 후진적 정당체제의 모습을 갖추었다. 이러한 정당체제는 87년 민주화 이후 2002년까지 지속되었고, 한때 국민경선제 도입으로 정당의 민주화가 한 걸음 진보를 이룩하는 듯했으나 2007년 대선에서 후퇴하는 모습을 보여 주었다. 3김 시대 이후 지역을 볼모로 하는 지역주의와 함께 한국 대통령과 정당, 국회, 지역 등에서는 권력이 사유화·세습화되는 가산주의(patrimonialism) 현상이 일반화되었다.[48] 베버가 개념화한 '가산주의(家産主義)'는 가부장제의 특수한 형태로 기본적으로 가족주의(oikos)에 기초하고 있다. 군주가 권력을 공적인 것이 아니라 군주의 사유물로 간주하고 관리(官吏)를 공적 관리가 아니라 자신의 사적인 가신으로 여기는 것이다.(Weber, 1978: 1010-1011) 베버의 가산주의는 공자가 이야기한 '천하위가(天下爲家)'와 닮은 점이 많으며 이러한 점에서 동·서양을 막론하고 사회과학자들은 정치가 사적으로 흐르는 것을 경계했다는 것을 알 수 있다(孔子, 《禮記》, 제9 禮運).[49] 가산주의 정치는 3김의 퇴장과 '젊은 세대'의 아우성으로 잠시 주

48 베버가 개념화한 '가산주의(家産主義)'는 가부장제의 특수한 형태로 기본적으로 가족주의(oikos)에 기초하고 있다. 군주가 권력을 공적인 것이 아니라 군주의 사유물로 간주하고 관리(官吏)를 공적 관리가 아니라 자신의 사적인 가신으로 여기는 것이다.(Weber 1978, 1010-1011)

49 공자에 의하면 요순의 3대시대에는 '大道之行也 天下爲公(큰 도가 행해지니 천하가 공변되었다)'라고

춤했으나, 박정희 전대통령의 딸이 선거를 통하여 대통령으로 선출되면서 동아시아에 불고 있는 가산주의적 세습화의 흐름에 동참하고 있다. 이와 같이 한국 민주화의 시간도 전근대적인 가산주의 시간의 공존으로 비동시성의 동시성의 모순을 극복하지 못하고 있다.

했으나 춘추전국시대에 들어서면서 정치가 사유화·세습화되면서 '今大道既隱 天下爲家 各親其親 各子其子 貨力爲己 大人世及以爲禮 城郭溝池以爲固[지금의 세상은 천하를 공유로 생각하는 대도는 없어지고 천하를 사사집(私家)으로 생각하여 각기 자기의 어버이만을 친애하고 자기의 아들만을 자애하며 재화와 인력은 자기만을 위하여 바친다. 천자와 제후는 세습하는 것을 예로하며 성곽과 구지를 견고하게 하여 스스로를 지킨다]'라고 한탄하였다.(임혁백, 2008: 108)

제4장

일제 강점기하의 역사적 시간의 충돌[50]

1. 역사적 시간의 충돌

일제 식민지 시대의 한국의 역사적 시간은 전근대와 근대의 비동시적 시간이 동시적으로 공존하고 있는 시간이 아니라 식민지 한국의 토착시간과 일본 제국주의의 중심부 시간이라는 비동시적 시간이 동시적으로 '충돌'하였던 시간이었다.

일본 제국주의가 식민지, 특히 한국에 다양한 철강, 수력발전 등 중화학공장을 건설하고 철도와 항구 같은 하부구조를 구축하는 등 식민지를 산업화한 유일한 제국주의임에도 불구하고(Cumings, 1984: 487) 왜 일본의 세 식민지인 한국, 대만, 만주국 중 한국의 엘리트와 민중들이 가장 격렬하게 지속적으로 일본 식민통치에 저항하고 반란을 일으켰는가? 그것은 제국주의의 시간 내에서 일본 제국주의의 시대착오적인 변칙성(anomaly)에 기인한다고 볼 수 있다.(Peattie, 1984: 6) 일본은 '세계시간에서 후발자(lateness in world time)'로서 제국주의 국가로의 '지연된 진입(lagged entry)'의 불리를 극복하기 위해 영국과

50 '시간들의 충돌(collision of temporalities)'은 시카고대학 역사학 교수였던 하루투니안의 개념이다. 제국주의 자본세력이 식민지에 제국주의의 세계표준시간을 수출하면서 식민지에 대한 자본주의적 착취를 부추기고 다양한 토착 시간과 토착 생활양식과 충돌하는 현상을 말한다. 제국주의의 본국과 식민국 사이의 불균등 발전이 식민지 국가의 근대 시간을 지연시키고 붙잡아 버림으로써(arrest) 식민지의 시간들을 '불협화, 부조화의 시간(discordant temporalities)'으로 만들어 버리는 것을 의미한다.(Hartootunian, 2007: 474)

프랑스와 같은 고전적 제국주의와는 달리 이미 문명화되고, 분명한 영토적 경계와 민족(국민)을 갖추고 있으며, 인구가 밀집한 인접국가를 식민화하려 했기 때문에 자연히 식민지인들, 특히 한국인들이 반발할 수밖에 없었던 것이다. 일본은 미개인들을 문명화시켜야 한다는 '명백한 운명(Manifest Destiny)'를 내걸고 원거리의 해외에 위치한 아프리카나 동남아시아를 식민화한 고전적 제국주의와는 달리 자신들보다 더 문명화되었다고 믿고 있는 자부심이 강한 이웃나라의 국민들을 식민화하려 함으로써[51] 처음부터 식민화의 정통성을 확보할 수 없었다.

정통성을 확보하지 못한 일본 제국주의는 한국의 국민을 식민화하지 못하고 한국이라는 국가를 식민화하려 했다.(Cumings, 1984b: 486) 그러나 그 국가도 일본과는 달리 1000년 이상 통일 국가를 형성, 유지해 왔고, 500년 이상 장기지속한 조선왕조를 파괴하였다. 처음부터 왜놈(섬나라 야만인)으로 불리었던 일본이 그들보다 우월하다고 믿고 있었던 국가를 식민화하려함으써 일본 제국주의는 막스 베버가 이야기한 권위(Herrschaft)와 정통성이 부족하였고 자연히 권력(Macht)과 억압에 의존하여 힘에 의한 통치를 할 수밖에 없었다.

자연히 일제 강점기 한반도의 역사적 시간은 반주변부 국가에 의한 제국주의 시간과 자부심이 강한 한국인들의 저항적인 토착시간이 '충돌하는 시간(collision of temporalities)'이 될 수밖에 없었다. 일제의 식민 지배에 대해 한국은 격렬하게 항의하였고, 의병운동, 해외의 무장독립투쟁 등을 통해 강력한 저항운동을 벌였다.[52] 이러한 저항운동에 대한 일제 식민 당국의 반응은 공개적

51 커밍스는 제국주의 일본과 한국의 관계는 영국과 아일랜드, 독일과 폴란드의 관계와 비슷하다고 했다.(Cumings 1984: 486) 헥터(Michael Hecter)는 영국의 이웃 식민지 아일랜드의 저항운동을 설명하면서 아일랜드는 아프리카, 인도와 같은 영국의 원거리 식민지와는 달리 이웃에 오랜 역사와 높은 문화를 가진 아일랜드라는 인접국(contiguous)을 식민화하려 하였고 아일랜드를 영국의 한 지방으로 편입시키려함으로써 아일랜드는 영국의 '내부 식민지(internal colonialism)'가 되었다고 한다.(Hechter 1975) 일본의 내선일체 정책도 내부 식민지화 개념으로 설명할 수 있다.

52 한국인들의 저항운동은 대만인들이 식민지배를 순응적으로 받아들인 것과 대조된다. 6개월간의

인 군대와 경찰력을 동원하여 가혹하게 억압하는 것이었다. 초대 총독 데라우치의 '무단통치'로 불리는 식민정책은 강력한 관료군사기구를 동원하여 무자비한 정치교육, 사회변형, 그리고 한국인의 정체성 말살 정책이었다. 이러한 억압적인 무단통치는 다시 한국인들로부터 폭력적 적대감을 불러 일으켜 3·1운동이라는 연 인원 200만 명이 참가한 민족해방 독립운동을 불러일으켜 세계를 놀라게 했다.(Peattie, 1984: 18-23)

3·1독립운동은 중국에서 5·4운동이 일어나게 한 촉발제였고, 이는 당시 민족자결주의를 내건 윌슨의 세계정책과 부합됨으로써 국제적인 반향을 불러일으켰다. 그리고 일본 제국주의 본국에서도 제1차 세계대전 이후 유럽의 민주화에 자극을 받아 일본 명치유신 체제의 민주화가 일어나 '다이쇼 민주주의(大正 Daisho democracy)' 체제로의 전환이 있었고 새 정부는 한국에 대한 억압정책을 완화하여 '문화통치(Cultural Rule)'라는 이름으로 자유주의 개혁을 시도하였다. 그러나 문화통치 기간에도 육군 대장이 총독으로 집무하고 있었고, 그나마 1930년대의 군부 쿠데타에 의한 군국주의로의 전환으로 억압적이고 강압적인 식민정책으로 복귀하게 된다. 1930년대의 식민정책은 초기보다 더 가혹한 식민정책으로 재군사화, 병영화, 경제적 수탈을 주 내용으로 하고 있었다. 1930년대에 들어서서 일본 제국주의는 대동아공영권이라는 명실상부한 '제국'을 건설하려 하였다. 따라서 대동아공영권 제국 내의 모든 신민들을 동질화시키는 작업, 즉 '동화정책'의 실행에 들어갔다. 근대적 교육기관을 설립하고 언론기관을 설립, 장려하여 일본 제국에 대한 충성심을 교육하고, 세뇌하고, 강요하였다. 내선일체(內鮮一體, Japanization)라는 명분으로 한국 민족의 정체성을 말살하고, 천황에 대해 충성하고 천황의 법을 잘 지키는 황민(Kominka)으로 살아갈 것을 맹세하는 황국신민화(imperialization)가 강요되었다. 일제 말기에 이르면

군사적 평정 기간이 끝난 후 대만인들은 자치운동(home rule movement)을 포기하고 일본 제국의 '과학적 접근(scientific approach)' 통치를 받아들이게 된다.(Peattie, 1984: 19-21)

민족 정체성의 핵심인 언어를 말살하는 데까지 이르게 된다. 한국인들은 자신의 이름을 버리고 일본 이름으로 개명(創氏改名)을 강요당했고, 일본의 민족 정체성 말살정책은 문학, 출판에 확대되어 한국인은 한국 민족의 일원으로서 정체성을 상실하고 일본 제국의 대동아공영권의 신민의 정체성을 획득하도록 강요받게 되었다.(Robinson, 2007: 312-343)

이러한 한국인들의 민족시간 자체를 소멸시키고 그 자리에 일본인들의 언어, 관습, 습속, 의복을 사용하도록 하는 민족동화정책은 엄청난 저항을 불러왔다. 일본의 제국주의의 시간에 한국인들은 저항적 민족주의의 시간으로 저항하였던 것이다. 대만인들이 식민 통치자와 어느 정도 동일시하는 경향이 있어 동화정책을 긍정적으로 받아들인 데 반해 한국인들은 일본을 외국 압제자, 착취자로 보면서 일본 제국주의의 동화정책을 한국 문화와 언어, 한국인들의 역사적 동일체 의식(배달민족)과 결별시키려는 민족말살정책으로 보면서 일본 제국주의에 대해 분노하고 저항하였다. 이러한 한국인들의 동화정책 거부와 저항에 대해 일본은 대만보다 더 강압적 통치로 대응하였다. 왜냐하면 저항을 방치한다는 것은 대만보다 전략적으로 그리고 경제적으로 훨씬 더 중요한 식민지 한국을 불안정하게 만들 수 있다고 생각했기 때문이다.

2. 일본 식민통치의 비동시성

일본 식민통치 시대의 '비동시성의 동시성'은 해방 후 한국의 비동시성의 원형을 이룬다. 일본 식민주의의 유산이 경로 의존을 통해 한국의 해방 후의 국가건설, 산업화의 모델을 만들었다. 일본 식민통치의 유산은 중앙집권화되고 군사화된 과대성장 국가까지도 해방 후 한국에 물려주었고, 일제의 '위로부터의 권위주의적 산업화'는 박정희의 '발전국가'로 이어졌다. '민주화 없는 자본주의,' 한국을 일본의 '내부 식민지'화하려는 노력(황국신민화)은 해방 후의 천 년 이상 지속되어 온 단일 민족을 파괴하는 데 기여하였다.

1) 강성 억압국가와 발전국가의 동시적 공존

일제 식민국가의 시간을 이분법적으로 강성 억압국가와 발전국가의 시간으로 나눌 수 없다. 왜냐하면 발전국가인 동시에 강성 억압국가인 비동시성의 동시성 요소가 일제 식민국가의 시간 내에 내재하고 있었기 때문이다. 그람시의 표현을 빌리면, "강압의 갑주를 입은 헤게모니 체제(hegemony armoured by coercion)"라고 할 수 있다. 그런데 일제의 식민국가는 외생적 국가이기 때문에 동의에 기초한 헤게모니 체제를 구축할 필요성을 느끼지 않았다. 따라서 일제 식민 국가를 "본국과 식민지 국가의 강압력으로 무장하여 식민사회로부터 완전히 자율적인 국가"로 재정의할 수 있을 것 같다.

헨더슨은 흔히 조선총독부로 불리는 일제의 한반도 식민국가를 '식민적 전체주의(colonial totalitarianism)'라고 불렀다. 일제 식민국가는 서구의 (탈)근대적인 전체주의와 유사점과 상이점이 있었다. 일본 식민국가는 서구 전체주의의 특징인 식민지 백성을 강압적 근대화에 동원하고, 조직하고, 착취하였다는 동원적 성격을 공유하고 있었고, 하층 계급뿐만 아니라 상층 계급도 분리통치(divide and rule)함으로써 상층 계급 내에 긴장을 조성하고 상층 계급 구성원들을 경쟁적으로 부역자로 전향하도록 유도하고 일진회와 같은 적극적으로 부역하는 친일조직이 자생적으로 출현하도록 장려하였다. 결국 전반적으로 한국의 상층 계급을 하위 동맹자로 연계하여 상층부 구지배계급 내에 강력한 지지기반을 구축하고 그에 기초하여 한국의 평민사회 위에 군림하였다.(Cumings, 1984b)

또한 일제 식민 국가는 인종주의적 정책을 폈다는 점에서 독일의 나치 전체주의와 비슷하다. 식민국가의 인종주의 정책은 초기에는 일본 이주인과 조선인(조센징)을 구별, 차별하고 조선인들의 문화적 열등성이 식민지화를 스스로 불러왔기 때문에 문자를 해독하는 교육을 받아야 한다는 '문화통치'를 함으로써 조선인들을 더욱 격분케 했다. 인종주의가 최고조에 오른 것은 일제의 내선일체를 통한 황국신민화 정책이었다. 일제는 일제 말기의 대동아전쟁에서 살아남기 위해 제국주의 본국인 일본인과 식민지인 한국의 시민을 동등하게 대접함으로써 식민지 백성인 한국인들이 일본 시민처럼 행동하고 사고하게 하여 전쟁 수행을 원활히 하겠다는 목적을 갖고 있었다. 일제는 '조센징 식민지 백성'에게 일본인과 같은 시민권을 주겠다는 '자비로운 통합' 정책으로 포장하고 정당화하였다. 그러나 이론과 실제는 달랐다. 당시 한줌밖에 안 되는 친일파를 제외하고는 대다수의 한국인들이 전쟁에 동원되어 엄청난 고통을 당하고 있었는데 '일본인'이 되어서 더 피나는 노력봉사를 하라고 하는 것은 '조센징'에게 트라우마였다.(Eckert et al., 1990: 318-319) 거기에 더하여 내선일체 정책이 실상은 인종주의 또는 종족주의 정책이라는 것이 드러나면서 일본의 황국신민화 정책, 내선일체 정책은 일제에 대한 한국인들의 반감과 적개심을 더욱 고취시키는 결과를 가져왔다. 내선일체 정책은 한국어를 말살하고, 한국의 민속(folklore, mores)을 사라지게 하고, 한국 이름을 일본 이름으로 '창씨개명'하라고 강요하는 인종주의 정책이었다.[53] 갈수록 황국신민화 정책은 조선인들에게 일본인들과 같은 시민권을 부여하는 정책이 아니라 조선인들을 일본에 흡수 통합함으로써 한국인, 한국 민족의 정체성을 말살하려는 인종주의 정책이라는 것이 분명해졌다.[54]

반면에 일본 식민주의는 서구의 선발 식민주의와 상이성이 큰데 그중 가장 두드러지는 점은 식민주의의 목적과 식민화의 시대착오성이다. 선발 1세대 식민국가는 원거리에 있는 식민지에 본국인들을 이주시켜 통치하는 이주자 식

53 강요된 황국신민화 정책, 내선일체 정책은 식민지인들과 본국의 일본인들을 동등하게 취급한다는 평등주의가 아니라 한국을 일본의 일부로 내부 식민지화(internal colonialism)해서 인종적인 착취와 억압을 극대화하겠다는 측면도 있다. 이런 점에서 영국이 아일랜드인들에게 시행한 내부 식민지(internal colonialism) 정책과도 유사한 면이 있다.(Hechter, 1975)

54 강요된 '황국신민화' 운동이 민족이라는 집단적인 차원이 아니라 개별 여성의 차원에서 어떻게 인간성을 피폐하게 하고 말살하였는가에 관한 증언은 헬렌 리, 〈제국의 딸로서 죽는다는 것〉(헬렌 리, 2009: 301-328)에 생생하게 나와 있다.

민지(settlers' colonialism: 스페인, 포르투갈 16세기; 네델란드, 영국, 프랑스 17-18세기)였고, 식민지의 원료를 본국에 수입하고 대신 본국의 상품을 식민지에 초과이윤을 내면서 강매하여 불평등교환에 의한 식민지적 초과이윤의 착취를 통해 자본을 축적하는 식민국가였다. 반면에 일본 식민국가는 레오폴드 II세 벨기에 국왕이 언명한 바와 같이 제국주의 세계시간이 이미 종말을 고한 뒤에 뒤늦게 제국주의 대열에 끼어든 지체된 후발 제국주의 국가였고 더구나 중심부 국가가 아니라 반주변부 국가로서 주변부 국가를 식민화하려는 시대착오성까지 갖고 있었다. 이러한 일본 제국주의의 세계시간적 후발성과 지체성, 반주변부성, 시대착오성은 일본 제국주의로 하여금 비정상적으로 압축적인 시간 내에 선발 제국주의를 '따라잡기(catch-up)' 위한 무리한 식민정책을 펴게 한 것이다.(Peattie, 1984: 3-6) 후발자로서의 불리를 극복하기 위해 일본 제국주의는 서구 제국주의와는 달리 원거리 지역이 아니라, 일본에 근접한 이웃나라(한국, 만주, 대만, 사할린)에 식민지를 건설하여, 식민지역에 직접 산업시설을 건설하여 철도를 건설하고 근거리의 해운항로를 개척하여 본국과 식민지 간의 교통과 수송 비용을 엄청나게 절감하여 가격경쟁력을 높이고 인종, 문화(유교문화권), 주식(쌀), 경제(米作經濟)가 비슷한 식민지에 직접 산업시설을 건설하는 식민지 산업화 전략을 채택, 시행하였다.(Peattie, 1984: 7)

일본 식민국가의 비정상성(anomaly)은 '강성 군사국가'와 '중상주의적 산업화 국가'라는 비동시성의 공존하고 있다는 것이다. 조선총독부를 정점으로 하고 있었던 일본 식민국가는 기본적으로 군사국가였다. 어쩌면 군국주의 일본 본국보다 더 군사적인 국가였는지 모른다. 인도차이나에 주둔하고 있던 프랑스의 식민국가 군대 숫자와 한국에 주둔하고 있던 군대 숫자를 비교해 보면, 1,700만 명의 인구를 가진 인도차이나에 프랑스는 2,920명의 행정요원, 10,776명의 프랑스 군대, 38,000명의 현지 식민지 군인을 보유하고 있었는 데 반해, 2,100만 명의 인구를 가진 한국에 주둔하고 있던 일본인 군인과 행정요원은

246,000명이고, 현지 한국인 행정요원과 군인은 63,000명이었다.(Cumings, 1981: chap. 1)

왜 일본의 식민지인 한국은 프랑스의 식민지인 인도차이나와 비교해서 비슷한 인구 규모임에도 불구하고 일본은 엄청난 군대를 구축하였고 프랑스는 식민지의 방위를 위한 최소한의 군대만을 유지하였는가? 이 질문에 대한 답은 일제 식민지가 단순히 경제적 제국주의의 효과적인 식민지 수탈을 위해서 건설된 것이 아니라 자부심 강한 식민지 한국인들의 강한 저항을 무력으로 진압하기 위한 내부적 반대파의 제거를 위한 목적과 중국 대륙 침략이라는 외부적 경쟁자의 제거를 위해 강력한 군사기구(military machine)를 구축했던 때문이다.[55]

일제 식민국가는 기본적으로 전략적 이익에 관심의 초점을 맞추는 군사국가였고, 경제적 이익은 전략적 이익에 항상 종속되었다.[56] 한국을 식민화한 것도 한국이 지정학적으로 보았을 때 일제에 핵심적 전략적 가치를 갖고 있다고 판단했기 때문이다. 그래서 일제에 의한 한국의 산업화를 경제적 제국주의의 이익의 관점에서 보면 항상 진면목을 보고 이해하는 데 실패한다. 이 점에서 일본 제국주의는 자본주의의 최고 단계인 금융자본주의에서 국내 독점자본이 국내시장에서 포화상태를 맞았을 때 축적의 위기의 돌파구로 해외 식민지를 개척하도록 정치적 압력을 넣은 결과 식민지화가 일어난다는 레닌의 '제국주의론'은 일본의 한반도 진출과 한국의 식민화를 설명해 주지 못한다.(Duus, 1984: 128-129) 이미 지적한 바와 같이 일본은 반주변부 국가의 지위로 제국주의 국가의 반열에 올랐기 때문에 일본은 제국주의를 시작하는 단계에서 선발 제국

---

55 틸리는 근대국가의 군사화는 내부적 반대자의 제거와 외부적 경쟁자의 제거라는 두 가지 목적이 있다고 주장한다.(Tilly, 1992)

56 일제뿐 아니라 일제의 자손인 한국의 권위주의 국가 지도자들도 정치적 전략적 이해가 경제적 고려에 우선하고 결국 '정치적 고려가 지배한다(politics in command)'라는 명치 지도자들의 정책을 물려받았다. 동아시아에서는 항상 나라에 관계없이 카첸스타인의 동아시아 관련 책 제목처럼 '정치적 권력이 경제적 풍요'를 압도하는(power over plenty) 정치우선주의가 전후에도 지배했다.(Katzenstein, 1977)

주의와는 달리 국내자본의 과잉, 포화가 아니라 국내자본의 부족에 시달렸고, 제국주의 사업에 일본의 국내자본을 끌어들이는 데 어려움을 겪었다.[57] 결국 명치 일본의 지도자들을 한반도로 진출하게 한 것은 은행가나 상인들이 아니라 사무라이 군인들이었다. 시작부터 일본 제국주의 경영에서 항상 정치적 고려가 경제적 이익을 압도했다.

일제의 식민국가는 국가가 주도적으로 건설하였고, 식민국가 건설과정에서 기본적으로 전략적 고려가 경제적 이익을 압도하였다. 일본의 제국 건설자들은 명치유신을 단행한 사무라이들이었고 그들은 한반도를 지경학적이 아닌 지정학적 관점에서 바라보았다. 명치 지도자인 야마가타 아리토모는 한반도를 '일본의 심장을 겨누는 동아시아의 칼'이라는 섬뜩한 인식을 하고 있었다. 한말의 선각자인 유길준도 한반도를 '동아시아의 인후'라고 정의함으로써 명치의 무사인 아리토모와 비슷한 생각을 하고 있었다는 것을 숨기지 않았다. 이러한 지정학적인 지도에서 일본이 해야 할 일은 일본 열도의 내부 라인(inner line)을 보호하고 보장하는 전략을 세우는 것이었고 그 일환으로 한반도를 병합한 것이었다.

그러나 일제 식민국가도 자본주의 세계경제 체제가 가하는 구조적 제약에서 자유로울 수 없었다. 일제가 본국에서 압축적 산업화를 달성하자 자이바츠(Zaibatsu, 財閥)로 불리는 일본 대자본 그룹이 포화상태에 이른 국내자본의 돌파구로 한국을 이용해야 한다는 압력을 명치 사무라이들에게 가했고 압력이 먹혀들어 포화상태에 이른 산업 분야를 한국에 이전하였다. 식민국가 초기에는 일본 재벌의 요구에 따라 방직공업과 같은 포화상태에 이른 경공업을 한국에 이전하고 이를 수송하기 위한 경부선 철도와 항만을 건설하였고, 대금을 결제하기 위한 근대적 은행을 설립하였다. 이 중 경공업 공장이 이전과 은행의 설

57 일본과 비슷한 처지에 있었던 유럽의 후발 제국주의 국가인 독일도 국내자본을 제국주의 사업에 끌어들이는 데 곤란을 겪었다.

립은 일본의 재벌이 담당했으나 철도 건설과 토지조사사업을 통한 비신고 농지의 침탈은 식민국가가 직접 담당하였다.(Duus, 1984: 148-163) 한국 자본주의에서 국가 주도성은 일제의 식민국가 때부터 시작된 것이다.

일제 식민국가가 신중상주의적 경제국가로 활동한 기간은 짧았다. 1930년대 이후 일제의 중국 대륙 침략이 본격화되면서 한반도에게는 일제의 대륙 진출을 위한 병참기지 역할이 주어졌고, 일본의 대재벌에게는 병참기지 식민지 한국이 병참기지 역할을 수행할 수 있도록 중화학 산업기반과 중화학 산업시설을 건설하는 역할이 주어졌다. 한국(그리고 만주)을 대륙 침략의 병참기지화하기 위한 중화학산업화의 주역이 배정되었다. 먼저 식민국가는 더 이상 재벌의 자본 형성을 돕는 기업가적 역할을 하기보다는 중화학공업화를 직접 진두지휘하였다. 다음으로 중앙은행은 중화학공업화를 위한 금융을 조달하고, 재벌은 이를 집행하는 역할을 맡았다.[58] 한국의 중화학공업화를 위한 '최강의 트리오(Mighty Trio: 식민국가, 중앙은행, 재벌)'가 등장했고 이 최강의 트리오 중 식민국가가 최강이었다. 식민국가의 역할과 규모가 커졌고, 식민 관료가 서구의 1세대 제국주의 식민 관료와는 달리 전통적 지배계급과 자생적 집단과 계급이 담당해야 할 역할을 대체하였다.[59]

일제의 식민국가는 지배하는 시민과 토착사회의 지지를 기반으로 하는 내생적 국가가 아니라 오직 일본 도쿄의 본국 정부에만 책임을 지는 외생적 국가였다.(Henderson, 86-112) 식민 국가는 책임성과 응답성의 의무가 없는 자율적인 국가였다. 더구나 전쟁을 위한 산업화, 강압적 근대화(의무교육, 언론출판, 도시화, 관료화, 내선일체를 위한 문화혁명)를 직접 담당하면서 일제의 식민 국가는 일본 제국주의 본국의 국가보다 더 강력하고, 중앙집권적이고, 권력이 집중화된

58 이 모델은 1970년대 유신 이후 박정희에 의한 중화학공업화에 거의 그대로 적용되었다.
59 식민 관료가 식민지 내의 자생적 조직까지 대체할 경우 토착민들의 환영을 받기 어렵고 일제에 의한 식민화는 토착민에 의해 정당화되기보다는 그에 대한 반감과 적대감만을 키웠을 뿐이다.

강한 자율적 국가가 되었다. 식민 국가는 엄청나게 늘어난 공립, 사립학교와 학생들을 관장했으며, 언론, 출판의 허가권을 가지고 언론과 출판의 자유를 통제, 조절하였다. 그리고 한국의 상층 엘리트들과 연합하여 한국에서 중앙집권적인 관료권력을 유지하였으며, 식민국가 주도의 산업화를 수행하였다.

2) 일제에 의한 왜곡된 '위로부터의 산업화'

자유주의 근대화론자들이나 마르크시스트들과 같은 경제주의자들(경제적 결정론자)은 비동시성의 모순이 발생하는 원인을 계급 간, 지역 간, 신분 간의 '불균등발전(uneven development)'에서 찾았다. 불균등발전은 식민지의 계급시간의 간극을 벌려 놓았다. 일제 강점기하에서 일제에 부역한 신흥 부르주아지의 시간과 일제 식민지 자본주의에 동참하지 못한 토착 소상업자본과 노동계급 간의 시간 격차, 일제에 협력한 대지주계급과 소농, 소작인 간의 시간 격차는 벌어졌다. 이러한 불균등한 발전이 낳은 '시간적 지체' 현상이 일본 식민지하에서 비동시성의 동시성을 낳은 것이다.

일제시대를 연구하는 학자들은 친일과 반일의 시각 차에도 불구하고 모두 서구의 고전적 제국주의와는 달리, 일본 제국주의가 식민 본국이 식민지를 산업화시킨 유일한 제국주의라는 데 동의한다. 일본 제국주의는 후발 제국주의로서 선발 제국주의와 많은 상이성이 있었다.(Peattie, 1984; Cumings, 1984)[60]

첫째, 이미 언급한 바와 같이 서구의 제국주의와는 달리 일본 제국주의는 제국주의의 세계시간에 지각 동참한 후발 제국주의라는 것이다. 더구나 일본 제국주의는 불평등조약으로 개항을 강제당한 끝에 30년 동안 서구 제국주의의 식민지 또는 반식민지가 될 운명에서 벗어나기 위해 각고의 노력을 기울였다.

60 벨기에의 레오폴드 2세는 명치유신 전에 이미 "세계는 이미 충분히 약탈되었다"고 하면서,(Cumings, 1984b: 482) 식민지 콩고를 '콩고자유국가'로 탈식민화하였다.(Gann, 1969: 285-286) 이는 제국주의의 세계시간에서 일본 제국주의 시간의 '후발성(lateness)', 그리고 시대착오적(anachronistic) 성격을 보여 주는 좋은 언설이다.

일본은 국가 존립의 위기에서 벗어나자 스스로 설정한 고립에서 벗어나 압축적 산업화국가로 성장한 자신감을 과시하기 위해 이미 제국주의의 세계시간이 지났음에도 불구하고, 서구 제국주의 국가의 반열에 오르기 위해 한국과 같은 이웃 국가를 식민화하려 한 시대착오적인 제국주의라는 것이다. 반주변부 상태에 간신히 도달한 일본이 동아시아의 문명국이라는 자부심과 자존심이 강한 한국을 식민화하려 했을 때 다른 일본 식민지보다 저항이 강했다는 것은 필연적으로 예견된 일이었다.

둘째, 일본 제국주의는 인접한 이웃 국가를 식민화한 제국주의라는 인접성(contiguity)을 띠고 있다. 일본 제국주의의 지역적 특성은 인종이 유사하고 유교라는 공통의 문화유산을 공유하고 있으며, 쌀이라는 기본적 곡물 상품을 공유하는 미작경제권에 속하며, 교통과 통신, 운송이 용이한 인접 국가를 식민화한 제국이라는 것이다. 반면에 서구의 1세대 제국주의(영국, 프랑스)는 인접국가보다는 원거리에 있는 국가를 식민화하여 간접통치 또는 원격조종을 통해 지배하고, 식민지를 자국의 상품의 소비처 또는 원료 공급지로 활용하였다.[61]

그런데 일본 제국주의는 왜, 어떤 방식으로 식민지인 한국을 산업화하려 했는가에 대해서는 매우 다른 주장들이 병존하고 있다.

---

61 한나 아렌트(Hanna Arendt)는 제국주의를 대륙제국주의(continental imperialism)와 해외제국주의(overseas imperialism)로 구분하고, 서구의 해외제국주의는 지리적으로 원거리에 있고, 인종적으로 전혀 다른 식민지 백성을 토착 엘리트를 회유, 포섭하여 간접 통치하여 토착민과 제국 간의 직접적 마찰이 드문 반면, 대륙제국주의는 지리적으로 인접하고 인종적으로 상당히 동질적인 식민지 백성을 식민화하려 하기 때문에(독일과 폴란드, 일본과 한국) 식민 본국보다 문화적으로 우월하다고 믿는 식민지 토착민으로부터 엄청난 저항에 부딪힌다고 주장했다. 그 결과 해외제국주의는 탈식민지 시대에 자치와 독립의 공간을 열어 주나, 대륙 식민주의는 강제적 동질화의 결과 본국과 식민지 간에 인종적 균열이 발생하며, 식민지 내부를 분열시킨다. 결국 대륙제국주의가 해외제국주의보다 더 억압적이고, 직접적 통치방식을 택하며, 인종적 동질성을 인위적으로 추구하고 본국과 식민지 간의 유대를 강화하려 한다. 일본 제국주의의 비극은 인종적 동질성을 추구하면서 일본인들을 인종적으로 열등하다고 믿는 한국인들을 일본인들과 동질화시키려 함으로써 한국인들에게 정체성의 강제적 상실이라는 치욕을 안겨 주어 더 저항적이게 되게 한 데서 나온다.(Peattie, 1984: 14-15, Arendt, 1966: 223-224)

일본 제국주의는 식민국가인 한국에 방직공장 같은 경공업, 비료, 전기, 철강 같은 중화학공업을 설치하고 근대화된 통신과 교통, 수송의 하부구조를 건설하였다. 팔레학파의 일원인 커밍스(Cumings)에 의하면, 1940년대에 한국 철도가 수송한 연인원은 1억2천8백만으로 같은 기간 중국 철도가 수송한 연인원 2억6천5백만의 절반에 달하며, 한국 철도의 총연장 길이도 6,200km로 중국의 총연장 길이 21,200km의 1/3이 넘는다. 한반도의 총면적이 중국의 1/40에 미치지 못한다는 사실을 감안하면 산업화의 대동맥인 철도가 매우 밀도 높게 깔려져 있었다. 철도뿐 아니라 도로(한국 53,000km vs. 중국 100,000km)와 항만도 다른 개발도상국보다 발전되었다. 베트남, 중국과 비교해서 마일당 철도와 도로의 길이가 한국이 월등히 높았다.(Cumings, 1981)

일본 제국주의의 한반도 산업화는 중국 대륙 침략의 전진기지와 군수물자의 수송을 담당할 하부구조 건설에 치중한 것은 사실이나 일제가 근대 자본주의의 하부구조만 건설한 것이 아니라 실제로 경공업에서부터 중화학공업에 이르기까지 제조업 시설을 일본에서 한국으로 이전하거나 한국에 건설하였다. 일제는 수풍댐과 수력발전소, 흥남질소비료공장(당시 세계 2위), 철강공장과 같은 중화학공장을 건설하고, 방직공장과 식품산업을 일으켰다. 그리고 근대화된 금융기구, 중앙은행인 조선은행, 공영개발은행인 식산은행 그리고 근대적 상업은행을 설립하거나 허가했고, 총독부가 국영기업인 동양척식회사(동척, Oriental Developmental Co.), 남만철도(SMRC)를 직접 소유, 경영하였다.

일본 제국주의가 한반도를 산업화시키려 했다는 것은 사실이다. 그러나 왜 산업화하려 했고 어떻게 산업화했기에 다른 일본의 식민지와는 달리 한국인들이 그렇게 격렬하고 강력하게 대규모로 저항했는가에 대해서는 친일 사학자들과[62] 민족주의 사학자들의 견해는 대립한다. 필자는 민족주의 사학자들의 견해

62 여기에서 친일 사학자란 일본 식민주의를 정당화, 찬양하거나, 일본 식민주의의 후예(offsprings) 세력들을 미화하고 그들에 의한 역사 왜곡을 정당화해 주는 역사가들을 지칭한다. 그들이 친일파들

에 대체로 동의하면서도 일제 강점기에 산업화 자체가 존재하지 않았다는 식의 역사적 사실을 부정하는 데 동의하지 않는다. 필자는 일제에 의해 한국인들이 본격적으로 '근대'의 시간에 진입했으나, 근대 시간으로의 진입이 자생적이 아니라 강압적이었고, 식민국가에 의해 강제되었고, 전근대의 찌꺼기를 온존시켰을 뿐 아니라 강화시켰고, 한국사회가 근대시간의 초청에 응답한 자발적인 근대화가 아니라는 점에서 '왜곡된', '후, 후발', 주변부 근대화로 규정한다.

비동시성의 동시성 시각에서 일제에 의한 한반도 산업화를 보게 될 때, 우리는 일제시대가 해방 후의 '비동시성의 동시성'의 시원이된 가장 큰 원인은 일제의 의한 산업화가 '불균등적', '정치, 군사, 전략 논리 지배적(politics in command)', '퇴행적, 시대착오적(anachronistic)', '권위주의적인 위로부터의 혁명(revolution from above)'의 성격이 있기 때문이다.

일제는 19세기의 서구의 제국주의와는 달리 식민지를 탈발전(dedeveloped), 무발전(undeveloped), 저발전(underdeveloped)시킨 제국이 아니고 거의 유일하게 식민지를 공업화, 산업화시킨 제국이다. 그런데 앞서 언급한 것처럼 일본 제국주의에 의한 한반도의 산업화가 왜곡된 산업화를 결과한 가장 큰 이유는 그 불균등성에 있다.

한반도에서 실시된 일제의 식민지 산업화는 지리적, 공간적으로 불균등했다. 일제는 기본적으로 중국 대륙 침략을 위한 군수, 병참기지로서의 한반도의 전략적 가치를 평가, 계산하여 산업, 물류기지를 공간적으로 배치하였다. 소비자의 수요에 대응해서 공급한다는 시장의 원리는 크게 고려되지 않았다. '전략적 가치에 따른 권위주의적인 공간 배분'이 일제의 산업배치의 주원리였다.

지역적으로 철강, 화학, 수력발전과 같은 중화학공업은 북동부(함경도와 평안북도)에 집중되었다. 흥남에 동양최대의 질소비료공장이 건설되었고, 압록강에

의 후예냐 아니냐는 친일 사학자로 분류하는 조건이 아니다. 그들이 어떤 역사관을 갖고 있는가가 친일 사학자냐 아니냐를 분류하는 조건이다.

는 당시 조선의 전력 수요를 충당하고 남을 거대한 수력발전소가 만들어졌다. 그 결과 해방 후 분단 이후 북한은 아시아에서 가장 산업화된 사회주의 국가가 되었다. 반면에 남한에는 일본 재벌 자본이 주도하는 경공업이 번성하였다. 일본의 자이바츠(財閥)는 인구밀집 지역이자 소비시장인 서울, 부산, 대구와 같은 대도시에 일본에서는 포화상태에 이른 소비재 산업시설을 이전하여 새로운 소비시장을 개척하려 하였다.

산업 배치에 있어서 지역적 불균등은 해방 후의 정치에 지대한 영향을 미쳤다. 그러나 그것만이 해방 3년간의 정치를 결정한 것은 아니다. 무엇보다도 일본 제국주의에 의해 해방 후 한국의 산업화가 이루어졌다는 근거로 제시되는 것은 산업보다도 사회간접자본시설이다. 일제의 식민지 국가는 직접 한국 근대화를 위한 사회적 하부구조를 깔았다. 식민 국가는 경부선을 비롯한 철도, 도로, 항구 등을 건설했는데 이는 시장의 수요에 대응한 것이 아니라 중국 대륙 침략을 위한 군수 전진기지, 수송선으로 건설한 것이다. 사회적 수요와 상관없이 건설되었기 때문에 식민지 한국의 사회 하부구조는 '과잉개발'되었다. 1940년대에 한국의 철도가 거대한 중국의 철도가 수송하는(265백만) 인구의 절반을(128백만) 수송했다는 것은 하부구조의 과잉개발의 증거다. 일제하의 한국 철도의 총연장 길이는 6,200km이고 중국 철도의 총연장 길이는 21,200km이다. 이도 거대한 중국과 비교해 볼 때 성(省) 정도의 면적을 가진 한국 치고는 너무 긴 길이이다.(Cumings, 1981) 커밍스에 의하면 철도와 도로의 평균 밀도가 한국이 동아시아에서 가장 높다는 것이다.

그런데 왜 철도와 항만, 도로가 과잉 개발되었을까? 필자는 이를 일제 식민 국가에 의한 산업화가 식민지의 수요와 요구에 대응해서 이루어진 것이 아니고 정치적, 전략적으로 이루어진 증거로 본다. 식민국가에 의한 산업화는 일제의 중국 대륙 침략을 위한 병참기지로 건설된 것이다. 일제에 의한 식민지 한국의 산업화는 한국사회와 거의 관계 없이 이루어졌고, 그러한 국가 주도의 산업화는 집행을 한국인, 한국기업이 맡은 것이 아니고 일본의 대재벌이 담당하였다. 식민지 백성인 한국인들은 산업화에서 배제되고 하위 관리자, 기술자, 노동자로 참여했을 뿐이다.[63]

결론적으로 일제하의 산업화는 지리적(공간적)으로 불균등했을 뿐 아니라 종족적으로 불평등했다. 식민 본국인 일본보다 더 국가주의적인 '위로부터의 혁명'이라는 방식을 통해 한국에서 1935년에서 1945년까지 한국의 산업혁명이 일어났으나, 식민지 산업혁명이 그렇듯이 산업혁명의 수혜자인 토착 한국인들이 혁명에서 배제된 가운데 국가주의적으로 일어났다. 산업혁명의 결과 긍정적인 효과(산업화)보다는 부정적인 결과가 압도적이었다. 한국의 농민들은 수백 년 살고 경작해 왔던 땅을 빼앗기고 고향에서 뿌리째 뽑히고 타지로 만주로 이주해야 했으며, 산업화로 노동계급의 원형이 출현했으나 나머지 대부분의 노동자들은 행상, 쁘띠 부르주아지, 그리고 직장 없는 하층 무산자로 전락하였다. 식민지 국가의 산업화로 전 국토가 사업장으로 변하면서, 특히 남부의 쌀 생산지역으로부터 엄청난 규모의 인구이동이 일어났다. 해방 당시에 한국 인구의 11.6%가 해외(주로 일본과 만주)에 살고 있었으며, 20%가 외국 또는 타지에서 살고 있었다.(Cumings, 1981) 이러한 식민국가하에서 뿌리를 뽑힌 사람들이 해방 후 다시 고향으로 귀환했을 때 그 '돌아온 사람들'은 의식화되어 혁명을 수반한 사회 변화의 주역이 될 수밖에 없었다.(Cumings, 1981)

3) 일제 강점기하에서 계급들의 다중적 시간

이러한 일제에 의한 산업화의 불균등성, 퇴행성, 강압성은 친일(또는 부일) 부르주아지와 대지주, 산업노동자 계급과 소상업 쁘띠 부르주아지와 농민, 노동자 간의 역사적 시간의 간극을 벌려 놓았다. 그들은 캘린더 시간으로는 같은 시간

63 일제하의 산업화를 담당한 자본가의 90%는 일본 자본가였다.(Cumings, 1981)

에 살고 있었지만, 친일 부르주아지, 대지주, 새로운 산업노동자계급은 '근대'의 시간에 살고 있었으나 다른 대부분은 전근대의 시간에 살고 있었다. 소상인들은 여전히 행상, 보부상과 같은 조선 후기 시간에 살고 있었고, 농민들은 재농노화(refeudalization)되어 영세한 소작인의 시간에 살고 있었으며, 산업화는 원초적인 노동계급(proletariat)을 창출했으나,[64] 대부분의 노동자들은 도시 부랑민으로 전락하여 떠돌고 있었고, 많은 빈궁한 한국인들 그리고 일제의 압제에 저항하는 독립투사들이 만주로 유랑, 탈출하였다. 巴人 金東煥 시인은 1925년 두만강을 건너서 만주로 탈출하는 한국인들의 내면을 〈국경의 밤〉이라는 장편 서사시의 시작부에서 이렇게 묘사한다.

> 아아, 무사히 건넜을까.
> 이 한밤에 남편은
> 두만강을 탈 없이 건넜을까.
> 저리 國境江岸을 경비하는
> 外套 쓴 검은 巡警이
> 왔다 갔다
> 오르며 내리며 분주히 하는데
> 발각도 안되고 무사히 건넜을까?
> — 김동환, 《巴人詩集 — 국경의 밤》(1962년 3판, 90)

(1) 자본가의 시간

일제에 의한 한반도의 산업화는 불균등하였다. 지역적으로는 북한 지역에 중화학공업을 집중 배치하고 인구가 밀집한 남한에는 남한의 한국인 소비자를 대상으로 한 비내구성 소비재 중심의 경공업을 배치하였다. 자연히 농업사회였던 한반도의 탈구현상(dislocation)이 일어나 인구가 이동하고 자본과 부가 이동하였다. 그러나 그 탈구현상이 한국사회의 '평등자(equalizer)'의 역할을 수행하지

64 1941년 현재 한국 1.3백만 대 중국 2백만이었다.(Cumings, 1981: 26-27)

않았다.

산업화를 수행했던 주역들인 자본가들이 불균등하였다. 근대 산업화의 주체는 산업자본가 즉 부르주아지들이다. 그런데 일제하에 산업화를 수행한 주역들은 식민국가와 일본 제국주의 본국의 재벌(zaibatsu)로 불리는 대자본가(미쓰이, 미쓰비시, 스미토모)들이었지 한국의 친일 부르주아지나 대지주는 일제총독부와 대자본가의 하위 협조자(junior partner)에 지나지 않았다. 나머지 대부분의 한국 자본가들은 고리대금으로 토지투기, 도매업, 곡물중개상 등 상업자본으로 남아 여전히 근대적인 산업자본가로 지위상승을 하지 못하고 전근대적인 시간에 머물러 있었다.

일제하에서 자본가들의 시간이 비동시적이 된 가장 큰 원인은 일제하의 산업화가 '밖으로부터의 강제된 수직적 산업화(vertical industrialization from outside)'라는 데 있다. 말하자면 식민지 시대 산업화의 외삽적(externally imposed) 성격에서 식민지 한국 산업화의 비동시성을 볼 수 있다는 것이다. 일제에 의한 산업화는 자비로운(benevolent) 것이 아니었다. 일본 제국주의는 시혜적으로 한국에서 자본주의의 하부구조를 구축하고 한국의 토착 지주들이 자생적으로 산업자본가로 전환하도록 도와주지 않았다. 따라서 일제가 한국의 토착지주들이 산업자본가로의 전환을 도와서 그들로 하여금 한반도 산업화의 상당 부분을 담당하게 했다는 자비로운 '식민지 근대화론'은 상당 부분 허구이다. '식민지 근대화론'은 원래 미국 워싱턴 주립대학의 팔레학파로부터 나왔고 이는 곧 미국 학자들이 식민지 시대의 한국을 해석하는 주류 이론이 되었다.(Palais, 1976; Eckert, 1991; McNamara, 1990; Kohli, 1986, etc.)

팔레학파 중 가장 실증적 증거를 대면서 체계적으로 식민지 근대화론을 개진한 학자가 카터 에커트이다. 카터 에커트(Eckert, 1991)는 일제 식민지 유산이 해방 후 60년대, 70년대 한국 산업화의 원동력이라고 주장하는 식민지 근대화론자이다. 그는 자본주의의 맹아를 조선 말, 대한제국에서 찾으려는 노력은 오렌지 밭에서 사과를 찾으려는 노력과 같다고 냉소한다. 카터는 식민지 유산 중에서도 일본 대자본의 하위 협조자의 지위에 있는 한국의 토착 자본가에 의한 산업자본화에 주목했고 일제하의 고창 김씨 가문의 기업가인 김성수와 김연수가 표본사례로 선택되었다. 김성수와 김연수 형제는 1919년 조선회사령 폐지 이전에 경성방직 설립 허가를 받았고 전쟁 특수에 힘입어 1933-45년에 고정자산을 50배 이상 늘리는 기적을 이루었다.(정태헌, 1999: 123) 에커트는 지주계급인 고창 김씨의 산업자본가로의 성공적 전환 사례를 들어 일제시대 한국의 기업가 중 일본 기업가가 90%, 한국인 기업가가 10%라는 통계가 보여 주는 것은 일제가 전체 산업자본가의 '10%밖에'가 아니라 '10%씩이나' 한국 토착자본을 근대 산업자본가로 육성한 것이라고 강변하고 있다. 이는 일제가 종족적 계급차별정책을 편 것이 아니고 가능한 많은 조선인 자본가들을 하위 협조자로 끌어들여 산업자본가로 육성하려는 계급협력정책을 폈다는 증거로 봐야 한다는 것이다.(정태헌 1999: 122-123)

에커트와 같은 식민지 근대화론자들은 경성방직과 고려대학교(당시 보성전문학교)라는 근대적인 제조업(면방직) 기업과 근대적인 사립 고등교육기관을 설립한 인촌 김성수를 일본 제국주의가 키운 식민지 근대화의 대표적인 자손(offspring)으로 내세우고 있으나, 식민지 시대의 김성수는 그렇게 간단하게 정의 내릴 인물이 아니다. 인촌 김성수는 비동시성이 강한 인물이었다. 그가 만약 일제 강점기에 살지 않았다면 그는 모순적인 비동시성의 시간에 살지 않을 수 있었을 것이다. 그러나 현진건이 〈술 권하는 사회〉라는 단편소설에서 보여 주는 식민지 시대의 지식인들처럼 인촌 김성수는 한편으로는 서구의 근대화 개념을 식민 본국인 일본 유학을 통해 배우고 도입하고 이용하려는 종속적 근대화의 시간에 살면서도, 다른 한편으로는 자력갱생과 근대교육을 통한 인간자본을 육성해서 나라를 되찾겠다는 주변부 근대적인 저항 민족주의의 시간을 포기하지 않았다. 그러면서도 그는 조선 중기 성리학자 하서 김인후(河西 金麟厚,

1510-1560) 선생의 후예로서 공선사후(公先私後)의 공공선(公共善)의 삶을 살 것을 강조하는 전통적인 유교의 시간에 살고 있기도 했다.(백완기, 2012)

일제 식민지 시대를 살아간 지식인들의 삶이 그렇듯이 인촌 김성수의 삶도 비동시성적이었다. 그는 성리학자의 후예로서 유교라는 전근대를 물려받았고, 일본 식민지 백성으로 일본 제국이 제공한 주변부 근대화의 기회를 잡고 인간 자본과 산업자본을 육성하여 나라를 되찾으려는 문화 민족주의자들이 걸은 근대의 시간을 동시에 살았다.

에커트가 인촌 김성수를 일제 식민정책에 협력한 한 자본가의 '성공적' 자본 축적의 사례로 선정한 것은 큰 실수이다. 김성수 형제는 일제하에서가 아니라 구한말에 이미 상당한 자본 축적을 이루었던 김경중과 양아버지 김기중이 물려준 유산으로 근대적 기업을 시작했다는 점에서 식민정책에 협력만으로 기업을 일으킨 매판, 기생 자본가와는 다르다. 에커트는 일제선정론(日帝善政論)에 근거하여 일제는 식민지를 근대화시킨 유일한 제국이며, 식민국가를 통해 한국은 산업화를 할 수 있었고, 해방 후에도 박정희가 식민 국가에 의한 산업화 모델을 이어받아 '한강의 기적'이라는 압축적 산업화를 이룰 수 있었다고 주장한다.(정태헌, 1999: 249) 김성수 형제는 식민 국가의 도움으로 자본축적을 했기보다는 식민지 자본주의라는 열악한 환경하에서도 자본을 축적했다고 보는 것이 더 타당하다. 김성수 형제가 한일합병 이후 조선 총독부가 한국인의 기업활동을 제한하기 위해 1910년 12월 30일 제정한 조선회사령이 1920년 폐지되기 이전인 1919년 10월에 경성방직회사 설립허가를 받은 사실을 에커트는 식민국가와 토착 자본가 간의 협력적 자본주의의 첫 사례로 들고 있으나, 이미 인촌 김성수는 허가받기 이전에 경성직류회사를 인수해서 경영한 바가 있고, 경성방직의 설립 목적을 근대적 민족기업을 육성하여 자립, 자강으로 힘을 키우고 독립을 준비해야 한다는 문화 민족주의의 관점에서 설명하였다. 물론 근대적 기업을 경영하기 위해서는 일본 은행으로부터 차입도 받아야 했으나 에커트가 이야기하는 것처럼 총독부의 보조금으로 회사를 연명시킨 것은 아니다. 경성방직은 오히려 자매회사인 동아일보의 민족주의적인 보도로 총독부로 불이익을 받았을 가능성이 크다. 일제 말기에 경성방직의 경영자인 김연수가 중추원 참의 직함을 받는 등 친일을 했으나 그러한 행위는 기업(경성방직)과 언론사(동아일보)를 살리기 위한 고육지책의 측면이 있지 않나 생각된다. 근대 기업은 이윤 추구를 하는 조직이다. 그런데 기업가에 대해 생존하기 위해 항일운동을 하지 않았다고 비난하는 것은 근대적 사고가 아니다.(백완기, 2012: 85-100)

그러나 일제하에서 대부분의 한국 자본가들은 김성수 형제보다 불운하였다. 김성수 형제는 조선회사령이 철폐되기 이전에 다른 자본가들이 잡을 수 없는 회사 허가라는 기회를 잡아서 자본 축적 과정을 선점할 수 있었다. 하지만 3·1운동의 여파로 일제가 '무단통치'에서 '문화정책'으로 전환하면서 회사령이 철폐되고 한국인의 회사설립 제한이 완화된 뒤부터는 토착 자본가들은 회사를 비교적 자유롭게 설립할 수 있었지만 일본의 대자본가나 경성방직 같은 기존에 이윤을 내고 있는 한국인 대기업에 비해 자본과 기술에서 뒤떨어진 상태에서 불공정하게 경쟁하여야 했기 때문이다. 토착 기업의 영세성, 낮은 자본력(undercapitalization), 그리고 소규모성은 다음 통계에서 드러난다. 1928년에 이르면 한국인 기업 수는 2751개이고 30%를 고용하고 있는데 반해, 일본인 기업 수는 2425개이고 67%를 고용하고 있었고, 25만 엔 이상의 불입자본금을 가진 회사 중 3%만이 한국 기업인 소유였다.(Cumings, 1981: 19)

결론적으로 일제하의 한국 자본주의는 '토착 자본가 없는 자본주의'(강정구, 1996)였고, 토착 자본가가 아니라 총독부라는 식민 국가, 조선중앙은행과 국가금융자본, 식민 본국 재벌의 트리오가 주도하는 '외부로부터 들여온 강요된 자본주의'였다. 여기에 일제하에서 한국 산업화의 주역인 트리오에 협력하는 토착 대기업가가 하위 파트너로 참가하고, 영세한 기업들이 잔여적 중소기업 분야에서 고용을 창출하고, 대부분의 한국 자본가들은 여전히 고리대금업, 부동산 투기, 브로커, 곡물중개상 등 전근대적 상업자본주의의 영역에 머물러 있었다. 결국 일제하에서 한국인 산업부르주아지 계급이 등장했다고 볼 수 없고, 외국인 산업부르주아지와 일제에 협력하는 한국인 산업부르주아지들은 근대의 시간에 살고 있었으나, 나머지 대부분의 토착 자본가들은 전근대의 시간 또는 전근대에서 근대로 넘어가는 전환기적 시간에 살고 있었다.

(2) 농민과 지주의 시간

농민들과 지주들의 시간도 불균등하였고 그들은 비동시적인 시간을 동시적으로 살고 있었다. 1910년 한일합방이 개시된 직후부터 1918년까지 일본 총독부는 토지조사사업을 벌여 식민지적 토지 소유 관계를 확립하여 근대화의 필수 조건인 '농업의 상업화(commercialization of agriculture)'의 기초를 구축했다.(Barrington Moore Jr., 1966) 원래 조선시대의 토지제도는 국유제로서 농민은 수조권 즉 경작권만을 갖고 있어서 근대적인 토지 소유권 제도가 형성되어 있지 않았다. 일제는 근대적 토지 소유권제도의 확립을 위해 토지 조사사업을 하기로 하고 1912년 토지 조사령을 공포하여 지주와 농민들에게 경작하고 있는 토지를 신고하게 하였다.

그런데 대부분의 농민들은 근대적인 소유권 개념에 무지하였고, 일제에 대한 반감으로 신고를 하지 않았거나, 교통이 불편한 상황에서 기일 내에 신고하는 것이 불가능해서, 신고 토지에 대해 과중한 세금이 부과된다는 유언비어와 일제에 대한 불신으로 토지신고령에 응하지 않았다. 반면에 지주, 귀족, 총독부 관리들은 신고에 적극 호응하였고 일제는 이들의 신고를 적극 지원하였다. 토지조사사업의 결과, 신고 안 된 민전(民田)과 사실상 사유지인 공전(公田)은 물론, 문중 씨족과 촌락공동체가 공유하고 있던 토지는 총독부가 국유지로 편입하여 총독부의 통제하에 있는 동양척식주식회사(東洋拓植株式會社, 東拓)와 후지흥업(不二興業)·가타쿠라(片倉)·히가시야마(東山)·후지이(藤井) 등의 일본 토지회사에 불하되었다. 토지조사사업의 결과, 총독부가 최대 지주인 식민지지주제가 중심이 되고, 일본인 대지주가 출현했고, 총독부에 협조했던 한국 지주들은 근대적인 토지소유권을 획득하였다. 반면에 대부분의 농민들은 세습적인 경작권의 형태로 사실상 사적으로 소유해 왔던 토지를 빼앗기고, 영세 소작농으로 전락하였다.

서구의 근대화 과정에서 원시적인 자본축적의 시발점인 '농업의 상업화'가 한국에서는 러시아, 동구와 중국에서 벌어졌던 '재농노화(re-feudalization)'의 형태로 진행되었다.[65] 일본 제국주의는 한국의 전통적 토지귀족계급을 절멸시키기는커녕 영속화시켰다. 일제는 지주를 이용하여 농민을 통제하고 농민의 생산성을 높이기 위한 유인을 제공하지 않았다.[66] 일본 총독부에 의해 실시된 토지조사와 농업의 상업화 정책으로 근대적인 자영농이 탄생하기 보다는 지주-소작관계가 강화되었고, 농민들은 전근대의 시간으로 퇴행하였다. 소작농의 궁핍화로 농민들은 자기가 뿌리를 내리고 살던 땅에서 뿌리를 뽑혀서 도시로 퇴출되어 비정규직 노동자나 빈민으로 지위의 하향이동을 감수하거나, 만주로 일본으로 탈출할 수밖에 없었다. 이렇게 퇴출된 농민들이 해방 후 다시 고향으로 돌아왔을 때, 도시에서 학습한 계급의식으로 무장한 귀환자들(returnees)은 농민혁명을 일으킬 잠재력을 지니고 있었다. 반면 일제의 농업의 상업화 정

65 배링턴 무어는 서구의 근대화 과정에서 일어난 농업의 상업화 과정은 세 가지이다. 영국은 지주와 대농장주를 도시 부르주아지로 전환시키고 농민들을 도시 산업 프롤레타리아트로 만드는 '농촌계급의 제거(eliminate)'정책을 시행하였고, 프러시아와 명치일본은 농업귀족(융커)이 스스로 농업의 상업화를 실시하여, 국가, 하위 협력자인 부르주아지와 동맹을 맺어 '위로부터의 근대화'를 도모하는 방식을 채택하였으며, 러시아와 중국과 같은 후진 농업국은 재농노화를 시도하여 농민혁명을 불러일으켰다.(Moore Jr. 1966) 커밍스는 일제 강점기의 근대화가 '농업관료형의 길(agrarian bureaucratic route)'이라고 불렀는데 이는 프러시아형 근대화와 비슷하나 일제하의 한국의 국가가 국민국가가 아니고 식민 국가이며, 상업 부르주아지가 지주(총독부 지주, 한국인 지주)와 동맹을 맺을 정도로 강력하지 못했다는 차이가 있다.(Cumings, 1981: chap. 1)

66 페이지(J. Paige)에 의하면, 토지를 소유하고 직접 경작하는 지주가 도시의 부재 지주에 비해서 경제적 유인이나 기술혁신에 관심이 적고, 부재 지주보다 더 억압적이어서 농민반란(revolt)이나 농민혁명을 유발하기 쉽다는 것이다.(Paige, 1975)

책에 순응, 호응했던 양반지주들은 전근대의 시간에서 근대의 시간으로 이동하였고, 식민지 국가가 최대의 지주가 되는 '식민지 지주제'가 나타났다.(정태헌, 2004: 287) 이와 같이 일제하의 농촌에서 비동시성이 가장 뚜렷하게 나타났다.

(3) 노동자의 시간

노동계급의 경우 비동시성의 경향이 상대적으로 약했다. 일제는 식민지를 산업화시킨 유일한 제국주의이다. 식민지 산업화의 주역인 자본가의 경우 식민통치를 통한 착취의 극대화와 식민지에서 자본을 효율적으로 축적하기 위해서 총독부와 동맹관계에 있는 일본국적의 대자본가들이 필요하였다. 그러나 식민지 산업화를 위해서 값비싼 일본 노동자들을 한반도에 들여올 필요가 없었다. 부지런하고 근대적 제조기술을 쉽게 학습할 수 있는 문자 해득력이 있는 한국 노동자들이 지천으로 깔려 있었기 때문이다.

그러나 한국의 노동계급이 자발적으로 형성된 것은 아니다. 1910년 한일합방 시만 하더라도 수백 년 살아온 자신의 터전을 떠나 도시로 가서 노동자가 되기를 자원하는 한국의 농민들은 그리 많지 않았다. 일제하에서 농민들은 노동자로 동원되었다. 농민들은 토지조사사업으로 땅을 뺏기고 소작농으로 지위하락을 강요당하고, 경작지도 없는 떠돌이 무산자가 되었을 때 그들은 도시로 내몰렸다. 산업화로 과거 조선시대와는 달리 농민이 노동자보다 하위계급으로 떨어졌을 때 농민은 도시노동자로 변신하기 시작했다.(Cumings, 1981: 25-31) 산업화가 시작되기 전인 1910년에 계급구조는 84%가 농업, 0.81%가 공업인 데 반해, 중화학공업화가 본격화된 1936년에는 산업 노동자의 수는 59만5천 명으로 불어났고, 중화학공업은 전체 산업생산의 28%를 차지하고 있었다.(Cumings, 26) 일제 말 1941년에 한국인 산업노동자 수는 130만 명으로 1933년 중국의 노동자 수 200만 명의 2/3에 달한다. 인구 규모의 차이를 감안할 때 중국과 비교하여 한국에는 매우 높은 밀도의 산업화가 진행되고 있었다.

이러한 밀도 높은 압축적 산업화로 해방이 되는 1945년 한국에는 원초적 형태의 노동계급이 존재하고 있었다. 1930년대 중반부터 시작된 일본의 중국 침략과 대동아전쟁을 치르기 위한 군수산업화로 한국과 만주에는 급속한 국가주도의 산업화가 진행되었고 이러한 속도전적인 산업화는 부분적으로 '노동력 부족' 현상까지 낳았다. 일제 말 대동아전쟁 시에 한국 노동자들은 한국 내의 도시뿐만 아니라 일본의 산업시설에 '징용'이라는 이름으로 동원되었다. 1941년 일본에 살고 있던 140만의 한국인 가운데 77만이 징용으로 끌려온 노동자들이었고, 그들은 건설, 제조업, 광산에서 강제노동을 하였다. 이제 한국의 노동자들은 일제의 산업화로의 동원에 협력하여 지위의 상향 이동을 택할 것인가 아니면 계속 산업화로의 강제동원에 저항할 것인가의 선택을 강요당했다.

4) 식민지적 탈근대 시간의 등장 — '데카당 아방가르드' 식민지 인텔리와 문화대중

이광수와 같은 문화 민족주의자들은 강압적인 군사국가인 일제 식민국가의 테두리 내에서 타협적인 문화 민족주의도 실현 가능하지 않음을 깨닫고 군국주의 일본의 파시즘체제에 적극 동참하게 된다. 당시의 '근대 시간'을 기준으로 하면 파시즘은 정치적인 탈근대의 시간이었다. 그러나 진정한 식민지 탈근대 시간은 문화분야에서 나타났다. 블로흐는 바이마르 독일에서 탈근대인 나치즘이라는 정치적 파시즘과 함께 퇴폐주의적이고 해체주의적인 탈근대 사조가 문화 영역에서 나타난 것은 제1차 세계대전에서 프러시아 독일의 패배로 절망에 빠진 독일인들의 패배의식이 해체주의적, 허무주의적, 퇴폐주의적인(decadence) 전간기(戰間期)의 탈근대로 나타났다고 설명하였다. 한국의 1920년대와 30년에 나타난 전간기 탈근대도 바이마르 독일을 닮았다.

식민지 한국은 1905년 사실상 국권을 상실하였고, 1910년에 합일합방으로 공식적으로 일본의 식민지가 되었는데 제1차 세계대전 후 윌슨 대통령의 민족자결주의에 고무되어 수백만이 참가한 3·1독립운동을 벌였으나, 3·1운동은 실패로 끝났다. 3·1운동의 여파로 일본 제국주의가 '문화통치'로 방향을 전환하고 교육, 출판, 언론 기관의 설립을 인정하면서 한국에서는 식민지 근대 문화운동이 일어났고 문화 민족주의자들은 이렇게 새로이 부여된 언론, 출판, 예술적 표현의 자유와 교육기관을 설립할 권리를 이용해서 독립을 위한 준비를 한다는 지극히 민족주의적인 근대 프로젝트를 구상하고 이를 실천에 옮겼으나, 식민지 시간의 제약하에서 근대를 실현한다는 것은 지극히 어려운 일이었다. 결국 좌절한 지식인들과 예술가들은 식민지적, 퇴폐적이고, 퇴영적이고, 초현실주의적인 탈근대의 시간으로 도피하였다. 그들은 국권 회복, 민족건설, 전국적 시장의 형성과 산업화와 같은 근대화 프로젝트의 거대 담론을 일제 식민국가라는 억압적인 관료국가하에서 어떻게 구체적으로 실천할 것인가에 대한 아이디어가 없었고, 국가와 민족이라는 근대의 거대 담론과 프로젝트를 전면 부정하고 일상생활과 마이너리티로 퇴행하였다.(정태헌, 《교수신문》 2007. 3. 26.)

문학, 미학과 예술계에서는 20세기 초에 프랑스와 독일 등 유럽에서 일어난 아방가르드(avant garde, 전위)라 불리는 포스트 모던 운동인 다다이즘, 초현실주의(surrealism)는 식민지 한국에 거의 몇 년 간의 시간 차를 두고 일본을 거쳐 1920년대에 들어왔고 1930대에 가장 활발하게 실험되었다. 한국 근대화의 압축성이 탈근대적 시간의 수입에서도 나타났다.

아방가르드(前衛)는 모던의 '전위'가 아니라 근대 부르주아 문화의 쇠퇴를 미리 알려주는 포스트 모던의 '전위'였다. 그런데 한국에서는 근대가 원숙해지기도 전인 근대의 도입 시간에 포스트 모던도 함께 등장하였다. 서구에서는 차이를 두고 단계적으로 나타났던 근대의 시간과 탈근대의 시간이 식민지 한국에서는 동시에 들어오는 비동시성의 동시성 현상을 보이면서 식민지 탈근대는 아방가르드적이라기보다는 데카당스로 흘렀다. 일제시대의 '아방가르드는 데카당스고, 데카당스는 아방가르드였다'.(칼리니스쿠, 1993: 193)[67] 그러나 일제하의 식민문학에서 아방가르드의 대표 주자 중의 한 시인인 김기림의 시에서는 데카당스보다 근대성이 더 배어난다. 말하자면, 김기림 내부에서 근대성과 식민지적 탈근대성이 동시에 공존하고 있었던 것이다.

> 내가 勸하고 싶은 것은 依然히 相逢이나 歸依나 圓滿이나 師事나 妥協의 美德이 아니다. 차라리 訣別을 — 저 東洋的 寂滅로부터 無節制한 感歎의 排泄로부터 너는 이 卽刻으로 떠나지 안어서는 아니 된다.
> 感歎, 그것은 신사와 숙녀들의 吾後의 禮義가 아니고 무엇이냐? 秘密, 어쩌면 그렇게도 粉바른 할머니인 19세기적 '비-너쓰'냐? 너는 그것들에게서 지금도 곰팡이의 냄새를 맡지 못하느냐? (…)
> 이 肥滿하고 魯鈍한 吾後의 禮義 대신에 놀라운 吾前의 生理에 대하여 경탄한 일은 없느냐? 그 건강한 아츰의 體格을 부러워해 본 일은 없느냐?
> (…)
> 그러면 너는 나와 함께 어족과 같이 신선하고 깃발과 같이 활발하고 표범과 같이 대범하고 바다와 같이 명랑하고 선인장같이 건강한 태양의 풍속을 배호자.
> — 김기림, 〈어떤 친한 「시의 벗에게」〉, 《태양의 풍속》(1934)

이 시에서 김기림은 상봉, 귀의, 원만, 사사, 타협의 미덕이 작동하는 '동양적 적멸'의 시간이나 곰팡이 냄새나는 19세기적 낭만주의 시간은 지나가고 있는 '오후(午後)'의 시간이고, 신선하고, 활발하고, 대범하고, 명랑하고, 건강한 태양의 풍속의 시간은 '오전(午前)'의 시간 즉, 근대의 시간이라고 노래한다. 이 시에서 탈근대주의자 김기림은 아방가르드적이면서 동시에 건강한 근대인인 '고도(Godot)'를 기다리는 사무엘 베케트와 같은 포스트 모던한 시인으로 보인다.(Samuel Beckett, *Waiting for Godot*, 1949)

67 그런데 필자로 하여금 김기림을 만나게 해 준 전봉관은 김기림을 전근대로 퇴행한 탈근대주의자로 묘사한다. 그는 김기림의 시가 '전혀 새롭지도 전위적이도 않고' 오히려 낡은 관습과 전통으로 퇴행하였다고 주장한다.(전봉관, 2007)

넥타이를 한 식인종은
니그로의 요리가 칠면조보다도 좋답니다
살갈을 희게 하는 검은 고기의 위력
의사 '콜베—르' 씨의 처방입니다.
'헬매트'를 쓴 피서객들은
난잡한 전쟁경기에 열중했습니다
슬픈 독창가인 심판의 호각소리
너무 흥분하였으므로
내복만 입은 파씨스트
그러나 이태리에서는
설사제는 일체 금물이랍니다.
필경 양복 입는 법을 배워낸 송미령여사[68]
〔…〕
— 김기림, 〈세계의 아침〉, 《기상도》(장문사, 1936)

이 시에서 보는 바와 같이 근대문명을 열망했던 탈근대주의자 김기림은 1930년대의 대공황과 파시즘, 나치즘의 등장으로 근대문명이 타락, 퇴폐, 퇴영함으로써 모순이 노출되고 문명 자체의 존속이 나치와 같은 탈근대적 전체주의의 득세로 위험에 처했다는 것을 감지한다. 식민지 조선에서도 세계대공황의 물결은 식민 본국 일본의 불황을 한반도로 상륙하게 하여 한국인들로 하여금 실업, 실업자라는 부정적인 근대의 경험을 하게 하였다. 그러나 김기림은 데카당이 아니었다. 그는 "(暴風警報解除), 快晴, 低氣壓은 저 머언, 시베리아의 근방으로 사라졌고, 太平洋의 沿岸서도 高氣壓은 흩어졌다"고 자본주의 위기 해제경보를 내렸다.[69] 그는 서구 자본주의는 끝내 파국을 면하고 대공황의 태풍은 사라질 것이고, 쾌청한 근대사회의 미래가 산뜻하게 돌아올 것이라고 낙관하였다.

68 헬매트를 쓴 피서객은 군인, 콜베르는 루이14세 재정대신을 지낸 중상주의자, 내복 입은 파시스트는 무솔리니를 풍자하고, '송미령의 양복'은 장제스의 부인 쑹메이링이 미국 유학에서 배운 것은 양복 입는 법밖에 없다고 한 이야기를 조롱한 것이다.(전봉관, 2007: 55)
69 김기림, 〈쇠바퀴의 노래〉, 《기상도》, 장문사, 1936.

그러나 모든 식민지 탈근대주의자들이 김기림같이 건강한 근대문명의 복원을 예감하는 낙관주의자는 아니었고, 밖으로 나가는 창문과 출구가 없는 식민지적 현실에서 허무주의, 퇴폐주의(decadence), 퇴영주의, 무정부주의, 종말주의, 초현실주의,[70] 다다이즘[71]으로 흘러갔다.[72]

그런데 문학과 예술영역에서뿐만 아니라. 일상 생활영역에서도 탈근대 시간이 침투하였다. 근대의 시간을 넘어서 탈근대에 살고 싶어 하는 새로운 문화부류가 생겨났고 그들은 탈근대적인 문화시간에 살려고 하였으나, 전통과 근대라는 다른 비동시적 시간들이 이를 허용하지 않았다. 문화통치기인 1920년대 말에는 지식인들의 숫자가 늘어나고 지식인들을 중심으로 민족개조론 같은 식민지적 근대의 시간, 신간회와 같은 저항적 민족주의 시간, 사회주의와 같은 또 다른 근대의 시간, 그리고 일본에서 급수입된 서구의 아방가르드 시간이 어지럽게 공존하고 있었다. 한국인들은 짧은 시간에 '모던', '모던보이', '모던껄'을 배웠다가 이를 소화하기도 전에 '씨-크', '울트라 모던'에 익숙해져야 했다.[73] 식민지 한국에서 근대와 탈근대는 거의 동시에 들어와서 공존하고 있었다.[74] 이러한 탈근대의 시간은 지식인과 유한계급 대중으로 번졌다. 《삼천리》 1937년 1월호는 〈서울에 댄스홀을 허(許)하라—경무국장에게 보내는 아등(我等)의 서(書)〉가 실려 있는데, 레코드회사 문예부장, 다방마담, 여급, 기생, 배우 등 대중문화

---

70 초현실주의(surrealism)은 아무런 이성의 통제가 없는 가운데 모든 미적, 도덕적 선입견에서 벗어나 자신의 진정성을 표현하려하는 미학적, 예술적 사조를 이야기한다.(르루아, 2008: 6)

71 다다이즘(Dadaism)은 1918년 제1차 세계대전 이후 유럽 젊은이들의 당대의 정치사회적인 격변에 반발하면서, 자신들의 반대 의사를 무정부주의적, 비이성적, 모순적인, 그야 말로, '상식 밖의' 행위나 낭송, 또는 미술 작품을 통해 표명한 포스트 모더니즘 운동이다.(엘거, 2008: 7)

72 정지용, 임화, 김니콜라이는 다다이즘, 이상은 초현실주의, 김기림, 김화산, 박팔용은 그냥 아방가르드로 분류된다.

73 모던걸(모던-껄)과 모던보이(모던-뽀이)는 점차 모던걸은 '녀학생', 모던보이는 지식청년으로 일반화되었으며, 그들은 '근대'의 서구적 가치관을 전파하는 역할을 했다는 점에서 근대의 시간에 살았으나, 노출패션을 한 모던걸은 탈근대에 살고, 까이드걸, 티켓껄, 스틱껄 등 남자에 기생하는 모던껄들은 봉건적인 전근대의 시간에 사는 모던껄이었다.(신명직, 2008: 75-129)

74 《모-던어 사전》(시민, 1930), 김진송, 《현대성의 형성: 서울에 딴스홀을 허하라》, 1999: 43에서 재인용.

의 중심 인물들이 "삼교국장 각하여, 각하는 댄스를 한갓 유한계급의 오락이요 또한 사회를 부란(腐爛)시키는 세기말적 악취미라고 보십니까 〔…〕 그것은 각하의 잘못 인식함이로소이다"라고 서양과 일본에서 유행하는 댄스조차 식민지 조선에서 통제되고 있는 사실의 부당성을 설파하고 있다. 대중문화의 주역들의 요구는 매우 '근대적'인 것이었다. 그런데 일제 식민 당국의 '댄스홀'에 대한 이미지는 퇴폐적(데카당스)인 탈근대였고, 자신들의 성과 여성에 대한 태도는 전근대적 가부장주의였다. 이렇게 대중문화의 시간에서도 전근대, 근대, 탈근대는 충돌하면서 공존하고 있었다.

1920년대에 문화통치의 영향으로 많은 조선의 지식인들이 일본으로 유학가서 근대적인 신학문을 배우고 왔으나 식민지 한국은 그들을 수용할 만한 경제, 문화, 사회구조를 갖추고 있지 않았다. 자연히 그들의 근대는 집에 남아 있었던 부인을 비롯한 가족들의 전근대와 충돌하고, 사회적으로는 시인 이상(李相)이 자조적으로 표현한 바와 같이 '박제'화된 지식인이 되어 억압적인 식민지적 근대와 부딪힐 수밖에 없었다. 귀향하여 보니 여전히 봉건적인 사고를 가진 구식 아내에 실망하고(현진건, 1921), 인텔리라는 소리를 들으면서도 취직도 하지 못하는 무기력한 고등실업자로 전락하는 좌절을 겪고 나면서(채만식, 1934) 인텔리들은 반항, 불안, 무기력에 시달리는 '데카당'(1922, 홍난파), '룸펜(lumpen)' 또는 딜레탕트(dilettante)가 된다.(김진송, 1999: 112-151) 그들은 더 이상 모더니스트가 아니고 근대에 저항하고 근대를 해체시키려는 포스트 모더니스트가 되었다. 서구의 포스트 모더니스트와는 달리 한국의 포스트 모더니스트들은 식민지 지식인의 제약과 한계로 인해 퇴영적이고 퇴폐적인 룸펜, 딜레탕트, 데카당 인텔리들이었다.

이와 같이 식민지 시대에 '모던'하다는 것은 근대적이라는 의미만 담고 있는 것이 아니라 근대성의 상징인 현실주의, 합리성, 표준성, 기획성, 규칙성을 넘어서 초현실주의, 비합리성, 해체주의, 무정부주의, 우연성을 표방하는 탈근대성(postmodernity)을 동시에 담고 있었다. 말하자면, 식민지 근대화의 모순으로 두 개의 상이한 시간이 동시에 공존하는 독특한 포스트 모던한 시간이 출현하였다.[75]

3. 문화시간의 충돌 — 민족주의자, 근대주의자, 제국주의자 간의 비동시성

일본 제국주의의 특징 중의 하나는 반주변부 국가(명치 일본)에 의한 주변부 국가(조선)의 식민화였다. 반주변부 제국인 명치 일본은 중심부 제국주의 국가를 '따라잡기' 위해 한반도를 식민화하고 주변부에 압축적인 산업화를 시도하였다. 모든 것이 속도전으로 치러졌다. 주변부 산업화는 전쟁과 겹치면서 속도가 더 빨라졌다. 폴라니에 의하면, "시장은 인간을 육체적으로 파괴시키고 인간의 주위 환경을 쑥밭으로 만들어 버린다. 사회는 스스로를 보호하기 위해 어떤 조치를 취하기 마련이다. 시장에 대한 반운동(counter-movement — 필자 첨가)이 어떤 것이던 시장의 자기조정력을 손상시키고 산업 활동을 해체시켜 사회를 또 다른 위험에 빠뜨린다."(Polanyi, 1957: chap.1) 시장은 인간과 그 주위 환경을 파괴하는 '자기파괴적' 성격이 있기 때문에 인간과 자연은 공히 스스로를 보호하기 위한 반운동에 나선다는 것이다.

일제가 압축적으로 주변부인 한반도의 자본주의화를 완성하기 위해 속도전을 시도하는 만큼 농촌의 전통적인 시간은 급속도로 해체되고 농민들은 뿌리를 뽑힌 채 자신의 생활 터전에서 쫓겨났다. 이러한 일본 제국주의에 의한 시장운동은 전통적 한국 농민들의 반운동을 낳았다.[76] 반운동은 주로 저항적 민

75 포스트 모더니즘의 선구 사조인 다다이즘의 창시자인 한스 아르프는 다다 50주년에 "다다가 있기 전에 이미 다다가 있었다"고 했다. 아르프의 언술을 한국의 포스트 모더니즘에 적용한다면, "해방 후 한국에서 포스트 모더니즘이 있기 전에 이미 일제하에서도 포스트 모더니즘이 있었다"고 말할 수 있다.

76 1930년대의 '적색농조운동(red peasant union movement)'은 뿌리 뽑히고 터전에서 쫓겨난 농민들이 스스로를 보호하기 위한 반운동의 전형적 사례이다. 스탠포드대학의 신기욱 교수(Gi-wook Shin)는 적색농조운동은 일제의 농산품 시장개방과 농업의 상업화에 저항하는 농민들의 집단행동이라고 주장한다.(Shin, 1966)

족주의의 형태로 표출되었다. 구한말과 일제 초기에는(1907-1910년) 양반귀족이 주도하는 의병운동의 형태를 띠었으나, 1910년 한일합방이 공식화되자 국내에서의 의병운동은 주춤해졌으나, 1919년 3월 1일 동면에서 깨어난 수백만의 한국인들이 범민족적으로 3·1독립운동을 폭발시켜 세계를 놀라게 했다. 3·1독립운동은 윌슨 미국 대통령의 민족자결정책에 영향을 받았으나, 기본적으로는 자생적, 자발적, 비폭력 저항 민족주의 운동이었다. 그럼에도 불구하고 일제가 비폭력 운동을 야만적으로 진압하자 한국인들의 반일감정을 자극하였고 저항적 민족주의가 뿌리를 내리는 계기를 마련하였고 이러한 저항적 민족주의는 중국의 5·4운동을 유발하였다.[77]

3·1운동에서 결집했던 한국 민족주의자들은 1919년 이후 서로 다른 분파로 나뉘어져 상이한 민족주의의 시간을 보냈다. 일제하의 한국의 민족주의자들은 여러 갈래로 나뉘어졌다. 먼저, 행동 노선에 따라 무력에 의한 독립을 쟁취하려는 무장투쟁파와 문화, 교육, 사회, 외교 분야에서 독립을 준비해서 점진적으로 독립을 실현하자는 문화 민족주의자(cultural nationalism)들로 나뉘어졌고, 반일투쟁을 어디서 전개할 것인가를 둘러싸고 국내파와 국외망명파 또는 해외파로 나뉘어졌다. 또한 1917년 러시아혁명의 영향으로 공산주의 혁명의 바람이 한반도에도 불어오면서 한국의 민족주의자들은 이데올로기에 따라 좌파 민족주의자와 우파 민족주의자로 갈라졌다. 좌파 민족주의자들은 다시 세포분열하여 제1세대인 국내파, 볼셰비키혁명에 영향을 받은 반체제 민족주의자들인 소련파, 1940년대에 모택동의 옌안방식(Yenan Way)를 따르자면서 중국에서 항일운동을 했던 중국파(또는 연안파), 그리고 북한과 중소 국경에서 빨치산 투쟁

77 3·1운동은 중국의 5·4운동의 발발에 깊은 영향을 미쳤고, 5·4운동은 1917년 러시아혁명을 성공시킨 레닌주의를 추종, 신봉하는 중국 레닌주의자들이 주축이 되어 중국 공산당이 창당되는 계기를 마련했으며, 중국의 전근대적인 전통 사상과 고유 문화를 비판하는 '신문화운동'과 같은 문화 민족주의를 태동케 했고, 중국의 저항적 민족주의가 반제국주의, 반봉건주의와 신민주주의의 방향으로 나아가는 출발점이 되었다.

을 하던 좌익 무장파 민족주의자들로 분열되었다. 김일성은 마지막 분파인 빨치산 투쟁파에 속한다.

이러한 저항적 민족주의자들의 도전에 대해 일제는 급진적 무장투쟁파들에 대해서는 무력으로 억압하고, 나머지 민족주의자들은 가급적 온건파인 문화 민족주의자의 길로 가도록 유도하였다. 일제는 회유와 유인, 물질적 이익의 제공 등을 통해 온건하고 협력적인 문화 민족주의자를 가급적 많이 육성하는 정책을 펼쳤다.

이러한 일제의 한국 민족주의자들에 대한 차별화된 정책과 3·1운동 후 일어난 내부 분열, 분기로 한국 민족주의자들은 해외 무장투쟁, 신문화운동, 친일파로의 전향, 그리고 동면 등 다양한 선택을 하였다. 그렇다면 왜 삼일운동 후 저항적 민족주의의 적소가 국내외적으로 마련되는 좋은 구조적 조건하에서 한국의 민족주의자들은 통일, 단결하여 일제에 대한 저항적 민족주의 운동을 동시적으로 펼치지 못하고, 비동시성적인 민족주의 시간들을 동시에 보내게 되었는가?

일제하의 한국 민족주의자들의 비동시성적 시간에 대한 논의에 들어가기 전에 민족(nation)과 민족주의(nationalism) 개념의 한국적 특성에 관해 논의할까한다. 명치 일본 시기에 일본 학자들이 nation을 민족(民族)으로 번역했을 때 그것은 영토(jus terre)를 기반으로 한 국민(demos 또는 인민)과 혈통(jus sanguinis)을 기반으로 한 종족(ethnos)의 합성어였다. 1000년 이상 통일국가를 형성, 지속시켜 온 한국인들은 영토국가의 국민으로 살았고, 1000년 이상 지속된 통일국가하에서 역사적 경험을 공유하였고 동일한 언어(구어, 문어)를 구사하고 사용하여 왔으며, 혈통적으로 계보가 가깝게 연결되어 있는 세계에서 유례 없는 종족적 동질성을 보유하고 있는 민족이었다.[78] 한국 민족의 객관

78 페어뱅크(John King Fairbank, 1973) 하버드 대학 동양학 교수는 한국을 세계에서 가장 종족적으로 동질적인 국가로 알려진 일본보다 더 동질성이 강한 나라로 보았다. 왜냐하면 일본에는 60만의

적인 속성을 기준으로 볼 때, 한국 민족은 영토국가의 시민(국민)의 일원이라는 정체성에 기반을 둔 '시민적 민족주의(civic nationalism)'와 혈통, 역사, 문화, 언어를 공유한 동질적 종족에 기반을 둔 '종족적 민족주의(ethnic nationalism)'를 모두 보유할 수 있는 잠재력이 있었다.

그러나 "민족이 민족주의를 만드는(invented) 것이 아니라, 민족주의가 민족을 만든다"는 홉스봄의 '민족과 민족주의 명제'를 받아들인다면,[79] 한국인들이 국민성(nationality)과 종족성(ethnicity)을 모두 보유하고 있다 하더라도 자동적으로 '민족을 건설'할 수 있는 것이 아니다. 더구나 일제하에서 영토를 가진 국민의 자격이 상실되고, 종족주의가 억압을 받는 상황 하에서 세계에서 가장 동질적인 한국인들이 민족을 건설하기는 매우 어려웠다. 그럼에도 불구하고 일제하에서 한국인들은 먼저 민족주의의 개념을 세우고 그러한 특정 한국 민족주의(Korean nationalism) 개념에 따라 한국 민족(Korean nation)을 재건설하려 하였다.

그런데 일제하의 한국의 민족주의자들은 자신의 정치적 신념, 성향, 이익에 따라 민족주의를 따르게 정의하였다. 일제하에서 세 가지의 한국 민족주의 개념들이 세워졌고 그에 따라 상이한 한국 민족의 개념이 상상되고(imagined), 발명되고(invented), 가공(artifact)되었다.(Shin, 2006: 4-8)

첫째, 전통주의자들은 종족적, 본원적(primordial)인 민족주의 관점에서 한국 민족주의의 개념을 세우고 한국 민족을 건설하려 하였다. 종족적 민족주의자들은 한국 민족을 자연적으로 진화한 동질적인 종족이라고 보았다. 안호상

한국인이 살고 있기 때문에 외국인이 거의 살고 있지 않은 한국보다 동질성이 떨어진다는 것이다.

79 홉스봄(1990)의 민족과 민족주의 정의는 전형적인 구성주의적 정의이다. 구성주의 이론은 민족을 민족주의에 의해 만들어진 가공물(artifact), 발명품(invention), 사회공학물(social engineering)로 보고, 민족은 민족주의에 선행(a priori)하는 것이 아니고 민족주의에 의해 사후적(a posteri)으로 만들어진 것이라고 주장한다. 민족을 민족주의의 발명품으로 보는 홉스봄의 시각은 베네딕트 앤더슨(B. Anderson, 1983)의 '민족은 상상된 공동체(imagined community)라는 언명과 어네스트 겔너(Ernest Gellner, 1983)의 "민족주의가 민족을 창조하며, 그 역은 아니다"라는 주장과 궤를 같이한다. 특히 겔너는 "민족주의는 정치적 단위와 민족적 단위가 일치하게 만드는 정치적 원리"로 정의함으로써 민족주의, 민족을 근대적(modern) 현상으로 보고 있다.

(건국 후 초대 정부의 초대 문교부 장관)을 비롯한 종족적 민족주의자들은 한국인들이 모두가 단군의 자손이라는 혈통을 공유하고 있을 뿐 아니라 동일한 '운명' 공동체의 역사적 경험을 공유한 같은 '배달민족'이라는 종족적 한민족을 만들어 내었다.(안호상 1992)[80]

둘째, 구성주의자 또는 근대 민족주의자들은 한국 민족은 민족주의 이데올로기의 근대적 산물이라고 주장하였다. 그들은 전통 사회는 양반-상민-천민의 수직적 신분사회였고 '국민'의 개념이 존재하지 않았으며, 전통사회의 양반엘리트들은 한국은 중화세계의 일원이라는 코스모폴리탄적 문명주의적인 사고를 하고 있었고 민족주의의 개념은 야만적인 것으로 받아들였다는 것이다. 구성주의자들은 한국 민족이라는 개념은 한국이 민족국가를 정치적 단위로 해서 구성된 근대세계 체제에 편입, 통합되면서부터 생기기 시작했다는 것이다.(Henry Em, 1999) 20세기 초 소위 민족사학자들이 종족적 민족주의 역사를 서술하고 한 민족을 만들어 내었다는 것이다. 그러나 전통 한국이 중앙 집권화된 관료국가이지만 기본적으로 수직적 신분제 사회를 유지했기 때문에 수평적인 국민(nation, people)의 개념이 존재하지 않았다. 민족사학자들은 근대 민족주의 입장에서 '한국 민족'을 발명하고 한국 역사를 '한국 민족'의 입장에서 서술하였다. 그들은 세대, 성, 신분의 차이에 관계없이 모든 한국인들을 '한국 민족'에 포함시켰다. 민족사학자들이 발명한 '한국 민족'은 근대세계 체제 내에서 한국 민족 건설에 가장 잘 맞는 개념의 '민족'이었다.

셋째, 민족과 민족주의의 개념에 관한 절충주의 이론이 최근 재미 한국 연구자 던칸 교수(Duncan)와 조민 교수에 의해 시도되었다. 그들은 한국 민족이 본원적이라는 전통주의적 견해를 받아들이지 않으면서 동시에 근대적 민족주의

80 역사학자 손진태(1947)는 한국인들은 "역사의 시작부터 공도의 역사, 단일 영토, 공동의 운명을 공유한 단일 인종(race)"이라 했고, 백남운(1946)은 "한국 민족은 수천 년 동안 공동의 피, 영토, 언어, 문화, 역사적 운명을 공유한 단일 민족"이라는 비슷한 개념의 한민족을 만들고 상상하였다.(Shin, 2006: 5, Duncan 1998: 198)

가 근대적인 '민족'을 만들었다는 홉스봄, 겔너, 앤더슨의 근대 민족주의 개념을 한국에 적용하는 것도 반대한다. 그들은 전근대 시대인 고려와 조선에 존재했던 관료국가의 지속성과 내구성, 놀라운 영토적 경계의 존재와 안정적 지속, 종족적 정체성의 사회적, 문화적 기반의 존재 등을 들어 한국의 중세시대에 서구보다 더 일찍이 국가가 공유된 정체성 의식을 가진 동질적 집단체인 민족을 이미 만들어 냈다고 주장한다.(Duncan, 1998; 조민, 1994)

그러나 서구의 근대 민족주의와 민족의 모델을 기계적으로 한국 민족의 형성에 적용하는 것도 문제이지만, 그 서구 민족주의 이론을 비판하기 위해 전근대 시대의 한국에 홉스봄, 앤더슨, 겔너가 주장하는 근대 민족주의와 민족의 속성을 공유하고 있는 근대 민족이 있었다고 주장하는 것은 논리적으로 자가당착이다. 홉스봄을 비판하기 위해서는 홉스봄과 다른 민족과 민족주의의 개념을 가진 근대적인 민족과 민족주의가 한국에 있었다고 주장해야 하는 것이다. 말하자면, 다중적 근대의 입장에서 근대 민족과 민족주의가 서구의 전유물이 될 수 없고 한국에서도 서구와는 다르지만 근대적인 민족과 민족주의의 개념이 있었고 정치적으로 실천되고 제도화되었다고 주장해야 서구의 근대적인 민족과 민족주의 이론에 대한 비판이 될 수 있고 서구 근대화 이론에서 발견되는 오리엔탈리즘을 극복할 수 있다.

한국의 민족주의자들은 19세기 초 한일합방 직전 국권 상실기에 등장한 다양한 한국 민족의 개념 중에서 하나 또는 절충적으로 취사선택해서 자신이 원하는 '한국 민족'을 건설하여 근대의 시간에 진입하려 하였다.

저항 민족주의자들(resistant nationalists) 또는 반식민 민족주의(anti-colonial nationalism)는 일본 식민제국의 지배를 거부, 부정할 수 있는 민족적 자부심을 찾기 위해 프러시아 독일의 헤르데, 피히테, 랑케의 '문화 민족주의(Kultur-nationalismus)'에서 한국 민족주의의 모델을 '상상'하려 하였다. 저항 민족주의자들은 종족주의적 문화 민족주의의 입장에서 한민족의 동질성, 배달민족의 혈통적 순수성, 과거 찬란했던 문화민족의 전통, 장구한 역사적 경험의 공유를 되살려 식민 본국인 일제에 대해 문화적 우위와 우월성을 과시하려 하였다.(김용직, 279) 단재 신채호 선생은 대표적인 종족적 민족주의의 입장에서 저항 민족주의를 추구했던 민족주의자이다. 신채호 선생은 장구한 역사를 가진 한국에서 안정적인 국경 내에서 동질적인 종족(ethnie)이 농업관료국가를 유지했다는 자부심을 표현하였고, 이는 신채호의 일본에 대한 종족적 우월감의 기반이 되었으며, 한국이 일본 제국주의의 지배를 받지 않고 독립해야 할 근거이며, 이 명명백백한 객관적 주장을 거부하는 일제에 대해 저항하는 것은 너무나 자명하다는 것이다. 저항 민족주의자들은 일제가 그들의 요구를 들어주지 않았을 때 무력으로, 테러로, 게릴라전으로 일제의 무단통치에 저항했다. 1907년에서 합방이 일어난 1910년까지 전국 각지에서 일어난 의병운동은 대표적인 무력 저항 민족주의 운동이었다.

일본에 대해 종족적 우월감에 가득 찬 종족적 민족주의자들에게 일본의 식민지 백성으로 살아간다는 것은 참을 수 없는 치욕이었다. 그래서 그들은 처음에는 국내에서 국권회복운동을 펼친다. 대표적인 국권회복운동 단체가 신간회(新幹會)이다. 신간회는 1927년 2월 15일에 사회주의, 민족주의세력들을 망라한 좌우합작 독립운동 단체로서 1931년에 해체될 때까지 회원 수가 3-4만여 명에 이르렀던 전국적인 단체였다. 물론 종족적 민족주의 이론가였던 신채호 선생이 34명의 발기인의 한 명으로 이름을 올렸다. 신간회는 비타협적 민족주의자들과 사회주의자들(좌파 민족주의자)의 합작으로 탄생한 단체로 한국 최초의 좌우합작 통일전선운동이었다. 그들은 일제와의 타협, 국권회복보다는 자치, 개혁과 혁명보다는 개량주의, 일본에 대한 열등감, 열등의식을 해소하기 위해 한국인이 먼저 변해야 한다는 '민족개조론'을 주장한 이광수를 비롯한 '문화 민족주의자들'을 비판하고 비타협적 노선을 고수했다.

신간회는 합법적 단체로 출발했으나 일본은 분리지배(divide et impera) 정책으로 신간회의 왼쪽 날개인 조선공산당을 불법화하고 해산시키고, 좌파 인사들을 탄압하자 좌파 민족주의자들과 사회주의자들 사이에 신간회 해체 주장이 나왔다. 여기에 더해 코민테른(Commintern)은 1930년 '9월 테제'를 발표하여 공산주의자들에게 신간회의 해체를 명령하였다. 결국 신간회는 1931년 5월 16일 신간회 해소를 결의함으로써 해체되었다. 형식적으로는 좌우의 내부 분열에 의해 해소되었으나 일제의 좌파 민족주의자와 사회주의자들에 대한 차별적인 탄압으로 사실상 해산되었다고 보는 것이 타당하다.

4. 저항 민족주의와 문화 민족주의의 비동시적 시간 — 신채호와 이광수

저항 민족주의자들의 합법적 국권회복운동 공간인 신간회가 해산되자 비타협, 저항적 민족주의자들은 타협적 문화 민족주의로 전향하거나 해외로 나가 무장투쟁을 하거나 상해로 가서 외교를 통한 독립운동을 '준비'하는 수밖에 없었다. 국내에 남은 비타협 민족주의자들은 종족적 민족주의를 고수하기 위해 국제주의자인 사회주의자들과 공산주의자들과 결별하고 개량적이고 타협적인 민족주의자들과 합류하거나(Shin, 2006: 78) 저항적 민족주의를 고집스럽게 지켜 간다.

신간회 사건 이후 저항적 민족주의의 대표적인 지식인인 신채호 선생과 타협적 문화 민족주의자로 변신했다가 끝내는 일제에 동화되어 버린 지식인 이광수를 통해 일제 강점기의 저항 민조주의자와 문화 민족주의자의 시간의 비동시성을 보게 된다.

비타협적 종족적 민족주의의 이론을 제공한 신채호는 좌우의 갈등으로 종족적 민족주의가 국제주의적인 공산주의자들과 결별하게 되자 갈 곳이 없었다. 결국 그는 일제 말에 무정부주의자로 변신하게 되었다. 무정부주의자인 신채호는 말년에 민족주의를 넘어서는 정치적 프로그램을 주장하였고 지속적이고 일관된 민족주의 담론을 부정하는 역사관을 옹호하기에 이른다.(Em, 1999:

361) 신채호는 일제하에서 저항적 민족주의자들이 일제의 탄압과 내부의 분열로 비동시성적 시간을 산 지식인의 표상을 보여 준다.

일제시대에 한국 민족주의자들은 집단적으로 비동시성의 시간을 살아갔는데, 신채호에서 개인적으로도 비동시성의 시간을 살아갔다는 것을 발견한다. 신채호 개인의 내부에서 전통과 근대는 공존하고 있었다. 그는 《조선상고사》, 《조선상고문화사》를 쓰면서 본원적(시원적) 민족주의가 있었다는 것을 기술하였고, 〈조선혁명선언〉에서 일본 식민주의에 대항해서 애국계몽운동을 하거나 비타협적으로 독립투쟁을 하는 것은 근대적인 '시민'을 창출하려는 근대적 민족주의를 실현하려 하였으며,[81] 비타협적 민족주의 운동이 일제의 탄압으로 벽에 부딪혔을 때 신채호는 무정부주의자로 변신하여, 국가 자체를 부정하고, 테러에 기반한 '직접행동론' 전략으로 반국가주의적 무장투쟁을 전개하다가 일제에 의해 체포되어 1936년 만주 뤼순감옥에서 순국하였다. 신채호의 무정부주의는 일제의 탄압하에서 한국 민족의 해방과 독립을 위해 어쩔 수 없이 선택한 '혁명적 민족주의'라는 신용하 교수의 주장처럼 신채호는 수식어가 어떻게 달렸던 진정한 한국의 '민족주의자'였다. 이와 같이 머리부터 발끝까지 민족주의자인 신채호는 1910년대에 애국적 계몽주의 활동을 하면서 도산 안창호 선생과 함께 계몽적 '문화 민족주의'를 경험했고, 《조선상고사》에서는 '시원적(본원적) 민족주의자'였으며, 의열단 선언문으로 알려진 〈조선혁명선언〉에서 그는 '무정부주의자'였고, 무엇보다도 신용하 교수가 신채호를 '시민적 민족주의자(civic nationalist)'(신용하, 2004)로 명명한 데서 보듯이 그는 '근대 민족주의자'였다. 이와 같이 신채호는 다양한 비동시성적 민족주의의 시간을 살았던 식민지시대의 저항 민족주의 지식인의 전형이었다.

81 신용하는 신채호의 민족주의를 '시민적 민족주의'로 명명했다.(신용하, 2004) 김호기(2012)도 신채호가 국민의 생명, 재산, 권리를 보호하는 민족국가를 중시하고 독립된 자주부강한 입헌공화국을 건설할 것을 주장했다는 점에서 민족국가의 자율성과 입헌공화제를 특권화했다는 점에서 '근대적 민족주의론'을 표방했다고 주장한다.

비타협적 저항 민족주의자와 문화 민족주의자들의 차이는 시원적 민족주의를 주장하느냐 근대 민족주의를 주장하느냐의 차이가 아니라, 일제와의 타협을 통해 민족주의를 실현하느냐 아니면 비타협 민족주의를 고수하느냐였다. 일제의 '문화통치(bunka seiji)'에 따라 신간회라는 좌우합작 통일전선 민족주의 단체까지 일제에 의해 합법적으로 용인, 인가될 때까지만 하더라도 타협적 민족주의자와 비타협적 민족주의자 간의 불화와 분열은 없었다.

그러나 일제가 비타협적 민족주의자들을, 특히 급진 좌파민족주의자와 사회주의자, 차별적으로 탄압하고 조선공산당을 해산하자, 소련과 코민테른이 신간회에 합류한 사회주의 계파들의 신간회 철수를 명령하자 신간회는 해체되었고, 좌파와 우파, 타협파와 비타협파는 분열하고 각기 제 갈 길을 갔다.

'문화 민족주의자들'이란 신간회 해체 이후 일제와의 타협을 통해 근대화를 이루겠다는 타협적인 근대 민족주의자들을 지칭한다. 그들은 3·1운동 이후 '문화통치' 국면에서 일제가 제공한 '제한적 식민 공공영역(limited colonial public sphere)'(김용직, 1999: 282)의 문화적 공간에서 교육(예, 보성전문학교), 언론(동아일보와 조선일보)과 문명 개조를 통해 '근대시민'을 형성하여 근대국가를 이루겠다는 '문화 민족주의'의 형태로 이루어졌다.(김용직, 1999: 282)[82] 로빈슨(Robinson, 1988)은 타협적 민족주의를 문화 민족주의라 부르는 이유는 타협적 민족주의자들이 식민권력에 직접 반대, 저항하는 정치적 운동보다는 비정치적인 문화활동을 통해 민족의식을 고양시키려 했기 때문이라고 이야기한다.(Robinson 1988; Shin 2006: 46에서 재인용)

82 김용직이 이야기하는 '문화 민족주의'는 랑케류의 독일 민족역사학파들의 '문화 민족주의(Kulturnationalismus)'와는 근본적으로 다르다. 독일의 문화 민족주의는 게르만 민족의 신화, 문화적, 종족적 순수성과 우수성을 강조하는 종족적 민족주의인데 반해, 일제하의 '문화 민족주의'는 식민지하에서 근대 '시민 민족주의(Staatnationalismus, civic nationalism)'의 배양과 창설을 목적으로 출발하였으나 계속 일제와 타협함으로써 '시민적' 특성이 발현되지 않고 민족의 문제를 개인의 차원으로 치환하여 한국인의 문화적 미개가 식민화의 원인으로 보고 개인적 계몽을 통해 일제의 테두리 내에서 근대를 실현한다는 '식민지형 신민 민족주의'가 되고 말았다.

일제가 신간회를 해체하는 과정에서 좌파와 우파 민족주의를 차별적으로 대우하는 정책을 폈다. 결국 좌파 민족주의자와 사회주의자들이 떨어져 나감으로써 신간회는 해체되고 우파 민족주의자들만 남았다. 일제는 온건한 우파 민족주의자들의 활동을 관용하고 여러 면에서 장려, 격려하기까지 하였다. 일제의 문화통치의 결과로 '식민적 공공영역'이 제공되었고 그 제한된 공공영역 내에서 우파 민족주의자들은 기본적으로 시원적 민족주의를 거부하고 '전통'과 '봉건적 과거'로의 회귀를 거부하고 근대적 시민을 형성하여 장기적으로 자치와 독립을 추구하는 근대적 시민 민족주의를 추구하였다. 타협적 민족주의자들에게 주어진 가장 큰 무기는 '인쇄 자본주의(printing capitalism)'였다.[83] 베네딕트 앤더슨(Benedict Anderson)은 인쇄 자본주의가 원거리에 있는 서로 다른 종족들 간의 소통을 가능하게 하였고, 이를 바탕으로 하나의 '민족(nation)'이라는 상상된 공동체를 형성할 수 있게 해 주었다고 주장한다.(Anderson, 1983) 일제하에서 식민적 공공영역이 제한적으로나마 주어졌을 때 타협적 민족주의자들이 소통을 통한 민족 정체성을 형성하기 위해, 신문사와 같은 언론기관을 만들고 서적을 출판, 배포, 판매하는 출판사를 설립하여 '인쇄 자본주의'에 의한 근대 시민 민족주의를 형성하려 하였다.(Robinson, 1984)

그런데 일제와 타협적인 문화 민족주의자들은 성공할 수 없었다. 왜냐하면 인쇄문화의 출판, 배포, 전파를 통해 근대적인 시민들로 구성된 한국 민족을 만들어 내면 이는 필연적으로 일제의 식민주의와 충돌할 수밖에 없기 때문이다. 루터의 종교개혁이 인쇄문화의 전파로 성공했듯이 근대적인 시민의 형성도

83 구텐베르크가 금속활자를 발명한 지 100년이 지났을 때 루터는 인쇄문명을 연 발명품을 이용해서 독일어로 번역된 성경을 대량으로 농민들에게 배포함으로써 종교개혁을 대세로 만들었다. 인쇄문화는 면대면의 좁은 친밀한 공동체에서 구술문화로(oral culture) 소통하는 아테네의 직접 민주주의 이후 단절되었던 민주주의를 대규모의 인구와 광대한 영토를 가진 근대국가에서 간접적 대의 민주주의의 형태로 부활하게 해 주었으며, 인쇄된 매뉴얼에 따라 표준적, 일관적, 획일적으로 생산하는 근대적 공장 생산을 바탕으로 하는 근대자본주의(인쇄 자본주의)를 가능케 했다.

일제의 문화통치가 허용하고 장려까지한 인쇄문화로 이루어질 수 있었다. 그런데 근대적인 시민은 식민주의와 배치되었고 타협적 민족주의자들이 양성한 시민들은 일제에 저항하게 된다. 자연히 일제는 인쇄문화의 내용을 검열, 통제하게 되고 문화 민족주의자들은 좌절하게 된다. 좌절한 문화 민족주의자들은 집단적 차원에서 벌였던 민족주의 운동을 개인적 차원으로 끌어내려 한국인들이 개인적으로 교육과 근대문화에의 접속을 통해 근대 시민으로 거듭나야 된다는 주장을 했고, 나머지 많은 문화 민족주의자들은 일제에 적극적으로 협조하고 부역하는 친일파로 전향하게 된다. 타협이 진정한 타협이 되지 못하고 끝내는 동포를 '팔아먹는(selling-out)' '매국(賣國)'으로 귀결되었다.

신채호가 비타협적 민족주의자의 전형이라면, 춘원 이광수는 타협적 민족주의자의 전형이다. 이광수는 1892년 한국에서 기독교가 가장 먼저 전파된 평안북도 정주에서 태어났다. 말하자면 이광수는 태어나면서부터 '근대'의 시간에 가장 근접한 환경에서 산 것이다. 이광수의 민족주의적 삶은 1922년 '민족개조론'을 발표할 때까지는 다른 민족주의자들과 크게 다르지 않았다. 그는 1919년 '2·8독립선언서'를 기초했고,[84] 3·1운동 이후 상하이로 탈출하여 임시정부의 《독립신문》의 사장 겸 편집국장으로 일했다. 그런데 이광수는 1922년 《개벽》에 〈민족개조론〉을 발표하면서부터 그는 타협적 민족주의자에서 나아가 못난 조센징 소리를 듣는 한국 민족을 개조해야 한다는 민족개조론을 개진하였다. 이광수는 한국이 식민지화된 책임을 일본이라는 외세 집단에 의한 강점에 돌리지 않고 개개 한국인들의 무지, 전통적 의식구조, 식민지 백성으로서의 비굴함, 명치유신을 통해 근대를 일찍 받아들인 일본 문화의 우월성 때문이라는 자학적 민족사관에 빠져서, 무엇보다도 먼저 한국 민족을 근대 시민적 민족으로 개조하고 실력을 양성하여 독립을 준비해야 한다는 '실력 양성론'과 '준비론'

84 이는 〈3·1독립선언문〉의 기초가 되었다.

을 주장함으로써 무장투쟁론자들과 대치하였다.(김호기, 2012)

타협적 문화 민족주의자인 이광수의 시간은 항상 비동시적이었다. 그는 민족성을 변하지 않는 본원적(primordial) 정체성을 가진 것으로 인정하지 않고, 항상 개인적 자기계몽과 대중교육을 통해 항상 재건축될 수 있는 것이라고 보았다. 한국의 민족성은 두 개의 층으로 이루어져 있는데 일차적인 층위에는 정의감(righteousness), 인간주의(humanity), 용기(valor)로 이루어진 시민성(civility)이 있고, 이차적인 층위는 위선, 비사회성, 과학의 저발전, 배타성으로 이루어져 있다. 그의 인간개조론은 이차적인 층위의 부정적 가치를 개조, 변혁시키는 것이다. 이광수의 민족개조론은 정치적인 개조가 아니라 도덕적, 정신적 개조이고, 정치적 독립보다 민족성의 재건축을 더 중요시 한다.

이광수는 항상 근대의 시간에 살기를 원했다. 그는 한국의 전통과 유교주의는 진보와 발전에 장애물로 보았고, 서구의 개인주의와 자유의지(니체)를 찬양했고, 민족개조의 내적 특성과 그의 외적인 물질적 표현의 개조에 핵심이 되어야 한다고 주장했다.(Shin, 2006: 47; 이광수, 1922/1962)

1920년대 말에 한국의 과거와 전통을 경시하였던 코스모폴리탄적인 성격을 띠었던 문화 민족주의는 일제가 한국의 모든 것을 일본에 흡수, 병합시키려 하자 한국의 고유한 유산을 방어하고 긍정적으로 재평가하려는 방향으로 전환하려 하였다. 유교에 비판적이면서도 문화 민족주의자들은 한국의 민속적 전통을 내면화하고 있는 무속인들의 샤머니즘적 노래, 민속 구전이야기, 의식, 상징들을 찾아나서 그들이 독특한 한국의 문화와 정체성이라고 주장했다.(Shin, 2006: 47; Janelli, 1986) 한국의 문화 민족주의자들이 한국의 전통적인 문화유산들이 한국인으로서의 정체성과 자존심을 상징하는 '민족문화'라고 주장하면서 종족저 민족(ethnie)를 한국의 새로운 정체성과 문화의 기초라고 하면서 문화혁신운동, 민족정신회복 운동을 벌였다. 1930년대는 한국 문화 민족주의자의 시간이 근대에서 전근대의 시간으로 퇴행하는 순간이었다.

그러나 이광수의 시간은 달랐다. 그는 근대적 개인주의자에서 당시로서는 '탈근대적'인 집단주의적 파시스트로 전환하였다.(곽준혁, 2009) 그는 독일의 낭만적 파시스트와 같이 한국의 과거 유산에 대한 프라이드를 강조하였다. 그러나 더 이상 개인주의적 차원에서 민족을 개조하자는 주장을 펼치지 않았다. 그는 매우 인종주의화된 민족관을 피력하면서, 개인주의에 대해 집단주의의 우월성을 강조하였다. 이광수는 민족은 영원한 것이고, 변화시킬 수 없는 것이라고 주장했다. 그는 개인주의와 자유주의를 비난하고 우리주의, 단체주의, 그리고 전체주의를 옹호했다. 그는 서구의 개인주의에 의해서 파괴되고 있는 우리 고유의 '우리주의'와 '단체주의(집단주의)'의 복원을 주장했다.(Shin, 2006: 48) 이광수는 니체의 힘에의 의지(will to power), 영원회귀, 우승열패의 사회진화론, 초월적 존재와 영원윤회 사상에 매료되었고, 그는 파시즘적 전체주의 사상으로 전환했다. 그의 파시즘적 전체주의로의 전환은 그로 하여금 일본의 파시즘을 '자발적으로' 수용하는 것을 도왔다. 이제 그는 조선의 미래는 몰락한 조선의 민족성을 개조하는 것이 아니라 일본 제국의 비전인 대동아공영권으로의 편입에 달려 있고, 그러기 위해서 '황국적 애국심'을 갖춘 인간으로 전환해야 한다고 주장했다. 황국적 애국심을 가진 모든 사람들은 제국에 헌신해야 하며 더 이상 정치와 문화 또는 정신문명은 분리되지 않으며, 민족성을 포기해야 제국의 일원이 될 수 있기 때문에 내선일체를 통해 일본의 문화에 통합될 수 있고 일본이 주도하는 새로운 문명의 주체가 될 수 있다는 것이다.[85]

이광수를 통해 문화 민족주의자들의 비동시성을 보면서, 우리는 문화 민족주의자들이 처음에는 일제와의 타협을 통해 근대 민족을 건설하겠다는 비전을 보았으나, 점차 한국인 개개인의 정신적 개조를 통해 장기적으로 힘을 길러(준비론) 민족 독립을 추구한다는 일본 제국주의의 현재적 지배를 인정하는 유

85 따라서 일본 문화와 구별되는 조선 문화는 존재하지 않고 천황 지도원리에 따라 일본 문화를 습득하는 것만이 문명 주도의 주체가 되는 길이라는 것이다.(곽준혁, 2009: 296)

화적 민족주의로의 후퇴를 목격하였고, 마침내는 수동적인 개인적 인간개조와 일제의 식민통치의 묵인에서 '민족을 위한 친일'에서, 그리고 종극적으로는 황국신민이 되어 일본 제국주의에 적극적으로 동화될 것을(내선일체) 주장하는 파시즘적 전체주의로 귀결되는 비극적 비동시성을 본다.

이광수는 식민지 시대를 비동시성적으로 살아간 비극적 지식인이었다. 그는 1910년대에 서구의 근대를 앙망하면서 조국 한국을 근대적인 국민국가로 독립시키기 위해 비타협적인 저항도 불사해야 한다는 계몽주의적이고 낭만적인 지식인의 시간을 보냈고, 1920년대에 비폭력 저항운동인 3·1운동의 실패를 목격하면서 민족독립 운동의 가능성이 희박하다고 판단하여 당분간은 전통적인 인간을 근대적인 인간으로 한민족으로 개조하여 힘을 축적함으로써 독립에 대비해야 된다는 일제와의 타협적인 '준비론'을 펼쳤으나 크게 반응을 얻지 못했고, 1930년대에 일본의 중국 대륙 침략이 본격화되면서 소극적인 '민족을 위한 친일'로 대방향 전환을 했고, 1937년 중일전쟁 발발 이후 일제의 내선일체에 적극적으로 동조하면서 모든 조선인들이 황국신민이 되어 일본 중심의 새문명 건설에 동등한 주체가 되어야 한다고 역설했다. 일제시대의 대표적 지식인 이광수가 전근대의 시간에 사는 것을 거부했다는 점에서 근본적으로 근대의 인간이다. 그러나 그의 근대는 저항적 민족주의에서(1910년대) 일제와 타협해서 식민지적 공론장을 얻어 내는 주변부적 근대로 바뀌었다가(1920년대), 일제에 협력하면서 개인적 생활공간을 얻어 내는 식민지적 친일주의로 '변절'하였고(1930년) 마침내는 일본군국주의의 파시즘적 천황주의에 적극적으로 동참하는 파시스트의 시간(대동아전쟁기)으로 종결되었다.

그렇다면 왜 춘원 이광수는 일제하에서 비동시성의 시간을 살았을까? 첫째, 마이클 로빈슨과 신기욱을 비롯한 재미 한국학 학자들은 식민지 시대의 근대성 이론으로 일제하에서 구한말과 연속선상에서 식민지 근대화가 진행되는 구조적 제약(식민지 근대화)하에서 이광수와 같은 지식인들이 보여 준 비동시성은 일본 제국주의의 다양한 분할통치하에서 취사선택한 적절한 '전략적 선택'으로 봐야 한다고 주장한다.(Shin and Robinson, 1999; 이에 대한 비판은 곽준혁, 2009: 276)[86] 로빈슨(Robinson)은 문화 민족주의를 일제하에서 민족주의 지식인들이 '선 실력 양성 후 독립'이라는 전략적 선택을 한 것이고, 민족주의자들의 친일 협력으로 전환한 것은 1930년대의 동원체제로의 전환과 1920년대 이후 심화된 민족 진영 내부의 갈등의 심화 과정에서 '선 준비 후 독립' 노선이 정치적으로 패배한 뒤에 그들이 내린 정치적 선택으로 보고 있다.(곽준혁, 2009: 278; Robinson & Jeremy, 1989: 137-56, 163-6)[87]

둘째, 내재성 이론은 이광수와 같은 지식인들이 친일파로 전락하고 황국신민이 되어 내선일체를 주장하는 파시스트의 길을 간 것은 타협적 문화 민족주의자들이 갖고 있던 사회진화론적 세계관, 힘 만능주의(니체, 1988), 로마제국 문명 부활의 대한 열망과 같은 파시즘적 사상을 내면화한 결과라고 주장한다.(박찬승, 1992; 조관자, 2002: 222-43; 곽준혁, 2009) 이러한 사상을 추종하고 동경한 문화주의자들은 일제 말기에 독립을 포기하고 종속적 문화개조론으로 전환했으며, 자발적으로 황국신민화와 같은 파시즘을 수용하고 내면화했다는 것이다.

이광수의 변절을 설명하는 데 있어 전략적 선택론은 이광수의 선호(preference)는 고정되어 있었는데 '선택의 구조(structure of choice)' 자체가 변해서 이광수의 선택이 다르게 나타난 것뿐이라는 논리를 전개한다. 이광수는 기본적으로 한국의 민족시간을 앞서가는 '근대'의 인간이고, 전근대적 조선인들을

86 식민지 근대화론자들은 '자본주의 맹아론'(강만길, 1968)과 '식민지 수탈론'(신용하, 1998)과 같은 한말과 일제와의 단절을 주장하는 민족사관을 비판한다. 일제하의 한국은 역사적 연속선상에서 근대를 추구했던 식민지 근대성을 지니고 있다고 주장한다. 그러기 때문에 일제와 타협을 하는 것은 자연스러운 일이며 일제에 대해 무장투쟁을 하는 것은 시대착오적이라는 것이다.

87 곽준혁은 전략적 선택론으로 친일=반민족적, 저항=민족적이라는 이분법적 도식을 극복할 수 없는 이유는 독립을 포기한 친일 협력은 정치적 실패가 아니라 변절이며, 민족-반민족이라는 도덕적 판단을 요구하는 문제이기 때문이라고 비판한다.(곽준혁, 2009: 281)

'근대적 인간'으로 개조하는 정치사회화운동을 통해 근대화를 하고 그 연후에 근대화된 한국인들이 일제로부터 자립, 독립해야 하는 단선적, 단계적, 점진적 근대화의 길을 선호했지만(민족개조론), 이광수를 둘러싼 선택의 구조는 저항적, 비타협적 민족주의였다. 그래서 이광수는 비타협적 민족주의에 합류했지만 자신의 선호를 변화시킨 적은 없었다. 그래서 비타협적 민족주의가 국내에서 실패했을 때 이광수는 자신의 진정한 선호인 '근대화를 통한 민족주의(민족독립)'를 타협적으로 이루어 내려 하다가 그마저 여의치 않았을 때 그는 근대화를 위해서 민족주의를 포기하고 친일로 돌아선 것이다.(곽준혁, 2009: 277) 이광수에 있어서 근대와 저항적 민족주의는 '충돌하는 시간'이었고 이광수는 이러한 비동시성을 친일로 변절해서 식민지 근대의 시간으로 수렴하고 동시화시킴으로써 해결하려 한 것이다.

전략적 선택 이론은 이광수의 항일에서 친일로의 변신, 변절을 합리적으로 설명해 줄 수 있는 장점이 있으나, 그가 일제 말기에 친일, 부일을 넘어 파시스트로 변신하여 황국신민화, 내선일체와 같은 일제의 군국주의적 파시즘을 자발적으로 그리고 적극적으로 수용, 동참, 선도한 사실을 설명하는 데 어려움이 있다. 일제시대 당시에 파시즘은 근대를 넘어서는 탈근대의 시간이었다. 그런데 전형적인 근대의 인간인 이광수가 파시즘을 선택할 수 있는 가능성은 선택의 구조가 그가 친일로 변신했을 때와 질적으로 다르게 변화되었을 때에만 가능하다. 그런데 '식민지의 시간'은 이미 1930년대부터 군국주의 파시즘으로 변화했는데 왜 이광수는 1930년대 초에는 '민족주의 없는 근대'를 추구한다는 명분하에 친일을 선택하고, 1937년 중일전쟁 발발 이후에는 근대까지 넘어서는 당시 기준으로 탈근대인 파시즘을 선택했을까?

일제 말기 이광수의 군국주의 파시즘의 선택을 "선택의 구조가 동일하다면 행위자는 동일한 선택을 한다"고 가정하는 전략적 선택이론은 명쾌한 해답을 하지 못한다. '내재성 이론'은 바로 이러한 전략적 선택 이론의 '결손'을 보충하는 보완적 이론이 될 수 있다. 내재성 이론은 이광수가 원래 니체의 권력의지론, 로마제국의 영광, 우승열패를 주장하는 사회진화론, 지배에 대한 열망(Le Bon, 1896)과 같은 파시즘적 사고와 사상을 내면화하고 있었고, 구조적 국면이 바뀔 때마다 이러한 내재화된 자신의 선호를 거기에 맞게 최적화하여 대응한 결과가 문화 민족주의, 친일, 파시즘으로의 선택의 변화로 나타났다는 것이다. 내재성 이론은 이광수의 선호는 일관되고 고정되어 있었으나 구조적 국면의 변화가 일어났을 때 이광수는 자신의 선호 자체를 질적, 근본적으로 변화시키지 않으면서 변화에 대응해서 선호를 최적화했다는 것이다.

내재성 이론의 문제점은 과연 이광수의 시간은 변하지 않고 일관되게 파시즘의 시간이었을까 하는 것이다. 식민지의 지식인으로서 이광수는 선구적으로 일본에 건너가 반주변부적 근대화를 압축적으로 달성한 '근대화된 일본'을 보고 충격을 받았고 거기서부터 그는 민족주의자라기보다는 근대화주의자로 변신한다. 그가 민족개조론을 쓰면서 '선 준비, 후 독립'을 주장한 것은 민족에 우선하는 근대화를 주장하는 이광수를 보여 주지만 그가 그때부터 파시스트였다는 증거는 어디에도 없다. 오히려 철저한 근대의 인간을 보여 주고 있을 뿐이다. 그러던 그가 파시스트로 다시 변신했다는 것은 중일전쟁, 대동아전쟁, 대동아공영권 건설이라는 일련의 대사건들에서 일본 제국이 19세기의 '근대적' 제국에서 20세기의 '탈근대적' 파시스트 제국으로 구조적 변화를 보였고, 식민지 지식인인 이광수도 이러한 구조적 변화에 맞추어 자신의 선호를 근대주의자에서 파시스트로 '합리적인' 대응을 했다고 설명하는 것이 맞다. 식민지 시대의 모순적 시간을 살아간 춘원 이광수의 개인적 시간도 비동시성적이었다. 그에게는 전통을 철저하게 부인하는 '근대', 그러면서도 오랜 역사를 통해 형성된 민족성에 호소하는 '전근대'(곽준혁, 2009: 277),[88] 일제 말에 파시즘을 적극 옹호,

88 곽준혁은 이광수의 변절은 전략적 선택론보다 내재성 이론으로 더 잘 설명된다고 주장한다.

주장하는 '탈근대'가 내면 속에 공존하고 있었다. 그의 비동시적 시간들은 공존하면서 충돌하고 다시 결합함으로써 일제하에서의 식민지 지식인의 시간을 모순적으로 만들었다.

보론

'식민지 근대화론'을 둘러싼 논쟁에 관한 소고

일제 식민국가가 식민지인 한국을 진정으로 근대화했느냐를 둘러싸고 뜨거운 논쟁과 토론이 벌어지고 있다. 식민지 근대화론을 둘러싼 논쟁은 일제시대에 일제 이전에 조선 말기 또는 한말에 근대화의 노력 또는 근대화의 맹아가 있었는데(조선시대 자본주의 맹아론) 식민지 근대화론은 한국의 초기 산업화가 전적으로 일본이 한국을 산업화를 포함한 근대화를 이루어 낸 결과라고 주장한다고 의의를 제기하면서부터 시작되었다. 그러나 여기서 논의하는 '식민지 근대화론'은 전근대인 조선시대에 자본주의의 맹아가 있었느냐를 검증하는 것이 아니고, 식민지 시대에 한국에서 산업화가 일어났다는 사실을 일단 인정하고 일제하의 산업화가 과연 60년대, 70년대의 한국 산업화의 핵심 요인이 되었는가를 검증하려는 것이다.

1. 식민지 근대화론

먼저, 식민지 근대화론을 주장하는 학자들은 대부분 미국에서 한국학을 전공한 주류 사회과학자들이고, 국내에서는 안병직을 필두로 해서 그의 문하생들이 '식민지 근대화론' 전파에 선봉을 서고 있다.[89] 미국 학자들 중 식민지

89 한국에서 식민지 근대화론의 선봉에 선 학자들은 이영훈(1997), 차명수(2006), 장시원(1980) 등이 있다.

근대화론을 주장해 온 학자들은 팔레학파였으나,[90] 최근에 식민지 근대화론을 정치경제학적으로 검증하면서 강하게 주장하고 있는 대표적인 학자는 프린스턴 대학의 콜리(Atul Kholi) 교수이다. 콜리 교수는 *World Development*, 22(9)(1994), *Developmental State*(1999), 자신이 편집한 *State Directed Development*(Cambridge Univ Press, 2004)에 실은 세 편의 논문을 통해 자신의 '식민지 근대화론'을 상당히 논리적으로 펴고 있다.

*World Development*에 게재한 콜리의 주장은 다음과 같다. 첫째, 일제 식민국가는 상대적으로 부패하고 비효과적인 전통적 국가를 근대적인 발전국가로 변화시켰다. 세부적으로는 (1) 일제는 먼저 조선의 비효율적인 봉건 국가기구를 해체하고 식민지 한국에 강력한 군대와 경찰력을 갖춘 강압 국가기구와 합리성과 효율성을 갖춘 관료기구를 가진 중앙집권적 식민국가를 건설하였고, (2) 산업화와 사회 근대화를 위해 사회에 침투 능력이 높은 국가를 만들었으며, (3) 토지조사사업 등을 통해 사적재산권을 강제할 수 있는 법적, 제도적 개혁을 단행하였다, (4) 마지막으로, 식민국가는 노동자들을 복종적이면서도 유능한 노동자들로 변모시키기 위해 노동자들을 규율하고, 억압하고, 그리고 교육시켜 산업화의 역군으로 키웠다.(Kohli, 2004: 32-40)

둘째, 일본 식민국가는 한국에서 사적 부문을 형성하고 한국의 토착 부르주아지를 양성(nurturing)함으로써 경제성장을 촉진했다.[91] 식민국가 정부인 총독부와 부르주아지와의 협력은 일본 본국 대자본인 미쓰비시, 미쓰이, 오노다 재벌과 광산, 인삼 독점, 시멘트산업 개발에서 이루어졌을 뿐 아니라, 식민지 일

90 팔레학파 중 식민지 근대화론을 옹호하는 학자는 에커트, 커밍스, 맥나마라, 우정은 등이고 팔레학파는 아니지만 콜리, 암스덴 등이 있다.

91 식민지 근대화론자인 맥나마라(Dennis L. McNamara)는 일제하에서 특히 주요 항구도시에서 일본의 '자비로운 자본주의(benign capitalism)'에 힘입어 한국 중소기업들이 조선상공회의소 같은 상업적 시민사회(association of Korean business community)를 결성하고 상업과 생산 네트워크를 구축하여 식민지하의 산업화에 일조를 하였다고 주장한다.(McNamara, 1995)

본 대자본인 니혼 치소(Nihon Chisso)와도 이루어졌다. 그렇다고 한국의 토착 자본이 일본 정부의 협력과 지원에서 배제된 것이 아니다. 당시 한국 최대의 토착자본인 경성방직은 총독부로부터 1935년 총불입자본의 1/4에 해당하는 금액의 지원을 받았고, 조선은행으로부터 채권을 갚기 위한 금융지원을 받았으며, 조선식산은행으로부터는 개발금융을 지원받았다. 총독부의 지원으로 민씨 형제들은 은행 부문에서, 박흥식은 상업 부문(화신백화점)에서 근대기업을 성장시킬 수 있었다.(Kohli, 2004, 48-56)

셋째, 해방 후 한국은 고도 경제성장을 위한 틀을 만들어 내었던 '발전주의적(developmental)' 식민 관료를 물려받았다는 것이다. 사회적 침투력이 강하고 응집력이 있는 국가 관료들은 식민지의 재산가 집단과 협력하여 그들을 토착 산업 부르주아지로 육성하고 노동계급은 억압과 배제로 통제하여 식민지를 산업화시켰다는 것이다.(Kohli, 2004: 60)

2. 식민지 근대화론 비판

이러한 논리적인 콜리의 주장에 대해서 1997년 *World Development*, 25(6)에서 스테판 해거드, 데이비드 강, 문정인 교수는 콜리의 주장을 조목조목 반박하고 있다.[92]

첫째, 일본 제국주의가 식민 한국의 산업화에 기여했다는 것을 인정한다고 하더라고 일본 제국주의의 산업화 기여는 해방 후에 지속되지 않았다. 분단, 전쟁, 그리고 50년대 60년대 초의 정치적 격동, 혼란이 일본 제국주의의 산업화 유산을 지워 버렸다.[93]

92 이 밖에도 많은 한국과 미국의 학자들이 식민지 근대화론을 비판하고 있다. 조선 말과 한말의 자본주의 맹아론을 주장한 조기준(1974)을 비롯해서 정태헌(2007a), 김동노(1998), Sang-chul Suh(1978), 정연태(2000) 등이 있다.

93 그러나 에커트와 맥나마라 등은 일제가 남긴 제도와 아이디어, 그리고 일제가 키운 '제국의 자손(offsprings of empire)'들인 한국 군인과 한국 재벌들이 60년대 이후의 압축적 산업화의 주역이라

둘째, 일제 식민국가 관료가 일제하의 사회적 변화를 이끈 강력한 도구였고, 그들은 해방 후 한국의 국가건설 과정에서도 동일한 역할을 수행했다는 일제 식민국가의 영향력과 역할의 연속성 주장은 '기술관료주의적 편견(technocratic bias)'이 숨어 있다. 이승만 정권하에서 관료들은 비생산적이고 부패한 지대-추구 활동에 몰두하였다. 한국의 관료들은 박정희 정권하에서야 한국 사회의 변화를 이끈 행동대로 바뀌었다.

셋째, 한국전쟁 이후 한국의 자본 형성의 원류가 일제 식민지 식대의 자본 형성이라는 '식민지 근대화론'의 핵심 주장은 의문시되거나 기각된다. 일본 제국주의가 자금을 제공하여 축적된 자본은 해방 후 3년의 '사실상'의 내전과 한국전쟁(1945-1953년)으로 파괴되거나 잠식되었다. 전후 한국인들은 일본인들이 남기고 간 자본에 힘입지 않고, 전쟁이 남기고 간 잿더미 위에서 완전히 새롭게 다시 시작해야 했다.

넷째, 국가-기업 관계가 1930년대부터 1960년대까지 지속되었다는 주장을 뒷받침해 줄 증거가 거의 없다. 식민국가의 한국 토착기업 정책은 몇몇 대기업을 제외하고는 한국 주재 일본 기업에 비해 차별적이었지 한국 기업을 근대 산업 부르주아 계급으로 육성(nurturing)하는 정책이 아니었다.

다섯째, 노동억압과 노동운동 탄압을 제외하고 일제 식민국가는 해방 후 경제성장에 기여한 사회적 유산을 남기지 않았다. 교육, 인간자본의 육성, 농지개혁 등은 경제발전의 사회적 전제조건이었으나, 그러한 사회적 전제조건들은 일본 식민국가 때문이 아니라 일본 제국주의로부터 해방되었기 때문에 가능했다. 오히려 미 군정과 1948년 국가를 재건한 후 미국이 제공한 개발원조가 그러한 사회적 전제조건을 충족시키는 데 기여하였다.

일제하의 산업화는 몇몇 소수의 일본 대기업들이 주도하였는데 일본 부르

고 강조한다.(McNamara, 1990; Eckert, 1991)

주아지는 토착자본의 형성과 토착 한국인들의 고용 창출에 거의 기여를 하지 않았다. 그리고 산업 배치의 지역적 불균등(방직, 식품가공 같은 경공업은 남한, 중화학공업은 북한)으로 해방 후 남한의 국가와 자본가들은 북한에 위치한 중화학공업 시설을 이용할 수 없었고, 따라서 일제가 남기고 간 중화학공업 시설의 대부분은 전후의 남한의 경제성장을 위해 이용할 수 없는 무용지물이 되어 버리고 말았다. 해방 후 한국 경제는 일본 자본가들의 철수로 거의 붕괴되었다. 1948년의 투입/산출 비율은 1940년의 1/5 수준으로 급락했다. 식품생산은 93%가 급락했고, 1948년의 기계생산은 1941년에 비해 84%나 떨어졌고, 방직은 74% 하락했다. 제조업 기업 숫자는 50%나 하락했고 고용은 60%나 줄어들었다. 중화학공업 시설을 무용지물이 되었고, 남한에 소재한 경공업 제품의 생산의 일본인 경영자와 기술자가 철수함으로써 거의 붕괴하기에 이른 것이다. 여기에 더하여, 설상가상으로 한국전쟁이 터져서 남아 있는 공장들과 사회 하부구조와 교통, 운송시설(철도, 도로, 교량 등)을 파괴하였다.

이와 같이 일본 자본주의의 유산은 전수되지 않거나, 분단으로 무용지물이 되었으며, 전쟁으로 그나마 남은 잔재들도 파괴되었다. 한국인들은 전쟁이 남긴 잿더미 위에서 아무것도 없는 무(無)에서 산업화를 이루어 낸 것이다. 오히려 해방 후 그리고 한국전 후 미국의 원조가 한국의 성장에 기여를 하였다. 미국 원조는 전후 70-75%의 총수입을 담당했고, 73%의 정부 대부를 담당했다.

여섯째, 일본 식민국가가 전후 특히 1960년대 이후 한국의 '발전국가'의 형성에 지대한 공헌을 했다는 콜리의 주장에 대해 스테판 해가드 교수, 데이비드 강 교수, 문정인 교수는 전적으로 공감하지 않는다. 콜리의 주장은 한국의 근대화의 첨병인 정치적 관료 조직은 일본 제국주의의 식민 관료국가가 한국에 심어 놓은 것이고 그렇게 육성된 관료집단이 한국 근대화를 이끌었다는 것이다. 그런데 해가드, 강, 문정인은 일제 식민국가는 한국 관료를 높은 지위로 승진시켜 주지 않았으며 대부분의 한국인 관리들은 서기나 낮은 수준의 기술을 가진 기능직 하급 관료에 머물러 있어야 했다. 따라서 건국 후 이승만 정부하에서 식민 관료에서 신정부의 관료로 이전하는 과정에서 연속성보다 단절성이 지배했다. 친일 지주계급이 중심이 된 한민당의 천거로 등용된 관료를 제외하고 이승만 정부하에서 대규모의 '새로운' 관료들의 수혈, 채용이 있었다. 따라서 식민지 근대화론자들이 이야기하는 것과는 반대로 일제에서 해방, 전쟁, 전후로 이어지는 과도기적 시간에서 관료의 충원은 연속적이라기 보다 단절적이라는 결론이 나온다. 물론 일본 관료들이 철수했기 때문에 일본 식민국가에 봉사했던 한국 관료들은 자신의 자리를 지킬 수 있었다. 그러나 대부분의 새로운 관직들은 미군정과 이승만 정부가 충원한 새 관리들에 의해 메꾸어졌다. "새 술은 새 부대에 담아야 한다."

일곱째, 일제 식민국가가 한국 근대화의 아버지로 불리는 박정희가 모방한 근대화 모델을 제공했다는 콜리의 주장에 대해 해가드, 강, 문정인은 상당 부분 수긍하면서도 박정희의 근대화 모델 형성에 있어서 미국의 역할을 과소평가하고 있다고 비판한다. 박정희는 《우리 민족이 나아가야 할 길》에서 명치유신이 자신의 모델이라고 언급한 바 있었다. 실제로 일제가 남기고 간 하부구조, 공장시설, 철도 등이 분단과 전쟁으로 무용지물이 되거나 파괴된 상황하에서 일제가 한국에 물려줄 유산은 아이디어, 모델, 규범, 그리고 제도였다. 박정희는 유형적인 사회하부구조와 공장시설이 아니라 무형적인 명치유신의 산업화 모델을 경제발전을 위한 일제의 유산으로 물려받은 것이다. 해가드, 강, 문정인은 명치유신 개발 모델 아이디어의 유산 상속 주장은 식민지 근대화론 주장들 중 가장 강력한 주장으로 인정한다. 그럼에도 불구하고 그들은 보편적이고 의무적인 보통교육의 실시, 경제개발계획, 실적주의 관료제, 민주주의 정치체제 등 핵심적인 제도를 수립하는 데 있어서 미국 고문단의 역할이 결정적이라고 주장함으로써 경제개발계획이 일제의 유산이라는 주장을 정면으로 반박한다.

미국은 박정희 정권 초기까지 한국 근대화의 '교사'요 '모델'이었다.[94] 미국

고문단은 미국 뉴욕연방준비이사회(연준) 모델을 기초로 중앙은행(한국은행)법을 기초하였다.(Maxfield, 1999: chap.7) 이러한 사실은 한국은행이 일제가 설립한 조선은행의 후신이라는 연속성 가설을 부정하기에 충분하다. 경제기획원(Economic Planning Board, EPB)은 박정희가 일본의 통산성(MITI)을 본떠서 만들었다고 대부분 알고 있는데 이는 신화이다. EPB는 미국 경제고문단의 아이디어였고 장면 정부 때부터 미국 고문단이 경제부흥을 위해 만들어야 한다고 건의한 제도이다. 명치유신의 아이디어는 일본 제국주의의 자손인 박정희가 기본적으로 물려받은 '조국 근대화'의 모델이다. 그러나 한국 근대화의 모델이 일제의 유산이라고 단정하기에는 해방 후 냉전기에 한국에 가한 미국의 영향력은 너무 압도적이었고, 세계 최강의 부유한 국가 미국을 배우려는 한국인들의 열망은 너무 강했다. 따라서 식민지 근대화론이 미국이 한국의 근대화 모델 형성에 아무런 역할을 수행하지 않았다고 생각해 보는 것 자체가 비논리적이고, 편파적이고(biased), 몰역사적(ahistorical)이다.

여덟째, 식민지 근대화론자들의 일제에 의한 토착 '자본가 만들기(inventing bourgeoisie)'의 허구성이다. 1930년대 이후 본격적으로 식민지 한국에 산업혁명이 일어나면서 일제 식민국가는 일본 대기업이 담당하지 못하는 많은 일들을 한국 자본가들을 육성하여 수행하도록 했다는 것이다. 이 분야에서 최고 권위를 자랑하는 카터 에커트는 "일제가 토착 부르주아 계급의 형성을 용인하거나 부추겼다"고 주장하였다.(Eckert, 1991: 65) 조지타운대학의 맥나마라 교수는 일제하에서 산업화를 주도한 자본가는 매판(comprador) 자본가라기보

94 반면에 일제는 식민지 한국인들에게 '좋은 교사(good tutors)'가 아니었다. 미국이 식민지 필리핀인들에게 어떻게 독립의 목표를 실현할 수 있는가를 가르쳐 준 것과 달리 일제는 권위주의 무단통치와 황국신민론을 받아들이도록 강압하였다. 또한 일제는 자유민주주의의 '좋은 모델 케이스(good exemplars)'를 제공해 주지 못했다.(Cumings, 1984b: 482) 영국은 인도의 독립을 반대했지만 영국의 의회민주주의는 인도인들이 독립 후에 따라가야 할 민주주의 체제의 모델을 제공하였다. 반면에 일본은 관료적 권위주의 국가의 원형을 식민지 시대에 제공했을 뿐이다.

다는 종속적이고 상호협력적인 자본가들이었다고 주장한다. 일제시대 한국 기업의 가족주의적 성격, 식민 국가와의 긴밀한 유대, 그리고 기업 지도자 간의 상호협력은 해방 후 한국 재벌 형성에서 중요한 유산으로 작용하였다는 것이다.(McNamara, 1990) '일제에 의한 토착 자본가의 육성론'의 문제는 이를 비판하는 반론(counter-factuals)에 대해 반박할 수 있는 증거와 논리가 부족하다는 데 있다. 식민국가에 의한 토착 자본가 육성론은 "만약에 일제가 없었다면 1930년대 한국에 자본가들이 출현하고 자본가계급이 형성되지 않았을 것이다"라는 가설을 증명해야 한다. 그러나 토착 국가에 의한 자본가의 육성은 한말에도 있었고, 국권을 상실한 뒤 일제하에서도 조만식과 YMCA, 신간회, 상해 임시정부, 민립대학운동, 민우회 등의 식민지 시민사회가 주축이 되어 '물산장려운동(1922-1923년)'을 벌여서 한국 토착기업, 토착 자본가들을 양성하였고, 식민지 시민사회 내에서 자생적으로 토착 자본가들이 출현하였다.

콜리는 일제 식민국가가 한국 자본가, 자본주의의 '가속적 촉진자(accelerators)'였다는 주장을 펴는데, 실상은 일제 식민국가가 명백히 한국 부르주아지의 발전을 저지하고 방해하는 역할을 한 사실들이 발견된다. 김은미 교수에 의하면 1983년 기준으로 10대 재벌그룹 가운데 하나의 재벌만이 일제하에서 창업하였고, 50대 재벌 가운데 6개 재벌만이 일제하에서 창업하였다는 자료를 제공하고 있다.(Eun Mee Kim, 1997) 1950년대의 혼란이 일제하에 형성된 재벌이 건국 후에도 계속 살아남을 수 있는가의 시험대였다. 그런데 일제하에서 형성된 대부분의 재벌은 살아남지 못했다. 그것은 건국 후 지배적인 기업과 기업문화 모델이 패전국 일본 기업모델에서 승전국이자, 후견국이고, 세계 최강의 자본주의 리더인 미국의 기업모델로 바뀌었고 일제하에서 형성된 재벌은 이러한 기업모델의 전환 과정에서 신생 기업들에 대해 충분한 경쟁력을 갖추지 못하고 결국 자연도태되었다.[95]

3. 비동시성의 창으로 본 '식민지 근대화론'

국내에서도 '식민지 근대화론'은 여러 시각에서 비판되었다. 경제학적으로는 식민지수탈론(토지수탈론), 조선, 한말의 자본주의 맹아론 등이 식민지 근대화론을 비판, 극복하기 위해 동원되었다. 그러나 식민지 근대화론자들은 진지한 객관적이고 학문적 토론이 이루어지기도 전에 두툼한 실증연구서를 출판하여 식민지 근대화 비판론을 기각하였다.(김홍식, 이영훈, 김재호, 조석곤, 박석두, 1997) 그들은 식민지수탈론을 민족적 수탈의 측면을 배제한 채 근대 자본주의하에서 정상적으로 있게 마련인 근대국가 권력에 의한 자본주의적, 계급적 수탈이라고 평가절하하면서 민족적 수탈이 없었던 것처럼 식민지 수탈론을 속류화, 형해화시켜 버렸다.(정태헌, 2007: 183-188) 오히려 토지조사사업에 의한 수탈을 부르주아 소유권으로 근대적 소유권 제도를 마련한 것이라는 식민사관 찬양으로 결론내었다.

자본주의 맹아론은 한국사의 문제를 민족주의로 돌리는 민족주의 순환론의 저자 팔레(Palais, 1998)의 제자인 카터 에커트가 《제국의 후예》에서 일제하에서 근대적 토착 자본가 계급이 출현했다는 일제하 자본가 계급형성론으로 기각되었다.

그러나 식민지 근대화론자들은 두툼한 실증적 연구서만으로 식민지근대화론에 대한 비판을 기각하고 자신의 주장을 합리화, 정당화해서는 안된다. 식민지근대화론 비판에 대한 식민지 근대화론자들의 반박은 근대화론의 단선적

---

95 시카고대학 커밍스 교수는 콜리와 해거드 강, 문정인 간의 *World Development* 논쟁에 관한 스탠포드대학 특강에서("Japanese Colonialism in Korea: A Comparative Perspective," Jan 16, 1997), 그의 아내인 우정은(Meredith Woo-Cumings) 교수의 *Race to Swift*를 인용하면서 일제하에서 조선은행의 재벌과 대기업에 대한 특혜금융이 생산주기에 맞춘 산업개발의 핵심이었다는 것을 소개하고 국가매개 금융과 중앙은행 매개 금융이 투자를 위한 기본 자본이었다는 발전국가론의 핵심 주장을 지지하였다. 커밍스는 일제의 억압적이고 10만에서 20만으로 추정되는 조선 여인들을 정신대로 징발한 것과 같은 비인간적인(inhumane) 동원에 대해 비판적이지만 일본에 의해 한반도가 산업화되었고 그 유산이 60년대의 한강의 기적으로 연결되었다는 식민지 근대화론의 핵심 가설을 지지하였다.

(unilinear), 진화론적(evolutionary), 보편적(universal) 세계시간으로 동시화해 나가는 헤겔의 진보사관, 파슨스의 구조 기능주의적 역사관에 근거하고 있다. 그들은 전근대, 근대, 탈근대의 시간이 단계적으로 점진적으로 앞으로 나아갈 뿐이지 근대로 가는 여러 가지 길이 있다는 다중적 근대화론, 혁명적 단절과 압축성으로 복수의 역사적 시간이 모순적으로 동시에 공존한다는 역사적 시간의 비동시성을 인정하지 않는다. 식민지 근대화론 비판자들도 마찬가지이다. 그들 역시 식민지 근대화론자들의 프레임에 갇혀서 그 프레임 내에서 식민지 근대화론을 비판하다 보니 식민지 근대화론자들의 실증적 반박에 제대로 반박도 못하고 우물쭈물하고 있다.

역사적 비동시성의 창을 통해서 보면 조선 후기와 한말에 근대의 시간이 있고 자본주의의 맹아가 있었다는 사실을 확인할 수 있다. 우리는 조선 후기에 이미 실학파, 그중에서도 북학파들이 중국을 통해 서구의 근대와 조우했다는 기록을 갖고 있으며 수만 명이 희생된 천주교도의 처형을 통해 한국에서도 피비린내 나는 '종교개혁운동'이라는 근대가 있었다는 것을 목격한다. 한말 '광무양전'의 토지개혁은 대한제국 방식의 '농업의 상업화'라는 근대화를 위한 근대적 토지소유권 제도 확립을 위한 개혁이라는 점에서 광무개혁은 근대적인 개혁이다. 물론 지주계급을 강화하는 방식으로 진행되었다는 점에서 국민적 토지소유제라는 서구의 자유 자본주의 방식으로 가지는 않았지만 당시의 대한제국의 상황에서 볼 때, 즉 아직 근대 민주주의의 개념이 도입되지 않은 전근대적 시간이 공존하는 비동시성의 시간에서 볼 때 '근대적인' 개혁이었다. 근대적 토지소유권 제도를 마련하려는 근대성과 민주주의 개념의 부재라는 전근대성이 공존하는 비동시성은 대한제국하에서 자본주의의 맹아가 있었고 이를 제도화하려는 국가가 있었다는 주장을 합리적으로 설명해 줄 것이다.

일제하의 토착 자본가 계급의 출현 주장도 비동시성의 창을 통해서 보면 식민지 근대화론자들과 비판론자들 간에 접점을 찾을 수 있다. 일제가 물론 정치적, 군사전략적인 동기에서 출발했지만 식민지를 본격적으로 산업화시킨 유일한 제국주의라는 사실을 받아들인다면 그러한 엄청난 규모의 제1차 한국 산업혁명의 소용돌이 속에서 여러 종류의 자본가들이 출현하기 마련이다. 비판론자들은 매판자본주의의 관점에서 일제에 부역하는 극소수의 친일파만이 근대적 자본가로 지위 승진하고 나머지 자본가들과 민중들은 제국주의적 수탈의 대상이 된다고 하지만 19세기, 20세기의 식민지에서 보듯이 토착 자본가들이 매판이든, 종속이던, 부역이던, 협력이던, 반제국주의던, 민족주의던 근대적 부르주아지로 변신한 사례들을 수없이 보고 있다.

더구나 에커트의 연구는 단일 사례 연구이기 때문에 일반화하기 어려운 연구이며 고창 김씨 사례만을 갖고 일제하에서 토착 부르주아지가 광범위하게 등장했다고 이야기할 수 없다. 오히려 여러 사례를 인터뷰와 자료를 통해서 본 맥나마라의 연구가 더 실증적이다. 에커트는 일반화의 오류(fallacy of generalization)를 범하고 있기 때문이다. 한 가문이 근대적 부르주아지로 승진했다고 한국에서 근대적인 토착 자본가 계급이 형성되었다면 그것은 논리적 오류이다. 에커트는 일제하의 산업혁명 과정에서 활약한 자본가들의 상당수가 한국 자본가들이라는 것을 증명해야 한다. 그런데 일제하의 순수 한국 토착 자본가의 수는 17.8%에 지나지 않고 그것도 대부분 중소 자본가들이었다.(Cumings, 1984)[96] 노동자들의 경우 산업혁명에 필요한 노동자들을 농촌에서 동원해야 하기 때문에 노동계급이 형성되었다고 볼 수 있다. 그러나 자본가 계급은 형성되지 않았다.

일제하에서도 비동시성의 시간이 있었다. 계급들의 시간이 달랐고, 계급 내부에서도 서로 다른 시간에서 일하고 있었다. 근대교육의 '먹물'을 먹은 인텔리들은 탈근대의 시간에 이미 들어가 선진 서구국가들과 같은 시간에서 아방가

96 일제하 기업 중 일본인 자본가 기업은 70%, 일본인과 한국인 자본가 합작기업은 10.5%, 순수 한국인 자본가 기업은 17.8%였다.

르드, 초현실주의, 다다이즘을 이야기하고 있었고, 농민들도 그냥 수천 년 살아온 전근대의 시간을 사는 것이 허용되지 않았고, 폴라니가 이야기한 것처럼, 자본주의 시장이 그들과 그 주위의 환경을 쑥대밭으로 만들어 버림에 따라 수백 년 살아온 삶의 터전에서 뿌리를 뽑힌 채 도시로 이주당하여 근대의 시간에 살아가라고 강요당하거나, 만주나 사할린으로 건너가 저항적 민족주의라는 또 다른 근대의 시간에 사는 것을 선택하였다.

제5장

해방시간의 정치

분단국가 건설과 민족 파괴의 비동시성

1945년 8월 15일 한국인들은 일본 제국주의 식민지 조선의 황국신민(皇國臣民)으로부터 이탈(exit)하였고, 미국에 의해 공식적으로 해방되었다. 그로부터 정확히 3년 후 1948년 8월 15일 한국은 '대한민국'이라는 자신의 근대국가를 건설하게 된다. 그러나 1948년 8월에 수립된 근대국가는 천년 이상 한국인들의 정체성의 근거를 제공했던 지리적인 영토 안에 사는 사람들인 민(民, demos)과 문화적, 혈통적, 역사적 정체성으로 엮어진 족(族, ethnos, ethnie)의 경계가 일치하는 세계에 유례없는 단일민족(韓民族, 한겨레, 배달민족)의 파괴를 통해 건설된 '결손 근대국가(defective modern state)'일 수밖에 없었다.

무엇보다도 근대국가의 첫 번째 요건인 영토성(territoriality)을 결여하고 있었다. 대한민국은 출범부터 헌법 제3조에서 규정하고 있는 "대한민국의 영토는 한반도와 그 부속도서로 한다"로 '명확하게 정의된 영토(clearly defined territory)' 조항(Weber, 1978)을 갖고 있음에도 불구하고 헌법에 규정된 영토의 반밖에 실효적으로 지배할 수밖에 없는 분단국가였다. 이러한 분단국가라는 결손국가 형성은 역사상 유례없는 동질적인 민족의 파괴를 수반하였다. 한국인들은 민족통일 역사의 시작에서부터 국민(demos)의 경계와 국가(polis)의 경계가 일치하는 단일 민족국가 지배하에 살아왔다. 그런데 분단국가 건설은 일본 제국주의에 의해 흩어져 '이산민족(diaspora)'이[97] 되었던 한국인들의 '민족 재건설'을 통해서가 아니라 기왕에 있었던 '민족 파괴'를 통해 진행되었다. 한국의 국가건설과 민족건설은 국가건설에 뒤이어 민족건설로 진행되었던 서구의 순항로를 걷지 않고 그 반대로 국가건설이 민족 파괴를 수반하면서 국가와 민족이 최악으로 조합되는 형태로 진행되었다.(Connor, 1972: 319-355) 국가건설이라는 '근대'의 시간과 민족 파괴라는 '탈근대'의 시간이 동시적으로 공존하면서 결합되는 방식으로 비동시성적 한국 근대화가 시작되었다. '국가 건설'이라는 근대화의 첫 번째 프로젝트가 근대화의 두 번째 프로젝트인 '민족건설'을 해체하고 파괴하는 과정을 통해 완성되었다는 것은 한국 근대화의 비극적 모순이었다.

국가 건설이 민족 파괴로 이어지면서 역사가 시작된 이래 국가의 경계와 민족(demos + ethnos)의 경계가 일치했던 세계에서 유례없던 동질적인 단일민족 국가가 파괴되는 민족적 비극을 낳게 되었다. 그리고 이는 몇 년 후 동족상잔의 한국전쟁이 발발하는 가장 큰 원인 중의 하나를 제공했으며, 그 전쟁은 아직 끝나지 않고 있다. 국가와 민족의 결합이라는 관점에서 볼 때 대한민국의 국가건설은 중대한 결함이 있는 '결손 국가건설' 과정이었다(임현진·공유식·김병국, 1994).

60년 이상 지속된 분단국가는 분단체제를 공고화하였고 남북 주민들 내부에 분단의식을 내면화시켰다. 분단의식이 지역주의와 겹침으로써 지역주의는 동구, 중동, 아프리카의 종족주의에 버금가는 문화적 균열구조로 고착화되었

97 디아스포라(disaspora)를 '이산민족'으로 부르는 이유는 '유랑민족'으로 번역할 경우 이는 사회관습에 얽매지 않고 방랑하면서 자유분방하게 사는 사람들인 보헤미안(집시)들을 지칭하게 될 우려가 있기 때문이다. 디아스포라는 흩어짐, 이산의 뜻으로 팔레스타인에서 전 세계에 흩어져 정착하여 살면서 고향을 그리워하는 유대인 디아스포라에서 연원했다. 보헤미안은 정착하지 않고 방랑하며 미래가 불확실하나, 디아스포라는 다른 곳에서 정착하면서, 떠나온 이상향으로 돌아가겠다는 뚜렷한 목표를 갖고 산다.(서범석, 2013)

고, 선거정치를 결정했고, 한반도를 지구상에서 마지막 남은 '냉전의 섬'으로 잔존하게 하는 원동력이 되고 있다. 분단의식은 남북 간에 그리고 지역 간에 증오의 정치, 대결의 정치, 적대적 경쟁, 적대적 의존의 정치를 번성시켰다. 분단국가는 근대화의 3대 프로젝트 중 하나인 국민국가 건설을 완성하지 못하게 하고, 한국 사회가 복지사회와 탈근대사회로 순조롭게 진입하는 데 장애요인으로 작용하고 있다.(임혁백, 2011d: 18-20)

이러한 국가건설과 민족 파괴의 모순적 결합의 귀결로 1950년 제2차 세계대전 후 가장 큰 규모의 정규전이자, 국제전이면서 동시에 한민족 역사상 유례없는 내전인 한국전쟁이 발발하였다. 국가건설이 이루어진 해방 후 3년을 필자는 '해방시간'이라 부른다.[98] 이 장(章)은 주변부 종속주의, 외삽적인 밖으로부터의 근대화, 민족주의의 열망과 민족의 파괴, '민족주의 없는 분단국가'의 건설로 귀결되는 해방시간의 정치를 논의할 것이다.

1. 미 군정에 의한 외삽적 근대 분단국가 건설

일제의 식민지 국가의 황국신민(皇國臣民)으로 고통받았던 한국인들은 1945년 8월 15일 일제 천황이 공식적으로 무조건 미국과 연합군에 항복선언을 함으로써 해방되었다. 그러나 공식적으로 해방되기까지 3년이 걸렸다. 일제 식민국가의 자리에 점령군인 미군이 지배하는 미 군정이 새 국가를 1948년 8월 15일 공식 출범시킬 때까지 미 군정이 한국인들을 지배하는 '아메리칸 임페리움(American Imperium)'의 국가지부(國家支部)였기 때문이다. 해방시간은 식민지의 시간은 아니었으나 그렇다고 해서 자주적, 자생적, 자족적 근대국가의 시간도 아니었다. 해방시간은 메트로폴리탄 중심 국가의 '주변부적' 전초기지

98 많은 역사가들이나 정치학자들은 해방 후 3년을 주로 '해방공간'이라 부른다. 필자도 해방공간의 정치를 다룬다. 그러나 이 책에서 다루는 주제가 서로 다른 역사적 시간 간의 비동시성과 동시성, 충돌과 화해를 다루고 있기 때문에 '해방시간'으로 부르기로 했다.

(outpost)의 시간이었다. 1948년 9월에서 1948년 8월 15일 건국 전까지 계속 되었던 미 군정기는 3가지 국면적 시간으로 구분할 수 있다. 기존의 역사가들이 이 기간을 '해방공간', '해방시간'으로 총칭하나 해방시간 전 시기를 '해방'적 시간으로 볼 수 없고 갈등과 억압의 시간이 중첩되어 있었다. 따라서 이 시기를 미 군정의 자유 다원주의가 주류적 시간이었던 미 군정 1기(1945년 9월-1946년 7월), 미 군정의 자유 다원주의의 철회와 좌우 갈등이 격화되는 미 군정 2기(1946년 2월-1947년 5월) 그리고 자유민주주의와 반공주의라는 비동시성적 성격을 지닌 후견적 신생 대한민국 건설로 미 군정이 완료되는 미 군정 3기(1947년 10월-1948년 8월)로 나누어 분석한다.

1) 미 군정 1기(1945년 9월-1946년 7월) — 자유 다원주의(Liberal Pluralism)[99]

일제가 패망하자 미국과 소련은 한반도를 선점하기 위해 경쟁했다. 소련군이 8월 12일 한국에 진입하자, 미국은 한반도에 가장 가까운 오키나와 제24군단과 하지 사령관에게 한국에 진주하라고 지시했으며, 하지 휘하의 대규모 미군 병력은 1945년 9월 17일 한국에 진주하였다. 한국에 진주한 사실상의 지배자인 미군은 점령군이 아니었고 해방자의 성격이 있었다.[100] 그것은 그들의 본국인 미

99 최장집, 1989, 〈미군정하 국가 다원주의 형성과 정치 균열의 역사적 기원〉 참조. 최장집 교수는 미 군정 1기를 국가 다원주의로 규정한다. 그러나 1946년 7월까지 하지의 정책은 미 군정이 주도적으로 다원주의 질서를 형성하기보다는 한국의 정치단체와 시민사회가 자발적으로 다원주의 질서를 조직하도록 방임하여 점령지 한국의 제 정치세력 간의 힘의 분절효과를 노렸다. 따라서 미 군정 1기는 자유 다원주의로 규정하는 것이 타당하다고 생각된다.

100 그러나 헨더슨은 미국이 카이로선언에서 한반도를 '점령지(occupied territory)'의 범주에 포함시키고 '해방지역(liberated area)'으로 별도 취급하지 않았다고 한다. 헨더슨은 독일과 일본은 전범국가임에도 불구하고 해방지역 대접을 받으며(독일), 간접 점령지(일본)로 끝난 데 반해, 한국은 4대 점령국과 무관함에도 불구하고 독일처럼 직접 점령지역이 되었다고 주장한다. 미국과 미 군정의 한국 경시, 무시, 한국에 대한 고압적 대우는 점령군 사령관 하지 중장의 무능력에 기인하는 측면이 있고, 1947년 8월 8일 한국 통치에 관한 전권을 위임받은 제국주의자 맥아더의 한국 무시에도 기인한다고 했다. 헨더슨은 극동의 봉건군주 맥아더 장군이 그로부터 1년간 한 번도 자신의 봉토(封土)인 한국에 발을 들여놓지 않았다고 기록했다. 미군은 해방시켜야 할 곳을 점령해 버린 것이다.(헨더슨, 2000: 237-243)

국이 가지고 있는 다원주의, 자유주의, 민주주의, 탈영토적 제국주의, 근대주의에 기인하는 바가 크다. 본국이 지시하는 명령을 충실히 수행하는 문민화된 군인들의 정부인 미 군정(US Army Military Government in Korea: USAMGIK)과 주한 미군(US Armed Forces in Korea: USAFIK)은 본국 대한정책을 충실히 반영하는 새로운 초강대국의 국가 지부였다.

1945년 9월 17일에 나온 하지 군정청의 제1성은 "정당은 오라"였다(최장집, 1989b, 88-95). 한국에 미국의 다원주의적 자유주의를 이식하겠다는 단순한 미국적 사고의 발로였다. 하지 군정청은 조선에 있는 주요 정치단체의 대표자를 면접하기로 하고 신고를 받는다는 성명이었다. 당대표는 정당의 명칭, 조직, 정강을 명기한 서류를 제출해 면담 수속과 등록 절차를 밟으라는 내용이었다. 이는 미국 정치결사체의 자유 설립주의라는 자유 다원주의적 결사의 원리(liberal associability)를 점령지인 한국에도 적용하겠다는 진보적인 정책이었다. 등록을 통해 공적인 정당으로 인정받는 정당신고제는 정당허가제에 비해 매우 다원주의적이고 자유주의적인 것이었다.

최장집 교수는 하지의 '정당은 오라' 성명은 국가 다원주의의 표명이라고 주장한다. 국가 다원주의, 자유다원주의, 국가조합주의, 사회조합주의[101] 중 국가 다원주의를 지배원리로 선택하였다는 것이다. 말하자면, 국가(미 군정)가 위로부터 다원주의를 형성하여 이데올로기가 다른 모든 사회세력과 정치단체들이 국가 대표기구에 참여를 허용하되, 국가 목표에 부응하는 단체의 활동은 고무, 지원하고, 국가 목표에 배치되는 단체의 활동은 억제하고 불이익을 주는 차별화된 정치결사 정책을 구사한다는 것이다. 그런데 하지의 국가 다원주의는 본국인 미국의 자유 다원주의와 차이가 있었다. 자유 다원주의하에서 정치 결사

101 슈미터(Schmitter)는 사회질서의 조직자가 국가냐 사회냐, 그리고 사회질서의 원리가 다원주의냐 조합주의(corporatism)냐로 구분하여 2*2 박스를 만들고 국가와 다원주의가 결합한 국가 다원주의, 국가와 조합주의가 결합한 국가 조합주의, 사회와 다원주의가 결합한 자유 다원주의, 사회와 조합주의가 결합한 사회 조합주의로 분류하고 있다.(Schmitter, 1974)

체들은 조직화된 이익집단을 대변하기 위해 개방적으로 경쟁하는 데 반해, 국가 다원주의하에서는 국가가 중심이 되어 시민사회를 형성하고 국가의 정치적, 사회적 지지기반의 능동적인 편성, 재편성을 유도한다. 자유 다원주의와는 달리 국가 다원주의하에서 정치결사체들은 국가와의 관계가 1차적이고 경쟁하고 협력하는 동료 정치결사체 그리고 시민사회 집단 간의 관계는 2차적이다.

결국 '정당은 오라'라는 하지 성명은 한국에 무지한 현지 점령군 사령관의 순진한 정책이 아니었다. 그는 '분할 지배(divide et impera)'라는 고전적 점령지역 통치의 원리를 숙독하고 있었다. '정당은 오라' 성명으로 기존의 자원, 조직, 능력, 민중적 기반을 무시한 채, 모든 사회적 이익을 대표하는 자발적 결사체의 제도권 정치 참여를 유인하여 영향력과 지지기반의 대소를 불문하고 정치참여의 '평준화'를 이끌어 내어 기존의 유력 정치결사체들이 갖고 있던 정통성의 분절효과를 노렸던 것이다. 헨더슨이 웨스트포인트가 아니라 일리노이 주 농장에서 온 병졸 출신의 지성적이지 못하고, 무능력하며, 한국에 무지한 전형적 군인으로 평가절하한 미 군정 사령관 하지 장군은 첫 번째 발표한 정책만으로 보면 매우 영민했을 뿐 아니라 간교하기까지 했다고 평가된다.(헨더슨, 2000; 242-243)

정당과 사회단체에 대한 국가 다원주의 정책에 힘입어 미 군정이 시작된 후 수많은 정당들과 사회단체들이 공식적으로 미 군정에 등록하고 활동하거나 간판만 걸어 놓았다. 그중에서도 국가 다원주의가 허용하는 정치적 공간을 선점한 정당과 사회단체는 건준(건국준비위원회)과 인공(인민공화국)이었다. 건준과 인공은 이미 미군이 상륙하기 전에, 일제라는 구권력은 철수했으나 새로운 권력(미국과 미군)이 들어오지 않은 권력의 공백으로 인해 발생한 정치공간을 이용하여 원초적(proto) 국가건설에 들어갔다. 건준은 비공산주의 계열의 좌파 민족주의자들과 공산주의자들의 연합전선으로 여운형을 지도자로 1945년 8월 16일 결성되었다. 8월 16일 여운형은 건준이라는 원초적 국가건설조직의 지도자 자격으로 일본 총독 엔도를 만나 권력 이양과 건국 준비에 협조해 줄 것을 요청하였고 엔도 총독도 호의적으로 답하였다. 재빨리 준공식적 정치공간을 선점한 여운형과 건준은 전국에 145개의 지부를 결성하였고, 국가강압기구인 건준치안대를 창설하였으며, 학도대를 결성하여 대중 동원의 도구로 활용하였다. 특히 농촌 지역에 '지방인민위원회'를 결성하거나 조직하는 것을 도와 농촌 지역을 정치조직화함으로써 건준이 전국적인 국가조직임을 과시하였다.

이러한 준비기간을 거쳐 아직 미군이 상륙하기 전인 1945년 9월 6일 건준은 전국국민대표자대회에서 조선인민공화국이라는 원초적 형태의 국가기구를 탄생시켰다. 55명으로 구성된 중앙의결기관인 중앙인민위원에는, 일방적으로 선정되었지만, 이승만(李承晩)·여운형·허헌(許憲)·김규식(金奎植)·이관술(李觀述)·김구(金九)·김성수(金性洙)·김병로(金炳魯)·신익희(申翼熙)·안재홍(安在鴻)·이주상(李胄相)·조만식(曺晩植)·김기전(金起田)·최익한(崔益翰)·이주하(李舟河)·하필원(河弼源)·김계림(金桂林)·박낙종(朴洛鍾)·김태준(金台俊)·이만규(李萬珪)·이여성(李如星)·김점권(金點權)·한명린(韓明燐)·유축운(柳丑運)·이승엽(李承燁)·강기덕(康基德)·조두원(趙斗元)·이기석(李基錫)·조동호(趙東祜)·서중석(徐重錫)·박문규(朴文奎)·박광희(朴光熙)·김세용(金世鎔)·강병도(姜炳度)·이순근(李舜根)·최무정(崔武丁)·장기욱(張基郁)·정태진(鄭泰鎭)·이순금(李順今)·이상훈(李相勳)·김원봉(金元鳳)·이용설(李容卨)·홍남표(洪南杓)·최용달(崔容達)·이강국(李康國)·김용암(金龍巖)·강진(姜進)·김일성(金一成)·정백(鄭栢)·김형선(金炯善)·이정윤(李廷允)·김철수(金錣洙)·김상혁(金相赫)·정태식(鄭泰植)·정종근(鄭鍾根) 등 좌익, 우익, 중도를 망라하고 있었다. 55명의 중앙인민위원의 인적 구성을 정치적 성향별로 본다면 민족주의자가 9명, 여운형계의 중도좌파가 10명 내외, 그리고 3분의 2가량이 박헌영의 조선공산당계였다. 이는 공산주의자들이 조선인민공화국의 주류였음을 보여 준다.

여운형의 건준에 가입하기를 거부한 민족주의자들은 중국 충칭의 임시정부를 지지하고 그들의 조속한 귀국을 촉구하는 조직을 만들고 대회를 열었다. 보수 우익 인사들인 송진우, 김성수, 서상일, 김준연, 장택상 등은 한국민주당(한민당)의 창당을 서둘렀고, 9월 16일 한국민주당이 정식으로 출범하였다.

국제적으로 가장 잘 알려진 독립운동가인 이승만도 10월 16일 임시정부 요인들보다 먼저 미국에서 귀국하였다. 박헌영은 이승만에게 조선공산당의 당수 취임을 요청하기도 했으나 이승만은 거절하고 10월 23일 모든 정당 대표들을 망라한 독립촉성중앙회를 발족시켜 독자적인 정치노선을 견지할 것을 천명하였다. 이승만은 자신이 임시정부의 요원이라는 이유를 대면서 조선인민공화국 주석취임도 거절했는데, 실상은 공산주의자들이 주도하는 인공의 꼭두각시가 되기를 거부한 것이었다. 여운형도 11월 22일 건준을 기반으로 조선인민당이라는 중도좌파정당을 결성하고 스스로를 정부라고 칭하였다.[102]

중도파들의 정치, 사회단체도 우후죽순처럼 늘어났다. 김규식, 원세훈 등 임시정부지도자들, 오세창, 이갑성, 권동진 등 3·1운동 지도자들, 안재홍과 같은 온건 민족주의자들도 각각 자신의 당을 갖고 있었다. 국가 다원주의 정책에 힘입어 억눌렸던 한국인들의 정치참여가 폭발한 것이다.[103] 그러나 미 군정의 국가 다원주의는 수동적인 자유방임주의가 아니었다. 미 군정은 능동적으로 시민사회를 형성하고 시민사회를 정렬, 재정렬하였고, 폭발한 시민사회를 소수의 정파로 재편성하였다. 1946년 3월 미소공동위원회가 열렸을 때 미 군정은 한국에서 난개발로 태어난 정당을 재정렬하여 미국을 지지하는 정치단체로 만들려고 하였다. 미 군정은 온건파를 결집시키는 공작을 벌였는데 여운형, 김규식, 안재홍을 중심으로 중도연립그룹을 형성하여 지도자들을 과도정부의 장관으로

102 하지 장군은 1945년 12월 12일 여운형의 건준과 조선인민당, 조선인민공화국이 정부 행세를 하는 것은 비합법적임으로 단속하겠다는 방송연설을 하였다. 그 후 조선인민공화국은 세가 위축되고 흐지부지되고 말았고, 1946연 2월에 발족한 공산당 위주의 민족민주주의 전선으로 재정렬하였다.

103 미 군정청에 등록된 정당 수는 1945년 10월 24일 기준 54개, 1946년 3월 기준 134개로 늘었다가, 그 후 소용돌이를 치며 늘어 1년 만에 300개에 이르렀다.(헨더슨, 2000: 256) 당시 한국인 셋이 모이면 My Party, Your Party, Our Party라는 세 개의 정당이 생긴다는 우스개 소리가 있었다.

임명하였다.[104] 그러나 중도연립 세력은 끝내 붕괴하고 말았는데 미소공동위원회에서 제기된 신탁통치안에 대해 좌익은 찬성, 우익인 한민당과 이승만은 반대함으로써 중도세력이 설 자리가 없어졌기 때문이다. 결국 남한에서 이승만을 중심으로 분단국가 건설이 본격적으로 추진되자, 김규식의 중도파와 김구의 임정계열은 1948년 4월 22-23일 개최된 남북정당사회단체연석회의에 참석하여 단정 저지를 시도했으나 실패했다. 그 후 중도세력은 "공산주의 세력의 미끼에 걸려든 맹인들"이라는 낙인이 찍히고 1956년에서 1961년의 진보당을 제외하고 한국의 정치공간에서 자취를 감췄다.(헨더슨, 2000: 262)[105]

중도파의 사례에서 보는 바와 같이 해방시간은 비동시적이었을 뿐 아니라 비대칭적(asymmetrical)이었다. 더구나 냉전의 세계시간이 더 깊이를 더해 가면서 완충자의 역할을 해야 할 중도파의 공간과 시간은 축소되고, 해방 3년의 정치시간은 좌익과 우익이 대립, 대결, 무력 갈등하는 '충돌의 시간'이 되고 말았다. 중도 세력은 '해방시간(45-48)'에서는 활동이 용인되었으나, '48년 체제'하(48-50)에서는 서서히 퇴출되고 지도자들은 제거되었다. 건준의 지도자이면서도 중도좌파인 여운형은 '해방시간' 말기인 1947년 7월 한지근에게 암살당했고, 임정 수반이면서 해방 후에는 단정을 저지하여 분단국가가 들어서는 것을 막으려 했던 중도파의 지도자인 백범 김구 선생은 1949년 6월 26일 단정을 저지하지 못하고 오히려 단정세력에게 암살당했다. 시인 청마 유치환은 백범 김구 선생의 암살을 보면서 강도가 의인이 되는 '해방시간'과 '48년 체제'의 야만성, 불의, 광기를 성토하였다.

---

104 하지는 1946년 12월 12일 김규식을 과도입법의원 의장, 1947년 2월 10일 안재홍을 과도정부의 민정장관으로 임명했다.(헨더슨, 2000: 261)

105 고 이호재 고려대 교수는 2000년 6·15 남북정상회담과 남북공동선언을 해방시간에서 자취를 감췄던 중도파의 복권과 부활이라고 평가했다. 국제적 냉전구조의 심화와 남북 간, 그리고 남한 내부의 이념적 양극화가 중도파가 설 자리를 없애버리고 말았다. 그런데 남한의 민주화로 남북 대화와 화해를 주장하는 지도자가 집권하면서 해방시간에서 중도파들이 시도했던 남북 대화를 주도적으로 실천에 옮겼고 6·15선언이라는 남북 화해문서를 만들어 낸 것이다.

죄욕(罪辱)
— 白凡翁 被殺의 悲報를 들은 날

때는 20세기의 인문(人文)을 자랑하던 오늘.
그러나 이 어인 조짐이리오!
내 오늘 이 거리를 가건데
비린 바람은 음산한 비수(匕首)의 요기(妖氣)를 띠고
뭇 눈은 오히려 중세(中世)의 암우(暗愚)에 흉흉하나니.
보라 여기선
도적(盜賊)과 의인(義人)을 섞고
피의 진한 참과 입에 발린 거짓이 뒤죽하여
진실로 원수를 넘겨야 할 칼이
창광(猖狂)하여 그 노릴 바를 모르거늘
이는 끝내 제도(濟度) 못할 백성의 근본이려노
이날 이 불의(不義)의 저즐은 슬픈 치욕(恥辱)을
여기 기틀 삼는 자 또한 있거들랑
하늘이여 마땅히 삼천만을 들어 벼력하라.
아아 겨레 된 벌로 함께 묻힌
손바닥의 이 죄스런 피를 내 두고두고 앓으리니

— 청마 유치환, 〈죄욕〉, 《신천지》(1949년 8월), 40-41쪽. 《青馬詩集》, 1954년, 서울: 문성당.

그러면 좌익세력은 어떠했는가? 조공을 중심으로하는 좌익세력은 해방시간의 초기에 합법적 정치공간이 열렸을 때는 8월 테제를 발표하여 계급(전평, 전농)과 정당을 조직하여(조선공산당) 합법적 정치공간에서의 활동, 동원, 조직을 강화하였다. 그러다가 냉전이 격화되면서 단독정부 수립이 결정되자 미 군정의 첫 번째 타깃은 조공을 중심으로하는 좌익세력이었고 좌익세력은 합법적 투쟁이 봉쇄되자 무장투쟁으로 돌아서서 총파업과 게릴라전을 벌렸다. 먼저, 1945년 9월 조선공산당이 주축이 된 인공(조선인민공화국)과 같은 좌익 정치세력은 하지 미 군정의 '정당은 오라'로 표현된 국가 다원주의를 환영하였고, 우익과 중도 정파와 조직경쟁을 벌였다. 인공은 전국적으로 지방인민위원회를 조직하고, 전평(전국노동조합평의회), 전농(전국농민조합총연맹)과 같은 노동자, 농민 계급 단체를 결성하여 지역적, 계급적 지지기반을 확대하려 하였다. 말하자면 해방 시간에서 좌익은 제도권 바깥의 혁명세력에서 제도권 내에서 혁명을 꾀하는 제도권 혁명세력으로 변신한 것이다.

좌익은 이를 실천하기 위해 한국 좌익의 기본 노선도 바꾸었다. "8월 테제"로 표현된 새로운 노선은 부르주아 민주주의 혁명론에 기반하고 있었다. 한국의 좌익은 미소 협력 분위기 속에서 국제파시즘에 대항하는 진보적 민주주의 국가들의 연합을 강조하고 민족 완전독립, 토지문제의 혁명적 해결을 통해 농민과의 조직적, 이념적 결합을 모색하고,(이혜숙, 1986) 지주, 부일부르주아지 외에 '모든 진보적 요소'들의 민족통일전선 형성을 모색하는 부르주아 민주주의 혁명론을 주장하였다. 미소공동위원회에서 나타난 미소 간의 협력하에서 밑으로부터의 혁명이 가능하다는 낙관론이 '8월 테제'를 지배하고 있었다.(여현덕, 1989)

미 군정의 국가 다원주의가 제공한 합법적 정치공간을 이용한 좌익의 세력 확장 노력은 성공적이었다. 전평(전국노동조합평의회)은 1945년 11월 5일 15개 산별노조와 1194개의 단위노조에 18만의 노동자가 가입한 소규모의 전국노련에서 출발하여 1달 후인 1945년 12월 223개의 지부와 1757개의 단위노조, 55만의 조합원을 가진 전국노련으로 폭발적으로 성장하였다. 전농(전국농민조합총연맹)도 마찬가지였다. 전농은 1945년 12월 8일 330만의 지역농민조합원을 대표하는 556명의 대의원이 결성한 농민전국연맹인데 188개의 군조직과 1745개의 면조직, 2588개의 마을조직에 속해 있는 330만의 농민들이 결성한 조직이다. 참고로 당시 전체 농가 수가 299만 호라는 점을 감안하면 330만 명의 농민들이 좌익 농민조직인 전농에 가입했다는 것은 대단한 것이다. 인공은 9월 8일 지방인민위원회를 구성하기 시작했고, 12월 11일에는 조선민주청년동맹과 12월 21일에는 조선부녀총동맹을 결성하기 시작했다. 이러한 인공을 중심으로 한 좌익세력의 놀라운 조직 확장은 노선의 변경에 기인하는 바가 크다. 인공이 부르주아민주주의 혁명론으로 전환하자 이에 맞추어 전평도 급진적인 '자주관리운동(공장관리운동)'에서 타협적 노선으로 수정하였다. 그들은 1945년 11월 30일에 발표된 '산업건설혁명방침'에 따라 1946년에 자주관리운동에서 탈피하여 '산업건설운동', '식량요구투쟁' 등 타협노선으로 방향을 전환하였다. 전농도 '3.1제'에서 '3.7제 소작료운동'으로 전환함으로써 농민의 일상 이익에 관심을 기울이는 것처럼 보였다.[106]

좌익 정치세력의 일사불란한 폭발적인 조직 확장과는 대조적으로, 우익 정치세력은 분열과 이합집산을 반복하고 있었다. 한민당은 자본가 계급 일반을 대표하려 하기보다는 특정 부르주아 분파인 대지주와 보수적인 부르주아지를 대표하려 함으로써 '인민(people)' 일반을 대표하는 국민정당으로서의 자격을 갖추지 못했다. 귀국한 임정세력은 이승만과 같은 재미 외교파와 김구, 김규식과 같은 상해와 중경의 임정세력으로 양분되었다. 이승만은 총자본의 입장에서 농지개혁에 관해서는 유상매수와 유상분배 원칙을 지지했고, 시장자본주의의 원칙을 고수하였다. 반면에 임정세력의 지도자인 김구는 한독당을 창당하였으나 그들이 표방하는 민족주의는 근대와 전근대의 어정쩡한 상태에 머물러 있었다. 한독당은 미분화 상태의 민족주의였다. 그들은 일제 잔재를 청산한다면서 무상몰수, 무상분배까지 나가지 못하였다. 그들의 민족주의는 '독립'이라는 환상에 함몰된 추상적 민족주의였다. 구체성이 결여된 모호한 민족주의를 표방하는 한독당에 해방시간의 민중들이 대거 몰려들리 만무하였다.

그러나 이승만은 달랐다. 그는 폭발적인 좌익의 성장에 불안을 느끼고 있던 우익들을 자신의 휘하에 결집하려는 마키아벨리적인 지혜를 발휘하였다. 1945년 10월 16일 이승만이 맥아더 극동 사령관에 제공한 비행기를 타고 귀국하자 모든 사람들의 시선은 이승만에 집중되었다. 조선공산당, 조선인민당,[107] 한국민

106 3.1제, 3.7제는 농지개혁 부분에서 설명.

107 조선인민당의 여운형은 통일을 위해 인공을 해산할 의도가 있다고까지 이야기했다.(박찬표,

주당, 국민당 주요 4개 좌, 우익 정당이 모두 이승만에게 정계 통합과 통일의 기대를 걸었다. 우익은 인공의 조선민주청년동맹에 맞서서 독립촉성전국청년총연맹을 결성하여 호응을 얻었고 민족 통일기구인 독립촉성중앙협의회를 발족시키고 이승만을 회장에 추대하였다.(박찬표, 2010: 49) 물론 이승만은 이러한 단체와 조직을 활용하여 좌우 통합 노력을 하지 않았다. 오히려 그는 이러한 시민단체를 자신을 지지하는 정당으로 발전시키는 지략을 발휘하였다. 1946년 3월 이승만은 김구의 이름을 포함시킨 대한독립촉성총연맹을 자신의 정치적 조직으로 발족하였다. 이승만은 이슈가 생길 때마다 우익의 아이콘으로 자신을 부상시켰다. 신탁통치를 반대하는 우익을 결집하기 위해 이승만은 탁치반대국민총동원위원회를 결성한 뒤, 1946년 2월 8일 '독립촉성국민회의'로 발전시켰다. 그러면서 이승만은 좌익세력을 우익 주도의 독립촉성회중앙협의회에 끌어들이려는 제스처를 보여 주는 전략적 행동을 하였다. 그는 이슈 선점에 능했던 전략의 귀재였고 탁월한 마키아벨리적인 비르투(virtu 정치능력)를 보여 줌으로써 남한 보수의 아이콘이 되었다.

2) 미 군정 2기 — 자유 다원주의의 붕괴와 좌우 갈등(1946년 2월-1947년 5월)[108]

미 군정이 내건 자유 다원주의(실제로는 국가 다원주의)는 1년이 못 되어 실패했다기보다는 붕괴, 좌절하였다. 국제적 요인이 국내적 요인을 압도하였다. 1946년 7월 조선공산당 지도자 박헌영은 "신전술에 관한 지시서"를 공표하면서 이제까지의 온건한 합법적, 비합법적 양면전선투쟁인 '8월 테제'를 포기하고, 대

2010: 49)

108 미 군정 2기가 1946년 2월 23일에 시작된다고 보는 이유는 '정당은 오라' 선언으로 시작되었던 자유 다원주의가 종말을 고하고 이를 대체하는 미 군정법령 55호가 1946년 2월 23일에 공포되었기 때문이다. 55호는 미 군정에 의해 해산되지 않고 존속을 허용받기 위해서는 각 정당은 조직과 활동을 등록하지 않으면 안 된다고 규정하고 있다. 이는 정당규제를 강화하여 좌익 정당을 탄압하고 우익 정당과 사회단체를 강화하기 위한 것이다.(최장집, 1989: 106)

신 폭력투쟁을 옹호하고 공산당의 지하운동화를 옹호하는 "신전술에 관한 지시서"를 내려보냈다. 이에 따라 조선공산당은 8월 테제에서 이야기했던 협조노선을 폐기하고 반미운동을 벌여 남한을 북한화하자고 선전했다. 조공의 예하 단체인 전평도 타협적인 3.1제를 버리고 북한의 농지개혁과 비슷한 레닌의 '경자유전(Land to Tillers)'에 기초한 '무상몰수 무상분배' 원칙에 의한 급진적 사회주의적 농지개혁을 주장하기 시작했다.

갑작스런 자유 다원주의의 붕괴는 갑작스럽게 일어나지 않았다. 1945년 모스크바 3상회의에서 제안되어 1946년 3월 1차 미소공위가 열렸다가 신탁통치안이 나오면서 이를 둘러싸고 국내에 격렬한 친탁, 반탁운동 간의 갈등이 있었고, 국내의 어지러운 목소리는 미소공위로 전달되어 1946년 5월 6일 개최된 제2차 미소공위를 결렬시키는 결과를 가져왔다. 미소공동위원회의 결렬은 한반도에 관한 두 초강대국인 미국과 소련이 타협책을 마련하는 데 실패했다는 것을 의미한다. 미국과 소련의 두 장교가 인위적으로 군사적 편의에 의해 그어 놓은 38선이라는 군사방어선이 이제 영토적 국경이 되는 순간이었다.

미소공위 결렬 이후 미국과 미 군정은 한국에서 좌익세력(조선공산당, 인공)과의 타협을 통해 새국가를 건설한다는 노선(타협노선)을 포기하였다. 미소공위가 결과인지 원인인지는 분명하지만 미국의 대 공산권(소련, 중국, 북한) 정책이 단순한 방어적인 봉쇄정책(containment policy)에서 일방적이고 '공격적 봉쇄정책(탈환정책, Rollback policy)'으로 전환했기 때문임은 분명하다. 이를 공식 미국 정부의 정책으로 표명한 트루먼독트린이 1947년 3월 12일에 나왔지만 한반도에는 트루먼독트린이 공식적 선언보다 1년 앞당겨 시행되고 있었다. 이제 공산주의 세력은 타협과 협상의 대상이 아니라 배제와 제거 그리고 타도의 대상이 되었다. 친탁 반탁 논쟁은 더 이상 의미가 없어졌고, 친탁을 주장하는 민족주의자들도 공산주의자로 몰릴 판국이었다. 남한은 이제 미국의 반공을 지키는 보루 국가로 전락하였고 이를 위해 남한 내의 단독정부를 수립하는 작업이 미 군정과 남한 내의 우익세력 간에 진행되었다.

미소공위가 결렬되고, 미국이 롤백정책으로 대방향 전환을 하고, 38선이 사실상 영토선으로 고착화되고, 무엇보다도 미 군정이 자신을 협상의 대상이 아니라 배제와 제거의 대상으로 역할 이전을 했다는 사실을 알게 된 국내 정치세력들은 전략적 선택을 수정하게 된다.

제일 먼저 좌익의 대표인 조선공산당이 움직였다. 조공은 남한의 후견세력인 미국이 소련과 한반도에서 타협할 생각이 없다는 신호를 미소공위에서 읽은 순간 바로 전략을 '8월 테제'에서 '신전술'로 수정하였다. 조공은 산하 계급조직인 전평과 전농이 활동할 수 있는 합법적 공간이 갈수록 축소되고 있음을 감지하였고 조공이 주도하는 '인민위원회'를 통해 평화적 정권 장악은 유럽의 선거 사회주의자들(electoral socialists)에게만 가능한 것이지, 해방시간의 남한에서는 가능하지 않다는 결론을 내렸다. 그래서 조공은 1946년 9월 24일 부산철도파업을 지시했고 7,000명의 부산 철도원과 전국적으로 4만 명의 철도원이 파업에 들어갔다. 10월에는 대구폭동이 있었고 박정희 대통령의 친형인 박상희씨를 비롯해서 많은 사상자가 났다. 대구폭동은 전국에서 산발적으로 일어난 1946년 '10월인민항쟁'의 기폭제였다. 좌익 농민도 만만치 않았다. 1947년 2월 전농은 농지의 '무상몰수 무상분배'를 주장하면서 1947년 3월 22일에 총파업을 실시하였다. 같은 날 전평이 도시에서 총파업을 하면서 농민과 노동자들이 모두 총파업에 들어가게 되었다. 조선공산당은 더 이상 지방인민위원회를 통해서 아래로부터 표를 동원해서 평화적으로 정권을 교체할 가능성이 없다고 판단하고 거리에서 직접 대결의 정치로 들어갔다.

좌익의 거리에서의 투쟁에 대항해서 우익은 대한독립촉성전국청년총동맹, 대한독립촉성노동총연맹과 같은 우익단체를 동원해서 좌익의 거리에서의 직접행동에 테러를 가했다. 해방시간의 한국사회는 1946년 10월폭동(또는 추수폭동) 이후 완전히 타협점을 찾을 수 없을 정도로 양극화되었다.[109]

1946년 10월 추수폭동을 계기로 미 군정의 국가 다원주의는 붕괴되었고, 이념적 관용은 축소되었고 '미국의 한계선(American boundary)'은 극도로 협소화되었다.[110] 이제 좌익세력은 다원주의적 공존의 파트너가 아니라 탄압과 배제의 대상이 되었다. 1947년 5월 15일 정판사 사건이 났고, 5월 18일에는《해방일보》가 정간되고 조공 본부가 수색을 받았으며, 8월 16일에는 경찰이 전평 서울본부를 수색하였고, 1947년 9월 7일에는 조공의 지도자인 박헌영, 이강국, 이주하 체포령이 떨어졌다. 이는 트루먼 대통령이 롤백정책을 천명했을 때부터 예견된 일이었다. 일방적인 대소 봉쇄정책이 심화될수록, 좌익세력에 대한 탄압과 배제는 도를 더해 갔다. 조공이 1948년 구국투쟁을 선언하고 나서 터진 4·3제주도항쟁사건은 좌익의 마지막 대규모 저항 시도였으나 무참히 패배하였고 3만 명이 넘는 제주도민들이 희생되었다.

남한 내 좌익의 배제와 탄압은 남한에 단독정부(단정)를 수립하기 위한 1차 정지작업이었다. 처음 하지 장군이 이끄는 미군이 진주하고 미 군정을 차려 놓았을 때 하지 장군과 미 군정은 과도기 미 군정이 해야 할 목표가 무엇인지 잘 몰랐다. 그래서 그들은 자신들이 배워 왔고 일반적으로 제2차 세계대전 후 미국의 식민지에 적용했던 자유 다원주의를 피점령인들에게 베풀었던 것이다. 그리고 미국식으로 여러 다른 이익집단들이 경쟁과 협력을 통한 상호작용으로 갈등하는 문제에 관해 합의에 도달하려 하였고, 미 군정은 본국(미국)과는 달리 이러한 합의를 만들어 내기 위해 적극적으로 개입, 조정하는 거간국가

109 이러한 양극화에 대해 타협점을 찾으려는 시도가 좌익의 민전(민족주의 민주전선: 조공, 좌파 민족주의자, 해외 공산주의 세력을 대표)과 우익의 비상국민회의(남조선 대한민국대표 민주위원) 간에 시도되었으나 곧바로 결렬되었다.

110 '미국의 한계선(American boundary)'은 최장집 교수가 50년대의 한국 민주주의가 조숙한 민주주의일 수밖에 없는 이유를 후견 국가인 미국이 정해 놓은 상한선과 하한선 내에 움직여야 하는 피후견 국가인 한국이 미국과 미 군정이 선물로 준 민주주의를 제대로 실행할 수 없는 이유를 설명하면서 제시한 개념이다.(최장집, 1996; 박명림, 2000)

(broker state)적인 성격이 있었다.[111]

그런데 트루먼독트린을 계기로 미국이 강경한 대공산권 정책인 롤백정책으로 전환하고 거기에 따라 피정령지인 한국에는 소련 공산주의 제국의 확장을 막는 보루에 더하여 롤백을 위한 전진기지의 임무가 부여되었다. 헨더슨이 무식하고 무지했다고 했던 하지 장군도 이제 자신이 무엇을 해야 하는지를 명확하게 인식하게 되었다. 그것은 본국인 미국의 외교정책의 전환에 맞추어 피점령지인 한국을 변화시키는 것이었다. 이제 좌익과 그를 추종하는 노동자(전평), 농민(전농)과의 타협노선은 폐기되어야 했다. 미국의 일방적인 대공산권 봉쇄정책에 발맞추어 북한에 이미 수립된 공산주의 국가에 대항할 보루이자 세계 공산주의의 확장을 막고, 공세적으로 롤백할 수 있는 전초기지 국가를 남한에 단독으로 건설하는 것이었다. 한국의 국가건설이 기왕에 건설되어 있는 단일민족을 파괴하면서 분단국가를 건설하는 파행이 일어난 것은 미 군정, 좌익, 우익 등 국내 정치행위자들의 책임도 크지만 그보다는 국제적 냉전주의가 방어적 냉전주의에서 공세적 냉전주의로 바뀌는 국제정치적 요인과 선제적이고 선점적인 공산주의 국가를 건설한 북한으로부터 불어오는 바람이 더 결정적으로 작용했다.

자유 다원주의가 붕괴되고 미 군정이 좌익세력을 배제와 억압, 탄압의 대상으로 삼게 되자 남한 내의 좌익세력들에게는 합법적으로 활동할 수 있는 공간이 없어지게 되었고 그들은 자연스럽게 비합법적 공간에서 비합법적인 직접행

111 자유 다원주의 국가는 기본적으로 최소 국가(minimal state)이다. 그러나 개입의 정도에 따라 가장 자유방임적이고 중립적이며 비개입적적인 블랙박스(black box) 국가, 현금등록기(cash register) 국가에서 국가가 어느 정도 조정의 역할을 하는 중재국가(intermediary), 조정국가가 있으며, 국가가 기본적으로는 개입을 자제하는 자유주의 국가이나 국가적 이슈에 관해서는 국가가 자신의 목표와 이익을 가지고 시민사회에 개입하여 자신이 원하는 방향으로(강제적으로) 중개, 중재, 조정 역할을 하는 거간국가(broker state)가 있다. 미 군정은 반공체제의 형성과 미국적 민주주의의 이식이라는 본국에서 부여한 역할을 수행하기 위해 국가(미 군정)가 직접 시민사회를 불러 조정했다는 점에서 거간국가라 할 수 있다.

동이나 무장투쟁, 게릴라전을 펼칠 수밖에 없었다. 노동자들은 공장과 거리에서 불법파업, 연좌농성, 총파업을 감행했고, 조선공산당과 적색 농민들은 게릴라전(partisan 빨치산)을 산악지대에서 벌렸다. 대표적인 것인 1948년 5월 8일의 총파업이었다. 그러나 미 군정이 남한에서 단독정부를 구성하려는 노력을 저지하려는 남한 내 좌익의 투쟁은 대세를 단정수립이라는 대세를 흔들 정도로 강력하지 못했다. 미 군정의 억압기구는 강력했고, 한국 국민들도 대체로 단정수립에 동의하고 있었기 때문이다. 해방시간에서 남한 좌익의 문제는 힘과 능력이 약했다는 것이 아니라 다수 대중의 동의를 획득할 수 있는 이데올로기적 헤게모니의 부재였다.

3) 미 군정 3기 — 반공 전초국가와 자유민주주의 국가건설의 비동시성(1947년 10월-1948년 8월)

미 군정 3기는 외삽적 국가건설의 시간이다. 따라서 미 군정 3기는 2기와 상당히 겹친다. 미 군정 2기가 국가 다원주의가 붕괴한 뒤 좌우익 간에 거리에서 비합법적 충돌이 계속되었던 기간이기 때문이다. 제3기에 미 군정은 한편으로 좌익을 탄압, '파괴'하면서 다른 한편으로는 우익세력을 결집하여 분단국가를 '건설'하는 모순적 행동을 했다. 제1기인 국가 다원주의 기간 중 미 군정의 국가건설 전략은 한국인들에게 스스로 합의해서 자율적으로 국가를 건설하도록 유도하고 그를 위한 하부구조와 기반을 쌓아 주는 것으로 자신의 역할을 한정시켰다. 그러나 국제적 냉전이 격화되고 확산되면서 미 군정은 본국의 지시에 따라 국가 다원주의를 거둬들이고, 반공의 전초국가(outpost state)와 자유민주주의 국가인 미국이 만든 피후견국가인 한국이 공산주의 국가인 소련이 만든 피후견국 북한보다 우월하다는 것을 보여 주기 위한 자유민주주의의 진열장(쇼 윈도우) 국가라는 두 가지 목표를 동시에 수행할 수 있는 국가를 외삽적으로 건설하려 하였다.

(1) 신생국가의 물적 기반 확보 — 미 군정의 농지개혁을 중심으로

찰스 틸리는 유럽에서 근대국가의 건설과정은 강압력의 축적과 자본의 축적 위에 이루어졌다고 주장하였다.(Tilly, 1992) 주어진 영토 내에 살고 있는 국민들을 독점적으로 통제하기 위해 국가는 강압력이 필요하고 그 강압력을 구축하고 유지하기 위해서는 자본이 필요하다. 그래서 근대국가의 형성은 근대 자본주의의 출현과 시기를 같이하고 있다.

미 군정이 한반도도 남반부에 미국의 후견국가를 건설하기 위해 가장 먼저 손을 대야할 부문은 농업 분야였다. 왜냐하면 일제의 불균등 산업화의 결과로 중화학 부문이 북한에 넘어가 버렸고 그나마 남은 경공업 부문은 일본 자본이 철수한 상황하에서 원자재의 구득난에 시달리고 있었기 때문이다. 한국은 다시 1930년대 이전의 농업국가로 돌아온 것이다. 더구나 해방 후 한국의 농업구조는 일제의 '재농노화(refeudalization)' 정책으로 자작농이 많지 않고 소작농이 압도적으로 많은 전근대적 구조를 보여 주고 있었다. 미 군정은 미국의 독립자영농 중심의 농업구조로 바꾸려는 의도를 가지고 소작농을 없애기기 위한 농지개혁을 실시하려 했다. 미 군정은 유럽에 비해 상당히 급진적인 농지개혁을 했던 미국의 농지개혁을 점령지인 한국에 실시하려 했다.[112]

그러나 급진적인 농지개혁은 미 군정의 동맹세력인 우익 지주계급의 반대로 무산되었다. 그래서 미 군정은 소유권 제도개혁에 앞서 농민의 환심과 지지를 얻기 위해 소작료를 1/3을 넘지 않도록 인하하였다. 이는 당시 소련 군정이 북한에서 실시하던 3.7제에 거의 근접하는 것이었다. 그러나 한반도 북반부에서는 이미 토지 소유권 제도 개혁이 진행되고 있었고, 매우 빠른 시일 내에 무상몰수 무상분배 원칙에 따라 지주계급의 땅이 농민에게 분배되었고 소련군이

112 미국의 토지개혁은 19세기 후반에 홈스테드법(Homestead Act)의 제정으로 실시되었는데, 기본 원칙은 사회주의자 레닌과 마찬가지로 '경자유전(耕者有田, land to tillers)'이었고, 소작인이 토지에 대한 소작료의 1/4을 지불하면서 15년 경작하면 소작인은 그 토지에 대한 소유권을 갖는다는 사회주의적 토지개혁과 거의 다를 바 없는 급진적인 개혁이었다.(브라진스키, 2011: 46)

차지하고 있던 귀속농지도 같은 원칙에 따라 분배되었다. 1946년 3월 5일에는 북한의 김일성과 소련군이 차지하고 있던 귀속농지의 분배가 완료되었다. 체제경쟁을 벌이고 있던 미 군정은 초조해졌다. 그런데 바로 자신의 지지기반인 지주계급이 발목을 잡고 있었다. 그래서 미 군정은 미소공동위원회를 앞두고 3월 7일과 19일에 귀속농지의 매도 의사를 밝혔다.(이승현, 2010)

토지소유권에 관한 농지개혁의 쟁점은 어떻게 정부가 지주의 땅을 매수하거나 몰수하느냐, 그리고 농민이 분배받을 땅의 소유권을 취득할 때 유상으로 분배받느냐 아니면 무상으로 분배받느냐였다. 북한의 김일성과 소련 군정은 무상몰수, 무상분배의 사회주의적 농지개혁을 전광석화처럼 단행하였다. 그러나 남한에서의 미 군정의 토지개혁은 지루한 과정이었다. 1945년 10월 미 군정은 일본의 동양척식회사 소유의 토지를 접수하였고, 11월에 신한공사를 만들어 신한공사로 하여금 동양척식회사 소유 토지와 10만2천 명의 일본인 소유 토지를 관리하게 하였다. 신한공사가 관리하던 귀속농지는 전체 농지의 12.3%였고(논은 16.7%, 밭은 6.5%), 지역적으로 전라남북도에 집중되었다.(김기원, 1990)[113]

미 군정은 한국인 지주의 토지를 분배하는 문제를 둘러싸고 좌우익뿐 아니라 우익 내부에서도 신흥 지배계급을 대표하는 이승만 세력과 지주계급을 대표하는 한민당 간에 타협이 이루어지는 것을 기다리고 있었다. 그러나 지주세력과 한민당은 농지개혁에 대해서 여론, 미 군정, 이승만, 좌익에 완강히 저항하고 있었다. 그러나 1946년 10월 추수폭동이 전국으로 번지자, 이에 놀란 정치권은 10월 7일 좌우합작원칙을 마련하였고 12월 12일 남조선과도입법의원을 탄생시켜 농지개혁 문제를 다루도록 하였다. 좌우합작위원회의 박건웅, 미 군정 경제고문 번스, 이훈구 농무장관이 "체감매상에 의한 무상분배"를 결정하였으나 좌우익이 모두 반발하여 농지개혁은 좌초되었다.(차남희, 1997: 185-186) 농지

113 전체 귀속 농지의 51.8%가 전라도에 집중되었고, 전북의 경우 전체 논의 34%, 전남의 경우 26.7%가 신한공사 소유였다. 이는 곡창지대인 전라도에 일인 지주가 집중되어 있음을 보여 준다.

개혁의 좌초는 농지개혁 내용과 방식에 대한 반발 때문이 아니라 좌우익 간에 해방정치시간의 주도권을 둘러싼 전략적 게임에서 번스 방안의 거부와 농지개혁의 좌초가 게임의 균형점이요 해결점이었기 때문이었다. 좌익은 계급 이익(농민에게 토지분배)과는 상반되게 우익에 의한 농지개혁을 지연시키는 것이 정국 장악을 위한 최선의 전략이었고, 우익은 도시 상공업 세력을 대표하는 이승만 분파와 지주계급의 이익을 대표하는 한민당 분파 간의 이익갈등으로 번스 농지개혁안을 둘러싸고 적전분열을 함으로써 좌익에게 어부지리를 주지 않기 위해 농지개혁을 지연 또는 좌초시키는 것이 우익으로서는 최선의 전략이었기 때문이다.(차남희, 1997: 187)

이와 같이 좌익과 우익 간에, 그리고 우익 내부 분파 간에 농지개혁을 지연시키는 것이 균형점이요 해결점인 '불가능 게임(impossible game)'의 상태가 1947년까지 계속되었고 농무부가 1947년 2월 22일 농지개혁을 하지 않는다는 발표를 하기에 이르렀다. 그리고 1947년 7월 15일 제2차 미소공동위원회가 실질적으로 결렬되자 미국은 한국 문제를 UN에 이관하기로 결정했다. 이는 미국이 신탁통치 대신 남한에 단독정부를 수립하기로 결정한 것을 의미한다.(차남희, 1997: 187-188) 이제 농지개혁을 둘러싼 게임의 구조는 달라졌다. 좌익은 게임의 플레이어에서 제거, 퇴출되었다. 좌익은 협상의 당사자가 아니라 제거의 대상이었다. 미 군정은 그러나 게임의 밖에서 우익 내부에서 벌이는 농지개혁 게임을 좌지우지하려는 좌익의 영향력을 최소화하고, 당시 인구의 70%에 달하는 농민을 좌익으로부터 격리시키려 하였다. 그러기 위해서는 북한의 토지개혁에 못지않은 실질적 농지분배를 담고 있는 농지개혁안을 실현시켜야 했다.

그래서 미 군정은 과도입법의원에 압력을 넣어 유상분배의 농지개혁입법안을 1947년 12월 17일 상정시키도록 하였다. 그러나 귀속농지뿐 아니라 지주의 토지까지 분배한다는 농지개혁 법안에 한민당뿐 아니라 대다수의 우익 의원들이 사보타주와 보이콧으로 반대함으로써 법안은 심의조차 하지 못했다. 기다리다 지친 미 군정은 결국 신한공사 소유 귀속토지의 분배라는 마지막 전가 보도를 꺼내들었다. 미 군정은 1948년 UN 관리하의 5·10총선을 세 달 앞둔 1948년 2월 신한공사가 관리하고 있던 토지를 유상분배하기 시작했다. 그러나 미 군정의 농지분배는 말이 유상분배이지 사실상 무상분배였다. 미 군정은 대부분 농민들이 신한공사와 체결했던 소작계약을 매매계약으로 대체하도록 했기 때문에 '매각'이 아니라 '임대계약'으로 '유상'분배하였다.(차남희, 1997: 190-191) 미 군정은 단독정부를 구성하기 위한 정초선거를 앞두고 좌익에 의한 농민의 동원을 사전에 차단하고 분단국가의 축적과 소유권 구조의 근대화를 위해 분단국가의 새로운 지도자들에게 농지개혁을 단행하도록 압력을 넣기 위해 선제적으로 자신의 통제하에 있던 농지를 농민 대중에게 불하한 것이다.

미 군정의 신한공사 관리 농지의 불하로 제1차 농지개혁이 시작되었다고 볼 수 있다. 전체 농지의 12.3%가 사실상 무상분배로 불하된 사실을 본격적인 농지개혁의 시작이 아니라고 부정할 사람은 몇 안 될 것이다. 미 군정의 농지개혁에서 우리는 미 군정에 의한 신생국가의 건설 원칙을 본다. 첫째, 서구의 근대화의 시작이 된 '농업의 상업화'가 해방시간의 한국의 경우 미국형으로 진행되었다는 것이다. 배링턴 무어에 의하면, 부르주아 민주주의적 근대화의 유형을 결정하는 것은 반동적인 농촌계급을 어떻게 처리하느냐인데, 영국은 농촌계급을 소멸, 폐지시켰고(eliminate peasantry), 프랑스에서는 농촌계급을 유지시켰고(extension of peasantry), 봉건제의 유산이 없는 미국은 이주민들을 상업적인 자영농으로 만들었다는 것이다.(Moore Jr, 1966) 영국은 농민을 도시 노동자로 이주시켰고, 지주들을 도시 산업부르주아지로 전환시켰다. 미국은 도시에는 산업, 상업부르주아지가 번영하고 농촌에는 상업적인 자영농들이 자경단을 만들어 스스로를 지키면서 상업적인 작물을 재배하거나 목장을 경영하고 있었다. 미 군정이 수많은 농민들에게 소작관계를 임대계약관계로 바꾸는 방식으로 토지를 불하해 줌으로써 수많은 소규모의 자영농이 탄생하였다. 그러나 영국처럼 지주의 산업자본가 계급으로의 전환은 일어나지 않았다.

둘째, 일제 강점기 때부터 한반도의 시간은 "권력이 부를 압도하였다(power over plenty)"는 것을 다시 한 번 확인해 주었다는 것이다. 경제적 이익보다는 전략적 고려, 정치적 이익이 미 군정의 농지개혁에도 적용되었다. 미 군정이 소작료 결정(3.7제)이나 급진적인 농지개혁을 결정한 배경에는 항상 김일성과 스탈린이 있었다. 냉전이 시작되고 심화되면서 사실상 분단이 이루어졌고, 체제경쟁이 벌어졌고 북에서 농지개혁을 전광석화처럼 해치워 버렸을 때 미 군정은 놀라서 북과 비슷한 수준의 농지개혁을 내어 놓지 않으면 안 되었다. 미소공동위원회가 파국을 맞고 신탁통치가 무산된 뒤, 1948년 5월 10일 유엔 감시하의 정초선거를 통해 단독정부를 구성하게 되었을 때, 미 군정은 자신이 갖고 있던 신한공사 관리하의 토지를 농민들에게 사실상 무상으로 분배하여 좌익의 방해로부터 선거를 지키려 하였다. 동원과 반동원 간의 경쟁의 소산으로 나온 것이지 미제국주의의 경제적 이익의 고려에서 신한공사 관리의 토지의 분배가 이루어진 것은 아니다.

(2) 신생국가의 강압적 국가기구(군대, 경찰, 방위대) 창설[114]

미국이 한국을 미국의 냉전 포위선(거대한 초승달, Great Crescent: Dean Acheson)의 최전방 전초국가로 건설하겠다는 건국의 목표를 세웠을 때, 신생 대한민국의 강압력의 핵심인 근대적 군대를 양성하고 구축하는 것은 어떤 다른 목표보다도 우선하는 정치적, 전략적 목표가 되었다. 그런데 해방시간 초기에는 미국은 '전쟁국가' 기구를 설립하고 강화하는 데 소극적이었다. 물론 케넌(George F. Kennan)이 소련의 행동을 전통적인 팽창주의와 공산주의 이데올로기에서 기인한 것이라고 단정하면서 소련의 침투 징후가 보이는 모든 곳에 그

114 이 부분은 한용원, 2010: 139-212에 많이 의존하였음.(한용원, 2010) 한용원 교수는 육사 출신으로 서울대와 고려대에서 각각 정치학 석사, 박사를 취득한 군사정치학, 군사사회학의 권위자이다.

에 맞게 설계된 봉쇄정책을 채택할 것을 건의하였고, 이를 미국 트루먼 정부가 받아들이면서 대소봉쇄정책이 시작되었다.(Kennan, Memoir, 1967, 한용원, 2010: 148 재인용) 터키와 그리스 사태가 일어나자 트루먼은 케넌보다 더 나아갔다. 트루먼은 1948년 11월 24일 공산주의 팽창에 맞서 자유민주주의의 체제를 보호하기 위해서는 소련의 주변 지역에 미국의 전략 공군기지를 설치하고 대소 우위의 공군력과 핵무기를 이용하여 소련의 세력 확대를 봉쇄한다는 트루먼독트린을 채택하였다.(한용원, 2010: 149-150)

그러나 냉전 방위선에서 한국의 지위는 열악했다. '웨드마이어 보고서'(1947)는 한국이 미국의 지원을 필요로 하는 우선순위에서 16개국 중 5위이나 미국 안보의 중요성에서는 15위에 불과하다는 평가를 하였고 미 국무부는 이에 따라 소련과 협상하여 양국이 동시에 한반도에서 철수하자고 건의하였다. 미군 철수는 1948년 4월 2일 국가안전보장회의(NSC-8)에서 채택되고 4월 8일 트루먼 대통령의 승인이 났고 철수가 시작되었다. 그러나 1948년 10월 19일 여순반란사건이 나자 철수 완료 시한이 12월 31일에서 1949년 6월 30일로 연기되었고, 그 후 1949년 7월 1일 7500명의 1개 연대 전투병력과 주한 미군사고문단(당시 이름은 임시군사고문단)만 남긴 채 미군 철수는 완료되었다.

트루먼독트린의 발표를 계기로 미국의 대 공산권 정책이 방어적 봉쇄에서 공격적 봉쇄로 바뀌었음에도 불구하고 새로운 정책을 실천에 옮길 때 최전방 전위대 역할을 담당해야 할 한국에서 미군이 철수하고 전위대 국가의 군대 창설이 북한에 비해 늦어졌다는 것은 이해하기 힘들다. 미국은 한국에 처음부터 정식으로 정규군 군대를 구축하지 않고 25,000명의 경비대를 창설 유지해 왔다. 왜냐하면 미국은 한반도를 신탁통치한다는 전후 구상에 아직 미련을 버리지 못하고 있었기 때문에 정식 군대를 창설하지 않았던 것이다. 트루먼독트린이 나온 뒤에도 한국 경비대의 목표는 공세적 봉쇄가 아니라 방어적 봉쇄였다. 미 군정은 주한 미군과 한국 경비대의 목표를 소련의 팽창주의를 저지하기 위한 방어적 봉쇄정책을 수행하는 전위대로 잡았다. 따라서 한국 경비대는 일차적으로 도서방위전략에 따라 도서방위에 치중하고 본토의 38선 국경에는 소규모 국경충돌 내지는 치안 유지에 적합한 방어용 무기로 무장한 방어형 지상방위대와 경찰예비대의 건설을 지향했다.

신탁 통치안이 좌절되자 미국은 한국문제를 유엔에 이관하면서 경비대를 50,000명 수준으로 증편하고 정식 군대의 창설에 들어갔다. 소련이 북한에 진주한 직후부터 혁명 수출과 김일성의 '민주화기지 전략'을 돕기 위해 북한의 정규군 창설을 지원해 왔고 미국과의 합의에 따라 소련군을 철수시키면서 남한 침략(남한에 민주화기지건설)에 충분한 군사장비를 이관하는 조치를 단행한 것에 비하면, 미국은 냉전의 전위국가인 신생 한국에 정규군을 시간적으로 너무 늦게, 규모면에서 너무 소규모로, 활동 반경을 너무 방어적으로 제한하는 군사전략적 오류를 범하였다. 이러한 지연된 소규모의 방어적 목표를 가진 정규군을 양성함으로써 북한의 김일성으로 하여금 남한과 미국의 방어 의지에 대해 착각과 착시를 하게 하고 남침을 유도하는 결과를 가져온 것이다.

해방이 되었을 때, '독립전취론'을 견지한 광복군 출신이 주도하여 창군 운동이 있었고, 반독립투쟁전선의 일본군 및 만주군으로 복무한 군 출신들도 해방 시간에서 광복군 출신과 만나 창군에 합류하였다. 창군 과정에서 일본군과 만주군 출신은 "광복군을 모체로 국군을 편성해야 한다"는 데 동의하는 분위기였으나 미 군정이 경비대를 창설하면서 30여 개의 민족 자생의 창군단체를 해산시키자, 창군운동은 분열되어 "광복군을 주축으로 국군을 편성해야 한다"는 중견층의 명분론과 소장층의 실리론으로 분열되었고, 중견층은 제도권 밖에서 '참전동지회'를 결성하여 국군이 창설되기를 기다렸고 실리론자들은 미 군정이 주도하는 경비대에 합류하였다. 결국 1948년 8월 15일 대한민국이 수립되고 국군이 창설되자 창군운동세력(참전동지회)이 대한민국 국군에 합류함으로써 대한민국은 정통성을 갖춘 국군을 가진 근대국가가 되었다.(한용원, 2010: 166-168)

미 군정은 신생 한국에 군대를 창설하면서 군사적 편의주의에 의존하였다. 북한에 비해 너무 늦게 정규군 창설에 들어갔다는 조급함이 국군 창설 과정에서 정규군 경험을 가지고 있는 일본군과 만주군 출신 장교를 우선적으로 충원하고 사실상 게릴라전을 했던 광복군 출신은 오히려 배제하게 함으로써 신생 국가의 국군으로서의 정통성에 상처를 내었다. 건국 후 광복군 출신 초대 국방장관 이범석이 미 군정이 양성한 조선경비대와 조선해안경비대를 대한민국 국군에 편입하는 국방부 훈령 1호를 공표하자 우익 민족주의 성향의 서북청년회, 대동청년단과 '광복군 모체론'자들은 대한민국 국군 조직의 선행조건으로 경비대의 전면 해산을 요구하였다. 이러한 민족주의자들의 요구에 대해 이승만 정부는 경비대가 미 군정의 군대 한국화 작업으로 만들어졌고 미군과 같은 민주군대로 육성되었다는 점을 들면서, 그들이 국군에 들어가지 않으면 남북 긴장상태가 점증하는 시점에서 한시가 급한 창군 작업이 지연될 수 있기 때문에 경비대의 사상 문제와 리더십 문제는 군사 경험이 풍부하고 정통성이 있는 '참전동지회(육해공군출신동지회)'와 반탁, 반공운동에 앞장섰던 우익청년단 단원을 충원, 보강해서 해결하자는 제안을 하였고, 참전동지회와 우익청년단이 이에 동의하여 '결손(defective) 국군'이 포함된 신생 대한민국의 국군이 탄생하였다.

국가 강압력의 다른 축은 경찰력이다. 미 군정 포고령 1호는 기존 일제 식민정부의 행정기구를 존속시킨다고 선언했다. 이는 식민국가의 통치기구를 존속시켜 활용하겠다는 미 군정의 편의주의적 발상에서 나온 것이다. 당연히 일제하에서 한국인들의 원성과 저항운동의 1차적 표적이었던 경찰들도 살아남게 되었다. 경찰력의 규모는 해방 당시 8,000명에서 1945년 11월에는 해방 후의 대중 동원과 소요를 막기 위해 두 배인 15,000명으로 증원되고 1946년 10월 항쟁(10월 추수폭동) 이후에는 25,000명으로 늘어났다. 경비대의 경우 전위대 국가로서 역할을 수행하기에 턱없이 부족한 과소규모였다면, 경찰력은 당시 한국 사회가 필요로 하는 규모보다 과잉 확대된 규모였다. 그래서 최장집 교수는 미 군정하의 국가를 함자 알라비(Hamza Alavi)가 이야기하는 '과대성장 국가(overdeveloped state)'와 닮았다고 했다.(최장집, 1989) 이렇게 과대성장한 해방시간의 한국 경찰들은 시민사회, 특히 좌익 시민사회의 자율적 조직운동을 억압하는 데 쓰여져서 일제 때와 마찬가지로 국민의 원성을 샀다.

(3) 자유민주주의의 이식

미국 정부가 미 군정에 부여한 임무는 크게 두 가지였다. 하나는 냉전의 보루로서 전위국가를 건설하는 것이고 다른 하나는 미국식 민주주의를 태평양 건너 6백 년 동안 유교문화를 내면화하고 있는 한국인들에게 이식하는 것이었다. 조지 워싱턴 대학의 브라진스키 교수가 *Nation Building in South Korera, 1945-1987*[115] 첫 장의 제목을 "민주주의보다 중요한 국가안보"로 한 데서도 보듯이 미 군정도 이 두 가지 목표가 상충할 때 항상 안보(반공 전위국가 건설)를 민주주의(자유민주주의의 이식)의 상위에 두었다. 그러나 두 목표는 반드시 상충하는 것이 아니고 대체로 상호보완적이었다. 왜냐하면 효과적인 반공 전위국가를 건설하기 위해서는, 첫째, 대내적으로 원초적(proto) 전위국가가 정통성을 확보하는 것이 필요한데 그 정통성은 전위국가의 민주성에서 나오기 때문이다. 그리고 효과적으로 북한 공산주의 집단에 대항하기 위해서는 국민적 동의가 필요한데 그 동의도 전위국가의 민주성이 제공하였다. 둘째, 대외적으로 원초적 반공 전위국가가 북한의 원초적 공산주의 국가와 체제경쟁을 벌일 때 남한의 자유민주주의는 소련과 북한이 항상 쓰기를 좋아하는 '인민 민주주의'가 실제로는 민주주의가 아니며 계급독재 또는 일인 지도자 독재라는 것을 전 세계에 알려고, 북한 정권이 미 제국주의의 괴뢰라고 부르는 남한이 사실은 민주주의 국가이며 따라서 정통성 경쟁에서 남한이 압도적 우위에 있다는 것을 과시하게

---

115 Brazinski, Gregg, 2007, *Nation Building in South Korera, 1945-1987*(UNC Press, 2007), (브라진스키, 2011, 《대한민국 만들기 1945-1987》, 서울: 책과함께)

해 주는 이데올로기적 무기였다.

미 군정이 처음 가져다준 민주주의의 선물은 하지 장군의 '정당은 오라' 선언에서 보듯이 정당의 결성을 허가제에서 신고제로 바꾼 것이었다. 말하자면, 결사의 자유를 최초로 한국인들에게 부여한 것이다. 이 밖에도 집회, 언론, 출판과 같은 민주적 기본권을 부여하였다. 그리고 1947년에 과도입법의원을 간접 선거로 구성하여 한국인들로 하여금 최초로 준 대의민주주의를 경험하게 하였다. 이 과도 입법위원들에게 가장 중요한 이슈인 농지 개혁안을 만들게 위임함으로써 한국인 정치지도자들로 하여금 대의민주주의를 학습하게 하였다. 1947년에 미소공동위원회가 결렬되고 파국을 맞자 미국과 미 군정은 한국문제를 UN으로 넘기기로 하고 UN 감시하에 신생국가의 제헌의회를 구성하는 선거를 1948년 5월 10일 실시하였다. 좌익은 물론 단정을 반대하는 중도파들이 불참하는 가운데 치러진 선거지만 5·10선거는 한국인들이 처음으로 자기 손으로 대표를 뽑는 민주주의의 가장 핵심인 선거를 경험하는 순간(election moment)이었다.

원로 정치학자인 이정식 교수에 의하면, "남한의 경우, 미 군정 아래에서 한민족 역사상 처음으로 과도입법의원 선출을 위해 간접선거가 치러졌다. 1948년 5·10선거를 비롯하여 그 후 모든 선거에서는 각 선거구마다 경쟁자가 있었고 유세를 할 수 있었다 [⋯] 후보자들의 유세, 기타 캠페인 활동은 시민들 간에 주권자 의식을 심어 주었고 민주주의 풍토를 만드는 데 심대한 영향을 주었다."(이정식, 2010: 25-26) 미 군정에 의한 미국식 민주주의의 이식은 대체로 성공적이었다. 외세에 의한 민주주의 이식이 성공했기 때문에 이정식 교수가 강조하는 것처럼 민주주의 풍토를 심는 데 성공하였고 전쟁 중에도 이승만 정부가 선거를 일정 대로 치르게 했고 시민의식의 발전으로 1960년 4월 시민혁명이 일어났다.

마샬(T.H. Marshall)은 시민권의 확장은 시민적 기본권리(civil rights), 정치적 참정권(political rights), 그리고 사회적 권리(social rights)순으로 단계적, 점진적으로 이루어진다고 영국을 비롯한 서구의 선진 민주주의 국가들의 경험을 들어 주장했다.(Marshall, 1950) 그런데 미 군정은 3년 밖에 안 되는 시간에 혹독한 식민통치를 받던 한국인들에게 이 세 가지 권리를 압축적으로 경험하고 학습할 수 있도록 해 주었다. 진주하자마자 시민적 기본권을 부여했고, 1947년부터 과도입법의원을 시작으로 해서 자신의 정부를 직접 구성하는 5·10제헌선거에 모든 성년의 한국인들이 보편적으로 참가할 수 있도록 해 주었다. 마지막으로, 보편적 교육권을 확립함으로써 사회적 권리의 부여에서도 미 군정은 큰 기여를 했다. 일제하에서도 근대적 교육이 도입이 되었지만, 근대교육은 여전히 특권 소수층의 전유물이었고, 특히 대학교육과 같은 고등교육을 받을 수 있는 기회는 지극히 제한되었다. 이에 반해 미 군정은 적어도 초등교육을 권리이자 의무인 사회적 권리로 만들었다. 그 결과 미 군정 3년 기간 동안 초등학교 진학률이 40%에서 70%로 증가하고, 고등교육기관도 19개에서 29개로 증가했으며, 현대적인 미국식 교육방법을 한국인 교사들에게 전수하였다.(브라진스키, 2011: 85-86)

2. 한국 민중의 해방 3년 시간 — 저항과 순응[116]

미 군정의 해방 3년 시간은 마키아벨리가 이야기한 '군주의 시각(parte de principis)'에서 본 해방 3년의 시간인 데 반해, 한국 민중의 해방 3년 시간은 '민중의 시각(parte de populi)'에서 본 해방 3년 시간이다. 미 군정에게 해방 3년은 분단국가 건설(divided state building)의 시간이라면, 한국 노동자와 농민에게 해방 3년은 일제 식민지 지배를 청산하기 위한 조직, 동원, 투쟁의 시간이었고, 동시에 냉전의 도래로 미국과 미 군정이 한반도 남반부에 냉전의 전초국가를 만들면서 동시에 천 년 넘도록 역사와 문화 공동체를 이루며 같이 살았던 민

116 '저항과 순응'이라는 부제는 차남희 교수의《저항과 순응의 역사정치학 — 미 군정의 농업정책과 농민》(1997)에서 차용하였다

족을 강제로 파괴하려는 데 대해 저항하였던 시간이다. 한국 민중은 미 군정과 장기간에 걸친 '밀고 당기기 전쟁(tug-of-war)'으로 힘이 소진되어 미국과 미 군정이 준 자유민주주의라는 선물을 받고 1948년 5월 10일 주권자가 되어 처음으로 내 손으로 정부를 구성하는 선거에 표를 찍으러 투표소로 갔다. 그렇게 한국 민중에게 해방 3년의 시간은 저항과 동원으로 시작하여 아메리칸 임페리움 내에서 살기로 결정하고 미 군정의 분단국가 건설에 순응하는 것으로 끝났고, 분단국 대한민국의 역사가 시작되었다.

1) 귀환자(returnees)와 농민혁명의 기운

일본 제국주의는 식민지를 산업화한 유일한 제국주의인 동시에 식민지 사회의 뿌리를 송두리째 뽑은 가혹한 제국주의였다. 커밍스 교수에 의하면 대동아전쟁이 한창이던 1941년에 4백만이 넘는 젊은 한국인들이(4,146,098명) 징병으로 끌려갔고, 일본 내에 거주하던 140만의 한국인 중 77만 명이 일본 회사에 징용으로 끌려온 한국인이었다.[117] 일제하에서 노동자와 농민들은 일제에 협력하여 지위의 상승이동 기회를 가질 것인가, 아니면 일제에 저항하거나 해외로 도망갈 것인가 중에서 하나를 선택해야 했다. 허쉬만(Hirschman)이 이야기한 《탈출, 저항, 충성(*Exit, Voice, Loyalty*)》과 흡사한 상황을 일제 말 한국인들은 맞았던 것이다.(Hirschman, 1970)

특히 농민에게 일제하의 시간은 가혹했다. 일제가 프러시아의 농업관료형 근대화의 길(agrarian bureaucratic route to modernization)을 채택함으로써 기존의 지주-소작관계가 더 강화되었고 한국 농민들은 재농노화(refeudalization)되었다. 토지소유의 집중화는 심화되었고 소작제도가 확대되어 농민들은 소농에서 소작인으로 지위의 하향이동을 강제당했다.[118] 3·1운동 이후 '조용한 아침

117 그중 22만 명은 건설회사, 20,800명은 제재, 제지회사, 9,4000명은 광산으로 끌려갔다.
118 1930년 당시 농민의 80%가 소작인이었다.(Cumings, 1981: 43)

의 나라(land of morning calm)'의 한국 농민들이 일어나 농조를 조직하고 소작쟁의라는 집단행동을 벌이기 시작했다.[119] 그중에서도 적색농민조합(적색농조)의 활동이 두드러진다.

적색농조운동(red peasants unions)은 사회주의(또는 공산주의) 지식인들이 지방으로 내려가 기존 농민단체에 침투하거나 아니면 자력으로 혁명적 농민운동을 조직하고(적색농조), 농민의 경제적 이익을 위해 싸우는 경제투쟁(소작료투쟁)과 이를 넘어 농촌에서 사회주의적 토지혁명을 위해 투쟁한 농촌 사회주의 운동을 지칭하는데, 1930년과 1939년 사이에 함경도, 경상도, 전라남도를 중심으로 전국에 약 60-80개의 적색농조가 조직되었다. 그런데 대부분의 경우 조직단계에서 일제 경찰에 의해 와해되거나 조직되어도 거의 활동을 못했는데 함경도만은 예외였다.(차남희, 1997: 46-57)[120]

해방은 국내에서 일제에 대항해서 투쟁하던 농민과 노동자들이나 해외에서 강제 징용, 강제 징병되어 고초를 겪고 있던 한국인들, 그리고 스스로 일제가 싫어서, 일제에 저항하다가 실패해서 해외로 떠난 한인 디아스포라들에게 조국과 고향으로 귀환의 시간이었다. 일제 말의 대동아공영권이라 부르는 일제의 임페리움 영역 내에서 한국인들의 활발한 이동과 이주 가 일어났다. 만주에 살고 있는 145만 명의 한인 중 64%가 농업에 종사하고 있었고, 북한에는 중공업

119 농민단체는 1921년 3개 조직을 시작으로 1930년 943개, 1931년 1759개로 폭발적으로 증가한다.(차남희, 1997: 39)

120 함경도에서 적색농조가 유난히 많이 조직되고 운동이 활발했고, 비교적 오래 지속되었던 이유는 함경도가 산악지대라 농조원의 물리적, 정치적 피난처 제공이 용이했고, 중국, 소련과 국경을 접하고 있어 사회주의 국가로부터 인적, 물적, 이념적 지원을 받기 용이했다는 설명이 있다. 그러나 차남희 교수는 지정학적 설명은 비슷한 조건을 가진 평안도에서 적색농조가 활성화되지 못한 이유를 설명 못한다는 약점이 있다고 하면서, 변방인 관계로 전통적 사회경제적 구조를 유지할 수 있었던 함경도에서 사회주의 지식인들은 농촌공동체의 상부상조 조직의 결속력을 바탕으로 적색농조를 조직하고, 사회주의 이념을 가지고 공동의 이해관계와 목적을 농민들에게 이해시키는 데 성공함으로써 적색농조가 지속적 저항운동을 벌일 수 있었다고 설명한다.(차남희, 1997: 51-57) 적색농조에 관한 연구로는 Yoo, 1974; 이정식, 1984; 김석근, 1991; 김익한, 1999 등이 있다.

회사에서 일하고 있었다. 일본 내의 한국인은 1921-1931년 사이에 40만으로 급증했다. 농업지역이면서 일본과 북한과 가까운 경상북도는 1931년과 1945년 사이에 3%의 인구 감소가 일어난 반면 북한은 35%의 인구 증가를 기록했다. 많은 경상도 사람들이 일자리를 찾아 북한으로 이주한 것을 보여 주는 통계이다. 1945년 해방 당시 한국 인구의 12%가 해외에 거주하고 있었고 해방이 되자 그들은 속속들이 고국으로 고향으로 귀환하였다.[121] 귀환자들은 떠날 때와는 달리 좌익으로 변해 있었다. 그들은 일제의 압축적인 산업화와 농촌의 재봉건화로 '뿌리를 뽑힌 농민(uprooted peasants)'으로 타지로, 타국으로 떠나야 했다. 그들은 일제의 프러시아형의 권위주의적인 위로부터의 산업화의 현장에서 계급의식을 내면화할 수 있었고, 사회주의자가 되어 있었다.

고향으로 돌아온 귀환자들은 지주의 땅을 접수하고 토지문서를 파괴하고, 고향에 남아 있는 가족과 마을사람들을 의식화시키려 하였다. 인공의 지방 지부격인 지방인민위원회의 결성과 조직을 주도한 사람들도 귀환자들이었다. 귀환자들은 떠날 때와 동일한 토지소유 구조가 온존하고 있고 더 많은 땅이 지주의 손에 집중되어 있음을 보고 분노했고, 이들 지주가 부일 협력자로 토지를 늘릴 수 있었다는 것을 알고는 이들을 처단해야 한다는 복수심에 불타 있었다. 한국의 지주는 거의 대부분 비기업가형 在地 地主였는데 기업가형 不在 地主와는 달리 땅으로부터 나는 수익에만 의존하기 때문에 기업가형 부재 지주보다 더 농민의 노동과 임금을 착취하려 하였다. 페이지(Paige)의 《농업혁명》에 나오는 농민의 집단행동 이론에 의하면 재지 지주와 땅을 파먹고 사는 농민이 결합하면 농민반란(agrarian revolt 또는 자크리의 난)이나 농민혁명(agrarian revolution)이 일어날 확률이 높다는 것이다. 해방의 물결이 최고조

121 커밍스의 통계에 의하면, 북한으로부터 남한으로 온 귀환자는 859,930명, 만주로부터 온 귀환자는 304,391명, 일본으로부터 온 귀환자는 110,972명, 중국으로부터 온 귀환자는 71,611명으로 각각 5.4%, 1.9%, 7.0%, 0.5%이고 기타 0.2%이다.(Cumings, 1981: 60)

에 달했던 1945년 8월과 9월에 한국의 재지 지주들은 부일협력자의 전력까지 더해져 경찰의 보호 없이는 더 이상 생존할 수 없을 정도로 극한 상황에 몰렸다.(Cumings, 1981: chap. 8)

1945년 8월 건준이 수립된 후 한 달도 안 되어 8월 말 기준으로 건준의 지방지부 격인 지방인민위원회가 순식간에 전염병처럼 145개나 수립되었다는 사실은 해방 후 한국인들이 얼마나 자력에 의한 독립정부 건설을 열망했는가를 보여 주는 것이고, 이 열망은 지방인민위원회를 전국에 전염병처럼 번지게 했다.[122] 그러나 전염병은 자동적으로 번지지 않는다. 전염병을 이웃 마을과 군, 그리고 타도의 마을과 군으로 옮기는 중간 매개집단이 있어야 하는데 그 집단이 해방 후 한국 인구의 급격한 증가를 가져올 정도로 엄청난 많이 유입된 귀환자들이었다. 찰스 틸리는 프랑스혁명 당시 농촌의 농민과 직공인들(artisans)의 반혁명(counter-revolutions)을 분석한 《방데(*Vendee*)》에서 농민혁명은 국가의 가혹한 징세, 억압, 강제 징집에 분노해서 자동적으로 일어나지 않으며, 지방 공동체와 농민, 직공인들 간의 연대(ties)의 형성이 혁명과 같은 정치적 행동을 구조화시킨다고 결론지었다.(Tilly, 1964) 해방 후 한국에서도 지방 출신 디아스포라가 귀환했을 때 디아스포라 귀환자 네트워크와 고향에 남아있던 농민공동체간에 연대를 형성하기 위해 그렇게 많은 지방인민위원회가 우후죽순처럼 단시일 내에 조직된 것이다. 지방인민위원회를 매개로 연대를 형성한 농민들은 미 군정이 중앙에 자리를 잡고 지방으로까지 통치력을 확장하기 전까지 사실상 원초적 지방자치정부의 역할을 했다. 지방인민위원회는 형식적으로 인공의 지부로 되어 있었지만 인공의 힘이 지방인민위원회까지 직접 침투하지 못했다. 다만 중앙에서 자생적으로 조직된 원초적 중앙정부인 인공과 '연대'를 맺고 있었던 것은 사

122 커밍스는 1945년 8월 말경에 지방인민위원회의가 145개가 설립되었다는 통계는 잘못된 것이며 실제는 이보다 많은 숫자의 지방인민위원회가 있었다는 것이 확실하다고 주장한다.(Cumings, 1981: chap.8) 신복룡의 자료집에 의하면 1946년 2월 27일 기준으로 군(郡)인민위원회 수는 148개였다.(신복룡 편, 1991, 《한국분단사 자료집》 제6권, 원주문화사, 226-233쪽)

실이다. 수많은 '귀환자들'이 혁명의 기운을 조용한 농촌에 불어넣어 주었다.

2) 해방시간의 농민들 — 축제, 실망, 저항, 순응

해방 3년간의 농민들의 시간은 동 시기의 거시적 민족시간을 압축적으로 보여주는 축소판이다. 농민들은 한국인들의 자체적 힘이 아니라 미국이라는 외부세력에 의해 해방되었음에도 불구하고 1945년 일제가 미국에 무조건 항복하고 미군이 진주한 역사적 사건을 '해방'으로 받아들였고, 곧 바로 축제를 벌였다. 그러나 미국과 미군이 일제의 억압으로부터 한국인들을 해방시켜 준 것이지, 한국인들의 자율적인 독립 국가를 세워 줌으로써 진정한 한국인들 자체의 해방을 가져다 줄 산타크로스가 아니라는 사실을 알게 되면서 환희는 실망으로 바뀌었고, 미소공동위원회를 통해 미국이 기약 없는 신탁통치를 하겠다는 계획을 가지고 있었다는 것을 알게 되자 한국농민들은 저항하였다. 그러나 이러한 농민들의 저항에 대해 미 군정이 한국의 중앙정치세력이 농지개혁을 사보타주하고 있는 상황에서 미 군정이 관리하고 있는 신한공사의 토지를 사실상 무상분배하는 선제적 농지개혁을 단행하고, 분단국가 건설과정에서 농민들에게 최초로 근대적인 시민권을 부여하자 미 군정에 대해 저항에서 순응으로 태도를 바꿨다.

1945년 8월 15일 미국에 의해 일제의 압제에서 해방되자마자 농민들은 축제를 벌였다. 한국 농민들은 그들의 작물을 수탈해 가고, 강제로 공출하게 하고, 그리고 유교나라에서 목숨과 같은 제사용 유기까지 대포를 만든다고 강탈해 가는 일제로부터 벗어났다는 사실만으로도 축제를 벌여야 할 충분한 이유가 있었다. 식량 부족 상태에서 앞으로 생존할 방법을 찾는 경제적 문제는 잠시 잊어도 괜찮을 만큼 해방은 그들에게 엄청난 사건이었다. 전국에서 다시 태극기가 휘날리고, 농민들은 숨겨 두었던 소와 돼지를 잡고 밀주를 꺼내어 해방을 자축하는 축제를 벌였다. 그들은 해방은 강제 수탈로부터 벗어나게 해 줄 뿐 아니라 미래에 자신들을 빈곤과 억압으로부터 탈피시켜 줄 것으로 믿고 당장 축제를 벌였다.

> 그러다가 해방이 타악 되었다 (…) 누구의 지시였든지 아동을 선두로 뙤뙤 나발과 북밖에 없는 악기에 발을 맞추며, 저어 먼데 쑥 들어가 있는 사십 리 길 부락에까지 '만세' '만세'를 부르며 행진하였다 (…) 행렬의 한 부분이 어느새 와아악— 소리와 함께 주재소를 디리치고 면사무소를 때려 부셨다 (…) 장터에 쌀이 쏟아져 나왔단 말인가. 떡집 술집 돼지고기 쇠고기는 또 어떻게 그리 많은 걸까 (…) 해방이 되면서 흔해진 것이 술집이었다 (…) 삼백 호가 되는 이 촌락에 술집이 스물도 넘었다.(최정희, 《풍류 잽히는 마을》(1947. 9); 차남희 1997: 90에서 재인용)

그러나 농민의 시간과 새로운 지배자인 미 군정의 시간은 달랐다. 미 군정은 농민들의 축제가 나라 경제를 파탄시키고 좌익 혁명세력에게 기회를 줄 것이라고 걱정하고 있었다.

> 거의 대부분의 한국인들이 8월 15일 이후 무기한의 축제상태에 있다. 그들에게 독립이란 노동으로부터의 자유를 뜻하고 있음이 분명하다. 미래에 대한 생각은 전혀 없으며, "다만 하늘이 우리를 먹여 살려줄 것이다"라는 식으로 살고 있다. 우리가 진주한 이래 이곳에서는 산업활동의 징후도 전혀 없었으며, 일상적인 직장으로의 복귀에 대한 관심도 전혀 보이지 않는다 (…) 일본인들이 아직 대부분의 기업과 산업시설을 소유하거나 통제하고 있다는 사실로 인해서 직장에 복귀한다는 생각을 할 수 없게 만들고 있다. 한국은 선동가들을 위해서 안성맞춤의 상황이다.(*FRUS*, 1945, VI 1050, 〈하지 장군의 국무부 정치고문 베닝호프가 국무장관에 보낸 보고서〉; 차남희, 1997: 89-90에서 재인용)

하지 장군의 국무부 정치고문인 베닝호프의 분석은 미 군정의 '군주의 시각(parte principis)'으로 자의적이고 편향적으로 해방시간의 농촌과 농민을 묘사하고 있다. 한국 농민들은 '무기한 축제'를 벌일 정도로 부유하지도 않았고 무지몽매하지도 않았다. 그러나 한국 농민들에게 해방이란 만사를 제쳐놓고 무조건 축제를 벌여야 할 시간이어야 한다는 사실을 식민지를 경험하지 못한 베닝호프는 알 수 없었다. 베닝호프가 몰랐던 또 하나의 사실은 한국인들이 얼마나 일제의 압제에 치를 떨었는가이다. 그래서 한국인들은 일제가 철수하지 않은 직장에 복귀하지 않은 것이다. 한국인들에게 일제의 압제는 정말 기억하기 싫은 상흔이었던 것이다. 그렇다면 베닝호프와 미 군정이 한국 농민들에게 해 주어야 할 것은 일본인들을 빨리 한반도에서 축출해 주어야 하는 것이었다. 그런데 미 군정은 한국인들의 바람과는 정반대로 통치의 효율성을 위해서 일본인들을 계속 활용하겠다는 의도를 밝혔다가 엄청난 반발에 직면하자 일본인들을 철수시키는 방향으로 전환했다. 일본인들이 철수하자 베닝호프의 걱정과는 달리 한국 농민들은 정상적인 노동의 시간으로 복귀했다.

해방을 자축하는 축제가 끝나고 정상적인 생활의 시간으로 되돌아 온 농민들은 원초적인 형태의 지방자치정부인 지방인민위원회를 조직하고, 일제하에서 전개했던 소작료 인하 투쟁에 들어갔다. 농민들은 좌익인 인공의 소작료 정책인 3.7제를 지방인민위원회를 통해 미 군정이 채택하도록 압력을 넣는 운동을 전개하였다. 당시 인구의 74%를 차지하고 있는 농민의 중요성을 잘 알고 있는 미 군정은 1945년 11월 10일 미 군정 농상부령 제1호로 "소작료에 관한 건"을 공포하면서 1/3제로 화답하였다. 3.7제와 1/3제의 차이는 크지 않았기 때문에[123] 대다수의 농민들은 미 군정 안을 받아들였다.(차남희, 1997: 106-107) 해방시간의 한국의 농민들은 스콧(James C. Scott)의 '도덕적 농민(moral peasants)'이 아니라 폽킨(Popkin)의 '합리적 농민(rational peasants)'이었다.[124] 해방시간에

123 소작료에서는 큰 차이가 없으나, 소작료 이외의 관계비용의 부담(미 군정 안), 지불방식을 좌익의 금납과 미 군정의 물납 중 어느 방식을 채택할 것인가를 포함하면 상당한 차이가 난다는 것이 당시 좌익과 유인호 교수(1979: 401)의 주장이다.

124 스콧(Scott)은 농촌사회는 호혜주의에 입각하여 농민들의 최소한의 생존을 공동체적 정의(collective justice)가 작동하는 도덕경제가 지배하는 사회인데 자본주의가 침투하여 도덕경제를 무너뜨리면 도덕경제를 회복하기 위한 자기 방어적 운동으로 집단적 행동에 나선다고 주장한다.(Scott, 1977) 이에 반해 폽킨(Popkin)은 자본주의적 농업의 상업화가 농민 개개인에게 이익이냐 아니냐를 기준으로 농민들이 자신의 이익을 극대화하려는 합리적 선택으로 집단행동에 참여 또는 불참을 결정한다고 주장한다.(Popkin, 1979, 1980)

한국의 농민들은 소작료정책의 선택에서 좌익 정치조직의 이념과 정책을 맹목적으로 추종하는 이데올로기적 선택을 하지 않았고, 농촌공동체의 유지를 위해서 미 군정의 시장주의의 농촌 침투에 저항하는 '도덕적 농민'의 선택도 하지 않았다. 그들은 자신의 실현 가능한 현실적 이익의 관점에서 미 군정의 1/3제를 받아들인 것이다. 헤겔이 《법철학》 서문에서 언명한 바와 같이 한국의 농민들은 "현실적인 것이 합리적인 것이요, 합리적인 것이 현실적인 것이다"(Hegel, 1821, 2008)를 아는 현실적 합리주의자였다.[125]

소작료 투쟁에서 승자는 미 군정과 농민이었고, 패자는 인공과 좌익이었다. 좌익은 소작료 투쟁에서 분열되고 분산된 농민들을 다시 결집하기 위해 전국농민조합총연맹(전농)을 1945년 12월 8-10일에 결성한다. 전농은 한 달도 채 안 되어 남북한을 통털어 최대의 농민단체로 부상하였다. 1945년 12월 말에 집계된 전농 가입 농민의 수는 183만에서 214만 명에 이르고 있다. 인구 대비 전농 가입 비율은 16%로 평균 농가 1호당 1명은 전농에 가입하고 있었다. 이제 한국의 농민은 자신의 이익을 대변해 줄 준 공식적 대의기구(Private Interest Governments: PIGs, Schmitter, 1985)를 갖게 되었다. 전농을 결성한 뒤 농민들은 농지소유권 투쟁에 들어갔다. 농민들과 전농의 토지재분배 투쟁은 지주계급과 우익세력이 압도적인 해방시간의 정국에서 관철시키기가 난망하였다. 지주와 한민당을 비롯한 반 농지개혁세력은 미 군정의 권고에도 불구하고 정면 반대, 사보타주와 지연작전으로 농지개혁안들을 모두 무산시켰다. 이에 전농은 1946년 5월 무상몰수 무상분배 원칙에 의한 토지개혁을 위한 전면적인 투쟁에 들어갔고 토지개혁에 있어서만은 농민들은 전농이 주도하는 집단행동에 동참

125 차남희 교수는 미 군정의 3.1제를 받아들인 것은 농민에게 유리해서라기보다 농촌의 노동력 과잉과 미래에 예견된 지주의 토지방매로 인한 소작권 상실을 우려했기 때문이라고 주장한다.(차남희, 1997: 110-111) 그러나 이 경우에도 농민은 합리적이다. 합리적 농민은 이익을 극대화하거나 위험부담을 최소화하기 때문이다.

하였다.[126]

좌우익 간에 토지개혁을 둘러싼 갈등이 타협점을 만들어 내지 못하자 토지개혁은 교착상태에 들어갔다. 그러자 미 군정은 1946년 5월 선제적으로 미 군정 산하의 신한공사가 소유하고 있는 귀속농지를 불하해서 과도입법의원에서 한국인 지주가 소유하고 있는 농지의 분배개혁에 관한 합의를 유도하려 하였다. 북한에서 이미 1946년 3월에 무상몰수 무상분배의 토지개혁이 완료되었기 때문에 미 군정은 초조하였다. 그러나 귀속농지의 불하에 관한 좌우익 정치단체는 물론 농민들도 미 군정에 의한 매각이나 분배를 반대하고 새로운 정부에 이양해야한다는 의견을 보였다.(차남희, 1997: 124-128)

우익이 귀속농지의 불하를 연기하는 것은 쉽게 이해되나 좌익과 농민이 미 군정에 의한 귀속농지의 무상분배를 반대하였다는 사실은 이해하기 어렵다. 그러나 전략적 선택의 틀을 가지고 보면 이해가 가능하다. 좌익은 미 군정에게 귀속농지의 무상분배의 공을 넘기면 자신의 존재 이유와 좌익 대중을 대표하는 정통성이 약해지며, 무상분배를 통하여 미 군정은 남한에 단독정부를 수립하는 것이 용이하게 만들어 주는 결과를 받아들일 수 없었기 때문에 반대한 것이다. 농민은 먼저 미 군정이 미곡 자유시장주의 정책 약속을 일관되게 지키지 못하고 인플레이션과 매점매석을 이유로 일제하의 미곡공출제와 미가통제제로 회귀한 것에 대해 불만을 가지고 있었고 이러한 정책의 일관성을 지키지 못하는 미 군정에 대한 불신이 미 군정의 귀속농지의 무상분배에도 반복될 것이라 믿고 차기 정부에서 자신들이 원하는 농지분배를 실현해 주기를 원했다.

결국 한인 지주 소유의 농지개혁도 미 군정 소유의 귀속농지의 불하도 이루어지지 않게 되었고, 한국 농민들에게 해방은 환희가 실망으로 바뀌었다. 해결

126 전농이 조공의 '신전술'이 나온 1946년 7월보다 두 달 앞서 1946년 5월에 무상몰수 무상분배 방식에 의한 토지개혁을 위한 전면 투쟁을 선언한 것은 북한에서 1946년 3월에 실시된 토지개혁의 영향을 받았다.(역사문제연구소, 1989)

점을 찾지 못한 불가능 게임이 지루하게 계속되면서 좌익은 무장폭동에 의존하는 전략, 전술로 전환하게 된다. 1946년 9월 부산철도파업과 총파업에 뒤이어 1946년 10월 1일 전평과 조공이 주도한 대구폭동은 10월 인민항쟁의 시작이었는데 20명 이상의 사망자를 내면서 경찰에 의해 진압되었다. 한국 농민의 실망이 저항으로 바뀌는 순간이었다. 그러나 '인민항쟁'은 수그러들지 않고 인근 경북지역 농촌으로 번지고, 다시 전국으로 확산되어 46년 말까지 2개월에 걸쳐 200만이 넘는 노동자(전평)와 농민들(전농)이 총체적인 저항과 항거운동을 벌였다. 10월 인민항쟁에서 노동자와 농민들은 '친일파' 제거, 식량난과 생활난 해결, 미 군정 농정과 노동자 정책을 비판하고 '좌익' 인사의 탄압과 구속에 대해 항의하였다.

10월 인민항쟁에서 농민들은 대규모 민중 봉기를 통해 자신들의 요구를 관철하려 했으나 압도적으로 우세한 강압력을 보유하고 있던 미 군정과 경찰력에 의해 진압되었다. 10월 추수폭동은 미 군정의 신속하고 철저한 탄압으로 일회성을 탈피 못하고 농민운동으로 발전하지 못했다. '10월 추수폭동' 이후 전농을 포함한 좌익단체는 미 군정의 대화 상대자(interlocutor)로서의 자격을 상실하고 반체제 집단이 되어 탄압과 배제의 대상이 되었다. 대부분의 좌익 세력이 붕괴하거나 지하조직화해서 지속적인 농민 동원의 가능성은 더욱 약화되었다.

전농이 지하조직화하자 해방시간의 한국 농민들은 개인적으로 모여서 집단행동을 할 수밖에 없었다. 그러나 한국농민들은 1947년 곡물수집 반대 소요를 일으켰으며 수없이 경찰서를 습격하고 경찰관을 공격했다.

그러나 해방시간의 끝 무렵에 미 군정의 귀속농지 불하정책에 대한 한국 농민의 태도에 변화가 있었다. 미 군정이 귀속농지 불하를 관철시킬 것이라는 소문이 돌자 지가하락을 우려한 지주들의 토지방매가 성행하게 되었고, 농민들은 개별적으로 토지를 매입하기 위해 경쟁했다. 토지방매는 개별적 농민들이 모여서 집단행동을 하는 것을 어렵게 만들었다. 일단 토지매입 경쟁을 하게 된 농민들은 미 군정의 귀속농지 불하를 사실상 묵인하게 되었다. 미국과 미 군정도 1947년에 들어서도 농민들의 소요사태가 진정되지 않는 것을 보고 귀속농지의 불하를 미룰 수 없다고 판단하고 1947년 12월 말에 과도입법의원에 귀속농지 불하 안을 상정했고 1948년 2월에 신한공사 소유 귀속농지는 농민들에게 사실상 무상으로 불하되었다. 해방시간의 끝 무렵에 한국 농민들은 미 군정의 대 농민 유화정책의 일환으로 시혜적으로 베푼 신한공사 관리 토지를 재분배 받는 대가로 미 군정의 단독정부 수립 정책에 순응하게 되었고, 이로써 미 군정은 남한에 단독정부를 수립하는 물적, 사회적 기초를 쌓을 수 있었다.

제6장

'1948년 체제'의 형성[127]

근대국가 건설의 비동시성

해방시간 3년 동안(1945년 8월 15일-1948년 8월 15일) 미 군정에 의해 외삽적으로 원초적인(proto) 형태의 근대국가 건설이 진행되었으나, 국제적 냉전체제가 등장하고 심화되는 가운데 이루어짐으로써 국가건설 작업은 기왕에 존재하고 있던 민족의 파괴와 병존하면서 진행되는 파행을 면치 못하였다. 그 결과 천 년 이상 유지되어 온 한반도 강역(疆域)의 남과 북에 두 개의 분단국가가 건설되었다. 미 군정은 자유 다원주의를 실험했다가 국제적 냉전과 남북분단이 심화되면서 좌익을 배제, 억압하는 '결손 민주주의(defective democracy)'를 남한의 민중에게 강요하였다. 좌익은 1946년 9월 총파업, 10월 인민항쟁(일명 10월 추수폭동)에서 1948년 제주항쟁에 이르기까지 일련의 무장투쟁으로 맞섰으나 강력한 강압력을 보유한 미 군정과 경찰에 의해 철저히 진압되었다.[128] 국내의 반체제세

127 '48년 체제'는 박찬표(2010)가 동일한 제목의 저서에서 "정치적 대안이 봉쇄된 '현재'의 보수적 패권체제의 원형이 형성된 시기(1948년-1950년 6월)에 이루어진 정부 수립 과정과 그 결과 구축된 정치체제의 기본구조"(박찬표, 2010: 10)를 지칭하기 위해 사용한 용어이다. 이 책은 박찬표의 '48년 체제' 어법을 차용하여, 48년 체제를 근대 국민국가의 형성, 국제적 냉전체제하의 반공안보국가 구축, 북한에서의 사회주의국가 형성이라는 다중적 역사시간의 공존이라는 관점에서 설명할 것이다.

128 좌익의 저항은 내전을 방불케 하는 엄청난 규모였다. 10월 인민항쟁(일명 대구폭동 또는 10월추수폭동)의 경우 200만 명이 대구와 인근 73개 지방 중소도시에서 2개월 이상 폭동에 참가하였고, 사망 300명, 실종 3600명 등 3만 이상의 사상자를 내었고,(Hyung Kook Kim, 1995: 203, 김충남, 2009: 436에서 재인용) 건국 직전에 터진 제주 4·3항쟁에서는 2만 5천에서 3만 명에 이르는 인명 피해가 발생하였다.

력을 제거한 뒤 미 군정은 남한에 분단국가를 건설하는 데 더 이상의 큰 장애물은 만나지 않았다. 미 군정은 근대국가 건설에 필요한 원초적 형태의 대의민주기구(남조선과도입법의원), 자본주의적 재산권 제도(미 군정의 귀속농지개혁과 자유시장경제의 도입), 교육제도(국가에 의한 보편적 교육권 부여), 강압적 국가기구(경찰과 군대), 그리고 근대적 관료제를 확립하여 48년 이후 한국인에 의한 근대국가 건설의 밑거름을 쌓아 주었다.

미 군정이 대한민국의 건설을 위해 깔아 준 마지막 초석은 1948년 5월 10일 민주적 선거에 의해 제헌국회(constitutional assembly) 의원을 선출해 준 것이었다. 미 군정은 선거의 공정성과 정통성을 확보하기 위해 유엔 선거감시단을 불러들였다. 좌익이 간헐적으로 선거를 방해하는 가운데 비교적 공정하게 치러진 5·10선거를 통해 '제헌국회'를 구성하여 주었다. 국가건설 과정에서 미 군정의 역할은 사실상 여기까지였다. 미 군정은 새로운 국가가 탄생할 때까지 관리자의 역할에 머물고 실제적인 근대국가 건설 작업은 제헌국회로 넘어갔다.

1946년(?) 남한과 북한에 각기 정치, 경제체제가 다른 분단국가를 건설하는 것이 결정되자 분단국가 건설의 속도전이 벌어졌다. 김일성과 북한은 1946년에 두 달 만에 농지를 농민들에게 무상으로 분배하는 농지개혁을 해치웠고 소련군이 철수하자 빠른 시일 내에 '인민군'이라는 사회주의 군대를 조직하였다. 그러나 남한의 정치세력들은 1948년에서야 미 군정이 깔아 놓아 준 초석 위에 국가건설 작업에 들어감으로써 국가건설 속도전에서 북한에 밀리고 있었다. 이러한 국가건설 속도전에서 밀리고 있다는 불안감이 남한의 국가건설자들로 하여금 '조급한' 국가건설을 밀어붙이게 하였다. 남한의 국가건설자들은 갈등하는 제 정치세력, 사회세력, 계급들의 이익을 조정하여 사회적 합의를 통한 국가건설을 시도할 시간이 없었고 그 결과 사회 제 정치세력과 이익세력의 시간이 국가건설 과정에서 충돌하는 비동시성이 나타났다.

막스 베버의 정의에 의하면 근대국가는 "주어진 영토 내에서 물리적 폭력을 합법적으로 독점 사용하는 강제적 조직이다".(Weber, 1978) 따라서 근대국가는 봉건정치체와는 달리 경계가 확실한 영토를 갖고 있어야 하고(territoriality, 영토성), 영토 내에서 인적, 물적 자원을 독점적으로 통제할 수 있는 주권(sovereignty)을 보유하고 있어야 하며, 조폭과 달리 물리적 폭력의 사용을 '합법적으로' 독점하기 위해서는 합헌성(constitutionality)과 정통성(legitimacy)이 있어야 한다. 국민들이 국가에 의한 물리적 폭력 사용의 독점을 자발적으로 수용하기 위해서 필요한 것이 정통성(정당성)이라면, 그 정당성을 마련하기 위해 국가는 주어진 법의 테두리 내에서 폭력을 독점적으로 사용해야 하는 합헌성(또는 헌정주의, constitutionality)을 충족시켜야 한다.

미 군정 말기에 남한의 국가건설자들이 자율적으로 근대국가 건설작업에 들어갔을 때 그들은 미 군정이 이미 강압 국가기구인 군대와 경찰과 근대적 관료제를 조직해놓았고, 미 군정이 소유하고 있던 '신한공사'의 토지를 선행적으로 분배함으로써 농지개혁의 단초를 열었고 신생 대한민국을 건설해야 할 지도자들에게 자본주의적 국가의 물적 그리고 사회적 기반이 되는 농지개혁을 완료하라는 압력을 넣었다. 이는 이미 농지개혁을 완료한 북한 김일성과의 체제경쟁에서 뒤진 남한의 지도자들에게 가한 후견국인 미국의 압박이기도 했다. 또한 미국이 남한에 건설하고자 하는 국가는 헌정 국가였다. 베버가 이야기한 바와 같이, 주어진 영토 내에서 물리적 폭력을 합법적으로 사용하는 국가의 정통성을 부여해 주기 위해서는 헌정주의(constitutionalism)로 '국가 폭력'의 한계를 설정해 주고 그 한계 내에서 행사되는 '국가 폭력'에 대해 합헌성, 적법성, 그리고 정당성을 부여해 주어야 한다. 그래서 '헌법 만들기'는 근대국가 건설에서 필수적인 작업이었고 한국의 지도자들도 제헌 작업에 들어갔다.

그런데 대한한국의 헌법 만들기는 비동시성을 띠고 있었다. 첫째, 남한의 자유민주주의 헌법과 북한의 사회주의 헌법 제정의 비동시성이 있었고, 둘째, 미 군정을 대표하는 헌법 제정자와, 제헌의회을 대표하는 헌법 제정자가 동시에 헌법 초안을 만든 헌법 제정자들의 비동시성이 있었고, 국가주의의 시간과 자유헌정주의의 시간이 공존하는 헌법제정 시간의 비동시성이 있었다. 그 결과 대한민국의 '헌법 만들기'는 '결손헌법 만들기(defective constitution making)'로 끝나고 말았다.

농지개혁의 시간도 비동시성적이었다. 먼저 남한과 북한 사이에 자유주의적 농지개혁의 시간과 사회주의적 농지개혁의 시간이라는 비동시성이 충돌하고 있었고, 남한 내부에서도 지주와 한민당은 전근대적 봉건적 토지소유제를 유지하려는 전근대의 시간에 머물러 있었고, 미 군정의 농지개혁은 독립적인 자영농을 양산하여 도시 부르주아 중심의 자본주의화를 도모하는 미국식 근대화의 시간에서 농지개혁을 선행하고 지원하였고, 이승만과 신흥 지배세력의 농지개혁 시간은 농촌의 지주계급을 해체하고 수많은 보수적인 소규모 자영농으로 대체함으로써 농민을 이승만에 대한 변함없는 충성을 보내는 흔들리지 않는 지지기반으로 육성, 유지하여 한국형 보나파르티즘 체제를 구축하는 데 이용하려 하였다.

1. 대한민국 헌법의 탄생

서구의 경우 영토성, 국가 주권이 마련된 뒤에 자유헌정주의(liberal constitutionalism)와 정통성이 확립되었는 데 반해, 미국의 경우 성문헌법을 만들어 자유헌정주의를 먼저 확립한 뒤에 국민으로부터 국가권력의 정통성(정당성)을 인정받고 영토성(연방국가)과 대내외적 주권을 구축해 나갔다. 한국의 경우 식민지적 근대화에서 가장 결핍된 부분이 주권의 소재지가 외부 세력(일본, 미 군정)에 있었다는 점이다. 그러므로 근대화의 첫 번째 단계인 국가건설에 착수하면서 가장 먼저 주권의 소재를 명확히 해 주는 헌법이라는 문서를 만드는 것이었다. 헌법 만들기에서 논의되는 주요 쟁점은 주권의 소재지, 국가권력의 한계를 설정하는 권리장전, 그리고 국가권력구조(대통령제, 의원내각제, 이원집정부제 등)였다.

1) 정초 헌법 디자인 원칙

헌법(constitution)은 "정초적 제도(foundation institution)"이다. 헌법은 "법률, 관습, 제도의 집합체로서, 여러 가지 국가 권력을 배분하고 또 상이한 사회 구성원들에게 각각의 권리를 보장하는 전반적인 체제를 구성한다."[129] 헌법을 제정할 때 고려해야 할 핵심 문제는 헌법 고안자 집단(designer)의 구성, 규모, 그리고 헌법제도 디자인 원칙이다.[130]

먼저, 정초 헌법을 디자인한 헌법 디자이너가 누구인가이다.[131] 일본의 경우 맥아더 장군이 이끄는 점령군이 헌법을 만들어 주었고, 독일의 경우에도 점령국의 입김이 헌법 디자인 과정에서 강하게 반영되었다. 고대 헌법은 전설적인 헌법제정가가 헌법을 디자인하였고, 최근까지도 독재자들이 헌법을 독단적으로 제정했으나, 미국 독립과 프랑스혁명 이후 헌법은 국민들이 선출한 헌법제정회의라는 집단적 제도 디자이너들에 의해서 고안되었다.[132] 한국의 경우, 제헌국회가 헌법제정의회였고, 5·10선거 이후 5월 31일 개원한 제헌국회가 선임한 헌법기초위원이 한국의 헌법제정회의(constitutional assembly)였다. 그런데 한국의 제헌의회나 헌법기초위원이 헌법 디자인 과정에서 핵심적인 역할을 하지 못했다. 미국 필라델피아 헌법제정회의의 '헌법집필위원회(Committee of Style)'(김성호·최명호, 2009: 559)의 역할을 담당한 헌법 디자이너는 헌법기초위원이 아니라 당시 보성전문학교 법학 교수였던 유진오 박사였고 권승렬이 유진오 초안을 수정, 보완하였다. 말하자면, 사실상의 대한민국 '건국 헌법의 아버지'는 유진오였다. 유진오 교수가 한국의 매디슨이었던 것이다.

---

129 이는 미국혁명 당시 토리파인 잉글리즈(Charles Inglis)가 내린 정체에 관한 정의이다.(베일린, 1999: 213)

130 아리스토텔레스의 *Constitution of Athens*, 마키아벨리의 *The Prince*, 루소의 *Considerations on the Government of Poland*, 그리고 *Feralist Papers* 등은 헌정제도 디자인에 관한 고전이다.

131 아래의 논의는 임혁백(1999)에 의존.

132 고대의 대표적인 법제정가로서 Lycurgus와 Solon을 들 수 있고, 헌법을 독단적으로 제정한 독재자로서는 나폴레옹, 스탈린, 원세계 등을 들 수 있다.(Elster, 1997) 영국의 Magna Carta와 폴란드 헌법은 왕과 귀족 간의 계약에 의해 이루어졌다.

헌법제정회의의 구성은 대체로 1) 선거에 의해서 선출되지 않은 소수의 엘리트 전문법률가 집단이거나, 2) 간접선거에 의해서 선출된 대표들(1787년 미국의 Philadelphia Convention, 1949년 독일의 Bonn constitution회의) 또는 3) 직선에 의해서 선출된 대표들로 구성될 수 있다. 헌법제정회의의 구성이 중요한 이유는 헌정제정 과정에서 절차적 민주주의가 작동해야 되기 때문이다. 전문법률가 집단이 헌법제정을 주도할 경우, 전문법률가 집단은 기술적으로 결함이 많고 의도적으로 모호하게 만든 헌정제도 조항에 대해 저항하는 경향이 있다. 그러나 헌법제정 과정은 정치적 과정이지 법률기술적 과정이 아니기 때문에 법률전문가의 역할은 최소화되어야 한다. 왜냐하면 기술적 고려보다 정치적 고려와 타협에 의해 마련된 헌정제도가 더 안정적이기 때문이다.(Elster, 1997: 138) 그런데 신생 대한민국의 정초 헌법은 유진오라는 법률전문가가 만든 초안을 가지고 헌법기초위원이 헌법안을 기초하고 제헌국회의원들이 헌법기초안을 심의, 의결하는 방식을 택하였다.

다음으로 헌법안을 심의할 헌법 디자이너의 규모가 문제가 된다. 헌법 심의위원들의 수는 헌법심의위원들이 면대면으로 심의가 가능한 규모여야 한다. 심의위원들이 백 명을 넘어설 경우 합리적 토론과 심의가 불가능한 회의(conference)로 변질되고 심의회의는 민중주의와 선동주의에 의해 지배될 가능성이 크다.[133] 한국 헌법은 헌법제정회의라 할 수 있는 198명의 제헌국회의원이 40명의 헌법기초위원이 기초한 헌법기초안을 심의하는 방식으로 제정되었는데 당시 분단국가의 반공주의에 휩쓸려 헌법기초안을 군중심리와 민중주의에 따라 개정하는 일이 벌어졌다. 한국의 헌법제정 사례는 회의보다는 심의(deliberation)의 방식을 통해 헌법을 디자인하는 것이 더 적절함을 보여 준다.

마지막으로 헌법을 제정할 때, 헌법심의위원의 심리학적 동기가 헌정제도 고

133 참고로 미국의 헌법제정회의(Philapdelphia Convention)에 모인 건국의 아버지들의 숫자는 55명이었으며 최종적으로 고안된 헌법에 서명한 아버지들의 숫자는 39명이었다.(Beard, 1944)

안에 미칠 영향을 고려해야 한다.(Elster: 1997: 131-137) 헌법제정회의에서 심의위원들의 이해가 걸려 있지 않을 때, 심의위원들은 합리적인 주장을 할 것이다. "다른 모든 사람들"의 입장에서 불편부당하게 헌법을 디자인하게 하려면 "무지의 베일(veil of ignorance)"하에서 헌법을 디자인하게 해야 한다. 무지의 베일은 제도 디자인의 공정성(fairness)을 높여 줄 것이고 디자이너들이 단기적 계산이나, 종족적, 종교적, 민족적 감정(passion)에 의거하여 헌정제도를 디자인하는 것을 억제할 것이다.(Elster, 1997: 138) 그러므로 헌정제도 디자인 과정에서 헌법 디자이너들로 하여금 불편부당한 이성에 따라 심의하는 것을 격려하고 디자이너의 당파적 이익 또는 디자이너의 감정(허영, 자부심, 증오)이 지배하는 것을 억제하는 조건을 만들어 나가야 한다.(Elster, 1997: 131-138)[134] 그러나 한국의 제헌 헌법 디자인은 분단국가 건설이라는 특수한 상황으로 인해 반공주의를 넘어서서 불편부당하게 헌법 디자인을 어렵게 만들었다.

2) 대한민국 헌법 만들기

대한민국 헌법 제정과정에서 미국이 직접적인 영향력을 행사했다는 사료는 찾아보기 힘들다. 그러나 해방시간에 1947년 4월 18일 남조선과도입법의원이 〈조선민주임시약헌(조선민주임시헌법, 이하 약헌)〉을 124차 회의에서 통과시키고 미 군정에 제출하자 미 군정은 1947년 11월 〈약헌〉 인준을 거부하였다는 기록이 있다.

〈약헌〉은 과도입법의원 내의 좌우 합작품으로 민주적이고 계획경제적인 요

134 엘스터에 의하면, 헌법제정회의는 단원제 또는 양원제 의회를 디자인할 수 있지만 헌법 디자이너인 헌법제정회의 자체는 양원제가 아닌 단원제 의회여야 한다. 헌법제정회의는 헌법 디자인이라는 특별한 목적을 위해 특별히 선출되고 소집된 회의여야 하며 일반 의회의 역할을 수행해서는 안 되며 제정된 헌법을 승인하는 주체가 되어서도 안 된다. 헌정제도 심의에 영향을 미치려는 시위와 위협을 피하기 위해 헌법제정회의는 수도나 주요 도시 또는 군부대 집결지 등을 피해야 한다. 헌법제정회의는 지연전술을 방지하기 위해 시한을 정해 놓고 심의할 필요가 있다.(Elster, 1997: 138)

소가 포함되어 있었다.[135] 국민의 권리의무 장의 '생활균등권'에 담고 있는 계획경제적인 조항에는 생필품의 통제관리와 합리적 물가관리 정책, 누진세제, 농민본위의 토지재분배, 대규모 공업과 광산의 국영 또는 국가관리, 최저임금제, 노동자 대표의 기업경영관리참여 등이 포함되어 있다. 미 군정 정치고문 제이콥스는 이 헌법안은 명칭은 임시적이지만 성격은 영속적이라고 평가하였다. 왜냐하면 한국인들의 좌우파가 함께 심의과정을 거쳐 합의한 미래의 국가 구상을 보여 주는 것이기 때문이다.[136] 그러나 현실적으로는 북조선을 고려하지 않았기 때문에 미소공동위원회에 제출된 답신서 이상의 가치를 지니지 못한다고 아쉬워했다.(서희경, 2010: 63-65) 실제로 미 군정 당국은 인준 거부의 이유로 과도입법의원이 헌법제정 권한을 갖고 있지 않으며, 미 군정의 주권과 조선민주임시약헌(이하 약헌)이 상정하는 한국인의 독립적 주권과 충돌할 가능성이 있으며, 미 군정은 한국인의 독립 주권을 인정할 수 있는 정치적 권한을 갖고 있지 않으며, 약헌이 실질적으로 시행될 수 있는 관할 영역이 제한되어 있고 그리고 약헌이 초래할 정치적 가연성이 우려된다는 것을 들었는데 〈약헌〉의 내용보다는 현실적인 실현 가능성이 없다는 점이 약헌이 인준 거부된 주요 이유라는 점을 강조하였다.

결국 신생 대한민국의 헌법 제정과정은 1948년 5·10선거에 의해 5월 31일 제헌의회가 구성된 이후에 시작되었다. 제헌의회는 이승만(대한독립촉성국민회: 독촉)을 의장으로 선출하고 신익희(독촉)와 김동원(한국민주당: 한민당)을 선출한 뒤, 의장단은 헌법기초위원회를 구성하기 위하여 전형위원 10명을 먼저 선출했다. 전형위원 선출 기준은 계급이 아니라 지역이었다. 서울, 8도, 제주도를 대표하는 10인이 선출되었다. 이는 지역을 단위로 하는 국민투표제적 대표성

135 1947년 9월 3일 미 군정 정치고문 제이콥스(Joseph E. Jacobs)가 국무장관에게 보낸 보고서.

136 당시 경향신문은 〈약헌〉을 남북 통일에 쓰도록 연구하게 할 것이라고 논평했다.(서희경, 2010: 63) 말하자면 통일헌법 디자인을 위한 선험적 실험이었다.

의 원칙(plebiscitarian representation)이 계급과 계층을 대표하는 기능적 대표성(functional representation)을 누르고 채택되었다는 것을 보여 준다.[137] 도별로 선임된 전형위원에는 독촉, 한민당, 무소속이 적절한 균형을 이루고 있었다. 원칙은 지역별 대표성을 채택했지만 실제로는 정당 대표성이 지배하고 있었다.(서희경, 2010: 47) 1948년 6월 2일 전형위원 10명은 헌법 및 정부조직법 기초위원 30명 명단을 발표했다. 기초위원의 선정 기준은 지역, 능력, 정당이었는데 실제로는 2/3에 달하는 한민당과 독촉에 의해 헌법이 쓰여질 것임을 예고하고 있었고 김구의 한독당과 혁신그룹은 배제되었다.(서희경, 2010: 47-48)

헌법기초위원 30명과 전문위원 10명으로 구성된 헌법기초위원회는 유진오 초안(兪鎭午草案)을 원안으로 하고 권승렬 초안(權承烈草案)을 참고안으로 하여 16차 회의(6월 3일-22일) 끝에 6월 23일 제헌헌법원안을 국회 본회의에 상정하였다. 헌법기초위원이 제헌헌법을 써내려 간 것이 아니고 당시 최고의 헌법학자 유진오 보성전문학교 교수가 1948년 5월 14일에서 31일까지 18일 동안 기초한 헌법초안을 미 군정청 사법부 법전편찬위원회에 제출한 헌법초안을 수정, 보완해서 미 군정청 사법부 법전편찬위원회가 제헌국회 헌법기초위원회에 헌법초안(일명 권승렬 안)을 제출했고 헌법기초위원회는 이를 기초로 6월 19일 3독회를 마치고 〈한국헌법〉 초안을 완성했는데, 이승만이 대통령제를 고집하자 6월 21일 김성수의 집에서 30여 명이 만나 헌법안을 대통령책임제와 단원제로 바꿔 관련 조항을 연필로 수정해서 개필(改筆)하였다.(고려대학교박물관 편, 2009: 25-35)

헌법기초위원회는 대통령제로 개필한 초안을 최종안으로 해서 6월 23일 국회에 제출했고 제헌국회 심의를 거친 대한민국 헌법은 7월 12일 국회를 통과하고 7월 17일 국회의장 이승만의 이름으로 공포되었다. 대한민국 제헌헌법은 헌법초안(유진오 안)을 만드는 데 17일이 걸렸고, 이를 기초로 심의, 검토, 수

137 국민투표제적 대표성과 기능적 대표성에 관해서는 Bendix, *Nation Building and Citizenship* (1977) 참조.

정, 보완하는 데 21일 걸린, 초고속으로 탄생시킨 제헌헌법이다. 한국의 제헌 헌법 쓰기 과정은 미국 필라델피아 헌법제정회의(Philadelphia Constitutional Convention)의 헌법 쓰기 과정과는 판이하게 달랐다. 필라델피아에서 13개 주를 대표하는 50여 명의 당대 최고 지식인, 전문가, 정치인이 장기간의 면대면의 심의(deliberation)과정을 거쳐 200년이 넘게 지속하는 헌법을 쓴 것과는 달리, 한국의 헌법쓰기 과정에서는 심의의 과정이 없었고 당파적 갈등과 타협만이 있었다. 그리고 헌법 쓰기가 3주 만에 졸속으로 이루어짐으로써 오래 지속되고 정치적 갈등을 효율적으로 규제, 조정할 수 있는 힘 있는 헌법을 만들지 못했다.

헌법기초위원들의 집단적 심의과정을 통해 좋은 헌법을 만들기 위해서는 헌법심의위원의 과잉 합리성(hyper-rationality) 또는 헌법 디자이너 행동주의(designer activism)가 헌법 심의과정에 개입되어서는 안 된다.(Stark, 1992) 심의위원의 과잉 합리성은 "할 수 없는 것을 하려는" 함정에 빠질 수 있고, 디자이너 행동주의는 심의가 아니라 포고령(decree)에 의해서 헌법이 공포될 가능성을 높인다.(Offe, 1996: 215) 한국의 헌법 만들기에서도 디자이너의 과잉 합리성과 디자이너 행동주의가 지배했다. 1948년 5·10 제헌의원 선거를 치르고 나서 정국의 주도권은 이승만으로 갔다. 이승만에게 힘이 쏠려 있는 상황에서 헌법심의위원들은 이승만의 의중에 관심을 가지지 않을 수 없었고, 이승만의 의중을 읽고 과잉 합리성에 따라 유진오 원안에 있던 내각책임제에서 대통령제 정부형태로 바꾸고 유진오 전문위원에게 국회 본회의에 나가 정부형태가 대통령제로 바뀐 경위를 설명하도록 강권했다.(유진오, 1980: 32-33)[138] 유진오의 회고록은 헌법초

138 헌법학자 강경근 교수는 사실상 대한민국헌법 제정의 아버지로 불리는 유진오 박사의 헌법초안을 '世稱 兪鎭午 案'이라고 폄하하고 권승렬이 유진오 초안을 본 일이 없다고 했다는 증언을 소개까지 했다.(강경근, 2010: 542) 필자는 강경근 교수가 권승렬 안을 본 적이 있는지 의심할 수밖에 없다. 권승렬 안을 보면 권승렬은 유진오 초안을 거의 그대로 받아들이고 미미한 수정을 가했다는 것이 분명히 드러난다.(고려대학교박물관 편, 2009: 25-35) 역사학자 유영익 교수도 "유진오가 과연 한국 헌법의 아버지라고 부를 수 있는지는 의문을 갖고 있다"고 함으로써 강경근 교수와 생각을 공유하고 있다는 것을 보여 주고 있다.〔유영익, 〈이승만 국회의장과 대한민국 헌법 제정〉, 《역사학보》 제

안의 수정이 과잉 합리성에 따라 이루어졌을 뿐 아니라 수정의 발표도 심의와 설명이 없이 전문위원으로 하여금 일방적으로 발표하게 함으로써 포고령주의에 의존했다는 것을 보여 준다. 제헌헌법 제정 과정에서 이러한 과잉 합리성과 포고령주의는 역사적 경로 의존으로 작용하여 이승만으로 하여금 부산 피난정부 때 발췌개헌과 서울 환도 후 1954년 사사오입 개헌을 반복하게 하였다.

정부형태 또는 권력구조에 관한 약간의 소란스러운 다툼을 빼면 헌법기초위원회가 심각하게 심의한 헌법 구절은 그리 많지 않다. 헌법기초위원은 헌법의 내용보다도 용어에 더 신경을 썼다는 것이 드러난다.

헌법기초위원회와 제헌국회에서 토의, 심의된 쟁점은 권력구조와 주권의 주체 또는 소재지였다. 정부형태 또는 권력구조는 유진오의 초안에서는 의원내각제에서 대통령제로 바뀌었는데, 초안자인 유진오는 바이마르헌법을 기본으로 하는 의원내각제를 기초하였다. 유진오는 바이마르헌법의 의원내각제가 미국의 대통령제에 비해 2중적 정통성(dual legitimacy)의 문제를 해결할 수 있다는 장점이 있다고 하면서 의원내각제를 옹호하였다.

> 국토 양단, 경제 파탄, 공산주의자들의 극렬한 파괴 활동 등 생사의 문제를 산더미같이 떠맡고 있는 대한민국이 대통령제를 채택해가지고 국회와 정부가 대립하여 저물도록 옥신각신하고 앉아 있다면 나라를 망치기(아니면 독재국가화하기) 꼭 알맞은 것으로 나는 생각하고 있었던 것이다.(유진오, 《헌법기초회고록》, 1980: 58; 이성우, 2009: 277-278에서 재인용)

말하자면, 국민을 대표하는 대의의 소재지가 대통령과 의회로 이중적으로 되어 있을 때 국민의 대표라는 정통성을 가진 두 헌법적 권력기구가 충돌할 가능성이 크기 때문에 정통성이 일원화되어 있는 의원내각제가 건국 시의 혼란과 냉전기에 공산주의와 맞서서 신속하고 과감한 결정을 내리는 데 더 잘 맞는 권

189집(2006. 3); 강경근, 2010: 543에서 재인용)

력기구제도라는 것이다.[139] 그러나 헌법 디자이너의 생각, 논리가 담긴 의원내각제와 단원제를 권력구조의 근간으로 하는 헌법 초안은 이승만의 타협이 없는 대통령제 관철 의지와 당시 헌법 제정의 주류 세력이었던 한민당의 전략적 계산이 타협하여 6월 21일 저녁에 대통령제로 바뀌고 말았다. 권력구조가 소수가 밀실에서, 국민적 심의 없이, 초고속으로 결정된 것은 제헌국회 이후 8차례의 헌법개정(1987년 헌법 제외)에서 반복되었다.

3) 누가 대한민국의 주권자인가? — '인민' 대 '국민'

1948년 제헌헌법[140]제정자들은 주권의 주체, 즉 누가 대한민국의 주권자이냐에 관한 정의를 모호하게 만들어 버림으로써 아직도 대한민국의 정체성에 혼란을 가져오고 있다. 헌법기초위원회는 〈대한민국헌법〉 제정 과정에서 참고된 기초문서인 중경 대한민국임시정부의 〈대한민국임시헌장〉(1944년 4월 22일), 〈朝鮮民主共和國臨時約法(試案)〉(1946년 날짜 미상), 우돌(Woodall)의 〈朝鮮憲法(The Constitution of Korea)〉,[141] 그리고 유진오가 제출한 사법부에 제출한 《憲法草案》(유진오 초안과 사법부 제출안)에는 주권의 소재지, 헌법제정(국가 건설)의 주체를 인민(人民)으로 분명히 규정되어 있었는데, 국회심의 과정에서 '국민(國

139 그런데 유진오가 참고로 한 바이마르 공화국은 대표성이 일원화된 강력한 권력구조를 갖고 있었음에도 불구하고 약체 정부를 면치 못하고 히틀러의 나치에게 권력을 넘겨 주고 폐기되었다. 그러나 유진오의 논리는 현재 의원내각제를 반대하고 대통령제를 선호하는 사람들의 논리와 같다. 대통령제 지지자들은 제2공화국에서 보듯이 의원내각제가 정치적 혼란을 야기하고 국정을 효율적으로 그리고 북한의 전쟁 도발과 같은 위급상황에서 신속, 과감한 결정을 내릴 수 없게 만들기 때문에 대통령제가 유지되어야 한다고 주장하는데, 이는 유진오가 의원내각제를 옹호한 논리와 거의 동일하다.

140 고대 아테네에서는 국가(polis)를 헌법(또는 헌정 constitution)으로 불렀다. 아리스토텔레스, 플라톤, 페리클레스, 투키디데스가 모두 국가를 헌법(constitution)으로 부른 문서를 남겼다.

141 우돌은 미 군정청 사법부장으로서 우돌 案은 미 군정청의 대한민국 헌법에 관한 시안일 가능성이 높다. 이 안은 미국 헌법의 '권리장전'으로 불리는 수정헌법 1조에서 10조까지를 거의 그대로 옮기고, 정부권력의 권한보다 정부권력의 한계를 강조하는 철저한 자유주의적 헌법안이다.(고려대박물관, 2009: 18-21)

民)'으로 바뀌어 버렸다.

국가 건설은 국가 건설의 주체가 누구냐, 그리고 나라의 주권의 소재지가 어디에 있느냐를 규정하는 데서부터 시작한다. 말하자면, 근대 국민이 누구냐를 규정하는 주권자의 정체성을 명확히 한 뒤에 근대국가 건설이 시작되는 것이다. 프랑스혁명 이후 프랑스의 헌법제정의회(Constituent Assembly)는 1791년 9월 3일 인간(man)과 시민(citizens)의 권리(즉 인권과 시민권)를 선언하고 난 뒤, 프랑스 헌법을 제정하였고, 프랑스 헌법의 1조(Title 1)는 자연권과 시민권을 보장한다면서 2조에서 그런 권리를 누리는 시민의 자격과 조건을 규정했다. 프랑스 주권자의 정체성을 규정한 것이다.

프랑스 헌법은 프랑스에서 태어난 자로서(외국인 자식이라도 프랑스 거주자, 외국인 거주자라도 프랑스인 아버지를 둔 자 포함) 프랑스 국민국가(nation)와 프랑스 헌법에 충성할 것을 맹세하는 서약을 한 시민은 모두 프랑스의 주권자인 프랑스 인민이라고 규정하고 있다. 즉 프랑스 시민으로서 권리와 의무를 다하겠다는 모든 프랑스 인민들(people)은 프랑스의 주권자인 프랑스 시민(citizens)이라는 것이다. 프랑스 주권자의 정체성을 결정하는 것은 종족, 역사, 언어, 문화적 전통과 같은 문화 민족주의(Kultur-nationalismus)가 아니고 프랑스 시민으로서의 권리와 의무를 다하겠다고 서약한 모든 사람은 프랑스 시민이 된다는 시민적 민족주의(civic nationalism, Staat-nationalismus)를 표명한 것이다. 프랑스의 헌법제정 과정은 겔너(Gellner)와 홉스봄(Hobsbawm)이 주장한 "민족주의가 민족을 만들고(artifact), 창조한" 전형적인 예를 보여 준다.(Gellner, 1983; Hobsbawm, 1990) 미국의 헌법도 "We, The People of United States"로 시작하는 미국 헌법의 전문에 people, 즉 '인민'으로 썼다. 근대 민주헌법의 전형인 프랑스와 미국의 헌법은 주권의 소재지는 '인민'이고(인민주권 popular sovereignty)이고 주권자인 인민이 국가의 기본법인 헌법을 제정하는 주체라고 명확히 규정하고 있다.

근대 헌법에서 주권의 주체는 인민이라고 부르는 것이 보편적인데 어떻게 대한민국 제헌헌법에서 '국민'으로 개명되었는가. 많은 헌법 초안 중에서 헌법의 주체를 인민이 아닌 국민으로 명기한 초안들이 몇몇 있는 것은 사실이다. 〈대한민국임시헌법〉(民主議院案),[142] 조선민주임시헌법안, 남조선과도약헌안(과도약헌안), 조선임시약헌, 미 군정청 사법부 법전편찬위원회 헌법초안(일명 권승렬 안)에서 주권자를 인민이 아닌 국민으로 쓰고 있다. 그리고 제헌국회 헌법기초위원회 제3독회 심의안에서 주권의 소재지와 헌법 제정의 주체를 '국민'으로 결정하였고, 대한민국 제헌헌법에서 주권자를 '국민'으로 쓰고 있다.

상기한 바와 같이 헌법 제정 과정에서 제헌국회 헌법기초위원회는 유진오 안을 기초안으로 하고 권승렬 안을 참고안으로 하여 헌법을 심의한다고 했는데 가장 중요한 사항인 '주권의 주체 명칭'에서 참고안이 기초안을 제치고 채택되었는가? 주권의 소재지를 '인민'에서 '국민'으로 바꾼 과정이야말로 해방 후 한국 근대화의 출발에서부터 다중적 근대화의 길이 존재했고, 비동시성 현상이 나타났음을 보여 주는 예이다.

제헌헌법 제정 과정에서 인민과 국민의 논쟁은 어떤 민족주의를 지향할 것인가에 관한 논쟁이었고 결국 반공적이고 국가주의적 민족주의가 승리하였고 대한민국의 민족(국민 nation)도 그렇게 정의되면서 민족건설이 아니라 민족 파괴의 길로 가게 된 것이다. 유진오 헌법기초의원이자 전문의원은 국민을 쓰지 않고 인민을 쓴 이유를 회고록에서 밝히고 있다.(유진오, 1990)

> '국민'은 국가의 구성원으로서의 인민을 의미하므로, 국가 우월의 냄새를 풍기어, 국가라 할지라고 함부로 침범할 수 없는 자유의 권리의 주체로서의 사람을 표현하기에는 반드시 적절치 못하다. 결국 우리는 좋은 단어 하나를 공산주의자에게 뺏긴 것이다.(유진오, 《헌

142 날짜 미상의 이 헌법 시안은 6장 74조까지 보존되어 있는데, 중경대한민국 임시정부의 대한민국 임시헌장(1944. 4. 22)과 남조선과도입법의원 임시헌법기초위원회의 조선민주임시헌법안과 유사하다. 유진오는 이 안도 참조했다고 한다.

법기초회고록》, 1990: 65)

유진오는 프랑스와 미국의 시민적 민족주의(속지주의적, 보편주의적, 권리 중심적)에서 이야기하는 '시민'과 프러시아 독일의 문화적(혈통주의적, 종족주의적, 본원적) 민족주의에서 이야기하는 '국민' 중 '시민'을 선택한 것이다. 즉 프랑스혁명과 미국 독립에서 표방한 민족주의가 '발명(invent)'한 민족은 시민이고 프랑스와 미국에서 살고 있는 사람들이 프랑스와 미국의 시민으로서의 권리와 의무를 다하겠다고 서약하면 프랑스와 미국의 시민이 되어 보편적인 인권과 프랑스나 미국의 시민으로서의 권리를 가지는 속지주의적이고, 보편주의적이고, 권리 중심적인 시민을 유진오는 선택한 것이다. 유진오는 국민을 선택하지 않은 이유에 대해 국가주의이기 때문이라고 단호하게 이야기한다. 국민이라는 단어는 일본 군국주의의 皇國臣民의 약자로 해석될 수도 있고, 국가에 충성하는 시민이라는 시민으로서의 권리보다는 국가의 신민(백성)으로서의 의무만을 강조하는 프러시아 국가주의의 냄가가 너무 나기 때문에 선택하지 않았다는 설명이다. 자유주의자로서의 현민 유진오의 사상이 배어나는 언급이다.

그런데 국가주의 대 시민주의 논쟁에 더하여 결정적으로 제헌국회가 국민을 인민 대신 채택하게 된 중요한 이유는 분단국가를 남과 북에 건설하고 있었던 당시에 남한에서 팽배하고 있었던 반공주의의 위력으로 헌법 제정자들도 지독한 반공콤플렉스의 자기검열하에 있었기 때문이다.

유진오가 "좋은 단어(인민 — 필자) 하나를 공산주의자에게 뺏겼다"(유진오, 1980)라는 언급에서 보듯이 인민과 국민의 논쟁에서 '인민'에 결정타를 먹인 것은 윤치영의 "인민은 북한 공산당이 쓰는 용어"라는 발언이다.(박영수, 1998: 275-276; 강준만, 2004: 141에서 재인용) 그러나 사실은 제2독회에 제출된 헌법기초안에 이미 '국민'으로 표기되어 있었는데 제2독회에서 다시 인민으로 바꾸자는 안이 채택되지 않음으로써 국민으로 굳어진 것이다. 그러므로 윤치영이라는 일개 국회의원의 말 한마디에 인민이 국민으로 바뀐 것이 아니라 단독정부를 세우려는 헌법제정 주류 세력의 냉전적이고 반공적인 집단적 사고가 제1독회에서 유진오가 헌법기초위원회를 통해 국회에 제출한 헌법기초안(유진오 안)에서 사용한 '인민'을 버리고, 헌법기초안의 참고안인 일명 권승렬 안에서 사용된 '국민'을 채택하였고, 제2독회에서 '국민'의 문제점을 지적하고 이를 다시 '인민'으로 바꾸자고 대한독립촉성국민회의 소속의 진헌식의원이 제안했고 이 수정안에 대해 최국현 의원이 찬성하자 김준연 의원이 전문위원의 의견을 들을 것을 요청하였고, 이에 전문위원이자 헌법기초안을 썼던 유진오는 인민으로 고치는 것이 좋겠다는 의견을 내었고 권승렬 전문위원은 인민으로 바꾸지 말고 '국민'으로 그대로 쓰자는 의견을 내었다. 그러자 윤치영 의원이 "북조선인민위원회 운운만 하더라도 나는 지긋지긋하게 들립니다. 나는 '인민'이라고 쓰는 것을 절대 반대합니다"라고 반대 발언을 하였다. 윤치영 의원의 반대 발언이 있은 후 사회를 보던 신익희 부의장이 표결에 부쳤고 재석 167명, 찬성 32명, 반대 87명으로 부결되었다. 진헌식 의원의 수정안의 제안자가 45명이었는데 찬성 의원의 수는 제안자의 수보다 훨씬 적게 나왔다. 진보세력을 대표하는 조봉암은 찬성토론도 하지 않았다. 분위기는 '국민'에 압도적으로 쏠려 있었고 '인민'안에 찬성하다가는 공산주의자로 몰릴 판국이었다.(여의도통신, 2008. 7. 16)

인민 대 국민 논쟁을 통해 우리는 대한민국의 헌법 제정자들이 분단국가적 정체성과 냉전적 정체성을 확립하려는 의지를 갖고 있었던 사실이 드러난다.(박명림, 2003) 북한에 건설하고 있는 또 다른 분단국가와 대한민국은 대쌍성을 갖고 있었던 것이다. 대한민국 헌법 제정자들은 북한 공산주의자가 쓰는 용어('인민')를 대한민국 헌법에 쓰는 것은 그들에게 정통성을 넘겨주는 이적행위나 다를 바 없고, 따라서 냉전적 분단국가의 정체성을 확립하기 위해서는 '인민'이 아닌 용어 중의 하나인 '국민'을 써야 한다는 것이다. 그러나 북한 공산당이 쓰는 '인민'은 프랑스헌법, 미국헌법, 그리고 자유민주주의 국가에서 쓰는 '인민(le peuple, the people)'과 달리 프롤레타리아트 계급을 지칭한다. 공산주의에서 '인민의 지배'는 '프롤레타리아트 계급 독재'이다. 따라서 제헌헌법에서 쓰고자 했던 '인민'과 북한 공산당의 '인민'은 전혀 용법과 내용이 다름으로 써도 무방한 것이었다. 그러나 1948년 제헌헌법 제정자들에게 용법과 내용이 다르다는 것은 의미가 없었다. 그들에게 문제가 되는 것은 '북한 공산주의자들처럼 보이지 않는 것'이었다.[143] 그래서 그때까지 '인민'이라고 주장했던 조봉암까지 침묵을 지켰고 '국민'안은 압도적으로 통과된 것이다. 반공국가가 건설되기 전부터 반공의 자기검열은 대한민국의 제헌헌법 제정자들에게까지 침투되어 있었다.

4) 대한민국 헌법제정 시간의 비동시성

이상 살펴본 바와 같이 대한민국의 헌법제정의 시간은 비동시적이었다. 첫째, 남과 북에서 각각 다른 헌법, 자유민주주의 헌법과 사회주의 헌법을 디자인하는 '비동시적' 헌법 디자인 시간이 동시적으로 진행되었다. 경쟁적으로 분단국가를 건설하려는 남과 북의 '건국의 아버지들'은 대쌍적 관계에서 상대방의 이념, 언법, 언술, 용어가 다를 뿐 아니라 내용에서도 근본적으로 차이가 있는 헌법을 디자인하려 했고 이러한 대쌍적 관계에 있는 상대방(북한 공산당 정권)에 대한 강박관념은 '국민' 대 '인민' 논쟁에서 보듯이 우스꽝스러운 희극을 낳았다.

둘째, 헌법을 디자인하는 헌법 제정자들의 비동시성 또는 외삽성이다. 근대 국민국가의 헌법은 프랑스와 미국에서는 헌법제정의회에서의 집단적 심의를 통

143 김성호 교수는 '국민'을 옹호하기 위해 헌법 전문에 나오는 시작 문구, "유구한 역사와 전통에 빛나는 우리들 大韓國民은 (…)"이 미국 헌법 전문(preamble)의 시작 문구인 "We The People of the United States"와 유사하다는 사실을 발견하고 제헌헌법의 '국민'은 미국 헌법의 '인민(people)'과 같다는 주장을 편다. 즉 '대한국민'을 사실상 '대한국(인)민'으로 해석해야 한다는 것이다. 김성호 교수가 뉴라이트 역사서인《대한민국 건국의 재인식》의 한 장으로 쓴 논문이라서 그런지 몰라도, '국민'이 사실은 '인민'의 다른 표현이라는 논리로 뉴라이트의 반공사관, 분단사관을 구출하려고 이런 표현을 썼는지는 모르나, 김 교수의 논리는 대한민국 건국이 반공 분단국가의 건설이고 따라서 적대관계에 있는 북한이 쓰는 인민을 쓰면 안 된다는 논리로 '인민'을 '국민'으로 바꾼 대한민국 제헌헌법의 반공 분단국가적인 역사적 성격을 간과하고 있다.(김성호, 최명호, 2009)

해 만들어졌다. 그런데 근대국가이면서 패전국가인 일본의 경우 점령군 사령관이 맥아더 장군이 일본의 평화헌법을 만들어 주었다. 일본 헌법은 완벽하게 외삽적으로 제정된 헌법이다. 한국의 경우 헌법 디자이너가 제출한 헌법 초고는 다른 역사적 시간에 있는 두 개의 다른 정부인 미 군정과 대한민국 헌법기초위원회에 제출되었다. 대한민국 헌법의 기초 초안자인 유진오는 자신의 헌법 초안을 1948년 5월 미 군정청 사법부 법전편찬위원회에 제출하였고, 1948년 4월에 대한민국 제헌국회 헌법기초위원회에 유진오 안의 제1회 초고를 제출했다. 이는 대한민국 헌법이 미국과 미 군정이라는 외부 세력에 의해 외삽적으로 제정된 측면을 보여 준다. 그러나 일본과 다른 것은 한국인을 대표하는 제헌국회가 공식적으로는 헌법제정의 주체라는 것이다. 헌법 제정의 외삽성과 자율성을 동시에 보여 주는 것이다. 초안을 쓴 유진오는 자신이 참조한 헌법안은 독일 바이마르 헌법, 미국, 오스트리아, 일본(대일본제국헌법과 일본국헌법), 중화민국, 필리핀, 프랑스, 프러시아 헌법을 들고 있으나, 실제로는 미국 헌법이 압도적으로 차용되었다는 점에서 헌법제정 과정에서의 외삽성이 드러난다.[144] 유진오는 바이마르 헌법을 참고했다는 것을 반복해서 강조했지만 제헌헌법은 바이마르 헌법보다는 미국 헌법을 더 많이 참조했음이 드러난다. 그것은 헌법을 기초하고 제정할 당시의 정부가 여전히 미 군정청이고 유진오 안이 미 군정청에 제출된 뒤에 대한민국 헌법기초위원회에 제출된 데서도 외삽성을 확인할 수 있다.

그리고 '한국 헌법의 아버지'로 불리는 현민 유진오 자신이 비동시성을 지닌 헌법학자요, 정치인이자 문인이었다. 일제 강점기에 그는 경성제대 공법학부를 졸업한 헌법학자인 동시에 소설을 쓰는 문인이었고, 일제 말기에 친일 활동도 했다. 해방 후 헌법학자인 현민 유진오에게 신생 독립국가인 대한민국의 헌

144 헌법 전문의 헌법제정의 주체를 "우리들 대한국민"이라고 한다거나, 제12조와 제13조, 제21조는 미국 헌법의 '권리장전' 중의 권리장전이라는 수정헌법 제1조를 거의 그대로 베낀 것처럼 닮았다. 그리고 초안자인 유진오는 반대했지만 제헌국회에서 대통령제를 채택한 것 등 핵심 사안에서 제헌헌법은 미국 모델을 따랐다.

법을 초안하라고 제헌국회가 요청했다는 사실은 유진오가 사실상 한민당의 도움으로 제헌국회의원으로 선출되었음에도 불구하고 초당파적으로 이루어졌다는 것을 보여 준다. 그 당시 현민 유진오가 헌법학의 제일인자라는 데 합의가 있었기 때문이다. 헌법 디자이너로서 유진오에는 세 가지 다른 헌법시간이 있었다. 하나는 일제 시 경성제대 공법학부에서 수학하는 과정에서 내화한 일본 제국 헌법, 그리고 일제 시 일본 헌법학자들에 영향을 주었고 그 경성제대 재학 시 일본 학자들로부터 전수받은 독일 대륙법 체계, 그중에서도 바이마르 헌법, 해방시간에서 유진오가 따라야 했던 미 군정의 헌법 만들기 모델인 미 군정의 모국 헌법인 미합중국 헌법이다. 헌법 디자이너와 헌법 제정자들 내부에 존재하는 비동시성은 대한민국 제헌헌법을 모호하고 일관성이 없는 법체계로 만들었다.

셋째, 대한민국의 헌법을 제정할 때 한국의 헌법 디자이너들은 국제적 냉전체제가 심화되는 세계시간에서 '자유세계'의 패권국가인 미국의 반공전선의 보루이자 냉전의 최전방 초소(outpost) 국가로서의 정체성과 분단국가의 정체성을 헌법에 담아야 했다.(박명림, 2003) 그리고 이러한 정체성을 수호하기 위해서는 매우 중앙집권적인 국가주의를 또한 제헌헌법에 집어넣어야 했다. 그래서 '인민' 대 '국민'의 논쟁이 벌어지고 궁극적으로 국민이 채택되었다. 자유주의의 대한 국가주의의 승리였다. 제헌헌법이 써내려 간 대한민국은 '인민(주권)의 국가'가 아니라 '국가(주권)의 국민'이었다. 그러나 국가주의는 헌법제정의 종결자가 아니었다. 다시 한국의 헌법제정 과정에 비동시성이 개입하였다. 신생 대한민국의 후견국가인 미국은 기본적으로 자유주의국가였고, 세계 최초로 자유헌정주의(liberal constitutionalism)를 성문헌법에 담아 낸 자유주의의 '위대한 전통과 역사에 빛나는' 국가이다. 또한 미국은 대한민국을 냉전의 최전방 기지국가로 만드는 것 뿐만 아니라 한국을 미국식 자유민주주의의 진열장으로 만들어 공산주의 제국과의 체제 경쟁에서 우위를 선점하려 하였다.[145] 그것이 미국이 자랑하는 미합중국헌법 수정헌법 제1조를 포함한 권리장전 조항이 대한민국 제헌헌법에 거의 그대로 복사되게 된 이유이다. 비동시적인 국가주의의 시간과 자유헌정주의의 시간이 헌법제정의 시간에서 공존하였다.

요약하자면, 대한민국의 '헌법 만들기'는 '결손 헌법 만들기(defective constitution making)'로 끝나고 말았다. 해방 후 내 나라를 내가 다시 만들고, 내 손으로 한민족 전체를 위한 나라의 기본 틀로서의 대한민국 헌법을 만들겠다는 열망은 점차 국제적 냉전체제의 심화와 분단국가의 수립이라는 현실을 받아들여야만 하는 실망으로 끝났고, 그 결과 '분단국가 건설'과 한민족의 파괴를 정당화하는 제헌헌법을 만들어 내는 용두사미의 '결손' 헌법제정이 되고 말았다. 한민족은 신라 통일 이래 혈통적(*jus sanguiness*)인 종족(ethnos: 種族)과 영토적인(*jus soli*)인 인민(demos: 人民)의 경계가 일치하는 민족(民族)이 유지되어 왔으나, 일제 치하에 들어가면서 국가가 소멸하면서 인민은 사라졌으나 종족적 민족은 존속하였다. 일제 패망 이후 당연히 다시 근대 민족을 건설하여야 했으나 분단국가가 건설되면서 천 년 이상 유지되어 온 민과 족이 일치하는 세계적으로 희귀한 동질적 민족이 파괴되고 말았다. 남과 북의 분단국가들이 서로 자신들만의 '상상된 공동체(imagined community: B. Anderson)'로서의 민족을 건설함으로써 기왕에 천 년 이상 유지되어 온 상상된 공동체인 '한민족'은 파괴되고 말았다.[146]

2. 농지개혁의 시간 — 근대국가 건설을 위한 물적, 계급적, 정치적 기반 확보

제헌헌법이 제헌국회의장 이승만에 의해서 1948년 7월 17일 선포되고 간선제

145 실제로 북한의 사회주의 헌법은 명칭은 인민이나 실제로는 계급을 주권자로 상정하는 헌법을 만들었고, 기본권, 국가권력의 제한과 시민적 권리가 부재하고, 비밀선거, 복수정당, 의회주의를 부정하거나 극히 제한한다는 점에서 '자유헌정주의 없는 헌법'이라는 심각한 결손을 갖고 있다.

146 칼 도이치는 민족 건설의 핵심은 소통(communication) 공동체의 건설이라고 했다.(Deutsch, 1953/1966) 그런데 1948년 이후 분단국가 간에 소통이 단절되면서 이미 한민족의 파괴는 시작되었고, 한국전쟁으로 분단이 고착되면서 분단의식이 형성되고 공고화되면서 혈통적으로 동일할지 모르나 전혀 다른 의식, 이념, 가치관을 가진 다른 '인민'이 탄생하고 자라나 과거 천 년 이상 지속되어 온 한민족의 재건설은 어렵게 되었다.

대통령제 헌법 절차에 따라 제헌국회가 이승만을 초대 대통령에 선출하였고, 1948년 8월 15일 새로운 정부가 출범하였다. 그러나 신생 대한민국이라는 국가의 건설이 완료된 것은 아니었다. 헌법 제정으로 대한민국의 헌정제도의 틀을 만들어졌고 그에 따라 정부가 구성되었으나, 근대국가 건설에 필수적인 징집으로 충원된 근대적 국민개병군의 양성, 막스 베버가 이야기한 관료적 합리성을 갖춘 근대적 관료기구의 수립, 근대적 교육제도의 확립을 통한 근대적 민주시민의 육성, 그리고 무엇보다도 근대적 자본주의적 소유권 제도의 확립을 통해 신생 국가의 물적 기반을 확보해야 하는 엄청난 과업이 새로운 민주 정부에게 주어져 있었다.

국가 건설에 한정하면, 초대 대통령 이승만은 행운아였다. 왜냐하면 해방시간에 미 군정이 원초적 국가건설(proto state building)을 선행해 줌으로써, 이승만은 사실상 거의 완료된 국가기구와 제도를 물려받았기 때문이다. 외삽국가인 미 군정은 사회주의 혁명의 확산을 막기 위한 미국의 대외정책이 방어적 봉쇄에서 공격적 롤백으로 전환하면서 주둔국 한국에 군대, 경찰, 관료와 같은 '억압 국가기구(repressive state apparatuses: Althusser, Gramsci)'를 속도전을 벌여 양성하고 키워 나갔다. 최장집 교수는 미 군정하의 국가는 군, 경찰, 관료라는 상부구조가 탈식민지(post-colonial) 경제의 '토대'가 필요로 하는 규모보다 더 과잉성장, 발전했다고 하여 함자 알라비(Hamza Alavi)가 개념화한 '과대성장 국가(over-developed state)'의 전형적인 사례라고 하였다.(최장집, 1989)[147]

상부구조가 하부구조(토대)보다 과잉발전, 성장했다는 것은 하부구조(경제적 토대)가 저발전, 저성장, 과소발전되었다는 것을 의미하는 것이기도 하다. 따라서 신생 이승만 정부는 국가건설의 우선순위 마련에서 자본주의적 소유권제

147 최장집 교수는 미 군정의 과대성장 국가가 역사적 경로 의존으로 이어져 이승만 정권하에서 귀속재산관리와 불하라는 지대의 분배를 통해 정치권력에 예속된 부르주아지를 탄생시켜 관료적 자본주의(김경동 교수는 '정치적 자본가')를 낳았고, 계급정치의 저발전과 자생적 시민사회의 조직화를 막았다고 주장한다.(최장집, 1989)

도의 확립과 경제발전을 억압 국가기구의 확충보다 상위에 둘 수밖에 없었다. 왜냐하면, 농촌에서 '귀환자들(returnees)'이 주동하고 동원한 농지개혁운동이 좌절되거나 지연됨으로써 혁명적 분위기가 조성되어 있었기 때문이었다. 그래서 이승만 정부는 김일성과 대적하는 문제와 같은 비중으로 남한 농촌에 혁명적 세력이 형성되는 것을 방지해야 했고 그러기 위해서 미 군정 말기에 미 군정이 선제적으로 실시한 귀속농지 분배를 이어 받아 농지개혁법안을 서둘러 통과시키고 실행에 옮기고자 했다.

1) 농지개혁 과정 — 일제의 재농노화, 미 군정의 적산농지 분배, 자유주의적 농지개혁

배링턴 무어는 서구의 근대화는 '농업의 상업화(commercialization of agriculture)'에서부터 시작되었다고 했다. '긴 16세기(1450-1640)'에 절대군주들은 전쟁과 사치품을 소비하기 위해 현금이 필요했고 물납제를 폐기하고 금납제로 바꾸어 농민들에게 현금으로 소작료를 지불하도록 했다. 자연히 봉건제 경제가 무너지고 자본주의 경제로의 전환이 시작되었는데, 영국은 식량 생산 농업에서 모직물 원료인 양모 공급 농업으로 전환시키는 엔클로저 운동으로 농업의 상업화를 제일 먼저 시작하였다. 농업의 상업화로 공급된 원료를 바탕으로 산업혁명이 일어나자 농촌계급은 소멸되었다. 지주계급은 도시의 산업부르주아지로 전환하였고, 농민은 도시노동자가 되어 이주하던가 아니면 농촌에 남아서 농촌노동자로 목장에서 일하는 것 밖에 선택의 여지가 없었다. 반면에 융커로 불리는 강력한 농촌 귀족계급이 여전히 군림하고 있었던 프러시아 독일에서는 농촌귀족계급이 더 강화되어 국가를 장악하였고 새로이 성장하고 있는 도시 산업부르주아지를 하위 동반자로 하여 국가 관료가 중심이 되어 '위로부터의 산업 혁명'을 수직적으로 추진하여 후발 산업화를 이룩하였다. 러시아와 같이 여전히 중세 봉건사회에 머물러 있는 저발전국은 재농노화(refeudalization)를 통해 기존의 농촌 계급관계를 더욱 고착화, 공고화시켜서 농민에 대한 수탈을 강화하여 서구의 공세에 방어적으로 대응하는 전략을 채택했다. 그 결과 농민혁명이 일어났고 농민혁명의 결과는 공산주의 체제의 등장이었다.(Moore, Jr., 1966)

일제 식민국가는 도시의 산업화는 프러시아형의 관료자본주의 모델을 채택한 데 반해, 농업의 상업화는 러시아형의 농민의 재봉건화, 재농노화를 통해 관철시키려 하였다. 전기한 바와 같이 일제는 식민 국가를 수립함과 거의 동시에 근대적 토지소유권제도를 확립한다는 명분으로 농촌에 '토지조사사업'을 벌여 미신고된 토지를 식민국가의 기구인 동양척식회사 소유로 넘겼고, 기존의 지주의 토지소유권은 확실히 보장해 주었다. 그 결과 많은 토지 무소유 농민들이 양산되었고 이들은 다시 자영농에서 한국인과 일본인 지주의 소작농으로 지위하락을 감수해야 했다. 조선 말기의 지주-소작관계가 강화되고, 농민들은 최대 지주인 식민국가와 새로운 지주로 등장한 일인 지주의 소작인으로 전락하여 착취와 수탈의 대상이 되었다. 이러한 새로운 착취와 수탈에 저항하는 농민운동이 1930년대에 적색농조의 지도하에 광범위하게 일어났고,[148] 허쉬만(Hirschman)의 용어를 빌리면, 저항(voice)하기보다 탈출(exit)을 원하는 농민들은 만주와 일본 등 해외로 뛰쳐나갔다. 적색농조운동을 경험했던 농민들과 함께 해외로 나갔다 해방과 함께 돌아온 '귀환자(returnee)' 농민들이 다시 농촌지역 정치의 주역으로 복귀함으로써 해방시간은 강한 '혁명의 기운'으로 술렁이고 있었다. 미 군정도 이러한 혁명의 기운을 잠재우는 것이 효과적인 주둔국 통치를 위해 필수적이라는 것을 인식하고 있었다.

해방 이후 농민들이 거리로 쏟아져 나와 축제를 벌인 것은 '해방'이 밥 먹여 줄 것이라는 기대에 충만했기 때문이다. 그러나 아무리 축제가 디오니소스적인 환희의 축제라 하더라도 물적 토대가 없으면 그 축제는 지속될 수 없다. 해방시

148 적색농조에 관해서는 차남희, 1997; Shin, Gi-Wook, 1996; Yoo, Se-hee, 1974; 김석근, 1991 참조.

간에서 한국의 농민들이 이 차가운 진실을 알기까지는 얼마 걸리지 않았다. 축제의 시간이 끝나자 농민들은 집단행동을 동원, 조직할 수 있는 전국 농민조직인 전농을 만들고 의사 외래 국가인 미 군정에 대해 처음에는 소작료 투쟁, 다음에는 농지분배를 요구하였다.

소작료 투쟁을 하면서 전농은 금납원칙으로 하고 소작료는 3.7제를 요구하였다. 이에 대해 미 군정은 군정령 9호[149]를 발동하여 물납을 원칙으로 하되, 경우에 따라서는 금납도 허용하는 유연한 지불방식을 채택하고 소작료는 1/3제로 하였다. 좌익 농민단체인 전농의 소작료안과 미 군정의 소작료안 간의 거리는 길지 않았다. 전농의 안은 미 군정안보다 불과 3.3% 낮은 소작료율이었고, 금납과 물납의 경우도 미 군정이 '경우에 따라서 금납도 허용한다'는 유연한 정책을 채택하였기 때문에 충분히 양자 간에 타협이 가능하였다.

그런데 왜 타협이 이루어지지 않고 1946년 가을에 대구를 중심으로 추수폭동이 전국을 휩쓸었는가? 이러한 퍼즐을 이해하기 위해서는 다시 다중적 시간의 개념으로 돌아가야 한다. 해방시간은 다중적이고 복합적인 국면적 시간이었다. 패권국인 미국의 시간이 있었고, 현지 사령부인 미 군정의 시간이 있었고, 국가를 건설하여 권력을 장악하려는 권력 추구 음모자(power mongers)의 시간이 있었고, 좌익농민, 노동자, 빈민의 혁명적 시간이 있었다. 그런데 이 정도의 다중적 시간은 탈식민사회가 독립국가를 세울 때 흔히 나타나는 현상이다. 대한민국의 해방시간이 독특한 것은 38선 넘어 북한에서 사회주의 국가라는 또 다른 분단국가를 수립하려는 사회주의자들의 시간이 있었다는 것이다. 국제적 냉전체제하에서 남한과 북한에서 일어난 국가건설은 국내적인(domestic) 사건인 동시에 국제적인(international)인 사건이 었고, 국내와 국제는 서로 상호 결정하는(co-determination) 관계에 있었다.(Hintze, 1968)

---

149 미군정령 9호, 최고소작료 결정의 건, 1945년 10월 5일.

국내적인 시간에서 보면 소작료 문제나 농지개혁 문제에 있어서만은 미 군정은 국내 보수세력보다 훨씬 진보적인 생각을 갖고 있었다. 그런데 1946년 3월 냉전체제하의 북한에서 전광석화처럼 무상몰수 무상분배의 사회주의 농지개혁 원칙에 의거해서 전국의 토지를 농민들에게 분배해 주어 버렸다. 미 군정은 이에 놀라 1946년 3월 7일 일본인 소유 토지와 가축과 소규모 사업체 매각을 결정했으나 이승만과 한민당의 반대로 무산되었다.

결국 농촌의 혁명적 기운을 잠재우지 못함으로써 1946년 비극적인 추수폭동이 터지는 것을 막지 못했다. 1946년 가을 추수폭동 이후 미 군정은 좀더 적극적인 농지개혁에 착수하였다. 당시 미 군정은 농지개혁에 관한 3가지 대안을 가지고 있었다. (1) 자본주의적 유상몰수 유상분배, (2) 유상몰수 무상분배의 절충형, (3) 사회주의적 농지개혁안인 무상몰수 무상분배였다. 제3안은 사유재산제도를 부정하는 반자본주의적이라는 이유로 일찌감치 폐기되었고 제2안은 재정위기를 초래할 수 있다는 점에서 실현 가능성에 의문이 제기되었다. 결국 자본주의적 소규모 자영농을 창출하는 제1안이 채택되었다.

미 군정은 1947년 초에 입법의원에 농지개혁안을 제안하였다. 3정보를 초과하는 농지를 평년작의 3배 가격으로 유상몰수하여 15년간 20%씩 분할상환하는데 지주들에게는 현물표시증권으로 보상하는 방식이었는데 지주들의 반발로 무산되었다. 그러자 미 군정은 1947년 12월 20 과도입법의원에 상정권고한 뒤 사흘 만인 12월 23일에 전격적으로 본 회의에 상정하였다. 그러나 미 군정에 의해 상정된 농지개혁법안은 순탄치 않았다. 지방의 지주 출신 입법위원들이 완강하게 반대하였고, 과도입법의원은 1948년 3월에 사실상 와해되었고 농지개혁법안은 유산되고 말았다. 이에 당황한 미 군정은 1948년 3월 22일 선제적으로 미 군정 소속 신한공사가 소유하고 있던 적산농지 분배를 강행하여 한국의 지주들과 그들을 비호하는 정치세력에게 경고를 보냈다.[150] 그러므로 미 군정의 적산농지 분배는 제1차 농지개혁으로 불러도 과찬이 아니다.(농지개혁사

편찬위원회, 1970)

이러한 미 군정의 압력에도 불구하고 농지개혁법안은 지지부진하다가 대한민국 정부로 이관되었다. 농지개혁 문제에서만은 이승만은 남한 내 보수정치인들 중 가장 진보적이었다. 이승만은 1946년 북한과 소련이 토지 재분배를 단행한 것을 본 남한의 농민들 속에 자라고 있는 강한 토지 소유 열망을 읽을 수 있었다. 그리고 그는 농지개혁을 통해 지방에 광범위한 이승만의 지지자들을 만들어 낼 수 있을 뿐 아니라 라이벌인 지주층을 약화시키고 그들로 하여금 이승만에 협력하도록 하게 만들 수 있다는 정치적 계산을 할 수 있었다.(브라진스키, 2011: 46) 이승만은 제헌국회에 압력을 넣어 1949년 2월 5일 농지개혁법안을 국회에 제출하였고, 1949년 4월 28일 농지개혁법안은 국회를 통과하였는데 이번에는 정부가 재정 부담을 이유로 거부권을 행사하였다. 그후 1950년 2월 2일 정부의 입장이 반영된 정부수정안이 국회를 통과하였고 3월 10일 법률로 공포되었다. 제헌국회에서 최종적으로 통과된 농지개혁안은 평년작의 150%의 가격으로 지가를 보상하고, 농민들은 125%를 연간 25%씩 5년간 분할상환한하는 안이었다. 우여곡절 끝에 이 법안은 1949년 6월 21일 확정 공포되었다. 1950년 4월 28일 농지개혁법의 '시행규칙'이 마련됨으로써 남한에서 역사적인 농지개혁이 시작되었다. 농지개혁은 예상보다 빠른 속도로 진행되었다. 한국전쟁 발발 직전인 6월 21일 현재 총매수 대상 면적의 29.5%인 60만 정보, 총분배대상 면적의 40.2%인 83.7만 정보의 농지분배가 완료되었다. 전쟁 중에도 농지개혁은 완만하나마 계속되어 1951년 3월 5일 현재 34.9%가 완료되었다. 농지개혁이 완료된 시점은 대략 1957년으로 본다. 1957년 12월 31일 현재 분배예정

---

150 1945년 8월 15일 현재 일인 소유 농지는 25만 정보, 조선인 소유는 124만 정보(5정보 이상 57만 정보는 5만 호, 5정보 이하 67만 정보는 1511만 호, 자작농은 85만 정보)였다. 미 군정은 1948년 3월 22일 미군정령 173호를 공포하여 중앙토지행정처를 설치하여 신한공사 소유 적산농지를 분배하였는데 조건이 좋은 유상분배였다. 당해 연도의 연평균생산량의 3배를 연간 20%씩 15년간 분할상환하는 방식이었다. 신한공사 소유 토지는 22만 정보에 60.9만 호의 농민의 생계를 책임져 주고 있었다.

면적의 66.1%가 분배 완료되었고 일반농지는 44.6%, 귀속농지는 86.8%가 분배되었다.

한국의 농지개혁은 자유주의적 농지개혁의 성공 사례로 꼽힌다. 농민의 입장에서 보면 농지개혁으로 농민들은 소농적 차지농에서 벗어나 소규모이나마 경작할 자기 소유의 땅을 가진 자영농으로 신분상승을 이루었고, 농민들이 자유당 정권 내내 이승만의 튼튼한 지지기반이 되어 준 것도 이에 대한 보답의 성격이 있다. 반면에 지주들은 계급으로서의 자격을 상실하였고 영국의 경우처럼 도시 산업, 상업 부르주아지로 전환하지도 못했다. 지주계급의 철저한 몰락은 유상몰수 유상분배라는 자유주의적 농지개혁을 했음에도 불구하고 실제로는 무상몰수, 무상분배의 효과를 냄으로써 초래된 것이다. 농지개혁 후 계급으로서의 지주는 소멸하였고 박정희가 들어서서 도시 중심의 산업화를 시도할 때 거기에 저항하는 어떤 조직적 계급 집단도 남아 있지 않았다.

지주계급의 몰락은 농지개혁 이전부터 시작되었다. 미 군정이 귀속농지를 불하한다는 소식이 퍼지자 한국의 지주들은 이를 본격적 농지개혁의 예고편으로 보고 곧 이루어질 농지개혁으로 땅을 무상으로 몰수당하거나 헐값에 파는 것보다 농지개혁 이전에 좋은 값을 받고 팔려고 하였다. 소위 지주에 의한 농지방매 현상이 미 군정이 귀속농지 불하하기 이전에 이미 있었던 것이다. 방매의 규모는 엄청났다. 정부는 1957년 최종 분배농지 면적이 58.5만 정보인데, 이는 1945년의 총분배 대상 농지면적 144.7만 정보의 40.4%, 1949년 총농지면적 83만 정보의 70.1%라고 발표했다. 정부 통계가 정확하다면, 1949년 농지개혁이 실시되기 전에 43%에 달하는 62만 정보가 이미 방매되었다는 것이다.[151] 그러나 방매로 한국의 지주들은 크게 이윤을 챙기지 못했다. 방매 소문이 퍼져 나

151 경주의 대지주인 이씨가의 농지 소유 변화를 보면 방매농지가 대대적으로 이루어졌음을 알 수 있다. 1943년 282정보, 1945년 255정보, 1948년 187정보, 1950년 60.7정보, 농지개혁 전 매각농지 125.2정보, 교육재단 설립 65.8정보, 화수회 이전 1.5정보, 분배 48.8정보, 교육재단이 분배당한 면적 163정보, 잔존 소유 농지 12.1정보(위토 6.1정보).(박석두, 1988; 공제욱, 1993: 236)

가면서 농지가격이 폭락했기 때문이다.[152] 거기에 더하여 농지개혁이 실시된 지 두 달이 채 안 되어 한국전쟁이 발발하여 농지개혁은 사실상 중단되었는데, 북한군이 점령지역에서 북한이 1946년 북한 땅에 실시한 사회주의적 무상몰수 무상분배 방식의 농지개혁을 강제적으로 시행함으로써 한국의 지주들은 완전히 땅을 몰수당했고 수복 후에도 완전히 되찾지 못하였고, 남은 땅은 한국의 농지개혁의 대상이 되었다.

한국전쟁으로 북한군에 의한 사회주의적 농지개혁이 북한군 점령지역에 일어났을 뿐 아니라 전시 인플레를 유발하여 유상몰수로 받은 지가증권의 가격을 폭락시켰다. 지가증권은 1951년에서 1967년까지 18년 동안 당해년도의 법정현물가격(공정미가)으로 쳐서 5년 균분 상환받는 현금증권이었다. 그런데 6.25 이후 인플레로 지가증권 가격이 떨어져 18년간 상환받은 액수는 법정가격의 45%(44.8% 명목보상액: 519만 석), 시중 가격의 25%(25.3%, 293.7만 석)였다.(장상환, 1985: 350) 그런데 지가증권은 공정미가로 환산하여 지불받는 현금증권인데 공정미가는 시세의 1/4에서 1/2 밖에 되지 않았다. 그래서 화가 난 지주들은 지가증권 액면가의 30%에서 70% 가격으로 낮추어 투매해 버렸다. 결국 지주들은 보상 약속액의 10%, 개혁 당시 지가수준의 5%만을 받고 현금증권인 지가증권을 투매해 버리고 만 것이다.[153] 한국의 농지개혁은 자유주의적 농지개혁 원리에 따른 유상몰수라고 하지만 사실상 북한과 다름없는 무상몰수로 끝났다. 농촌의 지배계급으로서의 지주계급은 소멸한 것이다.[154]

152 장상환 교수는 방매가격이 분배농지의 상환가격보다 높지 않았다고 한다. 미 군정에 의해 귀속농지가 분배된 후 토지가는 연간생산량의 1.5배의 가격으로 팔렸고 대한민국 정부의 농지개혁안이 나온 뒤에는 시가보다 1/3 정도 낮은 시가의 70% 가격에 방매되었다.(장상환, 1985)

153 6·25 당시 지가증권 값이 급격히 폭락하자 방에 도배할 때 지가증권을 벽에 붙이는 광경이 흔치 않게 목격되었다.

154 자유주의적 농지개혁의 목표는 지주계급의 산업자본가 계급으로의 전환이었으나 한국의 경우 대부분의 대지주는 산업자본가로 전환하는 데 실패했다. 대지주 중에서 3%만이 귀속 기업체를 불하받았고 이 경우도 대부분 일제 강점기 때 이미 상업과 제조업에 진출한 지주였다. 중소 지주는 완전 몰락했고, 소수의 대지주는 위장 자작지를 소작 놓는 소규모 지주로 전락했다.

그렇다면 '유상분배'는 어떻게 되었는가? 토지를 분배받은 농민들이 상환해야 할 5년 기한 만기일은 1955년 5월이었는데, 만기일 현재 28%만의 농민이 상환하였다.[155] 토지를 분배받는 농민들은 연평균생산량의 150%를 토지가격으로 하여 30%씩 5년간 상환하여야 했다. 미 군정의 3.7제와 비슷한 방식이었다. 현물로 계산하면 농민들의 총상환 실적은 43%였다.(장상환, 2006)[156] 농민들의 유상분배 조건도 그리 나쁜 것은 아니지만 북한과 경쟁적으로 더 좋은 조건의 농지개혁을 해 주겠다는 남과 북 단독정부의 농민 유인 경쟁이 농민에게 유리하게 작용하였다. 농민들이 만기상환을 지키지 않았을 때 농민들이 토지를 다시 몰수당했다거나 강제 상환을 독촉받지 않았다. 농지개혁이 농민에게 유상분배 형식을 취한다고 했지만 형식적이었고 실제로는 거의 무상에 가깝게 토지가 농민에 분배되어 '내 땅을 가진' 수많은 자영농이 탄생하였다. 자유주의적 농지개혁의 목적이 애초부터 경자유전의 자영농화를 목표로 했다면 사실상의 무상분배는 정책 목적에 부합하는 적절한 정책이었다.

2) 농지개혁의 정치경제 — 지주계급 몰락, 자본가계급 육성, 노동자·농민 계급 운동의 쇠퇴

농지개혁은 신생 대한민국의 물적 토대뿐 아니라 정치권력의 구조적 변동을 가져온 혁명이었다. 농지개혁은 농촌에서 일어났지만, 농지개혁을 '음모한 자들(reform mongers, Hirschman)'은 패권국가 미국, 북한 공산당, 그리고 이승만과 초대 대한민국 정부였다.

미국과 미 군정은 공산주의라는 과격한 사상의 압력에 대항하기 위한 확

155 권병탁은 27.4%가 상환했다는 통계를 제시한다. 그리고 57년 12월에는 87.6%로 급격히 상환율이 높아지고 1964년에 매듭 지어졌다고 한다.(권병탁, 1984)

156 지주들은 사실상 무상으로 토지를 몰수당했는 데 반해 농민들은 43%의 상환 실적을 보인다. 그렇다면 농민이 상환한 상환곡은 어디에 쓰였는가? 아마도 정부가 국방비 등 전쟁을 수행하는 데 드는 재정에 충당한 것으로 보인다.(공제욱, 1991)

실한 방벽이 농지개혁이라고 확신하고 있었고, 맥아더는 농지개혁이 6·25 이전에 실시되었기 때문에 토지개혁을 주장하던 농민들이 한국전쟁 중 공산주의에 휩쓸리지 않았다고 믿고 있었다.(황한식, 1985: 285-287)[157] 북한 공산주의자들은 체제 경쟁에서 앞서 나가기 위해 1946년 3월 8일부터 3월 30일까지 단기간에 전광석화처럼 사회주의 농지개혁을 단행했고 농민들에게 토지를 무상으로 돌려줌으로써 농민들로부터 확고한 지지를 얻었으며 남한에 대해 체제 우위를 과시하였고 북한의 토지개혁 충격은 남한의 국내정치로 되돌아와 미 군정과 이승만을 중심으로 하는 건국세력들을 자극하여 농지개혁을 가능한 빨리 시행하도록 하였다. 미 군정과 이승만은 좌파세력의 지지기반을 파괴할 목적으로 농지개혁을 단행했다는 주장은 상당히 설득력이 있다.(신병식, 1992) 말하자면, "혁명의 물줄기를 완화하려는 반혁명의 수단"으로 농지개혁이 단행된 것이다.(김병태, 1981)

농지개혁은 한국이 '근대'의 시간에 들어갔다는 것을 알리는 서곡이었다. 첫째, 배링턴 무어가 근대화를 저지하려고 한 반동세력의 중추로 지목했던 지주계급이 농지개혁으로 몰락했다. 지주계급은 지배연합으로부터 탈락했을 뿐만 아니라 계급 해체를 강요당했던 것이다.(손호철, 1993) 둘째, 지주계급이 조기에 몰락함으로써 '한국 산업화의 아버지' 박정희가 1960년대에 도시 중심의 산업화를 본격적으로 추진하였을 때, 아무런 조직화된 반대세력을 맞이하지 않게 되는 행운을 얻었다. 셋째, 성공적인 농지개혁과 지주계급의 몰락은 해방시간의 혼란, 좌파의 이데올로기적 헤게모니, 국내지지 기반세력이 허약으로 약체였던 대한민국의 새로운 지도자 이승만 대통령의 권력을 공고화하고, 그가 정통성을 가지고 대한민국을 실효적으로 지배하는 데 결정적으로 기여해 주었다.

157 맥아더는 농지개혁이 "건전, 온건한 민주주의를 발족, 출범시키기 위해 이보다 확실한 근거는 있을 수 없고, 또한 과격한 사상의 압력에 대항하기 위해 이보다 확실한 방어는 없다"고 하였다.(일본 제2차 농지개혁법 성립 당시 맥아더 성명, 황한식(1985), 287에서 재인용)

(1) 지주계급은 왜 농지개혁을 저지하지 못했는가?

그런데 일제 식민지하에서도 살아남았던 지주계급이 왜, 어떻게 농지개혁을 저지하지 못하고 계급해체를 강요당했는가?(서재진, 1991: 65-68) 첫째, 당시 사실상의 실효적인 강제력을 독점하고 있던 원초적(proto) 국가였던 미 군정이 농지개혁을 적극 지지했기 때문이다. 3.1제 소작료 정책, 농지개혁법 제정 시도에서 신한공사 소유 적산농지 분배에 이르는 일련의 미 군정의 농민정책은 반지주적이었다. 미 군정의 본국인 미국 정부의 현지 대리인 정부이다. 따라서 본국의 점령지 정책인 자본주의 국가 수립을 위해 낡은 지배계급인 지주계급은 해체되었어야 하는 것이다.[158] 그리고 미국의 경제적 이익인 잉여 농산물 처분 정책이 지주계급의 이해와 충돌했을 때, 한국을 자본주의 세계 체제에 편입시키는 데 장애물인 지주계급은 미 군정에게 사라져야 하는 존재일 뿐이었다. 그러나 미국이 지주계급을 해체시키는 결정을 하게 된 더 중요한 이유는 경제적인 이익이 아니라 전략적 가치였다. 일제시대 이후 항상 외세가 한국을 보는 관점은 한반도의 전략적인 가치가 경제적 이익을 압도하는 "풍요를 압도하는 권력"의 관점(Katzenstein, 1977)이었다. 미국의 농지개혁 정책과 지주계급 해체 정책도 한국 농민의 사회주의 지지세력화를 차단하기 위한 냉전적인 전략적 고려에 따라 농민들의 토지에 대한 열망인 경자유전, "토지는 농민에게(Land to Tiller)"라는 제2차 세계대전 이후의 세계적 조류를 수용한 것이었다.

둘째, 남한과 적대적 의존관계 또는 상생적 대쌍관계에 있던 북한이 체제 경쟁에서 우위를 점하기 위해 1946년 3월 선제적으로 무상몰수 무상분배 원칙으로 사회주의적 토지개혁을 실시하여 미 군정과 남한의 보수세력을 자극하였고, 또한 한국전쟁 중 점령지역에 토지개혁을 단행함으로써 신생 대한민국 정부로 하여금 느리게 진행되었던 농지개혁을 가속화시키고 완결시키게

158 타이완에 주둔하고 있던 미 군정도 1947년 지주의 존재는 생산력 발전을 저해할 뿐이라는 논리로 지주계급을 해체하는 토지개혁을 한다.(장상환, 1985)

하였기 때문이다.[159] 사쿠라이 히로시는 토지개혁 시행 이전인 1950년 6월 25일 전면전을 시도했다고 했는데, 손호철 교수는 그 조기 남침 이유를 남한에서의 조기 농지개혁으로 농민이 보수화되고 그로 인해 남한에 남아 있는 빨치산의 토대를 상실할 것을 우려했기 때문이라고 설명했다.(손호철, 1993: 6) 그래서 커밍스와 홀리데이는《한국: 알려지지 않은 전쟁(*Korea: Unknown War*)》이라는 책에서 "토지개혁은 계급구조와 계급권력을 청산시켜 버렸고 나중엔 이승만의 농지개혁을 가능케 했다"고 분명하게 북한과 한국전쟁이 남한의 농지개혁에 '쇠망치(hammer)' 역할을 했다는 것을 강조하였다.(Cumings and Holliday, 1990)[160]

셋째, 이승만과 한민당의 권력투쟁의 결과 이승만이 승리했기 때문이다. 해방정국은 여러 선수들이 경쟁하는 태그매치식 경기를 하는 다원주의적 경쟁에서 이승만과 한민당이 마지막 라운드의 주자로 남았고, 최종적으로 이승만과 한민당이 북한과 공산주의에 대항해서 서로 협력하는 가운데 권력을 두고 최종 승자를 결정하는 권력게임의 정국이었다. 자본주의의 종주국인 미국에 거주했던 이승만은 한국의 전통적 지주계급에 기득권적인 이익을 갖고 있지 않았고, 미국의 메트로폴리탄 자본을 비롯 한국의 총자본(capital in general)의 이익을 대변하고 있었는 데 반해 한민당은 자본가계급의 한 분파인 지주계급을 대변하고 있었다. 이승만과 한민당은 연합을 형성하여 분단국가를 건설하였고 한국전쟁 시까지도 지배연합이 지속되었는데, 1952년 이승만이 재선을 기도하면서 한민당을 붕괴시키고 한민당의 지지기반을 파괴하기 위해 한민당의 자금원을 봉쇄하고, 궁극적으로 농지개혁을 조기에 완결시킴으로써 장기적으로 한

159 북한은 1950년 7월 4일 "공화국 남반부 지역에 토지개혁을 실시함에 관하여"라는 정책을 공포하고 무상몰수 무상분배 원칙하에 농촌위원회를 조직하여 1950년 9월 점령지역의 토지개혁을 종결짓는다. 북한군은 몰수 토지의 60%를 농가에 무상분배하였다.

160 손호철 교수도 북한과 한국전쟁이 남한의 농지개혁을 위한 '가속제(accelerator)' 역할을 했다고 주장한다.(손호철, 1993)

민당의 물질적 토대를 붕괴시키려 하였다.[161]

넷째, 지주와 농민의 상대적 계급 역량의 변화, 역전이 농지개혁의 실시를 설명해 준다. 해방 후 농민들은 귀환자들를 중심으로 정치적으로 활성화되고, 동원되어 계급 역량이 강화되었다. 해방 후 농민들의 '혁명적 기운'은 무르익고 있었다. 해방 당시 소작농의 비율은 농가 호수 기준으로 83.%%에 달했고, 마르크스의 표현을 빌리면 '잃을 것은 쇠사슬밖에 없는' 농민들은 1945년에 그들의 집단적 이익을 대표해 줄 전농을 조직하고 1945년에서 1946년에 이르는 동안 전국에 지방인민위원회라는 원초적 지방자치정부를 결성하였다. 그러한 집단적 정치적 동원의 결과로 농민들은 1946년 2월 토지개혁법 초안이 나오는 데 공헌하였고, 그러한 농지개혁법과 같은 농민을 위한 개혁을 유발하기 위해 1946년 가을 추수폭동을 일으키기까지 했다. 농민의 집단적인 정치적 활성화는 반대로 지주의 정치적 역량, 계급적 역량은 이외로 미약하였다 1945년 해방 당시 한인 지주의 수는 대지주(5정보 이상)의 경우 한인 6.8만, 일인 1.1만이었고, 50정보 이상의 대지주의 경우 한인 1293호, 일인 477호였다. 이는 일제하에서 한인 지주의 힘이 약화되었고, 따라서 해방 후의 정치적 격랑기에 지주들로 하여금 조직적인 힘을 형성하지 못하는 요인으로 작용하였다. 농지개혁 실시 이전에 이미 지주들은 헐값에 대규모 토지방매를 시도함으로써 농지개혁연합세력에 백기를 들었다. 그들은 자신들의 이익을 대변하는 '집행이사회'로 생각했던[162] 미 군정, 신생 대한민국 정부가 오히려 그들의 이익에 반해서 농지개혁을 시도하자 저항하지 않고 방매하여 몰수당하기 전에 가장 좋은 조건으로

161 이승만과 한민당의 권력투쟁은 왜 농지개혁이 시작되었는가를 설명하기보다는 왜 농지개혁이 전쟁 와중과 전후에 가속화되었는가를 설명하는 데 유용하다.

162 마르크스는 《공산당 선언》에서 근대국가는 부르주아 계급의 이익을 집행하는 '집행이사회'로 불렀다. 자본주의 국가는 자본가 계급의 도구일 뿐이라는 '도구주의 국가' 개념을 설명한 것이다.("Modern state is but a committee for managing the common affairs of the whole bourgeoisie", Communist Manifesto, 1848) 그러나 한국의 지주계급은 왕년의 지배계급이었고, 미 군정이나 신생 대한민국 같은 자본주의 국가의 지배계급은 부르주아지였지 지주가 아니었다.

자신의 토지를 매매하려 하였다.

다섯째, 해방시간의 이데올로기 지형은 '좌익의 헤게모니'로 기울어져 있었다.(손호철, 1993) 좌파의 이데올로기적 헤게모니는 우익 세력인 한민당마저 미군정기에 토지개혁을 전면적으로 부정하지 못하고 "유상몰수, 유상분배" 원칙으로 양보하는 토지개혁안을 제시했으며, 1948년 제헌헌법 제정 과정에서 농지개혁 실시를 명기하는 데 반대하지 못하고 농지개혁법의 헌법적 기초를 마련하는 데 동의해 주어 농지개혁이 본격적으로 실시하게 양보한 데서도 볼 수 있다.(손호철, 1993) 미 군정의 적산농지 분배 소문이 돌자 지주들이 소작인들에게 대규모의 토지를 방매하는 현상이 발생한 것은 이미 이데올로기적 헤게모니가 좌파로 넘어갔다는 것을 지주들이 먼저 인지하고 있었다는 것을 보여 준다.[163]

(2) 계급구조의 재편(Korean Risorgimento) 1 — 부르주아지 계급의 발명

농지개혁은 한국의 리소르지멘토(Risorgimento)였다. 19세기 중엽 이탈리아를 재통일하려는 마치니, 가리발디, 카부르와 같은 이탈리아 건국의 영웅들은[164] 근대화가 가장 먼저 일어난 피드몬트 지방의 공업도시 토리노와 롬바르디아 대평원의 중심 도시 밀라노를 기반으로 통일된 이탈리아를 재건국하려 하였다. 리소르지멘토는 대중의 참여가 부재한 가운데 부르주아지를 중심으로 자본주의 국가를 건설하려는 위로부터의 혁명을 의미한다. 그람시는 리소르지멘토를 수동혁명(passive revolution)이라 불렀는데 근대 자본주의적 자유주의 국가를 건설하는 데 있어서 부르주아지가 헤게모니적 역할을 수행하지 않고 정치 엘리

---

163 장상환, 1985. 토지방매로 전체 농지에서 차지하는 소작지 면적 비율이 1945년 말 65%에서 1949년 6월 40%로 급락하고, 전체 농가 중 자작농가의 비율은 1945년 말 13.3%에서 1949년 6월 31.2%로 급증하고 순소작의 비율은 동기간 중 101만 호에서 52.6만 호로 반감한 데서 볼 수 있다. 농지개혁이 실시되기 이전에 한국에서는 사실상 절반의 농지개혁이 이루어진 것이다.

164 일제시대에 신채호는 양자오차이(양계초)가 쓴 《이탈리아 건국 3걸전》을 번역하여 한국인의 독립심을 고취시키려 하였다. 양계초와 신채호가 이야기하는 이탈리아 건국 3걸은 마치니, 가리발디, 카부르이다.

트(마치니, 가리발디, 카부르)의 영웅적 행동에 수동적으로 따라가는 역할을 수행한 사실을 설명하기 위해 사용한 용어이다.

결과론적으로 이야기하면 한국의 농지개혁은 계급구조를 근본적으로 재편하는 혁명적인 사건이었다. 왜냐하면 구지배계급인 지주계급이 제대로 저항도 하지 못하고 계급 소멸, 계급 해체를 감수할 수밖에 없었고, 역사의 장에서 사라졌기 때문이다. 그러나 이러한 엄청난 혁명적 사회구조의 변화를 수반한 농지혁명 과정에서 구지배계급인 지주계급을 대체해야 할 신지배계급인 부르주아지는 수동적인 역할을 수행할 수밖에 없었고, 국가건설을 주도한 정치 엘리트들(이승만과 단정세력)과 관료들이 능동적으로 지배계급의 대체 작업을 주도하였다. 그래서 농지개혁 이후 한국의 국가건설 과정을 계급구조의 변화 측면에서 보면 19세기 중반 이후 이탈리아에서 일어난 리소르지멘토와 유사한 점이 많다.

신생 대한민국의 정치 엘리트들과 관료들은 부르주아지 계급을 새로운 지배계급으로 앉히기 위해서 부르주아지 계급을 창조하고(inventing bourgeoisie), 육성(nurturing bourgeoisie)하였다.(Lee, Young-Jo, 1990: 159-162) 국가와 관료가 지배계급을 창조하고 육성하는 '관료적 자본주의'가 농지개혁이 진행되고 있었던 1950년대에 시작되었다. 신생 대한민국의 이승만 정권이 자본가라는 새로운 지배계급을 창조하고 양성하는 이유는 이승만 정권의 물적 기반을 구축하기 위한 것이 주 이유였다. 이승만 정권은 초기에는 이승만의 카리스마에 의존하는 '一民 民主主義'였으나 차츰 일인의 카리스마에 의존하여 산적한 국가건설과 전쟁 수행을 동시에 수행하는 것이 어렵게 되자, 정당정치를 싫어하고 일민주의자 이승만도 집권 정당의 필요성을 인정하여 1951년 자유당이 창당되었고 자유당의 정치자금을 마련하기 위해 자유당계 기업인을 양성하였다. 이승만은 지주계급이 붕괴한 상황에서 자본가들을 지배계급으로 조직하고 자본가계급을 창출하고 육성하여 정권의 물적 기반으로 삼으려 하였다. 자본가계급의 창출과 육성은 이원적으로 진행되었다.(손호철, 1993) 이승만 정권은 관료가 자본가와 기업의 독점을 보장하는 관료적 독점자본가를 양성하면서, 다른 한편으로는 농업, 중소 상공업자, 귀환자들로 구성되어 있는 토착적 중소 영세 자본가들을 양성하였다.(권영탁, 1984)

농지개혁 이후 국가는 제로섬적인 '가치 이전'을 통해 자본가 계급을 육성하였다. 가치의 이전 방식에는 첫째, 거의 무상으로 귀속재산을 불하받음으로써 발생하는 자산의 이전, 둘째, 미국 원조물자 배정과정에서 공정 환율과 실제 환율의 차이로 인해 발생한 구매 이득의 이전, 셋째, 대충자금과 산업부흥국채 발행으로 마련한 원조물자를 판매함으로 이루어지는 소득의 이전, 넷째, 높은 인플레로 인해 발생하는 명목적 가치의 이전 등이 있었다. 이러한 가치의 이전으로 외국(주로 미국)의 국가자본과 국내의 국가자본이 사적 자본으로 전환하였고, 대한민국에서 무상으로 소득이전으로 자본을 축적하는 '지대추구 자본가들(rent-seeking capitalists)'이 탄생하였다. 지대추구 자본가들은 경제 외적인 (extra-economic) 정치권력에 축적을 의존하는 자본가들을 말하는데, 이들은 비경쟁적 입찰을 통해서 국가자본을 사적 자본으로 이전, 전환시키는 특혜를 얻을 수 있었다.[165]

우리가 한국의 자본주의 국가 형성 과정을 이탈리아의 리소르지멘토와 같다고 하는 이유는 바로 자본가계급의 형성 과정이 자본가들 간의 적극적인 경쟁에 의해 자본가계급이 형성된 것이 아니고 한국의 국가와 후견국가인 미국이 독점지대를 발생시키고 자본가들이 이러한 지대를 추구하는 과정에서 정치적 특혜로 인해 자본을 축적한 자본가계급이 발명되고 육성되었기 때문이다. 자본 축적의 주체인 자본가들이 수동적 역할을 하는 가운데 정치 엘리트와 관료들이 적극적으로 자본가계급을 육성하는 수동 혁명적 자본주의 국가가 한국에서 농지개혁 후 서둘러 이승만 정권의 물적 토대를 제공할 자본가 계급을

165 한국전쟁 후 전후 복구 과정에서 정부 공사 입찰에서 수주를 독점한 '건설 5인방(대동공업, 조흥토건, 극동건설, 대림산업, 현대건설)'은 대표적인 비경쟁적 입찰을 통한 지대를 추구한 기업들이다.

구축하는 과정에서 이루어진 것이다.

이렇게 구축된 한국의 신흥 자본가계급에 의한 자본주의가 미국의 도움에 의해 발달하기 시작했다. 1955년에서 1963년은 한국에서 수입대체 산업화가 일어난 시기이다. 이 시기에 한국의 수입대체산업은 경제성장에 36%기여했다. 1935년에서 1953년 사이에 일어나 아르헨티나의 수입대체 산업화 기간 중 수입대체산업이 경제성장에 기여한 34%보다 한국의 수입대체산업은 2% 더 높게 기여했다. 그만큼 한국의 수입대체 산업화도 수출 지향산업화 못지않게 압축적 경제성장에 기여한 점이 인정된다. 한국의 신흥 자본가계급은 농지개혁의 정치적 결과로 더 이상 지주계급과 타협적 동맹을 맺을 필요가 없어진 상황하에서 아무런 장애물 없이 자본 축적을 이룰 수 있었고, 이때 이루어진 자본 축적은 이후 1960년대의 산업화의 기초가 되었다. 한국의 부르주아지는 산업혁명기의 영국의 부르주아지보다 좋은 조건하에 있었다. 영국의 산업 부르주아지는 농촌귀족들과 농업보호정책에 드는 비용을 부담하지 않기 위해 반곡물동맹을 맺어야 했으나 한국의 신흥 부르주아지들은 농업보호정책에 드는 비용을 부담하지 않으면서 지주를 매개하지 않고 직접 농민들을 조세, 가격, 금융을 통해 수탈하였다. 칼 폴라니가 이야기한 '악마와 같은 공장(satanic mills)'에서 무자비한 착취를 통해 노동력에서 노동을 추출하여 자본을 축적하는 시장자본주의가 농지개혁의 완료와 함께 지주계급이 몰락하면서 아무런 저항 없이 대한민국에 수립될 수 있었다.[166]

(3) 계급구조의 재편(Korean Risorgimento) 2 — 노동자, 농민 계급운동의 쇠퇴

해방시간(1945-1948)에 활성화되었던 노동자(전평)와 농민(전농)의 계급운동이

166 그러나 50년대의 한국의 신흥 자본가들은 정치적으로는 주변부에 머물러야만 했다. 보나파르티즘이 지배하는 이승만 국가는 여전히 유권자의 2/3를 넘어서는 농촌의 자영농을 핵심 지지기반으로 하고 있었기 때문에 계급으로 조직화된 지지기반으로서의 신흥 부르주아지의 도움이 필요없었다.

농지개혁 후 쇠퇴하였다. 노동자운동은 한반도가 냉전의 시간에 진입하면서 공산주의 운동과 유사한 계급투쟁 운동으로 간주됨으로써 계급으로서의 노동자운동은 더 이상 남한에서는 불가능하게 되었다. 노동자들에게 유일하게 합법적으로 허용된 공간은 이승만과 여당의 관변 단체로서의 지지 활동이었다. 인구의 70% 이상을 차지하는 농민의 대부분은 소규모 자영농으로 전환하였다. 경자유전("Land to Tiller")의 농지개혁으로 생애 최초로 자기 땅을 가진 농민들은 '땅에 묶인(tied to land)' '자루 속의 감자'였다. 소규모이나마 자기 소유의 땅을 가진 땅주인으로서 자영농들은 정치적으로 보수화되었고 이승만과 지배층의 든든한 지지자가 되었다.

먼저, 노동운동을 살펴보면, 1945년 말 전평의 조직운동이 전국적으로 번져 황금기를 맞았으나 1946년 조선공산당의 8월 테제 선언 이후 그에 맞추어 한국 노동운동의 여건상 아직 조건이 성숙되지도 않은 상황에서 9월 총파업을 감행함으로써 노동운동은 정통성의 상실과 미 군정과 우익세력의 노동운동 탄압으로 급격히 쇠퇴의 길에 접어들었다. 그러다가 1950년 6월에 한국전쟁이 발발하고 북한군이 낙동강 전선 북쪽을 장악한 4개월 동안 북한군의 전시 통치하에서 한국의 노동계급 조직은 붕괴되었다. 그 후 전시하에서 노동법이 제정되었고 한국의 노동계급은 1951년 조선방직 쟁의, 1952년 부산부두노동자 파업과 1956년 대구에서 대한방직 쟁의가 있었으나 별다른 효과를 보지 못했다. 한국전쟁 후 경제가 극도로 파괴되고 고용 능력이 급격히 떨어졌음에도 불구하고 전쟁이 가져온 탈구(dislocation)는 전 한국의 인구를 뒤섞어 놓는 효과를 발휘하였고 많은 농촌 인구가 '무작정' 도시로 유입되어 도시, 그중에서도 서울로의 인구집중이 심화되었다. 도시에서 상대적으로 과잉인구가 늘어나고 어떤 조건하에서도 일하겠다는 '산업예비군'이 팽창하고 있는 가운데서 정규직으로 고용된 산업 프롤레타리아트들은 고용안전(job security)과 안정적 직업과 직장이 가져다주는 상대적 안정감과 안락함에 빠져 보수적 소시민 의식에 빠져 노동운동에 무관심하게 되었다.

이러한 보수적 소시민의식에 빠진 정규직 노동귀족들은 더 이상 사회민주주의, 진보주의, 노동 민주주의와 같은 정치적 노동운동에 관심이 없었고 자신들의 개인적인 임금인상과 노동조건 개선과 같은 경제투쟁에 몰두하였다. 1951년과 1956년 사이에 일어난 조선방직, 부산부두노동자, 대구 내외방직과 대한방직의 쟁의와 1958년에 일어 조선공사 쟁의가 모두 경제투쟁이었다. 노동자들은 경제투쟁에 몰두하는 동안 노동귀족들은 우익노동운동을 벌여 집권 자유당의 기간단체가 되어 선거 때마다 표를 동원하는 정치노동단체가 되었다.

농민운동도 마찬가지였다. 노동운동과 마찬가지로 전농은 전평보다 더 광범위하게 조직되어 지방인민위원회를 조직하는 핵심세력이 되었다. 해방시간에 활성화된 농민의 정치 역량은 한국전쟁의 발발과 함께 급격히 쇠퇴하였고, 전시 그리고 전후에 실시된 농지개혁으로 농민의 이익을 제도권에서 흡수함으로써 좌익 농민운동은 사실상 사라졌고, 우익 농민운동도 침체기에 들어갔다. 농지개혁은 수많은 소규모의 영세 자영농을 창출하였다. 그들은 영세하였으나 작은 규모이지만 소규모의 토지를 보유한 토지소유자로서의 정치적 보수성을 지니게 되었고 더 이상 좌익이 주도하는 전농과 같은 농민운동에 휩쓸리지 않게 되었다. 한국전쟁 이후에 미국의 잉여농산물이 들어오고 대한민국 정부는 잉여농산물을 이용해 저곡가정책을 펼 수 있었고 도시주민을 겨냥한 물가의 안정을 도모할 수 있게 되었다. 도시민들을 위해 농민들이 희생을 강요당한 것이다.

그러나 이러한 반농민정책에 대해 농민들은 조직적 저항을 하지 않았다. 그들을 이끌던 지주계급은 소멸하였고 그들 자체가 소규모 토지소유주로서 쁘띠 부르주아의 계급의식을 보유하게 되었고, 반농민적 정책을 자신의 진정한 이익이라고 생각하는 허위의식을 갖게 되었다. 마치 1951년 프랑스 농민들이 도시 부르주아지의 이익을 위해 일하는 루이 보나파르트가 자신(농민)의 이익을 대변해 줄 것이라는 허위의식을 갖고 루이 보나파르트에게 표를 던져 권좌에 올린 것처럼, 1950년대 중반 이후 한국의 농민들은 미국의 잉여농산물의 도입이 도시노동자들에게는 도움이 될지는 모르나 농민들의 이익에는 반한다는 것을 인식하지 못하고 미국의 원조가 자신을 빈곤과 가난에서 구출해 줄 것이라고 믿는 허위의식에 빠져 이승만 자유당 정권에 표를 이승만 정권의 권력을 연장시켰던 것이다.

3) 한국형 보나파르티즘의 탄생

농지개혁은 이승만의 정치적 승리였다. 일제 시 이승만은 가장 뛰어난 독립운동 지도자였지만 주로 미국에서 활동한 관계로 국내에 조직적인 지지기반이 없었다. 이승만이 맥아더 장군이 제공한 비행기를 타고 서울에 내렸을 때 그는 홀홀단신이었고 기업인이 제공한 돈암장에 머물러야 했다.[167] 그런데 이승만은 마키아벨리적인 정치기술(virtu)을 발휘하여 모든 경쟁자를 제치고 분단국가 건설의 주역으로 부상하였고, 농지개혁으로 지주계급이 몰락하게 되자 이승만의 라이벌인 한민당의 물질적 토대가 붕괴하게 되면서 더 이상 국내에서 이승만을 견제할 정치세력은 존재하지 않게 되었다. 여기에 더하여 농지개혁은 전국 농촌에 흩어진 수천만의 자영농들을 이승만의 든든한 정치적 기반으로 만들어 주었다. 이승만은 전국에 흩어진 수많은 자영농들과 중간 매개조직 없이 직접 연결하여 통치하는 보나파르티즘(Bonapartism)적 연성 독재를 한국에 실현하였다.

보나파르티즘이란 일인 지도자(독재자)가 계급이나 의회기구, 시민단체와 같은 중간 매개기구의 중재와 대표없이 직접 민중과 연결, 대화, 소통을 통해 지배하는 연성 독재를 말한다. 보나파르티즘은 마르크스가 《루이 보나파르트의 부르메르의 18일》에서 개념화했다.(Marx, 1852) 마르크스는 나폴레옹 보나파르

167 이승만은 귀국하자 한국인 기업가가 제공한 돈암장에 기거했고, 그 후 47년 이화장으로 옮겨 살았다가 대통령 관저인 경무대로 이사했다.

트(Napoleon Bonaparte) 장군(나중에 황제로 등극)의 조카인 루이 보나파르트가 1848년 2월혁명 후 실시된 선거를 통해서 대통령에 당선된 뒤 다시 1851년 브뤼메르 18일에 군사 쿠데타를 감행해서 공화정을 뒤엎고, 독재정권을 수립한 뒤 1852년 나폴레옹 3세라는 이름의 황제로 '셀프' 즉위(self-coronation)하는 일련의 소극(farce)이 벌어진 데에는 자영농민의 책임이 크다고 비판했다.[168]

마르크스에 의하면, 자영농들은 '자루 속에 든 감자(sack of potatoes)'처럼 계급을 형성하지 못한다. 왜냐하면, 농민들은 노동자들과 달리 고립되어 있고 상호소통이 되지 않으며, 특히 자영농은 분업을 필요로 하지 않고 모든 것을 자급자족하려 한다. 그들은 '사회'와 교환하지 않고 '자연(nature)'과 교환하여 삶에 필요한 도구를 얻고 생존에 필요한 소비를 한다. 따라서 스스로 계급을 조직할 필요도 없고 능력도 없는 자영농들은 나폴레옹 같은 영웅이 나타나 자신들의 이익을 대표해 주기를 소망한다. 자영농들은 나폴레옹의 조카 루이 보나파르트에서 프랑스혁명기에 농지개혁을 단행하여 토지귀족으로부터 토지를 빼앗아 자신들에게 나누어 준 위대한 나폴레옹의 신화를 보려 한다.[169] 농민들은 보나파르트가 숙부인 나폴레옹의 신화를 조카가 재현해 주리라 믿고 보나

168 마르크스는《루이 보나파르트의 브뤼메르 18일》에서 "헤겔은 모든 위대한 세계사적 사건과 인물은 두 번 반복된다고 이야기하였다, 그러나 헤겔은 다음을 덧붙이는 것을 잊었다: 한 번은 비극으로, 다른 한 번은 희극으로 끝난다는 것 말이다. 코시디에르는 당통을, 루이 블랑은 로비에스 피에르를, 1948-1851년의 산악당은 1793-1795년의 산악당을, 그리고 조카(루이 보나파르트)는 숙부(Napolaeon Bonaparte)를 희극적으로 반복하였다"(괄호 속 저자 첨가)라는 명구로 시작한다.(Marx, 1852/1963) 루이 보나파르트가 1848년 선거에서 대통령으로 당선된 후 1951년 브뤼메르 18일(혁명력으로 霧月 안개 끼는 달, 18일, 즉 11월 18일) 군대를 불러들여 공화정을 무너뜨리고 스스로 황제에 오른 소극적인 사건은 나폴레옹 보나파르트가 공화정의 통령으로 프랑스혁명을 전파하다가 1799년 같은 브뤼메르 18일에 쿠데타를 일으켜 공화정을 전복한 뒤 1804년 스스로 황제에 즉위한 위대한 비극적 사건을 반복했다는 것이다. 마르크스는 나폴레옹은 로마제국을 재현, 반복하려는 영웅이었고 봉건제로부터 부르주아 사회를 해방시킨 영웅이었으나 루이 보나파르트는 나폴레옹을 반복하려는 룸펜 프롤레타리아트의 두목이자 광대였다고 조롱하였다.

169 "역사적 전통은 나폴레옹이라는 이름은 가진 한 남자가(나폴레옹의 이름을 가졌기 때문에 그리고 그가 영웅인 나폴레옹의 조카라는 사실 때문에 — 저자 첨가) 모든 영광을 그들에게 되돌려 주는 기적을 실현해 줄 것이라는 신념을 불러일으켰다."〔마르크스, 2012(1869): 141〕

파르트를 지지하였다. 그런데 마르크스는 프랑스 농민들이 독재자 보나파르트가 자신들의 계급이익을 대표해 주리라고 믿고 보나파르트를 지지하여 보나파르트를 권좌에 올려놓았으나, 보나파르트가 집권한 후 보존하고 유지하려고 한 것은 부르주아 착취의 조건(즉 자본주의)이었다면서 프랑스 농민의 보수주의를 조롱하였고, 프랑스 농민이 보나파르트를 지지한 결과로 그들에게 되돌아온 것은 보나파르티즘이라는 연성독재뿐이었다고 지적하였다.

해방시간까지 사실상 지배계급이라 할 수 있는 지주계급이 농지개혁으로 소멸하고 지주계급을 대표하는 한민당이 지지기반의 약화로 이승만 대통령의 연합세력으로서의 자격을 상실해 가고 있을 때 이승만은 광범위하게 퍼져 있지만 조직되어 있지 않은 수많은 자영농층을 지지기반으로 하여 보나파르티즘적 권위주의 통치를 할 수 있었다.[170] 농지개혁의 결과 나타난 이승만 정권의 성격을 보나파르티즘이라고 부르는 이유는, 첫째, 농지개혁을 통해 이승만은 농민을 위해 토지를 분배해 준다고 했고, 한국의 대다수 농민들은 이승만을 양반지주로부터 땅을 빼앗아서 농민들에게 나누어 준 나폴레옹 같은 해방자라는 신화를 만들었기 때문이다. 둘째, 이승만이 집권 후 계속 농민들의 이익을 대변해 줄 것이라는 농민들의 기대와는 달리 이승만은 자본주의를 한국에 이식시키려 하는 미국과 국내 자본가계급의 이익을 관철하려 했다는 점에서 프랑스의 루이 보나파르트가 자영농의 지지로 1848년 대통령에 당선되었음에도 불구하고 집권 후 1851년 브뤼메르 18일 쿠데타를 통해 황제가 된 뒤에는 오히려 농민의 이익의 희생 위에 부르주아 자본주의 질서의 안정에 힘을 쏟은 루이 보나파르트와 유사하다는 것이다.[171]

---

170 이승만의 보나파르티즘과 보나파르트의 보나파르티즘과의 비교는 한배호 교수의 《한국정치변동론》, '제2장 한국의 권위주의 정권의 성격' 참조.

171 그러나 농지개혁으로 농민들이 '이승만주의' 이념까지 숭배하는 정도로 이승만의 신화에 환희하지 않았다. 마르크스는 《브뤼메르 18일》에서 프랑스 농민들이 '나폴레옹 이념("idée napoléonienne": Napoleonic idea)'에 사로잡혀 있었다고 비판한다. 나폴레옹 이념은 프랑스인들이 신화화한 것처럼

요약하자면, 농지개혁은 대한민국이 근대의 시간으로 진입하기 위해 필수적으로 요구되는 개혁이었다. 그러나 아이젠스타트의 다중적 근대(multiple modernities)의 개념을 원용한다면, 근대의 시간으로 진입하기 위한 농지개혁에 '냉전의 시간'이 개입되었고, '건국의 아버지들'의 개인적 정치적 목적이 개입되었다. 근대로 가는 길에는 고전적 근대화의 길만 있는 것은 아니라는 것을 한국이 보여 주었다. 그 결과 농지개혁 자체는 '한국전쟁'이라는 의도되지 않은 사건이 끼어들면서 계획했던 것보다 훨씬 철저히(지주계급의 소멸), 빠른 시간 내에, 광범위하게(다수의 자영농의 창출) 목표를 달성했으나 농촌에서의 보나파르티즘적 정치구조를 결과하여 여촌야도의 구도하에 선거 권위주의가 50년대의 한국 정치시간을 지배하도록 만들었다.

보수적인 자영농의 시간은 다시 전근대로 돌아갔다. 농민들은 이승만이 지주로부터 농지를 빼앗아 준 해방자로 숭배하였다. 그들은 선거 때마다 이승만의 일민민주주의 이념을 믿고 이승만의 정당 후보들에게 표를 던졌다. 대통령 이승만과 자유당의 장기 집권은 소규모 자영농들의 보수성과 이들의 '이승만 신화'에 믿음에 의해서 가능해진 것이다. 신화에 물들지 않은 도시인들은 이승만의 독재 정치에 비판적이었으나, 농민들의 시간은 전근대로 돌아가 이승만을 조선조의 왕처럼 섬기는 '전근대'의 시간으로 퇴행하였고, 그 정치적 결과로 '여촌야도'의 선거 균열구조가 형성되었고 당시 인구의 2/3를 넘는 압도적 다수의 농민들이 이승만의 장기 집권을 보장해 주고 있었다. 프랑스에서 2월혁명 후 나폴레옹의 조카 루이 보나파르트가 자루 속에 든 감자와 같은 흩어지고 원자화된 소규모 자영농들의 지지에 의해 보나파르티즘의 원조가 태어난 것과 비슷한 역사적 경로를 거쳐 1950년대 중반에 한국에서도 이승만의 보나파르티즘

봉건제로부터 부르주아 사회를 해방한 영웅, 프랑스혁명의 기본 정신인 자유 이념을 전 유럽에 전파한 '세계정신(zeitgeist)'으로서의 나폴레옹이 아니라 가톨릭 신부와 군대를 우대하고, 강력하고 제한 없는 국가를 건설하고 반란자에 대해서는 관용 없는 엄격한 처벌만 있는 것이었다고 하면서 그 모든 것이 신화였다고 비판했다.

이 형성되었다.

4) 농지개혁 시간의 비동시성

해방시간에 남과 북에서 분단국가의 건설이 이루어졌을 때 남과 북에서 모두 농지개혁은 근대 자본주의 국가와 근대 사회주의 국가건설을 위한 물적, 계급적, 정치적 기초를 구축할 목적으로 고안되고, 시도되고, 시행되었다. 북한에서는 프롤레타리아트 계급국가를 건설하기 위해 먼저 농민들에게 농지를 무상으로 분배하였고 그 이후 사회주의 국가건설은 순조로이 빠른 속도로 진행되었다. 남한에서도 냉전이 심화되면서 후견국가인 미국과 미 군정이 적대적 대쌍관계에 있는 북한과의 체제경쟁에서 승리하고 국제적 냉전 구도하에서 미국이 주도하는 '자유세계'의 우위를 과시하기 위해 자유민주주의의 진열장으로서 남한에 자유주의 국가를 건설하려 하였고 자유민주주의 국가의 물적 토대를 쌓기 위해 자유주의적 농지개혁을 주도하였다. 그러나 남한에서는 지주계급과 그를 지원하는 정치세력인 한민당의 완강한 반대로 한국전쟁이 발발하기 직전에 공식적으로 농지개혁이 시행되었으나 미 군정이 신한공사 소유 적산농지를 분배한다는 소문이 퍼짐으로써 공식적 농지개혁 이전에 지주들이 전략적으로 토지를 방매하여 농지개혁 이전에 이미 미 군정의 적산농지와 지주들이 방매한 토지를 합하면 전체 분매 면적의 대부분이 이미 사실상 분배되어 있었다. 여기에 더하여 농지개혁이 공식적으로 시행된 지 두 달이 못 되어 한국전쟁이 발발하고 북한군이 점령지에 사회주의 농지개혁을 시행함으로써 전쟁관계, 체제경쟁관계에 있던 남한 정부와 미국은 남한에서의 농지개혁을 가속시키지 않을 수 없었고 대체로 1950년대 중반에 농지개혁은 성공적으로 완료되었다.

농지개혁에서 우리도 또 다른 비동시성의 시간이 공존하고 있음을 본다. 남과 북 사이에 자유주의적 농지개혁의 시간과 사회주의적 농지개혁의 시간이라는 비동시성이 공존하고 있었고, 남한 내부에서도 지주와 한민당의 시간은 미 군정과 이승만 정부의 시간과 달랐다. 지주와 한민당은 전근대적 봉건적 토지 소유제를 유지하려는 전근대의 시간에 머물러 있었던 반면, 미 군정은 지주의 부르주아지로의 전환을 도모하려는 영국과 프랑스의 농업의 상업화 관점에서 농지를 개혁하는 것이 아니라 독립적인 자영농을 양산하여 도시 부르주아 중심의 자본주의화를 도모하는 미국식 자유주의 농지개혁을 도모하는 미국식 근대화의 시간에서 농지개혁을 지원하려 하였고, 이승만과 신흥 지배계급은 농촌의 지주계급을 해체하고 그 자리에 수많은 보수적인 소규모 자영농을 앉혀 놓음으로써 이승만에 대한 변함 없는 충성을 보내는 지지기반으로 육성하고 그에 기반하여 도시 중심 부르주아지의 이익을 대변하고 그들에게 미국의 원조물자를 지대(rent)로 지불하여 권력과 금력 간의 유착을 꾀하는 한국형 보나파르티즘을 구축하려 하였다.

결론적으로, 남과 북, 그리고 남한과 북한 내의 이질적인 세력들이 비동시적 시간에 동시적으로 공존하였지만 두 개의 다른 방식으로 추진된 농지개혁은 성공적이었고, 그 성공적 농지개혁은 북한의 사회주의 근대국가, 남한의 자유민주주의 근대국가 건설을 위한 초석이 되었다.

제7장

한국전쟁과 근대국가 건설

한국전쟁의 원인과 결과

> 전쟁이 국가를 만들고, 국가가 전쟁을 만든다.
> (war made the state, and the state made war)
> — Charles Tilly, 1975: 42

얼마 전 작고한 역사정치학자 찰스 틸리(1929-2008)의 언술은 정복 부르주아지(conquering bourgeoisie)에 의해서 근대 자본주의 국가가 건설되었다는 정통 마르크스주의자들의 근대국가 형성 이론을 뒤집은 베버리안적(Weberian)인 근대국가 형성 이론의 기본 명제이다. 틸리는 근대국가가 신흥 지배계급인 부르주아지에 의해서 건설된 것이 아니고 기사(knights)와 관료(bureaucrats)들이 근대적인 전쟁을 수행하는 과정에서 건설되었다고 주장하였다. 틸리의 명제가 처음 나왔을 때 틸리의 주장에 귀를 기울이는 청중은 많지 않았으나 이제 틸리의 명제는 생산양식의 변화로 새로운 지배계급으로 부상한 부르주아지들이 자신의 이미지에 따라 봉건제를 해체하고 근대적인 자본주의 국가를 형성했다는 마르크스주의자들의 '정복 부르주아지 국가건설' 명제를 누르고 근대국가 건설을 설명하는 지배적 명제가 되었다.(Marx, 1867/1887; Tilly, 1975; Mann, 1986)

1945년 해방 후 3년간의 '해방시간'에 분단국가가 설립되었으나 진정한 근대 국가로서 갖추어야 할 형식과 내용, 절차적 민주주의와 그를 집행하는 효과적인 국가기구와 관료체제, 그리고 경제적으로 정부와 의회가 '국가의 일'을 효과적으로 수행할 수 있도록 자본을 제공하는 물적 토대를 충분히 구축하지 못했다. 건국 후 3년 동안 농지개혁을 통해 근대국가 건설에 필요한 물적 토대 구축 작업으로서 농지개혁을 했고, 신식 근대적 군대를 창설하고, 국내 치안 유지에 필요한 경찰을 충원하기 시작하는 와중인 1950년 6월 25일 한반도에서 전면전이 발발하여 근대국가 건설 작업은 일시적으로 중단되고 분단국가는 전쟁에 몰두하였다. 그러나 맥아더 장군의 인천상륙작전 이후 한미 연합군이 방어진형에서 벗어나 북한으로 공격적인 롤백을 개시하면서 국가건설 작업은 피난 수도 부산에서 다시 진행되었다. 한국에서 전쟁과 국가건설 간의 역설적 관계는 이때부터 시작된다. 한국전쟁의 발발은 분단국가의 건설을 일시적으로 중단시켰으나 전쟁이 본격적으로 진행되면서 국가건설 작업은 다시 가속도가 붙으면서 1950년대 중반 한국에서의 분단국가 건설이 완료되었다.

1948년에 분단국가라는 형태로 결손적인 근대국가 건설이 시작된 이래, 근대적인 국가건설을 완료하게 하였고, 지주계급을 해체하여 1960년대의 산업화의 초석을 쌓았으며, 반공민주주의라는 형용모순적(oxymoron)인 이승만 체제를 낳은 한국전쟁의 원인과 결과에 관한 연구는 해방 이후 한국 정치 전체를 읽어 내는 데 필수적이다.

기존에 한국전쟁을 연구한 많은 저서와 논문이 있고, 한국관계 학위논문의 매력적인 주제 중의 하나였다. 미국에서 한국 정치 연구의 주종은 한국전쟁 연구라 해도 과언이 아니다. 미국과 한국에서 한국전쟁 연구를 한국 정치연구의 '성장산업(growth industry)'으로 끌어올린 학자는 시카고대학의 정치학자이자 역사학자인 브루스 커밍스(Bruce Cummings) 교수다. 그는 1981년에 《한국전쟁의 기원 1》을 출간하여 한국의 사회과학계에 충격을 주었다. 물론 커밍스의 《한국전쟁의 기원 1·2》이 친북좌파 성향이며 사용된 자료의 진실성과 정확성이 그 후에 새롭게 발굴된 자료와 미공개 문서의 공개로 문제시 된다는 비판이 없는 것은 아니지만 한국전쟁이라는 역사적 사건을 사회과학의 보편적 언어로 설명해 내었을 뿐 아니라 한국 사회과학자보다 더 실증적인 자료와 사료에 근거하여 사회과학적인 역사 분석을 한 최초의 저서라는 점에서 충격이 컸다(임혁백, 2010). 그 후 실증적인 한국전쟁 연구가 유행이 되었고 실제로 많은 학문적 업적이 나왔다.

그런데 기존의 한국전쟁 연구는 지나치게 전쟁의 기원과 원인 연구에 치중하는 경향이 없지 않았다. 그런데 근대화에서 한국전쟁의 시간이 갖는 역사적 의미를 짚어 보는 연구, 한국전쟁이 과연 "전쟁이 국가를 건설했다"는 틸리의 명제를 증명해 주고 있는가에 관한 연구는 충분히 이루어지지 않았다. 말하자면, 한국전쟁의 '원인'에 관한 연구에 치중한 나머지 근대국가 건설과 관련하여 한국전쟁의 '결과'에 관한 연구는 충분히 이루어지고 있지 않았다는 것이다.[172] 물론 원인을 알아야 '한국전쟁의 기원과 원인'과 한국전쟁의 결과(국가 건설) 간의 인과관계를 파악할 수 있다. 그러나 원인과 기원을 설명하는 데 있어서도, 많은 설명들이 한국전쟁의 발발을 발생론적(genetic explanation)으로 설명하지 않고, 한국전쟁의 발발이라는 결과를 가지고 한국전쟁의 원인을 설명하는 '전도된 인과관계 설명(reversed causal explanation)'인 '기능주의적 설명(functionalist explanation)'의 함정에 빠져 있다. 기능주의적으로 한국전쟁의 원인을 설명하는 전형적인 예는 미국이 냉전체제의 심화를 위한 재충전을 위해 세계 어디에선가 '위기'가 필요했는데 1950년 6월 25일 한국에서 38선 전역에서 전면적인 무력충돌이 일어나 냉전체제 유지를 위해 무력 개입을 위한 구실이 필요했던 미국을 구해 주었다는 식의 설명이다.[173] 이러한 기능주의적 설명에

172 방대한 한국전쟁 연구물들을 문헌사적으로 종합적 분석을 하고 있는 저서와 논문은 박명림, 《역사와 지식과 사회 — 한국전쟁 이해와 한국사회》(2011); 김학준, 《한국전쟁 — 원인, 과정, 휴전, 영향》(2010), 김철범 편, 《한국전쟁을 보는 시각》(1990); 최장집 편, 《한국전쟁연구》(1990); 하영선 편, 《한국전쟁의 새로운 접근 — 전통주의와 수정주의를 넘어서》(1990), 전쟁기념사업회, 《한국전쟁사》 1-6권(1990-1992); 이완범, 〈한국전쟁 연구 50년과 과제〉, 《경제와 사회》 46호(2000년 여름).

173 Joyce and Gabriel Kolko 부부는 국무장관 애치슨이 "재군비를 위한 인위적인 자극"이 필요했고, 그러기 위해서 "세계 어디에선가 위기가 필요했는데" 1950년이 "한국이 나타나 우리를 구해주었다"는 발언을 가지고 미국은 냉전체제의 재충전을 위해 세계 어디에선가 전쟁이 필요했는데 한국이 선택되었다는 설명을 하고 있다. 애치슨 선언도 같은 맥락에서 한국에서 전쟁을 유도하기 위한 미국의 행동으로 이해한다. 콜코 부부의 설명은 1950년에 일어나 한국전쟁이라는 결과를 가지고 그 이전의 미국의 주요 정책 결정자의 행위는 모두 전쟁이 일어나기 위해 필요한 기능적 전제조건을 수행하는 행위로 보는 전형적인 기능주의적 설명이다.

의하면, 한국전에 개입된 모든 행위자들의 행동은 전쟁의 기능적 필요조건을 충족시키는 행위로 설명하는 것이다. 동아시아 방어진형(defense perimeter)에서 한국을 제외한 '애치슨 선언', 김일성의 모스크바 방문, 이승만의 북진통일론 주장 등은 인과관계의 고리에서 결과인 '한국전쟁의 발발'에 필요한 기능적 전제조건을 충족시키기 위한 주요 행위자들의 행동이라는 것이다. 이러한 기능주의적 설명으로 한국전쟁의 원인을 밝히려는 시도들은 자칫 '음모론', '사전 예정설', '전쟁 발발의 필연론'에 빠지기 쉽다.

그러므로 한국전쟁을 제대로 이해하기 위해서는, 기능주의적 설명의 함정에 빠져서는 안 되며, 거시 인과분석적인 사회과학적 역사분석이 필요하다. 말하자면, 한국전쟁의 원인과 결과를 전통적인 사회과학적 인과분석 틀인 발생론으로 분석하여야 한다는 것이다. 한국전쟁 발발 전후에 주요 행위자(미국, 소련, 중공, 북한, 남한)의 선택에 가해진 구조적 제약과 기회를 본 뒤에 주요 행위자들이 어떤 전략적 선택을 하여 소규모의 게릴라전과 무력충돌이 '한국전쟁'으로 부르는 전면전으로 비화되고 한반도의 한민족 간의 내전(civil war)의 성격을 띠었던 한국전쟁이 당시 냉전을 주도하고 있던 미국과 중공, 소련이 정규전에서 충돌하는 국제전으로 확대되어 갔는가를 밝혀야 할 것이다. 발생론적으로 한국전쟁의 기원과 원인을 설명해야 해방공간의 비동시적인 시간들이 충돌하고 공존하여 한국전쟁을 발발케 하는 과정을 파악할 수 있다.

한국전쟁을 분석, 설명하는 학자들이 지나치게 전쟁의 기원과 원인을 분석하는 데 치중하면서 400-500만 명이 넘는 사상자, 500만의 전재민, 1,000만의 이산가족을 낳은 인적 손실, 남북한 모두의 사회경제적 기반을 철저하게 파괴시킨 전쟁의 피해와 그 엄청난 인명 피해와 물적 손실과 교환으로 남북한에 극단적인 반공개발독재국가와 주체 사회주의 국가가 건설된 결과에 대한 논의는 충분히 이루어지지 않았다. 전쟁의 기원과 원인을 둘러싸고 열띤 토론과 논전이 벌어진 데 비하면 전쟁의 결과에 대한 논의는 형평성을 잃었다 할 정도로 과

소분석되었다. "전쟁이 국가를 만든다"는 틸리(Tilly)의 명제를 한국전쟁에 대입하면, 총체적 전쟁(total war)의 세기인 20세기에 일어난 대규모의 잔인한 전쟁 중의 하나인 한국전쟁의 결과 비동시성적인 성격을 가진 남한의 반공국가와 북한의 주체사회주의국가의 건설이 동시에 완료되었고, 그렇게 건설된 남북한의 '극단적인' 반공국가와 주체사회주의국가는 제2차 세계대전 후 나타난 새로운 형태의 전쟁인 냉전을 한반도에서 그리고 세계적인 차원에서 유지, 강화시켰다.[174] 이 장에서는 한국전쟁의 기원과 원인을 먼저 논의한 뒤, 한국전쟁 이후 전개된 1950년대 국가건설의 성격과 내용에 관해 설명할 것이다.

1. 한국전쟁의 기원과 원인

한국전쟁의 기원과 원인에 관해서는 충분히 연구되고 분석되었다. 많은 이론이 나왔고, 비밀로 분류되었던 문서들이 해제되면서 사실관계 확인도 끝났다. 어떤 이론도 최종적인 승리를 확신할 수 없게 되었다. 이제 더 이상 한국전쟁의 원인과 기원에 관한 논쟁을 하는 것은 정치적으로나 학문적으로 큰 의미가 없게 되었다. 한국전쟁 발발의 책임 소재지를 찾는 기원론 연구를 계속하는 것은 국제적 냉전체제가 종말을 고함으로써 '전쟁의 20세기'(Hobsbawm, 1994)를 끝내고 화해, 포용, 공감의 21세기를 여는 데 도움이 되지 않는다. 기원론에 관한 학문적 연구가 평화의 세기인 21세기의 시계를 전쟁의 세기인 20세기로 되돌리려는 냉전 회귀 세력을 도와주는 의도하지 않은 결과를 가져다줄지 모른다. 전쟁

174 홉스봄은 20세기를 '극단의 세기(age of extremism)'라고 규정한다. 20세기는 1989년 프랑스혁명에서 시작하여 1815년 혁명전쟁을 결산하고 난 뒤 계속된 '100년 간의 평화(Polanyi, 1944: 1815-1914)'를 누렸던 '긴 19세기(Long 19th Century: 1789-1914)'를 마감한 뒤, 대규모의 잔인한 인명 살상과 물적 파괴를 결과한 제1차 세계대전이라는 '총체적 전쟁(total war)'에서 시작하여, 더 큰 규모의 제2차 세계대전에 이은 냉전이 종식된 1991년에 막을 내린 "짧은 20세기"였다. 그 총체적 전쟁을 통해 산업화를 추진하여 유례 없는 자본주의적 물질적 풍요라는 극단적 결과를 낳은 극단의 세기였다. 홉스봄은 한국전쟁도 500만의 이주난민(displaced)을 낳고, 2500만의 인구 중 3-4백만의 인명 살상을 초래한(Hollidays and Cumings, 1988: 200-201) 베트남전쟁과 더불어 제2차 세계대전 이후 최대 규모의 잔인한 전쟁이었다고 서술한다.(Hobsbawm, 1994: 21-23, 51, 234)

의 책임을 둘러싸고 논쟁을 벌이는 기원론 연구는 과잉 연구되었다. 이제 평화의 복구를 위해 전쟁이 가져다준 참혹한 결과를 살펴봐야 하고 과소 연구된 한국전쟁의 '결과'에 관해 이야기해야 한다.

그러나 전쟁의 결과에 관해 이야기하기 위해서는 어떻게 전쟁이 발발했는가를 알아야 하고 다시 여러 한국전쟁의 기원(origins)과 원인(causes)에 관한 문헌분석에 들어가야 한다. 기본적으로 한국전쟁의 기원과 원인분석은 거시적인 장기지속(longue duree)과 중범위적인 복합국면(conjunctures) 역사적 시간분석인 한국전쟁의 '기원분석'과 단기 지속의 복합국면과 일회성적인 사건사(eventuellement) 분석으로서의 한국전쟁의 '원인분석'으로 나누고, 원인분석을 다시 단기 지속의 국면적 원인분석과 미시적 사건사적 원인분석으로 나누어 분석해야 한다.

한국전쟁 분석은 '원인' 분석에서부터 출발하였다. 한국전쟁 연구 초기에는 "누가 한국전쟁을 시작했는가?", 다시 말하면 "누가 38선상에서 먼저 총을 쏘았는가?"라는 지극히 미시적 사건사적 분석에서부터 시작되었다. 말하자면, 북한이 먼저 옹진반도에서 총을 쏘면서 남침했다는 남침설과 남한이 먼저 38선을 넘었다는 북침설 논쟁이 한국전쟁 연구의 시작이었다. 그러나 역사학자의 역사기술의 전형인 사건사적 분석으로는 한국전쟁의 원인을 규명할 수 없었다. 그래서 자연히 한국전쟁 연구는 "왜 한국전쟁이 발발했는가?"를 규명하려는 중범위적(conjunctures)인 인과관계 분석으로 들어갔고, 외부적 요인이 한국전쟁의 원인을 해명해 줄 것이라는 외인론과 남과 북, 그리고 남한 내부의 정치적 권력구도의 변동과 격화된 계급갈등 한국전쟁의 발발 원인을 설명해 줄 것이라는 내인론이 경쟁하였고, 이 둘을 절충한 절충주의도 나왔다.(Merrill, 1989)

그러나 한국전쟁의 '원인' 분석은 겨울의 끝자락에서 개울의 얼음장 위에 쌓여 있는 눈밖에 볼 수 없었다. 얼음장 아래로 흐르면서 봄을 알려주는 '개울물'

을 볼 수 없었다. 얼음장 아래로 흐르는 개울물을 볼 수 없으면 다가올 봄이 어떤 봄일지를 알 수 없게 된다. 그래서 한국전쟁의 원인과 성격을 알기 위해서는 얼음장 아래로 흐르는 개울물, 즉, 한국전쟁의 '기원'을 추적해야 한다. 따라서 한국전쟁의 '원인론'과 '기원론'은 대립적 관계에 있다기보다는 상호 보완적 관계에 있다.

1) 한국전쟁의 기원(origins)

(1) 부르스 커밍스 교수의 한국전쟁 연구

한국전쟁의 기원에 관한 본격적인 사회과학적 분석은 한국 학자가 아닌 미국 학자인 부르스 커밍스(Bruce Cumings) 교수에 의해 이루어졌다.(Cumings, 1981) 커밍스 교수는 한국전쟁의 '기원'을 추적하기 위해서는 일제 식민지 시대의 시간으로 거슬러 올라가 식민지 계급투쟁인 적색농조를 보았고 식민지 한국 농민들의 계급투쟁이 페이지의 분류를 따른다면 '자크리의 난'과 같은 농민반란(peasants revolts)이라는 것을 규명했고, 그리고 일제의 전쟁 동원과 억압에 대한 저항으로 국내의 도시지역으로 몰려가고 그리고 만주와 일본으로 탈출한 이산민족(디아스포라)이 해방과 함께 고향으로 돌아온 한국인들을 지칭하는 귀환자들이 해방시간의 한국의 계급구도를 어떻게 바꾸어 놓았는가를 해방시간에 전국적으로 조직된 '지방인민위원회'를 통해 살펴보았다. 그리고 한반도를 둘러싼 국제정치 구조가 식민지 해방에서 냉전으로 바뀌면서 이러한 국제적 요인의 변화가 어떻게 국내 정치구조 속으로 되돌아와 지주계급과 농민들의 계급투쟁의 양상을 바꾸어 1950년 6월 25일에 발발한 한국전쟁을 예비하고 있었는가를 추적하였다. 커밍스의 거시적 계급갈등 분석은 누가 방아쇠를 먼저 당겼는가라는 미시적 사건 원인분석으로는 볼 수 없었던 얼음장 아래로 흐르는 개울물을 볼 수 있게 해 주었고, 전쟁이 일어나기 오래전인 일제 식민지 시대부터 축적되어 온 계급 간의 갈등과 축적된 분노가 한국전쟁이 일어나게 한 '기원'이었다는 것을 알려주었다.

부르스 커밍스 교수의 한국전쟁의 '기원' 연구는[175] 한국전쟁 연구론자들의 높은 관심의 대상이 되었다.[176] 진보적 학자들은 커밍스의 한국전쟁 연구를 높이 평가하고 있는 반면, 많은 보수적인 한국학 연구자들은 커밍스를 비판하여 커밍스를 극복하려 하였다. 커밍스는 항상 찬사를 받은 것은 아니다. 그들은 새로이 공개된 비밀자료와 북한 노획 문서, 1990년대 소련과 중국이 공개한 자료를 가지고 커밍스의 이론과 서술을 비판하고 있다.[177] 그래서 한국전쟁 연구에서 커밍스는 항상 논쟁의 한가운데에 있다.(박명림, 2011: 130)

필자는 커밍스의 한국전쟁 연구가 평가받아야 할 점과 비판을 받아야 할 점이 모두 있는 논쟁적인 연구라고 보고 있다. 필자가 커밍스 연구를 평가하는 이유는 커밍스가 장기지속(longue duree) 시간의 관점에서 일제 식민지 시대부터 지금까지 계속되고 있는 한국의 "긴 20세기"를 거시적으로 일견하고, 1945년 해방에서 1950년 전쟁으로 이어지는 복합국면적(conjuncture) 시간을 사회과학적 인과분석을 통해서 분석한 뒤, 한국전쟁과 같은 거시적 현상의 미시적 기초(micro foundation of macro phenomenon)가 되는 지방인민위원회(《한국전쟁의 기원》 1권), 한국전쟁 당시 양민 학살 기록 등을 통해 검증했다는 점이다.

---

175 Bruce Cumings, *The Origins of Korean War, Vol. I: Liberation and the Emergence of Separate Regimes, 1945-1947*(Princeton U. Pr. 1981); *The Origins of Korean War, Vol. II: The Roaring of Catarcat, 1947-1950*(Princeton U. Pr 1990); *Pallax Visions*(Duke U Pr, 1999); *The Korean War: A History*(Modern Library, 2010); John Halliday and B. Cumings, *Korea: The Unknown War*(차성수·양동주 역, 《한국전쟁의 전개과정》, 태암, 1989)

176 커밍스의 한국전쟁 연구를 최장집 교수(1989: 48)는 한국연구의 이정표적 대작이라 평가했고, 손호철 교수(1995)는 보수 일변도 한국전쟁연구를 진보적 시각에서 재해석하여 한국전쟁 연구를 촉발시킨 연구라 평가했고, 박명림 교수(1992; 2011: 130)는 한국전쟁을 한국학 연구의 변방적 주제에서 선도적 주제로 끌어올린 연구라고 높이 평가한다.

177 커밍스의 한국전쟁 연구 비판은 손호철(1989), 〈부르스 커밍스의 한국현대사 연구비판〉, 《실천문학》 15호; 전상인(1992), 〈부르스 커밍스의 한국사 — 한국사회의 인식〉, 《한국과 국제정치》 8(1); 전상인(2000), 〈커밍스의 한국전쟁연구와 한국 정치학〉, 《사회과학논평》 19; 전상인(2001), 《고개숙인 수정주의》(전통과 현대); 유영익(1997), 〈수정주의와 한국현대사연구〉, 《한국사 시민강좌》 제20집; 장원석(2004), 〈부르스 커밍스의 북한독해 일고〉, 《통일문제연구》 16(1).

커밍스는 한국전쟁의 비동시성을 잘 이해하고 있었다.

여러 기존의 한국전쟁 연구와 달리 커밍스는 한국전쟁이 1950년 6월 25일에 '시작(begin)'되지 않았다고 주장한다.

> 특별한 반론과 항변이 많지만 한국전쟁은 1950년 6월 25일에 시작(begin)된 것이 아니다. 그때 시작(begin)되지 않았다면, 김일성은 그때 전쟁을 "개전(start)"할 수 없었을 것이고, 또한 좀더 이른 시점에서만 "개전"할 수 있었을 것이다. 그 시점으로 거슬러 올라가면 우리는 내전은 개전(start)되는 것이 아니라 '다가온다(come)'는 진리에 서서히 다가가게 된다.(Cumings, 1997: 238)

커밍스는 한국전쟁은 1950년 6월 25일에 시작(begin)되지 않고 도래(coming: 다가온다)한 것이라고 하면서 커밍스는 한국전쟁이 언제부터 도래했는지를 밝히려는 '기원(origin)'에 관심이 있다는 것을 표명하였다. 커밍스는 한국의 '긴 20세기'의 시작 시간으로 거슬러 갔다.[178] 1910년 공식적으로 한국을 병합한 일제는 한국 농촌에서는 봉건제를 해체하기는커녕 봉건적 지주-소작인 계급관계를 강화시키는 재봉건화, 재농노화를 시도하였다. 일제 식민국가는 농민들을 산업노동자로 전환시키기 위해 농민들을 도시로 동원하면서, 다른 한편으로 농촌에서 재농노화를 시도하는 모순적 계급정책을 폈다. 농민들은 일제 식민국가에 의한 위로부터의 산업화를 위한 농민의 강제동원과 재농노화에 '적색농조'를 조직하여 소작료 투쟁을 벌이는 등의 저항(voice)을 하거나, 만주나 일본으로 도주, 이탈, 이주하거나(exit), 아니면 일제 식민국가에 기생하기 위해 충성을 바쳤다(loyalty). 1930년대 이후 도시의 산업화와 농촌의 재봉건화 과정에서 광범위한 사회적 탈구(dislocation)가 일어났고 전통적 사회관계는 붕괴되었고, 농촌에서 지주와 농민 간 계급갈등의 골은 깊어 갔다.

이와 같은 사회적 탈구로 일제 말 한국사회는 혁명적 상황이었으나, 혁명은

178 아래의 커밍스의 《한국전쟁의 기원》 요약은 손호철(1995)을 많이 참조하였음.

과대성장된 일제 식민국가에 의해 선제적으로 저지되었다. 혁명적 상황은 해방 후 더욱 강화되었다. 해방이 되었을 때 한국은 아시아에서 가장 오래되고 강한 공산주의 운동과 지도자를 갖고 있었다. 일제에 의한 봉건지주제의 강화(기생관료지주제)로 지주계급은 친일세력으로 몰리면서 정통성을 상실하였고, 좌익이 민족해방운동의 주도권을 장악하고 있었다. 세계 최악의 소작 조건은 농민혁명을 위한 객관적 조건을 충족시키고 있었다. 여기에 더하여 해외로 도주, 이탈, 이주한(exit) 한국인들이 고향으로 귀환하면서, 해외에서 돌아온 '귀환자들(returnees)'이 농민들을 의식화시키고 반란과 혁명을 고취시켰다.

혁명의 구조적 조건은 성숙되어 있었다. 페이지(Paige)의 농민혁명 이론에 의하면, 해방시간에서 농촌계급 관계는 제로섬적 관계였고 '농민반란(peasant revolt, 자크리의 난)'이 일어나기에 적합한 구조였다.[179] 지주는 근대 자본가로 전환하지 않고 토지에 눌러 앉아 소작농들을 직접 감시, 통제하는 재지 지주였고 농민들은 자신의 임금을 극대화하려는 근대 농촌 임금노동자가 아니라 자기 소유 땅에 대한 열망을 포기하지 않은 전통적 농민이었다. 이러한 지주와 농민의 관계는 농민반란이 일어나거나, 외부로부터 온 혁명 지도자가 혁명을 기획하면 농민혁명으로 발전할 수 있는 상황이었다. 실제로 한국에서는 외부로부터 온 혁명 기획가가 등장했고 미군이 한국에 진주하여 미 군정이라는 점령군 정부를 구성하지 않았으면 혁명이 가능한 상황이었다. 좌익이 주도하는 조선인민공화국(조공)과 지방인민위원회가 전국적으로 급속히 조직되고 있는 상황하에서 미군이 진주했고 미 군정이 펼쳐지면서 혁명의 기운은 내리막길을 걷기 시

179 페이지는 (1) 농촌에 거주하는 재지 지주와 '땅에 대한 열망(tied to land)'을 간직하고 있는 전통적 농민의 저항이 결합되었을 때 농민반란(peasant revolts)이 일어나기 쉽고, (2) 재지(在地) 지주와 플란테이션의 농촌 임금노동자의 불만과 저항이 결합되면 농민혁명(peasant revolutions)이 일어나기 쉽다고 한다. (3) 반면에 도시에 거주하면서 농촌의 자신의 땅에서 수확한 작물을 환금하여 이익을 극대화하려는 부재 지주와 전통적 농민의 저항이 결합하면, 부재 지주의 농지개혁 양보로 자영농화가 일어나며, (4) 부재 지주와 농촌 임금노동자의 임금 인상 요구가 결합하면 토지의 생산성을 높이려는 농업개혁(agrarian reform)을 낳는다고 했다.(Paige, 1975: chap.1)

작했다. 미 군정은 일제가 물려준 과대성장 국가(경찰, 관료, 군)를 친일 보수우익 세력에 넘겨줌으로써 구 체제를 온존시키려 하였고, 냉전이 격화된 이후에는 공산주의의 확산을 방지할 반공 보수우익 세력을 강화시켰다. 일제 식민국가 시대와 마찬가지로 미 군정하에서도 과대성장 국가가 혁명을 방어하였다.

1946년 10월 추수폭동으로 한국전쟁의 '기원'이 종료되고 한국전쟁이 사실상 '시작(begin)'되었다. 추수폭동을 주도한 조공과 지방인민위원회 산하의 혁명조직은 중앙집권적이지 못하고 세포적 분권조직이었기 때문에 추수폭동으로 불리는 농민반란(농민봉기)은 전국적이고 조직적인 혁명으로 발전하지 못하고 지역적, 자연발생적인 반란에 그쳐 압도적인 무력을 보유한 미 군정 경찰력에 의해 쉽게 진압되었다. 냉전의 격화와 함께 미국은 방어적 봉쇄정책에서 공격적 탈환정책(rollback)으로 전환하였고, 남한에 좌익이 주도하는 혁명을 저지하고 미국의 냉전정책에 충실히 봉사하는 친미 정권을 세우기로 결정하였다. 해방시간 초기의 미 군정 정책인 자유 다원주의는 종말을 고하였고 좌익세력은 다원주의적 포용과 관용, 협력의 대상이 아니라 탄압과 배제의 대상이 되었다. 제도권 내에서의 활동공간을 상실한 좌익 세력은 지하로 들어갔고 친미 분단국가 수립을 저지하기 위해, 제주도 4·3항쟁과 같은 대중봉기를 감행하거나, 1948년 분단국가가 정식으로 수립되면서 대중봉기가 여의치 않게 되자, 빨치산으로 불리는 게릴라전을 수행하였다.[180] 전쟁은 이미 도래(coming)하였다.

커밍스는 '장기지속'의 거시적 역사시간의 분석을 통해 한국전쟁의 역사적 기원을 추적했고, 복합국면적 시간의 분석을 통해 1950년 6월 말에 한국전쟁이

180 '남부군'으로 불리는 이현상이 지휘하던 좌익 빨치산 부대가 게릴라전 부대의 대표적인 예이다. 이현상은 1949년부터 지리산에서 인민유격대를 조직하여 활동하였으며, 6·25전쟁 시에는 광범위한 지역에 걸쳐 협동작전을 벌였다. 유엔군의 반격으로 다시 지리산으로 잠입하여 활동하다가, 1950년 11월 남반부인민유격대로 재편한 다음 남하하였다가 12월 제천에서 조선인민유격대 남부군단으로 부대를 개편한 후 덕유산 일대에서 활동하였다. 이현상은 남부군단 총사령관으로 1951년 7월 중순부터 남한일대의 게릴라 부대들을 총지휘하였다. 남부군은 주로 지리산, 백운산, 덕유산 일대를 중심으로 활동하였으나, 한국군 백야전전투사령부 등의 토벌작전에 의해 대부분 토벌되었다.

'도래(coming)'하게 되는 역사적 경로의 인과관계를 밝히려 했다. 그리고 그는 지방인민위원회 자료 분석을 통하여 미시적인 사건사적 분석 결과를 제시하여 자신의 한국전쟁 발발의 인과관계 주장을 뒷받침하려 했다.

(2) 커밍스 한국전쟁의 기원 연구 비판 — 한국전쟁은 계급전쟁이 아닌 이념전쟁

그러나 커밍스를 제대로 이해하고 해석하기 위해서도 커밍스의 한국전쟁 연구가 갖고 있는 한계와 오류를 비판해야 한다. 왜냐하면, 후학들이 한국전쟁 연구를 하면서 넘어야 할 벽인 커밍스의 한국전쟁 연구를 극복하는 데 도움을 주어야 하기 때문이다.

기존의 커밍스의 한국전쟁 연구 비판은 그가 북한에 전쟁 책임을 지나치게 온정적으로 묻고 있는 '수정주의' 사관을 가지고 한국전쟁을 기술했다는 데 초점을 맞추고 있다.

그러나 필자는 전쟁 책임론의 관점에서가 아니라 전쟁 성격의 관점에서 커밍스의 한국전쟁 연구를 비판하려 한다. 필자는 커밍스가 비판받아야 할 첫 번째 문제점은 그가 한국전쟁을 계급전쟁으로 보고 있다는 것이다. 커밍스는 한국전쟁이 계급전쟁이라는 것을 도출해 내기 위해 일제 식민국가하에서 농민들과 노동자들의 계급투쟁을 추적하였고, 해방시간의 사회적 갈등의 중심 축은 농민과 지주 간의 계급갈등과 계급투쟁이라는 것을 지방인민위원회 문서를 분석하여 증명하려 했다. 물론 해방시간의 농촌의 계급갈등이 1946년 가을 추수폭동과 같은 농민반란으로 격화되고, 국가 억압기구가 개입하여 농민반란을 무력으로 진압하고 난 뒤 반란농민들은 산으로 들어가 빨치산이 되어 게릴라전을 전개하고 단정 수립 직전인 1948년 4월 3일 제주도에서는 3만 명의 희생자를 내는 거의 내전 수준의 폭력적 계급갈등이 있었고, 남한 내에서의 계급투쟁이 성공하지 못하자 북한의 김일성이 남한 내에 '민주 기지'를 건설하기 위해 남침함으로써 한국전쟁이라는 계급전쟁에 도달(coming)했다는 설명은 논리적

이기는 하나 한국전쟁이 기본적으로 계급전쟁이 아니라 냉전체제하의 이념전쟁이라는 사실을 간과하고 있다.

역사적으로 계급혁명은 많으나 계급전쟁은 드물다. 마르크스는 1870-1871년 프랑스 파리를 점령한 파리코뮌 노동자계급의 3일천하와 군대에 의한 폭압적 진압을 '프랑스 내전(*Civil War in France, Der Burgerkrieg in Franreich*)'이라 기록했고, 엥겔스는 1525년 '독일농민전쟁'과 1848-1849년 사이의 '독일혁명'을 비교하면서 책 제목을 《독일농민전쟁(*Der Deuteche Bauerkrieg, The Peasant War in Germany*)》이라 붙였다. 이 외에 계급전쟁이라는 용어를 구체적으로 쓴 전쟁은 드물다. 마르크스의 프롤레타리아트와 부르주아지 간의 계급전쟁,(Marx, 1871) 엥겔스의 독일농민전쟁이 모두 내전(civil war)이라는 점에서 진정한 전쟁은 아니다. 그들은 계급혁명을 계급전쟁이라 불렀던 것이다. 계급혁명이라 불리는 거대한 혁명은 많이 있는데 대표적으로 러시아혁명과 중국혁명으로 둘 다 프롤레타리아트 혁명이라 불렀으나 실제로는 농민혁명이었다. 계급전쟁이 왜 내전으로 끝나고 국가 간의 전쟁으로 비화하지 않은 이유는 계급전쟁이나 계급혁명은 이익(interests)에 바탕을 두고 있기 때문에 이익을 주고받는 계급타협에 의해 전쟁을 불러온 요인이 해소될 수 있고, 따라서 전쟁은 국가 간 전쟁으로 비화하지 않고 국내적으로 해결이 가능했기 때문이다. 이와는 반대로 이념전쟁, 종교전쟁, 종족전쟁과 같은 정체성(identity)에 바탕을 둔 전쟁은 국내의 내전이 국가 간의 전쟁으로 비화하기 쉽다. 왜냐하면, 정체성을 둘러싼 정체성 집단(이념집단, 종교집단, 종족)간에 정체성을 공유한다거나 다중적 정체성을 인정하는 타협이 거의 불가능하고, 자신들의 정체성을 지키기 위한 투쟁이 유혈적인 내전으로 발전하고 근린국가의 정체성 집단이 가세하면서 정체성을 둘러싼 국제전으로 확산되기 십상이기 때문이다.

1950년에 발발한 한국전쟁은 기본적으로 공산주의와 반공주의 이데올로기 간의 갈등이 전쟁으로 비화된 '이념전쟁'이다. 박명림은 한국전쟁이 500만 명이라는 미증유의 인명피해(사망, 실종, 부상 포함)를 낸 유혈적인 전쟁으로 끝난 이유는 미군의 대량 공습 때문만은 아니고 이념적 정체성을 둘러싼 이념전쟁이었기 때문이라고 정확하게 분석하였다.(박명림, 1996b, 884) 박명림은 농민과 지주, 국가 간의 계급투쟁 또는 계급갈등은 남한에서의 농지개혁이라는 계급타협으로 갈등의 요인이 상당 부분 해소되었기 때문에 사실상의 농지개혁이 끝난 시점인 1950년 6월 25일 발발한 한국전쟁을 계급전쟁으로 규정한 커밍스의 주장은 근거가 없으며 사실이 아니라고 반박하였다.(박명림, 1996b: 457-517)

농지개혁 문제에 대해 이승만과 미 군정은 결코 '반동적'이지 않았고 오히려 '개혁적'이었다. 미 군정은 지주계급과 그들이 지지하는 한민당의 농지개혁 사보타주를 저지하고 남한 정부와 정치권에 농지개혁 압력을 넣기 위해 신한공사 소유의 귀속농지를 선제적으로 불하하였고, 이승만과 그의 지지세력은 농지개혁 문제를 제헌헌법에 포함시킬 정도로 적극적이었으며, 자신이 정부를 맡았을 때 골수 좌파였던 조봉암을 농림장관으로 임명하여 농지개혁을 추진하도록 했으며, 한민당의 사보타주를 뚫고 1950년 초부터 사실상의 무상분배에 가까운 너그러운 조건으로 농민에게 지주의 농지를 불하하는 농지개혁을 단행하였다.

미 군정에 의한 농지개혁 소문이 돌자 토지를 몰수당하기 전에 좋은 조건으로 토지를 팔려는 지주들이 소작농이나 자작농에 농지를 사적으로 대량 강매와 방매하면서 1947년 1949년 사이에 분배대상 농지의 37%에 달하는 49만 925정보가 줄어들었고, 1951년 2월 16일 국회에서 주무 부처인 농림부가 박망원 의원의 서면질의에 대한 답변에서 "1950년 4월 15일 당시 수배자호수 120만 호에 42만 정보가 분배 완료되었다"는 통계를 합하고, 1949년 말에서 1950년 4월까지 이루어진 방매와 강매를 합치면 대부분의 분배대상 농지가 이미 농민의 손에 넘어갔다는 추정 통계가 나온다. "소작농지는 이미 동란 전에 거의 모두 끝났습니다"라는 농림부 농지관리국 관료 이준영의 자신에 찬 답변은 사실이었다.(박명림, 1996b: 505) 지주계급은 몰락하였고, 농민이 지주를 대체하여 이승만의 지지계급이 되었다. 1950년 6월 25일 한국전쟁 전야에 이승만 정부는 농민의 계급투쟁의 대상이 아니라 계급연합의 대상이었다.

1950년 6월 25일 한국전쟁 발발 전야에 남한 내에서 농민의 계급투쟁이 내전(civil war)으로 발전할 수 있는 원인이 소멸되었다. 1950년 4월 무초 주한 미대사가 "한국인의 80%를 구성하고 있는 농민은 강력한 안정요소를 형성하고 있다"고 본국에 보고했는데 이는 사실이었다.(*FRUS 1950*, Vol. VII: 49; 박명림, 1996b: 515-516에서 재인용) 이제 농민은 혁명의 도화선이자 보루가 아니라 남한의 분단국가를 지탱하는 버팀목이 되었다. 1948-1951년 프랑스의 농민들은 프랑스대혁명 시기에 나폴레옹 보나파르트가 토지를 농민에게 분배해 준 농지혁명을 그의 조카인 루이 보나파르트가 재현해 줄 것이라는 '나폴레옹 이념(idee Napoleonaise)'의 환상만을 믿고 루이 보나파르트를 권좌에 올려주었으나, 1950년 한국의 농민들은 실제를 농지를 분배받고 그 대가로 이승만 정권을 지지하는 계급타협에 동의하였다는 점에서 보나파르티즘의 원조인 루이 보나파르트보다 더 이데올로기나 환상이 아닌 실제적인 이익을 교환하는 계급타협에 기반한 보나파르티즘을 실현했던 것이다.

이승만 체제는 한국전쟁 전야에 기존의 통설과는 달리 안정화되어 있었다. 그러므로 일제시대부터 해방 후까지 계속 확대(escalate)되어 온 계급갈등의 축적이 남한 내부에서 1948년 4·3제주항쟁이나 일련의 게릴라 전과 같은 계급전쟁의 성격을 가진 내란(civil war)으로 발전하였고 그 계급전쟁이 임계점을 지나자 북한이 이 계급전쟁에 개입하는 한국전쟁이 발발했다는 커밍스의 한국전쟁의 기원에 관한 기본 가설은 부정되어야 한다.

일제 식민국가하에서 농민들이 전개한 계급투쟁과 '해방시간(1945-1948)'과 '1948년 체제'하에서 농민들이 계급으로 동원되고, 농민과 지주 간의 갈등이 축적되어 폭력적인 계급투쟁으로 비화한 일련의 사태의 진전이 한국전쟁의 '기원'을 형성하는 한 축이 될 수 있다. 그러나 계급투쟁이 한국전쟁의 주 '원인'이 아니다.

커밍스는 "옹진반도에서 일어난 한 사건으로 시작된 (한국)전쟁의 '원인'을 제공한 자는 누구인가? 1945년부터 일어난 일련의 복잡한 주단(태피스트리)을 깐 당사자는 어느 누구도 아닐 수가 있고, 모든 사람일 수도 있다. 누가 한국전쟁을 일으킨 원인(cause)을 제공한 당사자인가? 여기에 방점을 찍으면, '사실(facts)'이 없는 정치, 철학, 인간 영역을 위해 역사를 포기하는 것이다"라고 이야기하면서 원인에 대한 연구는 사실에 기반을 두지 않은 공허한 것이라고 비판한다. 그리고 그는 "누가 한국전쟁을 시작했는가" 하는 질문은 이제 더 이상 던지지 말아야 한다고 주장했다. 왜냐하면 아직도 "누가 전쟁을 시작했는가" 하는 협애한 질문을 가지고 공방을 벌이면 남과 북 간에 상호 증오만을 증폭시키면서 교훈을 얻지 못할 것이기 때문이라는 것이다.(Cumings, 1990: 621)

그러나 한국전쟁의 책임을 묻는 '원인'과 '시작'에 관한 논의를 계속하면 상호 증오만을 증폭시킬 것이기 때문에 기원에 초점을 맞추어야 한다는 커밍스의 견해에 동의한다고 하더라도, 그 기원이 계급갈등의 축적이라는 견해에는 동의할 수 없다. 한국전쟁은 기본적으로 정체성을 둘러싼 전쟁인 이념(ideology)전쟁이고 이념전쟁이었기 때문에 500만이 넘는 인명 희생을 치른 유혈적인 전쟁이었고 아직도 정전(停戰)상태로 끝나지 않은 전쟁인 것이다. 한국전쟁을 이념전쟁이라고 보고 이념전쟁의 기원을 찾을 때, 그 기원은 1917년 레닌이 러시아혁명을 성공시킨 뒤 러시아 대혁명의 물결이 극동(Far East)으로까지 번짐으로써 '공산주의라는 유령'이 한반도를 배회하면서[181]부터이다. 이념전쟁의 기원은 이미 일제 때부터 시작되었다. 우리는 1927년 2월 15일에 출범한 민족주의자와 공산주의자 간의 통일전선이자 좌우합작 단체인 신간회가 1931년 5월 16일 코민테른의 신간회 해체 지시를 받은 공산주의자와 민족주의자

181 마르크스의 《공산당 선언(*Communist Manifesto*)》에서 시작하는 말로 나오는 구절, "A spectre is haunting Europe-the spectre of Communism"에서 유럽을 한반도로 바꾼 구절.

간의 내부 분열로 조직 자체가 해소되었을 때부터 공산주의자와 민족주의자 간의 갈등의 골이 패이기 시작되었다는 것을 전장(前章)에서 보았다.[182]

신간회 사건 이후 일본 제국주의에 저항하고 민족독립을 추구하는 일제에 대한 저항운동에서 계속되었다. 항일운동 과정에서의 이념갈등은 공산주의자들이 좌익의 축이 되고,[183] 다양하게 분열된 우파 민족주의자들(문화 민족주의자, 저항 민족주의자, 해외 무장투쟁파, 해외 외교독립운동파 등)이 우익의 축을 형성하고 있었다. "공산주의자들이 민족주의자들로부터 한국 혁명의 주도권을 잡았다"는 서대숙 교수의 표현처럼(서대숙, 1967: 132) 공산주의자들은 1925년경부터 항일 투쟁의 주도권을 장악하기 시작했다.(커밍스, 1986: 66; 서대숙, 1967: 132; 이정식, 1963: 4) 서대숙 교수는 노동자와 농민같은 민중뿐 아니라 학생, 청년단체, 지식인들에게 일제에 대해 엄격한 규율로 대항하게 하는 공산주의자들이 어쩌다 폭탄을 던지는 민족주의자들의 항일투쟁보다 훨씬 더 강력한 영향을 주었고, 호응을 불러일으켰다고 이야기한다.(서대숙, 1967: 132)

항일운동의 헤게모니 경쟁에서 밀려난 온건한 문화 민족주의자들은 공산주의자들을 '극단주의자'로 색칠하였다. 그러나 공산주의자들은 1930년대 일제의 농민 수탈 정책에 저항하는 적색농조운동을 비롯한 농민들의 저항운동을 주도하였으며, 국경에서의 항일 게릴라 투쟁에서도 민족주의자들과 협력하면서 경쟁하였고, 1945년 소련군이 북한에 진주하고 만주지역을 중공군이 장악하면서 한만국경지대와 만주에서의 항일 무장투쟁의 공은 공산주의자들로 넘

---

182 신간회의 해소를 초래한 요인에는 좌우 간의 이념갈등이라는 내생적 요인뿐 아니라 코민테른의 조선 공산주의자들에 대한 지시와 일제 식민국가의 '분리통치' 전략에 의한 한국인의 분열공작이라는 외생적 요인도 작용했다. 여기서 이야기하고자 하는 것은 이념 갈등의 골이 여기서부터 패이기 시작했다는 것이다.

183 공산주의자들도 일괴암적(monolithic)인 동질적 집단을 형성한 것이 아니고 국내파, 소련파, 연안파(중국파), 그리고 한중 국경지대에 출몰했던 빨치산파 등 4대 계파가 있었으나 우익단체들처럼 분열되지 않았고 대체로 코민테른의 지시를 받으면서 실제 행동노선을 달리하는 경쟁적 협력관계에 있었다. 한국공산주의자들의 분파주의, 종파주의는 과장되었다는 커밍스의 주장은 대체로 사실과 일차하는 것 같다.(커밍스: 1986: 65-69)

어갔다. 해방 후 남한으로 귀환한 무장투쟁파 민족주의자들의 공산주의자들에 대한 강한 불신도 이때 싹튼 것으로 보아야 한다.

그러나 일제하에서는 이념갈등이 그렇게 현재화되지는 않았다. 한국의 우익과 좌익들은 일제라는 공동의 적에 대항하기 위해 대놓고 공개적으로 싸울 수는 없었고 형식적으로나마 협력관계를 유지하고 있는 것처럼 대중들에게 비쳐지기를 바랐던 것이다. 그러나 해방 후 남과 북에 미군과 소련군이 진주하고 군정을 실시하면서 좌우익의 이념갈등의 이념의 종주국인 외세들의 요소와 결합하면서 현재화되고, 심화되었으며, 격렬한 폭력적 갈등으로 수직 상승되었다. 물론 일제 강점기부터 계급갈등이 이념갈등의 주요소였고 해방 후에도 공산주의자들을 비롯한 좌익들이 재빨리 건준, 인공, 지방인민위원회, 전평, 전농을 선점적으로 조직하고 주도권을 잡으면서 이데올로기적 헤게모니의 조직 경쟁에서 우익에 대해 우위를 차지하였다. 북한에서는 김일성을 지도자로 하는 공산주의자들의 일괴암적 헤게모니 체제가 일찌감치 형성되었으나, 남한에서 공산주의자들이 해방시간의 초기에 장악한 헤게모니를 유지하는 것은 간단치 않은 일이었다. 미소공동위원회가 결렬되고 미국과 소련이 한반도에서 타협하지 않고 각각 자신들의 피후견국가를 건설하겠다는 의지를 읽은 순간 남한의 공산주의자들도 다원주의의 틀 내에서 평화적으로 투쟁하는 '8월 테제'에서 1946년 7월 하순 무장투쟁혁명노선인 '신전술'로 전략의 전환을 시도하였다. 조선공산당의 전술 변경 지시에 따라 전평도 8월 23일 '신전술' 노동계급투쟁노선으로 전환하였다.[184] 신전술 채택으로 비합법적 폭력투쟁으로 노선전환을 한 전평은 1946년 9월에 부산철도파업을 비롯한 노동자 총파업을 시도하였고, 1946년 10월에는 전평과 전농이 노동동맹을 맺어 추수폭동이라는 폭력무장투쟁을 대구에서 시작하여 전국으로 확산시켰으나 미 군정의 압도적인 무력

184 전평의 신전술 전환을 보여 주는 문서는 〈현하에 있어서의 스트라이크 전략의 문제—조선 노동운동 당면의 제 문제, 특히 2, 3의 우익적 편향에 대하여(1946년 8월 23일)〉이다.

진압으로 실패하였다.

이제 46년 후반기부터 좌익과 우익은 합법적이고 평화적인 경쟁을 하는 관계에서 거리에서의 비합법적 폭력투쟁을 하는 관계로 바뀌게 된다. 이념갈등이 현재화되어 제도권에서 거리로 뛰쳐나왔고, 폭력투쟁 전략을 선택하는 순간 타협의 공간은 협애화되고 궁극적으로는 소멸되었다. 사라진 타협의 공간에 좌우 간의 무력대결이 자리 잡았고, 좌익들은 지하로 들어가 빨치산이 되어 농촌에 출몰하는 게릴라전을 벌이거나 제주 4·3항쟁처럼 아예 정규전을 방불케하는 거리에서의 항쟁으로 폭발시켰다. 폭력적 이념갈등은 남한에서 단독정부가 수립된 후에도 남부군과 같은 게릴라전이 산악지대를 중심으로 계속되었고, 북한 공산당이 게릴라전을 실질적으로 지휘하면서 남한 내의 이념갈등은 남북한을 아우르는 이념갈등으로 확대되었다.[185] 확대된 이념갈등을 무력으로 남북을 통일하여 해결하겠다는 북한 김일성이 전쟁의지를 다지고, 스탈린의 지원과 모택동의 승인을 받은 뒤, 본격적으로 1950년 6월 25일 38선을 가로 질러 대규모 병력으로 남침을 감행함으로써 한국전쟁 또는 6·25전쟁으로 불리는 국가 간의 정규 전쟁으로 비화되었다. 그 후 남북 두 분단국가 간의 정규 전쟁에 미국과 소련, 중공이 개입함으로써 한국전쟁은 제2차 세계대전 후 최대 규모의 국제전쟁으로 확대되었다.

이제 '한국전쟁의 기원'에 대한 커밍스의 주장을 비판적으로 평가하려 한다. 커밍스가 계급갈등과 투쟁(주로 농민계급투쟁)이 전쟁의 기원이라고 주장한 데 대해 필자는 계급투쟁이 전쟁의 기원에서 중요한 역할을 했지만, 기본적으로 좌익과 우익, 공산주의자와 반공주의자 간의 이념투쟁이 전쟁의 기원이라고 주장한다.

레닌이 농민 출신도 아닌 지식인으로서 독일에서 고향 러시아로 돌아가 볼

185 남북한을 아우르는 이념갈등에는 국제적 냉전체제의 두 주역이자 남과 북의 후견국가인 미국과 소련 간의 이념갈등이 포함된다.

셰비키 혁명대원을 조직하여 농민혁명을 일으켜 궁극적으로 러시아혁명을 성공적으로 완수한 것같이, 북한의 김일성도 농민이 아니라 한만국경을 출몰하는 항일 빨치산 부대의 지도자였다. 해방이 되었을 때 그는 농민혁명운동을 대표해서 북한으로 돌아온 것이 아니고 위대한 항일 무장투쟁의 지도자의 자격으로 귀환하였고, 그는 사회주의적이면서 혁명적인 농지개혁을 성공시킴으로써 북한 내에서의 권력 경쟁자들을 물리치고 북한의 분단국가를 건설하는 주역이 되었다. 김일성은 1930년대 일제하에서 좌우익이 갈라서고 이념투쟁을 벌이는 과정에서 아무런 역할을 하지 않았지만, 해방시간(1945-1948)과 '48년 체제'(박찬표, 2010)에서는 주역 중의 한 사람이었고, 1950년 6월의 전쟁 발발에는 주역 중의 주역이었다. 1945년 이후 그가 전쟁을 일으키는 과정을 보면 그의 전쟁선택에서 남한의 노동자와 농민의 해방이라는 계급이익적 계산보다는 남조선을 강제 합병하여 통일된 공산주의 국가를 건설하겠다는 계산이 앞섰다.

따라서 김일성이 이런 계산을 하게 된 구조적 제약 요인이 형성된 과정, 즉 한국전쟁의 '구조적' 기원을 살펴봐야 하고 일제하 농촌에서의 계급혁명의 기운만 볼 것이 아니라 1930년대에 좌우익이 합작을 하고 있다가 갈라서게 된 결정적 계기를 제공한 반일제 저항운동 세력 내의 좌우익 간의 이념갈등에서 연원을 추적하는 것이 타당하다. 그래야 일제 강점기하에서 싹이 트고 해방 후 해방시간과 48년 체제 기간에 국제적 냉전체제가 등장, 심화되는 과정에서 남북한 사이에 그리고 남한 내부에서 더욱 첨예화되고 폭력적 갈등, 투쟁으로 증폭된 좌우익 간의 이념갈등에 주목해야 하고 이념갈등을 주도하는 정치 지도자들(political entrepreneurs)이 계급갈등을 어떻게 이용하고, 해소시켜 남북 간의 이념갈등을 이념적 대치 상황으로 첨예화시키는 데 동원하고(남북 대결), 궁극적으로는 한국전쟁을 일으켜 농민과 노동자들을 전장(戰場)으로 내몰았는가를 살펴보아야 하는 것이다.

커밍스가 일제하에서 식민지 산업화를 분석하면서 '정치가 경제를 지배한다(politics takes command)'는 논리로 마르크시즘의 경제결정론을 비판하고 극복한 정확한 분석을 하였음에도 불구하고,(Cumings, 1984) 한국전쟁의 식민지적 기원을 설명하면서는 혁명은 계급갈등의 결과라는 정통 마르크스주의의 유물사관론에 지나치게 의존하고 있는 것을 알기 어렵다. 일제하, 해방시간, 그리고 48년 체제에서 격렬한 계급투쟁이 있었고 이것이 전쟁 음모자(war mongers)들에게 전쟁을 정당화하는 구실을 주었는지는 모르나 그들의 전쟁결정 계산에 결정적 요소로 작용하지 않았다는 것이 확실하다. 계급투쟁의 축적이 궁극적으로 전쟁으로 치달았다는 계급투쟁 결정론적인 한국전쟁 기원 해석과 분석이 커밍스의《한국전쟁의 기원》의 결손(缺損) 부분이라 할 수 있다.

2) 한국전쟁의 원인과 발발

필자는 앞서 한국전쟁의 원인은 과잉 연구되었다고 이야기한 바 있다. 그러므로 필자가 한국전쟁의 원인과 발발에 대해 더 이상 보탤 것은 없다고 보고, 단지 기존 연구를 비판적으로 정리, 요약할까 한다. 필자는 복잡한 전쟁원인론 나뭇가지들을 분류하고 분석하는 데서 나올 수 있는 분석상의 오류를 피하기 위해 브로델의 역사적 시간 분석을 원용하고자 한다. 브로델은 거시적 장기지속의 시간(longue duree), 복합국면적 시간(conjonctures), 미시적 사건사 시간(eventuellement)으로 나누어 분석하였다. 장기지속의 시간을 분석한 학자는 커밍스 외에는 없고 이미 전 절에서 논의했기 때문에 미시적 사건사 분석과 중위적 복합국면적 시간으로서의 한국전쟁의 원인사를 보려 한다.

한국전쟁의 원인 분석에서는 김학준 교수의《한국전쟁》이 교범이요, 사전(事典)이고, 교과서이자 고전이다. 전통주의자들이나 수정주의자들을 막론하고 한국전쟁의 원인분석에 들어가기 전에 반드시 김학준 교수의《한국전쟁》을 일견하여야 한다.[186] 김학준 교수의 전쟁원인 분석은 너무 방대해서 거대한

186 김학준, 〈한국전쟁의 기원에 대하여〉, 진덕규 편,《1950년대의 인식》(한길사, 1981); 김학준,《한국전

전쟁 원인론들을 박물학적 전쟁 원인론 분류나무와 가지(botanical tree and branches)로 그려야 한눈에 파악할 수 있다. 김학준 교수는 한국전쟁의 원인[187]을 기본적으로 전통주의와 수정주의로 나누고 이를 다시 남침설과 북침설, 외인론과 내인론으로 나눈다. 김학준 교수는 전통주의자들은 기본적으로 외인론과 남침설을 믿고 있으며, 북침설은 사실에 근거하지 않고 있다고 비판한다. 이에 반해 수정주의자들은 외인론보다 내인론에 치중하며, 초기 수정주의자들은 북침설의 가능성까지 이야기하고 있으나 대부분은 스탈린과 김일성을 전쟁을 개시하도록 유인하기 위해 제한적으로 전쟁을 도발했다고 한다. 전통주의자들의 남침설은 스탈린 주도설, 중소 음모설, 북한 내부의 권력투쟁설로 나누어지며, 수정주의자들의 북침설은 Gupta의 북침설, Halliday, Stone, 콜코 부부의 북한의 남침을 유도하기 위한 제한적 북침설(또는 북침 유도설)로 나눈다.(김학준, 1981; 2003) 김학준 교수가 1976년에 출판한《한국문제와 국제정치》에 포함된〈한국전쟁의 기원에 대하여〉는 1981년 진덕규 교수가 편집한《1950년대의 인식》에 전재되었고 한국전쟁 원인에 관한 나뭇가지를 기본적으로 완성했다. 김학준 교수의 한국전쟁 원인에 관한 나뭇가지 분류는 새로운 이론들이 나오면서 가지가 풍성해지고 여러 갈래로 나누어지게 되었다. 김철범 교수는 미국의 관료정치 모델(김철범)로 외인론의 곁가지를 또 하나 만들었고,(김철범, 1990a; 1990b; 1990c) 전술한 커밍스는 남한 내부의 계급갈등론, 민족해방전쟁론을 들고 나와 내인론의 깊이와 넓이를 늘리고 풍성하게 만들었다. 그리고 외인론과 내인론을 절충한 미 국무성 분석관인 메릴(Merrill)의 절충주의 이론도 나왔다.(메릴, 1988; 2004) 그런데 박명림(1996a; 1996b)은 두 권으로 된《한국전쟁의 발발과 기원 1·2》이라는 방대한 한국전쟁 분석 저서를 내 놓음으로써

쟁》(2010. 제4수정증보판); 김학준,《한국전쟁》(2003. 제3 개정증보판).

187 김학준 교수는《한국전쟁》2장 제목을 '기원들(한국전쟁의 기원들)'이라고 명기하면서《한국전쟁》책의 부제는 '원인(《한국전쟁 — 원인, 과정, 휴전, 영향》)'으로 쓰고 있어 조금 혼란스럽다. 그러나 김학준 교수의 '기원'을 일반적으로 쓰는 어법인 '원인'으로 보면 별 문제가 없을 듯하다.

이제까지의 한국전쟁론들을 종합한 총체적 분석을 시도하였다.

박명림은 한국전쟁의 결정, 발발, 기원, 원인을 모두 분석하면서 기존의 한국전쟁론들을 비판적으로 극복하려는 '총체적 역사('total history': Braudel)' 분석을 하고 있는데 김학준 교수가 그리기 시작한 한국전쟁 원인에 관한 나뭇가지 중 어느 가지에 넣어야 할지 난감하게 만들었다. 박명림 교수는 이제까지 풍성했던 한국전쟁의 원인분석 연구의 식탁을 일단 정리해 주었다. 한국전쟁의 원인에 관한 연구는 충분히 이루어졌다는 반증이었다.

(1) 사건사적 한국전쟁 발발 분석 — 굽타의 "한국전쟁은 어떻게 시작되었는가?"

미시적 사건사 분석을 시도한 사람은 초기 수정주의 이론을 제기한 인도 캘커타대학 굽타 교수(Karunaker Gupta)였다.(Gupta, 1972) 굽타 교수는 태양신문 최기덕 기자가 제17연대장 백인엽 대령에게 철수를 권유하자 백인엽 대령이 해주로 진주할 것이니 서울에 가면 상부에 전달해 줄 것을 요구했는데, 최기덕 기자가 국방부 정훈보도과장에게 이야기하자 "국군 해주시 돌입"이라는 기사를 낸 것을 근거로 전쟁을 먼저 시작한 것은 북한이 아니라 남한이라고 주장하였다. 굽타 교수도 완전한 북침론자가 아니었다. 굽타 교수가 북침론이 아닌 북침설을 주장한 것은 진정한 북침이 아니라, 북한으로 하여금 전면적 반격을 유인하기 위해 남한이 먼저 38선 선상에서 무력분쟁을 일으켰다는 이야기를 하기 위해서였다. 굽타 교수의 북침설은 한국전쟁의 원인을 "1950년 6월 25일 38선상에서 누가 먼저 총을 쏘았나?"는 미시적 사건사적 분석을 시도한 것으로 굽타의 북침설은 수많은 한국전쟁 연구학자들의 반증에 의해 쉽게 폐기되었고, 다른 수정주의자들도 한국군의 직접적인 북침설은 더 이상 제기하지 않고 1950년 6월 25일 한국군이 먼저 도발함으로써 전쟁이 터진 것이 아니고, 남과 북에 별개의 단독정부가 수립된 1948년부터 1950년 6월까지 있는, 48년 체제라는 국면적(conjunctural) 시간에 남한 정부가 북한의 남침을 유도하기 위해 꾸준히 그러나 산발적인 38선상에서 무력충돌을 야기했다고 주장한다.

그러나 제1차 세계대전이 오스트리아 황태자 페르디난드를 암살시킨 한 세르비아 독립운동을 하던 비밀결사단원인 프린치프의 '사라예보의 총성'으로 개막되었지만 제1차 세계대전이 발발하게 된 기원과 원인을 설명해 주지 못하는 것과 같이, 1950년 6월 25일 38선 경계선 어느 곳에서 누가 먼저 총을 발사했는가를 밝히는 것이 한국전쟁의 원인을 설명해 주지 않는다. 사라예보의 총성으로 제1차 세계대전이 발발한 것이 아닌 것과 마찬가지로, 6월 25일 새벽 38선상에서 누군가 먼저 총을 발사함으로써 한국전쟁이 발발한 것은 아니다. 사라예보의 총성이 있기 전에 오스트리아와 독일 대 러시아, 영국과 프랑스 간에 전쟁을 향해 충돌하기 위해 달려오는 기차들 사이의 일촉즉발의 긴장이 조성되고 축적되어 온 것과 같이, 1950년 6월 25일 한국전쟁이 개전되기 이전 48년 체제하에서 38선상에서 남과 북의 무력충돌은 심심찮게 있어 온 것이다. "누가 총을 먼저 쏘았느냐"는 서부 활극 영화에 나오는 결투처럼 개인 대 개인의 사건사(eventuellement)인 것이다. 그 결투와 비슷한 사건사인 사라예보의 총성이나 옹진반도에서 충돌만으로 제1차 세계대전이나 한국전쟁의 발발 원인을 파악할 수 없다. 전쟁이란 국가와 민족 집단끼리 맞부딪치는 거대한 집단활극이기 때문에 〈OK목장의 결투〉와 같은 개인들 간의 사건사로 분석해서는 그 집단활극의 원인을 알 수 없는 것이다.[188]

브로델(Braudel)이 이야기한 것같이, 전쟁은 개인적 '사건(enventuellement)'이 아닌 국면적(conjunctural) 역사적 시간이다.(Braudel, 1982) 물론 1950년 6월 25일 38선상의 어느 지점에서 남과 북의 소규모의 개별적 무력충돌이 한

188 역사의 어느 특정 시점에서 개인적인 충돌을 전쟁의 원인으로 보는 사건사적 분석이 전쟁의 원인을 규명하는 데 별로 도움이 되지 않는다고 해서 전쟁의 원인에 대한 연구가 불필요한 것은 아니다. 사건사적 분석이 아니라 국면적 시간에서 갈등하는 집단 간의 무력충돌이 일어나는 전쟁의 원인과 발발 연구는 반드시 필요한 것이다. 전쟁의 책임을 가려 줄 남침설이냐 북침설이냐를 해명하는 것은 말할 것도 없이 전쟁 연구의 필수적 대상이다.

국전쟁의 개막을 알리는 방아쇠 역할은 하였지만 전쟁의 기원은 물론 원인을 밝혀 주는 등불도 아니고 전쟁이 어떻게 전개될 것인가를 보여 주는 나침반도 아니다. 한국전쟁의 원인을 알기 위해서는 '한국전쟁 음모자들(Korean war mongers)'들을[189] 옥죄었던 구조적(국내의 계급, 이념구조와 국제정치 구조) 제약을 봐야 하고, 그러한 음모자들이 구조적 제약하에서 어떤 선택을 했는가를 추적하고 분석해야 한다.

(2) 복합국면적 한국전쟁 원인 분석 1 — 수정주의자들의 한국전쟁 원인분석

북한 남침유인론

그러므로 남침이든 북침이든 한국전쟁의 발발을 사건사적으로 분석하는 것은 폐기되어야 한다. 그러므로 이미 논의된 커밍스의 거시 역사적 한국전쟁 기원 분석을 제외하면 남는 것은 모두 복합국면적 분석이다. 복합국면적 시간에서 북침설을 제기하는 한국전쟁론자는 북한 당국뿐이다. 사회주의 국가인 북한의 공식적인 한국전쟁론은 '북침론'이다. 북한은 1949년부터 이승만 정권이 '북진통일론'에 의거하여 북벌을 주장했고 실제로 38선에 무장침습했으나 실패하자, 국가보안법을 통과시키고 국내의 적(남부군, 빨치산부대)을 진무하기 위해 '동계토벌작전'을 벌렸고, 여순 군사반란 사건을 일으킨 군 내의 오열을 제거하기 위해 숙군을 단행하였다고 주장한다. 1950년 애치슨이 이승만의 북벌 주장에 침묵하면서 북침을 은폐해 주는 가운데, 1950년 5월 10일 총선거에서 이승만 지지 세력이 참패함으로써 이승만은 국내 정치 위기에 봉착하였고 이 위기를 타개하기 위해 6월 25일 '북침'을 감행했다는 것이다.

한국전쟁 연구가들은 '북침론'에 대해 사실이 아니기 때문에 거론할 가치조

189 맥아더 장군은 트루먼 대통령에 의해 해고된 뒤 미국 본토에서의 환영 연설에서 "노병은 죽지 않는다 단지 사라질 뿐이다(old soldier never dies, only fades away)"라는 유명한 말을 남겼는데 이 연설에서 맥아더는 자신을 전쟁 음모자라고 부르는 데 대해 강한 부정과 반감을 드러내었다.

차 없는 것으로 폐기한다. 그러나 북한 남침유인론은 사실의 진위 여부를 제쳐 놓으면 굽타의 사건사적 6·25 발발 분석보다는 이론적으로 진화한 것이다. 북한 남침유인론에는 국면적 시간에서의 인과관계 분석이 있기 때문이다.

스톤(I. F. Stone)의 함정설

미국 언론인 스톤은 1952년 출판한 *The Hidden History of the Korean War*(한국전쟁 비사)(New York: Monthly Review Press, 1952)에서 북한이 미국과 이승만이 쳐 놓은 덫 또는 그들이 파 놓은 함정에 빠져 남침을 시도했다는 것이다. 이른바 미국과 한국의 전쟁 유도에 말려서 북한이 6월 25일 남침을 했지만 사실상 인과관계로 보면 미국과 이승만이 함정을 판 행위가 사실상 북한의 남침을 유도했고 실제로 남침을 하도록 했기 때문에 선제적 전쟁 유발 행위로 봐야 하고, 따라서 유도된 남침이라는 것이다.

스톤은 "정치적으로는 침묵에 의해 고무되었으며, 군사적으로는 방어진형(애치슨 라인 — 필자 주)에 의해 유도되었고, 최종적으로 모든 것이 준비되었을 때, 38선을 넘어선 몇 차례의 소규모 공격에 의해 촉발되었다"고 진술하였다. 스톤은 한국전쟁이 미국과 한국의 공모에 의해 일어났을 가능성이 크다고 주장했다. 첫째, 1950년 5월 초순 이승만은 김일성의 남침 계획을 알면서도 의도적으로 '침묵'했으며(의도적인 전쟁 유인), 1950년 5월 30일 총선 참패로 이승만은 국내 정치 위기를 모면하기 위해 전쟁이 필요했고, 미 군사기지 확보와 대소 견제전략 거점을 확보하기 위해 전쟁이 필요했던 맥아더 장군과[190] NSC 68호로 대표되는 반격정책(Roll Back Policy)을 위해 군비 증강과 그에 따른 예산 확보가 필요했던 국무성 강경론자 덜레스는 6월 중순 맥아더-덜레스 회담을 열어 전쟁을 음모했고, 북한으로 하여금 선공을 하도록 방어진형에서 한반도를

190 냉전 초기에 맥아더는 아시아 우선주의를 고집했고 트루먼은 유럽 우선주의를 택했다.

제외하는 '유인' 조치를 취하였다. 그리고 최종적으로 38선상에서 소규모 무력 충돌을 일으켜 북한으로 하여금 대규모 남침을 할 수 있는 구실을 주어 실제 6월 25일 새벽에 전쟁이 터졌다는 것이다.[191]

콜코 부부의 유인설

스톤은 미국과 이승만이 계획적으로 파 놓은 함정에 빠져 북한의 김일성이 남침을 했다고 주장한 데 반해, 콜코 부부는 김일성의 전략적 선택을 강조함으로써 미국과 이승만의 전쟁 기획을 강조하는 스톤과 견해의 차이를 보인다. 이승만은 북진을 공언했고 1949년 6월 미군이 철수하면서 막대한 양의 무기를 이양하였는데 이승만은 그 무기를 가지고 38선상에서 무력분쟁을 야기하였다. 38선상에서 무력충돌의 증가로 남북 간에 군비경쟁이 벌어졌다. 1950년 2월에는 이승만과 맥아더의 회담이 있었는데, 오비이락인지는 몰라도 이승만은 38선상의 병력을 공격형으로 편제하였고 군사력을 증가시켰다. 6월에는 국무성 강경파 덜레스가 방한하여 이승만과 회담을 가졌고 한국에 대한 방위공약을 다짐하고 북한과의 무력대결을 부추겼다. 이러한 배경하에서 김일성은 남한 내의 민중봉기를 기다리기에는 이승만의 북침 계획이 너무 임박하여 1950년 6월 25일 현재의 '순간적' 무력 우위를 바탕으로 예방 조치로서의 전쟁을 감행했다는 것이 콜코 부부의 한국전쟁 발발 요인 분석이다. 콜코 부부는 한국전쟁은 남한에 의해서 도발된 것이며, 이승만의 북진통일론이 김일성의 대남 도발을 촉진시켰고, 미국의 대한공약 강화가 북한의 김일성을 자극했다는 것이다.(김학준, 2010: 83)

콜코 부부는 김일성은 이러한 미국과 이승만의 도발, 촉진, 강화에 의해 전

191 할리데이(Halliday)는 스톤의 함정론은 한국전쟁을 1950년 6월 어느 날 한국에 있었던 일에 관한 탈역사화된 문제로 다루고 있고, 부르주아적 합법성의 관점에서만 파악하고 있다고 비판하면서, 전쟁이 어떻게 시작되었는가는 중요하지 않다고 이야기한다.

쟁을 일으켰는데 다른 한편으로는 자체적인 전략적 계산을 하고 있었다고 주장한다. 1950년 5·30 총선거에서 반이승만 세력이 국회의 절대다수를 구성하게 되자 김일성은 반이승만적인 국회와 협상하기 위해서 '제한 전쟁'을 벌였다는 것이다. 1948년 제헌의회 선거에서는 남북협상파와 중도파가 참가를 거부하였으나, 분단국가가 기정사실이 되자 그들도 참가함으로써 총 210석 중 무소속 126석(60%), 이승만 직계 대한국민당 24석, 민주국민당(구 한민당) 24석, 기타 군소정당 36석을 차지하는 이승만과 보수 민국당에게 선거 참패를 안겨주었다.[192] 김일성이 제한 전쟁을 했다는 근거로 콜코 부부는 김일성이 북한 병력의 1/2만 동원하였고 동원된 병력도 기동력이 떨어지는 무기로 공격했다는 것을 들고 있다.

그런데 이승만과 미국은 김일성의 제한 전쟁을 허용하지 않고 전면전으로 확대하게끔 유도하였다. 콜코 부부는 그 증거로 남한 군대가 의도적으로 후퇴하고 고의적으로 퇴각했다는 것을 들고 있다. 이승만의 고의적 퇴각은 두 가지의 목적을 갖고 있었다. 하나는 김일성 군대의 신속한 남진을 가능케 하여 순식간에 전선을 전국적으로 넓히고 김일성으로 하여금 협상 없이 남한 전체를 장악하려는 욕심을 품게 한 것이고(전면전 유인설), 미국으로 하여금 신속하게 전방위적으로 개입하게끔 유도하려는 것이었다. 전면전은 맥아더에게 중공을 공략할 기회를 주고, 그에 따라 그의 정치적 지위가 상승되는 이익을 가져다줄 것이고, 트루먼은 자신의 롤백정책의 근간을 마련한 NSC 68을 시행하기 위한 군비 지출 증대를 위한 여론 조성의 계기가 필요했는데, 그러한 여론 조성을 위해서 적절한(moderate) 위기가 필요했다. 이는 애치슨은 '재군비를 위한 인위적인 자극'이 필요했고 "세계 어디에선가 위기가 필요"했는데 한국이 나타나 자신

192 1950년 5·30선거에서 반공, 반북한의 보수파 정치인들이 대거 낙선하였는데 민국당의 조병옥, 서상일, 김준연, 백남훈과 대한국민당 최고위원인 윤치영이 낙선한 반면, 민족주의자인 안재홍과 사회주의자인 여운홍이 당선하였다.

들을 구해 주었다"고 몇 년 후 회고하였다.[193]

(3) 복합국면적 한국전쟁 원인 분석 2 — 전통주의자들의 남침론[194]

남침론에 관한 분석과 정리는 김학준 교수의 《한국전쟁》만큼 방대하고 체계적인 저술은 없다. 김학준 교수는 한국전쟁의 원인을 전통주의자와 수정주의자의 남침설, 그리고 수정주의자의 북침설로 나누고 남침설에 초점을 맞추어 한국전쟁 원인론들의 다양한 나무줄기들을 일목요연하게 분석, 정리하고 있다.(김학준, 1981; 1989; 2010) 그러나 김학준 교수는 전쟁나무의 줄기(전쟁의 원인)에는 많은 페이지를 할애하고 있으나 전쟁나무의 뿌리(전쟁의 기원)에 대해서는 별로 이야기하지 않고 있다. 오히려 기원으로서의 한국전쟁론을 분석한 커밍스의 연구에 대해 비판적이다.

스탈린 주도설

스탈린 주도설은 기본적으로 한국전쟁은 세계 적화 야욕을 가진 스탈린에 의해 계획되고 준비되었다고 주장한다.(David Dallin, 1961) 전통주의 이론은 기본적으로 한국전쟁을 '스탈린이 명령하고, 중공이 지원하고, 김일성이 집행한 전쟁'이라는 것이다. 스탈린 주도설은 정치적인 목적을 갖고 있는 학술적 이론이다. 말하자면, 이 이론들은 대소, 대중공 강경 외교 및 군사정책을 뒷받침하기 위한 정치적 목적을 갖고 있다.

그렇다면 왜 스탈린이 한국전쟁을 주도했는가? 김학준 교수는 한국전쟁론을 소개할 뿐 아니라 원인 분석을 하고 있다. 김학준 교수의 한국전쟁론은 상

193 NSC 68은 기습적 전면전을 상정하지 않고 전면적 롤백을 상정하고 있다. 한국전쟁은 미국의 전후 세계 전략의 일부분이다.

194 아래의 분석은 대부분 김학준 교수의 자료에 의존하였음.〔김철범 편(1990a), 《한국전쟁을 보는 시각》, 김학준, 〈6·25연구의 국제적 동향〉, 을유문화사; 진덕규 편, 《1950년대의 인식》, 김학준(1981), 〈한국전쟁의 기원에 대하여〉; 김학준, 《한국전쟁》(2003년판, 2006년 개정판)〕

당히 분석적인 저술이다. 김학준 교수는 스탈린이 한국전쟁을 주도한 이유로 여섯 가지를 들고 있다. 첫째, 압력 분산설이다. 압력 분산설을 스탈린의 대 아시아 정책을 대 유럽 정책의 부산물로 보는 경향이 있으며, 이에 따르면 스탈린은 NATO 창설을 계기로 소련에 대해 점증하는 군사적 압력을 분산시키기 위해 한국전쟁을 일으켰다는 것이다.(Adam Ulam, 1968) 둘째, 미일조약견제설 또는 극동전략설이다. 이 이론에 의하면 스탈린은 미국이 일본과 단독으로 평화조약을 체결하는 것을 견제하기 위해 전쟁을 일으켰다는 것이다.(George Kennan, 1964; Allen Whiting, 1960) 그래서 스탈린은 1950년 2월 중소동맹을 체결하였고, 일본의 친미 군사화를 방지하기 위해 그리고 일본에서의 미국의 지위를 약화시키기 위해 전쟁을 도발했다는 것이다. 셋째, 허점 공격설이다. 이는 스탈린과 소련의 계산착오를 강조하고 있는데(Alexander Dallin, 1962) 1949년 9월 미군 철수, 1950년 1월 애치슨 발언, 1950년 5·30 총선거에서 이승만의 선거 패배를 이승만과 남한 정권의 허점으로 파악하고 이 허점을 파고들기 위해 전쟁을 일으켰다는 것이다.(Raymond J Gartoff, 1965: 72) 넷째, 미국의 결의 시험설이다. 세계 적화 야욕을 갖고 있었던 스탈린은 이 야욕을 실천에 옮기기 전에 미국과 서방의 반응을 시험하기 위해서 한국전쟁을 일으켰다는 것이다. 실제로 이 이론은 나치의 시험에 제대로 대응하지 못해 결국 제2차 세계대전이 일어나도록 방치한 뼈아픈 경험이 있는 서구와 미국의 한국전쟁 참전 결정에 가장 큰 영향을 미쳤다.(Adam Ulam, 1968; Gardner, 1972) 실제로 '저지되지 않으면 다른 곳으로 확대된다'는 도미노 이론적인 발언까지 한 트루먼의 한반도 상황 인식이 한국전쟁 참전 결정에 가장 크게 작용했다. 다섯째, 무력시위설이다. 이 이론은 스탈린이 한국전쟁을 도발한 것은 아시아 지역에서의 미국의 약점을 노출시키고, 소련의 위신과 실력을 과시하여 아시아 지역의 공산주의 운동을 고취시키기 위해 시도되었다고 주장한다. 여섯째, 미·중공 대결 유도설이다. 이 이론은 전통주의자들의 '함정설'로 모택동의 부상에 대한 불안감을 갖고 있는 스탈린은 중공을 미국과 직접적 대결 속에 묶어 놓음으로써 중공을 고립화시키고 미국의 봉쇄정책에 발이 묶이도록 하기 위해 모택동을 끌어들여 한국전쟁을 도발했다는 것이다.(John Gunther, 1950)

스탈린 주도설을 분석하면서 김학준 교수는 압력 분산설과 미·중공 대결유도설은 상황적 추론일 뿐이며, 미일조약 견제설은 학계의 지지를 받고 있는데 반해, 미국의 결의 시험설은 1950년 6월 25일 남침이 일어났을 때 미국이 신속한 개입 결정을 하는 데 있어서 결정적인 논리로 작용했다고 평가한다. 김학준 교수 자신은 미국 학계의 주류 이론인 스탈린 주도설을 지지하지 않는다. 스탈린 주도설은 김일성이 1949년 3월 소련을 방문하여 '조소경제문화 협정'을 체결하고 '모든 면에서' 소련의 협조를 받겠다는 약속을 하였고, 48년 12월에는 소련의 특별군사고문단이 방북하여 무기 지원을 약속하였다. 실제로 1949년 1월 19050년 6월 사이에 엄청난 군사 무기가 소련으로부터 지원되었다. 그러나 후르시초프 회고록이 1970년에 나오면서 스탈린 주도설의 근거는 상당히 약화되었다. 이 회고록에서 후르시초프는 한국전쟁은 기본적으로 '김일성이 도발한 전쟁이고 스탈린은 김일성이 전쟁을 벌이지 말도록 말리지 않은 것이 사실'이라고 회고하여,〔Khrushchev, 1970: "Kim initiated, Stalin did not dissuade"(38)〕 '김일성 주도, 스탈린 묵인'이라는 새로운 전쟁원인론을 제기하였다.

중·소 음모설

중·소음모설은 존 기팅스(John Gittings, 1971)가 이야기한 '거대한 소련의 음모이론(theory of the great Soviet conspiracy)'의 일부이다. 세계를 적화하려는 소련은 지역적 분업의 원칙을 채택하고 1949년 9월 중공을 통일한 중공 정부에게 아시아 적화의 지역적 책임을 위임하자 중공이 한국전쟁 개전에 적극 참여했다는 이론이다. 바네트와 힌턴(D. Barnett, 1961; Harold Hinton, 1966)에 의하면, 아시아 공산주의 지역센터가 된 중공은 소련 주도하에 북한과 남침 군사협정밀약을 맺었다는 것이다. 중공이 한국전쟁을 주도했다고 주장하는 연구자들은 유소기가 1949년 11월 16일 베이징에서 개최된 세계노동연맹대회에서 베트남, 버마, 인도네시아, 말레이시아, 필리핀, 일본의 공산화를 언급하면서 한국에서도 반이승만 조선인민공화국 수립 운동은 정지될 수 없는 것이라고 주장한 연설을 그 증거로 제시하고 있다.

중공의 한국전쟁 적극적 참여를 주장하는 한국전쟁 연구자들은 많은 중공의 전쟁 지원을 증거로 제시하고 있다. 먼저, 중공의 국공내전에 참전한 한인 의용군을 1948년 가을 이후 북한에 귀환시키고, 중공 제4야전단 소속 2개 사단의 한인 병력을 북한의 5, 6사단에 편입시켰고, 6·25 전야 1950년 4월에는 12,000명을 북한 7사단에 편입시켰다는 것이다. 특히 달린(Dallin)은 1949년 말과 1950년 초 모택동이 소련을 방문하여 스탈린과 정상회담을 갖고 북한의 전쟁에 대한 동의를 얻었다고 주장한다.

그런데 중·소음모설이 이야기하는 중공의 한국전쟁 적극 참여설은 많은 반론에 부딪히고 있다. 반론들은 한국전쟁 전에 중공과 북한 간의 관계가 우호적이지 않았다고 주장한다. 중공과 북한은 수풍댐을 둘러싸고 분규를 벌였고, 중공 책임설의 증거로 제시한 문제의 유소기 연설은 중공 혁명 성공에 대한 중국 공산당의 자부심의 표현이지 중공이 한국전쟁에 적극 개입하겠다는 기폭제는 아니었다는 것이다. 전쟁전에 군사적, 물질적 지원을 약속했다는 주장 역시 사실이 아니고, 국공내전에 참가한 한인 병사들을 북한에 귀환시킨 것은 중공의 국내 사정 때문이지 북한의 전쟁을 지원하기 위한 목적은 아니었다는 것이었다. 중국 통일에 성공한 중국 공산당은 경제 재건을 위해 군사비를 감축하고 군대를 줄여야 했는데, 실제로 1950년에 중공군 감축안을 결정했다는 것이다. 북한과 중공 간에 조중군사협정설은 가능성이 희박한 주장이고 모택동과 스탈린 정상회담에서 북한의 전쟁에 대한 동의를 얻었다는 설도 신빙성이 희박하다는 것이다.

이러한 반론들은 후르시초프 회고록이 나오면서 수정되어야 했다. 후르시초프는 회고록에서 모택동이 김일성의 전쟁 제의를 승인하면서 "전쟁은 한국민이 결정해야 하는 국내 문제이기 때문에 미국은 개입하지 않을 것이다"라면서 김일성을 안심시켰다는 것이다. 따라서 중공 책임론에 대한 반론은 중공은 알고 있었으나 전쟁에 참여하려 하지 않았다는 것으로 수정되었다. 1950년에 중공은 국민당과의 장기적 내전을 벌이면서 피폐해진 경제를 복구하는 것을 최우선 과제로 삼고 있었고, 티벳과 대만의 분리독립 문제에 대한 대처, 국민당 잔당과 비적들을 소탕해야 하는 국내 안보 문제가 북한의 전쟁을 지원하여 아시아에서 영향력을 확대하는 과제보다 우선하였기 때문에 중공은 지지하나 참전은 하지 않은 절충적 결정을 했다는 것이다.

북한 내부의 경쟁적 주전론

북한 내부 권력투쟁설은 한국전쟁은 김일성과 박헌영이 내부 권력투쟁에서 승리하기 위해 서로 경쟁적으로 전쟁을 주도하려 했다는 '경쟁적 주전론'(Simmons)을 이야기하고 있는데, 누가 더 중심적 주전론자인가에 따라 김일성 주전론, 박헌영 주전론, 경쟁적 주전론이 있다.

김일성 주전론자들은 김일성은 소련의 무기 원조를 받았고, 스티코프 대사의 지지를 얻었으며, 1949년 5월 월북한 남한 군인을 통해 한국 군대의 내부 사정을 파악하고 있었고, 애치슨 선언에 고무되어 있었고, 연이은 풍작으로 군량미를 비축하여 전쟁준비를 완료한 상황에서 한국에서 남로당이 괴멸하여 남한에서의 인민혁명 가능성이 사라지자 남침을 결정했다고 주장한다.(김삼규, 1956) 반면에 박헌영은 전쟁에 소극적이거나 반대했는데 그는 여전히 남한에서 '8월 테제'에 기초한 노동자, 농민, 병사에 의한 아래로부터의 레닌식 혁명이 가능하며, 인민군에 의한 무력내전 방식이라는 모택동식 혁명은 안 된다고 믿고 있었다. 실제로 박헌영은 1950년 3월 남로당 지시각서에서 남침을 극좌 모험주의로 비판했고, 남로당이 여전히 이승만의 북침을 막는 방패 역할을 하고 있다는 자부심을 갖고 있었고, '진보세력'이 5·30 총선에서 승리하여 남북 평화통일을 기해야 한다고 역설함으로써 선거 사회주의적(electoral socialism)인 발상을 피력하기도 했다는 것이다(김삼규, 1956).

이에 반해 박헌영 주전론자들은 박헌영은 남로당의 몰락이 확실해지자 1948년 초 월북하여 부수상과 외상을 지내면서 김일성과 권력투쟁을 벌이고 있었다. 그런데 월북 이후 상황은 박헌영에게 불리하게 돌아가고 있었다. 1949년 평양에서 창설된 조국통일민주전선(조통)은 빨치산 조직으로 남한에서 게릴라 활동을 벌이고 있었는데, 1949년 9월 이후 급격히 몰락하고 있었다. 1949년 3500명 수준이던 빨치산의 수가 1950년 4월에는 600명으로 급감하였다. 이에 대해 김일성은 박헌영이 주도하는 조통활동에 불만을 표시하였고, 궁지에 몰린 박헌영이 무력 남침을 대안으로 선택했다는 것이다. 박헌영은 일단 남침하면, 지하 남로당원들이 봉기하여 쉽게 남한을 점령할 수 있을 것이며 다시 김일성에 도전할 수 있을 것이라 믿었다.

한국전쟁에 참전하였던 장성 출신인 김점곤 교수는 남로당의 투쟁전술 변화와 박헌영과 김일성의 권력투쟁이라는 두 가지 관점에서 남침 결정을 분석하였다. 김점곤 교수는 6·25전쟁 발발은 북로당과의 권력투쟁에서 남로당의 실패를 상징한다고 하면서 "남로당의 실패와 몰락이 한국전쟁을 발발케 한 요인"이라고 주장하였다. 해방 후 박헌영은 인민공화국(인공)을 통해 권력을 장악하려 했으나 실패하고 잠시 통일전선을 형성하여(8월 테제) 반(半)합법적 투쟁을 하였으나 미 군정의 정책이 공산주의 세력의 배제, 탄압으로 돌아서자 무장투쟁, 유격투쟁을 벌이다가 여의치 않자 월북하였다. 월북한 박헌영은 북로당 세력에 대항할 수 있는 조직 역량을 과시할 목적으로 김일성에게 남침전쟁을 벌이도록 설득했고, 개전 후 무장투쟁에 남로당의 모든 역량을 투입하였다. 그러나 전쟁의 형태에 관해서 김일성과 박헌영은 의견 차이를 보였다. 김일성을 전면 남침을 주장한 데 반해, 박헌영은 38선상에서 군사분쟁 지역을 점령하고 난 뒤 남한 인민봉기를 유도하여 대남협상을 벌인다는 것이었다.(김점곤, 1963)[195]

한국전쟁 설명에 있어서 수정주의자로 분류되는 시몬스도 경쟁적 주전론을 폈다.(Simmons, 1975) 한국전쟁을 기본적으로 국내적 요인이 압도적인 내전(civil war)로 보는 시몬스는 국내적 요소, 특히 북한 내부의 권력투쟁에 초점을 맞추었다. 한국전쟁은 누가 더 민족주의자인가를 둘러싸고 경쟁을 벌이던 갑산파 김일성과 남로당 박헌영이 남한의 군사력 증강에 따른 북침 위협에 대처하면서, 경쟁적으로 민족주의적인 인민해방전쟁을 벌여서 민족 지도자 경쟁에서 우위를 선점하려 하는 가운데 터진 것이라고 주장한다. 특히 김일성은 민족 지도자로서의 정통성을 인정받기 위해 남한의 민족해방자로 부각되기 위해 노력하였는데 동일한 이유로 남침을 주장한 박헌영을 앞질러 조기에 남침을 강행하였다는 것이다. 원래 소련과 합의된 개전 일자는 8월 초순이었으나 김일성은 2개월 앞당겨 6월 25일에 남침하였다는 것이다.

시몬스는 한국전쟁을 남북한 간의 첨예한 대립 구조하에서 미국의 경제, 군사원조로 남한의 군대를 강력하게 무장시킨 이승만이 북진통일론의 의거 북벌을 단행했을 가능성을 배제하지 않으면서, 북한 지도자의 민족주의 지도자 경쟁이 맞물려 발발한 내전이라고 주장한다.[196] 시몬스의 북한 지도자들의 민족주의자 경쟁에 의한 내전 이론은 북한 내부의 분파주의 경쟁으로 한국전의 발발을 설명하는 내인론의 일종인데 과연 분파주의가 전쟁 발발과 구체적 관련이 있는가를 실증적으로 증명하지 못하면 삽화적(episode) 설명에 지나지 않게 된다고 메릴(Merrill) 미 국무성 전문 분석관은 비판한다.

---

195 다른 공산당 지도자인 김두봉은 남한 군대 내부의 혁명유도론을 주장하였다.

196 오코노기 마사오(小此木政夫)는 한국전쟁은 남한을 미 제국주의의 식민지 예속화로부터 구출하고 강력한 민주기지를 건설하려는 김일성의 '민주기지론'과 박헌영의 '남조선 혁명론'과 이승만의 '북진통일론'이 충돌한 내전이라고 주장한다.

(3) 복합국면적 한국전쟁 원인 분석 3 — 내인론과 외인론의 절충

메릴의 절충론

내인론(커밍스, 시몬스)과 외인론(전통주의자들)이 치열하게 공방을 벌이는 가운데 한국전쟁 관련 문서가 해제되면서 새로운 사실이 밝혀지자 이 두 한국전쟁 원인론을 종합하고 절충한 절충 이론이 나왔다. 대표적인 한국전쟁 연구가는 메릴(John Merrill)이다. 메릴은 한국전쟁은 기본적으로 남한의 내전에 북한이 개입한 전쟁이라는 내인론과 외인론을 절충 종합한 새로운 한국전쟁 이론을 내놓았다.(Merrill, John. 1989)

메릴은 먼저 남한 내부의 게릴라 투쟁의 추이를 보면서 '정치적 폭력'이 급증했다고 증언했다. 메릴은 전쟁은 6단계를 거쳐 폭력적 갈등이 심화, 확산되면서 정규전인 6·25전쟁으로 발전하였다고 주장한다. 1단계인 해방시간(1945년 8월 15일-1948년 8월 15일) 후반부인 1948년 가을과 1948년 봄 사이에 단독정부 수립을 둘러싼 좌우익 간 갈등이 고조되면서 정치적 폭력이 급증하였고 제주도 4·3항쟁으로 정점을 이루게 된다. 2단계는 단정에서 한국전쟁 발발까지를 지칭하는 '48년 체제' 초기인 1948년 여름으로 게릴라전이 소강상태에 머문 시기이다. 왜냐하면, 남로당은 단정 반대 투쟁으로 파괴된 당조직을 정비해야 했고, 미 군정은 남한의 단독정부 수립을 지원하는 작업에 몰두하고 있었기 때문이다. 3단계는 1948년 가을에서 1949년 겨울까지로 여순반란사건이 일어나는 등 게릴라전이 격화되어 남한 단독정부가 위기에 처하는 시기이다. 4단계는 1949년 봄에서 동년 여름까지로 49년 6월에 주한 미군이 철수하자 북한이 조국통일전선을 조직하여 대규모 게릴라 공세를 벌인 시기이다. 이 시기에 38선상에서 무력충돌이 급증하였다. 5단계는 1949년 가을에서 1950년 초 겨울까지로 북한이 소련제 무기와 중국에 있던 한인 의용군을 편입하여 군사력을 증강하였고, 남한은 '동계토벌작전'을 성공시켜 남로당 군사조직을 괴멸시킨 시기이다. 마지막으로 6단계는 1950년 봄으로 5·30총선 결과 통일 지향 세력이 남한의 국회에 대거 진출하였고, 동아시아 지역적 세력 균형이 붕괴된 가운데 북한이 평화통일안을 제안한 시기로 인위적 위장 평온과 평화가 유지된 시기이다.

메릴에 의하면, 김일성은 남로당의 게릴라 투쟁 조직이 괴멸되자 반이승만 세력과의 통일전선 조직 희망을 포기하고 재래식 군사력 우위에 입각한 무력통일노선을 채택하고 전쟁을 결정하게 되었다는 것이다. 여기에 더하여 소련의 무기제공, 중공 혁명으로 인한 미국의 동아시아 봉쇄정책 강화, 이승만에 대한 미국의 추가 군사지원 전망과 같은 국제환경의 변화가 조기에 전쟁을 일으키게 유인하였다는 것이다. 메릴은 김일성의 남침을 유인한 4가지 요인은 첫째, 남한 내의 유격대 투쟁의 퇴조, 둘째, 이승만 정권으로부터의 북벌 위협, 셋째, 북한 지도부의 분열, 그리고 넷째, 북한에 유리한 국제환경의 조성을 들고 있다. 기본적으로 북한은 통일전선전략으로 남한을 고립시키고 무장 유격대를 통한 통일을 시도했으나 실패하자 정규군대를 동원하여 재래식 전면전을 벌였다는 것이다. 메릴은 내인론과 외인론을 절충 종합한 한국전쟁 분석을 내놓으면서 6·25는 김일성의 유일한 대안이었고 후르시초프가 회고록에서 밝힌 바와 같이 스탈린은 한국전쟁을 주도하지 않고 동조했을 뿐이라고 주장한다. 한국전쟁은 기본적으로 김일성이 주인공인 전쟁이라는 것이다.

(4) 복합국면적 한국전쟁 원인분석 4 — 이승만의 '북진통일론' 논쟁

한국전쟁 원인을 분석하는 중에 '뜨거운 감자'로 떠오른 것은 한국을 미국의 극동방위선에서 제외한 애치슨 발언과 함께 이승만의 북진통일론이다. 이승만의 북진통일론을 둘러싸고 수정주의자와 전통주의자가 첨예한 논쟁을 벌이고 있다. 수정주의자인 시몬스와 콜코 부부는 이승만의 북진통일론은 북한을 자극하여 예방전쟁을 벌이게 하려는, 말하자면 북한의 남침을 유도하기 위한 것이라고 주장한다. 반면에 전통주의자들은 미국의 경제, 군사원조가 지속될지 불확실해지는 가운데 미국의 대한국 공약의 약화에 대해 미국의 지원을 유도하기 위한 대미용 전략이라고 주장한다.

이호재 교수는 북진통일론은 미국의 원조를 확보하기 위한 '허세, 공갈정책'이라고 주장한다. 이호재 교수는 이승만은 이러한 허세, 공갈로 첫째, 미군의 무기 공급 시까지 시간을 벌고(대미용 전략), 둘째, 북한의 평화통일 공세에 대응하며(대북용 전략), 셋째, 남북협상을 주장하는 김구와 소장파 의원 같은 정적을 탄압하고 이를 정당화하기 위한 구실로 사용하기 위한 대내용 전략이었고, 북진통일론은 이러한 3가지 전략이 결합된 복합전략이라고 주장한다. 이호재 교수는 한국전쟁은 이승만의 공갈 정책이 실패했다는 것을 보여 주는 사건이라고 결론짓는다. 김도현에 의하면, 이승만은 통일을 열망하는 여론을 무시하지 못해서 무력통일안을 냈으나 협상에 의한 통일 대안은 배제하였다는 것이다.(이호재, 1986)

반면, 전쟁 전에 나온 북한의 평화통일정책을 둘러싸고 의견이 분분하다. 북한 내부에서 김일성은 통일전선전략에 입각한 남북협상을 통한 평화통일을 주장하고 박헌영은 남한 지역 혁명을 통한 이승만 정권의 붕괴와 통일정부 수립이라는 동상이몽적 대남정책 경쟁을 벌였다. 1950년 5·30총선에서 북한의 선거 개입은 통일전선전략이 채택된 것이고 1950년 6월 25일의 전면 남침은 북한 지역에 구축한 혁명 역량을 바탕으로 정규군을 남하시켜 전쟁을 통해 남북 통일정부를 수립한다는 '민주 기지론'이 채택된 것이다.

(5) 복합국면적 한국전쟁 원인분석 5 — 미국 외교정책의 변화와 한국전쟁의 발발

'애치슨 발언' 논쟁

미국 국무장관 딘 애치슨(Dean Acheson)은 1950년 1월 12일 내셔널 프레스 클럽에서 "아시아에서의 위기: 미국 정책의 시험(Crisis in Asia: An Examination of U.S. Policy)"이라는 주제의 연설에서 미국의 방위선(Defensive Perimeter)에 들어가 있는 나라 명단을 열거하였는데 냉전의 최전방에 있으며 일본의 방위에 결정적 키를 쥐고 있는 남한이 포함되어 있지 않아 세계를 놀라게 하였다. 애치슨의 발언은 한국을 포기하는 것으로 이해될 소지가 있었다. 따라서 애치슨의 발언에 대해 미국 우익들은 애치슨을 공산주의자, 배신자로 공격하고 애치슨이 책임을 질 것을 요구했다. 그런데 더 놀라운 것은 이승만이 장면 주미 대사에게 훈령을 보내 애치슨 장관에게 한국에 관심을 가져준 데 대해 감사의 뜻을 전하라 했다는 것이다. 그래서 더욱 애치슨 발언의 진의가 무엇인가를 둘러싸고 논란이 격화되었고 아직도 계속되고 있다.[197]

문제의 애치슨의 발언에 대한 전통주의자들의 해석은 애치슨이 실수로 한국을 빼 버리는 발언을 하여 김일성과 스탈린으로 하여금 남침을 유도하는 청신호가 되었다는 것이다.(Oliver, 2007: 233-234) 반면에 수정주의자인 커밍스는 김일성의 침략을 유도하기 위한 계획된 음모로 보는 음모설로 해석하고 있다. 커밍스는 애치슨의 발언이 용의주도하게 계획된 음모의 소산이며 그 음모는 북한의 남침을 유발하여 롤백정책을 추진하는 데 드는 예산을 확보하려는 것이었다고 주장한다. 커밍스는 그 증거로 한국전쟁 발발 1년이 지난 1953년 7월 9일 “세계 어디에선가 위기가 필요했는데 한국이 나타나서 우리를 구해 주었다”는 애치슨의 발언을 들고 있다. 그러나 애치슨의 발언이 한국전쟁의 발발과 관계가 없다는 제3의 이론도 있다.(Matray, 2005; 신복룡, 2001) 애치슨의 발언은 공산당도 알고 있는 이미 기정사실화되어 있는 사실을 재언급한 것뿐이라는 것이다. 따라서 애치슨의 발언 때문에 김일성과 스탈린이 전쟁을 하도록 유도되지도 않았고 전쟁을 앞당기지도 않았다는 것이다. 이러한 논란들을 종합하면

---

197 2006년에 출판된 라이스너(R.L. Reisner)의 애치슨 전기에 의하면, 애치슨의 방어진형(defensive perimeter) 발언은 애치슨이 그 전에 표명했던 공식 정책을 반복한 것에 지나지 않으며 애치슨은 어떤 정치적 목적으로 ‘방어진형’을 자의적으로 분장할 의도도 없었고 그럴 능력도 없었다고 한다. 그런데 기자들이 한국이 애치슨의 방어진형 안에 있는 것으로 오보하여, 이승만이 애치슨에 감사한다는 서한을 보내고, 북한의 김일성도 한국이 방어진형 안에 포함되었다고 잘못 이해하고 미국에 적대적인 성명을 발표하였다고 한다.(Robert L. Reisner, 2006: 326-329)

서 박명림은 애치슨 발언은 NSC 48/1, NSC 48/2,[198] 그리고 맥아더 구상의 연장선상에서 한 발언으로 방위선 내와 밖이 큰 차이가 없다는 것이다. 방위선 내에 있는 나라들에 대한 무력도발은 직접 군사행동을 통해 저지하고 방위선 밖에 있는 나라들은 일차적으로는 당사국이 책임을 지고 이차적으로 미국과 유엔이 개입하여 책임진다는 것이다. 그래서 이승만이 주미 대사에게 감사를 표하라는 훈령을 보냈다는 것이다.

'NSC 68'을 둘러싼 미국 외교정책 논쟁

박명림이 이야기한 NSC 68, NSC 68/2가 이야기해 주는 것은 한국전쟁의 발발에 결정적 요인으로 작동한 것은 미국의 대 동아시아 외교정책의 변화라는 것이다.(김철범, 1990c; 최광영, 1990) 결론을 먼저 이야기하면 미국의 외교정책이 대소 전쟁 회피 전략인 1948년 4월의 NSC 8호에서 1950년 4월 14일 대소 강경정책인 NSC 68호로 변화함으로써 김일성과 스탈린이 전쟁을 시작하지 않으면 안 되게 되었다는 것이다. 말하자면, 군부와 국무성이라는 미국 외교정책을 좌지우지하는 두 관료집단 간의 게임에서 국무성의 강경파가 승리하여 전쟁 분위기가 조성되었다는 것이다. 제2차 세계대전 후 미국 군부는 전면전 개념에 기초하여 전략을 짜고 있었고 병력을 감축할 것과 주한 미군의 조기 철군을 주장하였다. 반면에 국무성은 핵심적 안보 이익을 지키기 위해 철군을 반대하였다. 그래서 국무성과 군부는 NSC 8로 타협을 보았다. 군부는 철군원칙을 지켰고 군비를 삭감하였고, 전장에 나갔던 병사들이 귀환하였다. 반면에 국무성은 유엔에 의한 남한 단독정부 수립과 경제원조를 제공하여 한국을 미국의 냉전

198 1949년 12월 23일 채택된 NSC 48/1은 미국의 국익과 한국인의 복지를 위해서 정치, 경제, 군사원조가 지속되어야 한다는 NSC 8을 재확인하고 공산주의 위협의 봉쇄, 민주적 평화통일에 기여 등을 약속하고 있어 적극적인 대 소련 봉쇄정책까지 설정하고 있으나, NSC48/1의 결론인 1949년 12월 29일 채택된 NSC 48/2는 49년 3월 22일의 NSC 8/2의 대한 원조 약속을 확인하면서도 48/1에 나온 적극적이 봉쇄와 롤백정책에 대해 언급하지 않고 있다.(최광영, 1990; 281-282)

전초기지로 삼는 데 성공하였다. 이러는 가운데 '애치슨 라인' 발언이 터졌는데, 애치슨은 김일성을 전쟁으로 유인하기 위해서 애치슨 라인을 발표한 것이 아니라, 군부의 군비 삭감과 전면전 개념이 승리했기 때문에 조기 철군을 했고, 그에 따라 한국을 방위선에서 제외시키는 연설을 하였다는 것이다. 애치슨 선언은 대한 공약을 축소시키겠다는 것보다 방위선까지 미국의 공약을 확대하겠다는 데 방점이 찍혀 있었다. 말하자면 애치슨 선언은 NSC 48/2보다도 더 이전에 결정된 정책(대한공약에 관해서는 NSC 8/2, 1949. 3. 23)을 단순히 표현하고 있는 것이다.[199] 그런데 애치슨 선언의 효과로 1950년 2월 6일 대한경제원조가 승인되었고 국무부는 강경파인 덜레스 고문을 방한시켜 한국 정부와 국민들을 안심시키고 사기를 진작시켰다.[200] 그런데 한국전쟁의 발발에 결정적인 문서인 NSC 68호가 1950년 4월 14일에 채택됨으로써 관료정치의 양상은 강경파인 국무부 쪽으로 기울게 되었다. NSC 68호는 미소 간에 이념적 차이에 기인하는 근본적 이해의 대립이 존재하고 있다는 것을 인정하고, 이제까지의 정치적, 심리적 우위 확보 전략에서 군사적 우위 전략으로 전환해야 한다는 내용을 담고 있다. 1949년 8월 소련이 원폭실험에 성공함으로써 원자폭탄을 바탕으로 군사 우위가 확보된 조건하에서 정치, 심리전에 치중하던 전략을 공세적인 군사적 우위 확보 전략 즉, '롤백정책'으로 바꾼 것이다.(최광영, 1990; Cumings, 1990) 그러나 NSC 68호를 시행하기 위해서는 막대한 군사비 재정 지출이 필요하기 때문에 트루먼 대통령은 서명하기를 주저하다가 한국전쟁이 발발한 뒤 9월 30일 NSC 68/2호의 형태로 제출된 문서에 서명했다. 한국전쟁이 발발한 지 3개월이 지난 뒤였다. 그래서 NSC 68호 서명을 받기 위해 미국 관료들이 NSC 68호 서

199 무초 대사와 배틀 국무성 보좌관도 애치슨 발언에 새로운 내용이 없었다고 증언했다.(최광영, 1990: 293)

200 덜레스는 방한 중 6월 19일 국회 연설에서 "여러분은 홀로 있지 않다. 여러분들이 인간의 자유라는 위대한 설계 속에서 여러분의 역할을 계속해서 수행하고 있는 한 여러분들은 결코 혼자가 아니다"라고(김학준, 2010: 85) 선언하여 한국에 대한 지원을 계속할 것을 공약하고 한국인들의 사기를 진작시켰다.

명을 위해 국지적인 위협이 필요했고 한국전쟁이 위협으로 선택된 것이다. NSC 68호로 미국의 군비 증강이 실현되었고 냉전이 고착화되었다. 그리고 이를 통해 미국 특유의 군산복합체가 정착되는 계기가 되었다.

3) 한국전쟁의 기원과 원인에 관한 이론들을 정리하면서

한국전쟁의 원인과 발발을 분석, 설명하는 제 이론들을 소개하면서 느낀 점은 한국전쟁학이 기원론에서 원인론으로 옮겨가면서 비로소 한국전쟁학은 구조가 압도하는 거시역사 사회학(macro historical sociology)에서 행위자가 선택하는 사회과학적 역사학(social scientific history)으로 변모하였다는 것이다. 구조적 제약이 압도하는 환경하에서는 전쟁을 음모하고, 기획하고, 실천에 옮기는 전쟁 음모자들(war mongers), 전쟁 범죄자들, 전쟁 회피자들, 평화주의자들이 보이지 않는다. 그런데 중범위적이고 복합국면적 시간 속에서 한국전쟁사를 찾아보면 한국전쟁의 주행위자들이 보이기 시작하고 어떤 인과적 연쇄관계 속에서 전쟁이 싹이 텄고 전면전이 발발했는지가 나타난다.

또한 기원론이 일제 강점기까지 거슬러 올라갔다가 해방시간에 전쟁의 주역으로 돌아온 귀환자들을 중요하게 다루는 반면에 원인론은 전통주의자든 수정주의자든 그러한 귀환자들에 크게 관심을 갖지 않는다. 원인론은 해방시간을 배경시간으로 다루고 남북에 단독정부가 수립된 후 1950년 6월 25일까지 한국의 전간기(戰間期)인 '48년 체제'의 시간을 중점적으로 다룬다. 왜냐하면 거기에 전쟁의 주모자들이 몰려 있기 때문이다. 그러나 전쟁은, 더구나 현대전쟁은 전체 국민뿐만 아니라 외국 군대도 참가하는 총체적 전쟁(total war)이기 때문에 반드시 국민과 대중을 보아야 한다. 그렇다면 '조용한 아침의 나라'의 순박한 농민들이 일제 강점기를 거치면서 삶의 터전에서 뿌리째 뽑혀서 타지로 외국으로 쫓기다시피 나가서 만주 벌판에서, 일본 탄광에서, 한국의 들판에서 생존하기 위해 애쓰다가 고향으로 돌아왔을 때 그들은 더 이상 조용한 아침의 나라의 순박한 농민이 아니라, 좌우 이념 간의 투쟁의 소용돌이 속에 빠져 있는 격동하는 나라의 의식화된 운동가들이었다. 일제하에서의 계급갈등이 냉전 속의 한국에서 이념갈등으로 전치되었을 때 계급갈등이 농지개혁으로 해소되었다 하더라도 이미 정체성의 갈등인 이념갈등으로 변했기 때문에 유혈적 충돌은 피할 수가 없었다. 여기에 많은 비판을 받고 있음에도 불구하고 커밍스 연구의 가치가 재발견되고 우리는 그 가치를 인정해야 할 것이다.

그런데 커밍스는 기원론에서는 계급갈등과 그로 인한 내전을 강조하다가 그의 《한국전쟁의 기원 II》의 대부분을 차지하는 전쟁의 원인과 발발을 논의하면서부터는 미국의 관료정치 모델에 의존한다. 전쟁의 주역은 농민계급에서 냉전기의 미국 외교정책 특히 동아시아 외교정책을 주도하던 국무성 관료, 군부와 국방성, 그리고 정치인들에 주목한다.(Cumings, 1990) 박명림은 미국에 전쟁의 책임을 묻고 북한과 소련의 책임에 대해 별로 언급을 하지 않는 커밍스를 역오리엔탈리즘(counter-orientalism)이라 비판하고 있다.(박명림, 2011: 149-158) 그러나 박명림은 부분적으로만 옳다. 물론 커밍스가 비대칭적으로 미국의 전쟁 책임을 지나치게 묻는다는 박명림의 지적은 옳다. 그러나 커밍스가 미국의 책임을 묻는 것은 그의 논리 전개상 불가피한 측면이 있다. 커밍스는 《한국전쟁의 기원 I》에서는 전쟁의 기원을, 《한국전쟁의 기원 II》에서는 전쟁의 원인을 분석하고 있는데, 기원은 기본적으로 '계급갈등'에서 연원하였고 원인은 냉전으로 인한 '이념갈등'에서 연원하였는데, 계급갈등의 주체는 계급이나, 이념갈등의 주체는 이념갈등을 야기한 냉전의 주역인 미국과 소련이고, 남과 북의 분단 정부도 하위 주역이다. 자연히 원인분석에서는 전쟁의 원인을 제공한 주역이 계급에서 미국, 소련, 한국, 북한의 냉전 정치 지도자, 이데올로그, 전쟁 음모자로 전이되게 되어 있다. 커밍스가 주역인 미국 정부와 스탈린, 부주역인 김일성과 이승만에 대해서 비대칭적으로 책임을 묻는 것은 그가 스탈린과 김일성을 해부할 자료가 부족했기 때문이 아닌가 생각된다. 《한국전쟁의 기원 II》에서 커밍스가 스탈린과 김일성의 책임도 추궁했으나 자료의 부족으로 스탈린과 김일성의 책임을 충분히 묻지 못한 것으로 보인다. 그러나 그가 충분한 자료를 접하게 되었을 때, 스탈린과 김일성의 책임도 충분히 묻게 되기를 기대한다.[201]

그러나 한국전쟁 분석이 기원에서 원인으로 이전하자 갑자기 구조는 사라지고 행위자만 남게 된 것이 더 문제다. 전쟁의 행위자들이 냉전으로 인해 특정한 이념적 정체성을 형성하는 것은 냉전의 시작과 함께 순간적으로 이루어지는 것이 아니고 역사적으로 형성되는 것인데 그러한 정체성의 역사적 형성에는 냉전의 구조가 결정적인 역할을 한다. 그런데 한국 전쟁 원인 연구자들에게 절대적으로 부족한 것은 공산주의나 반공주의의 정체성을 형성하는 데 핵심적 역할을 했을 구조에 대한 설명이 부재하다는 것이다. 한국전쟁은 1950년 6월 어느 날 38선상에서 우연히 일어난 것이 아니다. 거기에는 전쟁을 기획하고 음모하고 실천에 옮긴 전쟁 음모자들이 있고, 그 음모자들을 따라 유혈적인 살육전을 벌인 농민과 노동자 출신 병사들도 있다. 그런데 전쟁 음모자들이 누군가에 대해서는 충분한 연구가 이루어졌으나 아직 대규모 살육전에 동원되어 참가하고 희생된 민중에 대해서는 충분한 연구가 없다. 마키아벨리가 선도적으로 보여 주었듯이 전쟁을 서술할 때에는 '군주의 시각(parte de principis)'과 같은 비중으로 '백성의 시각(parte de populi)'에서 봐야 한다. 그래야 균형잡힌 한국전쟁 연구가 나오는 것이다.

201 박명림은 커밍스가 소련이 한국전쟁에 깊숙이 개입한 것이 증명된 뒤에도 기본 가설을 회의하거나 수정하지 않는 비진실적 태도를 보였다고 비판한다. 커밍스의 스탈린 불개입설을 1990년대에 공개된 소련과 중국 자료에 의거해서 틀렸다고 증명한 한국전쟁 연구가는 웨더스비 여사이다.(Weathersby, Cathryn, 1993; 1995 and 1996)

2. 한국전쟁의 결과 — 냉전 반공국가의 건설

1) 전쟁의 전개과정 — 남북전쟁, 국제전, 그리고 휴전

개전 일자가 불분명한 한국전쟁은[202] 1950년 6월 25일 북한군의 전면 남침으로 시작하였다. 남침한 북한군이 파죽지세로 남하하자 한국군은 서울 시민을 버리고 패주하였다. 한국군 지휘부는 전쟁 발발 전 "아침은 개성에서 점심은 평양에서 저녁은 신의주에서 먹겠다"는 호기를 부렸다. 호전적인 '북침' 발언으로 오해될 소지가 있는 라디오 방송을 한 채병덕 한국군 총사령관은 한국전쟁 발발 직후인 1950년 6월 26일 오후 국무회의에서 서울 사수를 공언하였고 명령만 있으면 나흘 안에 평양을 점령할 수 있다고 다시 호언장담하였으나, 이승만도 이를 믿지 않고 그 다음 날인 6월 27일 정부의 천도를 결정하고, 6월 26일 밤 라디오 방송을 통해 서울 시민들에게 서울을 떠나지 말라고 독려한 뒤, 자신은 대전, 이리, 목포, 부산을 거쳐 대구로 피난하였다.

한국전쟁은 여러 측면에서 1592년에 발발한 임진왜란과 닮았다. 도요토미가 전쟁을 벌일 인물이 못 되며 왜군들이 침략하면 즉각 부산 바다에서 격퇴하겠다는 호언장담을 하다가 왜군이 파죽지세로 서울로 진격해 오자 선조가 백성을 버리고 의주로 피난한 것과 이승만이 서울 시민을 버리고 대구로 피난 한 것이 비슷하고, 후견국가 명 제국의 군대가 개입하여 전세를 바꾼 것이나 패권국가 미국의 맥아더 장군이 인천상륙작전으로 전세를 바꾼 것도 비슷하다. 그러나 가장 비슷한 것은 지배층의 노블리스 오블리주 정신의 부재였다.

"나흘 만에 평양을 점령할 수 있다"는 채병덕의 호언장담과 정반대로 북한군(조선인민군)은 남침을 시작한 지 사흘 만인 28일에 서울의 중심가에 진주하였고 인민군은 6월 30일까지 서울에 머물렀고, 7월 1일부터 한강을 건너 남진

202 한국전쟁의 개전 일자가 1950년 6월 25일로 단정할 수 없는 것은 트루먼 대통령 특사인 제솝(Philip Jessop) 교수가 1950년 4월에 "38도선은 정말 하나의 전선이다. 늘 전투가 있었으며 어떤 전투는 1000-2000명이 개입되는 진짜 전투들이었다"고 보고한 데서도 확인할 수 있다.(Dept. of State, Bulletin, 1950. 4. 24., p.627. 김학준 2010: 83 재인용)

을 계속하였다. 인민군의 짧은 서울 주둔을 두고 '제한 전쟁론'이 나왔다. 김일성은 전격적으로 서울을 침탈하여 불법으로 통일 정부를 수립하려는 제한적인 전쟁 목적을 갖고 있었다는 것이다. 짧은 서울 주둔은 바로 이러한 제한 전쟁론을 입증하는 자료로 쓰이고 있다. 그런데 제한 전쟁론에 대해서 박태균 교수는 중요한 결함을 갖고 있다고 주장한다. 김일성이 서울에서 3일 동안 머문 이유에 대해서 스탈린도 궁금해 했다고 하나, 김일성이 지체 없이 남하하지 않고 머문 것은 남한에서 인민봉기가 일어나기를 기다린 것도 아니고 서울에서 통일정부를 구성하려는 것도 아니라, 작전 실패로 인한 불가피한 선택이라는 것이다.(박태균, 2005: 185-195) 김일성은 중부전선 춘천에서 예상 외의 강력한 남한군의 저항을 받아서 춘천을 점령하는 데 3일이 걸렸다는 것이다. 전쟁 초기의 중부전선에서의 3일은 북한의 작전 실패에 결정적인 역할을 했다. 중부전선에서 김일성의 오판으로 3일을 번 한국군은 전열을 정비하고 낙동강에 방어선을 구축할 수 있었고 미국의 개입을 유도할 수 있었다.

미국이 UN의 깃발 아래 한국전에 개입하면서 남북전쟁은 국제전이 되었다. 트루먼 대통령은 6월 27일 미 공군과 해군에 한국군을 지원하라는 명령을 내렸고, 유엔 안보리를 소집하여 UN군의 파병 결의를 얻어내었다. 안보리의 거부권을 가지고 있는 소련의 대표가 불참함으로써 얻은 행운이었다. 유엔 결의를 바탕으로 미국은 7월 7일 맥아더 장군을 총사령관으로 하는 국제연합군을 조직하고 한국으로 파병하였다. 맥아더 장군은 인천상륙작전을 성공시켜 대대적인 반격을 개시하여 서울을 수복하고 평양까지 점령하고 압록강까지 진격했다. 이에 절대절명의 위기에 봉착한 모택동은 '순망치한(脣亡齒寒)' 즉 중국의 입술의 역할을 하고 있는 북한이 사라지면 중국의 이가 시리게 되어 제국주의 초강대국 미국과 맞부딪히게 되기 때문에 이러한 상황은 어떻게든 피해야 하며 따라서 북한을 구하기 위해 파병해야 된다는 논리로 중국 인민군 지도부를 설득하여 한국전에 대규모의 인민해방군을 파병하여 한국전쟁에 개입하였다. 미국의 개입 확대와 중국의 참전으로 전쟁은 내전에서 국제전으로 바뀌었다. 중국 인민군의 개입으로 전세는 다시 역전되었고 한미연합군은 1951년 1·4후퇴를 하지 않을 수 없었다. 1·4후퇴 이후 전투는 일진일퇴를 거듭하는 가운데 정전협상이 시작되어 1953년 7월 27일 미국, 북한, 중국이 당사자가 되어 정전협정을 체결하고 38선이 아니라 휴전선이 남북을 가르는 분단선이 되었다.

최장집 교수는 한국전쟁을 네 번의 국면으로 나누고 있는데, 첫 번째 국면은 1950년 6월 25일 38도 선상에서의 전면 개전으로부터 트루먼 대통령의 한국군 지원을 내리면서 미국이 한국전에 개입을 결정하는 시기까지이고, 두 번째 국면은 유엔군과 한국군이 38선을 넘기까지이고, 세 번째 국면은 이때부터 1951년 7월 10일 휴전협상이 시작되는 시기까지이고, 네 번째 국면은 1953년 7월 27일 휴전협정의 조인으로 전쟁이 정전되는 시기까지이다.[203] 전쟁의 첫 번째 국면은 1950년 6월 25일에서 7월 1일까지는 김일성의 '민족해방전쟁'이었고, 북한과 남한 간에 통일 한국의 이념을 둘러싸고 무력으로 자기 방식의 한반도 통일을 이루려는 과정에서 터진 유혈적 남북 내전이었으며, 동시에 재래식 무기를 사용하는 재래전이었고, 북한의 '의심스러운 3일간의 서울 체류'에서 보듯이 제한 전쟁이었다.

두 번째 국면에서 전쟁은 전면전으로 확대되었고, 미국의 참전으로 국제전으로 확대되었다. 세 번째 국면에서 전쟁의 주역은 남북한에서 미국과 중국으로 바뀌었다. 미국과 중국은 남과 북의 후견자에서 한국전쟁의 주역으로 전면에 나섰다. 주역이 바뀜으로써 전쟁의 목적도 제한적이 아니라 국제적 냉전에서의 승리를 목표로 하는 포괄적이고 공세적인 것으로 바뀌었다. 미국은 한국전

203 전쟁 과정에서 양측의 우열 관계를 보면, 1950년 6월 25일에서 9월 중순까지는 북한 인민군의 공세기이고, 9월 중순부터 11월 하순까지는 유엔군의 공세기이며, 11월 하순에서 1951년 1월 말까지는 북한군과 중국 지원군의 공세기이고, 1951년 2월에서 6월 말까지는 전선 교착기이고, 1951년 7월부터 1953년 7월 27일까지는 휴전협상이 벌어지면서 휴전에서 유리한 고지를 선점하기 위해 치열한 소모전이 벌어지는 "일면 협상, 일면 전투"기이다.(최장집, 1996: 131)

쟁의 목표를 "침략자를 38선도까지 격퇴하여 전쟁 이전 상태로 원상회복(staus quo ante bellum)"시키는 제한적인 목적이 아니라 북한 정권 자체를 궤멸시켜 한반도에 반공 통일정부를 수립하고, 나아가 중국 공산당의 존립에 심대한 타격을 가하거나 이를 붕괴시키는 것을 목표로 하는 실로 무제한적이고 세계대전을 무릅쓰고 전 아시아를 제패하려는 원대한 목적을 가지고 있었다.(최장집, 1996: 126) 두 번째 국면부터 한국전쟁은 행위자가 증가하고 범위와 목적이 확대되었다. 전쟁의 당사자는 미국과 유엔 참전국, 그리고 한국을 한 편으로 하고 북한, 중국, 그리고 소련을 다른 한편으로 하는 다자가 참여하는 국제전이 되었고, 지리적 범위에서 미국 공군력의 작전범위가 만주까지 확대될 수 있는 위험이 있었고 무기의 사용범위에서 재래식 병기뿐 아니라 핵무기의 사용이 심각히 고려되는 핵전쟁으로의 확전 벼랑까지 갔다. 그리고 전쟁의 목적도 전쟁 이전 상태의 '원상회복'이 아니라 '실지회복'으로 확대되었다.(최장집, 1996: 126-127)

네 번째 국면에서 미국과 서방연합군 내에서 전쟁을 제한전, 국지전으로 한정시키려는 온건파들이 전장을 중국 대륙으로 확전시켜 세계대전으로 몰고 가려는 호전적 강경파를 억제하는 데 성공하여 전쟁의 목적은 다시 '원상회복'으로 돌아갔고 미국, 중국, 북한 3자 간의 정전협정에 따라 휴전으로 종결되었다.

2) 전쟁의 풍경 — 야만과 문명, 파괴와 건설, 민족과 제국의 비동시성

한국전쟁은 제2차 세계대전 이후 일어난 전쟁 중 베트남전을 제외하고는 가장 대규모의 인명 살상과 물적 파괴를 기록하였다. 문명화된 20세기의 '야만'으로 기록되는 전쟁이었다. 한국전쟁으로 400만에서 500만 명의 인명 손실이 있었고 500만의 전재민을 낳았고, 1000만 이산가족을 창출하였다. 한국전쟁은 남북의 경제를 모두 '파괴'하여 인간과 자연을 황무지로 만들었다. 농촌경제는 완전히 파괴되어 도시의 이상 비대와 슬럼화를 초래했다. 물적 파괴는 더 엄청났다. 1949년과 비교해 볼 때 전쟁이 정전된 시점에서 북한은 공업 생산은

60%, 광업은 20%, 농업은 78% 급감했고, 남한의 경제도 42% 파괴되었다. 전후에 북한의 김일성이 소련과 중국과 다른 주체의 길을 걷겠다고 하면서 제시한 전략이 자립, 자력갱생을 통한 경제발전 전략이었는데 그 핵심 내용은 '사람 중심의 경제'를 만든다는 것이었다. 이는 전쟁으로 생산력 기반이 전면적으로 파괴된 상황에서 북한이 선택할 수 있는 대안은 인간의 노동력을 투입하는 방식으로 경제를 복구하는 전략뿐이었다는 이야기다. 말하자면, 그들은 아무 것도 없는 조건하에서 사람들의 손으로 경제를 다시 복구하겠다는 것이었다. 남한은 그래도 나았다. 후견국가인 미국이 세계에서 가장 부유한 나라였기 때문에 냉전의 최전방에서 소련과 중국을 봉쇄하고 있는 한국에 경제적으로 '자비로운' 원조를 제공하였기 때문이었다. 그러나 미국의 원조는 남한에 지대경제(rent economy)를 낳아 효율성을 상실하고 있었다. 그래서 맨손으로 경제를 복구하자는 자력갱생의 북한이 미국의 원조까지 받아가면서 경제를 복구하려 했던 남한보다 전후 복구 경쟁에서 앞서게 되었고 1975년까지 미국 CIA는 북한이 일인당 소득에서 남한을 앞섰다고 보고하였다.

20세기의 대표적인 야만, 파괴, 민족 파괴를 낳은 한국전쟁은 또한 서구문명이 본격적으로 개방되고 들어오면서 한국을 근대의 시대로 본격적으로 진입시켰다. 전후 미국 원조에 기생하는 근대적 자본가들이 탄생하여 농촌경제의 파괴와 함께 사라진 지주계급을 대체하여 경제적 지배계급으로서의 자리를 굳혔다. 그러면서 전쟁과 함께 한국인들은 참전 16개국의 군인들을 통해서 세계와 접속할 수 있었다. 전쟁을 통해서 한국인들은 새로운 세계제국인 미국에 의존해야 생존한다는 지혜를 터득하였다. 조선시대 사대부들이 명과 청나라에 대한 사대를 통해 '장기지속'할 수 있었던 것처럼 한국인들은 미국과 동맹을 하면 미국이 제공하는 안보 우산의 보호를 받을 수 있고, 부유한 미국이 제공하는 경제원조로 나라를 다시 살릴 수 있다는 지혜를 쉽게 터득하였다. 조선왕조가 사대주의를 통해 잃은 것보다 얻은 것이 많았다는 역사적 사실에서 쉽게 미국을 통해서 전쟁의 상처를 치유하고 나라를 근대화해야겠다는 것을 깨달았다.

전쟁의 기원과 발발이 비동시적인 것만큼 전쟁의 풍경도 비동시적이었다. 우리는 전쟁문학을 통해서 가장 적나라하게 공포, 야만, 음습, 경계인을 허용하지 않는 정체성의 강요와 함께 희망, 새로운 세계와의 접속, 양지, 한민족의 복원이라는 비동시성을 동시에 본다.

전쟁문학은 한국전쟁 또는 6·25전쟁이 계급전쟁이 아니라 이념전쟁(ideological war)이라는 것을 확연히 보여 준다. 이념전쟁은 정체성의 전쟁(war of identity)이다. 계급전쟁은 계급타협으로 평화적으로 해결될 수 있으나 정체성 전쟁은 시원적(primodial) 정체성을 바꾸기 쉽지 않을 뿐 아니라, 어느 편이냐, 어느 진영이냐를 선택하라고 강제함으로써 특정 정체성을 강요하고, 다른 편이나 진영에 대한 증오를 강요한다. 한국전쟁은 분단 한국인들에게 자신의 국가가 남과 북 중 어느 진영의 국가인가를 분명히 가르쳐 주었고 그 조국을 사랑하라고 강요하였다.〔모윤숙, 〈국군은 죽어서 말한다〉, 《風浪》, 문성당(1951)〕 그 결과 동족 간에 대량살육이 벌어졌지만 남한의 한국인들은 대한민국이라는 조국(祖國)을 갖게 되었고 대한민국이라는 분단국가는 동족인 북한 공산주의자들과 '전쟁'을 하면서 확실한 자기 정체성을 갖게 되었다.

나는 죽었노라 스물다섯 젊은 나이에
대한민국의 아들로 숨을 마치었노라
질식하는 구름과 원수가 밀려오는 조국의 산맥을 지키다가
드디어 드디어 숨지었노라
내 손에는 범치 못할 총대 내 머리엔 깨지지 않을 철모가 씌워져
원수와 싸우기에 한 번도 비겁하지 않았노라
그보다도 내 피 속엔 더 강한 혼이 소리쳐
달리었노라 산과 골짜기 무덤과 가시 숲을
이순신(李舜臣)같이 나폴레옹같이 시이저같이
조국의 위험을 막기 위해 밤낮으로 앞으로 앞으로 진격! 진격!
원수를 밀어 가며 싸웠노라

나는 더 가고 싶었노라 저 머나먼 하늘까지
밀어서 밀어서 폭풍우같이
뻗어 가고 싶었노라
〔…〕
나는 자랑스런 내 어머니 조국을 위해 싸웠고
내 조국을 위해 또한 영광스레 숨지었노니
여기 내 몸 누운 곳 이름 모를 골짜기에
밤이슬 내리는 풀숲에 아무도 모르게 우는
나이팅게일의 영원한 짝이 되었노라
바람이여! 저 이름 모를 새들이여!
그대들이 지나는 어느 길 위에서나
고생하는 내 나라의 동포를 만나거든
부디 일러다오, 나를 위해 울지 말고 조국을 위해 울어 달라고
— 〈국군은 죽어서 말한다〉, 《風浪》(문성당, 1951)

한국전쟁은 한국인들에게 자신의 국가가 남과 북 중 어느 진영의 국가인가를 분명히 가르쳐 주었고 그 조국을 사랑하라고 강요한다. 모윤숙은 〈국군은 죽어서 말한다〉는 시에서 어린 육군 소위는 죽어 가면서까지 조국을 위해 울어 달라고 하면서 '조국(patrie)'이라는 개념이 근대국가 건설에서 필수적인 요소라는 것을 가르쳐 주었다. 어린 장교는 동족상잔의 이 전쟁터에서 원수(북한 공산주의자들)에 대해 증오를 멈추지 말고, 오랑캐에 대한 증오의 화신이 되는 것이 조국을 사랑하는 것이라고 믿으면서 증오를 증폭, 재생산할 것을 '산 자들'에게 당부하면서 숨을 거둔다. 정체성의 전쟁에서는 죽으면서도 "나는 대한민국의 국군이다"라는 정체성을 동료들에게 확인해 주어야 안심이 되었던 모양이다. 그 결과 동족 간에 대량살육이 벌어졌지만 한국인들은 반공 대한민국이라는 조국(祖國)을 갖게 되었고 대한민국이라는 분단국가는 동족인 북한 공산주의자들과 '전쟁'을 하면서 확실한 자기 정체성을 찾게 되었다.

북한도 마찬가지였다. 북한은 남한은 물론 미제(美帝)에 대한 증오를 키워 북한 병사들에게 정체성을 가르쳐 주려 하였다. 그들의 정체성은 반제 민족해

방주의였다

월가의 야수들에게 끌려온
아메리카의 청년은
조선인민의 피로써 물든
애인의 금반지값을 헤인다
아메리카 '문명'의 값을…
'몇 명이나 죽였느냐?
열딸러는 받겠지' 저주가 있으라
백악관의 식인종들에게
원한에 사무쳐 죽은 모든 조선의 부부와 애인의 저주가
놈들의 밤꿈을 온 일생 괴롭히라
살려보내지 말라 그놈을!
저주가 있으리!
아메리카 '문명'에…

— 백인준, 〈얼굴을 붉혀라 아메리카여〉(1951) / 출처: 임도한, 2003, 〈한국전쟁과 남북한의 전쟁시〉, 이기윤·신영덕·임도한 편, 《한국전쟁과 세계문학》, 서울: 국학자료원.

북한은 미 제국주의에 대한 증오를 확대재생산함으로써 조선민주주의 인민공화국(DPRK)의 정체성을 세우려 하였다. 그러나 한국전에 참전한 미군 병사들은 자신들이 왜 자신들이 들어보지도 못하고 알지도 못하는 지구촌 건너편에 있는 이름 없는 극동의 조그만 반도에서 벌어지고 있는 동족상잔의 살육전에 불려왔는지도 모르고 죽었다. 미국 수도 워싱턴에 세워진 한국전쟁 참전용사 기념비(Korean War Memorial)에 새겨진 비문은 다음과 같다.

Freedom is not Free. Our nation honors her sons and daughters, who answered the call to defend a country they never knew and a people they never met.[204]

---

204 "자유는 공짜가 아니다. 우리나라는 자신들이 알지 못했던 그리고 자신들이 만나본 적이 없는 나라를 수호하라는 부름에 응답한 우리 아들과 딸들을 영예롭게 한다."

미군은 북한 공산주의자들이 북한 병사들을 격발시킨 구호였던 '미제국주의 침략자'의 일원이라고 부르고 있는지도 모르고 한국전쟁에 참전하였던 것이다. 자신이 알지도 못하는 나라에서 무엇을 위해 싸우는지도 모르고 살육전에 동원되어 전사한 미군들이나 아무것도 모르는 미군들을 자신을 살육하러 온 아메리카 문명의 첨병으로 저주하면서 살육할 것을 지시하는 북한 공산당에서 근대 전쟁의 야만성, 잔인성, 증오와 저주를 본다. 이렇게 한국전쟁으로 한국인들은 근대의 어두운 얼굴을 보면서 근대의 시간에 확실히 진입했다.

전쟁으로 한국인들은 더 이상 남과 북을 동시에 조국으로 갖지 못하게 되었다. 경계인은 허용되지 않고 경계를 넘어서 남과 북 중 어느 한 쪽을 선택해야만 했다. 그래서 전쟁의 전야부터 대량의 탈북자들이 죽음을 무릅쓰고 38선을 넘었다. 전쟁으로 500만의 북한 디아스포라(diaspora, 이산민족)가 남한의 국민이 되어 북한을 증오하게 되었다.

시인 김종삼은 〈민간인〉이라는 시에서 심야(深夜)라는 한 행으로 월남이 비밀리에 이루어지고 있음을 암시한다. 울음을 터뜨린 갓난아기를 물에 빠뜨려야 했던 비극적 사건을 서술한 것은 얼마나 비밀스럽게 남하가 이루어졌는가를 보여 준다. 아이를 빠뜨려야 하는 슬픔이 깊은 만큼 남북 경계선에 위치한 용당포 바다의 수심(水深)도 더 깊어졌다.(이상오, 2011: 27)

> 1947년 봄
> 深夜
> 黃海道 海州의 바다
> 以南과 以北의 境界線 용당浦
>
> 사공은 조심 조심 노를 저어가고 있었다.
> 울음을 터뜨린 한 嬰兒를 삼킨 곳.
> 스무 몇 해나 지나서도 누구나 그 水深을 모른다.
> — 김종삼, 〈민간인(民間人)〉, 권영옥 편, 2005, 《김종삼 시 전집》, 서울: 나남.

전쟁 중에 월남하는 흰 옷 입은 한민족 디아스포라 가족은 추운 겨울 황혼녘에 죽은 어린애기의 돌무덤을 쌓았다 무너지면 또 쌓기를 반복하다 돌각담을 완성하지 못한 채 다시 '술 없는 황야'와 같은 고통스런 피난길을 계속해야 했다. 전쟁은 이렇게 남과 북의 디아스포라 가족에게 구 정체성을 해체하고 새로운 정체성을 쌓도록 강요하였다.

> 廣漠한地帶이다기울기
> 시작했다잠시꺼멋했다
> 十字型의칼이바로꼽혔
> 다堅固하고자그마했다
> 흰옷포기가포겨놓였다
> 돌담이무너졌다다시쌓
> 았다쌓았다쌓았다돌각
> 담이쌓이고바람이자고
> 틈을타凍昏이잦아들었
> 다포겨놓이던세번째가
> 비었다.
>
> — 김종삼, 〈돌각담〉, 권영옥 편, 2005, 《김종삼 시 전집》, 서울: 나남.

> 방대한
>
> 공해 속을 걷자
>
> 술 없는
>
> 황야를 다시 걷자
>
> — 김종삼, 〈걷자〉, 권영옥 편, 2005, 《김종삼 시 전집》, 서울: 나남.

한국전쟁에서 남한과 북한의 전쟁 음모자들은 이렇게 디아스포라의 증오를 매개로 이념 전쟁을 벌여 기왕에 존재했던 한민족을 파괴하고 남과 북에 대쌍적인 별개의 분단 민족(국민)을 건설하였다. 분단 민족은 갈수록 고착화되었고,

1953년 전쟁이 멈춘 지 60여 년이 되는 현 시점에서 보면 남과 북의 분단 민족은 전혀 별개의 민족적 정체성을 가진 별개의 민족으로 다시 태어나지 않았는지 염려된다.

이렇게 전쟁을 통한 부(否)의 국가건설과 민족 파괴에도 불구하고 어느 한 구석에서는 한민족의 재건설의 꿈을 포기하지 않는 희망과 염원의 기도가 있었다. 증오와 야만의 전쟁일수록 평화를 갈구하는 휴머니즘과 평화주의의 목소리는 멈추기보다는 역설적으로 더 커진다.

> 이 장벽을 무너뜨려 주십시오 하늘이여
> 그리운 이의 모습 그리운 사람의 손길을 막고 있는
> 이 저주받은 장벽을 무너뜨려 주십시오
> 무참히 쓰러진 선의의 인간들
> 그들의 푸른 한숨 속에 이끼가 앉고 있는 장벽을 당신의 손으로 하루아침에 허물어 주십시오
> (…)
> — 조지훈, 〈첫 기도〉 / 출처: 임도한, 2003, 〈한국전쟁과 남북한의 전쟁시〉, 이기윤·신영덕·임도한 편, 《한국전쟁과 세계문학》, 서울: 국학자료원.

전쟁 가운데서 핀 이러한 휴머니즘이 황순원으로 하여금 그의 단편소설 〈鶴〉에서 어릴 적 단짝동무였으나 포로로 잡혀온 덕재를 성삼이가 풀어주게 하였다. 윤흥길은 《장마》에서 국군인 아들이 전사한 외할머니와 빨치산 아들을 북에 둔 친할머니 간의 가족 간 이념갈등을 다루면서 장마로 인해 기어 나온 구렁이를 매개로 화해하고 장마도 끝이 난다는 이야기를 하면서 이념전쟁의 상처를 휴머니즘을 통해 극복할 수 있다는 것을 보여 주었다.

'군주의 시각'에서 보면 한국전쟁은 반공 분단국가 건설을 완료할 호기였지만, '백성의 시각'에서 보면 한국전쟁은 일상적 삶이 송두리째 파괴되고 가족이 해체되는 '트라우마의 시간'이었다. 이범선은 《오발탄》에서 경제의 총체적 파괴

로 다가와 성실하게 일해도 빈곤에서 벗어나지 못하는 무능한 가장 철호, 전쟁 트라우마를 치유하지 못하고 '가자' 소리만 되뇌는 어머니, 생활고에 시달리다 아이를 낳다 죽는 아내, 상이군인이 되어 귀향해 가난에서 벗어나기 위해 권총 강도를 하다가 감옥 가는 영호, 가족생계를 돕기 위해 양공주가 된 명숙의 비극적 가족 트라우마를 보여 주고 있다. 철호 일가의 삶은 전쟁이 얼마나 인간성을 파괴하고, 삶을 망가뜨리고, 허무주의와 정신적 트라우마를 남겼는지를 적나라하게 보여 준다. 아내가 죽은 뒤 어금니를 다 뽑고 택시를 잡아타지만 가야 할 방향을 대지 못하는 철호에서 전후 절망에 빠져 방향감각을 상실하고 방황하는 '서민의 시간'과 전쟁을 반공국가 건설의 호기로 보고 쾌재를 부르는 지배층의 '군주의 시간' 간의 거리가 얼마나 큰가를 보여 준다.

그러나 한국전쟁 문학의 백미는 최인훈의 《광장》이다. 광장에서 우리는 한국전쟁이 확실히 이념전쟁이라는 것을 확인한다. 이념에 따라 월북한 아버지를 둔 명준은 아버지 때문에 경찰에 끌려가 심한 고문을 당한다. 그러는 가운데 윤애라는 처녀와 사랑을 한다. 명준은 남한에는 자신만의 사적 공간인 '밀실'만 있고 공익이 토론되는 공론의 장인 '광장'이 없다고 남한의 상황을 비판한다. 그래서 이명준은 월북하여 고위 관리인 아버지를 만나고 자신도 북한의 관리가 되지만 북한에서는 기계적이고 관료적인 '공적 세계'만 존재하지 자신만의 내면세계인 '사적 공간'이 존재하지 않은데 실망하며, 북한의 '광장'은 허울뿐인 광장이라고 비판한다. 명준은 이러한 북한에서의 곤경으로부터 탈출구를 은혜와의 사랑에서 찾으려 한다. 그러나 은혜는 간호사로 전쟁에 나가 임신한 채 죽고 말았다. 전쟁이 끝난 후 이명준은 포로로 잡히나 휴전포로교환에서 이명준은 제3국을 택한다. 그는 전쟁을 초래하고 전쟁이 끝난 뒤 소시민의 일상생활을 지배하고 있는 '이념(이데올로기)'으로부터 탈출을 기도한 것이다. 그러나 이명준은 제3국으로 가는 배 안에서 '바다'를 보고 웃으며 자살한다. 한국의 지식인 이명준에게 제3국은 유토피아이다. 그러나 이명준을 옥죄는 이념의 사슬이 워낙 강고하여 그 유토피아는 죽음을 통해서만 갈 수 있었다. 한국전쟁 후 반공주의 이념은 개별 시민들이 선택할 수 있는 이념이 아니라 반드시 체화하고 내면화해야 하는 강제된 규범이었던 것이다.

3) 전쟁의 결과 1 — 반공국가 건설

"전쟁이 국가를 만든다"는 찰스 틸리의 경구는 한국에 잘 들어맞는다. 여기서 틸리가 이야기하는 국가는 근대국가(modern state)이다. 근대국가는 국경을 설치하여 외국으로 시민들이 이동하는 것을 통제하고, '주어진 영토 내에서' 인적, 물적 자원을 통제하며, 시민들의 일상생활에 침투하여 간섭, 규제하는 규제국가(regulative state)이고, 세금이라는 이름으로 시민들로부터 재정자원을 추출하고, 국민개병제로 시민들을 군대로 징집(conscription)하는 추출국가(extractive state)이고, 법을 어기는 시민들을 처벌하고, 제도적으로 그리고 합법적으로 폭력을 독점하여 보통시민들의 무장을 강제로 해제시키는 강압국가(coercive state)이다(Tilly, 1992). 이러한 근대국가는 전쟁을 통해 총체적으로 그리고 잔인하게 만들어졌다는 것이 틸리의 근대국가 형성 이론의 골자이다.

수백만 명의 인명살상과 천만이 넘는 디아스포라를 창출한 잔인한 전쟁을 통해서 이승만 정권은 마침내 근대국가의 모습을 갖출 수 있었다. 전쟁 이후 이승만 정권은 대외적 경쟁자인 북한의 김일성 정권을 제거하지는 못했지만 휴전이라는 형태로 잠시 휴지시간에 들어갈 수 있었다. 그러나 전쟁을 통해 대내적 경쟁자를 확실히 없애 버렸다. 자유민주주의라는 국가의 외피가 이승만 정권을 제약했지만 이승만 정권은 반공주의로 그 제약을 뚫고 나갔다. 전쟁 중에 흩어졌던 권력이 소용돌이처럼 서울로 집중되었고 이승만 정권은 대통령제하에서 권력을 중앙집권화할 수 있었다. 이승만 정권은 전쟁 전부터 농지개혁을 실시하고 전쟁 중에도 계속하여 인구의 다수를 차지하는 소규모 자영농민들의 지지를 받는 한국판 보나파르트가 되었다. 어떤 정치적 경쟁자도 이승만과 권력을 놓고 쟁투할 수 있는 대중적 지지 자원을 확보하지 못하고 있었다.

전쟁 전후에 농지개혁으로 구축한 농촌에서의 대중적 지지기반을 바탕으로 이승만은 자신의 마키아벨리적인 비르투를 발휘하여 야당인 민국당, 미국, 그리고 집권층 내의 족청계와의 오랜 정치투쟁 끝에 한국의 보나파르트로 군림할 수 있게 되었다(김일영, 2006b: 253; 김일영, 1993).

이승만은 전쟁을 통해서, 전쟁을 기반으로, 전후 복구와 북진통일을 달성하겠다는 명분으로 무장하여 반공이라는 지배 이데올로기와 권위주의 독재체제를 특징으로 하는 반공국가를 압축적으로 건설하였다. 전쟁 중에 그리고 전후에 건설한 이승만의 반공국가는 군, 경찰, 정보기구와 같은 억압적 국가기구(repressive state apparatuses: Althusser)가 그 당시 사회가 필요로 하는 규모를 훨씬 넘어서는 초과대성장국가였다.[205] 한국전쟁이 일어나지 않았으면 아무리 이승만이라 하더라도 그렇게 엄청난 규모의 군대를 육성할 수 없었을 것이다. 전쟁이 국민들로 하여금 이승만의 무모한 군비 확장을 승인하게 해 주었고 미국은 안보원조를 통해 무기 구매 비용을 감당하였다. 그러나 한미동맹이 1953년에 체결된 이후부터는 미국이 한국의 안보를 책임지게 되었다. 그렇게 엄청난 규모의 억압기구는 한국 경제와 사회가 감당할 수 있는 범위를 넘어섰기 때문이다. 더구나 전후에 미국으로부터 원조의 형태로 들어오는 소비재와 잉여 농산물에 의해 유지되고 있는 종속 경제체제하에 있던 한국의 이승만이 그렇게 허약한 경제와 비대칭적인 초과대성장된 억압국가 기구를 유지하기 위해서는 계속 미국에 손을 벌릴 수밖에 없었고 이는 미국으로부터 독립하려는 이승만의 꿈을 더욱 어렵게 만들었다.

결국 이승만이 건설한 반공국가의 억압 국가기구는 대내적 경쟁자를 물리치는 데는 효과적이었고 대내적 경쟁자들로부터 자율적이게 했으나, 역설적으

205 군대의 규모는 전전의 10만에서 전후에 60만으로 6배나 팽창하였다.

로 미국에 더 의존하게 되면서 대외적 자율성의 급격한 약화를 가져왔다. 막스 베버가 정의한 근대국가의 개념, 즉 "주어진 영토 내에서 물리적 폭력의 합법적 사용을 독점하고 있는 정치결사체"로 받아들일 때(Weber, 1978)[206] 근대국가는 영토성(territoriality), 주권성(sovereignty), 합헌성(constitutionality), 정통성(legitimacy), 그리고 합법적 폭력 독점과 강제능력을 갖추어야 한다는 근대국가의 필수적 조건을 도출할 수 있다. 그런데 베버의 기준을 따를 경우 이승만이 한국전쟁을 통해서 건설한 대한민국은 '결손 근대국가(defective modern state)'일 수밖에 없었다.

첫째, 대한민국의 최종 지향점이 '분단국가'가 아니라 '통일 한국 국가'라면 이승만이 건설한 국가는 영토성에서 결함을 안고 있다. 영토성이란 통치권력이 미치는 경계와 영토적 경계가 일치하는 것을 의미한다.(Giddens, 1985: 172) 전쟁이 휴전으로 끝나면서 사실상 분단국가의 영토적 경계와 남한 정부의 통치력이 미치는 경계가 정확하게 일치하게 되었다. 그러나 대한민국 헌법이 영토조항인 제1장 제3조에서 "대한민국의 영토는 한반도와 그 부속 도서로 한다"고 규정함으로써 영토가 북한을 포함하는 한반도로 넓혀 놓았는데 한국전쟁 후 이승만이 실효적으로 지배하는 대한민국의 영토는 대한민국 헌법이 규정한 영토의 절반에 못 미치는 영토로 줄어들었다. 따라서 대한민국은 '영토성'에서 심각한 결함을 안고 있다.

둘째, 주권성에서도 심각한 결손을 보이고 있다. 주권은 대내적 주권과 대외적 주권으로 나뉜다. 대내적으로 주어진 영토적 경계 내에 살고 있는 국민들에게 "물리적 강제력을 합법적으로 정당하게 독점" 사용할 수 있는 국가가 대내적 주권국가이다. 대내적 주권국가를 건설하기 위해 필수적인 것은 국민에게 물리적 강제력을 독점 사용할 수 있는 '정당성', 즉 국민적 동의의 기반을 구축

206 베버는 《소명으로서의 정치》에서 비슷한 근대국가의 정의를 내린다. 근대국가란 "주어진 영토 내에서 물리적 힘의 합법적 사용의 독점을(성공적으로) 주장하는 인간 공동체"이다.(베버, 2011)

해야 하는 것이다. 물론 대내적 주권을 확립하기 위해 주권을 부인하고 도전하는 반체제 세력을 공격하고 평정해야 한다. 전쟁은 대내적 주권을 확립하기 위한 반체제세력의 평정을 위한 호기를 제공한다. 이승만 정권은 북한과의 전쟁 중에 남한에 남아 있는 반체제 무장세력을 완전히 평정하였다.

그런데 이승만 정권은 전시에 '이미 국민으로서 존재하는' 국민성의 자격을 갖춘 동족을 국민이 아닌 존재로 의제화하여 집단적으로 학살하였다.(박명림, 1999: 62-77) 한국전쟁의 전 과정을 통해서 전세가 바뀌면서 전선이 이동하였고 미처 피난을 못해 남아 있어야 했던 많은 한국 국민을 '부역자'로 몰아 처벌하였다.[207] 전시 정부가 자신이 보호해야 할 국민을 버리고 도망가면서 한강철교를 폭파하여 서울 시민들에게 피난 기회를 봉쇄해서 수많은 부역자를 양산해 놓고는 전쟁 초기의 패전과 도주의 책임을 피난 가지 못한 '부역자들'에게 돌린 것이다.

이승만 정권의 자국 국민에 대한 학살은 전쟁 중 피난 갈 수 없어서 북한군의 '부역자'가 될 수밖에 없었던 국민들에게만 행해진 것이 아니라, 전쟁과 관계없는 선량한 양민을 학살하는 데까지 이르렀다. 1951년 2월 지리산 자락에 있는 산청, 거창, 함양 양민 학살 사건은 대표적인 무고한 양민 학살 사건이다. 대한민국 국군이 공산주의자들과 내통했다는 이유로 2,000명이 넘는 '만들어진 공산주의자들'을 집단 학살하였다. 지리산 자락과 경남지역에서만 양민 학살이 일어난 것이 아니라, 전국에서 전직 공산주의자들로 구성된 수만의 '보도연맹원'들이 전쟁 초기 퇴각하던 국군에 의해 학살되었다. '국민방위군' 사건은 국가가 공산주의 침략자와 싸우고 있는 자신의 국민들을 향해 자행한 범죄적 행위이다. 국민방위군(제2국민병)은 1950년 12월 대한청년단과 청년방위대를 대

207 한국전쟁 전 시기를 통해 친공 혐의가 있다는 부역자의 수는 550,915명에 달했고 검거 153,825명, 자수 397,090명이었다. 이 중 소수의 북한군, 중공군, 유격대, 노동당원을 제외하면 거의 대부분 공산당의 강압으로 부득이하게 '부역'한 것이다.(박명림, 1999: 65)

체하여 창설한 조직으로 제2 국민병으로도 불리었는데 고위 군 간부들의 상상을 초월하는 부정, 착복, 정치자금 제공으로 인해 엄청난 숫자의 장병들이 기아, 질병으로 아사하거나 동사하였다.(박명림, 1999: 69) 이승만 정권은 북한 공산당과의 정규전을 수행하면서, 보호해야 할 자신의 국민들과 전쟁을 벌이는 두 개의 전쟁을 수행하였던 것이다. 이러한 전쟁 중의 자국민 학살은 이승만 정권으로 하여금 대내적으로 물리적 강제력을 합법적으로 독점 사용할 수 있는 정당성을 상실하게 하여 대내적 주권성에 심각한 결손을 초래하였다.

대외적 주권성에도 결손이 있었다. 외삽국가인 미 군정과 미국이 분단국가 건설 이후 1949년 이승만 정부에게 외부 경쟁자에 대해서 주권을 행사할 수 있도록 무기를 이양하고 철군했으나, 북한 공산당은 이를 대남 정복전쟁의 호기로 판단하여 1950년 남침을 강행했고 미군이 다시 출병하여 대북 전쟁을 수행하였는데 한국군을 제치고 전쟁의 주역이 되었다. 전쟁 수행 과정에서 심각한 대외적 주권성의 손상이 있었던 것이다. 전쟁이 정전에 이를 무렵에 이승만은 정전에 동의하는 대가로 미국에 한미방위조약을 체결해 줄 것을 요구했고 미국이 이를 수락함으로써 대한민국의 안보를 미국에 의존하는 대외적 주권성에 심각한 손상을 가했으나 냉전기에 미국의 안보 우산하에 한국의 안보를 지킬 수 있었다. 한국전쟁이 정전된 지 60여 년이 지났고, 국제적 냉전체제도 해체되었지만 미국의 안보우산과 대외적 주권성을 교환하는 방식으로 안보를 확고히 한다는 전략은 초당적인 지지를 받는 안보공식으로 계속 유지되고 있다.

4) 전쟁의 결과 2 — 민족의 파괴

베네딕트 앤더슨에 의하면 민족은 '상상된 공동체(imagined community)'이다. 이는 "민족주의가 민족을 만들었다"는 홉스봄의 주장과 같은 맥락에서 나왔다. 반면에 프러시아의 문화 민족주의자들(Kulturnationalismus)에게 민족은 혈통, 역사, 문화, 의식을 공유하는 종족적 공동체라고 주장했다. 전자는 특정 국가에 사는 시민으로서의 권리와 의무를 다하겠다는 사람들로 구성된 '국민(demos)'이라는 관점을 가진 국가 민족주의가 발명한 속지주의(jus soli)적 민족이고, 후자는 문화 민족주의가 족(族)이라는 관점에서 혈통주의(jus sanguinis)에 기초하여 만든 민족이다. 그러나 우리는 이미 서기 676년 신라가 삼국을 통일한 이래 1300여 년을 단일 통일국가하에서 살면서 단일 한민족을 형성하였고 왕조는 교체되었지만 통일된 국가하에서 종족(ethnie, 族)의 경계와 국민(demos)의 경계가 일치하는 韓'民族(國民 +種族)'을 유지해 왔던 것이다.

한민족은 일제하에서도 유지되었다. 식민화로 국가는 없어졌지만 민족은 유지되었던 것이다. 저항 민족주의가 한민족을 살려내었다. 그러나 해방이 되면서 다른 적대적인 이념을 가진 집단이 남과 북에 별개의 분단국가를 건설하면서 천 년 이상 유지되어 오던 단일민족이 파괴되었다. 민족이 파괴되었다는 것은 종족이 사라지거나 파괴되었다는 이야기가 아니다. 한족이라는 종족은 유지되었으나 남과 북에서 서로 다른 개념을 가진 민족주의가 완전히 다른 상상된 공동체로서의 민족을 발명함으로써 한민족이 파괴되었다고 이야기하려 하는 것이다. 남한에서는 혈통주의(배달민족)와 속인주의(대한국민)라는 두 개의 민족주의가 결합하여 대한민국 국민(demos)으로서의 한민족을 만들어 내었고, 북한에서는 사회주의적 민족주의 개념에 따라 프롤레타리아트 계급이 핵심인 민족이 발명되었다. 한국전쟁은 이러한 두 개의 다른 개념에 기초한 민족을 고착화시키는 결과를 초래하였다. 민족 파괴라는 비용을 치르고 남북한의 전쟁 음모자들은 두 개의 분단국가를 확실하게 건설한 것이다. 이 점에서 한국전쟁은 계급전쟁, 내전을 넘어서 국민전쟁이었다. 남과 북에서 기왕에 존재해 왔던 한민족을 파괴하고 북에서는 계급에 기초한 국민을 형성하고, 남에서는 자유민주주의와 반공주의에 기초한 국민을 형성하였다.

그러나 민족의 파괴는 남북한 간에만 일어난 것이 아니다. 북한 내부에 그리고 남한 내부에서도 정부가 자신이 상상하는 국민(민족)이 아니라고 분류한 자국의 국민을 부역자라는 이름으로 국민의 범주에서 배제하고 국민의 자격을 박탈하고, 끝내는 대량 학살을 감행하였다. 남한 내부에 존재하였던 두 개의 민족 중 하나를 폭력적으로 제거함으로써 '부의 국민통합(negative national integration)'을 이루어 내었고(박명림, 1999: 73) 남한에서도 내부적 민족 파괴 현상이 일어났다. 이러한 민족 파괴는 '부의 국민 통합'을 가능, 촉진시켜 주었고, 사회주의적 민족주의라는 경쟁적 민족주의가 사라짐으로써 자유민주주의와 반공주의에 기초한 민족주의만이 유일한 정통성의 원천이 되었다.

5) 전쟁의 결과 3 — 근대 자본주의 계급구조의 기초를 쌓다

전쟁은 민족을 파괴했을 뿐 아니라 전근대적 계급구조를 청산해 버리고 1960년대에 도래할 근대적인 자본주의 계급구조의 기초를 쌓았다. 한국전쟁은 이념전쟁이었다. 이러한 이념전쟁이 대량 살육을 동반한 유혈적인 전쟁으로 확대되면서 남북한의 전 사회를 뿌리째 뒤흔들었다. 일제 강점기에도 온존하였던 지주계급이 계급으로서 해체를 강요당했고, 전란으로부터 피난과 귀환을 반복하는 가운데 사회적 탈구(脫臼, dislocation)가 일어났고, 전란을 피해 남하한 피난민들이 도시에 눌러앉음으로써 거대한 슬럼 도시가 형성되었고, 전란의 와중에서 북한 점령군과 한국 정부가 경쟁적으로 농지개혁을 시도함으로써 농민들은 순식간에 내 토지를 소유한 자영농의 꿈을 실현할 수 있었다. 전쟁이 끝난 후 한국의 계급구조를 점검해 보면, 일제 강점기, 해방시간과 전혀 다른 계급구조를 발견하게 된다.

(1) 지주계급의 몰락과 해체

전쟁의 쇠망치(hammer)가 계급구조에 가한 충격 중 가장 큰 것은 그때까지 지배계급으로 존속하여 왔던 지주계급이 몰락하고 해체되었다는 것이다. 전쟁의 쇠망치가 지주들의 머리를 치기 전에 이미 지주계급은 몰락의 길을 걷고 있었다. '48년 체제'에서 이승만은 권력투쟁에서 승리하기 위해 경쟁자인 한민당의 물적 기반인 지주계급을 해체시키지 않으면 안 되었고 미 군정이 시작해 놓은 농지개혁을 한국전쟁이 발발하기 전에 실시하여 70-80%의 농지가 지주에서 소농과 소작농으로 이전되었다.(김일영, 2004: 163)

농지개혁 당시 농림부는 400석 이상을 보상받는 지주라야 자본가로 전업이 가능하다고 보았는데, 그 수는 전체 지주의 2.2%인 3,400명에 불과하였고(김성호 외, 1989: 776) 대다수의 지주는 1년 소출량의 15%를 5년 분할 보상받게 되었는데 이 금액은 생활비를 충당하는 정도밖에 되지 않았고 자본가로의 전업은 생각할 수 없는 소액이었다. 이러한 배경하에서 전쟁이 터졌고 정부는 전비 조달을 위한 재정 확보를 위해 농지를 분배받은 농민들로부터 상환곡과 세금을 현물로 철저히 징수하는 반면, 지주들에 대한 보상은 태만하거나 지연시켰다. 그 결과 1955년 말까지 지가보상이 끝나게끔 되어 있었는데 그때까지의 실제 보상 실적은 전체의 28%에 지나지 않았다. 설상가상으로 정부는 일반 지주에 대한 보상보다 귀속재산의 매각대금으로 들어온 지가증권에 대해 우선적으로 보상하는 정책을 폈고, 지가증권에 대한 담보융자를 사실상 금지하는 금융정책을 폄으로써 지주가 자본가로 변신하는 것을 돕도록 하는 법적 장치를 무력화시켰다.(김일영, 2004: 165)

지주가 정부로부터 정당한 액수를 보상받았다 할지라도 전쟁은 그들에게도 커다란 타격을 가했다. 지가증권은 보상받을 석수를 5년 분할 지급하되 각 연도의 법정(공정) 미가로 환산한 현금으로 지급하는 증권이었다. 그런데 전시 중 법정 미가는 실제 시중 미가의 30-40%였고, 전시 인플레율은 1,000%에 달했다. 이러한 상황하에서 지가증권은 휴지와 다름없었다. 더구나 전쟁으로 피난길에 나선 지주들은 생계비 조달을 위해 지가증권을 헐값에 투매하였다. 지가증권의 가치는 폭락하고 영세 지주들은 지가증권을 액면가의 20-70%에 방매하였다. 무용지물이 된 지가증권을 많은 농가에서 벽지로 발라 버리는 현상까지 일어났다. 이렇게 농지개혁과 전쟁으로 지주계급은 몰락하였고 해체되었다. 지주계급의 해체에 한몫을 한 것은 전시에 북한군 점령지에서 북한 공산당이 실시한 무상몰수 무상분배 원칙에 의한 사회주의 농지개혁이었다. 전쟁은 지주계급을 타격하는 쇠망치였고 전쟁 전에 시작된 지주계급의 몰락을 재촉하였으며, 마침내 해체시켜 버렸다. 한국의 지주들은 엔클로저를 통해 자본가로 변신한 영국의 지주와는 달리 극소수를 제외하고는 자본가로 변신하지 못하고 몰락하고 말았다. 한국에서 '유상몰수 유상분배' 방식의 자유주의적 농지개혁 원칙에 따라 농지분배와 보상이 실시되었지만 실제 결과를 놓고 보면 '무상몰수 유상분배' 방식의 농지개혁으로 귀결되었다. 전쟁의 결과 한국의 지주계급은 지배연합으로부터 탈락하였을 뿐 아니라 계급의 해체를 강요당했다.(손호철, 1993)

(2) 자본가 계급 창설(inventing bourgeoisie)

지배계급이 몰락하자 이승만 정권은 새로운 지배계급을 찾아 나섰다. 그것은 단정 수립 이후 지배연합의 일원에서 반대파로 돌아선 한민당과의 권력투쟁에 승리하기 위해 반드시 필요한 일이었다. 한민당은 자본주의의 본국인 미국의 후견하에 들어 있는 한국에서 자본 분파에 지나지 않는 지주계급의 이익을 대표함으로써 집권세력이 되는데 치명적인 약점을 갖고 있었다. 설상가상으로 구 지배계급인 지주계급은 해체되고 사라졌다. 이승만과 한민당의 지배연합이 붕괴되자 지주계급에 기득 이익이 없었던 이승만은 이제 마음 놓고 총자본의 이익을 대변하려 하였고 지배계급을 교체하여 새로운 파워블록을 형성하려 하였다. 그것은 전쟁 중에 실시된 1952년 선거에서 이승만의 재선을 성사시키기 위해서 반드시 필요한 일이었다. 이승만은 이제 야당으로 변모한 한민당과의 권력투쟁에서 승리하기 위해 한민당의 지지기반을 파괴하고 한민당의 자금원을 봉쇄하고 한민당의 물질적 토대를 파괴하려 하였다. 한민당은 친일대지주, 명망가 집단, 친일 관료가 합작한 정당이었는데 구 지주세력의 지원을 받는 구파와 전문 관료 출신 정치인과 매판독점자본의 지원을 받는 정치인들로 구성된 신파로 나뉘어져 있었다. 이에 반해 이승만은 구미 유학파, 친미 관료파, 귀속재산 불하로 자본가가 된 신관료 독점자본가가 연합한 정치세력을 지지기반으로 하고 있었고 반공 이데올로기 기구와 군, 경찰, 관료로 구성된 억압 국가기구를 장악하고 있었다.

이승만은 새로운 지배계급으로 미국이 선호하는 신흥 자본가계급을 찾았고, 귀속재산 불하 과정에서 지주계급을 차별하고 신흥 자본가들에게 특혜를 주어 관료독점 자본가계급을 창설하였다(inventing bourgeoisie). 새로운 자본가 계급을 창설하면서 이승만 정권은 신흥 자본가들을 지주계급이 아닌 친자유당 기업인에서 충원하여 관료 독점자본가로 육성하였다.

신흥 자본가계급을 창설하기 위해 필요한 재원은 농민의 상환곡, 귀속재산 불하, 원조물자 배정과 판매, 저환율, 고인플레, 조세감면, 편중대부, 독점가격허용 등에서 찾았다. 자본가 계급 형성의 비용을 농민과 국가가 부담한 것이다. 특히 귀속재산 불하는 전시에 그리고 전후 자본 형성의 주 재원을 이루고 있었는데, 정부는 귀속재산을 거의 무상으로 불하하였다. 귀속재산은 정부 사정가격의 평균 50-60%밖에 안 되는 싼 값에 불하되었는데, 불하대금도 원래 전액을 일시에 지불하는 것으로 되어 있었으나 실제로는 최고 15년 분할납부가 인정되었다. 전시와 전후의 고인플레 경제에서 15년 분할납부는 엄청난 특혜였다. 말하자면, 귀속재산의 불하는 국가에 의한 신흥 자본가로의 "제로섬적인 가치의 이전"이었다.(Young-Jo Lee 1990: 153) 말하자면, 미국과 한국의 국가 자본이 사적 자본으로 전환된 것이다. 누구든 귀속기업체를 불하받으면 바로 자본가 계급의 일원으로 승격하는 것을 보장받는 것과 다름없다는 점에서 한국의 신흥 부르주아지는 국가에 의해 창설된 부르주아지이고 관료 독점자본가들이었다.

한국의 신흥 자본가들은 귀속재산 불하에서 얻은 특혜 외에도 원조물자를 배정받으면서 공정 환율과 실제 환율과의 차이에서 구매 이득을 챙겼고, 원조물자 판매에 있어서 대충자금과 산업부흥국채를 이용할 수 있는 특전을 누렸다. 전시와 전후의 높은 인플레는 새로이 얻은 부를 독점적으로 소유하는 것을 가능케 해 주었다. 한국의 신흥 부르주아지는 '지대추구 자본가(rent-seeking capitalists)'였다. 그들은 시장경쟁을 통해 이윤 극대화를 추구하는 고전적 자본가가 아니라 경제 외적인(extra-economic) 정치권력에 축적을 의존하는 자본가였다. 그들은 경쟁 없이 정치권력에 의존하여 '독점 지대'를 거둬들였다. 자유당 정권하에서 전후 복구를 담당한 5인방으로 불리는 5대 건설업체들(대동공업, 조흥토건, 극동건설, 대림산업, 현대건설)은 경쟁적 입찰 없이 정부가 발주하는 전후 복구공사를 독과점 수주하였다.

신흥 자본가계급은 정치권력의 도움으로 무자비하게 자본 축적을 할 수 있었지만 정치적으로는 국가권력과 정치권력에 의존적이었고, 이승만 정권을 지지하고 정치자금을 대는 주변부적 위치에 있었다.(Young-Jo Lee, 1990) 그러므로 이승만 정권하에서 자본가계급은 헤게모니 계급이 아니었고 정치적으로 종속적인 '정치적 자본가들(political capitalists)'(Kim, Kyung Dong, 1979)이었다. 이승만 정권은 농지개혁으로 농촌의 대다수를 차지하는 자영농이라는 튼튼한 지지기반이 있었기 때문에 신흥 부르주아지들을 지배연합의 일원으로 받아들일 필요를 느끼지 않았다. 신흥 부르주아지들도 농촌계급과 동맹을 맺어야 할 필요가 없었다. 그들에게는 신흥 자본가계급을 창설한 국가권력과 정치인들이 뒷받침하고 있었기 때문에 지주계급과의 타협적 동맹은 필요 없었다. 왜냐하면, 지주계급과 동맹하게 될 경우 농업보호정책의 비용을 신흥 부르주아지들이 부담해야 되기 때문이었다. 그래서 신흥 부르주아지들은 이승만 정권의 지주계급 해체 정책을 지지하거나 방관하였다. 지주계급이 몰락한 후, 국가와 신흥 부르주아지들은 지주를 매개하지 않고 직접 농민을 조세, 가격, 금융을 통해 수탈하였다. 지주계급의 해체를 통한 반(半)봉건제의 해체는 1950년대 한국 자본주의 발전을 위한 역사적 조건이었다.(이병천, 2003)

(3) 노동자 계급운동의 쇠퇴

해방시간에서 전평을 중심으로 좌익 노동운동이 거세게 일어났으나 미 군정이 자유다원주의 정책을 포기하고 해방공간에서 좌익을 배제, 억압하는 정책으로 선회하자 좌익 노동운동 단체들은 1946년 9월 총파업으로 격렬하게 반발하였다. 그러나 9월 총파업은 실패로 끝났고 한국의 좌익 노동운동은 쇠퇴의 길로 접어든다. 여기에 더하여 좌우 이념전쟁인 한국전쟁이 발발하자 이승만 정권은 모든 노동계급운동을 좌익운동으로 범죄시하여 배제, 억압, 축출하는 정책으로 일관하게 된다.

좌우 이념전쟁이 노동계급운동에 가한 충격은 컸다. 전쟁이 발발한 지 4개월 만에 노동계급 조직은 붕괴하였고 노동자들은 계급의 일원으로서 노동운동을 하는 것이 금지되고 노동자 개개인의 이익을 극대화하려는 자유주의적 노동운동만 허용되었다. 좌익 노동운동 단체들은 불법화되었다. 노동조합운동은 이승만 정권의 국가조합주의적 동원 대상이 되었고, 자유당 지지세력의 한 지주(pillar)로서 대한노총이 위로부터 조직되었다. 대한노총은 집권 자유당의 기간단체로서 선거 시 정치적 동원의 한 축이었다. 한국전쟁은 많은 농촌 인구를 도시로 끌어들였다. 도시 인구가 집중되면서 마르크스가 이야기한 '산업 예비군(industrial reserve army)'이 팽창하면서 언제, 어디라도 고용되기를 기다리는 유휴 노동력이 불어나자[208] 기왕에 정규직으로 고용되어 일정액의 월급을 받는 산업 프롤레타리아트는 안정적 직업과 고용이 가져다준 보수적 소시민 의식에 젖어 있었다. 이러한 상황하에서 계급운동으로서의 노동운동은 전쟁의 충격이 아니더라도 설 자리가 없었다. 이제 노동운동은 노동자 개인의 경제적 이익을 위해 투쟁하는 경제적 노동운동 또는 경제투쟁으로 국한되었다. 이러한 열

208 한국은행 조사부 자료에 의하면 실업자 수는 1952년 126만 명, 1954년 132만 명이고, 다른 자료에 의하면 1955년 200만에 달하고 반실업자, 유랑 농민, 파산한 도시 소시민을 합쳐 1,000만 명 이상이었다. 1961년 2월 경제백서는 200만의 완전 실업자와 200만의 농어촌 잠재 실업자를 합해 약 450만의 실업자가 있었고, 이는 총 노동인구의 45%에 달했다.(장상환, 1999: 176-177)

악한 노동운동 환경하에서도 1951년 인천 부두노동자의 노임투쟁, 1952년 초 부산 조선방직 쟁의, 1952년 2월 부산 부두노동자 파업 등 경제노동운동이 일어났다. 부산 부두노동자 파업이 일어난 후 이승만 정권은 그간 지연시켜 왔던 노동법 제정을 서둘렀다. 1953년에 제정, 공포된 노동관계법은 일본과 미국의 노동법을 혼합한 것으로 그 당시 한국의 노동시장이 받아들이고 지키기에 벅찬 선진화된 노동관계법이었다. 노동법은 파업이 아니라 조정으로 해결함을 기본으로 하였기 때문에 노동쟁의조정법과 노동위원회법을 '쟁의행위금지법'이라 불렀다. 실제로 노동쟁의 건수는 1945년 8월부터 1949년 10월 말까지 371건이던 것이 1953년부터 1955년 4월까지는 81건으로 크게 줄어들었다(장상환, 1999: 178). 노동법 제정은 노동자들의 권리를 향상시키는 순기능보다는 역기능을 촉진하였다. 노동법 제정을 계기로 조직된 노동조합 조직들이 한국전쟁을 거치면서 정치권력의 하부 조직으로 전락하였고, 자유당 정권을 지키는 지주 중의 하나가 됨으로써 정치적 노동조합이 되었기 때문이다.(장상환, 1999: 179)

(4) 자영농화된 농민의 보수화 — '자루 속에 든 감자(sack of potatoes)'

전쟁 직전과 전쟁 중에 시행된 농지개혁으로 대부분의 한국 농민들은 소규모의 토지를 소유한 소농이 되었다. 소농들(small-holding peasants)은 소규모 토지 소유자(petty propertied)의 정치적 보수성과 개인주의를 동시에 가지고 있었다. 마르크스는 《브뤼메르의 18일》에서 자영농민들을 "자루 속에 든 감자(potatoes in a sack form a sack of potatoes)"(Marx, 1963: 338)라고 불렀다. 마르크스는 자영농민들이 서로 분리된 삶을 살면서 자본가적 속성, 경영자적 속성, 노동자적 속성을 동시에 가지게 되어 계급으로서 집단행동을 하지 못한다고 비판적으로 이야기했다. 자영농들은 소규모이지만 생산수단을 소유하고 있는 자본가적 속성을 갖고 있고, 분산적 개인 경영을 하는 경영가적 속성으로 인해 계급으로 조직하지 못하는 속성을 갖고 있으며, 그러면서도 그들은 대지주에 대해 적대의식을 보유하고 있는 노동자적 속성을 갖고 있는 것이다. 토지를 분배받아 정치적으로 보수화된 소농들은 이승만 정권의 충성스런 지지기반이 되어 주었다. 마르크스가 《브뤼메르의 18일》에서 이야기한 바와 같이 나폴레옹 보나파르트로부터 토지를 분배받아 소농이 된 프랑스 농민들이 나폴레옹의 지지자이자 충성스런 군대가 되었고 더 나아가 나폴레옹의 조카인 루이 보나파르트까지 지지하여 그를 권좌에 올린 것처럼 이승만 정부로부터 농지를 분배받는 한국의 농민들은 끝까지 이승만의 지지자로 남았다. 이승만은 농촌으로부터 어떤 정치적 도전도 받지 않았다. 도시의 지식인과 학생연합이 주도한 4·19혁명에도 농민들은 동참하지 않았다. 그래서 농지개혁 전문가인 김병태는 이승만의 농지개혁은 "사회 개혁적 성격보다 소규모 자영농 창설 작업"의 성격이 강하다고 주장하였다.(김병태, 1981) 그는 무상몰수 유상분배 방식의 농지개혁으로 토지소유의 재배분은 이루어졌을지는 몰라도 재산 소유의 균등화라는 의미에서의 개혁은 이루어지지 않았다고 비판한다. 그 결과 농민계급은 반봉건적 지주제하의 소작농에서 자본제적 차지농이 아니라 소농적 차지농(借地農)으로 변화했다고 결론을 내린다. 소농적 차지농민들은 봉건적인 소작농은 아니라 자본제적 임차농도 아닌 중간 형태의 토지 소유자이다. 토지방매와 미국의 잉여 농산물의 유입으로 농산물 가격이 하락하면서 남은 토지의 지주 경영의 수익성이 하락하여 지주계급이 몰락, 해체된 상황에서 농촌의 계급구조는 지주 대 소작의 대결구조가 아니라 부농과 빈농이 공존하는 구조로 바뀌었다.

그러나 농지개혁으로 농민들은 이득만 본 것은 아니다. 무상몰수 유상분배 방식의 농지개혁으로 이승만 정부는 전시 재정안정과 전시 식량확보를 목적으로 1951년 임시토지수득세를 징수하였고 양곡의 1/3을 시장가격의 51%밖에 안 되는 공정가격으로 양곡을 수매하였고 분배농지를 현물로 상환하게 함으로써 농민들은 헐값이 된 지주의 땅을 현물로 상환함으로써 엄청난 손실을 입었다. 1955년 5월 현재 지주에 대한 보상액수는 28%였으나 농민의 총상환 실적은 43%에 달했다. 농민들은 단순계산으로 15%를 더 지불한 것이다. 높은 상환 가격과 과중한 조세 부담은 농촌경제를 파탄으로 몰고 갔다. 세금을 내고 지가를 상환해야 하고 양곡을 헐값에 공출하는 과정에서 고리대 자본에 의존하는 부채농이 늘어갔고, 파산한 농민들은 도시로 이주하면서 분배받은 농지를 다시 매각하는 현상이 일어났고, 부채농이 다시 소작농화하는 재소작농화 현상도 출현하였다. 반성환 교수에 의하면, 1954년 이후 매각농가 현황은 0.3정보 이하의 극소농이 1/3을 차지하고 1정보 이하가 68%를 차지하였다. 소작비율도 1960년에 이르면 12%, 소작농가비율(순소작+자작 겸 소작)은 26.4%에 달했다.

분배받은 농민의 열악한 상황에도 불구하고 소규모 자영농들은 정치적 보수성을 유지하였다. 프랑스의 농민들이 루이 보나파르트가 권력을 잡은 후에 농민들의 이익이 아니라 자본주의, 자본가의 이익에 봉사하는 것을 알았음에도 불구하고 자신들을 지주로부터 해방시켜 준 나폴레옹주의(idee Napolenoaise)라는 허위의식에 사로잡혀 계속 루이 보나파르트를 지지한 것과 똑같은 논리로 이승만 정권이 전후 자본가계급을 새로운 지배계급으로 창설하면서 농민의 이익은 챙기지 않음에도 불구하고 계속 이승만을 열렬히 지지하였다.

6) 전쟁의 결과 4 — 동아시아 "중추와 부챗살(hub and spokes)" 체제의 형성

한국전쟁은 제2차 세계대전 후 미국이 동아시아 지역에 구축하려 했던 '중추와 부챗살' 지역안보 체제를 완성할 수 있게 해 주었다. 제2차 세계대전 이후, 한국, 중국, 베트남 등 동아시아에서는 혁명적 민족주의 운동이 출현했고 이에 대한 대응으로 미국은 동아시아 지역 전체를 냉전의 양극체제에 부합하게 분할했다. 미국은 38도선을 기준으로 한반도를 분단하였고, 베트남은 16도선을 기준으로 분할하였다. 중국과 대만은 양안해협(Cross-Strait)을 사이에 두고 2개의 국가로 나뉘어졌다.

냉전을 처리하면서 미국은 유럽과 동아시아 지역에 상이한 지역주의 외교정책을 실시하였다. 냉전 초기에 미국은 서유럽에 대해서는 다자주의적 협력정책을 추구한 반면, 동아시아에 대해서는 서유럽과 상이한 수직적 일방주의 정책을 실시했다. 이로 인해 동아시아에서는 북대서양조약기구(NATO)와 같은 집단 안보 기구도 없었고, 유럽안보협력회의(CSCE), 경제협력개발기구(OECD)와 같은 다자주의적 기구와 프로세스가 거의 시도되지 않았다.[209] 이렇게 미국이 일방주의를 택한 이유는 공산주의 국가인 소련과 중국을 억제하고 동아시아 지역에 있는 자본주의 국가들을 보호하기 위해서였다.(Cumings, 2002: 162-163) 미국은 동아시아 개별 국가에 대한 자신의 영향력을 극대화하기 위해 지역 내에 있는 동맹국들 전체를 연결하는 망(network)을 만드는 것을 회피하였다. 연계는 미국과 개별 국가 사이에서만 이루어졌고, 미국을 통한 중재 없이는 어떠한 대화나 협력도 존재할 수 없게 되었다. 미국을 배제한 동아시아 국가들 간의 연계, 대화, 소통은 거의 존재하지 않았다. 따라서 미국을 통한 연결고리는 전체 지역을 아우르는 것이 아닌, 최대한 배타적이고 양자주의적이며 국가 특수적인 성격을 띠었다.(Pempel, 2002: 108-109)

냉전기에 유럽에서의 다자주의적 협력적 지역주의 정책과 정반대로 동아시아에서는 일방적 양자주의 정책(uni-bilateralism)을 채택하여 미국은 공산주의 확장에 대항하여 일본을 시작으로 동남아시아와 인도를 거쳐, 궁극적으로는 페르시아만의 유전지대까지 아우르는 '거대한 초승달(Great Crescent)'을 아시아에 구축하였다(Cumings, 2002: 166).[210] '거대한 초승달'로 상징되는 동아시아 지역안보 레짐은 복합적이고 중첩적인 관계들 사이의 수직적·위계적 질서였다. 냉전기에 동아시아 지역안보 질서는 하나의 지배적인 단일 중추인 미국과

209 그러나 캘더(Kent Calder)는 1950년대 초, 덜레스가 동아시아 지역안보 체제에 대해 매우 열광적이었으나 일본의 요시다 시게루와 한국의 이승만이 반대하여 이를 실현시키지 못했다고 주장했다.(Calder, 2004: 224)

210 '거대한 초승달(Great Crescent)'은 트루먼 행정부의 국무장관 딘 애치슨이 사용한 비유이다.

지역 중심부이면서 하위 파트너인 일본, 그리고 여러 주변부 국가들이 수직적이며 일방적인 양자동맹으로 연결된 '중추와 부챗살' 체제(hub and spokes)였다.(Cumings, 2002: 167; Calder, 2004: 226-227) 이러한 수직적인 양자주의 동맹의 네트워크로 구성된 지역안보 체제는 미국과 일본, 미국과 한국, 미국과 타이완, 미국과 필리핀, 미국과 호주와 뉴질랜드 등과 같은 자본주의 동아시아 국가들과 체결한 '상호방위조약'을 통해 강화되었다. 미국의 동아시아 동맹국들은 수직적·위계적·비대칭적 결속에 의해 단일 '중추' 국가인 미국으로부터 퍼져 나오는 '부챗살' 국가들이 되었다.(Calder, 2004: 227)

냉전기 동안 지역 내 지배적인 중심 국가였던 미국은 동아시아 지역 국민들과 엘리트들이 행동할 수 있는 '미국의 경계(American boundary)'를 설정했다.(박명림, 2000) 미국은 패전국 일본에게 미국식 민주주의를 강제했고, 한국과 대만은 분단국가로 만들어 이 상태를 유지하게 했다. 동북아시아에 공산주의가 확산되는 것을 억제하고 반공주의를 구축하기 위한 완충 국가를 만들기 위해 미국은 한국과 대만에서 민주주의가 '미국의 경계(American boundary)'를 넘어서 확산되는 것을 억제했다.(박명림, 2000)

한국전쟁은 미국으로 하여금 동아시아 '중추와 부챗살' 체제를 완성하게 해주었다. 미국은 중국과 소련이라는 공산주의 제국의 확장을 막고 국제적 공산주의 운동을 포위하는 딘 애치슨의 '거대한 초승달'을 구축하기 위해 일본, 필리핀, 호주와 뉴질랜드, 대만, 그리고 남한과 쌍무적 군사동맹을 체결하려 하였다. 그런데 제2차 세계대전 후 거세진 민족주의 운동 때문에 미국은 한국, 필리핀, 대만에서 간단치 않은 저항을 받았다. 그런데 딘 애치슨의 이야기한 바와 같이 1950년 한국전쟁이라는 위기가 발생해 주어서 미국을 곤경에서 구출해 주었다. 한국전쟁이 1950년 6월에 터지면서 미국과 동아시아의 태평양 연안 국가들(Pacific littoral states) 간의 양자주의 방위조약은 속속 체결되었다. 1952년 4월 28일 미일안보조약이 효력을 발휘하는 것을 시발점으로 해서,[211] 1952년

4월 29일 미국과 호주와 뉴질랜드 간의 앤저스(ANZUS) 조약(태평양 안전보장 조약), 1952년 8월 27일 미·필리핀 안보조약 체결, 1953년 8월 27일 한미방위조약 체결(발효는 11월 8일)로 일단락되었고 1954년 12월 2일 대만으로 쫓겨 온 국민당 정부와 미대만 상호방위조약을 체결함으로써 완결되었다. 이러한 동아시아 국가들과의 양자동맹의 근간이 되는 쌍무적 방위조약의 체결은 한국전쟁이 터지지 않았으면 가능하지 않았을지 모른다. 한국전쟁이 일어나자 국제 공산주의 제국과 이웃하고 있는 동아시아 연안 국가들과 태평양 국가들은 현존하는 공산주의의 위협을 무겁게 받아들이고 미국이 제안한 쌍무적 방위조약을 서둘러 체결하고 미국과 군사동맹을 맺었던 것이다.

미국의 동아시아 '중추와 부챗살' 체제의 구축 과정은 냉전기 미국의 동아시아 지역 비전인 '거대한 초승달'을 완성하기 위해 "세계 어디에선가 위기가 필요했는데" 한국이 나타나 우리를 구해 주었다는 딘 애치슨의 발언을 실감나게 해 주었으며, 딘 애치슨이 왜 '동아시아 방어선(defense perimeter)' 안에 든 국가들 명단에서 한국을 제외했는가를 푸는 열쇠를 제공해 준다. 가장 뛰어난 국무장관 명단에 이름을 올린 딘 애치슨이 실수로 한국을 제외하지 않았을 것이다. 그는 동아시아 연안 국가들로 하여금 공산주의 위협에 대처하기 위한 쌍무적 동맹을 맺어 달라고 요구하도록 '유인'하기 위해 북한과 소련으로 하여금 전쟁을 일으키도록 '유인'했을지 모른다. 결과론적으로 보면 유인설은 그럴 듯하게 들리나 역사를 결과론적으로 해석하는 것은 결과로써 원인을 설명하는 기능주의의 함정에 빠질 수 있다. 그러므로 필자는 '애치슨의 한국전쟁 유인설'을 여전히 해결되지 않은 미궁으로 놓아 둔다.

'애치슨의 발언'은 한국전쟁의 원인을 규명하는 데보다는 한국전쟁의 결과를 설명하는 데 더 유용할지 모른다. 애치슨은 자신이 구상한 '거대한 초승달'

---

211 미일안보조약은 샌프란시스코 평화조약이 체결된 날과 같은 1951년 9월 8일 체결되었으나 실제로 1952년 4월 28일부터 실시되었다.

을 완성하기 위해 한국전쟁을 유인하였고, 한국전쟁을 통해 조성된 국제적 공산주의 확장의 공포증을 이용하여 동아시아 연안국가들을 '거대한 초승달'에 초대하여 그들을 지켜 주었던 것이다. 그러므로 한국전쟁의 국제적 결과는 동아시아에서 미국이 주도하는 '중추와 부챗살' 반공체제의 완성이었다. 한국전쟁은 동아시아 연안 국가들로 하여금 국제적 공산주의의 위협을 실감나게 해 주었고, 임진왜란 이래 수백 년간 앙숙 관계에 있었던 한국과 일본으로 하여금 미국과 별개의 군사동맹을 체결하게 해 주었다. 동아시아 연안 국가들 간의 이질성, 불화와 적대감, 특히 일본과 연안국들 간의 과거사 원한은 동아시아에서 나토와 같은 다자주의적 협력적 집단안보 체제를 거의 불가능한 것으로 만들었다. 이 점에서 냉전기에 미국이 동아시아에 구축한 중추와 부챗살 체제는 혁신적인 것이었다. 미국은 동아시아에서 실현 불가능한 다자주의 지역안보 체제를 버리고 실현 가능한 중추와 부챗살 체제를 발명하여 동아시아 지역의 안보를 책임질 수 있었던 것이다.

3. 한국전쟁 시간의 비동시성

한국전쟁을 치르면서 그리고 한국전쟁의 결과로 한국인들은 진정한 '근대'의 시간으로 들어섰다. 그러나 한국인들은 폭력적이고 야만적인 방식으로 근대의 시간에 들어갔고 1300년 넘게 지속되어 온 '단일민족'을 파괴하면서 근대에 들어섰다. 그러면서도 전쟁은 해방 후 근대의 시간으로의 진입을 단축시켜 주었고, 근대로의 행진을 가로막는 장애물을 폭력적, 야만적으로 제거해 주었다. 그럼에도 불구하고 '전통'으로 불리는 전근대의 시간은 한국인들에게 찌꺼기처럼 달라붙어 있었고, 위정자들은 이러한 '전통'을 반공적 근대의 시간으로 한국인들을 집어넣는 데 이용하였고, 자신들의 권력을 공고화하고 연장하는 데 써먹었다. 그래서 전쟁 중뿐 아니라 전쟁 후의 한국에서도 비동시적 시간이 동시적으로 공존하고 있었다.

1) 한국적 근대의 형성

아이젠스타트(Eisenstadt)가 이야기한 바와 같이 근대의 시간은 단일하고 단선적이 아니라 다중적이고 다시간적(multiple temporalities)이다.(Eisenstadt, 2000: 1-29) 다중적 근대의 시간 중에는 한국적 근대의 시간도 들어가야 한다. 왜냐하면, 한국인들은 이미 조선 말기와 대한제국 시기에 근대에 접속했는데도 불구하고, 20세기 초 일제에 의해 식민적 근대 시간으로 강제적으로 진입되었다가, 해방 후에는 미 군정이라는 제국의 점령군에 의해 다원주의적이면서 자본주의적인 근대를 학습하였다. 한국전쟁에서 사회주의적 근대와 자본주의적 근대가 충돌하였고, 한국인들은 야만적, 폭력적으로 충돌하는 두 근대 중 하나를 받아들이라고 강요받았다.

전쟁 중에 두 이념 진영이 경쟁적으로 근대를 한국인들에게 학습시키는 과정에서 평화 시기에는 상상도 못할 속도로 '전통'을 해체하였다. 전쟁은 신분과 계급을 총체적으로 뒤섞어 놓았고, 대가족제도, 문치주의, 숭문사상과 같은 유교문화에 바탕을 둔 전통적 사회구조, 언어, 습속이 해체되거나 뒤흔들렸다.(강인철, 1999: 201-204) 한국전쟁이 국제전으로 확대되면서 한국 군인들은 미군을 비롯해서 16개국의 다국적 합성 군인들과 뒤섞임의 경험을 할 수 있었다. 단일민족 국가의 국민으로서 중화권 세계 외의 다른 세계 및 문명과 조우할 수 없었던 한국인들이 갑자기 다문화 세계와 접촉하고 전장에서 같이 뒹굴면서 세계관의 경계를 넓히고 '국제'를 알게 되었다.

전쟁은 근대국가 건설을 앞당겼다. 지주계급과 그들이 후원하는 정치세력에 의해 완결되지 못했던 농지개혁은 북한 점령지에서의 공산당의 사회주의적 농지개혁의 여파가 북한군이 퇴각한 후에도 남아 미국과 남한으로 하여금 빠른 속도로 사실상 무상몰수 방식의 농지개혁을 완료할 수 있게 해 주었다. 근대국가의 척도는 징병제와 상비군이었는데 한국전쟁은 한국인들로 하여금 국민개병제에 기초한 징병을 별다른 저항 없이 받아들이게 했고 상비군의 규모를 10

만에서 60만으로 6배 이상 키웠다.

전쟁은 또한 근대적 '국민'을 창출하였다. 보통평등선거제도, 국민개병제도와 의무교육제도가 도입되어 '국민'을 만들었다. 이 세 제도는 모든 젊은 한국인들을 주권을 가진 국민으로 지위를 향상시켰고 주권재민의 학습과 함께, '국민'군대(국군)와 '국민'학교에 '의무적으로' 집어넣어 근대 국민이 되기 위한 학습을 시켰고, 이 세 가지 학습 과정을 밟은 젊은 한국인들은 대한민국 국민으로서의 정체성을 확립할 수 있었다.(강인철, 1999: 207)

전쟁은 근대국가의 상징을 조기에 설정하도록 하였다. 왜냐하면 한국전쟁은 다른 이념을 가진 남과 북의 국가 간의 이념전쟁이었기 때문에 누가 먼저 한국인을 대표하는 상징을 선점하는 것은 전쟁에서 승리하는 데 중요한 관건이었다. 전쟁 중에 그리고 전쟁 후에 남과 북은 분단된 국민국가의 상징을 선점하기 위한 경쟁을 벌였다. 근대국가를 형성하는 데 필수적인 상징인 국기(國旗, 태극기), 국가(國歌, 애국가), 국어(國語, 한글), 국화(國花, 무궁화), 국수(國樹, 소나무), 그리고 '시민종교(civil religion, 檀君)'를 한국인들이 사랑하는 깃발, 노래, 말, 꽃, 나무로 채택하기 위한 경쟁이 벌어졌는데, 남한은 태극기, 애국가, 한글, 무궁화, 소나무, 단군을 채택하였다.(강인철, 1999: 223-231)[212]

마지막으로 전쟁이 이념전쟁이었던 관계로 대한민국의 국가이념을 도입하는 문제는 매우 정치적이고 국민적인 정체성 형성에 핵심이었다. 전쟁 전, 전쟁 중, 전쟁 후에 도입된 국가이념은 자유민주주의, 반공주의, 친미주의로 미국으로부터 외삽적으로 도입된 이념들이었다.

---

212 국화의 채택 과정에서 한국인들이 보편적으로 좋아하면서도 가장 한국적인 한을 담고 있는 진달래를 채택하지 못한 것은 북한이 이미 진달래를 국화로 선점했기 때문이다.

2) 근대 국민 형성

(1) 국민군대의 형성

근대 국민국가 건설은 48년 체제에서부터 시작되었다. 베버가 근대국가를 "물리적 폭력을 합법적으로 독점 사용하는 강제적 조직"이라고 했을 때 그 폭력을 강제하는 기본 도구는 국민군대였다. 대한민국 군대의 조직은 해방시간에서 미 군정에 의해서 이미 시작되었고 분단국가가 수립되었을 때 본격화되었다. 그러나 48년 체제하에서 대한민국의 군대는 국민군대의 조건을 만족시키지 못하고 있었다. 국민개병제에 의해 신분, 계급, 빈부에 관계없이 징집된 국민군으로 구성된 군대가 아니었기 때문이다.

미 군정이 근대적 군대를 양성하기 위해 장교들을 모집했을 때 세 가지 다른 연원을 가진 장교 집단이 지원하였다. 첫째, 조선임시군사위원회(1945년 8월 결성)와 학병단(1945년 12월 16일 발족)의 친일 경력이 있는 원용덕, 이응준과 같은 보수우익 군장교 집단이 지원하였다. 둘째, 이혁기를 총사령으로 하는 조선국군준비대(1945년 9월 7일 창설)와 박두만이 이끄는 학병동맹(1945년 8월 22일)과 같은 인공 출신 좌익 군장교 집단이 지원하였다. 셋째, 광복군 계열의 대한국군준비위원회(1945년 11월 1일) 출신의 장교 집단이 응모하였다. 그런데 미 군정은 1946년 추수폭동 이후 인공이 불법화되고 좌익을 배제, 탄압하면서 좌익 출신 장교단을 창군 과정에서 제외하였고, 광복군 계열 장교 집단은 임정이 인정하지 않는다는 이유를 들어 배제하였다.

결국 1945년 12월 20일 창설된 조선경비대는 일본군, 만주군 출신 장교들을 주력으로 하고 학병, 지원병, 광복군, 중국군의 일부를 보조장교 집단으로 충원하여 조직되었다. 동시에 1945년 12월 5일 미군과 소통할 수 있는 장교 집단을 양성할 목적으로 군사영어학교(군영)를 개설하였는데 60명의 장교 중 20명은 일본군 출신이었고 20명은 만주 관동군 출신이었으며, 20명은 광복군 출신이었다. 미 군정에 의해 양성된 근대 군대는 국민군대(國軍)로서의 성격을 결여하고 있는 결손 국민군대였다. 왜냐하면 압도적 다수의 군 장교 집단이 친일 경력이 있는 일본군과 관동군 장교 출신이었기 때문이다. 신생 한국 군대의 식민성은 국민성을 결여해서 한국인들의 자주적인 근대 국민국가 건설 노력에 장애가 되었다.[213]

신생 근대 군대의 충원을 둘러싸고 좌우익 간의 경쟁이 있었으나 미 군정의 좌익 배제 원칙에 따라 일본군, 관동군 출신을 주력으로 하는 조선경비대가 출범했으나 1946년 10월 인민항쟁(추수폭동) 이후 좌익 장교들이 비밀리에 경비대에 침투하여 군 내부에 좌익세력을 키웠다. 이렇게 초창기 한국 군대 내부에 침투한 좌익세포조직은 대구추수폭동(1946), 여순 군반란사건, 제주도 4·3항쟁을 일으키는 주역이 되었다. 미 군정은 여순 군반란사건, 제주도 4·3항쟁을 계기로 좌익 출신 군장교 집단을 적극적으로 배제하기 시작하였다.

또 다른 근대국가의 합법적 폭력기구는 경찰이다. 미 군정은 별개의 경찰기구를 창설하려 하지 않았고 일제 식민국가가 키운 친일 부역 경찰력을 신생 한국의 치안을 담당하는 경찰력으로 이용하였다. 미 군정 포고령 1호는 기존의 행정기구를 존속시킨다고 선언하여 식민지 통치기구를 존속시키고 활용할 것임을 분명히 하였다. 이는 해방시간에서 분출한 한국인들의 식민 청산을 통한 독립 열망에 찬물을 끼얹었고 일제 식민지 출신 경찰들은 실망한 한국인들의 공격의 표적이 되었다. 그럼에도 불구하고 미 군정은 좌우익 이념갈등이 본격화되자 경찰력을 증강시켜 해방 당시에 8,000명에 불과하던 경찰력이 1945년 11월에는 15,000명으로 배가되고 10월 인민항쟁 후인 1945년 말에는 25,000명으로 커져 있었다.

미 군정에 의한 군대의 육성과 경찰력의 확대는 분단국가로 계승되어 신생

213 미 군정은 미소공위가 개최되고 있는 시점에서 정규군 창설을 독립 후로 미루고 경찰예비대를 창설하기로 결정하고 뱀부플랜(Bamboo Plan)에 의거하여 25,000명 수준의 군의 기능보다 경찰의 기능이 더 큰 경찰예비대(police constabulary)를 양성하려 하였다.(한용원, 2010a) 이는 미국이 전후 필리핀에 양성한 군대와 비슷하다.

대한민국이 과대성장 국가라는 것을 증거하는 지표가 되었다. 이승만 정부가 2년째로 접어든 1949년 3월 경찰력은 45,000명, 군대는 64,000명이었고 6·25전쟁 직전에는 경찰력 48,000명, 군병력 113,000명이었다. 과대성장 국가 내에서도 군과 경찰의 상대적 격차가 있었다. 군병력에 비해 경찰력이 과잉비대한 것을 발견할 수 있기 때문이다. 이는 신생 대한민국 정부가 국외의 경쟁자들을 제거하고 그들로부터 국민들을 보호하기 위해 군대를 키우기보다는 국내 좌익 경쟁자들을 제거하고 억압하기 위한 경찰력을 확대하는 데 더 열중했다는 것을 보여 준다.

그런데 한국전쟁이 발발하자 군과 경찰의 상대적 지위가 역전되었다. 이제 국가의 모든 역량은 국경을 넘어 주권국가를 '침략한 자'를 퇴치하기 위한 국가 간 전쟁에 집중되었고 자연히 국내 치안을 담당하는 경찰은 물론 규모가 커졌으나 국가정책의 우선 순위에서 군보다 떨어졌고 군대의 육성보다 경찰력의 확장은 덜 주목받았다. 한국전쟁은 군대 조직을 이상 과대 팽창시켰다. 1950년 개전 시에 10만 명 규모였던 국군은 1953년 휴전 당시에는 60만으로 6배 이상 팽창해 있었다. 규모만 커진 것이 아니다. 세계 최강의 가장 근대화된 미군과 함께 전쟁을 치르면서 전쟁이 끝났을 때 한국 군부는 한국 사회에서 가장 강력하고 응집력 있고 가장 잘 조직된 기관으로 변모해 있었다.(커밍스, 1997: 424) 국민개병제에 따라 국민 징병으로 입대한 한국 군인들은 신병훈련, 교육대 훈련, 엄격한 군기, 애국주의, 반공주의, 친미주의 등을 학습하면서 근대 국민이 갖추어야 할 국민성을 가진 시민으로 거듭난다. 물론 한국의 군대 훈련과 연습은 특유의 권위주의적인 훈련과 관행, 친미주의와 민족주의의 잡종교배(hybrid)로서 근대 국민군대로서의 결함이 있었으나, 한국 군대는 막스 베버가 이야기한 프러시아 관료를 닮아서 전후 30년간 산업훈련학교 역할을 했고, 박정희가 본격적으로 산업화 혁명의 시동을 걸자 군에서 훈련받은 군 출신들이 산업화의 역군으로 거듭났다.(커밍스, 1997: 424-425)

(2) 보통평등선거를 통한 주권시민의 형성

한국전쟁은 냉전기에 일어난 자유민주주의 진영과 사회주의 진영 간의 이념전쟁이었고, 전쟁은 정치체제 경쟁의 연장선상에서 발발하였다. 따라서 전쟁 중 그리고 전후에 체제의 우월성을 과시하기 위한 정치사회 개혁이 있었다. 북한은 사회주의 농지개혁을 전광석화처럼 해치움으로써 체제의 우월성을 과시했으나 미국은 대한민국을 자유민주주의의 전시장으로 만듦으로써 남한 정치체제의 우월성을 과시하려 하였다. 미국은 미 군정을 통해서 대한민국의 기초를 쌓는 제헌의회 선거 시부터 모든 성인 남녀들에게 보통평등선거권을 부여하였고, 한국인들은 서구의 시민들과 노동자들이 백 년 이상 선거권을 획득하기 위한 투쟁을 한 것과는 달리 일거에 공짜로 보통평등선거권을 선물받았다. 미국은 한국인들에게 한국이 갖고 있는 전략적 가치 때문에 다른 제3세계의 나라들의 국민들과 차별화된 특혜를 제공하였다.[214]

참으로 놀라운 일은 한국전쟁이 확전되어 수도를 부산으로 천도하여 전면전쟁을 치르는 와중에서도 이승만 정권과 미국은 주기적 선거를 빼먹지 않고 실시하였다는 사실이다. 이승만 정권은 부산 피난수도 시기인 1952년 4월에 시읍면 의회선거를, 동년 5월 10일에는 도의회의원 선거를 실시했다. 한국전쟁 직전인 1950년 5월 30일 선거를 치른 지 4년 만에 예정대로 국회의원 선거를 실시했고 1952년 대통령 선거를 간선을 치른 후 발췌개헌 파동을 치른 후 직선제로 바꾸고 나서 선거주기가 되는 4년 후인 1956년에 대통령을 직선하는 선거를 실시하였다. 주기적 선거를 통하여 대통령과 국회의원뿐 아니라 자신이 살고 있는 동네의 시읍면 의원까지 뽑는 경험을 하면서 한국인들은 명실상부한 주권시민이 되었다는 것을 실감하였다. 한국인들은 근대 민주주의 국가의 국

214 그러나 시카고 경제학파의 태두인 프리드만이 이야기한 바와 같이, '공짜 점심'은 없는 법이다. 한국인들이 일거에 보통평등선거권을 선물받음으로써 선거권 획득을 위한 투쟁을 통해 노동자와 농민이 계급정당을 조직하고, 전쟁과 통일을 위한 국민 동원 시 계급타협을 통해 선거권을 획득하여 노동자와 농민의 정당이 대중에 뿌리내릴 수 있는 기회를 상실하였다.

민이 된 것이다.

냉전의 한가운데에서 반공주의의 규율이 작동하는 가운데서도 전쟁의 와중에서도 선거를 치른 경험을 한 한국인들 사이에 선거만이 권력을 장악하기 위한 "우리 동네의 유일한 게임"(Przeworski, 1991)이라는 인식이 뿌리내렸다. 반공주의가 북한을 반대하고 적대하는 대한민국 국민이라는 네거티브한 국민적 정체성을 키웠다면, 선거는 한국인들에게 민주주의 국가의 주권자라는 자부심을 키워 주었고 포지티브한 국민적 정체성을 형성하게 해 주었다.

(3) 의무교육의 보편화를 통한 근대적 국민 형성

마샬(T.H. Marshall)은 유럽에서의 근대적 국민의 형성은 시민권의 발전과 궤를 같이하며 시민들이 시민적 기본권인 시민적 권리를 획득한 뒤 참정권인 정치적 권리를 얻어 자신의 정부를 스스로 구성하고, 마지막으로 교육권과 복지권 등 실질적인 사회적 권리를 획득함으로써 완료된다고 했다. 벤딕스(Bendix)와 바커(E. Barker)도 교육권은 사회적 권리의 핵심이었고 서구에서 의무교육의 국유화를 통해 근대적 국민을 형성하였다고 주장한다.

한국에서도 미 군정에 의해서 교육권의 개념이 도입되었다. 미 군정의 민간인 고문들은 보편적 교육권의 부여야말로 한국인들을 근대화시키는 핵심이라는 것을 알고 있었고 신생 대한민국 정부가 출범하기 전인 1946년 2월 의무교육 실시계획을 발표하였다. 그러나 예산의 절대적 부족으로 제대로 이행되지 못하다가 대한민국 정부 수립 후 1949년 12월 31일자로 공포된 신교육법에 따라 1950년 6월 1일부로 의무교육을 전면적으로 시행하게 되었으나 전쟁으로 무산되었다. 전쟁이 끝나자마자 이승만 정부는 의무교육완성 6개년 계획(1954-1959)을 마련하고 의무교육을 본격적으로 시행하였다. 의무교육제도는 성공적이었다. 1954년 초등학교 취학율이 82.5%였지만 1959년에는 96.4%로 상승하여 거의 전 아동들이 초등학교에 취학하게 되었다.(강인철 1999: 206-207)[215] 교육혁명은 초등학교 수준에서만 일어난 것이 아니다. 1950년과 1960년을 비교해 볼 때 중학교 수가 11배, 중학교 수는 10배 이상 증가했고, 고등학교 수는 3배, 학생 수는 3.1배 증가했으며, 대학의 수는 19개에서 63개로 3.3배, 학생 수는 7,819명에서 9만 7819명으로 12배 이상 증가했다. 특히 한국전쟁 기간 중과 한국전쟁 직후인 1952년에서 1954년 사이에 '대학 붐'이 일어났고 1950년대에는 '유학 붐'이 불어 미국을 비롯해서 독일, 프랑스 캐나다, 일본으로 유학을 떠났다.(유영익, 2006: 462) 학위를 받고 고국으로 귀환한 유학생들은 서구식 '근대'의 전파자가 되었고 1960년대의 근대화의 역군이 되었다.

요약하자면, 1950년대 전후의 교육혁명은 근대시민을 양성하는 학교의 역할을 했으며, 이렇게 교육혁명에 의해 양산된 근대 시민은 국가의 공식 이념인 자유민주주의와 실제 이념인 반공주의 간의 괴리를 누구보다도 절실히 인식하고 이승만의 독재에 항거하는 4·19학생혁명에 가담하였고, 1960년대의 산업화의 기적을 이룩한 역군이 되었으며, 무엇보다도 사회적 지위와 계층의 상승이동을 이룩함으로써 '위대한 평등자(great equalizer)'의 역할을 수행했다. 그러나 국가에 의한 보편적 교육의 제공은 근대적 민주 시민을 양성하는 역할을 했지만 동시에 정부에 의해 강요된 반공주의와 전통적 가족주의 등은 자유로운 민주시민을 양성하는 데 부정적 영향을 끼쳤다. 전후의 보편적 교육에도 비동시성이 존재하고 있었다.

---

215 미 군정은 교육개혁이야말로 한국인들은 민주적 시민으로 양성하여 한국에서 민주주의를 정착시키는 데 핵심적 기제라는 인식을 하고 있었고, 전후에도 미국은 유엔 한국재건단을 통하여 전쟁으로 부서진 교육시설을 복구해 주었다. 미국은 한국에서의 교육의 목적을 민주사회에서의 시민 양성에 두었다. 이를 위해 조지 피바디 대학과 벤더빌트 대학의 교수들이 내한하여 한국 교육개혁 방안에 관해 조언하였다. 그러나 이승만 정권은 자유민주주의적 정체성을 가진 국민을 양성하려는 미국의 교육정책 조언과는 반대로 반공적 정체성, 전통사회의 권위주의적인 유교적 정체성을 강화하는 교육으로 갔다. 그러나 대학의 공기는 자유로왔다. 정부의 억압적이고 권위주의적인 교육정책은 대학 학생들의 정부에 대한 비판적 태도와 저항만 키웠을 뿐이고, 이러한 대학만이 갖고 있는 자유로운 분위기는 권위주의 독재에 항거하는 4·19학생혁명으로 이어졌다.(브라진스키, 2011: 84-96)

3) 전통적 근대성(traditional modernity)의 비동시성 — 전통으로의 퇴행과 근대로의 행진의 병존

한국전쟁은 근대국가 건설, 근대국민 형성과 같은 '근대로의 행진(march to modernity)'만을 가져온 것이 아니라, 낡은 전통으로의 퇴행(regression to outdated tradition)을 또한 가져왔다. 한국전쟁의 시간은 비동시성을 띠고 있었다. 그런데 근대와 전근대의 비동시성을 보여 준 한국전쟁의 이중성은 동전의 양면과 같은 것이었다. 근대로 행진하기 위해서 전통을 불러와야 했고, 낡은 전통으로의 퇴행은 근대로의 행진이라는 이름으로 정당화되었기 때문이다.

최장집 교수는 한국전쟁의 효과를 다음과 같이 요약하였다. 전쟁은 반공이데올로기를 사회의 계급, 계층적 지위에 관계없이 지배적 이념으로서 전체 사회에 전일적으로 수용되도록 하였다. 반공은 지배계급의 이념을 보편적으로 수용하는 허위의식으로서가 아니라 공산 '침략'에 대한 두려움과 그것이 가져온 고통과 궁핍이라는 산 경험이며 적개심에 불타는 집단적 정서를 담는 이념이 되었던 것이다.(최장집, 1996: 80) 전전에 국민적 동의를 받지 못했던 분단국가의 존재이유가 전쟁으로 분명해졌다. 분단국가의 정당성은 전후에 전 사회적으로 수용되고 동의를 받았다. 한국전쟁으로 반공 이데올로기가 그람시가 이야기하는 동의에 의한 지배이념으로 자립잡고 전 사회가 분단국가의 정당성을 받아들임으로써 한국 사회는 일괴암적(monolithic) 사회가 되었고, 분단국가의 수립과 반공이념의 지배이념화를 주도했던 이승만이 최대의 수혜자가 되었다.(최장집, 1996: 80)

전쟁으로 반공주의가 국민적 동의를 얻게 되고 이승만 정권의 정당성의 기반이 되면서 이승만 정권은 권력을 공고화할 수 있게 되었다. 이승만 정권은 반공 드라이브를 걸면서 동시에 전후 북한과의 전쟁이 아닌 방식으로 전개된 체제경쟁에서 승리하기 위해 산업화를 추진하게 된다. 반공 드라이브가 한몫을 했다. 반공 드라이브로 군비경쟁이 벌어졌고 군수산업이 발전했으며 이는 산업화를 위한 자극을 제공하였다.(강인철, 1999: 214) 또한 권력을 공고화한 자신감을 바탕으로 이승만 정권은 전통을 다시 불러들여 가산제적 독재를 시도하였다. 한국전쟁은 계급적 정체성을 강압적으로 해체시키는 탈계급화와 함께 '전통의 위기'를 불러왔다. 국가가 교육을 국유화하면서 농촌의 서당(書堂)은 소멸하였고, 군대의 비대화, 권력화로 유교적 문치주의와 숭문사상이 퇴조했으며, 전쟁으로 인한 가족 해체로 장유유서의 유교질서가 약화되었다.(강인철, 1999: 203-204) 그런데 1950년대 중반에 이승만 정권이 위기에 빠진 '전통'을 구출해 주었다. 이승만 정권은 가산제적 독재를 수립하기 위해 과거를 다시 불러들였다. 일민주의(一民主義)를 국가이념으로 제정하고, 홍익인간(弘益人間)을 교육이념으로 제정하고 단기(檀紀) 연호를 쓰게 하고 개천절을 광복절과 같은 수준의 국경일로 제정하였다.(강인철, 1999: 223) 과거를 불러들임으로써 이승만은 막스 베버가 이야기한 전통적 권위에 기초한 정당성을 가진 가산제적 지도자로 자신을 부상시켰다. 그런데 전후에 부활한 가족주의는 전통적 유교적 가족주의가 근대적으로 변용된 가족 중심적 집단이기주의를 낳는 '신가족주의' 또는 '현대판 가족주의'였다.(김동춘, 1983) 가족주의는 '전통적 근대성(traditional modernity)'이라는 형용모순적(oxymoron)인 근대화를 위해 동원되었다. 강인철 교수는 전후의 도시에서 '축소된 가족주의'와 '확대된 가족주의'의 병행 발전에 주목한다.(강인철, 1999) 축소된 가족주의는 전쟁과 전쟁 후유증으로 도시에서의 '핵가족화' 또는 소가족화로 대가족제도의 해체와 병행하여 출현하였다. '축소된 가족주의'는 전쟁 전 그리고 전쟁 과정에서 좌우익 이념투쟁으로 친족들 사이에 불신이 퍼지고 빈곤의 일반화, 일상화로 장남이 대가족을 유지하기 어려운 경제적 상황하에서 만연하였다.[216] 전쟁과 반복되는 가뭄, 홍수, 태

216 박경리는 1957년에 발표한 소설 〈불신시대〉에서 자식을 죽이는 의사의 무관심, 종교를 파는 중들, 치료약의 함량을 속이는 병원, 도처에 득실거리는 사기꾼의 기만적, 폭력적 삶의 창을 통해 사회적 불신의 만연을 잘 묘사하고 있다.(강인철 1999: 251)

풍과 같은 자연재해, 전염병의 만연은 불안 심리를 사회 전체로 만연시켜 점술업, 천년왕국적인 유토피아를 꿈꾸는 종말론 운동이[217] 번창했다.

축소된 가족주의는 이러한 미래가 불확실하고 불안한 상황에서 무한 생존경쟁에 내팽개쳐진 소가족이 가족의 일원으로서 강한 정서적 위로와 지지 그리고 가부장권을 중심으로 단단히 뭉쳐 대응하는 원자화된 가족주의로서 밴필드가 묘사한 이탈리아 남부 시실리의 '무도덕적 가족주의(amoral familism)'과 닮아 있었다.(Banfield, 1958) 그런데 밴필드의 무도덕적 가족주의는 이탈리아 남부의 빈곤과 마피아와 같은 조직폭력을 낳은 데 반해 한국의 축소된 가족주의는 무한경쟁의 교육열로 나타나 산업화에 긍정적 기여를 하기도 했다.

'축소된 가족주의'와는 대조적으로 '확대된 가족주의'는 도시를 중심으로 형성되고 확산된 근대적으로 변형된 전통적 조직들이다. 확대된 가족주의는 연고주의라고 부르기도 하는데 종친회(혈연주의), 향우회(지역주의), 동창회(학연주의)와 같은 연고 집단이 권력, 화폐, 취직, 승진, 직위 등의 희소자원 배분에서 특혜적으로 접근하게 해 주는 이익집단의 기능을 수행하였다. 급격한 사회변동 과정에서 정당, 노조, 이익단체, 시민단체 등이 자신들의 이익을 대표하고 국가에 전달하는 통로의 기능을 수행하지 못하는 상황하에서 이러한 "일차적 집단(Gemeinschaft)의 외양을 지닌 이차적 이익결사체(Gesellschaft)"의 성격을 띠고 있었다.(강인철, 1999: 256-257)

그런데 전후 대한민국 국가는 전통적 가치의 핵인 가족주의를 해체시키기는커녕 조장하고 합법화했으며, 이승만 정권은 가족주의 가치를 적극적으로 활용하고 동원하여 신가산제적인 독재를 정당화하고 강화하려 하였다. 이승만은 건국의 국부(國父)로 불리었으며, 의회, 언론, 시민단체와 같은 대의기구와

217 한국전쟁 기간과 그 후에 종말론적 신종교운동이 개신교 내에서 출현하였다. 나운몽의 용문산 기도원(1951년), 계룡산 정심원(1953년), 천마산 기도원(1953년), 문선명의 통일교(1954년), 박태선의 전도관(1955년), 이스라엘 수도원 등이 종말론적 신비주의를 대중에 전파하였다.

중간 매개 집단을 거치지 않고 '왕처럼 군림하는' 통치 스타일을 고수했다. 이승만은 1954년 10월 삼강오륜을 지켜 유교를 발전시켜야 한다는 담화를 발표했고, 가부장주의를 조장했다.

농촌에서는 재전통화가 일어났다. "농촌의 재전통화"는 강인철 교수가 사용한 용어로,(강인철, 1999: 282-290) 해방시간에 계급정치에 의해 형해화되고 전쟁기간 중의 '전 인구의 뒤섞임'으로 해체되었던 전통적 농촌질서를 부활시켜서 근대로의 행진을 전통으로의 역진을 시키려는 반동적 운동이다. 강인철은 '농촌의 재전통화'를 "1950년대 탈계급화, 탈정치화된 농민들의 연고주의적 투표 행태, 다시 말해 학연, 지연, 혈연 등 1차적 사회연줄망 혹은 공동체 집단에 기초하여 정치적 지지를 선택하는 전통적 정치문화의 재등장, 그리고 지자체선거에서 지주 출신, 말단 행정기관 간부 출신, 동족 부락의 정치적 영향력이 증대되는 현상을 통해 관찰되었다." 농촌의 재전통화는 "구 지배세력의 세력 회복, 마르크스주의적 지식층으로부터 유교적 지식층으로의 지적 권위의 재역전, 농촌인구의 문화적 동질성 강화 등과 함께 도시문화에 대한 반발적 선택"으로 설명된다. 당시 농민들은 근대적 과학기술이나 교육에 대한 열망은 수용하면서도 미국 취향의 문화의 과도한 침투로 인한 아노미적 상황에 대처하려는 문화 전략이기도 했다.

강인철은 농촌의 재전통화는 다섯 가지 요인이 상호 작용한 결과라고 주장한다.(강인철, 1999: 285-290) 첫째, 전 전에 농민정치를 주도했던 좌파 성향의 '근대적 지식인'의 소멸에 따라 남아 있던 전통적 지식인이 다시 득세하였다. 둘째, 중앙집권적 권력의 '거세하는 힘'으로부터 자신들을 보호해 줄 수 있는 유일한 조직적 자원으로 전통적인 공동체적 네트워크가 재등장한 것이다. 전통적 연고 네트워크가 재등장한 것은 지방자치제의 도입과 관련이 있다. 이승만 정권이 농민이 투쟁하지 않았음에도 불구하고 지방자치제를 선물하였을 때, 농민들은 이를 자신과 가족, 친족을 보호할 수 있는 정치적 기회로 활용하였다. 농민들이 정치적으로 동원할 수 있는 가장 효과적인 수단이 바로 복합가족의 확대 내지 변형이 동족 조직이었다. 셋째, 탈전통화로 치닫고 있는 도시문화에 대한 반발로 재전통화가 일어났다. 퇴폐적 근대는 전통적 윤리를 고수하려는 농촌 주민들의 분노를 자아내기에 충분했다. 넷째, 농지개혁으로 자영농이 된 농민들 가운데 다시 소작농으로 떨어진 구 소작농들로 인해 나타난 '재농노화' '재봉건화' 현상의 부산물이다. 재농노화로 농촌 일부에서 소작제가 부활하고 1960년 현재 전국적으로 30만의 전근대적인 계층인 '머슴'이 잔존하고 있었다. 머슴들은 고용주의 가족의 일원을 이루어 주인의 가옥 내에 기거하면서 식사, 의복, 술, 담배를 제공받으면서 고용주에게 신분적 인습적으로 강하게 예속된 주종관계를 형성하고 있었다. 다섯째, 농촌의 재전통화는 전통적 질서에 반발하는 이질적 사회 부문이 이촌(離村)함으로써 농촌의 문화적 동질화와 전통적 질서의 강화에 기인한다.

이러한 도시에서의 전통적 가족주의의 부활과 농촌의 재전통화와 병행하여 도시에서는 퇴폐적 근대 문화가 출몰하고 있었다. 1950년대에 서울을 비롯해서 대도시에 인구가 집중되면서 대도시와 농촌 간의 근대시간의 격차 현상이 벌어졌다. 대도시의 주민들은 근대의 이기인 전기, 교통, 통신 수단을 향유하였고, 대중 미디어 매체(신문, 라디오, 잡지)에 접근할 수 있었다. 이러한 대중 미디어 매체를 통해 도시 주민들은 아메리카 소비문화에 접속할 수 있었던 데 반해 농촌에서는 접속이 거의 불가능했다. 도시인들이 아메리카 소비문화에 접속하면서 '대중적 문화'가 형성되었다. 그런데 대중적 문화는 퇴폐적 근대의 내용을 담고 있었다. 대표적인 것이 정비석의 소설《자유부인》이었고 자유부인은 영화로 재현되어 흥행을 누렸다. 대중문화는 언론들이 '애욕영화', '에로 범람'으로 비판하는 바와 같이 애정소설, 애정영화, 애정 연속방송극, 개인의 바보화, 신변잡기, 저속한 '언어의 유희'와 같은 퇴폐적 근대의 성격을 띠고 있었다. 도시에 카바레, 댄스홀 등 유흥산업이 과잉 발전하여 스트레스가 심한 사회의 긴장을 풀어 주었다. '양공주'가 늘어나고 유흥산업에 종사하는 여인들과 미국인과의 국제결혼이 증가하였고 그에 비례하여 혼혈아도 증가했다.

이러한 도시의 퇴폐적 근대의 시간과 도시에서 부활된 가족주의 시간과 농촌의 재전통 시간은 충돌하였다. 부활한 전통은 근대의 시간이 퇴폐적으로 흐르는 데 분노하면서 더욱 전통적 가치와 규범을 고수하고 강화하려 하였다. 그러나 한국에서 전통의 시간이 근대의 시간의 물결을 되돌릴 수는 없었다. 대세는 근대로의 행진이었다. 그러나 전통이 근대화의 시간에서 강하게 표출될수록 근대의 내용은 보수적이 되었고 '보수적 근대화'를 결과하였다. 보수적 근대화는 '비동시적인' 근대의 시간과 전근대의 시간이 병존하면서 출현하였다.(최장집, 1996; 박명림, 2003; 강인철, 1999, 201)

제8장

이승만 체제의 성쇠(盛衰)

일민주의, 반공주의, 자유민주주의의 비동시성

1. 왜 1950년대의 민족시간(national time)을 '이승만 체제'라 부르는가?

1950년대는 이승만의 시간이었다. 1950년대가 시작되자마자 이승만은 건국을 주도하였고 1950년이 중반을 넘기 전에 김일성의 남침으로 시작된 한국전쟁을 지휘하였다. 전쟁 중에도 피난 수도 부산에서 정치파동을 일으켜 이승만 일인 체제를 구축하였고, 그 후 사사오입 헌법 개정을 통해 종신집권의 길을 열었다고 1960년에 부정선거를 획책하다가 4월혁명으로 강제 퇴진당했다. 이승만 없이 1950년을 이해하고 설명할 수 없다. 그는 다중적인 정치가였다. 근대국가를 건설하고 근대적인 한국전쟁을 지휘하였고, 미국식 자유민주주의를 한국에 도입한 공이 있는가 하면, 자유민주주의를 형해화하고 그 대신 반공주의를 강요하였고, 반공규율 사회를 만들어 국민들을 '반공'이라는 감옥에 가두었고, 가산제적 독재를 확립하기 위해 한국의 전통을 이용한 과가 있었다. 따라서 이러한 비동시적인 시간들이 공존하면서 충돌했던 이러한 1950년대의 이승만과 한국 정치사회의 비동시적 시간을 특징적으로 보여 줄 수 있는 있는 용어가 '이승만 체제'다.

우남 이승만은 조선 멸망기이자 강제 개항기인 1875년에서 태어나 박정희가 주도하는 근대화의 열풍이 불기 시작하던 1965년에 사망한 전근대에서 근대의 시간을 관통하는 삶을 살아간 대한제국, 일제 식민국가, 해방시간, 48년 체제, 신생 대한민국의 지도자이다. 그는 전근대적인 대한제국하에서 계몽운동을 주도했던 계몽운동가이자 교육자였으며, 개화기에 근대의 시간을 살아간 초기 근대 지식인이었고, 일제하에서는 독립운동가였고, 한국인으로서는 최초로 미국의 명문 프린스턴 대학에서 당시 대학총장이던 우드로 윌슨으로부터 정치학박사 학위를 받은 최초의 한국인 근대 정치학자였으며, 그는 일제하에서 임정의 명목상 정부수반이었고, 해방시간에서 좌우를 막론하고 지도자로 모시려고 경쟁했던 민족지도자였으며, 해방시간에서는 단독정부 수립을 주동하고 제헌의회의 간선에 의해 압도적인 표로 단독정부의 수반인 대통령으로 선출된 분단국가인 대한민국의 '건국의 아버지'이며, 많은 한국인들이 6·25전쟁이라 부르는 한국전쟁을 무승부라 할 수 있는 휴전 또는 정전으로 끝낸 전쟁의 영웅이면서 동시에 북한과의 전쟁 중에 자국의 국민을 상대로 거창 양민학살, 국민보국대와 같은 대 국민전쟁을 벌이는 야만을 저지른 비인도적인 지도자였으며, 전쟁 시의 부산 정치파동을 통해 한국판 보나파르트로 등극하고 그 후 1954년 사사오입이라는 이상한 수학 공식으로 종신집권을 허용하는 개헌을 단행하였고 그러한 헌법적 정통성을 상실한 경쟁규칙에 의해 종신집권의 꿈을 3·15부정선거로 실행에 옮기다가 4·19학생혁명에 의해 축출된 행운과 불운이 겹친 파란만장한 정치생활을 했던 비동시성의 정치가이다.

이승만은 한국전쟁을 지휘하였고, 전후에는 보나파르트 독재로 가는 행진을 주도했던 마키아벨리적인 정치가였다. 그러나 대통령으로서의 이승만은 조선 왕조 말기의 천하위가(天下爲家)의 가산주의 정치를 실현하여 권력의 사유화, 친인척주의, 세습주의 정치를 하였다. 이승만 대통령은 말로서는 자유민주주의를 외치면서 실제로는 반공주의로 통치함으로써 통치이념의 원리(principle)와 실제(practice)가 일치하지 않는 자기모순적, 자기정체성 부정의 정치를 하였다. 이승만은 자유민주주의의 원리와 반공주의의 실제가 충돌할 때마다, 항상 반공주의의 실제를 선택하여 반공의 이름으로 정적을 탄압하였고,

자유민주주의의 기본 원리인 언론, 출판, 결사, 집회의 자유를 침해하였으며 마침내는 헌정질서를 유린하는 사사오입 개헌과 3·15부정선거를 자행하여 자신의 몰락을 자초하였다.

1950년대의 한국의 민족시간은 하나의 단어로 표현할 수 없는 비동시적 시간이었다. 그 시간에 분단국가의 건설작업이 있었고, 한국전쟁이 분단국가 건설을 완성했으며, 그러한 분단국가는 반공주의와 자유민주주의의 이중주였으며, 그 이중주가 주기적 선거의 실시와 독재로의 행진의 병진을 가능하게 했으며, 마침내는 비동시적 시간들 간의 모순과 충돌이 4·19혁명으로 폭발하여 이승만의 1950년대를 마감하였기 때문이다. 이승만은 이러한 비동시적 시간의 복합적 국면들의 중심에 서 있던 지도자였고, 그러한 복합적 국면에 지혜롭게 대응했을 뿐 아니라, 복합적 국면을 다른 복합적 국면으로 전환시켜 위기를 기회로 활용할 줄 알았던 마키아벨리적인 비르투를 보유한 유능한 정치가였기 때문이다.

이승만은 냉전이라는 우리의 의사와 관계없이 외부로부터 주어진 조건하에서 분단국가를 건설하는 데 가장 적합한 리더십의 자질을 갖추고 있었다. 그래서 그는 분단과 전쟁이라는 어려운 상황하에서도 '근대국가'[218]를 건설함으로써 그에게 맡겨진 시대적 소명을 다했고, 미국의 힘을 빌려(external balancing)[219] 한국전쟁이라는 제2차 세계대전 이후 가장 큰 규모의 정규전을 치러냄으로써 신생국가를 수성한 공로가 인정된다. 그러나 노자(老子)의 '공성퇴신(功成退身)'

218 막스 베버에 의하면, 근대국가란 "주어진 영토 내에서 물리적 폭력을 합법적으로 독점 사용하는 강제적 조직이다".(Max Weber, 1978, *Economy and Society*) 말하자면, 베버는 근대국가는 영토성, 대내적 그리고 대외적 주권, 권력의 정통성과 합법성, 정책과 법을 강제할 수 있는 합법적으로 폭력을 독점하는 강제적 조직이라는 것이다.

219 외적 균형(external balancing)은 강대국과의 동맹 형성 등 외부적 자원을 동원하여 경쟁국과의 균형을 꾀하는 균형 전략이고 내적 균형(internal balancing)은 내부 권력 자원을 키우고 강화하여 상대국과의 균형을 이루려는 전략이다.(Fazal, 2004: 315-316) 대체로 북한은 주체사상이라는 이름으로 내적 균형 전략을 추구하고 있고 한국은 한미동맹을 중심으로 외적 균형 전략을 추구하고 있다.

의 리더십[220] 원칙을 지키지 않고 노구에도 불구하고 권력을 연장하려는 노추(老醜)를 드러냄으로써 자신의 리더십뿐 아니라 한국의 신생 민주주의를 발전시키기보다는 오히려 퇴행시키는 역사의 오점을 남겼다.(임혁백, 2012: 31-33)

따라서 우남 이승만을 모르고 한국 근현대사를 이해할 수 없고 해방시간, 48년 체제, 한국전쟁의 원인과 결과, 그리고 1950년대의 한국을 설명할 수 없다. 따라서 이 장(章)에서는 먼저 인간 이승만의 성장과정, 퍼스낼리티, 가부장주의와 근대주의가 복합적으로 결합한 비동시성적 인간의 특징을 먼저 살펴보고 난 뒤, 정치가 이승만의 복합적 리더십의 특징을 분석한다. 근대국가이면서 분단국가인 대한민국을 건설하면서 그가 분단국가 건설의 원리로 제시한 일민주의를 살펴볼 것이고, 북한의 지도자 김일성과 대쌍적인 경쟁적 의존관계와 이승만이 남한에서 정통성의 원천으로 제시한 반공주의를 살펴볼 것이다. 그리고 전쟁 중 피난 수도 부산에서 대의기구나 시민사회와 같은 중간 매개집단이나 기구를 거치지 않고 직접 민중, 인민, 국민, 동포, 농민에 호소하고 소통하여 그들의 지지를 받아 대의기구를 무력화시키고 일인독재 체제를 수립하려 한 한국형 보나파르티즘을 구축한 이승만을 분석할 것이다. 마지막으로 이 장의 핵심인 소위, '이승만 체제'가 가지고 있는 특성들을 규명한다.

2. 이승만 리더십의 비동시성

1) 해방 전 이승만 리더십 — 근대적 정치인이자 계몽주의자, 국제주의 민족주의자, 유교적 가부장주의자

이승만처럼 근대와 전통, 민족주의와 국제주의, 가산제와 자유민주주의의 시간을 자유롭게 유목하면서 인생을 산 정치가이자 민족 지도자는 드물다. 그는

220 공을 이루고서도 모든 것이 추종자, 백성이 이루어 냈다고 하면서 자신의 몸을 숨기고 이선으로 물러남으로써 공을 추종자들에게 돌림으로써 추종자들이 더 열심히 자발적으로 일을 하게 하는 팔로워십(followership)을 중시하는 리더십.(노자, 《도덕경》, 17장)

조선 말에 태어나서 대한제국 시대에 젊은 나이에도 불구하고 독립협회에 들어가 민족의 독립운동을 적극적으로 했고 대한제국의 근대화를 위한 계몽운동을 한 근대적인 선각자이자 민족주의자였다. 그러나 그는 민족주의자이면서 국제주의자이었다. 그는 감리교계 고등학교인 배제학당에 들어가 서구의 종교인 기독교 신자가 되었으나, 여전히 독립협회가 주관한 만민공동회에 참가하였고 이를 알리기 위해 언론활동을 하였는데 협성협회보, 매일신문, 제국신문을 창간, 편집하였다. 그는 독립협회 전단지를 뿌리다가 1899년 1월 9일 투옥되었다. 미국 선교사 알렌(Allen)이 이승만의 석방 청원을 하였으나 받아들여지지 않았고, 이승만은 투옥, 탈옥, 재투옥, 재탈옥를 거친 끝에 1904년 8월 9일 특별 사면령을 받고 석방되었다.[221]

감옥생활 중에도 이승만은 부지런했다. 그는 52편의 《독립정신》을 집필하였고, 죄수들을 상대로 영어 교육을 하였으며, 영한사전까지 집필했다. 감옥생활 중 이승만은 서구문화를 학습할 수 있었고, 대한제국을 개혁하려는 젊은 혁명가들과 동지애를 쌓을 수 있었다.(김학준, 2012, 497-518) 감옥생활에서도 이승만은 국제주의와 민족주의라는 두 개의 다른 비동시적 시간을 보냈다.

특사 후 이승만은 고종의 밀서를 휴대하고[222] 1904년 11월 4일 제물포항에서 오하이오호를 타고 도미 유학의 길에 올랐다. 이승만은 호노룰루, 샌프란시스코, 로스앤젤레스를 경유하여 수도 워싱턴 DC에 도착하였다. 워싱턴에 소재하는 조지워싱턴 대학에서 학부를 졸업하고 난 뒤, 1907년 가을 학기에 명문 하버드 대학 대학원에 진학하여 1909년 정치학 석사학위를 받았다. 이승만은 석사학위를 받은 뒤 하버드 대학 당국에 조국에서 더 큰 지도자로 일해야 하니 2년 안에 박사학위를 주면 하버드 대학에서 박사학위 과정을 하겠다고

221 민영환, 한규설 등이 이승만 특별사면을 위해 노력하였다.

222 김학준 교수(2012)는 도산 안창호 계열의 국민회가 이승만 밀사설을 부정하나, '밀사설'은 설이 아니라 사실이었다고 주장한다.(김학준, 2012: 519)

당돌하게 제안했으나 하버드 대학 당국으로부터 거절당했다. 그래서 이승만은 다른 명문 프린스턴 대학에서 정치학 박사과정에 진학하였고, 1910년에 나중에 민주당 후보로 출마하여 대통령으로 선출된 우드로 윌슨 총장으로부터 정치학 박사학위를 받았다. 이승만의 박사학위 논문 제목은 "Neutrality As Influenced by the United States(미국의 영향을 받은 중립)"로 정치학 박사를 취득하였다. 이승만의 정치학 박사논문은 정치학의 한 분야로서 국제법이었고, 그가 영세중립론을 박사논문 주제로 삼은 것은 외교와 국제정치를 통한 독립의 방법론을 찾으려 했기 때문이 아닌가 생각된다.(김학준, 2012: 530-533)

한국인 최초로 미국 명문대학에서 정치학 박사학위를 취득한 이승만은 경술국치 직후인 1910년 9월 3일 배편으로 유럽과 중국을 거쳐 10월 초 압록강을 건너 기차편으로 서울로 돌아왔다. 귀국 후 독립을 위한 계몽활동을 하다가 1911년 일제가 105인 사건을 일으켜 항일운동가들을 투옥, 고문하는 것을 보고 1912년 3월 26일 배를 타고 도미하여 일제 패망기까지 미국에 체류하면서 "외교를 통한 독립"운동을 하였다. 여기서 우리는 이승만이 근본주의적인 민족주의자도 아니오 완전한 국제주의자도 아닌 민족주의자와 국제주의자의 하이브리드형(잡종형) 인간이라는 것을 확인한다. 한일합방을 공식화한 경술국치 직후에 안전한 미국에 남기보다 어려운 조국으로 달려가는 이승만에서 우리는 민족주의자의 모습을 보지만, 다시 미국으로 건너가 외교를 통한 독립이라는 국제주의적 방식에 의한 민족독립을 추구하는 이승만에서 국제주의자의 모습을 보게 된다.

이승만은 1919년 3·1독립선언 소식을 미국에서 들었는데 3·1운동 이후 해외에서 세워진 여러 대한민국 임시정부의 수반으로 추대되었다.[223] 그만큼 당시

223 1919년 3월 21일 블라디보스톡의 대한국민의회의 총리, 1919년 4월 1일 기호지방에서 세워졌다가 해산된 대한민국 임시정부, 1919년 4월 7일 세워진 노령 임시정부의 국무총리, 그리고 1919년 상해 임시정부의 국무총리로 추대되었다.

최강국으로 부상한 미국의 명문대를 졸업하고 미국의 지도 엘리트들과 네트워크를 구축하고 있는 이승만을 좌익과 우익, 무장투쟁파와 협상파 모두가 받아들이는 정치 지도자로 인정받고 있었던 것이다. 해방 전뿐 아니라 해방 직후에도 국제적인 명성과 네트워크를 가진 지도자는 이승만밖에 없었던 것이다. 그래서 이승만은 '국제를 통한 민족독립'의 방식을 고집하였고, 이승만의 이러한 국제주의 모델이 상해 임시정부의 우파 민족주의, 노령과 만주 일대의 무장투쟁을 통한 민족해방론과 충돌하였다. 그러나 이승만이 할 수 있는 것은 국제주의 방식에 의한 민족독립이었고, 그것이 이승만이 가장 잘 할 수 있는 방식이었다. 그러나 이승만이 임시정부에 대한 미국의 승인을 얻지 못하고 1921년 국제연맹에 위임통치 청원을 한 사건에 분노한 상해 임시정부는 임시의정원의 탄핵결의로 이승만을 대통령직에서 면직하였다. 그 후 이승만은 1925년 구미외교위원회를 조직하여 외교를 통해 독립을 국제사회에 청원하는 방식으로 그 자신만의 독립운동 방식을 고수했다. 임시정부는 이에 대항하여 1925년 구미위원부 폐지령에 반발하였고 이승만은 이에 대항해 임정으로 보내는 송금줄을 차단하였다. 그리고 이승만은 임정과 별개로 독자적으로 임정 구미위원부를 가동하여 외교, 구국활동을 하였다.

임시정부는 조직을 유지할 수 없을 정도로 자금난에 시달렸고, 자연히 테러에 의한 독립을 추구하는 방식으로 선회하였다. 실제로 임정이 주도한 이봉창과 윤봉길의 테러의거는 임정의 존재를 국제사회에 알리는 계기가 되었고 이승만과 임정의 화해의 계기가 되었다. 임정은 테러와 같은 극단주의적 방식으로 대한민국 독립의 정당성을 국제사회에 알리는 동시에 이승만을 국제연맹을 비롯한 국제사회에 한국의 독립을 청원할 전권대사로 임명하여 외교적 방식에 의한 독립 호소를 병행하였다. 이승만의 외교를 통한 독립운동 방식에 비판적인 민족주의자들이 많이 있는 것은 사실이나, 그 당시 독립의 실현 가능성을 고려하면, 이승만의 외교에 의한 독립청원이 그래도 가장 현실성이 있는 독립 추진

방식이었던 것이다. 이승만과 임정의 화해로 이승만은 1933년 임정의 무임소 국무위원으로 복귀하였고, 1940년 김구가 임정 주석으로 취임하면서 김구는 이승만을 임정의 구미외교위원부 위원장으로 임명하였다.

마침 1941년에 일본의 진주만 습격으로 태평양전쟁이 발발하자 구미위원장으로서의 이승만의 활동과 노력이 빛을 발하였다. 일본과 전쟁상태에 들어간 미국의 반일 감정이 고조되고 루즈벨트의 반일정책이 강화되면서, 자연히 이승만의 임시정부 승인 요구가 어느 정도 먹혀들었다. 동시에 이승만은 한국 독립을 약속해 달라는 호소를 연합국들을 상대로 벌였다. 이승만은 단파방송을 통해 미국으로부터 임시정부 승인을 받는 날이 가까워져 오고 있으며 그렇게 되면 미국의 대일 항전 군비를 지원받을 수 있으니 동포들은 힘을 내라는 메시지를 전파하였고 그 단파방송은 한국 내에서 이승만의 신화를 형성하였다. 이승만은 민족주의자였다. 그런데 이승만은 국제주의적 민족주의자였다. 그런데 그러한 비동시성적인 민족주의자가 될 수 있는 사람은 많지 않았다. 미국의 지도층에 인맥을 가지고 있는 이승만만이 국제사회에 대한민국의 독립운동을 호소할 수 있었다. 이승만이 미국으로부터 임정의 한인의 유일한 망명정부로 승인하는 선물을 받아 내지는 못했지만, 1943년 미국의 주도하에 전후 처리를 결의한 카이로선언은 한국의 독립을 약속했고, 카이로선언은 이승만을 비롯한 외교주의자들의 독립 호소 노력이 미국과 연합국의 지도자들의 귀에 입력되었기 때문이라는 주장은 설득력이 있다.

2) 해방시간, 48년 체제, 한국전쟁 국면에서의 이승만 리더십 — 용미주의(用美主義)와 반공주의(反共主義)

임진왜란에서의 선조와 한국전쟁에서의 이승만은 닮은 꼴이다. 선조는 도요토미 히데요시의 조선반도 침략이 명백했음에도 불구하고 준비를 하지 않고 있다가 20일(1592년 음력 4월 13일-5월 2일) 만에 서울을 함락당하고 피난길에 올라의주 국경까지 밀려서 중국 명나라로 정부를 옮길까를 심각히 고려하다가 유성룡 같은 국제정치의 냉혹함을 아는 재상의 만류로 주저앉았다가 명나라의 구원병이 와서 평양성을 탈환하고, 충무공 이순신 장군이 3도 제해권을 장악하여 일본군의 군수 라인을 차단함으로써 일본군을 독 속에 든 쥐처럼 가두어 버림으로써 승리를 목전에 둔 순간 도요토미가 병사(病死)하여 일본군이 철군함으로써 전쟁은 사실상 무승부로 끝났다.

한국전쟁도 마찬가지였다. 해방 후 심화되고 구조화된 냉전의 최전방이 된 한반도의 남과 북에 각각 이념을 달리하는 분단국가가 수립되면서 냉전의 핵심 균열구조인 이념대립으로 전쟁이 일어날 개연성이 높은 가운데 북한의 김일성은 '민주기지론'을 내세워 남한에 공산 정권을 세우기 위해 남침하겠다고 공언하였고, 이승만은 이호재 교수가 지적한 바와 같이 공갈, 허세정책으로서 메아리 없는 북진통일론을 외치면서도 막상 전쟁준비는 소홀히 하여 김일성의 공산군이 남침하여 3일 만에 서울을 함락시키자 국민을 버리고 부산으로 도망갔다가 미국과 맥아더의 원병이 한반도로 파병되어 9·28인천상륙작전을 계기로 38선을 넘어 조국 통일의 계기를 마련했으나 중공군의 참전으로 전선은 한국전 발발 이전으로 돌아갔고, 지루한 38선을 사이에 둔 '밀고 당기기 전쟁'과 휴전협상이 병행됨으로써 엄청난 사상자를 낸 유혈전을 벌인 끝에 휴전(또는 정전)으로 한국전쟁은 사실상 막을 내렸다.

선조와 이승만은 초기의 참패를 외국 군대를 불러와 만회하여 무승부인 철군과 휴전으로 끝을 낸 리더십을 발휘하였다. 당시 최강 국가인 명나라와 미국을 불러옴으로써 한국과 일본, 남한과 북한 사이의 국가 간의 정규 전면전쟁은 미, 소, 중, 남북한이 개입된 국제전쟁으로 확대되었고, 한국은 전쟁의 주체가 아니라 국제전의 주체인 명나라와 미국 군대의 보조 역할을 하게 되는 결과를 가져왔다. 여기까지가 임진왜란과 한국전쟁, 전쟁 지휘자 선조와 이승만의 유사성이다.

선조와 이승만 사이의 차이점도 많이 발견된다. 먼저 선조는 전쟁 수행 리더십이 없어서 명나라 장군들이 대신 전쟁을 수행하였고 의병들이 자발적으로 일본군을 물리치려 사력을 다했는 데 반해, 이승만은 직접 전쟁을 지휘하고, 국제주의자로서의 면모를 발휘하여 미군을 불러들여 잃어버린 북의 영토를 수복하려 했고, 유엔의 이름으로 미군과 외국 군대를 참전시킴으로써 한국전쟁에서 대한민국이 북한에 대해 정통성에서 우위에 서게 하였으며, 휴전협상에서 유리한 고지를 점령하고 전후 안보를 미국으로부터 보장받기 위해 대미 선제조치로서 거제도 반공포로를 석방하는 조치를 취하는 등 동맹국 외교를 전개하였다. 또한 선조는 임진왜란 이후에도 허약한 리더십으로 중국 대륙에서 일어나는 새로운 세력인 청나라에 대한 대비도 없이 성리학과 재조지은(再造之恩)이라는 명분하에 명과의 조공관계를 강화함으로써 정묘, 병자 양 호란을 자초하였고 이는 조선왕조가 내리막길을 걷게 된 계기가 되었다. 반면에 이승만은 "전쟁이 국가를 만든다"는 틸리의 이론을 증명해 주었다. 이승만은 한국전쟁을 통하여 외부의 적을 휴전선 이북으로 몰아내고, 내부의 경쟁자를 6·25전쟁 이전과 전시 중에 제거, 학살함으로써 분단국가 건설을 완료하였다. 이승만의 국가건설 프로젝트를 가능하게 한 양대 리더십은 용미주의와 반공주의이다.

(1) 용미(用美) 리더십

정치가로서의 이승만의 리더십이 가장 빛나는 기간이 해방시간(1945-1948년 8월)에서부터 48년 체제(1948년 8월-1950년 6월)를 거쳐 한국전쟁기(1950년 6월-1953년 7월)까지이다. 해방은 도둑처럼 몰래, 예정 없이 왔다. 그러나 한국의 해방시간은 무서운 도둑처럼 왔다. 우리가 충분히 준비하지 못하는 사이에 해방은 일본 제국주의의 패망과 함께 세계 최강국을 넘어 경쟁 상대가 없는 초대강국으로 부상한 미국의 군대가 일제 식민정부를 접수하고 대신 군정을 펴는 형식으로 온 것이다. 물론 미 군정이 식민정부는 아니었고 영토적 야심이 없는 미국의 '군사기지(military base) 정부'였다. 따라서 해방시간에서 미국의 대한정책 목표는 미국의 영향력이 미치는 기지네트워크 정부이면서 동시에 냉전의 최전선에 있는 보루국가로서 한국을 건설하는 것이었다. 여기에 더하여 국제적 냉전체제가 구조화되고 심화되면서 기지국가이면서 동시에 냉전 보루국가의 기본 성격을 가진 신생 대한민국을 건설해야 된다는 것은 '선택할 수 있는 조건'이 아니라 외부적으로 '주어진 조건'이었다.

해방 후 많은 지도자들이 건국을 주도하기 위해 경쟁하였는데 이승만이 미국과 국제적 냉전체제가 강요한 외부적 조건인 냉전과 분단하에서 건국을 하는 데 가장 적합한 리더십을 보유하고 있었다. 박헌영을 비롯한 남노당은 일찌감치 미 군정에 의해 배제되었고, 한민당 지도자들은 지주 계급 출신이라는 이유로 그 당시 인구의 대부분을 차지하고 있던 농민의 지지를 고려하지 않을 수밖에 없는 미 군정과 미국이 공식적으로 건국 주도 세력으로 승인하기 어려웠다. 김구와 김규식 같은 임시정부 지도자들도 지나치게 민족주의적이라는 이유로 미국이 건국 주도 세력으로 받아들이기 어려웠고 여운형, 안재홍 등 건준(건국준비위원회) 지도자들은 좌에 치우친 좌우합작파로 낙인 찍혀 미 군정에 의해 배제되었다. 이승만은 미국 트루먼 대통령이 소련과 합의한 '모스크바 의정서(1945년 12월)'에 따라 한반도에서 좌우합작과 남북협상을 성사시켜 조선임시정부를 수립하기 위해 미소공동위원회를 개최하고 신탁통치안을 추진하려 하자 미국과 미 군정을 맹렬히 비판하고 공개적으로 '정읍 발언(1946년 6월 3일)'을 통해 남한만의 단정 수립 의사를 밝히는 등 미국과 미 군정과 충돌하였다.(김학준, 2012: 346-347) 이러한 미국의 대한정책을 일방적으로 추종하지 않는 이승만에 대해 하지의 미 군정과 미국 국무성은 이승만을 불신하고 싫어하였으나 다른 선택이 없자 이승만을 분단국가 건설의 주역으로 인정할 수밖에 없었다. 거기에 더하여 맥아더 장군이라는 친구가 나타나 주었다. 태평양 지역 총사령관인 맥아더 장군은 이승만의 남한 단독정부 수립 불가피론을 응원하였고 이승만으로 하여금 미국 워싱턴으로 날아가 미국 조야를 설득할 수 있도록 도와주었다.(김학준, 2012: 546-548) 결정적으로 이승만에게 찾아온 행운은 1947년 봄 트루먼 대통령이 트루먼독트린을 발표하여 종전의 방어적 냉전정책에서 공격적인 탈환정책(Rollback policy)으로 전환하면서 소련 공산제국에 대한 공격적인 억제정책으로 돌아섰고 대소, 대북 유화정책은 설 자리를 잃으면서 이승만의 단정론 외에 대안이 없는 상황이 전개된 것이다.

세계 초강대국인 미국의 군대가 군정을 펴고 있고 미국의 외교정책이 신생 대한민국 건설의 방향을 좌지우지하는 해방시간에서 이승만은 40년간의 미국 체류를 통해 미국의 지배 엘리트들과 강력한 인맥을 구축하여 미국의 외교정책의 변화 방향을 어느 누구보다도 잘 알고, 미국, 미국인, 미국 문화를 가장 잘 아는 지미주의자(知美主義者)이면서, 자유민주주의와 자본주의 시장경제라는 정치, 경제체제하에서 세계에서 가장 부강하면서 자유로운 나라를 건설한 미국인과 미국을 좋아하는 친미주의자(親美主義者)였으나, 무조건 맹목적으로 미국을 추종하는 숭미주의자(崇美主義者)는 아니었고, 지미와 친미에 있어서 해방시간의 경쟁자들에 비해서 월등한 우위에 있는 이점을 활용하면서, 이 이점을 극대화하기 위해 때로는 미국을 비판하고 미 군정과 대결하면서 반탁시위를 주도하기까지 하는 용미주의자(用美主義者)였다. 이 점에서 이승만은 해방 후 냉전기에 미국과 미 군정이라는 외부 세력이 지배하는 상황하에서 건국을 주도하기에 가장 적합한 친미(親美), 지미(知美), 용미(用美)주의 리더십의 조건과 덕목을 갖추고 있었다.

전술한 바와 같이 이승만은 한국 사람으로 처음으로 미국의 최고 명문대학인 하버드 대학에서 정치학 석사, 프린스턴 대학에서 정치학박사를 받은 한국 최고의 지식인 정치 지도자였다.[224] 이승만은 당시 세계 최고, 최강의 선진국인

224 이승만 박사는 학위를 1910년에 받았으나 박사학위 논문 제본비 80달러가 없어서 2012년에야 납본되었다. 그래서 프린스턴 대학의 박사학위 논문 등재는 1912년으로 되어 있고 이승만 박사는

미국에서 대통령학이라 할 수 있는 정치학을 고학으로 수학한 것을 비롯해서 대한제국 시기부터 스스로 노력해서 페르시아 제국의 사이러스 대왕이 어릴 적부터 교육받은 제왕학 또는 제왕의 리더십(Xenophon, *The Education of Cyrus*)을 체득하고 교육받았다. 이승만 대통령은 제1차 세계대전과 전후에 세계 최강국으로 부상한 미국의 대통령이 된 우드로 윌슨이 프린스턴 대학 총장으로 재직할 때 윌슨 총장과 친분을 쌓았고, 박사학위를 직접 윌슨 총장으로부터 받음으로써 미국 정치의 주류 세력과 공식적, 비공식적 네트워크를 구축한 유일한 한국인 지도자였고, 이 점이 해방 후 건국 정국에서 경쟁자를 물리치고 건국을 주도하고 초대 대통령이 되는 데 가장 큰 강점이자 자산이 되었다.

미국 지도자들과의 네트워크뿐 아니라 영어를 한국말보다 더 자연스럽게 구사하는 언어능력은 이승만으로 하여금 미 군정 지도자들뿐 아니라 맥아더 태평양 사령관, 미 국무성과 자연스럽게 소통하고, 협상하고, 거래하는 데 누구보다도 유리한 고지를 점유할 수 있게 하였다. 이승만의 부인인 프란체스카 여사는 오스트리아라는 유럽의 명문 국가 출신이었다.[225] 왕가인 전주 이씨인 이승만이 당시의 유교적 관례를 어기고 양귀(洋鬼)로 불리는 서양 여자와 결혼했으며 미국으로 건너가기 전부터 감리교인이었다는 사실은 이승만의 의식까지도 국제화되었다는 것을 보여 준다. 이승만은 모든 면에서 국제화를 요구하는 해방 후 국제적 냉전 정국에서 어떤 정치인보다도 국제화에서 우위에 서 있었다.

이승만은 미국, 미국의 냉전정책, 미국의 대 한반도 정책을 잘 알고 있었고, 그런 미국과 소통할 수 있는 지미(知美)의 능력을 갖추고 있었을 뿐 아니라, 본인 스스로가 친미주의자였다. 그는 미국식의 자유민주주의 국가를 건설해야

미국 기록으로는 2012년에 박사논문을 쓴 것으로 되어 있다. 그리고 많은 사람들이 이승만 박사가 철학박사를 받았다고 하나 미국에서 주는 박사가 일반적으로 Ph.D(Doctor of Philosophy), 즉 철학박사로 되어 있어서 오해하고 있는 것이다. 이승만 박사는 분명 정치학 중 국제정치학과 국제법을 전공하였고 그 분야에 논문을 쓴 최초의 한국인 정치학 박사이다.(김학준, 2012: 530-532)

225 그런데 많은 한국인들은 그녀를 오스트레일리아 출신으로 착각하여 '호주댁'으로 불렀다.

한다고 생각하고 있었고, 유진오 선생이 내각책임제적 요소가 강한 헌법을 초안하자 제헌국회 내의 자신의 지지 세력을 동원하여 미국식의 대통령제로 바꾸었고, 지주세력인 한민당과는 달리 미 군정과 미국이 북한과 경쟁하기 위해 추진한 농지개혁을 지지하는 진보적 리더십을 보였다. 그는 친미주의자였기 때문에 정당은 '파당의 폐해(mischief of factions)'를 낳고 국가를 분열시키기 때문에 가급적 만들지 않는 것이 좋다는 조지 워싱턴 미국 국부 대통령의 퇴임연설에 충실하여 1953년까지 집권당을 만들지 않았고 "뭉치면 살고 헤어지면 죽는다"는 일민민주주의(一民民主主義, 一民主義)를 주장하였다.

이승만 대통령의 친미주의와 용미주의(用美主義)는 그로 하여금 국제주의를 선호하게 하였다. 미소가 대립하는 냉전체제하에서 미국과의 동맹을 통해 나라를 세우고, 유지하고, 부강하게 해야 한다는 이승만의 국제주의는 김구와 같은 민족주의자와 갈등을 빚을 수밖에 없었다. 그러나 결과론적으로 보면, 당시 이승만의 선택은 혜안이었고 올바른 선택이었다는 것은 오늘날 민족주의적 공산주의를 선택한 북한보다 40배의 국력을 자랑하는 자유와 풍요의 대한민국으로 증명되었다.

그러나 이승만은 친미주의자였지만 맹목적인 친미주의자는 아니었다. 말하자면 그는 전략적 친미주의, 즉 마키아벨리가 이야기한 '여우의 리더십'을 가진 용미주의자(用美主義者)였다. 건국과, 전쟁, 전쟁 후 복구과정에서 이승만은 너무 까다로운 협상 상대자라고 미국 당국자들이 불평하였다. 이승만은 친미, 지미, 용미를 모두 갖춘 리더였다. 그는 이미 1905년 대한제국 밀사로 미국에 왔을 때 미국이 비밀리에 가쓰라-태프트 조약을 일본과 체결하여 대한제국을 일본에 넘겨준 사실을 알고부터 미국을 맹목적으로 신뢰하지 않았다. 이승만은 미국이 1940년대에 임시정부 승인을 미루고, 해방 후 1949년에 조기에 미군을 철수하여 김일성으로부터 남침을 유발한 데 대해 분노하였다는 사실은 그가 맹목적인 친미주의자가 아니었음을 보여 준다. 그는 휴전협정 과정에서 대한민국의 이익을 극대화하기 위해 거제도포로수용소의 반공포로를 전격 석방하여 미국과의 협상에서 유리한 지렛대를 확보하였고, 북미 간 휴전협정을 지속적으로 반대하고 휴전 후에도 북진통일론을 주장하여 1953년 10월 미국으로부터 '한미상호방위조약' 체결을 얻어냄으로써 한미동맹을 제도화하였고, 제도화된 한미동맹은 그 후 60년 동안 대한민국의 안전을 지켜 주는 안보우산, 인계철선(引繼鐵線, tripwire) 역할을 수행하여 이승만 이후의 한국의 지도자들이 안심하고 산업화(박정희)와 민주화(3김)를 추진할 수 있는 바탕을 마련해 주었다. 이승만은 맹목적으로 친미한 것이 아니라 대한민국의 국익 극대화라는 관점에서 미국을 최대한으로 이용하려는 용미를 한 것이고, 그것은 미국의 압도적 영향하에서 냉전의 전초기지 역할을 하고 있었던 대한민국의 지도자가 선택할 수 있는 최선의 정책이었다.

(2) 반공주의

해방시간에서 김일성과 분단국가 건설 경쟁을 하고 48년 체제에서 체제저항과 반대세력의 중추인 남로당 잔당 세력을 제거하여야 하고, 한국전쟁이라는 전면전쟁이면서 정규전쟁을 하는 상대인 김일성의 북한 공산당, 모택동의 중국 공산당, 스탈린의 소련 공산당과의 싸움에서 승리하기 위해서는 반공산당, 반공산주의(반공주의)를 내걸지 않고서는 건국도, 48년 체제 정착도, 한국전쟁도 효과적으로 수행할 수 없었다. 그러므로 이승만 체제 전반기(1945-1953)의 반공주의는 다른 유효한 대안이 없는 실용적이고, 현실주의적인 이승만의 이념 선택이었다고 볼 수 있다. 이승만은 단정(單政) 수립을 1946년 '정읍 발언'에서부터 공식화했고 단정을 추진하기 위해서는 북한 김일성의 공산주의와 대쌍관계에 있는 반공주의를 단정의 이념적 기초로 삼고, 정통성의 원천으로 선전하지 않으면 안 되었다.

그러나 반공주의와 같은 '안티 이데올로기(anti-ideology)'는 자체적인 추동력이 없으며 안티 이데올로기가 지양하려는 이데올로기와 대결, 반대, 저항하는 데서 반사적 추동력을 얻는다. 그러므로 안티 이데올로기는 긍정적인 전진보다는 부정적 제거를 강조하고, 양지에서 공개적으로 이념을 실현하기 위한 대중을 동원하기보다는 음지에서 적을 제거하기 위한 비밀결사체를 조직하고 적을 제거하기 위한 음모를 꾸민다.

해방 전 이승만은 반일 독립운동가였으나, 해방 후 소련군이 동구를 점령하는 것을 보고 반소반공노선을 걷는 정치인으로 탈바꿈했다. 그때까지는 반공은 이승만의 선택이었다. 그러나 미국과 미 군정의 대한정책이 국가 다원주의(최장집, 1989b)에서 국제적 냉전이 심화되고 미소공위가 결렬되어 협상에 의한 한국문제의 해결이 난망하게 되자, 공산당의 탄압, 배제, 제거와 남한에서의 단독정부로 전환하자 단독정부 건설의 주역을 꿈꾸는 이승만의 반공주의는 선택이 아니라 필수적 전제조건이 되었다. '해방시간'에서 이승만은 하지 미 군정이나 미국 국무성보다 더 급진적인 반공노선을 주장하여 미국을 놀라게 하였다. 이승만은 대외적으로는 북진통일론과 멸공과 같은 급진적 반공주의로 맥아더 장군을 비롯한 당시 매카시즘 광풍을 주도했던 미국 내의 극우 매파들로부터 지지를 획득했고, 대내적으로는 자신의 경쟁자들을 밀어내고 제거하는 데 이용할 수 있었으며, 북한의 김일성에 대항할 수 있는 이데올로기적 기반을 쌓을 수 있었다. 이승만은 미국의 미소공동위원회 개최와 신탁통치안을 대소 유화정책의 표본이라고 공격함으로써 반공 지도자로서의 입지를 굳히고 남한만의 단독정부 건설의 주역으로 우뚝 서게 된다. 이승만은 1946년 6월 3일 전남 정읍에서 순회강연을 통해 단독정부 수립의 필요성을 역설하였다.

> 이제 우리는 무기휴회된 공위가 재개될 기색도 보이지 않으며, 통일 정부를 고대하나 여의케 되지 않으니 우리는 남방만이라도 임시정부 혹은 위원회 같은 것을 조직하여 38 이북에서 소련이 철퇴하도록 세계 공론에 호소하여야 될 것이다. 여러분도 결심하여야 될 것이다. 그리고 민족 통일기관 설치에 대하여 지금까지 노력하여 왔으나 이번에는 우리 민족의

대표적 통일기관을 귀경한 후 즉시 설치하게 되었으니 각 지방에서도 중앙의 지시에 순응하여 조직적으로 활동하여 주기 바란다.

— 이승만, 〈정읍 발언〉, 한국사사전편찬회, 2005, 《한국근현대사사전》에서 재인용

이승만은 '정읍 발언'을 통해 남한만의 단독정부 수립을 추진할 것을 분명히 하였다. 단독정부의 수립은 소련과 북한을 추종하는 공산주의자들을 쫓아내는 것을 의미한다. 이승만은 정읍 발언을 하기 전인 1946년 5월 20일 목포에서의 연설을 통해 "공산주의자들은 모두 소련으로 보내고, 공산주의자는 파괴주의자이므로 전부 체포할 것이고 남조선에 단독정부를 세워 38선을 깨뜨리고 소련군을 내어쫓고 북조선을 차지할 것이라"라는 단정수립과 북진통일론을 동시에 피력하였다.(《청년해방일보》 1946년 5월 20일자)

민족지도자가 아닌 권력을 추구하는 순수 정치가 이승만의 입장에서 보면 반공노선의 단독정부 수립은 그에게는 최상의 선택이었다. 왜냐하면 이 선택은 단독정부 건설의 주역으로서 이승만의 입지를 확고히 하고 그러한 단독정부 수립은 좌우합작이나 공산당을 인정하는 상황에서는 지극히 어렵고 냉전기 미국의 롤백정책에도 부합되지 않기 때문에 반공주의를 건설할 단독정부의 기본 이념으로 삼는 것이 이승만의 정치적 이익이나 미국의 냉전정책 목적에 부합되기 때문이다.

그러나 이승만의 반공 단독정부 수립 발언은 유영익 교수가 주장하는 바와 같이[226] 당시 한국인들에게 최상의 선택인지는 의문이 간다. 왜냐하면 단독정부의 수립은 한국인들에게 일제 강점기에 해외로 나가 있던 수백만의 디아스포

226 유영익 교수는 1946년 2월 북한에서 사실상 공산당 단독정권이 수립된 상황에서 남한만의 단독정부를 수립하겠다는 정읍 발언은 소련의 전략을 꿰뚫은 혜안이라고 주장하나, 최근에 공개된 문서만으로 결과론적으로 이승만을 평가하는 것은 학문적 주장으로서는 무리가 있다. 이승만이 그런 혜안을 가지고 단독정부를 주장했다는 증거를 대지 못하면 그런 주장은 이승만을 신격화하려는 주장일 뿐이다. 이승만은 국제정세에 밝고 뛰어난 전략적 사고를 할 수 있는 정치가인 것은 사실이나, 신과 같은 혜안을 가졌다는 것은 단지 신화일 뿐이다.

라 귀향인들을 다시 합쳐 남과 북을 다시 통일하여 단일 통일 민족을 재건설할 수 있는 기회의 상실을 의미하고 오히려 통일신라에서 대한제국까지 이어져 온 단일 통일 민족을 파괴하는 결과를 가져다줄 것이기 때문이다. 민족의 파괴는 대한민국의 국민을 이데올로기적인 이유로 대량살상하는 비인도적 만행을 초래하게 된다. 이승만의 '정읍 발언' 이후 미 군정의 단독정부 수립을 위한 공산당 소탕작전으로 이데올로기를 달리하는 한국의 양민들이 대량학살되었다. 1946년 철도파업으로 시작된 총파업, 추수폭동으로도 불리는 10월 인민항쟁, 1948년 단독정부 수립 직전에 이를 저지하려는 2·7구국투쟁, 5·10단선반대투쟁, 4·3제주민중항쟁 등에서 수만에서 십만에 이르는 양민이 학살되었다.(최장집, 1996: 118) 민족은 남과 북으로 나누어져 정규전을 통해 파괴되기 이전에 이미 남한 내부에서 자국민의 학살로 파괴되었다. 이 모든 민족 파괴의 중심에 이승만이 있었다.

이승만은 1948년 5월 10일 유엔 감시하에서 제헌의회 의원선거를 실시하고 제헌의회가 마련한 헌법 절차에 따라 초대 대통령으로 선출됨으로써 이승만의 단독정부 수립은 완료되었다. 그러나 같은 시기에 북한에서도 김일성의 사회주의 단독정부가 발족함으로써 분단국가 간의 체제경쟁이 냉전의 격화와 더불어 상승작용을 하였고 궁극적으로는 1950년 6월 25일 새벽 38선상에서 북한군의 전면 남침으로 남과 북의 분단국가 간의 정규전이 발발하였다. 최장집 교수는 독일 통일의 예를 들면서, 분단의 조건이 전쟁의 조건이 될 수 없다고 이야기한다.(최장집, 1996: 119) 분단국가의 건설자들이 자신의 방식에 의한 흡수통합을 통해 분단국가들을 통일하려 할 때 분단의 조건이 전쟁의 조건이 된다. 김일성은 사회주의 방식으로 무력흡수통일을 시도하다 실패한 전쟁이 한국전쟁이다.

그렇다고 한국전쟁 발발의 책임에서 이승만은 면제되는가? 1950년 6월 25일 남북 간에 전면전이 발발하기 1년 전인 1949년 여름부터 38선상에서 남북 간 양군의 무장충돌과 해상사건이 있었고 많은 부분이 남한 측의 공격에 의해 야기되었다. 반공이라는 이데올로기를 받아들이지 않는 양민들을 배제, 제거, 학살하는 단정에 대한 저항이 유격전의 형태로 나타났고 이승만은 밑으로부터의 도전에 대해 북진통일론 강화와 38선상에서 군사적 충돌을 통한 긴장의 고조로 대응하였다. 이것이 만약 전쟁을 향한 긴장 고조의 에스칼레이션의 시작이라면 이승만 정권은 명백히 북침을 하지 않았다는 것을 인정한다 하더라도 1950년 6월 25일 전면적인 한국전쟁의 발발의 책임으로부터 면죄될 수 없다.

이 점에서 이승만은 "전쟁 만들기가 국가 만들기로 이어지고, 국가 만들기가 다시 전쟁을 만든다"는 틸리(C. Tilly)의 언설을 실천에 옮긴 지도자이다. 그는 전쟁 만들기가 그의 반공 단독정부의 정통성의 결핍을 메꾸어 주리라고 확신하면서 상대방으로 하여금 전쟁을 유도한다는 합리적 의심을 품을 만한 38선상에서의 잦은 무력도발과 위험한 북진통일론을 반복하였다. 김일성이 이승만의 유도에 의해 전면 남침을 했는지는 확실치 않다. 그러나 확실한 것은 이승만이 전쟁 전 1년 전부터 김일성을 자극하는 전쟁 유도행위를 했고 실제 그로부터 1년 후 전면전이 발발하였다는 사실이다. 남침이냐 북침이냐를 가려서 전쟁 책임을 묻는다는 것은 우스꽝스러운 짓이다. 누가 전쟁으로 가는 길을 재촉했는가가 더 전쟁 책임을 물을 때 고려해야 하는 대상이다.

틸리는 "전쟁이 국가를 건설하는 것"에는 두 가지 차원이 있다고 한다. 하나는 국가건설자가 전쟁을 통해 외부의 경쟁자를 제거하거나 중립화시키는(전쟁 만들기, war-making) 대외적 전쟁과 다른 하나는 국가건설자가 주어진 영토 내에 있는 자신의 경쟁자들을 제거하거나 중립화시키는(국가 건설, state making) 대내적 전쟁이다. 그런데 틸리는 외부 경쟁자를 제거하는 대외적 전쟁보다는 내부 경쟁자를 제거하는 대내적 전쟁을 통해서 국가건설이 완성된다고 한다.(Tilly, 1985: 181)

북한 공산당 김일성의 남침에 대응하여 펼친 6·26전쟁은 대외적 전쟁이다. 그러면서도 이승만은 전시 중에 그리고 전후에 끊임없이 틸리의 이야기 대로 내부의 경쟁자를 제거하기 위한 대내적 전쟁을 반공주의라는 이름으로 벌였다. 많은 대내적 전쟁을 다룬 전쟁 연구 중에도 박태균 교수의《한국전쟁》이 가장 뛰어나다.(박태균, 2005: 제6장, "전쟁은 후방에서도 있었다")

전쟁 전에도 이승만은 반공 이데올로기의 외피를 쓰고, 1946년 10월 민중항쟁, 1948년 4·3제주민중항쟁, 단정 수립 이후 1948년 말 여순지역 군 내부 공산당 푸락치의 반란 진압, 1949년 잔존 남한 공산당 게릴라에 대한 '동계토벌 작전', 전향한 전직 공산당 출신으로 구성된 30만 규모의 국민보도연맹원들을 반좌익 투쟁에 활용하다가, 전쟁이 발발하자 이들을 먼저 죽이고 퇴거하라는 지시에 의거해서 많은 보도연맹원들을 학살한 '보도연맹사건(1950년 6월 27일)' 등을 통해 자신의 내부 경쟁자이자 무장반대세력을 제거, 소탕하였다. 보도연맹은 30만 명에 달하는 좌익적 시각을 가진 사람들을 전향시키기 위해 설립된 조직이었는데 이 중 20만 명이 한국전쟁이 발발하자 비인도적이고 야만적인 명령에 의해 집단학살된 것으로 추정된다. 이 밖에도 좌익을 숙청한다는 명분하에 제주 4·3항쟁사건, 여순반란진압, 유격대 토벌 과정에서 무수한 민간인의 무분별한 학살과 처벌이 이루어졌고, 보도연맹원 학살 외에도 부역자, 월북자, 납북자 가족은 연좌제에 묶여 이차적인 좌익 청산의 대상이 되었다.(신종대, 2005: 117-118)

국경 내에 있는 '내부의 적'이라 불리는 자신의 국민과의 전쟁은 전쟁 중에도 계속되었다. 전쟁 전과는 달리 그 내부의 적은 많은 경우 무장하지 않은 싸울 의사가 없는 민간인들이었고, 그들이 공산주의자라는 누명을 쓰고 집단학살되었다.

국민방위군 사건은 대표적이다. 국민방위군은 전시에 한국군을 보강하기 위해 소집한 예비군이었다. 국민방위군 조직사업은 반공청년당에 맡겨졌으며 17세 이상 40세 이하의 청년들이 국민방위군에 편입되었다. 그런데 국민방위군에 편입되어 훈련받던 청년들이 전쟁에 투입되기 전에 집단으로 아사하고 동사했으며, 방위군을 탈출하는 사태가 벌어졌다. 그 결과 5만 명의 훈련병이 사망하고 30만 명 이상이 구타를 당해 부상하거나 굶주림과 추위로 신체 손상을 입었다.(박태균, 2005: 287)[227] 거창 민간인학살 사건은 한국전쟁 시에 일어난 민간학살 사건들 중 가장 규모가 큰 것이다. 공비 토벌을 위해 거창지역에 파견된 국군이 자신들이 보호해야 할 국민들이 공산주의자와 협력했다는 이유로 집단학살한 것이다. 학살된 양민 중에는 어린이, 노인, 여자가 포함되어 있었다. 이승만은 국가건설을 위한 '내부 경쟁자를 제거'하기 위해 이렇게 반인륜적인 야만을 저지른 것이다. 거창사건을 조사하러 간 국회의원들은 김종원의 지시를 받은 군인들의 습격을 받았으나 책임자인 김종원은 훗날 치안국장으로 승진까지 했다.(박태균, 2003: 288)

이승만에게서 한국전쟁을 통한 내부 경쟁자의 제거는 그의 국가건설 작업에 획을 긋는 '업적'이 되었다. 종전 후 그와 경쟁할 상대는 남한에는 더 이상 존재하지 않았기 때문이다. 그는 야당의 저항을 받았지만 '자신만의 나라'[228]를 건설하는 데 성공했고 12년 동안 대한민국의 대통령으로 군림했다. 그는 이 모든 성공적인 국가건설 대업을 '반공'이라는 이름으로 정당화했고, 반공을 통해서 국내의 경쟁자를 물리치고 제거하였으며, 반공이라는 이름으로 반공 종주국인 미국의 지원을 받아 외부 경쟁자를 물리치고 휴전선 밖으로 몰아내었다.

3) '1950년대' 이승만 리더십 — 한국판 '보나파르티즘'

한국의 1950년대는 한국전쟁으로 시작하였다. 이승만은 이 전쟁을 통하여 반공 분단국가를 남한에 건설하는 데 성공했다. 국가건설에 성공한 뒤, 대통령 이승만에게 주어진 과제는 전쟁으로 피폐해진 국가를 복구하는 것이었고, 한

227 이승만 숭배자인 유영익도 국민방위군사건을 "우익 반공단체인 대한청년단에게 100만 명이 넘는 장정들의 징집, 후송 책임을 맡겼다가 이른바 '죽음의 대열'에서 9만 명가량의 군인을 동사, 아사, 병사시킨 천인공노할 사건"으로 묘사하고 있다.(유영익, 2006: 444-445)

228 이덕일, 《송시열, 그들만의 나라》에서 차용한 말임.

국 민족 역사상 전대미문의 인명살상을 초래한 이념전쟁의 희생자들의 마음을 어루만져 주고 그들의 복지를 책임져 주는 일이었다. 그런데 이승만은 역사가 그에게 부여한 사명을 완수하려고 하기보다는 개인 정치가 이승만 대통령의 권력을 강화하려 하였다. 한국판 보나파르티즘의 출현과 구축은 이렇게 시작되었다. 먼저 보나파르티즘의 개념을 살펴보고 보나파르티즘이 한국에서 어떻게 변용되고 이승만에 구현되었는가를 살펴보자.

(1) 보나파르티즘(Bonapartism) 개념의 형성

보나파르티즘은 민중주의(populism), 캐자리즘(Caesarism, Gramsci, 1971)과 교환하여 쓰는 연성 권위주의의 일종이다. 보나파르티즘은 근대 산업화 시대의 핵심계급인 노동계급과 자본가 계급이 저발전, 저조직, 저분화되어 있는 상황에서 카리스마를 가진 '지도자'가 인민(le peuple), 민중(le populaire), 대중(working masses), '국민(people)', '노동하는 국민(working people)'들과 대의기구나 시민결사체와 같은 중간 매개집단의 중재, 중개 없이 직접 대화, 소통, 호소, 선동하여 자신의 지지기반을 공고히 하여 일인(때로는 집단지도제) 독재체제를 구축하는 현상을 이야기한다.(Marx, 1852; 최장집, 1993; 한배호, 1994: 34-47; 최형익, 2012: 156-189; Elster, 1985: 398-428)

보나파르티즘이라는 용어를 탄생케 한 1인 권위주의 지배자는 나폴레옹 보나파르트 황제의 조카인 루이 보나파르트였다.[229] 루이 보나파르트(Charles Louis Napoleon Bonaparte, 1808-1873)는 나폴레옹이 몰락하자 프랑스에서 추방되었고 스위스, 독일, 영국, 미국에서 망명생활을 하다가 1948년 2월혁명 이후 실시된 대선에서 질서당 후보로 대통령에 선출되었고, 대통령으로 선출되자 국민의회보다는 국민들에게 직접 호소하는 정치를 펼치면서 정당과 의회에 대

229 아래는 Marx, *Eighteenth Brumaire of Louis Bonaparte*(1852/1963) 참조.

한 적개심을 부추겼다. 당시 4년 단임이라는 대통령 임기 제약과 헌법개정에 필요한 3/4이 부족한 상황에서 그는 1851년 브뤼메르 18일(양력으로 12월 2일)에 쿠테타를 일으켜 입법의회를 해산하고 새 헌법을 공포하였고, 국민투표에 의해 국민들의 승인을 받았다. 1852년 11월 국민투표를 실시하여 공화국을 제정으로 환원시키고 스스로 황제의 직위에 올랐다.

보나파르티즘의 이념적 기반은 루이 보나파르트가 망명 시절 저술한 *Des idees Napoleoniennes*(나폴레옹 이념)이었다. 전설적인 프랑스 영웅 보나파르트 나폴레옹은 신의 소명을 받아 진보를 실현하려 했던 인물이며 그가 남긴 소명을 이어받아 현세에 실현하는 것이 프랑스인들의 과제라는 것이다. 루이 보나파르트는《나폴레옹 이념》을 통해 프랑스인들에 전설처럼 남아 있던 나폴레옹에 대한 향수, 나폴레옹 신비주의를 이용해서 합리적으로 권력을 장악하려 하였다.

1848년 선거에서 그는 나폴레옹의 조카라는 혈통을 선전하면서 나폴레옹이 프랑스에 선물했던 프랑스의 영광, 평화로왔던 옛 시절, 반동세력에 의해 몰수된 나폴레옹의 개혁을 다시 국민들에게 돌려주겠다고 약속하였다. 그 약속이《나폴레옹 이념》에 근거하여 만들어진 것임은 말할 나위가 없다. 루이는 중산계급과 농민들에게는 '질서와 번영'을, 빈민에게는 '지원'을 약속했다. 특히 숙부 나폴레옹으로부터 농지를 분배받아 소규모 자영농이 된 프랑스 농민들이 나폴레옹뿐 아니라 조카인 루이 나폴레옹까지 열렬히 지지하여(김일영,《건국과 부국》, 172) 루이는 대통령에 당선될 수 있었다.

루이 보나파르트는 1851년 브뤼메르의 18일에 쿠테타를 일으켜 헌정을 중단시키고 의회를 해산시킨 뒤 독재체제를 수립하여 제정을 복원시켜 황제(나폴레옹 3세)의 자리에 올랐다. 1848년과 1851년 사이에 프랑스 부르주아 계급은 프롤레타리아트 계급과의 직접적인 계급투쟁에 드는 기회비용을 절감하고, 프롤레타리아트 계급을 부르주아지와 자본주의 국가라는 두 개의 전선(戰

線)에서 싸우게 하여 힘을 분산시키며, 무엇보다도 지갑을 지키기 위해서 왕관을 독재국가, 즉 루이 보나파르트에게 넘겨주고 지배계급의 자리에서 퇴위(abdication)하였다.(Elster, 1985; Przeworski, 1990) 자본주의하에서 지배계급인 부르주아지가 퇴위한 자리에 루이 보나파르트가 제위에 올랐고, 그는 보통선거제를 폐지하여 "민중적 정치 참여를 가능케 하는 긍정적 매개 기능"(최장집, 1993: 113)을 없애 버리고 독재체제를 수립하였다. 보나파르트는 그를 지지해 준 소농의 이익을 지켜 주기보다는 더 철저히 부르주아지 계급의 이익에 봉사하였으며, 노동자와 하층계급의 투표권을 제한하는 제한선거권제도(regime censitaire)를 강화하여 부르주아지를 피지배 민중의 혁명적 위협으로부터 지켜주었다.

보나파르트가 공화정의 대통령으로 선출되는 데 결정적인 역할을 한 농민들을 대통령이 된 후 배반하기 일쑤였으나, 프랑스 농민들은 독재자 보나파르트가 공화정을 폐지하고 제정의 부활을 묻는 국민투표에서 다시 보나파르트를 압도적으로 지지해 주어 제정이 합헌적으로 통과되고 보나파르트는 제위에 올랐다. 마르크스는 프랑스 농민들은 '자루 속에 든 감자(sack of potatoes)'처럼 분리되고 고립된 삶을 살아가면서 계급의식도 없고 스스로의 이익을 지키기 위한 농민계급으로 조직할 능력도 없었기 때문이라고 농민을 경멸하였다. 프랑스 농민들은 숙부인 나폴레옹 보나파르트가 자신들을 해방시키고 농지를 분배해 준 것처럼 조카인 루이 보나파르트도 농민의 이익을 실현시켜 줄 것이라는 허위의식(false consciousness)과 '나폴레옹 이념(des idees Napoleoniennes)'을 그들의 이익이 루이에 의해서 배반될 때에도 굳게 믿고 루이를 계속 후원하고 지지해 주었다.[230]

230 보나파르티즘은 계급구조가 덜 분화되고, 조직화된 조건하에서 독재자가 미조직화된 대중(민중, 국민, 인민)과 직접적인 관계를 맺으면서 불특정 다수 대중들에게 호소하고, 그들을 동원하며, 그들을 선동하여 지지를 이끌어 내어 기존의 자본가계급과 노동자계급 모두로부터 자율적이 되는 방식으로 수립되는 독재체제를 의미한다. 프랑스의 경우 부르주아지 계급의 경우 대토지 소유 귀

이와 같이 대다수의 프랑스 농민이 허위의식에 사로잡혀 루이 보나파르트를 지지하고 있는 가운데, 노동자들은 계급으로 조직되지 않았고 자본가들도 미분화되고 미조직된 상황, 즉 약한 노동자 계급과 약한 부르주아 계급이 균형을 이룬 상황에서 루이 보나파르트는 계급 전체로부터 자율성을 획득하고 독재국가를 수립하였다는 것이 마르크스가 진단한 프랑스의 보나파르티즘의 형성과 정의이다.[231]

(2) 이승만의 보나파르티즘 시간

마르크스의 보나파르티즘 개념은 이승만의 권위주의 정치를 분석하는 데 유용하다. 이승만은 먼저 한국의 농민들에게 루이 보나파르트가 프랑스 농민을 현혹한 '나폴레옹 이념'을 해방시간, '48년 체제,' 한국전쟁 중에 만들어 내고 이를 신화화하는 데 성공하였다. 해방시간에서 이승만은 지주계급 정당인 한민당과 지배연합을 이루었으나, 농지개혁 문제에 있어서만은 북한 공산당 김일성이 1946년에 2개월 만에 전격적으로 실시한 무상몰수 무상분배 원칙에 의거한 사회주의적 농지개혁에 버금가는 지주계급을 해체하는 수준의 자유주의적 농지개혁을 실시하려는 미 군정을 지지하였고, '1948년 체제'에서 대통령이 된 그는 실제로 한민당과 지주계급의 끈질긴 저항에도 불구하고 농지개혁을 단행하여 6·25전쟁이 발발하기 직전에 이미 70-80%의 분배대상 농지를 농민에게 분배하였다. 그는 프랑스혁명기에 소작농을 해방하고 대지주와 귀족의 농지를 농민들에게 분배해 준 나폴레옹 보나파르트의 한국판이었다. 작은 땅이나마 농

족, 산업자본가, 금융자본가로 분화, 분열되어 있어서 단일 자본가계급으로 응집된 집단행동을 할 수 없었고, 프롤레타리아트 역시 계급으로 조직되어 있지 않았다. 노동자들은 '노동하는 인민(working people)', '일하는 사람의 계급(classe laborieuse)', '노동계급(working class)', 또는 '인민'과 같은 다양한 언어로 불린 데서 보듯이 '노동계급'에 대한 정의도 내려져 있지 않았다.

231 마르크스는 《프랑스에서의 내전(*Civil War in France*)》에서 "부르주아지는 이미 패배했으나 노동계급은 아직 국가를 지배할 능력을 획득하지 못한 시간에서 가능한 유일한 정부 형태"로 보나파르트 국가를 계급균형과 계급교착 상태의 결과로 묘사하고 있다.

지를 분배받아 내 땅을 소유한 자영농이 된 한국의 농민들에게 이승만은 한국의 나폴레옹이었고 전쟁 초기의 많은 결정적인 전쟁 수행 실패에도 불구하고 이승만을 지지했다. 이승만은 "좌파세력의 농촌 지지기반을 파괴하려는 목적과 혁명적 물줄기를 완화하려는 반혁명의 수단으로 농지개혁을 단행"하였는데,(신병식, 1992: 177) 농민들은 이승만의 정치적 목적과 수단을 묻지 않고, 이승만의 자신을 봉건적 굴레에서 해방시키고 농지를 소유한 소규모 자영농으로 계급상승을 실현시켜 준 나폴레옹 보나파르트 같은 농민 해방자이며 신생 대한민국의 건설자로 받들었고, 이승만의 집권 내내 그를 지켜 준 든든한 지지자이자 지원자가 되었다.

'이승만 이념(Des idees Syng Man Rheeismus)'이 자신들의 이익으로 실현될 것이라는 환상과 이승만이 자신들을 지켜 주는 수호자라는 허위의식에 사로잡혀 인구의 70%가 넘는 농민들이 이승만의 확실한 지지자군으로 자리 잡은 조건하에서 이승만은 보나파르티즘을 구축할 수 있는 확고한 계급적 기반을 갖게 된다. 이승만은 보나파르트 체제 구축의 적소로 전쟁 중 피난 수도 부산을 선택한다.

전시 수도 부산은 전쟁의 영향으로 지배계급의 부재상태에 있었다. 지주계급은 농지개혁을 통해 계급 해체 중에 있었고 전쟁과 피난으로 거의 괴멸상태에 있었다. 자본가계급은 아직 형성되어 있지 않았고 대부분의 자본가들은 친이승만 정치인과 관료에 기생하는 정치적 자본가였다. 그들은 계급의식을 가지고 집단적 계급 이익을 추구하는 대자적 계급(對自的階級: Klasse für sich)이 아니었다. 그렇다고 70%가 넘는 농민들이 계급으로 조직되어 있었던 것도 아니다. 농민들은 농지개혁을 통해 최초로 자가 소유 농지를 갖게 해 준 '이승만 이념'과 이승만 신화에 젖어 맹목적으로 이승만을 지지하는 '자루 속에 든 감자들(potatoes in the sack)'로서 거대한 '감자들의 자루(sack of potatoes)'를 형성하고 있으나 계급을 형성하지 못하고 있는 마르크스가 이야기한 '시골 바보들(rural idiots)'이었다. 노동자들과 신중간계층도 전시 경제에서 계급으로 조직되기 어려웠다. 전시 부산에는 계급이 형성되어 있지 않았고 사회분화도도 낮았다. 이러한 계급구성은 전쟁 후에도 달라지지 않았다.[232] 구해근 교수는 6·25전쟁을 겪은 후 한국 사회는 "유동적인 쁘띠 부르주아지가 다수를 이루는 매우 유동적이면서 비교적 평등주의적인 사회였다"고 평가했다.(Koo, 1986: 165)

이러한 계급 상황하에서 한국 사회는 '빈곤의 평등'을 이루고 있었고, 루이 보나파르트가 보나파르티즘 구축을 위해서 이용한 그러한 대자적 계급 간의 균형이나 계급교착 상태는 존재하지 않았다.[233] 이승만의 한국형 보나파르티즘 구축은 계급 간의 균형, 교착상태를 이용해서 갈등하는 계급들 위에서 군림하는 자율적인 독재국가를 건설하는 루이 보나파르트형 보나파르티즘 구축 프로젝트가 아니라 기왕에 존재하지 않는 무계급 정치하에서 지주계급의 해체로 계급기반이 없어진 구 지배층인 한민당 계열과 친이승만 관료 분파들, 군과 경찰, 그리고 대외적 후견세력인 미국 간의 다중적 정치세력 균형 위에서 거대한 무정형적인 농민의 절대적 지지를 업고 자율적인 독재권력을 구축하는 독특한 방식으로 이루어졌다.(김일영, 2006; Lee, Young-Jo, 1990)

1952년 전시 수도 부산에서 한국의 보나파르트로 등극하기 위해 이승만은

232 서관모의 조사에 의하면 1955년 현재 한국의 계급구성은 자본가계급이 0.3%, 신중간계층이 8.1%, 농어민층이 70.6%, 산업노동자가 5.9%, 기타 노동자(사무직 포함)가 3.3%, 주변 무산자층이 8.3%였다.[서관모, 1990: 122, 한배호(1994), 46에서 재인용]

233 한배호 교수와 최장집 교수는 공히 전시 수도 부산에서 부산 정치파동이라는 쿠데타를 통해 이승만이 독재권력을 확립하고 1인 지배권력을 공고히 한 사건을 한국판 보나파르트 쿠데타나 보나파르티즘의 등장으로 보지 않는다. 갈등하는 계급 간의 '파멸적 균형'이나 계급교착 상태가 한국에는 없었다는 것을 그들의 주장을 뒷받침하는 증거로 제시한다. 그러나 마르크스가 날카롭게 분석한 '브뤼메르 18일'에 수립된 프랑스 보나파르티즘 등장의 핵심은 저발전된 계급구조하에서의 약한, 분열된 자본가계급과 약하고 저조직된 노동자계급 간의 균형 위에서 국가가 자율성을 획득함으로써 이루어진다는 것을 인정한다면, 전시 경제, 전시하의 비상한 안보정치하에서 이승만이 인구의 대다수를 차지하는 농민의 절대적 지지를 업고 구 지배세력(한민당), 관료, 경찰, 친이승만 정치인과 어용 정치단체들 간의 세력균형을 이용하고 조장하여, 모든 계급과 정치세력 위에 군림하는 한국의 보나파르트가 되었다는 보나파르티즘론은 여전히 강력한 설득력을 가진다.

전시 수도로 이전하기 전부터 현직 대통령이라는 이점을 활용하여 여전히 지배권력의 한 분파인 한민당 계열 세력을 약화시키는 조치를 취했다. 이승만의 리더십은 위기를 기회로 반전시키는 마키아벨리적인 비르투에서 빛을 발했다. 1951년 1·4후퇴 시 10만 명에 달하는 국민방위군 소속 청장년이 아사, 동사, 전사한 '국민방위군' 사건, 거의 같은 시기에 수천 명의 양민을 학살한 거창양민학살 사건을 비롯한 지리산 자락의 양민학살 사건으로 이승만은 위기에 몰렸으나 이승만은 이 위기를 공화구락부(무소속 40석)와 민국당(한민당의 후신, 40석)의 연합세력을 약화시키는 기회로 활용하였다. 1951년 5월 7일 이승만은 양민학살 사건의 책임을 물어 친이승만 정치세력인 신정동지회(70석)의 신성모 국방장관을 교체하면서 동시에 민국당의 지도자인 내무장관 조병옥을 해임하였다. 조병옥 내무장관의 해임은 그가 구축해 놓은 친민국당 경찰간부와 내무관료들도 같이 축출되는 결과를 가져왔다. 더 나아가 이승만은 친미적인 조병옥의 경질을 한국전쟁 수행에 대한 미국의 간섭을 차단하고 미국이 자국에 유리하게 전쟁을 이끌어 가려 한 데 대한 저항의 표시라고 그의 미국인 고문이 올리버에게 고백하였다.(Oliver, 1978: 381-382). 이승만은 다중적인 정치세력 간의 균형을 이루기 위해 한민당 계열 세력을 약화시키면서 미국까지 견제하는 전략적이고 영리한 조치를 취한 것이다.

조병옥을 경질하여 민국당이 약화되자 기회주의적인 공화구락부는 야당연합에서 이탈하여 여당인 신정동지회와 통합하여 공화민정회라는 최대의 정치연합 세력이 출범하였다.[234] 그러나 이승만은 다수를 확보하지 못하고 있었다. 무소속 의원들(공화구락부, 민우회, 무소속)이 가변적으로 연합 상대를 옮겼기 때문에 이승만 세력은 다수와 소수를 오가게 되었고 1951년의 정치분포는 친이

234 1951년 5월 29일 신정동우회의 입당으로 공화민정회는 108석이 되고, 민국당 39석, 민우회 22석, 무소속 6석이 되었다. 그 후 공화민정회에서 민우회와 무소속으로 이탈자가 늘어 1951년 12월 19일 원내 및 원외 자유당이 창당되기까지 공화민정회 85석, 민국당 39석, 민우회 34석, 무소속 17석으로 3자 정립 구도가 형성되었다.(김일영, 2006: 221-223)

승만 세력, 민국당, '무소속'이 불안한 균형을 이루는 3자 구도였다. '부산 정치 파동'으로 불리는 1952년 전시 수도 부산에서 이승만의 보나파르트 쿠데타는 어느 세력도 헤게모니를 유지할 수 없는 '파멸적 균형(catastrophic balance of power)' 상태에서 음모되고, 동원되고, 마침내 단행되었다.(김일영, 2006: 224-253)

이승만은 영리했다. 이승만은 대통령을 의회에서 간선을 뽑는 제헌헌법으로는 야당이 다수인 의회에서 재선될 가망성이 희박하다는 것을 너무도 잘 알고 있었다. 그래서 그는 정당은 부분의사를 대표하는 파당이고 따라서 단결되고 일체화된 대한국민을 분열시킬 정당은 해악이라는 조지 워싱턴을 비롯한 미국의 건국의 아버지들의 정당불신론에 근거해서 스스로 만든 '일민주의'의 무정당 원칙을 깨면서까지 "농민과 노동자의 지위를 향상시키는" 정당을 창당하려 하였다(김일영, 2006, 225). 그래서 이승만 지지세력인 원내의 공화민정회와 원외의 이승만 지지 외곽 단체를 중심으로 정당을 결성하려 하였으나 원내의 신정동우회가 이승만이 의도하는 대통령직선제를 반대하고 내각책임제를 선호함으로써 통합 여당의 결성이 어렵게 되었고, 결국 1951년 12월 17일 이승만과 이범석을 중심으로 한 자유당(원외)을 창당하고, 12월 23일 자유당(원내)이 창당되었다. 원내 자유당은 이승만을 지지하면서도 내각제를 고집함에 따라, 자유당(원내) 93석, 민국당 39석, 민우당 25석, 무소속 18석인 국회에서 이승만의 직선제 개헌안의 지지자는 극소수였고 1952년 직선제 개헌안이 표결에 부쳐졌을 때 한성 19표, 반대 143표, 기권 1표로 압도적 표 차이로 부결되었다.

이러한 개헌 참패에도 불구하고 이승만은 대통령직선제 개헌 의지를 꺾지 않았다.[235] 인구의 대다수를 차지하는 농민의 맹목적인 지지를 염두에 둔 듯 이

235 그러나 이승만이 시도한 대통령직선제 개헌안은 기존의 대통령 간선제보다 더 진보적이고 민주적이라는 측면도 있었다. 이승만은 한국전쟁에서 대한민국 최고의 외교관이고 협상자라는 경쟁력을 가지고 용미를 할 수 있다는 자신감과 그가 주도한 농지개혁의 수혜자인 농민의 절대적 지지를 바탕으로 농지개혁을 반대하는 지주계급을 기반으로 하고 있는 야당이 다수인 국회에서 간선을 하는 것보다 직선을 해야 연임할 수 있다는 계산에서 직선제 개헌을 추진했다고 판단된다. 그

승만은 국회에서의 개헌안 부결도 "민중이 원한다면 교정될 수 있다"는 성명서를 발표했고 민의를 배신한 국회의원 소환운동을 벌였다. 이승만을 지지하는 외곽 청년단체가 동원되었다. 대한청년단, 국민회, 자유당(원외)의 조직이 동원되었고, 전시 수도 부산에서는 '백골단', '땃벌레', '민중자결단' 등 정치폭력배가 동원되었다. 지방에서는 농민들이 '국회의원 환영 군중대회', '농업증산군민대회'를 열어 지역 국회의원들에게 개헌 찬성하든지 소환당하든지 양자택일하라고 협박하였다.(김일영, 2006: 227-228)[236]

이승만은 한국판 보나파르트 쿠데타를 성공시키기 위해서는 미국을 자기편으로 끌어들이거나 최소한 중립화시키거나 묵인하도록 해야 했다. 그러기 위해서 이승만이 동원한 논리는 자신의 직선제 개헌과 미국의 한국전쟁 정책과 연관시켰다. 이승만은 미국의 영향권하에 있는 한국 의회를 사주하여 내각제 개헌을 단행하도록 함으로써 미국이 추진하고 있는 봉쇄정책으로 복귀하고 이승만의 북진통일론과 맥아더를 비롯한 강경파의 롤백정책을 좌절시키려 한다면서 자신의 직선제 개헌에 대한 지지를 호소하였다. 미국은 이에 대해 이승만을 제거하려는 쿠데타까지 음모하였다.(김일영, 2006: 236)[237]

이러한 배경하에 부산 정치파동이라 불리는 한국판 보나파르트 쿠데타가

러나 미국 유명 대학에서 정치학을 배운 이승만이 선거인단에 의해 선출되지만 사실상 직선제를 하고 있는 미국의 대통령제에서 직선제 개헌의 아이디어를 얻지 않았나 하는 추측도 가능하다.

236 부산 정치파동에 동원된 정치깡패의 폭력은 루이 보나파르트의 12월 10일회라는 정치깡패 집단에 의해 저질러진 폭력과 참으로 유사하다. 루이 보나파르트도 대통령이 된 뒤 친위 쿠데타를 일으키기 위해 그가 대통령에 당선된 날짜를 딴 "12월 10일회"를 조직하고 이 조직 소속의 정치폭력배를 동원했다. "부랑자, 제대 군인, 출옥 범죄자, 탈출한 강제노역자, 사기꾼, 협잡꾼, 거지, 소매치기, 사기 도박사, 노름꾼, 뚜쟁이, 포주, 짐꾼, 문인, 삼류 문사, 거리의 악사, 넝마주의, 칼 가는 사람, 땜장이, 걸인, 요컨대 모호하고 뿔뿔이 흩어져 여기저기에 내버려져 있는 대중, 프랑스어로 라보엠, 즉 유랑자라 불리는 대중"으로 12월 10일 회의라는 자선단체를 구성하고 이들을 동원하여 공화파를 모욕하고 때려눕혔으며, 보나파르트 반대 시위를 경찰의 비호하에 제압하고 쫓아 버렸다. 여당인 질서당 의원들까지 12월파의 곤봉을 맞는 사태가 벌어졌다.(마르크스, 2012: 84-87)

237 1952년 이용문 준장이 장면의 비서실장이었던 선우종원을 찾아와 이종찬 참모총장도 알고 있고 밴플리트 장군의 묵계도 얻었으니 반이승만 의원들과 힘을 합쳐 쿠데타를 일으키자고 제안했으나 실제로 시도되지는 않았다.(김일영, 2006: 236)

1952년 단행되었고 이승만은 장기 집권 독재의 길을 열게 된다. 먼저 이승만은 공비 출몰을 이유로 부산, 경남, 전남 일대에 비상계엄령을 선포하고 원용덕을 직제에도 없는 육해공군 총사령관 및 헌병사령관으로 임명하여 장면과 민국당 세력을 체포하려 했으나 이종찬 참모총장을 비롯한 군 수뇌부가 정치적 중립을 이유로 군병력 동원에 불응함으로써 실패했다. 이러한 헌법 파괴 행위에 대해 미국의 대응은 두 갈래였다. 국무성과 대사관은 이승만을 제거해야 한다는 강경론을 폈으나 유엔군 지도부와 고위 정책 결정자들은 반공 지도자인 이승만 없이 전쟁을 수행할 수 없다는 이유로 이승만이 필요하다고 주장했다. 결국 반공과 전쟁을 수행하기 위해 이승만을 제거할 수 없다는 현지 군부 지도자의 의견이 승리하여 이승만은 직선제 개헌 쿠데타에 대한 미국의 적극적인 지지는 받지 못했지만 미국의 묵인 내지 암묵적 승인을 받았다. 미국이 이승만에 기울게 되면서 이승만의 쿠데타는 힘을 받게 되었고, 미국의 중재로 발췌개헌안을 마련했으나 반이승만 의원들은 타협에 불응하였다. 그러자 이승만은 다시 관제 민의를 동원하였다. 지방의원들이 개헌통과 시위를 벌이고 폭력배를 동원하여 반이승만 '반독재호헌 구국선언대회'장을 습격하게 했다. 대세는 기울었고 반이승만 의원들을 매수, 변절, 위협, 설득, 최후 통첩하는 수단으로 1952년 7월 4일 국회에 출석하게 하고 구속했던 10명의 공산당 관련자 국회의원들을 석방시켜 국회로 데려와 185명 중 166명 참석, 찬성 163명, 기권 3명으로 발췌개헌안이 통과되었고 7월 7일 발췌개헌헌법이 공포되었다.

직선제 헌법하에서 실시된 대통령 선거에서 이승만과 경쟁할 정치 지도자는 없었다. 그는 농민들의 압도적인 지지로 8월 5일 실시된 정부통령 선거에서 74.6%인 523만 표를 얻어 대통령에 당선되었다. 한국판 보나파르트 독재자가 된 이승만은 잠재적 경쟁자가 될 수 있는 2인자를 허용하지 않는 권력 독점욕이 강한 지도자였다. 그래서 대통령으로 재선된 후 이승만은 그의 직선제 개헌 통과를 도운 1등 공신인 이범석과 족청계, 그리고 장택상을 차례로 권력의 자리에서 축출하였다.

이승만의 부산 정치파동은 보나파르티즘이라는 연성 권위주의 독재가 한국에서 수립된 정치파동이자 1952년 7월 4일의 일어난 친위 쿠데타였다. 이는 5·16 그리고 5·18 군부 쿠데타와 다르고 박정희의 친위 쿠데타인 유신과도 구별된다. 이승만의 부산 정치파동을 보나파르트 쿠데타라 명명하는 이유는 이승만이 계급 간의 파멸적 균형이라는 계급 간의 교착상태를 이용하여 모든 계급으로부터 자율적이 되는 루이 보나파르트의 브뤼메르 18일의 쿠데타와 비슷하다고 해서가 아니라, 근대적인 계급이 미형성 또는 저발전된 상황에서 미조직되고 무정형적인 다중적 사회적 계층, 계급, 집단 구조하에서 압도적 다수를 차지하고 있는 농민의 압도적 지지를 바탕으로 경쟁하는 제 정치세력들 간의 파멸적 세력 균형 위에서 자율성을 확립하고, 최종적으론 냉전기에 한국을 보호하고 있는 후견국가인 미국의 묵인하에 자신의 권력을 연장, 영구화하는 개헌을 단행하고 대중선거를 통해 선거독재를 확립했다는 점에서 프랑스의 루이 보나파르트의 브뤼메르 18일의 쿠데타와 형식, 과정, 내용에서 유사하기 때문이다.

4) 이승만 리더십의 비동시성

이승만의 리더십은 다중적 비동시성을 띠고 있었다. 그는 한말에서 근대 한국까지 다중적 시간을 산 독특한 한국의 정치 지도자였다. 그는 전통과 근대를 동시에 산 정치인이었다. 근대의 시간에서도 그는 '다중적 근대'의 시간을 산 정치인이었다. 그는 식민지적 근대, 분단국가 건설과 근대적 정규전인 한국전쟁의 근대시간, 전후 복구와 경제 근대화의 다중적 근대시간을 순차적으로 그리고 동시적으로 살아간 지도자였다.

이승만은 아직 전통이 지배하고 있던 한말의 청년 시절부터 계몽적 근대주의자였다. 계몽적 근대주의자로서 이승만은 시대를 앞서가는 근대 인간이었다. 그는 근대 민족주의자로서 독립협회 활동을 하였고 전통적인 왕조세력에 의해

옥살이도 하였다. 그리고 그는 선각자적인 혜안을 가지고 미국의 지배적인 종교인 개신교에 귀의하였고 미국 개신교 선교사가 건립한 배제학당에 들어가 신학문을 익히고 영어를 배웠다. 그의 근대시간은 민족주의적이었을 뿐 아니라 국제주의적이었다. 그래서 출옥하자 바로 미국으로 가서 명문 하버드 대학에서 정치학 석사, 프린스턴 대학에서 정치학 박사를 받아 미국의 지배 엘리트 계급과 접속, 소통하고 네트워크를 만들 수 있었다. 그러면서 그는 항상 세종대왕의 장남인 양녕대군의 후손으로서 조선왕족의 피를 이어받았다는 것을 자랑하는 유교적 가부장주의자였다. 한말부터 일제시대까지의 이승만의 내부에는 근대와 전통, 민족주의와 국제주의, 계몽주의와 가부장주의, 최초의 국제적인 지식인과 외교로 독립투쟁을 정치가라는 다중적 근대와 전통의 시간들이 공존하고 있었다.

해방시간과 한국전쟁 국면에서도 이승만은 다중적 근대의 시간을 살았다. 그의 근대는 미국식 민주주의를 신생 대한민국에 실현하는 자유민주주의와 제2차 세계대전 후 미·소가 구축한 국제적 냉전체제하에서 미국의 대소봉쇄전선의 최전선에서 반공국가를 건설하고 한국전쟁을 수행하기 위한 냉전적 반공주의였다. 자유민주주의와 반공주의라는 두 모순된 시간이 해방 후 이승만의 근대시간 내에서 충돌하고 있었다.

이승만은 전방에서 전쟁을 치르면서 후방 임시 수도에서 '부산 정치파동'이라는 친위 쿠데타를 미국과 야당, 군 지휘부의 반대와 저항에도 불구하고 감행하여 한국판 보나파르트로 등극하였다. 이승만의 보나파르티즘의 물질적 기초는 농지개혁이 제공하였고 그 수혜자인 한국 인구의 70%를 차지하는 자영농들이 대중적 지지 기반이 되어 주었다. 자영농들이 그들을 소작농에서 해방시켜 주고 농지를 분배해 주어 자기 땅을 소유하게 해 준 '이승만 이념'의 신화를 계속 믿는 한 인구학적으로 이승만의 보나파르티즘적 권력은 유지되는 것이었다. 1950년대의 이승만은 이렇게 포퓰리즘(민중주의), 캐자리즘(Caesarism)으로도 불리는 보나파르티즘에 기반해서 대한민국을 계속 통치할 수 있었다.

한국의 '긴 20세기'의 대부분을 살아간 이승만은 비동시성적인 다중적 리더십을 보유하고 있었고, 그 다중적 리더십을 마키아벨리적인 비루투로 변모시켜 반공 분단국가를 건설하고, 한국전쟁을 미국이 일방적으로 이끄는 방향으로 따라가지 않고 대한민국의 국익을 수호하는 방향을 행동으로(예, 반공포로 석방) 보여 주면서 고집하였고, 내부적으로는 피난 수도 부산에서 친위 쿠데타를 일으켜 한국의 보나파르트로 등극하여 자신의 권력을 공고화하고 정부를 안정시켰다. 이러한 한국판 '브뤼메르 18일의 쿠데타'로 집권을 연장했음에도 불구하고 대다수의 대한민국 국민들은 국가를 건설하고, 전쟁을 무승부로 끝내고, 전후에는 한미동맹을 구축하여 자신들을 북한 공산주의자로부터 보호해 준 이승만을 대한민국의 국부(國父)로 추앙했다. 1952년 국민 전체가 투표에 참가하는 직선제 선거방식에 의해 대통령에 당선되었을 때, 이승만의 권력은 정점에 올라 있었다. 이제 정점에서 낮은 곳으로 내려가는 하산의 시간이 이승만에 찾아 왔다. 노자는《도덕경》에서 지도자는 공을 이루었을 때 그 공을 자신의 추종자와 백성들에게 돌리고 자신은 2선에 물러나 몸을 숨기는 공성퇴신(功成退身)의 리더십을 가져야 한다고 가르쳤다.[238] 이승만은 건국의 공을 백성들에게 돌리고 자신은 몸을 낮추고 뒤에 숨는 공성퇴신의 리더십을 행동으로 옮길 줄 몰랐다. 그는 조선 왕족 양녕대군의 후손이고, 독립협회운동, 최초의 미국 최고 명문대학의 정치학 박사, 독립운동가, 임정 대통령이라는 자신의 화려한 경력과 건국과 전쟁, 전후 복구와 수입대체 산업화의 업적, 미국과 대화할 수 있는 완벽한 언어능력을 갖춘 유일한 지도자라는 자부심에 도취되어 '나

238 悠兮其貴言,功成事遂,百姓皆謂我自然 지도자가 할 듯 말 듯 말을 아끼면, 지도자가 공을 이루고 일을 해 내었다 하더라도 백성들은 모두 자기가 해 낸 것이라 말하면서, 더욱 충성스럽게 지도자를 추종하고 열심히 일을 한다(필자 첨가).(老子,《道德經》, 17장) 노자는 진정한 지도자가 되기 위해서는 공성사수(功成事遂)하지 말고, 몸을 낮추고 자신의 공을 백성에게 돌려주는 공성퇴신(功成退身)해야 한다고 가르쳤다.

아니면 안 된다'는 공성사수(功成事遂, 내가 공을 이루어 내었다)의 나쁜 리더십에 경도되었다. 노자에 의하면 공성사수는 추종자들이나 하는 것이지 리더가 해서는 안 되는 덕목이다. 이승만이 조선 왕가의 후예로서 유교적 덕치이념을 실현하고 공자가 이야기한 天下爲公의 정치를 하고, 대한제국 시대부터 감리교 신자로서 예수의 '애통해하는' 리더십을 발휘하여 식민지, 분단, 전쟁으로 신음하는 서민의 끌어안아 주고, 미국식 민주주의를 배운 정치학 박사로서 민주주의의 핵심인 법치를 철저히 지켰으면 일련의 자유헌정주의 파괴 행위로 인해 국민들이 봉기하여 권좌에서 반강제적으로 쫓겨나지 않았을 것이고 대한민국을 건국한 국부로서 존경을 받으며 자신이 사랑하던 조국에서 생을 마쳤을 것이다. 그러나 이승만은 비동시성의 시간을 위와는 반대로 살아감으로써 비극적으로 이국 땅에서 생을 마감하였다.(임혁백, 2012: 100-101)

3. 이승만 체제의 비동시성 — 일민주의, 반공주의, 제한적 다원주의, 신가산주의가 혼합된 준경쟁적 권위주의 체제

1953년 전쟁이 종장(終章)을 향해 가고 있을 때, 이승만은 농지개혁, 한국전쟁, 한국판 보나파르트 쿠데타를 통해서 경쟁자 없는 일인지배체제를 구축하였다. 이승만은 이제 권력투쟁의 격랑기를 마감하고 자신이 수립한 정치체제를 안정화시켜야 하는 단계에 도달한 것이다. 이승만의 지배 안정화 전략은 세 가지 차원에서 전개되었다.

첫째, 일민주의와 같은 지배 이데올로기를 개념을 정립하고 이를 신흥 대한민국의 국시로 내걸었다. 둘째, 실제로 국가를 통치하는 원리로 반공주의를 더욱 강화하였다. 셋째, 이러한 지배 이데올로기를 기반으로 준경쟁적 권위주의 정치체제를 확립하려 하였다. 이승만은 일민주의와 반공주의로는 후견국인 미국이 한국에 설정한 '미국의 경계'를 지킬 수 없었기 때문에 미국식 자유민주주의와 다원주의를 일정 부분 수용하면서 가산제적 권위주의 독재를 수립하려

하였다. 그러나 그러한 권력을 사유화하는 가산주의가 3·15부정선거로 나타났을 때 이승만은 도시지역의 광범위한 학생, 지식인, 그리고 빈민들의 저항을 받게 되었고 권력의 자리에서 물러나야 했다.

1) 의사(擬似) 통합 이데올로기 — 일민주의

이승만은 해방 정국에서부터 정당을 결성하려 하지 않고 그의 지지자들이 정당을 조직할 것을 요구했을 때도 정당은 파벌, 파당, 부분적 의사만을 대변한다면서 분단조국의 통일에 장애가 된다는 이유로 반대하고 거부하였다. 미국에서 정치학을 공부한 이승만은 미국의 건국의 아버지인 워싱턴과 그의 후임자들이 파당의 폐혜(mischief of factions)를 극복하기 위해 파당적 이익을 추구하는 정당 조직을 반대하는 반파당주의, 반정당주의를 고집한 데서[239] 교훈을 얻어 전 국민이 한 민족으로서 하나로 통합되어 국가 전체의 공익을 추구하는 '일민주의'라는 이름으로 반정당주의 정치를 한국에 실현하려 했다. 실제로 1949년 《일민주의 개술》이라는 책까지 쓴 이승만은 '일민주의'를 통해 자신을 특정 정당이나 파당의 지도자를 넘어서 대한민국 전체 국민, 한민족을 대표하는 전국적 민족지도자로 격상되고 싶어 했다.[240]

239 미국의 국부인 조지 워싱턴은 〈Farewell Address〉(1796)에서 부분의사가 지배하는 정당정치, 파당정치가 가져올 분열의 위험을 경고하고 새로운 국가가 단일한 국가 이익에 따라 움직여야 한다고 권고하였다. "그들은 파당을 조직하는 데 봉사한다. 그들은 파당에 인위적이고 비정상적으로 엄청난 힘을 실어 준다. 그리고 위임된 국가 의사의 자리에 작고, 교활하고, 장사꾼 같은 정당의 의사를 가져다 놓는다. 정부를 구성하는 정당들의 교차적 승리는(정권 교체) 공동위원회에서 소화되고 상호 이익에 의해 수정되는 일관성 있고 건전한 기관이 아니라 잘못되고 불일치하는 파당들의 프로젝트의 거울로 만든다."(Washington, 2002: 47) 미국 헌법을 디자인한 매디슨(James Madison) 역시 대의제 민주주의는 특수의사, 파벌의 이익을 대표해서는 안 되며 국가 이익, 공공선을 대표해야 된다고 생각하였다.

240 《일민주의 개술》에는 (1) 문벌 타파와 반상 구별 철폐, (2) 계급평등, (3) 남녀 동등, (4) 지방 차별 타파와 같은 4대 강령이 있으나 근대 민주주의 이념으로는 지나치게 단순하고 상식적이며 함량 미달이라는 비판이 있다.(서중석, 2005, 《이승만의 정치이데올로기》, 역사비평사, 17쪽)

하나인 민족으로서 무엇에고 또 어느 때고 둘이 있을 수 없다. 계급이 없어야하며, 차등이 없어야 한다. 하나이거니 지역이란 무엇이며 하나이거니 남녀란 무엇이냐. 우리 민족은 하나다. 국토도 하나요 정신도 하나요, 생활에도 하나요, 대우에도 하나요 정치상, 문화상 어디에고 하나다.

— 이승만, 《일민주의 개설》 89.

동시에 하나된 국민으로서 함께 뭉쳐서 민주주의를 지향하고 공산주의를 물리치자는 취지로 그의 국가이념이자 국시로 '일민주의'라는 명칭의 지배이념을 고안하였다. 바로 일민주의의 취지를 가장 잘 표현한 구호가 유명한 "뭉치면 살고 흩어지면 죽는다"였다.

일민주의에는 이승만이 일제하에서 쓴 *Japan Inside Out*(1941)에서 표출된 반정당주의론 또는 정당 무용론이 담겨 있다. 이승만은 프린스턴에서 정치학을 수학하면서 미국의 건국의 아버지들이 정당이 국민 전체의 이익을 대변하지 않고 파당, 파벌과 부분적 특수 의사를 대변한다면서 반정당론을 폈다는 것을 알게 되었고 이후 그 자신도 강한 정당 불신론을 갖게 되었는데 이러한 반정당주의 사고가 해방 후 그로 하여금 정치를 하면서도 정당을 만드는 데에는 부정적 입장을 고수하게 하지 않았나 생각된다.

그러나 전시 수도 부산에서 권력투쟁을 하면서 외곽 시민단체나 원외 정당만으로는 자신에 대한 지지를 충분히 조직할 수 없다는 한계를 느끼고 이승만은 일민주의를 당시(黨是)로 하는 자유당을 창당하였다. 정당을 국민적 이익이 아니라 파당적 이익을 추구하는 파당으로 보면서 반정당주의적인 일민주의 정당으로 이승만이 창당한 대한국민당과 자유당은 형용모순적(oxymoron) 정당이었다. 자유당은 다원주의적 조직 원리에 기반한 자유민주주의적 정당이 아니라, 국민(民)을 민주주의의 주인으로 보면서도 교화의 대상으로 보고 민과 지도자가 혼연일체의 국민통합(一民)을 이루어 내는 것을 목표로 하는 정당이었다. 이승만은 일민주의를 당시(黨是)로 하는 정당을 조직함으로써 자유당을 파당적 요소가 배제되고 공적 그리고 국민적 이익을 추구하는 '국민정당'으로 발전시키려 하였다.

이승만의 일민주의에는 민중주의[241] 또는 보나파르티즘의 요소가 있었다.[242] 이승만은 일민주의를 국시로 내세우면서 동시에 부산 정치파동이라는 한국판 보나파르트 쿠데타 시 대국민 담화나 야당의원에 대한 국민소환운동을 전개하여 '민의을 동원'하는 다양한 대국민 직접호소의 민중주의적 정치를 벌인 바 있다. 부산 정치파동에서 표출된 이승만의 일민주의를 통해 대의민주주의와 정당정치에 대한 반감을 부추기고, 다수의 비조직화된 농민과 노동자의 '민의(民意)'를 강조하며 이를 동원하여 자신의 정치적 목적 달성에 이용하였다.

서중석 교수는 일민주의를 파시즘의 성격이 있다고 주장하나,[243] 파시즘이 강성 권위주의 또는 강력하게 조직된 전체주의인 데 반해, 일민주의는 파시즘에 비해서 덜 조직화되었을 뿐 아니라 세련되고 체계화된 공식 이데올로기(official ideology)를 발전시키지 못하고 있다는 점에서 너무 나간 측면이 있다. 파시즘은 지도자가 공식 이데올로기(파시즘, 나치즘, 스탈린니즘, 주체사상)를 개발하고 이러한 공식 이념을 원리로 하는 단일 대중정당을 조직하여 공포정치로 계급과 중간 매개집단을 파괴하고 '국민'이라는 이름으로 대중을 조직하고 동원하여 지배하는 전체주의 체제이다. 그러나 이승만의 일민주의는 그러한 전체

241 서병훈 교수는 민중주의 또는 포퓰리즘을 서병훈은 지도자가 인민을 위한 개혁을 약속하면서 이들의 감성을 자극하여 선동하는 전술로 정의하며, 노재봉은 근대화 시기에 자본주의적 변화에 저항하여 토착적인 전통과 근대를 융합하여 계급주의에 반대하고 지식계층이 광범위한 대중을 전위로 삼아 주도하는 민족주의적 사상과 운동으로 정의한다.(서병훈, 2008; 1988; 2006; 노재봉, 1984)

242 민중주의나 보나파르티즘은 공히 지도자가 대의기구나 시민단체 등 중간 매개집단의 중재를 거치지 않고 직접 대중과 연결을 맺고 대중에 호소하여 자신의 의지를 관철하려 한다는 점에서 비슷한 정치이념 또는 정치체제이다. 그런데 주로 남미에서는 민중주의, 유럽에서는 보나파르티즘으로 부른다.

243 서중석 교수는 이승만의 일민주의에는 하나를 만드는 데 장애가 있으면 이를 제거해야 한다는 섬뜩한 전체주의 논리를 담고 있으며, 자신을 국민 위에 군림하는 일본 군국주의의 '천황'과 같은 영도자로 우상화했으며, 일민주의 전파자로 자처한 이범석이 '피의 순수성'과 우생학적 종족론까지 주장했다는 이유로 일민주의가 파시즘의 성격이 있다고 주장한다.(서중석, 2005)

주의적 이데올로기의 속성을 갖추고 있지 못했고, 전반적으로 대중을 동원하기보다는 탈동원하였고, 반정당주의적 성향이 강했기 때문에 파시즘으로 보기는 어렵다.

실제로 이승만은 일민주의를 제창했을 때 그의 일민주의는 아직 세련된 이념체계를 갖지 못하고 있었다. 이승만은 일민주의를 우선 제시해 놓고 나서 사후적으로 일민주의를 정당화할 수 있는 이념을 개발하고 체계화하려 하였다. 이승만의 일민주의 이데올로그인 문교부 장관 안호상은 '홍익인간'을 제시했는데(안호상, 1950) 이는 국조 단군 사상을 오늘에 구현한다는 전근대적인 이념이어서 전쟁을 치르면서까지 근대를 돌진적으로 추구했던 1950년대의 시대정신을 담기에는 너무 낡고, 진부하고, 시대착오적이었다. 일민주의는 또한 혈통으로 연결된 '한 가족'이 확장되어 '한 지역'이 되고 지역이 동심원적으로 확장되어 '한 겨레(한 민족)'가 되고 그 한 겨레가 만든 통일국가를 대한민국으로 보는 수사, 관념, 언술을 담고 있다는 데서 일민주의의 유교적 이념의 일면을 볼 수 있다.[244] 일민주의자들은 이승만과 국민 사이에 가족관계를 만들어 내어 이승만의 국가와 민족, 가정을 동심원적으로 확장된 유교적 가족관계로 만들었다. 여기에 이승만의 일민주의의 비동시성적 성격이 있는 것이다. 일민주의에는 봉건적 습속과 유교주의의 전근대적 시간과 민족주의와 민중주의와 같은 근대의 시간들과 같은 비동시적 시간들이 동시적으로 공존하고 있었다.

이승만의 일민주의는 도구주의적 이데올로기의 성격이 있다. 일민주의는 그 자체로 신생 대한민국을 이끌어 가는 전체주의적인 동원과 미래의 비전을 제시해 주는 이데올로기가 아니라 천 년 이상 지속되어 온 배달민족을 파괴하고, 38선 이남에 분단국가를 건설한 데서 나오는 '정통성의 결손(legitimacy

244 미 군정 요인이었던 버치(Birch)는 "이승만은 결코 파시스트가 아닙니다. 그는 파시스트보다 2세기 앞입니다. 그는 부르봉파예요"라고 말했듯이 이승만은 가장 정치적, 종교적, 교육적으로 서양화된 근대인이었지만, 내면의식과 정치 행태는 전근대적인 봉건적 유교주의 습속에 젖어 있었다.(박천홍, 《한겨레신문》 2005. 3. 18.)

deficit)'을 '홍익인간'과 같은 민족주의적인 담론으로 메꾸고, 남북통일주의자(김구, 김규식)들의 반대를 무릅쓰고 단정을 수립했을 때 이승만에게 쏟아진 '분열주의자'라는 비판에 대해 정면 대응하여 자신은 분열주의자, 파당주의자가 아니라 '한 겨레', '한 백성(一民)', '한 핏줄(동일혈통)'에 기초해서 민족통일을 염원하고 실현하려 한다는 '일민주의'를 제창하여 반격한 것이다.(안호상, 1950: 26) 그리고 부산 정치파동을 통해 한국판 보나파르티즘을 구축하는 과정에서 이승만을 반대하는 야당과 그 연합세력을 분열주의자, 반민족주의자로 몰고 자신은 통합주의자이자 민족주의자로 부각시키기 위해 일민주의를 이데올로기적 도구로 사용하였다.

2) 통치 이데올로기 — 반공주의

부산 정치파동을 거치면서 정적들이 제거되고 한국전쟁이 끝나자 이제 도구적 지배 이데올로기로서의 일민주의는 그 주어진 사명을 다하고 역사의 장에서 사실상 퇴장하였다. 그 대신 미국이 선물로 준 자유민주주의와 냉전기에 분단국가를 운영하고 정당화하기 위해 분단국가 건설자들과 미국이 채택한 반공주의가 새로운 지배 이데올로기로 자리 잡았다. 그런데 이승만이 내건 공식 지배 이데올로기의 원리(principle)는 자유민주주의였지만, 실제로 국가를 운영하고 국민을 통치하는 데 사용한 지배 이데올로기의 실제(practice)는 반공주의였다. 자유민주주의를 원리로 내걸고 정통성을 창출하면서 실제로는 반공주의를 동원하여 자신의 권위주의 독재를 지키고 반대파를 억압하고 분단국가를 유지하는 명분을 창출하였다.

그런데 반공주의는 이승만 정권이 국민에게 강요한 것이 아니었다. 한국전쟁이 반공의 이데올로기적 정당성의 기반을 확고하게 자리잡게 해 주었다. 최장집 교수는 반공이 국민들로부터 이데올로기적 정당성을 인정받을 수 있었던 것은 한국전쟁이라는 동족상잔의 엄청난 비극을 대가로 한 것이라고 주장하였다.(최장집·이성형, 1991; 최장집, 1996: 81; 최장집, 1993c: 200) 최장집 교수에 의하면, 한국전쟁으로 반공주의는 막스 베버가 이야기한 '이데올로기에 의한 통치의 정당화' 또는 그람시가 이야기한 피지배계급으로 하여금 지배계급의 지적, 도덕적 가치와 규범을 수용하도록 하는 '동의에 의한 지배', 한마디로 이야기하면 '이데올로기적 헤게모니'를 획득한 것이다.[245] 한국전쟁은 이전에 지배세력에 국한되어 있던 반공의식을 전쟁이란 '생생한 체험'과 '공포'를 배경으로 대다수 민중에게 내면화시킬 수 있었다.(최장집·이성형, 1991: 214)

손호철 교수는 최장집 교수의 민중이 수용한 지배 이데올로기로서 반공주의론에 동의하면서도 반공주의에 대한 민중의 동의 수준은 계급, 집단, 가해자와 피해자에 따라 다르게 나타났다는 '반공주의 시간의 비동시성'을 주장하였다. 첫째, 한국전쟁 기간 중 북한 공산주의자들이 저지른 끔찍한 만행의 피해자들이나 가족들, 그리고 그러한 만행을 목격한 사람들은 공산당의 만행에 치를 떨면서 자발적으로 공산주의자들을 신고하는 등 반공주의에 대한 높은 수준의 '능동적 동의'를 하였고,(양동안, 1990: 51) 둘째, 좌익으로 간주되거나 의심을 받으면 당사자는 물론 가족, 친지까지 검거, 처형당했고, 무수한 사람들이 빨갱이 '협조자', '동조자', '앞잡이'의 누명을 쓰고 학살당하는 것을 보고 '반공'만이 유일한 살 길이라는 것을 터득한 보통 사람들은 '비자발적으로' 반공을 선택하고, '자포자기적 순응' '방어적, 수동적 동의'를 통해 반공주의를 받아들였고,(한지수, 1989a: 112; 한지수, 1989b: 206) 셋째, 프랑스의 보수적 농민들이 보나파르티즘을 지지했던 것처럼, 농지개혁으로 농민들은 토지를 소유한 소규모 자

245 그람시(A. Gramsci)는 이데올로기적 헤게모니는 동의에 의한 지배를 가능하게 하지만, 이러한 '동의에 의한 지배'는 항상 국가의 강압력(coercion)에 의해 뒷받침될 때에만 효과적으로 작동한다고 주장했다. 강압력의 갑주로 무장된 헤게모니(동의에 의한 지배)(hegemony armored by coercion)야말로 동의에 의한 지배로 포장된 자본주의 국가의 헤게모니의 '민낯' 또는 발가벗은 모습이라는 것이다. 최장집 교수도 한국에서 냉전 반공주의가 국민적 동의를 얻은 것은 사실이나 이는 국가 강권력에 의한 폭력적 지배에 의해서만 관철되었는데, 그 국가 강권력의 폭력적 지배를 제도화한 기제가 '국가보안법'이라고 설명하였다.(Gramsci, 1971; 최장집, 1991: 200)

영농으로 계급상승을 이루면서 정치적으로 보수화되고 자발적으로 반공주의자들이 되었다는 것이다.(김태일, 2000: 458-462) 자영농으로 계급상승을 이룩한 농민들은 객관적 계급위치와 객관적 계급이익에 따라 반공에 동의하였다는 이 세 번째 이론은 능동적 동의와 수동적 동의의 중간에 위치하는 계급위치와 계급이익의 집행으로서 반공주의를 수용했다고 주장한다.(손호철, 2011: 263-265)

따라서 우리는 반공주의가 동의에 기초한 지배 이데올로기이면서도 동의의 수준과 강도는 다르다는 것을 알게 된다. 분명 반공주의는 자생적 이데올로기가 아니고 냉전체제하에서 미국으로부터 수입되고 한국전쟁으로 지배 이데올로기로 승격되었다. 허재영은 한국전쟁의 효과로서의 반공주의의 지배 이데올로기화를 잘 설명하고 있다. 허재영에 의하면, 한국전쟁은 냉전논리의 민족 내화, 반공 이데올로기의 내면화를 초래하여 진보적 또는 중도적 정치세력도 설 수 있는 내적 근거를 파괴해 버렸고, 남북한의 모든 정치세력들로 하여금 극단적인 흑백논리의 정치적 태도를 취하지 않을 수 없게 하였으며, 냉전의식이 내면화됨에 따라 남북한의 통합주의는 사라지고 남한과 북한이 각각 단독적이고 독립적인 단위로 세워진 분단국가와 분단 사회를 유지할 수밖에 없다는 것이 상식화되었으며, 그 상식화의 결과로, 분단의식이 국민들 속에 내면화되고 이 모든 것이 결합된 '분단체제'가 형성되었다. 이러한 분단구조를 고착화시켜 분단체제를 형성하는 바탕이 반공주의였는데 한국전쟁의 효과로 이러한 반공주의가 전 사회에 뿌리를 내리게 되었다.(허재영, 1987: 22)

그런데 그람시가 '강압의 갑주로 무장한 헤게모니(hegemony armored by coercion)'라는 표현으로 자본주의하의 헤게모니를 명료하게 설명듯이, 한국의 반공주의도 강압력에 의해 무장되었고 그 무장된 반공주의에 민중들은 수동적 또는 능동적으로 동의한 것이다. 반공 헤게모니를 보호하고 강제하기 위한 '강압의 갑주(armor of coercion)'의 핵심은 국가보안법이지만 그 외에도 많은 법, 제도, 그리고 강압 국가기구가 있었다.(한지수, 1989) 첫째, 국가보안법은

1948년 12월에 제정된 이래[246] 이승만의 정치위기 시마다 개정 강화되었고, 박정희의 5·16 군부 쿠데타 직후 반공법이 새로 제정되었고 전두환 군부의 5·18 광주학살 이후 현재의 국가보안법으로 개악되었다. 이러한 보안법을 중심으로한 법적, 제도적 강압 메커니즘을 뒷받침하고 실행으로 옮기는 것은 군, 경찰, 정보기구, 사법부, 감옥, 억압을 담당하는 행정부 기구 등 "억압적 국가기구(repressive state apparatuses)"였다. 한국전쟁 후 군은 극도로 팽창하였고, 박정희의 군부 정권하에서 예비군, 민방위 등 준 군사조직이 반공이데올로기를 재생산하고 있었고, 그리고 이승만 정권하에서 국가보안조직이 박정희 정권하에서는 중앙정보부, 보안사, 경찰, 검찰 공안조직으로 확대되었다. 한국전쟁의 결과 확대되고 강화된 군, 경찰, 보안조직은 정치적 반대세력이 권력에 접근하는 것을 차단하는 데 사용되었으며, 휴전을 전시체제라고 강조하여 안보를 구실로 국민의 생활과 사상을 통제하고 국가의 공식 이데올로기인 자유민주주의까지 탄압할 수 있게 하였다. 한국전쟁으로 반공주의는 한반도의 분단구조를 고착화시키는 데 결정적인 역할을 수행하였으며 반공주의는 통치 이데올로기를 넘어 '국시'에 버금가는 지위를 획득하기에 이르렀다.(최장집·이성형, 214-215)

그런데 반공주의 헤게모니는 강압의 갑주는 물론 이데올로기적 국가기구(ideological state apparatuses)[247]에 의해 정당화되고 정통성을 가진 이데올로기화되었다. 교회, 학교, 매스컴, 정당, 시민단체 등은 이데올로기적 기능을 수행하여 반공 이데올로기의 정당성을 재생산하고 있었고 박정희 군부 정권에 의해 계승되어 이제까지의 북한과 공산당, 공산주의에 대한 적개심을 고취하는 부정적, 소극적 측면의 이데올로기 재생산에서 국민교육헌장(1968. 12)이라는 파시

246 신생 대한민국에서 형법의 특별법인 보안법은 형법이 제정(1953. 9. 18.)보다도 빨리 만들어졌으며, 공포 직후인 1949년 한 해에만 118,621명이 체포, 투옥되고 같은 해 9-10월 사이에 132개 정당과 사회단체가 해산되는 위력을 발휘하였다.

247 강압적 국가기구와 이데올로기적 국가기구에 관해서는 Gramsci(1971); Althusser(1970)를 참조할 것.

스트적이고 적극적인 반공주의와 민족주의를 결합한 이데올로기를 창출하기에 이르렀다.

이데올로기적 국가기구인 학교, 교회, 언론 등은 교육, 홍보, 선전, 설교를 통하여 국민들이 반공주의 규범을 사회화하여 반공주의를 내면화하고 자기규율의 기준으로 삼게 하였다. 반공교육은 북한의 동포들을 "쳐부수고, 때려잡고 무찔러야 할 존재"로 가르쳤고, 반공교육의 연장선상에서 북진통일을 이야기하면서, 반공으로 승공 더 나아가서는 멸공을 가르치면서 공산주의에 대한 적대적인 관념을 고착화시켰다. 반공교육은 분단국가 건설에 의해서 시작되고 한국전쟁으로 확정되었던 '민족 파괴'를 기정사실화하려 하였다. 남한 사람과 북한 공산주의자들은 다른 사람, 다른 민족이라는 민족적 이질성을 강조하고 이를 근거로 북한에 대한 적개심과 증오를 증폭시켰다.

한국전쟁을 거치면서 이승만 정권은 '부역자'와 '적색분자'가 쓴 검인정 교과서는 허가를 취소하였고 1954년 "'반공방일' 요항에 의한 수업실시에 대한 건"을 교육시간 배정령에 포함하여 초, 중, 고교생들에게 매주 한 시간 이상 반공방일교육을 실시하도록 하였다(김진균·홍승희, 1991: 237). 반공교육은 교과서를 개편하여 반공 이데올로기를 주입하는 데서 그치지 않고 정규 수업을 통한 교육 외에도 반공웅변대회, 반공영화 슬라이드 상영, 반공표어 짓기, 반공 글짓기, 반공 포스터 그리기, 반공미술대회 등 온갖 방법을 동원하여 교육하였다. 다음의 반공웅변대회에서 당선된 모범 원고는 반공교육이 소름끼치게 성공하고 있는가를 보여 주고 있다.

> (…) 크레믈린의 늑대소굴에서 기른 새빨간 늑대들을 남파 (…) 지금의 간첩은 바로 여러분의 가장 가까운 친구, 하물며 사랑하는 부인, 존경하는 남편일 수도 (…) 찢어죽여도 시원찮고 (…) 때려죽여도 시원찮은 (…)
>
> — 행사교육연구회, 《학교행사사전》(1978), '문화자료' 중에서, 한지수, 《실천문학》 15(1989, 가을), 120쪽에서 재인용.

반공을 위해서 간첩을 때려잡아야 하고, 그 간첩이 설사 친구, 부인, 남편이라도 신고해야 한다는 한 어린이의 모범적이나 섬뜩한 반공웅변대회 원고는 유교국가에서 상상도 할 수 없는 반인륜적인 내용을 담고 있다. 대다수의 한국인들이 다른 종교를 믿더라도 유교의 3강5륜 윤리강령을 기본적으로 내면화하고 있었던 1950년대의 한국에서 유교윤리는 반공주의 앞에서는 맥을 추지 못하고 있었다.

교회는 종교활동을 통하여 민중들에게 반공주의를 사회화시키는 기본적인 이데올로기적 국가기구의 역할을 하였다. 이승만은 한말부터 기독교 신자였고 1948년 5월 31일 제헌의회 의장으로 선출되었을 때 이윤영 목사가 개회 기도를 하였고, 8월 15일 대통령 취임식에서 선서를 기도로 하느님께 호소하였으며, 많은 사람의 예상을 깨고 초대 부통령으로 독실한 기독교인인 함태영 씨를 임명하였다.[248] 이승만과 개신교 간의 밀착관계가 계속되면 될수록 한국의 개신교는 이승만의 지배 이데올로기인 반공주의를 설교와 목회활동을 통해 국민들이 신앙적 신념으로 내면화하도록 노력하였고, 기독교인으로 구성된 신우회를 통해 이승만을 국회에서 지원하였다.(김용복, 1982: 201-204) 기독교의 지원을 받고 목사들이 하나님의 말씀이라면서 반공주의를 설교하면서 반공주의는 '성스러운 반공주의'가 되었다.(강인철, 1996: 270) 반공주의는 유물론과 무신론을 신봉하는 북한 공산주의자에 대한 성전을 수행하는 데 지참해야 할 '반공 성경'이 되었다.

또 다른 이데올로기적 국가기구인 언론도 반공의 나팔수 역할을 하였다. 언론의 천국인 미국에서 오랜 생활을 한 이승만은 언론의 이데올로기적 기능의 중요성을 누구보다도 잘 알고 있었다. 이미 미 군정에 의해서 좌익 신문과 잡지가 거의 자취를 감춘 상황에서 국가기구를 물려받은 이승만 정권은 대한제국

248 해방시간에서 '우익의 3영수'로 불리는 이승만, 김구, 김규식이 모두 개신교 신자였다.(강인철, 1996: 265-270)

의 '광무신문지법'을 이용하여 남아 있던 자유주의적 반체제 신문들의 뿌리를 뽑았다. 서울신문을 사실상 정부기관지로 만들어 버리고, 반이승만적인 동아일보와 조선일보를 소외시키고, 1959년 가톨릭계 신문인 경향신문을 폐간하여 정권의 몰락을 재촉하였다.[249]

반공주의가 국민의 동의에 기반한 이데올로기적 헤게모니의 지위를 획득하자 이승만은 반공주의를 동원하고, 이용하여 반대 정파를 제거하고 자신의 영구집권을 보장하는 독재체제를 확립하려 하였다. 반공 이데올로기를 적극적으로 수용하거나 소극적으로 반공 이데올로기에 순응하는가의 여부가 모든 것을 판단하는 척도가 되었다. 그것을 판단해 주는 데 있어서 법적 근거가 되어 준 것이 보안법이었다.(임혁백, 2006a: 58-59) 이 점에서 한국의 반공정권에게 인권 침해를 법적 근거를 제공했던 보안법이 1948년 건국 직후에 바로 공표된 것은 우연이 아니다.(스타인백, 1996. 311-312)

이승만은 보안법이라는 전가보도를 이용하여 정치적 경쟁자와 정적을 제거하였다. 가장 대표적인 사례가 조봉암 사건이다.[250] 조봉암은 일제 강점기에 박헌영과 더불어 조선공산당을 조직하고 공산당 활동을 통한 민족해방운동을 하다가 1932년 일제에 의해 투옥되어 7년간 감옥생활을 한 후 출옥한 뒤에는 미강조합(米糠組合)일을 보면서 삶을 이어가다가 해방을 맞이하였다. 해방이 되던 해인 1945년 1월 일본군 헌병사령부에 체포되어 다시 투옥되었던 조봉암은 해방 다음 날인 8월 16일 석방되었다. 해방시간에서 조봉암은 건준 인천지부를 결성하고 조선공산당 재건운동에 참여했고, 국가 다원주의 시기에 좌

249 주류 신문들의 반이승만적인 성향은 반체제적이라기보다는 보수적인 정치세력 간의 권력갈등의 반영으로 보아야 한다. 동아일보는 한민당 계열로 한민당이 건국 후 야당으로 전락하면서 비판적이 되었고, 조선일보는 자유주의자들의 정치적 태도가 반영되어 반이승만적이 되었으며, 경향신문은 가톨릭 신자인 장면이 야당 지도자로 변신하고 이승만이 기독교 편향적인 종교정책을 펴자 가톨릭이 반발하면서 가장 비판적인 반이승만 신문이 되었다.

250 아래의 조봉암 논의는 주로 정태영, 2006,《조봉암과 진보당: 한 민주사회주의자의 삶과 투쟁》(서울: 후마니타스)에 의존하였음.

우합작운동에 합류하였고, 미소공동위원회의 각 정당 사회단체협의회에 민주주의독립전선 대표로 참가하였다. 그 후 박헌영의 조선공산당과 결별하였고, 1948년 5·10 제헌의회 의원선거에 출마, 당선되어 헌법기초위원에 선임되었고, 8월 2일 신생 대한민국의 초대 농림부장관에 임명되어 '농지개혁'이라는 이승만 정권의 국가적 사업을 담당하여 성공적으로 추진하였다. 그러나 농지개혁을 반대하는 보수세력의 음모로 공금 유용 혐의를 씌워 장관직에서 물러났다. 1950년 5월 30일 제2대 국회의원 선거에서 재선되었고 중도 진보세력을 결집하여 정당을 조직하려 했으나 좌절되었고 1951년 피난 수도 부산에서 다시 중도 진보정당의 조직을 시도하였으나 실패하였다. 1952년 제2대 대통령에 입후보했으나 2위로 낙선하였고, 1954년 민의원 선거에 출마하려 했으나 노골적 방해공작으로 실패하였다. 1956년 3월에 진보당 추진위원회 대표가 되었고 4월 25일 민국당의 신익희 단일화 논의를 하였고 5월 5일 신익희 후보의 급서로 야당 단일후보가 되어 5월 15일 대통령선거에서 2위로 낙선하였다. 그 후 1958년 진보당 사건으로 체포되어 1959년 상고심과 대법원에서 사형을 선고받고 7월 31일 서대문형무소에서 사형되었다.

조봉암과 진보당 사건은 지배 이데올로기인 반공주의가 허용하는 이데올로기의 한계가 얼마나 협애한가를 보여 주는 역사적 사건이다. 1950년대의 민주주의는 반공주의을 벗어난 이데올로기, 대안, 청사진이 토의될 수 있는 '광장(agora)'이 아니었다. 조봉암의 진보당은 좌익정당도 아니고 혁신정당도 아니라 중도 진보정당이었다. 조봉암과 진보당의 저자이자 조봉암의 비서였던 정태영이 규정하는 바와 같이 민주사회주의, 정확하게 말하자면, 서구의 선거 사회주의(electoral socialism)를 통해 사회주의의 이상을 실현하려는 중도 사회민주주의 정당이었다. 진보당은 기본적으로 자본주의를 인정하는 바탕 위에서 근로대중의 이익을 대변하려는 온건한 사민주의 정당이었음에도 불구하고 이승만 정권의 반공주의는 이러한 온건한 사민주의도 용납하지 않았다. 조봉암은 사민주의자라는 이유로 사형당한 것이 아니라 북한 간첩으로 평화통일을 주장했다는 반공주의적 잣대로 만든 죄목으로 처형당했다.(임혁백, 2006: 59-60)

그러나 이승만 정권은 반공주의라는 무기로 탄압하는 정치적 반대파들의 범위를 좌익 또는 구좌익 인사에만 한정하지 않았다. 같은 자유주의 세력 내에서도 의견과 견해, 노선을 달리하는 보수적인 정치인들에게도 반공주의의 이름으로 탄압, 배제, 척결하였다. 1949년 '국회 프락치' 사건에서 반공을 이용하여 국회 내 개혁세력을 축출하였고, 1952년 부산 정치파동에서 '국제공산당 사건'을 조작하여 내각제 개헌을 주장한 야당의원들에게 친공산주의자라는 혐의를 뒤집어씌웠다. 1954년 사사오입 개헌 파동 때는 야당의원들이 인도 뉴델리에서 북한 공산주의자와 접촉했다는 '뉴델리 밀담설'을 유포하여 개헌에 반대하는 보수야당 세력을 제3세력, 또는 용공세력으로 몰아붙였다.

1950년대와 이승만 체제의 지배 이데올로기였던 반공주의는 모든 사람의 정치적 행동의 범위와 한계를 설정해 주는 이념, 규범, 가치체계이자 행동수칙이었다. 그래서 사회학자인 김동춘은 1950년대의 한국 사회를 '반공규율사회'로 명명하였다.(김동춘, 1993)

3) 공식적 지배 이데올로기 — 자유민주주의

1950년대에 반공주의는 남한의 모든 사람들을 규율했던 실제적인 통치 이데올로기였지만 공식적으로는 자유민주주의를 지배 이데올로기로 채택하고 있었다. 냉전기에 미증유의 한국전쟁을 치르면서도 이승만 정권이 자유민주주의의 외피를 그런대로 유지하였다는 사실은 놀라운 사실이다. 그러나 자유민주주의의 외피가 유지된 것은 이승만의 자발적 선택이 아니라 한국을 자유민주주의의 진열장으로 만들려는 후견국가 미국이 가하는 제약하에서 이승만 정권이 피할 수 없는 선택지였기 때문이라는 또 다른 사실에 놀라게 된다. 1950년대에 선거는 주기적으로 실시되었다. 1948년 제헌의회 선거 후 2년 뒤에 국회의

원 선거가 실시되었고, 1952년 부산으로 전시 수도를 옮긴 어려운 상황하에서 대통령 직선과 최초로 지방의원 선거가 실시되었다. 그 후 4년마다 어김없이 국회의원 선거가 실시되었고 1952년 최초의 대통령 직선이 이루어진 후 4년마다 대통령 선거와 지방의회 선거가 실시되었다. 민주주의를 협애하게 주기적으로 치러지는 선거에 의해 대표가 심판받고 책임지는 선거 민주주의로만 본다면 이승만 정권하에서 민주주의는 유지되었다고 보아야 한다. 여기에 더불어 한국전쟁으로 엄청나게 규모가 확대되고 영향력이 커진 군부에 대한 문민통제가 이승만 정권하에서 확고하게 유지되었다는 사실은 놀라운 일이다.

그러나 선거는 민주주의의 필요조건이나 충분조건은 아니다. 주기적 선거가 실시된다고 하더라도 모든 사람에게 개방된 공정하고 경쟁적인 선거라는 민주적 요건을 충족시키고 있어야 하고 자유로운 선택을 보장할 수 있는 언론, 집회, 결사, 사상의 권리와 같은 시민적 권리 그리고 평등하고 자유롭게 공개적으로 정치적 경쟁에 참여할 수 있는 정치적 권리가 보장되어야만 민주주의로 부를 수 있는 것이다. 만약 민주주의의 기본적 요건이 지켜지고 있지 않는 가운데 주기적 선거만 실시된다면 그 정치체제는 '결손 민주주의(defective democracy)' 또는 준경쟁적 권위주의(semi-competitive authoritarianism)일 뿐이다.(임혁백, 2006a: 57-59)

그런데 이승만과 자유당 정권의 선거 민주주의는 절차적 민주주의의 기본적 요건을 지키지 않았다. 무엇보다도 이승만 정권은 자신의 계속 집권을 보장하는 방향으로 헌법 개정을 강행함으로써 경쟁의 공정성, 경쟁 결과의 불확실성이라는 민주주의의 요건을 침해하고 있었다. 1948년 제헌의회에서 의원내각제 헌법 초안이 대통령책임제로 바뀐 사건, 1952년의 발췌개헌과 1954년의 사사오입 개헌은 제도적으로 보장되어 있는 경쟁의 결과의 불확실성을 뒤집고 선거경쟁 결과의 사전적 확실성을 추구하는 이승만 정권에 의한 헌정 민주주의의 훼손이었다. 이승만 정권은 자신의 집권을 사전적으로 보장받으려 하는 데 그치지 않았다. 이승만 정권은 사후적으로도 경쟁의 결과를 뒤집음으로써 "불확실성의 제도화"에 역행하였다. 1952년 부산 정치파동은 인민의 대표인 국회가 이승만의 대통령직선제 개헌안을 가 19, 부 143이라는 압도적인 표차로 부결한 "인민의 의사"를 뒤집으려는 과정에서 일어난 것이며, 1954년 사사오입 개헌파동도 국회에서 결정된 인민의 의사를 사후적으로 뒤집은 대표적 사례이다.

이승만 정권이 자유민주주의를 공식적 지배 이데올로기로 채택한 데에는 미국의 영향력이 컸다. 3년간에 걸친 '해방시간'에서 분단국가를 건설하는 과정에서 강한 외삽성(external imposition)이 작용하고 있었다. 한국이라는 분단국가는 미국이 주도하는 소련 공산제국 봉쇄의 최전을 지키는 미국 제국의 반공 전초국가(outpost state)로 건설되었다.(Lee, Steven Hugh, 1996) 미국은 자신이 외삽적으로 세운 신생 대한민국의 행동의 범위를 설정해 주었다. 미국은 반공의 전초국가인 한국에 대해 두 가지 목표를 갖고 있었다. 하나는 세계 공산주의의 확장을 막는 반공의 보루였다. 다른 하나는 한국을 민주주의의 진열장으로 만들어 북한과 후견 소련과 중국 공산제국과의 체제경쟁에서 우위를 차지하려는 것이었다.

해방시간, 48년 체제, 그리고 한국전쟁을 거치면서 변함없이 공식 지배 이데올로기의 지위를 유지해 온 자유민주주의는 반공 전초국가 건설의 두 번째 목표인 '자유민주주의의 진열장'으로서 한국을 만들려는 미국이 준 선물이었다. 그런데 미국식 자유민주주의는 그 내용과 본질은 사상된 채 형식상 외삽적으로 이식되었다. 유럽의 서민들처럼 참정권을 쟁취하기 위한 장기간의 투쟁을 하지 않고 한국인들은 일거에 보통평등선거권을 선물로 얻었고, 노동자들은 노조를 조직할 수 있는 권리를 쟁취하기 위한 투쟁도 없이 일거에 미국 수준의 노동3권을 부여받았다. 농민들은 원칙적으로는 '유상몰수 유상분배' 실제로는 '무상몰수 무상분배'로 진행된 농지개혁으로 유혈적 투쟁 없이 토지를 소유한 소규모의 자영농이 될 수 있었다.

게다가 제헌헌법은 자유주의를 넘어서 사회민주주의적인 경제 조항을 삽입해 놓았다. 국가에게 사회정의의 실현을 의무화시키고, 주요 자원의 국유화, 농민에게 경자유전의 원리에 의한 농지분배, 공공성을 가진 기업의 국영화, 공영화를 헌법에 문서화시켰다.(고려대 박물관, 2009: 235; 임혁백, 2011: 20) 이 밖에도 미 군정과 미국은 보통교육을 실시하고, 식민 악법의 철폐와 기본권 보장 장치, 정부조직의 민주화와 사법부 독립의 제도적 기반을 마련해 주었다.(김영명, 2006: 65) 이러한 미 군정에 의한 민주화 개혁을 기반으로 한국인들은 1948년 5·10 총선을 거쳐 제헌의회를 구성하고 8월 15일 정부를 구성하였다. 대부분 서구 국가들이 '선거권 자격제한체제(regime censitaire)'를 거쳐 수백 년에 걸쳐 완전한 보통평등선거권 체제에 도달한 것과는 달리,(Bendix, 1977: 112-122) 한국은 외부 세력에 의해서 곧바로 전면적인 보통평등선거권을 부여받았다. 미국이라는 외부 세력에 의해서 민주주의가 주어졌다는 외삽성, 그리고 사회경제적 기반 없이 일거에 선거권이 주어졌다는 조숙성(prematurity)은 한국 민주주의의 태생적 한계일 수밖에 없었다.(최장집, 1996: 20)

그렇기 때문에 '외삽적으로' 그리고 '조숙하게' 도입된 자유민주주의 제도는 뿌리를 내리지 못했다.(최장집, 1996: 제1장; 진덕규, 2000: 108-138) 이승만 정권이 들어섰을 때 농지는 이미 분배되고 있었고 한국전쟁 전야에 이미 거의 분배가 완료되어 있었고 노동자들도 노동권과 참정권을 부여받았기 때문에 노동자와 농민들은 노동권 쟁취, 농지개혁과 분배라는 의제를 내걸고 정당을 조직할 기회를 상실하고 말았다. 대한민국이라는 신생국가는 한국전쟁을 수행하기 위해 필요한 하층계급의 충성을 동원하기 위해서 노동자와 농민들과 특별한 '정치적 교환(political exchanges)'을 할 필요가 없었다. 따라서 '조숙한 민주주의'는 역설적으로 노동자와 농민의 정치적 협상 지렛대를 약화시켰고 그것이 반공주의와 결합되었을 때 노동자와 농민의 정치적 조직화에 치명타를 가했다.(최장집, 1996; Im, 2006) 한국에서 계급정당이 발달하지 않은 것은 냉전과 반공주의에 주원인이 있으나 조숙한 외삽민주주의에 크게 기인한다.(임혁백, 2011b: 20) 한국에서 민주주의의 사회경제적 그리고 계급구조적 조건들이 성숙하지 않았음에도 불구하고 민주주의가 도입되고 농지가 이미 개혁되었기 때문에 노동자들과 농민들은 하층계급으로의 선거권 확장이나 농지개혁이라는 의제를 내걸고 정당을 조직할 기회를 상실하고 만 것이다.

'조숙성'에 더하여 한국 민주주의를 파행시킨 것은 '외삽성'이다. 미국의 선물로 외삽적으로 주어진 자유민주주의의 하한선과 반공주의의 상한선으로 구성된 '미국의 경계'는 비대칭적이었다. 미국은 반공의 보루로서의 대한민국과 자유민주주의의 진열장으로서 대한민국을 건설하려는 두 가지 상반된 '비동시성적' 목표를 동시에 추구하였다. 그러나 반공주의와 자유민주주의가 충돌할 경우 미국은 냉전체제하에서 전략적 국가 이익에 따라 반공주의를 자유민주주의에 우선하는 비대칭적 정책을 추구하였다. 미국의 경계는 한쪽으로 기울어진 원판이었다. 미국의 경계의 좌와 우의 경계는 공산주의와 파시즘이다. 미국의 경계가 대한민국에 가한 제약은 대한민국의 정부가 공산주의 좌익혁명과 우파 파시스트 독재 사이에 있는 어떤 지점에 머물러 있어야 한다는 것이다.(박명림, 2003: 521-551; Im, 2006) 미국은 한국 정부가 아래로부터의 좌익 민중반란이나 위로부터의 우익 파시스트 쿠데타에 의해 전복되는 것을 허용하지 않으려 했다.

미국의 경계는 미국 국가의 중도적 특징(middle range character)을 보여 주는 것이다.(Katznelson and Prewitt, 1979) '미국의 경계'는 제3세계에서 사회혁명을 막으면서 동시에 다원주의적 민주주의를 장려하는 냉전기 미국의 외교정책의 한계를 보여 주는 것이다. 한국은 그러한 '미국의 경계'가 가장 뚜렷이 나타나고 작동하는 냉전의 최전방이었다.(최장집, 1996; 박명림, 2000) 그런데 미국은 역사의 변곡점마다 좌익 정권의 등장은 선제적으로 저지하면서도 우익 권위주의 정권은 그 정권이 냉전기의 미국의 안보 이익에 봉사하고 있다고 인정되는 한 묵인하고, 지원하고, 조장하였다. 미국의 경계는 오른쪽으로 편향된 것이었고 이는 냉전적 세계질서하에서 미국의 국가 안보 이익에 부합하는 것이었다.

자유민주주의의 외삽성과 조숙성은 기왕에 선물로 받은 미국식 민주주의 제도가 깊게 착근하지 못하고 민주주의 문화가 국민들 속에 내면화되지 않은 기본적인 요인이었다. 여기에 더하여 공식적 지배 이데올로기로서 자유민주주의의 형식과 실제적 통치 이데올로기로서 반공주의의 내용 간의 불일치, 부조화, 심지어 갈등을 낳았고, 이 부조화는 이승만 정권의 공식 이데올로기인 자유민주주의를 가지고 이승만 정권의 퇴진을 요구하는 역설적인 대중 시위를 가능케 했다. 이러한 대중적 항의와 저항에 대해 이승만 정권은 효과적으로 대응할 수 없었다. 자유민주주의와 반공주의라는 상호 모순적인 미국의 정책 목표는 대한민국의 행동반경을 결정해 주었다. 후견국가인 미국이 이승만 정권에 부여한 국가건설은 자유민주주의라는 형식적 틀 속에서 반공국가를 건설하는 것이었다. 국가의 공식적 이데올로기는 자유민주주의였으나 실천적 이데올로기는 반공주의였다. 국가 이데올로기의 형식과 내용의 불일치는 초기 한국 민주주의의 굴절, 왜곡, 파행을 예고하는 것이었다.(임혁백, 2006a: 57) 자유민주주의와 반공주의라는 1950년대 이승만 정권의 이념적 비동시성은 국가건설의 방향 상실을 가져왔다. 미국이 이승만에게 부여한 국가건설은 자유민주주의를 형식적, 그리고 공식적 원리로 하고 실제로는 반공주의로 통치하는 것이었기 때문에 지배 이데올로기의 형식과 내용, 공식(principle) 지배 이데올로기와 실제(practice) 통치 이데올로기 간의 불일치와 모순(Franz Schurmann, 1968)[251]으

251 슈만은 '순수 이론(pure theory)'인 마르크스 레닌주의와 실제적 사상인 모택동 사상 간의 모순과 함께 중국 공산주의의 원리(이데올로기)와 그 이데올로기를 실천한 당 관료 조직 간의 모순을 분석하여 마오쩌뚱 시대의 중국의 저발전과 경제적 정체를 설명한다. 슈만의 이론을 이승만의 한국에 적용하면, 이승만 체제의 '순수 이론'인 자유민주주의와 '실제적 사상'인 반공주의 간의 모순과 함께, 자유민주주의의 원리와 그 원리를 실천하는 당과 국가 관료 간의 갈등과 모순이 폭발하여 이승만 정권의 몰락을 가져왔다고 볼 수 있다.

로 한국 민주주의가 굴절, 왜곡, 파행되는 것은 이승만 정권 출범 시부터 예고된 것이었다.

자유민주주의와 반공주의 간의 모순과 갈등이 심화되었을 때, 이승만 정권은 정권의 공식 이데올로기인 자유민주주의를 지키지 않고 오히려 침해하고 훼손함으로써 '대학-언론연합(university-press nexus)'(Lee, Han-Been, 1968)을 주축으로 도시빈민, 재야 지식인, 그리고 도시 중산층으로 구성된 최대다수 반체제연합이 이승만의 공식 이데올로기인 자유민주주의의 복원을 내세우면서 반이승만 전선을 구축하고 학생들이 대규모 집단행동에 들어감으로써 이승만 정권을 전복시키고 4·19학생혁명을 성공시킬 수 있었다.

4) 준경쟁적 권위주의(semi-competitive authoritarian)와 제한적 다원주의 체제

(1) 준경쟁적 권위주의

일민주의, 공산주의, 자유민주주의라는 비동시적 지배 체제들이 충돌하면서 공존하였던 '이승만 체제'를 개념화한다면 한배호 교수가 이야기했던 '준경쟁적 권위주의 체제(semi- competitive authoritarian)'가 가장 적합한 이승만 지배 체제를 축약적으로 보여 줄 수 있는 용어이다.(한배호, 1990a: "준경쟁적 권위주의 지배의 등장과 붕괴"; 한배호, 1994: "이승만 정권의 권위주의적 정치과정") 한배호 교수에 의하면, 준경쟁적 권위주의 체제란 "국가권력을 독점한 소수의 지배세력이 선거라는 형식적 절차만으로 정당성의 외투(mantle)를 입고 반대세력을 통제, 억압하면서 집권을 계속해 나간 권위주의적 지배 양식"이다. 그러한 권위주의를 '준경쟁적'인 것으로 보는 이유는 집권세력이 민간인 정치가로서 무력보다 의회제도라는 형식을 지배강화와 정당성 확보의 수단으로 삼았고 동원된 유권층이 결과를 좌우하는 선거라는 요식행위 또는 형식적인 절차를 인정하는 형식적인 경쟁성의 원칙을 받아들였기 때문이다.(한배호, 1994: 72-73)

이승만 정권하에서 선거가 전시 중에도 주기적으로 실시되었다는 사실이야말로 이승만 정권을 '준경쟁적인' 민주주의 또는 '준경쟁적인' 권위주의로 분류할 수 있는 중요한 증거이다. 그러나 선거에서 국민의 자유로운 선택을 보장할 수 있는 언론, 집회, 결사, 사상의 권리와 같은 시민적 권리 그리고 평등하고 자유롭게 공개적으로 정치적 경쟁에 참여할 수 있는 정치적 권리가 보장되어 있지 않고 반공주의에 의거해서 광범위하게 인권을 침해하는 가운데 실시된 주기적 선거라는 사실은 이승만 정권하에서 치러진 선거를 자유롭고 공정한 '경쟁적 선거(competitive election)'로 볼 수 없고, '준경쟁적(semi-competitive)' 또는 '제한적인 다원주의적(limited pluralism)'(Juan Linz, 1975)였다. 이 점에서 이승만 정권하에서 실제로 적용되고 실시된 자유민주주의는 '결손 민주주의'(Merkel, 1999) 또는 준경쟁적 권위주의(한배호, 1994: 70-73)라고 불러야 한다.

제헌의회 선거에서 전쟁 직전인 1950년 5·30 선거에 적용되었던 자유민주주의가 요구하는 공정하고 경쟁적인 선거와 그를 보장했던 언론, 결사, 집회, 출판의 자유가 전시 수도 부산에서 이승만 정권에 의해 하나씩 침해되고 난자당했다. 이승만은 한국판 보나파르트 쿠데타로 불리는 1952년 부산 정치파동(김일영, 2006)을 통해 직선제로 개헌하여 농지개혁으로 확보한 인구의 2/3를 넘는 농민의 지지로 대통령에 선출되어 한국의 보나파르트가 되었다. 한국의 보나파르트 이승만은 직선제 개헌 이후에도 1954년 사사오입 개헌을 밀어붙여 종신 집권을 사실상 보장받음으로써 프랑스의 보나파르트가 대통령에서 황제로 등극한 것처럼 사실상 선거로 뽑힌 제왕이 되었다. 사사오입 개헌으로 자유민주주의 헌정질서와 제도의 근간이 파괴되었고, 자유민주주의는 실질적 내용 없이 껍데기만 존재하는 형해화된 자유민주주의로 축소되었다. 그럼에도 불구하고 이승만 정권은 자신의 경쟁자인 조병옥이 미국 병원에서 사망하여 경쟁자 없는 단독 대통령 후보가 되었음에도 불구하고, 자신의 측근인 이기붕을 당선시키기 위해 40%를 사전 투표하고, 유권자들을 3인조 5인조로 조직하여 서로 감시하게 하여 사실상 반공개투표를 감행했고, 유령 유권자를 조작하고, 확실한 반대 유권자들에게는 기권을 강요했고 그 기권자들의 표는 대리투표로 이승만의 표로 만들고, 내부가 통하는 내통식 기표소를 설치하고, 투표함을 바꿔치기 하고, 개표 시 혼표와 환표, 득표수를 조작, 발표하는 등 상상 가능한 부정선거의 모든 유형을 보여 주었다.

부정선거의 백화점으로 불리는 3·15 부정선거를 강행하였을 때 국민들은 마침내 폭발하였고, 한 달 만에 4·19학생혁명으로 정치적으로 몰락하였고 하와이로 쓸쓸히 망명하였다. 이승만 체제에 대한 반발이 국민, 군, 그리고 미국으로부터 격화하였다. 자신의 핵심적 지지층인 미국과 군부가 이승만에 대한 지지를 철회하자 이승만은 4월 26일 학생, 시민대표에게 "국민이 원한다면 하야하고, 3·15부정선거는 다시 한다. 그리고 이기붕은 모든 공직에서 물러나는 동시에 내각책임제 개헌을 한다"고 약속하고, 이어서 11시 방송을 통해 직접 하야를 발표하고 다음 날 정식으로 '대통령 사임서'를 국회에 제출하였다. 이승만은 "학생들이 데모한다는 것은 젊은 세대가 살아 있다는 증거요 일본인이 다시는 한국을 침범할 수 없게 되었다"고 높이 평가하였다. 4·19혁명 과정에서 이승만은 학생과 국민대표의 요구를 전적으로 수용하고 즉각적으로 퇴진함으로써 최소한의 명예를 지켰고, 노자와 마키아벨리가 공통으로 강조한 최악의 리더, 즉 국민들로부터 멸시, 미움, 증오, 조롱을 받는 지도자로 추락하는 것을 피할 수 있었다.

(2) 제한적 다원주의(limited pluralism)

이승만 체제는 후앙 린즈가 전체주의와 구별되는 권위주의의 특성으로 이야기하는 '제한적 다원주의(limited pluralism)'의 요소가 있었다.(Linz, 1975) 먼저, 이승만 정권이 미국의 강력한 권유로 공식적 지배 이데올로기로 채택했던 자유민주주의는 실제로는 '제한적(limited)'인 다원주의 체제로 변용되었다. 제한적 다원주의 체제하에서 형식적 민주주의의 틀이 상당 부분 유지되었다.

첫째, 선거가 주기적으로 실시되었다. 이승만 정권이 등장한 이래 1950년 국회의원 총선이 있었고 그 후 매 4년마다(1954년, 1958년) 주기적으로 총선이 실시되었다. 1948년 국회에서의 간선으로 이승만 대통령이 선출된 이후 1952년 부산 정치파동을 거쳐 대통령직선제로 개헌한 직후에 대선을 실시하여 이승만 대통령이 재선되었고, 그 후 매 4년마다 이승만 대통령이 국민들의 직선을 통해 연임되었다. 더구나 전시 중인 1952년 이승만 대통령은 제헌헌법에 명시된 지방자치선거를 처음 실시하였다. 1952년 4월에 시읍면 의회선거가 있었고 1952년 5월 10일에는 도의회 의원선거가 실시되었다. 이승만 정권 기간을 통틀어(1948-1960년) 매 2년마다 대통령선거, 국회의원 총선, 지방의원 선거가 있었다. 주기적인 선거로 정치체제를 평가하면 이승만 체제는 민주적이라 할 수 있으며, '선거 민주주의'의 기본 요건을 충족시키고 있다고 이야기할 수 있다.

둘째, 다양한 다원주의의 요소가 있었고 자유민주주의를 가능하게 하는 기본권이 어느 정도 보장되어 있다. 먼저 야당의 존재를 정하였다는 사실을 지적할 필요가 있다. 자유민주주의의 필수요건인 복수정당제도는 보장되었다. 한민당은 해방시간과 48년 체제하에서는 이승만의 정치세력과 지배연합을 구성한 집권여당연합의 일원이었으나 이승만이 농지개혁을 적극적으로 추진하면서 지주계급의 정당인 한민당을 소외시키자 야당으로 변신하였고, 한국전쟁이 좌파 정치세력을 완전히 청소해 버리자 한민당은 보수적인 정당체제 속의 '충성스런 야당(loyal opposition party)'이 되었다. 거기에 더하여 부산 정치파동으로 이승만이 직선제 개헌을 한국형 보나파르트 쿠데타를 통해 관철시키고 영구 집권의 길을 열자, 여당의 지위를 탈환할 기회를 상실한 한민당의 후예인 민국당은 이승만을 적극적으로 반대하는 진정한 자율적인 야당이 되었다. 그리고 1956년에서 1958년 사이에는 진보당이라는 제3 진보정당이 조봉암이라는 지도자를 가진 '의미 있는 정당(relevant political party)'으로 등장, 성장하여 자유당, 민주당, 진보당의 3당 구조를 형성하였다.

어느 정도 자율적인 야당을 허용하기 위해서는 언론, 집회, 결사의 자유를 보장해 주는 것이 필수적이다. 이승만 정권은 언론의 자유를 상당한 정도로 인정해 주었다. 보수적인 언론인 동아일보와 조선일보는 이승만 정권이 독재정권이라 맹비난했고 천주교의 지원을 받는 신문인 경향신문은 두 보수 야당지보다 더 신랄하게 이승만을 비판, 비난하였다. 자율적인 야당의 존재와 상당한 수준의 언론의 자유는 이승만 체제를 경쟁적 또는 준경쟁적 체제라고 부르는 데 손색이 없었다.

셋째, 한국전쟁 기간 중 비정상적으로 비대해지고, 가장 조직화된 집단으로 성장한 군부를 이승만 정권은 효과적으로 통제하여 군부에 대한 문민통제를 확고히 하였다는 점은 이승만 정권이 자유민주주의 체제를 수호한 체제라고 이야기할 수 있는 정권의 업적이다. 이승만은 부산 정치파동 때 원용덕을 부산, 경남지역 계엄사령관 및 헌병사령관으로 임명하여 군부의 일부를 동원하려 했으나 실패하였다. 전쟁 기간 중 한국군을 훈련, 교육하였던 미국의 영향으로 한국군 수뇌부가 문민통제와 정치적 중립을 지켜서 원용덕의 군 동원 요청을 정면으로 거부한 기록에서 보듯이 군 수뇌부의 노력이 군의 문민통제 전통을 지키는 데 공헌하였다. 이승만은 군 수뇌부 장성들을 정치적 조작과 감시라는 '채찍'과 군부 수뇌 장교들에게 포상과 진급이라는 '당근'을 통해 자신에 대한 충성과 지지를 확보했다. 군은 이승만 체제하에서 주역이 될 수 없었고 원용덕과 같은 일부 정치화된 장성만이 조역의 역할을 했다 할 수 있다.(한배호, 1990: 36) 부산 정치파동 이후[252] 이승만 정권은 군부를 동원한 적이 없었으며 비대해진 군부도 순한 양처럼 이승만의 문민통제에 순응했으며 비상한 수단으로 정

252 군 장교 출신 한용원 교수는 부산 정치파동 시 작전국장 이용문 준장을 중심으로 박정희 대령, 유원식 대령 등이 장면 총리를 대통령으로 추대하는 무력혁명(쿠데타)을 하자고 장면 비서인 선우종원에게 제의하였으나 선우종원의 반대로 무산되었다고 한다. 그러자 그들은 원용덕 장군을 견제하기 위한 파병을 제의하였으나 군의 정치적 중립을 신봉하는 이종찬 참모총장의 반대로 좌절되었다.(한용원, 1990: 271-172; 한용원 1993: 160-164)

치에 개입하려고 시도한 적이 없었다. 그래서 제3세계의 많은 나라들에서 군부 쿠데타가 일어났음에도 불구하고 60만의 조직된 군대를 가진 이승만의 한국에서 군부 쿠데타가 시도되지도 않았다는 것은 놀라운 일이다.

이러한 이승만 체제가 가지고 있는 주기적 선거와 같은 선거 민주주의, 경쟁성(준경쟁성), 다원주의 요소에도 불구하고 이승만 체제를 '제한적' 다원주의, '준경쟁적' 권위주의라는 부정적 수식어가 붙은 다원주의 또는 권위주의 체제라고 부르는 이유는 다음과 같다. 첫째, 선거는 주기적으로 치러졌으나, 민주적 선거의 핵심적 요건인 '선거경쟁 결과의 불확실성'이 보장되지 않고, 오히려 '선거 경쟁 결과의 확실성'을 확보하기 위해 선거부정을 사실상 공개적으로 행정력과 경찰력을 동원하여 저질렀다는 것이다. 1952년 7월 4일 부산 정치파동에서는 의회 다수파가 통과시킨 의원내각제를 무효화시키고 경찰력과 의사 파시스트적인 무정형적인 대중, 깡패, 민의(民意), 마의(馬意), 부랑자를 동원하여 국회의원들을 협박하여 발췌개헌안을 통과시킨 사실은 인민이 선택한 '경쟁의 결과를 뒤집어서는 안 된다'는 민주주의의 기본원칙을 훼손한 사건이었다. 기왕에 나온 경쟁의 결과를 뒤집은 사건은 2년 후에 반복되었다. 1954년 11월 27일 이승만의 자유당은 이승만의 종신집권을 보장하는 대통령 연임에 관한 개헌이 부결된 뒤 그 다음 날 사사오입이라는 이상한 수학공식으로 통과된 것으로 뒤집었다. 자유롭고 공정한 선거원칙이 결정적으로 무너진 것은 1960년 3·15부정선거에서 였다. 3·15부정선거는 상상할 수 있는 모든 수단의 부정선거 방법이 동원되었고, 주권자인 유권자들은 위협 속에서 투표를 하였고, 3인조 5인조로 상호 감시조로 편성되어 사실상 공개투표를 하도록 강요당함으로써 자유로운 투표를 할 수 없었다.

둘째, 다원주의를 보장하는 복수정당제는 진보당의 해산과 간첩 혐의를 씌워 조봉암을 처형함으로써 심각하게 훼손되었다. 조봉암은 1956년 대통령선거에서 야당인 민국당의 신익희 후보가 급서함으로써 야권 단일후보가 되었고 유효표의 30%인 216만 표를 획득하여 압도적인 승리가 예상되었던 이승만이 얻은 505만 표와는 큰 차이가 있었지만 진보당과 조봉암이 세계에서 가장 강력한 반공국가인 한국에서 여전히 유효한 의미 있는 정치세력임을 증명하였다. 이에 위협을 느낀 이승만 정권은 조봉암을 사법살인한 것이다. 조봉암이 선거 시 내건 공약은 유엔과 미국의 권위를 인정하면서, 생산물의 분배, 민족자본육성, 노동자 농민 근로 인텔리의 이익 대변, 민주세력의 대동단결, 민주 우방과의 제휴 등을 담고 있었다. 조봉암이 자본주의와 미국을 인정하고 그 틀 내에서 근로대중의 정치적 결집을 꾀하는 사회적 민주주의 노선을 취하고 있음에도 불구하고 이러한 사회적 민주주의라도 이승만이 설정한 반공주의의 경계 밖에 존재하는 이념일 수밖에 없었고, 조봉암과 진보당은 포용의 대상이 아니라 제거되어야 할 대상이었다. 그래서 조봉암은 1958년 형장의 이슬로 사라졌다. 조봉암 사건은 이승만 체제의 다원주의가 얼마나 '제한적'인가를 극명하게 보여준 사건이었다.

이승만 체제의 다원주의가 제한적일 수밖에 없었던 또 하나의 이유는 이승만이 국시로까지 끌어올렸던 초기의 지배 이데올로기인 '일민주의'의 압도적인 영향력이 지속되었기 때문이다. 하나의 민족, 정신, 생활, 대우, 정치, 문화를 주장하며서 계급, 지역, 남녀의 차별을 허용하지 않는 이승만의 '일민주의'는(이승만, 1949, 《일민주의 개술》: 89) 사회 내에 다원적이고 부분적인 의사나 조직을 허용하지 않는 민중주의나 보나파르티즘적인 성격이 있다. 일민주의는 주권자인 국민(民)을 교화와 통합의 대상으로 본다. 이승만은 '한 겨레', '한 백성(一民)', 한 핏줄(동일 혈통)에 기초해서 민족통일을 염원한다는 '일민주의'를 제창하여 다원주의자를 분열주의자, 반민족통일론자로 몰아붙여 자신을 중심으로 모든 한국 국민들이 뭉쳐야 한다는 한국형 보나파르티즘을 구축하려 하였다.

셋째, 이승만 정권 말기 시민적 자유와 정치적 권리를 제한하는 국가보안법과 같은 법과 제도를 제정하고 만들어 국민들의 기본권을 침해하고 자유를 억압하는 도구로 이용하였다는 것이다. 보안법은 1948년 건국 후 곧바로 공표되었고 시민적, 정치적 권리를 명시한 헌법 위에 군림하면서 주권자인 국민의 자유를 억압하고 국민을 규율하는 기본적 법적 장치의 기능을 수행하였다. 여순반란사건 이후 1948년 12월 1일 "국헌을 위배하여 정부를 참칭하거나 그것에 부수하여 국가를 변란할 목적으로 결사 또는 집단을 구성한 자"에 대하여 최고 무기징역의 형벌을 가하는 법률로 공포된 법률 제10호 국가보안법은 제정과정에서 시민의 핵심적인 권리와 의무는 물론 인권의 보편적 가치도 논의되거나 고려되지 않았다. 국가보안법은 '의심스러운 국민' 또는 '비국민'을 가려내어 배제하는 부정적 방식에 의해 제정된 법률이다.(김동춘, 2006: 168-189) 국가보안법은 이승만 체제의 실제 통치 이데올로기인 반공주의를 법적으로 뒷받침하여 반공주의를 반대하거나 반공주의 규율을 거부하는 '의심스러운 국민'에 대해서 형벌을 가하는 법 기능을 수행하였다.

이승만 체제하의 한국 민주주의는 강력한 반공주의에 의해 포위되었고 국민에 의해 선출된 국회의원들의 의원입법으로 국가로 하여금 반공주의 규율을 법에 의해 강압적으로 집행하게 할 수 있는 국가보안법이 만들어지고 시행되었다는 사실은 이승만 체제가 출범부터 형식적으로 자유민주주의라는 외피를 가지고 있지만 실질적으로는 비민주적인 독재체제였다는 것을 보여 준다.[253] 반공주의를 실질적 통치 이데올로기로 갖고 있는 이승만 정권은 "반공에의 반대는 곧 반정부이고, 반정부는 곧 친북한이며 국가보안법 위반"이기 때문에 반공주의를 반대하는 자를 바로 국가보안법으로 처벌하는 길을 열었고, 실제로 수

253 박명림, 2003,《한국전쟁의 발발 2》, 435쪽. 보수적인 인권단체인 프리덤하우스는 김영삼 정권 때부터 1994년 한국의 정치적 권리와 시민적 자유를 2등급으로 격상시켰다. 그 후 10년 만에 정치적 권리는 최고등급인 1등급으로 상향시켰으나 시민적 자유는 여전히 2등급으로 유지시켰는데 그 이유로 한국에서 기본적으로 시민의 자유와 권리를 침해할 소지가 있는 보안법이 폐지되지 않고 존속하고 있다는 것을 들었다. 보안법은 이승만 정권 때부터 한국 민주주의의 질적 향상을 가로막고 있는 장애물이었다.

많은 정적들을 반공주의를 반대하는 친공, 용공세력으로 몰고 이들을 국가보안법위반으로 처벌하였다.(박명림, 2003: 462)

이러한 반공주의를 집행하는 법적 도구인 국가보안법은 이승만 정권이 위기에 봉착하였을 때마다 개정되고 강화되었다. 1958년 12월 24일 이승만 정권은 종신 임기을 보장하는 신헌법(사사오입 개헌)에 따라 실시될 1960년 4대 대통령 선거를 앞두고 사사오입 개헌의 위법성과 위헌성을 인지한 국민들의 여론이 악화되고 있는 상황을 타개하기 위해 1958년 12월 26일 법률 제500호로 신국가보안법을 제정하고 최초의 국가보안법은 폐지하였다. 신국가보안법은 허위사실유포금지조항, 헌법상 기관에 대한 명예훼손죄, 구속적부심사에 대한 즉시항고규정, 경찰조서의 증거능력 부여 등 처벌 범위를 확대하고 범죄도 다양하게 구성한 반대세력 탄압을 강화하려는 개악 법이었다. 이에 야당과 언론계는 신국가보안법이 반정부 활동과 특히 언론을 탄압하기 위한 목적으로 제안된 것이라면서 강력하게 반발하여 "국가보안법파동"이 일어났다. 국가보안법 통과 과정에서 야당과 언론계, 법조계가 함께 반대했지만, 자유당은 12월 24일 경위권을 발동하여 국회에 무술 경위 300명을 동원해 국회 본회의장에서 무기한 농성에 들어간 야당 의원들을 끌어내고 지하에 감금한 채 법안의 단독 날치기처리를 강행하였다. 이에 야당인 민주당은 '보안법의 국회통과는 무효'라는 성명을 내고 특히 신문편집인협회의 '신보안법에 대한 반대 성명'에 이어 1959년 초 각 정당과 사회단체, 재야 인사들로 구성된 보안법 반대 국민대회준비위원회가 결성되어 가두시위를 기도했으나 경찰의 저지로 실패하고, 신국가보안법은 1959년 1월 15일자로 발효되었다.(진덕규 외, 《1950년대의 인식》: 443-447)

이러한 반민주적이고 강압적인 국가보안법 통과 과정을 취재한 《경향신문》은 1959년 2월 4일자 무기명 칼럼 〈여적(餘滴)〉을 통해 한국에서 선거가 다수의 의사를 공정히 반영할 수 없을 때에는 진정한 다수의 의사를 강제로 전달하는 폭력혁명이 발생할 수도 있다는 원론적인 이승만 독재정권 비판을 담고 있었다. 당시 경향신문은 가톨릭 계통의 보수파 신문으로서 이승만 정권에 가장 비판적이었다. 특히 이승만의 정적이자 카톨릭 신자인 장면과 민주당 신파와 가까운 신문으로 간주되어 이 칼럼으로 경향신문은 신국가보안법의 첫 번째 제물이 되었다. 경향신문은 허위사실 보도와 폭력혁명 선동을 이유로 1959년 4월 폐간 명령에 이어 무기 발행정지의 행정처분을 받았다.[254]

이승만 정권의 언론탄압은 1958년 2·4협상선거법 파동에서 시작되었다. 1958년 1월 국회의원선거를 앞두고 자유당과 민주당은 서로의 이해를 절충하여 이른바 협상선거법(協商選擧法)이라고 불리는 선거법개정안을 통과시켰다. 그런데 야당인 민주당이 선거참관인의 확대를 선거법 개정에 포함시키는 대가로 선거공영제(選擧公營制)와 언론규제 조항의 삽입을 자유당에 양보하였다. 협상선거법의 언론보도제한규정에 대하여 언론인은 위헌이라고 반대하여 한국신문인협회는 반대성명까지 냈으나, 민주당은 눈앞의 이익에 따라 비밀협상에서 자유당이 요구한 이 언론제한 조항을 용인하였다. 그러나 이 협상선거법에서의 언론규제 조항 삽입은 자유당으로 하여금 본격적인 언론규제 및 국민의 기본권 규제를 할 수 있는 법적 근거를 마련해 주었다.

그 후 신국가보안법 제정 과정에서 자유당이 간첩개념 확대 규정을 삽입하려하자 민주당과 일부 무소속 의원들은 이는 대통령선거를 앞두고 야당의 대통령 출마의 봉쇄와 언론인의 활동을 제약하려는 것이라고 반발하였다. 이에 자유당은 보안법안을 철회하고 야당과 다시 협의한 결과 언론관계 조항을 삽입하여 처벌이 강화된 새로운 국가보안법개정안을 마련하여 1958년 8월 5일 다시 국회에 제출하였다. 이 국가보안법개정안이 국회에 제안되자 먼저 1958년 11월 21일 한국신문편집인협회에서도 이 법안의 언론관계 조항이 언론의 자유와 인권보장을 침해하는 것이라고 지적하고 반대를 명백히 하였으며, 대한변호

254 폐간된 경향신문은 재판 계류 중이던 이듬해 4월 4·19혁명이 발생하여 대법원에서 발행 허가 정지의 집행정지 결정을 받아 1960년 4월 27일 1년여 만에 복간되었다.

사협회도 국회 법제사법위원회에 건의서를 보내 이 법안이 국민의 기본권을 침해하는 위법 조항이 있다고 지적하였다. 1958년 11월 23일 민주당에서도 반대 성명을 발표하여 "정부가 제출한 국가보안법안은 공산분자를 더 잡을 수 있는 이점보다는 언론자유를 말살하고 야당을 질식시키며 일반의 공사생활을 위협할 해점이 심대하다"고 지적하였다. 그러나 국가보안법은 위에서 상술한 대로 무술 경관을 동원하여 강제로 날치기 통과되었고, 이승만 정권하에서 언론자유가 질식되는 계기를 이루었다. 국가보안법 파동에서 이를 저지하려는 야당과 시민단체들의 집회와 시위의 자유가 근본적으로 침해되고 억압되었다.

이승만 체제는 제한적인 다원주의로 시작했으나, 정권 말기에는 다원주의의 모습은 사라지고 다원주의를 '제한'하는 권위주의의 요소가 강화되었고, 신국가보안법 파동, 경향신문 폐간 사건, 협상선거법을 통한 언론자유의 제한 등으로 다원주의는 헌법상에서만 남아 있는 껍데기로 형해화되었고 발가벗은 권위주의 독재가 자유민주주의의 외피에 의해 정당화되지도 못한 채 민낯으로 국민들을 짓누르고 있었다.

5) 전근대적 신가산주의의 잔존

이승만 체제는 기본적으로 근대적인 정치체제다. 반공주의, 자유민주주의, 보나파르티즘이 모두 근대의 산물이고 근대를 이끌어 간 정치체제와 이념이다. 그런데 이승만 체제의 정치적 시간은 비동시적이었다. 이승만 체제에는 전근대적인 가산주의가 내재되어 있어 이승만 체제를 근대와 전근대(전통)가 혼합된 잡종(hybrid) 정치체제로 만들었다. 앞 절에서 이승만 체제를 '제한적 다원주의', '준경쟁적 권위주의'라고 부른 바와 같이 이승만 체제는 이념형적인 근대 자유민주주의도 아니고 근대적 권위주의도 아닌 것으로 나타나는 이유도 이승만 체제 속에 내장(embedded)되어 있는 가산주의 때문이다.

막스 베버가 정의한 가산주의는 가족주의에 기초한 전통적 지배다. 가족의 아버지인 가부장이 지배하는 가부장주의 지배가 국가로 확대된 형태의 지배이다. 가산주의 지배자는 가족 내에서 가부장이 누리고 있는 아버지의 권위를 국가적인 규모로 확대된 상황에서 행사한다. 가산주의 지배자는 권력을 사유화하며, 사유재산처럼 세습하려 한다.(Weber, 1978: 132)[255] 가산주의 지배자는 고정된 규칙과 절차에 따라 지배하지 않고 신성화된 전통, 관례나 자의적인 결정에 의해 지배한다. 가산주의 지배자는 공식적 규정에 따라 부하나 공무원을 충원하지 않고 지배자의 개인적인 자의적 판단에 의해 은총, 은혜, 시혜의 표시로 충원하며, 부하나 공무원에 대한 보상은 지배자의 금고에서 나온다. 말하자면 영주의 금고나 국가의 금고가 차이가 없으며, 지배자에게는 국가라는 공적 조직이 자신의 가계의 사적 조직과 다름없다. 정부는 가산주의 지배자의 사적 영역의 연장인 것이다. 가산주의 지배자의 자의적이고 인격적(personal)인 지배는 영구적이고 신성화된 전통에 의해서 정당화된다.(Weber, 1978: 1022-1038; Jacobs, 1985: 1-5)

막스 베버에 의하면, 중세 유럽의 양대 지배원리에는 가산제(patrimonialism)와 봉건제(feudalism)가 있는데, 가산제는 군주의 자의적인 인격적 지배를 강조하고 봉건제는 군주와 백성간의 호혜적인 충성과 시혜의 교환을 강조한다. 가산제는 '군주의 시각'에서 중세 봉건사회를 보고 있고, 봉건제는 백성의 시각에서 중세 봉건사회를 보고 있는 것이다(Weber, 1978; Jacobs, 1985: 1-5). 봉건제하에서는 지배자는 추종자(관리, 군인, 부르주아지)와 협약, 차터(charter), 특허권을 통해 특권(privileges), 관직(offices), 면책권(immunities), 자유(liberties), 법인체(incorporates), 독점권(monopolies)을 팔거나 부여하여 다양한 후원-수혜관계를 맺는다. 반면에 가산제하에서는 지배자의 사법적 관할영역(jurisdictions)이 확장되고, 군주는 신법(divine law)에 의해서만 제한되는 절대적인 세속적 권

255 북한의 3대 세습 권력승계는 사회주의적 가산주의의 전형이다.

위를 가진다. 가산제 군주는 나라의 가장인 가부장적 지배자(patriarch)로서 자신의 백성들에게 절대적 권위를 가지며 동시에 자신의 가족인 백성을 보호해야 할 책임을 진다. 봉건제적 영주는 추종자(봉건귀족)와 신민들과 상호 호혜적인 충성과 봉토(fief)라는 물질적 지대를 교환한다. 반면에 가산제 군주는 배려, 은총, 시혜로 봉록(prebends)이라는 봉급을 추종자와 관리에게 하사하였다.(Jacobs, 1985: 1-3)

이승만의 지배는 가산주의 지배였다. 그는 신하와 호혜적으로 충성과 시혜를 교환하는 약한 봉건 군주가 아니라 분단국가 건설과 한국전쟁으로 고도로 중앙집권화된 국가가족(國家)의 가부장인 가산제 군주였다.[256] 그런데 이승만의 가산주의는 근대적 상황하에서 제도화되고 관료적 합리성을 갖춘 '신가산주의(neo-patrimonialism)'로 발전적으로 변용되었다. 미 군정, 분단국가 건설, 한국전쟁을 거치면서 근대적인 합리성을 갖춘 관료제가 한국의 국가에 자리잡음으로써 관료적 합리성과 전통적 가산주의가 결합된 신가산주의가 이승만 체제를 구성하는 중요한 지배원리가 되었다.[257]

이승만의 신가산주의는 먼저 그가 개발한 지배이념인 '일민주의'에서 찾아볼 수 있다. 그는 국가를 하나의 거대한 가족으로 개념화하고 자신을 '국부', 즉 유교적 가족이 동심원적으로 확장된 나라가족(國家)의 아버지로 만들었고 모든 국민들은 거대한 국가가족의 일원이 되었다. 따라서 가족의 일원으로 아버

---

256 이승만은 중앙집권적 국가의 군주로 중앙집중화된 의사결정으로 경제를 포함한 사회 전반을 통치하는 가산제 군주의 근대적 담지자였다. 헨더슨의 주장처럼, "예상치 못한 행위자들의 출현, 일-러-미의 세력 갈등, 정치권의 왜곡과 부패에도 불구하고, 새로운 체제하에서도 오래된 문제, 다시 말해 중앙권력에 대한 지속적이고 배타적인 집중화 현상은 여전히 감지되었다".(Henderson, 1968: 57, 유석춘, 2005, 〈현대 한국의 지배구조와 자본축적〉, 서울대학교 통일포럼 학술회의, 프레스센터(2005. 10. 7)에서 재인용)

257 신가산주의 개념을 개발한 아이젠스타트에 의하면 신가산주의는 전통적인 가산주의 지배 형태의 근대적 양식으로 가산제와 합리적이면서 관료적인(rational-bureaucratic) 지배가 공존하거나 결합(interwoven)된 혼합지배이다.(S. N. Eisenstadt, 1973) 이 밖에도 신가산주의에 관해서는 Linz, 1975, 2000; Linz and Stepan, 1996, Chehabi, H. and Linz, 1998, *Sultanistic Regime* 참조.

지를 중심으로 단결, 통일, 통합하여 하나가 되는 일민주의가 탄생한 것이다. 그러나 이승만은 온 나라를 하나의 가족으로 만들고 그 대가족의 가부장으로 지배하는 일민주의적 가산주의로는 해방시간과 한국전쟁을 통해 압축적으로 근대화된 국가와 계급, 그리고 군과 관료기구를 통치할 수 없었다. 가산주의 지배자는 시혜적으로 다 같은 가족의 구성원인 농민들에게 농지개혁을 통해 토지를 분배해서 보상해 줌으로써 가부장으로서의 권위를 확립하였다. 그러면서 이승만은 군, 경찰과 같은 억압적 국가기구를 장악하고, 중요한 경제정책 결정권을 통제함으로써 국가권력 엘리트에 대한 인격적 지배를 확립하고 행사하였다.

이승만이 이러한 국가 엘리트들에 대한 지배를 확립하고 권력을 독재적으로 행사하는 데 드는 자원을 제공한 것은 미국의 원조였다.[258] 이승만은 일본 식민국가의 억압기구의 핵심이었던 군과 경찰을 장악하였고,(Cumings, 1981: 41) 이 두 억압적 국가기구의 핵심적 요직을 분배하면서 그는 이 두 국가 통제기구의 핵심 관리들의 개인적 충성을 확보하였다. 이승만은 체계적으로 핵심적인 관료직책을 그의 동맹자들에게 나누어 주었다. 이승만의 통제하에 있는 후원-수혜체제(patronage system)는 1950년대의 한국 국가의 성격을 규정하는 특성이었고, 이러한 가산주의는 다른 전통사회에서 발견되는 것과 매우 유사하였다.

가산주의 체제하에서 지배자는 국가 재산과 관직을 자신의 사유재산으로 간주하고 자신의 부하, 동맹자, 지지자에게 관직과 국가 재산을 팔거나 선물하여 그들의 충성을 이끌어 낸다. 이를 후원-수혜체제 또는 정실주의(cronyism)라고 부르는데 자신의 공식 이데올로기인 자유민주주의의 원칙과 원리를 훼손하고 침해하여 권력의 정당성의 기반을 상실한 이승만 정권은 반공주의와 더불어 국가를 효과적으로 운영하기 위해 후원수혜체제, 정실주의와 같은 부정

258 John Lie, 1998, *Han Unbound*.

부패라는 전리품을 추종자, 지지자, 후원자에게 나누어 주었다. 이는 프랑스혁명 이전의 구 체제(ancient regime)하에서 가산주의 군주가 제도적으로 관직을 매관매직하였던 사례와 아주 흡사하다.(de Tocqueville, 1856/1955)

이승만이 그의 추종자, 지지자, 관리에게 나누어 줄 수 있는 지대의 원천은 한국전쟁을 치르면서 미국이 한국에 제공한 군수원조와 경제원조였다. 이승만의 가산제 지배하에서 경제적 축적은 정치권력에 의존하였다.[259] 이승만의 가산제하에서 상인들의 자본 축적은 이승만 정권에 의해 분배된 '지대(적산분배, 원조물자의 배분, 수입특혜, 독점권)'에 기초하고 있었다. 그래서 김경동 교수는 이승만 시대의 자본가를 '정치적 자본가'로 명명하였다.[260]

따라서 1950년대의 자본축적 원리는 '정치적 자본가들'의 경쟁적 이윤추구가 아니라 독점적 지대추구에 의한 지대를 배분하는 원리로 이승만 가산주의 정권에 의한 정실주의, 후원-수혜주의, 친인척주의, 연고주의(지연, 혈연, 학연)였다. 가산주의 군주인 이승만은 일제가 남긴 적산의 불하, 미국 원조의 배분, 수입권의 배분과 쿼터의 배정, 정부 발주의 전후 복구를 위한 건설사업, 그리고 은행의 특혜 융자와 세제상 특혜라는 지대를 배분한 대가로 지지, 충성, 그리고 가장 중요한 정치자금을 획득하여 통치자금으로 사용하였다.(Koo & Kim, 1992: 132; 김대환, 1990) 이승만의 정실주의와 후원-수혜주의에 의한 지대 배분이 봉건주의가 아니라 가산주의 방식으로 이루어졌다는 것은 사회경제학자인 비가트(Biggart)가 지적하고 있다. "이러한 경제 활동들은 이승만 정권에 의해

259 제이콥스(Jacobs)는 "가산제하에서는 정치 엘리트가 '공공 서비스 도덕'이라는 이름으로 경제를 조작하는 데 이 도덕은 경제적 목적에 우선한다. 이는 봉건제하에서의 경제 행위의 목적이 객관적인 경제적 이윤인 것과 대비된다"고 가산제와 봉건제를 대비하고 있다.(Jacobs, 1985: 2)

260 김경동은 이승만 시대의 자본가들은 투기, 가격조작, 탈세, 누적된 인플레이션의 활용 등 지대추구적인(rent-seeking) 방식으로 자본을 축적했다. 그런데 이러한 자본가들의 지대추구는 이승만 정권에게 정치적 기부를 제공한 대가로 경제적 특혜를 교환하는 방식으로 이루어졌고, 정치적 자본가들은 특혜를 얻기 위해 정치적 연줄을 이용하는 정실주의(cronyism)에 의존하였다.(Kim, Kyung-Dong. 1979: 69-70)

중앙 집중화되고 개인주의적이고, 심지어는 특유한 방식으로 수행되었다. 이승만의 사적 친분과 정치적 선호가 시장에 대한 특혜 금융적인 그리고 독점적인 접근을 제공하였다".(Biggart, 1990: 121; 유석춘, 2005에서 재인용) 1950년대에는 이러한 이승만의 가산주의적 연계망에 접근이 가능한 '정치적 자본가들'만이 초기 자본축적에 성공하였으며, 1960년대에 박정희가 본격적인 산업화를 추진하기 전까지 1세대 재벌로 군림하였다.

이승만 정권의 가산주의는 관료적 합리성을 결여한 전근대적인 지배체제였다. 뒤에 논의할 박정희의 '특혜' 배분은 지시적이고 체계적이었고 실적과 교환해서 특혜를 제공하는 '규율(discipline)'이 있었던 데 반해, 이승만의 특혜 배분은 변덕스럽고 자의적이었고, 부정부패가 전 사회에 만연된 전근대적인 사회질서였다.(유석춘, 2005; Amsden, 1989; Kim, B. K. and Hyug Baeg Im, 2001) 존 리(John Lie)에 의하면, "가산주의와 부패는 동전의 양면과 같은 것이었다. 수뢰(graft)는 역동적으로 위계적인 관료제 전반에 울려 퍼지고 지방으로까지 침투되었다. 개인적 특혜가 관료들의 행동양식을 형성하였다".(John Lie, 1998: 32)

가산주의는 친족(kinship)에 관직이나 다른 공적인 자리를 배분하는 친인척주의(nepotism)적인 성격이 있었는데, 이승만의 관직 임명은 개인적 유대였다. 그는 그가 총애하고 신뢰하는 사람들을 공직에 앉혔다. 이러한 친인척주의, 정실주의, 인치주의에 의해 임명된 관리들의 부패는 상상을 초월하였다. 시골 경찰은 상인들로부터 사적 세금을 거두어 자기 주머니에 넣었고, 이승만의 '정치머신(political machine)'의 멤버들은 상인들로부터 자발적 상납금을 '세금'처럼 거둬들였고, 전기공사에서부터 학부형들의 사친회(PTA)에 이르기까지 '자발적 상납 체제(voluntary payment system)'는 특혜는 물론이고 전기같은 기본적 공적 서비스를 받는 데 필수적이었다.(John Lie, 32; Reeve 1963: 98) 이승만 정권과 정치적 깡패집단(한국형 마피아, 조폭) 간의 유착관계는 밀수, 암시장, 검은 돈의 시장을 사실상 비공식적으로 인가하였다.(Reeve 1963: 98-99) 관료들에게 수뢰는 이승만 정권하에서 생존하는 '생활방식(*modus vivendi*)'이었다. 정상적인 가산제하에서 군주는 자신의 금고에서 가산제 관료들에게 봉록을 준다. 그러나 이승만 정부가 지급하는 '봉록'은 터무니없이 적어 가솔들을 먹여 살릴 수 없었다. 보통 관리들의 봉급은 노동자들의 평균 임금보다 낮았다. 뇌물을 거둬들이는 것만이 관리들이 생존할 수 있는 길이었다. 뇌물은 승진, 권력, 그리고 생존을 가능하게 하는 경제적 원천이었다. 이승만 정권의 가산주의에서 '군주'인 이승만이 직접 줄 수 있는 물질적 시혜는 턱없이 적었고 사실상 자신의 관리들에게 부패를 준공식적으로 허용함으로써 모자라는 '봉록'을 메꾸게 함으로써 그들의 충성을 유지시켰다. 이러한 부패 체제가 관료적 합리성에 기반한 '능력주의 체제(meritocratic system)'를 침식, 훼손하자, 교육받는 지식인들이 금전적으로 타락한 가산제 국가에 대한 불만을 표시하기 시작했고, 4·19혁명에서 핵심적인 반이승만 운동 세력이 되었다.(John Lie, 1998: 32-33)

이승만 정권의 가산주의 체제의 물적 기반을 제공한 정실주의, 후원-수혜주의(clientelism)의 자원은 미국이 제공했다는 것은 이승만 정권이 기본적으로 대외적 종속성과 대내적 자율성을 특징으로 하고 있다는 것을 보여 준다. 이승만 정권은 안보뿐만 아니라 경제도 미국에 의존하고 있었다. 미국의 원조는 50년대 한국 자본 형성의 80%를 차지하고 있었고, 대충자금 형태로 지원된 미국의 원조가 한국 정부 수입의 50%에 육박하였으며, 대충자금의 30-40%가 국방비로 투입되었으며, 미국이 원조물자로 제공한 밀가루, 원면, 사탕은 '3백(제분, 면방, 제당)경기' 또는 '3백 호황'의 원동력이었다. 미국은 신생 대한민국의 안보와 경제를 모두 책임졌던 대형(大兄)이었던 것이다. 대형인 미국의 원조는 이승만의 가산제를 지탱해 주는 지주였지만 동시에 이승만의 가산제를 파탄시킨 원천이기도 했다. 전후 미국의 경제 호황이 끝나자 미국은 1958년부터 대한 원조를 감소하기 시작했고 자연히 3백경기는 종말을 고했다. 미국이 원조로 제공했던 원면, 원당, 밀의 부족으로 3백산업(제분, 제당, 면방)의 가동율이 떨어지고 이윤율이 하락하면서 한국 경제 전체의 성장률을 하락시켰고 물자부족으로 인해 인플레이션이 일어나고 실업률이 급증하였다.

추종자, 관리, 정치적 자본가들에 대한 물적 보상과 교환으로 정치적 충성을 확보하게 해 주었던 이승만의 가산주의는 물적 기반을 이승만 정권이 통제할 수 없었던 후견국 미국에 의존함으로써 지속 가능한 지배체제가 될 수 없었다. 자연히 권력 블록의 충성의 강도가 떨어지고, 반공의 이데올로기적 동의의 기능도 약화되었으며, 이승만을 국가가족(국가)의 아버지처럼 모시고 나라, 겨레, 민족, 국민이 하나가 되자는 일민주의도 힘이 없어 보였다. 그람시가 이야기한 바와 같이 물질적 기반이 없는 이데올로기는 헤게모니적 이데올로기가 될 수 없다는 것을 이승만의 말기가 보여 주었다.

갈수록 이승만의 지배는 동의에 의한 지배인 이데올로기적 헤게모니를 상실하고 발가벗은 강압에 의해 지배하는 '통치(domination)'가 전면에 등장하였다. '강압의 갑주에 의해 보호되는 헤게모니'에서 헤게모니는 사라지고 외피인 '강압의 갑주'가 국민을 동원하고 협박, 위협하다가 끝내는 3·15부정선거를 항의하는 학생들과 시민들의 시위대에게 총을 쏘는 사태가 벌어지자 이미 충성의 강도가 떨어진 이승만의 지지자, 추종자, 군, 관리와 정치적 자본가들이 이승만에 대해 중립, 또는 지지를 철회했고 최종적으로 후견국인 미국이 공식적으로 지지를 철회했고 계엄군이 정치적 중립을 선언하면서 이승만은 권좌에서 내려올 수밖에 없었다.

4. 비동시적 시간들의 충돌(collision)과 이승만의 몰락

이와 같이 1950년대의 이승만 체제하에서 다양한 비동시성의 시간들이 공존하면서 충돌하고 있었다. 그런데 1950년대 말에 충돌하는 비동시성의 시간들 간의 모순이 표출되면서 이승만 체제의 붕괴로 이어진다.

1950년대의 한국 국가는 반공의 보루로 세워진 외삽국가였고, 외삽국가는 대외적 자율성을 상실한 대가로 대내적인 자율성을 확보할 수 있었다.(진덕규, 1994) 좌파적인 노동운동세력은 무력에 의해 진압되었고 한국의 지주계급은 50년대의 농지개혁과 한국전쟁으로 산업자본가로 전환하지 못하고 계급의 해체를 강요당했다(임혁백, 1994: 311-312). 한국전쟁으로 레드 콤플렉스가 형성되면서 반공주의는 이승만 정권을 지탱해 주는 정통성의 근원이 되었다. 북한 공산주의자의 도발에 따른 전쟁의 참혹한 기억을 갖고 있는 한국인에게 반공은 이데올로기적 헤게모니 역할을 하였던 것이다. 또한 반공은 일본 식민지 시대의 관료, 경찰, 군 등 국가 억압기구가 신생 민주주의 국가에서 온존할 수 있게 하는 근거가 되었다. 헤게모니 국가인 미국이 지원하고 보호하는 한국 국가는 억압적 국가기구에 더하여 이데올로기적 헤게모니를 확보함으로써 난공불락이 되었다. 이승만 정권하에서 무소불위의 국가권력에 대항할 어떤 조직화된 사회세력도 존재하지 않았다.(임혁백, 1994: 312)

국가는 반공이라는 이름하에 계급정치의 출현을 원천적으로 봉쇄하였고, 선거공간에서 토론되는 이데올로기적 담론의 폭을 극도로 편협하게 축소시켰다. 조봉암과 진보당 사건이 여실히 보여 준 바와 같이 1950년대의 반공국가하에서 반공주의를 벗어난 이데올로기, 대안, 청사진의 토의, 토론, 논쟁은 원천적으로 금기, 금지되었다. 1948년 건국 직후 반공주의를 규율하는 국가보안법이 곧바로 공표되었고, 이후 국가보안법은 시민적 권리, 정치적 자유를 명시한 헌법 위에 군림하면서 '반공규율사회'를 유지, 발전시켰다.(조희연, 1998; 김동춘, 1993) 반공주의로 국민을 규율하고 국민을 동원하는 반공규율사회는 반공국가가 만들어 낸 이데올로기적 통제사회이다.

그러나 헤게모니 국가이면서 후견국가인 미국은 한국을 '자유민주주의의 진열장'으로 만들려는 또 다른 모순적 목표를 갖고 있었고, 이는 이승만 정권으로 하여금 자유민주주의의 외피를 유지하게 한 기본 제약으로 작동하였다.

그러나 이승만 정권은 권력을 공고화하면서 한국 민주주의의 이데올로기적 한계를 반공으로 협애하게 규정하고 반공을 정치적 반대파를 탄압하는 도구로 사용함으로써 한국 민주주의를 파행으로 몰고 갔다. 조봉암과 진보당 사건이 여실히 보여 주는 바와 같이, 50년대의 민주주의는 반공주의를 벗어난 이데올로기, 대안, 청사진이 토의될 수 있는 광장이 아니었다. 반공을 명분으로 한 정치적 반대파에 대한 탄압은 구좌익 인사에 국한되지 않고, 보수적인 반대 세력에 대해서도 이루어졌다. 1949년 국회 프락치사건, 1952년 부산 정치파동, 1954년 사사오입 개헌 파동, 1958년 경향신문 폐간 등의 사건들은 반공주의의 칼날이 좌익에 머물지 않고 보수적인 반대 세력에도 겨누어지고 있다는 것을 보여 준다.

그러면서도 이승만 정권이 공식적으로 내건 지배 이데올로기는 자유민주주의였다.(임혁백, 2006) 그런데 이승만 정권의 자유민주주의는 자유, 평등, 인권, 법의 지배와 같은 본질적 내용은 사상된 채 선거주의라는 외피만 도입된 것이었다. 그 결과 자유민주주의가 정치를 이끌어가는 기본 원리가 될 수 없었다. 실제 정치를 이끌어 가는 기본 원리는 반공주의였다. 그러나 한국을 자유민주주의의 진열장으로 만들려는 미국의 목표가 이승만 정권으로 하여금 자유민주주의를 완전히 폐기할 수 없게 하였다.

자유민주주의가 이승만 정권의 공식 이데올로기로 남아 있는 한 이승만 정권은 체계적인 인권 탄압체계를 갖출 수 없었을 뿐 아니라 '제도화된 권위주의'를 수립할 수 없었다. 한배호 교수에 의하면, '제도화된 권위주의 체제'는 헌팅턴이 이야기하는 일관성(정책, 프로그램 내용의 일관성), 복합성(기능적 집단 간 연계와 중앙과 지방 간의 수직적 통합), 자율성(개인적 지도자, 특수이익으로부터의 자율성), 적응성(변화하는 상황에 적응하고 신진 엘리트와 사회집단을 흡수할 수 있는 능력)이라는 4가지 제도화 요건을 갖춘 권위주의 정치체제이다.(Huntington, 1965: 386-430) 그런데 이승만의 '준경쟁적 권위주의 정권'은 헌팅턴의 제도화된 권위주의 체제의 요건을 갖추지 못했다. 첫째, 헤게모니적 단일정당 체제가 없었고,

그러한 단일정당 체제를 만들 수 있는 자생적 통치이념도 존재하지 않았기 때문에 일관성의 요건을 충족시키지 못했다. 둘째, 이승만 정권의 정치 엘리트는 일제 말단 관료 출신이거나 이승만에 의해 충원된 명사 중심 집단이었으므로 집단적 결속력, 조직력이 산만하고 잡다한 집단이어서 안정되고 강력한 권력 중심부를 형성할 수 없었기 때문에 복합성의 요건을 충족시키지 못하였다. 셋째, 이승만 정권은 대외적으로 미국의 제약, 미국의 경계 내에 머물 수밖에 없었기 때문에 자율성의 요건을 충족시키지 못했고, 마지막으로, 고령화된 지배 엘리트 집단은 새로운 변화에 적응 능력이 떨어졌다. 따라서 한배호 교수는 헌팅턴의 4가지 권위주의 제도화의 요건을 충족시키지 못한 이승만 정권이 권위주의의 제도화에 실패한 것은 자연스러운 것이었다고 주장한다.[261]

> '준경쟁적 권위주의 정권'은 자유당의 우위성을 토대로 관제동원 선거를 통해 집권을 연장시키고 반공주의를 민주주의라고 위장 선전하면서 그것으로 정당성의 내용적 기반을 삼으려 했던 정권이었다. 그 정권은 이승만에 의해 주조되고 이승만의 '사이비 카리스마적' 위력에 의해 지탱되던 정권이었다. 그리고 고령화된 이승만의 권력장악 능력이 쇠퇴할수록 그 정권의 존속도 위협을 받지 않을 수 없었던 개인적 독재(personal dictatorship)의 성격이 강한 권위주의 정권이었다.(한배호, 1996: 506)

한배호 교수의 뛰어난 이승만 체제의 흥망 분석에 필자도 전적으로 동의하나, 필자는 이승만 정권의 몰락을 이승만 정권 말기에 '이승만 체제' 내에 동시적으로 존재하고 있었던 다양한 비동시적 시간들이 충돌하여 이승만 체제의 모순이 폭발하면서 정권의 몰락을 재촉했다는 '비동시성 이론'으로 설명하고 싶다.

이승만 정권하에서 많은 이데올로기가 동원되었고, 잔존하였다. 이승만의 일민주의와 신가산주의에는 전근대적인 이념과 통치 문화가 내재되어 있었고

261 이승만 정권의 권위주의 제도화의 실패에 관해서는 한배호, 1996: 504-506 참조.

이승만 정권은 때로는 건국과 전쟁이라는 엄청난 근대의 폭풍을 거치면서도 잔존한 전근대적인 가산주의 문화와 행태를 용인했을 뿐 아니라 추종자, 군, 관리들에게 '지대'를 나누어 주는 효과적인 수단으로 이용하였고, 일민주의와 같은 전근대적인 가산주의를 스스로 개발하고 책까지 저술하여 이승만 일인을 중심으로 대동단결해야 한다는 정치적 논리를 대중에게 '뭉치면 살고 헤쳐지면 죽는다'는 구호를 동원하면서까지 내면화시키려 하였다. 그러나 이승만의 리더십이 고령화로 인해 전성기의 카리스마를 발휘하지 못하고 있었을 때 비동시적 지배이념의 시간들이 공존을 끝내고 충돌하게 되었다. 비동시적 시간들의 충돌의 주역은 반공주의와 자유민주주의였다.

이승만 정권하에서 시종일관 자유민주주의는 정권의 공식 이데올로기였다. 이승만 정권은 형식적으로 민주주의 제도를 유지하면서 동시에 그것을 사실상 무효화시키는 반공에 의해 통치할 수밖에 없는 구조적 모순을 가지고 있었다. 따라서 이승만 정권은 자유민주주의의 시간과 반공주의의 시간이 충돌했을 때, 스스로 규정해 놓은 공식적이고 형식적인 자유민주주의의 정치제도와 과정을 완전히 벗어날 수 없었고 그 과정에서 강권과 탄압의 요소가 제한되었다.[262] 따라서 이승만 정권이 자유민주주의의 보편적 규범을 침해하였을 때, 시민사회와 야당은 이승만 정권의 공식 이데올로기인 자유민주주의를 정권의 타도를 정당화할 수 있는 무기로 이용할 수 있었던 것이다. 이것이 4·19혁명이 성공할 수 있었던 기본적 바탕이었다. '레드 콤플렉스(red complex)'가 지배하던 1950년대에 정권의 반대세력은 사회주의와 같은 대체 이데올로기를 제시하지 않고 이승만 정권이 공식적으로 내건 이데올로기인 자유민주주의에 의존하여 전쟁 후 한국민의 의식과 행동을 규제해 왔던 레드 콤플렉스를 피하면서 도덕적 우위를 확보할 수 있었고, 학생, 야당, 도시 빈민, 지식인, 재야, 도시 중산층

262 한배호, 〈제1공화국의 정치체제〉, 한배호 편, 1990, 《현대한국 정치론 1》(서울: 나남), p.27.

을 주축으로 하는 민주화연합전선을 형성하여 이승만 정권을 강제 퇴진시키는 데 성공하였다. 민주화연합이 내건 구호는 역설적으로 정권의 공식 이데올로기인 자유민주주의의 수호였다. 이것이 위험부담에 민감한 중산층으로 하여금 레드 콤플렉스의 위험부담 없이 정권 타도 운동에 동참할 수 있게 한 것이다.(임혁백, 1995c)

제9장

혁명의 시간과 쿠데타의 시간[263]

두 개의 근대시간의 충돌

1960년의 4월혁명과 1961년의 5월 쿠데타는 민주 혁명의 시간과 군사 쿠데타의 시간이라는 전혀 다른 대치점에 있는 시간이지만 그 두 시간은 연결되어 있었다(권보드레·천정환, 2012: 52-62). 혁명의 시간이 지체되면서 혁명의 동력이 힘을 받지 못하자 쿠데타 음모자들(coup mongers)들이 민주합헌정부를 전복하려는 군부 쿠데타를 모의하고 마침내 1961년 5월 16일 국가 전복 거사가 일어난 것이다. 프랑스의 2월혁명(1948)이 루이 보나파르트의 브뤼메르 18일의 쿠데타로 끝이 난 역사가 한국에서 재현된 것이다.

1950년대는 헌팅턴의 표현에 의하면 '제2차 민주화 물결(Second Wave)'이었다. 제2차 세계대전 후 구 제국주의 세력이자 전승 연합국인 영국과 프랑스의 식민지들이 노쇠한 제국을 상대로 독립운동을 벌이거나 미국의 압력으로 제국주의 국가들이 식민지를 해방시켜 줌으로써 아시아, 아프리카, 남미와 같은 제3세계 국가에서 광범위한 민주주의로의 전환이 있었고 전승국에 의한 패전국(독일, 일본, 이탈리아)의 외삽적 민주화도 있었다. 한국도 예외가 아니었다. 한국도 미국에 의한 외삽적 민주화가 있었으나 자생성을 상실한 관계로 이승만 정권에 의해 민주주의의 원리는 훼손되어 갔다.

263 이 장 제목은 권보드레·천정환, 2012, 《1960년을 묻다 — 박정희 시대의 문화정치와 지성》(서울: 천년의상상), 52쪽에서 차용.

그런데 1950년대 말부터 제2차 민주화 물결로 탄생한 신생 민주주의들은 극단적 붕괴 양상을 보였는데 대부분은 군부 쿠데타에 의해 전복되었다. 아시아·아프리카 지역에서 버마, 세일론, 이집트, 콩고, 에티오피아, 이란, 이라크, 파키스탄, 수단, 시리아, 태국, 터키, 예멘, 중남미 지역에서 아르헨티나, 볼리비아, 콜롬비아, 니카라과, 파나마, 베네수엘라 등 열거하기 힘들 정도로 많은 신생 민주주의 정부가 군부 쿠데타로 전복되었다.

4월혁명은 이러한 '제2차 민주화의 역류(Second Reverse Wave)'의 시간에 오히려 역사의 대세를 거슬러 독재정권을 무너뜨리고 민주주의를 회복시켰다는 점에서 '혁명'이었다. 4월혁명은 러시아와 중국 혁명과 같은 계급혁명이 아니라 학생, 지식인, 도시 중산층이 주동이 된 자유주의 혁명이었으나, 냉전이 정점을 이룬 시점에서 냉전의 최전방에 있는 전초국가(outpost)에서 한국전쟁의 효과로 초과대성장된 강압 국가기구로 무장된 독재정권을 무너뜨리고 민주주의를 회복했다는 점에서 '제2차 민주화 역류의 물결'을 다시 역류시킨 세계 민주화 역사에서 금자탑을 이룬 사건이었다.

그러나 한국은 1년 만에 또 다른 '혁명'을 맞게 되면서 다시 세계적인 제2차 민주화의 역류 물결에 동참하게 된다. 1961년 5월 16일 군사 쿠데타를 성공시킨 박정희 장군은 자신이 기획하고 음모하고 실행에 옮긴 민주합헌정부 전복 사건을 '혁명'이라 불렀다. 그는 터키의 아타 투르크, 이집트의 낫세르와 같은 민족주의 쿠데타의 지도자를 꿈꾸었는지 모른다.(박정희, 1961, 《국가와 혁명과 나》: 177-200) 그러나 박정희는 지정학적으로 미국의 압도적인 영향력하에 있는 한국에서 민족주의 지도자가 되기 어렵다는 것을 잘 알고 있었다. 그는 자신의 일본군 경력과 1948년 여순 군사반란 시 군대 내의 좌익 세포조직의 지도자의 오점을 세탁하기 위해 그런 말을 했는지 모른다. 프랑스에서 2월혁명의 시간이 루이 보나파르트의 쿠데타의 시간으로 끝났듯이 한국에서도 1960년의 혁명의 시간은 1961년 쿠데타의 시간으로 끝났다.

1. 4월혁명의 역사적 의의[264]

1958년 말부터 세계경제와 세계경제를 주도하는 미국 경제가 불황기에 들어가자 신생 대한민국의 후견국인 미국은 대한 원조를 삭감하였다. 곧 이는 이승만 정권이 가산주의 권력을 유지하기 위해 추종자들에게 나누어 줄 '독점지대(monopoly rent)'와 봉록(俸祿, prebend)이 줄어들게 되었음과 동시에 가난한 국민들에게 배급해 주던 식량이 줄어들게 되었음을 의미한다. 가난한 도시빈민뿐 아니라 이승만의 핵심 지지층인 농민들까지 "배고파 못살겠다. 죽기 전에 살길 찾자"는 야당의 구호에 흔들렸다.[265] 경제난으로 정권에 대한 충성에 대한 대가로 '봉록'이라는 물질적 보상을 해 줌으로써 체제를 유지하였던 가산주의 지배에 구멍이 생기면서 추종자들의 충성도가 약해진 상황에서 이승만 리더십의 노쇠화가 겹침으로써 정권은 안으로부터 붕괴되기 시작하였다. 쇠퇴하는 준경쟁적 권위주의 정권의 사망에 기름을 부은 것은 이기붕을 필두로 이승만의 부장들(副將, lieutenants)이 주도한 3·15부정선거였다. 이는 여전히 이승만 체제의 공식 이데올로기로 남아 있던 자유민주주의를 전면적으로 부정한 사건이었고, 이를 기점으로 반대세력들은 정권의 공식 이데올로기인 자유민주주의를 수호한다는 명분과 구호하에 이승만 정권을 타도하기 위한 대규모 거리 시위에 나

264 필자는 4·19혁명을 4월혁명으로 부른다. 헌법 전문에도 4·19라고 쓰지만 4월혁명이라고 부르는 이유는 프랑스인들이 '7월혁명(1830)', '2월혁명(1848)'으로 부르듯이 1960년 4·19에서 폭발한 학생 주도 혁명은 4월 19일에 일어난 일회성적 사건사가 아니라 이승만 정권에 대항하는 민주화 운동이 선거부정과 부패로 촉발되고 혁명으로 확대된 복합국면(conjunctures)의 성격을 띠고 있기 때문에 '4월혁명'이라 부른다. 4월 18일에서 4월 26일까지 언론은 4월혁명을 '학생혁명', '시민혁명', '시민민주혁명', '4·26혁명'으로 불렀고, 허정 과도정부 시절에는 '4월혁명'으로, 5·16쿠데타 이후 30여 년간 '4·19의거'로 불렸다가, 민주화 이후 '4·19혁명'으로 재명명되었다.

265 "배고파 못 살겠다. 죽기 전에 살 길 찾자"는 구호가 나돌자 이승만 대통령은 시장과 백화점에 민정 시찰을 하면서 "왜 국민들이 밥만 먹으려 하는지 모르겠다, 고기도 사 먹고 계란도 사 먹고 하지"라고 했다는 일화가 있다. 이는 프랑스혁명 때 시위 군중들이 궁전을 습격하면서 "빵을 달라"고 했을 때, 왕비 마리 앙투아네트가 "왜 빵만 먹지, 케이크와 비스킷도 먹고 하지"라고 말했다는 일화를 4·19혁명 당시 한국에 패러디한 것이 아닌가 생각된다. 이승만의 발언이나 마리 앙투아네트의 언급 모두 확인되지 않은 설이다.

서게 되었다. 시위는 학생들을 중심으로 시작되었으나 내무부장관 최인규의 발포 명령으로 수백 명의 사망자가 나오자 시위는 학생들에 국한되지 않고 교수, 교사, 언론인과 같은 지식인, 도시 중산층, 화이트칼라, 도시빈민으로 확산되었다. 이러한 와중에 후견국가인 미국이 공개적으로 이승만 정권에 대한 지지를 철회하였고, 계엄령을 발표하여 동원된 군이 시위대를 진압하기를 거부하고 정치적 중립을 지킴에 따라 사태가 돌이킬 수 없이 악화되었다는 것을 판단한 이승만 대통령은 하야선언을 하고 이화장으로 돌아갔고 3·15부정선거의 총지휘자인 이기붕은 그의 일가족과 함께 권총으로 집단 자살함으로써 이승만 정권의 마지막 조종을 울렸다.

4·19혁명이 세계시간과 민족시간에서 차지하는 역사적 의의를 살펴보면, 첫째, 4·19혁명은 그 이후 헌법 전문에 포함될 정도로 한국에서 제1차 민주화 혁명을 자생적으로 성공시킨 역사적 사건이다. 4월혁명은 한국전쟁이 일어난 지 10년 만에 그것도 냉전의 최전선 지역에서 부패한 반공독재정권을 타도했다는 점에서 세계 민주화 혁명의 쾌거로 기록되어야 할 세계사적 사건이고, 사회경제적 기반 없이 학생·지식인·언론인이 중심이 되어 강고한 반공독재정권을 무너뜨렸다는 점에서 불가능을 가능으로 만든 정치적이고 자유주의적 혁명이었고, 분단, 전쟁, 독재로 비정상화된 한국 사회와 정치를 자유민주주의라는 정상적 사회로 되돌려 놓은 민족사에 빛나는 '혁명의 시간'이었다.

그러나 4월혁명도 제2차 세계 민주화의 물결을 되돌려 놓은 정치 군인이 주도하는 군사 쿠데타에 의해 전복되었다.[266] 그럼에도 불구하고 4월혁명은 시민

---

266 헌팅턴에 의하면, 제1차 세계대전 이후 서유럽의 거의 모든 나라들이 노동자 농민계급의 전쟁 참전과 협조에 대한 대가로 약속했던 보통평등선거권을 부여하여 보편적 선거권에 의한 민주주의의 민주화가 이루어짐으로써 제1차 민주화 물결이 있었으나 대공황과 러시아혁명, 나치즘, 파시즘의 등장으로 많은 서구 민주국가들에서 민주정부가 전복되고 전체주의화되는 제1차 민주화의 역류 물결이 있었다. 제2차 세계대전 이후 많은 구 식민지들이 해방되고 민주주의가 이식되어 제2차 민주화 물결이 일어났으나 1950년대 말부터 제3세계에서 가장 강력하게 조직되고 근대화된 군부집단이 쿠데타를 일으켜 신생 민주주의 정부들을 전복시킴으로써 제2차 민주화의 역류 물결이

사회에게 민주화 성공의 집단적 경험의 기억으로 저장되어 그 후 민주화 운동을 추동하는 정신적 동력과 자원이 되었고, 권위주의 정권에게는 최소한의 민주주의의 외양을 유지해야 한다는 압력으로 작용하여, 권위주의하에서 민주화 투쟁이 지속될 수 있는 정치적 공간을 제공하였으며, 4월혁명의 좌절과 실패의 기억은 그 후 민주화 세력들에게 실패를 반복하지 않기 위해 필요한 교훈을 주는 반면교사가 되었다. 세계시간에서 볼 때, 제2차 글로벌 민주화의 역류 시기에 그 역류를 막은 세계 민주화 역사에 기록될 위대한 민주혁명의 금자탑이다. 4·19혁명이 일어난 1960년은 구 식민지였던 신생 독립국가의 민주화가 군부 쿠데타에 의해 전복되기 시작하는 제2차 세계적 민주화의 역류기에 이러한 반동적 물결을, 비록 한국에 한정되었지만, 정상적으로 되돌려 놓은 세계 민주화의 역사에 빛나는 사건이다.

둘째, 한국의 민족시간에서 보면, 4·19혁명은 해방시간에서 외부 세력인 미국과 미 군정에 의해 선물로 받은 정치적 시민권이 결여하고 있는 자생성, 권리 쟁취성의 문제를 해결한 사건이기도 하다. 한국인들은 4·19혁명을 통해 시민권을 자력으로 쟁취하여 근대적 시민으로 재탄생한 것이다. 해방시간에서 한국인들은 시민권, 정치적 권리를 쟁취하기 위한 아무런 노력도 없이 미 군정이 부여한 보통평등선거권을 선물로 받음으로써 그 보통선거권을 쟁취하기 위해 정당을 조직하고 시민단체를 조직할 필요가 없었다. 그 결과 해방시간에서 이승만 정권까지 근대 정당, 근대 시민사회, 근대적 계급조직의 저발전을 가져와 근대적 정치조직을 불신, 부정하는 일민주의, 북한과 공산주의에 대한 이념적 부정, 증오를 기반으로 남한 내부에서 국민적 신뢰관계를 형성하려는 반공주의가 통치 이데올로기가 되었고, 정실주의, 후원-수혜주의, 친인척주의의 원리에 의해 뇌물과 충성을 교환하는 부패한 가산주의가 만연하게 하였다. 4·19는 바로 이

있었다.(Huntington, 1991)

러한 전근대적인 가산주의를 몰아내고 스스로의 힘으로 근대적 시민권을 쟁취한 사건이었다. 4·19혁명이 더욱 빛나는 것은 4·19혁명이 냉전의 최전선 국가에서 그것도 한국전쟁 발발 10년(휴전 이후 7년) 만에 부패한 반공독재정권을 무너뜨리고 민주주의를 회복시킨 시민정치혁명이라는 사실이다. 한국전쟁으로 사회가 필요로 하는 규모와 강도를 넘어서는 억압적 국가기구가 과대성장되고 팽창한 고도로 '군사화된 사회'와 반공주의의 광기가 사람들의 일상생활을 위축시키고 자기검열 상태하에 들어가게 하는 공포의 사회에서 보통 시민들이 자발적으로 봉기하여 자생적인 민주혁명을 성공시킨 것이다.[267]

셋째, 대학생과 지식인이 주도한 자유주의적 민주화 운동이라는 것이다. 이승만 체제하에서 '전쟁 수행하기'에 의한 '국가 건설'이 이루어졌고 외삽적으로 헌정기구와 선거와 같은 민주적인 제도와 법도 도입되었다. 그러나 근대화의 방점을 찍는 산업혁명이 이루어지지 않았다. 전쟁 이후 미국의 원조로 일제로부터 물려받은 공장을 복구하고 원조물자를 원료로 한 3백 산업을 중심으로 수입대체 산업화가 일어났지만, '산업혁명'이라고 부를 수 있을 정도로 한국 경제의 도약을 가져온 산업혁명은 이루어지지 않았다. 따라서 우리는 이승만 체제하에서의 근대화를 "산업화 없는 근대화"의 시기로 부른다. 그러나 사회는 근대로 향해 급속도로, 가파르게 행진하고 있었다. 대표적인 것이 교육혁명이었다. 미국에 의한 보통의무교육 제도의 도입, 교육을 중시하는 전통적인 한국의 문화 전통, 전쟁으로 인한 전통적 신분제의 파괴, 평등화, 그리고 급진적인 유동적(mobile)인 사회의 등장으로 전 계층에 교육열이 폭발하였고 유동적 사회

267 권보드레와 천정환은 4·19혁명이 대학생이 주도했다는 것은 신화라고 주장한다. 처음에는 고등학생이 주도하였고, '피의 화요일'인 4·19에서 대학생이 젊은 사자들이 되어 주도권을 잡았고, 4·25에 교수단 시위로 사실상 종결되었다. 혁명 기간에 우발적이고 비조직적인 '10대 소년들', 일반시민들, 구두닦이, 실업자, 부랑 청년, 망각된 군중, 넝마주의, 양아치, 깡패, 운전사, 지공, 이발사 등으로 구성된 제4계급에 속하는 민중들이 경찰서와 파출소를 방화하고 습격하는 데 앞장섰고, 정치 깡패들이 소유한 건물의 파괴를 주도했고, 물리력를 동반한 분노를 표출함으로써 4·19가 혁명적 사태로 확산시키는 데 크게 기여하였다.(권보드레·천정환, 2012: 32-39)

에서 신분 상승을 꾀하기 위해 모든 자원을 교육에 투자하는 교육혁명이 1950년대에 일어났다. 교육혁명의 결과 대학생과 지식인이라는 범주의 고급 인력 집단이 등장하였으나 1950년대 말에도 한국의 산업화 수준은 이들을 고용할 수 있을 정도로 올라가 있지 않았다. 자연히 고용되지 못한 고등인력은 기득권 전반에 대해 불만을 가진 실망 세력이 될 수밖에 없었으나 그들이 혁명을 할 산업현장이 없었다. '산업화 없는 근대화'가 낳은 대학생, 언론인, 교수, 실업 상태의 지식인 룸펜 프롤레타리아트 등의 '모순적 계급 위치(contradictory class location)'(E. O. Wright, 1985)에 있는 교양 중산층 계급이 4월혁명이라는 자유주의적 민주화 운동을 일으킨 것이다. 4월혁명은 자유주의적 정치민주화 운동이었다. 제1차 민주화 운동이라는 4월혁명은 일제 강점기부터 한국 정치를 특징 지어 온 '풍요에 우선하는 권력(power over plenty)', '경제에 우선하는 정치', '경제적 이익에 우선하는 정치적, 전략적 이익'의 공식을 다시 확인시켜 주었고, 이러한 특징은 4월혁명 이후 1960년대 1970년대 1980년대에도 민주화 운동을 대학생과 지식인들이 주도한 데서도 반복적으로 나타난다.

그러므로 4월혁명은 기본적으로 이승만 정권의 권위주의화와 시민적 자유를 억압한 데 대한 국민적 저항운동이다. 4월혁명은 자유주의 혁명이고 시민정치혁명이지 사회경제적 혁명은 아니다. "산업화 없는 근대화"로 산업화가 이루어지지 않은 채 도시화, 매스 미디어, 고등교육, 문자 해득률 급증으로 출현한, 비정상적으로 과대성장한 지식인과 학생에 의한 민주화로 규정한 박명림의 견해에 동의한다.(박명림, 1996c)

2. 4월혁명의 원인

4월혁명의 원인을 규명하기 위해서는 이승만 체제의 비동시성을 보아야 한다. 이승만 체제하에서는 자유민주주의의 시간과 반공주의의 시간이 공존하고 있었고, 일민주의와 같은 전근대의 시간과 농지개혁, 보통교육, 자본주의 시장경제와 같은 근대의 시간이 병존하고 있었으며, 후견국인 미국의 정책에서도 냉전의 전초기지로서의 한국을 만드는 냉전의 시간과 냉전의 최전방에 자유민주주의의 진열장을 만든다는 민주주의의 시간이 공존하고 있었다.

1) 원인(遠因)

4월혁명의 원인(遠因)은 이승만 체제의 비동시성이 공존과 병존에서 비대칭성으로 급격히 이동했다는 데서 찾아야 한다. 찰머스 존슨(1966)은 《혁명적 변화(*Revoulutionary Change*)》에서 혁명은 제도화된 권력구조(권력배분)와 사회가치구조가 극심한 부조화가 발생할 때 일어난다고 하였는데 1950년대 후반 이승만 정권의 말기에 이러한 조화가 깨어진 비대칭적인 구조가 형성되었다(Charlmers Johnson, 1966). 첫째, 1952년 발췌개헌, 1954년의 사사오입 개헌을 계기로 이승만 체제의 준경쟁적 권위주의는 경쟁성이 약화된 대신 권위주의가 강화되었다. 1952년 발췌개헌, 1954년 사사오입 개헌으로 이승만 정권은 권력연장을 위해 탈법적, 무법적 개헌을 단행하였고, 이는 민주적 경쟁규칙의 공정성과 민주적 경쟁결과의 불확실성이라는 민주주의의 기본 원리를 침해한 것이다. 1958년에는 지자제법을 개정하여 시읍면장을 선출제에서 임명제로 바꾸어 풀뿌리 민주주의를 위한 참정권을 축소하였고, 1958년의 민의원 선거와 1960년 정부통령 선거에서 지방정부를 동원하여 전국적인 부정선거를 자행하기 위한 기반을 닦았다. 1958년과 1960년의 부정선거는 자유민주주의의 기본적 규범을 정면으로 부인하는 행위였다. 여기에 더하여 이승만 정권은 신국가보안법을 제정하여 국민의 기본권과 시민적 자유를 억압할 수 있는 제도적 장치를 마련하였다. 1958년 12월 24일 무술 경관 300여 명이 야당 의원들을 지하실에 감금시킨 가운데 날치기 통과시킨 '2·4보안법 파동'을 치르면서 제정한 '신국가보안법'이라는 악법은 민주화된 오늘날까지도 폐지되지 않고 집권세력에게 주권자인 국민을 억압할 수 있는 전가의 보도가 되고 있다. 신국가보안법에 더하여 이승만 정권은 1959년 4월 30일 정권에 비판적인 가톨릭 계통의 경향신문을 폐간함으로써 자유민주주의의 권리장전인 언론 자유를 억압하고 박탈하였다.

둘째, 이승만 정권 말기에 민주주의와 반공주의의 공존에서 반공주의가 압도적으로 우세한 정치 지형이 형성되었다. 전술한 1958년의 진보당 사건과 조봉암 처형은 이승만 체제의 실제 이데올로기인 반공주의가 공식 이데올로기인 민주주의를 압도한 대표적인 사례를 보여 준다. 반공주의가 민주주의를 압도함으로써 이승만 체제는 지배 이데올로기의 다원성, 포용성, 관용성, 개방성을 상실하고 편협하고, 배제적이며, 일괴암적(monolithic)이고, 억압적인 지배 이데올로기만 남은 극도로 경사된 비대칭성을 보여 주었다.

2) 근인(近因)과 전개

4월혁명의 근인은 1960년 3·15 정부통령 선거 부정이다. 3·15부정선거는 이미 사전에 광범위하게 조직적으로 준비되어 고등학생들도 알 수 있을 정도였다. 그래서 3·15부정선거가 자행되기 이전인 2월 28일에 대구 경북고등학교 학생들이 학원 자유보장, "독재정치, 부정부패 물리치자"라는 구호를 외치며 대구 도심에서 시위를 하였다. 1960년 2월 25일 민주당 조병옥 후보가 미국에서 신병 치료 중 사망하여 사실상 부통령선거만 열리게 되었음에도 불구하고 이승만 정권은 이기붕을 부통령으로 당선시키기 위해 예정했던 부정선거를 실행에 옮겼다. 3·15부정선거는 사전투표 40%, 3인조 5인조 공개투표, 자유당 완장부대들에 의한 야당 참관인 축출, 투표함 교체, 투표 바꿔치기 등 부정선거의 백화점이었다. 3·15부정선거에 대한 민중적 저항이 첫 번째로 표출된 곳은 경남 마산이었는데(마산 1차 의거) 이에 대해 내무부 장관 최인규는 무자비하게 강경 진압하였고, 이에 시민들이 궐기하였고 내무부 장관 최인규를 사임시켜 사태를 수습하려 하였으나, 4월 11일 1차 마산시위 때 행방불명되었던 마산상고 학생 김주열의 시체가 바다에서 떠올라 검시한 결과 눈에서 뒷머리까지 최루탄이 박혀 있는 것이 확인되었다. 김주열 시체 인양 사건은 부정선거에 대해 항의하는 시위를 전국적으로 확산시키는 계기가 되었다. 4·19를 촉발시킨 학생시위 사건은 4월 18일 고려대생 시위와 피습사건이다. 4월 18일 고대생들이 구속 학생의 석방과 학원 자유보장을 내걸고 국회의사당 앞에서 연좌농성을 벌이다 귀교 중 종로4가에서 대한반공청년단 소속 조직폭력배에게 피습을 당했고 이는 4·19의 도화선이 되었다.

4월 19일 전날 고려대 4·18시위에 고무된 대학생들과 중고교생들, 그리고 시민들이 경무대와 서대문 경무대로 불리었던 이기붕의 자택으로 몰려갔고 경무대 경호관 곽영주가 발포를 명하여 학생들이 희생되었으나 학생들은 경무대를 정문을 부수고 진입했고 많은 희생자가 발생했다. 시위는 서울뿐 아니라 전국으로 확산되어 전면적인 시민혁명으로 발전하였다. 시민혁명으로 발전한 대규모의 시위를 진압하기 위해 이승만 대통령은 계엄령을 선포하여 고려대 뒷산 안암동에서 계엄군, 경기도경과 시위대 간에 사격전이 벌어졌으나, 계엄사령관 송요찬이 선제발포를 금지하여 대규모 살상을 방지하였다.

계엄령에 주춤했던 시위는 계엄군이 발포를 자제하는 사이에 더욱 더 번져갔다. 4월 23일 장면 부통령이 사임했고, 25일에는 대학교수들까지 시위에 참가하였다. 전국 27개 대학의 이희승, 조지훈 교수를 비롯한 400여 교수들은 임창순 성균관대 교수가 쓴 '학생의 피에 보답하라'는 플래카드를 들고 서울 시내를 행진하였다. 교수들까지 시위에 동참하자 시위는 학생들에 국한되지 않고 사회의 전 계층으로 확산되어 26일에는 3만여 명이 경무대와 이기붕의 집으로 몰려들었다. 이승만 정권이 사태를 수습할 수 없는 정도로 확산되었을 때 미국이 개입하였다. 주한 미국 대사인 맥카나기가 이승만 대통령을 찾아가 하야를 권고하였다. 이승만 대통령은 자유당 당직을 사퇴하고 대통령직에만 전념하겠다고 하였으나, 데모가 전국적으로 확산되자 마침내 사퇴를 결심하였다. 데모대를 탄압하자는 강령론자들의 건의를 뿌리치며 이승만은 "불의를 보고 일어서지 못하는 민족은 죽은 민족이다. 민중이 내가 그만둘 것을 원한다면 물러서면 된다"라고 하면서 26일 하야를 발표하였다.(이원순, 1988: 381)[268] 하야를 발표하면서 이승만은 재선거, 이기붕 의장의 공직 사퇴, 내각책임제 개헌을 하겠다는 약속을 하였고, 국회은 즉각 이를 의결하였다. 이승만은 야인이 되어 이화장으로 돌아갔다가 하와이로 망명하였고, 이기붕 일가는 집단자살하였고, 외무부 장관인 허정이 대통령 권한대행에 취임하였다.

4월혁명을 연대기적으로 요약하자면, 4월혁명은 2·28 대구 경북고등학교 학생들의 데모에 의해 전주곡이 울렸고, 3·15 마산 1차 의거, 4·11 마산 2차 의거에 의해 촉발되었으며, 4·18 고대생들의 의거가 4월혁명의 불을 붙여 사실상 혁명이 시작되었고, 4·19의거로 전면적인 시민혁명으로 발전하여 4·25 교수단 데모에 의해 사실상 정리되었고, 4·26 독재자 이승만 대통령의 하야로 종결되었다. 이 모든 것을 '4·19혁명'으로 담아 낼 수 없다 그러므로 필자는 4·19의거를 포함한 전체 혁명 과정을 총칭하는 '4월혁명'이라는 용어를 사용하는 것이다.

3. 4월혁명은 어떻게 성공하였는가?

4월혁명은 왜 일어났으며 어떻게 성공하였는가? 필자는 4월혁명이 기본적으로 자유주의 시민혁명이라는 점에서 구조적이고 경제주의적인 설명은 타당하지 않다는 설명과 함께, 행위자 중심적인 전략적 선택이론과 권력자원동원 이론으로 4월혁명의 성공 요인을 설명할까 한다.

1) 경제결정론

많은 정치경제학자들은 마르크시스트들과 근대화론자들의 혁명이론의 공통

268 윤치영도 4월 26일 이승만이 하야를 발표하면서 "불의를 보고서 국민이 좌시한다면 이 나라는 희망이 없다"는 비슷한 이야기를 했다고 기록했다.(윤치영, 1991, 《윤치영의 20세기 — 동산 회고록》, 서울: 삼성출판사)

분모인 사회경제적 결정론을 제시한다. 그들은 이승만 정권이 50년대 말에 초래한 경제위기를 혁명의 구조적 원인으로 든다. 그들은 야당인 민주당의 3·15 선거유세 구호였던 "못 살겠다 갈아 보자"가 바로 경제위기가 정치적 위기로 발전하는 징후군의 하나라고 한다. "못 살겠다 갈아 보자"는 1956년 3대 대선 때 민주당의 신익희 후보가 대선 구호로 내걸었는데 엄청난 국민적 호응을 불러일으켰다. 그러나 신익희 후보는 선거 전에 급서함으로써 그 구호로 당선되는 영광을 누리지는 못했다. 1960년 민주당은 이 매력적인 선거구호를 다시 사용했고 '다시 불러보는 노래'임에도 불구하고 국민들이 열광하였다.

흘러간 노래를 다시 돌렸음에도 불구하고 국민들이 열광적으로 호응한 것은 실제로 경제난과 경제위기가 존재했었고 그로 인해 국민적 불만이 임계점을 향해 상승하고 있었다는 증거이다. 경제위기는 미국의 대한 원조 감소로부터 시작되었다. 1958년부터 시작된 미국 경제의 불황으로 미국이 대한 원조를 감소시키자[269] 미국 원조물자에 기반한 3백 경기는 종말을 고했다. 미국 원조로 들어오는 원자재의 공급 감소로 3백 산업(제분, 제당, 면방)의 가동율이 하락하고 3백 산업의 이윤율이 떨어졌다.[270] 수입 대체 산업의 주종목이 불황을 맞게 되면서 경제성장률이 하락하였고 실업률이 올라갔으며, 미국으로부터 들어오는 원조물자의 공급감소로 인해 인플레가 비등점으로 상승하였다.[271]

구체적인 경제불황의 통계를 살펴보면,(전철환, 1983: 142-147) 실업률은 완전실업률(unemployment) 8.2%에 잠재실업률(underemployment) 26%를 합한 총실업률은 34.2%(비농가 42%, 농가 29.1%)에 달했다. 이러한 경제요소들이 합

269 미국의 대한 경제원조는 45/49년 5.3억불, 50년 1억불, 51년 1.1억불, 52년 1.6억불, 53년 1.9억불, 54년 1.5억불, 55년 2.4억불, 56년 3.3억불, 57년 3.8억불, 58년 3.2억불, 59년 2.2억불, 60년 2.5억불이었다.

270 가동률 하락은 제분의 경우 41.2%, 제당 22.5%, 면방 70.2%에 달했다.

271 도매물가지수는 1958년 143.8%에서 1959년 146.7%, 1960년 162.5%로 각각 3.4%, 15.8% 상승하였다.

쳐져서 성장률이 하락하였다. 경제성장률은 1957년 8.7%를 정점으로 1958년 7.8%, 1959년 5.2%로 하락하다가 3·15부정선거와 4·19혁명이 성공한 1960년에는 2.1%로 급락하였다(전철환, 1983: 143).[272]

그러나 경제적 결정론이 제시하는 통계수치는 자신의 이론을 부정하는 수치로 드러난다. 한국은행 통계에 의하면 1953년부터 1960년 사이에 연평균성장률은 7.3%로 당시 후진국의 연평균성장률 4.4%를 훨씬 상회하는 높은 성장률이었고, 흔히 4월혁명 당시의 빈곤을 이야기할 때 증거로 제시하는 1960년의 국민일인당 소득 80불은 제3세계 빈국 가운데서도 낮은 수준이 아니었다.

그러자 경제결정론자들은 데이비스(Davies)의 J-Curve 혁명이론으로 경제결정론을 살리려 하였다.(Davies, 1962) 데이비스는 장기적 경제적, 사회적 발전 후의 단기적 급강하는 기대와 만족도 사이에 갭이 커지면서 국민들의 불만은 폭력으로 분출된다고 주장하였다. 말하자면 신생국에서 장기적 성장은 '기대혁명(Revolution of Rising Expectation)'을 낳고 이러한 기대 혁명이 존재하고 있는 상황에서 단기적으로 경제가 급강하하면 혁명적으로 상승한 기대와 실제적 만족감 사이의 격차를 벌림으로써 민중의 불만은 대중 폭력과 반란으로 분출된다는 것이다.

경제결정론자들은 한국전쟁 이후 장기적 성장으로 급속한 도시화, 매스미디어의 대량 보급, 고등교육의 급증이 일어났고, 대규모의 지식인 계층이 양산되었다.[273] 그런데 50년대 말에 경기가 급강하하면서 기대와 만족 간의 격차로 인한 불만이 지식인층에 자라나기 시작했고, 경제수준에 걸맞지 않는 도시의 이

272 1964년 한은 경제통계연보에 의하면 성장률은 54년 6.7%, 55년 5.9%, 56년 1.1%, 57년 8.1%, 58년 6.5%, 59년 4.8%, 60년 2.5%, 6.1년 5.1%였고, 1953년에서 1960년까지 연평균 성장률은 7.3%였다.

273 도시화는 1925년 4.4%, 1940년 11.6%, 1949년 17.2%, 1955년 24.5%, 1960년 28.0%였다. 일간신문 구독률은 1961년 현재 서울의 경우 1000가구당 457가구, 라디오 청취율은 서울의 경우 1000가구당 422가구였다.(이화수, 1985. 《4월혁명》, 67-73)

상비대화는 도시의 공간적 불안정성(1965년 도시 절대빈곤 인구 55%)을 낳고 이는 근본적 변화를 갈망하는 하층민들의 정치적 불만을 분출할 수 있는 공간을 제공하였다.

2) 권력자원 동원과 문턱 이론

4월혁명에서 경제위기는 4월혁명 성공의 배경 요인이지 성공의 직접 요인은 아니었다. 경제위기는 정권에 대한 국민적 불만을 키워 주었으나, 이러한 불만은 조직되고 동원되어야 정권을 타도하는 혁명으로 발전할 수 있는 것이다. 따라서 4월혁명의 성공요인은 이러한 국민적 불만을 조직해 낼 수 있는 민주화를 위한 권력자원 동원구조가 형성됨으로써 주요 정치 행위자들이 이승만 정권에 대한 저항을 조직하는 데 성공하였다는 것에서 찾아야 한다.

그런데 1960년 이전에는 이러한 저항을 조직하고 동원하는 것이 불가능하였다. 한국전쟁 이후 혁신 좌파세력이 절멸하였고, 레드 콤플렉스(Red Complex)가 만연하여 반공이 절대화되었고, 반공은 본능적인 불안과 공포를 불러일으켜 모든 사람들에게 자기검열의 기준이 되어 있었다. 이러한 상황하에서 반공독재정권에 대한 조직적 저항은 사실상 불가능하였다.

여기에 더하여 1950년의 농지개혁으로 대다수의 농민들이 소규모 자영농화하면서 농민들은 소규모이나마 땅을 소유하고 있다는 토지소유 계급으로서의 쁘띠 부르주아적인 보수성을 갖게 되었고, 소규모 자영농민의 보수성은 이승만 보나파르티즘의 계급적 지지기반이 되었다. 또한 정규적으로 월급을 받는 안정된 직장을 가진 산업 프롤레타리아트 계급이 보수화되었다. 초고실업 노동시장 구조하에서 저임이지만 정규직 취업을 통해 상대적 안정감을 향유하는 정규직 조직노동자들은 보수화되었다. 이러한 계급 상황하에서 농민과 노동자들의 계층적 또는 계급적 저항 가능성은 희박하였다. 결국 1950년대 중반까지 이승만 반공독재권력에 대항할 수 있는 이데올로기적 기반은 물론 계급적인 기반 역시 미약하였다.

그런데 1950년대 중반 이후 정권과 반대세력 간에 권력자원 동원 구조의 변화가 일어났다. 첫째, 선택의 구조(structure of choice)에 변화가 있었다. 1954년 사사오입 개헌을 계기로 우산 정당(umbrella party)인 단일 통합 야당 민주당이 조직되어 이승만 정권을 반대하는 모든 세력이 실현 가능한 대안을 갖게 되었다. 1954년 사사오입 개헌 이후 호헌동지회(1954. 11)가 결성되었고 이를 기반으로 1955년 9월 28일 단일 통합 야당인 민주당이 결성되었다. 이제 이념과 정책을 달리하는 모든 민주화 세력이 제도권 우산 정당인 민주당 아래 모여서 민주화 세력의 대안을 조직하고 추종자들을 동원할 수 있었다.

단일 우산 정당의 조직의 효과는 그 이듬해인 1956년 8월 지방선거에서 서울(40/47석, 자유당 1석)을 휩쓸고 서울과 경기의 수도권 지역에서 민주당이 지방정부를 장악하게 되는 결과로 나타났다. 결정적인 효과는 1958년 총선에서 명실상부한 양당 체제가 수립되었다는 것이다. 1958년 총선 결과 자유당은 126석, 민주당은 79석, 무소속은 28석(통일당 1석, 무소속 27석)을 획득하였다. 민주당은 개헌 저지선을 확보하였을 뿐 아니라 총득표수에서 집권 자유당에 8%의 차이밖에 나지 않은 34.2%(자유당 42.1%)를 획득하였다. 자유당은 126석을 획득하여 전체 의원 정수의 54.1%로 과반수 의석을 차지하였으나 제3대보다 3석이 줄었고, 민주당은 제3대 국회보다 33석이 많은 80석을 획득하였고 서울 지역을 휩쓸고(16석 중 14석) 지방에서도 도시지역에서 승리하였다. 보나파르티즘의 효과로 자유당은 농촌지역에서 승리하였으나 야당인 민주당은 서울과 도시에서 압승하여 '여촌야도(與村野都)' 현상이 나타났다. 1958년 4대 국회의원 선거는 사실상 민주당이 승리한 선거였으며 대중의 정서가 민주당으로 돌아선 선거였다. 이제 이승만과 자유당을 반대하는 모든 세력은 민주당이라는 실현 가능한 대안을 가지게 되었다.

둘째, 제4대 총선으로 이승만을 반대하는 세력은 민주당이라는 실현 가능한 대안을 갖게 된 반면, 이승만, 자유당, 미국, 군부, 정치재벌로 구성된 권력 블럭은 정통성의 위기를 맞고 있었고 이러한 정통성의 위기는 이승만 반대운동 간의 연대를 가능하게 하고 대중성을 확보할 수 있게 해 주었다. 전술한 바와 같이 이승만 정권의 공식 이데올로기는 자유민주주의였으나 실제로 작동시킨 이데올로기는 반공주의였다. 자연히 지배 이데올로기의 원리와 지배 이데올로기의 실제 간의 괴리가 발생하였다. 이승만 정권은 자유민주주의를 반공적 측면에서만 활용하였다. 자유민주주의를 대좌익투쟁에서 이데올로기적 억압도구로 활용하였을 뿐만 아니라, 자유, 평등, 법치, 언론자유와 같은 자유민주주의의 보편적 원칙은 준수하지 않았다. 그 결과 정권의 공식 이데올로기인 자유민주주의가 정권을 파괴하는 자기파괴성을 띠게 되었고, 야당과 정권 반대세력이 권위주의 정권을 반대하고 대항할 때 사용하는 저항 이데올로기가 되었다.

1960년 이승만과 자유당 정권이 조직적인 3·15부정선거를 자행하고 이에 저항하는 마산 시민을 사살함으로써 자유당 정권의 정당성이 붕괴되었고 이승만 반대세력은 정권의 공식 이데올로기인 자유민주주의를 지키기 위해서 이승만 정권을 전복시켜야 한다는 혁명의 정당성 논리를 확보할 수 있었다. 민주당이라는 대안의 조직과 정권에 대한 저항운동의 정통성 확보로 국민들은 레드콤플렉스의 이데올로기적 위험부담 없이 반이승만 저항운동에 동참할 수 있게 되었다. 4월혁명에서 학생들, 지식인, 시민들은 '반공'을 건드리지 않으면서 '자유민주주의의 회복'이라는 구호로 정권에 대항할 수 있었고 일반 국민들도 빨갱이 누명을 쓸 위험부담 없이 반이승만 운동에 동참이 가능하였다. 반이승만 운동은 대중성과 연대성을 확보하면서 '혁명'으로 발전하였다.

셋째, 혁명이 성공하게 된 결정적 계기는 전국적인 반이승만 운동에 부딪히면서 권력 블럭이 분열되고 와해의 조짐을 보인 반면, 반대세력은 반이승만 민주화연합전선을 구축할 수 있었던 데 있다. 권력 블럭은 최고 권력층, 관료, 재벌(정치적 자본가), 경찰, 미국, 군부로 구성되어 있었고 반이승만 연합전선은 대학, 언론, 야당을 주축으로 하는 자유주의 연합에 도시빈민, 재야, 기층민중으로 구성된 민중적 연합이 합세한 최대주의적(maximalist) 민중민주 연대였다.

4월혁명이 성공하게 된 것은 권력 블럭의 일원이었던 미국이 이승만 정권에 대한 지지를 철회하고 맥카나기(W.P. McCanaghy) 대사가 이승만 대통령의 하야를 권고한데다가 민주화 시위세력을 저지, 탄압하기 위해 계엄령을 발동하여 동원한 계엄군 지휘부가 중립을 선언함으로써 권력 블럭은 결정적으로 와해되었다.

그라노베터의 문턱이론(threshold theory: Mark Granovetter, 1978)을 적용하여 설명하면, 미국의 지지 철회와 군부의 중립 선언과 최대주의적 반(反)권력 블럭 연합이 형성되면서 일반 국민들은 위험부담 없이 반이승만 민주화 운동에 동참할 수 있는 문턱('K' point)을 넘을 수 있게 되었다.[274] 최대주의적 반권력 블럭 연합이 형성되면서 반대세력은 각자 자신의 자원을 동원(학생은 가두시위, 민주당은 원내투쟁)하여 일반 대중의 욕구와 정서를 견인해 내는 데 성공하였다. 4월혁명의 주도 세력은 학생이었으나 언론, 문화, 교육에 종사하는 신중산층 지식인들의 참여가 최대주의적 민주화 연합 형성에 결정적 역할을 하였다. 민주화 연합세력은 조직적으로 저항하기보다는 각자 자기가 갖고 있는 권력자원을 동원하여 그라노베터의 문턱을 넘는 최대주의 반권력 연합을 구축해 내었다. 야당인 민주당은 원내 투쟁, 조사단 파견, 성명서, 기자회견, 대중집회 개최로, 학생은 대중집회와 선언문, 가두시위로, 중산층, 기층민중, 언론, 노동자, 룸펜 프롤레타리아트들은 시위에 동참하여 운동의 대중성과 연대성을 강화시켜 주었다. 특히 사회적 양심과 도덕적 권위의 상징인 대학 교수단의 4·19 지지 시위는 민주화 연합이 정통성과 도덕성을 확보하는 데 결정적으로 기여하였다.

274 그라노베터의 문턱 점인 K point는 일반 대중이 위험부담 없이 권력에 대한 반대운동에 동참할 수 있는 점을 말한다.(Granovetter, 1978)

4. 4월을 노래하다 — 4월혁명 문학의 비동시성

4월혁명으로 언론의 자유를 되찾은 한국은 말의 해방구가 되었다. 반공 컴플렉스에서 해방된 청년들은 마음껏 4월을 노래하였다. 그들은 전쟁 대신 평화를 노래하였고, 한반도 평화를 복원하기 위해 '중립론'을 이야기하였다. 중립론에서 더 나아가 자유로운 대학생들은 "가자! 북으로, 오라! 남으로"라는 구호를 외치며 판문점에서 남북대표회담을 열자고 제의하였다.(김우창·최장집 대담, 2010: 141) 그러한 민족의 재건설이라는 근대를 향한 행진의 반대편에서는 데카당적인 포스트 모던의 언어도 들려오고 있었으며, 다시 복고적인 전근대로 돌아가자는 퇴행적인 말도 들렸다. 민족주의와 아메리카에 대한 동경이 공존하였고,(권보드레·천정환, 2012: 277-284) 자유분방한 《자유부인》, 아프레걸[275]과 '여성은 가정으로!' 보내자는 전근대적인 '신사임당 설화'가 공존하였다.(권보드레·천정환, 2012: 465-505)

4월혁명의 비동시성은 민중의 삶과 문학에서 나타난다. 그중에서도 신동엽이 노래한 4월혁명 시는 4월혁명의 다양한 비동시성 시간 중에서도 표준시간을 보여 주는 언어이다. 그의 시에는 4월혁명의 '시대정신'인 독재에 대한 저항과 자유의 갈구, 분단에서 통일을 찾는 민족주의, 반전, 반제국주의와 평화주의가 응축되어 있다.

껍데기는 가라

신동엽

껍데기는 가라.
사월(四月)도 알맹이만 남고
껍데기는 가라.
껍데기는 가라.

---

275 아프레걸(après-guerre girl)은 전후의 새로운 성향과 풍조를 따르는 여성, 특히 성적으로 분방하고 도발적인 이미지의 여성을 지칭한다.

동학년(東學年) 곰나루의, 그 아우성만 살고
껍데기는 가라.
그리하여, 다시
껍데기는 가라.
이 곳에선, 두 가슴과 그 곳까지 내논
아사달 아사녀가
중립(中立)의 초례청 앞에 서서
부끄럼 빛내며
맞절할지니
껍데기는 가라.
한라에서 백두까지
향그러운 흙 가슴만 남고.
그, 모오든 쇠붙이는 가라.

— 신동엽 외, 1967, 《52인 시집》, 서울: 신구문화사

4월혁명을 노래한 대표작이라 할 수 있는 〈껍데기는 가라〉에서 신동엽은 4월혁명의 연원을 1894년의 동학농민혁명으로 거슬러 올라간다. 동학혁명군과 외세 간의 전투가 벌어졌던 곰나루(공주)의 기억을 되살리면서 그는 저항적 민족주의, 반외세, 반제국주의를 4월혁명에 호명한다. 이러한 민족주의의 바탕 위에서 신동엽은 "아사달과 아사녀가/ 중립의 초례청 앞에 서서/ 〔…〕 맞절"하며 혼인하듯이 남북이 중립의 원칙하에 분단을 극복하고 다시 통일할 것을 소망한다. 한라에서 백두까지 우리의 국토(흙)를 되찾기 위해서는 "모오든 쇠붙이(무력, 군사력, 전쟁주의)"는 퇴출되어야 하고 평화주의와 자유와 평등이 대신 자리잡아야 한다는 것이다.

누가 하늘을 보았다 하는가

신동엽

누가 하늘을 보았다 하는가
누가 구름 한 송이 없이 맑은
하늘을 보았다 하는가

네가 본 건, 먹구름
그걸 하늘로 알고
일생을 살아갔다.

네가 본건, 지붕 덮은
쇠항아리,
그걸 하늘로 알고
一生을 살아갔다.

닦아라, 사람들아
네 마음속 구름
찢어라, 사람들아,
네 머리 덮은 쇠항아리.

아침 저녁
네 마음속 구름을 닦고
티없이 맑은 永遠의 하늘
볼 수 있는 사람은
畏敬을
알리라

아침 저녁
네 머리 위 쇠항아릴 찢고
티 없이 맑은 구원의 하늘
마실 수 있는 사람은

憐憫을
알리라
차마 삼가서
발걸음도 조심
마음 조아리며.

서럽게
아 엄숙한 세상을
서럽게
눈물 흘려

살아가리라
누가 하늘을 보았다 하는가
누가 구름 한 자락 없이 맑은
하늘을 보았다 하는가
—《고대문화》(1969년 5월); 신동엽 시집 《누가 하늘을 보았다 하는가》, 창작과비평사, 1979

또한 신동엽은 〈누가 하늘을 보았다 하는가〉라는 시에서 4월혁명이 5월 쿠데타로 역전되면서 동학혁명과 4월혁명 때 잠깐 빛났던 '맑은 하늘'은 곧 5월 쿠데타의 '먹구름'으로 뒤덮이게 되었고, 백성들은 더 이상 자유와 평화를 누리지 못하고 있다고 한탄한다. 먹구름이 덮은 하늘 아래서 신동엽이 본 대한민국은 '지붕 덮은 쇠항아리(억압과 구속, 그리고 군사통치)'만 볼 수 있었고 그것을 하늘로 알고 살아가야 했다고 고백한다. 그러나 신동엽은 절망하지 않는다. 그는 '네 머리를 덮은 쇠 항아리'를 찢고 '티없이 맑은 영원의 하늘'과 '티없이 맑은 구원의 하늘', '구름 한 자락 없이 맑은 하늘'을 보라고 열정적으로 촉구한다.

4월혁명의 시인 신동엽은 민족주의, 자유, 평등, 평화를 노래하는 '근대'의 시인만은 아니었다. 신동엽의 근대가 군사주의와 발전주의로 대표되는 박정희의 근대와 충돌했을 때 그는 군사주의의 '쇠항아리를 찢어라'라고만 하지 않았다. 그는 '세계'와 소통하여 60년대식 근대의 한계를 넘어서려 한 비동시성의 시인이었다. 김수영이 평한 것처럼 신동엽은 '지금'(60년대식 근대)을 넘어 세계 시간과 통화하고, 공간적으로 '여기' 좁은 대한민국의 경계를 넘어 '세계'와 '함께'하는 "세계적인 발언"을 함으로써 암울한 현실에서 벗어나 미래에의 비전을 그리려 하였다(김수영, 〈참여시의 정리〉, 《김수영 전집 2》, 민음사, 2003, 394-396쪽). 근대적인 4월혁명의 시인 신동엽이 노래한 포스트 모던한 참여시의 대표작은 〈풍경〉이다.

풍경(風景)

신동엽

쉬고 있을 것이다.
아시아와 유우럽
이곳 저곳에서
탱크부대는 지금
쉬고 있을 것이다.

일요일 아침, 화창한
도오꾜 교외 논둑길을
한국 하늘, 어제 날아간
이국(異國) 병사는
걷고.

히말라야 산록(山麓)
토막(土幕)가 서성거리는 초병(哨兵)은
흙 묻은 생고구말 벗겨 넘기면서
하루삔 땅 두고 온 눈동자를
회상코 있을 것이다.

순이가 빨아준 와이샤쓰를 입고
어제 의정부 떠난 백인 병사는
오늘 밤, 사해(死海)가의
이스라엘 선술집서,
주인집 가난한 처녀에게
팁을 주고.

아시아와 유우럽
이곳 저곳에서
탱크 부대는 지금
밥을 짓고 있을 것이다.

해바라기 핀,
지중해 바닷가의
촌 아가씨 마을엔,

온종일, 상륙용(上陸用) 보오트가
나자빠져 뒹굴고.

흰구름, 하늘
제트 수송편대가
해협을 건너면,
빨래 널린 마을
맨발 벗은 아해들은
쏟아져 나와 구경을 하고.

동방으로 가는
부우연 수송로 가엔,
깡통 주막집이 문을 열고
대낮, 말 같은 촌색시들을
팔고 있을 것이다.

어제도 오늘,
동방대륙에서
서방대륙에로
산과 사막을 뚫어
굵은 송유관은
달리고 있다.

노오란 무우꽃 핀
지리산 마을,
무너진 헛간엔
할멈이 쓰러져 조을고

평야의 가슴 너머로.
고원(高原)의 하늘 바다로.
원생의 유전(油田)지대로.
모여 간 탱크 부대는
지금, 궁리하며

고비 사막,
빠알간 꽃 핀 흑인촌(黑人村).

해 저문 순이네 대륙
부우연 수송로 가엔,
예나 이제나
가난한 촌 아가씨들이
빨래하며,
아심아심 살고
있을 것이다.
—《現代文學》(1960년 2월호)

신동엽은 '여기'를 벗어난 세계의 파노라마 같은 풍경을 그린다. 도오꼬에서 시작해서 히말라야, 하루삔, 이스라엘로, 동방대륙에서 서방대륙으로, 다시 지리산, 고비사막으로 이어지는 세계의 풍경이다. 이 파노라마 같은 세계 풍경을 통해 신동엽과 독자는 '세계' 내의 존재임을 확인하고, 세계와 '함께'하는 '존재'라는 것을 인식하게 된다. 그러나 신동엽은 "예나 이제나/가난한 촌 아가씨들이/빨래하며/아심아심 살고"로 마무리하면서 이제(현재)에 머물던 시간이 "예(과거)"로 이어지는 경이로움을 보여 준다.(오영진, 2013) 신동엽의 과거(동학 곰나루, 후고구려, 삼한)는 미래에의 비전을 그리기 위해 불러온 것이다. 과거를 불러와 강물과 같은 시간의 이어짐 속에서 미래의 비전을 그리는 신동엽의 포스트모던은 그래서 건강하다.

5. 좌절된 혁명

1) 4월혁명은 대리혁명? 미완의 혁명?

4월혁명의 시인 신동엽의 문학에서 보는 바와 같이 4월혁명의 시간은 다중적인 비동시성의 시간이었고 '예(옛날)' 시간, '이제' 시간 그리고 미래 비전의 시간은 건강하게 연결되어 있었다. 그러나 한국 역사상 최초의 시민혁명이었던 4월혁명은 민주적 헌법을 제정하고 공정하고 경쟁적인 선거를 통해 민주정부를 구성하는 데는 성공했으나, 혁명의 결과로 탄생한 장면 민주정부는 1년을 지속하지 못하고 1961년 5월 16일 박정희 장군이 이끄는 군부의 쿠데타로 전복되었고 제1차 한국 민주화도 좌절되었으며, 한국도 제2차 세계 민주화의 역류에 합류하였다. 그래서 많은 사람들은 4월혁명을 '좌절된 혁명(aborted revolution)', '미완의 혁명', '대리혁명', '좌절된 혁명' 그리고 '실패한 혁명'이라 부른다. 그러나 4월혁명은 대리혁명도 아니고 미완의 혁명도 아니다. 4월혁명의 이념과 비전의 실천을 위임받은 장면 정부가 4월혁명을 지키지 못하고 군부 쿠데타에 의해 전복됨으로써 4월혁명의 정신은 실현되지 못하고 좌절되었을 뿐이다.

경제학자 박현채는 '민족민중론'에 입각하여 "4·19는 민주주의와 진정한 민족해방의 실현을 위한 미완의 민중혁명이었으며 민중 자신이 아닌 학생에 의한 대리혁명이었다"라고 규정하였다.(박현채, 1983: 53-55) 민중경제학자인 박현채는 반봉건, 반외세, 민족 자주화의 연속선상에서 4월혁명을 위치시키고 싶어했다. 박현채에 의하면 객관적 조건은 1950년대 말의 경제위기로 국민경제가 파탄이 나고 민중의 불만이 고조되면서 변혁을 위한 사회적 잠재력이 비등점으로 상승했으나 1960년대의 민중은 자신의 잠재력을 주체적으로 해석하고 조직하는 능력을 구비하고 있지 않았다. 그래서 학생이 민중을 대신하여 변혁을 주도한 '대리혁명'으로서의 4월혁명이 일어났으며 학생의 '관념적 낭만성' '소시민적 세계관'의 한계로 인해 낡은 지배세력인 자유당 정권을 전복시켰으나 새로운 민중정권을 수립하지 못하고 보수 야당인 민주당 세력에게 권력을 넘겨줌으로써 기득권 구조를 파괴하지 못하고 새로운 질서도 수립하지 못한 '미완의 혁명'에 끝나고 말았다는 것이다.(박현채, 1983: 45-59; 박은봉, 2006)

그러나 민족민중론자들이 4월혁명을 대리혁명, 미완의 혁명으로 규정하는 것은 소망적 사고의 소산일 뿐이다. 4월혁명은 '산업화 없는 민주혁명'이었고 학생, 지식인, 교수 언론인이 주도한 시민혁명이자, 정치혁명이었다. 따라서 계급혁명의 관점에서 민중이 담당해야 할 혁명과업을 학생들이 대리해서 수행했다는 대리혁명론은 객관적 조건에 의해 뒷받침되지 않는 소망적 사고이다. '미완의 혁명론'도 마찬가지였다. 4월혁명에서 학생과 지식인이 목표로 했던 것은 자유민주주의의 회복이었지 프롤레타리아트 혁명이거나 농민혁명이 아니었다. 학생과 지식인들은 새로운 민주헌법을 제정하여 민주적 경쟁과정을 통해 수립된 민주정부에 권력을 넘겨주는 것으로 자신의 임무를 다했다고 생각하였다. 그들의 혁명목표는 달성되었고 이제부터는 민주적으로 선출된 정부가 혁명을 계속해 나가야 한다고 믿고 캠퍼스로 복귀하였다.[276]

4월혁명은 성공하였으나 4월혁명의 과업을 수행해야 할 장면 정부는 자의든 타의든 4월혁명을 지키지 못하고 일 년이 채 못 되어 1961년 5월 16일 군부의 쿠데타에 의해 전복되었고 민주주의도 전복되었다.

2) 4월혁명의 좌절 — 민주주의의 실패? 민주정부의 무능?

(1) 민주주의의 실패

군사 쿠데타를 주도한 인물들과 권위주의적 발전론을 신봉하는 정치학자들은 혁명의 시간이 쿠데타의 시간으로 이전된 것은 혁명의 결과로 탄생한 민주정부의 무능과 통제불능으로 쿠데타를 불러왔다는 '민주주의의 실패론(failure of democracy)'을 주장한다. 말하자면, 1961년 5월 군사 쿠데타는 4월혁명 이후 전개된 집정관적 사회(praetorian society)의 혼란과 무질서가 당시 가장 조직화된 근대화 집단인 군부를 초청하였다는 것이다. 민주정부의 무능과 혁명 이후의 사회불안과 무질서가 혁명에 동참하였던 중산층으로 하여금 질서를 회복시키고 자신의 재산권을 지켜 줄 군부를 초대하였다는 가설이다.

'민주주의의 실패론'은 4월혁명 이후 '과잉 민주주의'로 인해 사회질서가 붕괴하여 통치불능(ungovernability)의 상태로까지 치달았다고 주장한다. 4월혁

276 조동걸은 프랑스혁명도 1789년부터 1848년까지 59년 걸렸고, 중국의 신해혁명은 1911년에서 1928년까지 17년이 걸렸으며, 4·19혁명은 1960년에서 1987년까지 27년이 걸렸다. 일회성 혁명은 없었다고 지적한다.(조동걸, 2011, 《우사 조동걸 전집》, 역사공간)

명으로 시민들의 참여와 국가에 대한 요구는 폭발하였는데 민주정부는 이러한 요구에 응답하고 정책으로 수용하지 못하는 무능을 드러내었고, 참여의 폭발을 수용하지 못하는 민주적 제도의 능력 미달로 헌팅턴이 이야기한 "집정관적 사회" 현상이 출현하였다는 것이다. 그들은 4월혁명 후 모든 계층과 연령대가 "데모로 날이 새고 데모로 날이 졌다"고 표현하였다. 민주주의 실패론은 연속적인 대중 시위로 인해 초래된 통치불능의 상태를 시정하고 질서를 회복시키라는 안정 희구적인 중산층의 사회적 요구에 의해 쿠데타가 촉발되고 민주정부가 전복되었다고 주장함으로써 쿠데타가 정치군인 집단의 밀어붙이기(push)보다 사회집단의 유인(pull)에 의해 일어났다는 것을 강조한다.

과잉 민주주의론은 4월혁명 이후 시민사회의 폭발적 분출을 강조한다. 4월혁명이 성공한 이후 제2공화국이 붕괴하기 직전까지 1,036회의 시위가 있었고 시위의 주체도 대학생, 노동자, 통일운동가에서부터 초등학생까지 모든 연령층과 사회계층에 걸쳐 있었고 시위의 종류도 시위, 연좌농성, 집단 항의 등 다양하였다.(박명림, 1996: 222)[277]

시민사회의 폭발은 언론, 노동조합, 학생조직에서 발견된다. 4월혁명 전후 일간신문의 수는 41개에서 112개로 급증하였고 일간통신의 수도 14개에서 274개로 폭발하였고 이들을 포함한 전체 정기간행물의 수는 709개에서 1509개로 배가되었다. 노조의 수도 1959년 588개에서 1960년 914개로 늘어났고,[278] 노동쟁의 수도 1957년 58건, 58년 50건, 59년 109건에서 1960년 218건(4·19 이전 29건, 4·19 이후 189건)으로 급증하였다. 노동운동이 가장 활발하게 일어난 부

277 그러나 박명림은, 4월혁명 후 언론, 자유, 집회, 의회, 정당정치의 측면에서는 과잉 민주주의가 나타났으나, 노동문제, 분단문제를 다룰 때는 과부족민주주의를 노정하였다고 하면서 제2공화국의 민주주의가 불균등 민주주의라고 주장한다.(박명림, 1996: 221-235)

278 노조 숫자와 조합원 수는 57년 534개, 246,000명, 58년 654개, 246,000명, 59년 587개, 285,000명, 60년 4·19 이전 621개, 307,000명, 60년 9월 1일 821개, 334,000명 이었다. 혁명적 상황에서 이 정도의 노조원 수의 증가는 '혁명적' 증가로 볼 수 없고, 한국노총 조합원은 감소한 반면, 전노협의 조합원 수는 급증한 것으로 보인다.(Han, Sungjoo, 1974: 189)

문은 지식인 노조라 할 수 있는 교원노조, 화이트칼라 사무직 노조였다. 지식인 노조는 4월혁명을 주도한 지식인들을 대변하여 민주화 운동의 중심에 섰다. 특히 영남지역을 중심으로 조직된 교원노조는 쁘띠 부르주아지의 급진성을 띠고 급진적 저항을 시도함으로써 정권의 관용의 한계를 시험하였다.[279] 관제 어용노조연합인 대한노총은 와해되고 한국노총으로 대체되었으며, 4·19 직전에 설립된 민주노련인 전국노동조합협의회(전국노협)는 급속하게 팽창하여 170개 노조에 16만 명의 조합원을 포괄하고 있었다. 학원에서 관제동원기구인 학도호국단은 해체되었고 자율적 학생조직으로 대체되었다.(박명림, 1996: 221-247) 그러나 1987년 민주화 이후 한국의 시민사회의 폭발과 비교한다면 이 정도의 시민사회의 분출은 '비정상의 정상화'(조희연, 2004)로 부르는 것이 타당하다. 이승만과 자유당 정권하에서 비정상적으로 억눌리고 억압당해서 공개적으로 나오지 못하고 동면했던 자율적 시민사회가 4월혁명이 열어 준 '광장'으로 튀어나온 것이다.

시위로 인한 '과잉 민주주의'로 중산층이 질서를 회복하기 위해 군부의 쿠데타를 유인하였다는 '민주주의의 실패' 이론은 쿠데타 음모자들과 쿠데타를 옹호하는 기득권 집단의 자기 합리화 논리에 지나지 않는다. 민주화 이후 시민사회가 폭발한다는 것은 남미와 남유럽의 민주화를 집단 연구한 뒤 오도넬과 슈미터가 내린 결론이다. 다만 민주주의의 전환기에는 시민사회가 분출하고 부활하고, 공고화기에는 그렇게 부활한 시민사회가 오히려 사회적 갈등을 순화시키고 제도 속에서 문제를 해결하는 주체로 변신한다는 것이다.(O'Donnell and Schmitter, 1986) 한국의 제2공화국 장면 정부 말기에도 4월혁명기에 분출한 동원적 시민사회(mobilizational civil society)는 제도적 시민사회(institutional civil

279 교원노조는 대한교련이 해체된 뒤 1960년 5월 22일 조직된 급진 지식인 노조로 전체 교원 83,873명 중 22%인 18,678명이 가입하였는데 특히 대구 경북(63%), 부산 경남(57%)지역 교원들이 집중적으로 가입하였다. 서울의 교원들은 2.66%만 교원노조에 가입하였다.(Han, Sungjoo, 1974: 192)

society)로 전환할 채비를 하고 있었는데 바로 그때 군부가 헌정체제를 전복하는 쿠데타를 일으킨 것이다. 시위가 민주정부를 전복시키지도 않았고, 시민사회는 군부에게 쿠데타를 일으킬 구실을 주지 않았다. 왜냐하면, 1961년 4월 2일 대구 충돌을 기점으로 시위는 수와 강도에서 급감하고 약화되고 있었기 때문이다. 오히려 군부 쿠데타 세력이 시위로 인한 '과잉 민주주의론'을 쿠데타를 통한 군부의 정치 개입의 구실로 이용한 측면이 강하다.

(2) 민주정부 무능론(democratic incompetence theory)

경제 정책의 실패로 인한 민주정부의 실정에 대한 국민의 실망이 쿠데타를 불러왔다는 '민주정부 무능론'은 쿠데타 주모자들뿐 아니라 많은 사회과학자들이 지적하고 있는 쿠데타 원인론이다. 그러나 민주정부 무능론만큼 실증적 자료에 바탕에 근거하지 않고 쿠데타 음모자의 선동에 놀아난 이론이 아닌 '반이론'은 없다.

쿠데타 음모자들이 선전한 것과는 달리, 장면 민주당 정부는 이승만 정권과 대조적으로 적극적인 경제정책을 추진하였고, 이승만 정권의 수사학에 불과한 북진통일론을 폐기하고 경제를 건설하여 북한과 대등한 관계에서 통일을 협상해야 한다는 "선 건설, 후 통일"을 정권의 경제제일주의를 표방하는 구호로 삼았다. 정권 초기의 혼란을 수습하고 장면 정부는 뉴딜형 실업자 대책인 "국토건설계획"을 1960년 12월에 초안하였고, 1961년 2월에 발표하였다. 1961년 2월 장면 정부는 이승만의 반대로 잠자고 있었던 1953년 UNKRA(국제연합한국재건단)이 네이선협회(Robert R. Nathan Associates)에 용역을 의뢰해 작성한 〈한국경제재건계획〉(일명 네이선 보고서)을 다시 살려 '경제개발7개년계획'을 정리하여 미국에 전달하였고, 이를 바탕으로 '경제개발 5개년 계획 수립요강'을 발표하였다. 경제개발을 자문하기 위해 내한한 찰스 울프(Charles Wolf) 박사의 조언을 받아 경제개발계획을 다듬어 1961년 5월 15일 국무회의에 보고되었고, 같은 날짜에 부흥부 명의로 '경제개발5개년계획'이 발표되었다. 그러나, 장면 정부는 불행히도 자신이 만든 '경제개발5개년계획'을 실행에 옮기기도 전에 5월 16일 군부 쿠데타를 맞음으로써 민주정부의 능력을 보여 줄 기회를 갖지 못했다.[280]

이와 같이, 쿠데타가 임박했던 장면 정부 말기에 한국 경제는 4월혁명으로 인한 과도기의 혼란을 벗고 회복과 개선의 조짐을 보였다. 1961년 들어서 4개월 연속으로 실업률이 감소하였으며,[281] 미국은 친미 정권인 장면 정부에 3억불에 달하는 원조 증액을 약속하였다. 경제제일주의를 표방한 장면 정권은 이승만 정권과 달리 한일 양국 관계 정상화를 시도하였는데 박정희 정권이 한일회담에서 요구한 3억 불을 훨씬 웃도는 8억 불의 보상을 요구하였다. 5·16군사쿠데타 전야에 산업생산지수, 경제활동지수, 경제성장률(1.9% → 4.8%) 등 모든 경제지수가 증가세를 나타내었다.

장면 정부가 경제적으로 무능했다는 증거는 어디에도 발견되지 않는다. 그리고 장면 정부 집권 9개월은 장면 정부의 경제정책을 검증하기에는 너무 짧은 기간이었다. 장면 정부가 경제 실정으로 시위를 맞았다는 사실도 확인되지 않는다. 민주정부가 밥을 먹여 준다는 것을 보여 주지 못했을지 몰라도 장면 정부가 사회경제적 문제를 해결하는 데 실패했기 때문에 장면 정부가 퇴진해야 한다는 요구가 시민사회로부터 올라오지는 않았다. 혁명으로 빈곤의 문제가 조기에 해결되지 않았지만 적어도 시민사회는 인내하고 있었고 시위, 농성 또는 언론을 통해 민주정부에 자신들의 요구를 투입하고 있었다. 5·16군사쿠데타 주역들이 청와대로 윤보선 대통령을 찾아갔을 때 윤 대통령은 "올 것이 왔

280 1954년의 네이선 플랜과 그에 바탕을 둔 장면 정부의 '경제개발5개년계획'은 박정희가 경제개발5개년계획을 입안할 때 기본적인 준거 자료가 되었다. 실제로 네이산은 한국의 기업고문이 되어 박정희가 경제개발계획을 입안하는 것을 도와주었다.(그렉 브라진스키, 2011: 239; "Robert R. Nathan, Trip to Korea, June 1966," RNP) 1960년대 미국의 국제개발처(AID)와 대외원조처가 한국을 지원하고 있었다.

281 실업자/노동활동 인구수는 1959년 347,000/8,768,000, 1960년 434,000/8,521,000, 1961년 2월 212,000/ 8,476,000, 1961년 4월 126,000/9,774,000이었다.

다"고 했으나 사실은 "오지 말아야 할 것이 온 것"이다. 군인들은 장면 정부가 책임을 질 시간도 주지 않고 너무 일찍이 청와대로 난입한 것이다.

(3) 민주화 연합의 분열과 붕괴 — 유인 요인 1(pull factor 1)

그렇다고 1961년에 군부 쿠데타를 유인한 요인이 없었던 것은 아니다. 그것은 정치적 요인이었다. 먼저 유인 요인(pull factor)을 살펴보면, 이한빈이 '대학-언론 연합(university- press nexus)'(Hahn Bin Lee, 1968: 126)이라 불렀던 학생, 지식인, 보수 야당 정치인 간의 느슨한 연합이 지배권력 블럭에 대항하는 최대다수 연합을 형성하여 이승만 정권을 퇴진시키는 데는 성공하였으나, 4월혁명이 성공하자마자 반독재연합세력은 분열되기 시작하였다. 민주화 과정에서 독재정권을 퇴장시키기 위해 모든 세력은 단결하여 반대하나 독재정권이 퇴장하고 민주적 경쟁이 회복되면 반독재연합세력은 서로 표와 지지를 얻기 위해 경쟁해야 한다. 이는 당연한 민주주의의 원리이다. 민주화 이후에도 계속 단결할 것을 강요하는 것은 전체주의적인 사고이고 민주주의의 기본 원리를 위배하는 것이다.

먼저 정당이 분열하였다. 1954년 자유당 정권에 반대하는 모든 세력이 이념과 지지기반의 차이를 넘어서 결성한 우산 정당인 민주당이 4월혁명 이후 분열하여 구파와 신파라는 파벌로 나뉘었다가 끝내는 민주당과 신민당으로 분당하였다. 둘째, 민주화 연합세력에 제휴, 참여했던 사회운동권 세력이 민주화 연합으로부터 이탈하였다. 그들은 좀더 급진적 개혁이 이루어지지 않고, 특히, 구정권에서 죄악을 저지른 핵심 인물에 대한 혁명적 처벌이 좌절된 데 대해 불만을 품고 이탈하였다. 셋째, 사회운동권 세력이 이탈하자 장면 정권이 부정축재처리법의 소급적용을 위한 입법까지 하면서 구악을 척결하려 하자 이에 반발하는 보수정치 세력이 이탈하였다. 마지막으로, 계엄령하에서 발포를 하지 않고 중립을 지킴으로써 4월혁명의 성공에 결정적 역할을 했던 군부와 경찰에 대한 인원 감축과 예산 삭감 조치에 대한 불만이 억압적 국가기구 내부로부터 나오기 시작하였다. 국가 억압기구에 대한 조기 개혁은 매우 위험한 조치였다. 장면 정부는 경찰력의 14%인 4,521명을 해고하고 80%를 이동 교체하였으며, 군부 정화를 시도했으나 실패하였다. 더구나 10만 감군을 시도하다가 군부와 미국의 반대로 좌절되었다. 최대주의적 민주화 연합은 이승만 독재정권을 몰아내고 민주정부를 구성하는 데까지는 성공적이었으나 민주적 경쟁이 회복되었을 때 민주화 연합은 각각 표와 지지를 얻기 위해 뿔뿔이 흩어졌고 장면 정부는 통치에 필요한 다수를 형성하기가 매우 어려운 상황을 맞이하고 있었고 이는 '통치불능(ungovernability)'의 상황을 만들어 군부로 하여금 정치권력을 찬탈할 수 있는 공간을 만들어 주는 유인 요인이 되었다.

(4) 급진적 통일운동 — 유인 요인 2(pull factor 2)

그러나 군부가 내건 유인 요인은 급진적 통일운동의 출현이었다. 군부 쿠데타 주도자들은 급진적 통일운동이 대한민국의 정체성을 부정하고 중립화 통일을 제시하여 반공국가의 근간을 흔들었기 때문에 합헌 민주정부를 밀어내고 군부가 직접 정치에 개입할 수밖에 없었다고 쿠데타를 정당화하였다.

장면 정부가 아니라 급진적 통일운동 좌파들이 냉전기 후견국가인 미국이 설정한 분단국가의 한계를 건드렸고 쿠데타 음모자들은 이를 놓치지 않고 쿠데타를 정당화하는 데 이용하였다. 애당초 급진적 통일운동은 민주당과 관계없었다. 반공의 문제에 있어서 한민당의 후예인 민주당은 자유당보다 더 보수적이고 반공적이었다. 급진적 사회운동권이 "민족통일문제"를 제기하자 보수여당인 민주당은 바로 급진 운동권과 결별하였다. 왜냐하면 이는 자신의 정체성을 부정하는 것이었기 때문이다. 보수적인 장면 정부는 자유당보다 더 보수적으로 사회운동권 세력에 대응하였다. 장면 정부는 보안법을 폐기하지 않고 개정하였으며 데모 규제법의 개정을 시도하여 장면 정권이 기본적으로 보수 반공 정권이라는 점을 과시하였다.

반면에, 혁신운동권 세력은 더욱 급진화되었다. 1961년 1월 급진통일운동 세력의 민족자주통일중앙위원회(민자통)이 조직되었고, 1961년 2월 중립화 통일운동 세력인 중립화조국통일총연맹이 결성되었다. 1961년 5월 3일 서울대 민족통일연맹 대위원회의 남북학생회담을 제의하였고, 5월 5일에는 민족통일전국학생연맹 결성 대회에서 남북학생회담을 결의하였다. 5월 13일에는 북한에서 조국평화통일위원회가 결성되었고, 5월 14일에는 민족통일전국학생연맹 남북학생회담과 통일 군축에 대한 구체적 원칙과 요구사항이 발표되었다.

혁신세력의 급진노선은 '미국의 경계'를 넘어섰을 뿐 아니라 실제로 남한에 존재하는 사회적 조건과 대중의 의식보다 앞서간 과잉 급진주의였다. 혁신세력의 통일 논의가 분단국가가 수용할 수 있는 한계를 넘어서 진행됨으로 해서 군부 쿠데타에 대한 미국의 사후 묵인을 가져왔다. 혁신세력은 미국이 아시아 냉전의 최전선에 위치한 분단국가인 한국에서 논의될 통일 문제에 관한 상한선과 하한선을 설정하고 있었다는 '냉전의 현실'을 알았어야 했다. 그들의 현실을 초월한 급진적 통일 논의는 아무런 구체적 성과도 내지 못한 채 쿠데타 세력에게 정치에 개입할 구실만을 주었다. 헤겔의 "가장 합리적인 것이 현실적인 것이요, 가장 현실적인 것이 가장 합리적인 것"이라는 명제가 그럴듯하게 들리는 역사적 순간이었다.[282]

6. 혁명의 시간에서 쿠데타의 시간으로

1961년 5월 16일 아침 '미명을 기해' 그동안 4월혁명의 거센 물결에 밀려 '은인자중'하던 박정희 장군이 이끄는 일군의 정치 장교들이 불과 3천여 명의 군대를 이끌고 민주합헌정부를 무력으로 전복하는 쿠데타를 감행하였다.

---

282 "What is rational is real; And what is real is rational."(Hegel, 1820, *Philosophy of Right*, "Preface")

친애하는 애국동포 여러분! 은인자중하던 군부는, 드디어 오늘 아침 미명을 기해서 일제히 행동을 개시해, 국가의 행정, 입법, 사법 3권을 완전히 장악하고, 이어서 군사혁명 위원회를 조직했습니다. 군부가 궐기한 것은 부패하고 무능한 현 정권과 기성 정치인들에게 이 이상 더 국가와 민족의 운명을 맡겨둘 수 없다고 단정하고, 백척간두에서 방황하는 조국의 위기를 극복하기 위한 것입니다.

군사 혁명 위원회는

첫째, 반공을 국시(國是)의 제일의(第一義)로 삼고, 지금까지 형식적이고 구호에만 그친 반공태세를 재정비 강화할 것입니다.

둘째, 유엔헌장을 준수하고 국제협약을 충실히 이행할 것이며, 미국을 위시한 자유우방과의 유대를 더욱 공고히 할 것입니다.

셋째, 이 나라 사회의 모든 부패와 구악을 일소하고, 퇴폐한 국민도의와 민족정기를 다시 바로잡기 위하여 청신한 기풍을 진작할 것입니다.

넷째, 절망과 기아선상에서 허덕이는 민생고(民生苦)를 시급히 해결하고, 국가 자주경제 재건에 총력을 경주할 것입니다.

다섯째, 민족적 숙원인 국토 통일을 위하여, 공산주의와 대결할 수 있는 실력 배양에 전력을 집중할 것입니다.

여섯째, 이와 같은 우리의 과업이 성취되면 참신하고도 양심적인 정치인들에게 언제든지 정권을 이양하고 우리들 본연의 임무에 복귀할 준비를 갖추겠습니다.

— 군사혁명위원회 위원장 육군 중장 장도영

시민혁명의 시간에서 또 다른 혁명(쿠데타)의 시간으로 이전하는 순간이었다. 4월혁명은 기본적으로 민주주의가 실패했기 때문이 아니라 일부 정치군인 집단에 의해 권력이 찬탈당함으로써 좌절된 것이다. 5·16군사쿠데타는 글로벌 민주화의 '제2차 역류(second reverse wave)'의 물결의 유일한 예외였던 한국까지 합류한 역사적 사건이다. 한국은 한국전쟁의 와중에서도 군부에 대한 문민통제가 유지되었던 나라였고 제2차 민주화의 역류 시기에 4월 시민혁명을 통해 유일하게 독재를 붕괴시키고 민주화를 달성한 유일한 나라였다. 4월혁명 당시 계엄령을 집행하던 군부 지도자들이 시위대에 대한 발포 명령을 거부함으로써 권력 블럭을 와해시키고 민주화 연합세력의 승리를 이끄는 데 결정적인 역할을 함으로써 한국 사회에서 가장 강력하게 조직화된 비토 파워(veto power) 또는 진자권력(swing power)임을 과시하였다.

이승만 정권하에서 지구상에서 가장 군사화된 지역인 한반도에서 군부는 "잠자는 사자"였고 문민통제는 전시하에서도 효과적으로 이루어졌다. 그런데 4월혁명에서 발포명령을 거부함으로써 권력 블럭과 민주화 연합세력 간의 힘의 균형 추를 일거에 민주화 연합세력으로 움직이게 한 데서 군부는 자신의 힘을 확인하였다. 잠자고 있었던 사자는 마침내 잠을 깼고 정치권력의 주변에서 으르렁거리기 시작했다. 4월혁명에서 군부의 중립 선언이 정권과 민주화 연합 사이의 힘의 교착상태를 깨고 혁명의 성공을 가져오는 데 결정적 역할을 했다는 사실을 확인한 순간부터 군부는 꿈틀대기 시작하였다. 이때부터 군부는 외부적 경쟁자를 제거하고 외부 세력의 침입으로부터 국가를 방어하고 국민을 보호한다는 본연의 의무를 소홀히 한 채 금지된 영역인 국내 정치에 관심을 가지게 되었다. 4월혁명으로 탄생한 문민정부에 대한 군부의 후견적 권력이 확대되었고, 그들은 수시로 자신들의 집단적 이익을 지키기 위해 금지된 집단행동도 서슴치 않는 이익집단으로 변모하였다.

1) 5·16군부쿠테타의 전개과정

군부의 후견적 권력이 강화되는 와중에 일군의 정치 군인들이 쿠데타를 음모하기 시작했다.[283] 4월혁명의 결과로 출범한 장면 정부가 출범하자마자 정치활동이 금지된 군대 내에 정치에 깊이 개입하여 자신들의 집단적 이익을 관철시키려는 '정군파'라는 압력 집단이 출현하였다. 1960년 8월 23일 장면 총리가 현석호를 국방장관으로 임명하고 최경록 장군을 육군참모총장으로 임명하자 김종필, 오치성, 김형욱, 길재호, 이택균, 옥창호, 석정선, 김동환, 김달훈, 석창희, 신윤창 등 11명의 중령들이 현석호 장관을 방문하여 정군에 관한 건의를 하려 했

283 이하는 한용원, 2010b: 201-217 참조.

으나 거절당하고 육군본부에서 이들의 정치적 행위를 조사하여 문책하였다. 이에 김종필 일당은 다시 서울 시내 '충무장'에서 회합을 갖고 당시 장면 정권의 10만 감군정책으로 군 내부에 일고 있는 불만을 이용하여 쿠데타를 단행하기로 뜻을 모으는 '충무장 결의'를 하여 총무에 김종필, 정보에 김형욱, 작전에 옥창호로 업무 분담까지 하였다. 정군파들은 1960년 9월 24일 미국 군사원호국장 파마 대장이 방한하여 최영희 연합참모총장과 업무를 협의하면서 정군 반대를 표명하는 '최·파마성명'을 발표한 데 대해 내정간섭이라고 비난하면서 최영희 연합참모총장을 방문하여 최·파마성명을 규명하고 최영희 장군의 용퇴를 요구하였다. 군에서는 이를 '하극상 사건'으로 규정하고 정군파들을 군법회의에 회부하였으나 7회의 공판을 거친 끝에 12월 12일 김동복 대령만이 상관불경죄로 징역 3년을 선고받고 나머지는 무죄 석방되었다. 그 후 김동복 대령을 배후교사한 혐의가 사실로 드러나면서 김종필과 석정선이 1961년 2월 4일 구속되었으나 2월 8일 석방되어 예비역으로 편입되었다.

하극상 사건으로 정군파 장교들은 1960년 11월 9일 신당동 박정희 자택에서 모여 박정희 장군을 중심으로 쿠데타 계획을 수립하였고 그 후 계속 모임을 가졌다. 박정희를 비롯한 쿠데타 음모 집단은 1961년 4월 19일 쿠데타를 단행하기로 했다. 당시 1961년 4·19혁명 1주년을 계기로 '3, 4월 위기설'이 번졌고 학생과 혁신 계열의 안보법, 반공법 반대 소요가 심화되어 경찰력만으로 사태 수습이 어렵게 되자, 장면 정부는 군 동원을 포함한 폭동진압 계획을 세우고 있었는데, 쿠데타 음모집단은 폭동진압 계획에 따라 군이 동원되었을 때 이를 이용하여 문민정부를 전복시키는 군사 쿠데타 계획을 세웠고, 당시 육군참모총장이었던 장도영 장군에게 거사 계획을 설명하고 협조를 요청하였다. 쿠데타 음모집단은 더 이상 문민통제하에 있는 군 장교 집단이 아니었다. 그러나 4월 19일이 평온한 가운데 지나가자 수립된 쿠데타 계획은 수포로 돌아갔고 쿠데타 음모자들은 5월 12일을 거사일로 잡았으나 거사 정보 누설로 중지되고 다시 5월 16일 0시를 기해 행동을 개시하기로 최종 결정하였다. 그러나 5월 16일 0시 거사계획도 사전에 발각되어 장도영 총장에게 보고되었고 장총장이 쿠데타 진압 임시 지휘본부를 방첩대에 설치하고 쿠데타 저지를 위해 진두지휘에 나서게 되자 박정희 장군은 출동시간을 늦출 수밖에 없었다. 그러나 02시 이후 해병대 여단, 공수단 33사단이 한강 인도교를 건너 소규모의 총격전 끝에 국방부로 진입하였고 방송국, 국회의사당, 중앙청 등 주요 목표물을 점령하였다.

쿠데타를 진압해야 할 총 책임을 지고 있던 장면 총리는 동숭동 갈멜수녀원으로 피신하고, 기회주의자 장도영 육군참모총장은 쿠데타군을 진압하기는커녕 오히려 쿠데타군에 합류하였고, 명목상 국군통수권자인 윤보선 대통령은 쿠데타 장교들이 들이닥치자 '올 것이 왔다'라는 유명한 말을 남겼을 뿐만 아니라 쿠데타 세력을 진압하자는 그린 미국 대리대사와 매그루더 미 8군 사령관의 건의를 일축하였다. 그러자 매그루더 사령관은 야전 1군 사령관 이한림 중장에게 반란군을 진압할 것을 하달하였다. 미군이 작전권을 갖고 있었기 때문이었다. 이에 윤보선 대통령은 야전군의 출동을 중지하라는 친서를 1군 사령관에게 전달하였고, 이에 쿠데타 세력은 이한림 장군을 연금하였다. 이로써 쿠데타군은 최종적인 승리를 굳혔다.

2) 왜 군부 쿠테타가 1961년 5월에 일어났는가?

박정희 장군이 이끄는 '혁명군'은 군부 쿠데타의 정당성을 혁명공약 6개 항에 담아서 민간인 배후 인물 중의 한 사람인 이학수 광명인쇄사장(후에 고려원양사장)의 인쇄소에서 미리 프린트해서 쿠데타 개시와 함께 뿌린 군부 쿠데타의 정당성을 혁명공약 6개 사항에 담아 뿌렸다. 쿠데타군은 자신들은 '은인자중' 하려 했는데 부패한 민간 정치와 사회가 자신으로 하여금 법과 질서를 바로잡기 위해 구국의 쿠데타를 감행하지 않으면 안 되었다고 주장하고 있다. 말하자면, 자신의 문제를 해결하기 위해 민간 정치에 개입하는 압출 요인(push factor)

을 감춘 채 사회가 자신들로 하여금 행동을 개시하도록 초청했다는 유인 요인(pull factor)을 강조하였다. 그러나 상기한 바와 같이 유인 요인들은 실증적으로 근거가 없다는 것이 밝혀졌다.

5·16혁명 구호 4항인 "절망과 기아선상에서 허덕이는 민생고를 시급히 해결"하겠다는 구호는 경제적 정당성 구호이다. 그러나 장면 정부 말기 모든 경제지표가 호전되고 경제성장이 다시 궤도에 올랐고 미국의 원조 증액 약속까지 있었다는 점에서 경제는 쿠데타로 문제를 해결할 만큼 위기상황이 아니었기에 쿠데타의 구실이 될 수 없었다. 혁명구호 제3항인 "이 나라 사회의 모든 부패와 구악을 일소하고 퇴폐한 국민도의와 민족정기를 다시 바로잡기 위해서" 군부가 일어났다는 주장은 4월혁명 이후 과잉 민주주의로 전 계층과 전 세대에 시위가 만연하고 이익집단들의 정치적 동원이 고질화되어 사회적 혼란과 통치 불능를 바로잡기 위해 쿠데타라는 비상적인 정치 개입을 할 수밖에 없었다는 주장이다. 그러나 이 주장도 한국전쟁 이후 최대의 정치사회적 소용돌이인 4월혁명으로 인한 사회적 무질서, 무정부 상태를 장면 정부가 9개월 밖에 안 된 시점에서 완전히 정상적인 상태로 돌려놓기에는 너무 짧은 시간이었고 군부가 불만이 있더라도 병영에서 인내하면서 문민정부의 명령을 따라야 했다. 더구나 쿠데타가 일어나기 한 달 전인 1961년 4월부터 데모의 수가 급감하여 서서히 '시위 민주주의'는 정상적인 민주주의로 회복되고 있는 중에 오히려 민주질서를 깨는 쿠데타를 감행했다는 것은 5·16이 전혀 명분 없는 군사반란이었다는 것을 보여 준다.

그러므로 5·16군사쿠데타는 사회의 초청 또는 유인에 의한 것이 아니었기에 사회의 초청설, 또는 유인설은 쿠데타 주도자들의 자기합리화 이론이라는 결론을 내릴 수 있다. 비교정치학과 군사사회학에서 사회적 유인과 초청에 의한 쿠데타 가설로 쿠데타를 설명하는 대표적인 이론은 호세 넌(Jose Nun)의 '중산층 군사 쿠데타 이론(middle class military coup)'이다.(Jose Nun, 1967) 호세 넌은 헌팅턴의 집정관 사회 이론(praetorian society)(Huntington, 1968)[284]과 슘페터의 '정치적으로 무력한 부르주아지' 이론을 결합하여 중산층 군사 쿠데타 이론을 개발하였다. 호세 넌은 남미의 잦은 쿠데타들을 분석한 결과 군사쿠데타 주도자들의 사회적 기반은 중산층 출신의 직업군인 집단이고 쿠데타 주도자들도 상층 과두지배집단과 하층계급 사이에 존재하는 중산계급으로부터 충원된다고 주장했다. 그러므로 쿠데타 주도자들은 중산계급의 이익을 대변한다는 것을 발견하였다. 호세 넌에 의하면, 중산계급은 대중적 지지가 필요할 때는 진보적인 정치적 성향을 보이나, 노동계급이 '위험한 계급(classe dangereux)'이 되어 중산계급을 위협하면 반동적인 정치 성향을 보인다는 것이다. 집정관 사회가 출현하여 '민중 부문'이 정치적으로 활성화되어 부르주아 중산계급의 이익을 위협할 때, 중산계급은 같은 계급 출신인 군부에게 자신을 보호해 달라고 유인한다는 것이다.[285] 6군부는 무력한 중산계급을 보호해야 하는 책임감과 과두제 지도층으로부터 정치적 인정을 획득할 목적으로 하층계급의 정치적 참여와 요구를 억압하기 위해 정치에 직접 개입한다는 것이다.(Nun, 1967)

그러나 한국에서 5·16군사쿠데타 전야에 중산층이 위협을 느낄 정도의 '집정관사회'가 형성되어 있지 않았다. 쿠데타 주도자들('5·16 주체세력')은 용공사상

284 헌팅턴에 의하면 신생 민주주의의 제도화(institutionalization) 수준이 낮은 상태에서 민중의 정치 참여 욕구가 폭발하고 정치적으로 동원되었을 때 사회 제 세력이 정치화되어 집정관적 사회가 출현한다. 집정관 사회에서 질서를 회복하기 위한 집정관적 쿠데타가 일어나는데 집정관주의에는 세 가지가 있다. 하나는 과두제적 집정관주의로 대지주, 성직자, 군벌의 이익을 보호하기 위한 반동적인 궁정 쿠데타의 형태를 띠며, 다른 하나는 급진적 집정관주의로 전통적 과두제에서 중산계급의 정치 참여를 촉진하는 개혁적이고 진보적인 쿠데타의 형태를 띤다. 마지막으로 대중 집정관주의로 이는 하층계급의 정치 참여를 봉쇄하기 위한 '비토 쿠데타(veto coup)'이다. 비토 쿠데타에서 군은 '대중의 정치 참여'의 도전으로부터 중산계급적 질서의 수호자의 역할을 하고, 쿠데타의 명분으로 국가안보의 수호를 내세우며, 결과는 정치적 퇴화(decay)이다. 군부가 대중의 정치 참여를 둘러싸고 자체적으로 분열하여 긴급조치와 계엄령에 의존하여 통치할 수밖에 없는 예외적인(exceptional) 정치체제화되기 때문이다.

285 이는 슘페터가 "부르주아지가 정치적으로 무력하여 국가를 이끌어갈 수 없을 뿐 아니라 자신의 특수 계급 이익도 지킬 수 없을 때, 그들은 주인(master)을 필요로 한다"고 말한 상황과 비슷하다.(Schumpeter, 1942/1950)

대두, 경제위기, 고질화된 정치 동원으로 사회적 혼란이 일어나고 있었기 때문에 질서를 회복하기 위해 정치에 개입하게 되었다고 주장하나 그러한 집정관 사회 현상은 일어나지 않았다고 이미 상술하였다. 하지만 호세 넌의 중산계급 쿠데타 이론을 5·16쿠데타에 적용시킬 수 없는 더 큰 이유는 5·16 주체세력이 주로 농촌의 농민 출신이라는 사실 때문이다. 진덕규 교수의 조사에 의하면 쿠데타 주도 세력의 80%가 농촌 출신이고 그중 지주가 7%이고 중농이 14%인 데 반해, 60%가 소작농이었다.(진덕규, 1985. "한국현대정치구조 연구서설") 그래서 쿠데타 세력이 집권 후 최초로 취한 경제개혁 조치는 농가부채 탕감이었던 것이다.

그러므로 사회의 유인에 의한 쿠데타 가설은 5·16쿠데타에 적용될 수 없다. 5·16쿠데타는 사회적 유인보다는 한국전쟁으로 비대해진 군부 조직의 내부 문제를 해결하기 위해 합헌 정부를 전복하고 권력을 찬탈한 '압출 요인(push factor)에 의한 쿠데타'로 보는 것이 타당하다. 5·16쿠데타의 원인을 압출요인으로 분석한 대표적인 논문이 손재석 교수(Jae Souk Sohn)의 〈Political Dominance and Political Failure〉(1968)이다. 손재석 교수는 군부 쿠데타를 유발한 외부적인 정치구조와 경제적 상황보다는 군 내부의 조직적 문제에 주목하였다. 손재석 교수에 의하면, 건군 과정에서 광복군 출신은 2명에 불과하고 일본군 출신은 87명, 만주군 출신은 21명으로 친일파가 압도적이었다.(차두삼, 1985: 48) 그리고 지역적으로는 장도영을 비롯한 서북(평안도) 출신과 박임항, 이주일, 김동하 등의 관북(함경도) 출신이 다수였다. 손재석 교수는 군 내부 조직적 문제는 파벌의 문제가 아니라 '진급정체(promotion squeeze)' 문제였다고 지적한다. 1946년에서 1950년 군 장교단 형성기에 장교들의 연령이 비슷하였는데 그러나 진급에 있어서는 엄청난 차이가 있었다. 최초의 장교 양성 학교인 1개월 과정의 군사영어학교(군영) 출신과 육사 8기 사이에 평균연령 차이는 3세에서 4세에 불과하였으나 계급은 엄청난 차이가 있었다. 한국 군대 형성기에 한국전쟁이 발발하고 군의 급격한 기구 팽창이 일어나면서 30대 장군이 출현하였다. 1950년대에 대장의 평균연령은 36세이고 중장은 34.5세였다.(김세진, 1984: 61) 그러나 1953년 휴전 이후 군의 기구 축소가 일어났고 '진급 동결'이 일어났다. 그 결과 20대, 30대의 동년배가 전 장교단을 형성하였고 육사 1기생과 8기생은 4년 차이로 입대하였으나 8기생은 정상인 대장으로 진급하는 데 20년이 걸렸다. 육사 1기에서 8기까지 평균 임관연령은 22세에서 25세였으나 쿠데타 주역인 육사 5기가 대령으로 진급하는 데 7-8년이 걸린 반면, 육사 8기는 소령 승진에 4년, 소령에서 중령으로 승진하는 데 8년이 걸렸다. 장군 승진 비율은 군영 출신은 71%인 데 반해, 육사 1기는 48%, 2기는 40%, 3기는 21%로 줄어들었다. 영관급 장교들은 자연히 진급 동결과 정체에 대해 불만을 가지게 되었고 이를 정치 개입과 쿠데타로 해결하려는 음모가 싹텄다. 그중에서는 영관급 장교단의 다수를 차지하는 8기생들이 진급문제와 자신들의 집단적 이익을 해결하기 위해 '정군'을 주장하였고 집단행동을 벌이다가 군 상층부의 기득권 장교 집단으로부터 징계를 받았다.

육사 8기생과 5기생은 이에 굴하지 않고 불운한 장군 박정희와 의기투합하였다. 박정희는 만군과 일본 육사 출신으로 1943년에 관동군 소위와 중위로 있으면서 중국군과 독립군을 토벌하다가 해방 후 귀국하여 1948년 여순반란사건에서 좌익세포조직원으로 활동하다가 적발되어 간신히 목숨을 건지고 문관으로 활동하다가 한국전쟁이 터지면서 다시 군으로 복귀하였으나, 군 좌익경력이 항상 문제되어 미국으로부터 견제를 당하면서 후방으로 전전하고 있었다. 육사 5기생과 8기생들이 불운한 장군 박정희를 지도자로 하는 군부 쿠데타를 음모하고 실행에 옮긴 것이 5·16군사쿠데타이다.

쿠데타 지도자 박정희 장군은 해방 후 일관되게 군의 정치 개입을 지향하는 정치적 행동주의를 보여 주었던 정치적 장교였다. 스테판(A. Stepan)에 의하면 군의 정치적 행동주의에는 두 가지가 있는 하나는 구 직업주의(old professionalism)이고 다른 하나는 신직업주의(new professionalism)이다.(A.

Stepan, 1971) 구 직업주의 장교들은 대외 안보에 치중하고 문민정부의 정통성을 받아들이며, 군의 행동반경을 문민통제 범위 내로 제한하며, 정치적으로 중립을 지킨다. 반면에 신직업주의는 대내 안보(internal security)에 치중하며 문민정부의 정통성에 도전하며 군사기술과 정치기술은 서로 연관된 기술이라고 믿으며 군의 행동반경을 제한하지 않으며 정치적 중립을 지키지 않는 정치화된 직업장교, 군부의 정치적 역할의 확대와 정치적 관리주의(managerialism)로 군을 경영한다.[286]

한국에서 구 직업주의를 대표하는 장교는 이종찬 장군이다. 이종찬 장군은 군이 정치에 개입하면 군이 사병화되고 군 내부에 파벌이 형성되기 때문에 군도 정치에 개입해서 안 되고 정치도 군을 끌어들여서 안 된다는 입장을 견지했다. 그는 부산 정치파동 때 육군참모총장으로서 육군훈령 217호에 따라 원용덕 계엄사령관의 부산 임시 수도로 군대 파병 요청을 거부했다. 또한 이러한 원용덕 계엄사령관의 군의 정치적 이용에 분개한 박정희를 비롯한 또 다른 정치군인들이 원용덕을 축출할 쿠데타 음모에 동참 요구도 거절하고 군의 정치적 중립을 지켰다. 그리고 이종찬 장군은 4월혁명 당시 군의 엄정 중립을 유지한 것으로도 유명하다.(한용원, 1993: 160-163)

반면에 박정희 장군은 전형적인 신직업주의 장교를 대표한다. 그는 부산 정치파동 때 군부 소장층을 대표하는 친정치적 행동주의 장교였다. 그는 소장층을 대표하여 원용덕 장군의 전횡에 맞서서 이용문 군 작전국장, 15연대장 유원

286 스테판의 구 직업주의와 신직업주의는 각각 펄뮤터의 조정자형(arbiter) 집정관 유형과 지배자형(ruler) 집정관 유형과 유사하다. 조정자 유형의 장교는 현존 사회질서를 받아들이며, 분쟁해결 후 병영에 복귀하고, 독립적인 정치조직을 가지려 하지 않으며 직업장교 집단으로서 압력집단의 역할을 하고, 민족의식이 낮고 문민통치를 받아들인다. 반면에 지배자 유형 장교는 현존 질서를 거부하고 문민통치의 정당성을 받아들이지 않으며 분쟁 해결 후에도 병영에 복귀하려 하지 않는다. 군사통치를 정당화할 정치조직을 만들고 군사통치만이 무정부 상태에서 질서를 회복할 수 있다는 정치화된 군직업주의를 믿으며, 민족의식도 낮고 문민통치를 받아들이려 하지 않는다.(Perlmutter, Amos(1980))

식 대령과 함께 이승만을 제거하고 장면 총리를 추대하는 쿠데타를 모의한 뒤, 장면의 비서실장 선우종원에게 제의했으나 거절당함으로써 그의 계획은 실패하였다. 박정희는 다시 진보당의 조봉암 사형 집행 이후 흉흉한 민심을 이용하여 1959년 11월 30일 쿠데타를 시도했으나 실패하였고, 부산 군수기지사령관으로 전출되었다. 그는 다시 3·15부정선거 이후에 1960년 5월 8일을 기해 쿠데타를 하는 음모를 꾸몄으나 4·19혁명이 발발함으로써 중단할 수밖에 없었다.(한용원, 1993: 163-167) 박정희는 자신의 위치를 정치적으로 중립적인 직업군인으로 설정하여 자신의 행동을 병영 내로 한정시키기보다는 신직업주의의 군사정치적 경영주의에 의거하여 군부의 역할을 정치에 개입하는 것까지 포함시킨 군부 역할 확대주의자였다. 박정희는 "군사혁명이 법실증주의의 견지에서 볼 때 현재 법질서에 대한 침범인지 모른다"고 인정하였다. 그럼에도 불구하고 그는 "국가가 파멸에 직면하고 국민의 주권이 비참히 유린되었을 때 일대 수술을 가하겠다"는 발상하에 쿠데타를 감행하였다.[박정희(1963); 정재영(1997): 47에서 재인용]. 박정희는, 정치권력이 국민의 지지나 제도적인 합법성의 절차와 관계없이 힘에 의해 이룩될 수 있다는 플라톤의 《국가론》에 나오는 트라시마코스(Trasymacos)적인 현실주의 논리에 의거하여 무력에 의한 권력의 찬탈을 정당화하는 사고를 가지고 있었다.(임혁백, 2004b)

이와 같이 5월 쿠데타는 사회세력의 유인(pull) 요소보다는 군부 자체의 문제를 해결하기 위한 '압출(push)' 요인이 압도하였다. 결국 4월혁명은 민주주의가 실패한 것이라기보다는 권력에 굶주린 군부 내의 불만, 소외 세력의 주도에 의해 민주정부가 전복된 사건으로 보아야 한다.

이렇게 1960년대 초는 '혁명의 시간'에서 시작하여 '쿠데타의 시간'으로 끝이 났다. 1960년대 시작기에 일어난 4월혁명의 시간은 짧았고 미완으로 끝날 수밖에 없었다. 4월혁명의 주역인 대학생들은 불과 1년 후에 일어난 군사쿠데타로 집권한 군인들에게 근대화 추진 주역의 자리를 내줄 수밖에 없었다. 결국 1960

년대는 1950년대에 한국의 근대국가 건설이 완료된 후 다음 단계의 근대화 프로젝트를 둘러싸고 대학생의 민주화 프로젝트와 군인들의 산업화 프로젝트가 충돌했던 비동시성의 시간이 되었다.

제10장

박정희와 산업화 시간, 1961-1972

박정희 장군과 쿠데타 음모자들은 여러 차례의 시도 끝에 한국 역사상 최초로 군사쿠데타에 성공하였다.[287] 그러나 박정희 장군이 불법 쿠데타를 시도한 군사반란의 수괴라는 오명을 벗고, '쿠데타'를 '혁명'으로 바꿔치기 하기 위해서는 많은 난관을 넘어야 했다. 가장 큰 난관은 후견국가인 미국의 승인을 얻는 일이었다. 해방시간에서 여순 군반란사건에서 세포조직의 책임자로 활동한 사건 등과 좌익활동을 한 사실과 끊임없이 합헌적인 문민정부를 전복시키려고 시도했던 박정희를 미국은 불신하였다. 그래서 현지 대사인 그린 대리대사와 매그루더 미군 사령관은 윤보선 대통령에게 쿠데타군을 진압하자고 진압명령서에 사인하라고 압박까지 가하였고 윤보선 대통령이 이 제의를 거절하자, 매그루더 사령관은 5월 17일 원주에 주둔하고 있는 1군사령관 이한림 장군을 방문하여 반란군 진압계획을 논의했다. 그런데 윤보선 대통령은 이한림 장군에게 친서를 보내 쿠데타군을 진압하지 말라는 명령을 내렸다.(한용원, 1993: 220-221)

그런데 미 국무성은 워싱턴 유학 중인 정일권, 송요찬, 최영희 등 전 참모총장들이 박정희가 좌익이 아니며 공산주의 침략으로부터 한국을 수호하기 위해 필요한 인물이라는 조언을 받고 현지 대사와 군사령관의 매그루더 - 그린의 반란군 진압 성명은 미국 정부의 공식 입장과 다르며 한국의 새 군사정부를 승인

287 쿠데타 주역들은 5·16군사쿠데타를 "5월 혁명", "5월 군사혁명"으로 부른다. 그러나 이는 정치적인 용어이고, 객관적이고 학술적인 용어는 "5·16군사쿠데타"이다.

할 것이라고 논평하였다.[288] 이에 매그루더 대장은 19일과 20일 김종필과 회동하고 유엔군이 군사혁명을 인정한다는 데 합의하였다(한용원, 1993: 221). 이로써 박정희는 미국으로부터 군사반란을 승인받았고 '쿠데타의 시간'은 '군사혁명의 시간'으로 전환되었다.

여기서 우리는 미국의 대한 정책의 두 축인 국제적 냉전 전선의 최전방에 위치한 반공의 보루 건설과 냉전체제 하에서 경쟁국인 소련, 중국, 북한에 대한 우위를 점하기 위한 '자유민주주의의 진열장' 중에서 두 개의 목적이 충돌할 때 항상 전자를 선택하였다는 또 하나의 사례를 본다. 현지 사령관과 대사가 박정희를 즉각 인정하지 않고 군사반란으로 규정하고 진압명령을 내린 것은 박정희가 합헌 민주정부를 전복했기 때문이 아니라 군법회의에서 사형까지 받은 박정희의 여순 군사반란에서의 좌익 경력 때문이었다. 이러한 좌익 경력 때문에 박정희 장군은 공산주의자들과 직접 대치하고 있는 전방부대의 지휘관으로 가지 못했고 부산 군수기지 사령관, 대구 2군 부사령관과 같은 후방에 배치되었다. 그러나 멀리 떨어진 워싱턴에 있는 미 국무성은 이러한 현지 사령관의 박정희 평가와는 조금 거리가 있었고 전직 한국 참모총장들의 보증으로 쿠데타를 승인하였고 이를 현지 사령관과 대사에게 훈령을 보내어 박정희 장군의 쿠데타를 승인하라고 지시하였다.

박정희 장군도 자신의 좌익 경력이 후견국인 미국으로부터 인정받는 데 '태생적 결함(birth defect)'이라는 사실을 너무나 잘 알고 있었다. 그래서 그는 혁명공약 1조에서 '반공을 국시의 제1의로 삼겠다고' 했으며, 제2조에서는 '미국을 위시한 자유 우방과의 유대를 더욱 공고히 한다'고 했으며, 제5조에서는 '민족의 숙원인 국토 통일을 위하여 공산주의와의 대결할 수 있는 실력의 배양에

288 커밍스도 5·16쿠데타에 대한 반대는 미국의 케네디 정부의 진정한 대한 정책이 아니었다고 이야기한다. 한국의 현지 대사와 군 사령관이 워싱턴으로부터 훈령이 오기 전에 자신의 판단에 따라 취한 행동이 쿠데타군 진압이라는 것이다.(Cumings, 1997: 347-349)

전력을 집중할 것'이라고 약속하였다. 혁명공약 6개 항 중 3개 항이 미국을 의식한 공약이었다.

그러나 미국을 안심시키려는 박정희 장군의 노력에도 불구하고 케네디 정부와 박정희 쿠데타 세력 간의 관계는 평탄치 않았다. 케네디 정부의 국무성은 3일간의 침묵을 깨고 쿠데타를 묵인하는 성명을 발표하면서 쿠데타 지도자들이 가장 빠른 시일 내에 문민정부로 회귀할 것을 요구하였다. 이는 냉전기 미국의 대한정책의 딜레마를 반영하는 것이었다. 미국은 '반공의 보루'와 '민주주의의 진열장'으로서의 한국 사이에서 왔다 갔다 했던 것이다. 쿠데타를 암묵적으로 승인한 이후 케네디 정부는 박정희 장군에게 혁명공약 6항인 민주 헌정으로의 복귀를 지키도록 압력을 가했다. 혁명공약 6항은 "이와 같은 우리의 과업이 성취되면 참신하고도 양심적인 정치인들에게 언제든지 정권을 이양하고 우리들 본연의 임무에 복귀할 준비를 갖추겠습니다"라고 명시하여 쿠데타의 목적이 달성되었을 때 민주헌정으로 이양하겠다고 약속하고 있었다. 미국은 PL480호에 의거한 원조 곡물 선적을 중단시켜 가면서까지 박정희 장군에게 대통령직선제와 단원제 국회를 근간으로 하는 민주 헌법을 제정하고 선거를 실시하도록 압력을 가했다.(Cumings, 1997: 54) 박정희 장군은 몇 차례의 민정 이양 약속을 번복한 끝에 마침내 미국의 압력에 굴복하여 민정 이양을 결정하고 '민간복으로 갈아입고(soldiers in mufti)' 1963년에 실시된 선거에 출마하여 야당 후보인 윤보선 전 대통령에 불과 13만 표(1.55%) 차이로 간신히 대통령에 당선되었다.[289] 박정희는 군사쿠데타의 지도자가 선거를 통해 대통령으로 선출된 첫 번째 사례를 기록하였다.

289 쿠데타군이 쿠데타를 성공시킨 이후 목적을 달성하고 취하는 조치에는 3가지 유형이 있다. 첫째, 군부 직접통치(direct rule)의 지속, 둘째, 집정 포기(abdication)와 민간정부로의 권력 이양, 셋째, 쿠데타 주역들이 민간인으로 전신하여(military-turned-civilian) 선거를 통해 다시 집권하는 재민간화(recivilianization)가 있는데 대중정당을 결성하여 선거를 통해 계속 집권한 한국의 박정희와 터키의 아타 투르크는 세 번째 유형에 속한다.(Lisak, 1976, *Military Role in Modernization*)

박정희가 마침내 민간복으로 갈아입고 선거를 통한 정당성 있는 권력을 장악하였지만 그는 여전히 정통성의 결핍(legitimacy deficit)을 안고 있었다. 정통성의 결핍은 그의 사상을 의심하는 미국발 대외적 정통성 결함만이 아니었다. 대내적으로도 그는 정통성의 결핍에 시달리고 있었다. 박정희는 1963년 선거에서 윤보선 야당 후보가 박정희가 여순반란사건에 깊숙이 관여하여 군사재판에서 사형까지 선고받은 좌익 인사라는 사실을 '말의 자유'가 만발한 선거공간에서 공개적으로 퍼뜨림으로써 선거에서 고전하였다. 더 근본적인 정통성의 결손은 5·16군사쿠데타가 사회세력의 유인에 의해서가 아니라 군부가 자체 조직의 문제(진급정체)를 해결하기 위한 압출 요인(push factor)이 강했기 때문에 처음부터 국민적 지지기반이 취약한 정통성의 문제를 안고 있었다.

그래서 형식적 민주주의로 복귀하여 대통령으로 선출된 박정희는 정통성의 결핍을 메꾸고 새로운 정통성의 기반을 구축하는 것이 무엇보다도 급선무였다. 그런데 박정희는 막스 베버가 이야기하는 정통성의 기반인 카리스마적 정통성도 없었고, 이승만 대통령이 가지고 있었던 전통적 정통성도 없었다. 더구나 유교 국가인 한국에서는 군인들의 사회적 지위가 문민들보다 낮았고 군부 정치에 대한 거부감이 강했기 때문에 군 출신인 박정희가 국민들로부터 정통성을 획득한다는 것은 매우 어려운 일이었다. 박정희에게 남은 것은 오직 좋은 경제 실적을 올려 정통성을 확보하는 '실적에 의한 정통성(legitimacy by performance)' 확보밖에 없었다.

실적에 의한 정통성은 도구주의적으로 확보되어야 했다.(이영조, 1990) 그래서 쿠데타로 집권한 군 출신 정치세력이 도구주의적으로 정통성을 확보하기 위한 물적 기반을 마련하기 위해 박정희 정권은 경제개발계획에 착수하게 된다.

쿠데타로 천하를 얻은 박정희 장군은 이제 마상(馬上)에서[290] 내려와 직접 천

290 군사정치학의 대가인 샘 파이너 교수의 책 제목 '마상의 장군(The Man on Horseback)'은 쿠데타로 집권한 군인 정치가를 말한다. Finer, 1962, *The Man on Horeseback*.

하를 다스리게 된다.[291] 쿠데타의 시간에 마상에서 천하를 얻은 박정희 장군은 이제 국민들로부터 정통성을 획득하기 위해 그들의 민생을 해결해 주기 위한 경제개발을 시도하게 된다. 말 위에서(전쟁, 쿠데타) 권력을 잡을 수는 있으나 권력을 유지하고(守成) 국민의 마음을 사로잡기 위해서는 말에서 내려와 국민과 함께 잘사는 근대국가를 건설해야 했던 것이다. 한국의 근대화는 이제 '국가 건설' 과정을 지나 '산업화'의 단계에 접어들었다. 산업화는 박정희의 "근대국가 만들기"이다. 그러나 박정희의 "근대국가 만들기"는 근대화를 완성하지 못한 미완의 혁명이었다. 근대화의 4대 프로젝트가 국가건설, 민족건설(nation-building), 산업화, 민주화라고 할 때, 박정희는 "압축적 산업화"의 기적을 만들었으나 그것은 민주화의 억압과 지연이라는 희생과 비용을 지불함으로써 가능하였고, 분단민족의 해결에 실마리를 찾지 못한 채 측근인 김재규 중앙정보부장에 의해 시해당함으로써 제2의 민족건설(second nation building)의 과제를 후세대에게 넘겨주었다.

박정희 시대는 기본적으로 근대화의 시간이었다. 그러나 박정희의 근대화는 민주화 없는 산업화라는 '결손 근대화(defective modernization)'의 성격을 띠고 있었다. 따라서 박정희 시대는 경제적 근대와 정치적 전근대라는 비동시성의 시간이 동시적으로 존재하고 있었던 시간이었고, 민주화를 통해 정치적 근대를 달성하려는 민주화 세력과 압축적 산업화를 추진하려는 박정희와의 충돌이 불가피했던 비동시성의 시간이었다.

1. '쿠데타 시간'에서 '산업화 시간'으로의 전환

4월혁명은 분명 근대로의 행진이었다. 4월혁명은 일민주의, 권위주의, 가산주의

291 한고조 유방(劉邦)이 "나는 마상에서 천하를 얻었는데 한가하게 《시경》이나 《서경》을 읽고 있겠는가(居馬上得之 安事詩書)하니, 陸賈曰 馬上得之 寧可以馬上治之乎(육가왈, 마상에서 천하를 얻을 수는 있으나 어찌 천하를 다스릴 수 있겠습니까)" 하고 《시경》과 《서경》을 읽고 인의와 성왕의 도로 천하를 다스리라고 충간하는 고사에서 나온 것이다. 사마천, 《사기(史記)》, 〈육가열전(陸賈列傳)〉.

독재로 가는 이승만 정권의 전근대로의 퇴행을 막고 다시 민주주의, 민족주의, 경제 근대화로 민족시간의 물길을 돌리려는 근대로의 전진이었다. 이 점에서 5월 쿠데타는 4월혁명이 추진하고 있었던 민주화의 물결을 역류시키고 한국 역사상 최초의 군부가 직접 통치하는 군부통치 시대를 열었다는 점에서 분명 근대로의 행진을 저지한 반동의 시간이었다.

이 점에서 쿠데타에 성공한 군부를 미국의 자유주의적 근대화론자들은 전통적이고 봉건적인 가치의 보루인 약탈적 군사주의자(predatory militarism)라고 보았다. 근대화론자들은 약탈적 군사쿠데타를 방지하기 위해서는 자유주의적 제도를 강화하여 자유주의적 근대화를 추진하는 길밖에 없다고 보았다. 자유주의적 정치제도화, 경제적 근대화, 근대적 가치의 사회화가 사회적 균형(equilibrium)을 이루고 있으면 군사쿠데타는 일어날 공간이 발생하지 않는다는 것이다.(L. N. McAlister, 1966) 자유주의적 근대화론자들은 한국의 군사쿠데타가 성공한 것은 4월혁명 이후 자유주의적 사회적 균형이 붕괴되었기 때문이라고 주장한다.

미국이 박정희의 쿠데타를 암묵적으로 승인하면서도 박정희와 쿠데타 주모자들을 호의적으로 수용하지 하지 않은 것은 바로 이러한 자유주의적 근대화론의 군부 쿠데타관을 반영하고 있다. 미국의 자유주의자들은 군부의 정치 개입은 경제발전, 근대화, 문민 통제의 강화로 자연적으로 소멸할 것이라고 믿고, 군부쿠데타 지도자 박정희와 5·16 주역들에게 먼저 민정 이양의 약속을 지키게 하여 제3공화국을 출범시켰고, 경제발전을 할 수 있는 방법을 알려주려 하였다. 케네디 대통령은 자신의 경제보좌관이자 경제발전론의 세계적인 석학인 월터 로스토우를 위원장으로 하는 대통령 직속 한국문제특별위원회(Presidential Task Force on Korea)를 구성하기까지 했다.(김보현, 2006: 172)

미국은 자발적으로 민정 이양을 하지 않으려는 박정희와 쿠데타 주역(junta)들에게 압력과 설득을 병행하였다. 박정희 최고회의 의장은 1961년 8월 12일에 쿠데타에 대한 미국의 확실한 인정과 지속적인 지원 약속을 받기 위해 민정 이양 로드맵 성명(8·12성명)을 발표하여 '진정한 민주질서를 만들어 내고 구악 재발 방지를 위해 최소한의 기초작업을 완수한 후 민간에 정권을 이양한다는 약속을 하였다. 이에 만족한 케네디 대통령은 박정희를 1961년 11월에 백악관에 초청하여 정상회담을 열고 8·12성명을 재확인하였다.

그러나 박정희는 '최소한의 기초작업의 완수'라는 전제조건을 근거로 민정 이양을 계속 미루었다. 그러자 케네디 행정부가 계속 민정 이양 약속을 지키라고 압력을 가하자 박정희는 헌법을 제정하고, 중앙정보부를 창설하여 비밀리에 민주공화당을 창당하였다. 그런데 박정희가 민정 이양을 추진하면서도 혁명공약에서 약속한 대로 군으로 돌아가지 않고 민정에 참여하여 대통령에 출마하여 계속 권력을 장악하겠다는 의도를 1962년 12월 27일 발표하자 야당뿐만 아니라 '혁명 주체세력' 일부와 미국까지 반대하였다. 이러한 압력에 못 이겨 박정희는 민정 참여를 번복하고 민정 불참 약속을 재확인하였다.

그러나 박정희의 권력욕은 여기서 그치지 않았다. 그는 3월 11일 김동하, 박임항 등이 연루된 '반혁명사건'을 일으키고 난 뒤, 3월 16일에 민정 불참 약속은 물론 민정 이양 약속까지 파기하고 군정을 5년 연장하겠다는 국민투표를 실시하겠다는 3·16성명을 발표하였다. 다시 야당이 반발하고 언론과 학생들이 규탄시위를 한 것은 물론 미국까지 군정 연장 성명에 즉각 반대를 표시하였다. 미국이 직접 개입하여 원조 중단 압력과 더불어 민정 이양 약속을 지킬 것을 촉구하였다. 내외의 압력에 못 이겨 박정희는 다시 민정 이양을 위한 구체적 선거 일정을 발표하고 본인은 민주공화당 총재에 취임하여 민주공화당 후보 대통령에 출마하여 1963년 10월 15일, 15만 표(1.5%)라는 매우 근소한 차이로 대통령에 선출되었다.(민주화운동기념사업회연구소 편, 2008: 372-383)

이렇게 박정희 장군은 자의반 타의반으로 마상(馬上)에서 내려와 민간복으로 갈아입고(soldier in mufti) 국민을 다스리게 되었다. 국민들이 민간복으로 갈아입은 군 출신 정치인 박정희 대통령의 통치를 적극적으로 수용하고 순응하게 하기 위해서 박정희는 상기한 '실적에 의한 정통성'을 확립하는 방법밖에 없었다. 박정희는 '조국 근대화'라는 목표를 내걸고 '잘살아 보세'라는 구호를 내걸었다. 그리고 군 출신인 자신과 5·16쿠데타 주체세력이 조국 근대화의 목표를 가장 효율적으로 수행할 수 있다고 국민들을 설득시키기 시작했다. 그래서 그들은 미국 시카고대학의 모리스 자노위츠(Morris Janowitz)의 군사사회학을 인용하여 자신들이 조국 근대화의 최적 기수라고 주장했다.

모리스 자노위츠를 비롯한 군사사회학의 신현실주의자들(neo-realists)은 군대를 근대화에 문제를 일으키는 행위자들로 보는 전통적인 자유주의 근대화론을 반박하고 신생국에서 군대는 근대화의 문제를 푸는 해결사라고 주장하였다.[292] 신현실주의자들은 신생국의 문민기구들이 전근대적이고, 유약하며, 산만(diffuse)한 데 반해, 군대는 근대적이고, 강력하며, 일관성이 있다고 주장했다. 신현실주의자인 프라이스(R. Price)는 신생국의 군대가 이념적, 구조적으로 일관성 있는 조직이며, 고도의 내적 규율을 갖고 있고, 기술과 관리 기술의 보고이며, 세속주의적 합리성을 갖고 있고, 청교도적 금욕주의를 갖고 있으며, 애국주의적 민족주의를 보유하고 있고, 공적 봉사에 대한 헌신을 갖고 있으며, 그리고 근대화 목표에 대한 열정을 갖고 있다고 하였다.(R. Price, 1971) 신현실주의자들은 이러한 보편적 가치와 근대적 소통수단과 능력을 갖추고 있으며, 규율이 있고, 기술적 전문성을 갖춘 군대야말로 전형적인 근대화 추진자(modernizers)라고 주장하였다.[293] 그리고 이러한 근대화를 위한 군대의 능력이

292 Morris Janowitz, 1964; Lucian Pye, 1966; John Johnson, 1962.

293 이러한 신현실주의자의 주장에 대해 노드링거(Nordlinger)는 국가 간 비교분석을 통해 군사정권이 민간정권보다 경제성장과 사회복지에 대해 더 적게 투자하려 한다는 결과를 도출하여 반박하였다.(*Soldiers in Politics*, 1977) 마틴 니들러(Martin Needler)는 집정관 군부는 개혁 지향성이 사라지고 폭력 강도가 증가하고, 반헌정주의를 나타낸다면서 신현실주의를 비판하였다.(Martin Needler, 1966)

근대화를 위한 군대의 정치 개입, 즉 군사쿠데타를 필요로 한다면서 합헌적 민주정부를 전복하는 군사쿠데타를 옹호하였다.

박정희는 조국 근대화의 기치를 내걸고 경제개발계획을 내놓았고 근대화된 국가건설자가 되겠다고 나섬으로써 케네디 정부를 기쁘게 했고, 박정희는 이에 화답하여 군대가 최선봉 근대화 추진자라고 주장하는 모리스 자노위츠 교수를 비롯한 신현실주의자들을 서울로 초청하여 군대가 주도한 조국 근대화를 위한 세미나와 학술회의를 열었다.[294]

1) 경제개발계획과 수출 주도형 산업화의 성공

이렇게 민간복으로 갈아입은 군부쿠데타 주역들이 경제개발계획을 수립하여 조국 근대화에 착수하였다. 그런데 쿠데타 세력 내에서 경제개발의 방향을 둘러싸고 이견이 노출되었다. 육사 8기와 5기 영관급 장교 출신들은 대체로 농촌 출신이 많아서 농어촌 고리채 정리와 같은 농촌 민중주의적 정책을 선호한 반면,(박종철, 1989) 박정희를 비롯한 장성급과 기술관료들은 개방과 신고전주의 경제학에 기반한 경제개발계획을 선호하였다.(Haggard and Moon, 1990) 5·16쿠데타 직후에는 쿠데타를 주도한 영관급 장교들의 영향력이 컸기 때문에 농어촌 고리채 정리와 부정축재 처리가 '혁명정부'가 취한 첫 번째 경제 조치였다. 자연히 제1차 경제개발계획(1962-1966)도 내수 중심의 수입대체 산업화 전략을 채택하였다. 경제개발계획의 우선순위는 농업개발, 중화학공업 육성, 수입대체 산업화였다: (1) 전력, 정유, 석탄의 에너지자원 확보, (2) 농가 소득 향

294 한승주 교수와 손재석 교수는 쿠데타가 일어나기 전까지 한국의 장교 집단은, 특히 고위직 장교들, 자노위츠와 신현실주의자가 이야기하는 효율적이고, 프로페셔널하며, 강한 민족주의적 성향을 가지고 근대화를 추진할 수 있는 이데올로기, 전문성, 기술, 조직을 가진 근대화 수행자라기보다는 미국에 의해 훈련되어 민족주의가 부족하고 외세 의존적이며, 부패하고, 집권 여당과 연줄을 맺으려 하는 정치화된 장교 집단이었기 때문에 근대화 추진자(modernizers)로서의 속성이 부족하였다고 지적한다.[Sohn(1968); Han, Seung Joo(1974): 46-54]

상, 국민경제의 구조적 불균형 시정, (3) 철도, 항만, 사회간접자본 확충, (4) 시멘트, 비료, 정유등 기간산업 건설, (5) 고용의 증대와 국토의 보존개발, (6) 수출 증대를 통한 국제수지의 개선, (7) 저생산성을 극복하기 위한 기술의 개발의 순으로 개발계획이 짜여져 있었다. 제1차 경제개발계획은 기본적으로 1954년에 이승만 정부를 위해 개발계획을 마련해 주었던 네이선 어소시에이츠(Robert Nathan and Associates)의 네이선이 컨설팅했던 USAID(United States Agency for International Develpment)와 USOM(United States Operations Mission)이 박정희의 개발계획을 도와주었다.[295] 제1차 경제개발계획이 기본적으로 '人衆的 농촌 포퓰리즘(catch-all agrarian populist)'(이영조)의 성격을 띠고 있는 것도 네이선이 1954년에 작성해 준 경제개발계획과 관련이 있다. 네이선의 처방은 기본적으로 케인즈주의적 과소소비이론(Keynesian under-consumptionist)에 기초한 것으로 농민소득 증대를 통한 구매력 향상을 통해 산업을 발전시킨다는 것이었다.

내수지향적, 내포적,[296] 수입대체 산업화적 경제발전계획이었던 1차 경제개발 5개년 계획은 투자재원을 국내 자본에서 조달하고 그러기 위해서 내수를 진작시킨다는 전략이었다. 특히 농가소득을 증가시켜 도시의 공업화에 드는 투자자본을 제공한다는 취지하에 농촌 고리채 정리를 하고, 농산물 가격 유지법과 농업협동조합 조직, 중소기업과 소상공인을 위한 '국민은행'을 설립하여 국내저축을 증대시켜 투자를 증대시키고 연평균 7.1%의 성장률을 달성한다는 것이었다. 수출은 경제발전의 견인차가 아니라 국제수지의 개선이라는 2차적 역할로 한정되었다.(임혁백, 1994: 316) 그러나 제1차 5개년 계획은 끝나기도 전에 위기를 맞이하였다. 농촌의 소득 증대는 농촌을 쥐어짜서(agricultural squeeze) 도시 공업을 살찌게 하는 데 사용되었으며, 초고율의 인플레이션이 일어나

295 "Robert R. Nathan, Trip to Korea, June 1966", Robert Nathan Papers, Cornell University. 네이선 외에도 케네디 대통령 보좌관 로스토우(W. W. Rostow)가 위원장을 맡은 Presidential Task Force on Korea의 역할이 두드러졌다.(김보현, 2006: 172)

296 기미야 다다시(木宮正史), 2008: 49-74.

(1962-1964: 58%) 10대 1로 환을 원으로 교환해 주는 통화개혁을 하지 않을 수 없었다. 이러한 '내포적 공업화'(기미야 다다시, 2008)가 위기를 맞이하자 박정희 정부는 1963년 8월에 1차 5개년계획의 목표를 연평균 7.1% 성장에서 5%로 하향 조정하였다. 그런데 내포적 공업화가 부진을 면치 못하는 가운데서도 예외적인 부문이 있었는데 수출 부문이었다. 1차 5개년계획에서는 1차 상품의 수출 비중을 66%, 제조업 상품 비중을 10%로 책정했는데 농산물과 광산물의 수출이 부진한 반면 공업제품 수출이 급증한 것이다.(기미야 다다시, 2008: 167) 마침내 박정희 정부는 세계 경제의 분업구조가 세계시장을 겨냥한 제3세계 국가의 오프쇼어 산업화(offshore industrialization)로 바뀌고 있다는 것을 깨달았고, 수입대체(ISI), 내포적, 내수지향적 산업화에서 수출에서 성장의 동력을 찾는 수출 지향적 산업화(EOI)로 전환하였다.

박정희는 한국 경제를 수출 친화적 구조로 바꾸기 위해 일련의 경제개혁을 단행하였다. 첫째, 1964년 5월에 1달러 대 130원으로 고정되어 있던 환율을 1달러 대 256원으로 평가절하하고, 단일변동환율제를 채택하여 1965년에는 272원, 1968년에는 275원으로 평가절하하여 수출에 유리한 환율구조를 만들었다. 둘째, 1966년에 외자도입법을 제정하고, 세계자유무역기구인 GATT에 가입하였으며, 1967년에는 무역자유화 조치를 실시하였다. 셋째, 1965년 9월 금리 현실화 조치를 단행하였으며 1969년에는 수출용 원자재에 관세를 면제하였고 연불수출을 지원하였다. 박정희는 이러한 수출 지향적 경제개혁 조치와 함께 한일회담을 성사시켜 1억7천2백만 달러의 무상원조, 1억4백만 달러의 협력자금, 5억5천1백만 달러의 차관을 제공받았다. 그리고 월남전에 파병을 하여 한국의 건설회사가 베트남에 진출하고 한국 상품의 베트남 진출을 가능케하여 베트남 특수를 누리게 하였다. 이러한 경제 외적 조치를 통해 수출산업화를 위한 실탄을 비축하였던 것이다.

박정희의 수출 지향적 산업화 전략으로의 전환은 제2차 경제개발 5개년

(1967-1971) 계획에 나타나 있다. 2차 5개년계획의 우선 순위는 (1) 식량자급, 산림녹화, 수산개발, (2) 화학, 철강, 기계공업, (3) 7억 불 수출 (상품 수출 5.5억 불), (4) 고용증대, 가족계획, (5) 영농 다각화를 통한 농가소득 증대, (6) 과학기술 육성이다. 2차 5개년계획의 결과 1967년에서 1971년 사이에 연평균 10.1% 성장(목표 7.0%)과 수출 11.3억 불(목표 7억 불)을 달성하였다. 박정희는 1960년대의 수출 주도형 산업화 전략의 성공적 수행으로 농업국가 한국을 산업국가로 도약시켰다. 1961년 1972년 사이에 수출이 40배 늘어나고 상품 수출은 170배 늘어났다. 상품 수출은 전체 수출의 60%를 차지함으로써 한국은 제조업 국가가 되었다.

2) 수출 주도형 산업화 성공의 원인 — 내생적인 '전략적 선택'과 외생적인 '구조적 축복'

박정희는 어떻게 수출 주도형 산업화 전략을 성공시켰는가? 김일영을 비롯한 권위주의 발전론자들은 1960년대 한국에서의 권위주의 발전론의 역사적 필연성과 선택적 친화성을 강조한다.[297] 필자는 수출 주도형 산업화의 성공은 박정희의 내생적인 전략적 선택과 내생적 요인과 독립적인 외생적인 구조적 축복(계급구조, 지정학적 축복, 역사적 유산 등)의 결합으로 산업화의 성공을 설명한다.(임혁백, 1994, 2006, 2009, 2010; Im, 2009; Im and Choi, 2010) 말하자면, 1960년대의 경제성장은 박정희의 적절한 발전전략의 선택 등과 같은 내생적 조건뿐 아니라 도시 중심 산업화에 친화적인 계급구조의 형성, 국제분업구조의 변화, 국가와 시장 간의 적절한 분업구조의 형성, 그리고 미국의 자비로운 헤게모니와 같은 외생적인 구조적 조건의 결합으로 가능했다.(임혁백, 1994: 314-319)

산업화 성공의 내생적 요인은 세계 체제론이라는 구조주의적 틀 내에서 박

297 손호철은 1960년대와 1970년대의 경제성장은 박정희의 "개발독재 때문"이 아니라 "개발독재임에도 불구하고" 이루어졌다고 주장한다.(손호철, 1991)

정희의 수출 주도형 산업화 전략의 선택을 들 수 있다. 세계 체제론적 시각에서 볼 때, 한국은 월러스타인이 이야기하는 '초청에 의한 상승전략(promotion by invitation)'에 의해 자본주의 세계경제 내에서 주변부에서 반주변부로의 상승에 성공한 대표적 사례다. "초청에 의한 상승 전략"은 세계 자본주의 경제의 팽창기에 중심부의 자본가들과의 긴밀한 협조 아래, 즉 중심부의 초청에 의해서 주변부의 지위 상승을 꾀하는 전략이다.(Wallerstein, 1979; 김성국, 1984; 김성진 1994)[298] 그러면 1960년대에 왜 한국이 초청을 받게 되었는가?

초청을 받게 된 주요 배경에는 1960년대에 이르러 신국제분업질서(NIDL: New International Division of Labor)가 나타났다는 데 있다. 1960년대에 이르면 선진자본주의의 국가에서의 노동비용의 증가로 노동집약적 산업의 이윤율이 떨어지게 됨에 따라 국제 자본은 노동비용이 싼 주변부로의 생산기지의 이전을 추진하게 되었다. 그 결과 주변부는 중심부에 원료를 공급하고 주변부에 제품을 파는 고전적인 국제 분업질서가 중심부에서 원료와 중간재를 주변부에 공급, 조립하여 다시 중심부로 수입하는 신국제분업질서로 재편되었다. 이러한 신국제분업질서의 출현은 중심부와 주변부 간의 임금 격차로만 일어난 것은 아니다. 임금 격차는 고전적 국제 분업질서에서도 존재했기 때문이다. 신국제분업질서하에서 생산기지의 재배치는 생산기술의 혁신으로 인한 생산공정의 분절화(fragmented operation)와 통신과 교통의 발달로 주변부 생산시설의 원격관리가 가능해짐으로서 완결될 수 있었다.(Frobel, Heinrichs, Kreye, 1980)

이러한 신국제분업질서의 출현으로 국제 자본과 주변부와의 긴밀한 협력에 의해서 세계시장을 위한 상품의 제조가 주변부에서 일어나게 되었는데, 이 과정에서 잘 교육받고 생산성이 높으면서도 값싼 노동력이 무한정으로 존재하는 한국이 후보지로 선택된 것이다. 그러나 신국제분업질서의 "초청"을 받았다고

298 다른 전략으로는 "기회 포착의 전략(the stratege of seizing the chance)"과 "자립 전략(the strategy of self reliance)"이 있다.(Wallerstein, 1979)

해서 반드시 선택되는 것은 아니다. 성경에서도 나오는 바와 같이 후발 산업화에 "초청받은 사람은 많았으나 선택된 자는 드물었다(many called, few chosen: 마태복음 22장)".

박정희와 군부 엘리트들은 처음부터 수출 지향적 산업화를 시도하지 않았다. 상기한 바와 같이 군부 엘리트들은 쿠데타의 정통성을 마련하기 위해 농촌 민중주의적인(agrarian populist) 경제정책을 시도하였다. 쿠데타 이후 처음 나온 경제 조치는 농어촌 고리채 정리와 부정축재 처리였으며, 제1차 경제개발 5개년 계획의 목표는 농촌소득의 향상을 통한 자립경제의 달성이라는 민중주의적 성격을 띠었다. 수출은 경제발전의 견인차가 아니라 국제수지의 개선이라는 2차적 역할로 한정되었으며, 투자 재원의 대부분은 국내 저축으로 충당하게 되어 있었는데 이를 위해 화폐개혁을 단행하기까지 했다.(정윤형, 1984; Yong Jo Lee, 1990) 이러한 민중주의적이고 수입대체 산업화적인 제1차 경제개발계획은 일련의 정책적 실패로 인해 투자 재원을 마련하는 데 실패하고 심한 인플레를 초래함으로써의 계획의 수정을 불가피하게 하였다. 1963년 8월에 수정된 경제개발계획은 수정이 아니라 수출 주도형 산업화로의 전환이라는 산업화 전략 자체의 변경이었다. 박정희 정권은 다른 모든 부문에서의 실망스러운 결과에도 불구하고 계획을 훨씬 넘어서는 수출 부문에서의 성공에 고무되었던 것이다. 박정희는 1964년에 수출 주도형 산업화로의 전략 변경을 통해 신국제분업질서의 초청에 응답하였고 성공적인 산업화의 기틀을 잡았다.

그러나 박정희의 수출 주도형 산업화 전략의 선택만이 60년대의 산업화 성공을 설명할 수 없다. 박정희의 선택이 성공하기 위해서는 많은 전략적 선택과는 독립적인 외생적인 변수의 도움이 필요하였다. 첫째, 한국 전쟁 이후 형성된 계급구조로 1960년대 한국의 산업화의 성공을 설명하는 시각이 있다. 계급구조의 측면에서 볼 때, 한국은 수입대체 산업화에서 수출 지향적 산업화로의 전략 변경에 따르는 계급적 저항이 없었다는 이점을 가지고 있었다. 바로 이 점이 왜 남미의 여러 나라들은 신국제분업질서의 '초청'을 받아들일 수 없었던 데 반해 한국(그리고 대만)은 초청을 받아들일 수 있었는가를 설명해 준다.

먼저 1950년대에 농지개혁과 전쟁으로 인한 지주계급의 해체는 도시 중심의 산업화에 저항할 조직적인 정치 또는 경제적 세력이 존재하지 않는 유리한 상황을 만들어 주었다.(박종철, 1989) 또한 토지개혁의 결과로 나타난 수많은 소규모의 자영농은 '자루 속에 든 감자'와 같이 계급적으로 조직되지 못하고 도시 중심의 산업화에 필요한 노동력을 공급해 주는 존재로 전락했을 뿐이다. 그러나 지주계급의 부재만으로 수출 지향적 산업화로의 전환은 가능하지 않았을 것이다. 만약 수출 지향적 산업화가 1950년대에 추진되었다면 자유당 정권과 지대추구 자본가들 간에 형성된 수입대체 산업화 연합의 저항에 직면하였을 것이기 때문이다. 그러나 쿠데타로 집권한 군부 엘리트들은 수입대체 산업화의 정치적 연합을 붕괴시키고 새로운 지배연합을 형성할 수 있었다. 군부 엘리트의 수입대체 산업화연합을 쉽게 파괴시킬 수 있었던 것은 기존의 이승만과 자유당의 지배연합이 민중주의 동맹세력에 의존하지 않고 원조물자를 매개로 한 자유당 정권과 기업가들 간의 정치적 연계망에 의해서 유지되어 왔기 때문이다.(박종철, 1989) 1950년대 말 이후 미국으로부터의 원조가 계속 감소되어 가는 상황에서 원조물자에 의존하고 있던 경제세력들이 군부에 대해 기득 이익의 분배를 강요할 만한 힘이 없었다.(장달중, 1992)

두 번째 외생적 요인으로 계획 합리성을 추구하는 발전주의적 국가가 한국에 있었다는 점을 들 수 있다.(Charlmers Johnson, 1982) 박정희 정권의 자본주의적 산업화를 국가가 주도했다는 주장에 이의를 제기하는 사람은 드물다. 그러나 박정희의 산업화 국가는 시장을 대체하여 국가가 직접 생산활동을 담당하는 기업가적 국가도 아니고, 국가가 가격의 왜곡을 시정하고 공공재를 충분히 공급함으로써 시장의 실패를 방지하고 공공재를 공급함으로써 경제가 시장원리에 따라 움직이게 함으로써 비교우위에 따라 성장하도록 유인하는 시장 순응적인 신고전주의 국가도 아니었다. 박정희 시대의 한국의 국가는 적극적으로 시장에 개입하여 의도적으로 가격을 왜곡하여 자원의 배분을 거시경제정책에 맞게 유도하는 시장 형성적 또는 시장 지배적인 발전국가(Amsden, 1989; Wade, 1990)였다. 그런 점에서 자신의 의도에 따라 시장을 형성하려는 한국의 발전국가의 기본적인 무기는 금융의 통제였다. 박정희 정권은 국내 금융자본을 직접 장악했을 뿐만 아니라 해외로부터 유입되는 차관의 배분을 통제하였다. 한국의 개발국가가 해외자본의 유입에서 직접투자보다는 차관을 선호했던 것은 국내 자본가들을 통제하기 위한 정치적 동기에 의한 것이다.(Evans, 1985: 205-6) 한국은 성공적인 발전국가였다.

세 번째 외생적 촉진 요인으로서 미국의 "자비로운 헤게모니(benevolent hegemony)"를 들 수 있다. 냉전체제하에서 국제공산주의의 확장을 저지하는 전초국가로서의 전략적 가치를 가지고 있는 한국에 대해 미국은 후견국가로서 안보를 보장해 주었을 뿐 아니라, 토지개혁을 지원함으로써 60년대 이후의 한국의 도시 중심적 산업화를 위한 계급적 기초를 쌓아 주었다.

미국의 자비로운 헤게모니는 직접적으로는 군사원조와 경제원조를 한국에 제공하였고, 간접적으로는 한국 수출 상품의 미국 시장에 대한 진입 장벽을 낮추어 주고 미국이 주도하는 국제금융기구(IMF, IBRD 등)의 차관 대여에 있어서 특혜를 제공하는 것으로 나타났다. 냉전체제하에서 미국이 한국에 제공한 '시혜'는 경제원조와 소비시장의 제공에 그치지 않고 한국이 영미식 자본주의 모델과 다른 한국적인 또는 동아시아적인 '발전국가' 모델을 추구하는 것을 허용하기까지 하였다.

2. 민주화 없는 산업화 — 민주주의의 후퇴와 산업화의 진전

1960년대의 수출 주도형 산업화는 박정희가 형식적 민주주의 틀 내에서 초기 단계의 산업화를 훌륭하게 수행할 수 있다는 것을 보여 주었다. 1960년대 박정희의 제3공화국은 권위주의 국가로 분류되기보다는 준경쟁적 권위주의, 제한적 다원주의, 비자유주의적 민주주의(illiberal democracy), 선거 민주주의, 경성 민주주의(democradura) 등과 같이 "결함은 있으나, 주기적 선거 실시, 반대당의 허용, 상당한 언론의 자유, 노조의 허용 등과 같은 자유민주주의의 외피가 제한적으로 유지되었던" '결손 민주주의'였다. 쿠데타 이후 민정 이양 과정에서 박정희는 군정을 연장하려는 자신의 의도와는 반대로 야당과 시민사회, 그리고 미국의 거센 압력을 이기지 못하고 민주헌법 제정과 선거경쟁을 받아들이고, 선거를 통해 권력을 장악한 뒤 정치적 민주주의의 외피 속에서 나라를 다스릴 수밖에 없었다.(임혁백, 2004b: 236-237) 이러한 정치적 민주주의의 외피는 적어도 1971년까지 유지되었고 박정희는 이러한 민주주의의 틀 내에서도 단군 이래 최초의 조국 근대화를 성공적으로 수행할 수 있었다. 박정희는 적어도 1960년대에는 민주주의와 경제발전이 양립 가능하다는 것을 보여 주었을 뿐 아니라, 1960년대의 수출 주도형 산업화가 권위주의 정치체제였기 때문에 가능한 것이 아니라는 것도 역설적으로 증명해 주었다.

그럼에도 불구하고 1960년대에 형식적 자유민주주의의 외피는 유지되었지만 근대화론이 주장하는 것처럼 산업화의 진전과 비례해서 민주주의가 발전되지 않고 역으로 퇴행하여 갔고 1969년의 3선개헌, 1971년의 국가보위에 관한 긴급조치로 치달아 가더니 급기야는 1972년 10월 관료적 권위주의 체제인 유신의 등장과 함께 사망하였다.

왜 1960년대 수출 주도형 산업화 과정에서 민주주의는 퇴행하고 퇴보했는가? 필자는 산업화의 성공을 위해서 민주주의가 후퇴해야 된다는 권위주의적 발전론의 관점을 수용하지 않는다. 박정희가 바로 민주주의의 외피하에서 산업화를 할 수 있다는 것을 보여 준 산 증인이고, 서구의 1세대 산업화 국가들이 산업화와 민주화를 병행 발전시킬 수 있다는 것을 역사적으로 보여 주었다.

권위주의적 자본주의론은 산업화 초기에 권위주의적 발전국가가 필요한 이유로 근대화에 반대하는 반동적 지주계급의 저항을 분쇄할 수 있는 강압력, 자율성이 요구되고, 초기 단계의 강제적 축적을 위해 소비를 억제하려는 정부에 저항하는 노동자와 민중을 억압할 수 있는 능력이 필요하고, 그리고 세계 체제의 압력으로부터의 발전국가의 자율성을 확보해야 하기 때문이라고 주장한다.(김일영, 1994) 그러나 한국의 경우 발전국가와 권위주의가 결합해야 한다는 근거가 박정희 정권 등장 이전에 이미 해소되었다. 첫째, 도시 중심 산업화에 저항할 수 있는 지주계급은 이미 50년대의 토지개혁으로 계급이 해체되었다. 둘째, 노동계급과 민중의 저항은 1960년대의 노동시장적 상황에 의해 국가의 강압력이 아닌 시장에 의해 해결되었다.(Im, 1987) 수출 주도형 산업화의 초기 단계에서 농촌으로부터 밀려드는 무제한적 노동력의 유입으로 인해 국가의 개입 없이 임금이 생존선 수준으로 유지될 수 있었기 때문에(Im, 1987) 국가가 아닌 시장에 의한 저임의 유지가 가능한 상황에서 박정희는 인위적으로 노동시장에 개입하여 노동자들을 통제해야 할 필요가 없었다.[299] 1960년대에 박정희는 농지개혁으로 도시 중심의 산업화에 저항할 수 있는 지주계급이 소멸되어 있는 유리한 계급구조하에서 과반수를 넘는 농민의 지지를 기반으로 선거를 통해서 정권을 유지할 수 있었기 때문에 비용이 드는 권위주의로의 체제 변환을 시도할 필요를 느끼지 않았다.(백종국, 1997: 270; Im, 1987: 251-254) 셋째, 남미와는 달리 세계 체제의 압력은 부드러웠다. 상기한 바와 같이 한국의 경우 미국의 '헤게모니는 자비로웠다(benevolent hegemony)'. 미국은 이승만 정권 이래로 한국을 냉전의 전초국가로 이용하는 대신 경제적인 측면에서는 시혜를 베풀고 발전전략 선택에 상당한 자율성을 부여하였다. 박정희가 영미의 자유시장 모델(liberal market economy: LME)과 대조적인 국가주도의 발전국가 모델을

299 남미의 군부독재자들과는 달리 1960년대에 박정희는 전체 노동자들을 위로부터 조직화하여 국가조합주의적으로 통제하려 하지 않았고 조직 노동자들을 정치권력의 자원으로 고려하지도 않았다.(송호근, 1997: 317)

선택할 수 있기까지 하였다.

따라서 1960년대에 산업화를 위해서 민주주의의 후퇴와 권위주의가 필요했다는 주장은 근거가 없으며, 경험적으로 확인되지도 않는다. 실제로 상기한 바와 같이 1960년대에 자유민주주의의 외피는 유지되었다. 민주주의하에서도 발전국가는 충분히 산업화를 추진하고 경제발전을 이뤄 낼 수 있는 국가 강도, 국가 자율성, 국가 능력을 갖출 수 있다는 것을 바로 박정희가 보여 주었다. 그럼에도 불구하고 왜 1960년대에 산업화의 진전과 함께 민주주의는 퇴행(decay)하였는가?

왜 민주화 없는 산업화였는가의 문제에 대해 정치경제학적 해답을 찾기 보다는 권력정치적 해답을 찾는 것이 필요하다. 말하자면 산업화의 필요성 때문에 민주주의가 후퇴한 것이 아니라 산업화의 필요성과 독립적으로 존재하고 있었던 박정희의 권력의지에서 해답을 찾아야 한다 것이다. 박정희는 기본적으로 자유민주주의를 신봉하지 않았다. 박정희는 끊임없이 권력을 추구하는 홉스(Hobbes)형 인간이었다. 대구사범학교 출신인 박정희는 문경에서 짧은 교사생활을 그만두고 만주로 건너가 만주군관학교에 입교하여 우등으로 졸업하여 일본 육사 생도가 되는 특전을 얻었고, 우수한 성적으로 졸업하여 일본군 장교가 되어 관동군 장교로 활약하다가 해방이 되자 독립군에 잠시 머물렀다가 귀국하여 한국군으로 들어갔다. 그리고 당시의 시세를 좇아 군 내부의 공산당 세포조직의 장으로 암약하다가 여순반란사건 때 발각되어 체포되어 군법회의에서 사형을 언도받았으나 만주군 출신 동료, 친구들의 도움으로 문관으로 풀려났으나 마침 한국전쟁이 발발하여 다시 정보장교로 군에 들어갔다. 그러나 좌익 경력으로 계속 미국의 감시 대상이 되어 진급과 보직에서 번번이 소외되는 불운을 겪게 되자 계속 쿠데타를 음모하다가 세 차례의 시도 끝에 문민정부를 전복시키고 권력을 찬탈하는 쿠데타를 성공시킨 전형적 정치적 행동주의 장교였다.(한용원, 1993) 1961년 쿠데타에서 1963년 민정 이양으로 가는 과정에서 박정희는 민주주의를 선호하지도 않았고 수용하려 하지 않았다. 미국으로부터의 압력과 국내 정치기반의 취약성이 그로 하여금 정치적 민주주의의 외피를 받아들이지 않을 수 없게 하였다. 1963년 민간복으로 갈아입고 대선에 출마하면서 전역식에서 박정희는 "다시는 자신과 같은 불행한 군인이 없었으면 좋겠다"는 취지의 비장한 전역사를 하였다. 이 전역사는 박정희가 마치 직업주의에 충실한 중립적인 반정치적 직업장교로 오해하게 할 수 있다. 그러나 박정희는 문민정부의 정통성에 항상 도전하려 했던 쿠데타 음모자(coup monger)였다.

박정희의 권력의지의 배경은 그의 성장사에서 찾을 수 있다.(최영, 1985) 박정희는 가난한 집안의 막내로 태어나 어릴 때부터 생존을 위한 피나는 경쟁을 해야 했고, 나이 많고 힘센 사람들 사이에서 자라면서 사회를 약육강식의 세계로 파악하게 되었다. 박정희는 대구사범, 만주군관학교, 일본 육군사관학교 등에서의 군국주의의 교육과 그리고 일본군 장교 생활을 통해서 권력의지를 키웠다.

박정희의 무한 권력의지는 당시 거의 절대적인 후견권력(tutelary power)을 행사하던 미국의 강력한 압력에도 불구하고 민정 이양 약속을 수차례 번복하다가 미국이 식량원조를 중단하는 극단적인 조치를 취하자 할 수 없이 민정 이양 작업에 착수한 데서도 드러난다. 박정희가 군정에서 형식적인 민주주의로 복귀한 것은 박정희가 자유민주주의자였기 때문이 아니라 민주주의의 복원을 바라는 대내외적인 압력 때문에 실현 가능한 최선의 선택을 한 것뿐이다. 그래서 그는 민주헌법을 제정하고 스스로 민간복으로 갈아입고 선거를 통해 합헌적으로 집권하여 제3공화국 시대를 열었다.

제3공화국하에서 박정희와 '혁명 주체세력'이 군대식으로 근대화를 밀어붙이면서 민주주의는 형식적인 외피로 전락하였다. 정당, 이익집단, 결사체가 이끌어 가는 정치의 영역은 '돌진적 산업화'에 정당성을 부여하는 종속적 지위로 격하되어 갔고, 군대식 행정의 영역은 늘어만 갔다. 제3공화국에서 정당이 복구되고 국민의 대표가 의사당에 다시 들어오게 되었지만 국민들의 생활을 설계하는 자들은 선출된 대표의 직접적 통제 밖에 있는 임명된 관료들이었다. 민간복으로 갈아입은 군부 출신 정치인이 주도하는 산업화는 필연적으로 민주주의와 화합할 수 없는 요소들을 내포하고 있었다. 시민사회는 군대식으로 재편성되었고 상명하복, 지휘통솔의 군사문화를 내면화하도록 강요받았다. 계급, 지위, 종교, 지역, 교육의 차이를 인정하고 관용하는 바탕 위에서 다양성 속의 통합을 추구하는 다원주의적 민주주의와 적과 아를 구분하고 제로섬적인 승리만을 추구하는 획일적인 군사문화는 양립할 수 없는 것이었다. 박정희는 형식적 민주주의의 틀에 자의반 타의반으로 복귀하였지만 선출된 인민의 대표기구인 의회에 의존하기보다는 중앙정보부와 보안사와 같은 안보기구와 기술합리성을 맹신하는 경제관료에 의존하여 군사적 작전을 방불케 하는 돌진적 산업화를 일사불란하게 밀어붙였다.

제3공화국하에서 박정희의 조국 근대화는 성공적으로 진행되었다. 실적에 의한 정통성의 효과가 나타나기 시작하였다. 박정희는 1963년의 대통령선거에서 불과 16만 표라는 간발의 차이로 간신히 대통령에 당선되었지만, 1967년의 선거에서는 1963년의 46.7%보다 5%가 높은 51.4%의 지지율을 획득하였고 윤보선 민주당 후보를 100만 표 이상의 차이로 압도할 수 있었다. 1967년 선거에서 과반수 이상의 국민들이 '조국 근대화'라는 박정희의 발전주의에 동의를 하였다. 그러나 민주적 방식에 의해 권력의 정당성을 구축한 그 순간부터 박정희는 장기 집권 음모에 들어가게 된다. 1967년 대통령 선거가 실시된 지 한 달 만에 치러진 7대 국회의원 선거는 역사상 유례 없는 관권, 금권, 부정선거였다. 이는 박정희가 정치적 안정을 유지하는 데 필요한 의석을 넘어 개헌에 필요한 2/3의 의석을 확보하려 하였기 때문에 발생한 민주주의의 훼손이었다.[300]

많은 사람들이 예견한 대로 개헌선을 통과하자 박정희는 제3공화국의 헌법

300 그러나 필요 이상으로 비대해진 거대 여당은 정치적 안정을 가져오기보다는 정치적 혼란을 가져온다는 것을 한국 정치사가 보여 주고 있다.

에 명시된 대통령 중임제의 한계를 돌파하고 임기를 연장하기 위해 3선개헌을 시도하였다.[301] 3선개헌은 다목적용이었다. 첫째, 유신체제와 같은 종신집권체제 구축을 위한 발판이었고, 둘째, 계승의 위기를 극복할 수 있으며, 셋째, 지배세력 내에서 도전받지 않는 위치를 확보하여 권력을 공고화하기 위한 것이었다.

박정희는 3선개헌으로 정당정치를 약화시키는 부수적 효과를 노렸다. 1969년 3선개헌을 전후로 박정희는 자신에 대한 잠재적인 경쟁세력과 도전세력을 제거하였다. 박정희가 구사한 전략은 지배 엘리트들에 대한 고전적인 분할 지배(divide et impera) 전략이었다. 박정희는 '공격적 권력 주체세력'을 3선개헌의 선봉장으로 내세우면서 한편으로 '보수적 권력 주체세력'을 제압하고 다른 한편으로 자신의 개인적 권력을 공고화해 나갔다.(Schmitter, 1980) '공격적 주체세력'은 정치적 행동을 통해서 현재 지닌 것보다 더 많은 것을 획득하고자 하는 권력 엘리트이다. 그들은 집권당의 비주류 인사들과 비서실장 이후락, 중앙정보부장 김형욱과 같은 공안세력이었다. 그들은 현상의 변화를 통해서 지배 엘리트 내에서 지위 상승을 할 수 있는 집단이었다. 3선개헌의 선두주자는 비주류의 윤치영이었다. 윤치영 공화당 의장서리는 1969년 1월 7일 "단군 이래의 위인인 박정희 대통령을 계속 집권시키기 위해 개헌이 필요하다"고 선언하여 개헌

301 이상우는 박정희가 3선개헌을 구상한 것은 66년경이라고 주장한다.(이상우, 1986: 198) 김형욱도 3선개헌을 1967년도 대통령 및 국회의원 선거 때부터 구상했다는 증언을 하고 있다. 1967년 선거유세 중에 박정희는 김형욱에게 '나 절대로 정권 못 내놓아'라고 이야기했다고 한다. 이는 박정희가 이미 종신집권의 의지를 표명한 것으로 보인다. 박정희는 경제건설, 통일, 자주국방을 위해 자신이 아니면 할 사람이 없다고 생각하였다는 것이다.(김형욱, 1991.《김형욱회고록 — 혁명과 우상 2》, 203-205쪽) 실제로 박정희는 거의 무한정의 장기적 시계(long time horizon)에서 정책을 결정하고 있었다. 이는 제한된 임기하에서 정책을 결정해야 하는 민주주의의 시간적 제약을 무시한 것이었으며, 이를 극복하기 위해 헌법적 제약에서 벗어나기 위한 초헌법적 조치를 생각하게 했을 것이라는 것을 보여 준다. 정구영에 의하면, 67년 선거 전에 이미 "경제건설도 이제 시작이고 자주국방을 위한 군수산업도 구상 단계일 뿐인데 내가 나가고 나면 이런 일을 누가 맡아야 하느냐"라는 이야기를 측근에게 자주했다고 한다. 박정희가 1967년 재선이 낙관적이던 시점에서 이런 걱정을 측근에게 이야기했다는 사실은 이미 임기가 끝나는 1971년 이후를 생각하고 장기 집권 구상을 하고 있었다는 증거이다.〔정구영(이영석 편), 1987: 329-330〕

을 공론화하였다.[302] 박정희는 자신이 전면에 나서지 않은 채 대리인을 동원하여 개헌연합을 구축해 나갔으며 개헌연합이 지배 엘리트 내에서 다수를 확보했다는 판단이 들었을 때, 그는 개헌 추진을 공식적으로 발표하였다. 박정희의 개헌 추진 선언은 박정희의 마키아벨리적인 비르투가 돋보이는 대목이다. 1969년 여름 박정희는 공식적으로 개헌 추진을 선언하면서 개헌안을 국민투표에 부치고 개헌안의 통과를 정권에 대한 신임투표로 결부시켰다. 이는 대안 없이 갑작스러운 정권 퇴진이 가져올 혼란을 우려하는 국민들에게 '개헌안 끼워 팔기' 전략을 구사한 것이다. 박정희는 국민들에게 개헌이냐 아니냐의 선택을 제시한 것이 아니라 개헌이냐 혼란이냐의 선택을 강요함으로써 실적에 의한 정통성 확보로 마련한 국민의 지지를 개헌에 이용하는 비르투를 발휘한 것이다.(이상우, 1986: 199)

그러나 개헌 추진을 위해 넘어야 할 가장 큰 장벽은 야당과 국민이 아니라 지배 엘리트 내의 보수적 주체세력이었다. 보수적 주체세력은 현상유지(3선을 금지하고 있는 현행 헌정 체제 유지)를 선호할 수밖에 없었다. 왜냐하면 헌정 체제가 유지되었을 때, 그들이 차기 권력에 가장 근접할 수 있었기 때문이다. 따라서 그들은 현상유지에 변화를 초래할 개헌에 저항하였으며 행동으로 표시하였다. 소위 4·8항명파동이다. 4·8항명파동에서 김종필을 지지하는 보수적 주체세력은 권오병 문교부 장관에 대한 야당의 불신임결의안에 찬성표를 던짐으로써 불신임결의안을 통과시키고 자신들의 세를 과시하여 박정희를 위협하려 하였다. 이러한 위협에 대해 박정희는 단호히 대응하였다. 박정희는 항명의 주인공들을 제명하여(양순직, 예춘호, 박종태, 정태성, 김달수) 개헌 반대 세력에 쐐기를 박았고 '공격적 주체세력'에 권력을 이전시켜 주었다. 박정희는 마키아벨리가 이야기한 사자의 위엄과 공포를 동원하여 보수적 주체세력을 해체시켰다. 그들은

302 이상우, 《박정권 18년》, 198쪽.

개인적으로 박정희에 도전하기에는 허약한 존재였으며, 집단적으로 조직하고 행동할 수 있는 수단이 봉쇄되어 있었다.

개헌 과정을 통해 김종필계로 불리는 보수적 주체세력은 해체되고 개별화되었으며, 신주류로 부상한 공격적 주체세력의 주도에 의해 3선개헌은 국회를 통과하였으며, 국민에 대한 협박전략으로 개헌안은 국민투표에서 통과되었다. 그러나 3선개헌의 완료는 공격적 주체세력의 몰락의 시작이 되었다. 박정희에 있어서 3선개헌은 궁극적 목표가 아니었다. 3선개헌은 유신이라는 궁극적 종착지로 가기 위한 통과의례에 지나지 않았다.[303] 그러나 신주류로 부상한 공격적 주체세력인 소위 4인방(김성곤, 길재호, 백남억, 김진만)은 박정희의 의중을 파악하지 못하고 있었다. 그들은 자신의 권력의 유지를 위해서 박정희의 3선 임기가 끝나는 1970년대 중반에 헌법을 개정하여 대통령의 권한을 약화시키고 내각에 실권을 주는 이원집정부제안을 구상하고 있었다.(이상우 1986: 203) 박정희의 유신 구상과 정면으로 배치되는 구상이었다. 박정희는 곧 이들의 견제에 나섰다. 3선개헌 과정에서 신주류와 연합을 구성했던 이후락 비서실장과 김형욱 중앙정보부장은 3선개헌이 완료된 후 바로 토사구팽을 당하여 권력의 자리에서 축출되었으며, 3선개헌 이후 박정희는 김종필을 국무총리에 임명하여 구 주류인 김종필계를 이용하여 신주류인 4인방을 견제하도록 하였다. 김종필 내각의 핵심인 오치성 내무부 장관은 곧 정부와 지방정부 내의 신주류의 하부조직의 와해 작업에 돌입하였다. 이는 박정희가 4인방을 제거하기 위한 함정이었으며, 4인방은 박정희가 쳐놓은 그물에 말려들었다. 그들은 자신의 실력을 과시하기 위해 1971년 10월 2일 야당이 제안한 오치성 내무부 장관 해임건의안을 통과시켜버렸다. 그러나 그 결과는 4인방체제의 와해였다. 그들은 고문과 참을 수 없는 모욕을 당하면서 거세당하였다.

---

303 실제로 3선개헌안의 논의 과정에서 박정희는 통일 시까지 임기(이는 사실상 종신집권제를 의미) 또는 6년 임기를 주장하였으나 당 내의 반대에 부딪혀 철회했다는 이야기도 있다.(이경재, 1986: 70-71)

3선개헌은 유신의 서막이었다. 3선개헌 과정을 통해 박정희는 점진적으로 유신개변을 도모할 헌법적 기반을 마련했을 뿐만 아니라, 자신의 권력에 대한 도전세력과 잠재적 도전세력을 제거할 수 있는 기회로 활용하였다. 권력 블럭 내의 잠재적 경쟁자를 제거함으로써 집권세력 내에 도전받지 않는 일인지배체제를 공고히 하였다. 박정희는 3선개헌과 10·2항명파동을 통하여 "주체 지배 엘리트"를 재구성하였다. 보수적 주체세력인 김종필계는 개헌에 저항하다 와해되었고, '공격적 주체세력'은 박정희 이후 체제를 구상하다가 철퇴를 맞았다. 박정희는 이 두 기득권 주체세력을 해체하고 오직 박정희에게만 충성하는 친위부대로 교체하였다. 두 주체세력을 해체한 뒤 박정희는 1971년의 국회의원 선거에서 여당 후보들을 대폭 교체하여(50% 이상) 새롭게 충원한 신진의원들을 중심으로 권력의 중심부를 구성하였다. 그들은 박정희 외에 누구에게도 충성하거나 책임을 지지 않는 박정희의 친위세력이 되었다. 이렇게 제3공화국하에서 민주주의는 절차와 실제에서 형해화되었고, 시인 신동엽이 가라고 했던 '껍데기'만 남았다.

3. 1960년대의 비동시성 — 대학문화와 군사문화의 충돌

문화정치의 관점에서 보면, 1960년대는 '근대'가 압도했던 시기였다. 1960년대 4월혁명과 5월 쿠데타를 주도하였던 대학생들과 군 장교들이 모두 근대화를 열망하였으며, 민족주의를 이야기하였다. 그런데 그들은 근대화의 기본 축이 무엇이 되어야 하는가에 대해 의견을 달리하였고 충돌하였다. 4월혁명을 주도했던 대학생과 청년들은 근대화를 민주화와 민족건설로 이해하였고, 5월 쿠데타의 주역들은 산업화로 이해하고 있었다. 박정희와 군 장교 집단은 조국 근대화를 산업화로 이해하고 이를 군대식으로 밀어붙였으나 자유민주주의는 조국 근대화에 맞지 않는 옷과 같은 거추장스러운 것으로 보았다. 그래서 그들은 민족적 민주주의, 행정적 민주주의, 한국적 민주주의와 같은 수식어가 붙은 '의

사 민주주의(pseudo democracy)'를 만들어 내었다. 근대화의 기본 축을 민주화로 이해하고 있었던 대학생들은 4월의 거리에서 독재에 저항하는 시민들을 동원하였고 한국 최초의 민주 시민혁명을 성공시켰으나 그들이 이루어 낸 시민혁명은 1년 만에 군사쿠데타에 의해 좌절되었다.

1) 4월 청년과 5월 군인의 화해 — '민족적 민주주의'

4월혁명의 열망이 5월 쿠데타로 좌절되었으나 미국의 개입으로 민정 이양 약속이 실행되고 형식적 민주주의가 복원된 1963년 이후 대학생과 군대의 상이한 근대의 시간은 충돌하였다.

그런데 민족적 민주주의에서 학생들과 군인들은 접점을 찾았다. 1963년 민정 이양 이후 치러진 첫 번째 선거에서 윤보선이 박정희를 "서구의 민주주의가 한국에 맞지 않는다"고 주장한다고 비판하자 박정희는 서구식 민주주의를 그대로 수용해야 한다는 주장은 '사대주의적 민주주의'라고 비판하며 '민족적 민주주의'를 구호로 내걸었다.(강정인, 2011: 3030-311) 박정희와 군사쿠데타의 주역들은 민족적 민주주의를 이야기하면서 자신들을 반외세 민족주의 혁명을 일으킨 이집트의 나세르, 터키의 아타 투르크인 케말 파샤, 인도네시아의 수카르노와 반공주의를 제외하면 사실은 비슷한 민족주의자로 각인시키고 싶어 했다. 이러한 '민족주의'의 접두사가 붙은 민족적 민주주의 구호는 4월혁명의 주역들인 대학생들에게 먹혀 든 측면이 있었다. 당시의 반외세 민족주의의 흐름에 젊은 대학생들이 호응하였고 윤보선의 '서구식 민주주의'보다는 박정희의 '민족적 민주주의'에 더 친근감을 느꼈다.[304] 젊은 대학생들은 서구식 민주주의를 부정한 것이 아니고 서구식 민주주의가 한국에 "부적합"한 것은 "준비가 되어

---

304 고려대 홍승직 교수가 1961년 고대생 377명을 상대로 조사한 여론조사에서 83%가 서구식 민주주의가 부적합하다고 응답했고, 40%가 한국은 서구식 민주주의를 받아들일 준비가 되어 있지 못하다고 응답했다.(홍승직, 1962: 121-122)

있지 않기" 때문이라고 믿고 있었다. 1960년대 초 한국의 대학생들은 '근대화론'의 가정을 받아들이고 있었던 것이다. 민주주의를 한국에 정착시키기 위해서는 산업화를 통해 경제발전을 이룩하여 민주주의를 맞아들일 '준비'를 해야 한다는 것이다.

민족적 민주주의를 매개로 한 4월혁명 주역과 5월 쿠데타의 주역 간의 화해는 1963년 선거에서 나타났다. 그런데 민주주의와 민정 복귀를 위한 선거가 치러진 1963년의 선거 국면에서 일부 혁신진보적인 대학생들은 박정희와 윤보선의 대결을 근대 대 전근대의 대결로 보았고 4월혁명의 압도적 영향 때문에 겉으로 드러내지는 않았지만 민주주의를 파괴한 군인 박정희에게 표를 찍었다. 혁신 진보적인 대학생들은 왕비 집안 출신으로 일제시대에는 영국의 유서 깊은 명문 사학 에딘버러 대학에서 고고학을 공부하고 돌아온 윤보선을 귀족으로 보았고, 구 지주계급을 대표하는 한민당의 후신인 민주당 구파 출신인 윤보선에서 박정희보다 더한 전통주의와 반공주의를 보았다. 더구나 윤보선이 선거유세에서 결정적인 승부수로 박정희의 아킬레스건인 여순반란사건에서 무기징역 판결을 받았다는 사실을 폭로했을 때, 일부 진보혁신적인 대학생들에게는 이 폭로가 역효과를 내어 박정희는 진보적 민족주의를 대변하는 '혁신' 후보로, 윤보선은 전근대적인 1950년의 반공주의와 친미 사대주의를 대표하는 보수 후보로 각인되었다. 그래서 그들은 투표장에서 '혁신' 후보 박정희에게 표를 던졌고, 피를 말리는 초접전의 선거에서 승리를 만든 15만6천 표에 기여하였다.[305]

박정희와 쿠데타 주역들이 1963년에 정권을 잡고 경제개발 5개년계획을 기획하여 조국 근대화라는 기치를 내걸고 군대식의 돌진적 산업화를 밀어붙일 때까지 4월혁명의 시간과 5월 쿠데타의 시간은 정면으로 충돌하지 않았다.

---

305 1963년 선거에서 김승옥은 보수적인 야당보다 촌티 나는 박정희의 민족주의가 낫겠다고 여겨 박정희를 찍었을 뿐 아니라, 임헌영은 민족적 민주주의 때문에 황홀하여 박정희를 찍었을 뿐 아니라 다른 학생들에게도 박정희를 찍으라고 운동했다.(김병익 외, 2002: 46-48, 《한국민주화 운동사》 1: 419).

2) 대학생과 군인의 충돌 — 한일협정 반대투쟁, 6·8부정선거 규탄, 3선개헌 반대투쟁

대학생들과 군인들 간의 첫 번째 충돌은 '외세'를 둘러싸고 벌어졌다. 외세는 미국이 아니라 36년간 한국을 지배했던 일본과의 관계를 정상화하려는 군인들의 반민족적인 한일회담을 둘러싸고 벌어졌다. 대학생들은 박정희가 1963년 유세 때 이야기했던 민족주의가 사이비 민족주의를 넘어서 외세를 끌어들이는 반민족주의임을 깨닫고 다시 거리로 나섰다. 한일 국교정상화를 위한 교섭이 본격화되자 대학생들은 1964년 5월 20일 서울대 문리대 교정에서 '민족적 민주주의 장례식'을 열었고 미학과 학생 김지하가 민족적 민주주의 장례식 조사(弔辭)를 썼다.

> 시체여!
> 너는 오래전에 이미 죽었다.
> 죽어서 썩어가고 있었다.
> 넋없는 시체여!
> 반민족적, 비민주적, 민족적 민주주의여!
> 썩고 있던 네 주검의 악취는 '사쿠라'의 향기가 되어, 마침내는 우리들 학원의 잔잔한 후각이 가꾸고 사랑하는 늘푸른 수풀 속에 너와 일본의 2대 잡종, 이른바 사쿠라를 심어 놓았다.
> 〔…〕
> 너, 시체여! 너는 그리하여 일대의 천재(賤才)요 절대의 졸작이었다.
> 구악을 신악으로 개악하여, 세대를 교체하고, 골백번의 번의의 번의를 번의하여
> 권태감의 홍분으로 국민정서를 배신하고, 부정불하, 부정축재, 매판자본 육성으로 빠찡고에 새나라에 최루탄 등등 주로 생활수입품만 수입하며…
> 노동자의 언덕으로 알았던 '워커힐'에 퇴폐를 증산하여 민족정기를 바로잡아 국민의식을 고취하고 경제를 재건한 철두철미 위대한 시체여! 해괴할 손 민주주의여!
> 〔…〕
> 우리는 맛보았다. 극한의 절망과 뼈를 깎는 기아의 서러움을.
> 시체여! 반민족적 비민주주의여!
> 석학의 머리로서도 천부의 감으로서도 난해하기만 한 이즘이여!
> 너의 정체는 무엇이냐? 절망과 기아로부터의 해방자로 자처하는 소위 혁명정부가 전면적인 절망과 영원한 기아 속으로 민족을 함멸시키기에 이르도록 한 너의 본질은 무엇이었느냐?

〔…〕

박의장의 이른바 민족적 민주주의여! 너의 본질은 안개다!

어느 봄날 새벽의 안개 속에서 튀어나온 너, 안개여, 너는 안개 속에서 살다가 안개속에서 죽은, 우유부단과 정체불명과 조삼모사와 동서남북의 상징이요, 혼합물질이었다.

한없는 망설임과 번의, 종잡을 길 없는 막연한 정치이념, 끝없는 혼란과 무질서 와 굴욕적인 사대근성, 방향감각과 주체의식과 지도력의 상실, 이것이 너의 전부다.

이처럼 황당무계한 소위 혁명정신으로, 이같이 허무맹랑한 이념의 몰골을 그대로 쳐들고서 공약을 한다. 재건을 한다. 유대를 더욱 공고히 한다. 고리채 어쩌구, 5개년 계획에 심지어 사상 논쟁까지 벌이던 그 어마어마한 배짱은 도시 어디서 빌려온 것일까? 그것은 '덴노헤이카'에게 빌린 것이 분명하다.

일본군의 그 지긋지긋한 전통의 카리스마적 성격은 한국군 구조의 바닥에 아직도 허황한 권력에의 미망과 함께 문제의 그 배아를 길러낸 것이다.

시체여! 고향으로 돌아가라! 너는 이미 돌아갔어야만 했다. 죽어서라도 돌아가라,시체여!

우리 3천만이 모두 너의 주검 위에 지금 수의를 덮어주고 있다.

들리느냐? 너의 명복을 비는 드높은 목소리, 목소리, 목소리들이 이미 죽은 네 육신과 정신으로 결코 반공도 재건도 쇄신도 불가능하다는 저 민족의 함성이 들리지 않느냐?

저 통곡이 들리지 않느냐? 가거라! 말없이 조용히 떠나가거라!

그리하여 높은 골짜기를 돌도 돌아가, 다시는 돌아오지 말아라.

〔…〕

5월 16일 만의 민족적 민주주의여!

백의민족이 너에게 내리는 마지막의 이 새하얀 수의를 감고 훌훌히 떠나가거라!

너의 고향 그곳으로 돌아가거라,

안개 속으로 가거라! 시체여! 돌아가거라!

이제 안개가 걷히면 맑고 찬란한 아침이 오리니 그때 너도 머언 하늘에서 복받쳐오르는 기쁨에 흐느끼리라.

〔…〕

1964년 5월 20일

민족적 민주주의 장례식

조사에서 김지하와 대학생들은 박정희와 군인들의 민족적 민주주의가 반민족적, 반민주적이고, 일본을 다시 불러오려는 외세 의존적인 '사꾸라'이며, 쿠데타가 아니라 군사혁명이란 부르던 '혁명 주체' 세력들이 부정불하, 부정축재, 매판자본 육성으로 구악보다 더한 신악을 저지르고 있으며, 근대화 5개년계획의 아이디어도 '덴노헤이카(天皇)'에게 빌리는 굴욕적인 사대정신이 본질인 박정희와 '혁명 주체'의 민족적 민주주의는 이미 죽어 시체가 되었고 시체는 "너의 고향 그곳으로 돌아가거라"라고 외쳤다. 한일협정 과정에서 박정희가 1963년 선거에서 외쳤던 '민족적 민주주의'가 자주적이고 자립적인 것이 아니라 외세 의존적이고, 사대주의적이고 무엇보다도 친일적인 반민족주의임을 알게 된 대학생들이 '4월혁명'을 성공시킨 거리의 '광장'에 나오게 되면서 대학생들과 박정희를 필두로 한 군인들 간에 충돌이 벌어졌다.

'민족적 민주주의 장례식'이 벌어진 후 한일회담 반대 시위는 각계각층으로 확산되고 전국적으로 번져서 제2의 4월혁명을 방불케 하였다. 그러자 박정희는 1964년 6월 3일 밤 10시를 기해 계엄령을 선포하여 한일회담 반대시위를 무력으로 진압하였다.

6·3사태 이후 박정희의 의사 민간정부에 대항하는 대학생들의 저항운동은 1966년 삼성그룹의 사카린 밀수사건에서 나타난 정경유착과 재벌 규탄 대회에서 다시 재현되었다. 대학생들은 반외세, 반매판자본을 규탄하는 시위에 나섰다. 그리고 1967년 6·8부정선거를 규탄하는 시위와 투쟁에도 대학생들이 앞장을 섰고, 박정희 정권은 동백림사건과 민비연사건을 일으켜 학생들이 북한의 지령을 받고 민주화 운동을 한다는 누명을 씌우고 간첩활동을 했다는 혐의로 구속하였다. 1960년대에 마지막으로 학생들과 군인들이 맞대결한 사건은 3선개헌 반대투쟁이었다. 6·3사태의 기본 쟁점이 민족주의였다면 3선개헌반대 투쟁은 민주주의였다. 박정희는 자신의 임기를 제한하는 연임이라는 헌법적 임기 규정을 풀어 세 번 출마하는 것을 가능케 하는 개헌을 시도하였다. 3선개헌은 야당과 학생들만 반대한 것이 아니라 집권세력 내에서 차기를 꿈꾸는 김종필 계열도 반대하였기 때문에 더욱 격렬하였다. 원내에서는 야당이 3선개헌 반대 투쟁을 전개하였지만 '거리에서의 의회'는 대학생들이 장악하였다. 그들은 시위를 통해서 대중들을 동원하고 3선개헌을 반대하는 범국민투쟁위원회를 결성케 하는 기본 동력이 되었다.

3) 대학문화 대 군사문화 — 1960년대 두 가지 '근대'의 비동시성

'1960년대'의 주역은 대학생들과 군인들이었다. 그들은 모두 '1950년대 근대화'의 산물이었다. 군인들은 '국가 건설'의 산물이었고 대학생들은 보통교육혁명을 가져온 외삽 민주화의 산물이었다. 1960년대는 대학생들에 의한 민주 시민혁명으로 막을 올렸으나 1년 만에 군인들의 쿠데타로 혁명은 좌초하였고 대신 군인들이 군정과 재민간화된 의사 민주주의를 좌지우지하였다. 대학생들은 민주화를 외쳤으나 군인들은 산업화를 추진하였다. 두 주역들은 '근대화'와 '민족주의'에서 만났고 1963년 선거에서 잠시 화해를 하였으나, 박정희와 군인들의 근대화가 민족주의적인 내포적 공업화에서 국제주의적인 수출 주도형 산업화로 바뀌면서 대학생들의 자립경제를 지향하는 민족주의적 산업화와 충돌하였고, 한일협정 사태에서 대격돌하였다. 대학생들은 박정희와 군인들의 사이비 '민족적 민주주의' 장례식까지 치렀으나 권력을 장악한 박정희와 군인들에 패배하였고, 실제로 민족적 민주주의는 사망하였다. 한일협정 후 대학생들은 산업화와 함께 민주주의가 발전하는 부르주아 민주주의 혁명을 통한 근대화를 희망하였으나, 박정희와 군인들은 '민주화 없는 산업화'를 통한 명치유신형 근대화를 밀어붙였다. 산업화를 시작하면서 박정희는 '민족 중흥'(정재경), '민족주의와 근대화'(이정식), '근대화 민주주의'(한승조)[306]를 구호로 내걸었으나, 박정희의 민족주의가 알맹이가 없는 껍데기가 되었다가 마침내는 '선 경제발전 후 민족통일'이라는 공식으로 껍데기마저 형해화되었을 때 대학생들은 박정희 민족주의의 장례식을 치르면서 민주주의와 민족통일과 함께하는 산업화를 요구하였다.(전재호, 2000: 28) 이러한 대학생들의 요구를 박정희와 군인들은 민족적 민주주의를 살리려는 '민족주의 비교연구회(민비연)'를 탄압하고 마침내는 빨갱

306 정재경, 1979, 《한민족의 중흥사상—박정희 대통령의 정치철학》, 신화출판, 9쪽; 이정식, 1977, 《유신의 정치논리》, 박영사, 39쪽; 한승조, 1977, 《한국 정치의 지도이념 — 유신개벽사상의 과거, 현재, 미래》, 서향각, 117쪽; 전재호, 2000, 《반동적 근대주의자 박정희》, 책세상, 23-25쪽.

이로 몰아 대학생들의 민주적 민족주의를 사망시켰다. 그 후 박정희와 군인들은 근대화의 세 가지 구성물인 산업화, 민주화, 민족건설(민족통일, 민족주의) 중 위로부터의 산업화를 향해 질주하였다. 대학생들은 명치유신형 군국주의 산업화[307]로 질주하는 박정희의 근대화[308]에 제동을 걸었으나 캠퍼스와 거리에서의 투쟁에도 불구하고 패배하여 유신으로 '긴 1960년대(1960-1972)'는 유신으로 끝이 났다.

이와 같이 1960년대는 대학생과 군인들의 상이한 근대화의 시간이 경쟁하고 충돌했다. 4월혁명에서는 대학생들이 승리의 주역이었고 군인들이 대학생의 혁명을 도와주는 보조적 역할을 했으나, 1961년 5월 쿠데타 이후 주역이 군인들로 바뀌면서 공수(攻守)가 역전되었다. 군인들의 민주화, 민족주의 없는 근대화에 대학생들의 민주적 민족주의의 내용이 담긴 근대화가 충돌하였고, 군인들이 자신들의 근대화를 군대식으로 사수하려 하고 대학생들이 민주화 있는 근대화라는 4월혁명의 정신으로 돌아가라고 공격하는 형세였다.

권력정치의 영역에서 박정희와 군인들은 대학생들과 지식인들을 압도하였으나, 문화정치와 담론의 영역에서 대학생들과 지식인들은 박정희와 군인들과 대등하게 경쟁하였다. 박정희의 군사문화는 이데올로기적 헤게모니를 탈환하지 못하고 있었다.

(1) 대학문화

1960년대 대학문화는 민족주의, 자유민주주의, 그리고 산업화를 통한 근대화를 지향하였다. 그러면서도 대학문화는 전통과 근대를 이분법적인 대립항으로 보지 않았다. 그들은 우리 조상의 '전통'에서 그들이 나아가야 할 '근대'의 모습

307 배링턴 무어는 명치유신형 근대화의 원형은 프러시아의 위로부터의 권위주의적 산업화로 든다. 그러나 박정희가 채택한 것은 명치유신형, 군국주의 산업화이다.

308 전재호는 박정희의 근대화를 '반동적 근대화'로 부른다.(전재호, 2000)

을 보려 하였다. 그러면서도 1960년대에 불어닥친 미국과 유럽의 저항적 청년 문화에서 '모더니즘'적인 탈근대의 감수성을 가지고 있었다.

4월혁명을 노래한 대표 시인이 신동엽이라면 1960년대 대학문화를 노래한 시인은 김수영이었다.[309] 물론 1921년에 태어난 김수영은 1960년대에 대학생이 아니었으나 일제시대에 도쿄에서 조후쿠 고등예비학교에서 유학생활을 하고 하루키 연극연구소소에서 연극연출 수업을 받은 근대인이었다.(《김수영 전집 1》: 386) 40에 가까운 김수영이 4·19를 맞이하였을 때 그는 4월혁명을 노래하고 '썩은 과거'와 결별하고 새로운 민주 근대국가를 건설하자는 대학생들의 소망을 대변하고 응원하였다.

> 썩어진 어제와 결별하자
> 그놈의 동상이 선 곳에는
> 민주주의의 첫 기둥을 세우고
> 쓰러진 성스러운 학생들의
> 기념탑을 세우자
> (…)
> 민주주의의는 인제는 상식으로 되었다
> 자유는 이제는 상식으로 되었다
> 아무도 나무랄 사람은 없다
> 아무도 붙들어 갈 사람은 없다[310]

그러면서 김수영은 4월혁명을 위해 목숨을 바친 학도영령을 추도하면서 '우리가 찾은 혁명을 마지막까지 이룩하자'고 다짐한다.

> **祈禱**
> — 4·19殉國學徒慰靈祭에 붙이는 노래
>
> 시를 쓰는 마음으로

309 아래의 김수영 시들은 《김수영 전집 1》(민음사, 2003)에 수록.

310 김수영, 〈우선 그놈의 사진을 떼어서 밑씻개로 하자〉(1960. 4. 26. 이른아침), 《김수영 전집 1: 시》(민음사, 1981), pp.179-183.

꽃을 꺾는 마음으로
자는 아이의 고운 숨소리를 듣는 마음으로
죽은 옛 여인을 찾는 마음으로
잊어버린 길을 다시 찾은 반가운 마음으로
우리가 찾은 혁명을 마지막까지 이룩하자
(…)
— 1960. 5. 18.

김수영은 4월혁명 정신을 민족주의적으로 이해하고 있었다. 그래서 그는 당시 국제적 냉전체제하에서 미국과 소련 모두 다 나가라고 하면서 '중립'을 이야기하였다. 김수영은 또한 4월혁명을 자유민주주의를 지향하는 시민혁명으로 보았다. 자유민주주의의 핵심은 언론과 표현의 자유였고 냉전의 최전선 국가인 한국에서 '중립'을 이야기할 수 있어야 언론의 자유의 존재를 확인할 수 있다고 생각했다.

가다오 나가다오

이유는 없다 —
나가다오 너희들 다 나가다오
너희들 미국인과 소련인을 하루바삐 나가다오
말갛게 행주질한 비어홀의 카운터에
돈을 거둬들인 카운터 위에
적막이 오듯이
혁명이 끝나고 또 시작되고
혁명이 끝나고 또 시작되는 것은
돈을 내면 또 거둬들이고
돈을 내면 또 거둬들이고 돈을 내면
또 거둬들이는
석양에 비쳐 눈부신 카운터같기도 한 것이니

이유는 없다 —
가다오 너희들의 고장으로 소박하게 가다오
너희들 미국인과 소련인은 하루바삐 가다오
(…)

'사월혁명'이 끝나고 또 시작되고
끝나고 또 시작되고 끝나고 또 시작되는 것은
〔…〕
일년 열두달 쉬는 법이 없는
걸찍한 강변밭같기도 할 것이니

〔…〕
조용히 가다오 나가다오
서푼어치값도 안되는 미·소인은
초콜렛, 커피, 페치코오트, 군복, 수류탄
따발총…을 가지고
적막이 오듯이
적막이 오듯이
소리없이 가다오 나가다오
다녀오는 사람처럼 아주 가다오!
— 1960. 8. 4. (《김수영 전집 1: 시》)

그러나 5월 쿠데타 이후 근대화의 주역은 대학생에서 박정희와 군인들로 바뀌었고 언론의 자유는 꽃피지 않았다. 박정희와 군인들이 민주화 없는 산업화를 군대식으로 밀어붙이고 4월혁명의 민족주의를 배반하고 1964년 과거 식민국가인 외세 일본과 한일협정이라는 이름으로 화해하고 산업화를 위해 일본자본을 끌어들이려 했을 때, 김수영은 분노하였고 다시 우리 한민족의 '거대한 뿌리'인 '전통'을 불러오려 하였다. 신동엽이 아사달과 아사녀, 갑오 동학혁명을 불러와 4월혁명을 노래했듯이 김수영과 1960년대의 대학생들은 전통을 끌어들여 그들의 '근대' 비전을 만들어 박정희와 군인들의 외세 의존적 근대화에 맞서려 하였다. 김수영에게 '전통은 아무리 더러운 전통이라도' 좋았고, '무수한 반동'으로 불렸던 전통이라도 좋았다. 전통은 김수영과 대학생들이 꿈꾸는 진보주의, 중립 통일을 달성하고, 외세 의존적 친일, 친미를 몰아내는 '거대한 뿌리'였다.(김수영, 2003) 그래서 김수영의 근대는 전통과 근대가 공존하는 비동시성적 근대였다.

巨大한 뿌리

〔…〕
傳統은 아무리 더러운 傳統이라도 좋다 나는 光化門
네거리에서 시구문의 진창을 연상하고 寅煥네
처갓집 옆의 지금은 埋立한 개울에서 아낙네들이
양잿물 솥에 불을 지피며 빨래하던 시절을 생각하고
이 우울한 시대를 패러다이스처럼 생각한다

버드 비숍女史를 안 뒤부터는 썩어빠진 대한민국이
괴롭지 않다 오히려 황송하다 歷史는 아무리
더러운 歷史라도 좋다
진창은 아무리 더러운 진창이라도 좋다
나에게 놋주발보다도 더 쨍쨍 울리는 追憶이
있는 한 人間은 영원하고 사랑도 그렇다

비숍女史와 연애를 하고 있는 동안에는 進步主義者와
社會主義者는 네에미 씹이다 統一도 中立도 개좆이다
隱密도 深奧도 學究도 體面도 因習도 治安局
으로 가라 東洋拓植會社, 日本領事館, 大韓民國官吏,
아이스크림은 미국놈 좆대강이나 빨아라 그러나
요강, 망건, 장죽, 種苗商, 장전, 구리개 약방, 신전,
피혁점, 곰보, 애꾸, 애 못 낳는 여자, 無識쟁이,
이 모든 無數한 反動이 좋다
이 땅에 발을 붙이기 위해서는
— 第三人道橋의 물 속에 박은 鐵筋기둥도 내가 내 땅에
박는 거대한 뿌리에 비하면 좀벌레의 솜털
내가 내 땅에 박는 거대한 뿌리에 비하면

〔…〕
— 1964. 2. 3. (《김수영전집 1: 시》, 민음사, 1981)

그러나 김수영의 소망과는 달리 박정희와 군인들의 돌진적 근대화 체제는 더 완강하게 공고화되어 갔고, 김수영과 대학생들은 힘든 싸움을 하고 있었다. 그러나 김수영과 대학생들은 굴하지 않았다. 박정희와 군인들의 '바람'이 몰아

치면 김수영과 대학생들은 풀처럼 먼저 누웠다가 바람보다 먼저 일어나서 저항을 계속하였다.

풀

풀이 눕는다
비를 몰아오는 동풍에 나부껴
풀은 눕고
드디어 울었다
날이 흐려서 더 울다가
다시 누웠다
풀이 눕는다
바람보다도 더 빨리 눕는다
발목까지
발밑까지 눕는다
바람보다 늦게 누워도
바람보다 먼저 일어나고
바람보다 늦게 울어도
바람보다 먼저 웃는다
날이 흐리고 풀뿌리가 눕는다
— 1968년 5월 29일. (《김수영전집 1: 시》, 민음사, 2003)

김수영은 이렇게 1960년대의 두 주역 중의 하나인 대학생들의 민족주의와 반외세주의, 자유주의, 민주주의, 전통의 재발견을 시로써 표현하였다. 그러나 김수영의 대표작 〈풀〉은 그가 생전에 발표한 마지막 시가 되었다. 김수영은 1968년 6월 15일 밤 귀가 중 교통사고로 사망함으로써 1960년대를 넘지 못하였다.

김수영의 시에서 찾아보는 바와 같이 1960년대의 대학문화는 뒤에 이어질 1970년대 유신시대의 '청년문화'의 서곡이었다. 대학문화는 지식인과 대학생들의 문화였고, 문화정치적인 성격을 갖고 있었다. 아직도 본격적인 산업화가 진행되지 않았고 냉전시대의 반공국가라는 정치적 환경 때문에 노동계급 문화가 젊은 세대의 문화를 주도하기에는 시기상조였다. 김수영의 대학문화는 건강한 근대적인 민족주의와 자유민주주의였고, 이는 유럽과 미국에서 일어난 청년들의 저항운동과 맞물리면서 대학생들을 움직였다. 미국에서는 월남전을 비판하는 반전운동이 일어나면서 컨트리 뮤직 가수(존 바에즈, 밥 딜런 등)들의 반전가요 열풍이 있었고 평화와 자유를 갈구하는 히피문화가 청년들을 빨아들였다. 유럽에서는 프랑스에서 1968년 콩방디가 주도하는 대학생들이 주도한 '광기의 순간(moment of madness)'(Aristide Zolberg, 1972)으로 드골정권이 무너지는 사태가 일어나면서 유럽 전역으로 성난 젊은 세대(angry young generation)가 기득권 체제를 부정하고 기성세대를 거부하였다.

그러나 한국에서는 성난 젊은 세대의 저항운동이 4월혁명을 성공시켰으나 그 이후 박정희와 군인들에 의해 계속 패배하고 좌절하면서 성난 젊은 세대는 허무적인 젊은 세대가 되었다. '근대-성장-발전'의 시대에 근대적인 대학생, 청년, 지식인들은 저항이 실패했을 때 산업화에 수동적인 소시민적 망탈리테(mentalite)를 가진 인간들이 되었다. 1960년대 4월혁명 세대의 문화광장은 《산문시대》였다. 《산문시대》는 서울대 문리대 출신을 중심으로 서정주, 조현연, 김동리와 같은 기성문단의 권력에 저항하여 동인지라는 형태로 만든 일종의 자발적 문화결사체였다. 1960년대의 문학을 대표하는 소설가는 김승옥, 이청준, 방영웅이었다.

감수성의 혁명을 일으켰다는 평가를 받는 김승옥은 〈무진기행〉, 〈서울 1964년 겨울〉 등에서 산업화가 진행되면서 한국인들이 취락주의(聚落主義)·인정주의에서 개인주의에로 변모하면서 사회적 연대성을 느끼지 못한 채 현실에서 소외된 고독한 인간들로 바뀌는 과정을 감성적인 문체로 묘사하였다. 김승옥은 산업화와 도시화로 인간들이 내면적 자아과 타자와의 관계에서 나타나는 무관심, 냉담함, 소외, 소통의 단절 등에 대해 썼으나 근대-성장-발전에 저항하는 시인 '김수영'과 '신동엽'이 없었다. 김승옥의 주인공은 적극적으로 저항하기 보다 "속물도 되지 않고 패배자도 되지 않으려는" 소시민적 낙오자 의식에 도피하고 있다. 김승옥의 주인공의 저항의 극대화점은 '자살공격'이 아니라 스스로 '자살'을 선택하는 것이었다.(권보드레·천정환, 2012: 79-82) 감성적인 김승옥과는 달리 다양한 각도에서 문제의 핵심을 찾으려 한 지성적 작가인 이청준은 1960년대 산업화의 한가운데서 산업화로 잃어버린 어머니와 고향을 되찾아 주었다. 이청준은 초기에는 산업화로 가난한 고향에서 쫓겨나는 탈향의식을 보여 주었으나, 후기에는 그를 쫓아낸 고향을 용서하고 화해함으로써 고향으로 돌아가고자 하는 귀향의식을 보여 준다. 이청준은 산업화를 밀어붙이는《당신들의 천국》이 우리들에게는 어머니를 잃고, 고향을 잃고, 자아를 잃는 지옥이라는 저항의식을 품고 있었으나 그의 소설은 용서와 포용, 화해로 끝난다. 방영웅(方榮雄, 1942-)은 토착적이고 토속적인 허무주의자이다. 그는《분례기(糞禮記)》에서 어머니가 변소에서 낳은 분례(똥례)가 겪는 엄청난 학대, 겁탈, 도주를 시적으로 묘사하였다.《분례기》는 산업화 과정에서 희생을 당하는 민중의 삶을 전근대의 과거시간으로 옮겨 토속적인 풍속도를 그려 냄으로써 폭력적 근대화에 대한 저항을 간접적, 은유적, 민속적(folkore)으로 표출하는 데 성공하고 있다.

(2) 군사문화

1960년대에 군인들이 권력을 찬탈하기 전까지는 '군대문화'는 있었으나 '군사문화'는 없었다. 군대문화는 군대라는 특수한 수직적 위계조직의 문화였으나 '군사문화'는 그러한 군대문화를 사회 전반에 확산시키려는 정치문화이다. 한국전쟁으로 한국 군대는 80만 대군으로 성장했다. 자연히 거대 조직을 관리할 조직문화가 형성되었다. 그런데 한국 군대의 조직문화는 만주군관학교나 일본육사 출신 장교들이 군대조직을 장악하고 있었던 관계로 관동군이난 군국주의 시대의 일본 군대 조직의 특성, 즉 획일성, 집단성, 상명하복 체계의 계급성을 많이 가지고 있었다. 집단성은 개인성보다 전체성을 추구하는 것이다. 한 명의 병사가 실수를 하면 전체의 잘못으로 간주하여 처벌한다. 상명하복의 문화하에서는 상관의 명령에 절대복종만이 있고 그에 대해 토를 달아서는 안 되고 결과를 반드시 상관에 보고하는 절대적 하향식 명령체계이다.

이러한 군대문화는 군에 대한 문민통제가 작동하였던 이승만 정권 때까지는 병영 내에 머물러 있었다. 그러나 1961년 5월 쿠테타 후 권력을 장악한 군사정권에 의해 '사회'로 파급, 침투되었다. 군대문화가 사회로 옮겨져 군사문화가 형성되었다. 군사문화는 무력으로 상대를 굴복시키는 문화이고 전쟁에 승리하기 위해서 타협보다는 승리를 우선시하며 적과 아를 구분하는 이분법적 흑백논리가 지배하는 문화이다.(노영기, 2003) 박정희 정권은 군대가 가장 조직적이고 합리적인 '근대화 추진자(modernizer)'라고 강변하면서 군대조직문화, 즉 군사문화를 사회에까지 확산시키려 하였다. 군정시대에 박정희는 현역 또는 예비역 군 출신을 최고회의 최고위원직을 비롯한 정부 부처 핵심과 지방 행정과 치안 책임자, 그리고 국영기업체 사장에 임명했다. 1963년 민정 이양 시 선출된 민주공화당 국회의원 중 군 출신이 110명 중 31명에 달했다. 근대화라는 이름하에 경제개발을 추진하면서 군사문화의 조직원리를 적용하였다. 군사문화의 전파자들은 병영에서 차출하여 사회에 진출시켜 산업화의 역군으로 양성한 군인들이었다. 군 출신 기업 임원들은 군사문화를 기업조직 운영에 도입하였다. 공직사회에 군대의 조직관리 기법이 도입되었고 공직사회에 군대식 제도가 도입되었다. 군대에서 보던 '브리핑'이 일반화되었고 군대 참모조직과 비슷한 기획조정관 또는 기획조정실 제도가 정착되었다. 박정희는 김종필로 하여금 중앙정보부를 이용하여 민주공화당을 군대식으로 조직하게 하고 자신이 당총재가 되어 지시와 명령에 일사분란하게 복종하는 집권 여당을 조직하였다.

군사문화는 군대조직을 민간사회에 이식하고 도입하는 데 그치지 않고 군대식 통제제도를 군인이 아닌 민간사회에도 적용하여 '국민'을 군대식으로 통제하였다. 사회악을 제거한다면서 민간사회를 통제했다. 폭력불량배를 근절한다면서 87,487명을 검거하여 1,243명을 사법기관에 송치하고, 18,055명을 즉심에 처하고, 3,246명을 국토건설사업장에 강제 취역시켰다. 정당, 사회단체들을 해산시켰을 뿐 아니라 구 정치인들의 정치활동을 금하는 '정치활동정화법'을 발포하였다. 언론기관의 자율적 정화를 위해 '한국신문윤리위원회'를 창립했고, 집회와 시위에 관한 법률(집시법)을 제정했다.(노영기, 2003) 박정희는 군대식으로 민간사회를 통제했을 뿐 아니라 실제로 시민들의 저항이 경찰력으로 통제하기 불가능할 경우 치안 확보를 위해 군을 직접 동원하였다.(1961년 5·16쿠데타, 6·3사태, 1971년 위수령) 군대는 1960년대의 국토개발사업을 비롯한 경제개발 과정에서도 직접 투입되었다. 개발사업에 군을 직접 동원하였을 뿐 아니라 군대식으로 돌진하는 개발방식을 취함으로써 '전태일 분신', '와우아파트 붕괴', 광주대단지사건 같은 군대식으로 밀어붙인 개발사업은 엄청난 인적 물적 손실을 불러일으켰다. 1968년 1월 21일 김신조 일당의 청와대 기습사건을 계기로 향토예비군이 조직되었고, 교련제도가 도입되어 학원이 병영화되었다 1972년 유신 이전에 이미 전 국민을 병영화시키는 작업이 완성되었다.

(3) 대학문화, 군사문화와 포디즘적 산업화

4월혁명은 계급혁명이 아니고 대학생-지식인이 주도한 혁명이었고 4월혁명은 '대학생'이라는 새로운 정치, 사회, 문화 주체를 만들어 내었다. "대학생이 4·19를 만들어 냈다기보다 4·19가 대학생이라는 사회·문화적 주체를 탄생시켰다." 대학생들은 "1950년대의 무력과 침묵, 수동성을 뚫고 능동적인 문화적 주체로 거듭났다".(권보드레·천정환, 2012: 39) 이렇게 탄생한 1960년대의 대학생들과 지식인들의 대학문화 담론은 민족주의, 민주주의, 자유주의와 더불어 엘리트주의와 계몽주의를 담고 있었다. 1960년대 한국의 대학교육은 대중화에 도달하지 못하였다. 1960년대의 미국과 유럽을 휩쓴 '스튜던트 파워(student power)'는 대중성을 상실한 채 유교적 교양 엘리트의 지사주의(志士主義) 성향을 띠고 있었다. 이러한 지사주의는 교양 엘리트의 민족, 민주, 자유를 갈구하는 저항 엘리트의 반문화(anti-culture), 대항문화(counter-culture)는 될 수 있었으나, 권력을 잡은 박정희와 군인들이 군대식으로 추진하는 산업화의 담론인 유혈적 테일러주의(bloody Taylorism)와 포디즘(Fordism)의 헤게모니를 대체할 수 없었다.

그래서 1960년대의 대학생과 지식인 세대는 근대적 저항운동에서 점차 개인화되고 원자화된 허무주의와 전통적 민속(folkore)에서 저항의 대중성을 끌어내려 하였다. 신동엽, 김수영, 김지하와 같은 저항 엘리트들은 민족, 자유, 민주의 내용을 담은 '근대'를 강력하게 요구하였으나, 박정희와 군인들은 '민주화 없는 근대'로 응답하였다. 응답받지 못한 대학생과 지식인 세대는 스튜던트 파워를 과시하려 하였으나 박정희와 군인들에게 패배하고 사회적 연대를 상실한 허무적 개인주의(김승옥), 산업화로 인한 폭력적 탈향으로 잃어버린 '어머니'와 '고향'을 찾으려는 귀향주의(이청준), 토속적 전통에서 근대를 찾아 박정희와 군인들의 외래적인 근대에 저항하려는 민속적 저항주의로 흘러갔다.

반면에 군사주의는 포디즘적 산업화의 고지를 향해 돌진하였다. 1960년대에 박정희와 군인들이 추진한 산업화는 케인즈의 소비를 통한 생산을 적대시하고 테일러(Taylor)의 '유혈적 생산주의(bloody Taylorism)'을 선호하였다. 이는 박정희와 군인들의 군사주의와 잘 맞는 짝이었다. 유혈적 테일러주의는 포디즘의 일종으로서 표준화, 일관 생산, 획일화, 규율화된 생산을 특징으로 하고 있었다. 1960년대 산업화의 풍경은 군대 병영처럼 바뀐 작업장에서 탈향한 여공들이 아침에 집단 조례를 하고 지정된 콘베이어벨트 생산 라인에 앉아 표준화된 상품을 반복적으로 조립하고 있는 기계의 모습이었다. 여공들은 복잡하게 연결된 거대한 생산 라인의 한 연결고리를 차지하고 있는 부품이 되었다. 부품화된 여공들은 용변을 보러 갈 시간도 없었다. 왜냐하면 한 부품이 빠지면 거대한 생산 라인이 일시에 중단되는 대형사고가 나기 때문이었다. 그들은 거기에 더하여 초과근무, 잔업근무, 조기근무 등을 통해 군대식으로 생산목표를 돌진적으로 달성하려는 군사주의적 생산체제의 고통스런 역군이 되었다.

박정희의 군사주의가 유혈적 테일러주의적 산업화의 내용을 담고 있다는 사실은 그가 1963년에 쓴《국가와 혁명과 나》에 나오는 불란서 시집을 읽고 있는 하얀 소녀를 미워하는 시에 표현되어 있다. 박정희가 책 원고를 받아 쓰고 있는 박상길에게 특별히 집어넣으라고 부탁한[311] 이 시는 노동자들이 조립 라인의 부품이 되어 기계적으로 반복적 생산에 몰두하도록 장려하는 테일러주의적 포디즘으로 상징되는 '근대주의(modernism)'의 결정판이었다.

> 땀을 흘려라!
> 돌아가는 기계 소리를
> 노래로 듣고
> …
> 이등 객차에
> 불란서 시집을 읽는
> 소녀야
> 나는, 고운
> 네
> 손이 밉더라.
> — 박정희,《국가와 혁명과 나》, 1963(1997년판)

박정희는 이 시에 자작 해설까지 달아 놓았다. "우리는 일을 하여야 한다. 고운 손으로는 살 수 없다 〔…〕 소녀의 고운 손이 미울 리 없겠지만, 전체 국민의 1% 내외의 저 특권 지배층의 손을 보았는가. 고운 손은 우리의 적이다 〔…〕 '피와 땀과 눈물을 흘리자!' 기름으로 밝히는 등(燈)"은 오래가지 못한다. '피'와 '땀'과 '눈물'로 밝히는 등만 우리 민족의 시계(視界)를 올바르게 밝혀 줄 수 있

---

311 조갑제의《국가와 혁명과 나》재발간 서문 "한 근대화 혁명가의 육성과 숨결, 그리고 꿈", pp.7-8. 조갑제는 박노해 시인의 작품이 아닌가 착각이 들 정도로 생산주의적이면서 기득권 저항적인 시라는 평을 하였다.

는 것이다.(박정희, 1963: 275-276)

박정희는 이렇게 대학문화를 1%의 특권적 엘리트주의, 군사문화를 99%의 대중적 생산주의로 대치시킴으로써 군사문화의 이데올로기적 헤게모니를 장악하였다. 그는 영국의 전시 재상 처칠이 제2차 세계대전 때 국민들에게 전쟁을 독려하는 명연설인 "피와 땀과 눈물"을 차용하여 자신의 군사주의적 산업화 전쟁을 옹호하였다. 그에게 산업화는 전쟁이었다. 경제개발 5개년계획에서 설정된 성장목표의 고지를 탈환하기 위해 전투화 대신 작업화를 신고 고지를 향해 돌진하는 산업전사들을 그는 좋아하였다. 그에게 자유, 민주, 민족통일을 외치는 대학생들과 지식인들은 한줌밖에 안 되는 특권층 엘리트들일 뿐이었다. 유혈적 테일러주의는 반지성적, 반지식인적 망탈리테를 내포하고 있었다.

제11장

유신체제의 등장과 몰락[312]

1970년대는 유신체제의 시간이었다. 1970년대 초에 유신체제가 수립되었고 1979년에 유신군주 박정희의 사망과 함께 유신체제도 종말을 고했기 때문이다. 유신체제의 시간은 '위로부터의 국가 주도 산업화'가 돌진적으로 밀어붙여졌던 시간이었다. 1960년대 제3공화국의 시간에 박정희의 독주를 견제했던 형식적 민주주의 장치들도 형해화되었다. 제도 정치권에는 박정희의 권력을 견제할 조직이나 지도자가 없었다. 그러나 유신체제의 시간은 박정희의 권위주의적 산업화의 시간으로 '동시화'되지 않았다. 박정희의 권위주의 파워블록이 강고해질수록 그에 저항하는 대항문화운동도 힘을 얻고 대중에 뿌리를 내렸기 때문이다. 이데올로기적 헤게모니 경쟁이 벌어진 것이다. 1970년대 말에 유신체제와 반유신체제라는 두 개의 비동시적 시간들은 공존을 모색하기보다는 충돌하였고, 유신체제하에서 최초로 학생, 노동자, 빈민, 중산층이 연대한 대규모의

312 이 장은 필자의 다음 글을 많이 참조하였다. 〈박정희에 대한 정치학적 평가〉, 《평화연구》 제20권, 제2호, 2012년 10월; 〈유신의 역사적 기원: 박정희의 마키아벨리적인 시간(上과 下)〉, 《한국 정치연구》 제13, 14집; 〈발전국가와 민주주의는 양립 불가능한가?: 권위주의적 산업화론에 대한 비판적 검토〉, 《대한민국 정부수립 60주년 한국 현대 정치외교의 주요 쟁점과 논의》, 선인, 2009: 〈건국 이후 60년간 한국 국가성격의 변화〉, 이정복 편, 《21세기 한국 정치의 발전방향》, 서울대출판부, 2009; "The Origins of Yushin: Machiavelli Unveiled", in Byung-Kook Kim and Ezra F. Vogel (eds.), *The Park Chung Hee Era*(Cambridge MA: Harvard University Press, 2011): "The Rise of Bureaucratic Authoritarianism in South Korea", *World Politics*, Vol. 34, No. 2.(Fall, 1987)

다계급연합에 의한 부마(부산·마산)민중항쟁이 일어나 박정희의 몰락을 재촉하였다.

1. '10월 유신' 친위 쿠데타의 발발

1972년 10월 17일 박정희 대통령은 느닷없이 탱크를 앞세워 헌정을 중단시키고 유신체제를 수립하겠다는 특별선언을 발표하였다. 명분은 냉전에서 긴장 완화로 가는 국제정세의 급격한 변화에 대한 신속한 적응, 남북의 평화적 통일 성취, 그리고 낭비와 비능률을 배제할 수 있는 '한국적 민주주의'의 정착을 위한 헌정제도의 '일대 유신적(維新的) 개혁'이었다.

> 우리 헌법과 각종 법령, 그리고 현 체제는 동서 양극체제 하의 냉전시대에 만들어졌고, 하물며 남북의 대화 같은 것은 전혀 예상치도 못했던 시기에 제정된 것이기 때문에 오늘과 같은 局面에 처해서는 마땅히 이에 적응할 수 있는 새로운 체제로의 一大 維新的 개혁이 있어야 하겠습니다.[313]

유신 쿠데타를 단행하면서 박정희는 한국의 민주주의를 사망시켰다. 박정희는 5·16쿠데타 이후에도 민주주의를 중단시키겠다는 이야기는 하지 않았다. 그 대신 그는 '수식어가 붙은 민주주의(democracy with adjectives: Collier and Levitsky, 1997)'를 이야기하였다. 수식어는 민주주의의 원리와 내용을 사상시킨 채 신동엽이 이야기한 바와 같이 껍데기만 남은 형해화된 민주주의로 바꾸기 위한 것이었다. 5·16쿠데타 이후 민정 이양까지는 '행정적 민주주의'를 이야기하였고, 1963년 선거 이후 '민족적 민주주의'를 하겠다고 했으나 한일협정과 월남파병에서 박정희의 민족주의는 반민족주의적인 외세 의존적이라는 것이 드러나면서 민족주의적인 4월혁명 세대와 격돌하였다. 자유민주주의의 틀

313 대통령비서실, 1972,《박정희 대통령 연설문집》제9권, 32쪽.

자체를 파괴한 유신 쿠데타를 단행하면서도 박정희는 '민주주의'를 그의 유신 담론에서 제거하지 않았다. 이번에는 한국적이라는 수식어가 붙은 '한국적 민주주의'를 정착시키겠다고 했다. 그런데 박정희가 이야기한 '한국적 민주주의'는 전혀 민주주의가 아니었다. 박정희는 유신을 선포하면서 "자유민주주의를 더욱 건실하고, 알차게, 능률적인 것으로 육성 발전시켜야겠다"고 약속하였으나,[314] 유신체제는 최소한의 절차적 민주주의의 요건을 결여한 발가벗은 독재였다. 유신체제의 선언 자체가 헌정의 파괴 행위였다. 유신체제하에서 대통령은 제한을 받지 않고 통치할 권력을 부여받았으며 의회와 사법부는 대통령의 권력을 견제할 수 있는 헌법적 장치를 상실하였다. 유신체제하에서 기본적인 권리 장전인 시민적 권리와 정치적 자유, 그리고 참정권을 박탈당하거나 심각하게 제약받게 된 한국 국민은 더 이상 주권자가 아니게 되었다.

유신체제는 박정희 대통령의 개인독재와 영구집권을 위하여 만들어진 극도로 억압적인 권위주의 체제였다. 유신체제하에서 박정희는 국민적 동의에 기초해서 권력을 위임받고 행사하려 하지 않았다. 박정희는 통일주체국민회의에 의해 대통령으로 선출되었고, 자신을 행정부의 수반이 아니라 입법, 사법, 행정 3부 위에 군림하는 초헌법적인 독재자로 부상시켰다. 유신체제하에서 대의정치와 정당정치는 황혼을 맞이하였다. 유신체제에서 국회의원의 임기는 6년으로 그 가운데 2/3는 1구 2의석의 중선거구에서 선출하고 1/3은 대통령의 추천으로 통일주체국민회의에서 선출하도록 했다. 이러한 체제하에서 박정희는 1/3에 달하는 유정회 의원을 확보하게 되었고 자연히 여당인 공화당에의 의존은 줄어들게 되었다. 강한 여당은 강한 야당을 필요로 한다. 그러나 야당과의 권력경쟁 자체가 소멸된 상황하에서 집권 여당은 할 일이 없어졌다. 유신체제하에서 여당도 야당도 아닌 박정희의 친위 보안부대인 중앙정보부, 경호실, 보안사

314 위의 책, 32쪽.

등이 국민의 여론을 수집하고 감시하고 통제하는 역할을 수행하였다. 이 점에서 유신체제는 '관료적 권위주의(bureaucratic authoritarianism: BA)' 체제였다.

자율적 시민사회는 해체를 강요당하였고 국가 조합주의적인 조직화와 통제가 실시되었다. 공장에서 노동자들은 병영적으로 통제되었고 농촌에서 농민들은 새마을운동의 일원으로 편성되었으며, 학생들은 학도호국단의 일원으로 군대식으로 조직되었다. 민중은 조직되고 통제되고, 산업화의 역군으로 피와 땀과 눈물을 흘렸으나, 정치적 권력과 경제적 성장 과실의 분배에서 배제되고 제외되었다. 유신은 '유인이 없는 국가 조합주의(state corporatism)'였다.

유신체제는 강권적인 일인지배체제였으나 그 속성에는 기술관료적 권위주의의 특성이 내재하고 있었다. 유신체제는 오도넬(G. O'Donnell)의 관료적 권위주의(BA) 모델과는 다른 과정을 통해 등장하였으나, 관료적 권위주의 체제와 많은 속성을 공유하고 있었다. 유신체제는 '술탄주의적 권위주의'와 같은 전통적인 권위주의 체제가 아니라 근대화된 '관료적 권위주의' 체제였던 것이다.[315] 유신체제하에서 정치는 행정으로 대체되었고, 국민의 대표가 해야 할 기능과 역할을 군부와 행정부의 기술관료들이 담당하였다. 기술관료들이 국가 주도적 산업화를 밀고 나갔다. 효율성과 수행능력이 최고의 가치였다. 그들은 소위 동아시아형 개발독재 국가의 전형을 만들어 나갔다. 한국형 관료적 권위주의 체제인 유신체제하에서 한국의 후발 산업화가 완성되었다.

그러나 '실적에 의한 정당성'에 기반하고 있던 유신체제는 '실패의 위기(crisis of failure)'뿐만 아니라 '성공의 위기(crisis of success)'를 맞을 가능성을 항상 안고 있었다. 유신체제는 도덕적, 절차적 정당성을 확보하지 못했기 때문에 물질적 욕구를 충족시키지 못할 경우 실패의 위기를 맞게 되는 것은 말할 것도 없지만, 박정희가 '조국 근대화'로 불렀던 후발 산업화에 성공할 경우에도 역사적

315 술탄주의적 권위주의에 관해서는 Chehabi and Linz, *Sultanistic Authoritarianism*(1998)을 볼 것.

으로 무용지물화될 위기를 맞을 가능성을 안고 있었던 것이다. 출범에 있어서 '태생적 결함(birth defects)'을 안고 있었던 유신체제는 결국 과도기적 체제라는 한계를 안고 있었다. '성공의 위기'와 '실패의 위기'가 중첩되었을 때 유신정권은 퇴장을 강요당하였다. 유신체제를 퇴장시키는 방아쇠를 박정희가 가장 아끼는 측근이었던 중앙정보부장 김재규가 당겼다.

2. 유신에 관한 문헌 비평

유신체제의 기원과 등장에 관해서는 국내외 많은 학자들의 연구가 있었다.[316] 5공화국하에서의 유신 연구는 운동권 학생과 지식인들이 민주화를 위해서 청산의 대상인 5공 군부 권위주의의 성격을 파악하여야 했고 그를 위해서 5공 권위주의의 원류인 유신체제의 등장 과정 분석의 필요에서 나왔다. 그리고 '지피지기 백전백승(知彼知己 百戰百勝)'이라는 손자병법의 전략에 따라 청산의 대상인 권위주의 체제의 성격을 규명한다는 민주화 운동권의 실천운동론적 요구와 동시에 1970년대에 풍미하였던 '관료적 권위주의' 모델의 한국적 적용이라는 비교정치학적 관심이 유신체제 연구를 재촉하였다.

민주화 이후에도 학계뿐만 아니라 정치, 경제, 시민사회 내에서 유신의 기원과 등장에 관한 관심은 여전하였다. 그러나 그 이유는 달랐다. 민주화 이후 유신에 대한 관심은 소위 '박정희 유령 불러내기'였다. 민주화 이후 민주정부의 수행 실적이 국민의 기대에 미치지 못할 때마다 박정희에 대한 향수가 일어나곤 하였다. 신생 민주주의에 대한 실망이 '좋았던 박정희 권위주의 과거'를 불러내게 한 것이다. 자연히 논쟁은 '박정희, 특히 유신군주 박정희는 필요했는가?'를 중심으로 전개되었다. 유신이 1970년대 한국 '민족시간'의 역사적 필요

316 강민(1983, 1984, 1987), 김영명(1985, 1986, 1997), 김영순(1988), 김진(1993), 김충식(1992), 김태일(1985), 김형욱(1991), 고성국(1985), 류근일(1997), 박광주(1985), 이경재(1986), 이상우(1985, 1986), 이정복(1982, 1986), 이성형(1985), 조인원(1998), 최장집(1985), 한배호(1994), 한상진(1988), 한용원(1993), Im, Hyug Baeg(1987), Sohn, Hak Kyu(1989), Yang, Sung Chul(1981).

(historical necessity)라는 주장은[317] 유신이 한국 민주화 과정이 반드시 밟아야 할 역사적 전단계라는 주장으로 연결되고 이는 유신의 후예인 5공 군부 권위주의 정권을 정당화하는 데까지 나아가게 되었다.[318] 유신의 역사적 필요론은 그러나 유신을 정당화하는 데서 그치지 않고 좋았던 권위주의로 회귀하자는 주장으로까지 발전하게 되면 정치적으로 위험한 학문적 언술이 된다.

유신체제에 대한 최근의 관심은 IMF위기로 불리는 경제위기와 '국민의 정부'로 불리는 김대중 정부로의 정권교체와 때를 같이한다. 국가 부도사태 직전으로까지 몰고 간 총체적 경제와 사회위기는 소위 '박정희 모델' 자체의 폐기를 요구하였고, 국민의 정부가 내건 국정 이념인 민주주의와 시장경제의 병행발전론은 권위주의적 개발독재 모델인 유신에 대한 근본적인 문제를 제기하였다. 박정희의 유신은 '불가피하였다'에서 '유신은 그 당시의 민족시간에서 볼 때 불가피하였다'로 강등되었고, 다시 유신은 한국에서의 민주주의와 시장경제의 발전을 지연시킨 장애물적 유산이었다는 '유신 불필요론', '역사의 죄인 유신론'으로 추락하였다.[319]

1997년 김대중에 의한 정권 교체 이후 중도 진보세력이 두 차례의 선거에서 승리하여 정권을 장악하고 있는 가운데서도 보수세력에 의한 유신군주 박정희를 다시 복권시키려는 움직임은 계속되었고, 두 번째의 정권 교체로 보수적인

---

317 필요했다는 주장에는 〔김일영, 1995, 〈박정희 체제 18년, 어떻게 볼 것인가?〉, 한국정치학회 발표논문; 김일영, 2004, 〈에필로그, 박정희 정권 어떻게 볼 것인가?〉, 《건국과 부국》, 생각의나무, 443-457쪽〕, 부정적인 견해는 〔임혁백, 2009, 〈발전국가와 민주주의는 양립불가능한가? — 권위주의적 산업화론에 대한 비판적 검토〉, 《대한민국 정부수립 60주년 한국 현대 정치외교의 주요 쟁점과 논의》, 선인; 손호철, 1995, 〈박정희 정권의 재평가 — 개발독재 바람직했나?〉, 《해방 50년의 한국 정치》, 새길〕이 있다.

318 김종필의 '기승전결론'이 대표적이다. 3공과 유신체제가 경제성장을 통해 '신한국(김영삼 문민정권)'의 기틀을 닦았고, 이후 5공이 이를 계승하였고, 6공이 민주화로 방향전환을 하였으며, 마지막으로 문민정권이 민주화를 완성하였다는 것이다.(손호철, 위의 책, 131쪽)

319 한국정치연구회 편, 1998, 《박정희를 넘어서》, 푸른숲; 조희연, 〈동아시아 발전론의 재검토〉, 《경제와 사회》 36호(1997년 겨울).

한나라당 이명박 정권이 등장했고, 이 과정에서 교과서 포럼과 같은 박정희를 복원시키려는 뉴라이트 그룹이 크게 공헌함으로써 박정희를 다시 조명하려는 신우익세력의 운동은 교과서를 바꾸려는 문화혁명으로 진행되었다가, 박정희의 딸인 박근혜가 이명박의 뒤를 이어 대통령에 당선된 후 뉴라이트의 '박정희 살리기'는 교과서 다시 쓰기 운동을 비롯해서 박정희 동상 세우기, 박정희 기념관과 도서관 세우기 등 전방위로 추구되고 있다. 그래서 박정희의 유신은 박정희가 물리적으로 사망한 이후에도 살아남아 끊임없이 학문적으로 그리고 정치적으로 활발히 토의되는 주제인 것이다.

유신체제의 등장과 기원에 관한 연구는 대체로 구조적 결정론과 박정희의 자의적인(voluntaristic) 정치적 선택론으로 대별된다.[320] 먼저 구조적 결정론에 의하면 유신의 주인공인 박정희는 그리 중요하지 않다. 박정희는 역사적 필요를 수행하는 역사적 구조의 '배달부(carrier)'이기 때문이다.[321] 구조적 결정론에 의하면, 박정희는 후발 산업화의 심화를 위해 필수적인 유신이라는 관료적 권위주의 체제를 수립하였거나 아니면 냉전체제하에서 국지적인 데탕트로 인한 발생한 한국의 안보위기를 해소하기 위해 안보구조를 재편해야 한다는 역사적 필요에 의해 유신이라는 강압적인 동원과 통제체제를 구축할 수밖에 없었다고 주장한다. 박정희는 자본주의 재생산이라는 계급이익의 대행자이거나 아니면 냉전체제의 한반도 심부름꾼이다.

반면에 박정희의 자의적인 정치적 선택론에 의하면 박정희는 구조적 제약으로부터 자유로운 존재이다. 이 시각에 의하면 유신체제는 박정희의 권력의지의 궁극적 표현이다.[322] 이정복 교수는 해방 후의 국가의 과대성장과는 반대로 사

320 한배호, 1997, 《한국정치변동론》, 법문사, 263-315쪽, '유신정권 등장에 대한 두 개의 설명'. 한배호 교수는 전자를 '외적 제약론', 후자를 '정치적 선택론'으로 부른다.

321 구조주의적 설명에서 개인은 특정한 사회관계(정치, 경제, 이데올로기)의 배달부일 뿐이다.(Balibar, 1970)

322 이정복, 2006, 〈산업화와 정치체제의 변화〉, 〈관료적 권위주의론과 한국 정치〉, 《한국정치의 분석과 이해》, 서울대학교출판부; 이정복, 〈산업화와 한국정치체제의 변화〉, 《한국정치학회보》 제19집

회는 국가와 비교할 수 없을 정도로 미약한 상태에 있었고 1960년대의 산업화 과정에서도 국가의 사회에 대한 우위는 변하지 않는다. 유신체제의 수립은 권력의지에 따라 정치체제를 민주화시킬 수도 권위주의화시킬 수도 있는 자율권을 부여받은 국가 관리자들이 자의적으로 정치적 선택을 한 결과로 유신체제가 등장했다고 주장한다.

관료적 권위주의론은 대표적인 구조적 결정론이다.[323] 오도넬(G. O'Donnell)의 관료적 권위주의론을 한국에 적용하여 유신의 기원을 산업화의 위기로 보고 있다. 이에 의하면 유신은 노동집약적, 비내구성 소비재 중심의 수출 지향 산업화의 모순을 극복하고 생산구조의 수직적 통합을 목표로 하는 산업화의 '심화(deepening)'를 위해 취해진 조치라는 것이다. 60년대의 수출 지향적 산업화의 모순은 노동계급으로부터의 반발과 이에 동조하는 민중 부문과 지식인, 학생 부문의 저항사태로 드러나게 되었다는 것이다. 관료적 권위주의론에 의하면, 한국의 노동집약적 비내구성 소비재 중심의 후발 산업화는 1960년대 말, 1970년대 초에 이르면 '포화상태'에 도달하게 되고, 중화학공업화로 표현되는 자본재 중심의 산업구조로의 전환이 요구되었고 이를 위해 박정희를 정점으로 하는 군부 지배 엘리트와 재벌 간의 관료적 권위주의 연합이 형성되었고, 이 연합은 이에 반발하는 민중연합을 억압하고 관료적 권위주의 체제를 수립했다는 것이다. 후발 산업화의 심화의 필요라는 구조적이고 기능적인 필수조건이 집권자가 누군인가와는 상관없이 관료적 권위주의로의 체제전환을 필수적으로 요구했다는 것이다.

(1985); 이정복, 〈민주와 민중〉, 《신동아》(1982년 9월호); 최장집, 〈과대성장 국가의 형성과 정치균열의 구조〉, 《한국사회연구》 제3집(1985).

323 강민, 〈관료적 권위주의의 한국적 생성〉, 《한국정치학회보》 제17집(1983); 강민, 1984, 〈한국 정치체제의 구조적 특성: 신권위주의를 중심으로〉, 한국정치학회 편, 《한국 정치발전의 특성과 전망》; 강민, 1987, 〈국가이론의 한국적 적실성〉, 한국정치학회 편, 《현대한국정치와 국가》, 법문사; 한상진, 1983, 〈관료적 권위주의와 한국사회〉, 서울대학교 사회학연구회 편저, 《한국사회의 전통과 변화》; 한상진, 1988, 《한국사회와 관료적 권위주의》, 문학과지성사.

안보위기론은 정치적, 안보적 요인을 강조하는 또 다른 구조적 결정론이다.[324] 이 주장을 따르면, 박정희는 국제적 냉전체제의 한국 하수인이 된다. 1960년대 말에 이르러 월남전으로 계기로 국제적 냉전체제의 균열이 일어난다. 미중 화해로 표현되는 동아시아 안보질서의 변화는 냉전체제의 전위국가인 한국에 안보위기를 불러일으켰고, 박정희는 안보위기에 대처하고 냉전의 전위국가를 보전하기 위해 병영국가적 재편을 시도하지 않을 수 없었다는 것이다.

자의적인 정치적 선택론은 박정희의 자율성을 강조한다. 정치적 선택론은 산업화의 심화나 안보위기의 해소를 위해서 필연적으로 유신으로의 체제전환이 필요하지 않았다고 구조적 결정론을 비판하면서 유신체제 수립에 있어서 박정희의 자율적 선택을 강조한다. 이에 의하면, 유신은 종신집권, 권력을 영구화하려는 박정희의 권력의지에 다름 아니다. 과대성장 국가는 시민사회에 대해 절대적 우위를 유지하고 있었고,[325] 과대성장 국가의 정점에 있던 박정희는 시민사회로부터 큰 저항을 받지 않고 체제를 전환할 수 있는 능력을 보유하고 있었다. 이에 의하면 유신은 5·16의 연장이다. 5·16군사쿠데타 이후 과대성장 국가의 수반인 박정희는 형식적 민주주의의 틀 내에서 권력을 유지, 행사할 수 있었으나 1969년 3선개헌과 뒤이은 집권 이후 권력을 유지할 수 없는 제도적 장벽에 부딪히고 말았다. 유신은 박정희가 이러한 제도적 장벽을 제거한 정치적 행위 외에 다름 아니다. 요약하자면, 정치적 선택론은 유신을 "박정희와 그 추종세력의 계속 집권을 제약하던 구조적 장애물을 제거하거나 개편하기 위해 취해진 궁중 쿠데타"로 규정한다.(한배호, 1994: 310)

정치적 선택론은 경제적 위기와 안보위기의 압도적 결정성을 주장하는 구조

324 이는 주로 박정희와 유신정권의 핵심 관료와 정치인들이 주장하는 논리이다. 청와대 비서실, 《박정희 대통령 연설문집》 제9권(1972)과 제10권(1973); 김정렴, 1997, 《김정렴 정치회고록 — 아, 박정희》, 중앙M&B; 김정렴, 1991, 《김정렴 회고록: 한국 경제정책30년사》, 중앙경제신문.

325 이정복, 1991, 〈관료적 권위주의론과 유신체제〉, 석호 한배호박사 회갑기념논문집 발간위원회 편, 《한국의 자본주의와 민주주의》, 법문사, 150쪽; 최장집, 1985.

적 결정론의 타당성에 대해 의문을 제시하고 박정희와 그 주변세력에 의한 궁정 쿠데타로서의 유신을 밝혀 내었다는 점은 높이 살 만하다. 그러나 어떤 정치적 선택도 진공상태에서 이루어지지 않는다. 정치적 선택론은 왜 유신체제가 1970년대 초반에 일어났는가를 설명해 주지 못한다. 박정희가 언제든지 유신과 같은 강권적이고 억압적인 권위주의 체제를 수립할 수 있었다면 왜 그는 1963년에 형식적 민주주의로의 복귀를 강요당할 수밖에 없었으며, 그 후 10년간 형식적 민주주의의 틀 내에서 권력을 창출, 행사, 유지할 수밖에 없었는가를 설명하지 못한다. 정치적 선택은 항상 구조적 제약 내에서 이루어지는 것이다. 박정희는 언제나, 원하는 시기에 유신체제를 수립할 수 있었던 것은 아니다. 박정희가 유신체제를 수립하기 위해서는 능력(virtu)과 동시에 구조적 유인과 제약 그리고 역사적 우연에 의해서 그에게 주어진 행운(fortuna)이 필요하였다.[326]

3. 유신체제 전환의 성격

유신체제는 "박정희의 정치철학과 통치방식을 제도적으로 구현한 것"이다.[327] 1972년 10월 17일의 유신 선포와 동년 12월 17일의 유신헌법의 통과는 형식적 민주주의에서 기술 관료적 권위주의로의 정치적 체제의 전환이 완결되었다는 것을 의미한다. 1960년대 말부터 경제체제와 사회체제의 전환은 이미 진행되고 있었다.[328] 1972년 말의 유신체제의 수립으로 정치, 경제, 사회의 비동시적 제도적 시간들의 동시화(synchronization)가 이루어진 것이다. 정치, 경제, 사회, 이데올로기가 기능적 관계를 맺도록 "체제를 정비"함으로써 박정희의 "나라 만들

326 한배호 교수의 "유신정권 등장에 관한 두 개의 설명"은 구조결정론과 행위자 선택론의 문제점을 지적한 뒤 이를 통합할 수 있는 설명 틀을 제시한 것으로 평가된다. 그러나 그의 결론은 정치적 선택론에 기울어져 있다.(한배호, 1994: 263-315)

327 이상우, 1985, 〈유신체제〉, 《박정희 시대 2》, 중원문화사, 262쪽.

328 새마을운동, 국민교육헌장 공포, 국가보위법에 의한 노동 통제 체제의 법제화 등은 유신적인 사회체제로의 전환작업이었고, 8·3긴급경제조치와 중화학공업화의 추진은 유신경제로의 전환작업이었다.

기"가 완료된 것이다.

1972년 10월 17일의 유신 선포와 12월 27일의 유신헌법의 통과는 박정희의 체제운영원리의 전환이 완결되었다는 것을 의미한다. 유신체제의 수립은 3선개헌으로부터 시작하여 국가보위법, 8·3경제긴급조치를 거쳐서 정치체제운영원리의 변화와 자본축적 체제와 사회통제 기제의 정비가 완결되었다는 것을 의미한다.[329]

체제전환 과정에 있어서 과거와의 단절보다는 연속성이 지배하였다.[330] 유신체제 수립 과정은 역사적 단절이 아니라 점진적 변화의 축적 과정이었다. 국가관료기구, 경제발전, 사회통제, 안보국가, 지배 이데올로기에 관한 박정희 모델이 완성된 형태로 나타난 것이 유신이다.[331]

또한 박정희는 사회 지지세력의 강요 또는 압력에 의해 체제전환을 단행하지 않았다. 유신 쿠데타에 대한 사회적 유인은 약했다. 5·16군사쿠데타가 불만에 찬 장교 집단의 집단적 프로젝트인데 반해, 유신 쿠데타는 지배 엘리트의 집단적 프로젝트가 아니라 박정희의 개인적 프로젝트 성격이 강했다. 유신 쿠데타는 박정희와 그를 둘러싼 측근들이 밀실에서 비밀리에 만든 작품이다.[332] 그러나 '집권세력' 내에서(군부, 공화당, 대자본가, 관료) 체제전환에 저항하는 분파는 없었다. 그들은 적극적으로 유신을 요구하지는 않았으나 사후적으로 동의하거나 환영하였다.[333]

---

329 김태일, 1985, 〈권위주의 체제 등장 원인에 관한 사례연구 — 유신 권위주의 체제의 성립을 중심으로〉, 최장집 편, 《한국자본주의와 국가》, 한울, 76쪽.

330 Kim, Byung Kook and Soung Chul Kim, "Economic Bureaucracy", unpublished paper.

331 중화학공업화로 상징되는 박정희의 유신경제 모델도 수출 지향적, 발전국가주의적, 대자본 편향적이라는 점에서 60년대의 제3공화국 경제 모델과의 단절이 아니다. 유신의 사회 통제 모델도 노동자에 대한 시장 기제적 억압이라는 3공화국의 노동 통제 전략을 계승하였다. 반공주의, 민족주의, "국민교육헌장"이 상징하는 문화혁명도 유신 이전에 확립되어 있었고 유신 이후에도 박정희의 지배 이데올로기로 유지되었다.

332 심지어는 최측근인 박종규 경호실장, 김종필 총리까지도 유신 쿠데타 음모 과정에서 소외되었다.

333 군부의 경우 남북대화로 인한 군 위상의 저하와 군비 축소에 대해 우려하였다. 그러나 유신이 이

상기한 바와 같이 1961년 쿠데타에서 1963년 민정 이양으로 가는 과정에서 박정희는 민주주의를 선호하지도 않았고 수용하려 하지도 않았다. 미국으로부터의 압력과 국내 정치기반의 취약성이 그로 하여금 정치적 민주주의의 외피를 받아들이지 않을 수 없게 하였다. 제3공화국(63-71)은 박정희의 선택이 아니었다. 유신이 박정희의 선택이었다. 제3공화국은 주어진 조건의 제약하에서 박정희와 미국, 국내의 정치적 반대세력 간의 타협의 결과이다. 유신체제 수립의 과정은 민주주의의 외피를 벗어 버리는 과정이다. 1960년대 말과 1970년대 초의 국제적 그리고 국내적 상황이 박정희로 하여금 자신이 꿈꾸어 오던 유신체제로의 전환을 위한 호기를 제공하였다. 신데탕트기의 국제적 힘의 공백은 박정희로 하여금 미국의 헤게모니로부터 자율성을 확보할 수 있는 공간을 제공하였고, 집권세력 내부의 경쟁자의 제거(JP계의 몰락과 4인방의 해체)로 대내적 자율성을 확보할 수 있었다. 1971년 양대 선거를 전후로 분출한 사회적 소요는 체제전환을 위한 적당한 수준의 위기감과 집권세력 내부에 긴장감을 조성해 주었다. 1972년 8·3긴급경제조치로 기업위기와 금융위기를 돌파하였고 '보수적 지지세력'인 대자본가들(재벌)을 확고한 동맹자로 끌어들일 수 있었다.

유신은 단순히 구조적 위기에 대한 대응이 아니라, 위기에 앞서 선제적(pro-active)으로 단행한 친위 쿠데타였다. 박정희는 구조적인 정치적, 경제적, 안보적, 국제경제적 위기를 통해서, 때로는 위기를 조성하여 유신을 구축하여 자신의 꿈을 실현해 나간 것이다. 따라서 유신은 역사적 필연이 아니다. 유신은 정치적, 경제적, 사회적 구조에 의해 유인되고 결정된 것은 아니다. 10월유신을 전후로 한 정치, 경제, 사회적 상황이 박정희로 하여금 유신체제를 수립하도록 몰아간 것도 아니다. 박정희는 고통 속에서 유신체제를 수립하지 않으면 안 되는

러한 군부의 불안을 말끔히 씻어 주었다. US Senate Staff Report, "Korea and Philippines: November 1972"(February 18, 1973), pp.5-6. 그러나 군부가 유신을 선포하도록 조직적인 압력을 행사한 흔적은 없다. 군부는 사후적으로 환영하였을 뿐이다.

상황에 몰린 것도 아니었다. 1960년대 말과 1970년대 초의 정치, 경제, 안보적 상황은 박정희에게 자신이 꿈꾸었던 나라로 "유신(維新)"하기 위한 기회를 제공하였던 행운의 여신(fortuna)이었다. 그리고 그 기회를 현실로 바꾼 것은 박정희의 '역량(virtu)'이었다. 유신은 박정희의 프로젝트이다. 구조는 박정희의 선택의 한계를 형성해 주었지만 동시에 박정희는 선택의 구조를 자신에게 유리한 방향으로 만들어 나갔다. 박정희 외에 다른 대안이 없는 상황이 아니었으나, 박정희는 상황을 그러한 방향으로 만들었고 몰아 나갔다.

유신체제는 1972년 10월 17일에 시작된 것은 아니다. 유신체제는 사실상 1971년 12월 6일 국가 비상사태 선언으로 막이 오른 것이다. 유신체제를 수립하기 위한 준비는 이미 1969년 3선개헌 시도로부터 시작되었다고 보는 것이 타당하다.[334] 3선개헌과 재집권의 성공을 토대로 해서 박정희는 영구집권을 위한 준비를 해 나갔다. 권력 블록 내의 잠재적 경쟁자를 제거하여 박정희 외에 다른 대안이 없는 상태를 만들어 나갔으며, 물질적 보상과 회유를 통하여 자신의 지지세력을 공고히 하고 확대해 나갔다. 물론 권력 블록 바깥의 세력('비집권세력')으로부터의 도전이 있었다. 1971년 선거를 통한 야당으로부터의 도전이 있었으며, 시민사회세력으로부터의 저항도 있었다. 그 도전이 무시할 수준은 아니었으나 박정희는 효과적으로 그들을 제압해 나갔다. 박정희의 역량(virtu)은 끊임없이 위기와 제약을 기회로 바꾸고 체제전환의 필요를 창출할 수 있는 능력에 있었다. 국제안보적 환경 변화, 국제경제적 환경 변화, 국내 경제구조의 변화는 정권의 기반을 흔들 수 있는 것이었다. 그러나 박정희는 오히려 이 위기를 극복하고 이용하여 유신체제로의 전환의 필요를 창출하였던 것이다.

4. 유신체제의 등장 과정

유신은 장기적으로 계획된 박정희의 프로젝트이다. 박정희는 1960년대 말에서

---

334 정구영, 1987, 329-330쪽; 김형욱, 1991, 《김형욱회고록 2》, 203-205쪽; 이상우, 1984, 198쪽.

1970년대 초에 안보적, 경제적, 정치적, 사회적 도전에 대응하여 유신이라는 정변을 단행한 것이 아니다. 박정희는 형식적 민주주의의 틀을 유지하고 싶었는데 구조적, 환경적 제약이 그로 하여금 유신으로 끌고 간 것은 아니다. 유신은 박정희가 오랫동안 갈구해 왔던 자신의 이상 국가 만들기의 완성을 의미한다.

민주주의는 애당초 박정희에게 맞지 않는 옷이었다. 1963년에서 1971년까지 박정희는 형식적 민주주의를 받아들이지 않을 수 없었다. 박정희에게 형식적 민주주의로의 복귀는 강요된 선택이었다. 그러나 박정희의 나라 세우기 모델은 서구식 자유민주주의가 아니었다. 기본적으로 박정희는 서구식 자유민주주의가 한국인들에게 '잘 맞지 않는 옷'이라는 사고를 갖고 있었다.

> 서구식 민주주의의 옷을 빌려 입었는데 우리 몸에 꼭 맞는 것은 아니라는 것을 알게 되었다 (…) 우리 몸에 맞추어 입어야 한다. 이것을 나는 민족적 민주주의라는 말로 표현하는 것이다.[335]

유신은 박정희가 자신의 권력을 공고화한 시점에서 미국에 의해 강요된 선택으로 입은 민주주의라는 옷을 벗어 버리고 자신의 옷을 입으려 한 사건이다.[336] 박정희가 군사쿠데타를 일으켰다는 사실 자체가 그가 자유민주주의를 목표로 삼지 않았다는 사실을 말해 준다. 박정희는 자유민주주의를 구하기 위해 쿠데타를 한 것이 아니다. 박정희는 "군사혁명이 법실증주의의 견지에서 볼 때 현재 법질서에 대한 침범인지 모른다"고 인정하였다. 그럼에도 불구하고 그는 "국가가 파멸에 직면하고 국민의 주권이 비참히 유린되었을 때 일대 수술을 가하겠다"는 발상하에 쿠데타를 감행하였다.[337] 박정희는 정치권력이 국민의 지

335 박정희, 《우리 민족의 나아갈 길》, 83-84쪽; 정재영(1997)에서 재인용.
336 김정렴, 1997, 〈박대통령과 10월 유신〉, 《김정렴 정치회고록 — 아, 박정희》, 중앙M&B, 164쪽.
337 박정희, 1963, 《지도자도》; 정재영, 1997, 《박정희 사상 서설 — 휘호를 중심으로》, 집문당, 47쪽에서 재인용.

지나 제도적인 합법성의 절차와 관계없이 힘에 의해 이룩될 수 있다는 식으로 무력에 의한 권력의 찬탈을 정당화하는 사고를 가지고 있었다.

쿠데타로 권력을 찬탈한 박정희가 추구한 근대화 모델은 일본의 명치유신 모델이었다.

> 일본이 명치유신이란 혁명과정을 겪고 난 지 10년 내외에 (…) 극동의 강국으로 등장하지 않았던가. 실로 아시아의 경이요 기적이 아닐 수 없다.
> — 박정희, 1963, 《국가와 혁명과 나》, 167쪽.

박정희는 '조국 근대화', '민족중흥'이라는 자신의 근대화 프로젝트를 비민주적인 '군국주의적'으로 달성하려 하였다.[338] 박정희는 대구사범, 만주군관학교, 일본 육군사관학교, 일본군 장교 생활을 통해서 학습한 일본 군국주의의 개발 모델을 한국에 적용하려 하였다. 5·16군사쿠데타도 일본 청년 장교의 운동을 모방하였다고 하며, 1972년의 유신도 일본의 명치유신을 모방한 용어였다.(이우영, 1991: 95) 일본의 명치유신 체제는 국가의 정점으로서의 천황을 중심으로 한 국가에 대한 절대적인 충성과 군부와 혁신적 관료들의 엘리트주의적 지배구조를 특징으로 하고 있다. 그러한 지배구조하에서 군부는 그에 동조하는 우익세력과 재벌(zaibatsu)과 결합하여 국가건설을 위한 총력체제를 구축하였다. 박정희는 바로 이 명치유신 체제를 자신의 정치 모델로 삼고 있었던 것이다.[339]

338 박정희는 《국가와 혁명과 나》(1963)에서 독일 낭만파 시인 하이네의 〈1839년〉을 인용하면서 프러시아 군국주의 독일을 자유주의 프랑스보다 선호한다는 것을 분명히 하면서 제1차, 2차 세계대전에서 독일이 패한 것을 안타까워 했다. 하이네, 〈1839년〉 "오 독일이여, 나의/ 영원한/ 애인이여! 나는/ 너를 생각하면 눈물이/ 난다./ 경망한 프랑스는/ 나의, / 우울, 우울…, 경망한/ 국민은/ 나의,/ 무거운/ 짐!"(박정희, 《국가와 혁명과 나》, 211-212쪽).

339 일본 제국주의가 한반도에 남겨 놓은 가장 큰 유산은 경부선 철도, 수풍댐, 흥남비료공장 같은 사회 인프라와 산업시설이 아니라 명치 근대화 모델을 가장 잘 학습한 우등생 박정희라는 '자손(offspring)'을 물려놓음으로써 그들이 퇴각하고 난 뒤에도 두고두고 한반도에 깊은 영향을 미칠 수 있었다.(Eckert, 1991)

그럼에도 불구하고 박정희는 군사쿠데타 이후 3년 만에 여러 우여곡절 끝에 형식적 민주주의로 복귀하지 않을 수 없었다. 그것은 강요된 선택이었다. 왜냐하면 박정희는 권력찬탈에 대한 국민적 지지나 정당성을 확보하지 못하고 있었기 때문이다. 상기한 바와 같이 5·16군부쿠데타는 쿠데타 주역들이 미화하고 있는 것처럼 사회세력의 유인에 의한 것이 아니었고, 군부 자체 조직의 문제를 해결하기 위한 돌파(push)의 요인이 강하였다.(최장집, 1985: 198)[340] 1961년의 군부 쿠데타는 사회세력의 유인이라는 정당성의 근거를 확보하지 못한 채, 권력에 굶주린 군부 내의 불만, 소외 세력의 주도에 의한 것이라고 볼 수밖에 없다. 바로 이러한 태생적인 정통성의 결함은 박정희와 쿠데타 주도 세력으로 하여금 2년간의 군부 직접통치를 거친 뒤 형식적인 자유민주주의로 복귀하게 하는 압력으로 작용하였다.[341] 결국 박정희는 그가 꿈꾸던 명치유신 국가를 건설하지 못하고 미국의 압력, 태생적 정통성의 결함에 의해 형식적 민주주의로의 복귀를 하게 되었다. 그것은 강요된 선택이었다.

박정희 정권은 이승만 정권에 비해 월등한 물리적 강제력과 정보 통제력을 갖고 있었으나 주기적 선거, 반대당의 허용, 상당한 언론의 자유, 노조의 허용 등과 같은 자유민주주의의 외피는 제한적으로 유지하였다. 1960년대의 정치체제는 1950년대와 마찬가지로 제한적 다원주의의 틀 내에서 시민사회에 대한 국가의 통제가 이루어지는 '준경쟁적 권위주의 체제'였다.

1) 유신의 서곡 — 3선개헌

박정희의 조국 근대화 작업은 성공적으로 진행되었고, '실적에 의한 정통성'의

340 전술한 바와 같이, 4·19혁명 이후 군부가 후견자의 역할에 만족하지 않고 직접 권력의 자리를 찬탈하려는 음모를 벌이게 된 것은 '진급 동결'이라는 조직 내부의 문제였다.(임혁백, 1995b: 292; 장창국, 1984: 133-150; 한용원, 1993: 211)

341 물론 민주주의로의 복귀에 미국의 케네디 행정부의 압력도 무시할 수 없는 요인으로 작용하였다.(이정복, 1992)

효과가 나타나기 시작하였다. 박정희는 1963년의 대통령선거에서 불과 16만 표라는 간발의 차이로 간신히 대통령에 당선될 수 있었으나, 1967년의 선거에서는 윤보선 야당 후보를 100만 표 이상의 차이로 압도할 수 있었다. 1967년 선거에서 박정희는 63년의 46.7%보다 5%가 높은 51.4%의 지지율을 획득하였고 이는 과반수 이상의 국민들이 박정희의 발전주의(조국 근대화 모델)에 동의를 보내기 시작했다는 것을 의미한다. 그러나 민주적 방식에 의해 권력의 정당성을 구축한 그 순간부터 박정희는 장기 집권 음모에 들어가게 된다.

1967년 대통령 선거가 실시된 지 한 달 만에 치러진 7대 국회의원 선거는 역사상 유례없는 관권, 금권, 부정선거였다. 이는 박정희가 정치적 안정을 유지하는 데 필요한 의석을 넘어 개헌에 필요한 2/3의 의석을 확보하려 한 데서 기인한 것이었다.[342]

3선개헌은 다중적 목적을 갖고 있었다. 첫째, 유신체제와 같은 종신집권체제 구축을 위한 발판이고,[343] 둘째, 계승의 위기를 극복할 수 있으며, 셋째, 지배세력 내에서 도전받지 않는 위치를 확보하여 권력을 공고화할 수 있었다.

3선개헌은 단지 박정희의 개인적 권력의 측면에서 논의할 수 있는 것은 아니

342 그러나 필요 이상으로 비대해진 거대 여당은 정치적 안정을 가져오기보다는 정치적 혼란을 가져온다는 것을 한국 정치사가 보여 주고 있다.

343 박정희가 3선개헌을 구상한 것은 66년경이다.(이상우, 1986: 198) 김형욱도 3선개헌을 1967년도 대통령 및 국회의원 선거 때부터 구상했다는 증언을 하고 있다. 선거유세 시 박정희는 김형욱에게 '나 절대로 정권 못 내놓아'라고 이야기 했다고 한다. 이는 박정희가 이미 종신집권의 의지를 표명한 것으로 보인다. 박정희는 경제건설, 통일, 자주국방을 위해 자신이 아니면 할 사람이 없다고 생각하였다는 것이다.(김형욱, 《김형욱회고록 — 혁명과 우상 2》, 203-205쪽) 실제로 박정희는 거의 무한정의 장기적 시계(long time horizon)에서 정책을 결정하고 있었다. 이는 제한된 임기라는 시계(視界)하에서 정책을 결정해야 하는 민주주의의 시간적 제약을 무시한 것이었으며, 민주주의의 시간적 제약과 부딪힐 경우 이를 극복하기 위해 헌법적 제약에서 벗어나기 위한 초헌법적 조치를 생각하게 했을 것이라는 것을 보여 준다. 정구영에 의하면, 67년 선거 전에 이미 "경제건설도 이제 시작이고 자주 국방을 위한 군수산업도 구상 단계일 뿐인데 내가 나가고 나면 이런 일을 누가 맡아야 하느냐"라는 이야기를 측근에게 자주했다고 한다. 67년 재선이 낙관적이던 시점에서 이런 걱정을 하는 것은 71년 이후를 생각하고 장기 집권 구상을 하고 있었다는 증거이다.〔정구영(이영석 편), 1987: 329-330〕

다. 3선개헌으로 정당정치가 약화되었던 것이다. 1969년의 3선개헌을 전후로 박정희는 자신에 대한 잠재적인 경쟁세력과 도전세력을 제거하였다. 박정희가 구사한 전략은 지배 엘리트들에 대한 고전적인 분할 지배 전략이었다. 박정희에 대한 적대세력이 강력히 구축되었을 때, 지배 엘리트들을 분할 지배하는 전략은 상당히 위험한 전략이 될 수 있다. 권력에서 소외된 지배 엘리트 분파들이 적대세력에 가담해서 정권을 위협할 수 있기 때문이다. 그러나 3선개헌 전후로 박정희는 이미 적대세력의 도전을 제압할 수 있는 국민적 지지와 권력자원을 보유하고 있었다.

박정희는 '공격적 주체세력'[344]을 3선개헌의 선봉장으로 내세우면서 한편으로 보수적 주체세력을 제압하고 다른 한편으로 자신의 권력을 공고화해 나갔다. 공격적 주체세력은 정치적 행동을 통해서 현재 지닌 것보다 더 많은 것을 획득하고자 하는 사람들이다. 그들은 집권당의 비주류 인사들과 비서실장 이후락, 중앙정보부장 김형욱과 같은 공안세력이었다. 그들은 현상의 변화를 통해서 지배 엘리트 내에서 지위 상승을 할 수 있는 집단이었다. 3선개헌의 선두주자는 비주류의 윤치영이었다. 윤치영 공화당 의장서리는 1969년 1월 7일 "단군 이래의 위인인 박정희 대통령을 계속 집권시키기 위해 개헌이 필요하다"고

344 필립 슈미터(Philippe C. Schmitter)의 권위주의 체제의 정치 행위자 유형을 따르면, 먼저 집권세력(또는 범여권)과 비집권세력으로 나눈 뒤, 집권세력을 다시 정권의 정책결정에 직접 개입하고 있으며 책임을 지고 있는 주체세력(protagonists)과 정권의 정책 결정자인 주체세력과 자주 접촉하고 상담, 자문, 조언, 협의하며 정권의 정책을 지원하는 지원세력(또는 지지세력: supporters)으로 나누고, 비집권세력을 정권에 의해 무시되나 정권에 의해 관용되는 신민들(subjects)과 정권에 의해 가치 박탈과 노골적인 물리적 탄압을 받고 있는 적대세력(또는 반대세력)으로 구분한다. 이 네 유형을 현상유지형 행위자와 현상타파형 행위자로 나누면 그들이 기존에 획득한 것을 보호, 유지하기를 원하는 보수적(conservative)이고 방어적(defensive)인 행위자와 그들이 현재 가지고 있는 것보다 더 많은 것을 얻어내고 획득하고자 하는 공격적(agressive)이고 획득적(acquitisive)인 행위자로 나누면, 여덟 가지 유형의 행위자가 나온다: 1) 보수적(수성적) 주체세력(conservative protagonists), 2) 공격적 주체세력(aggressive protagonists), 3) 보수적 지원세력(지지세력)(conservative supporters), 4) 획득적 지원세력(acquisitive supporters), 5) 방어적 신민들(defensive subjects), 6) 획득적 신민들(acquisitive subjects), 7) 방어적 반대세력(defensive antagonists), 8) 공격적 적대세력(aggressive antagonists).(Philippe C. Schmitter, 1980)

선언하여 개헌을 공론화하였다.(이상우, 1986: 198) 박정희는 자신이 전면에 나서지 않은 채 대리인을 동원하여 개헌연합을 구축해 나갔으며 개헌연합이 지배 엘리트 내에서 다수를 확보했다는 판단이 들었을 때, 그는 개헌 추진을 공식적으로 발표하였다. 박정희의 개헌 추진 선언은 박정희의 마키아벨리적인 비르투가 돋보이는 대목이다. 1969년 여름 박정희는 공식적으로 개헌 추진을 선언하면서 개헌안을 국민투표에 부치고 개헌안의 통과를 정권에 대한 신임투표로 결부시켰다. 이는 대안 없이 갑작스러운 정권 퇴진이 가져올 혼란을 우려하는 국민들에게 '개헌안 끼워 팔기' 전략을 구사한 것이다. 박정희는 국민들에게 개헌이냐 아니냐의 선택을 제시한 것이 아니라 개헌이냐 혼란이냐의 선택을 강요함으로써 실적에 의한 정통성 확보로 마련한 국민의 지지를 개헌에 이용하는 비르투를 발휘한 것이다.(이상우, 1986: 199)

박정희가 개헌 추진을 위해 넘어야 할 가장 큰 장벽은 야당과 국민이 아니라 지배 엘리트 내의 보수적 주체세력이었다. 보수적 주체세력은 현상유지(3선을 금지하고 있는 현행 헌정체제의 유지)를 선호할 수밖에 없었다. 왜냐하면 헌정 체제가 유지되었을 때, 그들이 차기 권력에 가장 근접할 수 있었기 때문이다. 따라서 그들은 현상유지에 변화를 초래할 개헌에 저항하였으며 행동으로 표시하였다. 소위 4·8항명파동이다. 4·8항명파동에서 김종필을 지지하는 보수적 주체세력은 권오병 문교부 장관에 대한 야당의 불신임결의안에 찬성표를 던짐으로써 불신임결의안을 통과시키고 자신들의 세를 과시하여 박정희를 위협하려 하였다. 이러한 위협에 대해 박정희는 단호히 대응하였다. 박정희는 항명의 주인공들을 제명하여(양순직, 예춘호, 박종태, 정태성, 김달수) 개헌 반대세력에 쐐기를 박았고 '공격적 주체세력'에 권력을 이전시켜 주었다. 박정희는 마키아벨리가 이야기한 사자의 위엄과 공포를 동원하여 보수적 주체세력을 해체시켰다. 그들은 개인적으로 박정희에 도전하기에는 허약한 존재였으며, 집단적으로 조직하고 행동할 수 있는 수단이 봉쇄되어 있었다.

개헌과정을 통해 김종필계로 불리는 보수적 주체세력은 해체되고 개별화되었으며, 신주류로 부상한 공격적 주체세력의 주도에 의해 3선개헌은 국회를 통과하였으며, 국민에 대한 협박 전략으로 개헌안은 국민투표에서 통과되었다.

그러나 3선개헌의 완료는 공격적 주체세력의 몰락의 시작이 되었다. 박정희에 있어서 3선개헌은 궁극적 목표가 아니었다. 3선개헌은 유신이라는 궁극적 종착지로 가기 위한 통과의례에 지나지 않았다.[345] 그러나 신주류로 부상한 공격적 주체세력인 소위 4인방(김성곤, 길재호, 백남억, 김진만)은 박정희의 의중을 파악하지 못하고 있었다. 그들은 자신의 권력 유지를 위해서 박정희의 3선임기가 끝나는 1970년대 중반에 헌법을 개정하여 대통령의 권한을 약화시키고 내각에 실권을 주는 이원집정부제안을 구상하고 있었다.(이상우, 1986: 203) 박정희의 유신 구상과 정면으로 배치되는 구상이었다. 박정희는 곧 이들의 견제에 나섰다. 3선개헌 과정에서 신주류와 연합을 구성했던 이후락 비서실장과 김형욱 중앙정보부장은 3선개헌이 완료된 후 바로 토사구팽을 당하여 권력의 자리에서 축출되었으며, 3선개헌 이후 박정희는 김종필을 국무총리에 임명하여 구주류인 김종필계를 이용하여 신주류인 4인방을 견제하도록 하였다. 김종필 내각의 핵심인 오치성 내무부장관은 곧 정부와 지방정부 내의 신주류의 하부조직의 와해작업에 돌입하였다. 이는 박정희가 4인방을 제거하기 위한 함정이었으며, 4인방은 박정희가 쳐놓은 그물에 말려들었다. 그들은 자신의 실력을 과시하기 위해 1971년 10월 2일 야당이 제안한 오치성 내무부 장관 해임건의안을 통과시켜 버렸다. 그러나 그 결과는 4인방 체제의 와해였다. 그들은 고문과 참을 수 없는 모욕을 당하면서 거세당하였다.

3선개헌은 유신의 서막이었다. 3선개헌 과정을 통해 박정희는 점진적으로 유신을 도모할 헌법적 기반을 마련했을 뿐만 아니라, 자신의 권력에 대한 도전

345 실제로 3선개헌안의 논의 과정에서 박정희는 통일 시까지(이는 사실상 종신집권제를 의미) 또는 6년 임기를 주장하였으나 당 내의 반대에 부딪혀 철회했다는 주장도 있다.(이경재, 1986: 70-71)

세력과 잠재적 도전세력을 제거할 수 있는 기회로 활용하였다. 권력 블록 내의 잠재적 경쟁자를 제거함으로써 집권세력 내에 도전받지 않는 일인지배체제를 공고히 하였다. 박정희는 3선개헌과 10·2항명파동을 통하여 "주체 지배 엘리트"를 재구성하였다. 보수적 주체세력인 김종필계는 개헌에 저항하다 와해되었고, '공격적 주체세력'은 박정희 이후 체제를 구상하다가 철퇴를 맞았다. 박정희는 이 두 기둥 주체세력을 해체하고 그 자리에 오직 박정희에게만 충성을 하는 친위부대를 집어넣었다. 두 주체세력을 해체한 뒤 박정희는 1971년의 국회의원 선거에서 여당 후보들을 대폭 교체하여(50% 이상) 새롭게 충원한 신진의원들을 중심으로 권력의 중심부를 구성하였다. 그들은 박정희 외에 누구에게도 책임을 지지 않는 박정희의 친위세력이 되었다. 권력체제의 측면에서 볼 때, 3선개헌을 통해 등장한 1971년 체제는 5·16군사쿠데타 이후 지속되어 왔던 박정희와 그 지지세력 간의 동맹체제에서 박정희의 일인지배 체제로 바뀐 체제였다.

2) 계승의 위기 — 대안의 봉쇄

그러나 유신의 기원 측면에서 볼 때, 더 중요한 것은 3선개헌과 1971년의 정권 재창출로 집권세력 내에 박정희 외에 다른 대안이 없는 상태가 만들어졌다는 것이다. '계승의 위기'가 일어난 것이다. 그런데 계승의 위기는 박정희가 인위적으로 만들어 낸 위기였다. 박정희는 스스로 '계승의 위기(succession crisis)'를 조성해 냄으로써 유신을 위한 필요를 창출하였다. 1969년의 삼선개헌에서부터 1971년의 국가보위법의 수립에 이르는 기간은 박정희에 의한 주체세력 내부의 경쟁자의 제거 과정이었다.

1969년 3선개헌이 공식화된 뒤, 4·8항명파동으로 구 주류인 김종필파가 몰락하였고, 1971년 정권 재창출에 성공한 뒤, 10·2항명파동으로 신주류인 4인체제가 붕괴되었다. 공화당에 대한 박정희의 친정체제가 구축되고 중간 보스 체제가 소멸함으로써 집권 여당인 공화당이 무력화된 반면, 중앙정보부가 전면에 부상하였다. 그 결과 정당정치의 틀 내에서 권력계승은 불가능한 상황이 되었다. 박정희 외에 다른 대안이 없는 상황이 형성되었으나 박정희는 더 이상 출마가 불가능한 임기를 3번으로 제한하는 헌법적 제약을 안고 있었다. 권력 블록의 입장에서 볼 때, 정권 유지를 위해 초헌법적 체제 전환이 불가피하게 되는 계승의 위기를 박정희가 창출한 것이다. 집권세력 내의 주체세력뿐만 아니라 광범위한 지지세력 내에서 이제 박정희 외에 다른 대안적 지도자가 없는 상태를 만들어 내었을 때, 3선으로 임기를 한정하는 신헌법은 그들에게 공포를 자아내게 하는 제도적 족쇄가 되었다. 자연히 초헌법적인 궁정 쿠데타를 통해서 박정희의 종신집권을 보장하는 독재적 헌법 개정에 대한 광범위한 지지가 집권세력 내에 형성된 것이다.

유신체제의 수립으로 박정희가 파괴한 것은 자유민주주의뿐만 아니라 제도화된 정당정치였다. 박정희는 북한의 김일성 체제와 유사한 가산제적 일인지배 체제를 수립하였던 것이다. 유신 전야에 이미 박정희의 일인지배 권력구조가 형성되어 있었다. 주체세력 내의 경쟁자는 이미 축출되었거나 무력화되어 있었다. 대통령을 정점으로 중앙정보부, 비서실, 군 정보기관이 권력의 핵심을 독점하고 있었고 제도화된 정치적 공간은 축소되어 의회와 정당의 권력은 약화되어 있었다.

3) 반대세력으로부터의 도전 — 제약이자 기회

3선개헌은 기본적으로 정권과 반대세력 간의 문제가 아니었다. 3선개헌은 정권 내의 계승의 위기를 해결하고 정권 내에서 박정희 외에 다른 대안이 없는 상태를 만들어 내기 위한 박정희의 마키아벨리적인 프로젝트였다.

그러나 3선개헌으로 박정희는 유신으로 가는 대장정의 첫걸음을 내디뎠을 뿐이다. 박정희는 대장정으로 가는 길목마다 많은 제약과 저항에 부딪혀야 했다. 박정희가 첫 번째로 맞이한 제약은 국내 반대세력으로부터의 도전이었다.

반대세력의 선봉장은 역시 대학생과 지식인, 종교인이었다. 반대운동의 동원은 사회적, 계급적 균열에 바탕을 둔 것이 아니라 정치적 균열에 바탕을 둔 것이었다. 그들은 이미 4·19학생혁명에서 그리고 1964년의 한일협정 반대시위에서 힘을 발휘한 바 있었다.(최장집, 1985: 196)[346] 6·8부정선거에서 3선개헌에 이르는 기간 동안 반대운동의 주도 세력은 바뀌지 않았으나, 대학생, 지식인, 야당의 반대연합의 저항이 정권을 위협하기에는 역부족이었다.[347]

슈미터(P. Schmitter)가 분류한 방어적 반대세력이 정권을 위협하기 위해서는 방어적 그리고 '획득적 신민'들을 끌어들여야 했다. 신민들을 끌어들이기 위해서는 분배적 문제가 정권을 반대하는 의제가 되어야 했으며 방어적 반대세력이 정권에 대한 대안세력이 될 수 있다는 것을 보여 주어야 했다. 그러나 1971년의 선거 이전에 제도 바깥의 반대세력은 대안세력이 될 수 있다는 것을 보여 주지 못했으며, 분배문제를 중심으로 한 사회적 균열구조는 아직 정치적 표면으로 부상하지 않았다. 특히 변칙적 3선개헌이 강행된 1969년에 박정희 정권은 기록적인 GNP 상승(15.9%), 풍년(773만7천 석)에 기인한 농가소득의 대폭적인 증가(전년비 21% 상승), 실업률의 하락(4.8%), 1962년 이래 최저의 물가상승률(전년도 11%에서 9%로) 등의 경제적으로 유리한 상황과 실적에 힘입어 분배문제의 전면적 부상을 차단할 수 있었고,(류근일, 위의 책: 68-69) 방어적 그리고 획득적 신민들 모두 반대운동에 동참하지 않았다. 반대운동은 단지 3선개헌 과정에서 민주적 절차의 훼손을 비난함으로써 정권의 정당성에 상처를 입혔을 뿐이다.

그러나 1969년 이후 경제불황이 시작되면서 분배문제를 중심으로 하는 사회적 균열구조가 현재화되었으며 분배문제를 둘러싼 사회적 갈등이 분출되기 시작하였다. 생산성 연합에 대한 분배연합의 불만이 표출된 것이다. 분배문

346 이한빈은 4·19혁명의 중심 세력을 '대학-언론 연합(University-Press Nexus)'이라고 표현한 바 있다.(Lee, Hahn-been, 1968: 126)

347 류근일은 이러한 방어적 적대세력을 시위 등 제도 외적인 반대운동을 시도하는 '제도 외적 반대세력'으로 개념화하고 있다.(류근일, 1997)

제에 대한 불만의 현재화에 불을 붙인 사건은 한 노동자의 분신자살이었다. 1970년 11월 13일 청년 노동자 전태일은 생존을 위협하는 저임, 열악하고 비참한 근로조건, 그리고 정부의 억압적 노동정책에 대해 자신의 몸을 불사르면서 항의하였다. 전태일의 분신은 노동문제를 중심으로 하는 사회적 균열을 현재화시켰을 뿐만 아니라, 학생들과 종교인들로 하여금 민주적 기본권의 수호와 정치적 억압과 장기 집권 비판이라는 정치적인 문제에서 노동문제, 도시빈민문제와 같은 사회경제적 문제를 중심으로 박정희 정권에 대한 반대를 조직하게 하는 계기를 이루었다. 학생운동 조직들은 '근로자 생존권' 보장이라는 구호하에 노동문제를 운동의 핵심 의제로 설정하였으며, 개신교와 천주교는 사회정의 구현의 차원에서 노동문제에 개입하기 시작하였다.[348] 그들은 노조의 지원, 노동자의 의식화, 정부의 노동통제 및 노동운동의 탄압에 대한 비판, 그리고 도시빈민문제의 해결을 위한 자치위원회의 구성, 주거문제에 대한 집단의사 표시, 진정서 제출 등을 통해 노동문제와 도시빈민문제에 적극적으로 참여하고 그들을 조직화하기에 힘썼다.(김영순, 1988: 62-63)

그런데 이러한 사회적 균열이 정치권으로 유입되기 위해서는 역시 민주주의가 필요하였다. 형식적이고 제한적이나마 민주주의가 유지되었을 때, 민주적 제도들은 민중들의 요구를 정치적 장으로 유입시켜 주는 수단이 될 수 있는 것이다. 그것을 1971년의 선거가 보여 주었다. 기층 민중운동의 생존권 투쟁의 격화와 중산층인 지식인 집단과의 연계 움직임은 표를 극대화하려는 야당의 관심을 끌기에 충분한 것이었다. 신민당은 기층 민중운동이 폭발할 때마다 진상조사단을 파견하여 박정희 정권의 비민중성을 폭로하였으며, 농산물 가격의 혁신, 외미 도입 중지, 최저임금제 실시, 노동조건 개선 등과 같은 경제문제와 분배문제를 의회투쟁의 주 의제로 등장시켰다.(김영순, 1988: 63) 또한 1971년 4월

348 개신교의 도시산업선교회, 천주교의 가톨릭청년노동자협회.

에 학생들과 종교세력들 그리고 비판적 재야 지식인들, 야당 정치인들 사이에 "민주수호국민협의회"가 결성됨으로써 민주화 운동세력은 우산조직을 갖게 되었다. 정치적 균열과 사회경제적 균열을 결합하는 거대한 민중운동연합이 등장하게 된 것이다.

이러한 민중의 생존권 문제를 정치적으로 동원하고 표로써 조직한 제도권 야당 정치인이 김대중이다. 김대중 신민당 대통령후보는 자신의 표가 어디에 있는지를 잘 알고 있었다. 그가 '대중경제론'을 자신의 핵심 강령으로 내세웠을 때부터 그는 박정희 정권의 반민중적 경제정책과 분배정책과 그로 인한 기층 민주의 민심 이반을 자신의 표로 연결시키려 했던 것이다. 그의 대중경제 제안에는 대중복지, 경제성장 과실의 공정한 분배, 부유세 신설, 종업원 지주제와 주식보장, 노사공동위원회의 신설, 공정한 분배의 법제화, 농가소득 향상을 위한 농업혁명 추진 등을 포함하고 있었다. 이는 그 당시에는 혁신적인 정책공약 제시였다.[349] 김대중의 판단은 옳았다. 그는 박정희에 의한 지역주의의 동원, 그의 평화주의적 대북정책 제안에 대한 "색깔론"적 역공을 당해 표를 잠식당하였음에도 불구하고 한국 정치사 중 최초로 민중주의적 요구를 정치적으로 표출, 조직함으로써 선거에서 성공을 거두었다. 비록 그가 박정희 후보에게 94만6천9백28표 차이로 선거에 패배하였으나, 그는 사실상의 승리자로 받아들여졌다. 정권 내에서도 관권, 금권선거, 지역주의의 동원에도 불구하고 94만 표의 차이밖에 내지 못한 결과를 사실상의 선거 패배로 간주하는 분위기가 지배적이었다.[350]

한 달 뒤에 치러진 국회의원선거는 박정희 정권에게 또 하나의 패배를 안겨주었다. 제도권 야당인 신민당이 당권 경쟁으로 분열된 상황에서 선거가 치러

349 김대중, 〈대중경제론 100문 100답〉, 김대중전집편찬위원회 편, 1989, 《김대중전집 2 — 대중경제론》, 한경연구. 김대중은 유세에서 분신노동자 전태일의 정신을 계승하겠다고 다짐하였다.(김형욱, 《혁명과 우상 3》, 79쪽)

350 김형욱, 《김형욱회고록 3》, 86쪽.

졌음에도 불구하고 야당은 대도시 지역을 휩쓸었고(33석 대 7석) 도시지역 전반에 걸쳐 압도적인 승리를 거두었다.(44석 대 19석) 박정희의 공화당은 과잉대표된 농촌지역에서의 승리로(67석 대 19석) 안정적 다수를 유지할 수 있었지만(지역구 86석 대 65석, 전국구를 포함한 전체 의석 113석 대 89석) 선거는 분명한 여당의 패배였다.[351] 신민당이 얻은 89석은 헌정 사상 제1야당이 얻은 최대의 의석 점유율(43.6%)로서 개헌 저지선인 69석보다 20석이 더 많은 의석 수였다.(김영순, 1988: 68) 국회의원 선거 결과는 박정희로부터 민주적 절차를 통한 장기 집권의 길을 사실상 막아 버렸다. 이는 분명 박정희에게 민주적 절차를 통하지 않고 초헌법적인 쿠데타를 통한 일인독재 체제를 구축하도록 제약하였던 것이다.

두 번에 걸친 사실상의 선거 승리에 힘입어 야당과 기층 민중운동세력은 정권에 대한 요구를 강화하였다. 대학생들은 교련 반대투쟁을 강화하였고 3만 명의 판자촌 철거 이주민들은 정부의 강제이주정책에 항의하여 폭동을 일으켰으며, 한진상사의 파월근로자들은 체불 임금을 청산하라고 요구하면서 본사 빌딩을 점거하고 방화를 하였다. 정권에 대한 저항은 기층 민중에게만 한정된 것이 아니었다. 중산층과 지식인 집단의 자율성 회복 운동이 뒤따랐다. 서울대 문리대 교수들이 "자주선언"을 하였으며, 한국기자협회는 언론자유수호를 선언하였고, 젊은 판사들은 사법권의 독립을 주장하면서 집단행동에 들어갔다.

그러나 1971년 선거 이후 분출한 반대세력의 저항운동은 박정희 정권에게 체제전환의 선택을 강요할 정도로 급박하고 위협적인 것이 아니었다. 박정희는 헌정 틀 내에서 이러한 소요사태를 진정시킬 수 있는 공권력이라는 자원을 보유하고 있었고, 군부의 지지라는 무력 기반을 확보하고 있었다. 실제로 박정희는 소요사태를 군을 동원해야 하는 대통령의 비상대권을 발동하지 않고도 경찰력만으로 진압하였다.

---

351 이 선거에서 공화당 중진인 이효상 국회의장을 포함한 26명의 현역 의원이 무더기로 낙선하였다.

그러나 문제는 반대운동의 잠재력에 있었다. 1971년 선거와 선거 이후 일어난 일련의 소요사태와 자율성 회복 운동은 형식적 민주주의 제도가 대안을 조직하고 요구를 분출시킬 수 있는 도구가 될 수 있다는 것을 보여 주었다. 전태일이 분신하면서 요구한 것은 노동법 개혁이 아니라 정부가 기존의 노동법을 준수해야 한다는 것이었다.[352]

1971년의 양대 선거는 정권이 압도적인 자금력과 행정부의 지원을 확보하고 있음에도 불구하고 선거라는 민주적 제도가 야당으로 하여금 선거를 통한 정권 교체가 가능하다는 것을 보여 주었다. 또한 선거 지형이 도시 중심적인 반대연합 대 준봉투표를 하는 농촌 중심의 친정권연합으로 구조화된 시점에서 인구학적 추세는 산업화로 인한 농촌인구의 감소로 나타남으로써 정권의 선거적 미래를 어둡게 하였다. 한국에서 급속한 산업화로 농촌에서의 출향인이 늘어나면서 권위주의 독재자에 충성하는 '자루 속에 든 감자(농민)'는 급격히 줄어들었다. 인구 대다수를 차지했던 농민들의 지지 위에 유지되었던 보나파르티즘을 1970년대에도 유지하는 것이 더 이상 쉬운 일이 아니게 되었다. 또한 선거라는 민주적 제도장치가 정권을 반대하고 저항하는 다양한 집단들이 대안을 조직하는 정치적 장이 될 수 있다는 것을 보여 주었다.

요약하자면, 1971년의 선거는 민주주의가 박정희에 대한 현실적 위협으로 등장했다는 것을 보여 주었다. 1971년 선거에서 여촌야도 구조가 형성됨으로써, 장기적으로 볼 때, 박정희로 하여금 선거정치의 틀 내에서 자신의 통제하에 있는 후계자를 당선시켜 후견적 권력을 행사, 유지하는 대안을 비현실적으로 만들었으며, 또한 야당이 개헌 저지선을 확보하게 됨에 따라 박정희로 하여금 집권연장을 위한 또 한 번의 개헌을 불가능하게 만들어 박정희의 선택지를 종신집권을 위한 초헌법적, 비합법적 궁정 쿠데타와 민주주의를 유지하면서 1974

352 3공화국의 노동법은 그 당시로 봐서 한국의 산업계가 수용하기 힘들 정도로 진보적인 것이었다.(최장집, 1988)

년으로 예정된 권력으로부터의 퇴장이라는 두 가지 대안으로 좁혀 주었다.

물론 박정희의 선호 대안은 전자였다.[353] 이러한 박정희의 선호도를 강화시킨 것이 선거 이후 분출한 기층 민중의 거리에서의 저항과 중산층과 지식인의 자율성회복 운동이었다. 권위주의하에서의 선거는 정권의 반대세력과 방어적 신민들 그리고 취득적 신민들이 동맹을 조직할 수 있는 제도적 장을 마련해 주었던 것이다. 박정희는 이러한 반대운동을 허용하는 민주적 제도를 유지할 경우 자신의 권력이 위협받을 것이라고 생각했음이 틀림없다. 박정희의 선택은 형식적 민주주의의 폐지였고, 그 방법은 '선제공격'이었다. 많은 논평자들은 왜 박정희가 자신의 임기가 3년이나 남은 1972년에 유신 쿠데타를 감행했는가에 의문을 제기한다. 그러나 박정희가 선제공격의 방식을 채택했다는 것을 알면 이 의문은 해결된다. 박정희는 정권과 반대세력 간의 힘의 관계가 압도적으로 정권에 기울어져 있는, 힘의 비대칭성이 형성되어 있던 시점에서 유신을 감행한 것이다. 1972년 10월에 반대세력은 이미 1971년의 국가보위법사태와 1972년의 7·4공동성명으로 무력화되어 있었다. 그들은 정치적으로 그리고 이데올로기적으로 무장해제당하여 무방비상태에 빠져 있었던 것이다.[354] 박정희는 압도적 힘의 우위를 배경으로 상황을 장악한 가운데 전광석화와 같이 그러나 아주 조용하게 피를 흘리지 않고 궁정 쿠데타를 성공시켰던 것이다.

또한 기층세력과 지식인, 중산층으로부터의 불만의 표출은 박정희에게 체제전환을 위한 적당한 수준의 위기를 제공해 준 기회의 측면이 있었다. 박정희는 사회적 갈등의 표출을 유신의 전주곡인 국가보위에 관한 특별조치법의 발동

353 미국 하원 보고서는 박정희가 죽거나 혁명에 의해 전복되기 전까지는 결코 권좌에서 물러나지 않을 것이라는 결론을 내린 적이 있었다.(US Congress, Investigation of Korean American Relations(미 하원 국제관계위원회 국제기구 소위원회, 1986,《프레이저 보고서》, 실천문학사, 41쪽))

354 유신 선포 이후 나온 미국 상원보고서에 의하면, "대다수의 한국인들은 여당의 계속 집권은 용인하나 박정희의 영구집권은 반대하였다. 그러나 계엄령에 대한 대중의 반응은 남북대화로 인한 인기 때문에 암묵적 용인(tacit approval)이었다. 반대세력은 무력감(feeling of futility)에 빠져 있었다."(US Senate Staff Report, 73.2.18)

에 이용하여 유신을 위한 기선을 제압할 수 있었다. 또한 박정희는 분배문제를 둘러싼 불만의 표출을 이용하여 생산성연합, 안보연합, "한국적 민주주의"연합, 민족주의연합 대 분배연합, 안보불감증연합, 자유민주주의연합, 사대주의연합의 대립구도를 만드는 데 성공하여 유신 전야에 '이데올로기적 헤게모니'를 장악할 수 있었다.

4) 안보위기 — 국가의 위기와 박정희의 기회

세계시간에서 볼 때, 유신체제의 수립은 국제적 냉전체제의 이완기에 냉전의 분계선 지역에서 '냉전적 안보국가의 재충전'의 성격을 지니고 있다.[355] 월남전으로 정점에 달했던 냉전체제는 미국이 월남전에서 실패를 자인하고 중공과 소련과의 관계 개선과 화해를 시도함으로써 급격히 이완기에 접어들게 되었다. 냉전체제의 이완기에 미국의 '아시아에서 발 빼기 정책'이 시작되었고 이는 "아시아의 방위는 아시아인이 책임져야 한다(아시아 문제의 아시아화 정책)"는 닉슨독트린(또는 괌 독트린)으로 구체화되었다.

미국의 아시아에서 발 빼기 정책은 한국에서 안보위기를 불러일으켰다. 월남전이 한창이던 냉전의 절정기에 한국은 안보와 경제에 있어서 대표적인 수혜국이었다. 한국은 냉전의 절정기에 특히 월남 파병으로 미국으로부터 안보의 보장과 경제적 특혜를 보장받을 수 있었으며 한미 밀월관계를 즐길 수 있었다. 그런데 60년대 말 이후 미국의 아시아에 대한 개입 축소로 한국의 안보와 경제에 대한 불확실성이 증대하였다.[356] 냉전체제의 이완기에 주한 미군 철군이 시작되

355 이는 마치 중세 봉건체제에서 자본주의 체제로 전환하는 시점에서 서구의 중심부에서는 봉건체제의 소멸과 절대주의국가가 등장한 반면, 동구의 주변부에서는 기존의 봉건체제가 강화되는 재봉건화가 일어난 것과 비슷하다.(Anderson, 1974)

356 우정은은 유신은 팍스 아메리카의 쇠퇴기에 수혜국가(client state)인 한국의 정치와 경제에 대한 불확실성을 제거하려는 노력으로 이해되어야 한다고 지적한다. 그것은 정치적으로 선거정치의 불확실성을 제거하고, 경제적으로 자율조절적 시장을 규제된 시장으로 대체하는 것이었다.(Woo, Jung-en, 1991: 119) 방위산업 육성의 일환으로 중화학공업화를 추진하여 군사, 무기, 정치, 경제

었다.[357] 한반도에 군사적 균형을 유지시켜 주었던 미군의 철군은 한국의 안보에 커다란 구멍을 만들어 놓았다. 더구나 이 시기에 북한의 대남 강경노선이 강화되어 한국의 안보위기를 더욱 심각한 현실로 만들어 놓았다.

북한의 김일성은 1960년대 말 소위 '4대군사노선'이라는 공격적인 군사노선으로 전환하여 다양한 형태의 무력도발을 계속적으로 시도하였다. 1968년 1월 21일에는 무장게릴라를 남파해 청와대를 습격한 사건이 있었고 뒤이어 1월 23일에는 미군 정보수집함 프에블로호의 피랍사건이 일어났다. 1969년에는 미군 정찰기 EC-121호가 북한에 의해 격추되었으며, 울진삼척지역에 무장공비가 침투한 사건이 일어났다. 1970년에도 무장도발은 계속되어 1970년 6월 5일에는 서해 해군 방송선이 피랍되었고, 6월 22일에는 동작동국립묘지를 폭파한 사건이 일어났고 격열비열도, 군자만, 동해안에서 무장간첩이 출몰한 사건이 연이어 일어났다. 미군의 철수와 북한의 군사도발로 안보위기 상황이 실제로 도래하였고 박정희 정권 내에서도 안보위기 의식이 상당한 수준으로 올라가 있었다. 안보위기의 실재적 현존과 안보위기에 대한 주관적인 인식이 동시에 존재하였으며 일반 대중과 정권 엘리트 공히 수준의 차이는 있을지 모르나 안보 상황이 정상이 아니라는 데 대한 공감이 있었다.[358]

에서의 대미 의존성을 감소하려는 것이었다. 유신은 폴라니(K. Polanyi)의 용어를 빌린다면, 국가가 국제시장의 변덕으로부터 사회를 보호하려는 '스탈린적인 일국사회주의 대응(socialism in one country)'의 자본주의판이다. 스탈린이 일국 사회주의를 지향했다면 박정희는 "일국 자본주의(capitalism in one country)"를 지향하였는지 모른다. 그런데 스탈린, 김일성의 주체사상과 박정희의 유신과의 차이는 박정희는 여전히 국제자본주의의 넥서스 내에서 경제를 운영하려 하였다는 점이다. 한국의 중화학공업화가 수출 지향적, 수출 중심적이고, 외국자본의 유입에 기초해서 투자재원을 마련하려 하였다.

357 1969년에 닉슨독트린이 발표되었고, 1970년 3월에 NSDM 48호에 의해 미군 철군 결정이 내려졌다. 그해 8월 박-애그뉴회담에서 애그뉴는 정식으로 미군 철군을 통보하였고 한국은 이에 대해 30억 불의 군원을 요구하였으나 미국은 15억 불의 군원만을 약속하였다. 1971년 3월에서 7월 사이에 1차로 2만 명의 주한 미군이 철수하였다.

358 저널리스트인 클리포드는 주한 미군 철수에 대한 박정희의 두려움에는 합리적인 이유가 있었다고 주장한다. 그러나 그는 북한의 위협이 실제로 존재했는가 아니면 박정희가 정치적으로 이용했는가는 분명치 않다고 주장한다.(Clifford, 1994: 82)

그러나 안보위기가 전시와 같은 비상사태로 몰아 갈 정도로 심각한 것은 아니었다. 북한의 도발은 김일성의 대남 노선 변화에 기인한 것이라 하더라도 휴전선을 사이에 두고 군사적으로 대치하고 있는 냉전의 경계선 지역에서 '정상적'으로 일어날 수 있는 수준이었다. 또한 냉전체제하의 후견국인 한반도 주변 4대 강국이 긴장완화(데탕트)에 합의한 냉전의 이완기에 북한으로서는 독자적으로 남침을 시도할 수밖에 없는 상황이 전개되었기 때문에 오히려 전면전의 가능성은 줄어들었다고 보는 것이 타당하다.(김영순, 1988: 53)[359]

실제로 김대중 신민당 대통령후보는 1971년의 선거에서 냉전체제의 이완이 전쟁의 위험을 증가시키는 것이 아니라 평화와 통일을 위한 기회라고 주장하면서 주변 4강국인 미·소·일·중에 의한 한반도 평화보장론을 제시하였다(4대보장론). 김대중 후보는 박정희 정권이 안보위기를 내세워 국민동원체제를 강화하고 이를 바탕으로 장기 집권을 획책하고 있다고 비난하였다.(김재홍, 1992: 97) 김대중은 안보위기가 박정희 정권에 의해서 조성되고 증폭된 측면이 있다는 것을 폭로한 것이다. 김대중 후보가 제기한 안보논쟁에 대해 박정희는 '국지(局地)안보위기론'으로 대응하였다. 국제정치의 상위 체계인 미국과 중공 관계가 개선된다고 그 하위체계인 남북한 관계나 한중관계가 반드시 호전되는 것은 아니라고 하면서, 주한 미군의 감축이 세계적 긴장완화에는 기여할 수 있으나 한반도의 국지(局地)안보에는 위협요소라고 주장하였다. 전 세계적인 차원에서 냉전의 이완, 긴장의 완화가 일어나고 있으나 그 긴장을 완화시키기 위해 군사적 대치지역인 한반도에서 미군을 철수함으로써 군사적 균형을 깨뜨리고 이는 전쟁을 유발할 수 있다는 것이다.(김재홍, 1992: 97-102) 박정희 정권은 냉전의 이완기에 터진 이스라엘과 아랍 간의 '6일전쟁'과 같은 국지전을 예로 들면서 긴장을 늦

359 실제로 박정희가 북의 남침 위협을 이유로 1971년 12월 6일 국가비상사태를 선포했을 때, "북한으로부터의 침략이 급박했다는 증거가 없다"고 공식적으로 밝혔다.(이상우, 1985, 《비록 박정희 시대 2》, 261쪽)

추지 말 것을 국민들에게 경고하였다.

미군 철군으로 국가적으로는 안보위기적 상황이 도래하였으나, 박정희에게 미군 철수로 인한 안보위기는 모든 정치적 문제를 해결할 수 있는 기회가 되었다. 위기를 기회로 바꿀 줄 아는 박정희의 비르투가 이를 가능하게 하였다. 냉전체제의 이완과 동서 간의 긴장완화는 박정희에게 정권적 위기를 초래할 수 있는 사건이었다. 긴장완화가 한반도에까지 미칠 경우 한반도의 평화를 촉진할 것이고 이는 안보를 핵으로하는 박정희의 통치기반을 잠식할 수 있기 때문이다. 냉전의 이완이 '안보국가'의 기능적 필요성을 소멸시키게 되면 박정희의 정권위기를 초래할 수 있었다.

그러나 국제적 냉전이 완화되는 새로운 환경변화에서 박정희는 오히려 국내적 냉전(국지적 냉전)을 격화시킴으로써 오히려 자신의 통치기반을 더욱 강화시켰다. 박정희는 안보위기와 고조된 국민의 안보위기감을 이용하여 병영국가를 완성할 수 있었다. '제2의 월남'이 되어서는 안 된다고 경고하면서 박정희는 '안보국가의 재충전'을 시도하였다. "일면건설, 일면국방", "싸우면서 건설"이라는 전시 중 군사국가하에서나 있을 법한 구호 아래 전 사회의 군사화를 시도하였다. 250만 향토예비군이 창설되었고, 학생들을 학도호국단으로 조직한 뒤 전시를 방불케 하는 군사훈련을 실시하였으며, 방위산업의 육성을 추진하여 유신체제를 위한 군사적 기초를 쌓았다. 마침내는 안보위기를 빙자하여 1971년 12월 6일 국가비상사태를 선언하고 12월 27일 국가보위에 관한 특별조치법을 공포하여 비상대권을 가진 일인독재 체제를 수립하였다. 그리고 이 모든 것을 안보위기로 정당화하였다.[360]

360 배긍찬은 1970년대 초의 외부적 안보위협은 유신을 정당화하기 위한 구실에 불과한 것이 아니라 실재로 존재하였다고 주장한다.(배긍찬, 1988: 329; 배긍찬, 1999: 53-63) 김영명도 동북아 국제질서의 변화가 집권세력 내에 특히 박정희에 안보위기 의식을 불러일으킨 것은 사실인 것 같다고 추측한다.(김영명, 1997: 208) 반면에 손학규는 안보위기와 유신 등장 간에는 큰 함수 관계가 없다고 보고 있다.(Sohn, 1988)

안보위기는 정권 내에서 슈미터가 이야기한 '공격적 주체세력'인 군부의 지위를 상승케 하였다. 조국 근대화 사업에서 상대적으로 소외된 군부가 안보위기를 맞아 정권을 지탱하는 핵심세력으로 부상한 것이다. 박정희는 학원의 군사화를 통한 병영국가 수립에 저항하는 학생들의 시위를 군을 동원하여 진압하였다. 1971년 10월 5일 윤필용 장군 휘하의 수경사 군인들이 고려대에 난입한 사건에 뒤이어, 1971년 10월 15일 위수령이 선포되었고 군이 동원되었다. 군을 동원한 박정희는 1971년 12월 6일 국가비상사태를 선언하고 그야말로 명실상부한 '안보국가'를 수립하였다.

국가비상사태선언 6개항은 '안보'로 도배되어 있었다. 1) 정부의 모든 시책은 국가안보를 최우선으로 하며 조속히 만전의 안보 태세를 확립함, 2) 안보상 취약점이 될 일체의 사회불안 요소 불용, 3) 언론의 무책임한 안보 논의 지양, 4) 국민은 안보상 책무 수행에 성실할 것, 5) 모든 국민은 안보 위주의 새 가치관을 확립할 것, 6) 최악의 경우 우리가 향유하고 있는 자유의 일부도 유보할 결의를 가져야 한다는 것이었다. 12월 27일에는 대통령에게 광범위한 비상대권을 부여하는 국가보위법을 날치기 통과하여 독재의 법적 근거를 마련하였다. 국가보위법의 통과로 박정희는 필요하면 언제나 비상사태를 선포할 수 있고, 경제규제를 명령할 수 있으며, 옥외집회나 언론출판을 규제하는 특별조치를 할 수 있고 근로자의 단체행동권을 제한할 수 있으며, 군사상 목적으로 국가예산의 항목과 내역을 마음대로 조정할 수 있는 명실상부한 독재자가 되었다. 1971년 말에 민주주의의 조종이 울렸으며 유신은 사실상 시작되었다.

냉전의 최전방 지역에서 안보문제의 발생과 안보위기감의 형성은 박정희에게 여러 가지 목적을 달성케 해 준 '행운(fortuna)'이었다. 그는 국지안보위기론으로 자율성과 자유의 회복을 요구하는 시민사회를 억압할 수 있는 비상대권을 확보할 수 있었으며, '조국 근대화' 추진으로 상대적으로 소외되었던 '공격적 주체세력'인 군부에게 외부의 적뿐만 아니라 내부의 적으로부터 국가를 보호하라는 새로운 역할을 부여함으로써 그들을 달래고 확고한 주체세력으로 묶어 놓을 수 있었다. 군부는 항상 정상적인 법질서하에서 문제를 해결할 수 없을 때 최종적인 통제기구로서 박정희가 동원하는 '정권 생존'의 도구였다. 군부는 항상 위기에 빠진 박정희를 구조하기 위해 동원되었다. 그러나 박정희는 안보국가의 논리를 동원하여 이를 '국가 생존'을 위한 동원으로 정당화하였다.(Yang, Sung Chul, 1981: 241)

5) 의제의 전환 — 남북대화

그러나 안보위기는 현재화되지 않았다. 유신을 준비하고 있었던 1971년과 1972년에 북한으로부터의 도발은 감소 추세에 있었다. 신데탕트 질서하에서 외부로부터의 지원이 어려워진 상황하에서 북한은 단독으로 전쟁을 도발할 수 있는 능력을 갖추고 있지 않았다. 오히려 북한도 신데탕트 질서의 등장으로 안보에 위협을 느끼고 있었다는 것이 더 진실에 가깝다. 냉전의 첨병 역을 담당하고 있었던 한국과 북한 모두 냉전 종주국의 발 빼기로 안보의 위기를 공통으로 실감하는 동병상련의 관계에 있었다. 바로 이러한 동병상련의 관계가 남과 북으로 하여금 쌍방 간 대화를 통해 안보문제를 해결하려는 유인을 제공하였다.[361]

잔뜩 고조시킨 안보위기가 현재화되지 않고 시들어 가자 박정희는 재빨리 남북대화를 제의하여 안보위기 국면을 통일을 위한 대화 국면으로 전환시키는 비르투를 발휘하였다. 박정희는 유신체제로의 전환을 위한 필요의 창출에서 안보위기를 가장 큰 무기로 활용하였으나, 그 무기의 실효성이 약화되었을 때 그는 대화를 통한 통일이라는 새로운 유신의 필요를 창출할 수 있는 능력을 발휘한 것이다. 실제로 그는 안보위기 국면이 시들어지기까지 기다리지 않았다.

361 남북한 모두 자신이 통제할 수 없는 급속한 국제적 상황 변화에 불만을 가지게 되었고 이는 남북을 심리적으로 가깝게 만들었다. 한반도 상황 변화에 대해 남북한 당사자가 통제하는 해결책을 구하자는 분위기가 형성된 것이다. 그리고 급속한 국제적 환경 변화는 남북한 지도자들에게 대화를 위한 후견국의 용인을 받을 수 있게 해 주었다.(Kihl, Young Whan, 1984: 56-57)

안보위기감을 한창 고조시키고 있었을 때에 이미 그는 대화를 제의해 놓고 있었다. 박정희는 1970년 8월 15일 광복절 경축사에서 한국의 대북한 정책을 획기적으로 전환할 용의가 있음을 밝혔고, '남북한 간에 선의의 경쟁'에 나설 것을 제안하였으며, 1971년 8월 12일에 대한적십자사로 하여금 남북이산가족을 찾기 위한 남북적십자사회담을 제의하게 하였다. 물론 미국도 주한 미군의 철수에 따른 군사적 균형의 와해를 막을 목적으로 한국에 대해 남북대화를 종용하였다.[362]

박정희의 제안에 대해 북한도 화답하였다. 북한 역시 공격적인 군사노선의 추구에 따른 과도한 비용에 부담스러워 했고 실제로 신데탕트 체제하에서 북한의 독자적 안보능력에 대해 자신을 갖고 있지 못했기 때문에 긴장완화를 위한 남북대화 제의에 응한 것이다.[363] 남북대화는 한국과 북한 간의 적대적 의존관계의 시작을 의미한다. 남북대화는 1972년의 7·4공동성명으로 최고조에 달하게 된다. 남북대화는 당시 한반도의 두 주역인 박정희와 김일성에게 걸린 문제를 해결해 준 해결사의 역할을 담당하였다. 먼저 남북 간의 군사적 긴장을 완화시켜 줌으로써 신데탕트 질서하에서 체제 존속에 대한 불확실성을 감소시켜 주는 효과가 있었다. 한국과 북한은 서로의 존재를 인정함으로써 공존의 길을 모색한 것이다. 둘째, 국제질서의 변화기에 체제를 정비할 수 있는 시간을 벌게 해 주었고 통일에의 열망을 이용하여 강압적인 독재를 강화하는 데 필요한 국민의 지지 또는 암묵적 승인을 이끌어 낼 수 있었다.

---

362 미국이 박정희에 남북대화를 종용했다는 증거는 1970년 2월 24일에서 26일에 걸쳐 열린 상원 국제관계위원회의 사이밍턴(Symington) 소위원회에서의 포터 주한 미 대사의 증언에서 나타난다. 포터 대사는 "남북한 대화가 이루어질 수 있는 영역을 찾아본다는 견지에서 북한 측에 눈을 돌려 보는 것이 좋지 않느냐는 미국의 견해를 한국 측에 이야기하고, 미국은 이 같은 방향에 눈을 돌릴 수 있는 가능성에 대해 한국 측과 조용히 토의를 계속해 왔다"라고 하였다.(송건호, 1983: 155에서 재인용; 이상우, 1986: 261)

363 북한이 대화에 응했다는 것은 안보위기가 유신체제로의 전환을 강요할 만큼 심각한 것이 아니었다는 것을 반증해 준다. 오히려 유신의 수립기에 북한 남침 위협이 증가하기보다 감소하였으며 남북 간의 군사적 관계는 남북대화가 이루어질 정도로 안정되어 있었다는 것을 보여 준다.

박정희는 남북회담에 효율적으로 대처하고 국론을 통일하기 위해서는 민주주의 체제보다 독재체제가 우월하다는 주장으로 유신체제로의 전환을 위한 명분을 쌓고 실제로 체제전환을 남북대화를 효율적으로 추진하기 위한 체제 정비라고 정당화하였다.[364] 북한도 마찬가지였다. 박정희가 유신헌법을 제안한 지 두 달 만에 유신헌법을 국민투표를 통해 확정한 12월 17일 이후 열흘이 되는 날 북한은 제5기 1차 최고인민회의에서 김일성의 일인독재체제를 공고화하는 헌법 개정을 공포하였다. 북한의 새사회주의 헌법은 사회주의 제도를 법적으로 고착시키고 서울이 아닌 평양을 수도로 선언함으로써 분단을 고착화시키고 국가주석제를 신설하여 분단의 반쪽인 북한에서 김일성의 유일독재체제를 구축하기 위한 법과 제도를 완성한 것이다.[365] 그러나 한국과 북한에서 독재체제 강화를 위한 헌법 개정이 끝난 직후부터 남북대화를 통한 통일 열기는 급속히 냉각되었고 남과 북은 다시 이전의 군사적 대치관계로 되돌아갔다. 적대적 공존체제가 발동되는 순간이었다. 남과 북에서 통치권의 강화가 오히려 통일을 위한 남북대화의 지속을 불가능하게 하였다. 두 개의 분단 독재체제를 수립하기 위해서는 남북대화가 필요했으나 그렇게 수립된 분단 독재체제를 유지하기 위해서는 다시 이전의 적대적 대치관계를 복원해야 했기 때문이다.

남북대화는 처음부터 유신체제에 대한 희망, 기대를 제공하기 위한 제한된 목적으로 추진되었고 일단 유신 수립이 끝나자마자 대화는 중단되었다. 왜냐하면 남북대화 체제의 지속은 남과 북 모두에 지배체제 유지에 장애물로 작용할 것이기 때문이다. 박정희에게 남북대화는 유신체제 수립에 있어서 기회와 제약의 요소를 모두 가진 '양날의 칼'이었다. 한편으로 남북대화는 통일의 환상을 심어 주어 유신체제 수립을 위한 유인을 제공하는 측면이 있었고 박정희는

364 그러나 민주정부로서는 남북회담에 효율적으로 대처하는 것이 불가능하다는 박정희의 주장은 박정희 이후 민주정부에 의해 통일정책이 효과적으로 수행된 것에 비추어 볼 때 근거가 없는 것이다.
365 이상우, 〈남북관계, 내정과의 표리〉, 《박정권 18년》, 239-241쪽.

이를 최대한으로 활용했지만, 다른 한편으로 남북대화는 분단구조의 재생산을 통한 지배체제의 유지를 어렵게 하는 측면이 있었다. 박정희 정권은 분단구조를 고착화하여 자신에 대한 사회적 저항과 정치적 도전을 모두 이데올로기적 저항으로 환치시켜 탄압함으로써 반공 이데올로기를 정권 안보의 수단으로 이용하였다.[366] 분단구조는 박정희 정권의 존립 기반이었다. 그러나 남북대화의 진행은 통일 논의를 활성화시켜 분단구조를 동요시키고 그에 기반한 반공 이데올로기와 안보 이데올로기를 취약하게 만들 것이었다. 말하자면, 반공안보 이데올로기의 위기를 초래할 수 있는 것이다. 이는 반공안보 이데올로기에 의거하여 반대세력에 대한 탄압을 정당화했던 박정희에게 정권 유지의 중요한 수단의 상실을 의미한다.[367]

이러한 딜레마에 대응하여 박정희는 국민의 안보위기 의식을 고조시킨 가운데 남북대화를 진행하여 남북대화가 반공안보국가의 기반을 와해시킬 수 있는 가능성을 차단하고 두 가지를 모두 유신체제 수립의 명분으로 이용하는 비르투를 발휘하였다.[368]

6) 경제위기에 대한 대응 — 8·3조치와 제1차 IMF 위기의 극복

유신이 일어난 1970년대 초는 한국 경제가 인플레, 경상수지적자, 경제불황이

366 김진균·조희연, 1985: 419.

367 남북대화는 안보 이데올로기에 기반하여 정권을 유지시켜 온 수단들인 국가보안법, 반공법, 정보정치의 철폐를 필요로 할 것이기 때문이다.(김영순, 1988: 55-56)

368 남북대화의 양면적 성격에도 불구하고 박정희가 남북대화를 추진한 것은 미국의 종용 때문이기도 하지만 체제 전환에 대한 대중(방어적 신민들과 취득적 신민들)의 지지를 끌어내기 위한 고육책이었다고 볼 수 있다. 1970년대 초에 박정희는 '선 건설, 후 통일'의 논리를 견지하고 있었기 때문에 남북통일에 관심이 없었다. 그리고 실제로 박정희는 남북대화가 성공하지 못할 것이라는 이야기를 바로 7·4성명이 발표되는 날 청와대 비서들에게 했다. "남북공동성명이 발표되니까 통일이 눈앞에 다가온 것처럼 착각하고 기뻐하는 사람이 많은 것 같은데 공산당과의 대화에 성공한 일이 세계에서 거의 없었다."(이상우, 《박정권 18년》, 264쪽) 이 이야기가 사실이라면 7·4남북공동성명은 박정희가 유신독재를 수립하기 위해서 꾸민 사기극이었다고 할 수 있다.

라는 소위 3苦에 시달리던 시기였다.[369] 그런데 박정희는 이 불황 국면을 8·3조치라는 대통령의 경제적 긴급조치권을 발동하여 일거에 해결하고 긴급조치 국가의 성격을 갖고 있는 유신체제 수립의 필요성을 창출하고 국민들에게 설득할 수 있었으며, 대자본가(재벌)를 확고한 동맹자로 굳힘으로써 자신의 계급적 기반을 강화할 수 있었다.

세계경제시간으로 볼 때, 1960년대 말과 70년대 초는 전후의 자본주의의 황금기가 지나가고, 전후 국제금융질서를 매개했던 브레튼우즈 체제가 와해되고 미국 경제의 쇠퇴가 본격화된 시점이었다. 미국의 국제수지 적자가 증대하였고,[370] 1971년 8·15에는 닉슨 미국 대통령이 긴급경제조치(금태환 정지령, 임금과 물가 동결, 조세 감면 조치, 재정 지출 삭감, 수입부가세 부과, 대외 원조 삭감)를 발표하지 않을 수 없을 정도로 미국 경제는 악화되어 있었다. 닉슨의 긴급경제조치로 선진국은 변동환율제로 전환하였고 세계무역의 감소가 일어났다. 세계자본주의의 구조적 불황이 시작된 것이다. 미국의 보호주의는 강화되었고 '자비로운 헤게모니'로서의 미국은 종말을 고했다. 그 결과 미국은 한국에 대한 경제적 원조자에서 경쟁자로 변신하였다.

미국 닉슨의 소위 신경제정책(수입부가세 10% 징수)으로 한국 수출의 40%를 점하는 미국 시장에의 수출이 타격(특히 섬유업계)을 받았고, 또한 일본 엔화의 변동환율제로의 이행과 평가절상으로 한국 총수입액의 40%를 차지하고 있던 일본으로부터의 원자재, 중간재, 자본재의 가격이 상승하여 생산조건이 악화되고 국내 물가가 상승하여 국제경쟁력이 약화되었다. 여기에 일본이 "주은래의 4원칙"을 수용함으로써 일본의 대한 투자감소가 겹쳐짐으로써 한국의 대외적 경제 상황이 더욱 악화되었다.[371] 설상가상으로 닉슨독트린에 의

369 정윤형, 1987, 〈유신체제와 8·3조치의 성격〉, 《한국경제론》, 까치, 179쪽.

370 국제수지 적자는 주로 미군 해외주둔비를 포함한 제국을 유지하기 위한 비용과 무역수지 적자에 기인하였다.(Woo, Jung-en, 1991: 121)

371 이성형, 1985, 〈국가, 계급 및 자본축적 — 8·3조치를 중심으로〉, 최장집 편, 《한국 자본주의와 국

한 주한 미군 철수 결정으로 한국 경제에 대한 신인도가 급격히 하락하여 외국 투자자/대부자의 공황상태(panic)를 불러일으켜 한국에 대한 투자가 급감하였고 한국의 대외 리스크를 급격히 증대시켰다. 이는 해외에서의 대부로 총수입액의 1/4을 조달하던 한국 경제에 엄청난 타격을 입혔다.(Woo, Jeng-en, 1991: 124)[372]

국제경제 및 정치 환경 변화로 인한 한국의 경제 사정 악화는 "기업의 위기"를 불러일으켰다. 차입의존 경영을 하고 있었던 한국의 기업에게 환율 인상, 차관 원리금 상환 압력 가중, 수출 증가율 둔화는[373] 기업의 대량 도산을 가져왔다. 1969년부터 30개의 부실차관기업에 대한 정리와 56개의 은행관리기업 정리가 실시되었다. 국제수지도 악화되었고, 외채관리가 한국 경제의 주요 이슈로 등장하였다.[374] 또한 한국의 정치적 경기순환은 인플레이션 위기를 초래하였다. 3선개헌을 위한 자금 살포로 통화가 증발하였기 때문이다.

한국의 경제 악화에 대해 미국은 PL480[375]과 개발차관을 지렛대로 한국 정부에 IMF프로그램의 수용을 강요하였다. 이는 미국의 한국 경제에 대한 개입 도구가 원조기구인 AID(PL480, 군사원조)에서 IMF(그리고 자매기구인 IBRD, IDA, IFC)로 바뀌어 가고 있음을 의미한다. 이제 IMF가 미국 이해의 대변자가 된 것이다.(이성형, 1985: 257) IMF 구제금융조건(conditionality)으로 불리는 처방은

家》, 한울, 248쪽.

372 1969년 이후 OPIC(Overseas Private Investment Corporation)이 미국의 대한 투자자를 위한 정치적 리스크 보험을 취급한 금액이 전 세계 정치 리스크 보험 취급액의 10%에 달했다는 것을 한국의 대외 리스크가 어느 정도 심각했는지를 보여 준다. 안보 불안이 외국 투자자의 한국에 대한 신인도 저하를 가져와 한국 경제를 불안하게 하였던 것이다.

373 수출은 1968년의 42% 증가에서 1969년의 34% 증가로, 그리고 1970년에는 28%로 꾸준히 하락하였다.

374 1968년에 무역수지 적자는 10억 불에 달했고, 외채원리금 상환이 시작되었다. 1970년에 총외채는 25억 불, 외채원리금 상환액은 1억6천만 불에 달했다.

375 PL480은 Public Law 480으로 아이젠하워, 케네디, 존슨 행정부에서 잉여 농산물을 후진국에 무상으로 원조하는 법으로 "Food for Peace(평화를 위한 식량)"법으로도 불렸고, USAID가 집행했다.

예외 없이 평가절하, 디플레이션적 통화 및 재정정책을 포함하고 있었다.

한국 정부는 1968년 IMF와 2500만 불에 달하는 스탠바이(stand-by) 차관협정을 맺고 1969년에 협정을 갱신 체결하였다. 그 주요 내용은 1) 국내 여신한도 증가, 2) 중앙은행 대정부 순여신 한도, 3) 대외 차입 신규계약 한도, 4) 금융기관 순외화 자산한도, 5) 기타 대외 거래면에서 IMF와의 약정사항을 사전 협의하고 심사하는 것이었다. 1971년 6월 IMF와 한국 정부 간의 협상과정에서 IMF는 단기성 외국자본 유입의 제한, 통화 축소, 달러당 328원에서 450원으로 원화의 평가절하, 긴축정책, 대출 축소, 정부지출 감축, 수출보조금 감축을 요구하였다. 한국 정부는 수출보조금 철폐 외에 모든 요구를 수용하였으나 환율 인상은 371.6원으로 IMF 요구에 못 미쳤다.

그러나 IMF프로그램으로도 금융위기는 해소되지 않았다. 두 차례의 선거로 인한 인플레가 통화를 증발시켰기 때문이다.[376] 그 결과 성장이 급격히 둔화되었고 박정희가 산업화를 추진한 이래 처음으로 경기 하강 국면이 도래하였다.[377]

은행이 부실채권 증가로 기업이 요구한 원리금 상환을 위한 대부를 할 수 없게 되자 금융위기는 기업위기로 확산되었다. 대기업의 부도사태가 빈발해지자 한국의 대자본가들은 집단행동에 들어갔다. 대자본가들의 이익집단인 전경련 회장 김용완은 1971년 6월 11일 박정희 대통령을 면담하고 사태의 심각성을 설명한 뒤, 사채를 은행에서 떠맡아 주고, 세금을 감면해 주고, 금리는 인하하고 정부의 긴축정책을 완화해 줄 것을 요구하였다. 그 후 김용완 전경련 회장은 세금을 절반으로 줄이라는 '정부예산반감론'이라는 대정부 폭탄선언을 하였다.[378]

376 1971년 4월에 인플레는 8.4%, 1-4월 4달간의 재정적자는 185억 원에 달했다.
377 성장률은 13.8%(69년), 7.6%(70년), 8.8%(71년), 5.7%(72년)으로 계속 하락하고 있었다.
378 김정렴, 1991, 《김정렴회고록 — 한국경제정책 30년사》, 중앙일보사, 263쪽.

박정희는 대자본가의 집단적 압력에 굴복하였다. 박정희의 국가는 안보국가인 동시에 자본주의 국가였다. 자본주의 국가는 권위주의이든 민주주의이든 상관 없이 자본에 구조적으로 종속되어 있다.[379] 자본주의 국가는 지속적 축적에 자신의 정통성과 지지를 의존하고 있고, 지속적 축적은 투자 특권을 가진 자본가들의 투자에 달려 있는 것이다. 그러므로 자본주의 국가는 자본가의 신뢰를 얻기 위해 노력하지 않으면 안 된다. 자본가에 의한 적정 수준의 투자실패(투자파업)는 경제적 위기를 낳고 이는 정치적 위기로 전환될 것이기 때문이다. 박정희는 자본의 요구에 대응하여 1972년 8월 3일 '경제의 안정과 성장에 관한 대통령 긴급명령'을 발포하였다.

8·3긴급경제조치는 사채 동결을 주 내용으로 하고 있었다. 말하자면, 대자본가의 비용을 사회화하여 금융과 기업의 위기에서 벗어나려는 것이었다. 월 1.35%의 이자율로 3년 거치, 5년 분할상환 조건으로 대기업의 사채를 동결하고,[380] 2000억 원의 특별금융채권을 발행하여 단기대출을 장기대출로 전환해 주었으며, 중소기업신용보증기금과 농수산업신용보증기금에 각각 10억 원씩 출연하였고, 산업합리화기금을 설치하고, 지방자치단체에 대한 법정교부금을 폐지하였다.[381] 당시 신고된 사채규모는 총통화의 80%에 달하는 3천4백56억 원에 달했고, 이 조치로 막대한 사채이자가 경감되어 기업의 연쇄 부실화와 금융위기를 극복할 수 있었다. 8·3조치 이후 경제는 급속히 회복되어 1973년 총투자는 40% 증가하였고 수출은 거의 100% 신장되었다. 1973년 1/4 분기의 성장률은 19.3%로 전년 동기 성장률 6.4%의 3배에 달하였다.[382]

박정희는 유신 전야의 기업위기와 금융위기를 8·3경제긴급명령으로 극복함

379 Adam Przeworski and Michael Wallerstein, 1985; Fred Block, 1977.

380 당시의 사채 가중금리가 월 3.84%였으므로 조정사채금리 1.35%로 기업의 사채이자 부담은 일시에 1/3로 감소되었다.(김정렴, 위의 책, 269쪽)

381 김정렴, 위의 책, 269-271쪽.

382 김정렴, 위의 책, 280쪽.

으로써 유신체제로의 전환을 위한 경제적 기초를 쌓을 수 있었으며, 유신 경제 모델의 원형을 세울 수 있었다. 한 평자는 8·3경제긴급조치를 '유신의 경제적 표현'이라 부른 이유도 여기에 있는 것이다. 또한 기업, 금융위기를 극복하는 과정에서 박정희와 '보수적 지지세력'인 대자본 간의 동맹이 강화되었고 박정희와 대자본 간에 생사를 같이하는 공생관계가 형성되었으며, 이는 박정희 체제의 공고화에 기여하였다.

요약하자면, 8·3긴급조치의 성공으로 박정희는 '실적에 의한 정당성'을 더욱 공고히 할 수 있었고, 새로이 변화하는 세계 경제질서에 대응하여 지속적 경제성장과 조국 근대화를 완수하기 위해서 '마부를 갈아서는 안 된다'는 논리로 종신집권을 위한 체제전환을 정당화할 수 있었다. 기업, 금융위기를 극복한 8·3조치의 성공은 위기를 기회로 바꿀 수 있었던 박정희의 국가 경영능력을 보여 주는 사례이다.

그러나 한국의 금융, 기업위기는 "외부로부터의 쇼크(예, 73년의 오일쇼크, 97년의 외환금융위기)"에 의해 발생했다기보다는 닉슨선언에 따르는 신보호무역주의의 대두, 일본의 원화절상, 그리고 월남전 소강상태와 같은 국제 경제환경의 경화, 닉슨에 의한 주한 미군의 철수로 인한 한국의 위험도 증가로 인한 국제투자자들의 대한투자기피, 그리고 부적절한 국내 금융규제관리, 정부의 통화팽창을 통한 성장정책, 차입에 지나치게 의존하는 전근대적 기업지배구조가 복합적으로 작용해서 발생한 불황의 측면이 크다.[383] 그러나 금융과 경제의 세계화와 한국 경제의 국제화의 수준이 오늘처럼 높지 않은 상태에서 발생했기 때문에 일국 수준에서 긴급경제조치로 해결될 수 있는 수준이었다.[384]

---

383 전경련, 〈양적 성장의 한계와 기업경영의 마찰〉, 《전경련 20년사》, 248-249쪽.

384 1971-72년의 기업위기는 1997년의 IMF위기 전에 발생한 한국의 기업위기와 닮은 꼴이었다. 왕성한 설비투자 — 타인 자본 의존 — 높은 금융 비중 — 저수익률 — 내부 유보의 부족 — 만성적인 자금 부족 — 외부 차입 증가 — 재무구조 악화의 순으로 기업위기가 발생한 것이다.(전경련, 《전경련 20년사》, 249쪽) 그러나 1997년의 위기와 1971-72년의 위기의 차이는 1971-72년에 한국 경제의

만약 금융위기가 박정희 정권을 위협할 정도로 심각했다면 박정희 정권은 체제전환에서 상당한 제약을 받았을 것이고, 그 방향은 IMF와 같은 외부 세력에 의한 신자유주의 구조조정이었을 것이다. 그러나 1970년대 초의 금융위기는 IMF관리체제를 초래할 정도로 심각한 수준이 아니었다. 이는 박정희의 행운이었다. 박정희는 일국 차원의 긴급조치로 위기를 극복할 수 있었고, 발전 국가 주도에 의한 성장이라는 경제발전 모델을 유지할 수 있는 자율성을 보유할 수 있었다. 박정희는 1970년대 초의 IMF위기 극복을 통해 세계 자본주의 체제 내에서 독자적인 발전 모델을 계속 추구할 수 있는 "숨 쉴 공간(breathing space)"을 확보할 수 있었고, 시민사회와 경제사회에 대한 통제력을 강화할 수 있었다.

7) 중화학공업화(HCI) — 유신의 원인인가? 결과인가?

유신을 연구한 많은 학자들은 중화학공업화와 유신의 인과관계에 관심을 기울였다. 특히 관료적 권위주의 이론을 한국에 적용시키려는 학자들은 중화학공업화를 오도넬이 이야기하는 산업구조의 심화로 보고 이것이 박정희로 하여금 유신개변을 일으키게 한 기본 요인이라고 주장하였다. 중화학공업화를 추진하기 위해 유신을 단행했다는 주장은 권위주의 체제가 중화학공업화〔또는 오도넬의 심화(deepening)〕와 선택적 친화력을 갖고 있으며 중화학공업화의 기능적 전제조건이라는 가정 위에 출발하고 있다.

중화학공업화와 유신 간의 인과관계를 주장하는 논자들은 중화학공업화가 필연적으로 정치적으로 억압적인 정치체제를 필요로 한다는 것을 증명해야 했다.[385] 그러나 그들은 1970년대 초반에 수출산업구조의 고도화와 방위산업

국제화 수준이 낮아서 경제의 IMF 신탁통치를 받지 않고 '사채 동결'과 같은 조치로 내부적으로 해결할 수 있었다는 점이다.

385 배링턴 무어는 철강(프러시아의 중화학 자본가)과 귀리(프러시아의 융커)의 결합이 프러시아의 권위주의 체제를 낳았다고 주장한다.(Barrington Moore Jr., 1966) 그러나 한국의 경우 중화학자본은 프

의 육성이 필요했다는 것을 보여 주었을 뿐 왜 중화학공업화가 이전보다 더 억압적이고 관료적인 권위주의 체제를 필요로 했는지는 보여 주지 않고 있다.

1970년대 초반 비내구성 소비재 중심의 수출 지향적 산업화는 병목현상을 맞이하였다. 한국의 노동집약적 비내구성 소비재 산업은 선진국으로부터의 보호주의와 태국, 말레이시아, 인도네시아와 같은 동아시아의 후후발산업국으로부터의 추격으로 "넛크래커(nutcracker)" 또는 "샌드위치"와 같은 상태에 빠졌다.

자연히 1970년대 초반에 이를 타개하기 위한 산업구조의 전환과 안보위기에 대응하기 위한 방위산업의 육성이라는 두 가지 필요를 충족시키기 위해 새로운 산업화의 전략을 마련해야 했다. 중화학공업화는 위의 두 가지 목표를 달성하기 위한 산업화 프로젝트로 선정된 것이다. 1971년 11월 9일 박정희와 청와대의 핵심 경제관료인 오원철과 김정렴이 회동하여 중화학공업과 방위산업 추진을 결정하였고 그 해 11월 10일에는 오원철을 신설한 경제 제2수석으로 임명하여 중화학공업과 방위산업 추진을 관장하게 하였다.(김정렴, 1990: 323-324)

중화학공업화와 유신과의 인과관계를 주장하는 논자들은 유신이 단순히 박정희의 권력욕에서 기인한 통치자의 선택이 아니라 수출의 병목현상을 타개하기 위한 산업구조조정과 닉슨독트린의 일환으로 실시된 주한 미군의 철수에 대응하여 자주국방과 군수산업의 육성을 위해 중화학공업화를 추진하기 위한 박정희의 정치적 선택으로 본다.[386]

박정희가 안보환경의 변화로 인한 자주국방을 위한 군수산업의 육성과 비내구성 소비재 중심의 수출 지향적 산업화의 애로를 타개하기 위해 중화학공

러시아와 같은 내수지향적 자본이 아니라 수출 지향적이었다. 바이마르의 독일의 경우 국제화된 수출 자본가들은 바이마르 민주주의의 핵심 지지세력이었다.(David Abraham, 1981: 29) 한국의 중화학 자본은 수출지향적이었지만 박정희 정권의 핵심 지지세력이었던 독점재벌의 계열사였고, 국가 주도 산업화 체제하에서 국가 의존도가 컸기 때문에 정치적 자율성이 미약했다.

386 조인원, 1998, 《국가와 선택》 제4장, 101-190쪽. 김정렴은 중화학공업화의 추진은 방위산업의 육성을 위해 계획하였다고 실토하고 있다.(김정렴, 1997: 286-289)

업화를 추진했다는 주장은 옳은 지적이다. 그러나 그것이 왜 유신이라는 강압적이고 기술관료적인 권위주의 체제로의 전환을 필요로 했는지는 분명하지 않다.[387] 박정희, 김정렴, 오원철 3자가 회동하여 중화학공업화라는 '산업정책혁명'(조인원, 1998: 제4장)이 일어난 1971년 11월 9일의 시점에서 박정희는 산업화 전략의 전환에 저항하는 기업가, 관료, 정치가, 노동자 세력을 제압하는 데 필요한 권력을 충분히 보유하고 있었고, 실제로 중화학공업화에 저항하는 움직임은 일어나지 않았다. 중화학공업화라는 산업구조의 심화를 위해 국제자본의 유치가 필요하다는 데 동의한다고 하더라도 유신체제와 같은 강성 권위주의 정권이 국제자본의 유치에 있어서 비교우위가 있기 때문에 체제전환이 필요했다는 주장에는 동의할 수 없다.(한배호, 1994: 307) 강성 권위주의 정권과 민주주의 정권 중 누가 국제자본 유치 능력이 높은지는 분명치 않기 때문이다.

유신체제와 같은 강성 권위주의 체제로의 전환을 필요로 하는 요인은 분배구조에 영향을 미칠 경제 구조조정이다. 필자는 중화학공업화로의 전환 그 자체가 분배구조를 악화시킬 것이고 그에 반발하는 기층 노동자와 민중의 저항을 분쇄하기 위해 유신체제를 수립했다고 보지 않는다. 필자의 소견으로는 중화학공업화는 산업화 전략의 근본적 수정이 아니라 기존의 '수출 지향적 산업화의 심화' 또는 고도화 전략이다.(임혁백, 1994: 320; Tun-jen Cheng, 1990) 실제로 박정희가 추진한 중화학 6대 부문 중 비철금속과 석유화학만이 수입 대체 산업이며 나머지는 미래의 주도적 수출산업으로 육성된 것이며, 대규모 자본이 들어가는 장치산업인 동시에 노동집약적인 산업이었다. 그러므로 한국의 노동집약적이고 수출 지향적인 중화학공업화는 노동자에 대한 임금 억압을 전제로 할 수밖에 없었다. 중화학공업화는 기존의 임금 억제를 기본으로 하는 분배정책을 유지할 것이기 때문에 노동자의 반발이 예상되었고 박정희는 노동자들이

387 이정복은 제3공화국의 정치체제를 가지고도 산업화의 심화정책을 추진할 수 있었을 것이라고 지적한다.(이정복, 1985: 67)

민주주의 제도(민주적 노동법)를 이용하여 반대의 동원을 조직하기 전에 선제공격적 쿠데타로 유신을 감행한 것이다.(Im, 1987: 254-257)

결론적으로 이야기하면, 중화학공업화는 유신을 유발한 원인이 아니라 유신체제의 경제적 결과이다. 박정희는 유신체제를 수립한 직후인 1973년 1월 12일에 "중화학공업화선언"을 하였으며, 1월 30일에는 1980년대 초까지 수출 100억 달러, 1인당 국민소득 1000달러를 달성하겠다는 정권적 차원의 목표를 설정하고 이를 중화학공업화를 통해 달성하겠다고 내외에 공포하였다. 그 후 중화학공업화를 밀어붙이는 과정에서 경성 국가에 의한 경제 개입, 수출구조의 고도화와 국제 규모화, 재벌 중심의 산업구조, 방위산업의 병행 육성이라는 소위 "박정희 모델"이라는 개발독재적 발전국가 경제 모델이 형성되었다.

중화학공업화는 분명 유신 권위주의의 경제적 표현이었다. 그러나 중화학공업화의 필요가 유신을 불러온 것은 아니다. 중화학공업화는 70년대 초반의 역사적 상황하에서 박정희에게 주어진 객관적 조건은 아니었다. 여러 대안 중의 하나였을 뿐이다. 그러나 유신의 수립과 함께 박정희는 중화학공업화를 선택하였고, 중화학공업화는 박정희 유신체제의 경제적 성격을 특징지어 주었다. 중화학공업화는 박정희의 명치유신 모델에 의한 국가건설의 일부였다. 그것은 국가주의, 군사주의, 권위주의에 기초한 "위로부터의 혁명"을 통한 "부국강병" 국가의 건설이었다. '철은 국력이다'라는 박정희의 중화학공업화 슬로건은 바로 그가 중화학공업화를 통해 건설할 국가의 모델이 무엇인가를 보여 주는 것이다.(Cumings, 1984)

8) 마지막 장애물의 돌파 — 유신과 미국

유신 수립을 위한 모든 조건이 성숙되었다 하더라도 박정희는 미국이라는 마지막 장벽을 통과해야 했다. 냉전체제하에서 한국은 미국이라는 후견국가의 '수혜국가(client state)'였다. 따라서 냉전체제가 존속하는 한 한국의 권위주의 국가가 대내적 또는 대계급적, 대시민사회적 자율성은 누리고 있다 하더라도 대외적 자율성은 극히 제한적일 수밖에 없었다.[388] 주변부 또는 반주변부에 위치한 한국이 아무리 과대성장 국가라 하더라도 중심부의 후견국가인 미국의 영향력에서 벗어날 수 없는 것이다.(이정복, 1985: 68) 따라서 유신 쿠데타를 저지할 수 있었던 마지막 세력은 한국의 후견국가였던 미국이었다. 그러므로 박정희가 유신을 수립하기 위해서는 미국이라는 후견국가로부터의 제약에서 벗어날 수 있어야 했다.

실제로 미국은 박정희의 행동반경을 설정해 주었다. 냉전체제하에서 미국이 소련과의 대결에서 내건 명분은 자유민주주의의 수호였고 한국에도 자유민주주의를 채택하도록 강요하였다. 해방 후 한국에 수립된 민주주의는 미국이라는 외부 세력의 압도적인 규정력에 의해서 주어진 외삽민주주의였다.[389] 분단국가 수립 후 미국은 한국을 아시아에서의 "민주주의의 모범 진열장(showcase of democracy)"으로 만든다는 정책을 갖고 있었다. 이정복 교수는 4·19학생혁명 당시 미국은 결정적인 순간에 독재정권에 대한 지지를 철회하고 민주화 세력을 지지하여 독재를 퇴장시키는 데 결정적인 역할을 했으며, 5·16군사쿠데타가 일어났을 때에도 미국은 쿠데타 지도자를 즉각 승인하지 않았으며, 쿠데타가 성공한 뒤에도 케네디 대통령은 박정희 군사정권에게 민주주의로 복귀할 것을 강력하게 요구하였고 이러한 미국의 압력이 박정희로 하여금 자신이 원하지 않는 민주 헌정을 회복하게 하였던 결정적 요인이었다고 주장한다.(이정복, 1982: 78)

그런데 미국은 유신을 저지하지 않았다. 유신 수립 과정에서 박정희는 미국과 사전에 상의하지 않았으며 유신 선포 직전에야 미국에 통보를 했다. 실제로 유신 선포 당시 미국 국무성은 미국이 유신 선포 결정에 상의를 받지 않았고,

388 대내적 자율성과 대외적 자율성의 개념에 관해서는, 손호철, 1991, 〈국가자율성 개념의 과학적 이해〉, 《한국 정치학의 새구상》, 풀빛, 42-44쪽을 볼 것.
389 최장집, 1996, 〈한국의 자본주의 발전과 민주주의〉, 《한국 민주주의의 조건과 전망》, 나남, 19쪽.

유신의 선포와 전혀 관련이 없다고 공식적으로 발표하였다.[390]

미국은 박정희의 결정에 대해 충고할 수 없었다. 왜냐하면, 박정희에 대해서 지렛대를 상실했기 때문이다("no leverage over Park").[391] 1960년대 말부터 미국과 한국 간의 후원-수혜자 관계에 변화가 있었다. 1960년대 말과 1970년대 초는 팍스 아메리카나의 쇠퇴기였고 이는 아시아 특히 한반도에서 불확실성의 증대를 가져왔다. 월남전의 실패로 '닉슨독트린'이라는 이름하에 미국의 "아시아에서 발 빼기 정책"이 시작되었고 한국에서 미군 철군이 시작되었다. 미군 철군은 한국의 안보기반을 약화시키고, 경제적 기반을 위축시켰지만 다른 한편으로 박정희의 대외적 자율성을 증대시켜 주는 기회로 작용하였다. 미군 철군은 박정희에게 자주국방, 독자적 방위체제를 구축할 수 있는 기회를 제공하였고, 미국에게는 박정희의 유신개변을 저지할 수 있는 지렛대를 상실케 하였다.[392] 박정희는 미군 철군을 대미 자율성 증대의 기회로 활용함으로써 유신 쿠데타의 마지막 장애를 돌파할 수 있었던 것이다. 위기를 기회로 바꾸는 박정희의 비르투가 빛나는 순간이었다.

박정희는 미국이 개입할 모든 수단을 다 쓴 시점에서 개헌을 시도하는 지혜를 발휘하였다.[393] 1971년과 1972년에 미국은 한반도로부터 주한 미군의 완전 철수를 계획해 놓고 있었고, 대한 경제원조나 군사원조도 거의 없는 상태에서 한국의 박정희에 대해 사용할 수 있는 압력 수단을 갖고 있지 않았다.(이정복, 1982: 80) 설사 지렛대가 있었다 하더라도 유신을 저지하는 데 개입하는 것이 미국의 국익이 아니었다고 판단하였다.

---

390 "We were not consulted about the decision and quite obviously not associated with it", US Senate Staff Report, 1973년 2월 8일.

391 미국 상원보고서는 미국이 박정희에게 F-5를 월남에 파견하도록 설득하는 데 지렛대를 다 써버렸기 때문에 더 이상 쓸 지렛대가 없었다고 보고했다.

392 5·16군사쿠데타 이후 미국 케네디 정부는 박정희에게 쌀 공급 중단의 위협을 통해 민주화를 추진하라는 압력을 넣었고, 성공하였다.

393 US Senate Staff Report, 1973년 2월 18일.

유신이 대외정책과 국내정책 양면에서 미국으로부터 박정희의 자율성을 증대시킨다는 점에서 미국의 국익에 부합되지 않았다. 그러나 미국은 5·16군사쿠데타의 경우와는 달리 유신을 저지하려 하지 않았고 소극적으로 용인하였다.[394] 당시 미국의 여론이 아시아로부터 미국의 역할 축소를 원하고 있는 상황에서 유신에 대한 미국의 개입은 한국에 대한 더 많은 개입, 책임을 지게 될 것이라고 판단하였기 때문이다.[395] 더구나 닉슨 행정부는 1960년대 초 케네디 민주당 정부와는 달리 박정희의 강압정치에 대해 비교적 관대한 편이었다. 닉슨 정부에서 외교를 전담하고 있던 키신저는 보수적 현실주의자로서 수혜국가인 한국을 경제성장과 남북대화를 무기로 강력하고 유효하게 통치하고 있는 박정희가 집권하는 것이 필요하다고 생각하였다. 냉전의 이완기에 일어난 유신 선포 당시 한국에 대한 미국의 국익은 "긴장 완화와 안정(detente and stability)"이지 아시아에서 "민주주의의 모범 진열장(showcase of democracy)"을 만든다는 냉전의 절정기 시대의 정책이 아니었다.[396]

결론적으로, 박정희는 닉슨독트린 이후 미국의 한국에 대한 지렛대가 약화된 시점에서 그리고 미국의 외교정책이 더 이상의 개입을 원치 않고 아시아로부터 발을 빼려는 시점에서 유신을 단행하는 지혜를 발휘하였다. 후견국가인 미국이 유신 선포 과정에서 소외되었다는 사실은 박정희의 자율성 향상을 의

394 후견국가인 미국과 일본도 유신 선포 과정에서 철저히 소외되어 있었다. 미국은 유신 특별선언문 초안을 최규하 특보를 통해 통보받고 닉슨의 중공 방문이 특별조치의 동기처럼 표현되어 있는 문구를 삭제해 달라고 요구하는 정도였다. 일본도 다나카 수상의 일중 수교가 유신의 배경이라는 표현을 삭제해 줄 것을 요구하였다. 미일은 국제 데탕트 조류를 박정희의 체제 강화 논리에 이용당하는 데 항의한 것이다. 이는 국제안보환경의 악화와 유신의 당위성을 연결시키려는 박정희의 의도가 사실에 근거하지 않았으며, 또한 미국과 일본마저 유신 선포에 관해 사전 상의를 받지 않았다는 것을 보여 주는 것이다.

395 US Senate Staff Report, p.45.

396 실제로 키신저는 박정희의 강압정치에 대해 경고를 발할 것을 건의한 주한 미 대사관 그리고 국무성 한국 담당자의 건의를 "우리의 일이 아니다(no business of US)"로 일축하였다.(이상우, 1988, 〈유신 쿠데타와 위기의 한·미 관계〉, 《군부와 광주와 반미》, 청사, 182-183쪽)

미한다.[397]

9) 유신체제 수립 결정[398]

유신은 장기적으로 계획된 박정희의 마키아벨리 프로젝트였다. 유신 프로젝트는 1969년의 3선개헌으로부터 시작된다. 3선개헌은 장기 집권의 시작일 뿐만 아니라 권력 블럭 내에서 박정희 1인통치체제의 확립을 의미한다. 3선개헌의 과정은 대안적 지배세력 분파의 소멸 과정이다. 김종필계는 3선개헌 과정을 통해 몰락하였고, 이후락, 김형욱 역시 삼선개헌 이후 권력의 핵으로부터 밀려났다. 김성곤과 4인방은 항명파동을 통해 무력화되었다. 당과 국가 강압기구, 국가 정보기구를 박정희가 직접 관할하는 친정체제로 바뀌었다.

그러나 1971년의 선거가 체제 바깥 세력이 대안이 될 수 있는 잠재력을 보여줌으로써 박정희의 장기 집권 구상에 타격을 주었다. 1971년의 양대 선거에서 김대중과 신민당의 약진으로 박정희가 기존 헌정의 틀 내에서 재집권할 수 있는 가능성이 사라졌다. 1971년 총선에서 신민당이 개헌을 저지할 수 있는 1/3의 의석 수인 85석을 훨씬 넘어서는 113석을 확보하고 있었기 때문에 박정희는 기존의 헌정 틀 내에서 재집권할 수 있는 길이 막혀 버렸다. 그럼에도 불구하고 박정희는 권력 이양의 가능성을 상상하지 않고 있었다. 박정희는 헌법적 제약(1975년 임기 만료, 재출마 불가)하에서 1975년 권력 이양이라는 시간표에 따라 정책을 수립하기보다는 영구적인 집권을 가정하고 장기적인 시계(long time horizon)에서 정책 결정을 하고 있었다.[399] 결국 박정희의 선택은 초헌법적(헌정

397 미국은 유신 선포에 대한 간섭과 개입으로 인해 한미 관계의 안정이 깨어지는 것보다 현상유지를 선호하였고, 박정희는 이러한 미국의 약점을 잘 이용하는 지혜를 발휘하였다.

398 Hyug Baeg Im, "Origins of Yushin: Machiavelli Unveiled", in Kim Byung Kook and Ezra Vogel, *The Park Chung Hee Era*(Harvard Univ. Press, 2011)

399 이것이 박정희가 유신이라는 종신집권을 보장하는 독재체제를 장기적으로 계획하고 수립했다는 가장 확실한 증거다.

파괴) 수단에 의한 장기 집권(영구 집권)이었다. 박정희는 1971년 양대 선거 이후부터 초헌법적인 친위 쿠데타에 의한 권력 연장을 기도하게 되었다. 영구 집권 기도의 조짐은 1971년 대통령선거에서부터 나타나기 시작하였다. 김대중 신민당 후보(4·16전주유세)는 "종신 총통제를 획책하고 있다는 증거가 있다"고 경고하였으며, 박정희는 장충단유세(71년 4월 25일)에서 "여러분들에게 나를 한 번 더 뽑아 주십시오 하는 이야기도 이것이 마지막"이라고 함으로써 국민의 투표에 의해 권력의 위임을 요구하는 것이 마지막임을 암시하였다.[400] 그리고 그 암시는 유신 쿠데타로 실현되었다.

1971년 선거 이후 1972년 10월 유신 선포에 이르는 기간 동안 박정희는 끊임없이 체제 정비의 필요성을 역설하였다. 국제정세, 한반도 주변정세, 안보 상황, 국력의 효율적 동원을 위해 서구식의 자유민주주의 체제가 부적합하다는 것이 그의 주장이었다. 박정희는 1971년 12월 6일 국가비상사태를 선언하고 1971년 12월 27일 "국가보위에 관한 특별조치법"을 통과시킴으로써 체제정비의 필요성을 말이 아니라 행동으로 보여 주었다. 국가보위법은 국민 기본권을 제한하는 비상대권을 대통령에 부여하는 초헌법적 조치였다. 이는 사실상의 유신 쿠데타의 시작이었으며 유신 쿠데타의 예행연습이었다.[401] 1971년 말 국가보위법 체제 수립으로 한국은 사실상 권위주의 체제하에 들어갔으며,[402] 헌법

400 대통령비서실, 1971,《박정희 대통령 연설문집》 제8권, 321-334쪽. 박정희는 실제로 3선개헌이 통과된 후인 69년 말 한태연 교수에게 드골헌법으로 불리는 프랑스 제5공화국 헌법에 규정된 긴급조치권과 간선방법에 관해 자문한 바 있다. 그리고 그 후 실무진들을 프랑스, 스페인, 대만에 보내 대통령의 통치권 사례를 연구시켰다. 이는 박정희가 3선개헌 직후부터 유신을 준비했다는 것을 보여 주고 있다.(이경재, 1986: 185)

401 박정희가 국가비상사태선언과 국가보위법의 기본적인 이유로 든 것이 '안보'라는 것은 관료적 권위주의 이론에서 이야기하는 경제결정론적 주장이 타당하지 않음을 보여 준다. 박정희는 경제적 상황의 악화가 권위주의화를 정당화할 수 있을 정도로 심각하지 않았다는 것을 자인한 것이다. 경제 상황의 악화가 아니라 경제적 성공을 바탕으로 계속 집권해야 한다는 논리로 유신을 정당화하였다. 유신 선포 시에도 박정희는 체제전환의 필요성을 경제보다는 안보와 통일의 상황 변화로 정당화하고 있었다.

402 1972년 전반기 내내 국회는 한 번도 열리지 않았다.

적으로 권위주의 체제를 확립하기 위한 마무리작업이 시작되었다. 유신개헌 작업은 1972년 5월부터 시작되었다. 1972년 4월 16일 길전식 공화당 사무총장은 "대통령 국회의원 임기를 6년으로 늘리는 개헌 고려"하고 있다고 발언하였다. 그러나 이는 당시의 의석 분포로 보아서 실현 불가능한 대안이었다. 그것은 단지 '유신을 위한 애드벌룬'이었을 뿐이다.(이상우, 1985: 258-259)

김정렴의 증언에 의하면 유신개헌 작업은 71년 4월에서 72년 10월에 이루어졌다.(김진, 1992: 196) 유신개헌 작업팀은 (1) 이후락과 중앙정보부, (2) 김정렴과 청와대 비서실, (3) 신직수와 법무부로 구성되어 있었다. 유신개헌 작업팀이 모델로 고려한 것은 핀란드의 2원집정부제, 대만의 계엄령과 1당독제, 프랑스의 드골헌법(긴급조치권: 알제리사태 해결)이었다. 대만의 국민투표제는 통일주체국민회의 모델이 되었다. 그리고 주 인도네시아 대사는 수하르토의 국회의원 임명제에 관한 보고서를 올렸다. 이는 유정회의 모델이 되었다. 개헌 작업팀은 72년 5월의 궁정동 작업을 시작으로하여 72년 8-10월 사이에 '풍년사업'이라는 이름하에 유신헌법을 초안하였다. 개헌 작업은 72년 5월 이후락 평양 방문 후 본격 시작하였고 중앙정보부의 김치열 차장, 법무부의 신직수 장관, 청와대의 홍성철 정무수석이 주역을 담당하였으며 8월에 기본적인 작업이 완료되었다. 학자의 참여도 있었다. 한태연 교수는 71년 가을 프랑스 드골헌법 개요를 보고하였다. 그러나 교수의 역할은 주변적인 것이었다. 기본적으로 법무부에서 헌법 초안을 작성하였고 한태연 교수와 갈봉근 교수는 자구 수정을 하는 정도였다.(김진, 1992: 198) 갈봉근 교수는 유신헌법을 디자인하기 위해 프랑스로 여행한 것으로 알려졌으나 갈봉근 교수의 여행은 유신헌법안이 공고된 후 보완을 위한 여행이었다. 결국 유신헌법은 박정희의 작품이다.(이상우, 1985: 262) 개헌 작업팀이었던 교수들은 박정희의 구상을 법적 제도적으로 구체화시켜 주고 보완하는 실무작업반에 지나지 않았다.

개헌 작업의 실무를 담당한 법무부팀은 3차에 걸쳐(1차는 국가보위법, 2차는 8

·3사채동결, 3차는 유신헌법) 참여하였다. 이는 71년의 국가보위법, 72년 8월 3일의 사채동결 긴급조치와 유신이 연속선상에 있는 일련의 작업이라는 것을 말해 준다. 유신개헌 작업이 7·4남북공동성명, 8·3경제긴급조치 이전에 이미 본격적으로 시작되었다는 것은 안보상황, 경제상황, 통일상황과 유신이라는 체제 전환과의 인과관계를 보여 주는 것이다. 박정희는 상황적 변화에 대응하기 위해 유신을 수립한 것이 아니고 유신체제를 수립하기 위해 상황을 자신이 원하는 방향으로 이끌어 나갔고, 또한 자신이 구상하는 유신체제에 맞게끔 안보, 경제, 사회체제를 정비하기 위해 이용하였던 것이다. 결국 유신은 박정희의 작품이었다. 집권 여당인 공화당과 내각은 물론 김종필 총리와 박종규 경호실장도 소외된 가운데 밀실작업을 통해 유신이 탄생했다는 사실은 유신이 파워블럭 내에서 합의를 통해 마련된 집단적 프로젝트가 아니라는 것을 보여 주는 것이다.

5. 박정희 리더십의 비동시성[403]

박정희 리더십에 대한 평가도 비동시성적이다. 보수주의자들은 박정희를 권위주의적 산업화를 결연한 의지를 가지고 추진한 한국 근대화의 아버지로 평가한다. 그들은 박정희를 '조용한 아침의 나라(country of morning calm)', '은둔의 왕국(hermit kingdom)'이었던 한국을 '빨리 빨리'의 나라로 바꾸고 "싸우면서 건설하자"는 구호로 압축적 또는 돌진적으로 '조국 근대화'를 독려한 대한민국의 최초의 근대화주의자(the first modernizer)로 칭송한다. 박정희는 수백 년 지속되어 온 '느림'의 문화를 '빠름'의 속도 문화로 바꾸기 위해 한국인의 심성까지 개조하려 했던 문화혁명을 시도한 압축적 근대화주의자로 이해한다. 또한 한국의 보수주의자들은 박정희를 "한국의 후발 산업화를 성공시켜 단군 이래의 가난을 해소하고 민족을 중흥시킨 영도자", "조국 근대화의 아버지", "한강

403 이 부분은 임혁백, 2012, 《대선 2012 — 어떤 리더십이 선택될 것인가》, 인텔리겐찌아, 102-121쪽을 참조했음.

의 기적을 이룩하여 동아시아 발전 모델의 원형을 만든 산업화 지도자", "싸우면서 건설한 안보와 경제성장의 병행발전론자"로 기억하고 싶어 한다.

반면에, 진보주의자들과 민주화론자들은 박정희를 "민주적 헌정체제를 파괴하고 쿠데타로 권력을 찬탈한 까만 선글라스를 낀 '군부집정관(praetorian guard)', 일본 제국, 남로당, 미국 등 당대의 권력에 편승하여 권력을 장악 유지하려 한 '기회주의 정치 군인', 민주헌법을 수호해야 하는 대통령의 헌법적 의무를 망각하고 오히려 초헌법적, 탈헌법적으로 강압적 정보통치를 한 '행정적 민주주의자', 자신이 만든 민주헌법을 유린하고 한국 역사상 가장 강압적이고 초법적인 독재인 유신체제를 수립한 '유신군주', 분배보다는 성장, 소비보다는 생산을 우선하는 권위주의적 개발 모델을 '돌진적'으로, 그리고 '압축적'으로 달성한 '개발독재자', 긴급조치 발동을 통해 많은 민주 인사들을 박해한 '인권 유린자'로 기억한다.

그러나 이와 같은 국내에서의 박정희에 대한 비동시성적 평가가 해외에서도 있어 왔다. 서구의 자유주의자들과 진보주의 학자들은 박정희를 개발독재자, 철권통치자(strongman), 인권 침해자로 평가하는 반면, 미국의 개발주의 경제학자들, 후발 산업국들, 그리고 동구 사회주의 몰락 이후 중국, 러시아, 그리고 잔존 사회주의 국가의 지도자들은 박정희를 높이 평가한다.

박정희의 산업화 성공 이야기는 후발 산업화 국가에서 '한국으로부터 배우자(Learning from Korea)'라는 운동을 불러일으켰다. 신권위주의 경제개발 모델로서 '박정희 모델'은 마하티르의 '동방정책(Look East policy)'의 모델이었으며, 공산당의 권력독점을 포기하지 않고 권위주의적 경제발전을 이룬다는 등소평의 개혁, 개방의 모델이 되었고, 냉전 붕괴 이후 동구와 러시아에서도 '박정희의 권위주의적 발전 모델'을 모방하고자 하는 움직임이 활발하였다.

박정희에 대한 이러한 비동시성적 평가가 나오는 것은 박정희의 리더십이 다중적이고, 근대와 전근대를 갖고 있는 비동시성적 리더십이기 때문이다.

(1) 마키아벨리적인 근대 군주(modern prince)[404]

무엇보다도 박정희는 마키아벨리적인 비르투를 가진 근대 군주(modern prince)였다. 박정희는 비극적으로 태어났지만 기회가 주어졌을 때 그 기회를 놓치지 않고 포착하여 희극적 성공으로 바꿀 수 있는 마키아벨리가 이야기하는 신군주의 덕목인 비르투(virtu)를 갖고 있었다. 그에게 있어서 비극은 희극을 위한 결의를 다지게 해 주었고, 실패에서 교훈을 얻게 해 주는 정치적 전략 발굴의 보고였고, 희극을 준비하기 위한 동기들을 부여해 주었다. 박정희는 한국의 현대 정치 지도자 중 가장 전략적이고, 합리적이며, 그러면서도 모든 수단을 동원하여 자신의 목표를 다지기 위해 의지를 다지는 결의에 찬 지도자였다.(임혁백, 2004)

무엇보다도 박정희는 전략적인 지도자였다. 그는 이데올로기적이지 않았다. 그가 당시 수재들이 다니는 대구사범학교를 졸업하고 문경에서 교편 생활을 하면서 만주군관학교로 들어가 군 장교가 되기를 결심한 것은 그가 당시 식민지 백성으로서 출세할 수 있는 최적의 선택이었다. 만주군관학교를 수석으로 졸업한 뒤 일본 육사에 유학할 수 있는 특전을 받고 일본군 장교로 만주 관동군에 합류하여 중국 8로군과 한국 광복군 토벌에 나섰다가, 일본이 패망하자마자 재빨리 광복군에 들어가기 위해 노력한 행위는 그가 비도덕적(unmoral)이거나 무도덕적(amoral)이었기 때문이 아니라, 소위 합리적 선택이론(rational choice theory)에서 이야기하는 '합리적'이었기 때문이다. 해방 후에도 박정희는 당시 많은 지식인들이 선호했던 좌익 진영으로 전향하였고 창군 당시 군 내부에 존재하고 있었던 남로당 세포조직에 들어갔다가 여순반란사건으로 사형의 위험에까지 몰리게 되었으나 군 내부의 친구, 선배, 후배 장교들의 도움으로 문관 복무라는 이름하에 백의종군하게 되는 불행을 겪었다. 박정희의 좌익 경력은 이후에도 계속 그를 따라다니면서 특히 미국과 미군이 박정희의 사상을 의

404 Hyug Baeg Im, "Origins of Yushin: Machiavelli Unveiled", in Kim Byung Kook and Ezra Vogel, *The Park Chung Hee Era*(Harvard Univ. Press, 2011).

심하게 되는 근거를 제공하였다.

해방 후 사상투쟁 과정에서 박정희가 좌익을 선택하게 된 것도 이데올로기적인 결정이 아니라 합리적 선택이다. 선택 이전에 자신의 신념과 공약(pre-committment)에 따라 자신이 가야 할 진영을 미리 결정하는 것이 이데올로기적 결정이고 기회주의적으로 자신에게 가져올 예상 수익을 계산하여 최적의 선택을 하는 것이 합리적 선택이라면 박정희는 합리적 선택을 한 것이다. 이데올로그와는 달리 기회주의자는 항상 합리적 선택을 한다. 해방 전후의 박정희의 행동을 보고 박정희가 기회주의자라고 비판하는 사람들이 많다. 그러나 박정희가 기회주의자라고 비판을 받는 것은 박정희가 전략적이고 합리적인 행위자이지 이데올로그가 아니라는 사실을 증명해 주고 있는 것이다.

전략적 또는 합리적 행위자로서 박정희의 선택과 행동은 그의 인생 여정에서 수없이 발견된다. 박정희는 경제개발 5개년계획을 기획하면서 수입대체 산업화 전략을 채택하였다. 그러나 국제 정치경제 환경이 바뀌자 그는 미련 없이 수출 주도형 성장전략으로 전환하였고, 그 전략적 선택은 적중하여 '한강의 기적'을 만들어 내었다.(기미야 다다시, 2008) 기적은 기적처럼 온 것이 아니라 박정희의 뛰어난 전략적 선택의 결과로 온 것이다.

유신체제를 수립하는 과정에서도 박정희는 마키아벨리적인 비르투를 발휘하였다. 박정희가 유신체제를 수립하는 과정에서 많은 상황적, 구조적인 변화가 있었다. 이 변화들은 박정희의 체제전환 작업에 기회인 동시에 제약으로 작용할 수 있는 것이었다. 그런데 박정희는 기회구조를 활용하고 제약구조를 기회구조로 바꿀 수 있는 마키아벨리적 통치 역량(virtu)을 발휘함으로써 유신체제로의 전환을 성공시켰다.

유신체제로의 전환 과정에서 박정희는 상황의 변화에 따라 새로운 필요를 창출할 수 있는 능력이 있었고, 위기를 기회로 바꿀 수 있는 능력이 있었으며, 보통 백성들로 하여금 계속적인 박정희의 폭탄선언을 수동적으로(암묵적으로)

받아들이게 하면서 그들을 만족시킬 수 있는 물질적 보상을 제공할 수 있었고, 자신의 추종자들로부터 사랑받으면서 무시당하기보다는 사랑받지 않더라도 두려움의 대상이 되게 함으로써 딴 마음을 품지 못하게 하는 능력이 있었다.[405]

박정희는 1971년 양대 선거 이후 분출한 사회적 갈등을 오히려 국가보위에 관한 특별조치법 발동에 이용하였으며, 1972년 8월 금융위기를 초헌법적 경제조치 발동에 이용하고 자신의 경제적, 계급적 기반을 강화할 수 있었다. 또한 안보위기가 시들해지자 의제를 재빨리 통일 논의로 전환시킬 수 있는 능력을 발휘하였다.

박정희는 위기에 대한 대응으로 유신을 불가피하게 선택한 것은 아니다. 박정희는 위기를 이용하여 자신의 종신집권을 보장하는 권위주의 체제를 수립한 것이다. 계승의 위기는 박정희의 분할지배 전략에 의해 조성된 것이고 이를 통해 박정희는 집권세력 내에 박정희 외에 다른 대안이 없는 상황을 만들어 내는데 성공하였다. 또한 1971년과 1972년의 경제위기는 의회 민주주의의 틀 내에서 해결 불가능한 상황은 아니었다. 대통령의 긴급경제명령은 민주주의하에서도 예외적으로 인정되는 것이다.(예: 1971년 미국 닉슨의 긴급경제조치) 그럼에도 불구하고 박정희는 경제위기를 이용하여 대통령 긴급조치권의 필요를 국민에게 학습시켜 주어 몇 달 후의 유신헌법 개정작업에 대한 국민의 암묵적 동의를 구할 수 있었다.

유신 전야에 사회적 위기는 정권을 위협할 정도로 심각한 것은 아니었다. 사회적 위기로 통치 불능의 상태에 빠지지도 않았고 박정희 정부는 위기 해결 능

405 김종필파와 4인체제의 항명 조치에 대한 박정희의 대응이 대표적이다. 양성철은 이 밖에도 많은 박정희의 개인적인 마키아벨리적인 덕목을 열거하고 있다. 1) 권력을 위해 원칙을 기꺼이 버릴 수 있는 능력, 2) 위기 시에 자신의 최측근을 정치적인 소모품으로 사용할 줄 아는 능력, 3) 외부적 의존과 내부적 자립의 균형, 4) 실제 또는 가상적인 외부의 위협을 국내적인 정치적 수요로 활용할 줄 아는 능력, 5) 경제발전과 근대화를 위한 정치적 상징 조작과 방대한 인적 자원의 동원 능력이 대표적이다.(Yang, Sung Chul, 1981: 256-277)

력을 충분히 보유하고 있었다. 그러나 박 정권은 사회적 위기를 실제 이상으로 증폭시키고, 위기감을 조성하여, 유신체제 수립의 명분으로 이용하였다. 박정희는 국내외적인 위협 또는 위기감을 이용하여 국민들에게 새로운 변화에 대한 '억압적인 적응(repressive adaptation)'이 필요하다는 것을 국민들에게 설득할 수 있었다.(Kihl, Young Whan, 1984: 65)

또한 유신체제의 수립을 위해 필요한 행운(fortuna)의 여신이 박정희에게 나타나 주었다. 첫째, 미국 헤게모니의 약화와 냉전체제의 이완은 한편으로 한국에 안보상의 문제를 야기하였으나 박정희의 대외적 자율성의 공간을 제공하여 미국이라는 후견국의 장애물을 통과할 수 있게 해 주었고 미국의 대한 안보공약의 약화와 안보 위기의식을 형성케 해 주어 박정희의 유신 수립 작업을 용이하게 해 주었다. 둘째, 대외 경제적 여건이 악화되어 제1차 IMF관리 체제를 맞이하였으나, 대외채무불이행을 선언할 만큼 심각한 것은 아니었다. 이는 오히려 대통령의 비상대권을 정당화해 주는 역할을 담당해 주었다. 셋째, 북한의 협조라는 행운이 뒤따랐다. 박정희는 국제적 냉전체제의 이완기에 북한과 '적대적 의존관계'를 형성할 수 있었다. 북한은 적절한 수준의 안보 불안을 조성해 줌으로써 박정희로 하여금 군사국가화에 필요한 명분을 제공해 주었고, 남북의 분단체제를 공고화, 안정화하는 데 대해 합의해 줌으로써(반통일적 남북협약) 유신체제 수립을 도와주었다. 또한 북한의 주체체제 공고화가 박정희에게 국민에게 유신 수립을 설득할 수 있는 기회를 제공한 것이다. 마지막 행운은 사회적 갈등의 분출이었다. 유신 전야에 사회적 갈등의 분출은 유신체제로의 전환을 정당화할 수 있을 정도의 적절한 수준의 긴장과 위기의식을 조성해 주었다.

이와 같이 박정희는 정상적 상황에서 불가능한 유신체제의 수립을 위기를 통해, 위기를 조성하여, 위기를 기회로 전환하여 돌파해 나간 마키아벨리적인 신군주(new prince)였다.(Machiavelli, 1977)

박정희는 위기를 기회로 이용하고, 기회구조를 활용하고, 제약구조를 기회구조로 바꾸는 비르투를 발휘함으로써 유신을 성공시켰다. 마키아벨리는 "현명한 신군주는 자신에게 도움이 되지 않는다고 판단했을 때 또는 더 이상 유효하지 않을 때 자신이 한 말을 지킬 수 없을 뿐 아니라 지켜서도 안 된다 (…) 신군주는 자신의 신념의 파기를 정당화할 수 있는 정당한 이유가 부족해서는 안 된다"고 하였다.(임혁백, 2005: 139) 마키아벨리의 언명은 신군주의 제일가는 덕목은 자신이 계속 집권해야 하는 필요(needs)를 계속 창출할 수 있어야 한다는 뜻이다.(Machiavelli, 1977: 50) 박정희는 3선개헌과 1971년 대통령선거에서 공약한 다시 표를 달라고 하지 않겠다는 약속을 지키지 않으면서 유신을 단행하였다. 그러나 박정희는 왜 유신이 단행할 수밖에 없는가 하는 유신의 필요를 보통 사람들에게 설명하고(암묵적으로) 받아들이게 할 수 있는 능력(virtu)이 있었다. 그는 71년 총선에서 사실상 패배한 후 사회적 갈등이 표출되자 이를 국가보위에 관한 특별조치법 발동에 이용하였으며, 70년대 초 금융위기를 초헌법적인 8·3경제조치 발동에 이용하고, 안보위기가 시들해지자 의제를 재빨리 통일 논의로 전환시킴으로써 국민들의 기대심리를 부풀려 놓았다.

2) 공포의 리더

박정희는 국민들로부터 사랑받기보다는 법과 형벌로 국민을 다스리고 겁을 주어 국민을 따르게 하는 마키아벨리형 지도자였다. 그래서 그는 민주주의를 버리고 유신을 선포하고 긴급조치라는 공포의 초법으로 통치하다가 마침내는 국민적 저항에 부딪혔고 그의 친구이자 측근인 김재규에 의해 살해되어 비극적 삶을 마감하였다. 노자는 '공포의 리더'를 차악(최악은 조롱받고 멸시받는 지도자)의 지도자로 폄하했으나 마키아벨리는 공포의 지도자를 국민들로부터 사랑받는 지도자보다 상위에 두었다. 공포의 지도자는 자신이 운전대를 쥐고 백성을 자신이 원하는 대로 끌고 갈 수 있기 때문이라는 것이다.(Machiavelli, 1977)

그러나 박정희가 항상 공포의 리더십을 추구한 것은 아니다. 형식적 민주주의가 지속된 제3공화국(1963-1972)하에서 박정희는 국민들로부터 사랑받기 위해 막걸리를 마신다든가 밀짚모자를 쓰고 몸소 모내기 하는 서민 대통령의 모습을 연출하였다. 그러나 그것이 박정희의 본성이 아니었다. 그래서 김정렴이 증언하듯이 "민주주의는 박정희에게 맞는 옷이 아니었다".(김정렴, 1997: 164) 민주주주의하에서는 지도자는 백성의 사랑, 지지를 받아야 권력을 잡는다. 따라서 민주주의의 제도적 효과로 박정희는 백성의 사랑을 받기 위해 본심으로는 싫지만 사랑받을 행동을 한 것이다. 그러나 유신체제를 만들고 평생 대통령이라는 영구적 군주의 자리에 오르면서 박정희는 더 이상 백성들의 사랑을 받기 위해 행동을 할 필요가 없었고 산업화, 근대화라는 자신의 목표를 추진하기 위해 '공포의 리더십'으로 국민을 끌고 갔다.

3) '신념윤리'의 리더

막스 베버의 리더십론에 의하면, 박정희는 '책임윤리'보다는 '신념윤리'의 리더십으로 대한민국을 18년 통치했다. '조국 근대화'는 박정희에게는 종교였다. 박정희는 조국 근대화를 옳은 목표라고 믿으면서, 그의 조국 근대화 신념과 배치되는 어떤 타협도 거부하고 자신의 신념을 고수하였다. 조국 근대화라는 목적의 정당성을 믿는 박정희는 조국 근대화를 추진하기 위해서 어떤 수단도(그것이 비민주적일지라도) 정당화하였다. 조국 근대화가 '절대적 정의(absolute justice)'가 된 것이다. 그래서 유신을 수립하면서도 조국 근대화라는 목적으로 정당화하였고, 심지어는 긴급조치라는 국가폭력과 테러까지 정당화하였다. 책임윤리가 결여된 채 신념윤리만으로 국가를 통치할 때, 지도자는 막스 베버가 이야기하는 리더십의 요체인 균형감각(AugenmaB)과 절제를 상실하게 되고 극단적 공포의 지도자가 된다.(Weber, 1978: 1010-1011) 유신체제 말기에 박정희가 몰락하게 된 것은 박정희의 리더십에서 책임윤리가 실종되고 자신의 조국 근대화론은 항상 옳으며 이를 추구하기 위해서는 어떤 수단도 정당화된다는 도덕적 근본주의에 빠져, 야당, 노동자, 국민의 인권을 박탈하고 탄압하는 신념윤리만으로 통치했기 때문이다.

4) 마키아벨리적 비르투의 고갈과 박정희의 몰락

그러나 신군주인 박정희도 유신 후반기에 들어서면서 비르투가 무뎌지고, 그가 비르투를 발휘할 수 있게 해 주었던 인적, 물적, 정치적, 사회적 자원이 고갈되기 시작하였다. 뛰어난 정치전략가였던 박정희가 그렇게 허망하게 1979년 10월 26일에 그의 절친한 친구인 김재규 장군에게 피살당한 것은 역사의 아이러니이다.

리더십의 측면에서 보면, 박정희의 몰락을 가져온 것은 그의 비르투의 고갈이다. 마키아벨리가 이야기한 신군주의 덕목(virtu)을 소유한 박정희는 비르투의 고갈로 허망하게, 비극적이면서도 희극적으로[406] 사망하게 되었다. 박정희의 몰락을 가져온 것은 박정희의 리더십 내부에 있었다. 집권 말기에 나타난 박정희 리더십의 변화, 즉 마키아벨리적인 비르투의 소멸과 전략적인 선택을 하지 않고 비전략적이고 맹목적인 강경론 일변도의 이데올로기적 행위를 하는 말년의 박정희는 비르투 리더십을 상실한 초라한 독재자가 되었고 마침내 자신의 죽음을 초래한 일련의 사태를 유발하였던 것이다.

6. 유신시대의 비동시성—유신문화와 대항문화(counter-culture)의 충돌

박정희는 18년간 대한민국을 통치했다. 국면적 시간(conjunctural time)에서 보면, '박정희 시대 18년'은 '민주화 없는 산업화' 체제가 작동한 1960년대와 '민주주의 파괴 위에 동원적 산업화'를 시도한 1970년의 유신체제의 시간으로 나눌 수 있다. 박정희의 1960년대와 1970년대는 확연히 다른 역사적 시간이지만

406 박정희는 중앙정보부 안가인 궁정동에서 향연을 벌이던 중 최측근이자 친한 친구인 김재규 중앙정보부장의 흉탄에 맞아 살해되었다.

단절보다는 연속성이 많은 시간이었다. 박정희를 찬양하는 학자나 비판하는 학자 모두 박정희 18년이 압도적으로 '근대의 시간'이라는 데는 동의한다. 1960년대에는 근대의 상징인 산업화가 시작되었고 유신시대에는 산업화의 '심화(deepening)'가 있었다. 1960년대의 두 주역인 대학생들과 군인들은 1950년대의 근대화의 상징인 교육혁명과 '전쟁을 통한 국가건설'(C. Tilly)의 산물이었고 한국 사회의 가장 근대화된 부문을 대표하고 있었다. 4월혁명의 주역인 대학생들과 5월 쿠데타의 주역인 군인들은 '민족적 민주주의'에서 화해하였으나, 박정희가 내포적 산업화에서 수출 주도형 산업화로 전환하면서(기미야 다사시, 2008) 민족적 민주주의에서 '민족주의'가 형해화되면서 학생들과 박정희는 한일회담과 6·3사태에서 충돌하게 된다. 그 후 민족적 민주주의는 접두사가 빠진 껍데기만 민주주의인 형식적 민주주의였고 사실은 '준경쟁적 권위주의'였다. 1972년 박정희는 '준경쟁성'마저 소거해 버리고 발가벗은 독재체제인 유신체제를 출범시킴으로써 한국에서의 민주주의는 사망하였다.

그럼에도 불구하고 박정희는 유신체제 내에 '민주주의'라는 이름을 담고 싶었고 유신체제를 '한국적 민주주의'라고 부르게 했다. 박정희의 '한국적 민주주의'에서 '한국적'이라는 수식어는 서구의 자유민주주의가 아니라는 것이다. 상기한 바와 같이 박정희는 1963년 민정 이양 시부터 서구에서 발달한 자유민주주의는 한국의 토양에 잘 안 맞는 민주주의라고 주장했으나,[407] 뜻을 이루지 못

407 김정렴에 의하면, 박정희는 민족적 민주주의를 한국적 민주주의로 만들려고 했으나 내외의 압력에 좌절하고 10월 유신으로 자신이 믿고 있었던 한국적 민주주의를 실현할 수 있었다는 것이다.(김정렴, 1997: 164-165) 조갑제는 박정희가 1963년 10월 7일 진주 유세에서 "일본에서 밀감나무를 자기 집에 이식했더니 탱자가 열렸다"는 이야기를 하면서 서구 민주주의라는 밀감을 그냥 한국에 수입해서 꽂아 놓으면 탱자가 된다는 '탱자 민주주의'를 주장했다고 한다.(조갑제, 1999, 《내 무덤에 침을 뱉어라》 5권, 330-331쪽) 탱자 민주주의는 안자(晏子)의 귤화위지(橘化爲枳: 강남의 귤이 강북에서는 탱자가 된다) 고사(故事)를 원용한 것이다. 박정희는 《우리 민족의 나아갈 길》(1962), 《한국 국민에 고함》(동서문화사, 2005, 446-448쪽에 수록)에서도 비슷한 논리로 우리의 '후진 민주주의'를 비판하고 있다.

하고 1972년 유신에 자신의 이상을 실현할 기회를 잡았던 것이다.[408] 그런데 박정희의 한국적 민주주의의 내용은 전혀 자유, 경쟁, 다원주의를 강조하는 자유민주주의가 아니었고 국론통일, 총화단결, 국력배양(국가주의), 총력안보(안보국가)를 강조하였다. 이와 같이 형식뿐 아니라 내용마저 전혀 자유민주주의의 원리를 담지 못하는 한국적 민주주의는 전혀 민주주의라고 부를 수 없었다.

한국적 민주주의라는 이름으로 포장한 유신독재체제는 이데올로기적 헤게모니를 확보할 수 없었다. 그람시(A. Gramsci)에 의하면, '동의에 의한 지배(rule by consent)'를 뜻하는 이데올로기적 헤게모니는 물적 기반이 있어야 한다.(Przeworski, 1986) 그런데 성장 지상주의적 유신은 노동자들과 민중에게 성장의 과실을 분배해 줄 여유가 없었다. 자연히 유신 담론들은 공허한 '바보들의 행진'이 되어 버렸고 국민적 동의를 얻지 못했다. 자연히 박정희의 유신체제는 오직 긴급조치, 중앙정보부, 보안사로 상징되는 물리적 강제력(coercion)에 의해서만 유지되는 '강압적 지배(domination)'가 되고 말았다.

유신체제가 이데올로기적 헤게모니를 구축하지 못하자, 도처에서 유신체제를 거부하고, 유신체제에 저항하고, 대항하는 대항문화(counter-culture)와 담론이 솟아 올라와 유신에 대들었다. 대항문화를 주도한 세력은 1960년대의 대학문화를 주도한 대학생들과 지식인들이었다. 1960년의 대학문화는 4월혁명과 6·3사태를 주도했던 정치적 저항의 문화였고 당시 한 자릿수에 못 미치는 소수의 축복받은 대학생들의 엘리트주의가 숨어 있었다. 그들은 민주주의를 외쳤지만 민중과 연결되어 있지 않았다.

반면에 1970년대의 대학문화는 '통블생(통기타, 블루진, 생맥주)'으로 상징되는 '청년문화'로 변신해서 대중과 같이 호흡하고 같이 노래를 부르는 대중성을 확

408 박정희는 유신 직후인 1972년 10월 27일 "[…] 몸에 알맞게 옷을 맞추어서 입는 것과 마찬가지로 우리의 역사와 문화적 전통, 그리고 우리의 현실에 가장 알맞은 국적 있는 민주주의적 정치제도를 창조적으로 발전"시켜야 한다면서, 모방적 민주주의를 비판하고 한국적 민주주의를 제창하였다.(《박정희 대통령 연설문집》 5권, 307쪽; 강정인, 2011, 《철학논집》, 312쪽에서 재인용)

장하였지만 그 청년문화에 산업화의 역군인 노동자들은 직접 참여할 수 없었고 관중으로서 즐길 수밖에 없는 한계를 지니고 있었다. 더구나 1976년(?) 박정희의 금지곡 지정과 퇴폐 가수 단속으로 청년문화는 일망타진되고 지하로 들어갈 수밖에 없었다. 그러나 박정희의 조국 근대화는 진행되고 있었고 그 근대화에 노동자들은 배제, 제외, 억압의 대상이 되었다.

유신체제 중반기를 넘어 일망타진된 청년문화를 대신해서 대항문화의 주역으로 떠오른 것이 민중문화운동이다. 노동자가 빠진 대학생 엘리트들의 대항문화가 노동자와 민중을 껴안은 민중문화운동으로 전환하게 되는 계기는 1970년의 전태일 분신사건이고 저항적 민중문화를 판소리라는 민속의 형식을 빌어 표현한 것이 김지하가 1970년 5월 《사상계》에 발표한 〈오적(五賊)〉이었다. 김지하는 전통의 가락에서 현실에 대한 분노, 갈망, 의지를 담는 담시(譚詩)라는 장르를 찾아 민중과 민주주의가 만나는 접목 지점을 찾았다. 전통 속에서 저항의 형식을 찾자는 민중문화운동은 대학에서 탈춤반, 전통문화연구회가 만들어져 반정부 학생운동의 조직적 거점이 되었고, 교회, 공장, 농촌 현장에서 '한두레'와 같은 예술공동체가 형성되었고, 문화패들이 마당극, 춤, 광대놀이, 굿과 같은 '연행(演行)'하는 예술(연행예술)로 민중의 아픔과 저항을 표현하였다.

1) 유신체제의 문화 헤게모니 운동

유신체제는 기본적으로 강제력(coercion)에 의존하는 '헤게모니' 없는 강압적 지배체제(domination)였다. 문화적 헤게모니는 오히려 청년문화, 대중문화와 민중문화에 있었고 유신정권은 이들을 강압적으로 금기, 금지, 통제하였다. 그러한 박정희는 대항문화의 헤게모니를 단순히 강압력으로만 누를 수는 없는 노릇이었다. 그래서 유신 정권은 '자유교양운동(독서운동, 국민개독운동, 전국자유교양대회)', '새마을운동(농촌근대화운동)', '근대 민족국가 만들기', '민족문화중흥' 등을 통해 문화 헤게모니 장악을 위한 운동을 전개하였다.

(1) 교양인의 양성

박정희의 유신체제의 문화적 기반은 군사문화였고 실제로 박정희는 명치유신을 국가건설의 모델로 삼고 있었고 일본 제국의 군국주의의 세례를 받았다. 그래서 그는 전통문화를 다시 살리려는 민족문화 창달 캠페인을 할 때도 한글을 창제한 세종대왕보다는 충무공 이순신 장군을 앞세웠다. 상무정신과 민족 영웅을 부활시키려는 박정희의 노력은 유신체제하에서도 계속되었으나 600년 이상 지속되어 온 유교적인 문민주의 전통을 깰 수 없었고 여전히 한국의 문화적 헤게모니는 근대의 사림같이 유신의 정통성에 저항하는 대학생들에 있었다.

그래서 박정희가 유신체제하에서 문화적 헤게모니를 탈환하기 위해 전개한 문화운동이 '자유교양운동'이었다.(천정환, 2011: 281-315) 자유교양운동은 시카고대학의 허친스 총장(1930-1945)이 주도한 '위대한 고전(Great Books) 읽기' 운동 모델을 한국에 적용한 것이다. 이를 위해서 자유교양협회가 결성되었고, 1968년 11월에는 "제1회 대통령기 쟁탈 전국자유교양대회"가 열리기도 했다.

자유교양운동은 군사주의 문화의 야만성, 비문명성, 반시민성, 그리고 반교양성에서 나오는 '정통성의 결핍(legitimacy deficit)'을 메꾸려는 노력에서 나왔다. 유럽에서 대학은 공론장의 중심이었고 교양 시민의 양성소였다. 유신 정권은 바로 '교양'을 선점함으로써 문화 헤게모니 경쟁에서 대학생들에 대한 열등감을 만회하려 하였다. 그러나 '자유교양운동'이 자유로운 정신의 함양이나 인문주의(humanitas)의 부활이 아니라 비자유주의적이고 반교양적이며, 국가주의적인 동원과 양적 목표달성 방식으로 이루어짐으로써 유신정권은 '교양'에서 대항 헤게모니에 대해 우위를 차지한다는 소기의 목적을 달성할 수 없었다.

(2) 새마을운동

1950년대의 이승만과 1960년대의 박정희는 보나파르트 연합(일인 독재자와 비조직화된 농민의 연합)에 의해 선거를 통한 지배를 유지할 수 있었다. 그러나 1960

년대에 출농으로 농촌인구가 급감하면서 농촌에서의 보나파르티즘의 물적 기반과 인적 기반이 동시에 약화되었다. 물론 박정희는 유신으로 선거정치의 제약에서 벗어났고 도시 중심 산업화 지배연합이라는 강고한 지지기반이 존재하고 있었으나 농촌을 소홀히 할 수는 없었다.

이 점에서 새마을운동은 긴급한 체제 유지적 필요에 의해서 조직되고 동원된 농촌운동은 아니다. 새마을운동은 처음부터 정권 차원에서 기획된 것이 아니라 '새마을 가꾸기 사업'이라는 극히 우연적인 농촌개발정책 성공사례에서부터 시작되었다.[409] 1970년 4월 22일 가뭄대책 지방장관회의에서 박정희 대통령은 '새마을 가꾸기 운동' 성공사례에 주목하고 '자조'를 강조하였다.[410] 그런데 1970년 여름에 시멘트 과잉 재고로 인한 시멘트 업계의 자금난을 덜어 주기 위해 박정희는 전국 33,267리·동에 시멘트를 각각 335부대씩 지원하였다. 이때부터 정부의 지원과 농촌의 새 엘리트를 중심으로 농촌 근대화가 시작된 것이다. 농촌에서의 선거운동을 위해 새마을에 대한 지원이 있었고, 이 지원은 농촌 엘리트의 자발적 협조와 교환되었다. 자발성은 동원의 대상이었지만 반드시 일방적인 것은 아니었고, 동의와 교환의 영역이 있었다.[411]

새마을운동은 농촌 근대화를 추진할 교육받은 젊은 주체가 형성되어 있었기 때문에 가능하였다. 새마을운동으로 초가지붕이 슬레이트 지붕으로 바뀌고 시멘트로 포장한 도로가 닦였다. 그 위로 경운기가 다니고 집에는 전기와 텔레비전이 들어왔다. 그 텔레비전을 통해 근대화된 화려한 '서울'을 볼 수 있었다. 농민들은 이제 자신들도 조국 근대화에서 더 이상 배제되고 소외되지 않고

409 김영미, 〈새마을운동과 동원체제 — 농민운동의 사회적 기반〉, 2012 학술단체협의회 연합심포지움 — "2012년 오늘, '유신'을 말하다"(2012년 10월 19일 덕성여대); 김영미, 2009, 《그들의 새마을운동》, 푸른역사.

410 자생적 자조적 새마을운동의 발상지가 포항시 기계면 문성리이냐, 아니면 청도군 청도읍 신도1리인가를 두고 아직도 대립하고 있으나 비슷한 성공사례는 60년대에도 많이 있었다.(김영미, 2009: 76)

411 농번기에 농민들이 집단적으로 동원을 거부하면 공무원도 어쩔수 없었고, 새마을 엘리트들이 당국을 설득해서 마을의 이해를 관철시킨 경우도 많았다(김영미, 2009: 80).

조국 근대화의 일원이 되었다는 동일체 의식을 가지게 되었다. 새마을운동으로 농민들은 '근대'의 시간에 들어가게 되었고 대한민국의 '국민'의 일원이 될 수 있었다.

박정희는 농촌에서의 새마을운동에 고무되었다. 1972년 4월 21일에 〈새마을 노래〉를 직접 작사 작곡하여 자신의 다른 노래인 〈나의 조국〉[412]과 함께 방송매체로 하여금 아침저녁으로 방송하게 하였다.

> 1) 새벽종이 울렸네 새아침이 밝았네 너도 나도 일어나 새마을을 가꾸세 살기 좋은 내마을 우리 힘으로 만드세/ 2) 초가집도 없애고 마을길도 넓히고 푸른 동산 만들어 알뜰살뜰 다듬세 살기 좋은 내 마을 우리 힘으로 만드세/ 3) 서로서로 도와서 땀흘려서 일하고 소득증대 힘써서 부자마을 만드세 살기 좋은 내 마을 우리 힘으로 만드세/ 4) 우리 모두 굳세게 싸우면서 일하고 일하면서 싸워서 새조국을 만드세 살기 좋은 내 마을 우리 힘으로 만드세

박정희는 〈새마을 노래〉 외에도 〈잘살아보세〉(한운사 작곡, 김희조 작곡)[413]라는 노래를 반복적으로 농민들에게 들려줌으로써 자신의 새마을운동과 조국 근대화 운동을 이해하기 쉽게 설명하였고, 농민들은 자발적으로 박정희의 농촌 근대화운동에 동참하기 시작했다. 새마을운동이 성공하자 박정희는 1973년부터 새마을운동을 전 국민적 운동으로 확산시키기로 하고 먼저 새마을지도자 연수원을 건립하였다. 그 후 새마을운동은 농촌에서 도시로 확산되었고, 도시에서는 지역, 부녀, 공장, 학교 단위로 새마을운동이 위로부터 조직되

---

412 〈나의 조국〉: 1) 백두산의 푸른 정기 이 땅을 수호하고 한라산에 높은 기상 이 겨레 지켜왔네 무궁화 꽃 피고져도 유구한 우리역사 굳세게도 살아 왔네 슬기로운 우리겨레/ 2) 영롱한 아침 해가 동해에 떠오르면 우람할 손 금수강산 여기는 나의 조국 조상들의 피땀 어린 빛나는 문화유산 우리 모두 정성 다해 길이길이 보전하세/ 3) 삼국통일 이룩한 화랑의 옛 정신을 오늘에 이어받아 새마을 정신으로 영광된 새 조국에 새 역사 창조하여 영원토록 후손에게 유산으로 물려주세

413 〈잘살아 보세〉(한운사 작사, 김희조 작곡): 잘살아 보세 잘살아 보세 우리도 한번 잘살아 보세 금수나강산 어여쁜 나라 한마음으로 가꿔가면 알뜰한 살림 재미도 절로 부귀영화가 우리 것이다 잘살아 보세 잘살아 보세 우리도 한번 잘살아 보세 잘살아 보세

었다.[414] 그러나 농촌 새마을운동과는 달리 위로부터 조직된 도시 새마을운동은 박정희의 통제하에 있는 고위 공직자, 사회 지도층, 기업체 대표들을 새마을연수원에서 교육시키는 것으로 끝났다. 농촌과 달리 도시에서는 새마을 교육과 연수만 있었지 자발적이고 자생적인 근면, 자조, 협동의 새마을운동은 일어나지 않았다. 농촌에서 성공적이었던 새마을운동은 도시에서는 노동자들과 학생들로부터 자발적인 지지를 불러일으킬 수 없었다. 왜냐하면 도시에서는 없앨 초가집도, 넓힐 마을 길도 없었고, 도시 노동자들은 땀 흘려 일해도 임금소득이 올라가지 않는 데 불만을 가지고 있었기 때문이다. 그래서 농촌에서 박정희에 대한 자발적 지지를 동원하고 조직해서 도시를 포위하여 이데올로기적 헤게모니를 구축하려던 박정희의 문화 헤게모니 운동은 성공하지 못했다.[415]

(3) '근대 민족국가' 만들기 — 관 주도 민족주의(official nationalism)[416]

유신은 박정희의 근대 국민국가 만들기의 완성이었다. "민족이 민족주의를 만드는 것이 아니라 민족주의가 민족을 만든다"는 홉스봄의 언명을 상기한다면, 유신이 박정희의 민족을 만들고 국민국가를 만들었다.(Hobsbawm, 1992) 서구에서 민족주의가 국민과 국민국가의 상징(國歌, 國花, 太極旗, 國語, 國史, 護國英雄 등) 을 만들어 국민과 국민국가의 정체성을 형성하였듯이 박정희는 유신적인 상징을 만들어 근대 한국의 국민과 국민국가를 만들어 나갔다.

박정희가 원했던 근대 한국 국민국가 모델은 일본을 근대화한 명치(메이지) 유신이 만들었던 국민국가이었다. 그래서 일본 명치유신 때 제정된 '교육칙어'

414 박진환, 2005, 〈새마을운동의 확산과 국민정신 개혁운동〉, 《박정희 대통령의 한국 경제 근대화와 새마을운동》, 박정희대통령기념사업회, 183-210쪽.

415 박정희의 몰락의 시작을 알린 YH사태는 공장새마을운동의 현장에서 일어났고, 유신체제에 대한 봉기는 부산과 마산이라는 당시 산업화의 심장부에서 터졌다.

416 관 주도 민족주의는 민족주의를 시민(민중), 시장이 아닌 국가가 주체가 되어 민족(국민)을 만드는 것을 말한다.〔Anderson, Benedict (1983), Imagined Communities(London: Verso)〕

를 본뜬[417] '국민교육헌장'을 1968년에 만들어 학생들에게 강제로 외우게 하였고, 공식 행사에서 낭독하게 하였으며, 노래(작곡자 이인재)로 만들어 일반 국민에게 보급하였다. 박정희의 유신 국민 만들기는 유신체제가 수립되기 전에 이미 시작되었던 것이다. 박정희의 국민과 국민국가 모델은 일본 명치유신 국가였지만 박정희는 유난히 우리 민족과 민족주의를 강조하였다. 박정희의 저서 3권의 제목에서 '민족'이 발견된다. 민족이 책 제목에 들어간 박정희의 저서는 《우리 민족의 나아가야 할 길》(1962), 《민족의 저력》(1971), 《민족중흥의 길》(1978)이다.

박정희가 유별나게 민족과 민족주의를 강조한 이유는 그가 친일 경력으로 그의 비판자로부터 공격의 대상이 되었기 때문이 아닌가 생각된다. 박정희는 명치유신 모델로 한국 국민과 국민국가를 만들려 했지만 명치유신의 국가주의 모델을 민족주의로 포장하였다. "민족중흥", "민족 주체성 확립"의 기치를 내걸고 일본군을 격파한 충무공 이순신 장군을 성웅으로 영웅화했고, '애국선열조상건립위원회'를 구성하여 이순신 장군과 세종대왕 동상을 비롯해서 15기의 동상을 세웠다. 동상 조형물을 통해 박정희는 동상으로 만들어진 과거 영웅들의 담론이 아니라 박정희의 담론을 전달하고자 하였다. 그것은 경제건설(근대화)과 승공(민족)통일이었다.[418] 근대화 담론의 전파를 위해 정약용과 같은 실학자가 들어갔고, 승공민족통일을 위해 많은 이순신, 을지문덕, 김유신, 강감찬과 같은 장군과 10만양병을 주장했다는 이율곡이 들어갔다. 특이한 것은 일제하에서 독립운동을 한 독립투사 중에는 윤봉길만이 선정되었다는 사실이다.(정호기, 2007)

박정희의 민족주의 불러오기는 동상 건립 이후에도 계속된다. 호국선열과

417 김환균, 2003, 〈유신시대의 금지곡〉, 미발표 원고.

418 김현선은 동상건립운동의 주 담론은 '애국주의'이고 군사주의, 영웅주의, 반공주의, 국가주의를 하위 담론으로 하고 있다고 주장한다.(김현선, 2002, 〈애국주의의 내용과 변화〉, 《정신문화연구》 25(2), 180쪽)

국방 유적의 정화와 복원사업이 펼쳐졌다. 충무공 현충사 성역화 작업을 비롯해서 경주 통일전, 강감찬 장군의 낙성대, 금산의 칠백의총, 강화 전적지, 진주성, 남한산성, 행주산성 등이 정비 복원되었다. 박정희는 유형 문화재만 복원한 것이 아니라 1973년 10월 20일 문예중흥 선언을 하면서 박정희의 국가주의와 민족문화 담론을 문학, 미술, 음악, 무용, 영화, 출판에서 표현하도록 장려하였다.(오명석, 1998: 135-138) 민족문학, 민족사화(民族史畵), 민속음악, 건전가요, 민족연극운동, 민족영화가 범람하였다. 그러나 민족문화의 원형은 국가주의가 아니라 민중주의라고 주장하는 대항문화 진영으로부터 도전을 받으면서[419] 민족문화운동을 둘러싼 문화 헤게모니 투쟁이 유신시대에 벌어지게 된다. 박정희가 민족중흥사업을 통해 구현하려는 담론인 국가주의, 애국주의, 근대화, 민족통일은 분명 근대적인 담론이었다. 그런데 박정희는 이러한 가장 근대적인 담론을 과거의 전통에서 불러와 현재에 실현하려 하였다. 박정희의 민족중흥에도 비동시성적인 전통과 근대가 동시적으로 공존하고 있었다.

2) 대항문화 운동 1 — 청년문화

1968년의 세계시간과 한국의 민족시간은 너무나 대조적이었다. 1968년에 프랑스의 성난 젊은 학생들이 주도한 1968년 '68혁명'으로 드골 정권을 붕괴시킨데 이어 유럽으로 번졌고 미국에서는 베트남전에 반대하며 평화를 외치는 히피들이 온 몸으로 저항을 표현하고 있을 때, 한국에서는 박정희의 병영국가 건설이 시작되었다. 국민교육헌장이 반포되고, 김신조 일당의 청와대 습격사건을 핑계로 향토예비군이 설치되고 고등학교와 대학교에서 군사훈련이 실시되었다. 그런데 1968년에 한대수가 통기타를 들고 미국에서 돌아왔고, 송창식과 윤형주가 트윈폴리오라는 듀엣을 조직하여 세시봉에서 데뷔하고, 신중현이 미군 부

419 채희완·임진택, 1985, 〈마당극에서 마당굿으로〉, 정이담 외, 《문화운동론》, 공동체.

대에서 배운 록 음악을 선보이면서 '청년문화'가 한국에도 출현하였다.

청년문화는 1968년에 선을 보였지만 1970년대에 들어서면서 청년세대들의 주류 문화로 올라선다. '통블생(통기타, 블루진, 생맥주)'으로 상징되는 1970년대의 대학생들과 젊은 세대들의 청년문화는 염색한 군복, 《사상계》, 막걸리로 상징되는 1960년대의 저항 엘리트주의적인 대학문화와 때깔이 달랐다. 그들은 좀더 서구문화에 다가갔고, 1960년대 서구의 성난 젊은 세대들의 저항의식을 비정치적인 예술(특히 음악과 영화)로 표현할 줄 알았다. 1970년대의 청년들은 전후 베이비붐 세대로서 미국식 교육제도 속에서 서구문화의 영향력 아래 자란 세대이다. 일본 제국주의 문화를 강제로 이입받은 기성 식민지 세대와는 달리 젊은 세대는 서구 문화의 세례를 받았고 앵그리 영맨, 로스트 제너레이션, 비트족, 히피, 로큰롤 문화가 수입되자 즉각적으로 받아들이는 감수성을 보였다. 자연히 기성세대와 청년세대 간에 문화 갈등이 일어났다. 대학생들과 청년들이 통블생에 열광한 것은 산업화로 대학생들이 구매력을 갖게 되면서 청년시장(youth market)이 형성되었고 기성세대의 생산문화(productionism)와 대비되는 자유주의적 소비문화가 출현하였고, 유신체제는 이를 퇴폐적이고 방종하며, 불온한 체제불만 요소로 간주하여 단속하고 금지하고 억압하였다.

그러나 1970년대의 청년문화는 유신체제에 저항하는 대항문화(counter-culture)의 주류가 되지 못하였다. 첫째, 청년문화는 충분히 정치적이지 않다는 이유로 1960년대를 이끌어 온 대학문화와 갈등하였기 때문이다. 대학문화의 주역들은 청년문화에 비판적이었다. 《고대신문》(1974년 4월 9일)은 청년문화가 6·3세대의 계승이 아니라 왜곡이며 비판적 정신을 잃어버리고 외래 스타일에 빠져 있다고 비판했다. 서울대의 《대학신문》도 "청년문화는 실체가 없는 도깨비"로 폄하했다. 고려대 임희섭 교수는 《조선일보》(1974년 4월 18일)에 청년문화를 "일부 부유층 자제들, 일부 재수생들, 소수의 대학생들, 소수의 공돌이와 공순이들, 그리고 대부분의 고고족들"의 문화라고 의미를 축소하고 청년문화의 중심은 대학문화가 되어야 한다고 비판했다.[420] 1960년대의 신동엽과 김수영의 대학문화를 계승한 1970년대의 대학문화는 자유민주주의의 수호와 민족주의를 지향하는 정치적 엘리트의 문화였다. 그러나 1970년대의 청년문화는 달랐다. 1970년대 전후세대의 청년문화는 식민지 세대와 한국전쟁 세대의 가치와 규범, 문화를 거부하는 문화운동이었다. 그래서 대학문화의 주역들은 청년문화의 주역들이 충분히 민족주의적이지 못했고, 정치 지향성이 빈약하다고 비판했다.[421]

이에 대해 청년문화의 기수로 자처했던 최인호는 1974년 《한국일보》에 발표한 〈청년문화선언〉에서 "이제 낡은 시대는 가고 청년의 시대가 온다"고 선언하면서 청년문화는 "소수 엘리트에 의해 대표되는 그런 문화가 아니"라고 선언했다. 당시 청년문화의 상징인 포크송을 부른 가수 양희은은 "포크는 단순히 음악이 아니었습니다. 70년대, 80년대 청년문화의 전부였죠. 기존질서에 대한 저항으로 상징되는 젊음의 감수성과 열정을 담아 냈던 유일한 그릇이었습니다"라고 회고하면서 청년문화가 저항문화의 성격이 약하다는 지적에 대해 반박하였다. 그러나 대학문화의 주역들은 최인호의 청년문화론이 상위문화인 대학문화가 하위문화인 대중문화로 흡수되어야 한다는 주장이라면서 대학문화의 엘리트주의를 드러내었다.

둘째, 대학문화로부터 대중문화로 격하되었던 청년문화가 역설적으로 충분히 대중성을 확보하지 못하는 상황이 1970년대 초반에 벌어지고 있었기 때문이다. 1970년대 초반에는 대학생 진학률이 한 자리 수(8.4%)에 그쳤고 따라서

---

420 한홍구, 〈새로운 민요 — 청년문화와 포크송〉, 《한겨레》(2012.10.5). 이에 반해 청년문화의 기수로 자처했던 최인호는 1974년 《한국일보》에 발표한 〈청년문화선언〉에서 "이제 낡은 시대는 가고 청년의 시대가 온다"고 선언하면서 청년문화는 "소수 엘리트에 의해 대표되는 그런 문화가 아니"라며 "고전이 무너져 가고 있다고 불평하지 말고 대중의 감각이 세련되어 가고 있음을 주목하라. 그들을 욕하기 전에 한 번 가서 밤을 새워보라"고 반박했다.(《한국일보》 1974.4.24)

421 청년문화에 대한 대학문화의 비판은 김원, 〈한국적인 것과 혼종성의 문화정치학 — 1970년대의 일상과 문화〉, 현대한국연구소와 한국사회사학회, 서울대 규장각 한국학연구원, '한국 근현대 100년, 일상생활의 변화' 학술회의 발표 논문(2010년 8월 17일) 참조.

'통블생'을 향유하는 대학생들은 교육과 문화적인 면에서 선택받은 소수였다. 젊은이들의 대부분은 여전히 포크송보다는 남진과 나훈아에 열광하였다. 민중의 현실은 청년문화를 향유하는 대학생들보다 어려웠다. 공장의 여공들과 젊은 막노동꾼들은 청년문화가 그들의 문화라고 생각하지 않았다.

1970년대 대학문화 주역들은 청년문화를 저질, 퇴폐, 민족 전통 민족문화가 녹아 있지 않은 "빠다에 버무린 깍두기"라고 비난하면서, 청년문화는 비판정신이 결여된 문화적 '딴따라'이고 자신들은 '화랑도'라는 엘리트주의를 표현하기도 했다. 반면에 대부분의 대학을 못 가고 현장에서 일하는 노동 청년들은 청년문화를 자신과는 무관한 대학생 엘리트주의 문화라고 외면하였다. 1970년대 중반에 유신 정권은 기성세대, 기득권, 유신이념으로부터 자유롭고 싶어하는 청년들의 해방구인 청년문화에 철퇴를 가했으나 대학문화와 노동자들의 대중문화 모두 청년문화를 지켜 주지 않았다. 1975년 문공부가 대중가요를 재심사하여 222곡을 금지곡으로 지정하였고 방송윤리위원회가 〈고래사냥〉, 〈아침이슬〉에 대해 추가로 금지조치를 하였다. 1975년 11월에는 연예인 40명이 포함된 '대마초사건'이 터져서 청년문화의 주역들이 대부분 무대에서 완전히 사라지게 됨으로써 1970년대 초반을 장식했던 통기타 음악과 청년문화의 시대는 막을 내렸다.

3) 대항문화 운동 2 — 민중문화운동

1975년에 청년문화가 일망타진된 이유는 1970년대 초반의 청년문화가 기득권체제에 저항하는 반문화(anti-culture)였으나 기득권 문화에 대한 대안을 제시하고 대체하려는 '대항문화(counter-culture)'가 되지 못했기 때문이다. 대항문화가 되기 위해서는 유신체제라는 거대한 기득권 체제에 맞서서 싸울 수 있는 대중성을 획득했어야 하고 유신체제에 반대하는 다중적 담론(multiple discourses) 간에 대항연합이 이루어졌어야 했다. 첫째, 대중성을 확보하기 위해 과거 전통으로 방치되어 있었던 '민속(floklore)'을 불러와 과거의 민중을 통해 오늘의 민중의 아픔을 노래할 수 있었어야 한다. 말하자면, '전통 속의 근대(modernity of tradition)'를 발견하여 이를 근대적인 대항운동에 이용해야 했다. 둘째, 대학생, 지식인 중심의 단일 담론으로 거대한 유신의 바위를 깨뜨릴 수는 없다는 것을 알았어야 했다. 다중적 담론을 개발하고 다중적 담론 간의 수평적인 대연합을 구축해야 했던 것이다. 대항문화가 대학 캠퍼스 내에서만 머물러 있으면 대항문화는 대항문화가 되지 못하고 마이너리티 문화로 전락한다. 위장취업으로 공단 노동자들의 담론을 찾아보고, 농활을 통해 농민들의 담론이 무엇인지를 알아봐야 한다. 다양한 담론을 개발한 뒤 전통 속에 근대를 찾고 근대에서 탈근대를 찾았어야 했다.

저항문화로서의 청년문화가 실패한 후에 1970년대 초반의 청년문화의 주역들은 판소리, 풍물패, 탈춤, 마당극, 굿 등 전통의 민속으로 돌아가 그 속에서 민중의 아픔과 저항의 정서를 발견하였다. 최초로 판소리라는 과거 전통으로 돌아가 현재 권력에 대든 대항문화의 시인이 김지하이다. 1970년에 김지하는 〈오적(五賊)〉에서 판소리라는 민속의 형식을 빌려 재벌, 국회의원, 고급공무원, 장성, 장·차관을 1905년 나라를 팔아먹은 을사오적(乙巳 五賊)에 빗대어 박정희 개발독재의 오적(五賊)으로 규정하면서 박정희 정권에 정면으로 맞섰다.

김지하가 민중문화운동을 시작하자마자 그는 정권에 의해 구속되었다. 그런데 김지하가 구속되었을 때 뒤를 이은 저항문화는 청년문화였고, 그 청년문화는 대중성을 확보하지 못함으로써 정권에 의해 일망타진되었다. 청년문화의 실패로부터 대학문화는 엘리트주의를 반성하고 전통 민속에서 민중을 찾고 그 민중을 근대화된 도시와 농촌으로 끌어내어 그들의 아픔을 노래함으로써 정권에 대한 저항을 표출하는 1970년대 후반의 민중문화운동을 전개한다.

청년문화를 열었던 김민기가 앞장을 섰다. 김민기는 청년문화의 그늘을 묘사하기 시작했고 히피적인 자유분방함보다는 현실 참여적인 방향으로 갔다.[422] 그는 이종구의 소리굿 '아구'에 참가하면서 국악을 접목시킨다. 그후 그는 노동자의 삶을 체험한 후 이를 바탕으로 1978년에 〈공장의 불빛〉이라는 노래극을 제작한다. 김민기는 1975년 대마초사건으로 초토화된 청년문화와 학원탄압으로 순차된 대학문화에 대한 민중문화운동의 대안을 제시하였다.(〈김민기론〉, 《리뷰》 1999년 여름, 포크음악특집)

1970년대에 김민기의 선구적 업적에 힘입어 민속이라는 민족 전통에서 근대의 프로젝트인 민주화의 열쇠를 찾으려는 노력이 대학문화권에서 일어났다. 전통을 불러와서 근대적 문화투쟁을 전개한 것이다. 1970년대 초중반에 탈춤부흥운동이 서울대의 민속가면극연구회(1971), 이화여대 민속연구회(1973), 연세대 탈춤연구회(1973)와 소리굿 아구(1974), 진동아굿(1975)(주창윤 2007: 17-18)에 의해 전개되었다. 과거의 해학이 넘치는 구비문학과 서사시를 들고 대학생들은 이제 공장과 농촌 현장으로 들어간 것이다.(김원, 2010)

4) 유신시대 문화시간의 평가—체제와 반체제의 비동시적 시간의 충돌과 공존

동의에 의한 지배라는 문화 헤게모니를 획득하지 못하고 강제력에만 의존해서 권력을 유지해야 했던 유신정권은 1960년대보다 더 강고하고 끈질기게 그리고 체계적으로 문화 헤게모니를 대중으로부터 획득하기 위한 노력을 경주하였다. 이러한 유신정권의 문화 헤게모니 운동은 어느 정도 성과를 거두었다. 그중에서도 새마을운동은 농촌에서의 자발적 동의와 협력을 이끌어 낼 수 있었다. 그러나 도시에서는 '잘살아 보세'라는 물신주의적(fetishism) 담론이 쉽게 공단의 저임노동자들에게 먹히지 않았다. 그람시가 이야기한 바와 같이 헤게모니는 물적 기반이 있어야 했던 것이다. 일을 열심히 해도 잘살게 되지 않는 여공들에

422 그래서 김민기는 1974년 청년문화론 논쟁이 일었을 때, "나는 통기타, 생맥주, 청바지의 청년문화론과는 전혀 상관이 없다"고 함으로써 대중 소비주의적인 청년문화와 거리를 두려 하였다.

게 '잘살아 보세'는 허튼 구호로 들렸다. 민족주의를 이야기하면서 일본 자본에 계속 의존하는 산업화 정책을 민족주의적 대학생들은 외세 의존적 산업화로 이해했다. 그리고 근대화라는 이름하에 군대식의 돌진적 산업화를 추진하면서 유신정권은 자유롭게 표현할 수 있는 광장을 폐쇄하였다. 미국에서 통기타를 들고 온 가수가 시작한 청년문화는 폐쇄된 광장을 열고 춤을 추고 이야기할 수 있는 해방구를 만들었다. 그러나 청년문화는 해방구를 제공했으나 대안을 제시하지는 못함으로써 유신체제의 문화 헤게모니와 대항문화 헤게모니 사이의 비동시성적 시간의 충돌에서 우위를 차지하지 못했다.

청년문화가 일망타진된 후 1960년대 대학문화의 후계자들은 전통에서 근대를 찾아 민속(마당극, 판소리, 탈춤, 소리굿 등)을 들고 공장으로 농촌으로 침투해 들어가 유신정권에 저항하는 대항문화를 형성하였다. 민중문화운동이라는 대항 헤게모니 운동이 전개되면서 유신정권의 문화 헤게모니 장악을 위한 노력은 성공하지 못했다. 오히려 민중문화운동은 대항 헤게모니(counter-hegemony)로 성장하였다. 유신체제 말기 체제의 헤게모니와 반체제 세력의 대항 헤게모니 간의 비동시적 시간은 충돌하였다. 민중문화운동은 유신체제를 반대하는 다중적 담론들(multiple discourses) 간의 대연합을 가능케 하여 대학생과 지식인 중심의 유신반대 운동이 대중성을 획득하면서 유신체제에 도전할 수 있는 계기를 만들었다. 학생운동, 노동운동, 농민운동, 지식인운동, 그리고 야당 간에 형성된 다중적 대연합은 난공불락으로 여겨졌던 유신체제에 도전하였다. YH사건이 유신체제 몰락의 시작을 알렸고, 김영삼 신민당 총재의 제명으로 반유신운동은 국제적 연대를 획득하였고, 반유신운동은 부마사태라는 대중봉기로 발전하였고, 부마사태에 대한 대응을 둘러싸고 강경파와 온건파로 체제가 분열되고 취약점을 드러낸 가운데 김재규가 유신을 마감하는 방아쇠를 당겼다.

7. 유신체제의 붕괴[423]

종신집권을 보장받은 유신군주 박정희는 2기를 마치지도 못한 채 유신 2기 2년째인 1979년 10월 26일 그의 가장 절친한 친구인 김재규 중앙정보부장의 총탄에 생을 마감하게 되고 박정희의 유신체제도 종말을 고하게 된다.[424] 그것은 로마의 시저가 가장 절친한 친구인 부르투스 일당의 칼을 맞고 죽은 사건과 닮은 '비극'이었다. 그렇다면 마키아벨리가 이야기한 신군주(new prince)의 덕목(virtu)을 소유한 박정희가 어떻게 그렇게 허망하게, 비극적으로 사망하게 되었는가?

우리는 먼저 박정희와 유신체제의 몰락을 한국전쟁을 6·25전쟁이라고 부르는 것과 같은 사고로 1979년 10월 26일에 일어난 일회성의 비극적 사건으로 다루어서는 안 된다. 박정희의 몰락에서도 구조와 행위자를 동시에 보아야 한다.

먼저 구조를 살펴보면 3가지를 들 수 있다. 첫째, 경제적 측면에서 박정희 모델의 성공을 가져온 개발독재에 의한 중화학 중심의 산업화 모델은 1977년부터 시작된 제2차 오일쇼크로 중대한 위기를 맞게 된다. 한국의 중화학공업화는 물량 투입(input) 중심으로 이루어진 고비용 저효율 구조를 갖고 있었고, 중화학공업 상품의 수요가 내수가 아니라 세계시장 중심으로 되어 있는 취약성을 갖고 있었다. 60년대의 산업화가 노동집약적 경공업 중심 수출 주도 산업화였다면, 70년대의 산업화는 노동집약적이면서 자본집약적인 중공업 중심 수출 주도

423 유신체제를 피 한 방울 흘리지 않고 수립한 박정희의 성공담은 많으나 유신군주 박정희의 비극적 몰락에 관해서는 연구가 부족하였다. 박정희의 성공에 관해서는 많은 분석을 했고, 증언도 있었고, 새로운 자료들도 발굴해 왔으나, 박정희의 죽음에 관해서는 스토리텔링은 많으나 사회과학적 분석이 부족하였다. 박정희의 죽음에 관해 선정적인 이야기를 하기보다는 사회과학적으로 박정희의 죽음을 가져온 원인(遠人)과 근인(近因), 구조적 제약과 주요 행위자의 전략적 선택, 국내적 요인과 국제적 요인, 그리고 이 모든 요인들의 복합적 결과로서의 박정희의 죽음과 유신체제의 종언에 관한 연구는 계속되어야 할 것이다.

424 박정희 사후 전두환이 '박정희 없는 유신체제'의 복원을 내걸고 군부 쿠데타를 일으켜 광주학살을 통해 군부독재정권을 수립하나 그 5공 군부 엘리트들은 박정희를 계승하려 하기보다는 박정희의 부정을 통해 그들의 권력의 정통성을 살리려 했다.(김형아, 2005)

산업화였다. 그러나 승승장구하던 한국의 중화학공업은 해외에서 수요가 격감하면서 위기를 맞게 되었고, 박정희는 재벌이 감당해야 할 비용과 손실을 중산층과 노동자, 서민에게 전가하는 비용과 위험부담의 사회화를 시도하였다. 1972년 8·3긴급경제조치에서는 많은 사채업자들이 재벌 살리기의 주요 희생양이 되었고, 따라서 일반 서민대중으로부터 격렬한 저항을 받지 않았다. 그러나 제2차 오일쇼크로 인한 비용의 분담을 광범위한 중산층과 서민 대중에게 전가하면서 찬사를 받았던 박정희의 중화학공업화는 중산층, 노동자, 서민의 비난과 저항의 대상이 되었고, 박정희의 지지기반은 안으로부터 무너져 내리고 있었다.

둘째, 정치적 측면으로 1978년 경제 위기의 심화는 정치 위기로 확대되었다. 모든 경제위기가 정치위기로 확대되지는 않는다. 경제위기가 정치위기로 확대되기 위해서는 선거정치라는 뇌관이 필요했다. 1978년 유신체제하에서 국회의원의 2/3를 뽑는 총선이 있었고, 경제위기에 대처하는 박정희의 정책과 인권정책에 대한 민중의 불만은 대도시(산업화된 중소 도시를 포함하여)에서 야당(신민당) 바람을 불러일으켰고, 제1야당 신민당은 총득표 수에서 32.8%를 획득하여 야당 사상 최초로 31.7%를 얻는 데 그친 집권 민주공화당을 누르는 승리를 하였다. 물론 유신헌법의 정권 보장 안전장치로 인해 의석 수는 여당이 다수를 차지했지만 총 득표 수에서 야당의 승리는 야당으로 하여금 선거를 박정희에 대한 불신임 투표로 규정하고 이제부터 대한민국의 정통성의 소재지는 신민당이라는 야당에 있다고 주장하게 하는 근거를 제공하였다. 사실상의 총선 패배는 박정희의 정통성에 심각한 타격을 주었고, 이후부터 유신군주 박정희의 아킬레스건이 되었다. 반면에 사실상의 총선 승리로 신민당 내의 김영삼이 이끄는 선명야당파는 이철승이 이끄는 유화파(중도통합파)에 대한 확고한 헤게모니를 장악하게 되었고 박정희의 독재에 정면으로 도전하였다.

이러한 정치권 내의 역학관계의 변화에 맞추어 노동자들이 자신의 권리를 회복해 줄 것을 요구하게 되었고(YH사건) 부산과 마산의 대규모 민중들이 박정희 독재에 맞서 대중봉기를 일으켰다(부마사태). 제도 정치권에 안주했던 '충성스런 야당'이 정권으로부터 자율적인 '선명야당'이 되면서 대중과 노동자들과 연합하게 되면서 박정희의 지지기반은 급격히 축소되었고 급기야는 선명야당, 노동자, 대중봉기에 대처하는 전략과 전술을 둘러싸고 정권 내부의 분열이 일어났으며 궁극적으로는 '호위무사들(중앙정보부장과 경호실장)' 간의 갈등이 유신군주 박정희 대통령의 시해로까지 이어진 것이다.

셋째, 대외적 측면으로 박정희 유신체제의 몰락을 가져온 데에는 국내적 요인 못지않게 국제적 요인이 컸다. 먼저 제2차 오일쇼크라는 국제경제적 요인이 박정희 발전 모델의 토대를 와해시킴으로써 상부구조인 정치적 정통성의 위기로 확대되었고 박정희 몰락의 또 다른 구조적 요인이 되었다. 그러나 더 중요한 점은 대한민국을 태생시킨, 냉전의 후견국가인 미국과의 관계가 악화되었다는 것이다. 전술한 바와 같이 박정희는 미국과의 관계가 원만하지 않았다.(김형아, 2005) 박정희는 해방 후 남로당에 가입하면서 여순 군반란사건에 연루되어 종신형을 받았고 미국은 그때부터 박정희의 사상을 의심하였고 박정희에 대한 미국의 의심, 불신은 5·16쿠데타 승인 과정, 민정 이양에 이어졌고, 유신정권 수립 후 카터 행정부가 들어서면서 미국과의 불화는 깊어졌다. 불화를 심화시킨 이슈는 두 가지였다. 하나는 카터 대통령이 인권대통령의 기치를 내걸고 당선되어 제3세계의 인권 상황의 개선에 노력하는 와중에도 박정희 정권은 긴급조치를 남발하는 등[425] 인권 상황을 악화시키고 있었고, 미국의 여론을 무마하기 위해 박동선 로비사건을 일으켰다. 카터는 이에 대해 주한 미군 철수라는 강수를 두었고 물론 반공의 보루로서의 한국의 가치 때문에 철회되었으나 카터와 박정희 간에는 치유할 수 없는 불화와 반목이 심화되었고 이러한 미국과의 반목은 박정희의 대외적 정통성을 훼손하였고, 자연스럽게 이러한 박정희의 약점을

425 가장 희극적인 긴급조치는 긴급조치를 비방, 비난하는 자를 처벌하기 위한 긴급조치(긴급조치 9호)를 발동하였다는 것이다.

간파한 적대자들뿐 아니라 박정희의 친위근위병 중에도 박정희에 도전하려는 역심을 품게 만든 요인이 되었다.

혹자는 김재규가 미국 대사와의 면담에서 박정희를 제거하라(또는 제거해도 괜찮다는)는 미국의 신호를 읽었다는 설을 이야기하고 있으나 문제의 핵심은 미국의 신호에 관계없이 카터와 박정희 간의 심각한 불화가 간접적 신호로 작용했다는 것이다. 박정희와 미국은 여순반란사건 이래 최악의 상황에 빠졌고 이는 김영삼이 주도하는 야당으로 하여금 겁 없이 박정희에 도전하게 만들었고, YH산업 여공들이 박정희에게 직접 대들게 만들었고, 부산과 마산에서 대규모 군중들이 박정희에 저항해서 거리에서 봉기하게 만들었다. 물론 이 모든 사건들이 미국의 사주에 의해 일어난 것은 전혀 아니다. 미국은 오히려 대한민국의 정국이 불안정해지는 것을 가장 두려워했기 때문이다. 그러나 미국의 의도와는 상관없이 국제적 조건은 국내 정치로 침투하여 국내 행위자의 선택을 바꾸었다. 말하자면, 국제 정치가 국내 정치로 환류(feedback)하여 국내 정치의 '선택의 구조(structure of choice)'를 바꾸어 놓은 것이다.

마지막으로, 행위자 요인으로, 박정희와 김재규의 선택의 문제를 살펴보아야 한다. 왜 박정희는 부나방처럼 자신의 죽음을 초래할 일련의 사태를 스스로 초래했는가, 그리고 김재규는 왜 친한 친구의 심장을 향해 방아쇠를 당겼는가이다. 박정희 찬미자들은 심한 거부감을 느낄지 모르나 박정희의 죽음은 박정희의 선택이라 볼 수 있다. 왜냐하면, 박정희는 위기를 맞이하여 생존을 위한 최적의 선택을 하지 않음으로써 스스로 자신을 죽음으로 몰아갔기 때문이다. 전술한 것처럼 박정희는 뛰어난 통치술을 가진 마키아벨리적 신군주였고 유신독재 체제를 평화적으로 피 한 방울 흘리지 않고 수립할 수 있었다. 그런데 1977년 제2차 오일 쇼크에서 시작되는 유신 말기에 박정희의 비르투는 퇴화되고 소멸되고 있었다. 전성기에 박정희는 전략적 선택가였다. 그는 이데올로기적이 아니었고 자신의 이익을 극대화하는 최적 전략을 찾아 나서는 유신군주였다. 제

3공화국 하에서 박정희는 교수를 비롯한 지식인 집단의 자문을 구했고 그들을 직접 기용하여 경제정책을 기획, 집행하게 하였다. 3공화국은 국가와 시민사회(기업가, 기업단체, 지식인) 간의 심의(deliberation)가 활발했던 시기였고, 이러한 심의의 과정이 박정희의 성공에 일역을 하였다. 그러나 유신 이후 박정희는 승리에 도취하였고 시민사회와의 심의는 줄어들었고 형식적으로 되어 갔다. 성공한 자수성가처럼 박정희는 자신의 성공사례가 계속되리라 믿었고 상황이 변화했음에도 불구하고 자신의 성공사례를 계속 고집하였으며, 실패에서 다시 성공할 수 있는 교훈을 얻어야 한다는 '실패국가론'에 귀를 기울이지 않았다.

자신이 가장 신념이 확고한 '이데올로기적'인 강경론자가 되면서 박정희는 대화, 타협, 협상, 관용, 제3의 길을 주장하는 전략적인 행위자인 온건론자들의 말에 귀를 기울이지 않았다. 강경론은 위기 시에 박정희의 선택의 폭을 줄이는 위험한 비전략적이고, 맹목적인 무모한 선택이었다. 선택이 아니라 이데올로기적인 행위였다. 그는 경제위기가 도래하여 서민의 생활이 어려워지고 서민의 불만이 부글부글 끓고 있는 가운데서도 성장일변도 정책과 재벌 손실의 사회화 정책을 계속 밀어붙였고, 반인플레이션 정책을 통해 민생경제를 챙긴다는 신현확 장관을 비롯한 온건론자들의 주장에 대해서는 벙어리였다.[426] 국내외에서 일어난 박정희에 불리한 조건에 고무된 김영삼의 선명야당파에 대해서는 김영삼 총재 직무 정지, 의원직 박탈과 같은 강경일변도로 대응하였고 이는 김영삼의 정치적 기반인 부산과 마산에서 대중봉기를 유발한 한 요인이 되었고, 부마사태는 김영삼을 더욱 대담하게 만들었고 박정희에 대해 정면대결을 선포하게 만들었다.

이러한 심각한 정치적 위기에 대한 대응에 있어서 박정희 스스로가 가장 비타협적인 강경론자였다. 따라서 집권층 내에서 대화와 타협을 주장하는 온건론자들의 목소리는 기어들어갔다. 혹자는 차지철의 강경론이 김재규의 불만과

426 박정희는 정권 몰락 직전에서야 온건론자의 주장을 받아들였다.

분노를 유발하였고 10·26도 차지철을 사살하는 과정에서 박정희가 희생되었다는 주장을 하고 있으나 그것은 차지철을 너무 과대평가한 데서 나온 오류이다. 차지철은 자신의 생각, 의지가 없는 단순히 박정희만 추종하는 근위대장이었을 뿐이다. 차지철이 비전략적이고 무모한 군인임에는 틀림없으나 그는 생존을 위하여 항상 박정희가 무엇을 생각하고 있는가, 내가 박정희라면 어떻게 할 것인가를 생각하고 거기에 따라서 행동하였고 박정희의 총애를 받았다. 박정희의 강경론을 차지철이 대신 발언했다고 보는 것이 더 합리적인 설명이다.

대외적으로도 박정희는 전혀 전략적이지 않았다. 유신군주 박정희의 몰락을 가져온 국제적 요인은 카터 인권대통령과의 불화였다. 그러나 존슨 대통령 시절과는 달리 카터 대통령이 방한하여 인권문제를 제기하고 주한 미군을 철수하겠다는 위협에 대해 박정희는 피후견국가의 대통령답지 않게 카터에게 심한 불만을 표시하였고 오히려 카터를 설득하려 하였다. 그러면서 박정희는 그 전부터 추진해 오던 핵무기 개발에 박차를 가하였다. 일제 강점기나 해방 후 정국에서 전혀 민족주의적이 아니었던 박정희는 핵무기 개발을 통해 민족주의자로 거듭났고, 핵무기 개발은 미국과의 불화를 심화시켰고, 자신의 죽음을 재촉하였다. 대미 정책에서 박정희는 반미 감정에 움직이는 비전략적인 행위자처럼 보였다. 박정희는 일본에 대해서는 좋은 인연과 기억을 갖고 있었고 일본과의 관계는 항상 순탄하였다. 일본과의 관계 정상화를 위해 6·3사태라는 심각한 국내정치적 위기를 감내하기도 했다. 그러나 미국과는 해방 정국에서부터 악연이 있었고, 존슨 행정부 시절의 짧은 허니문 기간을 제외하고는 집권기간 내내 관계가 좋은 편이 아니었다.

그러나 위기를 기회로 바꾸고, 포르투나를 비르투로 전환시키는 유신군주 박정희였더라면 미국과의 관계 악화를 국내 문제를 풀어 나가는 기회로 이용할 수 있었을 것이다. 그러나 유신 말기 이미 비르투를 상실한 박정희는 미국에 감정적으로, 이데올로기적으로, 비합리적으로 대응하였고, 이에 대해 미국은 20세기 말과 21세기 초 김정일의 핵개발에 대해 취했던 강경대응을 넘어서는 견제와 징벌을 박정희에게 부과하였다. 미국과의 관계 악화는 바로 국내 정치로 역류하여 들어왔고 국내 정치에서 박정희의 입장을 곤궁하게 만들었다. 대외적으로 박정희의 위치와 위상이 약화되자 국내 정치 행위자들이 다시 움직이기 시작했다. 김영삼이 이끄는 야당뿐 아니라, 권력의 핵심부 내에서 박정희가 난공불락의 무적함대가 아닐 수도 있다는 '무엄한' 인식을 하는 자도 나타났다. 이제 권력 계승의 정치에서 중요한 것은 박정희의 총애와 지원이 아니라, 미국의 신호였다. 후견국인 미국이 박정희를 교체할 수도 있다는 신호를 보내기만 하면 언제든지 박정희를 제거하는 거사를 벌일 수 있다고 생각하는 측근들이 생겨나고 있었다. 그중에서도 김재규는 중앙정보부장으로서 미국의 신호에 관해 가장 정확한 정보를 갖고 있었고 궁정동의 만찬장에서 박정희를 시해할 음모를 꾸미고 있었다.

박정희와 유신체제의 몰락은 민중 봉기에 의한 아래로부터의 민주화에 의한 것도 아니요, 집권층 내부의 일단의 쿠데타 음모 집단에 의한 위로부터의 궁정 쿠데타도 아니다. 유신체제가 붕괴한 것은 소위 한국형 관료적 권위주의를 제도화하는 데 실패했기 때문이다. 유신체제는 지나치게 박정희 1인에 의존하는 인치적인 권위주의주의 체제였고, 따라서 박정희의 비르투가 빛날 때에는 유신체제의 작동에 문제가 없었으나 그 비르투가 사라지고 나면 여러 군데서 권력의 공백이 생기고 권력 추구자들은 그 공백을 메꾸기 위해 뛰어들었다. 해결책은 있었다. 하나는 카리스마의 일상화(routinization of charisma)를 추구하는 것이다. 중국 공산당이 하고 있는 것처럼 권위주의 체제 내에서 계승의 제도(institutionalization of succession)를 하고 후계자에게 점진적으로 권력을 이양하는 것이다.[427] 둘째, 북한의 김일성, 김정일이 한 것처럼 가산주의적인 계승 방

427 김형아에 의하면, 박근혜와의 인터뷰에서 박근혜는 아버지가 1983년에 은퇴를 계획하고 있었고 그 당시 국무총리였던 최규하를 후계자로 지명해 둔 상태였다고 증언했다고 한다.(김형아, 2005:

법을 채택하여 자식에게 권력을 세습해 주는 길도 있었다. 그러나 박지만은 너무 어렸고, 그는 많은 개인적, 도덕적 문제를 안고 있었다. 그리고 박근혜는 육영수 여사 사후 사실상의 퍼스트레이디의 역할을 담당하였다. 그러나 1970년대 말이라는 시대적 상황에서 여성 대통령은 가능성이 희박한 것이었다. 셋째, 민주화의 요구를 받아들여 선거 경쟁을 복원하여 민주적 계승의 제도화를 시도하는 것이었다.

그러나 계승의 문제를 해결하기 위해 제시된 세 가지 대안 모두 박정희가 받아들이기 어려운 것이었다. 이유는 간단하였다. 박정희는 끊임없이 권력을 추구하는, 권력 욕심이 강한 홉스형 인간이었기 때문이다.[428] 홉스는 자연상태의 인간은 죽음에 도달해서야 끝나는 권력에의 욕망을 갖고 있다고 했다.(Hobbes, Leviathan) 박정희 역시 자연상태의 인간을 벗어나지 못했다. 자연상태에서 국가와 사회를 만드는 데 합의하는 사회계약은 아니더라도 죽음을 회피하기 위한 합리적 선택으로 권력을 나누고, 권력을 후계자에게 넘겨주고, 최종적으로 권력의 소재지 결정을 민주적 경쟁의 결과에 맡기는 민주화 조치를 취했더라면 그는 더 장수할 수 있었을 것이고, 천수를 누릴 수 있었을 것이며, 근대화의 아버지로 칭송을 받으면서 노후를 살아갈 수 있었을 것이다. 결국 박정희의 몰락과 유신체제의 붕괴는 박정희 자신의 선택의 결과라는 결론을 내리지 않을 수 없다.

356-357) 그러나 이 증언은 박정희가 권력 계승의 제도화를 시도했다는 증거가 되지 않는다. 이는 전형적인 궁정밀실에서의 권력 계승 유형이기 때문이다.

428 김형아의 JP와의 인터뷰에 의하면, 박정희의 가장 큰 실수(결함)는 "정치 욕심"이 많았다는 것이다. "정치 욕심, 그 어른 정치 욕심이 너무 많으셨어요."(2000년 1월 인터뷰)(김형아, 2005: 357) 박정희는 "죽음에서만 끝나는 권력에 대한 끊임없는 욕망에 의해 움직이는" 홉스의 '자연상태의 인간'이었다.

제12장

5공 군벌주의(caudillismo)

퇴행적 권위주의

유신군주 박정희의 사망은 한국 정치의 시계를 잠시 동안 정지시켰다. 재야 운동권과 야당은 그들이 저항했던 박정희가 비극적으로 살해되었음에도 불구하고 환호하지 않았다. 박정희 대통령의 장례기간 동안 그들은 침묵했고 야당 지도자들은 공식적으로 조문을 했다. 그러나 그들의 침묵의 이면에는 박정희의 유신체제에 대한 이념적 승리감이 자리하고 있었다. 유신체제의 정당성이 없는 독재체제라는 사실이 역사적 검증을 받았다고 확신하고 있었던 것이다.(김병국, 2005) 반면에 박정희가 일군 '한강의 기적'의 수혜자들을 중심으로 형성되어 있던 유신체제의 지지자들에게 박정희의 사망은 청천벽력이었고,[429] 그를 니체의 짜라투스라와 같은 '초인,' 나폴레옹과 같은 '영웅'으로 추모하였다. 그래서 1979년 11월 3일 박정희 대통령의 영결식에서 리하르트 슈트라우스의 〈차라투스트라는 이렇게 말했다〉가 장엄하게 연주되었고, 박정희의 생전에 발표했던 육성 녹음이 울려 퍼지는 가운데 베토벤의 교향곡 3번, 〈에로이카(영웅)〉가 연주되고 있었다.(김병국 2005: 11)[430] 200만의 인파가 동작동 국립묘지로 향하

429 최규하 대통령권한대행의 조사 중에 나오는 "아흐레 전 천지가 진동하여 산천초목이 빛을 잃었고 경악과 비탄으로 온 국민의 가슴이 메어졌다"는 구절은 바로 박정희 숭배자와 지지자들의 심정을 대변하고 있다.(김형아, 2005, 《유신과 중화학공업—박정희의 양날의 선택》, 김병국의 '추천의 글', 일조각, 11쪽)

430 조갑제는 국립교향악단 상임지휘자 홍연택이 자신이 평소에 좋아하는 곡으로 〈차라투스트라는 이렇게 말했다〉를 선정했다고 증언했다. 이는 〈차라투스트라는 이렇게 말했다〉가 과도정권에 의해 의도적으로 선정된 것이 아니라 지휘자의 우연적인 선곡이었고, 이 선곡이 박정희 숭배자와 지

는 박정희의 운구행렬을 지켜보았다. 박정희의 유신체제는 그의 사망 이후에도 상당한 지지기반을 갖고 있었던 것이다.

박정희 장례 기간 동안 침묵했던 모든 정치세력들은 장례가 끝나자 박정희 사후 진공상태가 된 권력 공간을 선점하기 위해 경쟁하였다. 민주화 세력은 박정희의 사망으로 유신체제에 대한 이념적 승리감을 맛보았지만 권력은 그들에게 자동적으로 넘어오지 않았다[431] 김종필을 비롯한 민주공화당은 박정희 없는 유신체제를 더 이상 유지하기 어렵다는 것을 알고 있었고, 개량적 개혁(reforma)으로 권력을 계속 유지할 수 있는 방안을 암중모색하고 있었다. 그러나 계엄령하에서 실세 권력은 군인들로 넘어갔다. 실세 권력인 군을 장악하기 위한 계엄사령관 정승화 장군과 보안사령관 전두환 장군 간의 경쟁이 실질적인 권력경쟁이었다. 12·12 군사반란은 전두환과 정치군인 집단이 직업장교 집단을 대표하는 정승화 계엄사령관을 체포함으로써 군벌정치(caudillismo)가 유신체제를 계승할 것이라는 예고를 하였다. 그러나 '군사반란'의 시간과 함께 '서울의 봄'으로 불리는 자유화와 민주화라는 비동시적 시간이 동시에 존재하고 있었다. 그러나 비동시적 시간들 간의 공존은 짧았고 1980년 5월의 서울의 거리와 광주에서 충돌하였다. 전두환이 이끄는 정치군인들과 민주화를 요구하는 광주시민들 간의 충돌은 비극적인 광주대학살이라는 참극으로 끝났고, 그와 함께 서울의 봄이 마감되며 민주화의 열망은 절망으로 바뀌었고 정치화된 군인들의 발가벗은 독재체제가 복원되었다.

지자의 공감을 불렀다는 것을 의미한다.(조갑제, 2005, 《박정희의 마지막 하루 — 10·26, 그날의 진실》, 월간조선사, 355쪽)

431 바이마르와 나치 역사 전문가인 스턴(Fritz Stern)은 바이마르의 몰락이 나치의 등장을 설명하지 못한다는 '스턴 원리(Stern Principle)'를 이야기하였다.(Stern, *The Path to Dictatorship, 1918-1933*) 스턴 원리를 권위주의 체제에 적용하면 권위주의 체제의 붕괴가 자동적으로 민주주의를 가져다주지 않는다고 이야기할 수 있다. 박정희 사후 민주주의가 회복되지 않고 다른 권위주의 체제가 복원된 사실은 스턴 원리가 1979-1980년의 한국에 잘 들어맞는다는 것을 보여 준다.

1. '서울의 봄'과 군벌주의(caudillismo)의 등장

박정희가 친구이자 측근인 김재규 중앙정보부장에 의해 피살된 후 1980년에 잠시 동안 '서울의 봄'이 왔으나, 봄은 짧았고 보안사 사령관 전두환 장군이 이끄는 '신군부'가 박정희의 유신체제보다 더한 공포의 군부독재 체제를 등장시켰다.

박정희의 장례식이 끝난 후 정치권, 군부, 그리고 재야 민주화운동 세력이 분주히 박정희의 사망으로 비워진 정치권력의 공간을 선점하기 위해 움직였다. 권력경쟁에서 먼저 두각을 나타낸 자는 보안사사령관으로 계엄령하에서 박정희 피살 합동수사본부장을 맡았던 전두환 장군이었다. 전두환이 박정희의 경호실 차장으로 일했던 경험이 있는 박정희 측근으로 알려지면서 정치적 군 장교들은 온건한 직업장교인 정승화 계엄사령관보다는 그의 부하인 전두환 장군으로 몰려들었다. 특히 1963년에 전두환, 노태우, 정호용, 김복동 등 육사 11기생들의 주도로 비밀리에 결성된 '하나회' 출신 장교들이 대거 전두환 보안사령관을 중심으로 '신군부'로 불리는 군벌을 형성하면서 전두환은 사실상 군 내의 핵심을 장악하게 되었다. 전두환은 합동수사본부장이라는 지위를 이용하여 1979년 12월 12일 상관인 정승화 계엄사령관을 체포하려 하였고 정승화 계엄사령관하의 공식 지휘계통의 군인들과 전두환의 신군부 간에 암투가 벌어졌고 그 결과 전두환이 승리함으로써 전두환과 신군부가 군권을 장악하게 되었다. 12·12군사반란에서 승리함으로써 전두환은 계엄령 체제하에서 군권을 쥐게 되었고 사실상 박정희 이후의 권력경쟁에서 유리한 고지를 선점하게 되었다. 전두환과 신군부는 박정희 없는 유신체제의 계속을 주장했다.

그러나 모든 것이 전두환과 신군부가 의도한 대로 돌아가지는 않았다. 경악과 비탄으로 온 국민이 가슴이 메어졌다고 조사를 했던 최규하 대통령권한대행은 일주일 만에 유신체제의 정당성을 부정하고 유신체제의 제도적 기반을 단계적으로 해체하는 자유화에 나서게 된다. 더 나아가 자신의 임기 내에 민주헌법을 제정하고 새 헌법하에서 대통령선거를 실시한다는 민주화의 비전까지

제시하였다.(김병국, 2005: 12)

1979년 11월 6일 최규하 권한대행은 유신헌법에 따라 새 대통령을 선출하고 새 대통령이 빠른 시일 내에 헌법을 개정한다는 '시국에 관한 담화'를 발표함으로써 자신의 민주화 일정을 밝혔다.(서중석, 2007: 159) 최규하의 민주화 일정에 대해 '민주주의와 민족통일을 위한 국민연합'을 중심으로 재야 민주화 운동단체들이 즉각 유신헌법에 따라 통일주체국민회의에서 대통령을 선출하는 방식에 반대했으나 최규하 권한대행은 묵살하였고, 유신헌법 방식에 따라 1979년 12월 6일 통일주체국민회의에서 대통령으로 선출되었고 다음날 긴급조치 9호를 해제하였고, 이틀 후에는 긴급조치 관련자 561명이 특별사면되었고, 1,330명이 석방되었으며, 제적학생 759명이 복학되고, 해직교수 19명이 복직되었다. 그리고 1980년 2월 윤보선 전 대통령, 김대중 등 687명 반정부 정치인들을 복권시켰다 '서울의 봄'이라는 자유화가 시작된 것이다. '서울의 봄' 기간 중에 전두환과 신군부의 군사반란의 시간과 정치권과 시민사회의 자유화의 시간이라는 두 가지 비동시적 시간들이 평행을 달리고 있었다.

1) 유산된 민주화 — 1979년 10월 - 1980년 5월[432]

자유화로부터 시작된 '서울의 봄'은 민주화로 발전하지 못했다. 자유화 조치로 박정희에 의해 구금되었던 정치지도자들이 다시 열린 정치공간으로 복귀하였으나 여전히 민주적 경쟁의 규칙이 헌법적으로, 제도적으로 보장되지 않은 가운데 서로 간에 아슬아슬한 경쟁을 하고 있었다. 더구나 12·12군사반란 이후 실제 권력이 신군부의 손으로 들어가자 권력 블록 내에서 타협을 통한 민주화를 주장하는 목소리가 힘을 잃었다.(임혁백, 1994: 267) 박정희 사후 여당인 민주공화당은 대통령후보를 내지도 못하고 관료 출신인 최규하가 대통령으로 선출

432 임혁백, 1994, 〈한국에서의 민주화 과정분석〉, 《시장, 국가, 민주주의》(서울: 나남)에서 많이 참조.

되는 것을 방관하였고, 12·12 군사반란으로 실권이 신군부로 넘어가자 더 이상 국정을 책임지는 집권 여당으로 받아들여지지 않았다. 정부와 군을 모두 통제하지 못하는 민주공화당은 자체 분열(정풍운동과 역풍운동)과 지지 세력의 이탈로 야당으로부터 유효한 대화 상대자로 인정받지 못했다. 군을 장악한 신군부가 구 지배 블록에서 이탈한 관료와 대자본가들과의 연합을 통해 새로운 지배연합을 형성하였다.

자유화는 얼어붙은 유신독재하에서 단결했던 민주화 세력을 분열시켰다. 제도권 야당인 신민당은 헌법개정과 제도개혁을 통한 민주화를 주장하였다. 신민당 내부에서도 지도부를 구성하고 있는 김영삼파와 연금 상태에서 재야와 연합하여 신민당을 장악하려 하고 있던 김대중파로 나뉘어져 있었다. 재야세력의 전국조직인 국민연합(민주주의와 민족통일을 위한 국민연합)도 제도개혁을 통한 민주화를 주장하는 '점진주의자'와 거리에서의 대중 동원을 통한 민주화를 주장하는 '행동주의자'로 나뉘어져 있었다. 학생운동세력도 '단계적' 투쟁론자들과 '전면적' 투쟁론자들로 나뉘어져 있었다. 신민당 내부의 분열과 사회운동세력의 분열로 민주화 세력은 신군부에 대항할 수 있는 일치된 전략을 수립하고 행동일치를 이룰 수 없었다.

12·12로 신군부가 사실상 권력을 장악하자 권력 블록 내에서 대화와 타협을 주장하는 온건파의 목소리가 사라져 버렸다. 강경파인 신군부는 민주화 연합세력의 전략에 상관없이 강경탄압과 진압을 선택하였다[433] 신군부는 가두로 진출한 민주화 연합세력이 5월 15일 서울역 집회에서 심재철 당시 서울대 학생회장의 주도로 거리에서의 동원을 중단하고 학원으로의 회군('서울역 회군')을 결정했음에도 불구하고 민주화를 위한 타협에 들어가지 않고 공공연하게 군부

433 직업장교들로 구성된 '제도로서의 군대(military-as-institution)'와 정치장교로 구성된 '국가보안군집단(security community)'의 민주화에 대한 전략적 선택의 차이에 관해서는 Alfred Stepan, *Rethinking Military Politics*(Princeton: Princeton University Press, 1987) 참조.

권위주의 독재로의 회귀를 선택하였다. 신군부는 민주화 세력들을 자극해서 폭력적 대응을 유도하고 그들을 거리로 끌어냄으로써 전면적 대결 상황을 유도하여 민주화세력을 폭력적으로 진압하여 군부 권위주의 독재를 복원하려 하였다. 대결의 장소로 광주가 선택되었고 신군부는 시민들을 유혈적으로 진압, 학살하여 마침내 군벌주의 독재정권을 수립하였다.

서울역 집회에서 회군한 전국총학생회 회장단은 5월 16일 정상수업을 받으며 당분간 시국을 관망하기로 결정했으나, 신군부는 학생들의 침묵을 역으로 이용하여 5월 17일 24시에 비상계엄 전국확대조치를 단행하면서 전면적인 민주화운동 탄압에 나섰다. 5·16군사쿠데타, 10월 유신 쿠데타 이후 3번째의 군사쿠데타였다. 5월 17일 오전 신군부는 제주도를 포함한 전국에 계엄령을 선포하였고, 여의도 국회의사당 등을 군 병력으로 점거해 폐쇄하였고 김종필, 김대중 등은 체포하여 보안사로 연행했고, 김영삼, 이철승, 이민우, 유치송을 가택연금시켰다. 신군부는 1000만이 모여 사는 인구 밀집 대도시인 서울이 아니라 광주를 민주화운동 세력과의 결전장으로 선택하였다.[434]

광주에서 학생들과 시민들이 모여 전두환의 비상계엄조치에 항의하는 시위를 하자 신군부는 과잉진압으로 광주 시민들을 자극하였다. 이로써 내전에 버금가는 광주민중항쟁이 일어났고 신군부가 전방에 있는 군대를 광주에 파견하여 무력으로 진압함으로써 엄청난 인명 손실을 초래한 사건이다. 광주민중항쟁은 '서울의 봄, 1980'을 마감하는 신군부의 마지막 일격이었다. 박정희 사후 한국 국민들에게 잠시 동안 희망을 보여 주었던 민주화는 출산의 고통을 겪기도 전에 유산되었다.

---

434 "왜 광주였는가"에 대해 박현채(1990: 51)는 박정희 사후 권력을 찬탈하기 위해 신군부가 자신들의 힘을 과시하고 새로운 억압체제를 확립하기 위한 절호의 장소로 광주를 선택하였고, 그 결과로 광주유혈참사가 일어났다고 주장한다.(김용철, 2001에서 재인용)〔박현채, 1990, 〈80년대 민족민중운동에서 5·18광주민중항쟁의 의의와 역할〉, 《역사와 현장》 제1호(5월), 40-57쪽〕

2) 광주민주화항쟁[435]

1980년 5월 17일 자정을 기해 신군부의 압력을 받은 최규하 정부가 비상계엄을 전국으로 확대하였고, 신군부는 서울·부산·대구·광주 등 전국 대도시에 신속히 계엄군을 배치하였다. 신군부의 무력시위에 전국이 순간적으로 침묵을 지키고 있는 가운데 5월 18일 아침 광주 전남대학교 학생들이 교문 출입을 저지하는 공수부대원에게 돌을 던지며 항의하기 시작했고 이를 강제 해산시키려는 공수부대원과 충돌이 발생했다. 금남로로 이동한 학생들은 경찰과 충돌했다. 이에 신군부는 시위진압을 위해 5월 18일 오후 4시 제7공수여단을 시내에 투입했고 제7공수여단은 학생이 아닌 일반 시민들에게도 무차별 폭력을 가했다. 학생들은 광주 도심으로 옮겨 시위를 했고 계엄군은 곤봉과 대검으로 학생과 일반 시민을 가리지 않고 살상했다. 5월 19일부터 대학생 중심이던 시위에 계엄군의 잔인한 폭력에 분노한 광주 시민들과 고등학생들까지 거리로 뛰쳐나와 대학생들의 민주화 요구 시위에 합류하기 시작했고, 계엄군은 더욱 과격하고 가혹하게 시위대를 진압하려 하였다. 보안사의 통제를 받던 언론이 '불순분자와 폭도들의 난동'으로 보도한 데 격분한 시위대는 광주 MBC방송국을 방화했다. 20일 24시 계엄군은 광주역 앞에서 최초의 집단 발포를 가했다. 발포 이후 2군사령부는 발포 금지와 실탄 배분 금지를 명령했으나 11공수 여단은 이를 무시하고 다음 날인 5월 21일에는 본격적으로 집단 발포하였다.

5월 21일 오전 전남도청과 전남대 앞에서 계엄군과 시위대가 대치하고 있었고, 전남 도지사는 헬기를 타고 확성기로 21일 정오까지 공수부대를 철수시키

435 1980년 5월 광주민주화운동에 관해서는 〔김용철, 〈광주항쟁과 한국 정치의 민주화 — 탈군부정치의 역사결정적 국면의 원천으로서 광주항쟁〉, 《민주주의와 인권》 제1권 1호(2001.4), 211-255쪽; 전남사회운동협의회 편, 1985, 《죽음을 넘어 시대의 어둠을 넘어: 광주5월민중항쟁의 기록》, 풀빛; 전남사회문제연구소 편, 1988, 《5·18광주민중항쟁 자료집》, 도서출판 광주; 한국현대사사료연구회 편, 1990, 《광주오월민중항쟁사료전집》, 풀빛; 한국현대사 사료연구소, 1996, 《5·18, 그 삶과 죽음의 기록》, 풀빛; 광주광역시 5·18사료편찬위원회, 1997, 《5·18광주민중항쟁》, 도서출판 고령〕을 참조.

겠다는 발표를 했다. 그러나 공수부대 철수 약속은 지켜지지 않았고, 수세에 몰린 계엄군은 전남대와 전남도청 앞에서 시위대를 향해 무차별 발포를 했다. 집단 발포가 일어난 21일 오후부터 시민들은 계엄군의 폭력으로부터 자신들을 지키기 위해 무장을 하기 시작했다. 시민들은 전라남도 화순, 나주 지역에서 경찰서와 파출소의 예비군 무기고를 열어 총을 들고 무장하고 시민군을 결성했다. 시민들은 광주의 유일한 자동차 공장인 아시아자동차로 몰려가 차량을 탈취했다. 일부 시민군은 260여 대의 차량을 몰고 나주와 화순 등으로 외부에 광주의 소식을 알리러 떠났다. 총과 실탄, 폭약 등 각지에서 탈취된 무기는 시민들에게 분배됐다. 21일 아침 10시 금남로에서 광주 시민들은 공수부대와 근거리에서 대치했다. 금남로를 꽉 채우고 도청을 포위한 시위대는 무려 30만에 육박했다. 한 도시 인구 전체가 거의 빠짐없이 시위에 참가한 동서고금의 유례없는 장관이 펼쳐졌다.(최정운, 1999: 145)

시민들이 무장을 하고 대들자 겁을 먹은 계엄군은 상부의 지시에 따라, 광주시 외곽으로 퇴각했고, 21일 저녁 시민군은 계엄군이 물러난 전라남도 도청을 점령했다. 5월 21일 21시 30분 광주 외곽에 배치된 계엄군에 방어적 발포를 승인하는 자위권 발동이 고지되고, 실탄이 분배되기 시작하면서 광주 외곽 봉쇄 작전이 실시되었다. 주남마을 미니버스 총격사건, 송암동 학살을 비롯한 시민 살상 행위가 광주 외곽 곳곳에서 이루어졌다. 5월 22일 이후 광주는 군인들에 의해 완전 포위·봉쇄당했다. 광주는 철저하게 고립되었다. 시민군이 치안과 방위를 담당하는 가운데, 시민들은 자치질서를 찾아가고 있었다. 계엄군에 의해 외부와의 통신과 교통이 차단된 상황에서 이들은 계속해서 계엄의 해제와 자유 민주화 요구 인사 석방을 요구하면서 자유민주화시민군 대표를 조직해 계엄군과 협상에 나서는 한편, 시민군 자체적으로 무기를 회수하고 광주의 치안을 담당하고 질서를 유지했다. 광주는 '광주시민해방구' 또는 '해방광주'가 되었다. 1980년 5월의 광주에서 국가 폭력에 맞서 목숨을 걸고 싸우는 시민들이 만나 공포를 극복한 용기와 이성 있는 시민임을 인정하고 축하하고 결합한 '절대공동체'를 형성하였다.(최정운, 1999: 140) 광주 해방구의 절대공동체에서 개인과 공동체가 하나가 되고 전 광주 시민들이 하나가 되어 작은 국가권력을 만들고 주권자로서 전쟁을 위해 총을 들었다.(최정운, 1999: 153) 1980년 5월 21일 광주에서 '시민군'이 조직되었고 광주민주항쟁은 목숨을 건 무장투쟁으로 발전하였다.

'해방광주'에서 광주 시민들은 수차례에 걸친 내부 대책회의와 협상 끝에 평화적 시위를 하되 계속 무장을 해야 된다는 쪽으로 가닥을 잡았다. 그러나 신군부는 광주의 결정과는 상관없이 상무충정작전으로 불리는 무력진압 작전의 시행에 들어갔다. 5월 27일 아침 광주 시내로 들어와 전라남도 도청에서 끝까지 남아 항전하던 시민군을 살상한 뒤 진압 작전을 마무리했다.

5·18광주민주화운동은 200명이 넘는 사망자와 4300여 명의 부상자를 내면서 대한민국 역사에 국군이 자국민을 학살한 오점을 남겼다. 틸리(C. Tilly)가 국가건설은 대외적 경쟁자뿐 아니라 대내적 경쟁자를 제거하는 과정이라고 지적했듯이, 광주학살은 신군부가 대내적 경쟁자를 제거함으로써 신군부의 군벌국가(caudillo state)를 건설한 사건이다. 1980년 7월 4일 전두환과 신군부는 김대중 내란음모사건을 발표하여 광주민주화운동을 김대중의 사주에 의해 발생한 소요사태로 조작했다. 광주에서 민간인을 학살하고 이를 내부적 경쟁자의 제거에 이용하였다. 내부의 잠재적 도전자를 제거한 뒤 신군부는 박정희의 국가재건최고위원회와 비슷한 군부의 집단적 독재위원회(junta)인 국가보위비상대책위원회(국보위)를 조직하여 정치적 경쟁자들을 구속, 연금, 정치활동을 금지시키고, '부패' 관료들을 숙정하여 관료사회에 공포 분위기를 조성하였다. '사회정화'라는 이름하에 대량의 정기간행물을 정리하였고, 불량배 소탕이라는 이름하에 3만여 명을 체포하고 그중 많은 수를 '삼청교육대'라는 집단수용소로 보냈다. 신군부는 친북 인사, 반체제 인사, 5·18민주화운동 참가자, 범죄자, 깡패, 건달, 무직자, 노숙자 등을 잡아들여 삼청교육대로 보내 특수훈련을 시켰

다. 삼청교육대에 연행된 대다수가 전과가 없거나 초범인데도 불구하고, 삼청교육대 특수훈련 과정에 참가시켜 다수의 사망자를 발생케 해 공포 분위기를 조성했다. '녹화사업'을 추진하면서 운동권 성향의 대학생들을 군으로 보내 '사상개조'하였다. 이 모든 '공포와 테러'가 완료되었을 때 신군부는 최규하 대통령을 하야시키고 헌법을 개정하여 다시 '체육관 선거'를 통해 전두환을 군벌독재국가의 대통령으로 옹립하였다.

그러나 신군부의 광주대학살은 두고두고 전두환과 신군부의 권력의 정통성을 위협하는 태생적 결함(birth defect)이 되었다. 광주민주화운동은 민주주의를 향한 광주 시민의 의지를 대내외에 드러내었고 반민주, 군부독재의 야만성을 세계에 폭로함으로써 군부독재를 고립시켰다. 그리고 광주민주화운동은 1980년의 민중민주운동의 출발점이 되었으며 1987년 6월 민주화항쟁의 기폭제가 됨으로써 찬란하게 부활하였다. 시인 문병란은 이미 1982년에 광주민주화운동은 다시 부활하여 아사달과 아사녀처럼 민중민주화 운동과 재회할 것이라고 노래하였다.

부활의 노래[436]

문병란

돌아오는구나
돌아오는구나
그대들의 꽃다운 혼,
못다한 사랑 못다한 꿈을 안고
죽음을 넘어 시대의 어둠을 넘어
부활의 노래로
맑은 사랑의 노래로
정녕 그대들 다시 돌아오는구나.

이 땅에 우뚝 솟은 광주의 어머니

436 이 시는 1982년 고 윤상원 군과 박기순 양 두 광주열사의 영혼결혼식에 바친 진혼시임.

역사의 증언자, 무등산 골짜기 넘어
우수절 지나 상그러이 봄내음 풍기는,
기지개 켜며 일어서는 무진벌 넘어
한많은 望月洞,
이름모를 먼 주소를 넘어
가난한 이웃들이 모여 사는
광주 지산동 광천동
청소부 아저씨네 낡은 울타리를 넘어
주월동 셋방살이 젊은 기사님네
작은 창문을 넘어
정녕 그대들
떠나면 저승의 길목을 넘어
언 땅 뚫고 솟아오르는
끈질긴 잡초 뿌리로 우거지는구나
툭툭 망울 트는 핏빛 진달래로 타오르는구나.
〔…〕
갇힌 벗들의 사랑이 우는 교도소 철창 속으로
문득 어깨를 치며
여보게! 씽긋 웃음지어 보이던
새봄의 향그런 쑥니파리처럼
맨살로 꿋꿋이 서 있는 참나무처럼
스스로의 몸을 썩혀 싹을 틔우는
언 땅에 묻혀 겨울을 이겨낸 보리처럼
끝끝내 죽지 않는 뿌리로
빗살 가르며 날아가는 창끝.
과녁을 향해 달려가는 화사로
온 천지 가득한 눈부심으로
돌아오는구나,
돌아와 우리들의 가슴을 채우는 빛이 되는구나.
〔…〕
한 줌 깨끗한 고향의 흙으로
그 위에 타는 찬란한 저녁노을로
풀 끝에 스미는 한 방울 이슬로
대장균 우글거리는 광추천의 검은 오열로
돌아오는구나,
돌아와 우리들의 빛나는 사랑이 되는구나.

〔…〕

문병란이 피 끓게 노래한 것처럼 광주의 민주화 혼들은 1980년대의 청년 학생들의 민중민주화운동에 불을 질렀고 1987년 6월 민주화항쟁에서 아사달과 아사녀처럼 만나 한국에서 민주주의를 부활시켰다.

2. 신군벌주의(neo-caudillismo) 체제 — 근대적 산업화의 시간과 전근대적 군벌주의의 비동시적 공존

전두환과 신군부는 군사반란을 통해 군권을 장악하고 보호해야 할 자국의 시민들을 광주에서 학살한 뒤 국가권력을 찬탈하였다. 시민사회의 상당 부분이 사실상 암묵적으로 묵인했던 박정희의 5·16쿠데타와 10월 유신 쿠데타와는 달리 전두환은 유혈극을 치른 끝에 국민적 공포를 조성하여 5·18쿠데타를 성공시켰다. 전두환과 신군부는 동의가 전혀 없는 강제력에만 의존하여 권력을 찬탈하였다. 그래서 기술관료적 합리성을 갖춘 고도의 억압적인 근대적인 권위주의 체제인 유신체제와 비교해 볼 때, 전두환의 군부독재는 기술관료적 합리성도 없이, 동의가 없는 발가벗은 권력(Macht)에 의존하는, 정당성을 갖추지 못한 권력에 굶주린 군벌들의 집단적 독재체제, 즉 전근대적인 군벌주의(caudillismo) 독재로 볼 수 있다. 5공화국하에서 경제적 시간은 산업화가 심화단계로 접어든 성숙한 근대의 시간이었으나, 정치의 시간은 전근대적인 신군벌주의로 퇴행하였다. 전두환과 신군부의 군벌주의 체제 내에서 비동시성(근대적 산업화와 전근대적 군벌주의)이 공존하고 있었다.

1) 신군벌주의로의 퇴행

군벌주의(caudillismo)란 전근대적 인치주의적(personal) 가산주의 독재의 일종으로 전근대적 술탄이 지배하는 술탄주의, 지방 토호가 지배하는 토호(카시크)주의(caciquismo)와 달리 군벌(military chieftains)이 지배하는 가산주의 독재이다. 이 세 유형의 극단적인 형태의 가산주의 독재는 지배자의 유형이 다를 뿐 지배 방식은 유사하다. 군벌주의는 가산주의 독재의 기본 특성을 공유하고 있다. 지배자는 1) 두려움, 공포와 보상으로 협력자와 백성의 충성을 획득하려 하고, 2) 제약을 받지 않고, 규칙, 이데올로기, 가치체계에 구애받음이 없이 자의적으로 권력을 행사한다. 지배자의 자의적인 개인적 정책결정은 관료행정체계의 규범과 관계에 구속받지 않는다. 3) 지배자의 스태프들은 흔히 자신의 가족이나, 친구, 사업 협력자 중에서 지배자가 직접 충원하는데, 직업 경력과 능력은 중요한 고려 대상이 아니며 지배자에 대한 개인적인 복종과 충성이 고위직을 차지하는 중요한 관건이다. 4) 군벌주의는 후견주의(patronage), 정실주의(cronyism), 그리고 그로 인한 부패로 특징지어진다. 그러나 만약 부패가 사회의 모든 수준에서 만연할 경우 군벌주의는 전통적, 법적, 합리적 그리고 이데올로기적 정당성의 취약성을 드러내게 된다. 그리고 5) 개인적인 지배복종관계를 특징으로 하고 있는 군벌주의는 계승에 관한 제도화된 수단과 절차가 결핍되어 있으며, 계승을 둘러싼 정치권력 경쟁에서 폭력을 사용하며, 따라서 지배자가 임기를 온전히 마치고 안전하게 귀가하는 것이 쉽지 않다.(Chehabi and Linz, 1998: 3-7; Linz, 2000)

전두환과 신군부 군벌은 박정희의 유신체제가 갖고 있던 최소한의 정통성마저도 민주화항쟁에 나선 광주 시민들을 대량 학살함으로써 소진하고 말았다. 그야말로 정통성이 없이 국가 폭력만이 난무하는 발가벗은 '군벌주의' 독재(caudillismo)가 산업화 사회에 이미 진입해 있는 한국의 노동자와 시민들 그리고 중산층까지 억압하였다.

필자가 전두환과 신군부가 지배한 5공화국을 군벌주의 독재체제로 보는 이유는 첫째, 공포와 두려움(fear)으로 정권을 출범시키고 유지하려 했기 때문이다. 전두환과 신군부는 광주대학살, 깡패소탕작전, 삼청교육대라는 일련의 공포정치를 통해 국민들에게 두려움을 심어 놓음으로써 정통성 없는 정권을 출범시키는 군벌주의 방식을 채택하였다. 5공화국의 출범 후에도 국가권력을 정당화해 주는 동의의 부분이 사라지고 발가벗은 폭력만이 남았다. 전두환 정권하에서 국가폭력에 의해 행해진 인권 침해와 인권 탄압의 백화점을 보게 된다. 사회의 불순분자는 삼청교육대로 보내져 청소되었으며, 저항하는 학생들은 강제 징집되거나 감옥으로 보내졌으며, 언론은 통폐합되었고 보도지침이 내려졌으며, 이념 서적에 대한 출판 규제로 시민의 알 권리와 언론, 출판의 자유를 박탈하였다. 학생운동, 통일운동, 빈민운동, 민중운동 등도 탄압되었다. 용공조작에 의해 간첩 만들기도 여전하였다. 민주화를 위한 연대운동 결성은 대부분 급진좌경세력에 의한 반국가단체 결성으로 매도되어 국가보안법으로 처벌받았다. 불법연행, 구금, 연금, 가두검문, 연행, 대량구속, 고문, 가혹행위 등의 인권침해가 일반화되었다.[437] 일반 시국사범도 국가보안법 사범이 되어 갔다. 노동자들의 집단행동은 유신체제하에서보다 더 철저하게 탄압되었다. 전두환 정권은 가능한 모든 수단을 동원하여 노동자들의 조직화를 저지하려 하였다. 노조의 설립을 행정적으로 억제했을 뿐만 아니라 구사대에 의한 폭력을 용인하였고, 노동자들의 집단행동을 무자비하게 탄압하였다.

그러면서 전두환은 군사반란과 군부 쿠데타에 참여한 하나회를 비롯한 정치장교 집단에게 충분한 물질적 보상을 함으로써 그들의 충성을 확보하였고, 민간인 엘리트들을 물질적 보상과 의회와 행정부의 자리를 제공함으로써 포섭하였다. 두려움과 보상은 전두환 정권이 지배 엘리트의 충성을 확보하는 일관된 '당근과 채찍'이었다.

둘째, 전두환은 자의적으로 권력을 행사하였다. 전두환은 유신군주 박정희에 못지않은 일인지배체제를 구축했다. 그는 국가원수, 여당 총재, 행정수반을

437 김일수, 1994, 〈5공의 인권과 사법부〉, 동아일보사 편, 《현대사를 어떻게 볼 것인가 6 — 5공 평가 대토론》, 동아일보사, 259쪽.

겸직하였을 뿐 아니라 입법부와 사법부도 거의 자의적으로 통제하였다. 그는 긴급조치권, 계엄선포권, 국회해산권, 정당해산권을 가지고 박정희에 못지않은 독재권력을 자의적으로 행사할 수 있었다.[438] 전국구 의석의 2/3를 집권 여당에 배분하도록 하는 5공헌법은 '2/3유신체제'로 불렸다. 이러한 제도적 권력 외에도 그는 친위 보안기구를 통해 군, 정부, 의회, 그리고 국민을 통제했다. 박정희 시대의 중앙정보부를 대신해서 보안사령부가 친위대의 핵심을 담당했다. 보안사령부는 언론통폐합, 공직자 숙청, 언론 통폐합, 정계 개편, 삼청교육대 등의 핵심적 사회통제정책을 기획하고 실행에 옮겼다. 중앙정보부의 후신인 안기부는 5공 초기에는 위축되었으나 전두환의 충복인 장세동이 안기부장직을 맡은 후 보안사와 더불어 억압정치와 공작정치의 견인차가 되었다.(김호진, 1994: 103)

셋째, 5공화국의 지배 엘리트들은 철저히 전두환과 5공 정권에 대한 충성도를 기준으로 충원되었다. 전두환은 "박정희 없는 유신체제"를 계승하겠다고 공언하면서 박정희의 반대파들을 구속, 감금, 숙청, 정치활동 금지 조처를 통해 제거하였다. 그러나 그는 박정희의 측근 인사들까지 숙청하였다. 유신체제의 2인자 김종필을 체포하여 재산을 몰수하고 정치활동을 금지시켰고, 박정희의 친위세력들을 정치활동 금지, 재산 몰수 등으로 지배 엘리트 군에서 배제하였다. 적어도 지배 엘리트 구성에서 유신체제와 5공화국은 연속성보다 단절이 지배하였다. 전두환과 신군부는 "박정희 없는 유신체제"를 구축하겠다는 약속을 어기고 자신들이 권력을 장악하고 유지하기 위해 많은 경우 박정희가 구축한 제도, 문화, 관례도 부정하였다. 군부독재 정권을 수립한 뒤, 전두환과 신군부는 박정희를 계승하려 하기보다는 박정희의 부정을 통해 그들의 권력의 정통성을 살리려 했다.(김형아, 2005)

438 김호진, 1994, 〈제5공화국의 정권적 성격〉, 《5공평가대토론》, 동아일보사, 102쪽.

전두환은 12·12군사반란 세력을 중심으로 민주공화당을 해체하고 자신들의 집권 여당인 민주정의당(민정당)을 결성했을 뿐 아니라 충성스런 관제 야당인 민주한국당(민한당)과 국민당까지 조직해 주었다. 그래서 사람들은 5공화국의 세 정당을 1·2·3중대라고 불렀다. 전두환과 신군부는 행정부와 의회뿐 아니라 공공부문의 요직을 자신들에 대해 충성하는 인사들을 앉혔다. 능력 위주로 충원된 공무원 집단을 사회로부터 격리시켜 관료적 합리성으로 국가를 운영한다는 베버(M. Weber)의 관료제 원칙은 적용되지 않고 정실주의(croynism), 친인척주의(nepotism), 연고주의, 후원-수혜주의(patron-clientelism)의 원리로 국가가 운영되었다.

넷째, 군벌주의의 중요한 특징인 구조적인 부패가 조직적으로 행해졌다. 전두환의 부정 수뢰 규모는 민주화 이후 1997년 법원에서 확정 판결된 금액만 해도 2,205억 원이었다. 실제로는 그는 그보다 훨씬 많은 천문학적인 부패를 자행했을 것으로 추정된다. 그럼에도 불구하고 법적 환수조치를 취하려는 검찰에 대해 당당히 29만 원밖에 재산이 없다고 밝혀 국민적인 실소를 자아내기도 했다. 전두환만 부패한 것이 아니었다. 정권 자체가 구조적으로 부패했다. 5공기간 동안 여러 차례 권력형 비리사건이 발생했는데 전두환 부부의 친인척인 장영자와 이철희의 6000억에 달하는 어음사기 부패사건은 대표적인 5공 부패사건으로 기록되고 있다. 이 밖에도 1983년에 발생한 명성그룹사건과 영동진흥개발사건도 대표적인 부패 사례였다. 전두환의 친동생인 새마을본부 중앙회 회장이었던 동생 전경환도 76억여 원의 공금횡령 혐의로 구속되었으며, 사촌동생 전순환과 친형 전기환, 처남 이창석 등 거의 가족 전원이 친인척 비리를 저질렀다.

그럼에도 불구하고 전두환의 군벌주의 독재를 '신(neo)'군벌주의로 명명하는 이유는 박정희의 유신체제하에서 확립된 근대적 기술관료적 독재의 특성이 경로의존적으로 전두환의 군벌주의에 내장되어 있었기 때문이다. 전두환과 군벌들은 스스로 전문성을 요구하는 경제문제에 무지하다는 것을 자각하였고 경제문제는 경제기술 관료에게 맡겼다.[439] 전두환이 경제정책에 관여하지 않게 하고 기술관료에 일임함으로써 5공 경제정책의 관료적 합리성을 높일 수 있었고 전두환은 적어도 경제 분야에 있어서는 뛰어난 업적을 이룰 수 있었다. 따라서 5공을 단순한 전근대적인 군벌주의로 부르는 것보다 근대적인 관료적 합리성이 경제정책 분야에 작동하는 신군벌주의로 명명하는 것이 타당하다. 전두환은 1980년 9월 명문 캘리포니아대학 버클리에서 경제학박사를 받은 서울대 정치학과 출신 김재익을 등용하였다. 김재익은 전두환의 경제 가정교사 역할을 하였고 김재익의 능력을 간파한 전두환은 경제정책에 관한한 김재익에 일임하여 소신대로 정책을 밀고 나갈 수 있게 하였다. 전두환은 '경제에 관해서는 당신이 대통령이야'라면서(이장규, 2008) 김재익에게 경제정책 전반에 대한 절대적인 권한을 부여했다. 전두환의 신임을 받은 김재익은 박정희 말기의 중화학공업 과잉투자로 발생한 한국 경제의 위기를 타개하기 위해 박정희의 국가주의적 발전 모델을 시장순응적 권위주의(market-conforming authoritarianism) 모델로 변형하였다. 경제기술관료 김재익은 경제자율화, 시장자유화, 개방화, 안정화 조치를 단행하여 뛰는 물가를 잡고 경제를 다시 고도 성장의 궤도로 올려놓았다.

2) 유신군주 박정희의 비극과 군벌 대통령 전두환의 희극[440]

공포와 위협으로 대통령의 자리에 오른 전두환은 국민들로부터 사랑받지도 못했고 그렇다고 공포의 대상이 되지도 못했다. 그는 노자와 마키아벨리가 공통

---

439 경제문제에 관한 전두환은 위임형 리더십을 발휘했다. 이는 만기친람형(萬機親覽型)의 박정희 리더십과 대조적이다. 전두환은 박정희가 계속해 온 국가와 민간 부문 간의 '심의적(deliberative)' 국가운영을 거의 단절시켰다. 월간경제동향회의를 일 년에 한두 번, 무역진흥회의는 1985년에 3번, 1986-1987년에는 한 번도 개최하지 않았다. 그는 경제문제를 기술관료에 위임함으로써 높은 경제적 업적을 이룰 수 있었다.

440 임혁백, 2012,《대선 2012 — 어떤 리더십이 선택될 것인가》, 인텔리겐찌아, 122-132쪽 참조.

적으로 이야기하는 최악의 리더였다. 그는 법과 형벌로 다스리려고 했지만 국민들이 겁을 내지 않고 대들었고, 멸시하고 업신여기고, 미워하고, 조롱하면서 개그와 웃음거리로 삼아 대통령을 코메디언으로 만들었다. 전두환 대통령 치하에서 전두환과 아주 흡사하게 생긴 탤런트는 전두환과 매우 닮았다는 이유로 방송출연 정지가 되었고 민주화 이후에야 다시 방송과 영화에 출연하여 바로 그 전두환 역을 연출할 수 있었다.

박정희와 전두환의 권위주의 독재체제 사이의 단절성과 연속성, 성공과 실패는 마르크스(Marx)가 이야기한 헤겔(Hegel)의 《법철학강요(*Philosophy of Rights*)》의 문구를 다시 상기시켜 준다.

> 헤겔이 어디에선가 이야기하기를 모든 세계사적인 중요성을 지닌 사건과 인물은 두 번 되풀이하여 일어난다고 했다. 그런데 헤겔은 다음과 같은 사실을 첨가하는 것을 잊었다: 즉, 첫 번째는 비극으로, 두 번째는 소극(笑劇)으로 끝난다는 사실이다.
>
> — Karl Marx, *Eighteenth Brumaire of Louis Bonaparte*, 1952

마르크스의 날카로운 역사 해석이 한국에도 적용 가능하다면 우리는 이렇게 이야기할 수 있을 것이다. "세계사적인 중요성을 지닌 한국의 산업화 과정에서도 사건과 인물은 두 번 반복되었다. 한 번은 자신의 부인을 흉탄에 잃고 끝내는 측근이자 가장 친한 친구에게 피살됨으로써 생을 마감한 박정희의 비극으로 끝났고, 다른 한 번은 광주의 유혈을 통해 군부 권위주의를 복원하여 권력을 찬탈함으로써 국민의 미움, 멸시, 그리고 조롱거리가 된 전두환의 희극으로 끝났다고 말이다."

전두환과 신군부는 5공 정권을 희극으로 만들었다. 광주유혈극을 통해 집권한 전두환과 신군부는 실제 현실과 정반대되는 '정의구현사회'라는 구호를 내걸고 '민주정의당'이라는 당명을 가진 집권당을 창당하여 군복을 민간복으로 갈아입고(soldiers in mufti) 권력을 찬탈하였다. 광주 대학살과 인권탄압이라는 실제와는 정반대의 위치에 있는 '정의구현사회'라는 구호를 내세웠을 때 한국 국민들은 5공 정권의 희극성을 바로 간파할 수 있었다. 전두환은 페르시아 제국을 건설한 사이러스(Cyrus, 키루스 대왕 또는 고레스 대왕으로 불림) 대왕이 가진 관후인자, 절제와 자제, 보상과 나눔(sharing), 포용과 관용, 신상필벌의 리더십 덕목과는 반대되는 공포, 위협, 국가를 사적 전리품으로 여기고 부하들과 나눠 먹는 지대분배, 민주 인사, 민중, 부랑아의 억압, 투옥, 강제징집, 삼청교육대 보내기, 그리고 신상필벌이 아니라 친인척과 측근 부하들에만 논공행상하는 정실주의와 친인척주의가 결합한 군벌주의 리더십이라는 최악의 리더십을 보여 주었다.

전두환 대통령은 정치에 무식하면서도 자신이 정치를 잘 안다고 생각하고 '정치는 바르게 하는 것' 즉 '정의의 실현(政者正也)'이라는 공자의 말을 따서 집권 여당의 이름을 5공의 실제와 정반대되는 민주정의당(民主正義黨)으로 지어서 국민들에게 웃음거리가 되었고, 그러면서도 정치의 요체는 역시 국민에게 회초리를 드는 것이라고 믿고 저항세력들을 통제, 억압, 사찰하여 국민들의 미움을 샀고 마침내는 6월 민주화항쟁으로 불리는 국민적인 민주화 투쟁에 의해 강제로 쫓겨났다. 그러나 전두환 대통령은 정치에서는 무식하면서도 부지런해서 실패했으나, 경제에는 무식하다고 생각하여 전문가에 일임하여 역설적으로 성공했다. 전두환은 박정희 말기부터 심화된 경제위기를 극복하였고, 국제수지를 흑자로 돌아서게 했으며, 물가를 안정시켰다. 그리고 군 출신 대통령의 장점을 이용하여 국방도 튼튼하게 만들었다. 그러나 전두환은 광주학살을 통해 권력을 찬탈했다는 태생적인 정통성의 결함을 극복하지 못하고 집권기간 내내 국민의 신뢰를 받지 못했다. 국민들로부터 신뢰를 받지 못하자 전두환은 정통성의 결함을 해소하려 하기보다는 강권통치로 민심을 억누르려 했고 다시 국민으로부터 버림을 받는 악순환을 자초하였다.

전두환은 "백성들이 정치를 신뢰하지 못하면 나라가 설 수 없기(民無信不

立)" 때문에 튼튼한 국방(兵), 풍요로운 경제(食)보다 국민의 신뢰를 획득하는 것이 좋은 정치의 요체라고 한 공자의 가르침을 따르지 않았다.(孔子, 《論語》, 顏淵 篇) 전두환 대통령과 국민들 사이에는 원초적으로 신뢰가 형성되어 있지 않았고, 집권기간 중에도 전두환 대통령은 국민의 신뢰를 쌓지 못하고 통치자와 피치자 간의 신뢰 회복에 역행하는 많은 희극적인 일을 저질렀다. 북한이 '금강산댐'을 건설하여 서울을 수몰시킬 것이라고 하면서 금강산댐의 방류를 저지할 수 있는 통일댐을 반강제적인 국민성금으로 건설하게 하였고, 사회정화라는 이름하에 무고한 양민을 삼청교육대로 보내고 청송보호소에 감금하였다. 국보위, 사회정화위원회와 같은 초법적 기구로 국민을 '무섭게' 통치하려 했으나 국민들은 조소하였고 철권통치하에서도 학생과 재야인사들이 민주화를 요구하는 시위를 벌였다. 한마디로, 근대화라는 시대적 화두를 선점하고 어느 정도의 정통성과 정당성을 가지고 철권통치를 했던 박정희와는 달리 전두환의 독재는 광주 시민을 학살하면서 권력을 찬탈한 발가벗은 정통성이 전혀 없는 군부독재였고, 국민들은 전두환을 무서워하기보다는 대들고 조롱하고 멸시하였다.

전두환의 희극적 리더십에서 배우는 교훈은 국민의 신뢰를 얻지 못하면, 자발적 팔로워십(willing obedience)은 기대하기 어렵고, 불신하는 국민들에 의해 몰락한다는 것이다. "가장 훌륭한 요새는 백성들의 미움을 받지 않는 것이다. 요새를 갖고 있어도 백성이 군주를 미워한다면 군주를 지켜 줄 수 없다"는 마키아벨리의 날카로운 지적이 전두환과 5공 정권에 잘 들어맞는다.(Machiavelli, *Prince*) 전두환이 1984년 말 유화조치로 국민들에 대한 억압의 고삐를 풀자마자 국민들은 전두환과 신군부의 군벌독재에 저항하고 도전하였다. 군부독재정권과 민주화 연합세력은 장기적인 '밀고 당기기 전쟁' 끝에 마침내 전두환의 군벌독재정권을 굴복시키고 민주화를 이루어 내었다.

제13장

80년대 민주화의 시간[441]

민주주의와 군부 권위주의의 비동시성적 시간의 충돌

한국에서 유신체제가 1979년 10월에 붕괴하였지만 '스턴 원리(Stern Principle)'에 따라 유신체제의 붕괴는 자동적으로 민주화로 이어지지 않고 오히려 군부에 의한 재권위주의화로 종결되었다. 유신체제의 붕괴가 저항세력의 힘에 의해서가 아니라 집권세력의 일시적인 분열에 따른 집권자의 피살로 이내 일어났기 때문에 유신체제의 기본 구조가 유지되는 가운데 군벌주의라는 형태의 권위주의로 퇴행하였다.

시민사회로부터의 민주화운동을 무력으로 진압하면서 등장한 전두환과 신군부의 군벌독재 정권은 조직화된 자율적 시민사회의 재출현을 두려워하였다. 유신 말기에 민중민주운동은 다중적 담론의 대연합을 통해 유신체제의 문화 헤게모니를 대체할 수 있는 대항 헤게모니를 형성하였고 이러한 대항 헤게모니가 유신체제 몰락을 이끈 문화 정치적 기반이 되었다. 이러한 사실을 알고 있었던 전두환 정권은 모든 수단을 동원하여 자율적인 시민사회의 등장을 막으려 하였다.

서슬이 시퍼런 5공화국 초기에 시민사회는 그나마 주어진 정치적 공간에 만

441 〔임혁백, 1991, 〈한국에서의 민주화 과정분석 — 전략적 선택이론을 중심으로〉, 《한국정치학회보》 26(1); 임혁백, 1994, 〈5공의 민주화 투쟁과 직선제 개헌〉, 동아일보사 편, 《5공평가대토론》; 임혁백, 1994, 〈한국에서의 민주화 과정 분석〉, 《시장·국가·민주주의》, 나남〕을 참조.

족하는 '방어적 시민사회(defensive civil society)'의 모습을 보일 수밖에 없었다. 민중민주운동은 지하로 들어갔고 명동성당이나 종로5가 기독교회관과 같은 종교적 피난처에서 성명서를 낭독할 수밖에 없었다.(Im, Hyug Baeg, 2005) 그러나 군부정권의 가혹한 억압에도 불구하고 일부 대학생들은 투신, 분신이라는 극한적 수단을 통해 군부독재정권에 대항했다.[442]

1984년 이후 유화 국면이 전개되면서 시민사회는 전두환 정권이 허용한 제한된 정치공간을 이용하여 정당을 조직하고 사회운동을 조직하는 '동원적 시민사회(mobilizational civil society)'로 탈바꿈하였다. 제적된 학생운동가들이 학원에 복귀하면서 전학련이라는 전국적 학생운동조직이 결성되었고, 지하노동운동조직은 민주노조의 재건에 나섰다. 농민, 판자촌 빈민, 교사, 교수, 언론인, 종교인, 예술가, 구속자의 가족 등 거의 모든 부문에서 자율적인 사회운동조직에 나섰다. 각 부문의 사회운동 조직들은 민민협, 민주통일 국민회의와 같은 전국적 연합조직을 결성하는 단계에 이르렀다.

한국 민주화의 동학은 1985년의 2·12총선거를 계기로 정권과 시민사회 간의 힘의 대칭관계가 형성되면서 시작되었다. 그러나 신한민주당이라는 민주적 대안세력의 등장과 시민사회의 부활은 국가권력의 항복을 받아내는 데까지 이르지 못하고 국가와 시민사회 간의 '해결점이 없이 장기화된 대치상태'만을 가져왔다. 장기화된 교착상태를 깬 것은 전두환 정권의 4·13호헌선언이었다. 4·13호헌선언이 발표된 후 항의 시위의 물결이 전국을 휩쓸었고, 이러는 와중에 박종철 고문치사 사건이 은폐되었다는 사실이 밝혀지면서 전두환 정권에 반대하는 국민적 저항운동이 일어났다. 박종철 고문치사사건을 계기로 중산층과 종교계가 민주화를 위한 시위에 적극 가담하게 되었고 야당, 사회운동 세력, 학

442 1980년 5월 29일 기독교회관 옥상에서 서강대 김의기 학생이 "유신 잔당이 유혈참극을 벌이고 있다"는 글을 뿌리고 투신자살하였고, 노동운동가 김종태는 이화여대 네 거리에서 "유신 잔당 물러가라"고 외치며 분신자살하였다.(민주화운동기념사업회 한국민주주의연구소 편, 2010, 《민주화운동사 3 — 서울의 봄부터 문민정부 수립까지》, 돌베개, 186-187쪽)

생, 중산층을 포함하는 최대 민주화 연합이 형성되었다. 한국 민주화는 국가와 시민사회 간의 긴 줄다리기 전쟁 끝에 6·29선언으로 상징되는 차선적인 타협점을 찾은 끝에 이루어졌다.

이 장에서는 군부 권위주의 정권의 억압의 시간과 민주화연합세력의 민주화 시간이라는 두 비동시성적 시간의 충돌이 자유화, 거리에서의 대중 동원, '밀고 당기기' 전쟁, 대치, 6월시민항쟁을 거쳐 1987년 6월 29일 민주화 대타협에 이르는 과정을 서술할 것이다. 한국 민주화 과정의 기본적인 특징은 군부 정권의 억압과 동원적 시민사회의 '거리의 의회(street parliament)' 간의 장기화된 '밀고 당기기 전쟁(tug-of-war)'으로 대치상태(standoff)라는 '불가능 게임(impossible game)' 구조하에서도 한국의 민주화 세력이 최대다수의 민주화대연합을 구축하여 군부 정권을 압박하고 미국의 변화된 대한정책을 이용하여 불가능 게임을 해결책이 있는 '가능 게임(possible game)'으로 바꾸어 '6·29선언'이라는 군부 정권의 민주화 대양보를 받아 내었다는 것이다. 한국 민주화는 자생적이고 상대적으로 평화적인 타협에 의한 민주화 유형에 속한다.

1. 민주화 과정 — 자유화, 밀고 당기기 전쟁, 민주화 대타협

1) 유화 국면과 시민사회의 부활

민주화는 자유화로부터 시작된다. 동구 사회주의 국가들처럼 자유화가 민주화와 동시에 일어날 수 있으나 민주화의 뒤를 이어 자유화가 일어나는 경우는 없다. 왜냐하면 민주화라는 정치적 경쟁의 회복은 언론, 출판, 집회, 결사의 자유의 회복 없이 이루어질 수 없기 때문이다. 5공 군부정권하에서 자유화는 1983년 말 유화 국면하에서 정치 공간이 열리면서 일어났다(apertura). 전두환 정권은 1983년 말 학원자율화 조치로 제적학생을 복교시키고, 해직교수를 복직시켰으며, 뒤이어 정치활동 규제자들을 해금하였다. 전두환 정권의 유화조치는 억압의 이완(decompression)이라는 측면에서 한국적인 자유화의 시작을 의미한다. 그러나 다른 권위주의국가들과 마찬가지로 5공화국의 자유화 조치도 집권세력의 전략적 계산착오로 일어난 것이다. 전두환 정권은 과도한 자신감에서 권력으로부터 자신의 강제 퇴장을 초래할지도 모르는 위험한 정치적 개방을 선택하였기 때문이다.

유화조치는 전두환 정권이 아래로부터의 압력에 굴복하여 군벌주의 억압체제의 자유화에 양보한 것이 아니라 그 반대로 이제까지의 성공에 고무되어 정치적 공간을 어느 정도 열어 놓은 상태하에서도 계속 정치 과정을 자신이 의도하는 대로 이끌어 갈 수 있다는 과잉 자신감에서 자유화 조치를 취한 것이다. '성공의 패러독스'로 유화조치가 나왔다고 이야기할 수 있다. 전두환 정권의 신자유주의적 경제안정화정책은 1983년에 이르면 낮은 인플레이션하의 고도성장이라는 결실을 가져올 수 있었다. 전두환 정권은 1980년의 -5.2%의 마이너스 성장을 1981년, 6.6%, 1982년 5.4%의 성장으로 회복시킨 데 이어 1983년에는 11.9%의 고도성장을 이룩할 수 있었으며, 1980년 28.7%에 달했던 인플레를 1983년에는 3.4%로 진정시킬 수 있었다. 또한 전두환 정권은 정치적 경쟁자, 언론인, 노동자, 학생들을 묶어 놓을 수 있는 제도적 안전장치(예, 보안법, 언론기본법, 노동법, 집시법, 정치풍토 쇄신을 위한 특별조치법)를 갖춘 데 대해 자신감을 얻었다. 자신들의 권력이 안정화되었다고 판단한 시점에서 전두환 정권은 유화조치로 잃을 것은 적으나 얻을 것은 많다는 정치적 계산을 하게 된 것이다.

전두환 정권은 무자비한 탄압정책이 반대세력의 이념적 급진화를 초래하고 반정부 민주화운동의 도덕성을 보장했다는 역효과를 자초하였다고 판단하였다. 물론 유화조치로 광주학살이라는 정권의 태생적 정통성 결함이 해소되리라 믿지는 않았으나 정권의 폭력성의 이미지를 완화시킬 수 있다는 효과를 노렸을 것이다. 여기에 더하여, 유화조치로 온건 반대세력을 매수, 포섭함으로써, 온건 반대세력과 급진적 학생, 노동운동 세력 간의 반목을 가중시켜 분리 지배할 수 있다는 전략적 계산도 하고 있었다. 유화조치로 나온 정치인 해

금조치는 또 하나의 충성스런 야당의[443] 출현을 가져와 패권적 지배 정당인 민정당과 다수의 무력한 소수 정당으로 구성된 다당제구조를 만들어 1985년의 2·15총선에 대비하자는 전략적 계산도 하고 있었다. 말하자면 전두환 정권의 자유화 조치는 권위주의 지배체제를 제도화하려는 한국 정치의 멕시코화(Mexicanization)의 기도에서 나왔다고 볼 수 있다.[444]

그러나 유화 국면은 정권이 의도한 방향으로 전개되지 않았다. 정치적 공간이 열리자마자 모든 것은 정권의 통제를 벗어나 버렸다. 판도라의 상자가 열린 것이다. 집권세력들은 시민사회의 자율적 조직능력을 과소평가하는 오류를 범한 것이다. 유화 국면이 전개되자마자 독립적이고 자율적인 조직이 시민사회 내에서 폭발적으로 출현하였다.[445] 제적됐던 학생운동가들이 학원으로 복귀하면서 공식적 학생운동조직을 장악한 뒤 1년이 안 되는 기간 내에 전국학생총연맹(전학련)이라는 전국적 조직을 결성하였으며, 지하노동운동조직은 민주노조의 재건에 나서면서 동시에 한국노동자복지협의회와 같은 연대조직을 결성하였다. 사회운동의 폭발은 학생운동과 노동운동에 한정되지 않았다. 농민, 판자촌 빈민, 교사, 교수, 언론인, 종교인, 예술가들 역시 자율적인 사회운동의 조직에 나섰다. 각 부문의 사회운동 세력들은 민민협, 민주통일국민회의와 같은 전국적 연합조직을 결성하는 단계에까지 이르렀다. 조직의 결성을 마친 사회운

443 권위주의하에서 충성스런 야당에 관해서는 Juan Linz, "Opposition in and under an Authoritarian Regime: The Case of Spain" in Robert Dahl(ed.), *Regimes and Opposition* (New Haven: Yale University Press, 1973).

444 권위주의 시대의 멕시코는 제도화된 지배정당인 PRI(Partido Revolucionario Institucional, 제도혁명당)를 건설하여 집단적인 권위주의 지배를 제도화하였다. PRI는 멕시코혁명(1910-1920) 이후 등장한 새로운 권력 구조를 제도화한 정당이다. PRI는 군부, 지방 정치세력, 농민, 노동운동 지도자들, 공무원 그리고 국가 정당기구 간의 연합정당이었고 압도적인 지지기반을 근거로 민중주의적 권위주의의 제도화를 성공시켰다.

445 O'Donnell과 Schmitter는 이와 같은 시민사회 내에서의 자율적인 조직의 폭발 현상을 시민사회의 부활(resurrection of civil society)이라고 표현하였다.(G. O'Donnell and P. Schmitter, 1986, "Tentative Conclusions about Uncertain Democracies")

동 세력들은 곧 정권의 관용의 한계를 시험했다. 전두환 정권은 권력의 정당성과 합법성에 도전하지 않는 한도 내에서 사회운동조직의 활동을 용인하였다. 자연히 사회운동 세력들은 권위주의가 설정한 제도적 틀 내에서 자신의 이익의 실현을 위한 투쟁이 불가능하다는 것을 깨닫게 되었고 권위주의 제도 틀 자체에 도전하는 투쟁에 돌입하게 되었다.

권위주의 정권의 자유화 조치는 정권이 자유화 과정을 통제할 수 있는 한도 내에서만 지속될 수 있다. 그러나 권위주의 체제의 폐쇄적 성격과 시민사회 내의 자율적 조직은 서로 충돌할 수밖에 없다. 시민사회 내의 자율적 조직이 국가와 정치사회와 같은 제도적 공간 내에서 그들의 이익을 대표하거나 협상할 수 없다고 판단할 때, 그들은 자연히 거리에서 자신들의 문제해결을 위한 투쟁을 전개할 수밖에 없게 된다. '거리의 정치'가 전개된다는 것은 통제된 자유화가 실패하고 있다는 것을 의미한다.(Przeworski, 1992: 110) 이때 정권은 자유화의 마감을 선언하고 억압에 나서게 되고 사회운동조직은 대중 동원을 통해 정권 타도에 나서게 된다. 그러나 사회운동 세력과 권위주의 정권 간의 전면적 대결은 바로 일어나지 않았다. 왜냐하면 1985년의 국회의원 총선거라는 정치 일정이 기다리고 있었기 때문이다. 선거는 집권세력의 억압과 반대세력의 대중 동원을 통한 압력의 충돌을 일시적으로 유보시켜 주었다.

2) 선거 국면 — '선거를 통한 개방' 대 '선택이 없는 선거'

권위주의하에서의 선거를 보는 두 가지 상반된 이론이 있다. 하나는 '선택이 없는 선거(elections without choice)' 이론이고, 다른 하나는 '선거를 통한 개방(opening through elections)' 이론이다.[446] 선택이 없는 선거이론은 권위주의하

446 선택이 없는 선거 이론에 관해서는 Guy Hermet, Richard Rose and Alain Rouquie (eds.), *Elections without Choice* (London: MaeMillan, 1978); 선거를 통한 개방 이론에 관해서는 Bolivar Lamounier, "Will the Brazilian Case Become a Paradigm?," *Government and Opposition*, Vol. 19, No. 2 (1984) and "Authoritarian Brazil Revisited: The Impact of

에서의 선거는 국민들에게 정치적 대안에 대한 진정한 선택권을 부여하지 않고 따라서 기본적 권력구조에 의미 있는 변화를 가져올 수 없는 단순한 의례(ritual) 또는 의사(疑似) 민주주의적(pseudo democratic)인 겉치레(facade)에 지나지 않는다는 것이다.

이에 반해 선거를 통한 개방 이론은 비록 권위주의하에서의 선거가 권력의 소재지의 변경을 초래하지 않는다는 것을 인정한다 하더라도 선거는 권위주의에 반대하는 다양한 이질적인 사회운동 집단들을 연결시키고 묶어 줄 수 있는 귀중한 제도적 공간을 제공한다는 것이다. 집권세력의 사전적 보장장치와 사후적 조작 때문에 선거의 결과가 권력의 변경을 초래하지는 않았다 하더라도, 반대세력이 예상치 못한 성공을 거두었을 때, 이는 정권의 허약성의 신호로 받아들여지면서 권력 블록 내에 분열을 초래하고 반대세력들이 결집하여 제도적 정치공간 내에 체제 반대세력들의 정당을 조직하게 되는 계기를 마련해 준다는 것이다. 따라서 선거를 통한 개방 이론은 권위주의하에서의 선거가 형식적 민주주의의 겉치레로 권위주의 정권의 억압적 성격을 은폐하려는 의식행사 이상의 기능을 한다고 주장하면서, 권위주의하에서의 선거의 조작성에 초점을 맞추기보다 헌정적 연속성이 폐쇄적 권위주의하에서 정치적 공간을 개방할 수 있는 가능성에 주목해야 한다는 것이다.

한국의 군부 권위주의의 중요한 특징 중의 하나는 선거, 의회, 정당과 같은 형식적 민주주의의 외피를 완전히 벗어던지지 않았다는 것이다. 가장 억압적인 권위주의 정권인 유신체제하에서도 선거의 외피는 존속되었다. 선거라는 정치적 외피는 권위주의 정권이 억압적인 본성을 감추면서 정권의 이미지를 개선하고 정통성을 높일 수 있는 가장 효과적인 의사(疑似)민주주의적인 장치로 간주되었던 것이다. 또한 선거가 권위주의 정권이 의도한 결과를 낳았을 경우 선

Elections on the Abertura," in Alfred Stepan (ed.), *Democratizing Brazil: Problems of Transition and Consolidation* (Oxford: Oxford University Press, 1989)를 참조.

거는 자유화 확대 요구의 억압을 정당화할 수 있는 근거를 제공할 것으로 믿었다. 이 점에서 한국의 권위주의 정권 담당자들은 선거가 권위주의 정권에 가져다줄 비용과 역기능을 고려하지 않은 선택이 없는 선거 시각에 입각하여 선거라는 헌정적 장치를 유지시켰던 것으로 보인다. 이에 더하여 전두환 정권은 2·12총선을 1983년에 유치한 1988년 서울올림픽의 성공적인 개최를 위해서 한국 정치를 자유화시키고 있다는 이미지를 국제사회에 심어 주는 계기로 만들고 싶었을 것이다.

1985년의 총선이 가까워 오자 사회운동 세력들은 선거에 대한 전략을 둘러싸고 딜레마에 빠졌다. 사회운동 세력들에게 주어진 선택은 선거자체를 거부하느냐 아니면 선거정치 공간을 이용하느냐였다. 많은 사회운동가들에게 선거참여는 군부 권위주의 지배를 정당화해 주는 것 이외에는 아무것도 아니라는 인식이 퍼져 있었다. 그러나 선거를 단순히 포기하기에는 선거는 장외 운동권 세력들에게 너무도 소중한 제도적 정치공간이었다. 1984년 말 사회운동 세력 내부에서는 1985년 2월 12일로 예정된 선거에 참여할 것인가를 둘러싼 논쟁이 있었다. 선거 거부론자들은 집권당의 승리가 사전에 보장되어 있는 선거에 참여한다는 것은 권위주의 정권의 지배를 정당화하는 데 기여할 뿐이며, 따라서 군부독재를 영구화하려는 도구에 지나지 않는 선거를 저지하여야 한다고 주장하였다. 이에 반해 선거참여론(선거활용론)자들은 권위주의하에서 선거가 권력의 소재지의 변경을 가져올 수 없다는 것을 인정한다 하더라도, 민주화를 위한 민중의 역량을 동원 조직하고 정권의 파쇼적, 독재적 본질을 폭로할 수 있는 공개적인 정치공간을 열어 줄 수 있는 선거를 이용해야 한다는 '선거를 통한 개방론'을 주장했다.

1984년 말까지도 선택이 없는 선거 이론에 기초한 선거 거부론이 우세했으나 84년 12월 이후 해금 정치인을 중심으로 진정한 자율적인 반대 정당을 조직하려는 움직임이 본격화되자 점차 선거참여론이 사회운동 세력 내에서 대세를 이루게 되었다. 그후 사회운동 세력들은 해금된 보수야당 정치인들의 조직인 민추협을 중심으로 결성된 신한민주당의 선거운동을 적극적으로 지원하여 신당의 바람을 일으키는 데 결정적 역할을 하였다. 1985년 2월 12일의 총선은 사회운동 세력들의 전략적 선택이 옳았음을 증명하였다. 일단 선거유세가 시작되자마자 유세장은 정권에 의해서 금기시 되어 왔던 언어가 분출하는 공간으로 화하였다. 집권자의 광주학살 관련, 영부인의 금융 스캔들 관련 사실이 공개적으로 신당 후보의 입에서 튀어나왔고, 기존의 충성스런 야당들은 1중대, 2중대, 3중대라는 언어로 비하되었다.[447] 선거공간은 반대세력의 언술의 경계를 넓혀 주었고 2·12총선을 개별 국회의원을 뽑는 것이 아니라 민주화에 대한 국민투표로 변모시켰다.

물론 2·12총선은 선택이 없는 선거 이론에서 예견된 바와 같이 권력의 소재지 변화는 일어나지 않았다. 집권당에 유리한 경기규칙과 선거자금, 국가관료기구의 지원에 힘입어 민정당은 여전히 안정적 의회 다수를 유지할 수 있었다(276석중 148석). 그러나 2·12총선의 의미는 실제적 결과보다 상징성에 있었다. 신당의 바람에서 나타난 바와 같이 한국민들은 2·12총선을 통해 정권에 대한 불신임투표를 던짐으로써 선거 공간을 이용하여 억눌려 왔던 민주화의 열망을 분출시킨 것이다. 2·12총선은 권력의 소재지를 변경시키지는 못했으나 민의의 소재지가 어디에 있는지를 분명히 밝혀 줌으로써 권위주의 정권의 정통성에 치명타를 가했다. 2·12총선의 결과 창당한 지 한 달도 안 된 신민당은 기존의 충성스런 야당들을 제치고 제1야당으로 부상하였고, 재빨리 기존의 충성스런 야당인 민한당을 사실상 흡수하여 제도정치권 내에서 민주화 연합세력의 단일교두보를 구축하였다.

447 충성스런 야당의 성격을 나타내는 비슷한 표현은 군부 체제하의 브라질에서 ARENA(여당)와 MDB(야당)를 "Yes" party (MDB)와 "Yes, Sir" party(ARENA)로 부른 데서 찾아볼 수 있다. Melena Moteira Alves, *State and Opposition in Military Brazil* (Austin: University of Texas Press, 1985), 212.

한국 민주화 과정에서 1985년 2월 12일의 국회의원 총선거가 갖는 의미는 크다. 첫째, 무엇보다도 2·12총선으로 신민당이라는 민주화를 추진하려는 강력한 자율적 야당이 출현함으로써 대안 부재 상태에 있던 한국민들에게 정치적 대안을 제시해 주었다. 민주화 과정은 권위주의 정권의 정통성 상실과 함께 자동적으로 일어나지 않는다. 많은 경우 권위주의 정권은 정통성의 부재에도 불구하고 건재한 이유는 민중들에게 다른 정치적 대안이 없었기 때문이다. 신민당의 등장으로 한국민들은 강력한 두 지도자(김영삼, 김대중)를 가진 조직을 제도정치권 내에서 갖게 된 것이다. 이제 그들에게 싫더라도 권위주의하에서 살 수밖에 없었던 시기가 지나간 것이다.

둘째, 2·12총선은 제도권 내의 야당이 한국 민주화의 의제를 설정하고 전략을 수립하는 데 있어서 주도권을 잡게 된 역사적 사건이다. 선거 참여를 결정한 뒤에도 사회운동 세력 내에서는 보수 야당과 제휴해서 투쟁할 것인가(제휴 투쟁론) 제휴하지 않고 독자적으로 투쟁할 것인가(제휴반대론)에 관한 논쟁이 있었으나 제휴투쟁론을 선택한 것은 선거 참여론의 입장에서 보면 당연한 것이다. 왜냐하면 사회운동 세력들이 일반 대중에게 대체 세력으로 인식되어 있지 않았고 따라서 독자적으로 참여한다는 것은 실현 가능한 대안이 아니었기 때문이다. 2·12총선에서 신민당은 대통령직선제 개헌안을 공약으로 내걸고 약진하였다. 이는 차후의 민주화 전략을 사회경제적인 구조적인 개혁을 건드리지 않고 정권 형태나 최고 권력의 제도화에 한정시키는 것을 의미한다.[448] 또한 대통령직선제하에서 승리하려면 전국적 지도자가 후보가 되는 것이 전제되어야 하는데 사회운동 세력들은 제도권 내의 김영삼과 김대중과 같은 지도자를 갖고 있지 못했다. 이러한 제도권 야당의 민주화 전략이 가져올 정치적 결과가 사회운동 세력이 추구하는 실질적 민주주의의 실현에 근접하고 있지 않음에도 불구하고

448 최장집, 1989, 〈군부 권위주의 체제의 내부 모순과 변화의 동학, 1972-1986〉, 《한국현대정치의 구조와 변화》, 까치, 225쪽.

사회운동 세력들이 신민당의 선거운동에 적극 동참했다는 것은 제도권 야당이 추진하는 민주화방법론이 국민적 지지를 획득하고 있음을 의미한다.

셋째, 2·12총선에서 신민당의 급부상은 선거를 통한 민주화의 전략이 실현 가능하다는 희망을 국민들에게 심어 주었다. 선거를 통한 민주화 전략은 표의 극대화 즉 가능한 최대다수의 형성이 지상과제가 되게 한다. 결국 민주화에 대해 이중적 태도를 지닌 중산층을 포섭하는 전략이 당위성을 획득하게 되고 민주화의 의제가 실질적 사회경제적 개혁보다 절차적 수준으로 하향조정되며, 이를 위해 비폭력적인 온건한 수단이 동원된다. 신민당은 계급정당이 아닌 포괄정당(catch-all party)의 성격이 있었는데 이러한 신민당의 성격은 민주화를 위한 최대연합의 형성에 긍정적으로 작용하였다. 즉 신민당은 계급, 직업, 지역의 경계를 넘어서 권위주의를 반대하는 모든 정치세력들이 결집할 수 있는 정치조직이 될 수 있었던 것이다.[449]

마지막으로, 2·12총선에서 신민당의 표를 조직하고 동원하는 데 있어서 사회운동권의 도움이 결정적 역할을 하였다는 사실은 이후 신민당이 민주화 전략을 마련하는 데 있어서 사회운동 세력의 입장을 고려하지 않을 수 없게 하였다. 신민당은 표를 극대화하여 선거에서 당선을 노리는 정치인들로 구성된 조직이다. 정치인들에게 최악의 결과는 선거에서의 패배이다. 그런데 표의 조직, 동원에 사회운동 세력의 도움에 의존할 수밖에 없었다는 사실은 신민당으로 하여금 사회운동 세력이 위임한 한계를 넘어서는 타협적 전략을 수립할 수 없게하였다. 그 한계는 직선제 개헌이었고 이 원칙에 대한 타협은 국민들의 민주

449 비교시각에서 볼 때, 브라질의 PMDB(또는 그 전신인 MDB)는 당의 성격이 애매모호하게 규정된 포괄정당의 성격을 가지고 있었기 때문에 다양한 이질적인 반정권 세력을 포용할 수 있는 우산조직(umbrella organization)이 될 수 있었으나, 오랜 기간 동안 계급적, 이데올로기적으로 분화된 정당 구조를 발전시켜 왔던 칠레에서는 발달된 정당 구조가 반대세력을 묶을 수 있는 합의적 전략을 수립하는 데 저해 요인이 되었다. 한국의 신한민주당은 군부 권위주의 정권에 반대하고 민주화를 지지하는 모든 세력이 지역, 계급, 이념, 세대에 관계없이 모인 우산 정당이라는 점에서 브라질의 PMDB와 유사하다.

화 열망을 팔아넘긴 것(selling-out)으로 간주되는 것이다. 2·12총선에서 민한당의 참패는 신민당으로 하여금 선거적 위임을 배반했을 경우에 돌아올 파멸적 결과에 대해 생생한 교훈을 주었다. 따라서 2·12총선 이후 신민당은 정권과의 민주화 협상 과정에서 직선제개헌의 원칙을 일관성 있게 고수하였고 이것이 민주화운동에서 지도력을 유지시킨 요인으로 작용하였다.

결론적으로 2·12총선은 한국민들이 제도권 야당을 중심으로 권위주의 정권과의 타협을 통해 선거를 통한 제도개혁이라는 민주화의 전략을 선택하게 하는 데 결정적 역할을 한 것으로 요약된다. 제도개혁의 핵심과제는 직선제 개헌이었다.

3) 동원과 억압의 줄다리기 전쟁 — '해결점이 없는 민주화 게임'

2·12총선의 결과로 신민당이라는 강력한 조직적 반대세력이 제도정치권 내에 등장함으로써 반대세력의 위협은 체제세력에게 확실한 현실적 위협으로 나타났으며 체제세력의 전략적 계산을 변화시키게 된다. 이제 더 이상 체제에 의한 일방적 해결이 가능하지 않게 되었다.[450] 이제부터는 체제와 반체제 간에 쌍방적 상호작용의 결과에 의해 정치가 결정되게 되었다.

그러나 신민당의 부상이 곧바로 제도개혁을 통한 민주화의 협상으로 이어지지 못했다. 신민당은 제도권 내의 정치세력이다. 그들의 정치적 힘은 기본적으로 의사당 내에서의 협상에 있지 거리에서의 대중 동원에 있지 않았다. 만약 밀실 속에서의 정치적 거래에 능한 신민당이 거리에서의 대중 동원에 나선다면 그들은 반대운동의 주도권을 집단행동의 조직에 능한 사회운동 세력에 넘겨줘야 하는 위험부담이 있었다. 그러나 대중 동원의 압력 없이는 정권을 협상 테이블로 끌어낼 수 없다는 데 신민당의 딜레마가 있었다. 또한 협상은 상대가 있어

450 신민당이 확보한 102석은 단독으로 국회를 소집할 수 있을 뿐만 아니라 여당에 의한 독자적인 헌법 개정을 저지하는 데 충분한 숫자였다.

야 한다. 2·12총선의 결과로 집권층 내에서 야당과의 대화와 설득을 주장하는 온건파의 등장을 가져왔고[451] 온건파가 집권당의 운영에 대한 책임을 지게 되었으나 억압 국가기구는 여전히 강경파의 수중에 있었다.

비록 온건파들이 협상을 주장한다고 할지라도 억압 국가기구를 장악하고 있는 자들로부터 자율적이지 못하면 그들은 야당으로부터 진정한 대화 상대자로 인정을 받지 못한다. 이 같은 상황은 제도권 야당도 마찬가지였다. 2·12 총선에서의 신한민주당의 성공은 사회운동권의 지지에 힘입은 바 크고 따라서 신한민주당은 집권당과의 협상에서 유연성을 갖지 못하였다. 더구나 2·12총선 이후 학생운동과 노동운동은 더욱 급진화되었고 급진세력들은 절차적 민주주의의 회복을 넘어서는 사회의 총체적 변혁을 민주화의 의제로 삼을 것을 주장하였다.[452] 또한 사회운동 세력들은 총선 이후 3월 29일 사회운동 세력의 전국적 양대 조직인 민민협과 국민회의를 민주통일민중연합(민통련)으로 통합함으로써 다양한 사회운동조직의 전국적 단일 우산조직(umbrella organization)을 결성하였다. 민통련은 종교인, 언론인, 문인 등의 중간층 지식인들의 민주화운동단체뿐만 아니라 카톨릭농민회(카농), 기독교농민회(기농), 서울노동운동연합(서노련), 인천지역노동자연맹(인노련), 한국노동자복지협의회(노협) 등의 사회기층세력을 대표하는 농민운동단체와 노동운동단체를 포괄하는 강력한 조직으로 등장하였다. 전국 조직을 결성한 사회운동 세력들은 신민당에 의한 협상의 정치가 자신들이 정한 행동반경을 넘어서지 못하도록 압력을 가했다. 자연히 신한민주당과 집권당 간의 협상이 민주화의 본질적인 문제를 건드리지 못하고 시간만 낭비하게 됨에 따라 정국의 주도권이 정권 내의 강경파와 사회운동 세력에 넘어가게 되었다.

451 1985년 여름의 '학원안정법파동'은 집권세력 내에 온건파가 등장하고 있음을 보여 주는 사건이다.
452 사회운동 세력 중 가장 급진적인 학생운동권은 삼민(민중, 민주, 민족) 헌법 쟁취와 파쇼헌법 철폐 투쟁을 벌일 것을 주장하였다.

1985년 2·12총선 이후 신민당은 헌법 개정을 논의하기 위한 특별위원회를 국회에 설치하자는 제안을 하였으나 이는 전두환 정권에 의해 명백히 거부되었다. 이제 제도적 정치공간 내에서 협상을 통한 민주화 개혁을 시도했던 신민당이 협상을 계속 시도하는 것은 집권세력의 정국 운영 구도에 협조하는 것으로 비쳐지게 됨으로써 2·12총선에서 나타난 민주화를 열망하는 민의를 배반하는 정치적 자살 행위나 다름없었다. 신민당으로서는 사회운동권과 연합하여 거리에서 대중 동원을 통한 민주화의 압력을 가하는 것 이외에는 다른 대안이 있을 수 없었다. 1986년 2월 12일 2·12총선 1주년이 되는 날에 신민당은 '일천만 개헌추진 서명운동'을 전개하기로 결정하고 개헌추진운동본부 현판식이라는 이름을 빌려 직접 대중 동원에 나서게 되었다. 대중 동원을 위해 신민당은 다시금 사회운동 세력들과 민주화운동국민연합(민국련)이라는 연합조직을 결성하게 되었다. 신민당과 사회운동 세력 간의 연합에 의한 대중 동원은 엄청난 성공을 거두었다. 전국 8대 주요 도시에서 50만에서 70만으로 추산되는 대중을 동원하였다. 대중 동원에 의한 압력에 굴복하여 전두환 정권은 여야가 합의하면 임기 말 이전에라도 개헌을 반대하지 않겠다는 정치적 양보를 하였다. 이는 민주화 연합세력이 원하는 개헌에 양보한 것이 아니라 일단 개헌 협상 테이블을 여는 데 양보한 것이다.

그러나 1986년 4월 30일의 타협은 제도권 야당과 사회운동권을 분열시킴으로써 전두환 정권에게 전술적 승리를 안겨 주었다. 신한민주당은 협상의 정치를 유지하기 위해 대중 동원을 자제해야 했다. 그러나 사회운동 세력은 군부독재의 즉각 퇴진을 관철하기 위해 대중 동원을 계속하자는 최대강령주의적 전략을 고수했다. 이러한 민주화연합의 분열 조짐은 1986년 4월 25일 신민당의 지도자인 김대중이 급진학생운동의 전투성을 비난하는 발언을 한 데 이어 4월 30일 여야 영수회담에서 신민당의 이민우 총재가 급진좌익 학생운동권에 대한 탄압을 묵인하겠다는 입장을 천명함으로써 가시화되었다. 이에 대해 사회운동권의 전국 조직인 민통련은 5월 1일 신민당의 자세를 보수 대연합의 기도로 비난하고 민국련으로부터의 탈퇴를 선언했다. 민주화연합은 대중 동원을 통한 협상 테이블을 여는 데 성공했으나 협상의 정치가 열리자마자 각기 다른 민주화 전략의 차이로 연합은 해체되었다. 이러한 민주화 연합의 분열은 5·3인천사태에서 극명하게 드러났다.

5월 3일의 직선제 개헌 추진을 위한 인천대회는 4월 30일의 타협이 이뤄지기 전에 예정된 것이었다. 타협이 이루어지자 신민당은 대회의 규모를 축소하고 대회를 정권으로부터 양보를 이끌어 낸 성공을 자축하는 축제로 이끌어 가려고 한 데 반해, 사회운동 세력은 신민당과 정권 간의 보수대연합의 움직임에 쐐기를 박으려는 선제공격의 기회로 이용하려 하였다. 사회운동 세력은 직선제 개헌 투쟁이라는 신민당 주도의 민주화를 거부하고 현 정권의 타도와 민중의 권력을 창출할 수 있는 민중민주헌법의 제정을 요구하는 최대강령주의 전략을 고수했다.

신민당은 협상의 정치를 유지시키기 위해 급진적인 최대강령주의자에 대한 탄압을 묵인할 수밖에 없었다. 신민당은 이제 엘리트 수준에서의 정치적 대화를 통한 민주화 전략에 스스로를 묶어 놓았다. 그 결과 여야 간에 헌법 개정을 위한 특별위원회가 발족하였다. 헌법 개정 협상에서 집권당은 내각책임제를 주장했고 신민당은 일관되게 대통령직선제를 주장했다. 대통령으로 권력이 집중된 체제하에서 집권당이 내각책임제를 야당이 대통령제를 주장하는 아이러니가 벌어진 것이다. 그것은 헌법 개정의 협상이 내각책임제와 대통령제 중 어느 것이 더 민주적이냐는 논쟁을 중심으로 전개된 것이 아니고, 자신들의 집권 확률을 높일 수 있는 경기 규칙을 확보하기 위한 투쟁이었기 때문이다. 집권당이 내각책임제를 주장한 것은 그것이 선거경쟁을 통해 권력에 계속 남을 수 있는 유일한 선거 공식이었기 때문이었다. 1구 2인제의 선거제도하에서 현직의 프리미엄을 가진 여당이 낮은 득표율에도 불구하고 다수를 유지하는 데 실패한 적이 없었다는 제도의 힘을 집권당은 믿고 있었다. 반면에 대중 지지도에서 압도적인 우위를 차지하고 있다고 믿는 신민당에게는 대통령직선제만이 유일한 승리 공식이었다.

그러나 정권의 양보와 급진세력에 대한 탄압을 묵인하는 신민당의 양보로 이루어진 타협은 '협상의 정치'를 여는 데는 성공했으나 해결점을 찾을 수는 없었다. 집권당의 입장은 신민당이 내각제로의 개헌을 받아들이든지 아니면 현행 대통령간선제를 유지하는 데 동의하라는 것이었다. 그러나 이 두 옵션 모두 신민당이 선택할 수 있는 대안이 될 수 없었다. 왜냐하면 이 두 옵션 모두는 신민당이 사회운동권과 다시 제휴하여 정권에 대해 정면대결을 벌이는 것보다 더 나쁜 최악의 대안일 수밖에 없었기 때문이다. 신민당은 대통령직선제 개헌을 추진할 것을 공약으로 내세워 등장한 제도권 내의 정치세력이다. 그들에게 이러한 정치적 약속을 저버리고 집권당의 대안을 중심으로 타협하였을 때 그것은 차기 선거에서 패배의 보증수표라는 것을 신민당의 구성원들은 너무도 잘 알고 있었다. 85년 2·12총선에서 집권당과 야합한 충성스런 야당인 민한당의 참패의 기억은 아직 생생하게 남아 있었다.

협상의 정치가 교착될 수밖에 없었던 것은 협상의 주역인 집권당 내의 온건파와 민주연합세력 내의 협상파(신민당)가 모두 자율적인 권력기반을 갖고 있지 않았다는 데 있었다. 집권당 내의 온건파들은 독자적인 권력기반을 구축하지 못했기 때문에 그들은 항상 강경파의 전략을 벗어나는 대안을 제시할 수 없었다. 신민당의 딜레마는 더 컸다. 협상의 정치를 이끌어 내기 위해서 그들은 사회운동 세력과의 연합을 통한 대중 동원의 압력을 가했다. 그러나 협상의 정치가 열리자 신민당은 사회운동 세력과의 관계를 단절하라는 정권의 전제조건을 수락해야 했다. 일단 사회운동 세력과의 관계를 단절했을 때 그들은 이가 빠진 호랑이가 되고 말았다. 집권세력은 더 이상 신민당을 정권을 위협하는 정치세력으로 두려워하지 않았고 더 이상의 양보를 하려 하지 않았다. 신민당으로서는 직선제 개헌이라는 원칙을 파기하는 것은 대중들이 당에게 보내는 마지막

지지의 원천을 포기하는 것을 의미했다. 결국 개헌 협상은 평행선을 달리게 되었고 1986년 7월 30일 발족한 헌법개정특별위원회는 단 한 차례의 공식 회의도 열지 못한 채 사실상 종말을 고하고 말았다.

제도권 야당과 사회운동 세력의 분리에 성공한 정권은 먼저 사회운동 세력에 대한 대대적인 탄압에 나섰다. 재야 14개 노동단체에 대한 해산 명령이 내려지고 사회운동 세력의 전국 조직인 민통련 사무실이 경찰에 의해 강제로 폐쇄되었다. 1986년 10월 28일 건국대에서 벌어진 애학투 사건에서 경찰은 1288명의 학생을 구속했다. 이에 대해 사회운동 세력은 다시 대중 동원으로 저항하였다. 그러나 사회운동 세력의 대중 동원은 정권을 위협하기에 충분하지 못했다.

제도권 야당의 협상의 정치, 운동권의 거리의 정치 모두 정권으로부터 민주화를 위한 양보를 얻어 내기에 충분한 압력이 되지 못했다. 결국 신민당의 두 지도자는 아시안게임이 끝난 직후 사회운동 세력과의 연합을 통해 대중 동원을 통한 민주화의 압력에 나서기로 결정하였다. 11월 29일 인천사태 이후 처음으로 야당과 사회운동 세력은 공동으로 수도 서울에서 그간 연기해 온 개헌을 위한 집회를 개최하였다. 그러나 제도권 야당과 운동권 사이에는 치유되기 힘든 상처가 벌어져 있었다. 서울 집회가 많은 대중을 모으는 데 실패한 이유는 8만 명에 달하는 경찰의 원천봉쇄 탓도 있었겠지만 대중 동원 능력에 있어서 뛰어난 사회운동 세력들이 신민당의 전략 변경에 대해 의심을 버리지 못했고 따라서 소극적으로 협조했기 때문이다. 서울 집회의 실패 이후 신민당의 지도자들은 사회운동 세력과의 불화를 치유하고 야당과 사회운동 세력과의 연합전선 재건에 나섰다. 양 김씨와 교회 지도자들은 1986년 12월 12일 야당과 사회운동 세력 간의 연합전선을 구축하기로 합의했다.

야당이 다시 협상의 정치를 버리고 거리의 정치로 복귀하자, 정권은 제도권 야당을 분열시키려는 공작에 나섰고, '이민우 구상'이 나왔다. 1986년 12월 24일 신민당 총재인 이민우는 언론자유, 정부의 정치적 중립, 구속자 석방, 지방자치, 공정한 선거법 등의 7개항의 자유화 조치가 선행되면 정권과의 개헌 협상을 재개하겠다는 구상을 발표하였다. 신민당의 두 지도자에 있어서 이민우 구상은 사실상의 내각제 개헌의 수용으로 받아들여졌다. 양 김씨는 이민우 구상에 동조하는 여당에 협조적인 당내 분파를 숙청하기 위해 신민당을 해체하고 통일민주당이라는 신당을 조직하였다. 양 김씨의 직선제 개헌에 대한 일관된 자세는 제도권 야당의 기회주의를 의심해 왔던 사회운동권의 야당에 대한 신뢰를 회복하는 데 기여를 했다. 그러나 이는 집권세력 내의 협상파의 입지를 약화시키고 강경파의 득세를 가져왔다. 이민우 구상의 몰락은 집권세력 내의 온건파가 제시할 수 있는 실현 가능한 협상 대안의 소멸을 의미했기 때문이다. 결국 강경파의 주도하에 전두환 정권은 협상을 마감하고 현행 헌법 방식에 의해 대통령직을 후임자에게 승계하겠다는 4·13호헌 선언을 하였다.

4) 대치에서 타협으로 — '6·29선언'

4·13호헌조치는 집권세력 내의 강경파의 승리를 의미한다. 4·13호헌조치가 발표되자 이에 항의하는 민중의 저항 물결이 거리를 휩쓸었다. 교수, 교사, 종교인, 문인, 미술가, 영화인, 의사, 변호사 등을 망라하는 중간층 지식인 집단의 항의 성명이 뒤따랐다. 그러나 정권은 여전히 거리를 장악하고 있었고 저항은 물리적으로 진압되었다. 모든 것이 강경파들이 의도하는 구상대로 진행되고 있는 것처럼 보였다. 그러나 이러한 구도를 변화시킨 사건이 발생했다. 박종철 고문치사사건이다. 박종철 고문치사사건은 제도권 야당과 사회운동권이 그간의 불화를 치유하고 다시 연합전선을 구축하는 계기를 이루었을 뿐만 아니라 이제까지 방관자적인 자세를 보여 왔던 중산층으로 하여금 민주화를 위한 대중 동원에 적극 가담하게 하는 계기가 되었다.[453]

453 박종철 사건은 사회운동 세력 내의 도덕적 반대파(moralist opposition), 즉 종교인과 지식인들이 민주화운동에 적극 동참하는 계기가 되었다. 도덕적 반대파의 시위 동참은 종교적 신념 또는 도

더욱 중요한 것은 박종철 사건에 연루된 정권 내의 강경파의 입지를 약화시키고 협상의 필요성을 주장하는 온건파들이 강경파의 후견으로부터 자율적이게 되는 계기가 되었다는 것이다.[454] 박종철 사건 이후 제도권 야당과 사회운동 세력은 상처를 치유하고 개헌 추진 국민운동본부라는 전국적 규모의 민주화 연합조직을 결성하였다. 국민운동본부는 1987년 6월 10일 집권당 대통령후보 지명일에 맞추어 전국적 규모의 시위를 조직하였다. 이것이 6월 민주화항쟁의 시작이다.

6월 민주화항쟁은 야당, 사회운동 세력, 중산층을 포함하는 최대한의 민주화연합이 형성되었음을 보여 준다. 국민운동본부를 중심으로 최대민주화연합이 형성될 수 있었던 이유는 다음과 같다. 먼저 국민운동본부의 최소강령적 전략에 기인한다. 국민운동본부는 사회운동권 내의 온건파 세력이 주도했다.[455] 그들은 체제의 본질적 변혁보다도 절차적 민주적 권리의 회복에 초점을 맞추었다. 호헌철폐, 독재타도라는 구호에서 볼 수 있듯이 국민운동본부의 민주화 요구는 최소강령적이었으며, 그 수단은 비폭력적 대중 동원이었다. 절차적 민주주의의 회복에 찬성하고 군부독재를 반대하는 모든 세력들은 그들 간의 계급적, 직업적, 종교적, 지역적 차이에 관계없이 민주화를 위한 시위 대열에 동참할 수 있게 된 것이다.

이러한 국민적 저항에 직면하여 정권은 6·29선언이라는 형태로 민주화연합의 핵심적 요구를 수용하는 정치적 양보를 하였으며 신민당의 두 지도자는 정

덕적 원칙을 고수하려는 데서 출발하기 때문에 도덕적 반대파는 최대강령주의적 급진파보다 더 투옥과 억압의 위험부담을 감수하려는(risk-taking) 적극적 시위자가 되기 쉽다.

454 이는 5월 18일 박종철 고문치사 은폐조작 폭로 이후 단행된 5월 26일의 개각에서 장세동 안기부장을 비롯한 국무총리, 내무, 법무, 검찰총장, 치안본부장 등 억압 국가기구를 장악하고 있었던 정권 내 강경파들이 퇴진한 데서 나타난다.(〈총정리, 민중의 승리 — 5·17에서 6·29까지〉, 《신동아》(1987년 8월))

455 이는 최대강령주의적 급진운동세력의 지도자들에 대한 대대적인 탄압조치로 상당수의 급진파 지도자들이 감옥에 있었고, 학생운동조직인 전대협도 헌법제정 민중회의 소집을 주장하는 민민투가 아닌 직선제 개헌 투쟁을 주장하는 자민투의 지도하에 있었던 상황에서도 연유한다.

권의 즉각 퇴진을 수반하지 않는 6·29선언을 받아들임으로써 민주화의 대타협이 이루어졌다.

먼저, 전두환 정권이 직선제 개헌이라는 양보를 하게 된 이유는 대체로 다음과 같다. 첫째로 경찰력만으로 시위를 진압할 수 없게 된 상황하에서 군대의 동원에 실패했다는 것을 들 수 있다.[456] 1980년의 광주학살의 경험은 다수의 군부 지도자들로 하여금 또다시 엄청난 인명의 희생을 가져올 군대에 의한 시위 진압을 선호하지 않게 하였다. 따라서 전두환 정권은 이와 같은 소극적인 군 지휘관들의 자세에도 불구하고 시위진압 명령을 내렸을 때 군부의 정치 개입이 시위자들뿐 아니라 자신들까지 쓸어 버리게 되는 위험부담이 있었다.[457] 막강한 군부의 존재는 야당뿐만 아니라 정권 담당자의 전략 선택을 제약하는 요인으로 작용한 것이다. 또한 한국 정부에 여전히 막강한 영향력을 행사하고 있었던 미국이 군사적 해결보다는 정치적 협상에 의해 문제를 해결하라는 압력을 계속 넣고 있었다는 사실은 군대를 동원할 수 없는 또 다른 제약 요인이었다. 군대 동원의 실패는 권력 블록에 심각한 균열이 발생했음을 의미한다. 경찰력으로 동원된 대중을 진압할 수 없는 상황하에서 전두환 정권은 전복당하기 전에 좀더 좋은 조건하에서 협상을 하기 위해 6·29선언에서 돌파구를 찾으려 했던 것이다.[458]

둘째로 직선제 개헌이라는 타협 공식은 집권당의 후보가 반드시 폐기해야

456 이에 대한 자세한 기록은 권영기, 〈6·29 전야의 권부 — 군 출동은 이렇게 저지되었다〉, 《월간 조선》(1993년 5월) 참조.

457 5공화국하에서 대통령의 통치사료 담당비서관인 김성익의 기록 중 "힘으로는 간단하다. 군대가 나오면 항상 쿠테타의 위험이 있어. 그러면 우리 나라가 어떻게 되겠나"라는 전두환의 발언에서 이러한 위험이 실제로 인식되고 있었음을 알 수 있다.〔김성익, 〈전두환, 역사를 위한 육성증언 — 6·29 전야의 고백〉, 《월간 조선》(1992년 1월), 386쪽〕

458 합리적 선택 마르크시스트인 엘스터(Jon Elster)는 이러한 상황을 게임이론적 용어로 차악(次惡)의 선택(lesser evil)이라 했다. 민주화 게임에서 분열된 권력 블록은 민주화 연합세력에게 강제로 퇴출되기 전에 선제적 타협으로 자신의 핵심적인 이익을 지키는 차악(second worst) 또는 차선(second best)의 선택을 한다는 것이다.(Elster, 1985)

하는 최악의 선택은 아니라는 것이다. 차악으로 고려될 수 있는 대안이었다. 전 정권의 최선의 대안은 노태우 후보에게 권력을 물려주는 것이었을 것이다. 그러나 권력의 이양은 6월 민중항쟁으로 내란의 위협을 안고 있었기 때문에 선택이 불가능한 대안이 되고 말았다. 한국의 권위주의 정권의 선거에서 확보할 수 있는 지지율은 1/3을 웃도는 수준이었다. 6·29선언이 발표된 시점은 한국 경제가 유례 없는 호황을 누리고 있던 시기였다. 경제적 성공으로 전두환 정권은 민주적 경쟁이 회복되었을 때 중산층의 지지를 기대한 것이다. 마지막으로 만약 현직의 이점이 유지된다면, 그리고 야당의 지도자인 김대중과 김영삼이 동시에 출마한다면 집권 여당이 누리고 있는 엄청난 프리미엄으로 분할된 민주화연합의 표를 누르고 승리할 수 있다는 전략적 계산이 가능한 것이다. 6·29선언의 내용에 김대중의 사면 복권이 포함된 것은 이러한 전략적 계산에 따른 것이다.

한편 제도권 야당이 6·29선언을 받아들인 이유는 제도권 야당과 사회운동세력이 공동으로 조직하고 동원한 6월 민중항쟁이 정권으로 하여금 선거경쟁의 회복에 동의하게 하는 데는 충분할 정도로 강력했을지 모르나 정권을 타도하기에는 약했기 때문이다. 한국과 같이 강력한 군부가 존재하고 있는 나라에서 정권의 무조건적인 항복을 요구할 경우 정권은 마지막 무기인 군대를 동원하려 할 것이고 이때 투입된 군부는 정권과 반대세력 모두를 쓸어버리고 새로운 정치판을 짜려고 할지 모른다. 군대의 동원이 정권뿐만 아니라 제도권 야당의 전면적 동원전략의 한계치를 설정해 주었다.

요약하자면, 1986년 6·29 민주화 대타협은 정권과 반대세력 간의 파멸적 균형(catastrophic balance)의 결과다. 민주화 연합세력은 제도 정치권 내의 조직적 기반에다 대중을 동원할 수 있는 능력을 보유하고 있었으나 권위주의 정권을 혁명적으로 전복시킬 만한 물리적 힘을 보유하고 있지 않았다. 또한 권위주의 정권은 대중 동원을 저지할 물리력을 보유하고 있었으나 대중을 억압하기 위해 동원된 군대가 민주화 세력에 합류하여 독재정권에 총부리를 겨누는 부메랑의 위험을 감수해야 했다. 이는 어느 누구도 전면적 자기파괴의 위험을 무릅쓰지 않고서는 상대방에 대해 선제공격을 할 수 없는 파멸적 균형 상태를 낳은 것이다.

2. 헌법 제정의 정치와 12월 정초선거

1) 헌법 제정의 정치

1987년 6·29선언으로 대타협이 이루어지게 됨에 따라 정치는 거리에서 의사당으로, 대중에서 엘리트로 이동하였다. 자연히 정국의 주도권은 노태우 후보를 중심으로 한 집권세력 내의 온건파와 제도권 야당으로 넘어갔다. 6·29선언은 민주화 이행 엘리트(transition elites) 간의 암묵적인 중도대연합을 만들어 내었다. 여당과 야당 내의 이행 엘리트들은 상호 대결의 정치의 복원을 막는 것에 공동의 이익을 갖게 되었다. 만약 이행 엘리트들이 자신만의 최상의 전략을 고집한다면 정치는 다시 장외로 이탈하게 되고 장외 정치는 정권 내의 강경파와 급진적인 최대강령주의 반대세력들에게 주도권을 넘겨주게 되면서 거리에서의 폭력적 대결이 벌어지고 이의 결과는 타협에 의한 민주화가 아닌 권위주의로의 복원 또는 민중혁명이 될 것이기 때문이다.

이와 같이 자신만의 최상의 전략을 고집하는 비타협적 전략이 초래할 공동의 재난을 방지하기 위해 민주화 이행 엘리트들은 협상의 정치를 보호하는 데 최우선 순위를 부여했다. 제도권 야당인 통민당은 이제 더 이상 대중 동원을 통한 거리에서의 힘의 과시로 자신의 주장을 관철시키려 하지 않았고, 집권당 내의 이행 엘리트들은 거리에서의 소요에 대해 억압국가기구를 사용하는 것을 가능한 자제하였다.

이러한 민주주의 이행 엘리트들의 상호자제전략(mutual constraint)은 7, 8월 노동자대투쟁에 대한 대응에서 잘 나타난다. 7, 8월 노동자대투쟁은 6·29정치협약에서 배제된 노동자들에 의한 밑으로부터의 민주화운동의 성격을 갖는다. 6·29선언 이후 3달간 3,000건이 넘는 파업이 폭발하였고 노동자의 분출은

80년대 이후 저임 노동자들이 일하는 경공업 분야뿐 아니라 한국 경제의 중추 산업이 된 중화학공업 분야를 강타했다. 이러한 노동자의 대분출에 대해 통민당은 이를 정치적으로 이용하려 하기보다는 오히려 노동자들의 자제를 호소했다. 민정당은 노동자의 분출을 억압하기보다는 당사자 해결원칙에 따라 경영자와 노동자가 스스로 분규를 타협으로 해결하도록 방치하였다. 민주화 이행 엘리트들은 정권 내의 강경파와 급진 반대세력들이 노동자들의 분출로 인해 조성된 불안을 이용하는 것을 막기 위해 재빨리 헌법 개정 협상을 마무리 지음으로써 선거정치로 국면을 전환하여 밑으로부터의 압력에 대응하였다.

헌법 개정 과정은 철저히 민주화를 위한 거리에서의 대중 동원의 주역인 민중민주 운동권을 배제한 가운데 제도 정치권 엘리트들 간의 협상으로 이루어졌다. 개헌 협상에 들어가기 전에 6월 민주화투쟁에서 표출된 '호헌철폐, 직선쟁취'라는 구호에서 알 수 있듯이 권력구조는 '대통령직선제'로 이미 방향이 잡혀 있었다. 15년 동안 대한민국의 주권자로서의 정부 선택권을 박탈당했던 한국 국민들은 자기 손으로 직접 자신의 정부를 구성하는 것을 민주주의로 인식하고 있었고 대통령제가 의원내각제보다 국민 전체의 대표를 직접 내 손으로 뽑는다는 것을 실감나게 해 준다고 생각하고 있었다. 거기에 더하여 군부 쿠데타로 전복되었던 불행했던 제2공화국의 의원내각제의 경험은 국민들로 하여금 40년간 익숙하게 운영해 왔던 대통령제를 선호하게 만들었다.

대통령직선제에 관해서는 이미 국민적 합의가 형성되어 있었기 때문에 개헌 협상은 권력구조 외에 많은 문제를 다룰 수 있었다. 현격한 견해 차이가 있었음에도 불구하고 정치권은 5공화국 헌법조문의 37%를 개정하는 전면적이고 광범위한 헌법 개정을 이룰 수 있었다.(김영수, 2001; 김영태, 2007) 헌법 제정에 버금가는 헌법 개정이었다. 그러나 이처럼 중차대한 헌법 개정은 엘리트 간의 밀실 담합에 의해 신속하게 그리고 졸속으로 이루어졌다.

헌법 개정 과정은 여야 동수로 구성된 민정당과 통민당을 대표하는 '8인 정치회담'에 의해 이루어졌다.[459] 노태우와 전두환을 대표하는 민정당의 윤길중, 이한동, 권익현, 최영철, 통민당 내의 김영삼계를 대표하는 박용만, 김동영, 김대중계를 대표하는 이중재, 이용희가 8인 정치회담의 구성원이었다. 8인 정치회담은 7월 31일부터 5년 단임제를 근간으로 개헌 협상을 마무리하고 국회 개헌특위는 9월 17일에 헌법 초안을 완성하였다.(이성우, 2006) 헌법개정안은 대통령직선제를 포함하여, 5년 단임제, 대통령의 비상조치권과 국회해산권 폐지, 국회의 국정조사권과 국정감사권 부활, 국회 개회일수와 회기 재조정 등 제왕적 대통령의 권한을 제한하고 국회의 행정부 견제 기능을 강화하였으며, 헌법재판소 신설 등을 통해 사법부의 권한과 자율성을 강화하였다.(김영태, 2007). 합의된 헌법개정안은 9월 21일 국회에서 압도적인 찬성(272명 출석, 254명 찬성)으로 통과되었고 10월 27일 국민투표에서 78.2%의 투표와 93.1%의 찬성으로 개정 헌법이 확정되었다.

한국의 헌법 개정은 민주화의 일환으로 이루어진 헌법 만들기였다. 한국의 민주화 헌법 제정 과정은 스페인형이다. 최소한의 경쟁규칙들만을 헌법 개정의 대상으로 삼아서 엘리트들의 협상을 통해 빠른 시일 내에 초안을 작성하고 재빨리 의회에서 통과시킨 뒤 가장 빠른 시일 내에 정초선거(founding election)를 실시하여 민주주의로의 이행 과정을 마무리하는 것이었다. 한국은 스페인형을 채택함으로써 노동자대투쟁과 같은 소요사태로 개헌 정국이 흔들릴 수 있는 민주화 과정의 불확실성 요인을 제거하고 민주화 일정을 단축시킬 수 있었다. 그러나 이러한 최소주의적(minimalist) 헌법 개정은 사회·경제적 권리 등 실질적인 민주화 의제를 헌법 개정에서 다루지 않는 우를 범했다.[460]

459 이하 개헌 과정과 내용에 관해서는 임혁백, 2011, 〈개헌의 필요성과 실현 가능성〉, 《1987년 이후의 한국 민주주의》, 343-347쪽 참조.

460 민주화 과정에서 헌법 제정(constitution-making) 과정은 두 가지 유형이 있다. 스페인형은 헌법 제정 작업에서 헌법 전문가들로 하여금 최소한의 경쟁규칙들만을 초안하게 한 뒤, 재빨리 의회에서 통과시키고, 전환을 위한 선거를 가장 빠른 시일 내에 실시하는 것이다. 브라질형의 경우, 1984

8인 정치회담에서 다루어진 가장 중요한 의제는 역시 대통령의 임기기간과 단임제냐 중임제냐였다. 자연히 개헌 협상은 자신들의 집권 확률을 높일 수 있는 제도적 규칙을 확보하려는 양당의 이익 절충으로 나타났다. 대통령의 임기, 부통령제의 도입, 김대중의 대통령후보자격을 둘러싼 대통령후보의 국내 거주기간 조항, 유권자의 연령제한 등이 주요 협상의제가 되었다는 것은 헌법 개정 협상이 국민들의 실질적 이익의 보장과는 상관없이 진행된 엘리트들 간의 대화였음을 보여 주는 것이다. 민정당은 6년 단임제 안을 제시한 반면, 민주당은 부통령제 도입과 함께 4년 1차 중임제 안을 제시했다. 그런데 결론은 5년 단임제가 되었다. 이는 1987년 헌법 만들기의 주역들(노태우, 김영삼, 김대중)이 자신들의 집권 가능성을 보장해 줄 수 있는 권력구조로 발견한 것이 5년 단임 대통령제였다는 것을 보여 준다. 1987년 헌법 만들기의 주역들인 노태우, 김영삼, 김대중이 그 후 모두 차례차례 대통령이 됨으로써 1987년 헌법이 3자 간의 정략적 담합의 산물이라는 것을 보여 주고 있다. 6·29선언 이후 대한변호사협회와 일부 헌법학 교수가 헌법 시안을 제출하고 민주헌법쟁취국민운동본부, 한국노총, 경제인연합회, 여성단체, 농민대표 등 시민운동대표들이 개헌과 관련된 의사를 표명하였지만 그들의 목소리는 8인 정치회담에 전달되지 않았다.(김영태, 2007) 6월 민주화항쟁을 주도했던 국민운동본부조차 개헌 과정에서 참여가 배제되었다는 사실은 개헌 과정이 제도권 엘리트들 간의 대화와 타협으로 이루어졌음을 보여 준다.

민중민주운동세력이 개헌 과정에서 배제됨으로써 1987년 개헌 과정은 반드시 다루어야 할 많은 것을 토의하지 않았다. 애로우(K. Arrow)에 의하면, 민주주의란 가능한 모든 선호가 선택 대상에서 배제되어서는 안 된다(universal

---

년 민주헌법 제정 작업이 시작되었으나 정치인들이 시시콜콜한 실질적인 문제까지 헌법에서 합의를 보려 함으로써(예: 모든 회사는 10% 이상의 고용인을 45세 이상의 사람들로 채워야 한다) 헌법 제정 작업은 지연되어 1988년에 완료되었고, 대통령 직선이 1989년에서야 이뤄졌다.(Przeworski, 1981: 8a) 한국의 경우 스페인형에 가깝다.

admissibility of all individual preferences)(K. Arrow, 1952)는 것은 증명할 필요 없는 민주주의의 공리(axiom)이다. 그런데 군의 정치적 중립, 광주민주화운동의 성격 규정, 노동자의 경영 참가, 이익균점권, 한국은행 독립 등의 문제를 모호하게 정의하거나 협상 의제에서 제외하였다.

개헌 과정에서 실질적 이슈의 토의 배제라는 문제점에도 불구하고 민주헌법 제정 과정은 신속하게 진행되었다. 1987년 7월에서 9월까지 계속된 노동자들의 대분출은 정치 엘리트들에게 정치 일정을 가속화하게 하는 압력으로 작용했기 때문이다. 선거정치로 국면을 전환하기 위해 정치 엘리트들은 상호 양보(mutual cooperation)를 통해 타협에 도달하고 정치 일정을 가속화시켰다. 부통령 없는 5년 단임의 대통령제, 대통령후보의 국내 거주기간에 관한 조항 삭제, 기존의 20세로 선거권 연령 유지가 타협의 주 내용이었다. 한국 역사상 최초로 여야 합의로 마련된 신헌법은 10월 27일 국민투표에서 국민들의 압도적인 지지(93.1%)로 통과되고 12월 16일에 대통령 선거가 치러짐으로써 한국은 직선제 개헌이라는 제도적 개혁을 통한 민주화의 첫 번째 문턱을 넘어서게 되었다.

2) 12월 대통령 정초선거

민주화를 가져오기 위해서는 서로 다른 이유에서 민주화를 위해 투쟁하는 집단들은 권위주의 체제에 대항하기 위해서 단결한다. 그들은 그들 사이에 존재하는 내부적 차이의 치유는 연기하고 우선 연합전선을 결성한다. 그러나 일단 민주화가 이루어지면 그들은 민주정부의 자리를 놓고 경쟁을 해야 한다. 민주주의 본질은 경쟁이다. 그러므로 독재 체제에 대항해서 뭉쳤던 세력들이 민주화 이후 다시 갈라져서 서로 다른 이익을 대표하기 위해 경쟁을 한다는 것이야말로 민주적이다.

그러나 한국의 경우 갈라짐이 너무 빨리 왔다. 민주주의로의 전환(transition)이 완결되기도 전에 민주화를 주도하던 세력들은 두 대통령후보(김대중, 김영삼)

를 중심으로 나뉘어졌고, 그 결과 구 권위주의 세력이 미는 후보(노태우)의 선거 승리를 가져다주었다. 두 후보가 단일화되지 않고서는 현직이라는 엄청난 이점을 선취하고 있는 노태우 후보에 대항해서 이길 수 있는 확률은 희박했다. 더구나, 70년대 이래의 선거에서 집권당이 총유권자의 1/3 정도의 표를 동원할 수 있음을 보여 주고 있는 바, 두 후보 중 어느 한 후보가 압도적인 우위를 점하지 않는 한 이 숫자의 한계를 극복하기는 거의 불가능했다. 그런데 집권세력과 제도언론에 의해 동원된 지역주의의 심화로 두 야당 후보 지지표의 지역적 고착현상이 나타남으로써 권위주의를 반대하는 대다수의 표를 어느 한 후보에 집중시키지 못했다. 이에 더하여 사회운동 세력까지 분열함으로써 민주주의를 반대해 왔던 세력의 후보를 당선시키는 데 기여했다.[461]

그러나 1988년 4월 26일의 국회의원 선거 결과는 권위주의 체제 내의 개혁파가 승리를 선언하기는 너무 이르다는 것을 보여 주었다. 선거 결과 집권당이 50년대 이후 최초로 다수를 차지하지 못하는 이변을 낳았다.[462] 대통령 선거 승리의 여세를 몰아, 집권당은 일인일구(1人1區)의 소선거제를 채택함으로써 분열된 야당에 대한 압도적 우위를 점하려고 했다. 그러나 소선구제의 제도적 사전보장도 대통령 선거에서 조성된 지역주의의 바람을 극복하기는 역부족이었다. 대통령 선거에서 두 야당 후보의 표를 분산시키기 위해 조성한 지역주의는 국회의원 총선에서도 표의 지역적 고착화 현상으로 나타나 의회에서 안정적 다수를 꾀하던 여당에게 정치적 재앙을 안겨주었다. 선거 결과 정부를 반대하는 세 야당의 불안정한 연합체제(3당공조체제)가 의회에서 확고한 다수를 점하게

461 민주화로의 전환 이후 민주화 세력들이 분열하여 민주화를 반대하던 세력이 정초선거(founding election)에서 승리한 것은 한국만이 아니다. 그리스(1974년)와 스페인(1977년)이 좋은 예다. 그러므로 민주화 투쟁은 두 개의 戰線을 돌파해야 한다. 하나는 권위주의 세력과의 싸움이고 다른 하나는 민주화 세력 내의 분열의 극복이다.

462 14대 총선 결과 민주정의당(민정당) 125석, 평화민주당(평민당) 70석, 통일민주당(통민당) 59석, 신민주공화당 35석, 기타 10석으로 민정당은 299석의 과반(150석)에 훨씬 못 미치는 의석을 얻는 데 그쳤고, 최초로 여소야대 국회가 탄생됐다.

되었다. 다른 특기할 점은 선거에서 집권 여당 내의 강경파의 몰락과 급진 반대 세력의 제도권 정치 진입의 실패였다. 그 결과 이데올로기적 스펙트럼에서 극단에 위치한 세력들이 제도권 정치에서 배제되었고, 중도정치가 지배적인 흐름이 되었다. 지역적으로 고정적인 지지기반을 가지게 된 제도야당들은 총선에서 사회운동 세력들이 표를 조직하는 데 실패한 것을 보게 되자, 더 이상 민족민주운동 세력의 요구에 귀를 기울이지 않았으며 오히려 집권 세력과의 화해를 통해 엘리트의 카르텔을 형성하였다. 그 결과 정치 엘리트 사이의 화해와 타협은 엘리트와 노동자, 학생, 농민, 도시빈민 등의 민중 대중의 화해와 타협으로 확산되지 않고 있다. 오히려 꼭대기 민주주의는 밑바닥 민주주의의 희생 위에 이루어지고 있었다.

3. 한국 민주화 시간—다중적인 민주화 시간들의 동시화

1980년대 다중적인 비동시적 민주화 시간들이 경쟁하면서 수렴하여 1987년 6월 민주화항쟁에서 동시화(synchroniozation)되어 거대한 군부 권위주의 권력 블록을 깨고 민주화에 양보하게 하는 역사적 사건을 만들었다. 1980년대 한국 민주화의 시간은 사회민중 운동의 압력에 의한 '아래로부터의 민주화' 시간과 엘리트 간의 타협을 통한 '위로부터의 민주화' 시간이 경쟁하였다. 그런데 어느 한 민주화의 시간이 전체 민주화의 시간을 압도하지는 못했다. 한국 민주화는 이 두 민주화의 시간이 6월 민주화항쟁에서 '동시화'됨으로써 일어났다. 반면에 권위주의 체제 내에서 민주화를 반대하는 세력들은 하나의 일괴암적(monolithic)인 권력 블록을 유지하지 못하고 분열(split)하였다. 유화 국면에서 대치 국면에 이르기까지 아래로부터의 민주화세력에 대한 처리를 두고 권위주의 체제 세력은 강경파와 온건파로 분열되었고, 6월민주화항쟁기에 힘의 균형이 민주화 세력으로 기울자 강경파와 개혁파로 분열이 심화되었다. 1980년대 중반에 민주화 세력들의 시간은 '동시화'되었는 데 반해 권위주의 체제 세력의 시간은 '비동시화'되었다.

1980년대 중반 이후 아래로부터의 민주화 시간이 주도하하면서 1985년과 1987년 6월 사이의 권력 블록과 민주화 연합세력 간의 장기간의 대치상태(standoff)가 일어났고 '타협을 통한 민주화'라는 민주화의 공식은 배제되었다. 대치(standoff)는 권력 블록 내에서 타협을 요구하는 개방파(또는 온건파, 개혁파)가 자율적인 권력기반을 갖추지 못함으로써 독자적으로 민주화 협상에 나설 수 없었고, 온건 제도권 야당은 민중민주혁명을 주장하는 급진파의 목소리를 통제할 수 없었기 때문이다. 1987년 6월 민주화대항쟁에서 다중적 민주화의 시간들이 수렴되고 '동시화(synchronization)'된 것은 권위주의 체제 내의 개혁파가 독자적 권력기반을 수립하였고 제도권 야당과 온건한 민주화세력이 민주화연합 내의 주도권을 장악했기 때문이다. 대치보다는 타협을 선호하는 이 두 온건파들은 민주적 경쟁의 회복이라는 차선적(second-best) 해결점을 6월 민주화항쟁이라는 대치 상태 속에서 찾을 수 있었다.

1987년 6월 민주화항쟁이 민주화 연합세력과 권위주의 권력 블록 사이에 직선제개헌을 통해 최소한의 절차적 민주주의의 회복에 합의하는 타협으로 종결됨으로써 한국도 제3의 글로벌 민주화 물결(Third Wave)에 동참하게 되었다. 민주주의로의 전환 과정에서 민주화의 문턱을 넘는 데 기여한 결정적 행위자는 5공화국하에서 과거와는 비교할 수 없이 수적으로 확대되고 이념적으로 급진화된 민중민주 사회운동 세력들이 제도권 내의 보수 야당에게 주도권을 넘겨줄 수밖에 없는 직선제 개헌 투쟁에 동참함으로써 민주화 연합세력들의 민주화 시간을 동시화한 데 있었다. 직선제 개헌은 한국인들이 유신체제 등장 이후 오랜 기간 동안 투쟁해 온 목표였다. 국민이 스스로 정부를 선택할 수 있는 권리의 회복이 직선제 개헌에 응축되어 있었던 것이며 이는 한국인들이 공통적으로 요구한 최소한의 절차적 권리였던 것이다. 물론 5공화국하에서 이념적으로 급진화된 사회운동 세력들은 절차적 민주주의를 넘어서는 실질적인 사회경제적 변혁을 보장할 수 있는 민주주의를 민주화 프로젝트에 포함시킬 것을 주장하였고 권위주의 정권의 즉각적 퇴진과 민중정권의 수립을 그 방법론으로 제시하였다. 그러나 결정적인 국면에서 사회운동 세력들이 요구의 수준을 완화하여 제도권 야당이 주도하는 집권자를 선출하는 방식의 개혁을 위한 투쟁에 동참함으로써 한국 민주화가 역전되지 않았던 것이다.

한국 민주화 투쟁이 직선제 개헌 투쟁 방식으로 진행됨으로써 한국 민주화 과정은 선거정치 지형 내에서 집권세력과 반대세력의 힘겨루기로 특징지어지게 되었다. 만약 한국의 민주화 투쟁이 직선제 개헌이라는 제도적 개혁의 틀 내에서 진행되지 않고 권력구조와 분배구조의 근본적 변혁을 추구하는 방식으로 진행되었다면 한국의 민주화가 그 전환의 첫 번째 문턱을 넘을 수 있었을지 의문이다. 이 점에서 사회운동 세력들은 현명한 현실주의적인 선택을 했다고 볼 수 있다.[463] 왜냐하면 한국에서 민주화 최대 연합을 형성하기 위해서는 중산층의 가담이 필수적이었는데 권위주의 정권에 의한 발전주의적 경제성장의 직접적 수혜자인 중산층은 분배구조의 개혁 없이 정치적 자유의 확대만을 요구했기 때문이다.

실질적인 사회경제적 변혁을 민주화의 내용에 포함시키려는 사람들은 직선제 개헌의 의의를 과소평가하려는 경향이 있으나 그것은 결코 과소평가될 사건은 아니다. 민주화를 모든 갈등하는 이해관계의 해결을 제도 내에서의 경쟁에 맡기는 '불확실성의 제도화(institutionalization of uncertainty)'로 이해한다면[464] 직선제 개헌은 불확실성의 제도화에 전기를 마련했다고 할 수 있다. 물론 많은

463 헤겔은 《법철학》 '서문'(Preface, *Philosophy of Right*, 1820)에서 합리적인 것은 현실적이고 현실적인 것은 합리적이라고 이야기하였다(What is rational is real and what is real is rational). 민중민주 사회운동권의 '현실적인' 선택은 '합리적인' 선택이었다.

464 Adam Przeworski, "Democracy as Contingent Outcome of Conflicts" in Jon Elster and Rune Slagstad (eds.), *Constitutionalism and Democracy* (Cambridge: Cambridge University Press, 1988).

사람들이 직선제를 통한 경쟁의 결과로 민주주의를 반대해 온 세력의 대표가 대통령으로 선출된 역사적 아이러니를 한탄하나 민주적 경쟁의 결과가 불확실하다는 것을 이해한다면 이를 민주화의 후퇴로 간주할 수만 없는 일이다.

일반적으로 민주적 경쟁의 정치공간을 열기 위해 연합했던 세력들은 경쟁의 공간이 열리자마자 서로를 경쟁자로 맞이해야 하는 운명에 처한다. 이때 라이커(William Riker, 1962)의 '최소승리연합(minimum winning coalition)' 이론이 시사하는 바와 같이 최대한으로 확대된 민주화연합은 그 규모의 거대성으로 인해 쉽게 해체될 가능성이 크다. 최대민주화연합의 형성과 신민당의 포괄정당적 성격은 민주화를 이끌어 내는 데는 유리하나 민주화의 결실을 민주화 운동자들이 누리게 하는 데는 불리하게 작용했던 것이다. 또한 노태우 후보의 당선은 군부 쿠데타에 의한 신생 민주주의의 '급격한 사망(quick death)'을 피할 수 있게 했다는 점에서 장기적으로 보면 한국 민주주의의 공고화(consolidation)에 역설적인 기여를 했다고 볼 수도 있다.

또한 민주화 방법론으로 직선제 개헌 방식이 타당한가에 관한 논의가 있을 수 있다. 직선제 개헌 투쟁은 민주화 투쟁을 제도개혁의 차원으로 한정시킴으로써 군부의 정치 개입의 여지를 마련해 주지 않았다는 점에서 전략적 가치를 발견할 수 있다. 직선제 개헌은 최소강령주의적인 전략이었고 그것은 한국적 상황에서 유효한 것이었다. 선거권의 회복을 통한 국민주권을 되찾으려는 직선제 개헌 투쟁은 권위주의를 반대하는 모든 정치세력이 그들 사이의 문제를 뒤로 미루고 단결할 수 있게 하는 최소한의 공통분모가 될 수 있었다. 계급과 지역의 차이를 넘어서서 '국민 대 권력 블록(people/power bloc)'이라는 대치선을 만들어 낼 수 있었던 것이다.

한국과 같이 반공주의 이데올로기적 언술이 강하게 지배하는 나라에서 민주화 투쟁이 선거를 통한 경쟁 이상의 총체적 변혁 운동으로 발전하였을 때, 경제성장의 수혜자라 할 수 있는 중산층의 민주화연합으로부터의 이탈과 군부의 개입이 뒤따랐을 가능성이 크다. 거리에서의 폭력적 대결로 민주화의 게임이 끝나게 되었을 때 그 결과는 신생 민주주의의 탄생이 아닌 또 다른 형태의 비민주적 정치체제의 등장이었을 것이다. 한국에서의 민주화 투쟁이 선거정치의 회복이라는 방식을 채택함으로써 한국의 민주화 과정은 정권과 반대세력 간의 유혈적인 충돌을 피하고 타협에 의해 진행될 수 있었다.

그러나 이러한 많은 정치적 의의에도 불구하고 직선제 개헌은 한국 민주주의의 발전에 제한적인 요소로 작용한 것을 부인할 수 없다. 먼저 직선제 개헌 투쟁은 한국 민주화의 의제를 축소시키는 정치적 결과를 낳았다. 한국에서의 민주화 투쟁이 직선제 개헌이라는 지도자 선출방식의 개혁 방식으로 진행되면서 민주화 투쟁 과정에서 사회경제적 개혁이 중심 의제로 다루어지지 못했다. 말하자면 5공하에서 민주화 세력은 한국 민주화 투쟁을 정치적 시민권의 회복 투쟁으로 한정시켰던 것이다. 한국 민주화의 획기적 전기를 마련한 6·29선언은 정치 엘리트들 간의 정치 협약(political pact)의 성격을 벗어나지 못한다. 이는 권위주의 정권과 민주화연합 간의 타협의 기초가 된 6·29선언 8개항 중 어디에도 노동자들을 비롯한 민중들의 사회경제적 권리를 보장하는 내용이 포함되어 있지 않았다는 사실과 개헌 협상 과정에서 급진적 사회운동 세력은 물론 6월 민주항쟁에서 주도적 역할을 했던 국민운동본부도 배제되었다는 사실에서 발견된다. 집권세력과 반대세력이 타협한 것은 일인일표의 보통평등선거제도에 기초한 공정한 정치적 경쟁의 규칙의 확립이었다. 6·29선언은 정치 영역에서 최소한의 경쟁 원리를 도입할 것에 합의하면서도 생산과 분배체제의 개혁은 의제에서 제외시켰다.

협약에 의한 민주주의는 정치 협약에 참가한 엘리트들의 이익을 배타적으로 보호하기 위해 급진적 사회경제적 개혁을 추구하는 정치세력을 민주적 경쟁에서 배제시키는 엘리트의 카르텔을 가져오기 쉽다. 폭력에 의하지 않고는 쉽사리 권력으로부터 퇴장하지 않으려는 세력을 민주화 과정에 끌어들이기 위해서는 '사전적 보장(guarantismo)'에 의한 협약이 우선되어야 할지도 모른다. 이것이 6·29선언 이후 직선제 개헌 협상이 성공한 기본 요인이다. 그러나 민주주의로의 이행(transition) 전략과 민주주의의 공고화(consolidation) 전략은 다를 수밖에 없다. 민주주의로의 이행을 촉진하는 데 유효한 전략이 민주주의의 공고화를 위해서는 장애 요인이 되는 경우가 많다.(Valenzuela, 1992: 58) 민주주의의 공고화는 협약에 의해서 보장되어 온 구 권위주의 세력들이 누리고 있던 특권을 해제하는 과정이다(군부의 자율성, 독점자본가의 재산권 보장 등). 만약 권위주의 독재에 의해 보장되어 온 특권이 해제되지 않을 경우 개혁은 실종되고 모르는 사이에 어느덧 옛날의 권위주의로 되돌아와 있는 것을 발견하게 되는 민주주의의 '완만한 사망(slow death)'의 가능성을 높여 줄 것이다.[465] 민주화의 과도기에 출범한 노태우의 6공화국과 그 뒤를 이은 김영삼 문민정부의 과제는 신생민주주의의 '급격한 사망'을 방지하면서 협약민주주의의 민주화를 통한 민주주의의 공고화였다.[466]

465 O'Donnell에 의하면, 민주화의 제1단계(이행단계)에서는 군부 쿠데타에 의한 신생 민주주의의 급격한 사망(sudden death)의 위험에 대비해야 하고 제2단계(공고화 단계)에서는 개혁의 정체(immobilism)로 인한 완만한 사망(slow death)의 가능성에 주의하여야 한다.(Guillermo O'Donnell, "Transitions, Continuities, and Paradoxes", 1992)

466 이 점에서 김영삼 정부의 군부개혁, 실명제 실시는 군부의 자율성과 자본가의 특권을 폐지함으로써 민주주의를 공고화하려는 조치로 평가된다.

제14장

1987년 체제[467]

3김 정치 시대의 민주주의

한국 민주화의 역사적 전기를 가져다준 1987년 6월 29일 이후 한국 민주주의는 부활하였다. 1948년에 근대적인 자유민주주의가 도입된 이래 한국 민주주의는 파행을 겪었고 마침내는 군사쿠데타에 의해 민주주의가 전복된 이래 오랜 동면 끝에 1980년대의 치열한 민주화 운동의 결실로 1987년 '6·29선언'이라는 형식으로 군부 권위주의 정권이 민주적 경쟁을 회복할 것에 양보함으로써 한국에 민주주의가 다시 돌아왔다.

그렇다면 비교시각에서 보았을 때 한국 민주화의 특징적 양식(modality of transition)은 세 가지로 볼 수 있다.[468] 첫째, 한국은 경제적으로 성공적인 권위주의 체제로부터 민주화가 일어난 전형적 사례이다. 권위주의 체제의 경제적 실적과 관련해 볼 때, 우리는 두 개의 대조적인 민주화의 유형을 발견할 수 있다. 남미와 동구의 많은 독재자들은 바로 자신들이 스스로 부과한 역사적 사명인 경제발전에 실패함으로써 퇴진을 강요당하여야만 했다. 권위주의 체제

467 '1987년 체제'는 한국 민주화가 '이행'에서 출발하여 '공고화'되기까지의 특징적 양상 즉, 절차적 민주주의의 진전과 전근대적 가산주의의 잔존이라는 비동시성적 시간이 지속된 1987-2002년 사이의 한국 민주주의를 말한다.

468 칼과 슈미터(Terry Karl and Philippe Schmitter)에 의하면, 민주화의 양식은 상당한 정도로 어떤 유형의 민주주의가 출현할 것인가, 그 민주주의가 공고화될 것인가 아닌가, 서로 다른 사회집단에 어떤 장기적인 결과를 초래할 것인가를 결정하고 주장하였다.(Karl and Schmitter. 1991)

하에서의 극심한 경제위기가 민주주의로의 전환을 위한 호조건을 제공하였던 것이다. 필자는 이를 "'실패의 위기(crisis of failure)'에 의한 민주화"라고 명명하였다.[469] 그러나 한국, 대만, 스페인과 같은 나라에서는 '성공의 위기(crisis of success)'로 민주화가 일어났다. 이들 나라에서 독재자들은 바로 그들 자신이 부과한 경제발전이라는 역사적 사명을 완수하였기 때문에 권력의 자리에서 물러나야만 했던 것이다. 권위주의 체제가 성공적으로 경제발전이라는 역사적 사명을 완수함에 따라 그들은 역사적으로 무용지물화되고 대중에 더 많은 자유와 복지를 부여해야 한다는 새로운 역사적 필요를 충족시키기 위해 민주주의로 대체되었던 것이다.(Im, 1994)

"실패의 위기"로 민주화가 일어난 나라와 비교해 볼 때, "성공의 위기"로 민주화가 일어난 나라들은 민주주의의 공고화에 비교적 유리한 입장에 있다. 성공의 위기로 민주화가 일어난 나라들의 경제는 일반적으로 양호하다. 권위주의 이후의 국가는 파산하지 않았다. 국가는 여전히 유능한 관료들을 거느린 효과적인 국가로 남아 있다. 말하자면 신생 민주주의는 "약한 국가가 약한 시민사회를 맞이하고 있는" 상황에 직면하고 있지 않다. 전반적으로, 성공의 위기로 민주화가 일어난 나라들은 동구와 남미의 신생 민주주의가 직면하고 있는 정도의 위험과 부담을 지고 있지 않다.

둘째, '시장권위주의(market authoritarianism) 체제'로부터 민주화가 일어났다는 특징을 갖고 있다.(임혁백, 1994) 한국에서 신생 민주주의가 대체한 권위주의 체제하에서 국가가 시장적 합리성과 경제적 자유화를 강조했다는 점에서 "시장 친화적(market-friendly)" 또는 "시장 순응적(market-conforming)"인 권위주의 체제였다고 볼 수 있다. 시장권위주의 국가는 모든 행위자들을 시장의 규율하에 두려고 한다. 그러나 시장권위주의 체제하에서 권위주의 국가의 억압

469 해가드와 카우프만은 이를 "좋은 시기에 퇴장한 권위주의(authoritarian withdrawal in good times)"라고 불렀다.(Stephan Haggard and Robert R. Kaufman, 1995)

성은 줄어들지 않는다. 시장권위주의 국가는 모든 행위자들을 시장질서에 순응하도록 강요하며, 시장경쟁에서 패배한 자들이 시장으로부터 탈출하지 못하게 감시한다. 국가는 시장의 파괴적 힘으로부터 경제적 약자들을 보호해 왔던 피난처를 제거해 버린다. 또한 국가는 국내 자본가와 농민들에게 제공해 왔던 보호와 지원금을 철폐해 버린다. 이와 같이 시장질서를 수립하고 수호하는 시장경찰(market policing)의 역할을 담당하기 위해 시장권위주의 국가는 다른 권위주의보다 더 강한 억압 능력을 필요로 하는 경우가 많다.

민중주의적 권위주의 국가와 비교해 볼 때, 일반적으로 시장권위주의 국가는 시장 지향적인 경제조정과 구조개혁에 유리한 입장에 있으나, 민주화의 도전에 대한 대응 능력은 더 나을 것이 없다. 시장권위주의 국가는 자신의 몰락의 씨앗을 스스로 뿌린다. 시장 순응적인 국가는 일반적으로 시민사회를 탈동원화, 탈정치화시키려 한다. 국가는 시민사회로 하여금 분산화된 시장 상황하에서 서로 경쟁하게끔 강요한다. 시장 기구에 의존하면 할수록 국가는 조직화된 지지기반을 구축할 수 있는 능력이 점점 더 줄어드는 것을 발견하게 된다. 권위주의 국가에 대한 민중들의 저항이 분출하였을 때, 국가는 조직화된 사회세력 내에서 자신을 도와줄 친구가 없다는 것을 발견하게 된다. 조직화된 지지기반이 없을 때, 국가는 경제적 위기와 정치적 소요에 취약할 수밖에 없게 된다.(임현진·김병국, 1994)

전두환이 이끄는 시장권위주의 국가의 몰락이 바로 위의 시나리오를 닮았다. 전두환의 시장 순응적인 정책은 박정희하에서 형성되었던, 국가-사회 네트워크 또는 "개발연합"의 해체를 초래하였다. 대자본가들에 있어서 전두환의 안정화 조치들은 이제까지 그들을 외국의 경쟁자들로부터 보호해 주었던 지대의 소멸을 의미하였다. 시장 원칙을 강화함으로써 국가는 대자본가들을 권위주의 지배연합에 끌어들일 수 있는 정책도구를 상실하고 말았다. 권위주의에 대한 민중들의 저항이 분출하였을 때, 국가 엘리트들은 대자본가들이 더 이상 그들과 생사를 같이할 충성스러운 동맹자가 아니라는 것을 발견하였다. 박정희의 권위주의 체제하에서는 국가와 자본 간의 공생적 관계가 유지되었으나, 전두환의 시장권위주의하에서 "칼과 돈의 동맹(sword-Won alliance)"에 금이 가기 시작하였던 것이다. 뿐만 아니라 전두환의 신자유주의적 경제개혁은 권위주의의 전통적인 지지기반이었던 농민을 소외시켰다. 쌀값과 비료값에 대한 지원금의 철폐, 외국 농산물의 수입개방은 많은 농민들로 하여금 전두환 정권에 등을 돌리게 하였던 것이다.

이와 같이 전두환의 시장권위주의 국가는 시민사회 내에 그들의 친구나 지지자들을 구축하지 못하였다. 국가가 시장질서를 강화함으로써, 파괴적인 시장의 운동에 대항하여 자기자신을 보호하려는 시민사회의 반운동의 불을 지폈다. 1980년대 중반부터 일어나기 시작한 노동자, 농민, 도시빈민의 반국가적 민중운동은 바로 이와 같은 시민사회의 반대운동으로 볼 수 있다. 중산층은 전두환의 신보수주의적 개혁의 수혜자이었음에도 불구하고 전두환 체제에 대한 정치적 지지를 보내지 않았다. 오히려 권위주의 체제 정당화의 공식을 깨뜨린 것은 바로 중산층이었다. 경제적 생존의 문제로부터 해방되자마자 중산층은 더 이상 경제발전과 정치적 자유가 상쇄관계(trade-off)에 있다는 것을 용인하려 하지 않고 민주화 운동에 동참하였다. 중산층의 참여로 최대한의 민주화 연합이 형성되었고 권위주의 권력 담당자들은 6·29선언으로 표현된 민주화 개혁에 양보하지 않을 수 없었다.(임혁백, 1995a)

경제적인 측면에서 볼 때, 일반적으로 시장권위주의에서 민주주의로 전환한 나라들의 민주주의 공고화의 전망은 밝다. 왜냐하면 시장경제 개혁이 권위주의하에서 이미 이루어졌기 때문에 신생 민주주의가 시장경제와 정치적 민주주의로의 이중적 전환을 동시에 추구해야 하는 어려운 문제에 봉착하지 않기 때문이다.

마지막으로 지적할 수 있는 한국 민주화의 특징적 양식은 한국 민주화가 "협약 민주화(transition by pact)"(Karl and Schmitter), "거래에 의한 민주화(Mainwaring)", "개혁적 협약(Linz)", "보장을 통한 민주화(Przeworski)"의 유형에 가깝다는 것이다.

한국의 경우, 민주화는 권위주의 체제와 민주적 반대자 간에 "해결점이 없이 장기화된 대치" 끝에 나온 것이다. 체제와 반대자들은 '상호 파괴'의 벼랑에서 민주화의 타협을 이끌어 내었던 것이다. 권위주의 체제 세력과 민주화연합세력이 그람시적인 "파멸적 균형"으로부터 벗어나 절차적 민주주의라는 차선적 타협에 도달한 것이다. 민주화의 전야에 민주화연합은 최대한으로 확대되었으나 정권의 무조건 항복을 이끌어 낼 만큼 물리적으로 강력하지 못했으며, 권위주의 권력 블럭은 약화되었으나 그들은 여전히 "군대를 불러들일 수 있는" 마지막 자위수단을 보유하고 있었다. 이와 같은 "파멸적 균형"하에서 민주화연합은 최소한의 절차적 민주주의의 회복이라는 양보를 권력 담당자로부터 받아내는 것에 만족하여야만 했다. 한국의 민주화는 권위주의 권력 담당자들이 현직의 이점을 유지한 채 선거 경쟁에 임할 수 있다는 보장을 받았다는 점에서 "보장을 통한 민주화"의 유형에 속한다. 이 보장은 군부의 대표인 노태우가 대통령으로 선출되는 데 엄청난 프리미엄으로 작용하였다.

한국의 민주화가 엘리트들 간의 협약, 보장, 협상에 의해서 이루어졌기 때문에 권위주의 과거와의 단절보다는 연속성이 신생 민주정부의 경제와 사회 정책을 지배하고 있다. 중앙과 지방정치에 민주적 경쟁이 회복되고 시민사회의 영역에서도 경쟁의 영역이 확대되고 있으나, 권위주의적인 사회, 경제적 틀은 아직도 그대로 잔존하고 있다. 사회적 경제적 측면에서 볼 때, 한국의 민주주의는 빈혈증적이고 보수적이다. 권위주의 과거의 유산이 경제적, 사회적 영역으로 민주주의의 확대를 가로막았다.

그러나 이러한 한국 민주주의 전환의 특징적 양식이 반드시 경로 의존적으로 그 후에 이루어질 공고화의 길을 결정하지 않는다는 사실에도 주목해야 한다. 이미 한국에서도 폴란드와 같이 권위주의 권력 담당자와 민주적 반대자 간에 맺어진 협약이 무기한적으로 지켜지지 않는다는 사실을 김영삼 대통령이 민주화 협약에서 약속한 군부 특권 보장을 깨어 버리고는 전직 두 장군 출신 대통령을 법정에 세움으로써, 군부의 핵심적인 이익을 보장하였던 최초의 민주화 협약을 파기한 데서 발견하였다. 민주화를 가능케 한 조건이 공고화에는 장애요인이 될 수 있고 민주화를 제약하였던 조건이 공고화를 가능케 하는 조건으로 바뀔 수 있는 것이다.(Schmitter, 1995) 민주주의 공고화의 과정이 권위주의 과거의 유산과 민주화의 양식에 결정적으로 좌우되는 것은 아니다. 전환의 양식이 공고화를 '가능케 하는 조건(enabling conditions)'이 될 것인가 아니면 '제약하는 조건(confining conditions)'이 될 것인가는 신생 민주주의 지도자들과 국민의 선택에 달려 있다.

1. 3김 시대의 한국 정치 — 민주주의, 가산주의, 신자유주의의 비동시성[470]

1987년 6월에 민주화대타협의 돌파구를 연 이래 한국인들은 빠른 시간 내에 민주주의로의 전환과정(democratic transition)을 완료하였다. 1987년 10월에 헌법 제정의 정치를 완료했고 새 헌법에 따라 12월에 대통령선거, 1988년 4월에 국회의원선거로 이어지는 두 차례의 정초선거(foundation election)를 평화적으로 공정하게 치러서 새 민주정부를 구성함으로써 전환과정을 마무리하였다. 민주주의로의 전환이 완료된 뒤 3김과 노태우가 주도하는 민주주의 공고화(democratic consolidation) 과정에 들어갔다. 그러나 민주화 이후 한국 민주주의의 공고화 시간도 비동시적 성격을 띠고 있었다. 전근대적 가산주의, 근대적 민주주의, 그리고 세계화와 함께 다시 경제적 헤게모니를 장악한 신자유주의의 비동시적 시간들이 공존하면서 한국 민주주의의 공고화를 제약하였다.

470 임혁백, 2011, 〈서설: 1987년 이후의 한국 민주주의를 보는 눈〉, 《1987년 이후의 민주주의 — 3김 정치시대와 그 이후》, 고려대학교 출판부, 17-35쪽에서 많이 참조.

3김 정치시대의 민주주의는 3가지로 특징지어진다. 첫째, 한국 민주주의의 '제3의 물결'이 일어난 시대라는 것이고, 둘째, 베버가 이야기한 전근대적 가산주의와 근대적인 자유민주주의가 결합한 '가산주의적 민주주의(patrimonial democracy)'라는 비동시성의 동시성이 강하게 나타난 시대라는 것이며, 셋째, 3김 시대 말기에 사회경제적으로는 신자유주의와 정치적으로는 자유민주주의가 결합한 신자유주의적 민주주의라는 비동시성이 새롭게 출현한 시대라는 것이다. 1980년대 이후 박정희 시대의 지배적 경제발전 패러다임으로 군림해 온 발전국가 모델이 쇠퇴, 폐기되었고 신자유주의(neo-liberalism)가 새로운 경제 패러다임으로 등장하였다. 세계화의 물결 속에서 쓰나미처럼 불어닥친 1997년 말의 외환금융위기가 신자유주의가 지배적 경제 패러다임으로 부상하는 데 결정적 전기를 마련해 주었다.

1987년 한국 민주주의는 부활하였으나 빠른 시일 내에 공고화되지는 않았다. 소위 '3김 정치시대'라고 부르는 공고화를 위한 과도기를 거쳐야 했기 때문이다. 3김(김영삼, 김대중, 김종필)은 1970년대 박정희 정권부터 전두환, 노태우 정권을 포함하여 지난 30여 년간 한국 정치를 주도해 왔다. 3김 중에서 양김(김영삼 YS, 김대중 DJ)은 1970년대와 1980년대의 민주화 투쟁을 이끈 지도자였으며, 김종필(JP)은 군부독재 시대에는 정권 내부의 온건한 목소리를 대변하였고 1987년 민주화 이후에는 보수 분파를 대표해 왔다. 3김은 민주화 투쟁기뿐 아니라 민주화 이후 재개된 정치적 경쟁의 주역들이었다. 3김 중 양김(YS와 DJ)은 민주화의 주역이었고 민주화 이후 노태우의 과도기 민주정부를 거친 뒤, 차례로 대통령에 선출되어 민주주의 공고화를 주도하였다. 민주화 이후의 3김 정치시대에 한국인들은 매우 빠른 속도로 민주주의를 공고화시켰다. 3김은 1987년 이후 민주적 선거경쟁을 제도화하고, 권위주의 유산을 청산하고, 잠재적 민주주의 전복세력을 제거함으로써 소극적 차원에서 민주주의 공고화를 달성하는 업적을 이룩했다. 3김 시대를 역사적으로 마감되는 2002년에 한국의 민주주의는 더 이상 급작스런 붕괴나, 장기적인 민주주의 사망의 위협에 직면해 있지 않았다. 그러나 적극적 민주주의 공고화 차원에서 볼 때, 한국 민주주의는 여전히 실망스러운 상태에 머물러 있다.

3김 정치시대의 민주주의는 비동시성적 민주주의였다. 1987년 이후 15년 동안 평화적 정권교체, 인권과 자유의 신장, 군부에 대한 문민통제의 확립, 좀더 책임성 있고 응답하는 정부를 만들어 내었다는 점에서 자유민주주의로의 공고화에 전기를 마련한 반면, 정치뿐 아니라 경제에서 전근대적 유교적 가산주의를 청산하지 못하였고, 냉전의 해체와 세계화와 함께 밀어닥친 신자유주의의 물결에 휩쓸려 공공성이 실종되고, 상업적 시민(bourgeoisie)의 영역이 공적 시민(공민: citoyen)의 영역을 압도하며, 국가에서 시장으로 권력의 중심축이 넘어간 신자유주의적 민주주의로 행진함으로써 민주주의의 질적인 향상을 이룩하지 못했다.

1) 민주화의 시간

1987년의 민주화 혁명은 한국 민주화의 '제3의 물결'이라 할 수 있다. 한국 민주화의 '제1의 물결'은 해방 정국을 거쳐 분단국가를 수립하는 과정에서 일어났다. 해방 이후 38선 이남에 진주한 미군은 분단국가를 수립하는 과정에서 미국식 자유민주주의를 한국인들에게 선물로 안겨주었다. 미국식 자유민주주의는 그 내용과 본질은 사상된 채 형식만 외삽적으로 이식되었다. 참정권을 쟁취하기 위한 장기간의 투쟁 없이 한국인들은 일거에 보통평등선거권을 얻었고, 노동자들은 노조를 조직할 수 있는 권리를 쟁취하기 위한 투쟁도 없이 일거에 미국 수준의 노동3권을 부여받았다. 농민들은 원칙적으로는 '유상몰수 유상분배'였으나 실제로는 '무상몰수, 유상분배'로 진행된 자유주의적 농지개혁으로 유혈적 투쟁 없이 토지를 소유한 소규모 영세 자영농이 되었다. 게다가 제헌 헌법은 자유주의를 넘어서 사회주의 또는 사회민주주의적인 경제조항을 삽입해 놓았다. 국가에게 사회정의의 실현을 의무화시키고, 주요 자원의 국유화, 농민에게 농지분배, 공공성을 가진 기업의 국영화, 공영화를 헌법 문서화한 것이다(고려대학교 박물관, 2009: 235). 그러나 미국이라는 외부 세력에 의해 선물로 외삽적으로 그리고 조숙하게 도입된 자유민주주의 제도는 뿌리를 내리지 못했다. 자유민주주의 정착에 필요한 계급, 구조적 그리고 문화적 조건이 성숙하지 않았음에도 불구하고 민주헌정제도가 도입되었고 농지는 이미 개혁되었고, 노동자들도 노동권과 참정권을 부여받았기 때문에 노동자들과 농민들은 노동권 쟁취, 농지개혁이라는 의제를 내걸고 정당을 조직할 기회를 상실하고 말았다. 한국에서 계급정당이 발달하지 않은 것은 냉전과 반공주의에 주 원인이 있지만 조숙한 민주주의에도 크게 기인한다고 볼 수 있다.

따라서 민주화의 제1의 물결은 외삽성과 조숙성으로 인해 민주주의 제도가 깊게 착근하고 민주주의 문화가 국민들 속에 내면화될 수 없었다. 이러한 자유민주주의라는 형식과 반공주의라는 내용 간의 부조화는 자유민주주의라는 이승만 정권의 공식 이데올로기를 가지고 이승만 정권의 퇴진을 요구하는 '대학-언론 연합(university-press nexus)'을 주축으로 한 도시빈민, 재야지식인, 도시중산층 연합을 가능하게 하였다. 이렇게 형성된 자유주의 민주화 대연합은 이승만 정권을 붕괴시키고 한국 역사상 최초로 민주화 혁명을 성공시켰다. 한국 민주화의 제2의 물결이 시작된 것이다.

4·19민주혁명으로 불리는 제2의 물결은 엄청난 역사적 의의를 지닌다. 먼저 냉전의 최전선에서 반공주의의 압도적 영향하에 있던 지역에서 일어난 민주화라는 것이다. 말하자면, 민주화가 일어나기 불가능한 지역에서 일어난 민주화라는 의의를 갖고 있다. 둘째, 제2차 세계대전 이후 신생 독립국가들을 중심으로 세계 민주화의 제2의 물결이 일어났으나 얼마 되지 않아 신생국가에서 가장 강력한 조직화된 무장세력으로 부상한 군부에 의해 신생 민주주의가 전복되는 '민주화의 역류' 현상이 일어났다. 4·19민주혁명은 전 세계적으로 민주화의

역류가 일어나고 있었던 시점에서 난공불락으로 보였던 반공독재정권을 퇴진시키고 민주화를 이룩했다는 점에서 민주주의의 승리로 기록된다. 물론 4·19 민주혁명으로 탄생한 민주정권은 군부 쿠데타에 의해 전복됨으로써 단명하였지만 '민주화의 역류'라는 세계시간에 일어난 민주화라는 예외성은 그 이후 민주화를 열망하는 많은 운동가, 정치가, 혁명가들에게 희망을 주었다.

그러나 1961년 5·16군사쿠데타로 한국도 예외 없이 민주화의 역류에 동참할 수밖에 없었고, 쿠데타의 지도자 박정희 장군은 한국 근대화의 전범을 만들었고 그 영향은 두고두고 지속되었다. 박정희의 독재국가는 경제적으로는 발전국가의 전형이었기 때문에 '실적에 의한 정통성(legitimacy by performance)'을 확보할 수 있었다. 박정희 정권은 실적주의와 계획 합리성(plan rationality)을 중시하는 관료주의와 권위주의가 결합한 근대적인 관료적 권위주의(bureaucratic authoritarian) 정권이었다. 그러나 관료적 권위주의는 절차적 정당성에 의존하는 민주주의와는 달리 실적에 의존하였기 때문에 실적이 나빠지면 정권의 존속이 위협받는 위기에 빠지게 된다. 1979년 유신체제는 경제위기로 정통성의 위기에 빠진 박정희 정권이 야당, 지식인, 노동자, 민중으로부터 도전을 받았을 때 요구를 수용하기보다는 강압과 탄압으로 대응하였고, 결국은 측근인 김재규에 의해 독재자가 시해당함으로써 종말을 고했다. 그러나 '서울의 봄'은 짧았고 전두환 장군이 이끄는 신군부에 의해 군부 권위주의가 복원되었다. 스스로 5공화국으로 불렀던 군부 권위주의는 광주 대학살을 통해 출범했기 때문에 태생적 정통성의 결함을 안고 출범했다. 따라서 신군부 정권이 1984년 유화 국면을 조성하자마자 민주화라는 판도라의 상자는 열려 버렸고 1985년 2월 12일 총선에서 1987년 6월 민주화항쟁까지 장기간에 걸친 권위주의 정권과 민주화 연합세력 간의 '밀고 당기기 전쟁' 끝에 한국 민주화의 제3의 물결을 열었다.

한국 민주화의 제3의 물결은 먼저 동아시아에서 최초로 자생적으로 민주화를 달성한 사례라는 특징을 갖고 있다. 동아시아 민주주의 선진국으로 한국, 일본, 대만을 들 수 있는데 일본은 외부 점령 세력인 미 군정 사령관인 맥아더 장군에 의한 '외부 세력에 의한 민주화(democracy from outside)'에 속하고, 대만은 집권 국민당이 장기적으로 민주화의 시기와 범위를 통제하는 가운데서 이루어진 '위로부터의 민주화(democracy from above)'에 속한다. 한국의 제3의 민주화 물결은 해방 후 미국에 의한 '외삽 민주화'와는 달리 시민들이 거리로 나와 정치적 자유와 인민주권을 다시 쟁취한 사건이다. 대만과 달리 권위주의 정권이 민주화의 의제, 타이밍, 범위를 통제하지 못했고 일단 정권에 의해 억압 완화(decompression) 조치가 내려지자 민주화의 판도라 상자는 열렸고 정권은 통제력을 상실하고 말았다. 한국 민주화가 외부 세력이나 정권의 통제, 계획된 시간표에 따라 이루어진 것이 아니라 자생적으로 이루어졌고 장기간에 걸친 밀고 당기기 전쟁 끝에 정권과 민주화 연합세력 간에 대타협을 통해 이루어졌기 때문에 급진적인 사회경제적 민주화 개혁은 일어나지 않았으나 역전되지 않는 내구성 있는 민주주의를 낳을 수 있었고 한국의 민주화는 동아시아의 후발 민주화 국가들에게 모델이 되었다.

3김 정치시대에 한국 민주주의는 지속적으로 발전해 왔다. 1987년 12월에 한국인들은 14년 만에 처음으로 선거를 통해 직접 정부를 구성할 수 있었다. 민주주의의 전환기에 선출된 신군부 출신 노태우 대통령은 언론의 자유, 집회의 자유, 결사의 자유를 복원시켜 주었다. 김영삼 대통령은 '문민정부'라는 이름에 걸맞게 군부에 대한 문민통제를 확고히 하였다. 그는 '하나회'와 같은 정치화된 군인 집단을 숙청하였으며 두 전직 군부 출신 대통령을 사법처리함으로써 탈군부화와 권위주의 과거 청산에 있어서 후발 민주주의 국가들에게 모범 사례를 보여 주었다. 1997년 말 외환금융위기의 와중에 집권한 김대중 정부는 동아시아에서 최초로 투표를 통해 평화적으로 정권교체를 이룩했다는 것 자체로도 한국 민주주의의 공고화에 크게 기여하였고, 재임 시 독립적인 인권위원회를 설립하여 인권보호를 제도화하였고 정치적 권리와 시민적 자유를 크게 신장시켰으며, 외환금융위기로부터 나라를 구해 냄으로써 '민주정부 무능론'에 쐐기를 박았다.

2) 가산주의(家産主義)의 시간

이와 같이 3김 정치시대에 권위주의로부터 자유민주주의로의 성공적 전환이 이루어졌다. 그러나 이러한 성취에도 불구하고 3김 정치시대가 막을 내린 2002년 대선에서 모든 대선 후보들이 '3김 정치'를 종식시키겠다고 약속한 데서도 드러났듯이 3김 정치시대는 많은 구 권위주의의 유산을 청산하지 못한 채 민주화 제2세대에게 물려주었다. 3김 정치가 물려준 대표적인 부정적 유산은 막스 베버가 가산주의라고 정의한 전근대적인 권력의 사유화, 세습화, 사인화의 정치였다.(Weber, 1978: 1010-1011) 말하자면, 3김 정치시대의 한국 민주주의의 시간은 전근대적 연고주의, 사인주의, 보스주의, 후원-수혜주의와 근대적인 자유민주주의가 결합한 '가산주의적 민주주의(patrimonial democracy)'라는 비동시성적 민주주의의 시간이었다.

3김 중 김영삼과 김대중은 1970년대 이후 반독재, 민주화 운동을 이끌어 온 양대 야당 지도자였고 김종필은 박정희 권위주의 정권 내에서 온건 개혁세력을 이끌어 왔다. 그런데 박정희 시대에 양 김(김영삼, 김대중)은 권위주의 정권의 억압과 감시하에서 민주화 조직을 보전하고 추종자들의 충성을 계속 확보하기 위해 권위주의 독재자들이 조직을 유지하는 방식을 채택하지 않을 수 없었다. 그들은 독재에 저항하기 위해 자신의 조직 내부는 비민주적인 방식으로 운영한 것이다. 측근과 가신을 중심으로 정당과 파벌을 운영하는 가산주의적 정당을 만들고 정당의 정책결정을 철저히 비밀에 부치는 비밀주의를 채택하였다.

양 김이 민주화 투쟁 과정에서 의존한 가산주의는 민주화 이후에도 정치를 움직이는 중요한 지배원리가 되었다. 민주화 이후 정치의 중심에 선 3김은 근대적 민주정당을 발전시키기보다는 사당을 지속시켰다. 정당 보스가 추종자의 충성에 대한 대가로 추종자의 복지를 책임지는 가산주의는 1987년 이후 민주주의의 제도, 절차, 과정을 도입한 후에도 존속했을 뿐 아니라 더욱 기승을 부렸다.

가산주의의 핵심은 권력의 사유화이다. 막스 베버가 개념화한 가산주의는 가부장주의(patriarchism)의 특수한 형태로 기본적으로 가족주의(oikos)에 기초하고 있다. 군주가 권력을 공적인 것이 아니라 군주의 사유물로 여기며 국가 관리를 공적인 공무원으로 여기는 것이 아니라 자신의 사적인 가신으로 여기는 것이다.(Weber, 1978: 1010-1011) 가산주의가 신생 민주주의를 움직이는 실제적인 작동원리가 됨으로써 3김 정치시대의 한국 민주주의는 여전히 민주적 책임성과 응답성을 결여한 '엘리트 민주주의'를 벗어나지 못했고 가부장주의, 지역주의, 보스주의, 가신주의, 패거리정치, 부패정치, 위임주의(delegativism)로 인해 질 높은 선진 민주주의로 도약하지 못했다.

3김 시대의 가산주의는 정당의 사당화를 초래하였다. 3김은 자신들의 정치적 필요에 따라 정당을 창당, 해산, 재창당을 반복했다. 그들은 자신의 지역을 근거지로 하여 정당을 봉건영주처럼 운영하였다. 제왕적 당 총재로서 자신이 만든 정당 위에 군림하면서 후보 공천, 당직 배분, 국회직 배분을 독점했고 추종 당원들의 충성에 대한 대가로 정치자금과 권력이라는 보호지대를 제공하였다. 3김에 의한 정당의 사당화는 정당을 공공이익을 추구하기보다는 사적 집단의 사익을 추구하는 조직으로 만들었다. 가산주의적 정당은 민주적 정당체제의 저발전을 초래하였고 3김 시대에 한국 민주주의의 공고화를 지연시킨 가장 큰 장애 요인이 되었다.

3김 정치시대의 유교적 가산주의는 궁극적으로 지역으로 확대되어 지역주의로 발전하였고 지역주의는 3김 시대에 한국 정치를 지배하였다. 유교적 가산주의하에서 가족(가문)의 동심원적 확장이 지역이었고 정치인과 정당은 지역의 사적 이익을 도모하여 표를 극대화하려 하였다. 대한민국이라는 민주공화국의 공동체적 이익을 희생하여 특정 지역의 이익을 배타적으로 추구하는 지역주의가 3김 정치시대의 각종 선거를 결정하였다. 한국인들은 자신들의 정체성을 좁은 가족, 씨족, 학연에서 넓은 지역으로 동심원적으로 확대함으로써 선거를 지역 간 경쟁으로 몰고 갔다. 그 결과 지역적으로 3김 정당의 일당 독재화가 일어나 한국 민주주의의 경쟁성, 책임성, 응답성을 낮은 수준으로 머물게 하였다.

3) 신자유주의의 시간

3김 정치시대에 동구의 사회주의의 몰락이 있었고 1991년에 냉전체제가 해체됨으로써 20세기는 사실상 마감되었고(Hobsbawm, 1994) 세계화의 시대가 도래하였다. 한국 민주화는 냉전 해체와 세계화와 그 시기를 같이하면서 신자유주의가 발전국가 모델을 대체하고 지배적인 경제 패러다임이 되었고, '신자유주의적 민주주의'라는 '잡종 민주주의(hybrid democracy)'를 낳았다.

박정희의 발전국가 모델을 수정하려는 움직임은 전두환 정권에서부터 시작되었다. 전두환 정권은 1980년대 말 중화학공업화의 위기가 유신체제 몰락의 구조적 원인을 제공하였다는 데서 교훈을 얻어 과도한 국가 개입에 의한 자원배분의 왜곡을 시정하고 시장에 의한 자율적 자원배분 능력을 강화시키는 시장 순응적 정책을 추구하였다. 말하자면, 시장 형성적 권위주의(market shaping authoritarianism)에서 시장 순응적 권위주의(market conforming authoritarianism)로의 전환이 일어난 것이다.

민주화 이후에도 발전국가의 쇠퇴는 지속되었다. 전두환 정권부터 시작된 경제 자유화, 대외 개방화, 탈규제화 정책은 민주화 이후의 노태우, 김영삼 정부의 경제정책의 근간을 이루게 되었다. 그러나 발전국가는 약화되었으나 발전국가 모델 그 자체는 단기간에 해체되지 않았다. 자유화 정책으로 발전국가 모델은 경쟁적 시장자본주의가 아니라 '민간 주도 경제'라는 이름하에 재벌에 의해서 주도되는 독과점적 자본주의로 대체되었기 때문이다. 자유화와 탈규제 정책으로 국가는 재벌을 규율할 수 있는 많은 정책적 수단을 상실하였으며, 대외개방으로 국내시장 보호라는 당근을 통하여 재벌을 규율할 수 있는 수단이 줄어들었고, 금융 자율화로 재벌은 제2금융권을 장악하고 국가 소유 은행주식을 매수하여 금융자본을 사실상 사금고화하였다. 재벌체제는 실상 박정희의 발전국가에 의해 '만들어지고(inventing bourgeoisie)' '육성된' 것이다(nurturing bourgeoisie). 민간 주도 경제로 불리는 재벌자본주의하에서 노동은 기업의 이해 당사자에서 배제되었고, 채권자인 은행과 일반 주주는 경영감시자 역할에서 소외되었다. 재벌자본주의는 사회적 감시체제가 취약한 총수 전제적인 족벌지배 체제였다는 점에서 경제적인 가산주의(家産主義) 체제였다.

그러나 재벌자본주의의 개혁은 내부적 개혁 요구와 외부적 개혁 압박의 합작에 의해 가능하였다. 6·25한국전쟁에 버금가는 국난으로 불리는 1997년 말의 외환금융위기는 대통령선거와 맞물리게 되었고 한국의 유권자들은 경제위기를 불러온 한나라당 집권세력에 책임을 물어 최초로 평화적 정권교체를 단행하였고 지금까지 한국의 경제를 이끌어 온 재벌자본주의라고도 불리는 가족소유 자본주의의 개혁을 김대중 정권에 요구하였다. 여기에 더하여 당시로서는 사상 최대 규모인 550억 달러의 구제금융을 제공한 금융의 세계 정부인 IMF와 미국은 재벌체제의 개혁을 비롯한 노동시장, 공공부문, 금융체제의 4대 구조개혁을 구제금융의 조건부(conditionalities)로 제시하면서 정부와 재계를 압박하였다. 1998년 2월 김대중 대통령 당선자와 5대 재벌총수 간에 이루어진 '5대 합의사항'의 핵심 내용은 결합재무제표, 독립적 사외이사, 소액주주 권리 강화, 내부거래 금지, 상호채무보증 해소, 수익성 위주의 경영, 핵심 역량 중심의 사업구조, 대주주와 경영자의 책임 강화였다. 이와 함께 김대중 대통령은 1998년 2월 6일 노사정위원회라는 3자협의기구 내에서 노사정 합의라는 새로운 방식으로 신자유주의적 노동정책의 핵심인 유연적 노동시장제도를 도입하였다. 이제 노동자들은 고용주의 의사에 따라 언제든지 정리해고될 수 있었고 기업의 구조조정도 언제든지 가능하게 되었으며, 몸집을 줄인 한국의 공룡기업은 국제자본의 매력적인 인수합병의 대상이 되었다. 국제자본이 다시 서울로 들어오게 되었고 한국은 유동성 위기에서 벗어 날 수 있었다.

외세의 압력과 내부적 요구에 의한 경제와 노동의 구조개혁으로 1997년 이후의 한국 자본주의는 신자유주의적 자본주의로 전환하였다. 사업보국, 기업영토확장, 기업가족, 선단경영, 기업집단, 기업복지 등과 같은 유교적 가산주의의 함의를 가진 가족 소유 자본주의 또는 재벌자본주의의 담론이 사라지거나 눈에 띄게 줄어들고, 그 자리에는 시장경쟁원리, 이윤극대화, 탈규제, 시장개방, 경제자유화, 민영화, 국가의 비효율성 등과 같은 시장경쟁과 사유재산의 신성화, 공적 영역에 대한 사적 영역의 우위를 강조하는 신자유주의적 담론이 자리잡았다.

그러나 신자유주의적 시장담론에는 민주주의와 공존할 수 없는 측면이 있었다. 먼저 사적 이익 추구의 극대화 논리가 국가 영역에까지 침투하여 정부 운영을 공공성이 아니라 시장적 효율성 원리에 따라 운영해야 한다는 주장이 힘을 얻게 되었다. 공공기관과 공기업이 공공성과 국민의 행복 증진이라는 잣대에 의해 평가되지 않고 얼마나 단기적으로 수익을 내었느냐에 따라 평가되면서 공적 영역의 사적 영역화가 일어났다. 민주정부는 '민주공화국'이 지향하는 공익의 극대화, 공공성의 증진이라는 목표에 충실하지 않고 시장적 효율성을 추구하는 기업 경영주의적 '국가경영론'에 의해 운영되었다. 정치개혁에서도 신자유주의적 담론이 득세하였다. '고비용 저효율 정치'를 '저비용 고효율 정치'로 바꾸자는 신자유주의적 정치개혁 담론은 김영삼 정부하에서 자본가 단체들로부터 나왔는데 진보 정권이라 불렸던 김대중 정부하에서 더욱 극성을 부렸다. 물론 정치도 효율적이어야 하고 투명해야 한다. 그러나 그것만이 정치개혁의 목표가 되어서는 안 된다. 정치개혁의 최우선 순위는 정치인들이 시민의 자유보장, 국민복지의 극대화, 정치의 공공성 증진에 나서지 않으면 당선이 될 수 없는 제도적 장치를 마련하는 것이다.

요약하자면, 3김 정치시대의 민주주의는 비동시성적 민주주의였다. 1987년 이후 15년 동안 평화적 정권교체, 인권과 자유의 신장, 군부에 대한 문민통제의 확립, 좀더 책임성 있고 응답하는 정부를 만들어 내었다는 점에서 자유민주주의로의 공고화에 전기를 마련한 반면, 정치뿐 아니라 경제에서 전근대적 유교적 가산주의를 청산하지 못하였고, 냉전의 해체와 세계화와 함께 밀어닥친 신자유주의의 물결에 휩쓸려 공공성이 실종되고, 상업적 시민(bourgeoisie)의 영역이 공적 시민(공민: citoyen)의 영역을 압도하며, 국가에서 시장으로 권력의 중심축이 넘어간 신자유주의적 민주주의로 행진함으로써 민주주의의 질적인 향상을 이룩하지 못했다.

2. 전환기의 시간 — 노태우와 6공화국

1) 제6공화국 — 민주화의 과도기

결과론적 입장(consequentialist view)을 취하는 사람들은 1987년의 대선에서 구 군부 권위주의 정권의 핵심적 인물이었던 노태우의 당선을 민주화의 후퇴로 본다. 그러나 절차론적 입장(proceduralist view)에서 볼 때, 1987년의 대선은 16년 만에 국민들의 자유로운 참여에 의해 구 군부 권위주의 정권의 핵심인물에게 정부를 구성하라는 민주적 선택이 이루어진 것으로 평가된다. 여기에 더하여 1988년의 총선에서 국민들은 여소야대의 권력구조를 창출함으로써 대선에서 권력을 재장악한 구 권위주의 세력들로 하여금 더 이상 권위주의로의 복귀를 시도하지 못하게 견제하는 선택을 하였다.

1987년 말과 1998년 4월의 양대 선거를 통해 국민들은 행정부는 구 권위주의 보수세력이 장악하고 의회는 민주화 연합세력이 차지하는 이원적 정통성

(dual legitmacy)을 특징으로 하는 '분점정부(divided government)'를 선택하였다. 행정부를 장악한 구 권위주의 지배세력은 야당 연합이 다수를 차지한 여소야대의 의회가 계속 노태우 행정부를 견제하고 민주화의 의제를 계속 추진하자, 선거정치의 공간에서 권력을 유지할 수 있는 공식을 발견하려 하였다. 그것은 계급적으로, 지역적으로 분할하는 '두 개의 국민전략(two nations strategy)'이었다.

먼저 구 지배세력은 7·8월 노동자 대투쟁을 방관하면서 반공 이데올로기와 '위험한 계급(classe dangereux)'으로서의 노동계급의 등장에 대한 두려움을 중산층에 심음으로써 중산층을 민주화대연합으로부터 이탈시키는 데 성공하였다. 다음으로 호남 대 비호남의 지역적 균열구조를 표면화시킴으로써 민주화연합을 지역적으로 분할지배하여 대통령 선거에 승리하였다.(임혁백, 2000: 260)

그러나 구 권위주의 지배세력이 최종적인 승리를 선언하기에는 너무 이르렀다. 1987년 말의 대통령 선거에 뒤 이은 총선에서 여당인 민정당이 50년대 이후 집권당이 다수를 차지하지 못하는 이변이 일어났다. 그 결과 여소야대의 의회 권력구조가 출현하여 구 권위주의 세력과 민주화 세력 간의 세력 균형이 형성되었다. 의회를 장악한 세 야당의 연합체제(3당 공조체제)의 민주화 압력과 시민사회의 민주화 요구가 분출함으로써 노태우 정권은 민주화 개혁에 나서지 않을 수 없는 압력에 직면하였다.

노태우 정권하에서 정치적 자유가 상당히 향상되었다. 자의적인 인신구속과 정치적 억압이 줄어들었고, 대표적인 악법인 언론기본법과 사회안전법이 폐지되고 집시법이 개정되었다. 헌법재판소가 문을 열어 사법부의 위상이 올라갔다.(김영명, 2006: 317) 그러나 무엇보다도 노태우 정권에 맡겨진 민주화 개혁의 핵심은 구 권위주의의 청산이었다. 구 권위주의 정권이 저지른 인권 침해의 진상을 밝히고 주동자에 대한 처벌과 피해자에 대한 보상을 통해 권위주의로 되돌아간다는 것은 엄청난 비용을 감수하지 않고서는 불가능하다는 것을 일깨워 줌으로써 민주주의의 전복을 꾀하는 세력을 한계화시키는 것이었다. 그러나 구 권위주의 지배세력의 지지 위에 권력을 장악하였고 구 지배세력과 동일한 권력기반을 갖고 있었던 노태우 정권이 자기 존재를 부정하는 권위주의 과거 청산에 나서기는 어려운 일이었다. 노태우 대통령 자신이 12·12, 5·18군부쿠데타의 주역이었기 때문에 자신의 세력기반인 군부를 완전히 병영으로 복귀시키지 못하였다.

그럼에도 불구하고 노태우 정권은 의회를 장악한 3당 공조체제의 압력 때문에 권위주의 과거 청산에 나서지 않을 수 없었다. 민주화 이후 더욱 강력해진 시민사회로부터의 압력도 거세었다. 여기에 더하여 과거 청산에 우호적인 구조적 조건이 성숙되어 있었다. 경제는 호황을 지속하고 있었고, 민주화 열기의 여파로 민주주의와 인권을 선호하는 정치문화 혁명이 일어나고 있었다. 더구나 과거 청산은 구 권위주의 세력 내에서 노태우 대통령이 헤게모니를 장악하고 전두환 전 대통령과 측근들을 정치적 희생양으로 하여 5공 정권과의 차별성을 부각시켜 정권의 정통성을 높일 수 있다는 점에서 노태우 정권의 정치적 이익에 부합되었다.(임혁백, 2005b: 197-198) 이러한 정치적 배경하에서 과거 권위주의 정권의 억압에 핵심적 역할을 수행했던 5·18쿠데타 주역 출신 대통령에 의해 구 권위주의의 과거 청산이 시작되었다. 이 과정에서 노태우 대통령은 민주화 과도기의 대통령으로서의 역할을 충실히 수행했다고 볼 수 있다. 그 자신이 1979년 군사반란 주동자의 한 사람이었던 노태우 대통령이 과거 청산을 실시함으로써 과거 청산에 대한 반발로 일어날 수 있는 군의 반란을 제어하는 완충자의 역할을 수행했다고 볼 수 있다.(임혁백, 2004a)

그러나 노태우 정권의 권위주의 과거 청산은 '소극적 과거 청산' 유형에 속한다. 노태우 정권 출범 이후 광주학살 진상규명과 처리, 5공 비리 청산을 요구하는 아래로부터의 거센 압력에 대응하여 노태우 정권은 예방적 차원에서 과거 청산의 의제를 선점하고 과거 청산의 수위와 속도를 통제하려 하였다. 이를 위해 노태우 정권은 과거 청산 기구로서 '민주화합추진위원회(민화위)'를 구성하고, 민화위의 '건의안'을 받아들이는 형태로 예방적 과거 청산을 실시하였다. 민화위의 건의안은 '광주사태'를 '민주화운동의 일환'으로 공식 명칭의 변경, 조속한 진상규명 종결과 책임자 불처벌, 위령탑 건립 및 망월동묘지 공원화, 사상자 신고 및 보상 등으로 구성되어 있었다. 이는 광주민주화운동의 성격과 역사적 자리매김으로 '광주학살'의 과거를 청산하려는 소극적인 과거 청산 해법으로 '선 진상규명 및 책임자 처벌, 후 보상 및 기념사업'이라는 시민단체들의 광주사태 해결 원칙과 배치되는 소극적 과거 청산 해법이었다. 그러나 노태우 정권은 진상규명과 책임자 처벌을 화합과 안정을 해친다는 논리로 거부하였다.(이내영·박은홍, 2004: 64-65) 군부독재 시절에 저질러졌던 살해, 고문, 납치 등의 인권 침해와 국가폭력을 휘두른 책임자에 대한 처벌은 정치보복이며 그리고 국민적 화해와 화합을 위해 처벌하지 않는다는 "불처벌(impunity)"의 논리를 광주학살의 과거 청산에 적용시켰던 것이다.[471]

그러나 4·26총선 결과로 형성된 여소야대 국회는 노태우 정부의 예방적 과거 청산에 만족하지 않고 더 적극적인 과거 청산을 추구하였다. 여소야대 국회는 광주학살에 대한 조사를 위한 '광주특위(광주민주화진상조사특별위원회)', 전두환 정권의 범죄와 비리를 조사하기 위한 '5공특위(제5공화국에서의 권력형 비리조사 특별위원회)'를 국회 내에 설치하였다. '5공특위'는 전두환 정권하에서 벌어진 44개 비리에 대해 조사하여 전두환의 형제를 포함한 47명을 구속하였고, 전두환을 백담사로 사실상 유배하는 조치를 취하였다.[472]

그 후 강력한 시민사회 세력을 중심으로 광주학살 진상규명, 전두환, 이순

471 불처벌(impunity)에는 사실의 조사와 수사과정, 기소와 재판과정, 판결과 집행과정에서 처벌하지 않는 '사실상 불처벌(de facto impunity)'과 사면법과 같은 법률적 수단을 사용하여 불처벌의 결과에 이르게 하는 '법적 불처벌(de jure impunity)'이 있다.〔박원순, 〈과거사의 시정, 그 세계사적 당위성과 현실: 과거 인권침해자의 '불처벌(impunity)' 문제를 중심으로〉, 대한변호사협회 심포지엄 자료(1994년), 51-54쪽〕

472 박원순, 〈한국의 과거 청산〉, 《황해문화》(2000년, 가을호), 195-196쪽.

자 부정축재 처벌, 삼청교육대 사건 책임자 처벌 등의 요구가 지속적으로 제기되었고,[473] 여소야대 정국하에서는 청문회를 통한 과거 청산 시도가 활발하게 전개되었으나, 노태우 정권은 1990년 3당 합당을 통하여 거대 여당을 만들어 적극적인 과거 청산을 주장해 온 김대중과 평민당을 고립시키는 데 성공하였고, 이후 공안 정국을 조성하여 과거 청산을 위한 시민운동과 정치권과의 연계 고리를 약화시키고 권위주의 과거 청산 이슈를 봉쇄하였다.

1989년 말 공안정국이 조성되고 3당 합당이 일어나면서 권위주의 과거 청산은 결빙되었고, 오히려 민주주의하에서 새로운 인권 침해가 일어났다. 1989년 문익환 목사 방북과 임수경 양과 서경석 의원 방북사건을 계기로 그동안 위축되었던 안기부와 보안사 같은 공안기관이 다시 활기를 찾았고, 그들에 의한 인권 침해와 권위주의적 국가폭력이 급증하였다. 1989년 이철규, 이내창 학생 의문사사건, 1990년 윤석양 이병의 보안사 정치사찰 폭로사건, 1991년 강경대, 김귀정 학생 사망사건 등이 대표적 사례이다.(이내영·박은홍, 2004: 71)

2) 전환기적 민주화 시간의 비동시성

노태우 정권의 역사적 시간은 그람시의 표현을 빌린다면 "옛것은 죽어가고 있으나 새것이 태어나고 있지 않은" 전환기적 시간으로 규정될 수 있다. 노태우 정권 시기에 과거 권위주의의 시간과 새로운 민주주의의 시간이라는 비동시적 시간이 공존하고 있었다. 노태우 대통령 집권 시기(1988-1992)는 해방 후 40년간 지속되어 온 기존의 정치, 사회, 경제 모델이 수정을 강요받고 있던 시기였다. 해방 후 1987년까지 한국인들은 분단의 고통, 전쟁의 참화 위에서 독재의 채찍을 맞으며 세계에서 유례 없는 압축적인 산업화를 이룩해 내었으며, 지구상에서 가장 군사화된 지역에서 민주화를 성공시켰다. 노태우 정권은 1960년대 이

473 광주학살, 5공비리 주범 전두환·이순자 구속처벌을 위한 투쟁본부 발족 선언문, 민주화운동기념사업회사료관 http://archives.kdemocracy.or.kr/board/digital/View.asp

래 지속되어 온 군부 권위주의와 신중상주의적인 후발 산업화 모델이 더 이상 한국의 정치와 경제를 이끌어 갈 수 있는 유효한 모델이 될 수 없는 시점에서 출범하였다. 그러나 노태우 정권은 죽어 가고 있는 권위주의 정치, 경제 모델에 대해 사망선고를 내리지 못하고 새것을 탄생시키지도 못한 채 '무결정의 결정(decision of non-decisions)'이라는 소극적인 자세로 집권 5년을 무사안일하게 넘긴 정권으로 기록되어야 할 것이다.

노태우 정권은 80년대의 민주화 투쟁의 결과로 탄생하였다. 상기한 바와 같이 한국 민주화는 '성공의 위기'로 일어난 민주화의 특징을 갖고 있다. 한국의 경우 성공적으로 이룩한 산업화된 사회에 걸 맞는 정치, 경제모델을 모색하는 시점에서 민주화가 일어난 것이다. 그렇다고 해서 한국의 민주화가 평화적으로 진행된 것은 아니다. 한국의 경우에도 권위주의 집권세력과 민주화 연합세력이 거리에서의 폭력적 대결을 수반한 길고 지루한 '밀고 당기기 전쟁(tug of war)' 끝에 민주화의 대타협에 도달할 수 있었다. 한국 민주화의 획기적 전기를 마련한 "6·29선언"은 권위주의 집권세력과 민주화 연합세력이 권력의 행방을 선거경쟁의 결과에 맡기는 절차적 민주주의의 회복에 타협한 것이다. 그러나 6·29 타협은 생산과 분배체제의 개혁을 민주화 의제에서 제외시킨 정치 엘리트들 간의 정치 협약의 성격을 벗어나지 못했다. 이는 6·29선언 8개항 중 어디에도 노동자들을 비롯한 민중들의 사회경제적 권리를 보장하는 내용이 포함되어 있지 않았다는 사실에서 확인된다.

민주화를 마무리하기 위한 정초선거에서 권위주의 과거를 부정하지 않는 테두리 내에서 개혁을 주장하는 온건 보수세력을 대표한 노태우가 집권에 성공하자 뉴욕타임즈는 사설에서 "양 김이 일노를 당선시켰다"는 제목을 달았다. 노태우의 승리는 민주화 연합세력의 분열에 크게 힘입었던 것이다. 그러나 1988년 4월 26일의 국회의원 총선에서 여소야대의 결과가 나오자 김대중의 평화민주당, 김영삼의 통일민주당, 김종필의 신민주공화당은 재빨리 3당 공조체제를 구축함으로써 야당연합이 의회를 장악하는 권력구조가 한국 민주주의 역사상 최초로 등장하였다. 분점정부가 형성됨으로써 구 권위주의 세력이나 민주화 연합세력 누구도 민주화의 의제와 속도를 일방적으로 통제할 수 없는 정치 지형이 형성되었다.

의회를 장악한 3당 공조체제는 노태우 정권에 5공 비리를 파헤치고 군부 권위주의의 잔재를 청산하라는 압력을 가하였다. 노태우 정권 역시 5공을 청산하라는 3당 공조체제로부터의 압력을 전두환 전 대통령을 중심으로 하는 구 집권세력으로부터 자율성을 획득하기 위한 기회로 이용하려는 전략적 계산을 하였다. 그 결과 청문회 정국이 전개되었고 전두환 전 대통령이 백담사로 사실상의 유배를 떠나야 하는 상황으로까지 발전하였다. TV생방송으로 전국에 중계된 청문회를 통해 이제까지 박해를 받아 온 피억압자들이 억압자들을 심문하는 광경을 보면서 대중들은 마침내 독재의 사슬에서 벗어났다는 사실을 스스로 확인할 수 있었다. 대중들은 민주주의가 가져다준 카타르시스의 경험을 즐기려 하였다.

그러나 5공 청산을 위한 청문회는 민주주의의 제도화에 역행하는 민중주의적 정치를 부추기는 결과를 낳았다. 학생들은 거리에서의 시위를 통해, 노동자들은 파업을 통해, 이익집단들은 집단행동을 통해 자신의 주장을 관철시키려 함으로써 제도권 정치가 거리의 정치에 압도당하는 상황이 전개되었다. 거리의 정치를 민주적 제도 내로 흡수하기 위해서는 모든 갈등하는 정치세력들이 그들의 문제를 제도 내에서의 경쟁을 통해 해결할 수 있는 길이 열려야 한다. 그러나 노태우 정권은 과거와의 단절을 주장하는 민중민주주의 정치세력을 장내 또는 제도 내에 끌어들이는 것을 과거와의 연속성 위에서 태어난 자신의 존재를 부인하는 것으로 간주하고 있었기 때문에 민중민주주의 세력의 장내 진입을 허용하지 않았다. 제도 내에 진입을 거부당한 민중민주주의 세력들은 거리에서 자신의 요구를 실현시키려 했고, '거리의 의회'의 확산은 강경 보수세력에게 정치에 재개입할 수 있는 기회를 제공함으로써 한국의 신생 민주주의를 불안하게 만드는 결과를 초래하였다.

1988년과 1989년은 정치적 해빙기에 자신의 힘을 확인한 시민사회의 국가에 대한 도전이 드세게 일어난 시기였다. 노동자들은 국가에 의한 병영적 통제가 사라지자마자 사회, 경제적 불평등을 시정하기 위한 집단행동에 돌입하였다. 1987년의 노동자대파업은 60년대 이래 진행되어 온 산업화 과정에서 누적되어 온 노동자들의 불만이 집약적으로 폭발한 대사건이었다. 노동자들의 도전은 노태우 정권이 출범한 후에도 계속되었다. 이에 대해 국가와 자본은 노동자들의 요구를 제도 내에 수용할 수 있는 근본적 해결책을 강구하기보다는 개별 노조들의 임금인상과 노동조건 개선 요구를 선별적으로 들어주면서 변혁적 노동운동 세력을 일반 노동자들로부터 격리시키는 당근과 채찍의 정책을 구사하였다. 선별적 임금인상으로 노동자들의 전투적인 분배 정의실현 요구에 수세적인 대응 자세를 취할 수밖에 없었던 국가와 자본에게 반격의 기회는 예상 외로 빨리 왔다.

1989년에 동구의 현존 사회주의 체제가 70년간의 실험을 끝내고 역사의 장에서 퇴장한 혁명적 사건이 일어났다. 기실 '현존 사회주의(really existing socialism)' 운동은 현실적으로 실현 가능하지 않은 이론에 기초한 이데올로기적 운동이었다. 현존 사회주의는 현존하지 않은 역사적 가정에 바탕을 둔 운동이었기 때문에 실패를 자초할 수밖에 없었던 것이다. 현존 사회주의 체제가 몰락함으로써 한국의 변혁적 노동운동 세력은 준거할 대안적 틀을 상실할 수밖에 없었다. 현존 사회주의 국가들의 몰락으로 한국의 보수세력은 이제 자본주의만이 유일한 대안으로 남았다는 신보수주의 논리로 무장할 수 있게 되었다. 여기에 더하여 3저 현상의 소멸로 인한 한국 경제의 국제 경쟁력 약화가 국가와 자본에게 다시금 보수 회귀의 구실을 제공하였다.

1989년 공안정국의 조성에서 출발하여 1990년 초 3당 합당으로 이어지는 일련의 정치적 조치를 통해 노태우 정권은 수세기를 마무리하고 국정의 주도권을 장악하기 위한 반격에 나서게 된다. 1990년 초의 3당 합당은 한국 신생 민주주의의 공고화를 저해한 사건이었다. 3당 합당은 그들을 지지해 준 유권자들의 의사와는 상관없이 이루어짐으로써 정당제도 자체에 대한 불신을 가져왔다. 민주주의란 정치인들로 하여금 유권자들이 원하는 것을 행하게 하는 정치제도이다. 그런데 유권자의 대표가 유권자의 의사에 반하는 행동을 한다면 '대표의 위기'가 발생한다. 제도권 내의 정당이 그들을 지지해 준 대중의 의사를 충실히 대변하지 않는다면 제도권 내에서의 정치적 경쟁의 결과가 대중을 구속할 힘을 상실하게 된다. 민자당의 출현은 권력을 추구하는 자들의 이합집산으로서의 정당은 있으나 '제도로서의 정당'은 없다는 한국 정당 체제의 취약성을 다시 한 번 드러내 주었다.

3당 합당은 절차적으로 비민주적이었을 뿐만 아니라 결과적으로도 의회민주주의를 약화시켰다. 신생 민주주의가 정착되기 위해서는 또한 관용, 협상, 타협의 제도화가 이루어져야 한다. 여소야대의 권력구조는 경쟁, 타협, 협상, 제휴, 연합이라는 의회민주주의가 요구하는 기본적인 기술을 연마할 수 있는 호기를 제공하였다. 그래서 어떤 여당 정치인은 여소야대를 황금분할 구도라고 불렀다. 여소야대 구조는 한국 정치사상 최초로 제왕과 같은 대통령이 의회와의 대화, 협조, 토론, 타협을 통해 국정을 운영하도록 강요하였다. 권위주의 정치에 길들여져 온 정치인들이 정치적 지지의 조직, 국민의 설득, 국민의 복지를 극대화하는 정치를 자연스럽게 익힐 수 있는 기회를 제공하였던 것이다. 실상 구 권위주의 세력의 지지 위에 권력을 장악하였음에도 불구하고 집권 초기에 노태우 정권이 권위주의 정치를 청산하기 위한 개혁을 시도했던 것은 국민의 압력이 여소야대의 구조를 통해 노태우 정권에 도달할 수 있었기 때문이다. 노동자들에게 최소한의 조직의 자유를 부여한다던가, 군부 권위주의가 저지른 부정부패, 인권 유린에 대한 심판을 가능케 한 것이다. 그러나 권위주의하에서 자라

온 집권세력은 끊임없는 협상과 타협을 요구하는 여소야대의 권력구조에 적응하려 하지 않았다. 민주주의의 기본적 특징은 경쟁의 불확실성이며 민주화란 불확실성의 제도화이다. 경쟁의 불확실성에 익숙하지 못했던 구 권위주의 세력의 조바심이 신생 민주주의의 제도화에 역행하는 3당 합당을 가져왔다.

3당 합당의 또 다른 정치적 실책은 한국의 권위주의 정권을 유지해 오던 지역주의를 더욱 심화시켰다는 것이다. 3당 합당은 호남을 기반으로 하고 있던 평민당을 배제한 반호남의 정치연합 성격을 띠고 있었다. 3당 합당은 한국민을 지역에 근거한 '두 개의 국민(two nations)' 즉 호남 대 반호남으로 갈라놓았다. 3당 합당이 의도한 두 개의 국민 전략은 선거정치에서 그 힘을 유감 없이 발휘하였다. 1991년 지방의회의원 선거에서 평민당이 부산, 대구, 경남, 경북, 충북, 제주에서 한 명의 당선자도 내지 못하였고, 그 후 평민당과 민주당의 야당통합이 있었음에도 불구하고 1992년의 총선에서도 지역주의적 투표 행태는 그대로 유지되었다. 3당 합당은 정권의 지지기반을 지역적으로 더욱 축소시키는 결과를 가져왔다. 노태우 정권은 박정희와 전두환 정권 때보다 더 TK(대구 경북)와 PK(부산 경남)라는 특정 지역의 정치연합에 의존할 수밖에 없었다.[474]

3당 합당은 또한 친자본가적이라는 계급적 성격을 띠고 있었다. 노태우 정권이 등장한 1980년대 말 국가 주도의 신중상주의 경제 모델은 수정을 강요받고 있었다. 신중상주의 모델을 대체할 산업화 모델을 모색하는 과정에서 노태우 정권은 독점자본이 주장하고 있는 신자유주의적인 민간 주도 경제와 경제민주화 사이를 왔다 갔다 하면서 일관성을 보여 주지 못했다. 민간 주도 경제는 '자본의 지배'의 표현인 반면, 경제민주화는 '시민 친화적인(people-friendly)' 자본주의 시장경제를 실현하려는 의지를 담고 있었다. 여소야대의 권력구조가 유

474 박정희 말기 부마항쟁사건에서 보듯이 김대중의 호남과 더불어 민주화세력의 거점이었던 김영삼의 PK가 보수대연합에 편입됨으로써 그 이후의 선거정치에서 보수세력의 정당은 인구의 30%를 차지하는 고정 지지기반을 갖게 되었고 항상 주류를 형성하였다.

지되었던 노태우 정권 초기에는 경제민주화의 논리가 민간 주도 경제의 논리에 대해 우위를 차지할 수 있었다. 6공화국 초기의 경제력 집중억제 시책, 금융실명제 준비와 토지 공개념 관련 법안 추진 등은 경제민주화를 위한 개혁 시도로 볼 수 있다. 그러나 3당 합당으로 보수적인 지배연합이 복구됨으로써 경제민주화 개혁을 추진하던 세력들이 퇴장을 강요당했고 여소야대 시기에 추진되어 왔던 경제개혁은 무산되거나 유명무실해져 버렸다. 조직노동자들에 대한 공세도 강화되었다. 3당 합당이 이루어지기 직전인 1989년 12월 자본가계급은 자본가들의 대노동자정책을 조정하기 위해 6개의 전국자본가단체의 연합조직인 경제단체협의회를 조직하였으며, 3당 합당으로 반노동계급적인 보수우익정치세력의 연합이 정치권에 출현하였다. 전열을 정비한 국가와 자본의 대노동자 공세는 전노협과 같은 변혁 지향적인 민주노조운동으로부터 노동대중의 분리, 무노동 무임금 원칙의 엄격한 적용, 총액임금제와 같은 임금 가이드라인의 부활 등으로 나타났다. 국가와 자본의 대노동자 공세로 인해 노동운동은 3년간의 분출을 마감하고 침체기에 들어갔다. 6공 후반기의 노동자들의 침묵은 노사간에 산업 평화가 이루어졌기 때문이 아니라 강요된 '묘지의 평화'일 뿐이었다.

3당 합당으로 노태우 대통령은 의회 내에 안정적 지지기반을 구축할 수 있었으나, 노태우 대통령은 이러한 안정적 지지기반을 바탕으로 적극적인 개혁을 추진하려 하기보다는 현상유지에 만족하면서 개혁의 과제를 차기 정권에 이양하는 소극적 자세로 전환기적 상황을 넘기려 하였다. 노태우 정권에 맡겨진 개혁의 과제는 정치적으로는 신생 민주주의의 공고화이고 경제적으로는 수십 년간 지속되어 온 권위주의적 분배체제의 근본적 수정을 요구하는 아래로부터의 압력을 수용하면서 국제화, 세계화라는 세계 자본주의 체제의 변화에 맞추어 한국 경제의 구조조정을 단행해야 하는 것이었다.

신생 민주주의를 정착시키기 위해서 먼저 요구되는 것은 군부에 대한 문민통제였다. 그러나 노태우 대통령 자신이 5·18군부쿠데타의 주역이었기 때문에 자신의 세력기반이라 할 수 있는 군부를 병영으로 완전히 복귀시키기에는 태생적 한계가 있었다. 물론 전두환 전 대통령을 지지해 온 군부 세력의 숙청이 있었으나 노태우 대통령을 지지해 온 군부 세력은 여전히 정권을 지탱하는 핵심 세력이었다. 또한 신생 민주주의를 확대, 발전시키기 위해서는 중앙정치의 민주화를 지방으로 확산시키기 위한 지방자치를 실현해야 했다. 그러나 노태우 정권은 3당 합당으로 조성된 안정적 의회 기반을 지방자치를 위한 개혁에 활용하지 않고 개혁을 지연, 축소시키기 위한 방패막이로 이용하려 하였다. 그 결과 지방자치단체장 선거가 야당과 여론의 끈질긴 요구에도 불구하고 차기 정권으로 연기되었고 절름발이 지방자치로 만족할 수밖에 없었다. 경제민주화와 산업구조조정을 위한 개혁정책 역시 투자파업이라는 대자본의 저항에 부딪히면서 핵심적 내용이 변질되거나 정책 자체가 폐기, 지연되는 운명을 감수할 수밖에 없었다. 결국 경제민주화와 산업구조조정이라는 이중적인 경제개혁의 과제 역시 차기 정권에 떠넘겨지고 말았다.(임혁백, 1994c: 315-364)

민주주의 전환기를 관리했던 노태우 정권의 6공화국은 민주화를 진전시키려는 민주화 세력이 주도하는 시간과 권위주의로의 퇴행하려는 구 권위주의 잔존 세력의 시간이라는 두 비동시적 시간이 일진일퇴한 기간이었다. 이 두 충돌하는 정치적 시간의 관리자인 노태우는 민주화 개혁의 진전을 추구하기보다는 구 권위주의 세력의 저항에 부딪혀 민주화 개혁 과제의 차기 이양에 만족하였다. 그러나 노태우 정권하에서 민주화를 위한 개혁이 지연되었음에도 불구하고 한국의 신생 민주주의가 전복되지 않고 평화적인 선거경쟁을 통해 권력이 계승된 것은 다행한 일이다. 그것은 3당 합당을 통해 지배권력 블록에 합류한 민주화 지도자 김영삼으로의 집권당 내부의 권력 이양이 1992년 대선으로 이루어졌기 때문이다. 노태우 대통령은 3당 합당을 통해 거대 여당을 거느리고 있는 제왕적 대통령의 권력을 행사할 수 있는 위치에 다시 올라설 수 있었음에도 불구하고 그 권력을 최대한으로 행사하지 않았다. 이는 무엇보다도 3당 합당으로 이루어진 민자당 내의 다른 지도자 김영삼의 존재 때문이었다. 노태우 대통령의 연성 리더십이 당내 정권 이양을 가능케 했다. 노태우 대통령은 후계자 선출 과정에 직접 개입하지 않음으로써 집권 여당으로서는 보기 드물게 민주적 과정을 통한 대통령후보의 선출을 가능하게 하였으며, 야당의 중립선거관리내각 요구를 수용함으로써 선거 이후의 정통성 시비를 제거하여 평화적 당내 정권 이양에 기여하였다.

'민주화의 시간'과 '권위주의로의 퇴행의 시간'이 충돌하였을 때 노태우 대통령은 민주화의 시간이 지속되게 하는 역할을 담당하였다. 노태우 대통령은 5공 군부 정권 창출의 주역이었다는 사실이 역설적으로 한국 민주화의 진전에 기여하였다. 신생 민주주의는 항상 군부의 후견자적 위협에 시달리게 되어 있다. 문민 지도자가 급진적인 개혁을 시도할 경우 호시탐탐 재개입의 기회를 노리고 있는 군부가 개혁에 저항하는 기득권세력을 등에 업고 언제든지 연약한 신생 민주주의를 전복할 위험이 커진다. 따라서 전환기 한국 민주화의 과제 중 하나는 군부 쿠데타에 의한 신생 민주주의의 '급작스런 사망'을 방지해야 하는 것이었다. 이 점에서 5공 군사 쿠데타 주역이었던 노태우 대통령은 군부가 다시 병영에서 나와 정치 전면에서 후견적 권력을 행사하는 것을 막을 수 있는 영향력이 있었다. 군 출신 대통령인 노태우는 권력에 맛을 들인 군부가 계속 정치적으로 자제하고 병영에서 다시 나오지 않도록 방지했다는 점에서 한국 민주주의의 공고화에 역설적으로 기여했다.

3) 노태우 리더십 — 수동적 리더십과 과도기 민주화 관리

상기한 바와 같이 전직 장군 출신인 노태우 대통령에 맡겨진 역사적 사명은 군부 쿠데타에 의한 신생 민주주의의 '급작스런 사망'을 막아내고 전환기의 한국 민주주의를 평화적으로 관리하여 선거를 통해 민주적 리더에게 권력을 평화적으로 이양해 주는 것이었고, 노태우 대통령은 대체로 이러한 사명을 제대로 수행하였다고 볼 수 있다. 노태우 대통령은 과도기의 민주주의를 관리하는 데 적합한 리더십을 갖추고 있었다.

노태우 대통령은 흔히 '물태우'로 불리고 '물정권'이라는 별명을 갖게 된 데서 보듯이 물과 같은 수동적 리더십을 갖고 있었다. 물을 네모난 그릇에 담으면 네모가 되고 원통에 담으면 원이 된다. 물은 바위를 만나면 바위를 돌아가고, 산을 만나면 산을 돌아간다. 물은 본질을 변화시키지 않으면서 순응하고 모나지 않고 유연하다(老子,《道德經》, 8장). 전두환 대통령이 불의 리더십 소유자라면 노태우 대통령은 물의 리더십 소유자다. 노태우 대통령은 폰 몰트케(von Moltke) 장군이 분류한 '스마트하지 않으면서 게으른' 리더로서 일부러 나서서 문제를 일으키지 않는 리더이기 때문에 적어도 조직을 보전할 수 있었다. 이러한 '스마트 하지 않으면서 게으른 리더'는 민주화 과도기 관리형으로는 적격인 리더이다. 그리고 바버(Barber)의 리더십 유형에 따르면 노태우 대통령은 수동적 긍정형 리더로서 대세 순응형이고 타자 지향적이며, 자기주장을 관철하려 하기보다 갈등을 회피하려는 리더형이기 때문에 김영삼같이 성격이 강한 리더와 맞붙었을 때 정면대결보다는 후퇴하는 길을 택하였다. 수동적 긍정형 리더였기 때문에 노태우 대통령은 군부 출신이면서 문민정부로의 길을 터 주고 부드럽게 권력을 이양할 수 있었다.

노태우 정권은 군부 권위주의로부터 민주주의로의 이행과정에서 중간단계에 위치한 과도기적 체제의 관리자로서 적합한 수동적 리더십, 물의 리더십을 갖고 있었다. 그는 대세를 이끌어가는 지도자가 아니라 대세에 순응하는 '대세 편승형(eventful leader)' 리더로서의 성격이 강했다.[475] 노태우 대통령은 민주화

475 안병영(1991); 김호진(1991); 김용서(1992); 정윤재(2003: 362-367). 시드니 후크 교수는 리더를 대세 편승형 리더(eventful leader)와 대세 주도형 리더(event-making leader)로 구분했다.(S. Hook, 1943, *The Hero in History*; Kellerman, 1986: 1부) 대세 편승형 리더의 대표는 기독교가 대세가 되었을 때 이를 공인하는 니케아 칙령을 반포한 콘스탄티누스 황제이고, 대세 주도형 리더는 많으나 시저, 크롬웰, 나폴레옹, 레닌 등을 들 수 있다.(정윤재, 2003: 366-367)

를 위한 개혁의 자기 완결을 추구하기보다는 개혁과제의 차기 이양에 만족하였다. 그러나 노태우 정권하에서 민주화를 위한 개혁이 지연되었음에도 불구하고 한국의 신생 민주주의가 전복되지 않고 평화적인 선거경쟁을 통해 권력이 계승된 것은 '무결정의 결정'이라는 노태우 대통령의 독특한 수동적 리더십에 기인한 바 크다. 노태우 대통령은 권력을 적극적으로 행사하는 유형이 아니라 여론의 행방에 귀를 기울이는 유형의 지도자였다. 그는 반대세력의 전투적 도전에 대해서 긴급조치나 계엄령과 같은 특단의 조치를 취하지 않음으로써 집권세력과 반대세력 간의 전면적 대결을 피할 수 있었다. 그는 3당 합당을 통해 거대여당을 거느리게 됨으로써 제왕적 대통령의 권력을 행사할 수 있는 위치에 다시 올라설 수 있었음에도 불구하고 그 권력을 최대한으로 행사하지 않았다. 이는 무엇보다도 3당 합당으로 이루어진 민자당 내에는 다른 지도자 김영삼이 있었기 때문이기도 하였으나 김영삼이 노 대통령의 리더십에 정면도전할 수 있었던 것도 노 대통령의 수동적 리더십, '물의 리더십' 때문에 가능하였는지 모른다.

3. 민주화의 시간 — 김영삼의 문민화와 김대중의 평화적 정권교체

아담 쉐보르스키 교수에 의하면, 민주주의로의 전환의 과정은 군부 권위주의의 '퇴출(extrication)'과 국민에 의한 신생 민주정부의 '구성(constituting)'이라는 두 단계를 거쳐야 한다. 이 두 단계를 거치고 나서 모든 정치 행위자들이 민주주의 방식만이 권력을 장악할 수 있는 '우리 동네의 유일한 게임'이라는 것을 내면화하고, 태도(attitude)와 행위(behavior)로 보여 주고, 헌법(constitution)으로 제도화해 놓을 때 민주주의는 공고화된다는 것이다. 노태우 정부는 전환기의 한국 민주주의를 잘 관리하고 신생 민주주의 공고화의 과제를 양 김(YS와 DJ)에게 물려주었고, 김영삼과 김대중은 민주주의 전환기를 마무리하고 한국 민주주의의 공고화를 주도한 민주화 제1세대 정치 지도자들이다. 그런데 양 김이 이끈 소위 '3김 정치'라는 용어는 민주화 제1세대가 남긴 한국 정치의 어두운 면을 상징하는 나쁜 함의도 갖고 있다. 이는 2002년 대선 때 모든 대선후보들이 3김 정치를 종식시키겠다고 약속한 데서도 드러난다. 그러나 우리는 3김 정치를 평가하는 데 좀더 객관적일 필요가 있다. 한국 민주화에 대한 3김의 기여를 부정적인 면뿐만 아니라 긍정적인 면도 같이 살펴볼 필요가 있다. 3김 정치 시대는 민주화, 가산주의, 신자유주의라는 비동시적 시간이 3중적으로 나타난 시기이기 때문이다.

1) 김영삼 대통령의 군부 개혁

1987년 민주화가 일어난 이래 15년 만에 한국은 소극적 차원의 민주주의 공고화를 완료하였다. 한국은 정치화된 군 장교집단을 숙청하고 군부에 대한 엄격한 문민통제를 재확립하고, '국가 안보집단'을 선출된 대표의 통제하에 두었으며, 군부 출신인 두 전직 대통령을 재판에 회부함으로써 급작스러운 민주주의 붕괴를 방지하는 데 성공하였다.

한국 민주 인사들에게 민주화는 군부 통치를 종식시킨다는 군정 종식과 동의어였다. 그런데 1987년 민주화 이후 정초선거에서 양 김은 민주화 연합세력의 표를 갈라먹음으로써 국민들의 오랜 염원을 충족시키는 데 실패하였다. 양 김이 분열함으로써 군부 대표라고 할 수 있는 노태우가 36.6%의 지지율로 대통령에 당선되는 길이 열렸다. 전두환 정권하에서 저질러진 군부의 잘못에 깊숙이 관여했던 전직 장군 출신인 노태우의 당선은 잠재적인 반민주적 체제 전복 세력의 제거를 지연시킬 수 있었다. 그러나 군부 출신 노태우 대통령은 전두환 전 대통령을 비롯한 잠재적 민주 체제 전복세력을 숙청하였고, 1979년 12·12군사반란의 주역이었던 노태우 대통령은 이러한 경력을 이용하여 정치군인들의 민주정부 전복 기도를 제어하는 완충자 역할을 수행했다.

반민주적 체제 전복 세력들을 포괄적으로 숙청한 것은 김영삼 대통령이었다. 김영삼 대통령은 30년 만에 처음 취임한 민간 출신 대통령이었다. 그래서 김영삼은 자신의 정부를 '문민정부'로 명명하고 고질화된 군의 정치 개입을 종식시키고 군부의 문민통제를 확립하는 것을 자신의 정부의 역사적 사명으로 스스로 부여하였다. 김영삼은 군과 안보기구 내 요직을 독차지했던 정치화된 군부집단인 하나회를 전광석화와 같이 해체하고 군의 요직에서 축출하였다. 군부 내의 잠재적 체제 전복 세력을 숙청한 뒤, 김영삼은 1994년 1월 국회로 하여금 주요 정보기관 관련 법을 개정할 것을 요구하였다. 개정된 정보 관련 법은 핵심 국가정보기관인 국가안전기획부(안기부)와 국군보안사령부의 정치 개입을 금지하고 그들로 하여금 본연의 업무인 정보 수집만 충실하도록 하였다. 또한 개정법은 두 정보기관의 예산지출, 인사, 정보수집을 국회의 감독하에 두었으며, 두 정보기관의 정부 공직자, 정치인, 그리고 일반 시민에 대한 감시를 금지하였다.(Diamond and Shin, 2000: 10) 마지막으로, 김영삼 대통령은 두 군부 출신 전직 대통령인 전두환과 노태우를 부패, 군 내부 반란(1979년 12월 12일), 광주 민주화운동 당시 민간인 학살 혐의 등으로 재판에 회부함으로써 군부 정권이 저지른 불법과 비리를 철저하게 처벌함으로써(Roehrig, 1998: 4-6) 군부 개혁의 마침표를 찍었다. 김영삼 정부의 군부 개혁과 권위주의 비리 청산은 세계에서 가장 군사화된 국가인 대한민국의 첫 문민 대통령이 실시한 위대한 업적으로 평가된다.

전격적으로 단행된 포괄적인 군부와 국가안보기구 개혁으로 김영삼 대통령은 군부에 대한 문민지배를 재확립하였고, 한국 정치에서 '유보된 영역'을 제거하였다. 과거에 의회의 통제를 벗어나 무소불위의 권력을 행사했던 군부와 국가안보기구는 특권을 상실하였다. 김영삼 정부의 탈군부화 개혁은 민간 정치인의 정치적 공간을 확대하였다. 특히 오랫동안 군부 내 비토 집단의 주요 표적이었던 김대중의 정치적 공간이 넓어졌다. 1997년 대통령선거 과정에서 이전과는 달리 어떤 군 장성도 공개적으로 김대중이 당선되면 쿠데타를 일으키겠다고 공언하지 않았다.(Yoon, 2001)

또한 김영삼 정부하에서 자유민주주의의 제도적 기반이 강화되었다.(김영명, 2006: 335-37) 김영삼 대통령은 1994년 3월 15일 소위 3대 정치개혁법안(공직선거 및 선거부정방지법, 정치자금법 개정안, 지방자치법 개정안)에 서명함으로써 한국 민주주의의 공고화를 위한 제도 구축에 전기를 이룩하였다. 통합 선거법은 선거일을 법으로 정함으로써 선거 일정에 관한 예측 가능성을 높였고, 돈 적게 드는 선거를 위한 제도적 틀을 마련하였다. 정치자금법 개혁안은 정액영수증 제도 도입, 후원회 제도 강화, 정당에 대한 국고보조금 증대를 주 내용으로 하고 있었고, 지방자치법 개정안은 지방자치단체장 선거를 가능하게 하여 지방자치단체의 민주화를 완결시켰다.

2) 김대중 대통령의 평화적 정권교체와 선거경쟁의 제도화

1997년 대통령 선거에서 김대중은 네 차례에 걸친 시도 끝에 마침내 대통령으로 선출되었다. 이는 50년 만에 처음으로 야당 후보가 평화적으로 선거를 통해 정권교체(rotation of power)를 이룩한 사건이다. 김대중 후보의 당선은 한국 민주주의 공고화 여정에서 또 하나의 전기를 이룩한 것으로 평가된다. 김대중의 선거 승리는 경쟁자 간 권력의 역전 가능성(convertibility of power)을 증명해 주었다. 권력의 역전 가능성은 정치적 경쟁자로 하여금 경쟁의 결과가 불확실하다는 것을 확신하게 해 주는 중요한 민주주의 공고화의 지표이다.

김대중의 대통령 당선으로 한국은 동아시아 신생 민주주의 국가들 중에서 최초로 여당에서 야당으로 선거를 통해 평화적 정권교체를 달성한 나라가 되었다. 1997년 선거에서 한국인들은 수십 년간 나라를 지배해 온 보수기득권 세력의 정당 후보를 거부했다. 이는 "지배적이고 조합주의적 정당이 제한적 반대를 관용하면서도 권력은 내놓은 적이 없었던" 아시아 민주주의의 오래된 오점을 깬 역사적 사건이다.(Carothers, 1997: 16)

더구나 1997년의 정권교체는 심각한 경제위기 상황에서 일어났다는 점에서 민주주의 공고화에 또 하나의 역사적 의미를 추가하였다. 1997년 말 태국과 인도네시아에서 발발한 아시아 금융위기가 한국으로 상륙하자 한국의 금융 시스템은 녹아 버렸고 한국 경제는 국가부도 위기에 몰렸다. 한국은 550억 달러에 달하는 국제통화기금(IMF)의 조건부 긴급구제금융의 도움으로 최악의 상황을 모면하였다. 그러나 국난에 버금가는 경제위기 상황에서 한국인들은 투표장으로 나가 야당 지도자를 대통령으로 선출하여 그에게 과거 권위주의 정권하에서 지배적이었던 '정실자본주의'를 근본적으로 개혁하라는 선거적 위임을 부여하였다. 경제위기하에서도 신생 민주주의는 살아남았을 뿐만 아니라 민주주의 내구성을 강화하였고 책임성을 개선하였다. 1997년 선거는 금융위기와 같은 외부 충격에도 불구하고 민주주의에서 살겠다는 의지를 과시한 것으로 보아야 한다. 또한 집권당 후보의 선거 패배는 국민들이 심각한 경제위기를 불러일으킨 정부와 집권당에 책임을 물은 것으로 선거를 통한 수직적 책임성(vertical accountability)이 작동한 것이다. 한국 민주주의는 권력 교체를 위한 제도화된 장치를 마련함으로써 위기상황에서도 정치적 불안을 야기하지 않으면서 정권교체를 통해 전면적인 경제개혁을 추진할 수 있는 길을 열어 준 것이다.(Haggard, 2000; Byung Kook Kim, 2001)

한국은 민주주의 공고화의 또 다른 지표인 경쟁적 선거의 제도화를 달성하였다. 슘페터의 최소주의적 정의에 의하면, 민주주의는 국민의 표를 얻기 위한 경쟁적 투쟁을 통해 권력의 장소가 결정되는 정치체제이다. 한국 민주주의는 슘페터적 민주주의 요건을 충족시키고 있다. 1987년 민주화 이후 정초선거를 치른 이래 한국인들은 6명의 대통령을 5년마다 연속적으로 동일한 헌법 규칙에 의거하여 선출하였고, 6차례에 걸쳐 4년마다 국회의원을 뽑았다. 선거 영역은 지방정부로 확산되었다. 1961년 박정희가 지방선거를 폐지한 이래 30년 만에 처음으로 지방의회 의원을 선출하였고, 1995년에는 지방자치 단체장이 지방선거 투표지에 추가되었으며 그 이후 3번의 지방선거가 치러졌다. 한국에서 경쟁적 선거가 제도화되었다고 확신을 갖고 이야기할 수 있었던 선거가 김대중을 대통령으로 선출한 1997년 대통령선거였다. 김대중이 대통령에 당선되면 전복시키겠다고 공언하는 체제 전복적인 위협적 비토세력을 갖고 있었던 김대중의 대통령 당선과 집권으로 국민들은 선거가 외부 환경의 변화에도 불구하고 지속적으로 치러질 것이라는 확신을 갖게 되었다. 말하자면, 선거가 제도화된 것이고, 이제 선거를 통해서 선출되는 것만이 정치권력을 장악할 수 있는 '우리 동네의 유일한 게임'이라는 확신이 정치인과 국민들 사이에 뿌리를 내렸다.

3김 시대에 선거는 정기적으로 그리고 자유롭고 공정한 조건에서 치러졌다. 쉐보르스키가 주장한 바와 같이, 선거경쟁의 결과에 자발적이고 자기 강제적인(self-enforcing) 승복이 일어날 때 민주주의는 공고화되었다고 이야기할 수 있다.(Przeworski, 1991) 그런데 한국에서 선거 결과에 대한 자발적 승복은 민주화 이후에도 문제가 되었다. 1987년 대통령 선거에서 패배하고 난 뒤, 3김은 패배를 인정하려 하지 않고 노태우 후보와 전두환 정부가 개표를 조작했다는 의혹을 제기하였다. 그러나 몇 주 내에 3김은 암묵적으로 자신들의 패배를 인정하였다. 이후부터 각종 선거에서 패배한 후보들은 선거의 공정성에 관해 의문을 제기하지 않았다. 1992년 대통령 선거에서 패배한 김대중은 승자인 김영삼에게 축하를 하는 패배 시인 연설을 하였다. 선거 횟수가 늘고 선거 대상 범위가 확대되었을 뿐만 아니라 선거 캠페인의 공정성이 향상되었다. 대규모 동원집회는 줄어든 대신 TV와 라디오 같은 언론매체를 통한 선거운동 비중이 커졌으며, 선거공영제가 도입되고 계속 확대되었다.

3) 양 김(YS와 DJ)의 권위주의 과거 청산

(1) 김영삼 — '적극적 과거 청산'과 '선별적 과거 청산'의 공존

과감한 군부개혁을 감행한 김영삼은 권위주의 과거 청산에도 적극적이었다. 김영삼 대통령은 지도자의 과거 청산 의지, 거대 여당의 권력기반, 광범위하면서도 강력한 시민사회의 지지라는 행위자적 조건과 경제 호황이라는 권위주의 과거 청산에 우호적인 구조적 조건에 힘입어 강력한 권위주의 과거 청산을 추진할 수 있었고, 인적 청산에 뒤이어 과거 청산을 제도화, 지속시키기 위한 법적, 제도적 개혁을 마무리 지었다. 1995년 김영삼 정부는 1979년 12·12, 1980년 5·18군사쿠데타를 통한 군사반란 및 내란으로 인해 야기된 범죄 행위에 대한 처벌의 공소시효 15년이 도래했는지에 관한 법적 논란이 야기되자 '헌정질서 파괴범죄의 공소시효에 관한 특례법(1995.12.21)'과 '5·18민주화운동에 관한 특별법(1995.12.21)'을 제정하여 과거 청산에 있어서 '법적 불처벌(de jure impunity)'의 문제를 해소하면서까지 적극적으로 과거 청산에 나섰다.[476]

그러나 과거 청산에 있어서 역사에 남을 업적을 세운 김영삼 정권도 광주 문제 해결에 있어 '선별적 과거 청산'을 시도했다는 비판을 받고 있다. 광주 문제는 김영삼 정부의 '적극적 과거 청산' 프로그램에서 선택되지 못한 이슈였다. 김영삼 대통령은 1993년 5월 13일 광주문제에 대해 노태우 전 대통령의 '민주화 운동의 일환'이라는 애매한 성격 규정에서 진일보하여 '5·18광주민주화운동'이라고 명확하게 성격 규정을 한 뒤, 광주시 기념일 제정, 망월동 묘역 성역화, 광주민주화운동 기념공원 조성 및 기념탑 설치, 사상자 추가 신고, 사면, 복권, 부상자 치료, 수배 해제 및 복권 등 광주의 치유 및 명예회복 조치를 취했으나 진상 규명과 책임자 처벌을 주장한 시민사회에 대해 '훗날 역사에 맡기고 책임자에 대한 과감한 용서를 통해 대화합을 이루자'는 '진실 없는 화해'를 추구하는 입장을 표명하였다. 김영삼 정부는 광주문제를 진상 규명과 책임자 처벌보다는 피해자 보상과 명예회복을 통해 처리하려고 하였던 것이다.(이내영·박은홍, 2004: 78-82) 광주 문제에 있어서는 '성공한 쿠데타는 처벌할 수 없으며

476 형사소추를 규정한 이 두 법은 위헌 시비에 말려들었으나 5·18특별법에 대한 헌법재판소의 합헌 결정이 있었으며 1997년 4월 대법원의 확정 판결로 과거 청산 관련 피고인들은 대부분 유죄 판결을 받았다.〔조병선, 〈형법을 통한 과거 청산의 한독비교〉,《형사법연구》 제15호(2001년), 197쪽〕

역사의 평가에 맡길 수밖에 없다'는 '불처벌(impunity)'의 원칙을 적용하려 하였던 것이다.

이러한 김영삼 정부의 미온적인 광주문제 처리에 대해 불만을 품은 시민사회는 1994년 4월 '5·18진상규명과 광주항쟁정신계승을 위한 국민위원회'라는 광범위한 시민단체를 포괄하는 과거청산추진조직을 결성하고 김영삼 정부를 압박하였다. 이 위원회의 주도 아래 1994년 정동년 등 616명이 전두환, 노태우 두 전직 대통령을 포함해 12·12군사쿠데타와 광주학살의 관련 책임자 35명을 법원에 고발하였고, 이어 1980년 5월 김대중 내란음모사건 관련자 및 장기욱 의원의 고소고발이 있었다. 고소고발 이후 검찰은 여전히 '성공한 쿠데타는 처벌할 수 없다'는 불처벌 원칙을 고수했으나, 김영삼 정권에 대한 지지율이 급락하고 시민사회의 지속적인 요구가 계속되자 김영삼 정부는 지지율의 회복과 집권세력 내 헤게모니 강화라는 고도의 정치적 계산 아래 '역사 바로 세우기 운동(historical rectification)' 차원에서 전두환, 노태우를 포함한 광주사태 책임자에 대한 사법처리에 나섰다. 이러한 과정을 통하여 선택되지 못한 이슈였던 광주학살 문제는 시민사회의 대중적 압력을 통하여 이슈화되는 데 성공하였고 김영삼 정부하에서 광주학살의 과거 청산이 이루어졌다.(이내영·박은홍, 2004: 87)

그런데 인권적 시각에서 보면 김영삼 정권은 권위주의 과거 청산에는 적극적이었으나, 시민적, 정치적 권리에는 소극적이었고, 사회적, 경제적 권리에는 둔감하였다. 김영삼 정부의 인권정책에 영향을 미친 두 가지 환경변수는 한반도의 신냉전과 세계화이다. 김영삼 정부는 집권 초기에는 세계적인 탈냉전의 흐름에 따라 이인모를 북한에 송환하는 등 대북 화해정책을 펴는 것처럼 보였으나 1993년 3월 북한의 핵확산금지조약(NPT) 탈퇴로 핵위기가 발생하였고, 김일성 사망, 북한 잠수함 출현 등 일련의 사건을 겪으면서 냉전시대의 남북 대치 외교로 회귀하였다. 이에 따라 국가보안법의 폐지는 거론조차 되지 않고 오히려 신공안정국이 형성되면서 국가보안법 관련 구속자가 노태우 정권 때보다 더 많은 숫자를 기록하였다.[477] 구 권위주의 정권하에서 인권의 기본 규범을 무시하고 사상, 신앙, 신조의 자유까지 철저히 탄압해 온 보안법이 민주화되었다고 자부하는 문민정부하에서 인권을 탄압하는 데 이용되었다.

또한 1990년대에 밀어닥친 세계화는 사회경제적 권리를 신장하려는 김영삼 정권의 노력을 좌절시킨 배경 요인이었다. 김영삼 정부는 노동개혁위원회(노개위)를 설치하여 노동자 권리의 향상과 노사정 화합의 길을 모색하려 하였다. 그러나 김영삼 정부하에서 우루과이라운드가 타결되는 등 세계화의 물결이 거세게 몰아쳤다. 이에 대응하여 김영삼 정부는 세계화를 국가정책으로 추진하였다. 그런데 김영삼 정부의 세계화 정책은 개발독재 시대의 정경유착 구조의 개혁 없이 노동시장의 유연화를 추진하는 방향으로 전개되었다. 김영삼 정부가 세계화의 충격에 떨고 있는 노동자의 권리에는 무감하면서 노동자들을 발가벗은 시장경쟁에 몰아넣으려 하자 노동자들은 집단적으로 반발하였다. 김영삼 정부의 마지막 해인 1997년 초 노동자들이 1987년 노동자대투쟁 이래 가장 대규모의 전국적 총파업과 거리에서의 시위를 벌였고 임기 말 김영삼 정권을 위기로 몰아넣었다.

(2) 김대중 — 제도적 과거 청산과 인권의 제도화

김영삼 정부하에서 인적 청산은 대체로 마무리되었다고 볼 수 있으나 권위주의의 제도적 유산은 청산되지 못했고 제도적 과거 청산의 과제는 김대중 정부로 이월되었다. 김대중 정부는 50년 만의 수평적 정권교체를 통해 탄생한 정부이기 때문에 과거 청산의 대상인 집권세력에 의해 과거 청산의 과제가 맡겨지는 역사의 아이러니가 해소되었고, 구 권위주의 정권의 인권 침해의 대상이었고 국가보안법에 의해 사형선고까지 받았던 지도자가 대통령이 됨으로써 집권세력

477 김녕, 〈한국 민주화를 위한 향후 인권과제〉, 《국가전략》 5권 1호(1999년 봄·여름호), 53쪽.

이 과거 청산의 주체로서의 정당성을 보유하게 되었다. 여기에 더하여 김대중 대통령 스스로 '인권 대통령'이 되겠다고 공약했다는 사실은 적극적인 과거 청산을 위한 행위자와 구조적 조건이 마련되었다는 것을 보여 준다.

김대중 정부하에서 취해진 과거 청산 조치는 첫째, 당사자의 입장에서 광주문제를 완전히 해결하였다는 것을 들 수 있다. 김영삼 정부하에서 광주학살의 책임자 처벌이 있었고, '광주민주화운동 관련자 보상법'을 통해 광주사태의 희생자들에 대한 보상이 이루어졌다. 김대중 대통령하에서는 '5·18 특별법'이 제정되어 5·18희생자들은 민주화 유공자로 예우하고 5·18묘지를 국립묘지로 승격시킴으로써 광주문제의 과거 청산은 대단원의 막을 내리게 되었다.(박원순, 2000: 200)

둘째, 김대중 정권하에서 과거 청산의 제도화가 이루어졌다. 1999년 12월 29일 '민주화운동 관련자 명예회복 및 보상에 관한 특별법(민주화운동보상법)'과 '의문사 진상규명에 관한 특별법(의문사진상규명법)'이 국회를 통과함으로써 광주민주화운동보상법에 이어 구 권위주의 정권의 희생자에 대한 명예회복과 보상이 이루어지고, 헌법에는 사실상 명문 규정이 없는 '저항권'을 법률적 차원에서 공식 인정함으로써 민주주의의 제도적 공고화에 진일보할 수 있게 되었다.(강경선, 2003: 46-47)

이 두 법안의 통과를 계기로 2000년 10월 대통령 직속으로 의문사 진상규명위원회가 설치되어 과거 민주화운동 과정에서 권위주의 정권에 의해 의문의 죽음을 당한 사람들에 대한 진상을 조사하기 시작하였고 이를 통해 최종길 교수의 의문사 인정, 장준하의 타살 가능성 등이 밝혀졌다. 또한 민주화운동보상법에 따라 민주화운동보상심의위원회가 구성되었고 구체적 보상활동이 전개되었다.(이내영·박은홍, 2004: 89-90)

셋째, 2001년 11월 26일 인권단체와 운동가들이 오랫동안 요구해 왔던 독립적 국가 인권기구인 '국가인권위원회'가 설립되었고 인권위원회는 다양한 인권

문제 관련 사항들을 감시, 조사하고 시정할 수 있는 권한을 부여받았다. 국가인원위원회의 출범은 국가의 과거 범죄를 청산하는 차원에서 나아가 미래에 국가권력에 의한 인권 침해를 방지할 수 있는 예방적 제도화의 성공 사례로 평가된다.(조희연, 2002)

넷째, 김대중 정권의 과거 청산은 해방 이후의 인권 침해와 국가폭력에 대한 진상규명과 명예회복으로 확대되었다. 1999년 '제주 4·3사태진상규명 및 희생자명예회복에 관한 특별법'이 제정됨으로써 1947년 제주도민의 3분의 1가량이 목숨을 잃은 4·3사건의 진상을 규명하고 이 사건과 관련된 희생자와 유족의 명예를 회복시켜 주고, 의료지원금 및 생활지원금을 지급함으로써 인권 신장, 민주발전, 국민화합을 도모하였다.(박원순, 2000: 201)

이와 같이 김대중 정부는 과거 청산의 제도화와 인권 침해를 방지하고 인권 신장을 촉진하는 법적, 제도적 장치를 마련함으로써 한국의 과거 청산은 획기적인 진전을 이룩하였다. 그러나 인권 침해 소지가 다분한 국가보안법에 대한 국제적 비판과 시민사회의 지속적인 비판에 직면하였음에도 불구하고, 자민련과의 공조에 의해 탄생한 정부로서의 구조적 한계로 인하여 적극적 해결을 못하고 차기 정부로 이월하였다. 국가 건설 과정에서 형성된 '반공규율사회'의 잔재가 탈냉전, 민주주의 공고화가 시도되고 있었던 3김 시대에까지 살아남아 과거 청산을 가로막고 있었다.(이내영·박은홍, 2004: 99) 가장 민주화된 시기에도 여전히 냉전과 반공의 어두운 시간이 비동시적으로 공존하고 있었다.

4) 시민사회의 발전과 민주적 책임성의 개선

3김 시대에 민주주의 공고화의 지표 중 하나인 민주적 책임성이 개선된 것으로 나타났다. 세계은행이 발표한 연구보고서에 따르면, 2000/2001년도 한국 민주주의의 책임성 수준은 그 전보다 개선되었고, 일본·이탈리아와 비슷한 세계 평균 이상 수준으로 향상되었음을 보여 주었다. 2002년도 한국 민주주의의 책임성 수준은 0.74로 이는 1996년도의 0.50보다 훨씬 향상되었다.(Kaufmann, Kraay and Zoido-Lobaton, 2009)[478]

주지하는 바와 같이 민주적 책임성에는 수직적 책임성과 수평적 책임성이라는 두 유형의 책임성이 있는데 민주화 이후 한국에서는 두 유형의 책임성 수준이 모두 향상되었다. 수직적 책임성은 유권자가 투표를 통한 처벌과 보상을 통해 선출된 공직자의 행위에 대해 책임을 묻는 것이며, 수평적 책임성은 선출된 대표와 기구 간에 유권자의 이익을 극대화하기 위해 상호 감시와 통제를 하는 것이다.(Morlino, 2002) 그런데 민주적 책임성의 전반적 향상은 한국에서의 시민사회의 부활과 번성에서 찾아야 한다. 부활한 한국의 시민사회가 수직적 책임성의 향상의 전기를 마련하였다.

1987년의 민주화 이후 수많은 시민단체가 우후죽순처럼 출현하였다. 1997년에서 2000년 사이에 시민단체의 수는 3,500개에서 6,000개로 증가하였으며, 지방의 지부를 포함할 경우 그 숫자는 10,000개에서 20,000개로 두 배 이상 늘어났다. 이러한 시민결사체들은 지속적으로 정부관리와 정치인의 불법, 비리, 부패행위를 감시하였다. 부활한 시민사회는 시민에 대한 정치인의 책임성을 강제했다. 2000년 4월총선 과정에서 시민사회가 조직한 낙천·낙선운동은 한국의 시민사회가 정치인에게 책임을 물은 조직적 행동의 대표적 사례이다.

민주화 이후 한국의 시민사회와 정당은 불균형적인 성장을 해 왔다. 시민사회가 부활하여 자신들의 행동을 확대하고 요구를 증가시켜 온 데 반해, 정치사회는 무능, 도덕적 부패, 정책경쟁이 아닌 정쟁을 일상화함으로써 국민의 요구에 대해 효과적이고 효율적으로 대응하지 못해 왔다. 이에 많은 공익적 시민단체들은 정치사회의 개혁 없이는 질 높은 민주주의를 달성하기 어렵다는 결론을 내렸다. 그들은 총선이 부여한 정치공간을 활용하여 정치·사회개혁에 들어

478 2002년 일본의 책임성 수준은 0.99이고 이탈리아는 0.98이었다. 2003년 프리덤하우스가 조사한 194개국의 책임성의 세계평균이 0.58임을 감안하면 한국은 책임성에서 세계 평균수준을 넘어섰다.

갔다. 500개가 넘는 시민결사체들이 '2000년 총선시민연대'를 결정하고 무능, 부패, 비리 정치인뿐만 아니라 지역감정을 조작하고, 매카시즘적인 색깔론을 유포하는 정치인에 대한 낙천·낙선운동을 전개하였다.

2000년 4·13총선에서 낙선운동은 엄청난 위력을 발휘하였다. 총선에서 낙선 대상자로 지명된 86명 후보 중 59명이 낙선하였고(68.6%), 집중 낙선 대상자 22명 중 16명이 낙선하였다(72.7%). 이는 총선연대가 목표로 잡았던 50%(집중)와 40%(전체)를 훨씬 뛰어넘는 대성공이었다. 총선시민연대는 낙천·낙선운동을 통하여 직접 선거 과정에 개입하고 자신들의 대표에 대한 감시와 감독을 통해 대의제 민주주의의 질을 높이려 했다.(임혁백, 2002: 345-346) 낙천·낙선운동을 통하여 시민사회는 국민의 의사를 충실히 대표하는 데 실패한 자신들의 대표에게 책임을 물었다. 한국의 민주화가 정치협약으로 이루어졌기 때문에 민주화를 위해 투쟁한 야당 출신 정치인들뿐만 아니라 권위주의 집권 여당 출신 정치인 대부분도 신생 민주주의하에서 살아남았다. 정치인들은 엘리트 카르텔을 형성하여 신진 정치인들의 진입 장벽을 높이고, 해묵은 지역주의를 부채질하며 시대착오적인 색깔론으로 유권자를 자극하여 표를 달라고 우격다짐을 해 왔다. 공천권을 장악하고 있는 정당 보스들은 유권자의 의사와 상관없이 후보를 공천하였다. 이에 총선시민연대는 무능하고, 무책임하며, 부도덕한 정치인들을 정치권에서 축출함으로써 누가 진정한 보스인가를 보여 주려 했다. 이 점에서 총선시민연대는 시민사회에 의한 수직적 책임성 개선에 획기적인 전기를 마련한 것으로 평가된다.

대통령에 대한 국회의 견제 권력이 높아짐으로써 수평적 책임성도 향상되었다. 과거 권위주의 시대의 국회는 행정부의 시녀, 또는 고무도장이라는 '통법부'의 오명을 안고 있었다. 그러나 1987년 민주화 이후 한국 국민들은 선거 때마다 여당에 다수를 안겨 주지 않음으로써 야당에게 국회를 맡겼다(여소야대). 야당이 주도하는 국회는 행정부에 대한 견제, 감시, 감독, 균형을 통해 수평적 책임성 수준을 높였다. 여기에 더하여 1987년 신헌법에 의해 설립된 헌법재판소는 행정부의 초법적 권력행사를 견제하는 기능을 수행하였고, 정당들이 담합을 통해 시민들의 평등한 정치적 권리를 보장하는 헌법적 규범을 침해하지 못하게 하였다. 예를 들면, 2000년 8월 헌법재판소는 현행 전국구 배정방식과 선거구 획정이 위헌이라 결정하고 정당들에게 이러한 불(不)비례성과 잘못된 선거구 획정을 시정하라는 명령을 내렸다.

4. 가산주의적(家産主義的) 민주주의의 시간

3김 시대는 민주화의 시간이었다. 김영삼은 고려시대 무신정권 이래 최장기간인 30여 년간 대한민국을 지배해 온 군부를 병영에 돌려보냈고 확실한 문민통제하에 두었으며, 김대중은 동아시아에서 최초로 평화적 정권교체(power rotation)를 이룩하였고, 군부 권위주의 과거 청산이 있었고, 선거경쟁이 제도화되었고, 정치적 권리와 시민적 자유가 대체적으로 보장되었으며, 이전보다 국민요구에 응답하고 책임지는 정부가 들어서는 등 민주화에 커다란 진전이 있었다. 그러나 이러한 양 김 대통령의 성취에도 불구하고 3김 정치시대가 막을 내린 2002년 대선에서 모든 대선 후보들이 '3김 정치'를 종식시키겠다고 약속한 데서도 드러났듯이 3김 정치시대는 많은 구 권위주의의 유산을 청산하지 못한 채, 부정적 유산을 민주화 제2세대에게 물려주었다. 3김이 물려준 대표적인 부정적 유산은 막스 베버(Max Weber)가 가산주의라고 정의한 전근대적인 권력의 사유화, 세습화, 사인화였다. 말하자면, 3김 정치시대의 한국 민주주의는 자유민주주의로의 진전이라는 근대의 시간과 연고주의, 사인주의, 보스주의, 후원-수혜주의로 특징지워지는 가산주의가 잔존하고 있는 전근대의 시간이 공존하는 비동시성의 시간이 공존한 시간이었다.

양 김의 가산주의는 박정희 시대로 거슬러 올라간다. 앞서 보았듯이 양 김(김영삼, 김대중)은 박정희 권위주의 독재정권의 억압과 감시하에서 민주화 투쟁

조직을 보전하고 추종자들의 충성을 계속 확보하기 위해 권위주의 독재자들이 조직을 유지하는 방식을 채택하지 않을 수 없었다. 그들은 독재에 저항하기 위해 자신의 조직 내부는 비민주적인 방식으로 운영한 것이다. 측근과 가신을 중심으로 정당과 파벌을 운영하는 가산주의적 정당을 만들고 정당의 정책결정을 철저히 비밀에 부치는 비밀주의를 채택하였다.

양 김이 민주화 투쟁 과정에서 의존한 가산주의는 민주화 이후에도 그들의 정치를 운영하는 지배적 원리가 되었다. 민주화 이후 3김은 근대적 민주정당을 발전시키기보다는 가산주의적 사당(私黨)을 지속시켰다. 정당 보스가 추종자의 충성에 대한 대가로 추종자의 복지를 책임지는 가산주의는 1987년 이후 민주주의의 제도, 절차, 과정을 도입한 후에도 존속했을 뿐 아니라 더욱 기승을 부렸다.

가산주의의 핵심은 권력의 사유화, 세습화, 가족주의이다. 가산주의가 한국의 신생 민주주의를 움직이는 실제적인 작동원리가 됨으로써 3김 정치시대의 한국 민주주의는 여전히 민주적 책임성과 응답성을 결여한 '엘리트 민주주의'를 벗어나지 못했고 가신주의, 가부장주의, 지역주의, 보스주의, 세습주의, 패거리정치, 부패정치, 위임주의로 인해 질 높은 선진 민주주의로 도약하지 못했다.

3김은 정당을 사당화하고, 자신의 지역을 근거지로 하여 정당을 봉건영주처럼 운영하였다. 제왕적 당 총재로서 자신이 만든 정당 위에 군림하면서 후보공천, 당직 배분, 국회직 배분을 독점했고 추종 당원들의 충성에 대한 대가로 정치자금과 권력이라는 보호지대를 제공하였다. 3김에 의한 정당의 사당화는 민주적 정당체제의 저발전을 초래하였고 3김 시대에 한국 민주주의의 공고화를 지연시킨 가장 큰 장애 요인이 되었다. 3김 시대의 가산주의 특징들은 다음과 같다.

1) 분열적 지역주의

1987년 민주화 이후 모든 선거 결과는 지역적 균열에 의해 결정되었다. 한국 정치는 지역 간 경쟁으로 축소되었다. 유권자들은 주관적인 지역 일체감에 의거하여 표를 던졌다. 유권자들이 정책적 입장과 이데올로기를 보고 정당과 후보를 선택하지 않고 지역 정당이 공천한 후보에 맹목적으로 투표함으로써 지역주의는 민주주의 발전에 주요한 장애물이 되었다.(Browne and Kim, 2001) 김대중은 1987년 대선에서 자신의 고향인 전라도에서 89%, 1997년 대선에서는 93%의 표를 얻었으나 경상도에서는 1987년 3%, 1992년에 9%, 1997년 12%를 얻는 데 그쳤다. 대조적으로 김영삼은 전라도에서는 1987년에 3%, 1992년에 5%를 얻은 반면, 1992년 대선에서는 경상도에서 69%를 획득하였다. 2000년 4월 총선에서 여당인 새천년민주당은 전라도 의석 29석 중 25석을 석권했고, 야당인 한나라당은 경상도 의석 65석 중 64석을 휩쓸었다.

지역주의는 권위주의 시대인 박정희 정권과 전두환 정권 때에도 강하게 나타났다. 박정희는 경제자원의 배분과 인사에서 전라도 지역을 차별하였고, 전두환은 군부 쿠데타에 저항하는 광주시민을 학살하였다. 전라도 사람들은 권위주의 집권세력에 대한 소외와 저항을 내면화하였고, 선거라는 공간이 주어졌을 때 전라도 차별정책에 대한 항의 표시로 야당에 압도적으로 표를 몰아주었다.

그러나 1987년 이전 지역주의 투표는 선거결과를 결정할 정도로 압도적이지 않았다. 박정희와 전두환 정권하에서 지배적인 투표 유형은 여촌야도(與村野都)로 표현되는 도시와 농촌의 균열 구조였다. 이는 도시지역 중산층의 권위주의 체제에 대한 강력한 반감을 반영하고 있었다. 권위주의 체제에서 경상도와 전라도라는 서로 다른 지역 출신 야당 지도자인 김영삼과 김대중이 권위주의 체제에 대한 투쟁을 위해 협력하였기 때문에 권위주의를 반대하는 표가 한 지역에 집중되지 않았다. 권위주의 체제에서 투표는 도시 대 농촌 또는 민주 대 반민주의 균열선을 따라 이루어졌다.

그러나 1987년 민주화 이후 민주 대 반민주는 두드러진 선거 쟁점이 되지 못했고 따라서 유권자들은 주요한 투표 쟁점을 상실하였다. 이러한 상황에서 대통령에 출마한 권력 경쟁자들은 지역 이익과 지역 일체감을 표의 주요 원천으로 보고 지역주의를 동원하였다. 여기에 더하여 권위주의 집권세력 후보인 노태우는 지역주의를 양 김을 분열시켜 선거 승리로 이끌 수 있는 전략으로 보았다. 김대중과 전라도 시민의 이미지를 급진적, 혁명적, 좌익, 반체제세력으로 고착시켜 경상도와 전라도를 분열시켰다.(최장집, 1991)

양 김이 민주세력을 위한 단일 후보를 만드는 데 실패함에 따라 지역주의는 더욱 악화되었다. 양 김은 민주화운동 지도자라는 공통의 명망이 있고 이데올로기적으로 두드러진 차이가 없었기 때문에 그들은 자신의 출신 지역에 표를 호소할 수밖에 없었다. 여기에 더하여 권위주의하에서 계급균열과 종교적 균열의 표출이 오랫동안 억압되어 왔기 때문에 양 김은 계급투표나 종교투표에 호소할 길도 봉쇄되어 있었다. 민주연합세력의 표가 김대중과 김영삼 지지세력으로 분열됨에 따라 1987년 대선에서 노태우가 대통령에 당선되었다.

뒤이은 1988년 4월총선은 명백한 지역 분할 구도로 나타났다. 3김과 1노는 자신의 출신 지역인 전라도, 경상남도, 충청도, 경상북도를 독점하였다. 전국 유권자의 45%를 차지하는 서울 수도권 사람들도 주거지의 정당보다는 출신 지역의 정당에 표를 던졌다.(Moon, 2002) 1988년 총선에서 출신 지역에 따라 명확하게 표가 갈라지면서 한국 국회의원 선거 사상 처음으로 집권 여당이 과반수를 차지하지 못하는 이변이 일어났다.

지역주의는 1990년 초 3당 합당으로 더욱 심화되었다. 노태우 대통령과 집권 민정당은 의회에서 다수를 확보하기 위해 김영삼의 통일민주당과 김종필의 신민주공화당과 합당을 추진해 과반수가 넘는 거대 여당인 민주자유당을 창당하였다. 합당은 김영삼에게 차기 대통령후보를 보장하는 정치협약에 의해 이루어졌다. 3당 합당은 경상북도, 경상남도, 충청도를 아우르는 거대 지역연합에 의해 소수 지역인 전라도를 고립시키고 배제하는 패권적 지역주의에 바탕을 두고 있었다. 3당 합당 후 지역 간 적대감이 악화되었고 이는 국민적 통합과 통일을 위협할 정도로 나라를 분열시켰다.

지역주의가 3김 정치의 핵심 특징인 것은 김영삼과 김대중 간의 경쟁이 지역주의를 더 악화시켰기 때문이다. 1987년에는 양 김이 모두 패자가 되었고, 1992년에는 김영삼이 김대중을 누르고 대통령에 당선되었으며, 1997년 대통령 선거에서는 김대중이 충청지역의 보스인 김종필과 연합하여 이회창을 누르고 대통령에 당선되었다. 물론 이회창은 경상도 출신은 아니나 경상도의 반(反)김대중과 반(反)전라도 정서를 이용하여 경상도의 양자를 자처하면서 경상도 지역표를 동원했다. 1997년 선거 이후 지역주의는 더욱 기승을 부렸다. 특히 경상도 지역주민들은 2000년 4월총선에서 경상도 전 지역에서 1석만 제외하고 모두 한나라당 후보를 국회의원으로 선출함으로써 강고한 지역주의를 과시했다. 경상도 지역주의는 1997년의 대통령선거 패배에도 불구하고 이회창이 한나라당의 당권을 유지할 수 있게 하였으며 2002년 한나라당 대통령후보로 다시 선출되도록 한 배경이 되었다.

이러한 지역주의는 민주주의 공고화를 가로막는 장애물이었다. 지역주의는 국회의원 선거에서 정당 간 경쟁을 약화시켰다. 지역을 독점하고 있는 정당의 공천이 사실상의 당선으로 이어지는 지역구 선거에서 정당의 정책이나 이념을 통해 표를 얻는 경쟁은 거의 이루어지지 않았다. 지역주의는 계급, 종교, 직업, 성, 세대와 같은 다양한 균열이 정치권 안에서 대표되는 것을 가로막았다. 또한 지역주의는 정치 지도자들로 하여금 광범위한 국민적 지지기반을 구축하는 것을 가로막아 국민적 통합을 저해하였다.

3김은 이러한 분열적이고 파괴적인 지역주의를 지속시킨 데 책임이 있다. 양 김이 대통령이 되었을 때 그들은 지역주의를 해결하기 위해 모든 노력을 기울여야만 했다. 그러나 그들은 지역주의를 기준으로 하는 인사와 자원배분을 지속하였을 뿐만 아니라 지역에 기반을 둔 정당 또는 정당연합에 의존하여 권력기반을 유지하려고 했다.

2) 후진적인 가산주의 정당체제

3김 정치가 남긴 또 하나의 중요한 나쁜 유산은 정당의 사당화이다. 1987년 이후 3김은 정당을 열 번이나 창당했다. 김영삼이 세 번, 김대중이 네 번, 그리고 김종필이 세 번 정당을 창당했다. 그들은 자신들의 정치적 필요에 따라 창당, 해산, 재창당을 반복했다. 또한 이들은 봉건영주처럼 정당을 운영했고 제왕적 당총재로 자신이 만든 정당 위에 군림했다. 후보 공천뿐만 아니라 정당의 당직자와 국회의 주요 요직에 대한 임명권을 독점했고, 충성에 대한 대가로 추종자들에게 정치자금을 배분하였다.

3김의 독재적 정당지배는 권위주의하에서는 정당화될 수 있는 측면이 있었다. 자신의 정당원들을 독재정권의 위협, 협박, 경찰 감시에서 보호하고 조직적 단결을 유지하기 위해서 정당 보스인 3김이 권위주의 정권의 집권당처럼 일사불란하게 당을 이끌어 갈 필요가 있었다는 것이 인정될 수 있었다. 그러나 민주화 이후에도 3김은 여전히 권위주의 시대의 정당 운영 관행과 정당 지배구조를 유지하였다. 정당이 지역적 분할 구도로 조직되고 3김이 자신의 출신 지역으로부터 맹목적이고 배타적인 충성을 받고 있는 상황에서 3김의 독재적 정당지배에 도전할 정치인은 거의 없었다. 정당 정치인들에게 3김에 대한 도전은 정치적 자살행위였기 때문이다.

3김에 의해 만들어진 지역 정당은 정책담론 형성에 건설적으로 참여할 수 있는 이념적·조직적 능력을 가진 정치 엘리트들을 충원할 수 있는 새로운 정당과 선거제도를 고안하는 것을 가로막았다. 그리고 지역을 할거하고 있는 어떤 지역 정당도 단순다수 소선거구제를 통해 국회에서 안정적 다수를 만들어내지 못했다. 모든 정당이 특정 지역에 기반을 두고 있었기 때문에 대통령 선거에서 승리하기 위해서는 다른 지역정당과 느슨한 동맹과 연합을 형성해야 했다. 그러나 대통령 선거 후 1년 또는 2년이 지나지 않아 동맹은 깨지고 말았다.(Kim and Im, 2001: 31-32)

3김이 이끄는 불안정하고 단명(短命)한 사당적 정당은 정당 내부의 민주화와 책임 있는 정당체제 발전에 장애 요인이었다. 이렇게 만들어진 정당체제는 현재까지도 영향을 미치고 있으며 한국 민주주의의 가장 후진적인 분야이고 민주주의 공고화를 지연시키고 있는 가장 큰 요인이 되고 있다.

3) 제왕적이나 허약한 단임 대통령제

3김 정치 시대의 또 하나의 가산주의 요소는 '위임주의적 대통령(delegative president)'이다. 신생 민주주의 헌법구조는 권력을 대통령에 집중시켰다. 정치권력 지망자는 대통령 선거를 최고권력(대권)을 획득하기 위한 선거로 등치시키고 대통령 선거를 '대권 경쟁'으로 불렀다. 양김 스스로도 자신이 만든 정당을 독재적으로 지배하면서 정당의 역할을 주변화하고 정당을 주요한 정책 결정에서 배제시켰다.

1987년 헌정 구조는 '위임주의적 대통령'을 조장하였다. 민주적으로 선출된 대통령인 김영삼과 김대중은 자신이 선거를 통해 모든 권력을 위임받은 것으로 가정하면서 국가를 통치하였다.(Im, 2000: 34) 위임주의적 대통령은 국회와 같은 다른 선출된 대표의 권력과 권위를 인정하지 않으려 한다. 그들은 견제와 균형을 통해 수평적 책임성을 강제할 수 있는 다른 대표기구의 권리를 인정하지 않는다. 위임주의적 대통령은 합당이나 야당과 무소속 의원 '빼내오기' 등을 통해 국회 내에 안정적인 다수 의석을 확보하여 국회의 견제 능력을 약화시키려 했다.

1988년 총선 이래 여당이 국회에서 다수를 획득하지 못하게 되자, 모든 대통령은 예외 없이 정계 개편을 시도했다. 노태우 대통령은 3당 합당을 통하여,

김영삼과 김대중은 정당연합, 야당 또는 무소속 국회의원 영입을 통하여 의회 내 다수 의석을 확보하였다. 인위적 정계 개편은 선거에서 표출된 민의를 부정하는 행위였을 뿐만 아니라 대통령과 야당 간에 정치 교착을 야기하였다. 여야 간 타협과 상호 신뢰는 실종되었고, 제로섬적인 정치 게임을 유발하여 민주주의의 원활한 작동을 방해하였다.(Croissant, 2002: 14)

그럼에도 불구하고 1987년 헌법에 담긴 대통령제의 다른 요소인 5년 단임제는 제왕적 대통령의 경향을 상쇄하는 것으로 나타났다. 헌법구조는 두 개의 모순적인 요소를 갖고 있었다. 한편으로는 권력을 대통령에 집중함으로써 제왕적 대통령을 낳는 구조를 갖고 있으나 다른 한편으로는 5년 단임제로 임기를 제한함으로써 약한 대통령제를 초래하는 구조를 동시에 갖고 있다. 5년 단임제는 1987년 헌법 제정 과정에 참가한 주요 정치 지도자들의 헌정적 타협의 결과물이다. 노태우, 김영삼, 김대중은 5년 단임제 대통령제의 주요 지지자들이었고 그들은 차례로 대통령에 당선되었다. 결과론적으로 보면 5년 단임제는 1노와 2김에 의한, 1노와 2김을 위한 헌정구조가 되어 버렸던 것이다.

5년 단임제 대통령은 비효율적일 뿐만 아니라 책임성을 확보하지 못하는 중대한 결함이 있다. 첫째, 5년 단임제는 조기 레임덕 현상을 초래한다. 민주화 이후 집권한 세 명의 대통령은 예외 없이 집권 말기에 급격한 지지율 추락에 시달렸다. 대통령의 추종자들과 관료들이 집권 초기와 달리 집권 후반기에는 퇴임이 가까운 대통령에게 충성하기보다는 차기 대통령후보자들에게 줄을 섰기 때문에 대통령의 국정 수행 능력은 떨어질 수밖에 없었다. 또한 단임제 대통령은 야당의 공격에 취약하였다. 야당은 집권 말기인 단임 대통령에 대해 미래의 보복을 두려워하지 않으면서 자유롭게 공격할 수 있었다.

둘째, 5년 단임제 대통령제는 선거 일정표를 혼란스럽게 하고 주기적 선거를 통한 민주적 책임성을 확보를 사실상 불가능하게 했다. 1987년 이후 한국은 5년 임기의 단임 대통령, 4년 임기의 국회의원과 지방자치정부의 단체장과 지방의회의원을 선출하기 위해 거의 매년 투표장으로 가야 했다. 선거와 다음 선거 사이의 간격이 불규칙적이었다. 잦으면서 불규칙적인 선거는 주기적으로 치러지는 선거에 의한 민주적 책임성 확보를 저해했을 뿐만 아니라 정부로 하여금 장기적이고 집단적인 국가 이익보다 유권자의 근시안적인 이익을 추수하는 정책을 강조하는 경향을 낳았다. 그런 점에서 5년 단임제는 3김 정치의 산물이고 3김은 바로 5년 단임제의 수혜자였다.

4) 부정부패의 온존

민주화 투쟁지도자로서 대통령이 되었던 양김은 집권 말기에 친인척과 측근의 부패 스캔들이 연속적으로 터져 나옴으로써 대통령직을 수행할 수 없을 정도로 무력화되었다. 이는 민주화 이후 부정·부패문제가 해결되지 않고 투명하고 깨끗한 정치가 실현되지 않았음을 보여 주는 것이다.

부패가 광범위하게 조직적으로 체계화되고 일상화되었던 권위주의 정권과 비교하면 양 김의 민주정부하에서 부패의 양과 범위는 상대적으로 낮은 수준이었던 것이 사실이다. 김영삼 정부가 전두환과 노태우 두 전 대통령을 기소하였을 때, 재임 중에 전두환 전 대통령은 6,930억 원, 노태우 전 대통령은 4,500억 원의 정치자금을 불법적으로 수수하였고, 퇴임 후에도 각각 1,600억 원과 2,300억 원을 집으로 가져간 것으로 밝혀졌다.(Mo, 2002) 전두환·노태우와 비교하면 김영삼과 김대중 아들들이 불법적으로 수수한 정치자금 액수는 수십억이나 수백억 원 대 수준으로 훨씬 낮았다. 상대적으로 작은 액수의 부패 스캔들로 정권이 마비됐다는 사실은 투명성을 확보하려는 시스템이 작동하고 있다는 것을 역설적으로 보여 주는 것이기도 하다.[479] 그러나 부패 스캔들은 민주

479 1996년 8월 26일 전두환, 노태우 두 전직 대통령이 12·12군사반란 및 5·18내란혐의 그리고 불법비자금 조성 재판에서 재판부가 선고한 뇌물수수죄 추징금은 전두환 2205억 원, 노태우 2628억 원이었는데 반해, 김영삼 대통령의 아들 김현철 씨는 6개 기업으로부터 65억 원을 수수했고 알선수재죄로 32억 원, 조세포탈죄로 13억 원을 추징당했다.(《동아일보》, 1997.5.18) 김대중 대통령의 세

정부에 치명적인 상처를 입혔고 민주화 지도자였던 양 김의 권위와 지도력을 손상시켰다.

한국 신생 민주주의의 중대한 결함 중의 하나는 투명성의 부족이다. 국제투명성기구(Transparency International)는 한국을 경제협력개발기구(OECD) 국가들 중 가장 부패한 나라로 올려놓았다. 그러나 한 가지 희망적인 것은 투명성이 낮은 상태이긴 하지만 개선되고 있다는 사실이었다. 국제투명성기구 발표에 의하면, 1999년 한국의 부패자유지수(corruption free)는 50위였으나 2000년에는 48위, 2001년 42위, 2002년에는 40위로 조금씩 개선되고 있음을 보여 주고 있다. 투명성의 기본 지표인 부패는 3김 시대의 선거 민주주의와 구조적으로 연결되어 있었다. 선거 민주주의가 만발하면서 잦은 선거는 정치자금의 수요를 증가시켰다.(Kang, 2002: 194). 제왕적 당 총재인 3김은 추종자들의 충성을 계속 확보하기 위해 그들에게 정치자금을 제공해야 했고, 비공식적인 정경유착 고리를 통해 자금을 확보했다. 그러므로 부패는 3김 정치의 어두운 얼굴이고, 부패를 척결하고 투명성을 확보하기 위한 정치개혁은 3김 정치의 나쁜 유산을 청산하는 것이다.

5) 민주주의에 대한 신뢰 하락

대다수 한국인들이 규범적으로 민주주의를 최상의 정치체제로 믿고 있으나 3김 정치에 대한 대중의 실망은 한국 민주주의에 대한 신뢰를 떨어뜨렸다. 2002년에 수행된 신도철 교수의 조사에 의하면, 응답자 중 46%가 민주주의를 강력하게 지지하고 있으며, 45%는 대체로 지지하고 있는 것으로 나타났다. 두 층을 합치면 91%가 민주주의를 원칙적으로 지지하고 있는 것으로 나타났다. 그

아들의 비리(속칭 3홍) 액수는 규모가 알려지지 않았으나 경실련의 대한민국 뇌물부패사건 분석 기자회견에 따르면 김대중의 국민정부하에서 부패는 142건에 282억 원이다. 이는 김영삼 문민정부하에서 267건에 421억 원보다 훨씬 적은 규모이다.(경실련, 2009년 4월 9일)

러나 "민주주의를 다른 어떠한 정부 형태보다 항상 선호하는가?"에 대한 질문에 대해서는 45%만이 민주주의를 무조건적으로 지지하고 있는 것으로 나타났다. 이러한 민주주의에 대한 경험적 지지는 1996년의 70%, 1997년의 69%에서 1998년의 54%, 1999년의 55%로 급격히 하락하였다. 대조적으로 1/3이 넘는 한국인들이 어떤 경우에는 민주주의보다 권위주의 체제를 더 선호할 가능성이 있다는 응답을 하였다.(Shin, 2002: 303-312) 절반에 못 미치는 한국인들만이 민주주의가 작동하고 있는 방식에 대해 긍정적으로 응답하였고, 민주주의에 대한 만족도는 1997년의 49%에서 1999년의 45%로 하락하고 있다.(Chu, Diamond and Shin, 2001: 129)

3김 시대의 한국은 1997년의 심각한 경제위기를 정치적으로 극복했고, 여야 간에 평화적 정권교체를 이룩하였고, 군부에 대한 문민통제를 성공적으로 재확립하였고, 북으로부터의 외부 위협이 상존하는 가운데서도 안보를 지켰다. 그럼에도 불구하고, 당시 조사결과는 한국인들이 점차적으로 민주주의가 최상의 정치체제라는 데 대한 신뢰를 갖고 있지 않으며, 민주정부의 실적을 긍정적으로 평가하지 않고 오히려 3김 시대의 민주주의 작동방식에 실망하고 있다는 것을 보여 주고 있다.

한국인의 민주주의에 대한 흔들리지 않는 믿음 수준은 45%이며 이는 제3의 민주화 물결에서 태어난 신생 민주주의 국가들 중 브라질과 레소토(39%)를 제외하고는 가장 낮은 수준이다.(Shin, 2002: 302) 왜 가장 성공적으로 민주화를 이룬 나라에서 초기 민주주의에 대한 열광과 열정이 민주주의에 대한 실망으로 반전했는가?

먼저 1997년 말 경제위기가 민주주의의 경제적 수행 능력에 대한 신뢰 하락에 기여했을지 모른다는 가설을 세울 수 있다. 그러나 신도철의 조사는 "한국 경제위기 그 자체는 민주주의에 대한 한국인의 지지도에 직접적으로 영향을 미치지 않았다"는 것을 보여 준다.(Shin, 2002: 318) 민주주의에 대한 한국인들의 지지 감소는 김대중 정부가 외환금융위기를 성공적으로 극복하고 경제를 완전히 회복시킨 후에 나타났다. 이는 민주주의에 대한 지지는 경제적 수행능력보다 정치적 수행능력과 더 상관관계가 있다는 것을 보여 준다. 김영삼 정부 말년인 1997년에 민주주의에 대한 지지가 급락한 시점은 경제위기가 발생하기 5개월 전이다. 이는 대통령의 가족과 측근의 부패 스캔들이 터져 나온 시점과 일치한다. 이는 실패한 경제정책보다도 정치 부패가 민주정부에 대한 부정적 평가에 더 크게 영향을 미쳤다는 것을 보여 주는 것이다.(Chu, Diamond and Shin, 2001: 134)

3김 정치의 나쁜 모습이 한국인의 민주주의 체제에 대한 실망, 냉소, 소외를 키워 왔다. 3김 시대에 정치사회는 대화와 타협을 통해 사회적 갈등을 해결하고 합의에 도달하는 방식에 의해 작동하는 민주주의를 만들어 내지 못했다. 정당은 사회갈등의 해결사 역할을 하지 않고 오히려 사회갈등을 부추기는 갈등의 원천이었다. 한국의 정당은 한국병을 치유하는 제도적 추진동력이라기보다는 개혁의 대상이었다.(Kim, 2000: 58) 정당은 지역주의를 동원하여 종족적으로 세계에서 가장 동질적인 나라를 분열시키는 역할을 했다.

5. 1997년 체제와 신자유주의의 시간[480]

3김 시대는 자유민주주의 시간과 가산주의 시간만 비동시적으로 공존한 것이 아니라 김대중 대통령 출범으로 신자유주의의 시간이 더해져서 3중적 비동시성이 공존했던 시간이었다. 김대중은 1997년 말 동아시아 금융위기가 한국에 상륙하여 국난에 버금가는 정치경제체제의 위기를 초래했을 때 집권하면서 자

480 1997년 체제는 1987년 체제를 종식시키고 새롭게 등장한 체제가 아니다. 1987년 체제가 지속되는 가운데 신자유주의의 시간이 가미된 1997년 체제가 더해진 것이다. 민주화와 민주주의가 1987년 체제의 연속선상에서 신자유주의로의 경제정책 레짐(economic policy regime)의 변화를 가져올 수 있었다. 많은 선진 국가에서 신자유주의와 자유민주주의는 공존하고 있다. 신자유주의의 과잉이 자유민주주의의 물질적 기반을 흔들 때 양립 가능성의 문제가 발생한다.

신의 정책선택과 국제자본주의 복합체(IMF-미국 재무성-월 스트리트)의 압력에 따라 박정희 이래 지속되어 온 발전국가 체제에서 신자유주의 체제로의 경제체제 전환을 주도하였다.

김대중은 1997년 말에 동아시아 신생 민주주의 중 처음으로 평화적 정권교체를 이룩했으나, 정권교체는 경제위기와 함께 이루어졌다. 김영삼에서 김대중으로의 정권교체기에 1997년 신자유주의적 세계화로 인해 동남아시아에서 발발한 금융위기가 한국에 상륙하면서 아주 짧은 시간에 한국 경제를 거의 와해시켰고 한국은 IMF로부터 역사상 최대 규모(550억달러)의 구제금융을 받아서 생존을 연명하게 되는 사태가 일어났다. 한국을 국가부도로까지 몰아붙였던 위기상황이 한국인들로 하여금 박정희 이래 기본적 틀이 지속되어 온 발전국가(developmental state) 모델의 결함에 대한 국부적 수술을 넘어서 새로운 한국형 발전 모델을 정립하도록 시도하게 한 압력으로 작용하였다. IMF-미국 재무성-월스트리트로부터 주어진 위기 극복 처방은 신자유주의의 세례였다. 그것은 금융, 기업, 공공부문, 노동부문에서 시장 질서를 확립하는 구조조정 프로젝트로 제시되었다.

먼저 1997년의 경제위기를 초래한 원인을 분석할 필요가 있다. 한국의 경제위기는 1997년 말의 외환위기로부터 온 것은 사실이나, 경제위기를 단순히 외부적 경제 충격에 대한 대응의 실패라는 외환금융위기의 차원에서만 설명할 수 없는 것이었다.[481] 1997년 경제위기의 원인에 관해서는 다양한 설명이 있다. 첫째, '날벼락론' 또는 '전염효과론'이 있다. 제프리 삭스(Jeoffrey Sachs) 교수는 한국의 경제위기는 장기간 지속된 경제상황의 악화에 기인한 것이 아니라, 동남아의 외환금융위기로 현금유동성 문제에 봉착한 국제투자자본이 자기실현

481 물론 경제위기가 외부적 경제상황의 변화라는 우리가 통제할 수 없는 요인으로부터 기인된 측면이 있는 것도 사실이지만 외부적 요인에 의해서만 일어났다고 주장하는 것은 책임을 회피하는 구실을 줄 뿐이다.

적 공황심리(panic)로 한국에 유입한 자본을 급작스럽게 철수하여 한국 경제가 기초(fundamental)가 튼튼함에도 불구하고 외환금융위기라는 날벼락을 맞은 것이라는 외인론적 주장을 하였다.(Radelet and Sachs, 1998: 2)

둘째, 한국의 책임을 강조하는 내인론적 구조적 결함론이 있다. 구조적 결함론은 태국과 인도네시아에서 발생한 금융위기로부터 싱가포르나 대만은 벗어날 수 있었다는 반증적 사례를 제시하면서 경제 기초가 튼튼한 나라들은 국제 투기자본의 공격 대상이 될 확률이 적으며, 투기자본의 공격이 있더라도 방어할 수 있는 능력이 있다고 주장하면서 경제위기의 원인을 한국 경제 자체의 문제에서 찾으려 하였다. 코르세테, 페센티, 루비니는 한국의 위기는 금융 패닉 때문이 아니라 경제적 기초에 문제가 있었기 때문이라고 지적한다. 첫째, 통화가 과도하게 과대평가되어 한국 상품의 가격경쟁력을 떨어뜨렸고, 가격경쟁력의 약화로 무역거래에 있어서 적신호가 나타났다.(Corsetti, Pesenti, Roubini, 1998) 둘째, 한국 대기업들의 과잉투자가 기업을 부실화시키고 자금을 대여해준 금융기관까지 부실화시켰다는 것이다. 그런데 기업은 투자자금을 해외로부터 조달하여 외국발 위기가 바로 국내의 금융기관과 기업을 흔드는 대외 의존성을 키웠다. 금융자유화로 외국인 주식투자와 해외채권발행이 여신관리대상에 해당되지 않았기 때문에 외채가 재벌의 경쟁적 설비투자 확장의 재원으로 활용되었던 것이다. 그런데 금융기관은 단기외채를 선호하였다. 그것은 중장기외채를 조달하는 데는 상당 기간의 준비와 비용이 드는 데 반해 단기외채에 대해서는 적절한 규제가 없었기 때문이다. 여기에 더하여 금융부문 내에서 단기금융을 기본 업무로 하는 종금사와 같은 제2금융권의 비중이 높아진 것도 단기외채의 비중을 높이는 데 기여하였다.(유철규, 1998: 213)

한국의 외환위기는 한보사태와 기아사태를 계기로 한국 재벌의 부실이 노출되면서 금융기관과 기업들의 해외 차입 여건이 악화되었고, 동남아시아의 통화위기가 한국에 도달하자 통화의 평가절하가 가속화되었고, 이는 기업과 금융기관의 외채상환 부담을 가중시켜 외환위기를 더욱 악화시켰다. 여기에 문제를 더욱 악화시킨 것은 한국의 외채가 단기차입 위주로 구성되어 있었기 때문에 위기와 함께 곧바로 해외 채권자로부터 외채 상환 압력을 받았다는 것이다.

결론적으로, 외환위기는 한국 경제가 안고 있었던 구조적인 문제와 외부로부터 밀어닥친 국제금융시장의 충격이 복합적으로 작용한 결과이다. 통화의 과대평가와, 국제경쟁력의 약화, 국제수지 적자의 축적, 과잉투자와 과잉해외차입, 단기외채 비중의 증가 등과 같은 한국 경제가 안고 있었던 구조적인 문제가 국가 위험도를 증가시켜 국제금융시장의 한국에 대한 신뢰를 떨어뜨리는 원인으로 작용하였고,[482] 국제금융시장의 충격은 한국 경제를 위기로 몰아붙이는 점화자의 역할을 하였다. 한국 경제가 안고 있었던 구조적 부실이 외환위기를 가져오는 데 필요조건의 역할을 하였다면, 국제금융시장의 충격은 충분조건의 역할을 한 것이다.(김동원, 1998: 245)

외환위기의 발생의 구조적 원인은 과거 한국 경제성장을 주도해 왔던 발전국가체제의 효율성이 소진되면서 새로운 발전체제로의 전환을 이루지 못한 데서 찾아야 한다. 민주화 이후 기존의 성장을 이끌었던 발전국가체제가 쇠퇴하자 시장이 중심이 되는 경제체제로의 전환이 시도되었으나, 시장 규율(market discipline)이 작동하지 않는 규제되지 않은 민간 주도 경제를 결과한 것이다. 시장기능의 강화가 오히려 재벌로의 경제력 집중을 강화시켰고, 통제되지 않은 재벌의 부실한 과잉투자가 금융을 부실화시키고 마침내는 한국 경제 전체를 위기로 몰아넣었던 것이다.

김대중 대통령은 경제위기가 정점에 도달한 시점에서 집권하였다. 그러므로 김대중 정부의 첫 번째 과제는 우선 외환금융위기로 인한 현금유동성 위기에

---

482 대만, 싱가포르, 홍콩, 중국이 동아시아의 환란으로부터 덜 전염될 수 있었던 요인은 경상수지 흑자, 낮은 단기외채 비율, 유연한 환율조정 체제 등과 같은 건실한 거시경제적 기초에 있었다. (Corsetti, Pesenti, Roubini, 1998)

서 벗어나는 것이고, 그 뒤에 한국 경제의 구조 자체를 개혁하여 경제를 다시 고도성장의 궤도로 진입시키는 것이었다. 그러나 경제위기 극복 해법은 구제금융에 대한 조건부(conditionalities)로 IMF라는 외부 세력이 부과되었고, 위기 해법은 신자유주의적 구조조정이었다. 신자유주의적 구조조정은 4대 부문으로 나누어 진행되었다. IMF로부터 부과된 신자유주의적 구조조정 위임을 받은 김대중 대통령은 구조조정을 금융부문 개혁부터 시작하였다. 경제위기가 외환 금융위기로부터 왔기 때문에 위기의 해소도 금융부문으로부터 시작되어야 한다고 믿었기 때문이다. 김대중 정부는 금융부문을 정상화하고, 이 바탕 위에서 한국 자본주의 위기의 본원지인 기업부문을 개혁하고 공공부문과 노동시장을 개혁하는 방식으로 시행하였다.

1) 금융 구조조정과 자유화

김대중 정부는 먼저 금융기관의 회생, 정리에 나섰다. 금융기관이 정상화되어야만 한국 경제의 정상적인 혈액순환이 재개될 것이기 때문이었다. 금융구조조정의 당면 과제는 부실채권과 부실 금융기관의 처리이다. 부실 금융기관을 정리하는 방식에는 세 가지가 있었다. 1) 청산, 2) 인수·합병, 3) 자산부채인수 방식이다. 첫째, 청산에 의한 정리는 부실 금융기관에 대해 영업을 정지시킨 후 예금자에 대해서는 예금보험공사가 예금을 대지급하고 예금보험공사는 채권을 만기일에 회수하고 관련 자산의 회수가 종료되면 청산 절차를 거쳐서 정리하는 방식이다. 둘째, 인수·합병에 의한 정리는 부실 금융기관 간 또는 부실 금융기관과 우량 금융기관 간의 합병에 의해 인원을 감축하고 점포를 정리하며 시스템을 통합하는 방식이다. 이 경우 정부는 부실채권 매입, 증자 참여, 유동성 지원 등을 통하여 합병된 금융기관의 정상화를 도울 수 있다. 셋째, 자산부채 이전(P&A: purchases and assumptions) 방식은 우량 금융기관이 부실 금융기관의 부실채권을 제외한 우량자산과 부채를 인수하고 인수되지 않는 부실채권은 부실채권 전담은행(bad bank)이 인수 후 매각, 회수하는 방식이다.

김대중 정부는 이러한 세 가지 방식을 혼용하여 부실 금융을 정리한 뒤, 금융부문의 구조조정에 나섰다. 김대중 정부는 정부의 지원을 전제로 부실 금융기관 정리 과정을 신속하고 투명하게 진행하였다. 그리고 김대중 정부는 금융기관 경영자의 책임을 묻고 도덕적 해이가 발생할 수 있는 소지를 없애는 제도적 장치를 마련하는 데 노력을 기울였다.

2) 기업 구조조정

한국의 재벌은 한국의 기적을 가져온 주역이었다. 그런데 이 신화의 주인공이 어느 날 갑자기 하늘에서 지옥으로 추락하였다. IMF위기 이후 한국의 재벌들은 경제위기를 가져온 책임을 뒤집어쓰고 자기 개혁을 강요당하였다.

기업 구조조정의 기본원칙은 1998년 2월 6일 당시 김대중 대통령 당선자와 5대 재벌 총수 간에 맺어진 '5대 합의사항'에서 마련되었다. 5대 합의사항은 첫째, 기업경영의 투명성을 제고하는 것이다. 이를 위해 국제적 기준에 부합되는 기업회계기준을 도입하고(특히 결합재무제표) 독립적인 사외이사를 선임하고 소수 주주의 권리를 강화함으로써 주주에게 책임지는 기업지배구조(corporate governance)를 구현하는 것이다. 둘째로 계열사 간의 내부 보조행위를 시정하고 개별 기업의 재무적 독립성을 제고하며 상호채무보증을 해소한다. 셋째, 기업의 차입 의존도를 낮추고 자기자본을 확충하여 재무구조를 개선하고 수익성 없는 사업과 자산을 매각함으로써 수익성 위주의 경영으로 전환한다. 넷째, 현재의 다각화된 사업구조에서 핵심 역량을 중심으로 집중하고 중소기업과의 협력관계를 강화한다. 다섯째, 사실상 기업을 지배하는 대주주나 경영자의 법적 책임을 강화한다.[483]

483 '5대 합의사항'은 한국형 자본주의를 가족 소유 자본주의에서 주주자본주의로의 전환한다는 국가와 자본가의 협약이었다. 그러나 이 협약은 지켜지지 않고 있는 것이 현실이다.

김대중 대통령은 5대 기업구조개혁과 함께 재벌기업의 사업 구조조정을 시도하였다. 상호지급보증의 철폐와 결합재무제표의 작성은 재벌들로 하여금 부실계열사를 정리하고 기업의 재무구조를 개선하게 하는 압력으로 작용할 것으로 기대되었다. 그러나 재벌들의 부실경영과 과잉 중복투자 문제를 해결하기 위해서는 수익성, 장래성, 경쟁력 있는 사업을 선택, 집중하고 경쟁력이 떨어지는 사업에는 과감히 철수 정리하는 사업 구조조정(business portfolio)을 단행해야 한다. 사업 구조조정 과정에서 재벌 간의 상호 업종교환 이른바 '빅딜'을 추진하였다. 그리고 기업들로 하여금 차입경영을 개선하기 위한 기업 재무구조의 조정을 단행하게 하였다. 차입경영이 한국 경제를 위기로 몰아간 주범이자 동시에 위기를 극복하는 데 가장 큰 장애물로 작용하고 있었다. 차입경영을 해소하기 위해서는 차입경영에 유리한 경제환경을 바꾸어야 했다. 차입경영이 초래된 원인은 총수가 소유 지분을 유지하면서 부채를 동원하여 규모 확장을 시도하였고, 기본적으로 차입경영이 직접금융보다 유리했기 때문이다.

차입경영을 개선하기 위해서 김대중 정부는 64개 재벌과 주거래은행과 재무구조개선 약정을 체결하도록 하였다. 특히 5대 재벌에 대해서는 1999년 말까지 평균부채비율을 200% 이내로 낮추도록 하고 이를 이행하지 않을 경우 기존 여신을 회수하고 신규 여신을 중단하는 불이익을 준다고 위협하였다.(대한민국 정부, 1998: 171)

3) 유연적 노동시장 제도의 도입

신자유주의적 구조조정은 유연적 노동시장 제도의 도입으로 완성되었다. 그런데 노동시장의 개혁은 김대중 대통령에게는 가장 고통스러운 개혁이었다. 김대중은 민주주의의 챔피언이고 노동자의 친구로 알려져 있었다. 선거 유세 동안 그는 차가운 신자유주의적 개혁자이기보다는 온정주의적 포퓰리스트로 비쳐지기를 원했다. 소수 지역에 기반한 소수 정당 출신인 그가 선거에 승리하기 위해서는 노동자들의 표가 필요했다. 그래서 그는 유연적 해고를 반대하며 당선되면 IMF와 재협상할 것이라고 공약했다.

그러나 당선되었을 때 김대중은 미국 재무부 차관인 립튼(David Lipton)으로부터 선거공약은 받아들여질 수 없으며 한국의 과잉 고용을 해소하지 않을 경우 심각한 국면을 맞을 것이라는 경고를 받았다. 결국 김대중은 선거공약을 철회하고 IMF의 구제금융 조건을 충실히 이행할 것을 공식적으로 약속하였다. 그 후 김대중은 "IMF의 서울 지부장(IMF man in Seoul)"으로 변신하여(Cumings, 1999) IMF가 요구한 안정화 정책과 신자유주의적 구조조정을 공격적으로 밀고 나갔다. 그런데 IMF가 요구한 신자유주의적 구조조정 가운데 가장 정치적으로 힘든 분야는 유연적 노동시장의 도입이었다. 그것은 자신의 지지세력인 노동자들의 거센 저항을 불러일으킬 수 있는 사안이었다. 이러한 조건하에서 김대중은 1997년 봄의 대파업을 통해 힘을 과시한 조직 노동자들의 참여 없이 유연적 노동시장 제도를 도입하는 것은 불가능하다는 것을 알게 되었고, 노동자들을 참여시키기 위해 그는 1997년 12월 26일 경제위기 극복을 위한 노사정 3자 협의기구를 설립하여 국난에 버금가는 경제위기 극복의 해법을 찾자고 제안하였다.(KILF, 1998: 5) 김대중 대통령이 직접 조직노동자들을 설득하여 1998년 1월 15일에 '경제위기 극복을 위한 노사정위원회'가 출범하게 되었다.

노사정위원회는 한광옥 노사정위원회 위원장과 한국노총과 민노총의 대표, 경총과 전경련의 대표, 정부을 대표하는 2인(재경부 장관, 노동부 장관), 그리고 4명의 정당 대표로 구성되어 있었다. 김영삼 정부의 노개위(노동개혁위원회)와 비교해 보았을 때, 각각 집단 이익의 실질적 대표자를 확보하였고, 위원회에서 도출된 협정을 유지하고 실제 정책으로 전환할 수 있는 능력을 지니고 있는 정부대표가 참가하고 있었고, 정당대표가 참여함으로써 합의사항을 법제화할 수 있는 잠재력이 높았다. 말하자면, 노개위와 비교해 볼 때, 노사정위원회는 대표성, 집행력, 제도화 능력에 있어서 훨씬 진전된 3자 협의기구였다.

노사정위원회는 1998년 2월 6일에 유연적 노동시장의 도입이 포함된 경제위기를 극복하기 위한 사회협약을 도출해 냈고, 국회는 재빨리 여야 합의로 2월 13일 협약 내용을 법률로 제정하였다. '2·6사회협약'은 해고와 대체 인력 투입을 통한 기업과 금융의 구조조정을 손쉽게 하는 제도적 장치를 마련하였고 이는 국제 자본으로 하여금 금융 및 기업 구조조정이 성공적으로 진행될 것이라는 전망을 갖게 만들어, 월스트리트는 만기 단기채를 장기채로 전환해 주는 데 동의하게 하였다. 다시금 국제자본은 한국에 투자하기 시작하였고 한국은 단기적 신용 경색을 벗어날 수 있게 되었고 장기적인 구조조정을 착수할 수 있게 되었다.

김대중 정부의 노사정위원회는 노동과 자본의 전국 정상조직의 대표와 정부가 경제위기를 극복하기 위한 국가적 의제, 유연적 노동시장 제도도입, 기업지배구조, 금융구조조정, 물가와 임금안정화, 사회복지와 사회안전망 제공 그리고 정치개혁을 다루기 위한 노사정 3자 협의기구(tripartism)였다. 한국 최초의 거시 코포라티즘(macro-corporatism)의 시도였다. 그런데 거시 코포라티즘이 성공하기 위해서는 3가지 조건, 즉, 1) 노조와 사용자 모두 하부 구성원을 충분히 규율할 수 있을 정도의 독점적 대표성을 지녀야 하고, 2) 친노동자 정부가 오랫동안 정권을 잡거나 혹은 친노동자 정당이 정치권 내에 강력한 영향력을 보유하고 있어야 하고, 3) 국가는 자본 편향적인 편협한 이해관계를 대표하지 않고 자본주의 재생산을 위한 보편적인 행위자로써의 능력과 자율성을 보유하고 있어야 한다. 그러나 한국은 이러한 조건을 충족하지 못하고 있었다. 노조는 한국노총과 민노총으로 나뉘어져 있었으며, 산하 노조와 개별 노조원을 규율할 수 없는 다원주의적 노동운동의 구조를 갖고 있었고, 친노동자 정부나 정당이 존재하지 않았다. 김대중 정부가 자신을 '40년간의 노동자의 친구', '국민의 정부'로 표현하였으나, 김대중 대통령은 집권 후 친노동자 대통령이 아니라 'IMF 서울지부장'으로서 신자유주의적 구조조정을 차갑게 실행하는 친글로벌 자본 대통령이었다. 지역주의에 빠져 있는 한국의 주요 정치세력은 계급으로서의 노동자의 표을 조직하는 데 관심이 없었다. 그러므로 한국의 노조는 정부를 불신하였고, 사회협약의 당사자 간에는 신뢰가 형성되어 있지 않았다. 정치, 사회적 조건을 갖추지 못한 거시적 사회협약은 외부적 충격에 취약할 수밖에 없었고, 이는 2·6사회협약 이후 노사정위원회가 제도화되지 못한 가장 큰 원인이었다.

김대중 정부는 노사관계의 민주화와 노동 거버넌스의 글로벌 스탠다드의 확립의 동시적 달성이라는 2중적 목적을 갖고 노사정 3자 협의기구를 출범시켰으나 세계화에 대응하기 위한 유연적 노동시장의 도입이 노사관계의 민주화를 압도하였다. '국민의 정부'의 노동정책이 신자유주의적 세계화의 요구에 순응하는 방향으로 기울어짐으로써 '국민의 정부'는 정리해고와 같은 유연적 해고제도 외에 노사관계의 민주화에 관해 합의한 사항의 이행에는 적극적이지 않았다.

4) 신자유주의 헤게모니의 출현

진보적 정치인으로 알려져 있던 김대중에 의해 신자유주의적 경제개혁이 이루어졌다는 것은 역사의 아이러니 또는 헤겔이 이야기한 '이성의 간지(cunning of reason)'였다. 1997년 경제위기 발발 이전에 발전국가주의는 기적적인 장기 경제성장을 이끌면서 이데올로기적 헤게모니를 차지하고 있었다. 그런데 1997년의 경제위기로 바로 장기 성장을 이끈 발전국가 모델에 대한 비판이 홍수처럼 밀려나왔다. 한강의 기적을 이끈 경제정책 레짐으로 찬양받던 발전국가 모델이 이제 '정실 자본주의' 모델로 격하되었다. 정부가 재벌에게 독점지대를 제공하였고 재벌은 부실을 불투명한 기업지배구조하에서 감추고 정치인과 관료와 지대를 나눔으로써 밀도 높은 정실 네트워크에 의해 보호되어 왔다는 것이다.(Kim and Im, 2001: 5-6) 경제위기가 발발하자 한국인들은 대마불사의 재벌을 비호해 온 내부 기득권 세력을 비난하였다. 이제 발전국가-재벌-국가통제금융의 3각 편대가 성장을 주도해 왔던 발전국가 모델은 한국병의 원천으로 비판되었다.

발전국가가 성장의 견인차에서 위기의 원흉으로 추락한 가운데 시장이 갈채를 받게 되었고 시장주의를 근본으로 하는 신자유주의가 경제적 헤게모니 담론이 되었다.(Crotty and Lee, 2001) 반면에 발전국가 모델은 무용지물이 되었고 경제의 세계화에 대응하는 데 장애물이라는 인식이 확산되었다. 많은 한국인들이 월스트리트, IMF, 그리고 미국이 주도하는 경제의 세계화의 압력에 효과적으로 그리고 효율적으로 대응하기 위해서는 신자유주의 경제 모델을 수용해야 한다고 생각하게 되었다. 이러한 신자유주의의 이데올로기적 헤게모니를 정책 결정자, 경제학자, 기업뿐 아니라 신자유주의의 피해자가 될 것이 분명한 노동자들도 받아들였다. 노동자들은 신자유주의를 도입하지 않아서 회사가 파산하여 모두가 실업자가 되는 것보다는 신자유주의를 받아들여 일단 회사를 회생시키는 데 동의하고, 그 대신 가능한 대량 실업의 파고를 넘는 것을 선호하였다.

이러한 신자유주의의 이데올로기적 헤게모니에 힘입어 김대중 대통령은 신자유주의적 구조조정을 받아들이라는 IMF와 미국의 압력을 적극적으로 수용하였다. 김대중 정부는 IMF 구제금융조건(conditionalities)보다 더 엄격한 신자유주의적 기업지배구조 개혁과 금융구조개혁, 그리고 유연적 노동시장체제를 도입하였다.

6. 김영삼과 김대중 — 한국 민주화를 이끈 두 지도자의 리더십[484]

1987년 12월에 한국인들은 16년 만에 처음으로 선거를 통해 대통령을 직접 선

484 임혁백, 2012: 136-144 참조. 김영삼과 김대중의 리더십을 서술하면서 그들의 리더십의 장점만 부각하는 후한 평가를 하는 이유는 한국 민주화를 이끈 두 지도자에 대한 경의를 표하는 측면이 있다. 그럼에도 불구하고 두 지도자의 리더십에도 비동시성이 있다는 것을 부정하지 않는다. 단지 이 절에서 드러내지 않고 있을 뿐이다.

출할 수 있었고 2014년 현재까지 6명의 민선 대통령을 배출했다. 6명의 민선 대통령 중 소위 '3김 시대'로 부르는 민주주의로의 전환과 공고화기인 1987년에서 2002년까지 선출된 노태우, 김영삼, 김대중 대통령은 자신들에 부과된 민주화의 역사적 사명을 대체로 제대로 수행했다는 후한 평가를 하고 싶다. 민주주의로의 전환기(transition to democracy)에 선출된 신군부 출신 노태우 대통령은 민주적 경쟁, 언론의 자유, 집회의 자유, 결사의 자유를 복원시켜 주었고, 김영삼 대통령은 '문민정부'라는 이름에 걸맞게 군부에 대한 문민통제를 확고히 하였다. 그는 하나회와 같은 정치화된 군인집단을 숙청하였으며 두 전직 군부 출신 대통령을 사법처리함으로써 탈군부화와 권위주의 과거 청산에 있어서 후발 민주화 국가들에게 권위주의 과거 청산의 모범 사례를 제공하였다. 1997년 말 외환금융위기의 와중에 집권한 김대중 대통령은 동아시아에서 최초로 투표를 통해 평화적으로 정권교체를 이룩했다는 것 자체만으로도 한국 민주주의의 공고화에 크게 기여하였고, 재임 시 독립적인 인권위원회를 설립하여 인권보호를 제도화하였고 정치적 권리와 시민적 자유를 크게 신장시켰으며, 신자유주의적 구조개혁 조치를 통해 외환금융위기로부터 나라를 구해 냄으로써 '민주정부 무능론'에 쐐기를 박았다.

3김 중 김영삼과 김대중은 1970년대 이후 반독재, 민주화 운동을 이끌어 온 양대 야당 지도자였고 3김 시대에 대통령에 선출되어 그들의 리더십을 검증받았다. 양 김, 즉 김영삼과 김대중은 대조적인 리더십의 소유자였으나 각각 자신에게 맡겨진 역사적 사명을 훌륭히 수행했다고 평가된다. 김영삼의 전광석화의 리더십은 민주화의 전환기인 노태우 정부를 지나 본격적으로 군부 개혁과 재벌 개혁에 착수해야 했을 때 필요한 리더십이었다. 반면에 김대중의 대기만성형의 준비된 리더십은 한국 민주주의의 공고화를 완성하면서 바깥으로부터 밀어닥친 신자유주의적 구조조정이라는 복잡한 경제개혁을 추진하기에 필요했던 리더십이었다.

1) 김영삼 리더십 — 전광석화(Blitzkrieg)의 개혁가

김영삼 대통령은 1961년 이래 30년 만에 태어난 민주적으로 선출된 문민 지도자이다. 김영삼 대통령은 고려 중기에 100년간 계속되었던 무신정권(1170-1270)을 제외하고 최장기의 군부정권 시대(박정희, 전두환, 노태우: 1961-1992)를 마감한 역사적 과업을 달성하였다. 성리학을 일의관지(一以貫之)의 유일 지배이념으로 삼고 있었던 조선왕조에서 반정(反正)과 군란(軍亂)은 있었으나 군부가 직접 통치하는 군부정치는 없었다. 유교는 근본적으로 문치주의이고 반군사주의적인 통치이념을 가르치고 있었다. 그런데 박정희의 군사쿠데타가 성공한 이래 '서울의 봄(1980)'으로 민주화가 유산되고, 6월 민주화항쟁으로 민주주의로의 전환의 문턱을 넘었음에도 불구하고 여전히 1980년 쿠데타 주역 장군 출신 대통령이 민주화를 관리하는 비정상적인 민주주의가 계속되었다. 그러나 1992년 오랜 민주화의 투사가 군부가 주류인 민정당과 합당하여 민자당을 만들고 집권 민자당 후보로 대통령에 당선됨으로써 한국 민주화의 첫 번째 과제인 군부의 퇴출(extrication)과 군에 대한 문민통제의 확립이라는 정치의 탈군부화를 위한 결정적 계기를 만들어 내었다.

김영삼 정부의 등장은 노태우 정권에 의해 차기 이양된 군부 권위주의의 해체 작업이 새로 집권한 문민정부에게 맡겨졌음을 의미한다. 그런데 김영삼 정부가 출범했을 때 많은 사람들이 김영삼 정부가 개혁보다는 현상유지를 꾀할 것이라고 우려했으나, 예상을 뒤엎고 김영삼 대통령은 군부에 대한 문민통제를 강화하는 전격적인 개혁조치를 감행했고, 공직자 재산공개를 통해 관료와 정치인의 사정에 나섰으며 금융실명제의 단안을 내림으로써 자본가의 특권에 대한 중대한 제약을 가하는 정치사회개혁을 단행하였다.

김영삼 대통령은 전광석화(Blitzkrieg)처럼 질풍노도의 군부 개혁을 단행하였고 공직자 재산공개를 통해 관료와 정치인의 사정에 나섰으며 금융실명제의 단안을 내림으로써 자본가의 특권에 대한 중대한 제약을 가했다. 이 모든 특단의 개혁은 김영삼 대통령의 전광석화와 같은 개혁 리더십이 없었으면 불가능한 일이었다. 전광석화 전략은 역사상 많은 명장들이 사용한 전략이다. 한니발, 칭기스칸, 나폴레옹, 모세 다얀 장군은 전광석화전략으로 상대방에 준비할 시간을 주지 않고 속전속결로 압도적인 화력으로 공격하여 적을 초전박살내어 버렸다. 김영삼 대통령은 군부가 대비할 시간을 주지 않고 취임 후 바로 군부를 공격하여 모든 정치군인을 숙청함으로써 군부에 대한 문민통제의 기초를 닦았다.

김영삼 대통령은 취임하자마자 군부 내에서 특권적 지위를 누려 오던 하나회와 같은 정치군인 집단들을 숙청하고 제거하였으며 나머지는 병영으로 복귀시켰다. 국민의 대표인 국회에 의한 안기부의 통제가 제도적으로 마련되었으며, 보안사의 민간인 사찰이 금지되고 활동 영역이 군 내부로 한정되는 조치가 취해졌다. 김영삼 정부는 '역사바로세우기' 작업을 통해 전두환, 노태우 두 전직 대통령을 포함한 12·12, 5·18 관련자들은 처벌함으로써 세계 민주화 역사에 기록될 업적을 남겼다. 세계에서 가장 군사화된 지역에서 군부 권위주의 정권의 과거를 단죄한다는 것은 쉬운 일이 아니었다. 탈군부 개혁조치는 문민정부의 최대의 업적으로 평가된다.

또한 1995년 지방자치 단체장 직선을 단행하여 지방자치를 완성함으로써 민주주의가 지배하는 영역이 중앙정치에서 지방정치로 확대되었으며, 경쟁의 원리는 시민사회로까지 확산되었다. 김영삼의 문민정부하에서 탈군부화를 통해 권위주의를 해체하고 민주정부를 구성하는 제1단계의 민주화, 즉 민주주의로의 전환(transition)이 완성되었다.

그러나 김영삼 대통령의 전광석화 리더십은 탈군부화 개혁에 그치지 않았다. 김영삼은 금융실명제 개혁팀을 비밀리에 구성하여 재벌과 정치권 간의 검은 돈을 매개로 이루어지는 부패와 정경유착 구조를 혁파하는 개혁을 준비하였다. 김영삼은 준비가 끝났을 때 전격적으로 금융실명제 실시를 발표하여 노회한 재벌총수들이 로비를 통해 이러한 투명 경제조치를 통해 부정부패 구조를 바로잡고 재벌과 정치권의 유착, 담합구조의 혁파는 개혁조치를 무산시킬 시간을 주지 않고 쾌도난마처럼 금융실명제를 단행하였다.

'역사 바로 세우기'의 일환으로 군인 출신 대통령 전두환과 노태우를 사법처리할 때도 김영삼은 두 전직 대통령에게 대처할 시간을 주지 않고 먼저 체포하고 사법처리 과정을 전격적으로 단행하였다. 두 전직 군부 출신 대통령의 사법처리가 발표되었을 때, 전두환은 1995년 12월 2일 연희동 자택 앞에서 '골목성명'을 발표하고 자신의 고향인 합천으로 내려가 버렸다. 김영삼 대통령의 지시를 받은 검찰은 사전구속영장을 발부받아 12월 3일 새벽 5시에 아직 잠들어 있는 전두환을 연행해 안양교도소에 구속수감해 버렸다. 전두화의 체포가 얼마나 전격적으로 이루어졌는가는 전두환의 고향 주민들이 "아침 밥도 안 먹이고 잡아가는 법이 어디 있노"라고 비난한 말에서도 찾을 수 있다. 전두환과 숙청된 구 정치군인들이 '5공 신당'을 만들어 김영삼 대통령의 과거 청산과 역사바로세우기에 반격할 것이라는 설이 나도는 가운데 김영삼은 구 정치군부 정당의 보스가 될 전두환을 선제적으로 구속하여 권위주의 회귀운동을 저지한 것이다.

이러한 김영삼의 전광석화 리더십은 군부개혁, 금융실명제, 권위주의 과거 청산 개혁에는 유효하게 작용했으나, 과거 권위주의 정치문화의 잔재를 청산하고 민주적 절차와 과정을 제도화하고 민주적 정치문화를 정착시키는 데는 부정적으로 작용하였다. 김영삼 대통령의 업적으로 기록될 이러한 역사적 개혁조치도 민주적 토의 과정을 거친 끝에 나온 것이 아니고 대통령이 전광석화처럼 내린 '비상 명령'에 의해 이루어졌다. 이러한 포고령주의(decretismo)의 만연은 토론과 타협을 선호하는 민주적 정치문화의 정착을 저해하였다. 정책 결정이 대통령궁의 밀실에서 소수의 측근과 관료가 국민의 대표인 국회 또는 정당, 시민사회와의 협의의 과정을 거치지 않은 채 이루어짐으로써 권위주의 시대의 정책결정 과정이 부활하게 되었다.

2) 김대중 리더십 — 대기만성형 인내(忍耐)와 변혁적(transforming) 지도자

1997년 말의 야당 후보인 김대중으로의 정권교체는 한국인들이 국난에 버금가는 외환금융위기라는 외부 충격에도 불구하고 민주주의에서 살겠다는 의지를 과시한 것이다. 국민은 또한 집권당 후보인 이회창에게 선거 패배를 안겨줌으로써 심각한 경제위기를 불러일으킨 정부와 집권당에 책임을 물었다. 미증유의 외환금융위기는 한국인들로 하여금 선거를 통한 '수직적 책임성'을 작동하게 만들었다는 점에서 한국 민주주의의 공고화에 기여했다. 민주화의 진전으로 한국 민주주의는 권력교체를 제도화함으로써 국난에 버금가는 위기상황에서도 정치적 불안을 야기하지 않으면서 질서정연하게 선거를 통해 정권을 교체(rotation of power)하고 새정권으로 하여금 전면적인 경제개혁을 추진하도록 권력을 위임하였다.(Haggard, 2000; Byung Kook Kim, 2001) 4수 끝에 대통령에 당선된 한국 민주화 지도자 김대중은 경제위기 극복의 소방수 역할을 담당하라는 국민적 명령을 수행하게 되었다. IMF의 개혁 압력하에서 김대중 대통령은 경제위기를 극복하기 위해 자신의 과거 정치·경제 노선과 합치되지 않는 신자유주의적 경제구조개혁을 단행하였고 빠른 시일 내에 위기를 극복하고 경제를 다시 성장 궤도에 진입시키는 데 성공하였다. 한국은 동아시아 금융위기에 전염된 나라 중 유일하게 V자형(급작스런 위기 발발과 빠른 경제 회복) 위기극복을 성공시킨 사례이다. 이러한 V자형 위기극복은 김대중의 대기만성형 리더십이 작동하지 않았으면 가능하지 않았을지도 모른다.

김대중은 1961년 5월 14일 강원도 인제 보궐선거에서 민의원으로 당선되어 제도권 정치권에 진입했으나 이틀 후인 5월 16일 박정희 장군이 주도하는 군부쿠데타가 일어나 국회가 해산당하는 바람에 의정 단상에 오르지 못했다. 그러나 그는 낙담하지 않고 다시 1963년 제3공화국이 출범하고 국회의원 선거가 재개되었을 때, 고향인 목포에서 당선되었고 야당의 명대변인으로 명성을 날리면서 김영삼, 이철승과 함께 '40대 기수'의 한 사람이 되었고 1971년 대통령후보

경선에서 김영삼을 누르고 대통령후보가 되어 박정희와 대결하여 '대중경제'와 '대중정치'의 바람을 일으키고도 선거에는 패배하였지만 사실상 승리하였다.[485]

유신 이후 김대중은 박해받는 정치인의 상징이 되었고 1987년 민주화의 돌파구를 연후 실시된 정초선거에서 노태우, 김영삼, 김종필과 4파전을 벌였으나 패배하였다. 그리고 1992년에는 그의 숙명적 라이벌인 김영삼과의 대결에서 석패하여 정계 은퇴선언을 했으나 다시 오뚜기처럼 복귀하여 1997년에 이회창 집권 여당 한나라당 후보인 이회창을 누르고 당선되었다. 그는 자신의 별명인 '인동초'처럼 추운 겨울에도 온갖 풍상을 참고 이겨 내는 '인내(perseverance)의 리더십'을 가진 지도자였다. 그러나 그는 게으른(lazy) 지도자와는 거리가 멀었다. 그는 항상 차 안에서 부족한 잠을 채우면서 공부하고 자신과 국가의 미래를 준비하는, 국민으로부터 선택되면 대통령직을 수행할 준비가 항상 되어 있는 '준비된 대통령'이었다.

대통령으로서 김대중의 업적은 국민여론 조사에서 박정희 다음으로 인기 있는 대통령으로 선택된 데서도 증명된다. 그는 6·25국난에 버금간다는 외환금융위기를 극복했고, IT인프라를 구축하여 IT강국을 만듦으로써 한국인들이 먹고 살 차세대 먹거리 산업을 찾았고 개발하였다. 그리고 그가 가장 자랑하는 '햇볕정책(Sunshine policy)'으로 불리는 대북 포용정책은 6·15정상회담과 합의라는 역사적 남북화해의 문서를 만들어 내었고, 그 공적으로 한국인 최초로 노벨평화상을 수상하는 영예를 안았다.

민주화 이후의 대통령 중 가장 많은 업적을 낸 김대중 대통령을 만든 것은 고난을 견디면서 미래를 준비하는 사이러스(Cyrus) 페르시아 대왕의 리더십 덕목 중 '인내'할 줄 아는 리더로서의 자질이었다. 그러나 그는 무작정 인내한 것

485 김대중은 박정희 대통령을 상대로 94만 표 차이로 패배하였으나 '황새와 뱁새'의 게임으로 비유되었던 선거전에서 박정희와 대등하게 겨룰 수 있는 야권 지도자로 부상했다는 것을 보여 주었다.(지병문 외, 2014: 183) 대선을 통해 김대중은 야권의 대안으로 성장했고 2달 뒤에 치러진 총선에서 신민당이 서울을 휩쓸고 주요 도시에서 승리하는 데 기여하였다.

이 아니고 국민들을 '사랑하고 존경하고', 국민들로부터 '사랑받고 존경받기 위해' 인내하였고, 마침내 기회가 왔을 때 그는 보수 원조인 김종필과의 집권 대연합(DJP 연합)을 마다하지 않는 전략적 선택을 통해 집권에 성공하였다. 김대중은 막스 베버가 이야기한 신념윤리에 집착하는 근본주의적인 정치인이 아니었다. 그는 오히려 책임윤리에 충실하여 집권을 하기 위해서 보수세력과 연합을 마다 않았고, 외환금융위기를 극복하기 위해 IMF가 처방을 내려 준 신자유주의적 워싱턴 컨센서스와 노동자의 정리해고 제도를 수용하였다. 그는 흑묘백묘론(黑猫白猫論)을 이야기한 등소평의 실용주의 리더십을 갖고 있었으며, 그러나 항상, 愛民(존경하고 사랑하는 국민 여러분)하고 哀民(국민의 슬픔에 애통해 하는 마음을 가진 지도자)하였다. 그는 위기 극복을 위해 신자유주의를 받아들이면서도 신자유주의로 인한 양극화, 대량 실업의 고통에 애통해하면서 '생산적 복지' 정책을 통해 그들을 '위로'하였다. 경제위기를 극복하고 난 뒤 김대중 대통령은 '민주주의와 시장경제의 병행 발전'이라는 양대 기본 정책 축에 '생산적 복지'를 추가할 정도로 의욕적으로 한국 역사상 최초로 본격적인 복지국가를 건설하려 하였다.

그의 '애통(compassionate)해하는 리더십'은 북한 동포로까지 확대되어 대북 햇볕정책을 추진하게 하였다. 그의 대북정책은 에라스무스의 '경제평화론'에 기초하고 있었고 민생주의를 지향하였다.[486] 또한 김대중 대통령의 대북정책은 프랑스의 세종대왕인 앙리 4세와 같이 국민의 이익(民益)을 이데올로기의 상위에

486 유럽 최고의 인문주의자인 에라스무스(Erasmus, 1466-1536)는 프로테스탄트와 가톨릭 간 종교전쟁의 핵심 전장이었던 네덜란드 출신의 가톨릭 신부였다. 그럼에도 불구하고 그는 가톨릭 편을 들지 않고 "가장 불리한 평화가 가장 정의로운 전쟁보다 더 낫다"라고 하면서 유럽 국가 간의 종교전쟁을 반대하였다. 그가 전쟁을 반대한 것은 이데올로기적인 이유에서가 아니라 전쟁과 평화의 이득과 비용에 관한 공리주의적 계산에서 나왔다. 전쟁의 비용과 전쟁으로 인한 파괴는 평화 유지비의 10배가 넘는다는 것이었다. 그래서 에라스무스는 전쟁론자들에게 "필요하면 평화를 사라(If necessary, buy peace)", 왜냐하면 우리가 참혹한 전쟁을 피할 수 있다면 평화를 사는 것은 겁쟁이가 아니라 오히려 용기 있는 행동이기 때문이라고 이야기해 주었다.

두는 실용주의였다. 앙리 4세는 오랜 종교전쟁에 시달리고 있는 국민들을 위로하면서 "하느님께서 허락하신다면, 나는 일요일이면 내 왕국의 모든 서민들의 냄비 속에 닭 한 마리를 넣어놓겠다(chicken in the pot)"는 지극히 비이데올로기적이고, 비종교적이나 국민들에게 실질적 이익이 돌아가는 정책을 통해 종교 간의 화해를 모색했듯이, 김대중 대통령도 김정일의 독재에 시달리는 북한 주민들의 아픔에 애통해하면서 '퍼주기 하듯이' 북한 주민을 경제적으로 도와주는 햇볕정책을 추진하여 반세기 이상 지속된 남북 대결을 남북 화해로, 남북 대결체제를 한반도 평화체제로 전환하려 하였다.

동시에 김대중 대통령은 변혁적 리더(transforming leader)로서의 자질을 갖추고 있었다. 번스(Burns)에 의하면, 변혁적 리더는 국민과 특정 목표와 가치를 공유하면서 혼연일체가 되어 당면 문제를 해결해 나갔다.(Burns, 2003: 22-29)[487] 그는 민주화의 의지와 신념, 남북 평화에 대해 흔들리지 않는 확고한 신념을 갖고 있는 베버의 '신념윤리'에 충실한 지도자이면서 동시에 뛰어난 소통능력으로 국민과의 소통을 통해 이를 추진하였다. 국민과 소통하기 위해서는 국민 속으로 내려가 국민들로부터 들어야 한다는 공자의 문진(問津)의 리더십을 가져야 한다. 김대중 대통령은 민주화 이후의 대통령 중에서 유일하게 '들을 줄 아는' 지도자였다. 그는 회의, 면담, 강의, 대담에서 인내심을 갖고 항상 경청하고, 좋은 아이디어는 깨알같이 메모하는 정치인이었다. 이는 '국민과의 대화'에서도 어느 정도 증명되었다.(정윤재, 2003: 428-429) 그는 '국민과의 대화' 등 여러 가지 방식으로 국민과 소통하고 설득하여 민주주의와 평화에 관한 가치를 공유하고 혼연일체가 되어 한반도의 냉전체제를 깨는 엄청난 변혁을 추진할 수 있었다. 김대중은 엄청난 카리스마를 보유하고 있으면서도 가치 합리적으로 일을 추진하고, 한국 민주주의와 한반도 평화의 달성이라는 신념윤리에 충만하

487 이에 반해 거래적 리더(transactional leader)는 자원배분에 있어 주고 받기식 거래를 통해 정책 결정과 정책 집행에 능한 지도자이다.

면서도 그 신념이 낳을 결과를 예측하여 행동하고 그 결과에 책임을 지는 '책임 윤리'를 균형적으로 보유한, 베버가 이야기하는, 균형감각(*AugenmaB*)을 지닌 지도자였다.

제15장

3김 정치시대 이후의 민주주의

3김 정치 시대 이후에도 한국 민주주의의 시간은 '비동시성의 동시성'이라는 3김 정치시대의 다중적 시간의 특징을 지속적으로 보여 주고 있다. 3김 정치 시대는 3김이 정치의 본무대에서 퇴장하면서 자연적 생명을 다했다. 그러나 사회적 생명을 다했는지는 의문이다. 여전히 3김 정치의 유산은 지역주의라는 이름으로 내장(embedded) 되어 있고, 3김 정치의 특징인 가산주의와 신자유주의는 3김 정치에 고유한 특징이라기보다는 경로 의존적으로 문화적 세습에 의해 학습되었거나(가산주의), 3김이 통제할 수 없는 세계화라는 외부적 요인에 의해 강요되었기 때문에(신자유주의) 쉽게 사라지지 않았다.[488]

2002년 대통령 선거는 민주화 이후 네 번째로 치러지는 대통령선거였다. 2002년 대선은 민주화 이후 한국 정치를 주도해 온 3김이 출마하지 않은 가운데 치러지는 3김 시대 이후의 첫 선거였다. 그러므로 민주주의 공고화 시각에서 볼 때, 2002년 대선은 3김 퇴장이 소극적 민주주의 공고화를 넘어서 적극적 민주주의 공고화를 위한 전기를 마련할 것인가 아니면 '3김 없는 3김 정치'가

488 그래도 역사는 진보한다. 역사는 '예정론적' 또는 '결정론적'으로 진보하는 것이 아니라 현실을 변화시키려는 인간의 개혁 의지에 의해 진보하는 것이다. 마르크스는 《포이에르바흐 테제》에서 "철학자들은 다양한 방법으로 세계를 해석하려 했다. 그러나 문제는 세계를 변화시키는 것이다" (Marx, 1845, *Theses on Feuerbach*)고 이야기했다. 지식인과 정치인의 과제는 '미네르바의 부엉이'처럼 지나간 역사를 해석하지 말고 현실 세계를 변화시킬 방도를 찾는 것이라고 이야기한 것이다.

지속되어 한국 민주주의 공고화를 계속 지연시킬 것인가를 선택하는 선거라는 역사적 의미를 갖고 있었다.

2002년 대선 과정이 한국의 정치인과 국민들이 3김 정치의 나쁜 유산인 분열적 지역주의, 사당적 정당, 제왕적 대통령, 정치부패, 만연한 정치적 냉소주의를 제거하기 위한 대안이 제시되고 실천되는 모습을 보여 주었다면 한국 민주주의는 공고화를 위한 커다란 진전을 이룬 것으로 보아야 할 것이다. 그러나 대선 과정이 3김 퇴장에도 불구하고 여전히 3김 정치의 행태를 보여 주었다면 3김 이후에도 한국 민주주의 공고화는 계속 머뭇거릴 것이라는 전망을 할 수 있을 것이다. 결론적으로 이야기한다면, 2002년 대선 과정과 결과는 한국 민주주의 공고화를 위한 큰 전기를 마련했다. 정치 개혁 바람의 출현과 반전, 재반전의 우여곡절 끝에 민주주의 공고화를 위한 전기가 마련되었다.

3김 정치를 청산하기 위한 정치 개혁은 대선 1년 전, 집권당 내부에서 일어났다. 2001년 재보궐선거에서 참패한 이후 여당인 새천년민주당 내에서는 정당 개혁이 이루어지지 않고서는 2002년에 치러질 각종 선거(6월 지방선거, 8월 재보궐선거, 12월 대선)에서 승리를 기약할 수 없다는 절박한 위기의식이 일어났다. 이에 민주당 내 개혁파들은 대통령 주변의 부패 스캔들이 여당의 신뢰를 추락시키고 있기 때문에 공개적으로 김대중 대통령에게 민주당에서 손을 뗄 것과 당 지도부에게 정당을 개혁할 것을 요구하였다. 개혁파들의 거센 개혁 요구에 대응하여 김대중 대통령은 민주당 총재직을 사퇴하고 집권 민주당이 대통령의 후견에서 벗어나 자신의 힘으로 정당 개혁을 할 수 있는 길을 열어 주었다. 민주당은 2001년 11월 '당 개혁과 발전을 위한 특별위원회'를 설치하고 격렬한 토론과 심의를 거쳐 12월 말 정당 총재직 폐지, 현직 대통령의 정당 총재직 겸임 금지, 집단 지도체제 도입, 정당대표와 대통령후보 분리, 국회의원·지방단체장·지방의원 상향식 공천제, 그리고 '국민경선제'를 통한 대통령후보 선출을 주요 내용으로 하는 정당 개혁안을 도출하였다.

민주당의 정당 개혁안은 사당적, 봉건적, 독재적인 3김식 정당 리더십을 제거하고 당의 대중적 지지기반 확대를 꾀하는 종합적인 개혁 패키지였다. 그중에서도 특히 국민경선제라는 새로운 대통령후보 공천제도는 가장 충격적이고 혁신적인 정당 개혁안이었다. 국민경선제는 개방형 예선과 폐쇄형 예선을 혼합한 예비선거를 통해 대통령후보를 선출하는 방식이었다. 국민경선제는 70,000명의 선거인단의 시·도별 순회투표를 거쳐 대통령후보를 결정하는 방식인데 선거인단의 1/2인 35,000명은 선거인을 신청한 국민 중에서 무작위로 추첨하고 나머지 1/2은 정당 대의원 중에서 추첨하여 결정하였다. 그리고 국민선거인단의 10%는 인터넷을 통해 신청한 사람들을 추첨하는 방식을 채택함으로써 전자민주주의 시대에 출현한 네티즌들에게도 공천권의 일부를 할당하였다. 국민경선제를 채택한 후 민주당은 3월 7일 제주도 경선을 시작으로 매 주말마다 시·도를 순회하며 경선을 실시하였고, 4월 27일 서울 지역 경선을 마지막으로 대통령후보를 확정지었으며 동시에 정당 지도부를 구성하는 전당대회를 치렀다. 국민경선제는 한국 정당이 엘리트 정당에서 대중 정당으로 가는 전환점이었다. 국민경선제는 대선후보 공천 과정을 정당 엘리트가 밀실에서 결정하는 하향식에서 일반 당원과 국민이 참여하는 상향식으로 바꿈으로써 공천권을 유권자인 국민에게 개방한 획기적인 공천제도 개혁이었다.

국민경선제 효과는 대단하였다. 국민경선제와 정당 개혁으로 국민들이 민주당에 대해 갖고 있던 이미지가 개선되었을 뿐만 아니라 민주당 대선후보 경선에 대한 언론과 국민의 관심이 집중되었다. 이제 국민들은 정당 엘리트들이 결정한 후보를 수동적으로 받아들이지 않고, 자발적 참여에 의해 그들이 원하는 후보를 만들어 내었다. 국민경선제를 통하여 국민들은 민주당의 기득세력이 선호하는 후보인 이인제를 밀어내고 그들이 선호하는 노무현을 선두주자로 올려놓았다. 노무현은 3김 이후의 새정치를 대표하는 정치인이었다. 정당 내 세력기반이 약한 노무현은 개혁과 변화를 통해 낡은 정치를 청산하고 새로운 정치를 갈구하는 국민들의 자발적이고 능동적인 지지를 바탕으로 경선 초반부터 선두주자로 부상하였다. '노무현 바람'이 분 것이다. 경선이 중반에 접어들면서 노무현은 사실상 민주당의 대선 후보로 확정되었고 여론조사를 통한 지지도에서 그동안 부동의 선두주자였던 한나라당의 이회창을 앞질렀으며, 절정기에는 지지도가 60%를 상회하여 이회창을 20% 이상 앞지르는 이변을 일으켰다. 노무현 인기에 힘입어 민주당 지지도도 한나라당 지지도를 앞지르는 정당 지지도 역전 현상이 일어났고, 이에 놀란 이회창과 한나라당도 민주당의 정당 개혁과 비슷한 정당 지도체제 개혁과 대선후보 국민경선제를 채택하였다.

국민경선으로 후보가 된 노무현의 인기는 김대중 대통령 아들의 비리·부패 스캔들과 주변 인사들이 개입된 각종 게이트들이 연속적으로 터져 나오면서 급격히 하강하기 시작했다. 노무현 후보의 지지도가 계속 추락하고 있는 가운데 2002년 한·일월드컵 조직위원장인 정몽준이 유력한 후보로 부상하고 있었다. 정몽준은 2002년 월드컵에서 한국 팀이 4강에 오르는 열풍 속에서 대중적 스타로 떠올랐고 이를 계기로 대안 후보로 부상하였다. 기성 정치권을 불신하고 있는 젊은 유권자들 사이에서 정몽준 인기가 가파르게 상승하였다. 월드컵 세대라고도 불리는 젊은 유권자들은 노무현의 당선 가능성이 낮은 상태에서 과거 지향적인 이회창 후보 당선을 저지하기 위한 대안으로 정몽준 쪽으로 지지를 이동하고 있었다. 7월 정몽준은 지지율에서 노무현을 앞서기 시작하였고 3자 대결구도가 형성되었다.

정몽준 후보의 급부상은 민주당을 뒤흔들어 놓았다. 민주당 내 이인제 지지자들은 대선후보 교체론을 제기하였고, 일부 의원들은 노무현과 정몽준의 후보 단일화를 주장하였으며, 후보단일화론자(후단협)의 일부는 정몽준의 국민통합21로 당적을 옮겼다. 위기의 순간에 국민이 노무현을 구출해 주었다. 노무현 지지자들 가운데에는 노무현이 대선에서 실패할 경우 국민경선을 비롯한 정치개혁은 일회성 개혁으로 끝날 것이고 한국 민주주의는 다시 3김식 민주주의로 퇴행하게 될 것이라는 우려가 팽배하였다. 위기의식을 느낀 노무현 지지자들은 노무현 구하기에 나섰다. 그들은 노사모(노무현을 사랑하는 모임)라는 노무현 후원자 단체에 가입하여 자발적으로 선거운동을 하였고 '돼지저금통 모으기' 운동에 동참하여 선거자금을 후원하였다. 국민들의 노무현 구출하기가 끝없이 추락하는 노무현 지지율을 다시 되돌려 놓았으나 여전히 한나라당 후보 이회창을 이기기에는 역부족이었다. 이회창에게 승리하기 위해서는 정몽준으로 옮겨간 노무현 지지자들을 다시 불러와야 했고 정몽준 역시 3자 대결구도에서는 필패라는 것을 알고 있었기 때문에 후보 단일화가 필요하였다. 두 후보는 11월 10일 단일화를 받아들이는 단안을 내렸고, 한국 역사상 초유의 여론조사를 통한 후보 단일화가 실시되었고 노무현 후보가 단일후보로 결정되었다. 후보 단일화로 노무현은 단숨에 이회창을 앞서게 되었다. 이 상황은 선거일까지 계속되었다. 마침내 2002년 12월 19일 대통령선거에서 노무현은 한국의 16대 대통령으로 선출되었다.

2002년 대선에서 노무현과 이회창의 대결구도는 두 가지로 이루어졌다. 첫째, 노무현의 '낡은 정치 청산'과 이회창의 '부패 정권 심판'이었다. 노무현의 낡은 정치 청산 구호에는 사당적 정당, 부패 정치와 같은 낡은 정치를 청산하고 참여, 책임성, 투명성을 확보할 수 있는 개혁을 통해 새정치를 하라는 국민적 염원을 담고 있었던 반면, 이회창의 부패 정권 청산은 김대중 정권에 대한 실망과 김대중에 대한 증오를 부추겨서 정권교체를 이루어야 한다는 과거 지향적이고 네거티브한 선거구호로, 김대중을 반대하기 때문에 이회창이 대통령이 되어야 한다는 반(反)김대중 성향의 유권자를 넘어서 지지를 확산할 수 없는 한계를 안고 있었다.(이내영·이근·정원철, 2003: 99) 둘째, 노무현의 '탈 3김 한국 민주주의' 대 이회창의 '3김 없는 3김 정치'의 대결구도였다. 노무현은 분열적 지역주의를 극복하고 남북 화해와 평화를 정착시키고, 행정수도 이전 등을 포함한 뿌리 깊은 중앙집권을 해소하기 위한 미래지향적 대안을 제시한 데 반해, 이회창 후보는 시대착오적인 색깔론을 제기하고, 지역감정을 부추기는 등 한국 정치의 시계를 거꾸로 돌려놓는 과거회귀적 캠페인에 몰두하였다.

이 장(章)에서는 3김 시대 이후 노무현 정부와 이명박 정부하에서의 다중적 정치시간에 관해 서술할 것이다. 노무현 정부 출범 과정부터 한국은 탈근대적인 소셜 미디어 정치가 시작되었다. 동시에 자유민주주의와 가산주의가 결합했던 3김 민주주의가 사실상 수명을 다했다. 그러나 김대중 정부하에서 도입되었던 신자유주의는 여전히 지배적인 경제정책 레짐으로 군림하였다. 노무현 정부하에서 근대와 탈근대의 시간은 공존하였다. 이명박 정부는 기본적으로 CEO 대통령이 이끄는 신자유주의 정부였다. 그러나 토건족 출신인 이명박 대통령은 대운하, 4대강 사업과 같은 케인즈주의적인 포퓰리즘을 버리지 않았고, 선거정치에서 승리하기 위해서 신자유주의적인 복지정책을 내놓았다. 이명박 정부하에서 정치는 신자유주의의 시간으로 동시화되지 않았고 비동시적인 다중적 정치시간은 계속되었다.

1. 노무현의 시간 — 근대적 탈 3김 민주주의와 탈근대적 신유목주의의 공존

2002년 대선을 통해 노무현 정부가 출범하면서 탈 3김 정치시대가 개막되었다. 노무현 대통령은 자신의 정부를 '참여정부'로 명명하였다. 김영삼 정부가 탈군부화를 상징하는 '문민정부'이고, 김대중 정부가 50년 만에 국민의 손에 의한 평화적 정권교체를 통해 탄생한 '국민의 정부'라고 한다면, 노무현 대통령은 진정한 '국민주권의 시대'를 열기 위해서 주권자인 국민들이 직접 참여해서 만든 '참여정부'라는 자부심을 갖고 있었다. 2002년 말에 치러진 16대 대통령선거에서 한국인들은 젊고 역동적인 리더십을 가진 노무현 후보를 대통령으로 선택함으로써 민주화 1기를 주도해 왔던 '3김 시대'가 종료되고 질 높은 민주주의를 향한 민주화 2기가 시작되었음을 세계에 알렸다. "국민이 대통령입니다"라는 노무현 대통령 인수위 배너에서도 국민 '참여정부'의 의지가 보였다. 2002년은 '3

김 정치시대 이후'를 시작하는 원년으로 기록되어야 할 것이다. 노무현 참여정부는 탄생 과정에서부터 국민의 자발적이고 능동적인 참여가 있었다. 2002년 봄의 국민경선, 여름의 월드컵, 가을의 노사모, 겨울의 촛불시위 등을 통해 한국인들은 능동적으로 참여하여 국민경선 후보를 선출하였고, 월드컵 4강의 신화를 창조하였으며, 마침내 낡은 정치를 원칙과 상식으로 청산하겠다고 약속한 후보를 대통령으로 선출함으로써 노무현 참여정부를 탄생시킨 것이다.

2002년 노무현 참여정부 탄생의 의미는 다음과 같다. 첫째, 노무현 대통령은 최초의 전후 세대 출신 대통령이라는 점에서 그의 당선은 21세기 일어난 정치의 세대교체를 의미하였다. 둘째, 노무현 대통령은 월드컵세대, 참여세대로 불리워지는 젊은 세대의 지지에 의해 당선되었다. 2002년 선거에서 세대 균열이 지역 균열에 버금가는 투표 결정 요인이었다는 점에서 3김 시대에 한국의 선거를 결정해 온 지역주의가 퇴조하고 있다는 것을 보여 주었다. 셋째, 김대중 정부 말기에 이루어진 국민경선제라는 탈 3김 정치개혁으로 정당 보스와 정당 기득권 세력의 지지 없이도 국민의 지지만으로 후보가 될 수 있고 대통령에 당선될 수 있다는 참여 민주주의의 가능성을 보여 주었다. 넷째, 2002년의 선거는 한국에서 탈근대적인 '신유목적 민주주의'가 활성화되었다는 것을 보여 준 선거였다.[489] 노사모(노무현을 사랑하는 모임)와 같은 유목적 선거 지지 그룹은 21세기의 유목민처럼 온라인과 오프라인을 넘나들면서 노무현을 당선시키기 위한 운동을 했고 결과적으로 성공하였다. 한국에서 신유목적 민주주의의 출현은 신유목사회의 바탕 위에서 가능했고 신유목사회는 외환금융위기 극복 이후 김대중 정부가 미래에 대한민국을 먹여 살릴 차세대 먹거리로 IT산업에 주

489 신유목적 민주주의는 국민의 요구에 더 빠르게 응답하고 신속하게 정책에 반영하는 '속도의 정치(速)'를 실현하고, 산업화 시대의 거대 조직의 정치를 지양하고 경량화된 정치(小)를 지향하며, 개방적 네트워크를 통해 국가와 시장, 그리고 시민사회 간 협치(協治)의 네트워크 정치를 촉진하고(連)하고, 모든 정치세력의 정치 진입을 허용하는 개방적 민주주의를 지향하며(開)하고, 포용과 신뢰의 정치를 지향(包)하고 있다.

목하였고 이를 위해 초고속정보통신망과 같은 IT인프라를 전국적으로 구축하였기 때문에 가능하였다. 각종 지표에서 현재 한국은 IT산업, 정보인프라, 전자정부 뿐 아니라 SNS, 소셜미디어와 같은 웹 2.0에서도 선두를 달리고 있으며 이것이 변덕스러운 글로벌 금융위기에도 불구하고 한국이 경제적으로 좋은 성적을 내고 있는 기반이다.

1) 탈 3김 민주주의

노무현 대통령의 당선은 지역주의, 보스주의, 폐쇄적인 연고주의, 친인척주의, 가산주의 정치를 청산하고 모든 국민이 능동적으로 참여하는 가운데 지역, 중앙-지방, 계층, 노사 간에 포용과 통합을 추구하는 선진 민주주의로 도약시키라는 국민의 명령이었다. 실제로 노무현 후보는 16대 대통령선거에서 3김 정치시대의 '낡은 정치의 청산'을 약속하였다. 그리고 노무현은 당선되자마자 3김 정치의 어두운 얼굴인 분열적 지역주의, 폐쇄적 정당, 고비용 부패 정치, 아날로그 정치, 대립과 반목의 정쟁정치를 청산하고 국민통합의 정치, 참여와 개방의 정치, 깨끗하고 투명한 정치, 책임정치, 디지털 정치, 국민통합의 정치를 실현하겠다고 약속하였다. 국민들은 해방 후 최초로 비기득권, 비주류사회 출신으로 대통령에 당선된 노무현 대통령이 주류, 기득권 세력의 권력 독과점 시대를 끝내고 세대 간, 계층 간, 양성 간, 지역 간 권력과 자원의 분권, 분산, 분점의 시대를 열어갈 것으로 기대하였다.

노무현 대통령의 최대의 업적은 민주화 이후까지 잔존해 왔던 권위주의 정치의 제도와 문화를 청산했다는 것이다. 취임 후 노무현 대통령은 소위 3김 정치의 문제점으로 지적되어 온 제왕적 대통령의 제도와 문화를 청산하였다. 검찰, 국정원, 경찰, 국세청과 같은 권력기관을 정치적으로 이용하지 않음으로써 권력기관의 정치적 사인화를 방지하고 정치적 중립을 수립하는 계기를 마련할 수 있었다. 노무현 대통령은 또한 정치적 부패와 부정비리의 제도와 문화를 청산함으로써 3김 정치의 고질적 문제로 지적되어 왔던 신가산주의를 해결하는 공을 세웠다. 민주화 이후 역대 정부 중 노무현 정부하에서 일어난 부정부패 비리가 건수에서나 액수에서 가장 적고, 작다는 것은 노무현 대통령이 한국 정치의 투명성을 제고하는 업적을 이룩했다는 것을 보여 준다. 노무현 정부의 반부패 정치개혁으로 한국 사회의 고질적인 3대 부정비리로 불리는 권력형 부정비리, 인사비리, 측근비리가 처음으로 소멸되고 정경유착 등 부패의 핵심적인 사슬구조가 단절되었다. 노무현 정부의 반부패 개혁의 특징은 기존의 사후 처벌적 대응이 아닌 법과 제도정비(선거법, 정치자금법 등)를 통한 사전예방식 시스템을 정착시키는 것이었다. 그 결과 2004년 4·15 총선에서 최초로 논란의 여지가 없는 깨끗한 선거가 실현되었고 정치 신인의 대거 진출이 가능하였다.

둘째, 건국 후 역대 대통령 중 최초로 천 년 이상 이어져 온 중앙집권국가의 분권화를 시도하였다. 중앙으로부터 지방을 해방해야 주민자치를 통한 풀뿌리 민주주의를 더욱 발전시킬 수 있고 지역 간 불균형 해소와 지역과 지역 간의 화해와 공존을 이루기 위해서는 지방분권이 요구되었다. 따라서 분권국가를 이룩해야 하는 당위성에 대해서는 국민적 공감대가 형성되어 있었다. 그러나 야당과 기득권으로부터의 거센 반발과 시행착오를 거치면서도 황소처럼 추진한 노무현 대통령이 없었으면 고려 묘청 이래 최대의 분권화 개혁은 이루어지지 않았을 것이다.

셋째, 노무현 대통령은 김대중 대통령의 적극적인 권위주의 과거 청산의 제도화 정책을 더욱 발전시켜 권위주의 과거 청산의 법제화를 의욕적으로 시도하였다. 노무현은 최초의 전후 세대 출신 대통령으로서 구 권위주의 세력을 의식하지 않고 적극적으로 권위주의 과거 청산에 나섰다. 그러나 권위주의 과거를 청산하려는 대통령의 의지는 강하였으나 청산을 주도할 의회 내 지지기반이 취약하여 노무현 대통령과 열린우리당은 2004년의 총선까지 기다리다가 2004년 17대 총선에서 집권 열린우리당이 과반수 의석을 확보하게 되자 이를 발판으로 과거 청산을 핵심적인 개혁입법으로 추진하였다. 참여정부 이전의 과거 청산 논의가 주로 권위주의 정권에 의해서 자행된 인권 침해 등의 문제에 집중되었으나 노무현과 열린우리당의 과거 청산은 일제 치하의 민족 반역 행위까지 대상을 확대하여 2004년 7월 14일 '친일 반민족 행위 진상규명특별법 개정'을 발의하였고, 노무현 대통령과 참여정부는 군부 권위주의 정권에 의해 자행된 인권 침해와 국가폭력을 넘어서 "1945년 8월 15일 이후부터 한국전쟁 전후의 시기에 불법적으로 이루어진 민간인 집단 희생사건 또는 권위주의적 통치로 인하여 왜곡되거나 밝혀지지 아니한 항일 독립운동과 관련된 사항, 1948년 8월 15일 이후부터 권위주의 통치하에서 헌정질서 파괴 행위 등 위법 또는 현저히 부당한 공권력의 행사로 인하여 발생한 의문사 그 밖의 중대한 인권 침해사건과 조작의혹사건"으로 확대였다.[490]

여기에 더하여 참여정부와 열린우리당은 보안법의 희생자인 김대중 대통령도 추진하지 못했던 국가보안법 폐지를 추진함으로써 과거 정권과 비교해 볼 때 가장 진일보한 과거 청산, 인권보호, 국가폭력 예방조치를 추구하였다. 그러나 국가보안법 폐지는 한나라당의 완강한 반대로 통과되지 못했다.[491]

2) 신유목적 민주주의

노무현 대통령은 김대중 정부가 시작한 지식정보 강국 정책을 물려받았다. 노무현 정부하에서 한국 경제는 제조업 중심의 산업화시대의 경제에서 지식기반, 정보화 시대로 전환되고 있었고 한국은 IT혁명을 선도하는 국가가 되었다. IT혁명과 세계화는 오랜 기간 지속되어 왔던 정주사회를 유목사회로 전환시키고

---

490 원혜영, 〈진실과 화해를 위한 기본 법안〉(2004년 20월 20일).

491 프리덤하우스가 한국의 정치적 권리의 등급을 1등급으로 상향 조정하면서도 시민적 자유의 등급을 여전히 2등급으로 유지하는 이유로 보안법의 존속으로 인권 침해가 제도적으로 존재하고 있다는 것을 들고 있는 데 유의하여야 할 것이다. 민주주의와 인권 선진국이 되기 위해서 보안법은 반드시 극복해야 할 대상이다.

있다. 전통적인 유목사회가 이동생활을 그 특징으로 한다면 IT혁명과 세계화는 사람과 사물, 제도, 기업, 일 등에서 사이버 유목을 일상화하는 "신유목사회(neo-nomad society)"를 출현시켰다.(임혁백, 2006) 국민국가 시대의 정부는 중앙집권적인 거대 정부가 영토 내의 국민을 위계적으로 통치하는 정주형 정부였다. 국민국가 시대의 민주주의는 주어진 국경 내의 정착민들이 자신의 대표를 선출하여 권력을 위임하는 방식으로 간접적 주권을 행사하는 대의제 민주주의로서 역시 정주성을 특징으로 하였다. 그런데 21세기에 들어서서 IT혁명, 세계화, 교통혁명, 그리고 도시화와 이동형 주거 형태의 보편화는 고도로 이동성이 높은 신유목사회의 출현이 가속화되었다.(임혁백, 2006) 신유목사회의 출현으로 정치참여의 주체가 산업화 시대의 주역이었던 '계급'에서 정보균열(digital divide)을 주도하고 있는 '세대'로 바뀌었다.(임혁백, 2009) 신유목사회에서는 탈근대적인 '젊은 세대'가 기존의 지역, 계급, 종교적 균열(cleavages)을 기반으로 하고 있는 근대적 유권자 집단을 대체하였다. 이러한 신유목사회의 출현으로 정주형 민주주의가 퇴조하고 신유목적 민주주의가 등장하고 있다.

노무현 대통령은 산업화 시대에서 지식정보화 시대로의 이동을 추진할 수 있는 적임자로 대통령에 선출되었다. 2002년 대선에서 노무현 후보는 한국에서 인터넷 혁명을 가장 잘 이해할 뿐만 아니라 이를 잘 활용할 줄 아는 정치인이었다. 노무현 후보는 인터넷을 통한 유세, 선거자금 모금, 유권자와의 대화와 토론을 통해 선거운동을 하였다. 지식정보화 혁명과 신유목적 민주주의를 잘 이해하고 있는 지도자가 대통령으로 선출됨으로써 한국은 기왕에 구축된 지식정보화 인프라를 바탕으로 디지털 정치 실현, 전자정부의 구축, 그리고 경제의 디지털화를 본격적으로 추진하였고, 신유목적 민주주의 실현을 위한 기반을 조성하였다.

노무현 대통령은 신유목 민주주의를 실현하기 위해서 필요한 높은 수준의 온라인, 오프라인상의 정치적 자유를 보장하였다. 그 결과 프리덤 하우스는

2005년에 한국의 정치적 자유 등급을 1993년 이후 10년 만에 2등급에서 최고 등급인 1등급으로 상향 조정하였고, 온라인 자유도 '완전히 자유로운 나라'로 분류하였다. 또한 신유목적 민주주의가 실현되기 위해서는 적극적인 시민참여가 전제되어야 했다. 왜냐하면 공동체에 관한 무관심, 냉소주의, 무임승차적 태도가 만연한 사회는 신유목적 민주주의가 실현되기 어렵기 때문이다. 국가와 시장에 대해 항시적으로 견제와 감시를 하는 자율적 시민결사체의 정치적 활성화도 신유목주의의 실현에 중요한 전제조건이었고, 기존의 정치 시스템이 과잉 제도화되어 강한 경로 의존성만을 고집함으로써 변화와 다양성의 요구를 가로막지 않아야 하는 조건도 충족시켜야 했다.

그런데 노무현 정부는 이 모든 전제조건을 충족시키기 위해서 노력했고, 노무현 정부하에서 시민사회는 과잉 발전을 우려할 정도로 충분히 활성화되어 온, 오프라인상에서 시민의 적극적인 참여로 한국에서 신유목적 민주주의가 꽃을 피웠다. 노무현 정부하에서 한국의 신유목사회는 온라인상에서 형성되어

〈표 1〉 노무현 정부하에서의 IT지수(2001)

Index	Research Organization	Ranking
DOI(Digital Opportanity Index)	World Summit on the Information Society(WSIS)	1/181
Competitiveness of Technology	World Economic Forum(WEF)	7/131
E - Business Index	Economist Intelligence Unit(EIU)	16/69
Competitiveness of IT Industry	Economist Intelligence Unit(EIU)	3/64
E - Government Index	United Nations(UN)	5/191(2005)
Online Participant Index	United Nations(UN)	2/192(2008)
National Information Index	National Information Society Agency(Korea)	3/50
Competitiveness of Technology Infrastructure	International Institute for Management Development(IMD)	6/55

* Source: National Information Society Agency

오프라인 정치에 영향을 미치는 다양한 정치 참여 사례를 만들어 내었다. 노사모, 여중생 추모 촛불시위, 탄핵반대운동, 대선 UCC, 미국산 광우병 의심 쇠고기 수입반대 집회 등 인터넷을 통한 신유목적 정치 참여는 노무현 시대의 정치를 결정한 중요한 시민 참여 민주주의였다.(임혁백, 2012)

노무현 정부하에서 만개한 신유목민주주의는 정치적 영역에서 경제, 문화, 기술 영역으로 낙수 효과를 냄으로써 한국은 신유목적 문화와 기술을 수출하는 나라가 되었다. IT기술을 매개로 한국의 K-pop 문화가 전 세계로 확산되면서 한류(韓流, Korea Wave)라는 말을 만들어 내었다. IT 기술, 전자정부, IT정치 참여, SNS 소통 부문에서도 한국은 세계를 선도하고 있다.[492]

2. 기득권의 저항과 노무현의 실패

한국 정치의 역사적 시간에서 볼 때, 노무현은 근대적인 3김 정치의 부정적 유산을 청산하고 탈근대적인 신유목적 민주주의의 시간을 연 대통령으로 기록되어야 할 것이다. 그러나 결과론적으로 볼 때, 노무현 정부하에서 집권 여당은 정권 재창출에 실패하고 건국 후 가장 큰 표차로 보수 야당의 후보인 이명박에게 권력을 이양해야 했고, 퇴임 후 후임 보수정권의 부정부패 수사의 압력을 이기지 못하고 고향 봉하마을 부엉이 바위에서 생을 마감한 비극적 대통령으로 기록된다. 젊은 차세대의 지지로 활기차게 3김 시대에 이어 한국 민주화 제2기를 시작하고 탈근대적인 신유목민주주의의 시간을 연 노무현 대통령은 왜 개혁에 저항하는 기득권과의 전쟁에 패배하여 비극적으로 삶을 마감했는가? 노무현의 실패는 리더십의 실패였다. 그는 자신과의 싸움에서 패배한 것이다.

492 〈표 1〉은 노무현 정부하에서 한국의 IT기술, e-비즈니스, 전자정부, 온라인 정치 참여, 정보화, IT 인프라에서 세계 선두를 달리고 있음을 보여 주고 있다.

1) 권위를 상실한 대통령

리더십 차원에서 볼 때, 노무현 대통령은 여러 가지 장점을 가지고 있음에도 불구하고 결과적으로 실패했는데, 가장 큰 리더십 실패를 가져온 요인은 대통령으로서 가지고 있어야 할 권위를 상실했다는 것이다. 권위주의적 대통령일수록 권력에 의존하고, 민주적 대통령일수록 권위에 의존해야 하는데 노무현 대통령은 '권위주의'의 문화와 제도를 청산하는 개혁을 하면서 대통령으로서 지니고 있어야 할 최소한의 '권위'까지 상실했기 때문이다.[493]

그런데 대통령으로서의 권위 상실은 노무현에게 맡겨진 개혁을 추진하는 데 심각한 장애 요인으로 작용하였다. 더구나 3김 시대로 불리는 민주화 1기 세대가 남긴 부정적 유산인 대립과 배제, 지역주의와 3김식 보스 정치, 불신과 부패, 분열의 정치를 청산하고 모든 국민이 능동적으로 참여하는 가운데 지역, 남북, 중앙과 지방, 노사 간의 포용과 통합을 추구하는 민주화 2기의 질 높은 민주주의를 실현하기 위해서는 엄청난 권위가 필요하였음에도 불구하고 노무현 대통령은 대통령으로서의 권위를 실추시키는 언행을 계속하면서 개혁의 추진 동력을 상실하였다.

노무현 대통령은 가난한 집에서 태어나 상고를 나와 검정고시를 보고 사법시험에 합격한 자수성가형 인물이다. 권위주의 시대에 인권변호사로 활동하였고 정계 입문 뒤 YS의 문하에서 당선하였으나 원칙을 지켜 3당 합당에 참여하지 않았고 낙선할 줄 알면서 정치적 고향인 부산에 내려가 쓴 잔을 마셨다. 이러한 노무현의 역정은 여야를 막론하고 지역주의와 부패에 물든 기성 정치세력에 저항하는 용감한 정치인의 이미지를 젊은 정치세대에 각인시켰고 3김 시대 이후를 이끌어 갈 '아우터(outer) 벨트웨이'[494] 정치 리더로 부상하였다. 노무현

---

493 아래 논의는 임혁백(2011b)에 의존.

494 미국의 정치 수도인 워싱턴을 순환하는 고속도로가 485번인데, 485번 안에서 정치해 온 기득권 정치인(여야를 막론하고)을 두고 이너 벨트웨이(inner-beltway) 정치인이라 부르고 485번 바깥의 지방에서 중앙의 기득권세력을 개혁하겠다고 외치면서 워싱턴에 입성하려는 정치인을 아우터 벨트

대통령은 '아우터 벨트웨이' 정치인으로서 대통령이 된 뒤에도 끊임없이 기득권 뿐만 아니라 중앙권력을 공격하고 자신을 대통령으로 만들어 준 여당인 새천년 민주당을 공격하고 마침내는 집권 1년이 못 되어 열린우리당을 조직하여 분당하였다. 아우터 벨트웨이 정치인은 기득권을 공격하여 청와대에 입성하는 데에는 자산이 되지만 대통령으로서 여러 다양한 세력을 규합하여 자신의 통치 기반으로 삼는 데에는 불리하게 작용할 수 있다. 따라서 아우터 벨트웨이 정치인은 입성하자마자 '이너(inner) 벨트웨이' 정치인과의 화해를 모색해야 한다. 그러나 노무현 대통령은 그렇게 하지 않았다. 그는 자신을 열광적으로 지지해 온 젊은 386보좌관을 데리고 청와대로 입성하였다. 청와대를 구성하는데 있어서 비서관이 먼저 임명되고 그들을 거느려야 할 수석이 나중에 임명되는 기현상이 일어났으며 NSC 사무차장이 사무처장의 권한을 행사하는 조직사회에서 보기 드문 기현상이 일어났다. 청와대 외곽에서는 각종 대통령 직속 과제 위원회가 구성되어 기존 관료에 대한 견제에 나섰다. 위원회는 교수와 연구소 전문위원, 시민단체 전문가와 같은 정책 전문가에 의한 정책 참여라는 참신한 면이 없지는 않았으나, 이 역시 이너 벨트웨이 대 아우터 벨트웨이라는 논리에서 이해한다면, 이너 벨트웨이 기득권을 아우터 벨트웨이 세력이 포위한 것으로 보아야 할 것이다.

물론 노무현 대통령은 집권 신당인 열린우리당의 당직을 맡지 않았고 수석당원으로서 영향력을 행사함으로써 정당의 사당화라는 3김 시대의 고질적 병폐는 없어졌으나, 국민들이 요구한 것은 정치적 부패, 1인 지도자의 사당화의 철폐를 넘어서 민주적 정당의 제도화라는 것을 몰랐던 것 같다. 이에 대한 노무현 대통령의 응답은 정당의 무력화였다. 대표적인 것이 정무수석의 폐지였다. 참여정부하에서 정무수석은 유인태 수석이 유일하고, 유인태 수석 이후 정무수석

웨이(outer-beltway) 정치인이라 부른다.

자리는 폐지되었다. 이유는 당정분리의 원칙을 지키기 위해서라는 것이었다. 권위주의 시대의 정무수석은 독재자의 정치자금을 전달하는 심부름꾼이었다. 그러나 민주정부하에서 정무수석은 대통령과 집권 여당 그리고 야당과의 통로로서 대통령이 추진하는 주요 법안을 설명하고 이해를 구하는 '연락자'[495]이다.

정당의 사당화가 없어지면 대통령과 의회 간의 제도화된 통로로서 정무수석의 역할이 더욱 중요해진다는 사실을 노무현 대통령은 몰랐다. 한국 정당의 제도화가 이루어지기 위해서는 한국 정당의 목소리가 정책 과정에 특히 정책 결정 과정에 꼭대기에 있는 대통령에게 전달되는 제도적인 통로가 있어야 할 뿐 아니라, 대통령도 자신의 정책을 결정하는 데 있어서 반드시 집권 여당(그리고 야당)과 상의해야 한다. 그래야 집권 여당의 권위와 권력이 올라가고 시민, 이익집단, 시민단체 등이 이익표출과 이익결집의 주 기능을 수행하는 정당으로 모여드는 것이다. 노무현 대통령은 이러한 정당의 제도화에 힘을 기울이지 않았다. 그것은 4·13총선 이후 열린우리당이 과반수를 넘어선 이후에도 마찬가지였다. 물론 열린우리당의 책임도 상당 부분 있다고 보지만, 이렇게 정당이 민주적으로 제도화되지 않고 대통령과 집권 여당이 통합적으로 움직이지 않음으로써 열린우리당은 각종 선거에서 연패하는 결과를 낳았고 노무현 대통령의 인기도 동반하락하였다.

반면에 권위를 상실한 대통령에 대한 이너 벨트웨이 기득권의 반격은 집요하였다. 노무현 대통령은 당선된 순간부터 거대한 기득권 구조에 포위되어 있었다. 전임자인 김대중 대통령도 한국 정치에서 지역적, 계급적으로 소수파에 속했으나 그는 '민주주의와 시장경제의 병행 발전'이라는 구호로 기득권과의 타협을 시도했다. 김대중은 오랜 야당의 보스 역할을 하면서 이미 그 자신이 어느 정도 기득권화되어 있었기 때문에 가능한 일이었다. 그러나 노무현 대통령은

495 그래서 미국에서는 백악관 정무수석실을 congressional liaison office라 부른다.

타협하려 하지 않았다. 대통령 취임사에서 그는 "반칙과 특권이 용납되는 시대는 이제 끝나야 합니다. 정의가 패배하고 기회주의자가 득세하는 굴절된 풍토는 청산되어야 합니다"라고 당차게, 그러나 겁 없이 기득권과의 전쟁을 선포했다. 그러나 소수파, 비주류 출신 아우터 벨트웨이 대통령 노무현의 기득권과의 싸움은 계란으로 바위 치기였다.

노무현 대통령은 먼저 반미로 낙인 찍힌 그의 이미지를 바꾸어야 했다. 대통령후보 노무현은 미국에 다녀오지 않은 유일한 후보였다. 그런데 후보 노무현은 대통령이 되기 위해 미국에 반드시 알현하러 갈 필요는 없다면서 주위의 방미 권유를 물리쳤고 이러한 반미 포퓰리즘적 캠페인은 표를 얻는 데 도움이 되었다. 그러나 촛불시위에 우호적인 발언과 반미적인 언술은 당선된 뒤 노무현의 발목을 잡았다. 미국은 노무현을 반미주의자로 낙인 찍었고 한미동맹은 그 어느 때보다도 결속력이 약화되었으며 최대의 동맹국이자 후견국인 미국과 노무현의 소통은 사사건건 장애물에 걸리게 되었다. 미국과의 불화는 대선 패배로 의기소침해 있던 한국의 기득권들에게 다시금 소생할 수 있다는 자신감을 불러일으켜 주었다. 우선 그들은 다양한 형태의 보수적인 '뉴 라이트' 시민결사체를 조직하였다.

이에 대항하여 노무현 대통령은 취임 후 미국 방문을 통해 반미주의자의 이미지를 벗으려 하였다. 그는 "미국이 없었으면 지금쯤 자신은 북한의 정치범 수용소에 있을지도 모른다"는 생뚱맞고 과장된 언사로 미국의 주류 엘리트들로부터 인정을 받고 호감을 얻으려 했으나 미국의 주류 엘리트들은 그런 과장된 발언 하나로 노무현에 대한 의구심을 떨칠 정도로 단순한 사람들은 아니었다. 오히려 부시 정부는 노무현의 반미주의자 콤플렉스를 역이용하여 보수적인 한국 대통령보다 더 쉽게 많은 것을 양보받을 수 있었다. 반면에 노무현의 지지자들은 기회주의자가 판을 치지 않는 세상을 만들겠다고 약속했던 '바보 노무현'이 자신의 정치적 원칙을 버린 것으로 보고 심한 배신감을 느꼈다. 기득권과의 불화에 더하여 자신의 지지자들과의 불화가 시작되었다. 노무현 대통령과 지지자 간의 불화는 이라크 파병에서 절정을 이루었고 많은 핵심 지지자들이 지지를 철회하였다.

거기에 더하여 자신을 대통령으로 만들어 준 집권 정당과의 불화가 시작되었다. 노무현 대통령은 후보 시절부터 자신을 끌어내리고, 집권 정당의 후보로서의 노무현을 인정하지 않고 후보 단일화를 요구해 온 후단협파들을 비롯한 여당 내의 주류 기득권 세력과의 관계를 단절하고 열린우리당이라는 신당을 창당하였다. 노무현 대통령은 지지기반의 외연을 넓히는 플러스 정치를 하기보다는 핵심 지지층만을 가지고 정치하려는 마이너스 정치를 하였으며 마이너스 정치는 소수파 대통령으로서는 반드시 피해야 할 치명적인 실책이었다. 그렇지 않아도 소수파인 노무현의 지지기반이 노무현 당인 열린우리당을 만들어 분당함으로써 반쪽이 되어 버렸다.

노무현 대통령이 지지자들과 불화, 반목하게 되면서 노무현 대통령의 지지기반은 위축되었다. 설상가상으로 노무현 대통령의 우회전이 핵심 지지층의 이탈을 가져왔지만 보수층 내의 지지기반의 확대로 이어지지 않았다. 미국과 보수층을 끌어안으려는 노무현 대통령의 우경화는 밑지는 장사였고 순손실을 기록한 정치적 거래였다. "대통령 못 해먹겠다"는 말이 나올 정도로 노무현 대통령의 정치적 처지는 곤궁하였다. 노무현 대통령의 지지기반이 약화되는 것을 목격한 의회 내에 절대다수를 차지하고 있는 보수세력들은 기회를 놓치지 않고 노무현 대통령의 탄핵에 들어갔다.

그러나 총선을 앞 둔 2004년 초에 보수세력이 단행한 대통령 탄핵은 보수세력의 자충수로 드러났다. 탄핵은 노무현 대통령이 잃어버렸던 지지층을 되찾는 효과를 내었다. 노무현의 핵심 지지층이 다시 결집하였고, 특히 젊은 지지층들은 온라인을 통해(인터넷 폐인, 댓글달기, 정치 패러디, 플래시 몹, 싸이질, 메신저 아이디 바꾸기) '노무현 구하기'에 나섰다. 온라인 정치동원의 효과는 엄청나서 노무현 탄핵반대운동을 '제2의 6월 민주화항쟁'으로 만들었다. 쓰나미와 같은 탄핵 역풍에 직면한 한나라당과 민주당은 한 달 앞으로 다가온 총선에 속수무책이었고 총선 뒤에 내려질 헌법재판소의 탄핵판결은 부결될 것이라는 것이 기정사실화되고 있었다. 탄핵 역풍으로 '바보 노무현'은 다시 부활하였다. 이제 국회의석의 과반수가 넘는 집권 열린우리당 의원들을 거느린 의회다수파의 대통령으로 다시 태어난 것이다.

그렇다고 해도 노무현은 보수세력에 대해 최종적으로 승리하지는 못했다. 탄핵무효 판결이 나고 청와대로 복귀한 뒤 며칠 후 노무현 대통령은 기선을 제압하기 위해 연세대학교에서 보수기득권 세력을 신랄하게 공격하는 연설을 하였다. 이는 전술적 실수였다. 탄핵파동과 총선 패배로 의기소침해 있었던 보수세력을 다시 분기시키고 단결시켜 주었기 때문이다. 노무현과 보수세력 간의 악연은 계속되었다. 여기에 더하여 열린우리당의 개혁입법 전략의 실패가 보수세력을 다시 약진시키고 대통령과 집권당 간의 사이를 소원하게 하였다.

제16대 의회에서 열린우리당은 4대 개혁입법이라는 잘못 선정된 의제를, 잘못된 시기에, 잘못된 방법으로 추진하려 하였다. 결과는 열린우리당의 급격한 지지기반의 붕괴와 영구적인 선거 패배였다. 4대 개혁입법(국보법 폐지, 과거사 진상규명법, 사립학교법, 언론개혁법)은 열린우리당의 개혁정치의 상징이었으나 실패로 끝났다. 첫째, 4대 개혁법안은 타이밍의 선택에서 잘못된 것이었다. 탄핵과 총선의 소용돌이 속에서 민심이 국민통합을 원하는 시점에서 4대 개혁법안과 같은 기득권과 대중을 갈라놓는 정치 법안은 열린우리당에 대한 실망(disenchantment)만을 가중시킬 뿐이었다. 4대 개혁법안은 막스 베버(Max Weber)의 이야기를 빌리면 심정윤리(ehtics of ultimate ends)로는 맞지만, 책임윤리(ethics of responsibility: Weber, Politics as Vocation)로는 맞지 않는 개혁법안이었다. 그것은 옳은 정책이었으나 시점의 선택은 적절하지 않았다. 둘째, 추진 전략에서 실패하였다. 열린우리당은 개혁입법의 대상이 다른 4대 개혁법안을 한꺼번에 일괄적으로 처리하려 함으로써 총선 패배 이후 망연자실해 있는 여러 분파의 보수기득권 세력을 다시 결집, 단합시켜 주는 효과만을 가져다주었기 때문이다. 보안법은 구 기득 반공주의 세력을, 사학법은 보수적인 종교세력을, 언론법은 조중동으로 일컬어지는 주류 언론을, 과거진상규명법은 구 친일 세력, 권위주의 세력을 타깃으로 하고 있었다. 이 네 법안을 순차적으로 추진하더라도 국회 의석의 과반을 간신히 넘은 집권당으로서는 힘에 부칠 터인데 이를 한꺼번에 패키지로 처리할 것을 시도함으로써, 반공, 보수 언론, 보수 종교계, 친일세력을 결집, 단합시켜 주었다. 그런데 그들은 여전히 한국 사회의 사회적 다수(social majority)였고, 노무현과 열린우리당은 의회 다수이나 사회적 소수였던 것이다.

4대 개혁입법은 기득권 세력의 저항을 받아 과거사법을 제외하고는 사학법, 언론법 등은 법안의 취지가 퇴색된 채 통과되었고, 4대 개혁법안 중 가장 핵심인 보안법은 격렬한 대치 끝에 개정에 실패하였다. 열린우리당은 4대 개혁입법에서 선택과 집중, 우선순위의 설정, 타이밍, 전술과 전략의 분리라는 입법전략의 ABC를 따르지 않음으로써 실패하였고, 그 후 지지기반의 급격한 붕괴를 자초하였다. 그들은 그 후 수십 번 치러진 국회의원 보궐선거, 지방자치선거에서 단 한 번도 승리하지 못했다.

여기에 더하여 대통령과 집권당의 불화가 대통령의 권위와 영향력을 약화시켰다. 4대 개혁입법이 실패한 후 노무현 대통령은 한나라당과의 대연정을 제안하였고, 집권당인 열린우리당을 격분시켰다. 대연정 사건 이후 노무현 대통령과 열린우리당 사이는 악화되었고, 여권 전체의 힘을 소진시켰다. 반사적으로 한나라당이 정국의 주도권을 쥐게 하였으며, 한나라당은 연이은 보궐선거의 승리로 다시 정치적 다수의 위치로 복귀하였다. 보수세력은 사회적 다수에 더하여 다시 정치적 다수까지 차지하게 되자 '노무현 이지매'에 들어갔다. 노무현 대통령은 민주화 이후 역대 대통령이 그랬던 것처럼 집권 말기에 여당을 탈당하여 정치적 중립을 지키는 관행을 지켰다. 이는 노무현 대통령과 열린우리당의 관계가 돌이킬 수 없을 정도로 악화되었음을 보여 준다.

노무현 대통령의 마이너스 정치는 집권당도 잃고 국민도 잃었다. 더 중요한 것은 "대선에서 자신을 지지하지 않는 분들에게도 좋은 대통령이 되겠다"던 약속과는 달리 지지세력마저 나누어 버리는 정치를 함으로써 지지하지 않은 중산층과 보수세력으로부터 한 표도 빼 올 수 없게 하였다. 그 결과 열린우리당은 대선에서 참패하였고 이명박 후보가 민주화 이후 가장 큰 500만 표 이상의 표차로 대선에서 승리하였다. 노무현 대통령은 쓸쓸히 봉하마을로 낙향하였고, 낙향 후 1년 3개월 만에 봉화산 부엉이바위에서 비극적으로 삶을 마감하였다.

2) 소통의 실패[496]

노무현 대통령의 실패는 그의 리더십의 결함, 즉 소통을 통한 리더십 확립의 실패에서도 기인한다.(임혁백, 2011a) 국민들은 노무현 대통령이 국민과의 소통의 시대를 여는 대소통자(great communicator)가 되기를 기대하였다. 노무현 대통령은 50대 중반에 대통령이 됨으로써 젊은 세대와도 소통이 가능한 젊은 대통령이었고, 새로운 소통수단으로 떠오른 인터넷을 가장 잘하는 정치인으로 부각되었다.

그런데 노 대통령은 소통의 정치에 실패하였다. 첫째, 노무현 대통령은 정당과의 소통에 실패하였다. 노무현 대통령은 자신을 대통령으로 뽑아 준 정당(새천년 민주당)을 공격하고 마침내는 집권 1년이 못 되어 '열린우리당'을 조직하여 분당하였다. 그러나 노 대통령은 열린우리당이라는 새로운 집권 여당과의 소통도 제대로 하지 않았다. 노대통령과 집권당의 소통 부재는 4·13 총선 이후 열린우리당이 과반수를 넘어선 이후에도 마찬가지였다. 이렇게 대통령과 정당 간의 소통이 제도화되지 않고 대통령과 집권 여당 간에 균열이 있다는 것이 알려

496 임혁백, 2012b: 160-163 참조.

지면서 열린우리당은 각종 선거에서 연패하는 결과를 낳았고 노무현 대통령의 인기도 동반하락하였다.

둘째, 대통령은 국민과도 제대로 소통하지 못했다. 노무현 '참여정부'에는 참여가 없었다. 노무현 대통령은 자주 이야기하고 기자회견도 자주 하는 편이었다. 노무현 대통령은 '직접토론(*vis-a-vis discussion*: '검사와의 대화' 2003)', 직접대화, 인터넷 조회, 화상회의 등 다양한 방식으로 국민과 소통하려 하였다. 그러나 대통령은 민심의 소리(民聲)를 듣기보다 말하기를 좋아하였다. 대통령은 토론(debate)에서 이기려 하였지 상대방의 말을 경청하려 하지 않았다. 대통령의 일방적인 연설과 주입만이 있었지, 그가 열망했던 국민과 대통령 간의 쌍방향 의사소통, 토의, 심의는 없었다.

노무현 참여정부에는 참여가 없었다. 인수위원회의 기자회견장에 걸려 있던 '국민이 대통령입니다'는 출범 이후 찾아볼 수 없었다. 대통령은 자주 이야기하고 기자회견도 자주 하는 편이었다. 그러나 대통령은 들으려 하기보다 말하려 하였다. 대통령은 토론(debate)에서 이기려 하였지 상대방의 말을 경청하려 하지 않았다('검사와의 대화', 2003). 참여정부하에서 대통령의 일방적인 말의 뱉음만이 있었지 국민과 대통령 간의 쌍방향 의사소통이 없었다. 대통령이 사려 없이 뱉은 말들은 사회를 분열시키고 대한민국을 외교적으로 난처하게 만들었다. 그러나 대통령은 말로써 자신의 지지세력을 분기시키고, 동원하고, 정치적으로 이용하기를 멈추지 않았다.

다른 대통령도 물론 민심의 소리(民聲)를 듣기보다 말하기를 좋아하였다. 그러나 노무현 대통령만큼 테레사 수녀가 이야기한 '혀의 침묵'을 지키지 못하고 함부로 내뱉은 말로 나라가 흔들리고 지도자와 백성이 분열한 적이 없었다. 특히 언론정책이 그러하였다. 노 대통령은 보수세력을 대변하는 언론을 적대시하고 언론에 대한 적개심을 동원하여 정치적 지지세력을 분기시키고 규합하려 하였다. 그러나 보수언론도 국민의 일부이고 정당이 제대로 대표의 기능을 하지 못하는 대한민국에서 일정 부분 '대의의 대행'의 기능을 수행한다. 보수언론과 생각이 다르면 차이를 인정하고 보수언론이 틀렸다는 것을 국민들에게 설득력 있게 설명해 주면 되었다. 일관되게 보수언론에 대한 적개심을 유발시키고 동원하여 정치적으로 이용하려는 것은 포용적 민주주의의 대통령이 하지 말아야 할 금기사항이었다. 민주주의하에서 언론정책은 '불가근, 불가원'의 단순한 원칙을 지키면 된다. 보수언론도 국민의 일정 부분을 대표하는 '부분체제(patial regime)'(Schmitter, 1992)라는 것을 인정한다면 보수언론에 대항하는 '대항 헤게모니(counter-hegemonic)' 담론을 개발하고 설득해야 할 것이지 전투적으로 반보수언론 감정을 동원하고 이용해서는 안 된다. 그러한 탓에 사회적 다수(social majority)를 형성할 수 없었던 것이다.

3) 공론장 에티켓과 포용이 없는 '토론 공화국'[497]

물론 노무현 대통령은 '토론 공화국' '토론 민주주의'를 구축하겠다는 구호를 내걸고 다양한 차원에서 공론장을 열고 정책결정 과정에 시민들의 참여를 확대하려는 노력을 시도했다. 그런데 공적 토론장에서 노무현 대통령의 잦은 말실수와 품위를 잃은 발언이 이너 벨트웨이 기득권자들에게 공격의 빌미를 제공하고 대통령의 품위와 권위를 상실하게 하여 토론 민주주의를 실현할 수 없게 만들었다.

노무현 대통령이 기득권뿐 아니라 국민과의 소통에 실패한 가장 큰 원인은 그의 화법과 리더십 스타일에 있었다.(정윤재, 2003: 452-470) 첫째, 노무현 대통령은 직설화법을 쓰기를 좋아하였는데 이런 화법이 대통령으로서의 노무현의 권위를 실추시켰다. "위법 사실이 밝혀지면 그만두겠다", "이러다가 대통령 직을 못해 먹겠다는 위기감이 든다", "미국이 53년 전 한국을 도와주지 않았다면, 나는 지금 정치범 수용소에 있었을지도 모른다", "미국과 합의를 얻기 위해

497 임혁백(2012) 참조

왔는데, 미국이 듣기 싫은 소리, 나쁜 소리, 입바른 소리나 하면 되겠는가", "공산당이 합법적으로 허용되어야 온전한 자유민주주의 국가"(일본 방문 시 발언) 등의 직설화법을 구사하여 하지 않아도 될 말, 해서는 안 될 말을 쏟아놓았다. 이러한 직설화법은 그의 지지자와 반대자, 보수파와 진보파 모두를 실망시키고 분노케 하였다. 민주적 대통령은 국민들이 마음에 두고는 있으나 표현하지 못하고 있을 때 이를 대신 말해 주는 책임 있는 국민의 대변자가 되어야지 자신의 마음속에 담아 둔 이야기를 뱉어서는 안 된다.(정윤재, 2003: 456-460)

둘째, 노무현 대통령은 고대 페르시아 제국을 건설한 사이러스 대왕이 갖고 있던 사려 깊음(prudence), 절제(moderation), 인내(perseverance), 베풂(benefaction)의 리더십이 부족하였다. 그는 내부에 내재한 분노를 다스릴 절제력(prudence)이 부족하였다. 민주주의하에서 언론의 권력화(mediatization)가 불가피한 상황에서 학자처럼 언론의 비합리적, 무차별 공격에 일일이 대응하고 비판하는 것은 국민으로 하여금 짜증나게 하는 일이다. 주류 언론의 비판에 일일이 대응하지 말고 인내와 절제로 묵묵히 말보다 구체적인 실천으로 무실역행(務實力行)하는 것이 대통령이 해야 할 일이다. 노무현 대통령은 '호시우보행(虎視牛步行, 호랑이처럼 날카로운 눈으로 앞을 내다보면서 소처럼 우직하게 한 걸음씩 나아간다)'하겠다고 이메일 편지에서 약속하였지만 실천하지 못했다. 그리고 '대통령답기(presidential)' 위해서는 대통령이라는 나라 최고의 공인으로서 가져야 할 품위, 품격, 언어, 화법을 갖추어야 하고 그래야만 대통령으로서의 권위를 얻게 된다. 그러나 노무현 대통령은 막말, 비어, 속어를 사용하여 '오럴 해저드(oral hazard)'라는 말이 나올 정도로 대통령의 품격을 떨어뜨렸다. "청와대가 감옥이다", "한국이 개판이다", "깽판", "쪽수", "패가망신", "막 나가자는 거냐"와 같은 비어, 속어를 남발하면서, 특히 그를 반대하는 기득권 세력으로부터 비판과 혐오의 대상이 되었다. 노무현 대통령은 대통령은 공인으로서 공론장에서 에티켓을 지켜야 하며, 언어, 의복, 식사, 행동도 공적인 언어로 공인으로서의 에티켓을 가지고 절제 있는 행동을 해야 한다는 것을 잊고 있었다.

셋째, 포용의 정치 측면에서도 노무현 대통령은 성공적이지 못하였다. 젊은 세대들과 더불어 시민사회 집단들은 노무현 후보를 지지해 준 주력 집단이다. 그래서 노무현 정권을 우리는 진보정권으로 분류하는 것이다. 그런데 시민사회 집단은 참여정부를 뒷받침해 주지 않았다. 화물노조파업, 사패산과 천성산 터널사건, 부안 방패장 시위, 미군 기지 이전 등 수많은 폭력을 수반한 집단행동이 일어났다. 집단이기주의가 공권력의 제어장치 없이 분출되는 것을 민주주의라 부르지 않는다. 그것은 무정부 상태이지 민주주의가 아니다. 권위주의하에서 집단이기주의는 억압에 의해서 잠재워지고 통제된다. 반면에 민주주의는 집단이기주의 간의 갈등을 해결하는 제도적 장치를 갖고 있다. 바로 이러한 제도적 절차와 합의에 의해 집단 간의 갈등을 평화적으로 해결할 수 있다는 데서 민주주의의 체제적 우월성이 있는 것이다. 더구나 제도적으로 해결되지 못하면 법의 지배에 의해 '법적으로' 해결될 수 있는 길이 민주주의에 내재해 있는 것이다.

노무현 대통령은 집단이기주의 간의 갈등을 해결할 수 있는 제도화된 갈등 해결 기제를 개발하는 데 실패하였다. 거기에 더하여 제도 내에서 해결이 실패하였을 때 법의 지배의 원칙에 따라 법적으로, 정당한 공권력에 의해 해결해야 하는 것에도 실패한 것이다. 무엇보다도 참여정부는 이미 기득권화되어 버린 시민단체나 거대 노조들을 자신의 원군이라고 잘못 판단하고 있었던 것이다. 그들을 포용하려다 참여정부는 소중한 원군을 놓쳐 버린 것이다. 참여정부가 놓친 소중한 원군은 세계화, IT혁명, DJ정부에서 참여정부로 이어진 신자유주의 경제정책으로 발생한 대규모의 비정규직 그리고 대량으로 자생한 영세 자영업자군이었다. 그들을 포용했어야 했다.

4) 시장의 간지(cunning of market) — 신자유주의 황금 죄수복에 갇힌 대통령

리더십의 실패 외에 노무현 대통령으로 하여금 개혁을 밀고 나갈 추진 동력을 상실하게 한 것은 신자유주의라는 '시장의 간지'이다. 노무현이 집권한 시기는 세계화의 물결이 거세게 몰아치던 때였다. 세계화를 움직이는 원리는 신자유주의적 시장원리였다. 뉴욕타임스 칼럼니스트 토마스 프리드먼은 "세계화는 국민국가에게 황금 죄수복(golden straitjacket)을 입힌다. 황금 죄수복을 입는 순간 정치적 선택은 '펩시냐 코카콜라냐'로 좁혀진다"라고 하였다.(Friedman, 2000) 노무현 대통령도 "권력은 이미 (국가에서) 시장으로 넘어간 것 같다"고 고백하면서, 신자유주의의 글로벌 물결에 압도당했다.

젊은 세대, 노동자, 그리고 민주화 운동세력의 지지에 의해서 당선된 노무현 대통령이 내외적인 압력에 의해 김대중 정부가 도입한 신자유주의적 시장 친화적인 정책으로 급격히 우회전함으로써 그는 전통적 지지기반을 상실하였다. 그런다고 해서 한국의 사회적 주류세력이 노무현 지지세력으로 전향하지도 않았다. 그들은 노무현 대통령과는 출신, 문화, 정체성이 다르다고 생각하고 있었기 때문에 노무현 대통령과는 화합할 수 없다고 생각하였다. 결국 노무현 정부는 집토끼와 산토끼 모두를 잡으려다가 둘 다 놓치고 2007년 대선에서 민주화 이후 치러진 선거 중 가장 큰 표 차로 보수야당 후보인 이명박에게 정권을 물려주어야 했다.

결과론적으로 보면 엄청난 기대를 안고 출범한 노무현 대통령의 참여정부는 성공하지 못하고 정권을 다시 보수적인 한나라당의 이명박 후보에게 넘겨주었다. 그것도 민주화 이후 가장 큰 표 차로 넘겨주었다. 2007년 12월 당시 여당인 민주당의 정동영 후보는 지역, 세대, 계층, 이념이라는 한국에서 대통령 선거를 결정하는 4대 전장(戰場)에서 모두 패배하였다. 이러한 네 가지의 비동시적 시간이 중첩적으로 시너지 효과를 내면서 이명박 후보에게 압승을 안겨 준 것이다.

3. 이명박 정권 — 신자유주의와 포퓰리즘의 모순적 결합

한나라당의 이명박 대통령으로의 정권교체로 한국은 20년 만에 헌팅턴

(Huntington)이 이야기한 민주주의 공고화를 측정하는 '두 번의 정권교체 테스트(two turn-over test)'를 통과한 동아시아 최초의 민주주의 국가가 되었다. 이코노미스트지는 이명박 정권하에서 한국을 '결손 민주주의(defective democracy)'에서 '완전한 민주주의(full democracy)'로 상승한 유일한 아시아 국가로 선정하였다.

그러나 이명박 정권하에서 민주주의가 발전한 것만은 아니다. 오히려 많은 후퇴의 징후가 발견된다. 첫째, 정당정치가 후퇴하였다. 정당개혁의 상징이었던 국민경선제는 잔재만 남아 있을 뿐이며, 정당과 국민이 선출한 국회가 정치를 주도하지 못하고 정치적 결정을 국민에 의해서 선출되지 않는 검찰, 경찰, 사법부가 법률가적 잣대로 내리는 '다른 수단에 의한 정치(politics by other means)'(Ginsberg and Shefter, 1990)가 더 강화되었으며, 검찰에 지나치게 권력이 집중되는 현상은 민주주의의 미래를 어둡게 하였다.

둘째, 자유가 후퇴하였다. 미국 민주주의의 핵심인 수정헌법 1조는 의회는 어떤 이유로라도 종교, 언론, 출판, 결사, 집회의 자유를 침해하는 법을 제정할 수 없다고 못 박고 있다. 수정헌법 1조는 미국 민주주의를 지탱해 온 반석이며 미국 시민들의 자유를 보호해 준 권리장전이다. 그런데 비슷한 권리장전이 장착된 헌법을 가지고 있는 대한민국에서 시민적 자유 특히 언론의 자유가 심각하게 후퇴하고 있다는 징후가 도처에 나타났고 보수적인 국제인권단체인 프리덤하우스도 한국을 '언론이 부분적으로 자유로운 나라(partly free)'(Freeedom House, 2011)로 분류하면서 언론이 자유로운 나라에서 등급을 하향 조정하였다.

셋째, 국가권력을 법의 테두리 내로 제한하고 개인의 인권과 시민의 자율성, 자유, 권리를 보장하고 보호하는 법치 또는 법의 지배(rule of law)가 아니라, 법가주의적인 '법에 의한 지배(rule by law)'가 강화됨으로써 정치화된 사법기관에 의존하여 정부의 법 집행을 정당화하고 시민의 자유를 침해하는 국가의 행위를 법적으로 정당화하는 일이 만연하였다. 법이 시민의 자유을 보호하는 최후의 보루가 아니라 국가권력의 정당화의 보루가 될 때 민주주의의 근간인 진정한 법치는 무너진다.

넷째, 신자유주의적 민주주의에서 신자유주의가 강화되면서 민주주의의 물질적 기초가 약화되었다. 신자유주의적 민주주의는 '시장에 의한 정치(politics by the market)'를 강화하여 자유화, 탈규제화, 승자 독식의 사회, 자본 편향적인 사회적 자원배분, 비즈니스-프렌들리 정부, 국가의 축소, 탈정치화를 불러와 국가에 의한 시장적 자원배분의 시정과 보완기능을 축소시켜 버렸다. 그 결과 경제적 양극화가 심화되고 경제적 양극화는 사회적 양극화를 가져와 민주주의의 버팀목이자 허리인 중산층이 잘룩해진 모래시계형 또는 눈사람형 계층구조를 초래함으로써 중산층에 기반한 민주주의가 사라지고 부자의 민주주의와 빈자의 민주주의로 분열된 정치적 양극화가 나타났다.

1) 두 번째 정권교체와 민주주의의 후퇴

2007년 대선은 이슈가 없는 선거였다. 이슈가 있었다면 BBK와 김경준 사건이었다. 2002년 대선에서는 남북문제, 전쟁과 평화, 지역주의, 진보와 보수라는 뚜렷한 균열선이 존재했다면, 2007년 대선에서는 표를 갈라놓을 결정적 이슈가 없었다. 그럼에도 불구하고 2007년 대선은 결과론적으로 중대선거였다. 1997년 제1차 정권교체 이후 10년간 진보정권 시대를 마감하고 보수정권으로 권력을 교체한 '중대선거(critical election)'(V. O. Key, 1955)였다. 민주주의론 시각에서 진보의 권력 상실과 보수의 권력 탈환은 정권교체이다. 이런 측면에서 2007년 대선은 한국 민주주의가 20년 만에 헌팅턴(S. Huntington)이 이야기한 '두 번의 정권교체 테스트(two turn-over test)'를 통과한 것으로 이해할 수 있다.(Huntington, 1991) 신생 민주주의가 공고화되기 위해서는 민주화 이후 정초선거에서 승리한 정당이 다음 선거에서 패배하고 다음 선거에서 승리한 정당이 그 다음 선거에서 패배하고 승자에게 평화적으로 정권을 이양하는 것이 반복되어야 한다. 그래야 국민이 항상 집권 정당과 정부의 실정에 대해 책임을 물을 수 있고, 모든 정치인들이 국민의 지지를 얻기 위해 필사적으로 경쟁하게 되는 것이다.

두 번에 걸친 정권교체 테스트를 통과한 민주주의 국가는 동아시아에서 한국과 대만 두 나라에 지나지 않는다. 동아시아에서 가장 선진적인 민주주의를 장기적으로 지속해 왔다고 자부해 온 일본도 1955년 자민당 1.5정당 체제가 등장한 이래 약 40년 만에 처음으로 정권교체를 경험했다. 1993년 비자민당 호소카와 정부로 정권교체가 일어났으나 호소카와 정부는 단명으로 끝났고 다시 자민당 연립정부로 돌아갔다. 따라서 1997년 대선과 2004년 총선으로 이루어진 1차 정권교체와 2007년 대선과 2008년 4·9총선으로 이루어진 2차 정권교체를 완결한 한국 민주주의는 일본 민주주의보다 늦게 출발했지만 한 단계 더 앞서가고 있다고 할 수 있다. 2007년 대선과 총선을 통해 한국 민주주의는 위기에도 불구하고 지속 가능성과 내구성을 보유하고 있다는 것을 보여주었다. 1987년 민주화 이래 한국 민주주의는 1997년 경제위기, 2002년 이후 지속되고 있는 북핵 위기, 2004년 탄핵을 둘러싼 헌정 위기에도 불구하고 동일한 헌법 규칙하에서 연속적으로 다섯 명의 대통령과 다섯 번의 국회를 구성했다. 만일 민주주의의 공고화를 선거경쟁의 제도화로 이해한다면, 2007년 대선과 2008년 총선을 통한 두 번째 정권교체로 한국 민주주의는 공고화되었다고 이야기할 수 있다.

그러나 공고화된 민주주의가 반드시 '질 높은 민주주의'를 보장해 주지는 않는다. 제2차 정권교체로 이명박 보수정권이 들어선 이후 한국 민주주의는 후퇴하였다. 후퇴 징후는 여러 곳에서 나타나고 있다.

첫째, 정당정치가 다시 후퇴하였다. 소위 '87년 체제' 또는 '3김 정치'의 핵심은 정당정치의 전근대성과 후진성이다. 지역을 기반으로 하는 봉건적 맹주들의 가산제적 사당으로 전락했던 후진적 정당체제가 87년 민주화 이후 2002년까지 지속되었다. 그러나 2002년 대선 때부터 2004년 총선까지 국민경선제 방식이 도입되면서 정당 후보 선출에서부터 국민의사가 투입되기 시작하였다. 국민경선제에 의한 후보 선출 과정은 한국 헌정 이래 최대의 정치개혁이라 할 수 있다. 그러나 국민경선제는 2008년 4·9총선 때부터 자취를 감추었다. 통합민주당과 한나라당은 물론, 가장 진보적이고 개혁적이라는 민주노동당과 진보신당도 후보 경선조차 하지 않았다. 경선제 대신, 당과 관계 없는 '외부 전문가' 집단이 공천심사위원회를 꾸려 국민의 심판을 받아야 할 후보자들을 결정했다. 만약 경선제에 문제가 있다면 다른 방식으로 후보를 선정해야 하며 당이 자체적으로 선정해야 한다. 그러나 모든 정당들이 정당의 기능과 역할을 외부의 제3자에게 넘기는 행태를 보였다. 이는 권력을 장악하기 위해 국민의 선택을 받기를 원하는 민주정당이기를 포기하는 것이다.

그럼에도 불구하고 한국 언론들은 외부인들에 의한 후보 결정을 객관적이고, 개혁적이며, 외부인들이 선택한 후보들이 국민들의 압도적인 지지를 받고 있다고 보도함으로써 한국 정당정치의 후퇴를 조장하였다. 그러나 정당이 자신의 후보를 스스로 결정하지 못하고 법률가로 구성된 외부 전문가 집단에 일임한다는 것은 긴즈버그(Benjamin Ginsberg)와 쉐프터(Martin Shefter)가 이야기했던 전형적인 '다른 수단에 의한 정치(politics by other means)'이다. 자신의 후보도 스스로 결정할 능력이 없으면서 어떻게 국민들에게 표를 달라고 이야기할 수 있는가? 자신의 후보를 결정할 수 없으면 자신의 정당을 지지하는 국민들에게 선택해 달라고 해야지 어떻게 전문가 집단에게 정당의 미래를 위탁할 수 있는가?

미국의 선거정치와 정당정치가 많은 문제점을 갖고 있지만 유럽의 민주주의보다 나은 점은 바로 국민경선제의 정착이다. 여당과 야당 모두 국민경선제를 철저히 포기하고 전문가 집단에 의한 밀실 공천을 그것도 선거가 임박해서야 최종 결정을 함으로써 2008년 총선은 유권자인 국민들이 후보와 정당, 정책에 대해 무지한 상태에서 투표장으로 가도록 강요하였다. 그 결과 정보가 없는 유권자들은 투표장으로 가지 않았고, 총선 역사상 46.1%라는 최저 투표율을 기록하고 말았다. 공천에서부터 선거까지 주권자인 국민이 배제되고 부재한 선거는 바로 민주주의의 후퇴, 더 나아가서는 한국 민주주의의 위기를 보여 주었다.

둘째, 제왕적 대통령, 그리고 제왕적 총재라는 3김 시대의 가산제적 정치가 재시도되었다는 것이다. 2008년 총선에서 한나라당의 공천파동은 3김 시대로 회귀하려는 친이명박 세력과 그러한 시도에 저항하는 친박근혜 세력 간 갈등에서 비롯된 것이다. 1987년 이래 한국 대통령은 집권하기 전 또는 집권 후에 자신의 수족 같은 집권 여당을 창당하거나 리모델링하였다. 노태우 대통령의 민자당, 김영삼 대통령의 신한국당, 김대중 대통령의 새정치국민회의와 새천년민주당, 노무현 대통령의 열린우리당 등 예외가 없었다. 집권 여당을 만든 제왕적 대통령이 당의 공천권, 인사권, 재정권을 장악하고 집권 여당을 자신의 부속물처럼 여기고 부려먹는 봉건적인 정치 행태가 2002년에 실시된 정치개혁으로 청산된 것으로 알았던 많은 국민들은 한나라당 공천파동을 통해 이명박 대통령 추종세력들이 과거 87년 체제로 돌아가려고 시도한다는 것을 알게 되었다. 이명박 대통령은 새로운 이름의 여당을 창당하는 방식이 아닌, 기존 여당인 한나라당을 리모델링하는 방식을 선택하였고 그것을 총선 공천을 통해서 이루려 하였다.

그러나 한국 국민들은 균형감각이 높은 위대한 주권자였다. 한국인들은 4·9총선에서 박근혜 세력의 공천 탈락을 주도해 왔던 '이명박 실세들'을 낙선시키고, 한나라당 내 박근혜 지지세력, 새로 창당된 친박연대, 한나라당을 탈당한 친박 무소속 후보들을 대거 당선시킴으로써 이명박 대통령이 당을 일방적으로 좌지우지할 수 없게 하였고, 이명박계와 박근혜계 간에 균형을 만들어 줌으로써 집권 여당이 자율적인 위치에서 대통령의 정책 추진을 돕는 동시에 대통령의 일방적인 독주를 견제할 수 있게 해 주었다. 4·9총선에서 국민들은 균형감각을 발휘하여 제왕적 대통령과 제왕적 총재를 핵심으로 하는 87년체제로의 회귀를 막아 주었다.

셋째, 4·9총선이 한국 민주주의의 후퇴를 보여 주는 또 다른 증거는 낮은 투표율로 참여위기가 나타났다. 4·9총선은 46%라는 역대 총선 사상 최저 투표율을 기록했고 특히 20대는 19%라는 사실상의 총선 불참을 선택하였다. 헌팅턴과 같은 학자가 오히려 신생 민주주의에서 참여의 폭발을 우려했다고 이야기하면서 미국과 같은 선진 민주주의에서도 투표율이 낮다는 것을 예로 들어 4·9총선에서 나타난 낮은 투표율을 크게 걱정할 필요가 없다고 치부하는 사람들이 있다. 그러나 낮은 참여로 인한 참여위기는 한국 민주주의 미래에 심각한 문제를 던져 주었다. 대의민주주의에서 대표가 50% 이하로 구성된 국민들의 선택으로 국회의원이 된다면, 그들은 위임의 위기(crisis of delegation) 또는 정통성 위기에 시달릴 것이다. 대표들이 정통성 문제를 안게 될 경우 비민주적인 세력들에게 민주주의를 전복할 기회를 제공할 것이다.

넷째, 시장의 자유를 주장하는 신자유주의적인 이명박 정권이 들어서면서 시민적 자유뿐만 아니라 정치적 자유 또한 제한·억압하는 상황이 빈번하였다. 경찰과 검찰이 공안세력에 의존해 공안법치를 강화하는 모습을 보이면서 정치적 자유가 심하게 위축되었다. 이러한 정치적 자유 침해에 대해 시민들은 촛불시위로 저항했다. 촛불시위에서 시위자들은 "대한민국은 민주공화국이다"라는 헌법 제1조 제1항을 집회 주제가로 불렀다. 이는 민주공화국이면 반드시 보장해야 하는 집회의 자유, 결사의 자유, 언론의 자유를 침해하지 말아 달라는 국민적 요구였다. 촛불집회가 들불처럼 번졌을 때 이명박 대통령은 국민에게 사과하고 국민의 목소리를 경청하겠다고 약속했다.

그러나 그 후 국민들에게 돌아온 것은 촛불시위자에 대한 조사·검거·구속, 경찰의 집회 불허와 집회 봉쇄 및 저지였다. 촛불시위 당시에 세워진 '명박산성'은 국민과의 소통을 거부하는 대통령을 상징적으로 보여 주었다. 이명박 정부는 노무현 전 대통령의 장례가 치러지는 기간에도 서울광장을 전경 버스로 봉쇄해 정부가 주관하는 국민장의 의미를 무색하게 했고 시민들이 노 전 대통령을 애도하는 것조차도 막았다. 이명박 정부는 '광장 공포증(agoraphobia)'에 걸린 정부 같았다. 그러나 민주주의가 탄생한 고대 아테네 민주주의의 핵심이 광장(agora) 민주주의라는 것을 기억해야 한다. 언론의 자유(isegoria)가 보장된 광장에서 시민들이 직접 소통을 통해 공동체 문제를 토의하고 공동 결정하는 직접적이고 참여적인 민주주의가 아테네의 민주주의였다.

이명박 정부하에서 언론의 자유도 심각하게 침해되었다. YTN 부당해고 사태, MBC 앵커 교체 사태, KBS의 편향적 보도 문제 등, 표면적으로 나타나는 언론 자유에 대한 침해만 있는 것이 아니다. 이명박 정부는 방송과 신문의 겸업을 허용하는 언론법을 통과시켜 거대 자본이 지배하는 언론과 언론재벌이 지배하는 방송을 탄생시키려 하였다. 이명박 정부하에서 집시법 개정안(일명 마스크금지법), 불법집단행위에 관한 집단소송법(일명 떼법방지법), 사이버 모욕죄 법안 등과 같은 오프라인에서의 집회의 자유 및 언론의 자유뿐만 아니라 온라인에서의 언론의 자유를 법적으로 제약할 악법이 논의되기도 했다.

미국헌법 수정 1조는 "언론, 출판, 집회, 청원의 자유를 제한하는 그 어떤 법도 제정할 수 없다"고 규정하고 있으며, 이것이 미국 자유민주주의를 수호하는 가장 중요한 헌법적 문서이다. 대한민국 헌법 제21조도 비슷한 내용을 담고 있으나 제4항에서 "언론·출판은 타인의 명예나 권리 또는 공중도덕이나 사회윤리를 침해하여서는 아니 된다. 언론·출판이 타인의 명예나 권리를 침해한 때에는 피해자는 이에 대한 피해배상을 청구할 수 있다"는 제한조건을 추가함으로써 언론과 출판의 자유를 미국의 헌법만큼 완벽하게 보호하지 못하고 있다. 그렇다고 해서 대한민국 헌법이 정부가 제4항을 근거로 언론의 자유를 제한하고 침해하는 법을 제정할 수 있다고 규정하고 있는 것은 아니다. 따라서 복면금지법, 떼법방지법, 사이버 모욕죄 등은 대한민국 헌법 정신을 훼손하고, 더 나아가 자유민주주의의 근간을 흔들 수 있는 반민주적 악법이다. 언론·출판·결사·집회의 자유가 보장되어 있지 않은 민주주의는 더 이상 자유민주주의가 아닌, 비자유민주주의(illiberal democracy)이기 때문이다.(Zakaria, 1997)

2) '비즈니스 프렌들리'한 신자유주의 정권

한국 역사상 가장 압도적 표 차로 당선된 이명박 대통령은 당선된 순간부터 지지율 추락을 경험했다. 특히 방미 중간에 광우병 우려가 있는 미국산 쇠고기를 수입하기로 결정하면서 그의 지지율은 20%대라는 위기 수준으로 내려앉았다. 그는 당선소감에서 국민을 하늘처럼 섬기는 대통령이 되겠다고 다짐하였다. 그러나 그가 섬긴 것은 시장, 기업, 부자였다. 영어 몰입교육 파문, 대운하 추진 강행, 전형적인 연고주의 인사(고소영 에스라인), 부패한 부자들로 구성된 내각 구성은 이명박 대통령의 지지율을 50%로 끌어내렸다. 의료보험, 상수도, 고속도로와 같은 국민생활과 직결된 공공 부문까지 민영화하려 했고, 한미동맹의 조기 복원을 위해 서둘러 마련된 캠프데이비드 정상회담에서 광우병 의심이 있는 미국산 쇠고기 수입협상 타결 소식이 전해지자 분노한 국민들은 2002년에 미군 장갑차에 두 여중생이 치여 죽었을 때 들었던 촛불을 이명박 신화의 상징인 청계천에서 다시 들기 시작하였고 이명박 대통령의 지지율은 20% 대로 추락하였다.

취임 후 몇 달 만에 20% 대로 추락한 이명박 대통령의 지지율은 내각책임제에서는 내각을 해산하고 총리가 다시 총선을 열어 재신임을 물어야 하는 상황이었다. 그러나 한국의 헌정체제가 대통령제였기 때문에 내우외환의 위기에도 불구하고 국민들은 이명박 대통령이 고정 임기를 마칠 수 있도록 협조해야 하고 성공한 대통령이 되도록 주마가편을 해야 했다. 이명박 대통령 역시 주인이자 주권자인 국민의 민의와 민심, 민성을 경청하는 데 소홀함이 없어야 했고 '비즈니스 프렌들리'만 하려고 하지 말고, '피플 프렌들리(people-friendly)'해야 했다.

이명박의 신자유주의적 포퓰리즘은 민중이 배제된 포퓰리즘이었다. 이명박 후보가 대통령이 된 것은 비즈니스 프렌들리 정책을 통해 성장이 일어나고, 그 성장의 낙수 효과(trickle down effects)로 중소기업, 자영업자, 노동자, 비정규직, 실업자, 학생, 노인, 농민들에게 일자리가 생기고 이들의 소득이 늘어날 것이라는 기대를 심어 주었기 때문이다. 이명박은 신자유주의와 포퓰리즘을 결합시킴으로써 대통령이 될 수 있었으나, 당선 이후부터 이명박 정부는 대기업에게만 프렌들리하고 국민들이 아닌 1%의 특권층만을 하늘처럼 섬기는 것으로 나타났다.

이명박 정부는 '시장에 의한 정부(government by market)'의 전형이다. 비즈니스 프렌들리한 각종 친기업적인 규제 해제 정책, 의료보험 민영화 등 복지의 사유화, 교육 개방·입시 자율화·영어 몰입교육 등 교육에 있어 국가의 공공재적 역할 포기 등은 유럽이나 일본에서 볼 수 없는 미국형 신자유주의 정책이다. 누구도 시장의 효율성과 시장을 통한 성장을 부정하지 않는다. 그러나 시장은 인간의 필요에 반응하지 않고 구매력이 있는 수요에만 반응하는 냉혹한 존재이다. 그래서 일찍이 폴라니(K. Polanyi)는 시장의 횡포로부터 사회는 스스로를 보호하기 위한 조치를 취하기 마련이라고 했다.(Polanyi, 1957) 왜냐하면 시장은 평등한 기구가 아니며, 가난한 사람과 약자들의 필요에 응답하는 자원배분기구가 아니기 때문이다. 그리고 시장은 외부 효과가 있는 환경문제에 무관심하며 폴라니가 이야기한 바와 같이 인간과 그 주변 자연과 환경을 파괴한다. 그래서 자연은 시장에 복수하고 인간은 시장에 대해 '보호주의'로 저항한다. 자기방어적 '보호주의'는 다양한 모습으로 나타났다. 한미 FTA 반대운동은 자유무역으로부터 자신을 보호하려는 노동자, 농민, 내수 중심의 중소기업가들의 보호무역주의 운동이었다. 광우병 의심 쇠고기 수입 반대운동은 시장에 의해 위협받는 건강권을 지키려는 시민의 자기보호운동이다. 교육 개방과 교육자율화에 대한 중고생들의 반대는 인간답게 교육받게 해 달라는 교육 소비자들의 자기보호 운동이었다.

시장원리만이 지배하는 사회가 민주주의의 후퇴를 가져올 수 있는 이유는 다음과 같다. 사회에 의해 통제받지 않는 발가벗은 시장법칙이 지배하는 사회는 칼날 위에서 경쟁하는 '블레이드 러너' 사회가 될 가능성이 높다. 시장 근본주의적인 사회는 경제의 세계화, 탈규제, 이윤을 극대화하려는 기업과 이기적인 개인이 만들어 낼 수 있는 최악의 사회이다. 이 사회에서 유일한 종교는 개인적 이윤이며 공동체 의식은 쇠퇴한 지 오래다. 초경쟁적 환경에서 사회는 가진 자와 못 가진 자로 양극화되고 가진 자는 양질의 교육을 받아 고용되어 극단적 부를 추구하는 반면, 못 가진 자는 교육조차 제대로 받지 못하고 대부분 실업자로 전락해 사회의 낙오자가 된다. 더욱이 사회 안전망이 해체된 상황에서 못 가진 자는 테러와 범죄에 의존해 생존을 도모하려 하고 가진 자들은 가난과 마약, 범죄로 피폐해진 하층민들의 공격으로부터 자신들의 생명과 재산을 보호하기 위해 성벽을 쌓으려 한다. 그 결과, 사회 통합은 불가능해지고 빈자의 반란으로 사회는 더욱 더 불안해지며 궁극적으로 민주주의마저 위협받게 된다.

2008년 봄에 일어난 촛불시위는 자기파괴적인 시장운동에 저항해 자신을 보호하려는 사회의 반운동이었다. 촛불의 숫자에 놀란 이명박 대통령은 공식적으로 국민에 사과하고 시장 근본주의적인 정책을 시정하겠다는 약속을 하였으나 촛불이 잠잠해지자 다시 신자유주의적 정권으로 회귀하고 말았다. 신자유주의 정권으로 회귀했을 뿐만 아니라 정부와의 소통을 요구하는 국민의 목소리에 귀를 닫았고, 언론·결사·집회의 자유를 제한하려고 시도하는 등 자유민주주의가 보장하는 기본적 자유를 제한하는 반민주적인 행태를 보였다.

3) 신자유주의와 토건 포퓰리즘의 결합

이명박 후보가 대통령이 된 것은 비즈니스 프렌들리 정책을 통해 성장이 일어나고 그 성장의 낙수 효과(trickle down effects)로 중소기업, 자영업자, 노동자, 비정규직, 실업자, 학생, 노인, 농민들에게 일자리가 생기고 이들의 소득이 늘어날 것이라는 기대를 심어 주었기 때문이다. 신자유주의와 포퓰리즘을 결합시킴으로써 대통령이 될 수 있었다. 이명박 대통령은 대운하 프로젝트, 뉴타운 프로젝트 등을 통해 강북과 지방의 가난한 국민들도 부자로 만들어 주겠다는 토건 포퓰리즘 공약과 신자유주의적 비즈니스 프렌들리 공약으로 재벌의 지지를 받아 당선되었다. 당선된 후 이명박 대통령은 대운하 프로젝트가 야당과 당내의 박근혜파의 반대로 실현 가능성이 없다는 사실을 파악한 뒤에는 대운하 프로젝트를 변형시킨 4대강 프로젝트를 밀어붙였다.

4대강 프로젝트는 전형적인 토건 포퓰리즘 정책으로 케인즈주의적인 공공사업으로 지방에서 고용과 유효 수요를 창출하여 기업의 투자와 경제성장을 자극한다는 취지에서 기업과 지방 주민들을 모두 만족시키려는 정책이었다. 그러나 4대강 프로젝트 외에는 '피플 프렌들리' 정책은 찾아볼 수 없었고 '비즈니스 프렌들리'한 정책만 남았다. 이명박 대통령의 신자유주의적 포퓰리즘에는 민중에 대한 배려가 실종되었었다.

4) 양극화 사회의 출현과 신자유주의적 복지 포퓰리즘

(1) '코리안 앵거(Korean anger)'의 분출

민주주의의 주요 가치인 평등은 세계화와 신자유주의의 충격으로 김대중, 노무현 진보 정권에서도 후퇴하였고, 이명박 신자유주의 보수 정권이 들어서면서부터는 공개적으로 좌파이념으로 배척당하였다. 그러나 평등은 한국 민주주의가 지속 가능하기 위해 반드시 실현되어야 할 기본 가치이다. 왜냐하면 평등은 민주주의를 지속 가능하게 하는 물질적 기초를 제공하기 때문이다.

경제적으로는 대외 개방과 신자유주의를, 정치적으로는 자유민주주의를 강조하는 신자유주의적 민주주의 체제는 한국에서 1997년 말부터 본격화되었다. 그리고 신자유주의를 기조로 하는 '1997년 체제'가 유지되고 있다. 1997년을 기점으로 신자유주의 경제 모델로 전환되면서 경제 양극화 시대가 도래했다.(임혁백, 2007) 경제의 양극화는 사회적 양극화로 이어져 20대 80의 사회를 넘어 '1%대 99%의 사회'를 낳음으로써 '코리안 앵거(한국인의 분노)'를 분출시켰다.

경제 양극화는 수출산업과 내수산업, IT산업과 비 IT산업, 대기업과 중소기업, 정규직과 비정규직 사이에 일어났다. 외환금융위기 이후 내수시장이 붕괴되면서 수출 부문과 내수 부문 간 불균형 성장이 일어났고, IT산업의 급성장은 IT산업과 비 IT산업 간 불균형을 낳았다. 신자유주의적 구조조정으로 대기업과 중소기업 간에 양극화가 일어났으며, 노동시장 유연화로 비정규직이 빠르게 늘어났다. 빈곤층과 소득 상위계층이 늘어나는 반면, 중산층이 줄어드는 계층 양극화도 함께 일어났다. 더욱이 중산층의 일자리가 감소해 중산층이 하층과 빈곤층으로 이동, 중산층 신화가 붕괴되었다.

왜 계층 양극화가 일어나고 있는가? 양극화의 원인은 세계화, IT혁명, 노동시장의 유연화에서 찾아볼 수 있다. 세계화는 경쟁력이 약한 국내 부문의 급격한 쇠퇴와 몰락을 가져오고, 국내 산업과의 연관성을 약화·단절시켜 수출 부문과 내수 부문, 글로벌을 지향하는 대기업과 국내시장 지향적인 중소기업 간에 양극화를 초래한다. IT산업은 고용 창출 효과가 미미하여 '고용 없는 성장(jobless growth)'을 낳고 고도의 지식정보를 지닌 근로자를 우대함으로써 지식근로자는 상층으로 편입되고 그렇지 못한 범용근로자는 하층으로 침하하는 중산층 분해현상을 촉발하였다. 유연적 노동시장 도입은 고용 자체가 불안한 저임금 비정규직 노동자를 양산하였다.[498]

498 계층 양극화는 빈곤층과 소득 상위층은 늘어나는 반면 중산층이 줄어드는 현상인데,(임혁백, 2006) 계층의 양극화는 중산층의 해체를 불러와 외환금융위기 이후 중산층에서 하위층으로 이동한 사람은 174.4만 명이나 중산층에서 상위층으로 전입한 사람은 94.5만 명에 불과한 데서 볼 수 있다.(이재열, 2006: 160) 소득 양극화의 경우, 2007년 기준 한국의 근로소득 불평등도가 OECD 22개 국가 중 미국에 이어 두 번째로 높은 것으로 나타났다.(OECD Employment Outlook, 2009) 한국의 소득 상위 10%의 1인당 소득 대 90%의 배율은 4.74로서 미국의 4.85에 이어 가장 높은 것으로 나타났다.(한국노동연구원, 《월간 노동리뷰》 9월, 2009). 상위 20%와 하위 20%의 소득 격차가 2003년 5.47배, 2004년 5.70배, 2005년 5.87배로 증가하고 있다.(최태욱, 2005: 83) 자산(주택, 토지, 금융 등)불평등은 더 심각하다. 자산 지니계수는 0.7069(2007년 기준)로 소득 지니계수에 비해 배

이러한 경제 양극화는 민주주의의 양극화를 불러오고 있다. 경제적으로 풍요로운 중산층 민주주의가 사라지고 부자의 민주주의와 빈자의 민주주의라는 두 개의 민주주의가 대립하는 상황이 나타났다. 부자의 민주주의는 신자유주의이다. 신자유주의는 민주화를 자유화, 탈규제, 국가의 축소와 후퇴 등, 자본 편향적 개념과 동일시한다. 신자유주의는 탈정치화, 승자 독식의 사회, 자본 편향적인 자원배분으로 민주주의의 사회·경제적 기반을 침식한다. 그런데 정치 양극화 현상을 제어하고 민주주의의 버팀목이 되어 주어야 할 한국의 중산층이 줄어들고 있을 뿐만 아니라 보수화되고 있다. 여기에 더하여 양극화는 노동 민주주의로의 전진을 중단시켰다. 신자유주의적 세계화로 노동시장이 유연화되면서 노동 양극화가 일어났다. 노동 양극화로 비정규직 노동자, 하도급 노동자, 노동빈곤층의 문제 해결이 한국 노동 민주주의의 핵심과제로 떠올랐으나 대기업 정규직 중심의 기업별 노사체제는 문제를 해결하기보다는 대기업 노동자와 중소기업노동자, 비정규직 노동자, 미조직 노동자 간 갈등을 심화시키고 있다. 이러한 경제 양극화는 사회적 양극화를 불러왔고, 이것이 민주주의의 주춧돌인 중산층을 분해하고 있다. 평등이 확보되지 않으면 민주주의의 물질적 기초가 무너진다. 어떤 민주주의도 장기화된 극심한 불평등 속에서 살아남을 수 없다.

이명박 정부의 재벌과 대기업 편향적인 비즈니스 프렌들리 정책은 사회·경제적 불평등을 더욱 심화시켰다. 금산분리를 완화하는 은행법은 산업자본의 은행 지분 보유한도를 올려 줌으로써 재벌에 의한 금융자본의 장악을 가능케 하고, 출자총액제한제 폐지는 기존의 재벌 지배구조를 강화하며, 간접적 소득재분배 효과를 내어 온 교육세와 농어촌특별세 폐지 등의 비즈니스 프렌들리 정

이상이었다.(국회예산정책처, "가계자산에 대한 지니계수 추정과 소득지니계수와 비교") 고용도 양극화되고 있다.(임혁백, 2006) 1997년 외환금융위기 이후 노동시장의 유연화가 빠르게 진행되면서 비정규직이 늘어나 외환금융위기 직후에 45%를 밑돌던 비정규직이 2005년 840만 명으로 56.1%가 되었다.(최태욱, 2005: 82-83)

책은 평등한 소득분배 및 시장의 지배와 경제력 남용 등 경제 민주화를 규정하고 있는 헌법 제119조 제2항의 취지에 역행하는 정책이었다.

이명박 정부의 대표적인 비즈니스 프렌들리 정책은 부자감세정책이다. 종합부동산세, 양도소득세, 종합소득세, 법인세를 대폭 감면함에 따라 감세 규모가 1년에 19조 원이 되어 이명박 정부 집권 기간 동안 96조 원의 감세가 이루어졌다. 이러한 부자 감세는 가난한 서민에게 돌아가야 할 소득이전(income transfer)이 거꾸로 부자에게로 소득을 이전시킴으로써 롤스(Rawls)가 이야기하는 공정성이라는 사회적 정의(justice as fairness)에 역행하는 정책이었고 그 폐해는 부익부 빈익빈, 중산층의 해체, 사회적 양극화로 나타났다. 권위주의 독재하에서 한국의 민주화를 가능하게 했던 두터운 중산층(다이아몬드 사회구조)이 해체되어 '허리가 없는 사회' '눈사람형 사회' '모래시계형 사회'로 가고 있고, 소득 양극화, 자산 양극화, 고용 양극화, 교육 양극화, 대자본과 중소자본 간의 양극화가 사회 전반으로 확산되었다.(노세극, 2009)

이명박 정부의 '1% 부자 프렌들리' 정책의 민낯은 2011년 오세훈 서울시장이 제의한 무상급식 주민투표로 수면 위로 부상했다. 주민투표가 없었으면 대권 선두주자인 박근혜의 '맞춤형 복지', 이명박 대통령의 '공정사회'에 가려서 드러나지 않았을 한나라당과 이명박 정권의 반(反)복지 민주주의, 사회권리 부여에서의 퇴행성, 그리고 1% 프렌들리 정당이라는 것이 만천하에 드러나고 말았다.

주민투표와 뒤이은 서울시장 보궐선거에서 민주당이 승리하자 '1% 프렌들리 정부'와 집권당에 분노하는 '코리안 앵거(Korean anger)'가 일어났다. 이러한 민중의 분노가 투표함에서의 반란으로 나타나자 보수 집권세력은 긴장하였다. 이명박 대통령은 2010년 8·15 경축사에서 공정사회를 후반기 국정 운영의 주요 축으로 삼겠다고 선언하였고, 2012년 새누리당 박근혜 후보는 복지국가를 선거공약의 중심 키워드로 잡았고 2011년부터 '맞춤식 생활보장형 복지국가'

라는 이름으로 복지정책 공약의 보따리를 풀어놓기 시작하였다. 진보적인 정치세력을 자처하는 야당이 가만히 있을 수가 없었다. 이미 '무상급식' 공약으로 예상을 뒤엎고 서울시장 보궐선거에서 승리한 데서 복지 민주주의의 위력을 실감하였던 민주당은 '무상급식', '무상보육', '무상의료'를 포함하는 '보편적 복지국가'를 내놓았다.

(2) 신자유주의적 복지 포퓰리즘의 출현 — '중도실용 친서민 복지정책'

이명박 보수정권이 강력하게 신자유주의 정책을 밀어붙인 결과 사회적 양극화가 심화되고 국민의 분노가 투표함에서의 반란으로 나타나자 이명박은 집권 초기부터 실시하고 있었던 4대강사업, 뉴타운 건설과 같은 케인지안 토건 포퓰리즘에 이어 '중도실용 친서민정책'이라는 이름하에 복지 포퓰리즘을 보수정권의 연장과 재집권 전략으로 제시한다.

이명박 정부는 가장 빠른 속도로 2008년에 밀어닥친 글로벌 금융위기를 탈출하고 있다고 자화자찬하고 있었으나 위기 탈출은 양극화의 심화라는 희생 위에 이루어졌다는 사실은 밝히지 않았다. 그러나 양극화 사회의 도래 현상이 2010년 6월 지방선거에서 중산층을 포함한 서민들의 "투표함에서의 반란"을 불러와 정권의 기반을 약화시키고, '사회통합의 위기'를 불러오자(Binder et al., 1971) 집권 초기의 토건 포퓰리즘으로부터 친서민 복지 포퓰리즘으로 전환하며 떠나는 한나라당 지지자들을 다시 끌어들이려 하였다.

2010년 8·15광복절 선언 이후 이명박 정부는 고용 안정과 교육비 지원, 서민주택 공급 등 친서민정책을 확대하였다. 이명박 대통령을 지지해 온 보수세력은 이러한 친서민정책이 포퓰리즘에 기반을 두고 있다고 비판하였으나, 이명박 정부는 친서민정책이 궁극적으로 추진하고자 하는 신자유주의 정책의 장애물이 아니라 신자유주의 정책에 대한 국민적 지지를 이끌어 낼 수 있는 든든한 기반이 되어 줄 것이고, 신자유주의 정책에도 불구하고 사회통합을 유지할 수 있는 중요한 수단이 될 것이라고 보수 지지자들을 설득하였다.

이명박 정부의 친서민 복지정책은 공급 중심적 근로복지(supply-side workfare)의 성격이 강하다. 서민들에게 직접 복지를 제공하는 수요 중심적 사회복지(demand-side welfare)가 아니라 '미소금융', '햇살론', '희망홀씨'와 같은 금융지원을 통해서 서민들로 하여금 스스로 자활하도록 돕는 것이다. 공공임대주택을 제공하기보다는 보금자리주택 정책을 통해 장기적으로 저축을 통하여 내 집을 소유하도록 지원하는 것이다. 무상급식을 하기보다는 취업 후 상환하는 학자금을 대출하여('든든학자금 대출') 스스로 유상교육을 받도록 장려하는 것이다.

이명박 정부의 복지서비스 정책도 공급 중심(일자리 창출형 복지제도)이었다.(김용하, 2010, "서민복지정책의 추진 현황과 과제") 이명박 정부는 서민 부담이 큰 간병서비스를 제도화하여 2010년 1만 개 내외의 일자리를 창출하고, 장기요양 대상자 확대로 약 5만 개의 일자리를 창출하고, 보건복지 분야 사회서비스 일자리를 1만 개 확충하고 탈빈곤 일자리 내실화로 1만 7천 개의 자활근로자를 창출하고, 자활공동체를 광역화, 사회적 기업화를 시도하였다. 보육 등 사회복지시설 인력을 1.5만 개 늘렸고, 해외 환자 유치 등 의료산업 지원, 보장성 확대 등을 통해 의료시장 일자리를 2만 개 만들어 내었다. 이 밖에도 기초생활수급자, 중증장애인(1-3급), 차상위계층에 전기, 가스 요금을 실질적으로 동결하고, 서민의 술인 소주의 가격 인상을 억제하였으며, 서민 생필품 물가 잡기에 나섰으며, 재래시장 지원사업을 벌였다.

이명박 정부의 친서민기업정책의 초점은 '중소하청기업 살리기'였다. 언론에서 '대기업 때리기'로 부르는 친서민기업정책은 대기업과 중소기업 간의 불공정 거래를 단속하고 대기업(재벌)들에게 기업의 사회적 책임(CSR: Corporate Social Responsibility)을 강조하고, 미소금융 등에서 대기업이 좀더 적극적으로 나서줄 것을 강권하였다.

이명박 정부의 친서민정책은 신자유주의적 비즈니스 프렌들리 정책의 근본적인 수정이 아니라 비즈니스 프렌들리 정책을 보완하여 복지와 성장을 동시에 추진함으로써 "공정 사회"를 건설하겠다는 내용이 집권 후반기의 정책기조가 되었다. 기본적으로 '대기업 때리기'라기보다는 대기업의 '팔을 비틀고' 또는 정부가 직접 나서서 공급 중심 복지를 제공함으로써 서민들의 생계, 창업, 고용, 교육을 지원하고 동시에 복지 일자리를 창출하여 고용의 문제를 해결하겠다는 신자유주의적 복지정책이었다. 그러나 이명박 정부의 신자유주의적 복지정책은 신자유주의적 재정, 임금, 고용 간의 트릴레마(trilemma)(Iverson and Wren, 1998)를 야기하여 재정 적자를 야기하지 않으면서 저임금 근로자의 고용을 창출하고 있으나 그 대가는 소득불평등과 각종 사회 양극화를 심화시키는 것으로 나타났다. 이명박 정부의 친서민정책이 공정 사회에 역행하는 것은 롤스가 이야기하는 "사회적 약자에게 최대한의 이득이 가는 분배"를 만들어 내지 못했기 때문이다. 그 결과 민주주의의 물질적 기반은 약화되며 의도했던 공정사회는 실현되지 않았다.

5) 이명박 리더십 — 기업 경영주의와 가산주의의 비동시성

이명박 대통령의 리더십은 무엇보다도 기업 경영주의였다. 이명박 대통령은 후보 시절부터 CEO 대통령이 되겠다고 했고 국가를 기업 경영하듯이 하겠다고 했다. 그리고 과거 기업 경영 경력을 자랑하였다. 그러나 국가 경영은 기업 경영이 아니다. 국가는 공공영역이고 기업은 사적 영역이다. 기업은 이윤을 극대화하는 것이 목적이라면, 국가는 모든 공민들의 복지를 고르게 극대화하는 것이 목적이다. 기업이 효율성을 최고의 가치로 삼아야 한다면, 국가는 형평성을 가치로 삼아야 하고, 공자님 말씀처럼 '가난한 것보다 고르지 않는 것을 항상 걱정'해야 한다. 세계화의 시대에 이미 권력이 시장으로 넘어갔다고 이야기하고 있는 마당에 대통령과 정부까지 시장주의에 합세하여 국가의 공공성, 공적 의무,

공익을 망각한다면 그로 인해 초래될 불평등, 불의, 불공정을 누가 시정할 것인가? 세계화 시대에 시장주의가 극성을 부릴수록 대통령은 더 공공성에 충실하여야 하고 시장경쟁에서 낙오한 약자의 눈물을 닦아 주어야 한다. 그러기 위해서 대통령은 부단히 시장에서 퇴출된 약자와의 소통을 계속해야 한다.

CEO 출신인 이명박 대통령은 기업경영주의에 입각해서 자신을 CEO 대통령으로 규정하였다. 그러나 CEO 대통령 혹은 CEO 수상이 성공한 예를 찾아보기 힘들다. 미국 최초의 CEO 대통령은 후버(Hoover) 대통령인데 미국인들은 제1차 세계대전 이후의 불황으로 경제가 어려워지자 경제를 가장 잘 안다고 여겨진 CEO 출신의 후버를 대통령으로 선출했으나 결과는 재앙이었다. 왜냐하면 후버 대통령이 어려운 경제 상황하에서 수요를 진작시키지 않고 통화주의, 긴축정책을 펴서 미국을 유례 없는 대공황으로 몰아넣고, 그 대공황을 전 세계로 확산시키고 물러났기 때문이다. 많은 사람들은 후버 대통령의 업적으로 후버댐 건설을 드는 데 후버댐은 후버의 후임인 프랑클린 루즈벨트 대통령의 뉴딜 공공사업의 일환으로 건설된 것이고 루즈벨트 대통령이 너그럽게도 그 댐의 명칭을 전임자인 후버를 따서 후버댐이라고 명명해 준 것이다.

현대의 CEO 정치 지도자로는 이탈리아의 베를루스쿠니 수상과 태국의 탁신 총리가 있는데, 베를루스쿠니는 언론재벌 CEO로서 언론을 장악하여 여론을 조작하여 이탈리아 민주주의를 후퇴시켰고 문란한 사생활에도 끄떡 없이 살아남았으나 마침내 경제를 파탄내어 사실상 총리직에서 쫓겨났다. 탁신은 태국 최대의 이동통신회사를 소유한 재벌이었으나 총리 당선 후 태국 최대의 통신회사를 20억 달러에 다국적기업에 매각하면서 세금을 포탈하여 탄핵을 받고 쫓겨났으나 해외에서 반정부운동을 계속 지원하여 마침내 자신이 후견하는 당이 집권하게 만들었고, 이는 국왕과 군부의 반발을 불러일으켜 국왕과 군부가 공모하여 군부 쿠데타를 일으켜 민선정부를 전복시키는 민주주의의 퇴행을 야기했다. 2011년 총선에서 탁신의 여동생이 집권하여 다시 민선 정부가 복귀했으나 탁신은 항상 태국의 정치불안의 원천이 되고 있다.

CEO 대통령의 문제점은 CEO는 민주적 리더로서 자질을 갖추기 힘들다는 데 있다. CEO는 대체로 자신의 명령 한마디에 모든 부하들이 그 일에 매진하여 명령을 완벽하게 달성하게 하는 독재적 리더십을 가지고 있다. 대기업과 재벌 CEO는 군대의 군사령관보다 더한 상명하복의 리더십, '안 되면 되게 하는' 폭군적 리더십을 갖고 있다. CEO는 주어진 과제와 목표를 일사분란하게 추진하고 달성하는 데는 다른 분야의 리더보다 우위에 있으나 정치 분야에서는 그렇지 못하다. 왜냐하면 정치는 여러 수많은 이익들이 서로 거미줄처럼 얽혀 있기 때문에 그 다양하게 충돌하는 이익을 잘 조정하는 리더가 우위에 설 수밖에 없는 분야이기 때문에 상명하복, 일산분란, "안 되면 되게 하라"의 리더십을 갖춘 CEO가 잘 할 수 있는 분야가 아니다.

또한 CEO 대통령과 우리나라의 재벌 CEO는 공과 사의 구별이 없다. 현대 자본주의하에서 대기업은 공적 존재이다. 뉴욕증권거래소(NYSE)에 상장된 기업을 '공적 기업(public company)'이라고 부른다. 수십만의 노동자의 임금과 수백만의 주주의 자산가치, 그리고 수백만의 소비자, 더 나아가서는 나라의 경제성장에 영향을 미침으로써 국가를 포함한 전 사회의 복지가 그 기업의 투자함수로 결정되는 데, 이러한 대기업을 사적인 기업이라고 하는 것은 너무도 현실과 동떨어져 있는 말이다. 그들은 공적 기능을 수행하는 사적 기업이다. 그래서 대기업은 사회적 책임을 다하고, 시장의 공공성에 충실해야 하고, 강자의 지위를 이용하여 약자인 노동자와 하청 중소기업에 비용을 전가해서도 안 된다. 그러나 여전히 우리나라에서 재벌로 불리는 초대기업의 CEO는 기업을 자신의 사유물로 여기고 황제경영을 하며, 그들의 기업경영에서 공공성, 사회적 책임, 기업윤리, 투명성의 개념 자체가 존재하지 않는다.

기업 경영주의와 더불어, 이명박 대통령의 리더십은 가산주의(patrimonialism)라는 전근대적 리더십을 보여 줌으로써 전임 대통령들의 비동시성적 리더십을 탈피하지 못하였다. 실용주의 대통령, CEO 대통령을 표방한 이명박 대통령 후보는 유교적 가산주의와 가장 거리가 먼 합리주의적 사고를 소유한 대통령 후보로 인식되어 많은 사람들의 표를 받았다. 그러나 그가 당선된 후 실시된 인사들을 보면, 그는 3김 시대 대통령들보다 더한 지연, 학연, 종교에 기반한 연고주의 인사를 실시했다. '강부자내각', '고소영에스라인'으로 불리는 정부 요직 인선은 이명박 대통령으로부터 민심이 이탈하게 된 출발점이 되었다. 이명박 대통령은 연고주의 인사, 위임주의적 통치, 인치주의 정당과 같은 전근대적인 유교적 가산주의 전통을 청산하지 못하고 탈근대시대에 오히려 심화시켰다.

이명박 대통령은 '天下爲家'의 정신으로 정치를 사유화하는 '사인주의(私人主義)'를 벗어나지 못했다. 대통령은 당선된 순간부터 사적인 개인이 아니라 국가를 운영하고 책임지는 공적인 존재로 변해야 한다. 공인으로서 대통령에게는 사적 소유물은 없는 것이다. 그것이 플라톤의 국가론에 나오는 가족공산주의의 핵심적 내용이다. 공인의 몸은 사유물이 아니라 국가에 속한 국유재산인 것이다. 따라서 한국에서 정치의 공공성을 회복하기 위해서는 공직자의 공공정신을 부패시킬 수 있는 사유재산의 형성 과정을 투명하게 하고 공직자 재임 시 사유재산의 행사에 제한을 가해야 한다.

제3부

한국 근대화 시간의
특성과 미래

비동시성의 공존과 충돌, 그리고 지양

19세기에서 21세기까지 지속되고 있는 한국의 '긴 20세기'라는 장기지속의 시간을 한마디로 이야기하면 한국 근대화의 시간이었다. 그런데 한국 근대화의 시간은 근대뿐 아니라 전근대와 탈근대라는 비동시적 시간이 공존하고 충돌하는 시간이었다. 20세기 말 탈냉전, 세계화와 IT혁명으로 신유목주의가 등장하였고 21세기에 한국은 신유목주의라는 탈근대의 시간에 들어서게 되었다. 그러나 탈근대의 시간에도 전근대 시간의 찌꺼기는 잔존하고 있고 근대의 시간은 과거 시간으로 기억되지 않고 현재 산업화 시간을 이끈 주역들과 자손들이 탈근대의 대한민국을 이끄는 역사적 시간의 역진(逆進)을 목격하고 있다.

한국 근대화는 후발성, 경로 의존성, 외삽성, 자생성, 압축성 그리고 유목성의 특징들을 보여 주고 있다. 이러한 한국 근대화의 특징적 양상들은 다양한 역사적 시간들이 한국 근대화 과정에서 충돌하고 공존하게 하였다. 근대화를 국가건설, 국민 만들기, 산업화, 민주화로 이어지는 과정으로 볼 때, 한국은 국가건설과 국민 만들기에서는 세계시간과 시간 격차가 없었으나 산업화는 후발산업국가인 일본 제국이라는 식민국가에 의해 뒤늦게 후후발 산업화가 비경제적인 이유로 착수되는 '후발성(lateness in world time)'을 보여 주었다.

그러나 산업화는 해방 후 발발한 한국전쟁에 의해 과정이 단절되었고 1960년대에 군사쿠데타 지도자인 박정희가 군대식으로 밀어붙였다. 박정희는 산업화 모델을 그가 일제하에서 학습한 명치유신에서 찾음으로써 한국의 산업화는 '경로 의존성'을 띠게 되었고, 군국주의적이고 신중상주의적인 산업화가 돌진적으로 추진되었다. 박정희의 신중상주의적 산업화는 민주화를 수반하지 않는 산업화였다. 그러나 해방 후 미국에 의해 자유민주주의의 세례를 받았고 4월혁명으로 1차 민주화를 이미 경험했던 한국인들, 특히 지식인과 대학생들은 박정희의 민주화없는 산업화에 반발하였고 민주화와 산업화라는 두 가지의 근대는 충돌하게 된다.

민주주의는 미국이라는 외부 후견세력에 의해 '외삽적'으로 도입되었으나 이승만에 의해 변형되고 왜곡되었고, 4월혁명으로 '자생적인' 민주주의로 거듭났다. 그러나 4월혁명 이후 민족주의와 외삽성이 충돌하는 가운데 박정희와 정치군인들이 민주주의를 전복하고 권력을 찬탈하였다. 1960년대 박정희 시대 1기에 정치 군인들의 대외 의존적 근대의 시간과 대학생들의 민족주의적 민주주의라는 근대의 시간이 충돌하였고, 박정희는 유신으로 자신의 '한국적 민주주의'라는 권위주의적 근대의 시간으로의 통합을 시도하였다. 비동시적 시간들을 하나의 시간으로 강제적으로 통합시키는 것은 쉬운 일이 아니었고, 대학생들과 지식인들이 노동자들과 연합하여 형성한 민중민주주의라는 대항적 헤게모니로부터 도전받았다. 유신체제는 '긴급조치'로 간신히 유지되었으나 마침내는 박정희의 비극적 죽음과 함께 종말을 고했다. 그러나 전두환과 정치 군인들이 군사반란을 일으켜 군권을 장악하고 '서울의 봄'을 마감시킨 뒤 광주학살을 통해 군부 권위주의를 복원시켰다. 산업화된 나라에서 군부 권위주의를 유지한다는 것은 쉬운 일이 아니었고 민주화 세력으로부터 끈질기고 장기화된 도전을 받았다. 군부 권위주의는 최대화된 민주화연합의 요구에 굴복함으로써 동아시아에서 최초로 자생적인 민주화가 일어났다.

1987년 체제로 일컬어지는 3김 시대에서 민주화와 산업화라는 근대의 시간과 가산주의라는 전근대의 시간이 공존하였다. 비동시성의 동시성이었다. 21세기 3김 시대 이후에는 민주화와 신자유주의라는 근대의 시간, IT혁명과 탈산업화, 신유목주의로 특징지어지는 탈근대의 시간, 그리고 여전히 잔존하고 있는 가산주의라는 전근대의 시간이 동시적으로 충돌하면서 공존하고 있다.

제3부에서는 비동시성적 시간이 충돌과 공존하였던 한국 근대 정치의 국면적 시간들, 특히 1960년 이후 권위주의의 시간과 민주주의의 시간을 비교 평가하고, 3김 시대 이후에도 비동시성을 띠고 있는 한국 정치의 미래를 위해 필요한 비전과 개혁이 무엇인가를 진단한 뒤, 한국적 비동시성의 정치를 지양하고 극복하기 위한 대안을 모색한다.

제16장

두 개의 비동시적 근대시간의 충돌[499]

권위주의적 산업화 대 민주적 발전론

한국의 '긴 20세기'의 장기지속 시간에서 충돌한 두 개의 대표적인 근대의 시간은 산업화와 민주화였다. 많은 사람들은 박정희가 산업화를 60-70년대에 압축적으로 달성하였고 양 김(김영삼과 김대중)이 80-90년대에 민주화를 이루어 내었다고 하면서 산업화와 민주화를 모두 달성한 현 시점에서의 과제는 산업화 세력과 민주화 세력 간에 화해가 이루어져 양 세대가 서로가 가진 장점을 나눔으로써 한국을 자유와 풍요가 넘치는 선진 민주주의 국가로 도약시켜야 한다고 이야기한다. 그러나 이와 같은 담론은 1960년대와 1970년대의 한국에서는 권위주의적 산업화가 역사적으로 필요했고 개발독재 세대가 이룩한 산업화를 바탕으로 1980년대의 민주화가 가능했다는 '선 산업화, 후 민주화'의 역사적 필연론을 깔고 있다. '선 산업화 후 민주화' 주장은 민주 정부가 국민들의 자유를 보장하는 데는 유능할지 모르나 궁핍한 경제를 산업화하는 데는 무능하다는 '민주주의 무능론'으로 이어지면서 개발연대에서 독재가 불가피하다는 이론으로 발전하여 박정희의 권위주의적 산업화를 정당화한다. 그러나 문제는

499 이 장은 〔Hyug Baeg Im, "Democratic Development and Authoritarian Development Compared: South Korea", in shiping Hua and Ruihua Hu (eds.), 2015, *East Asian Development Model: Twenty-first century perspectives* (London: Routledge); 임혁백, 2009, 〈발전국가와 민주주의는 양립불가능한가?: 권위주의적 산업화론에 대한 비판적 검토〉, 한국정치외교사학회, 아셈연구회 편, 《한국 현대 정치외교의 주요 쟁점과 논의》, 서울: 선인〕 참조.

기왕에 산업화되고 민주화되어 부유하고 자유로운 자본주의적 민주주의 국가 클럽인 OECD의 회원국이 되어 있는 한국에서 '경제위기'가 닥칠 때마다 이미 철 지난 시대착오적인 개발연대의 박정희 모델로 퇴행해야 한다는 권위주의 회귀론이 다시 호명되고, 죽은 박정희를 무덤에서 불러와야 한다는 박정희 향수론과 같은 퇴행적 근대주의 신드롬이 일어난다는 것이다.

그러나 '민주주의 무능론'은 실증적으로 아무런 근거가 없다. '민주주의 무능론'을 경험적으로 검증한 결과, 민주화 시대(1987-2008)의 경제 성적은 모든 면에서 권위주의적 산업화시대(1961-1986)보다 우월한 것으로 나타난다. 1997년 말 국난에 버금가는 경제위기를 극복한 것도 당시 대한민국이 민주주의 체제였고 민주주의가 국민으로 하여금 경제위기의 책임을 물어 집권당의 후보를 패배시키고 경제위기에 책임이 없는 야당 후보인 김대중에게 경제위기 극복을 위임했기 때문에 가능했던 것이다.

따라서 21세기에 한국에서 다시는 개발독재의 유령을 불러와야 한다는 말이 나오지 않게 하기 위해서는 민주적 발전론이 권위주의적 산업화론에 이론적으로나 실증적으로 절대우위에 있다는 것을 보여 주어야 한다.

1. 권위주의적 산업화론 대 민주적 발전론 — 이론적 비교

1) 권위주의적 산업화론

권위주의적 산업화론은 민주주의가 경제발전을 저해한다는 주장에서부터 출발한다. 민주주의하에서 투자를 결정하는 자본가, 소비하는 대중, 재산권과 계약을 보장해 주어야 하는 정치가와 정부 모두 단기적인 시계(short-time horizon)를 갖고 있기 때문에 자본가들은 장기적인 관점에서 투자하지 않고, 노동자들은 단기적인 이익에 따라 즉각적으로 소비하려 하며, 표를 극대화하려는 정치인은 국가의 장기적 미래를 위한 성장정책을 취하기보다는 유권자의 환심을 사기 위해 단기적인 분배정책을 취하는 경향이 있다는 것이다.

권위주의적 발전론에 의하면, 민주주의는 가난한 다수의 민중에게 표의 힘으로 그동안 억눌려 왔던 소비 욕구를 충족시켜 줄 기회를 제공한다. 민주화의 결과로 가난한 다수의 표가 정치권력의 향배를 결정하게 되면 정부는 그들의 환심을 사기 위해 소비주의적 그리고 분배주의적 정책을 펴게 되고 투자에 들어갈 자원을 분배와 소비로 돌린다는 것이다. 가난한 다수의 정치적 영향력이 커질 경우 민주정부는 즉각적 소비욕구를 충족시켜 주기 위한 재분배 요구에 대응하여 세금의 증대를 통한 소득 이전을 꾀하게 한다. 또한 민주화로 인하여 노동자들에게 작업장에서 조직할 수 있는 자유가 부여되면 그들은 독점적 노동 공급자의 지위를 이용하여 임금인상을 통한 즉각적 소비욕구를 만족시키려 할 것이고 자본가들은 이로 인한 이윤 감소에 대응하여 투자를 축소함으로써 경제의 성장은 정체할 것이다. 민주주의하에서 경제정책은 사회집단의 단기적 이익 추구에 반응하게 됨으로써 분배정치의 게임으로 전락하게 된다. 그 결과는 소비의 증가, 저축과 투자의 감소, 예산의 팽창, 재정 적자의 확대일 뿐이라는 것이다.(Galenson, 1959; de Schweinitz, 1959)

권위주의적 발전론은 민주주의와 급속한 경제성장은 양립 가능하지 않으며 둘 중의 하나를 선택해야 하는 '선택의 문제'라는 "민주주의와 경제발전 간의 갈등론"을 주장한다.(Lundstrom, 2002) 정치적 권리, 시민적 자유는 정부로 하여금 필요한 정책결정을 어렵게 하고(World Bank, 1991) 대량 해고와 사회적 권리의 축소가 상시적으로 일어나는 초기 단계의 산업화 과정에서는 권위주의 정부가 필요할 수 있고,(Fidrmuc, 2000; Edwards, 1991) 민주적 과정에 내재한 결과의 불확실성은 합리적 유권자로 하여금 경제적 자유가 장기적으로 복지의 증대를 가져다줌에도 불구하고 경제적 자유의 축소를 선택할 수 있고 (Fernandez and Rodrick, 1991)[500] 강력한 이익집단의 정치는 선출된 민주정부로

500 예를 들면, 민영화가 노동자들에게 장기적으로 이득을 가져다준다 할지라도 민영화 개혁 이후 자신들의 기술 수준으로 계속 고용될 수 있을 것인가에 관한 불확실성은 노동자들로 하여금 개혁

하여금 표의 극대화라는 단기적 시계에서 이익집단의 요구를 수용하는 정책을 결정하게 되고 그 결과는 경제적 비효율성, 재분배 정치, 과잉 지출, 과소 저축, 과소 투자, 생산성 저하를 가져올 수 있다.(Alesina and Perotti, 1994; Alesina and Drazen, 1991)

권위주의적 발전론은 이러한 비효율적이고 낭비적인 민주주의와는 대조적으로 권위주의가 자본주의 발전에 더 적합한 정치체제라고 주장한다. 첫째, 경제발전을 위한 투자 재원을 마련하기 위해 강제 저축을 강행하고 소비를 축소해야 하는 데 권위주의하에서 독재자는 노동 대중의 즉각적 소비욕구를 억제할 수 있는 힘이 있다. 둘째, 경제발전을 위해서 정치적 안정과 질서유지를 통해 사회적 합의에 기반한 강력한 국가의 리더십이 필수적으로 요구되는데 권위주의 독재자는 정치적 안정과 질서유지라는 두 마리 토끼를 잡을 수 있다. 권위주의 독재자는 대중의 표에 자신의 권력을 의존하지 않기 때문에 선거 주기에 따라 경제정책을 조작할 필요가 없으며,(Maravall, 1995: 14) 대중의 인기에 연연할 필요가 없는 독재자는 분배정치의 압력에서 벗어나 장기적인 관점에서 자본주의 발전을 위한 보편적인 이익을 추구할 수 있다.(Haggard, 1990: 262) 독재자는 노조가 집단행동을 통하여 임금을 인상시키고, 수출과 외국인 투자를 저해하고 인플레를 유발하는 것을 막을 수 있으며, 특수 이익집단이 지대를 추구하는 것을 막을 수 있는 질서 유지의 능력이 있다는 것이다.(W. Galenson, 1959; de Schweinitz, 1959; R. J. Barro, 1993; 임혁백, 2000)[501]

을 반대하게 한다.(Fernandez and Rodrick, 1991)

501 이 밖에도 민주주의와 자본주의 간의 양립 불가능성 주장이 있다. 볼스와 긴티스는 민주주의와 자본주의는 다른 조직원리, 제도, 가치에 기초하고 있기 때문에 양립 불가능하며,(Bowles and Gintis, 1986: 3) 달은 시장자본주의는 필연적으로 불평등을 양산하고 이는 민주주의의 잠재력을 제한한다고 주장하며,(Dahl, 1998: 175) 그린은 자본주의를 구성하는 요소인 사회적 계급, 성, 인종, 종족 간 분열, 그리고 정책 결정 엘리트와 일반 시민 간의 공식적 제도적 분리는 자본주의와 민주주의를 양립 불가능하게 한다고 주장한다.(Green, 1985: 13)

2) 민주적 발전론

민주적 발전론은 민주주의가 경제발전을 가져온다는 '선 민주주의, 후 경제발전' 가정에서 출발한다.(Kohli, 1986; M. Olson, 1993) 민주적 발전론은 민주주의가 경제성장, 사회적 삶의 수준 등 모든 지표에서 지속적으로 비민주적 정치체제를 능가하고 있고, 그러기 때문에 개발도상국에서 경제발전을 확대하기 전에 민주주의를 촉진할 것을 권고하고 있다.(Siegel, Weinstein, and Halperin, 2005) 민주적 발전론은 민주주의와 경제발전은 양자택일을 강요하는 '잔인한 선택'의 대상이 아니라, 상호 긴장하지 않으면서 양립, 공존, 병행 추진이 가능하다고 주장한다.(Maravall, 1995: 25) 민주주의야말로 자원의 효율적 배분을 보장하고 성장과 복지를 동시에 도모하며 정치적 안정과 질서유지를 통한 합의의 도출을 가능케 한다는 '민주주의와 경제발전 간의 양립 가능론'을 주장한다.(A. Kohli 1986; M. Olson 1991, 1993; 김일영, 1994: 10에서 재인용) 왜냐하면 민주정부는 국민의 자유로운 선택에 의해서 구성되었다는 정통성이 있기 때문에 산업화 초기 단계 또는 개혁의 초기 단계에서 발생할 수 있는 단기적 비용을 분담하게 하는데 권위주의 정부보다 우위에 있기 때문이라는 것이다.

또한 제도주의 학파와 재산권국가이론(property rights theory of the state)은 성공적인 경제자유화에 필요한 제도, 독립된 법체계, 전문적인 관료제도, 안정적인 재산권 제도를 확립하기 위해서 민주주의가 필요하다고 주장한다. 노스(North)에 의하면 시민적 그리고 정치적 자유가 정부의 약탈적(predatory) 행태로부터 시민들을 보호하는 데 필수적이다.(North, 1991) 로드릭은 민주주의가 권위주의보다 갈등의 관리에 있어서 우월하다고 주장한다.(Rodrick, 1999) 자유선거, 반대당의 보장, 언론의 자유와 같은 자유민주주의 정치제도는 자유화 과정에서 발생하는 갈등의 관리에 필수적이다. 반면에, 권위주의 체제가 단기적으로는 강압에 의해 갈등을 회피할 수 있으나 장기적으로 갈등을 해결할 수 있는 어떤 제도적 장치도 갖고 있지 않다는 것이다.

민주적 발전론은 권위주의적 산업화론이 주장하는 개발독재자는 장기적 시계를 가지고 자본주의 경제발전이라는 보편적 이익을 추구하는 철인 왕 또는 신군주라는 가설이 허구라는 데서부터 출발한다. 민주적 발전론에 의하면, 많은 경우 독재자들은 보편적 이익의 수호자라기보다는 사익을 챙기는 약탈자이다. 따라서 사회의 이익집단으로부터 유리된 자율적인 독재자가 더 넓은 시간적 지평하에서 장기적 관점에서 자원배분을 결정함으로써 자본주의 경제의 성장을 촉진할 것이라는 주장은 설득력이 없다.[502] 오히려 선거라는 수직적 책임성 장치, 정부기구 간의 상호 견제와 균형이라는 수평적 책임성 장치에 의해 정부를 인민의 집단적, 공적 이익을 실현하기 위해 행동하도록 강제할 수 있는 민주주의가 권위주의 독재보다 더 효율적으로 자원을 배분한다는 것이다.(Przeworski and Wallerstein, 1988; 임혁백, 2000; Aslund et al., 1996)

마라발(Maravall)에 의하면 민주주의의 경제적 장점은 세 가지 측면에서 감지된다.(Maravall, 1995: 15) 첫째, 민주적 정치시장에서의 경쟁은 정치인들에게 대중적 지지의 증가와 감소라는 상과 벌을 부과함으로써 정치인들로 하여금 기회주의적이고 자기 이익 추구적인 행동을 억제하고 공익을 추구하는 방향으로 인도하는 인센티브를 제공한다. 둘째, 민주주의가 추구하는 정치적 다원주의는 경제정책 결정에서 더 많은 양질의 정보를 제공함으로써 경제개혁에 수반되는 '거래비용'을 줄여 준다. 자유언론과 야당이 대안을 제공하여 정책적 실패를 알려주고 시정할 수 있는 '조기경보시스템'의 역할을 담당하기 때문이다. 따라서 권위주의는 단순한 투자의 축적이 요구되는 발전단계에서는 적합한 정치체제일지는 모르나 투자의 생산성이 요구되는 발전단계로 이전하기 위해서는 민주주의를 필요로 한다는 것이다. 셋째, '실적에 의한 정통성'에 의존하는 권위주의보다 절차적 정통성에 의존하는 민주주의가 경제위기에 더 강한 내구성을

502 필리핀의 마르코스, 콩고의 모부투, 인도네시아의 수하르토 그리고 많은 남미의 군부 독재자들은 개발 지향형 독재자라기보다 자신의 사익을 챙기는 '약탈자(predator)'이다.

보인다. 실적에 의존하는 권위주의는 경제위기에 취약할 수밖에 없으나, 표(지지)를 통해 권력을 위임받은 민주주의는 위기 시에 시민들의 협력을 더 쉽게 획득할 수 있을 뿐만 아니라 야당과 노조로 하여금 단기적, 근시안적 요구를 완화하고 사회적으로 책임 있는 행동을 하도록 설득할 수 있기 때문이다.[503]

2. 권위주의적 산업화론 대 민주적 발전론 — 경험적 실적 비교

1987년 민주화 이래 많은 권위주의적 산업화론자들은 고도성장의 재현을 위해 박정희를 무덤에서라도 불러와야 한다고 선동하였다. 극우 보수주의자들은 권위주의 체제의 부활까지 주장하였다. 그들은 자유라는 이름으로 행해지는 고삐 풀린 방종은 규율되어야 하고 한국인의 자유를 위협하는 북한은 제거되어야 하며, 경제성장을 위해서 자유는 유보되어야 한다고 주장했다. 이러한 박정희 향수론을 잠재우기 위해서는 역대 민주정부의 실적이 박정희와 전두환의 권위주의 정부에 비해서 열등하지 않을 뿐 아니라 많은 경제 부문의 실적에서 민주정부가 권위주의 정부보다 우월하다는 객관적인 통계학적 증거를 제시해야 한다.

후기한 통계 자료에서 보는 바와 같이 권위주의 정권 시기와 민주정부 시기간의 경제실적을 비교한 통계자료는 민주정부의 경제실적이 과소평가되어 왔다는 것이 드러난다. 이 통계 비교는 '민주정부 무능론'과 민주정부에 대한 대

503 이 밖에도 민주주의와 자본주의의 양립 가능성, 더 나아가 선택적 친화성을 주장하는 다양한 견해가 있다. 빌리는 미국의 예를 들어 경험적으로 민주주의와 시장의 병행 발전 개념은 너무나 압도적인 지지를 받고 있고, 이 개념은 개념으로 머물지 않고 우리의 생활양식의 일부, 자연적 질서가 되었다고 주장한다.(Bealy, 1993: 222) 루쉬마이어와 스티븐스 부부는 자본주의와 민주주의는 강한 연계성을 지닌다고 주장한다. "자본과 노동에 대한 자유로운, 규제받지 않는 시장의 작동은 민주주의의 물질적 기초를 구성하며, 따라서 민주주의는 자본주의의 특징적 정치적 형태"라는 것이다.(Rueschemeyer, Stephens, and Stephens, 1992: 1) 경제발전은 정치적 자유와 민주주적 참여를 이끌고 시민사회의 성장을 가져온다. 자본주의 발전이 민주주의와 관련이 있는 이유는 자본주의 발전이 계급구조를 변화시키고, 노동계급과 중산층을 강화하면 토지상층계급을 약화시키기 때문이다.(Rueschemeyer, Stephens, and Stephens, 1992: 7)

〈그림 1〉 국내투자율 (%)

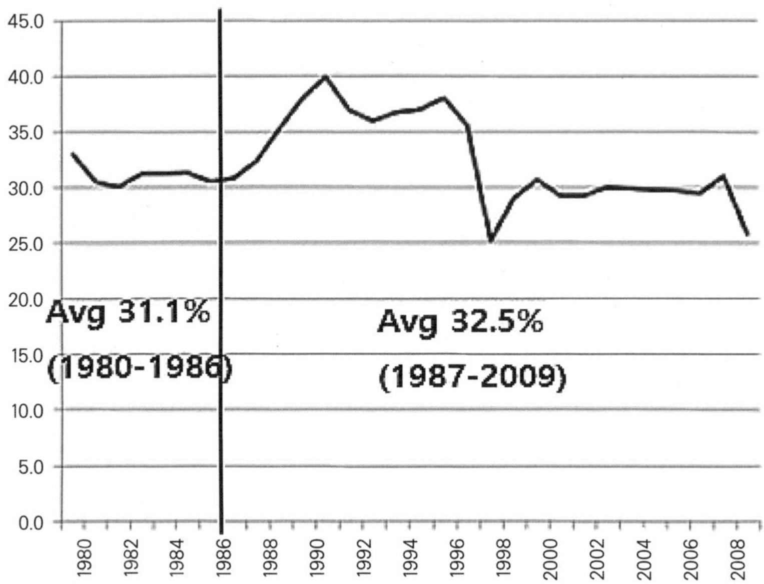

* Source: Korean Statistical Information Service (http://kosis.kr)

〈그림 2〉 총고정자본형성률 (GDP대비 %)

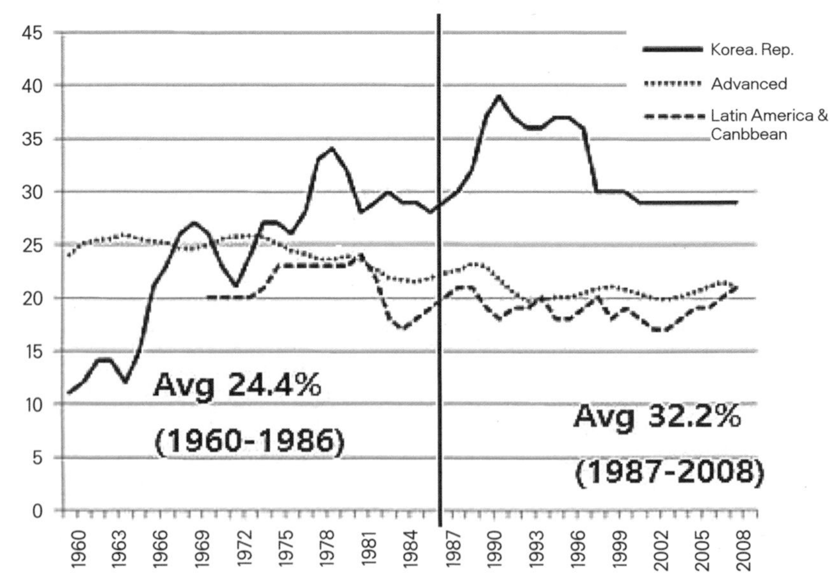

* Source: World Databank (http://databank.worldbank.org)

〈그림 3〉 GDP 성장률 (연간 %)

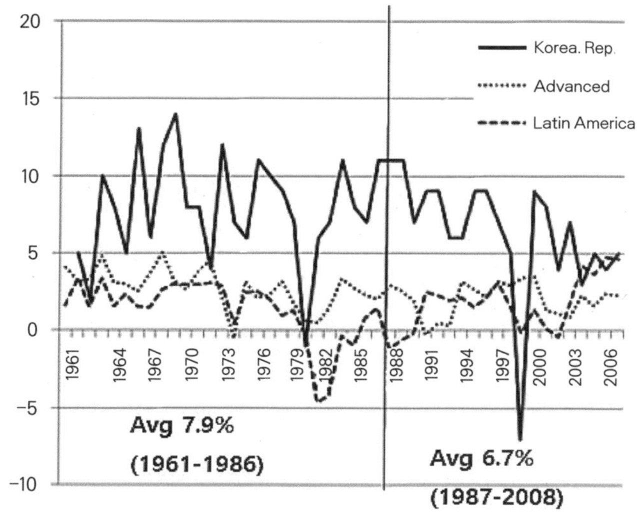

* Source: World Databank (http://databank.worldbank.org)

〈그림 4〉 국제무역수지 (US 달러)

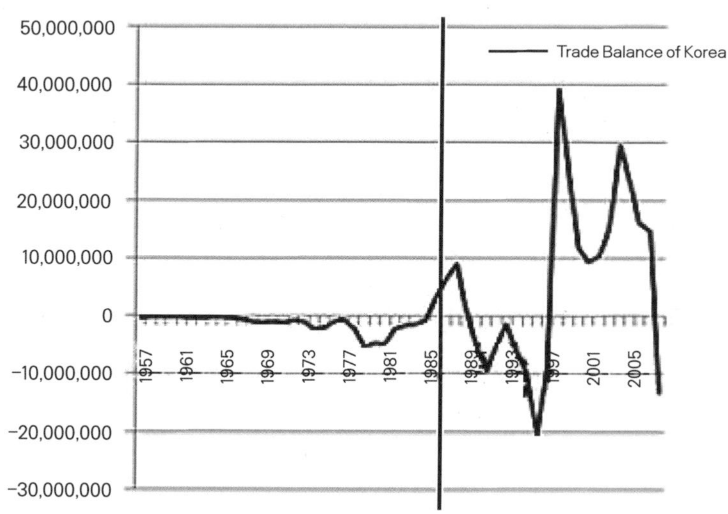

* Source: The Bank of Korea (http://www.bok. or.kr)

〈그림 5〉 인플레이션, 소비자물가 (연간 %)

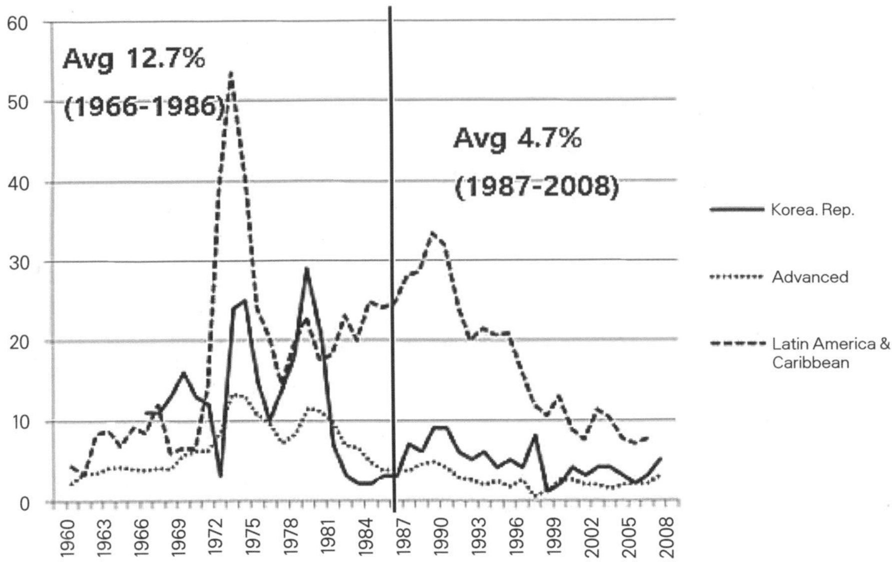

＊ Source: World Databank (http://databank.worldbank.org)

〈그림 6〉 총실업률 (총노동력 대비 %)

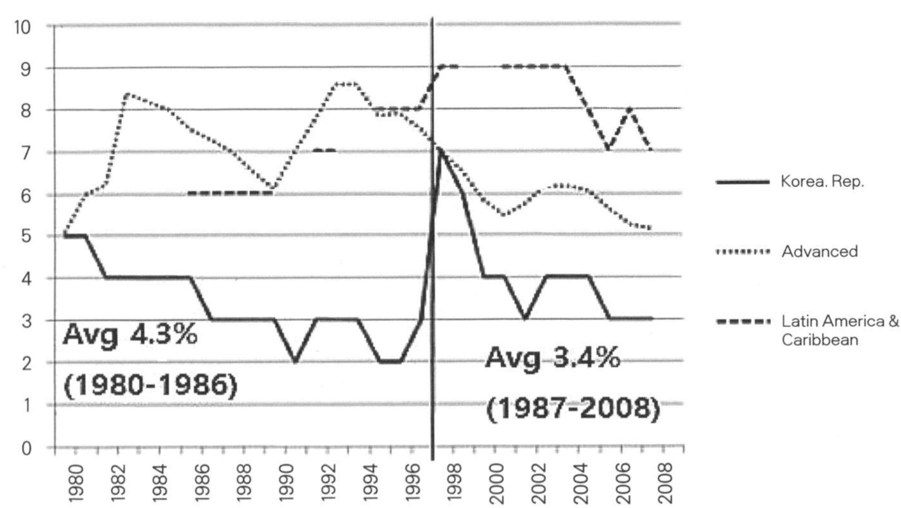

중의 실망은 신화임이 드러났다. 1987년 이후 민주정부의 경제 실적은 강건하고, 튼튼하고, 지속성이 있었다. 권위주의 산업화론이 예견한 것처럼 한국에서도 민주화 이후 더 높은 임금과 많은 분배, 소비를 요구하는 노동자들의 대투쟁이 있었고 실제로 '1997년 노동자대투쟁'의 결과 임금이 가파르게 상승했으나 높은 임금 상승이 기업의 투자를 위축시키지 않았다는 것을 보여 준다.[504]

1987년의 투자율은 30.8%로 남미의 신생 민주주의는 물론 선진국에 비해서도 높은 수준이었다(그림 1). 1987년 GDP 대비 총고정자본형성률도 선진국의 20%, 남미의 22%보다 매우 높은 29%를 유지하였다(그림 2). 1987년의 GDP성장률도 11%라는 고성장률로서 박정희와 전두환 시대의 평균성장률보다 높은 수준이었다(그림 3). 민주정부 시기를 통틀어서 평균 GDP성장률은 6.7%로 권위주의 시기(1961-1986) 평균 성장률 7.9%보다 낮으나, 외환금융위기 하에 있었던 1998년의 5%와 1999년의 -7%를 제외하면 낮은 수준이 아니었다(그림 3).

둘째, 민주정부 시기의 총고정자본형성(GFCF)의 경우 '한강의 기적'을 이룬 권위주의 시기보다 훨씬 높은 것으로 나타났다. 1961년에서 1986년 사이의 평균 총고정자본형성률은 24.5%인 데 반해 민주정부 시기에서는 약 1.5배 정도 높은 32.2%로 나왔다(그림 2).

셋째, 민주정부의 경제성장은 질적으로 권위주의 시대의 경제성장보다 나았다. 민주정부는 고인플레, 무역적자, 고실업, 저임금, 열악한 사회복지 제공이라는 비용을 지불하지 않으면서 높은 경제성장을 이룩했다는 점을 높이 평가하여야 한다. 권위주의 시대의 고성장은 만성적인 고인플레, 무역적자를 동반하였는데 반해 민주정부는 고성장, 고인플레, 무역적자 간의 트릴레마(trilemma)

504 1989년에서 1993년 사이의 임금상승률은 21.1%, 18.8%, 17.7%, 15.2%, 12.2%였는데 이는 정부가 이드라인보다 높은 수준이었다. 이는 권위주의 시대에 정부 가이드라인보다 높은 임금인상이 정부에 의해 억제, 억압된 것과는 매우 대조적이다.(Park and Lee, 1995: 42; Park and Leggert, 1998: 284)

를 해결하였다. 민주정부는 1998년부터 만성적 무역적자를 무역흑자로 전환시켰고(그림 4, 5), 물가를 안정시킴으로써 "저인플레, 무역흑자, 고임금, 저실업하의 고도성장" 패턴을 정착시켰다. 한국 기업의 높은 경쟁력은 한국 기업들로 하여금 높은 임금, 세금을 지불하고도 고용을 줄이지 않으면서 투자를 계속할 수 있게 하였다(그림 1).

이와 같은 실증적 자료는 '경제성장과 권위주의의 선택적 친화론'이나 '민주정부 무능론' 그리고 '권위주의적 발전 필연론'을 지지하지 않는다. 경제성장률을 제외하고, 고용, 무역수지, 투자, 총고정자본형성률에서 모두 민주정부가 권위주의 정부보다 나은 성적을 내었다. 한국의 민주정부는 경제발전뿐 아니라 높은 임금, 더 나은 사회복지 제공, 그리고 무엇보다도 낮은 실업률 유지를 통해 선진국이 추구하는 형평성과 성장의 조화를 달성하는 데 있어서 권위주의 정부보다 우월한 실적을 내었다고 볼 수 있다(그림 6). 경험적 실적 비교는 권위주의적 산업화론보다 민주적 발전론이 맞았다는 것을 보여 주고 있다.

3. 왜 민주주의가 권위주의 보다 우월한가? — 민주적 발전론을 위한 변론

왜 한국에서 민주적 발전론이 주장하는 민주주의의 우월성이 경제발전에서도 나타나고 있는가? 첫째, 민주화로 인해 법치주의(rule of law)가 강화되었고 강한 법치주의는 경제발전에서 요구되는 재산권의 보호에 있어서 권위주의 독재보다 효과적이었기 때문이다. 권위주의하에서는 재산권은 인치주의(rule of man)에 의해 자의적으로 보호된다. 따라서 자본가들의 투자의 미래 할인율(discount rate)이 높아질 수밖에 없고 자본가들은 안심하고 투자할 수 없게 된다. 민주주의가 제공하는 강한 법치주의는 자본가들의 투자에 대한 미래 할인율을 획기적으로 낮추어 줌으로써 자본가의 투자 증대를 유인한다.

둘째, 민주화로 인해 민주적 책임성(수직적 책임성과 수평적 또는 대의기구 간의 책임성)이 높아짐으로써 정치인, 대표, 관료들의 지대추구행위(rent-seeking)나

부패행위를 억제하여 경제적 효율성을 높여 주기 때문이다. 반면에 권위주의 하에서는 독재자의 약탈 행위를 통제, 감시할 수 있는 책임성 확보 장치가 없기 때문에 부패, 지대추구, 약탈(predation) 행위가 만연하고 경제의 전반적 효율성이 떨어진다.

〈표 2〉 법의 지배

	1996	1998	2000	2002	2003	2004	2005	2006	2007	2008
대한민국	0.78	0.74	0.80	0.84	0.70	0.75	0.85	0.74	0.90	0.79
일본	1.48	1.47	1.40	1.25	1.26	1.27	1.29	1.38	1.35	1.40
타이완	0.90	0.86	0.90	0.85	0.88	0.86	0.89	0.71	0.69	0.77
인도네시아	-0.31	-0.72	-0.81	-1.01	-0.95	-0.78	-0.84	-0.74	-0.70	-0.66
캄보디아	-1.19	-1.08	-0.97	-1.15	-1.22	-1.25	-1.18	-1.18	-1.10	-1.08
미국	1.68	1.68	1.62	1.53	1.55	1.47	1.51	1.54	1.56	1.65

〈표 3〉 책임성

	1996	1998	2000	2002	2003	2004	2005	2006	2007	2008
대한민국	0.50	0.62	0.61	0.74	0.75	0.71	0.75	0.61	0.65	0.59
일본	0.87	0.89	0.87	0.99	1.03	1.01	1.00	0.97	0.97	0.95
타이완	0.59	0.82	0.78	0.93	0.97	0.86	0.93	0.66	0.72	0.70
인도네시아	-1.17	-1.04	-0.40	-0.41	-0.41	-0.33	-0.18	-0.18	-0.15	-0.14
캄보디아	-0.96	-0.88	-0.79	-0.73	-0.83	-0.87	-1.00	-0.79	-0.87	-0.94
미국	1.29	1.37	1.37	1.33	1.30	1.34	1.33	1.10	1.09	1.12

〈표 4〉 부패 통제

	1996	1998	2000	2002	2003	2004	2005	2006	2007	2008
대한민국	0.43	0.21	0.27	0.47	0.4	0.38	0.63	0.39	0.46	0.45
일본	1.14	1.27	1.31	0.99	1.15	1.16	1.23	1.34	1.17	1.25
타이완	0.71	0.86	0.9	0.78	0.8	0.84	0.85	0.67	0.48	0.55
인도네시아	-0.51	-1.16	-0.98	-1.13	-0.97	-0.91	-0.87	-0.77	-0.69	-0.64
캄보디아	-1.17	-1.11	-0.93	-0.98	-0.93	-1.05	-1.18	-1.21	-1.11	-1.14
미국	1.72	1.7	1.73	1.84	1.7	1.73	1.54	1.29	1.4	1.55

〈표 5〉 정치적 안정

	1996	1998	2000	2002	2003	2004	2005	2006	2007	2008
대한민국	0.26	0.14	0.17	0.31	0.33	0.49	0.56	0.41	0.45	0.41
일본	1.01	1.23	1.11	1.19	1.19	1.08	1.03	1.10	1.03	0.94
타이완	1.08	0.88	0.41	0.77	0.75	0.61	0.61	0.60	0.50	0.72
인도네시아	-0.85	-1.39	-1.69	-1.61	-1.99	-1.54	-1.25	-1.21	-1.08	-1.00
캄보디아	-1.37	-1.15	-0.75	-0.72	-0.74	-0.47	-0.50	-0.42	-0.52	-0.27
미국	1.02	1.00	1.20	0.34	0.34	0.17	0.08	0.45	0.37	0.59

* Source: Govermance Matters 2009, "Worldwide Governance Indicators(WGI)"

〈표 6〉 효과적 정부

	1996	1998	2000	2002	2003	2004	2005	2006	2007	2008
대한민국	0.90	0.39	0.79	0.96	0.94	0.99	1.03	1.18	1.29	1.26
일본	1.66	1.01	1.12	1.05	1.18	1.29	1.31	1.56	1.38	1.46
타이완	1.57	0.68	0.91	1.08	1.17	1.25	1.16	1.17	1.06	0.88
인도네시아	0.06	-0.85	-0.50	-0.63	-0.56	-0.43	-0.46	-0.37	-0.39	-0.29
캄보디아	-1.02	-0.78	-0.83	-0.81	-0.76	-0.89	-0.92	-0.90	-0.86	-0.81
미국	2.22	1.61	1.91	1.82	1.83	1.85	1.66	1.66	1.64	1.65

〈표 7〉 규제의 질

	1996	1998	2000	2002	2003	2004	2005	2006	2007	2008
대한민국	0.46	0.33	0.58	0.77	0.67	0.79	0.79	0.70	0.88	0.73
일본	0.50	0.65	0.83	0.57	0.99	1.11	1.17	1.19	1.05	1.23
타이완	0.85	1.04	0.13	0.99	0.94	1.15	1.08	0.92	0.94	1.07
인도네시아	0.35	-0.27	-0.31	-0.71	-0.65	-0.63	-0.48	-0.31	-0.30	-0.27
캄보디아	0.04	-0.21	-0.17	-0.35	-0.37	-0.52	-0.50	-0.61	-0.51	-0.47
미국	1.26	1.57	1.61	1.49	1.48	1.51	1.54	1.54	1.45	1.58

* Source: Govermance Matters 2009, "Worldwide Governance Indicators(WGI)"

셋째, 민주주의하에서는 정치가들은 국민들의 표로 계산되는 지지를 극대화해야 계속 권력의 자리에 머물 수 있다. 따라서 민주주의하에서 정치인들은 국민들의 요구를 빠르게 파악하여 이를 반영해 주어야 한다. 응답성이야말로 민주주의가 권위주의에 대해 확고한 우위를 가지고 있는 분야이다. 반면에 권위주의 독재자들은 권력의 장악과 유지에 있어서 국민의 표(지지)에 의존하지 않기 때문에 국민의 요구에 반응할 필요가 없다. 따라서 국민의 요구에 부응하는 정책을 집행하고(policy implementation), 효과적이고 효율적이며, 건전한 경제와 사회적 규제를 시행하는 데 있어서 민주주의는 권위주의에 비해 확고한 비교우위가 있다.

〈표 2〉부터 〈표 5〉가 보여 주는 바와 같이 법의 지배, 책임성, 부패에 있어서 한국 민주주의는 선진국 수준에는 미치지 못하지만 동아시아의 권위주의 국가들보다는 우위에 있고 대만, 일본과 거의 대등한 수준으로 올라와 있다. 정부와 대표의 응답성, 정치적 안정, 테러와 폭력의 부재, 효과적인 정부, 정부 규제의 질 측면에서는 엄청난 발전을 이룩하였고 이는 경제성장에 매우 긍정적인

영향을 미쳤다고 추측된다. 〈표 6〉이 보여 주는 바와 같이 '효과적인 정부' 지수는 1996년 0.90에서 2008년의 1.26으로 상승하여 거의 선진국 수준이 되었고, 〈표 7〉이 보여 주는 바와 같이 정부 규제의 질 측면에서 1996년의 0.46에서 2007년의 0.88로 거의 두 배 이상 신장되었다.

민주화 이후 한국 민주주의가 질적으로 엄청난 발전을 이룩함으로써 민주정부로 하여금 높은 경제성장을 지속시키는 데 내생적으로(endogenously) 기여하였다. 만약 민주화가 없었다면 권위주의 한국은 지속적인 경제성장을 할 수 없었을 뿐 아니라 탈냉전시대의 세계화와 IT혁명이라는 변화된 국제경제환경에 대응하고 적응할 수 없었을 것이다. 물론 박정희가 구축한 권위주의적 '발전국가'가 1960년대와 1970년대의 경제성장의 기적을 이끈 견인차였지만 그 발전국가는 세계화, IT혁명, 탈냉전과 미국 유일 헤게모니 체제의 등장으로 시대착오적인 무용지물로 추락하였다. 민주화 이후 한국이 상대적으로 형평성 있는 분배를 동반한 경제성장을 지속할 수 있었던 것은 한국이 10년이라는 빠른 시간 내에 민주주의로의 전환과 민주주의의 공고화를 완료하였고, 그 후 지속적으로 한국 민주주의의 질을 높여가는 데 성공하고 있기 때문이다. 한국의 민주정부는 1997년 말 동아시아 경제위기로 발전국가 모델이 무용지물화되었을 때, IT에서 21세기 한국을 먹여살려 줄 '먹거리'를 발견하였고 김대중 정부와 노무현 정부가 IT강국을 위한 인프라를 구축한 결과 현재 IT분야에서 세계 수위를 달리는 국가가 되었다. 따라서 21세기 탈근대 신유목민 시대에도 '민주적 발전론(선 민주주의, 후 경제발전)'이 여전히 한국에 유효하고 한국이 나아가야 할 발전론이다. 왜냐하면, 경제발전은 '좋은 민주주의(good democracy)'에 의해서 만들어지는 '좋은 거버넌스(good governance)'에 뒤따라 일어나기 때문이다.

한국의 민주주의자들은 더 이상 민주주의의 가치와 능력에 회의해서는 안 된다. 한국의 민주주의자들은 지금까지 쌓아 온 민주주의의 탑 위에서 다시 탑을 올리는 작업을 시작해야 한다. 비록 3김 정치시대에 민주화의 주역들은 많은 흠결이 있었으나 기본적으로 자신에게 부여된 민주화의 역사적 사명을 완수하였다. 3김 정치시대 이후의 지도자들도 마찬가지이다. 우리는 그들의 결점을 지적하기 전에 그들이 수행한 성취에 찬사를 보내야 한다. 거기서부터 우리는 더 질 높은 민주주의를 향한 여정에 나서야 한다. 우리는 3김 시대 이후 민주화 2기의 과제인 복지화와 통일 한국의 민주주의 건설을 향해 전진해야 한다.

우리는 민주정부의 선택을 좁히는 신자유주의적 세계화가 강요하는 '황금 죄수복' 이야기나 '신자유주의 외에 다른 대안이 없다'(TINA: There Is No Alternative)는 이야기에 절망할 필요는 없다. 그 대신 세계화 시대에도 다양한 자본주의가 가능하며,(VOC: varieties of capitalism: Hall and Soskice, 2001) 세계화 시대에도 민주정부는 경제정책 선택권이 있으며 문제는 선택의 폭이 좁은 것이 아니라 선출된 민주정부 지도자들이 선택한 경제정책의 내용에 관한 것이라는 아담 쉐보르스키 교수의 말을 경청할 필요가 있다.(Przeworski and Yebra, 2005)

제17장

비동시성적 한국 정치의 미래 과제

한국 민주주의의 민주화

이명박 보수정부가 들어선 이래 한국 민주주의는 다시 민주화의 대상이 되었다. 한국 민주주의는 서구의 선진 민주주의와의 시간적 격차를 좁히기는커녕 오히려 늘려 놓고 있다. 한국 민주주의를 선진화하기 위해서 서구의 선진 민주주의와의 시간적 지체현상을 극복하는 것이 21세기 한국 민주주의의 최우선 과제가 되었다. 한국 민주주의는 한국 정치에 남아 있는 전근대를 청산하고, 근대를 완성하며, 탈근대를 강화해야 한다.(임혁백, 2005)

1. 전근대적 가산주의의 청산

전근대적 가산주의 전통이 21세기에도 계속되고 있다. 그러므로 21세기 한국 정치를 선진화하기 위해서는 전근대적인 유교적 가산주의(Confucian patrimonialism) 전통을 청산해야 한다.(임혁백, 2008c) 이것이 탈근대 사회로 진입하고 있는 한국사회가 가장 선결적으로 해결해야 할 문제이다. 한국은 여전히 근대적인 민주적 제도라는 하드웨어를 전근대적인 가산주의, 가부장주의, 온정주의라는 소프트웨어로 움직이고 있다. 한국 연고주의를 대표하는 지역주의는 유교적 가족주의의 확대 및 연장이다. 한국인들은 자신들의 정체성을 좁은 혈연(씨족)과 학연에서 좀 넓고 광범위한 지역으로 동심원적으로 확대함으로써 매 선거를 지역 간 경쟁을 몰고 갔다.

가산주의는 공공영역의 사유화를 가져왔다.(임혁백, 2008c) 정당 보스에 대한 추종자의 충성에 대한 대가로 정당 보스가 추종자의 복지를 책임지는 가산주의는 정당을 공공이익을 추구하기보다는 사적 집단의 사익을 추구하는 조직으로 만들었다. 따라서 민주적 절차와 과정이 도입된 뒤에도 한국 정치에서는 공공성이 실현될 수 없었다. 3김 시대 이후 지역주의를 볼모로 한 가산주의가 한국 정치를 지배하면서 한국의 대통령, 정당, 국회, 지역 등에서 권력이 사유화·세습화되는 현상이 나타났다. 막스 베버가 개념화한 가산주의는 가부장주의(patriarchism)의 특수한 형태로 기본적으로 가족주의(oikos)에 기초하고 있다. 군주가 권력을 공적인 것이 아니라 군주의 사유물로 간주하고, 관리를 공적 관리가 아니라 자신의 사적인 가신으로 여기는 것이다.(Weber, 1978: 1010-1011) 가산주의의 영향은 다음과 같이 한국 정치에 지속적으로 나타나고 있다.

첫째, 지역주의, 가신주의, 인치주의, 부패, 권력의 사유화가 국민에 의해 공정하게 선출된 민주적 지도자들 사이에 만연하고 있다. 특히 지역주의는 민주화 이후 한국 공화주의와 공공성 실현을 막아 온 장애물이었다. 가산주의적 원리에서 보면, 지역은 가족의 동심원적 확장이다. 정당은 가문을 확대한 지역의 사적 이익을 도모하는 집단이 되었다. 지역이익이 국가이익이 되는 나라에서 공공성이 설 자리가 없다. 한국 지역주의는 바로 가산주의의 다른 표현이다. 한국 지역주의에서 공동체 이익은 염두에 없다. 오직 대한민국이라는 공동체의 이익을 희생하는 위에서 특정 지역의 이익을 배타적으로 추구하는 지역 패권주의만이 있을 뿐이다.(임혁백, 2008d)

둘째, 유교적 가산주의 전통은 한국의 정당들을 보스 중심의 인치정당(personal parties)으로 흐르게 하고 있다. 민주주의는 제도의 지배이지 인물의 지배가 아니다. 민주주의하에서는 지도자의 독단이나 자의가 아니라 민주적 제도

내 경쟁과 타협으로 정치적 결과가 결정된다. 그러기 위해서는 정치사회(정당, 의회, 선거)가 제도화되고 충분한 자율성을 보유하고 있어야 한다. 그러나 한국에서는 아직까지 정치사회, 특히 정당은 제도화되어 있지 않고 자율성을 갖추고 있지도 않다.

이러한 가산주의적인 부패, 인치주의, 위임주의, 가신주의, 지역주의, 보스주의의 유산은 3김 퇴장과 함께 크게 퇴조했다. 제왕적 대통령이 제왕적 총재를 겸임하여 당을 사유화하는 현상은 사라졌다. 특히 노무현 대통령이 당정분리라는 명분으로 집권당과의 협치를 의도적으로 하지 않음으로써 역설적으로 인치주의 정당이 사라졌다. 그렇다고 해서 정당정치의 제도화와 발전이 있었던 것은 아니다. 오히려 정당정치의 후퇴가 일어났다.

실용주의 대통령, CEO 대통령을 표방한 이명박 대통령 후보는 유교적 가산주의와 가장 거리가 먼 합리주의적 사고를 소유한 대통령 후보로 인식되어 많은 사람들의 표를 받았다. 그러나 그가 당선된 후 실시된 인사들을 보면, 그는 3김 시대 대통령들보다 더한 지연, 학연, 종교에 기반한 연고주의 인사를 실시했다. '강부자내각'으로 불리는 인선은 이명박 대통령으로부터 민심이 이탈하게 된 출발점이 되었다. 이명박 정부에서 나타난 연고주의 인사, 위임주의적 통치, 인치주의 정당과 같은 전근대적인 유교적 가산주의 전통을 청산해야 한다.

2. 근대적 공공성의 정치와 공화주의의 실현

대한민국 헌법 제1조 제1항에 '대한민국은 민주 공화국이다'라고 기록하고 있고 오랜 투쟁 끝에 민주화를 이룩했다. 그러나 공화국으로 상징되는 한국 민주주는 공공성에 대해 별로 관심을 갖지 않았다. 공화주의(republic)의 연원은 레스 푸블리카(res publica)이다. 이 말은 공공적인 일 또는 공적인 것(public thing)이라는 뜻으로 사적인 일과 사적인 것이라는 레스 프리바타(res privata)

와 대립되는 말이다.(김상봉 2007: 335) 그리스적인 표현을 빌리면 폴리스적인 것이다. 폴리스에 대한 헌신, 공공이익, 공동선의 추구, 사적인 것에 대한 공적인 것의 우위가 공화주의의 기본 특징이다.(임혁백, 2007)

그런데 한국 정치의 공공성은 민주화 이전에는 가산주의에 의해 침탈당했고 민주화 이후에는 신자유주의적 시장논리에 의해 억제되었다. 정부 운영원리 또한 공공성이 아닌 시장적 효율성에 바탕을 두고 있다. 공기업의 목적은 국민의 공익 어떻게 더 효과적으로 증진시켜 주느냐에 달려 있다. 그런데 많은 경우 공기업에 대한 평가는 수익성을 기준으로 해서 이뤄지고 있다.

그렇다면 신자유주의 세계화 시대에 정치의 공공성을 회복하기 위한 대안은 무엇인가? 첫째, 시장주의 정치(government by market)를 탈피해야 한다. 한국에서 최초로 탄생한 CEO 대통령은 국가를 기업경영주의 방식으로 경영하겠다고 나섰다. 그러나 국가경영은 기업경영이 아니다. 국가는 공공영역의 대표이고 기업은 사적영역의 대표이다. 기업은 이윤을 극대화하는 것이 목적이지만 국가는 모든 공민들의 복지를 고르게 극대화하는 것이 목적이다. 기업은 효율성을 최고의 가치로 삼지만 국가는 형평성을 가치로 삼아야 하며 고르지 않는 것을 항상 걱정해야 한다. 그러므로 국가를 사기업 운영하듯이 관리하겠다는 'CEO 대통령론'은 그 자체로 형용모순(oxymoron)이다. 이윤 극대화와 공익 극대화는 전혀 다른 원리에서 출발한다. 사기업과 국가는 추구하는 목표, 작동하는 원리, 평가받는 실적기준이 다르다. 민주공화국의 대통령은 국가가 공적인 존재라는 것을 인식하고 공적인 존재를 효율적이고 공정하게 관리해야 하는 헌법적 책무를 지고 있다는 것을 명심해야 한다. 시장이 갈채를 받는 세계화 시대일수록 대통령은 세계화에 뒤떨어진 국민을 보호하고 배려하기 위한 노력을 경주해야 한다.(임혁백, 2008b)

이미 권력이 시장으로 넘어가고 있는 세계화 시대에 국가까지 시장주의에 합세하여 국가의 공공성, 공적 의무, 공익을 망각한다면 그로 인해 초래될 불평등, 불의, 불공정을 누가 시정할 것인가? 시장주의가 극성을 부릴수록 국가는 더 공공성에 충실하여야 하고 시장경쟁에서 낙오한 약자의 눈물을 닦아 주어야 한다. 그러기 위해 지도자는 부단히 시장에서 퇴출된 약자와의 소통을 계속해야 한다.(임혁백, 2008c)

정치 지도자의 국가 경영능력은 기업인의 경영능력과 동일한 잣대에 의해 평가되어서는 안 된다. 기업인의 경영능력은 이윤추구 노력에 의해 평가된다. 시장경쟁에서 살아남기 위해서는 이윤을 극대화해야 하고 이윤을 극대화하기 위해서는 형평성보다는 효율성을 우선적으로 고려해야 하며, 정치적 가치보다는 경제적 고려를 우선시해야 한다. 반면, 민주적 대통령의 국가 경영능력은 국민 지지의 극대화와 국민복지의 극대화라는 기준에 의해서 평가되어야 한다. 민주주의는 효율적인 정부를 요구하는 동시에 부의 분배에 있어 형평성을 보장할 수 있는 정부를 요구하고 있다. 경제의 국제경쟁력을 강화하기 위해서는 기업의 자유로운 이윤추구 활동을 저해하는 규제완화가 요구되지만 이것이 반드시 정치의 경쟁력을 강화하지는 않는다. 정치의 경쟁력은 경제적 약자의 복지를 보장할 수 있을 때 강화된다. 환경과 보건에 대한 규제완화가 기업가들의 이윤을 극대화하는 데는 소망스러운 정책일 수 있으나 국민들의 복지와 건강을 우선시해야 하는 대통령이 선택해서는 안 되는 정책이다. 기업인은 자연을 파괴하고 자원을 낭비하는 규제완화를 요구할 수 있다. 그러나 대통령은 기업인들의 이기적인 이윤추구로 인해 발생하는 환경파괴에 대한 규제를 강화해야 한다.

둘째, 대통령을 비롯한 정치 지도자들이 공적인 존재가 되어야 한다. 대통령과 국회의원들은 당선된 순간부터 사적인 개인이 아니라 국가를 운영하고 책임지는 공적인 존재로 변한다. 공인으로서 대통령에게 사적 소유물은 없다. 공화주의에서 공인의 몸은 내 몸이 아니라 국가에 속한 국유재산인 것이다. 마르크스가 간파한 바와 같이 사유재산은 공적 정신을 부패시키는 원천이다. 따라서 한국 정치가 공공성을 회복하기 위해서는 공직자의 공공정신을 부패시킬 수 있는 사유재산 형성 과정을 투명하게 하고 재임 시기 동안 공직자가 사유재산을 행사하는 데 제한을 가해야 한다.

대통령이나 국회의원에 요구되는 자질이 공익, 공공선, 공공성을 우선시하는 공적 인간이라는 것은 민주주의 체제의 지도자이기 때문에 더욱 그러하다. '짐이 곧 국가'라는 절대주의 군주, '나라의 재산은 모두 나의 재산'이라는 가산제적 군주도 자신을 공적인 존재로 규제하고 최대한으로 공익과 공공선을 위해 행동하기를 즐거워했다는 이야기들이 동서양의 역사서에서 많이 발견된다. 하물며 국민이 주인인 민주공화국에서 공인인 정치 지도자가 공공성과 공공이익에 따라 행동해야 하는 것은 말할 것도 없다.

3. 탈근대적 소셜미디어 민주주의의 실현

현재 민주주의의 지배적 패러다임은 고대 그리스의 아테네 도시국가에서 탄생한 직접 민주주의인 민주주의 1.0 시대에서 중세를 거쳐 근대의 시기에 다시 부활한 민주주의 2.0 시대인 대의민주주의이다.[505] 근대 인쇄문명 시대의 민주주의인 대의민주주의 제도는 산업화시대의 민주주의의 기본 틀로 자리잡아 왔으나, 최근 세계화, IT혁명, 자본주의 4.0과 함께 대의민주주의가 '제도적 피로 현상'을 노정하고 있다. 반면, SNS 또는 소셜미디어 소통혁명과 함께 민주주의 3.0 시대의 도래가 논의되고 있다.

IT혁명으로 인터넷을 통한 온라인 소통을 통한 직접적이고 참여적인 민주주의가 가능해졌고, 온라인 소통에 기초한 웹 민주주의는 인터넷이 주도하는 웹 1.0시대의 인터넷 민주주의에서 SNS가 주도하는 웹 2.0시대의 SNS 민주주의로 진화하고 있다. 말하자면, IT혁명의 급속한 진전이 디지털 민주주의라는 새로운 대안적 민주주의를 탄생케했고 디지털 민주주의는 빠른 속도로 웹 1.0

---

505 대의민주주의 역사에 관한 논의는 임혁백, 2009를 많이 참조하였음.

시대의 인터넷 민주주의에서 웹 2.0시대의 SNS 민주주의로 진화하고 있다.

2004년부터 모든 사람이 다양한 정보를 생산하고 소비하는 플랫폼으로서의 웹 환경인 웹 2.0시대가 열렸다. 웹 2.0시대의 웹은 OS 대신 플랫폼이 존재하고 인터넷이 연결되는 환경이라면 언제 어디서나 어떠한 OS에 상관없이 어플리케이션의 지원을 받을 수 있게 되었다. 네티즌들이 운영자가 제공하는 정보를 소비만 하던 웹 1.0시대에서 스스로 정보를 생산하기도 하고 제공하면서 소비하는 웹 2.0시대가 열리면서 네티즌의 역량과 권력이 강화되었다. 이러한 웹 2.0시대로의 진화로 소수 전문가가 파레토 법칙에 의해 중앙집권형으로 정보를 배분하는 비민주적인 웹 1.0시대에서 정보의 생산자이면서 동시에 소비자(prosumer)로서의 네티즌들이 플랫폼상에서 소수자 80%가 '롱테일 법칙'에[506] 의해 분산적이고 자율적으로 참여하여 정보를 집단적으로 만들고 수정해 나가면서 공유, 공감, 소통하는 집단지성(collective intelligence: 예, 위키피디아, 포크소노미)을 형성해 나가는 웹 2.0 민주주의를 출현시키고 있는 것이다. 80%의 소수자가 기득권자 20%를 지배하는 '롱 테일(long-tail) 법칙'이 지배하는 SNS 민주주의는 20% 대 80%의 파레토 법칙이 지배하는 '선출된 대표가 지배하는' 엘리트 민주주의(Schumpeter, 1942)인 대의민주주의보다 더 민주적이다.[507]

21세기의 세계는 복잡성의 사회(complex society)이고 이종교배의 사회(hybrid society)이다. 이러한 복잡성 사회에서 소통이 제대로 되지 않으면 체제 자체가 무너져 버린다. 소통이 되지 않으면 집단행동이 불가능해지고, 서로 다

506 '롱-테일(long tail) 법칙'이란, 80%의 비핵심 다수가 20%의 핵심 소수보다 더 뛰어난 가치를 창출한다는 이론이다. 많이 판매되는 상품순으로 그래프를 그리면 적게 팔리는 상품들은 선의 높이는 낮지만 긴 꼬리(long-tail)처럼 길게 이어진다. 이 긴 꼬리에 해당하는 상품을 모두 합치면 많이 팔리는 상품들을 넘어선다는 뜻에서 롱-테일 법칙이라고 한다.

507 결론적으로 대의민주주의는 대표들이 주권자인 국민이 선거를 통해 위임한 의제를 충실히 토의하고 국민의 요구에 응답하여 해결해 주는 공급자 중심(supply-side)이면서 반응적인(reactive) 민주주의인 반면, SNS 민주주의는 시민들이 정책의 수요자이면서 공급자이다(prosumer). 따라서 수요자 중심(demand-side) 민주주의이고, 다양한 정체성을 가진 다중(multitude)이 적극적으로 참여하는 '다중 민주주의(multitude democracy)'이다.

른 사상과 종교적 신념이 소통되지 않으면 내란이 일어난다. 역사적으로 계급전쟁보다 종교전쟁이 더 피비린내 나는 유혈적인 전쟁이었다는 사실은 계급투쟁은 이익에 바탕을 두기 때문에 이익을 교환함으로써 타협이 가능하나 종교나 사상, 신념 등은 정체성에 바탕을 두기 때문에 타협 자체가 힘들다는 점을 보여 준다. 한 국가 내에서 종교 및 계급 집단들 간에 소통이 제대로 되지 않으면 그 국가는 바벨탑처럼 와해될 것이다.(임혁백, 2008a)

한국의 정치와 사회에는 전근대, 근대, 탈근대라는 비동시적인 역사시간이 공존하고 있다. 압축적 산업화와 급속한 민주화, IT혁명의 급진전이 거의 동시간적으로 일어났기 때문이다. 따라서 한국사회는 서로 다른 시간대에 살고 있는 상이한 집단 간, 즉 세대 간, 양성 간, 계급 간, 지역 간에 소통을 요구한다. 한국 민주주의를 이끄는 지도자는 웹 2.0시대의 SNS 민주주의를 이용하여 '위대한 대소통자'가 되어 여러 갈등하는 집단들 간에 대화를 추진하고 그들을 화해시키고 궁극적으로 사회 통합을 이루어 내야 한다.

결론적으로 한국 민주주의가 선진 민주주의로 진화하기 위해서는 전근대적인 가산주의를 청산하고 근대적인 공공성의 정치를 실현해야 하며, 탈근대적인 소셜미디어 민주주의로 진화해야 한다. 한국 민주주의가 나가야 할 길은 비동시적인 시간들이 충돌을 멈추고 동시화되는 것이 아니라, 비동시적 시간들 간의 상호 지양(Aufheben)을 통해 세계정신(Zeitgeist)의 시간으로 진보해야 하는 것이다. 그러기 위해서 절차적 민주주의에서 실질적 민주주의로, 자유민주주의를 넘어 사회 민주주의로 진보해야 한다는 당위론에 동의하지만, 지금 한국 민주주의는 다시 절차적 민주주의를 염려해야 할 정도로 후퇴, 퇴보하고 있다. 한국 보수세력이 진보세력에 빼앗긴 정권을 탈환하기 위해 전가보도처럼 내건 것은 자유의 확대였다. 그런데 보수세력이 재집권한 뒤에 확대된 것은 시장과 기업의 자유이고, 언론자유와 정치적 자유는 오히려 위축되고 있다는 우울한 현실에 대해 집권 보수세력 스스로 성찰과 자성이 있어야 할 것이다. 지금 필요한 것은 실질적 민주주의에 앞서 후퇴하려는 절차적 민주주의와 정치적 자유를 확고하게 구축하는 것이다.

맺으면서

비동시성의 극복과 지양

1. 비동시적 시간의 동시화인가, 비동시적 시간의 지양(止揚)인가?[508]

1930년대의 전간기 바이마르 독일을 관찰하면서 에른스트 블로흐는 비동시적 모순들의 변증법을 보았다. 그런데 블로흐가 본 것은 주로 계급들 간의 비동시성이었다.(Bloch, 1932) 가난한 농민계급, 과거 영광을 재현하려는 융커 토지귀족계급, 새로이 궁핍화되고 있는 중산계급, 지배계급인 대자본가 계급, 그리고 이 모든 것이 섞여 있는 히틀러와 나치들은 모두 똑같이 '지금(Now)' 자본주의 시간에 살고 있지 않았다. 농민, 중산층은 전근대의 시간, 대자본가들과 프롤레타리아트들은 근대적인 '현재' 자본주의라는 비동시성적 시간에 살고 있었다. 그러면서도 1930년대의 독일인 들은 모두 융커의 군사주의와 대자본가의 현재 자본주의가 주도하는 압축적 산업화의 시간에 동시적으로 살도록 강요되었다. 역사적 시간의 비동시성의 모순을 인식하면서 나온 '주관적 비동시성' 모순은 농민들과 중산층, 프롤레타리아트의 '억제된 분노(pent-up anger)'로 나타나고, 전자본주의적 생산관계와 생산양식의 여파(after-effect)가 자본주의

508 지양(止揚)은 헤겔(Hegel)이 사용한 Aufheben(또는 Aufhebung)의 번역이다. Aufheben은 폐기(abolish)하나 완전히 폐기하지 않고 부분적으로 보존(preserve)해서 다른 차원으로 끌어올린다(lift up)는 것을 의미한다.(Kaufmann, 1964: 144) 비동시성을 지양한다는 것은 비동시성을 완전히 폐기하는 것이 아니라 비동시적 시간 내에 존재하는 근대성을 보존하여 근대의 시간을 새로운 차원으로 '끌어올린다'는 의미를 담고 있다.

에 의해 지양되지 못하고 찌꺼기가 '현재' 자본주의에 남아 있는 '객관적 비동시성' 모순은 '과거'를 미완성(incompleted past)시키기보다는 미래로의 행진을 방해했다. 결국 비동시성의 모순들은 다양한 방식으로 결합한다. 프롤레타리아트, 가난한 농민, 가난한 중산층들 간의 현재 자본주의를 반대하는 '동시적' 모순은 프롤레타리아트 헤게모니하에 3중 동맹을 맺게 한다. 반면에, 히틀러는 '후기 자본주의(late capitalism)'에 의해 발생하는 모순들을 이용(exploits)하고, 노동자, 농민, 중산층의 허위의식을 키우고, 과거 독일 낭만주의의 마녀, 무당(exorcists), 지하신들(地下神, chthonism)을 불러와서 비동시성적이고 이질적인 모순들을 해결 못한 불안정한 프롤레타리아트 헤게모니를 제압한다. 히틀러는 이렇게 다중적 비동시성 모순들을 동시적으로 묶어서 나치 전체주의의 시간으로 동시화시키고 있다고 블로흐는 1932년의 바이마르 말기 독일을 진단하고 있다.(Bloch, 1932, 1985, 2000; Bloch and Ritter, 1977; Brose, 2004)

2014년의 대한민국은 1932년의 바이마르 말기의 독일과 무엇이 닮았고 무엇이 다른가? 비슷한 점은 2014년의 한국에도 주관적 그리고 객관적 비동시성의 모순이 존재하고 있다는 것이다. 아직도 전근대에 살고 있는 노령 세대, 가난한 농민, 도시 빈민들, 꼴통 보수들이 있고, 근대의 한복판에 살고 있는 부유한 신중산층, 대자본가, 노동계급, 그리고 근대에서 탈근대로 폭넓게 살고 있는 젊은 세대, 신유목 시민사회, 벤처기업가들, 지식노동자들 그리고 퇴영적 포스트 모던 진보주의자들이 비동시적 시간을 동시에 살고 있다. 근대의 시간에 전근대의 시간에 살도록 강요받는다는 의식을 분노로 분출하는 '억제된 분노(pent-up anger)' 현상이 나타나는 데서 '주관적 비동시성'을 읽을 수 있다. 또한 전근대가 청산되지 못하고 전근대의 잔여물, 찌꺼기가 근대의 시간에 유입되어 근대를 완성하고 탈근대로의 행진을 가로막는 방해자의 역할을 하는 '객관적 비동시성'도 관찰된다.

블로흐의 바이마르 독일의 비동시성과 21세기 대한민국의 비동시성의 유사성은 여기까지이고, 차이점이 유사성보다 크다. 첫째, 블로흐가 묘사한 바이마르 독일에서 나타난 비동시성은 자본주의 생산양식과 생산관계에 기초한 계급 간의 시간 차이인 데 반해, 21세기 한국의 비동시성은 경제적 계급 모순이 지배적인 모순을 형성하지 않고, 이념, 세대, 지역 같은 경제 외적(extra-economic) 모순이 계급 모순에 우선하는 주 모순을 구성한다. 한국의 비동시적 시간 간의 충돌은 반공 또는 종북 같은 이념을 둘러싸고 살벌하게 전개되고 선거정치에 영향을 준다. 그리고 냉전의 종말과 함께 지나간 과거의 찌꺼기인 반공을 아직도 전가보도로 여기는 이념세력과 세계화 시대에 개방적이고 포용적인 탈이념 세력 간의 갈등은 세계화 이전의 '늙은 세대'와 세계화 이후의 '젊은 세대' 간의 비동시성적 균열이다. 그리고 산업화 사회에서 반공이념이 근대 민주주의로의 행진을 막고 있는 상황하에서 정치인들은 전근대적인 가산주의적인 지역을 다시 불러왔고 지역주의는 돌진적 근대화로 이미 제거된 줄 알았던 전근대를 불러왔다. 전근대적인 과거 회귀주의적이고 퇴영적인 지역주의가 선거판을 휩쓺으로써 전근대적 지역주의와 세계화와 IT혁명이 낳은 탈영토적인 유목주의 간의 비동시적 모순이 충돌하고 있다.

둘째, 블로흐의 비동시성 모순은 근대로의 행진에서 소외되었던 계급들이 프롤레타리아트 헤게모니하에 구성한 반자본주의다. 계급동맹과 다중적 비동시성 간의 모순들을 동시적으로 묶어서 나치 전체주의 시간으로 동시화시키려 했던 히틀러의 충돌로 발전했으나 히틀러의 승리로 끝이 났다.

한국의 경우는 계급시간의 비동시성으로 인한 모순의 폭발이라는 바이마르 말기의 독일과 달랐다. 한국의 근대 시간에서 비경제적인 이념의 결정력은 대단하였다. 한국전쟁이 끝난 뒤 두 근대화 프로젝트인 산업화와 민주화 과정에서 한국전쟁이 낳은 이념균열이 규정하는 '반공의 경계'는 무섭게 적용되었다. 한국은 압축적으로 산업화를 치렀음에도 불구하고 이로 인한 부작용을 해결해 줄 계급정치의 출현이 반공에 의해 억압되었고 아직도 그 찌꺼기가 남아 선거 민주주의를 실현하는 데 중요한 제약 요인이 되고 있다. 시민혁명 과정을 통해 자생적으로 민주화를 이루어 내었음에도 불구하고 반공의 경계는 민주화 이후의 여야 정치인들의 행동반경을 결정해 주고 있다. 반공의 시간은 냉전의 시대에는 근대의 시간이었으나, 냉전이 종식되고 탈근대화되고 있는 현 시점에서는 전근대 시간의 찌끼기일 뿐이다. 반공은 이미 철 지난 전근대 시간으로 퇴화해 버렸고, 20세기 중기의 '근대'를 다시 불러오려는 낡은 세대들의 시대착오적이고 퇴영적인 노력을 상징하는 언어일 뿐이다. 이는 탈근대화되고 있는 한국정치의 시간을 두 세대 이전으로 후퇴시키며 이미 근대에서 탈근대로 들어가고 있는 젊은 세대들과의 충돌을 야기할 수밖에 없다.

전근대적인 반공주의의 찌꺼기는 또 다른 비동시적 시간인 유교적 가산주의에 의해 보완, 강화되고 있다. 가산주의의 주요한 제도는 세습제(patrimonial succession)인데 지금 동아시아 민주주의나 독재 국가 모두 세습제가 유행하고 있다. 북한의 김정은은 공식적으로 3대 세습 독재자이고, 중국의 시진핑은 '태자당' 출신으로 중국식 '엘리트의 순환(circulation of elites: V. Pareto)'이라는 가산주의 계승방식으로 최고지도자에 선출되었다. 박근혜 대통령과 아베 일본 총리는 의심의 여지없이 민주적 선거로 선출된 지도자이지만 유권자들이 표를 던지는 과정에서 한국 근대화의 아버지와 일본 대동아전쟁 지휘자 외할아버지 기시 노부스케에 대한 향수가 강하게 작용했으리라는 점에서 전근대적 가산주의의 시간이 근대적인 민주적 선거에서도 작동하고 있음을 본다. 전근대적인 가산주의의 찌꺼기는 가장 근대화되고 서구화된 조직인 대기업과 대학에서도 나타난다. 한국의 세계적인 재벌기업은 가산주의 방식으로 재벌회장이라는 최고 소유 경영자를 결정한다. 한국의 사립대학은 민주화 이후 총장직선제가 도입되어 족벌사학재단이라는 오명에서 벗어난 듯했으나 최근 다시 족벌들이 총장과 재단이사장으로 되돌아오는 경향이 있다. 이 점에서 재벌기업과 사립대학에는 가장 근대적인 시간과 전근대적인 가산주의의 비동시적인 시간이 공존하고 있으며, 이 두 시간은 때로 충돌한다.

독일은 바이마르 전간기의 비동시성의 공존과 충돌을 극복하지 못하고 히틀러에 의한 나치 전체주의 시간으로의 동시화됨으로써 세계 역사상 유례없는 재앙을 초래하였다. 한국의 뉴라이트는 그러한 극단주의(extremism)로까지 갈 것 같지는 않다. 왜냐하면 그들이 극단주의로 가고 싶어도 한국에는 이미 민주주의가 공고화되어 있어 보수정권이 다음 선거에서 패배한다면 그들의 이념전쟁에 브레이크가 걸릴 것이기 때문이다. 그러나 우려스러운 것은 교과서파동에서 보듯이 한국의 뉴라이트가 문화전쟁 또는 문화혁명이라는 형태로 이데올로기적 헤게모니를 장악하여 비동시적 시간을 뉴라이트의 시간으로 동시화시키려고 하고 있지 않나 하는 점이다.

독일의 나치처럼 극단적인 근대의 시간으로 기왕에 존재하고 있는 비동시적 시간들을 동시화시키는 것은 최악의 비동시성 해결책이다. 비동시성으로 발생하는 모순을 해결하기 위해서는 다원주의적 공존과 경쟁의 원리가 필요하다. 근대로 이월된 전근대 시간의 찌꺼기는 반드시 씻어 내고 척결해야 할 대상이 아니라 전근대 시간에 있었던 '전통'에서 근대의 보석을 찾는 '전통의 근대성'을 발견해야 하고,[509] 전근대의 시간에서 이월되고 있는 가산주의와 같은 전통은 과감히 버려야 하는 것이다. 그러나 탈산업화, 탈근대의 시대에 우리에게 필요한 것은 하나의 민족시간이 아니다. IT혁명과 세계화로 탈산업화 시대로 접어든 이 시점에서 우리 기업은 산업화 시대의 피라미드형 조직, 지휘자가 일사분란하게 조율, 조정, 통제하는 필하모니형 기업운영으로는 살아남기 힘들 것이다. 탈산업화 시대에는 여러 재능 있는 사람들이 모여서 사업팀을 만들고 수평적인 관계에서 사업 프로젝트를 성공적으로 완료한 뒤, 흩어지고 새로운 프

509 조선시대에는 공론을 형성하는 근대적인 소통기구와 제도가 있었다. 의정부 합의제, 경연제도, 언관 3사제도, 지방에서의 유교적 공론장 등이 있었다. 특히 경연제도는 유네스코 문화유산에 지정될 정도로 고도로 발달하고 제도화된 국왕과 관료들 간의 공론정치, 심의정치의 장이었다. 이와 같이 우리의 전통에서 근대를 발견하는 것은 어렵지 않다.

로젝트가 나오면 다시 모여서 팀을 만들어 일을 하는 '유랑극단형' 유목 기업이 경쟁력이 있을 것이다.(임혁백, 2009) 유랑극단형 유목 기업은 필하모니형 기업운영을 하지 않고 '재즈밴드형' 기업운영을 한다. 지휘자의 조율, 통제 없이 각자가 자신의 음을 내어 집단적으로 조율하여 가장 아름다운 하모니를 만들어 내는 것이다. 정치도 마찬가지이다. 하나의 시간으로 동시화하려 하지 말고 여러 비동시적 시간에 사는 계급, 세대, 지역, 이념들이 공존하면서 경쟁하도록 지도자는 직접 노를 저으려 하지 말고 방향타만 잡아 주어야 한다.

그러나 모든 비동시적 시간이 관용되고 공존이 허용되어서는 안 된다. 일찍이 아리스토텔레스는 덕성 있는 민주주의(polity)가 작동하기 위해서는 극단주의는 배제되어야 한다고 했다. 실제로 고대 그리스의 아테네에서는 도편추방제(*Ostrakismos*)를 도입하여 극단적인 인물들을 아테네로부터 추방하여 덕성 있는 동질적인 시민들로 구성된 '좋은 민주주의'를 만들고 유지하려 하였다.[510] 에릭 홉스봄이 20세기 중 '짧은 20세기(1914-1991)'만을 서술한 이유는 20세기가 다양한 극단주의의 시간들이 다른 비동시적 시간과 동시적으로 공존, 충돌하면서 마침내 세계를 재앙으로 몰고 갔기 때문이다. 그래서 그는 공산주의라는 20세기의 마지막 극단의 시간이 끝이 난 1991년으로 20세기가 빨리 끝나기를 기원하는 마음을 '짧은 20세기'에 담고 있다. 그는 1991년에 극단의 20세기가 사실상 끝이 났다고 하면서 새로운 밀레니엄이 시작되는 21세기는 극단의 세기가 남긴 상처를 치유하고 평화가 도래하기를 기원하고 있다.(Hobsbawm, 1994: 558-585)

홉스봄이 서술한 바와 같이, 지난 20세기는 극단의 세기였으나 그 극단의 시간들은 다른 비동시성 시간에 의해 차례로 종말을 고했다. 제국주의의 시간

510 아리스토텔레스에 의하면, 도편추방제는 기원전 5세기경 클리스테네스(Cleisthenes)에 의해 도입되었는데 극단적으로 너무 권력, 명예, 부가 많은 지도자들을 조개 투표로 추방하여 중산층이 다수가 되는 민주주의를 실현하려 한 제도다. 아테네 민주주의는 이 제도를 통해 많은 참주(tyrants, 폭군)를 추방하여 정권교체를 할 수 있었다.(Aristoteles, 1935: 61-71)

은 1914년 발발한 제1차 세계대전으로 종말을 고했고, 파시즘과 나치즘은 제2차 세계대전에서 축출되었다. 마지막으로 공산주의라는 극단의 시간은 1989년부터 1991년 사이에 유혈사태 없이 평화적으로 조용히 몰락하였다.

한국도 지난 세기에 한국전쟁을 치르면서 20세기가 극단의 세기로 불리는 데 한몫을 했다. 21세기에 한국에서 20세기의 극단의 시간이 재현되어서는 안 된다. 그러기 위해서는 근대, 전근대, 탈근대 시간을 막론하고 극단의 시간이 한국 정치의 시간을 지배하지 않도록 각고의 노력을 해야 한다. 극단주의자들을 배제하기 위해서 2500년 전에 아테네 시민들이 도입했던 도편추방제와 같은 제도를 도입하는 것은 실현 가능성에서 문제가 있다. 그런데 한국은 현재 민주주의의 나라이고 국민주권의 나라이다. 극좌든 극우든 극단주의자들을 추방하고 극단주의의 시간이 다른 비동시적 시간을 지배하지 않게 하기 위해서는 주권자인 시민들이 극단주의 정당, 정치인을 투표함에서 표로써 추방하는 수밖에 없다. 따라서 극단주의를 추방하기 위해서는 민주주의를 강화해야 하고 그 민주주의를 운영하는 주권자인 시민의 능력을 함양해야 한다.

2. 21세기 한국의 비동시성적 갈등정치의 특성

21세기 한국과 한국인들 내부에서 발견되는 비동시성은 복합적이다. 한편으로는 블로흐가 이야기한 내적(inner) 비동시성이 존재한다. 한국인 내부에 비동시성의 시간이 존재하여 '가시나무새'처럼 '내 속에 또 다른 내가 있는' 비동시성적 시간들이 정치적 풍파가 일면 서로 부딪치면서 내상(內傷)을 입고 분열, 반목한다. 다른 한편으로는 블로흐가 이야기하는 외적(outer) 비동시성이 존재한다. 외적(outer) 비동시성은 밖으로부터 주어진 객관적 비동시성이다. 계급갈등, 이념전쟁과 같은 과거에 '객관적으로' 형성된 비동시적 시간들 간의 충돌은 역사적 찌꺼기처럼 '현재'에 들러붙어 시대착오적인 야만을 동반한 보수적인 재동시화를 추구하거나, 이익집단 간의 타협을 통해 객관적인 비동시성의 시간들 간의 모순과 갈등을 선거 민주주의의 용광로 속에 녹이기도 한다. 타협의 정치는 허쉬만이 이야기하는 '열정(passions)의 정치'를 약화시키고 차갑게 이익(interests)을 계산하는 정치를 강화시켜 정치의 열기를 가라앉히고 정치적 평화를 가져다줄 수 있다.(Hirschman, 1977)

이러한 복합적인 비동시성은 복합적인 갈등구조를 낳았다. 해방 이래 한국에는 전쟁과 반공체제의 구축으로 이념갈등이 주 갈등으로 자리 잡았으며, 압축적 산업화의 결과로 계급이 탄생하였고 이익에 기반한 이익갈등(interest-based conflicts) 구조가 형성되었다. 전근대적인 연고주의의 잔존으로 지역주의, 친인척주의에 기반한 갈등이 민주화 이후 선거정치를 좌우했고, 탈근대사회의 도래로 세대갈등이 새로운 선거균열구조의 핵으로 떠오르고 있다. 한국의 갈등구조도 전근대, 근대, 탈근대적인 비동시성적 갈등이 동시적으로 존재하고 있는 모습을 보여 주고 있다. 이념갈등, 연고주의, 세대갈등은 정체성에 기반한 갈등(identity-based conflicts)이고 계급갈등과 계층갈등은 이익갈등인데 한국의 갈등 구조는 정체성 갈등과 이념갈등이 중첩되는 복합갈등(overlapping conflicts)의 성격을 띠고 있다.(Offe, 2003; Merkel and Weiffen, 2012) 한국의 갈등구조가 복합갈등의 성격을 띠고 있다는 것은 21세기 한국인 내부에 내적(inner) 비동시성뿐 아니라 한국의 객관적 계급구조, 이념구조, 세대구조에 의해 견인되는 외적(outer) 비동시성이 동시에 존재하고 있다는 것을 보여 준다.

그런데 계급갈등, 계층갈등은 대표적인 이익갈등으로 가치갈등이라기보다는 분배갈등(distributional conflicts)으로 만약에 계급갈등이 이념갈등에 둥지를 트고 있지 않을 경우 계급타협을 통해 상대적으로 쉽게 해결할 수 있다. 자원의 배분을 둘러싼 분배갈등은 공정한 과세-복지국가(tax-and-welfare state)에 의해 헌정체제 내에서 갈등 해결의 제도화를 통해 평화적으로 해결할 수 있다. 반면에 이념갈등(ideological conflicts)은 기본적으로 정체성 갈등이다. 그런데 양극화 사회가 심화되어 하층계급이 분배의 기본규칙의 공정성(fairness)에 도전할 경우 계급갈등과 정체성 갈등이 복합적으로 결합한 '복합갈등'(overlapping conflicts)이 된다. 복합갈등은 정체성 갈등보다 더 해결하기 어렵다.

그런데 한국의 경우 정체성 갈등(이념갈등, 지역갈등, 세대갈등)이 이익갈등과 중첩(overlapping)되어 있는 비동시성적 복합갈등의 성격을 띠고 있어 갈등의 해결을 어렵게 할 뿐 아니라 민주주의의 기초를 약화시키고 있다. 한국적 복합갈등의 특징은 이익에 바탕을 둔 계급갈등보다는 종교, 사상, 이데올로기 등 정체성에 바탕을 둔 정체성 갈등이 기본적인 갈등을 구성하고 있다는 것이다. 해방 후 한국의 기본적인 갈등구조가 이데올로기적 갈등에서 출발했기 때문에 갈등구조는 정체성을 둘러싼 갈등일 수밖에 없었고 이는 유혈적인 내전과 국제전 그리고 한국전쟁이 끝난 후에도 '빨갱이 소탕'이라는 이름으로 국내적 냉전을 계속하게 했다. 냉전시대에 분단구조, 분단의식, 분단체제가 고착화되었고, 분단체제하에서 분열, 갈등, 대립의 정치가 체제내화될 수밖에 없었다. 이념균열의 압도적 중요성은 압축적 산업화에도 불구하고 계급이익을 둘러싼 계급갈등이 한국정치의 균열구조에서 주변적 위치를 차지하게 하였으며, 한국 정치는 서구 민주국가처럼 '계급갈등의 제도화(institutionalization of class conflict)'를 통한 타협의 정치를 실현할 수 없었다.

3. 비동시성적 갈등정치의 지양

앞에서 이야기한 바와 같이 비동시성적 갈등정치를 지양하기 위한 방법으로 비동시성적 모순들을 하나의 모순으로 '동시화(synchronization)'시켜 해결하려 하는 것은 바람직하지 않을 뿐 아니라 비민주적이다. 히틀러는 전간기 바이마르의 비동시적 모순들을 나치즘이라는 전체주의의 시간으로 동시화시켜 해결하려 하였으나 히틀러의 비동시성의 동시화 작업은 야만적 유태인 인종 학살,

유럽을 나치의 제3제국(Third Reich)으로 흡수통합하려는 데서 출발한 제2차 세계대전이라는 인류의 참사를 불러왔다. 그러므로 비동시성적 모순과 갈등을 해결하기 위한 방법은 기본적으로 비동시성의 '동시화'가 아니라 비동시성적 모순과 갈등의 다원주의적 공존과 균형이다. 다원주의적 공존과 균형을 실현하는 방법에는 정치문화론적 접근과 제도주의 접근이 있다. 정치문화론적 접근은 다원주의적 공존, 균형, 통합의 정치문화를 이식하거나 내면화하는 방법론을 찾는 것이고, 제도주의 접근은 제도 디자인을 통해 한국 정치 행위자들의 행동의 틀을 구조화함으로써 갈등보다는 합의, 배제보다는 공존, 분열과 '나누기'보다는 통합과 '나눔'의 정치를 할 수밖에 없도록 제도적 한계를 설정하여(institution as bounded rationality) 공존과 균형의 정치를 유도하는 것이다.

1) 다원주의적 공존과 균형의 정치문화

정치문화론자들은 민주주의가 유지되고 효과적으로 기능하기 위해서는 민주주의를 분열시키는 갈등을 해결하는 특정한 유형의 정치문화가 필요하다고 주장한다. 몽테스키외(Montesquieu, 1721 and 1748)가 민주주의를 효과적으로 기능하게 하는 정치문화를 '덕성(virtue)'이라고 주장한 이래 많은 민주적 정치문화에 관한 언술이 나왔다. 밀(J.S. Mill, 1991: 230)은 합의주의(consensual) 정치문화가 대의민주주의의 유지에 필수적이라고 하면서, 다른 민족들로 구성된 국민들이 다른 언어를 사용하면 '동료 시민(fellow feeling)' 의식이 없어 대의민주주의는 불가능해진다고 주장했다. 알몬드와 버바(Almond and Verba, 1965)는 '시민적 문화(civic culture)', 잉글하트(Inglehart, 1990)는 신뢰, 삶의 만족도(life satisfaction), 혁명적 변화에 대한 지지를 들었고, 바인가스트(Weingast, 1997)는 정당한 국가행위의 한계에 대한 합의, 민주적 가치와 안정적 민주주의에 대한 합의, 신뢰, 상호 관용 등을 들었다. 립셋(Lipset, 1959; 1994)은 안정적 민주주의를 가능하게 하는 정치문화로서 공화주의적 덕성, 신뢰, 공감, 관용, 절제, 인내와 같은 가치체계에 주목하였는데, 특히 특정 종교의 정치문화와 민주주의 (그리고 권위주의) 간에 강한 상관관계(correlation)가 있다고 주장했다.[511]

비동시성적 모순과 갈등을 해결하는 데 있어서 옛 선인들의 지혜를 빌릴 필요가 있다. 루돌프 교수 부부가 《전통의 근대성(*Modernity of Tradition*)》에서 인도의 전통 속에 살아 있는 근대를 발견하려 했듯이, 우리도 선인들의 이론에서 우리가 나아가야 할 지혜를 찾는 법고창신(法古創新)[512]의 방법론이 필요하다.

먼저 서양의 아리스토텔레스는 중용(golden mean) 이론을 제시하여 극단적인 비동시적 시간에 살고 있는 사람들이 화합할 수 있는 다원주의적 정치문화와 제도를 제시하였다.[513] 아리스토텔레스는 고대 그리스의 도시국가(polis)에서는 민주주의(democracy)와 과두제(oligarchy)라는 두 개의 비동시적인 정체(政體)가 경쟁, 갈등하고 있었는데, 민주주의는 '가난한 다수'가 지배하는 다수지배체제이고, 과두제는 '부유한 소수'가 지배하는 소수지배체제이다. 오늘날의 관점에서 이야기하면 민주주의는 대중 민주주의이고 과두제는 자본주의 체제라고 볼 수 있다. 그런데 민주주의와 과두제가 극단적으로 분열, 갈등하면 공

---

511 립셋은 가톨릭, 교조적(orthodox) 기독교(러시아 정교), 이슬람, 유교는 민주주의와 부정적 (negative) 상관관계가 있고 프로테스탄트 기독교는 민주주의와 긍정적 상관관계가 있는 것으로 밝혀졌는데 프로테스탄트 기독교가 개인주의 강조, 정교분리(Tocqueville, 1975)와 같은 민주주의 친화적인 정치문화를 교화하고 있기 때문이라고 했다.

512 法古創新의 개념은 연암 박지원이 만든 것이다.

法古者秉泥跡	옛것을 본받는 자들은 그 옛것에 구속되어 벗어나지 못하는 것이 병폐이고,
唱新者患不經	새것을 창조해 내는 사람들은 불경한 것이 병폐이다.
苟能法古而知變	참으로 옛것을 본받으면서도 변통할 줄 알고
刱新耳能典	새것을 창조해 내면서도 근거가 있다면
今之文猶古之文也	이 시대의 글이 고문과 마찬가지의 가치를 갖게 될 것이다

— 연암(燕巖) 박지원(朴趾源), 《연암집(燕巖集)》, 권7 〈초정집서(楚亭集序)〉.

513 아리스토텔레스도 중용(golden mean)을 이야기했는데 극단(extreme)과 극단 사이의 산술적 중간이 아니라 중용(극단과 극단의 산술적 중간이 아니라 극단과 극단의 덕성이 극대화된 황금율로 배분된 중위 golden mean)이다. 만용과 비겁의 중용인 용기, 교만과 비굴의 중용인 긍지, 낭비와 인색의 중용인 검소 등이 중용이다. 중용에 따라 행동하는 것이 덕성 있는 행동이고 그러기 위해서 항상 도덕적 미덕인지 판단하고 실천하는 "실천적 지혜"가 필요하다.

동체(koinonia)가 붕괴할 수 있기 때문에 이러한 문제를 해결하고 사회를 통합할 수 있는 현실적으로 가능한 최상의 정치체제를 폴리티(polity)로 불렀다. 폴리티는 중용(golden mean)의 원리에 기반한 혼합정치 체제이고 오늘날의 관점에서 보면 합의민주주의이다.

아리스토텔레스는 폴리티를 형성함에 있어서 중용의 문화, 가치, 원리만을 이야기하지 않고 중용의 정치를 제도화하는 방법을 알려주었다. 아리스토텔레스는 민주주의를 지배하는 다수는 수에 있어서 우위가 있고, 과두제를 지배하는 소수는 부에 있어서 우위가 있다. 그렇다면 중용적 민주주의인 폴리티를 형성하기 위해서는 가난한 다수에게는 부를 더 많이 가지게 분배함으로써 두터운 중산층을 만들고, 소수인 부자에게는 수를 더 많이 가지게 하여(예, 복수투표권) 수에 있어서 균형을 이루게 하여 민주정치 과정에서 가난한 다수와 경쟁할 수 있는 충분한 수를 확보해 준다는 것이다. 폴리티가 중용적 민주주의, 균형적 민주주의, 합의주의적 민주주의인 이유는 이러한 제도적 장치를 통해 더 많은 부를 얻어 중산층이 된 가난한 다수는 이전과는 달리 좀더 부자의 입장에서 주장하고, 더 많은 수를 얻게 된 부자들은 이전과는 달리 좀더 가난한 다수의 입장에서 주장하게 됨으로써 자연히 가난한 다수의 민주주의와 소수 부자의 과두제가 중용으로 수렴되어 균형이 이루어지고 균형적 또는 합의주의적 정치가 작동하기 때문이다.

동양에서도 다원주의적이고 균형적인 정치문화 이론이 부족하지 않았다. 우리는 통념과는 달리 공자(孔子)가 비동시성적 갈등과 모순을 다원주의적 관점에서 해결책을 제시한 위대한 스승이라는 것을 발견하게 된다. 공자는 논어(論語)에서 화이부동(和而不同) 즉, 서로 같아지지 않고 동화되거나 흡수되지 않으면서 화합하는 것이 정치적 통합이고 이를 달성할 수 있는 기본 수단은 소통(疏通)이라고 갈파했다. 화의부동(和而不同)의 화(和)는 다양한 이질적 인간과 사물들 사이의 화해(和解)이지 동류(同類) 사이의 화해가 아니다. 화(和)의 상태란 여러 부분들이 더불어 조화롭게 공존하는 것, 즉 다원성의 통일이다. 통일된 전체 속에서 각 부분들은 일정한 관계를 형성하고, 서로 어울리며 화합하여 서로를 완성시켜 준다. 이러한 관계는 안정적이고 화해적 질서, 즉, 화(和)를 형성한다.(류근성, 2006) 따라서 和는 자기와 타자의 차이를 인정하는 관용과 공존의 논리로서 타자를 지배하거나 자기와 동일한 것으로 흡수하려 하지 않는 반면, 동(同)은 다양성을 인정하지 않고 타자를 지배하고 흡수하여 동화시키려 하는 것이다. 공자는 자기와 다른 비동시적 시간을 동시화시키려는 사람은 소인(小人)이라 부르면서 흡수통일과 동화는 진정한 관용과 공존이 아니라고 주장했다.[514]

원효(元曉, 617-686)는 다원주의적 소통과 통합을 통해 신라, 백제, 고구려, 가야 등 삼한의 다양한 족속들을 통일할 수 있는 화쟁론(和爭論)과 회통론(會通論)을 제시하였다. 원효의 3국통일사상은 비동시적 시간 간의 통합론이다. 원효는 전체와 개체가 모순되는 것으로 보지 않고 화합할 수 있는 길을 가르쳐 주고 있다. 그는 화합의 원리를 "둘이면서 하나이고 하나이면서 둘"이라는 불일이불이(不一而不二)로 설명하고 있다.(장동희, 2006). 3韓 족속 간의 배타성을 극복하고 평화공존을 이루기 위해서는 먼저, 모든 존재들이 실체적 분리를 극복하고 '둘이 아님'으로 만날 수 있는 원리가 확보되어야 하고, 둘째, "둘이 아닌" 존재로 만나기 위해서는 타자 존중과 배려를 필연적으로 수반할 수 있어야 한다는 것이다.(박태원, 2004: 14-15)

《十門和爭論》에서 원효는 융섭(融攝)을 이야기하였다. 융섭(融攝)은 화합 즉 융(融)과 서로 껴안고 받아들이다는 섭(攝, 거둠)의 결합이다. 말하자면, 서로 껴

514 《論語》, 〈자로(子路)〉편, "君子和而不同, 小人同而不和" 군자들의 사귐은 진심으로 어울려 조화롭게 화합하지만 의리를 굽혀서까지 모든 것에 같아지기를 구하지 않고 오히려 '다름(difference)', 독립, 독자성을 추구하는 데 반해, 소인배들의 사귐은 이해에 따라 의리를 굽혀서까지 같아지기를 구하고, 뇌동하고, 맹종하지만, 속으로는 서로 진심으로 화합하지는 못한다는 것이다. 중국의 주원라이(周恩來)가 이야기한 구동존이(求同存異)는 화이부동의 실용적 적용이다.

안고 받아들여 화합하면, 타자 간에 화해가 일어나고 소통을 통한 만남, 소통을 통한 통합 즉 '회통(會通)'이 이루어진다. 원효는 소통에 대해서만 이야기한 것이 아니라 어떻게 소통을 통해 통합, 융섭이 이루어질 수 있는가를 보여 주었다. 원효는 상생과 상극의 이중성을 사실로 인정할 것을 주장한다. 갈등하면서 화합하고, 다름을 인정하면서 화합하라는 것이다. 이는 孔子의 和而不同과 일맥상통한다. 원효의 화쟁사상의 핵심은 야누스적인 상생(相生)과 상극(相剋)의 이중성을 하나의 사실로 보라는 것이다. 同과 異의 이중성을 따로 떼어 생각하지 말고 하나의 사실로 보면서 同과 異를 동시에 읽어내면 서로 다른 족속들이 불구대천의 원수처럼 공존이 불가능한 관계가 아니라 서로 다르지만 같이 동거하는 이중성이 있다는 것을 알게 된다는 것이다. 이중성은 일원성도 이원성도 아니고 不一而不二의 관계라는 것이다. 이때 같음(同)과 다름(異)은 서로 다른 차이 속에서 한 쌍으로 같이 동거(同居)하는 사이가 된다. 원효는 화쟁론을 통해 쟁론(爭論)과 불화(不和)를 화해(和解)시켜 하나의 근원으로 회통(會通, 소통을 통해 하나됨)시켜 서로 다른 입장을 수용하는 다양성을 인정하면서도 다양성들이 서로 조화를 이루어 일심(一心)의 경계로 통합되는 '소통을 통한 통합'의 길을 보여 주고 있다.[515]

조선시대에 화이부동의 작동원리를 《중용(中庸)》에 나오는 시중(時中)의 개념으로 이론화한 실천적 실학자는 다산 정약용이다. 시중(時中)은 공자의 손자로 알려진 자사(子思)가 편찬한 《中庸》 1장에 나온다. 喜怒哀樂之未發 謂之中 發而皆中節 謂之和 中也者 天下之大本也 和也者 天下之達道也 致中和 天地爲焉 萬物育焉〔희노애락이 발현되지 않는 상태를 중이라 하고 이미 발현되어 상황의 절도(節)에 들어맞는 상태를 화(和)라 한다. 중(中)은 천하의 큰 근본이며 화(和)는 천하 사람들이 달성해야 할 길(達道)이다. 일단 중과 화를 지극한 경지까지 밀고 가면 천지가

515 정치적 통섭은 환원적 통섭(reductionistic consilience)이 아닌 호상적 통섭(interactive consilience)이 되어야 한다면 원효의 화쟁사상 융섭론, 회통론이 더 정치적 소통, 정치적 통섭이라 할 수 있다.

제자리를 잡으며 만물이 잘 자라나게 된다).[516] 주희(朱熹)는 중용적 행동을 시중(時中)으로 개념화하였다.[517] 주희에 의하면, 시중(時中)적 행위에서 시(時)는 변화하는 상황에 합당한 사회적 행위이고, 중(中)은 성(性)에 합당한 행위이고 희노애락(喜怒哀樂)에 움직이지 않는 도덕적 행위이다. 따라서 시중(時中)에 따라 행동하면 개인의 윤리적 정체성과 사회적 통합을 동시에 이루게 된다. 주희의 시중론을 따르면 시간의 흐름에 따라 중(中)도 움직이고 도덕적 행위의 기준도 바뀜으로써 서로 다른 사람끼리 공존이 가능해지는 것이다.(이영찬, 2001)

다산(茶山) 정약용은 시중(時中)을 주어진 균형(中和)에 따라 행동하는 정태적 개념으로 파악하는 주희(朱熹)와는 달리, 균형을 만들어 나가는 동태적 개념으로 보았다. 다산에 있어서 중(中)은 성(誠)이다.[518] 따라서 다산은 중화(中和)에 이르고 중화를 발(發)하기 위해서 '홀로 마음을 경계하고, 조심하고, 하늘을 두려워하는(戒愼恐懼)' 신독(愼獨)을 행해야 한다고 주장했다.(茶山, 《中庸自箴》, 鄭吉雄, 2006) 다산은 中과 和는 생각의 문제가 아니라 행동의 문제로 보았다. 다산은 시중적 정의(時中之義)를 실천하기 위해 수기치인(修己治人)의 자세에서 홀로 근신하면서(愼獨) 중화(中和)에 이르기 위해 노력해야 한다고 주장했다. 그는 행동하는 지식인이었다.

다산은 행동이 한쪽으로 치우치지 않으려면 균형감각, 즉 인(仁)이 필요하고, 균형감각을 위해서는 자기의 정체성을 지키되 독선이나 고집에 빠지지 않고 타인의 눈으로 역지사지(易地思之)할 수 있는 힘, 즉 극기(克己)가 필요한데

516 공자는 군자는 모름지기 중용에 따라 행동해야 하는데 그것은 군자로서 때에 맞게 행동하는 것이라고(時中)했다. 반면에 소인의 중용은 기탄없이 행동하는 것이다.(仲尼曰 君子之中庸也 君子而時中 小人之中庸也 小人而無忌憚也)

517 주희는 喜怒哀樂情也 其未發 則性也 無所偏倚 故謂之中 發而皆中節 謂之和(희노애락의 감정이 드러나기 이전의 순수한 마음의 상태를 性이라 하며 치우침도 없고 기울어짐도 없는 상태를 中이라 부르며, 마음이 발하여 모두 절도에 맞게 된 상태를 和라 부른다)라고 해석했다.

518 "중(中)은 성(誠)이다. 신독(愼獨)한 이후에 지성(至誠)하고 지성한 뒤에 중(中)에 이를 수 있으니 어찌 중인(衆人)이 공유할 수 있는 것이겠는가?". 다산, 《中庸講義》.

극기를 타자와의 관계의 개념으로 파악하면 서(恕)가 된다. 서(恕)에는 두 가지가 있는데 자신을 가다듬는 추서(推恕)와 남의 잘못에 관대한 용서(容恕)가 있다. 주희는 용서(容恕)만을 이야기했는데 다산은 용서에 더하여 추서(推恕)가 인(仁)을 실현하는 요긴한 방법이라고 했다. 즉 덕치를 실현하는 인(仁)은 서(恕)를 통해 나타나는데 덕치를 하기 위해서는 남의 잘못을 관용하는 것만으로는(容恕) 부족하고 신독(愼獨)을 통해 자신을 올바르게 하여 백성들까지 정의롭게 살게 하는 추서(推恕)가 필요하다. 다산은 시중(時中)을 수기치인(修己治人)의 입장에서 해석하였다. 다산은 자신을 다스리고 삼감으로써(愼獨) 노블리스 오블리제를 실천하고, 이를 통해 백성들이 자발적으로 시중의 정의를 실현하도록 유도하였다.[519] 다산은 신독을 통해 자신을 올바르게 하고 난 뒤(推恕), 상대당파를 용서(容恕)함으로써 화해, 공존, 균형의 탕평정치를 실현하려 하였다.

2) 균형과 공존의 정치제도와 정치문화

이와 같이 동양과 서양 그리고 한국의 전통에서 균형과 공존의 정치문화는 풍부하게 발견된다. 문제는 어떻게 이러한 정치문화를 현실 정치에 실현시킬 것인가이다. 제도론자들은 정치적 행위가 일어날 수 있는 경계를 설정해 주는 제도(institution)가 중요하며, 제도는 특정 정치문화가 실현될 수 있게 하기도 하고 제약하기도 한다고 주장한다. 러스토우는 권위주의적 정치문화를 내면화하고 있는 국민들도 민주적 규칙이라는 제도에 따라 갈등을 해결하고 이를 일상화하면(routinization) 민주적 정치문화를 정착시킬 수 있다고 했다.

> 기본적인 문제에 갈등하고 있지 않는 국민들은 갈등해결을 위한 민주주의의 세련된 규칙을 고안할 필요를 느끼지 않는다.(Rustow, 1970: 362)

---

519 최상용 교수는 다산은 시중지의(時中之義)를 개인적 윤리 차원(修己治人)에서 권도(權道, 정치)와 치국(治國)의 술(術) 차원으로 끌어올렸다고 평가한다.(최상용, 2012: 46-50)

러스토우의 기념비적 논문(1970)은 합의와 갈등, 정치문화와 정치제도 간의 관계에 관해 명쾌한 해답을 주고 있다. 민주주의는 근본적인 문제에 대한 사전적 합의(consensus on fundamentals)의 정치문화가 아니다. 독재자들은 항상 단결, 통일, 통합적인 조화로운 가치, 국가 이익을 찬양하고 분열과 갈등을 허용하지 않았다. 그러나 갈등이 있어야 민주주의가 필요한 것이다. 민주주의는 갈등하는 국민들이 "서로 간의 차이를 인정하는 합의(agree to disagree)"를 기초로 갈등의 제도화(institutionalization of conflicts)를 통해 갈등을 해결하는 합의(consensus)에 도달하려는 제도적 장치이다.

제도(institution)는 정치적 행위자들의 행동반경을 설정하는 규칙이다. 따라서 제도는 행위자들의 규범, 신념, 행동에 영향을 미친다. 민주적 제도(선거, 정당, 의회)는 민주적 경쟁에서 승리할 가능성을 불확실하게 함으로써(불확실성의 제도화, institutionalization of uncertainty) 민주적 경쟁이 지속되게 한다.(Przeworski, 2005)

민주적 제도는 행위자들의 규범, 가치, 행동에 영향을 미침으로써 '갈등을 처리하는(processing conflicts)' 장치이다. 민주주의의 기본적인 규칙은 타협을 통한 합의이다. 정치문화론자들이 전제조건(prerequisites) 이론, 상관관계(correlation) 이론으로 설명하지 못했던 문화와 합의주의 정치 간의 인과관계는 제도라는 변수를 개입시킴으로써 설명된다.

원효의 화쟁사상은 통일신라의 백제 지역과 고구려 지역 주민과 신라 지역 주민과의 차이(갈등)를 인정하는 바탕 위에서 화합(합의)을 모색하는 통일신라의 통합 정책과 제도로 뒷받침되었다.[520] 다산 정약용의 시중지의(時中之義) 사

520 원효의 화쟁사상은 신라에 의해 제도화됨으로써 통합의 정치로 실현될 수 있었던 것이다. 원효의 일심(一心)은 귀족과 평민이 만나고, 부처와 중생이 만나고, 신라인과 백제인이 만나는 핵심 고리이다. 일심에 도달하는 방법론을 화쟁이라 부르는데 다양한 주장(異爭)을 다 화회(和會)시켜 감싸 안는 것이다. "나는 옳고 너는 그르다(我是他非)"가 아니라 모두가 옳고 모두가 그를 수 있다는 것을 보여 주어 화쟁하는 것이다.

상은 정조시대의 탕평(蕩平)이라는 제도를 통해 붕당 간의 경쟁을 통한 공존의 정치를 실현시켰다.

우리의 조상은 균형과 공존 정치를 실현하기 위해서 제도주의적 해결책을 모색하고 실천하였다. 신라의 화백은 부족 간의 차이를 인정하는 바탕 위에서 모든 부족에게 비토권을 부여하는 만장일치의 합의주의 정치를 실현하려는 제도이고, 고려 왕건의 결혼동맹, 본관제도는 원초적 연방주의 제도이다. 조선조는 의정부제도를 통해 합의주의 정치를 실현하려 했고, 經筵, 言諫제도를 통해 공론정치를 실현하려 했다. 한국의 정치전통에서도 "제도가 작동했다(Institution matters)"는 것을 볼 수 있다.

균형과 공존의 정치는 제도적 틀에 담아야 실천되고 실현되는 것이다. 아리스토텔레스의 중용 정치사상은 극단주의자들을 추방하는 도편추방제(Ostrakismos)와 혼합정체(mixed constitution)에 의해서 실현되었다.(Aristoteles, 1935) 중용에 기반한 아테네 민주주의는 두터운 중산층에 기반하고 있는데 이를 유지하기 위해서는 극단적으로 높은 대중의 인기(popularity)를 누리는 자, 극단적으로 재산(wealth)을 많이 가진 자, 극단적으로 권력(power)을 많이 보유한 자들은 아테네에서 추방되어야 했고 아테네 시민들은 도편 투표를 통해 극단주의자들을 추방하여 양극화를 방지하고 중산층에 기반한 중용 민주주의를 실현할 수 있었다.

현대적인 사례는 독일 통일에서 찾을 수 있다. 독일은 사민당의 브란트 수상이 동방정책을 시작한 이래 정권교체에도 불구하고 동방정책은 지속적으로 추진되었고 냉전해체라는 호기가 왔을 때 재빨리 그 기회를 포착하여 통일을 달성할 수 있었다. 독일 통일을 설명하는 많은 이론이 있지만 제도주의적 설명이 가장 호소력이 있다. 독일은 제2차 세계대전 후 권역별 비례대표제, 온건다당제, 연립정부(coalition government)를 근간으로 하는 합의주의적 정치제도를 발전시켰고 통일정책도 승자독식이 아니라 합의주의 정치의 정신에 따라 수립되었다. 연립정부의 권력분점(power sharing)에 따라 소수파인 자민당이 외교정책을 맡았고 동방정책 지지자인 겐셔가 사민당 정부와 기민당 정부하에서 계속 외상을 맡으면서 사민당의 통일정책은 기민당 주도의 연립정부하에서도 계승되었고 결국 기민당의 콜 정부하에서 통일이 이루어졌다. 독일의 사례는 통일에의 열망도 중요하지만 그 열망을 구체적으로 실현하는 데는 제도가 필요하다는 것을 보여 준다.

3) 한국에서의 균형과 공존의 정치제도 디자인

한국의 갈등구조는 기본적으로 냉전과 남북분단으로 생성된 이념갈등에 신자유주의 시대에 양극화 사회의 도래로 심화되고 있는 이익갈등이 중첩된 (overlapping) 복합갈등이다. 계급 간의 이익갈등이 정체성 갈등과 중첩되면서 계급타협을 통한 갈등의 해결을 더욱 어렵게 하고 있다. 갈등의 구조는 복합적이나 갈등을 해결하는 틀로서의 정치제도는 대립적(adversarial), 승자독식(winner-take-all) 또는 패자쪽박(loser-takes-nothing)의 다수지배 민주주의(majoritarian democracy)여서 정치적 소수파인 동시에 사회적 약자의 이익이 대표되기 어렵다. 이념적으로 보수이자 부유한 계급이 정치적 다수를, 이념적으로 진보이자 계급적으로 사회적 약자가 정치적 소수를 형성하고 있고 이 구조는 양극화 사회의 심화와 함께 고착화되고 있어 정치적 다수의 교체(정권교체)의 가능성을 어렵게 하고 있다.

민주화 이후 정권교체에도 불구하고 승자독식의 제왕적 대통령제를 바꾸어야 한다는 개헌론이 계속 나오는 이유는 이념과 이익이 복합적으로 결합된 복합갈등을 해결하는 것이 현행 헌정제도하에서는 어렵다는 '불가능주의(impossibilism)'(Hirschman, 1971) 또는 숙명론이 팽배하고 있기 때문이다. 그러나 불가능성에서 가능성을 찾는 가능주의(possibilism)적 입장에서 복합갈등의 해결책을 찾고 균형과 공존의 정치의 가능성을 모색하기 위해 합의주의적

(consendual) 제도를 디자인해야 한다.

균형과 공존의 정치를 건축하거나 유도하기 위해 고려되어야 할 제도적 혁신 방안은 다음과 같다. 첫째, 비례대표제(proportional representation)를 강화해야한다. 비례대표제는 정당투표로 의석을 나눔으로써 사회적 균열구조(social cleavage)가 그대로 정당 균열(party cleavage)로 반영되지 않게 함으로써 다수지배주의 제도(majoritarian system)의 소선거구제에서 발견되는 다수정당의 과잉대표와 다수 독재(tyranny of majority)를 방지하여 합의주의 정치를 촉진시킨다.[521](Lijphart, 1999: 37)

둘째, 초다수제(supermajority)를 강화해야 한다. 초다수제는 헌법 개정, 법관 선임, 소수민족의 권리의 문제를 결정할 때 의회에게 단순 다수를 넘는 3/5, 2/3, 또는 절대다수의 찬성이 있어야 통과된다는 제도로서 미국, 유럽 국가들, EU, 인도, 캐나다, 타이완 등에서 시행하고 있다. 미국은 전형적인 다수지배주의(majoritarianism) 헌정제도를 오랫동안 운영해 오고 있으나 미국 헌법을 고안한 '건국의 아버지들(founding fathers)'은 초다수제와 같은 합의주의 제도를 삽입해 놓음으로써 다수지배주의의 분열적 요소를 완화시키려 했다. 미국 제헌헌법에서 초다수제가 적용되는 사항들은 조약비준, 행정부와 법관의 탄핵, 의원제명, 대통령의 법안 비토의 무효화, 헌법개정 등이다. 미국은 특히 대법관과 순회판사와 같은 고위 법관의 인준에 있어서 초다수제를 적용함으로써 인준기관인 상원과 사법부로 하여금 분열적 당파성의 원리에 따라 움직이는 것을 자제하게 하고 합의주의 정치를 강제하는 기제로 작동하고 있다.(Wible, 2005) 필리버스트(filibusters)와 같은 법안방해 제도, 국민투표제(referendum)는 다수지배주의적 제도로서 균형과 공존의 정치에 기여하기보다는 분열과 당

521 비례대표제에는 선거구 의석과 비례대표 의석을 분리해서 투표하는 병렬식 비례대표제(일본, 뉴질랜드), 비례대표 의석을 먼저 정당별로 배정한 뒤, 나머지를 가지고 선거구 의석을 결정하는 통합형 비례대표제(독일)가 있는데 독일형이 더 비례성이 높다. 현재 우리는 일본형을 채택하고 있으나 장기적으로 독일형으로 가야 하고 그 동안에는 비례대표 의석의 비율을 높이는 방향으로 가야 한다.

파성을 강화시킨다.(Lijphart, 1999: 230)

한국도 2012년에 초다수제를 도입했으나 새누리당은 집권 이후 초다수제의 적용을 기피하여 왔고, 심지어는 초다수제를 폐기하려는 움직임이 있다. 그러나 초다수제는 다수지배주의인 대통령제하에서 절제(moderation)와 합의주의 정치를 촉진하는 효과가 있는 제도이기 때문에 더욱 강화되어야 할 좋은 제도이다. 현재 중요 법안에 적용되는 초다수제를 미국과 같이 대법관 인준에 적용하여 사법부의 당파화, 행정부 예속화를 막고 사법부가 초당파적으로 절제와 합의주의의 정신으로 대통령과 의회의 당파성을 견제하는 역할을 하도록 해야 한다.[522]

셋째, 관용(tolerance)의 경계(boundary)를 확장하고 극단주의를 배격하는 제도적 장치를 마련해야 한다. 균형과 공존의 민주주의를 강화하려면 중도진보와 중도보수 사이에 이념적 관용의 경계가 확장되어야 하고 진보와 보수 간에 '경계를 넘나들고(crossing boundary)', '경계 침투(boundary penetration)'할 수 있는 제도를 입법화하여 다원주의 정치문화를 장려하면서, 동시에 극단주의를 배격하고 추방하는 제도를 디자인하여야 한다. 이념적 관용의 경계를 확장하는 제도는 주로 역사와 시민교육 교과서를 만드는 데 적용될 수 있다. 고대 아테네에서 도편추방제와 같은 제도를 통해 극단주의자들을 추방한 것과 같이 극단주의자들을 배제하는 제도를 초당적으로 입법하여 중도통합주의자들이 다수가 되는 정치구조를 유도해야 한다.[523]

---

522 미국의 사법심사제도(judicial review)는 미국 연방의회가 제정한 법률이나 주의회가 제정한 주법이 미국헌법에 위반되는지를 심사하는 제도이고, 한국과 유럽의 대륙국가들의 헌법재판소는 위헌법률심판, 탄핵심판, 정당해산심판, 권한쟁의심판, 헌법소원심판 등 다양하게 행정부와 의회는 물론 사법부를 견제하는 기능을 갖고 있다. 상호견제가 많이 장착되어 있는 제도는 파벌(factions)은 파벌로 견제하고 탐욕은 탐욕으로 견제하여 공화주의(republicanism)와 공공성이 지배하는 정치로 인도할 수 있다는 매디슨(Madison)의 제도 디자인 원칙에 부합한다고 볼 수 있다.

523 극단주의자들을 배제하는 방법은 이념, 계급, 지역, 성, 세대를 대표하는 '현자(wise men)'들의 심의(deliberation)가 바람직하다. 이 문제는 투표와 선택(선거 민주주의)이 아니라 참여와 합의라는 심의민주주의(deliberative democracy)로 해결해야 한다.

넷째, 노사정위원회와 같은 사회적 합의기구(societal corporatism)를 활성화해야 한다. 계급 간의 이익갈등은 노동과 자본의 정상조직(peak association)과 국가 간의 삼자협의기구(tripartite concertation)에서 협의를 통해 해결해야 한다. 그런데 삼자협의기구(tripartism)가 강제력(enforcing power)을 갖지 못함으로써 유효한 갈등해결 기구가 되지 못하고 있다. 기존의 노사정위원회는 삼자협의기구에서 정책결정권을 갖는 삼자정책결정기구(tripartite policy making)로 승격해야 노사정 간의 삼자합의주의를 유효하게 실천할 수 있다.

다섯째, 권력구조를 승자독식의 웨스트민스터 모델에서 합의민주주의(consensus democracy) 모델로의 전환해야 한다. 승자독식의 다수지배(majoritarian) 민주주의 모델은 갈등을 해결하기보다는 갈등을 억압하여 갈등의 궁극적 해결을 더 어렵게 한다. 더구나 정권교체가 잦을 경우 정책의 일관성과 지속성이 약화된다. 그러나 합의민주주의의 권력분점, 연립정부, 소수파의 비토권 등의 제도는 '공동다수(concurrent majority)'를 형성함으로써 갈등하는 정당들이 정책에 대한 공동책임을 지게 함으로써 정권이 바뀌더라도 주요 정책의 지속성을 보장해 줄 수 있다.[524]

여섯째, 연방주의와 지방분권 제도를 강화해야 한다. 협의민주주의(consociational democracy) 제도가 중앙정치 차원에서 권력분점을 실현하려는 것이라면 연방주의와 지방분권은 지역 차원에서의 권력분점체제이다. 연방주의는 자연스럽게 지역분권을 강화하여 지역갈등을 해결하는 제도적 장치가 된다. 한국의 지역갈등은 이념갈등과 함께 정체성 갈등(identity based cleavage)과 이익 갈등이 중첩된 복합갈등이다. 연방주의 제도들은 '다양성 속의 통합(unity in diversity)'이라는 원리로 지역갈등을 완화시켜 지역적으로 분열된 한국 사회

524 현실적으로 다수지배 모델을 전면적으로 합의주의 모델로 바로 전환하는 것은 어렵다. 60년 이상 시행해 온 다수주의 제도의 경로의존성(path dependence)이 만만치 않기 때문이다. 통일 이전까지는 점진적으로 초다수주의, 사법심사, 비례대표제 강화 등의 조치를 통해 합의주의 제도들을 준비, 학습하고 통일이 왔을 때 합의주의와 연방주의 정신에 의거하여 새로운 헌법을 제정해야 한다.

를 통합하고, 통일 이후 남북을 통합할 합의주의 정치기제이다. 현재 연방제를 실천에 옮기기는 어렵다. 현재 실험할 수 있는 것은 지방분권형, 연방주의형, 그리고 권력분점형 제도들이다. 지방분권은 '보충성의 원리(subsidiarity principle)'에 의거해서 지방정부에 최대한의 자치권을 부여함으로써 다양성 속의 공존과 화합을 도모하는 것이다. 보충성의 원리란 정치공동체의 일반 이익과 직결되는 문제와 외부효과(externalities)가 큰 문제를 제외하고는 가능한 모든 문제가 지방자치정부 수준에서 해결되어야 한다는 것이다.[525] 그리고 연방주의 원리를 중앙정부에 도입하기 위해 양원제로의 전환과 부통령제의 신설을 고려해야 한다. 양원제를 도입하여 하원은 일인일표의 민주주의 원리에 따라 구성하고 상원은 1州1票라는 자치지방 간의 등가성의 원리에 의해 구성되는 '연방의회'로 구성하고, 상원에 지역갈등, 이념갈등과 같은 민족공동체 전체를 분열시키는 문제에 대한 해결책을 모색하게 해야 한다. 여기에 더하여 국민에 의해 직접 선출되는 부통령제를 신설하여 제왕적 대통령의 권력독점을 완화하는 권력분점체제의 요소를 도입하고 선출된 부통령에게 상원의장을 겸직하게 함으로써 연방의회의 성격을 가진 상원의 권위를 높이고 지역갈등, 이념갈등과 같은 복합갈등의 문제해결을 직접 담당하게 해야 한다.[526]

합의주의 정치제도는 균형과 공존의 정치에 도달하기 위한 추상적 원리가 아니라 구체적 인과관계를 밝혀 주고 제시함으로써 실천력이 있다. 그러나 권력분점의 제도적 장치를 실행에 옮길 때, 정책실행자는 권력분점 제도가 주는 갈등처리와 해결의 이득(benefits)과 함께 권력분점제도의 '의도하지 않은 결과(unintended consequences)'로 나타나는 위험성(risks)도 함께 고려해야 한다. 권력분점제도가 제대로 작동하지 않고 갈등하는 행위자들에 의해 악용될 경

525 '보충성의 원리'는 EU를 구성할 때 EU 회원국가들에 최대한의 자치권, 자율권을 부여하기 위해 적용한 연방주의 원리이다.

526 부통령제는 런닝메이트 효과를 낼 수 있다. 즉 정당 간의 연합과 지역간의 연합을 유도하여 권력공유(power sharing)의 정치를 실현할 수 있다.

우 엘리트의 카르텔, 도덕적 해이, 정치적 책임성의 약화, 그리고 정치적 교착상태를 낳을 수 있고, 합의주의 체제가 붕괴하였을 때 정체성이 다른 집단 간에 폭력적인 갈등이나 내전을 초래할 수 있다.[527]

그러나 제도는 만능이 아니다. 제도는 중요하나(institution matters), 갈등하는 행위자의 행동을 결정(determine)해 주지는 않는다. 제도는 갈등을 해결하는 틀을 제공할 뿐이다. 아무리 좋은 제도라 하더라도 그 제도적 틀 속에서 행위자들이 합의주의적인 정치적 선택을 하는 것이 자신들에게 최상의 이익이라는 것을 알게 되었을 때 제도는 작동하고 제도가 의도한 결과가 실현된다. 합리적 행위자들이 합의주의만이 민주공동체의 평화와 번영뿐 아니라 자신의 이익을 위해서도 유일한 선택이라는 것을 자각하고 행동에 옮길 때, 갈등민주주의에서 균형과 공존의 민주주의가 실현된다.

마지막으로 합의주의 제도가 선택되었을 때, 그 제도에 내생적인(endogenous) 위험성(거래비용, 대리인비용, 도덕적 해이, 역선택)을 극소화하기 위해서 정치 엘리트에 대한 견제와 감시 기제를 내장시킬 필요가 있다. 우리가 갈등을 해결하기 위한 합의민주주의 제도의 장점을 이야기할 때, 반드시 합의민주주의 제도가 안고 있는 내생적 위험성을 최소화하기 위한 민주적 견제와 감시, 수평적, 수직적 책임성 확보 장치를 제도에 내장시켜야 할 필요성에 대해서도 이야기해야 한다. 그리고 장기적인 시계에서 관용과 화해, 균형과 공존, 차이를 인정하는 합의(agree to disagree)의 정치문화를 내면화하는 정치사회화(political socialization) 교육이 가정, 학교, 시민사회, 정당 내에서 이루어져서 한국인들이 세계에서 가장 수준 높은 민주적 시민으로 재탄생되는 것이 제도디자인 못지않게 중요하다.

---

527 과도한 합의주의는 대정당 또는 정파들이 합의와 타협의 비용을 소수파로 넘기는 '뻐꾸기 게임(cuckoo game)'을 초래할 수 있다. 뻐꾸기 게임에서 갈등은 해결되는 것이 아니라 전이(trnasfer)된다. 뻐꾸기는 다른 새의 둥지에 알을 낳아 다른 새가 부화시키도록 한다.

참고문헌

Abraham, David, 1981. *The Collapse of the Weimar Republic: Political Economy and Crisis* (Princeton: Princeton University Press).

Alesina, A. and A. Drazen, 1991, "Why are Stabilizations Delayed?" *American Economic Review*, Vol.81, No.5.

Alesina, A. and R. Perotti, 1994, "The Political Economy of Growth: A Critical Survey of Recent Literature," *World Bank Economic Review*, Vol.8.

Almond, Gabriel A. and Stephen J. Genco, 1977. "Clouds, Clocks, and the Study of Politics," *World Politics*, Vol. 29, No. 4, pp. 489-522.

Almond, Gabriel A. and Sydney Verba, 1965. *The Civic Culture* (Boston: Little, Brown and Co.).

Althusser, Louis, 1979. *For Marx* (London: Verso).

Althusser, Louis, 1970. *"Lenin and Philosophy" and Other Essays* (New York: Monthly Review Press).

Alves, Melena Moteira, 1985, *State and Opposition in Military Brazil* (Austin: University of Texas Press).

Aminzade, Ronald, 1992. "Historical Sociology and time," in *Sociological Method and Research* Vol. 20, No. 4, pp. 456-480.

Amsden, Alice, 1989. *Asia's Next Giant: South Korea and Late Industrialization* (New York: Oxford University Press).

Anderson, Benedict Richard O'Gorman, 1991. *Imagined communities: reflections on the origin and spread of nationalism* (London; New York: Verso).

Anderson, Perry, 1974. *Lineages of the Absolutist State* (London: New Left Books).

Arendt, Hannah, 1966. *the Origins of Totalitarianism* (Boston: Houghton Mifflin Harcourt).

Arrighi, Geovanni, 1994. *The Long Twentieth Century: Money, Power, and the Origins of Our Times* (London: Verso).

Aristoteles, 1935. *The Athenian Constitution; The Eudemian Ethics; On Virtues and Vices*, trans. by H. Rackham (Cambridge MA: Havard University Press).

Arrow, K.J., 1951, *Social Choice and Individual Values* (New York: John Wiley and Sons).

Aslund A., P. Boone and S. Johnson, 1996, "How to Stabilize: Lessons from Post-communist Countries," *Brookings Paper of Economic Activity 1*, (Brookings Institution Press).

Balibar, Etienne, 1970. "The Basic Concepts of Historical Materialism," in Louis Althusser and Etienne Balibar. *Reading Capital* (London: New Left Books).

Banfield, Edward C. 1958. *The Moral Basis of a Backward Society* (Chicago: Research Center in Economic Development and Cultural Change, University of Chicago).

Barnett, Doak, 1961. *Communist China and Asia* (New York: Vintage Books).

Barro, R. J. 1993, "Pushing Democracy Is No Key to Prosperity," *The Asian Wall Street Journal*, Dec.27.

Bealey, F., 1993, "Capitalism and Democracy," *European Journal of Political Research*, Vol.23, No.2.

Beard, Charles Austin, 1944. *The Republic: Conversations on Fundamentals* (New York: The Viking Press).

Bendix, Reinhard, 1977. *Nation Building and Citizenship: Studies of Our Changing Social Order* (New Enlarged Edition) (Berkeley: University of California Press).

Biggart, NW., 1990. "Institutionalized Patrimonialism in Korean Business," Institute of Governmental Affairs.

Blanchard, Ian, 1998. "The Long Sixteenth Century, circa. 1450-1650," paper presented at the session (chaired by E. Landesteiner) of 12th International Congress, Madrid Spain, August 24-28.

Bloch, Ernst, 1935. *Erbschaft dieser Zeit (Heritage of Our Times)* (Frankfurt am Mein: Suhrkamp Verlag).

Bloch, Ernst, 1985. *Kampf nicht Krieg: Politische Schriften 1917-1919 (KnK)*, (Frankfurt am Mein: Suhrkamp).

Bloch, Ernst, 2000. *The Spirit of Utopia (SU)* (Stanford: Stanford University Press).

Bloch, Ernst and Mark Ritter, 1977. "Nonsyncronism and the Obligation of Its Dialectics," *New German Critique*, No.11.

Block, Fred L., 1977. *The Origins of International Economic Disorder: a Study of United States International Monetary Policy from World War II to the Present* (Berkeley : University of California Press).

Bowles, S. and Gintis, H., 1986, *Democracy and Capitalism* (London: Routledge & Kegan Paul)

Braudel, Ferdinando, 1980. "History and Social Sciences: The Longue Duree," in F. Braudel, Ferdinando, *On History* (Chicago: University of Chicago Press).

Braudel, Ferdinando, 1992. "History and Social Sciences," in P. Burke (ed.), *Economy and Society in Early Modern Europe* (London: Routledge and Kegan Paul).

Braudel, Ferdinando, 1995. *The Mediterranean and Mediterranean World in the Age of Philip II*

(Berkeley: University of California Press).

Brazinski, Gregg, 2007. *Nation Building in South Korera*, 1945-1987 (North Carolina, UNC Press).

Brose, Hans Georg, 2004. "An Introduction towards a Culture of Non-Simultaneity?" *Time and Society* Vol. 13, No. 1.

Browne, C., and Sunwoong Kim, 2001, "Japan: Prosperity, dominant party system, and delayed liberalization," *The Political Economy of International Financial Crisis* (Lanham: Rowman & Littlefield).

Burns, J M., 2003. *Leaders who Changed the World* (London: Penguin).

Calder, Kent E., 2004. "U.S Foreign Policy in Northeast Asia," in Samuel S. Kim (ed), *The International Relations of Northeast Asia* (Lanham, MD: Rowman & Littlefied).

Carothers, T., 1997, "The observers observed," *Journal of Democracy*, 8(3).

Chehabi, H. E. and Juan J. Linz, 1998. *Sultanistic Regimes* (Baltimore: Johns Hopkins University Press).

Centre Pompidu, 2014. *Multiple Modernities, 1905-1970*, ed. by Catherine Grenier (Paris: Centre Pompidu).

Cheng, Tun-jen, 1990. "Political Regimes and Development Strategies: South Korea and Taiwan," in Gary Gereffi and Donald L. Wyman, *Manufacturing Miracle: Paths of Industrialization in Latin america and Est Asia* (Princeton: Princeton University Press).

Chu. Yunhan, L. Diamond, and Doh Chull Shin, 2001. "Halting progress in Korea and Taiwan," *Journal of Democracy* 12(1).

Clifford, Mark L, 1994. *Troubled Tigers: Businessmen, Bureaucrats, and Generals in South Korea* (M. E. Sharpe, 1994).

Collier, David and Levitsky, Steven., 1997. "Democracy with Adjectives: Conceptual Innovation in Comparative Research," *World Politics* Vol. 49, Iss. 3(April 1997), pp. 430-451.

Connor, Walker, 1972. "Nation-Building or Nation-Destroying," *World Politics* Vol. 24, No. 3, pp. 319-355.

Corsetti, Giancarlo, Paolo Pesenti, and Nouriel Roubini, 1999, "What caused the Asian currency and financial crisis?" *Japan and the world economy* 11(3).

Croissant, A., 2002, "Articles: Strong Presidents, Weak Democracy? Presidents, Parliaments and Political Parties in South Korea," *Korea Observer*, 33(1).

Crotty, James and Kang-Kook Lee, 2001, "Economic Performance in Post-Crisis Korea: A Critical Perspective on Neoliberal Restructuring," Working Paper Number 23, October.

Cumings, Bruce, 1981. *The Origins of the Korean War, Vol.1: Liberation and the Emergence of Separate Regimes* (Princeton: Princeton University Press).

Cumings, Bruce, 1984a. "The Legacy of Japanese Colonialism in Korea." in Ramon Hawley Myers and Mark R. Peattie (eds.) *The Japanese Colonial Empire, 1895-1945* (Princeton: Princeton University Press).

Cumings, Bruce, 1984b. "The Origins and Development of the Northeast Asian Political Economy: Industrial Sectors, Product Cycles, and Political Consequences," *International Organization*. Vol. 38, No. 1.

Cumings, Bruce, 1990. *The Origins of the Korean War, Vol.2: The Roaring of Catarcat, 1947-1950* (Princeton: Princeton University Press).

Cumings, Bruce, 1997. *Korea's Place in the Sun: A Modern History* (New York: W.W. Norton).

Cumings, Bruce, 1999a. "The Asian Crisis, Democracy, and the End of Late Development," in T. J. Pempel (ed.) *The politics of the Asian economic crisis* (New York: Cornell University Press).

Cumings, Bruce, 1999b. *Pallax Visions* (North Carolina: Duke University Press).

Cumings, Bruce, 2002. "Historical, Economic and Security Realms in East Asian Community Building: Regional Regimes in Search of a Legitimation," paper presented at International Conference on "Building an East Asian Community: Visions and Strategies," Asiatic Research Center, Korea University, Seoul, Korea, December 11.

Cumings, Bruce, 2010. *The Korean War: A History* (Modern Library).

Cumings, Bruce and Jon Halliday, 1990. *Korea: the Unknown War* (London: Penguin Books).

Dahl, R., 1998. *On Democracy* (New Haven: Yale University Press).

Dallin, Alexander, 1964. "The Use of International Movements," in Ivo J. Lederer, ed., *Russian Foreign Policy: Essays in Historical Perspective* (New Haven: Yale University Press).

Dallin, David J., 1961. Soviet Foreign Policy after Stalin (Philadelphia: J.B. Lippincott).

Davies, J. C., 1962. "Toward a Theory of Revolution," *American Sociological Review* Vol. 27, No. 1(Feb, 1962), pp. 5-19.

De Schweinitz, Karl, 1959, "Industrialization, Labor Controls and Democracy," *Economic Development and Cultural Change*, 7(July).

de Tocqueville, Alexis, 1856/1955. *The Old Regime and the French Revolution* (New York: Anchor Books).

Deutsch, Karl. W., 1953/1966. *Nationalism and Social Communication* (Cambridge: MIT Press).

Diamond, Larry, and Doh Chull Shin, 1999, *Institutional Reform And Democratic Consolidation In Korea* (Stanford, CA: Hoover Institution Press).

Duncan, John, 1998. "Proto-nationalism in Premodern Korea," in Sang-oak Lee and Duk-soo Park (eds), *Perspectives on Korea* (Sydney: Wild Peony).

Durst, David, C., 2004. *Weimar Modernism: Philosophy, Politics and Culture* (Lanham: Lexington Books).

Durst, David C., 2002. German Review 77(3), 2002: 172.

Duus, Peter, 1984. "Economy Dimensions of Meiji Imperialism: The Case of Korea, 1895-1910," in Ramon Hawley Myers and Mark R. Peatties (eds.) *The Japanese Colonial Empire, 1895-1945* (Princeton: Princeton University Press).

Eckert, Carter J., 1991. *Offspring of Empire: Kochang Kims and the Colonia Origins of Korean Capitalism, 1876-1945* (Seattle: University of Washington Press).

Eckert, Carter, Ki-baek Lee, Young Ick Lew, Michael Robinson, Edward W. Wagner, 1990. *Korea Old and New: A History* (Ilchokak Pub. and Harvard University Press).

Edwards, S., 1991, "Stabilization and Liberalisation Policies in Central and Eastern Europe: Lessons from Latin America," *NBER Working Paper*, No. 3816.

Eisenstadt, S. N., 1973. *Traditional Patrimonialism and Modern Neopatrimonialism* (Beverly Hills Calif: Sage Publications).

Eisenstadt, 2000. "Multiple Modernities," *Daedalus*, No. 129.

Elster, Jon, 1985. *Making sense of Marx* (New York : Cambridge University Press).

Elster, Jon, 1998. *Deliberative Democracy* (New York : Cambridge University Press).

Elster, Jon and Rune Slagstad, 1997. *Constitutionalism and Democracy* (Cambridge: Cambridge University Press).

Em, Henry H., 1999. "Nationalism, Post-Nationalism, and Shin Ch'aeho," *Korea Journal* 39, no.2, pp. 283-317.

Engels, Friedrich, 1978. *The Peasant War in Germany* (New York: International Publishers).

Eschenburg, Theodor, 1966, The Path to Dictatorship 1918-1933: Ten Essays by German Scholars, John Conway(Translator), Fritz Stern(Introduction) (UK: Anchor Books).

Evans, Peter, 1985. "Transnational Linkages and the Economic Role of the State," in Peter B. Evans, Dietrich Rueschemeyer and Theda Skocpol (eds.) *Bringing the State Back In* (Cambridge: Cambridge University Press).

Fairbank, John King, 1973. 'Synarchy under the Treaties' in John King Fairbank (ed.) *Chinese Thought and Institutions* (Chicago: University of Chicago Press).

Fazal, Tanisha M., 2004. "State death in the international system," *International Organization*. Vol. 58, No. 2, pp. 311-344.

Fernandez, R. and D. Rodrik, 1991, "Resistance to Reform: Status Quo Bias in the Presence of Individual-Specific Uncertainty," *American Economic Review*, Vol.81, No. 5.

Fidmuc, J., 2000, "Liberalization, Democracy and Economic Performance During Transition," *ZEI Working Paper*, No. B52000.

Finer, Samuel Edward, 1962. *The Man on Horseback: The Role of the Military in Politics* (London: Pall Mall Press).

Frank, Andre Gunder, 1966. *The Development of Underdevelopment* (Monthly Review Press).
Freedom House, 2011, *Freedom in the world 2011: The authoritarian challenge to democracy* (Washington D.C.: Freedom House).
Friedman, T., 2000, *The Lexus and Olive Tree: Understanding Globalization* (New York: Anchor Books).
Frobel, Folker, Jurgen Heinrichs and Otto Kreye, 1980. *The New International Division of Labor* (Cambridge: Cambridge University Press).
Galenson, W., 1959. *Labor and Economic Development* (New York: Wiley).
Gann, L. H., 1969. "The Congo Free State and the Belgian Congo before 1914," in L. H. Gann and Peter Duignan, *Colonialism in Africa, 1870-1960* (Cambridge, 1969: 285-286).
Garthoff, Raymond L., 1965. *Soviet Strategy in the Nuclear Age* (New York: Praeger).
Gellner, Ernest, 1983. *Nations and Nationalism* (New York: Cornell University Press).
Giddens, Anthony, 1985. *The Nation State and Violence* (Berkeley: University of California Press).
Gittings, John, 1971. "The Great Asian Conspiracy," in Edward Friedman and Mark Selden eds., *America's Asia: Dissenting Views on Asian-American Relations* (new York: Vintage Bools).
Gramsci, Antonio, 1971. *Selections from the Prison Notebooks of Antonio Gramsci* (New York: International Publishers).
Granovetter, M., 1978. "Threshold Models of Collective Behavior," *American journal of sociology* Vol. 83, No. 6 (May, 1978).
Green, P., 1985. *Retrieving Democracy* (London: Methuen).
Gunther, John, 1950. *The Riddle of MacArthur* (New York: Harper and Row).
Gupta, Karunaker, 1972. "How Did the Korean War Begin?," *China Quarterly*, No. 52.
Haggard, Stephan, 1990. *Pathways from the Periphery: The Politics of Growth in the Newly Industrializing Countries* (Ithaca: Cornell University Press).
Haggard, Stephan, 2000. *The Political Economy of the Asian Economic Crisis* (Washington, D.C.: Institute for International Economics).
Haggard, Stephan and Chung-in, Moon, 1990. "Institutions and Economic Policy: Theory and a Korean Case Study," *World Politics* Vol. 42, No. 2 (January 1990).
Haggard Stephan, David Kang and Chung-In Moon, 1997. "Japanese colonialism and Korean development: A critique," *World Development*, 25(6), pp. 867-881.
Haggard, Stephan and Robert R. Kaufman, 1995. *Political Economy of Democratic Transitions* (Princeton: Princeton University Press).
Hahn Bin Lee, 1968. *Korea: Time Change, Administration* (University of Hawaii Press).
Hall, Peter A. and David Soskice, 2001. *Varieties of Capitalism: The Institutional Foundations of Comparative Advantage* (Oxford: Oxford University Press).

Han, Sung joo, 1974. *The Failure of Democracy in Korea* (University of California Press).
Hartootunian, Harry, 2007. "Remembering the Historical Present," *Critical Inquiry*, Vol. 33.
Hechter, Michael, 1975. *Internal Colonialism: The Celtic Fringe in Bristish National Development* (Berkeley: University of California Press).
Hegel, Georg Wilhelm Friedrich, 1942. *Hegel's philosophy of right* (Oxford: Clarendon Press).
Hegel, Georg H. W., 1967. *Philosophy of Right* (Oxford: Oxford University Press).
Henderson, Gregory, 1968. *Korea: The Politics of Vortex* (Massachusetts: Harvard University).
Hermet, Guy, Richard Rose and Alain Rouquie (eds.), 1978. *Elections without Choice* (London: MaeMillan).
Hersh, J. 1992. *USA and the Rise of Asia since 1945* (London: St. Martin's Press).
Hexter, L. H., 1968. "The Rhetoric of History," D. L. Sills (ed), *International Encyclopaedia of the Social Sciences* Vol. 6 (London and New York).
Hintze, Otto, 1968. "The State in Historical Perspective," in e. Bendix ed., *State and Society* (Berkeley: University of California Press).
Hirschman, Albert O., 1970. *Exit, Voice, and Loyalty* (Massachusetts: Harvard University Press).
Hirschman, Albert O., 1971. *A Bias for Hope: Essays on Development and Latin America* (New Haven: Yale University Press).
Hirschman, Albert O., 1977. *The Passions and the Interests: Political Arguments for Capitalism before Its Triumph* (Princeton: Princeton University Press).
Hobbes, Thomas, 1995. *Leviathan* (New York: Penguin Books).
Hobsbawm, Eric J., 1994. *The Age of Extremes: The Short Twentieth Century, 1914–1991* (New York: Vintage Books).
Hobsbawm, Eric J., 1992. *Nations and Nationalism since 1780: Programme, Myth, Reality* (Cambridge: Cambridge University Press).
Hook, S., 1945, *The Hero in History: A Study in Limitation and Possibility* (London: Transaction Books).
Huntington, S. P., 1965. "Political Development and Political Decay," *World Politics*, Vol. 17, No. 3 (April)
Huntington, Samuel P., 1991. *The Third Wave: Democratization in the Late Twentieth Century* (Norman: University of Oklahoma Press).
Huntington, Samuel., 1968. *Political Order in Changing Society.* (New Haven: Yale University Press).
Im, Hyug Baeg, 1987. "The Rise of Bureaucratic Authoritarianism in South Korea," *World Politics* Vol. 34, No. 2.
Im, Hyug baeg, 1994. "New Democracy and Structural Economic Adjustment: Economic

Reforms in New Democracies," in Doh Chul Shin, Myeong Han Cho and Myung Chey, eds., *Korea in the Global Wave of Democratization* (Seoul: Seoul National University Press, 1994).

Im, Hyug Baeg, 2005. "Christian Churches and Democratization in South Korea," in Tun-Jen Cheng and Dabbie Brown(eds.), *Religious Organization and Democracy in Contemporary Asia* (New York: M. E. Sharpe).

Im, Hyug Baeg, 2006. "The US Role in Korean Democracy and Security since Cold War Era," *International Relations of the Asia-Pacific*, Vol. 6, no. 2.

Im, Hyug Baeg. 2009. "Recasting Park Chung Hee's Authoritarianism: Myths, Reality, and Legacies," paper presented at Workshop on "Park Chung Hee and His Legacy: What Has Changed after Thirty Years?" ANU Korea Institute, The Australian National University April, pp. 22-23.

Im, Hyug Baeg, 2010. "Development and Change in Korean Democracy since the Democratic Transition in 1987," in Yin-wah Chu and Siu-lun Wong eds., *East Asia's New Democracies: Deepening, Reversal, Non-liberal Alternatives* (Oxon, OX: Routeldge, 2010).

Im, Hyug Baeg, 2011. "Origins of Yushin: Machiavelli Unveiled," in Kim Byung Kook and Ezra Vogel (eds.), *The Park Chung Hee Era* (Cambridge MA: Harvard University Press).

Im, Hyug Baeg and Yu Jeong Choi. 2010. "Democracy and Economic Development after Democratic Transition in South Korea: Democratic Development and Authoritarian Development Compared," Paper presented International Conference on "Recasting the Korean Model of Development: Issues, Debates, and Lessons," co-organized by The Korean Economic Association, The Korean Political Science Association, and the Asia Foundation, and Center for US-Korea Policy, June 30-July1, Willard Hotel, Washington DC, USA.

Inglehart, Ronald, 1990. *Culture Shift in Advanced Industrial Society* (Princeton: Princeton University Press).

Iverson, Torben and Anne Wren, 1998. "Equality, Employment, and Budgetary Restraint: The Trilemma of Servive Economy," *World Politics*, Vol. 50, No.4.

Jacobs, Norman, 1981. *The Origin of Modern Capitalism in East Asia* (New York: Octagon Press).

Jacobs, Norman, 1985. *The Road to Modernization and Development* (Urbana, IL: University of Illinois Press).

Jameson, Frederic, 1991. *Postmodernism, or the Cultural Logic of Late Capitalism* (Durham: Duke University Press).

Janelli, Dawnhee Yim, 1986. "The Potlatch and Family Rituals in Korean Rural Villages," Tonhui Im and Dawnhee Yim Janelli (eds.) *Korean Folklore.*

Janowitz, Morris, 1964. *The Military in the Political Development of New Nations* (Chicago: University of Chicago Press).

Johnson, Chalmers A, 1966. *Revolutionary Change: an Adaptation* (Bombay Vakils: Feffer and Simons Private).

Johnson, John J., 1962. *The Role of the Military in Underdeveloped Countries* (Princeton, N. J. : Princeton University Press).

Johnson, Chalmers, 1982. *Miti and the Japanese Miracle: The Growth of Industrial Policy : 1925-1975* (Stanford: Stanford University Press).

Kaufmann, Daniel, Kraay Aart, and Massimo Mastruzzi P., 2009. "Policy Research Working Paper 4978," *Governance Matters VIII: Aggregate and Individual Governance Indicators 1996-2008* (World Bank).

Kaufmann, Walter, 1966. *Hegel: A Reinterpretation* (New York: Anchor).

Kaletsky, Anatole, 2011. *Capitalism 4.0: The Birth of New Economy in the Aftermath of Crisis* (New York: Public Affairs).

Kang, David C., 2002. "Bad Loans to Good Friends: Money, Politics, and the Developmental State in South Korea," *International Organization*, 56(1).

Katzenstein, Peter. J., 1977. *Power over Plenty* (Madison: University of Wisconsin Press).

Katznelson I and Prewitt K. 1979. "Constitution, Class, and the Limits of Choice in US Foreign Policy," in *Capitalism and the State* in U.S. Latin American Relations (ed.) (CA: Stanford University Press).

Kellerman, B. (ed), 1986. *Political leadership: A source book* (Pittsburgh: University of Pittsburgh Press).

Kennan, George, 1964. "Japanese Security and American Policy," *Foreign Affairs* (October, 1964).

Khrushchev, Nikita, 1970. *Khrushchev Remembers* (Boston: Little, Brown and Co.).

Kihl, Young Whan, 1984. *Politics and Policies and in Divided Korea* (Boulder: Westview Press).

Kim, Byung-Kook, 2000. "Party Politics in South Korea's Democracy: The Crisis of Success," in Larry Diamond and Byung-Kook Kim (eds.), *Consolidating Democracy in South Korea* (Boulder: Lynne Rinner).

Kim, Byung Kook, 2001, "The Public Financial Reform in Korea, Malaysia, Thailand: Does Democracy Matter?" Paper presented at Annual Meeting of APSA, San Francisco, Aug. 28-Sept. 2.

Kim, Byung-Kook, and Hyug-Baeg Im., "'Crony Capitalism' in South Korea, Thailand and Taiwan: Myth and Reality," *Journal of East Asian Studies*, 1(1).

Kim, Byung Kook and Soung Chul Kim, "Economic Bureaucracy," unpublished paper.

Kim, Eun Mee, 1997. *Big Business, Strong State: Collusion and Conflict in South Korean Development, 1960-1990* (New York: SUNY Press).

Kim, Kyung-Dong, 1979. "Political Factors in the Formation of the Entrepreneurial Elite in

Korea," *Man and Society in Korea's Economic Growth: Sociological Studies* (Seoul: Seoul National University Press).

Kohli, Atul, 1986. "Democracy and Development," in J. P. Lewis & V. Kallab (eds.) *Development Strategies Reconsidered* (New Brunwick: Transaction Books).

Kohli, Atul, 1994. "Where Do High-Growth Political Economies Come From? The Japanese Lineage of Korea's "Developmental State," *World Development* 22(9). pp. 1269-1293.

Kohli, Atul, 1999. "Where Do High-Growth Political Economies Come From? The Japanese Lineage of Korea's Developmental State," in Meredith Woo-Cumings (ed.) *The Developmental State* (New York: Cornell University Press).

Kohli, Atul, 2004. *State Directed Development: Political Power and Industrialization in the Global Periphery* (New York: Cambridge University Press).

Koo, Hagen, 1993. *State and Society in Contemporary Korea* (Ithaca: Cornell University Press).

Koo, Hagen and Eun Mee Kim, 1992. *The Developmental State and Capital Accumulation in South Korea* (London: Sage).

Lamounier, Bolivar, 1984. "Will the Brazilian Case Become a Paradigm?," *Government and Opposition*, Vol.19, No. 2.

Lamounier, Bolivar, 1989. "Authoritarian Brazil Revisited: The Impact of Elections on the Abertura," in Alfred Stepan (ed.), *Democratizing Brazil: Problems of Transition and Consolidation* (Oxford: Oxford University Press).

Le Bon, Gustave, 1896. *The Crowd: A Study of the Popular Mind* (New York: Macmillan Publishers).

Lee, Chong-sik, 1963. *The Politics of Korean Nationalism* (Berkeley: University of California Press).

Lee, Hahn-Been, 1968. *Korea: time, change and administration* (Honolulu: East-West Center Press).

Lee, Steven Hugh, 1996. *Outposts of Empire: Korea, Vietnam, and the Origins of the Cold War in Asia, 1949-1954* (New York: McGill-Queen's Press).

Lee, Yong Jo, 1990. "Legitimation, Accumulation and Exclusionary Authoritarianism: Political Economy of Rapid Industrialization in South Korea and Brazil," unpublished Ph. D. Diss., Harvard University.

Lie, John, 1998. *Han unbound : the political economy of South Korea* (Stanford, Calif.: Stanford University Press).

Lijphart, Arend, 1999. *Patterns of Democracy*, New Haven: Yale University Press.

Linz, Juan, 1973, "Opposition in and under an Authoritarian Regime: The Case of Spain," in Robert Dahl(ed.), *Regimes and Opposition* (New Haven: Yale University Press).

Linz, Juan, 1975. "Authoritarianism and Totalitarianism," *Handbook of Political Science*, Vol 3. (Reading, Mass.: Addison-Wesley Pub. Co).

Linz, Juan, 2000. *Totalitarian and Authoritarian Regimes* (London: Lynne Rienner).

Linz, Juan J and Stepan, Alfred C., 1996. *Problems of Democratic Transition and Consolidation: Southern Europe, South America, and Post-communist Europe* (Baltimore: Johns Hopkins University Press).

Lipset, S. M., 1959. "Some Social Prerequisites of Democracy," *American Political Science Review*, Vol. 53.

Lipset, S. M., 1995. "Some Social Requisites of Democracy Revisited," *American Sociological Review*, Vol. 59.

Lissak, Moshe., 1967. "Modernization and Role-Expansion of the Military in Developing Countries: A Comparative Analysis," *Comparative Studies in Society and History* Vol. 9, No. 3(April, 1967), pp. 233-255.

Lukacs, Georg, 1971. *History and Class Consciousness* (Cambridge: MIT Press).

Lundstrom, Susanna, 2002, "The Effect of Democracy on Different Categories of Economic Freedom," paper prepared for SMYE, April 18-20, 2002, Paris.

MacArthur, Douglas., 1965. *A Soldier Speaks: Public Papers and Speeches of General of the Army* (Praeger Publishers)

Machiavelli, Niccolo, 1977. *The Prince* trans. and ed. by Robert M. Adams (New York: W.W. Norton).

Mann, Michael, 1986. *The Sources of Social Power* (Cambridge: Cambridge University Press).

Mark L. Ckifford, 1994. *Troubled Tigers: businessmen, bureaucrats, and generals in South Korea* (Armonk, N.Y.: M.E. Sharpe).

Maravall, Jose Maria, 1995. "The Myth of Authoritarian Advantage," in Larry Diamond and Marc F. Plattner, *Economic Reform and Democracy* (Baltimore: John Hopkins University Press).

Marshall, T. Thomas Humphrey, 1950. *Citizenship and Social Class: And Other Essays* (Cambridge: Cambridge University Press).

Marx, Karl, 1845. "Theses on feuerbach," Tucker, Robert C., ed., 1978, *The Marx-Engels Reader* (New York: Princeton University).

Marx, Karl, 1887 (1867). *The Capital* (Moscow: The Progress Publisher).

Marx, Karl, 1963/1994 (1852). *Eighteenth Brumaire of Louis Bonaparte* (New York: International Publishers).

Marx, Karl, 1967. *The Communist Manifesto* (London: Penguin Books).

Marx, Karl, 1993. *Grundrisse*, (London: Penguin Books).

Marx, Karl, 2008. *A Contribution to the Critique of Political Economy* (Whitefish: Kessinger

Publishing).

Marx, Karl, 2009/1948 (1871). *The Civil War in France* (DoDo Press).

Matray, James Irving, 2005. *Korea Divided: the Thirty-Eighty Parallel and the Demilitarized Zone* (New York: Infobase Publishing).

McAlister, L. N., 1966. "Recent Research and Writing on the Role of the Military in Latin America," *Latin America Research Review* Vol. 2, No. 1, pp. 5-36.

McNamara, Dennis L., 1995. "Enterprise and the Origins of Civil Society in Korea: 1876-1945," paper presented at Georgetown Conference on Korean Society, May 8.

McNamara, Dennis L., 1990. *The Colonial Origins of Korean Enterprise: 1910-1945* (Cambridge: Cambridge University Press).

Merkel, Wolfgang, 1999. "Defective Democracies," Estudio/*Working Paper* 1999/132 (Madrid: Centro de Estudios Avanzados en Ciencias Sociales).

Merkel, Wolfgang and Brigitte Weiffen, 2012. "Does Heterogeniety Hinder Democracy?," *Comparative Sociology*, Vol. 11.

Merrill, John, 1989. *Korea: the Peninsular Origins of the War* (Delaware: University of Delaware Press).

Mill, J. S., 1991. *Considerations on Representative Government*, Buffalo, NY: Prometheus Books.

Montesquieu, 1995(1748). *De L'Esprit des lois*, Paris: Gallimard.

Moon, S., 2002, "Carving Out Space: Civil Society and the Women's Movement in South Korea," *The Journal of Asian Studies*, 61(02).

Moore Jr., Barrington. 1966. *Social Origins of Dictatorship and Democracy* (Boston: Beacon Press).

Morlino, L., 2002, "What is a «Good» Democracy? Theory and Empirical Analysis," Institute for International Estudies, Stanford University.

Myers, Ramon Hawley and Mark R. Peattie, 1984. *The Japanese Colonial Empire, 1895-1945*, (Princeton: Princeton University Press).

Nathan, Robert R., 1966. "Robert R. Nathan, Trip to Korea, June 1966," *Robert Nathan Papers*, Cornell University.

Needler, Martin C., 1966. "Political Development and Military Intervention in Latin America," *The American Political Science Review* vol. 60, pp. 616-626.

Nietzsche, F., 1966. *Beyond Good and Evil* (New York: Vintage Books).

Nietzsche, Friedrich, 1966. *Beyond Good and Evil*, tran. by Walter Kaufmann (New York: Vintage Books).

Nordlinger, Eric A., 1977. *Soldiers in Politics: Military Coups and Governments* (Englewood Cliffs, N.J.: Prentice-Hall).

North, D., 1991, *Institutions, Institutional Change and Economic Performance* (Cambridge: Cambridge University Press).

Nun, Jose, 1967. *The Middle Class Military Coup* (London: Oxford University Press).

OECD Employment Outlook, 2009. http://www.oecd.org/els/emp/oecdemploymentoutlook.htm

O'Donnell, Guillermo A and Philippe C. Schmitter, 1986. *Transitions from authoritarian rule : Tentative conclusions about uncertain democracies* (Baltimore: The Johns Hopkins University Press).

O'Donnell, Guillermo and P. Schmitter, 2013. "Tentative Conclusions about Uncertain Democracies," in O'Dennell, Schmitter, (eds.), *Transitions from Authoritarian Rule: Tentative conclusions about uncertain democracies* (Baltimore: The Johns Hopkins University Press).

Offe, Claus, 2003. "Homogeneity and Constitutional Democracies: Coping with Identity Conflictsd through Group Rights," in Offe, Claus, *Herausforderungen der Democratie: Zur Integrations und Leistungsfahigkeit politischer Institutionen* (Frankfurt: Campus).

Offe, Claus, 1996. *Modernity and the State: East, West* (Massachusetts: MIT Press).

Oliver, Robert T., 1978. *Syngman Rhee and American Involvement in Korea, 1942-1960* (Seoul: Panmun Book Co).

Oliver, Robert T., 2007. *Why War Came in Korea* (Read Books).

Olson, M, 1991, "Autocracy, Democracy and Prosperity," in R. J Zeckhauser (ed.), *Strategy and Choice* (Cambridge: MIT Press).

Olson, M, 1993, "Dictatorship, Democracy and Development," *American Political Science Review*, Vol.87, No. 3.

Paige, Jeffrey M., 1975. *Agrarian Revolution* (New York: Free Press).

Palais, James, 1976. *Politics and Policy in Traditional Korea* (Massachusetts: Harvard University Press).

Palais, James, 1998. "Nationalism Good or Bad," in Hyung Il Bai and Timothy R.(eds.) *Nationalism and the Construction of Korean Identity* (Berkeley: University of California Press).

Park, Y.B, and C. Leggett, 1998. "Employment relations in the Republic of Korea," in Greg Bamber and Russell Lansbury (eds.), *International and Comparative Employment Relations* (Allen and Uuwin: Sydney).

Park, Y. and Lee, M.B., 1995, "Economic Development, Globalization and Practices in Industrial Relations and Human Resource Management in Korea," in *Employment relations in the growing Asian economies* (London: Routledge).

Parsons, Talcott, Robert Freed Bales and Edward Albert Shils, 1953. *Working Papers in the Theory of Action* (New York: The Free Press).

Peattie, Mark. R., 1984. "Japanese Attitudes toward Colonialism, 1895-1945," in Ramon Hawley Myers and Mark R. Peatties (eds.) *The Japanese Colonial Empire, 1895-1945*, (Princeton: Princeton University Press).

Pempel, T. J., 2002. "The Soft Ties of Asian Regionalism," paper presented at International Conference on "Building an East Asian Community: Visions and Strategies," Asiatic Research Center, Korea University, Seoul, Korea, December 11.

Perlmutter, Amos, 1980. "The Comparative Analysis of Military Regimes: Formations, Aspirations, and Achievements," *World Politics* Vol. 33, No. 1(Oct., 1980), pp. 96-120.

Pinder, Wilhelm, 1926. *Das Problem der Generation in der Kuntgeschichte Europas (The problem of Generation in European Art History)* (Berlin: Frankfurter Verlags-Anstalt).

Polanyi, Karl, 1944(1957). *The Great Transformation* (Boston: Beacon Press).

Popkin, Samuel L., 1979. *The Rational Peasant: The Political Economy of Rural Society in Vietnam* (Berkeley: University of California Press).

Poulantzas, Nicos, 1978. *State, Power, Socialism* (London: New Left Books).

Poulantzas, Nicos, 1974. *Political Power & Social Classes* (London: New Left Books).

Price, R., 1971. "A Theoretical Approach to Military Rule in New States," *World Politics* Vol. 23, No. 3, pp. 399-430.

Przeworski, Adam., 1977. "Proletariat into a Class: The Process of Class Formation from Karl Kautsky's The Class Struggle to Recent Controversies," *Politics and Society* vol. 7, no. 4.

Przeworski. Adam, 1988. "Democracy as Contingent Outcome of Conflicts," in Jon Elster and Rune Slagstad (eds.), *Constitutionalism and Democracy* (Cambridge: Cambridge University Press).

Przeworski, Adam, 1990. *The State and the Economy under Capitalism* (Chur: Harwood Academic Publishers).

Przeworski, Adam, 1991. *Democracy and the Market: Political and Economic Reforms in Eastern Europe* (Cambridge University Press).

Przeworski, Adam, 1992. "The Games of Transition," in Scott Mainwaring, Guillermo O'Donnell, J. Samuel Valenzuela (eds.), *Issues in Democratic Consolidation: The New South American Democracies in Comparative Perspective* (Notre Dame: Indiana).

Przeworski, Adam, 2005. "Democracy as an Equilibrium," *Public Choice*, Vol. 123.

Przeworski, Adam and C. M. Yebra., 2005. "Globalization and Democracy," in P. Bardhay, S. Bowles and M. Wallerstein (eds.), *Globalization and Egalitarian Distribution* (Princeton: Princeton University Press).

Przeworski, Adam, 2010. "Global and Local Political Science," paper presented in International Conference on Globalization of Korean Political Science, Korea University, April 30, 2010.

Przeworski, Adam and Michael Wallerstein, 1988. "Deliberation and Ideological Domination," in Joh Elster(de.), *Deliberative Democracy* (Cambridge: Cambridge University Press).

Przeworski, Adam and Sprague, John D., 1986. *Paper Stones: a History of Eelectoral Socialism* (Chicago: University of Chicago Press).

Pye, Lucian W., 1966. *Aspects of Political Development: an Analytic Study* (Boston: Little, Brown).

Pye, Lucian W., 1985. *Asian Power and Politics: The Cultural Dimension of Authority* (Cambridge MA: Harvard University Press).

Radelet, Steven, and Jeffrey D. Sachs., 1998. "The Onset of the East Asian Financial Crisis," *NBER Working Paper*, No. 6680.

Reeve, W.D. 1963. *The Republic of Korea: A Political and Economic Study* (London: Oxford University Press).

Reisner, Robert L., 2006. *Dean Acheson: A Life in the Cold War* (Oxford University Press).

Riker, Willian H., 1962. *The Theory of Political Coalitions* (New Haven: Yale University Press)

Robinson, Michael E., 1984. "Colonial Publication Policy and the Korean Nationalist Movement," in Ramon Hawley Myers and Mark R. Peatties (eds.) *The Japanese Colonial Empire, 1895-1945* (Princeton: Princeton University Press).

Robinson, Michael E., 1988. *Cultural Nationalism in Colonial Korea: 1920-25* (Seattle: University of Washington Press).

Robinson, Michael E., 2007. *Korea's Twentieth-century Odyssey: a Short History* (Honolulu: University of Hawaii Press).

Robinson, Michael E. and Michael Jeremy, 1989. *Ceremony and Symbolism in the Japanese Home* (Manchester: Manchester University Press).

Rodrik, D., 1999, "Where Did All the Growth Go? External Shocks, Social Conflict, and Growth Collapses," *Journal of Economic Growth*, Vol. 4.

Roehrig, T., 1998, "Putting the Military on Trial: The Consolidation of Democracy in South Korea and Argentina," *International Studies Association.*

Roger Myerson, 2011. "Moral Hazard, Leadership, and Organization," KPMG M&A Program, October 20.

Rudolph, Lloyd I., and Susanne Hoeber Rudolph, 1984. *The Modernity of Tradition: Political Development in India* (Chicago: University of Chicago Press).

Rueschemeyer, D., Stephens, E. H. & Stephens, J. D., 1992. *Capitalist development and democracy* (Chicago: University of Chicago Press).

Schmidt, Volker, A., 2006. "Multiple Modernities or Varieties of Modernity?," *Currently Sociology* Vol. 54, No. 1.

Schmitter, Philippe C., 1974. "Still the Century of Corporatism?," *Review of Politics*, Vol. 36, No.

1: 85-131.

Schmitter, Philippe C, 1984. *Neo-corporatism and the State* (Florence: European University Institute)

Schmitter, Philippe C., 1980. "Speculations about the Prospective Demise of Authoritarian Regimes and Its Possible Consequences," *Woodrow Wilson Center Working Papers No. 60* (September, 1980).

Schmitter, Philippe C., 1995. "Transitology: The Science or the Art of Democratization?" in Joseph S. Tulchin, Bernice Romero (eds.), *The Consolidation of Democracy in Latin America* (Boulder: Lynne Rienner).

Schmitter, P. and W. Streeck, 1985. *Private Interest Government-Beyond Market and State* (Beverly Hills and London: Sage).

Schmitter, Philippe C. and Terry Lynn Karl., 1991. "What Democracy Is... and Is Not," *Journal of Democracy* 2(3).

Schumpeter, Joseph A., 1950/1942. *Capitalism, Socialism, and Democracy* (New York: Harper Perennial Modern Classics).

Schurmann, Franz, 1968. *Ideology and Organization in Communist China* (University of California Press).

Scott, James C., 1977. *The Moral Economy of the Peasant: Rebellion and Subsistence in Southeast Asia* (New Haven: Yale University Press).

Shin, Doh Chull, 2002. "The Cultural Foundations of Korean Democracy: A Comparative Perspective on Popular Support for Democracy," in Young Rae Kim, Hochul Lee and In-Sah Mah (eds.), *Redefining Korean Politics: Lost Paradigm and New Vision* (Seoul: Korean Political Science Association).

Shin, Gi-Wook, 1996. *Peasant Protest and Social Change in Colonial Korea* (Seattle: University of Washington Press).

Shin, Gi-Wook, 2006. *Ethnic Nationalism in Korea: Genealogy, Politics, and Legacy* (California: Stanford University Press).

Shin, Gi-Wook and Michael Edson Robinson, 1999. *Colonial Modernity in Korea* (Cambridge: East Asia Council Publications).

Siegle, Joseph T., Michael M. Weinstein, and Morton H. Halperin, 2005. "Why Democracies Excel," *Foreign Affairs*, Vol.83, No. 5.

Simmel, Georg, 1968. "The Conflict in Modern Culture (written in 1914, first published in 1918), in Georg Simmel and translated by K. Peter Etzkorn (eds.) *The Conflict in Modern Culture and Other Essays* (New York: teachers college press).

Simmons, Robert R. 1973. *The Strained Alliance: Peking, Pyungyang and Moscow and the Politics of Korean Civil War* (New York: The Free Press).

So, Alvin Y., 1990. *Social Change and Development: Modernization, Dependency and World-System Theories* (Thousand Oaks: Sage Publications).

Sohn, Hak-Kyu, 1989. *Authoritarianism and Opposition in South Korea* (London: Routeledge).

Sohn, Jae Souk, 1968. "Political Dominance and Political Failure in the Republic of Korea," in Henry Bienen (ed.), *The Military Intervenes* (New York: Russell Sage Foundation).

Stark, D., 1992. "Path Dependence and Privatization Strategies in East Central Europe," *East European Politics and Societies* 6, No.1, pp. 17-54.

Stepan, Alfred, 1973. "New Professionalism and Internal Warfare and Military Role Expansion." in Alfred Stepan (ed.), *Authoritarian Brazil: Origins, Policies and Future* (New Haven: Yale University Press).

Stepan, Alfred, 1987. *Rethinking Military Politics* (Princeton: Princeton University Press).

Stern, F., 1966. *The Path to Dictatorship 1918–1933* (New York: Frederick A. Praeger).

Stone, Isidor Feinstein, 1952. *The Hidden History of the Korean War* (New York: Monthly Review Press).

Suh, Dae-sook, 1968. *Korean Communist Movement, 1918-1948* (Princeton: Princeton University Press).

Suh, Dae_Sook, 1967. *The Korean Communist Movement, 1918-1948* (Princeton: Princeton University Press).

Suh, Sang-chul, 1978. "Growth and Structural Changes in the Korean Economy. 1910-1940," Council on East Asian Studies, Harvard University.

Syngman Rhee, 1941. *Japan Inside Out* (New York: Fleming H. Revell company).

Tangherini and Hyung Il Pai, Timothy R. (eds.), 1998. *Nationalism and the Construction of Korean Identity* (University of California Inst of East).

Tilly, Charles, 1975. "Reflections on the History of European State-Making," in *The Formation of National States in Western Europe* (Princeton: Princeton University Press).

Tilly, Charles, 1964. *The Vendée: A Sociological Analysis of the Counter- revolution of 1793*, (Massachusetts: Harvard University Press).

Tilly, Charles, 1985. "War Making and State Making as Organized Crime," in Peter Evans, Dietrich Rueschemeyer, Theda kocpol (eds.) *Bringing the State Back In* (Cambridge: University of Cambridge Press).

Tilly, Charles, 1992. *Coercion, Capital and European States: AD 990-1992* (Hoboken: Wiley-Blackwell).

Tocqueville, Alexis de, 1866. *L'Ancien Regime et la Revolution* (Paris: Michel Levy freres).

Toqueville, Alexis de, 1976. *Democracy in America* (New York : Knopf).

Trotsky, Leon, D., 2007. *The Permanent Revolution & Results and Prospects* (Seattle, Washington: IMG Publications).

US Senate Staff Report, 1973. "Korea and Philippines: November 1972," (February 18, 1973), pp. 5-6.

Valenzuela, Samuel, J., 1992, "Democratic Consolidations in Post-Transitional Settings: Notion, Process, and Facilitating Conditions," in Mainwaring, O'Donnell, and Valenzuela (eds.), *Issues in Democratic Consolidation* (Notre Dame: University of Notre Dame Press).

Virillo, Paul, 1986. *Speed and Politics* (New York: Semiotexts).

Ulam, Adam B., 1968. *Expansion and Coexience: The History of Soviet Foreign Policy, 1917-1967* (New York: Praeger).

Wade, Robert, 1990. *Governing the Market: Economic Theory and the Role of Government in East Asian Industrialization* (Princeton: Prinstone University Press).

Wallerstein, Immanuel. 1979. "Dependence in an Interdependent World: The Limited Possibilities of transformation within the Capitalist World Economy" in *The Capitalist World Economy* (Cambridge: Cambridge University Press).

Washington, George, 1796. Farewell Address (The Avalon Project at Yale Law School).

Weathersby, Cathryn, 1993. "New Findings on the Korean War," Woodrow Wilson International Center for Scholars, *Cold War International History Project, Bulletin, Issue*, No. 3.

Weathersby, Cathryn, 1995. "New Evidence on the Korean War," Woodrow Wilson International Center for Scholars, *Cold War International History Project, Bulletin, Issue 6-7*, No. 3.

Weathersby, Cathryn, 1996. "Stalin, Mao, Kim and China's Decision to Enter the Korean War," paper presented at the International Conference on the New Evidence on The Cold War in Asia, Hong Kong, Jan. 9-12, 1996.

Weber, Max, 1978. *Economy and Society: An Outline of Interpretive Sociology* Guenther Roth and Claus Wittich (eds) (Berkeley: University of California Press).

Wedermeyer, Albert C., 1947. *Wedermeyer Report.*

Weingast, Barry R., 1997. "Political Foundations of Democracy and the Rule of Law," *American Political Science Review* Vol. 91.

Whiting, Allen, 1960. *China Crosses the Yalu: The Decisions to Enter the Korean War* (New York: MacMillan).

Wible, Brent, 2005. "Filibuster vs. Supermajority Rule: From Polarization to a Consensus and Moderation-Forcing Mechanism for Judicial Confirmations," William & Mary Bill of Rights Journal, 13(3).

Wolfenstein, Martha, 1957. *Disaster: A Psychological Analysis* (Gelncoe, IL: Free Press).

Woo, Jung-en, 1991. *Race to the Swift* (New York: Colombia University Press).

World Bank, 1991. *World Development Report 1991* (Oxford: Oxford University Press).
World Bank, 1993. *World Development Report 1993: Investing in Health* (The World Bank).
Wright, Erik Olin, 1985. *Classes* (London: Verso Books).
Wright, Erik Olin., 1997. *Class Counts: Comparative Studies in Class Analysis* (New York: Cambridge University Press).
Yang, Sung Chul, 1981. *Korea and Two Regimes* (Cambridge: Schenkman Publishing Co.).
Yoo, Se hee, 1974. "The Communist Movement and the Peasants: The Case of Korea," in John H. Badgley, John Wilson Lewis (eds.) *Peasant Rebellion and Communist Revolution in Asia* (California: Stanford University Press).
Yoon, B. S. L., 2001, "Democratization and gender politics in South Korea," in Rita Mae Kelly...[et al.] (eds.), *Gender, Globalization, and Democratization* (Maryland: Rowman & Littlefield Publishers, Inc).
Zakaria, F., 1997, "Rise of Illiberal Democracy," *The Foreign Affairs*, Vol. 76.
Zolberg, Aristide R., 1972. "Moments of Madness," *Politics Society*, Vol. 2.

강경근, 2010. 〈근대 국민국가 체제의 막을 올린 건국헌법〉, 이인호·김영호·강규형 편, 《대한민국 건국의 재인식》. 서울: 기파랑.
강경선, 2003. 〈민주화운동보상법과 과거청산〉, 《민주법학》 통권24호.
강만길, 1968. 〈조선후기 상업자본의 성장〉, 《한국사연구 1》. 한국사연구회.
강민, 1983. 〈관료적 권위주의의 한국적 생성〉, 《한국정치학회보》 제17집. 341-362쪽.
강민, 1984. 〈한국정치체제의 구조적 특성: 신권위주의를 중심으로〉, 한국정치학회 편, 《한국정치발전의 특성과 전망》. 서울: 현대사회연구소.
강민, 1987. 〈국가이론의 한국적 적실성〉, 한국정치학회 편, 《현대한국정치와 국가》. 서울: 법문사.
강인철, 1999. 〈한국전쟁과 사회의식 및 문화의 변화〉, 한국정신문화연구원 편, 《한국전쟁과 사회구조의 변화》. 서울: 백산서당.
강정구, 1996. 《분단과 전쟁의 한국 현대사》. 역사비평사.
강정인, 2008. 〈민주화 이전 한국 자유주의의 이념적 특성과 발현양상에 대한 고찰〉, 《아세아연구》 51(4).
강정인, 2009. 〈보수주의: 비동시성의 동시성 그리고 모호한 정상화〉, 강정인 외 지음, 《한국정치의 이념과 사상》. 서울: 후마니타스.
강정인, 2011. 〈박정희 대통령의 민주주의 담론 분석: "행정적", "민족적", "한국적" 민주주의를 중심으로〉, 《철학논집》 제27권(2011. 11), 303-310쪽.

강정인, 2013. 〈한국정치의 이념적 지형: 비동시성의 동시성의 관점에서〉, 강정인, 《넘나듬(通涉)의 정치사상》. 서울: 후마니타스.

강정인, 2014. 《한국 현대 정치사상과 박정희》. 서울: 아카넷.

강준만, 2004. 《한국현대사산책 — 1940년대편 (2권)》. 인물과사상사.

고려대학교박물관 편, 2009. 《현민 유진오 제헌헌법 관계 자료집》. 고려대학교출판부.

고성국, 1985. 〈1970년대 변동에 관한 연구: 유신체제의 성립과 붕괴과정〉, 최장집 편, 《한국자본주의와 국가》. 서울: 열음사.

공제욱, 1991. 〈1950년대의 한국사회의 계급구성〉, 이종오 외, 《1950년대 한국사회와 4.19혁명》. 태암.

공제욱, 1993. 《1950년대 한국의 자본가 연구》. 백산서당.

곽준혁, 2009. 〈춘원 이광수의 민족주의〉, 곽준혁·헨리 임 편, 《근대성의 역설: 한국학과 일본학의 경계를 넘어서》. 서울: 후마니타스.

광주광역시 5·18사료편찬위원회, 1997. 《5·18광주민중항쟁》. 광주: 도서출판 고령.

권병탁, 1984. 〈농지개혁의 과정과 경제적 기여〉, 《농업정책연구》 11권 1호.

권보드레·천정환, 2012. 《1960년을 묻는다: 박정희 시대의 문화정치와 지성》. 서울: 천년의 상상.

권영기, 1993. 〈한국역사의 전환점; 6·29전후의 권부〉, 《월간 조선》 159호.

기미야 다다시, 2008. 《박정희 정부의 선택》. 서울: 후마니타스.

김기림, 1936. 〈쇠바퀴의 노래〉, 《기상도》. 창문사.

김기림, 1939. 〈어떤 친한 시의 벗에게〉, 김기림 외, 《태양의 풍속》. 열린책들.

김기원, 1990. 《미군정기의 경제구조: 귀속기업체의 처리와 노동자 자주관리운동을 중심으로》. 푸른산. 25-29쪽.

김녕, 1999. 〈한국 민주화를 위한 향후 인권과제〉, 《국가전략》 5(1).

김대중, 1989. 〈대중경제론 100문 100답〉, 김대중전집편찬위원회 편, 《김대중전집 2: 대중경제론》. 서울: 한경과연.

김대환, 1990. 〈한국 노동운동의 길: 점검과 모색〉, 《사상》(가을호). 376-422쪽.

김동노, 1998. 〈식민지시대의 근대적 수탈과 수탈을 통한 근대화〉, 《창작과 비평》(겨울호).

김동원, 1998. 〈경제위기의 원인〉, 이병천, 김균 편, 《위기, 그리고 대 전환》. 서울: 당대.

김동춘, 1993. 〈한국전쟁과 지배이데올로기의 변화-반공이데올로기를 중심으로〉, 한국사회학회 편, 《한국전쟁과 한국사회변동》. 서울: 풀빛.

김동춘, 1998. 〈1950년대 한국농촌에서의 가족과 국가〉, 역사문제연구소 편, 《1950년대 남북한의 선택과 굴절》. 서울: 역사비평사.

김동춘, 1998. 〈사상의 전개를 통해 본 한국의 '근대' 모습 – 자유주의·사회주의·민족주의〉, 역사문제연구소 편, 《한국의 '근대'와 '근대성' 비판》. 서울: 역사비평사.

김동춘, 2006. 〈한국의 분단국가 형성과 시민권: 한국전쟁, 초기 안보국가하에서 '국민됨'과 시민권〉, 《경제와 사회》 70호. 168-189쪽.
김동환, 1962. 《巴人詩集: 돌아온 날개》. 종로서관. 60쪽.
〈김민기론 — 포크음악특집〉, 《리뷰》(1999년, 여름).
김병국, 2005. 〈추천의 글〉, 김형아 편, 《유신과 중화학공업: 박정희의 양날의 선택》. 서울: 일조각.
김병국·임혁백, 2000. 〈동아시아 '정실 자본주의'의 신화와 현실: 한국, 대만, 태국〉, 《계간 사상》 제45권. 7-74쪽.
김병국·임현진, 1994. 〈노동정책: 국가의 실패, 노동의 좌절 및 자본의 농성〉, 《전환기의 한국민주주의: 1987-1992》. 서울: 법문사.
김병익 외, 2002. 〈4월혁명과 60년대를 다시 생각한다〉, 《4월 혁명과 한국문화》. 서울: 창작과비평사.
김병태, 1981. 〈농지 개혁의 평가와 반성〉, 김병태 외, 《한국 경제의 전개 과정》. 돌베개.
김보현, 2006. 《박정희 정권기 경제개발: 민족주의와 발전》 서울: 갈무리.
김삼규, 1956. 《금일의 조선》. 동경: 하출서방.
김상봉, 2007. 〈모두를 위한 나라는 어떻게 가능한가? — 공화국의 이념에 대한 철학적 성찰〉, 참여사회연구소 편저, 《다시 대한민국을 묻는다》. 파주: 한울.
김석근, 1991. 〈1930년대 한국 농촌사회와 공산주의 운동 — '적색농민조합운동' 연구〉, 한국정신문화연구원 한국학대학원 박사학위논문.
김성국, 1984. 〈세계체제와 한국의 정치·경제〉, 박현채 외, 《한국사회의 재인식 1》. 서울: 한울.
김성익, 1992. 〈전두환 역사를 위한 육성증언: 6·29 전야의 고백〉, 《월간 조선》 142호.
김성진 편, 1994. 《박정희 시대》. 서울: 조선일보사.
김성호 외, 1989. 《농지개혁사연구》. 농촌경제연구원.
김성호·최명호, 2009. 〈1948년 건국헌법 전문에 나타난 '우리들 대한국민'의 정체성과 정당성〉, 이인호·김영호·강규형 편, 《대한민국 건국의 재인식》. 서울: 기파랑.
김세진, 1984. 〈한국 군부의 성장과정과 5·16〉, 《1960년대》. 서울: 거름.
김수영, 2003. 《김수영 전집 1》. 서울: 민음사.
김수영, 2006. 〈참여시의 정리〉, 《김수영 전집 2》. 서울: 민음사.
김영명, 1985. 《제3세계의 군부통치와 정치경제》. 서울: 한울.
김영명, 1986. 〈한국의 정치변동과 유신체제〉, 한국정치학회 편, 《현대 한국정치와 국가》. 서울: 법문사.
김영명, 1997. 〈유신체제의 수립과 전개〉, 한국정치외교사학회 편, 《한국현대정치사》. 서울: 집문당.

김영명, 2006.《한국의 정치변동》. 서울: 을유문화사.

김영명, 2011.《단일한국 사회: 그 빛과 그림자》. 서울: 이담.

김영미, 2009.《그들의 새마을 운동》. 서울: 푸른역사.

김영미, 2012.〈새마을 운동과 동원체제: 농민운동의 사회적 기반〉, 2012 학술단체협의회 연합심포지움. "2012년 오늘, '유신'을 말하다" 2012년 10월 19일 덕성여대.

김영수, 2001.《한국헌법사》. 서울: 학문사.

김영순, 1988.〈유신체제 수립에 관한 연구〉, 한국산업사회연구회 편,《오늘의 한국 자본주의와 국가》. 서울: 한길사.

김영태, 2007.〈시민단체의 선거참여: 대의제 민주주의에 대한 함의를 중심으로〉, 주성수 편저,《한국 민주주의와 시민참여》. 서울: 아르케.

김용복, 1982.〈해방 후 교회와 국가〉,《국가권력과 기독교》. 서울: 민중사.

김용서, 1992.〈노태우·전두환·박정희: 金龍瑞 교수의 역대 대통령 진단〉,《한국논단》33호.

김용직, 1999.《한국근현대정치론》. 풀빛.

김용철, 2001.〈광주항쟁과 한국정치의 민주화: 탈군부정치의 역사결정적 국면의 원천으로서 광주항쟁〉,《민주주의와 인권》제1권 1호(4월).

김용하, 2010.〈서민복지정책의 추진 현황과 과제〉, 대통령취임 2주년 기념 경제대토론회 — '이명박 정부 2년의 경제적 성과와 과제'(2010.2.24.), 국회의원회관 1층 소회의실.

김우창·최장집, 2010.〈사람을 위한 민주주의에 대한 구체적 성찰〉,《4·19와 모더니티》. 서울: 문학과지성사.

김원, 2010.〈한국적인 것과 혼종성의 문화정치학: 1970년대의 일상과 문화〉, 현대한국연구소와 한국사회사학회·서울대 규장각 한국학연구원, '한국 근현대 100년, 일상생활의 변화' 학술회의 발표 논문(2010년 8월 17일).

김원, 2012.〈'한국적인 것'의 전유를 둘러싼 경쟁: 민족중흥, 내재적 발전 그리고 대중문화의 흔적 〉,《사회와 역사》제93권, 185-235쪽.

김익한, 1996.〈일제하 한국 농촌 사회운동과 지역 명망가〉,《한국문학》17호(4).

김일수.〈5공의 인권과 사법부〉, 동아일보사 편,《5공평가대토론》. 서울: 동아일보사.

김일영, 1993.〈부산정치파동의 정치사적 의미〉,《한국과 국제정치》9(1)(봄·여름호).

김일영, 1994.〈박정희체제 18년 어떻게 볼 것인가〉. 한국정치학회 1994년도 연례학술대회.

김일영, 1995.〈박정희 체제 18년, 어떻게 볼 것인가?〉,《한국정치학회보》제29집 2호, 181-215쪽.

김일영, 2004.《건국과 부국》. 생각의나무.

김일영, 2006a.〈통치자로서의 이승만 대통령〉, 유영익 편,《이승만 대통령 재평가》. 서울 : 연세대학교출판부.

김일영, 2006b.〈전시정치의 재조명 — 부산정치파동의 다차원성에 대한 복잡한 이해〉, 박지향 외,《해방 전후사의 재인식 2》. 책세상.
김재홍, 1992.《문민시대의 군부와 권력》. 서울: 나남.
김점곤, 1973.《한국전쟁과 노동당 전략》. 서울: 박영사.
김정렴, 1990.《김정렴 회고록: 한국경제정책30년사》. 중앙일보.
김정렴, 1997.《김정렴 정치회고록: 아, 박정희》. 중앙M&B.
김종삼, 2005. 권영옥 편,《김종삼 시 전집》. 나남.
김진, 1992.《청와대 비서실 1》. 서울: 중앙일보사.
김진균·조희연, 1985.〈분단과 사회상황의 상관관계에 관하여: 분단의 정치사회학적 범주화를 위한 시론〉,《분단시대와 한국사회》. 서울: 까치.
김진균·홍승희, 1991.〈한국사회의 교육과 지배이데올로기〉, 한국산업사회연구회 편,《한국사회와 지배이데올로기: 지식사회학적 이해》. 서울: 녹두.
김진송, 1999.《현대성의 형성: 서울에 딴스홀을 허하라》. 현실문화연구.
김철범, 1990a.〈6·25연구의 국제적 동향〉, 김철범 편,《한국전쟁을 보는 시각》. 을유문화사.
김철범, 1990b.〈한국전쟁과 미국의 외교정책: 철수, 참전, 북진, 휴전〉, 김철범 편,《한국전쟁을 보는 시각》. 을유문화사.
김철범, 1990c.〈한국전쟁 기원에 관한 연구현황: 수정주의 시각의 분석과 비판〉,《계간 사상》(1990년 봄).
김충남, 2009.〈한국 국가건설의 도전과 이승만의 응전: 한국 현대정치사 해석의 새로운 시도〉,《대한민국 건국의 재인식》. 기파랑.
김충식, 1992.《남산의 부장들 1》. 동아일보사.
김태일, 1985.〈권위주의 체제의 등장 원인에 관한 사례 연구 — 유신 권위주의의 성립을 중심으로〉, 최장집 편,《한국 자본주의와 국가》. 서울: 열음사.
김태일, 2000.〈농촌사회의 구조변화와 농민정치〉, 한배호 편,《한국현대정치론: 제1공화국의 국가형성, 정치과정, 정책》. 서울: 오름.
김학준, 1976.《한국문제와 국제정치》. 박영사.
김학준, 1981.〈한국전쟁의 기원에 대하여〉, 진덕규 편,《1950년대의 인식》. 한길사.
김학준, 2010(2003/1989).《한국전쟁: 원인, 과정, 휴전, 영향》. 박영사.
김학준, 2012.《구한말의 서양정치학 수용 연구: 유길준, 안국선, 이승만을 중심으로》. 서울: 서울대학교 출판문화원.
김현선, 2002.〈애국주의의 내용과 변화〉,《정신문화연구》제25권 2호. 177-205쪽.
김형아·신명주 역, 2005.《박정희의 양날의 선택: 유신과 중화학공업》. 서울: 일조각.
김형욱(김경재 집필), 1991.《김형욱 회고록: 혁명과 우상 1, 2, 3》. 전예원.
김형찬 역, 2005,《논어》. 서울: 홍익출판사.

김호기, 2012.《시대정신과 지식인》. 돌베개.
김호진, 1991.〈분단구조와 한국정치: 지배구조의 모순을 중심으로〉,《광장》(201호).
김호진, 1994.〈제5공화국의 정권적 성격〉, 동아일보사 편,《5공평가대토론》. 서울: 동아일보사.
김홍식·이영훈·김재호·조석곤·박석두, 1997.《조선토지조사사업의 연구》. 민음사.
김환균, 2003.〈유신시대의 금지곡〉. 미발표 원고.
노세극, 2009.〈병주고 약주는 이명박 정부—사회 양극화 조장하면서 친서민 정책 운운하는 이율배반〉, 새세상연구소 연구자료.
노영기, 2003.〈박정희 시대의 군대와 군사문화〉. 역사문제연구소 학술회의 발표문.
노자, 2005.《도덕경》. 서울: 너울북.
노재봉, 1984.〈Populism(민중주의) 논고〉,《세계정치》 제8권 1호. 199-210쪽.
농지개혁사편찬위원회, 1970.《농지개혁사(상)》. 농지개혁사편찬위원회.
대통령비서실, 1969.《박정희 대통령 연설문집》 제5권. 대통령비서실.
대통령비서실, 1971.《박정희 대통령 연설문집》 제8권. 대통령비서실.
대통령비서실, 1973.《박정희 대통령 연설문집》 제9권. 대통령비서실.
대통령비서실, 1974.《박정희 대통령 연설문집》 제10권. 대통령비서실.
류근성, 2006.〈화이부동의 문화정신과 태화세계〉,《동양철학연구》 제45집.
류근일, 1997.《권위주의 체제하의 민주화운동 연구: 1960-1970년대 제도 외적 반대세력의 형성과정》. 서울: 나남.
르루아, 카트린 클랑죄어, 2008.《초현실주의》. 김영선 역. 서울: 마로니에북스.
리, 헬렌, 2009.〈제국의 딸로서 죽는다는 것〉, 헨리 임·곽준혁 편저,《근대성의 역설: 한국학과 일본학의 경계를 넘어》. 서울: 아세아연구.
마르크스, 칼, 2012.《루이 보나파르트의 브뤼메르 18일》. 최형익 역. 서울: 비르투.
메릴, 존, 1988.《침략전쟁인가 해방전쟁인가》. 신성환 역. 과학과사상.
메릴, 존, 2004.《새롭게 밝혀낸 한국전쟁의 기원과 진실》. 이종찬·김충남 공역. 두산동아.
모윤숙, 1951.〈국군은 죽어서 말한다〉,《風浪》. 문성당.
모종린 편, 2002,《한국의 정치자금: 정치자금의 조달패턴 연구와 투명성 제고를 위하여》. 서울: 동아일보사.
미하원 국제관계위원회 국제기구 소위원회, 1986.《프레이저 보고서: 유신정권과 미국의 역할》. 서울: 실천문학사.
민주화운동기념사업회 한국민주주의연구소 편, 2008.《한국민주화운동사 1》. 파주: 돌베개.
민주화운동기념사업회 한국민주주의연구소 편, 2010.《한국민주화운동사3》. 파주: 돌베개.
박광주, 1985.〈국가론을 통한 한국정치의 패러다임 모색: 최근의 연구동향과 그 반성〉,《현상과 인식》 제9권 2호(여름). 30-78쪽.

박명림, 1992. 〈부르스 커밍스의 《한국전쟁의 기원 1·2》에 관한 하나의 비판적 논평 — 이론과 사실의 검토〉. 한국정치연구회 1992년 3월 29일 '브루스 커밍스 초청 특별토론회' 주제발표 논문.
박명림, 1996a. 《한국전쟁의 발발과 기원 1》. 나남.
박명림, 1996b. 《한국전쟁의 발발과 기원 2》. 나남.
박명림, 1996c. 〈제2공화국의 정치균열의 구조와 변화〉, 백영철 편, 《제2공화국과 한국 민주주의》. 서울: 나남.
박명림, 1999. 〈한국전쟁의 기원과 성격〉, 유영익 편, 《수정주의와 한국 근현대사》. 연세대학교 출판부.
박명림, 2000. 《해방 전후사의 인식》. 한길사.
박명림, 2011. 《역사와 지식과 사회: 한국 전쟁 이해와 한국 사회》. 나남.
박석두, 1988. 〈농지 개혁과 식민지 지주제의 해체〉. 고려대 농경제학과 석사학위논문.
박영수, 1998. 《운명의 순간들: 다큐멘타리 한국근현대사》. 서울: 바다출판사.
박원순, 1994. 〈과거사의 시정, 그 세계사적 당위성과 현실: 과거 인권침해자의 '불처벌'(impunity) 문제를 중심으로〉, 대한변호사협회 심포지엄 자료.
박원순, 2000. 〈한국의 과거청산〉, 《황해문화》(가을호).
박은봉, 2006. 《미완의 혁명 4·19: 4월 민중항쟁》. 서울: 실천문학사.
박정희, 1961. 《指導者道》. 서울: 國家再建最高會議.
박정희, 1962. 《우리민족의 나아갈 길: 社會再建의 理念》. 서울: 목민출판사.
박정희, 1963. 《국가와 혁명과 나》. 서울: 향문사.
박정희, 1971. 《민족의 저력》. 서울: 광명출판사.
박정희, 1978. 《민족중흥의 길》. 서울: 광명출판사.
박정희, 2005a. 《한국 국민에게 고함》. 서울: 동서문화사.
박정희, 2005b. 《하면된다 떨쳐 일어나자: 우리 민족의 나아갈 길, 국가와 혁명과 나》. 동서문화사.
박종철, 1989. 〈한국과 대만의 수출산업화 정책과 국가의 역할〉, 이수훈 외, 《동아시아 발전의 정체경제》. 서울: 경남대 극동문제연구소.
박종철, 2000. 〈원조와 수입대체산업, 농업정책〉, 한배호 편, 《한국현대정치론: 제1공화국의 국가형성, 정치과정, 정책》. 서울: 오름.
박지원. 《燕巖集》.
박진환, 2005. 〈새마을운동의 확산과 국민정신 개혁운동〉, 《박정희 대통령의 한국경제 근대화와 새마을운동》. 박정희대통령기념사업회.
박찬승, 1992. 《한국근대정치사상사연구》. 역사비평사.

박찬표, 2010.《한국의 48년 체제: 정치적 대안이 봉쇄된 보수적 패권 체제의 기원과 구조》. 후마니타스.
박천홍, 2005.〈이승만 '일민주의'는 '1인' 전체주의〉,《한겨레신문》(2005.3.18.).
박태균, 2005.《한국전쟁》. 책과함께.
박태원, 2004.《원효와 의상의 통합사상》. 울산대학교출판부.
박현채, 1983.〈4월 민주혁명과 민족사의 방향〉,《4월혁명론》. 서울: 한길사.
박현채, 1990a.〈80년대 민족민중운동에서 5·18 광주민중항쟁의 의의와 역할〉,《역사와 현장》 제1호(5월).
박현채, 1990b.〈4·19 민주혁명과 이의 계승: '민족민중론'의 시각에서〉,《계간 사상》 제4권, 202-223쪽.
배긍찬, 1988.〈닉슨 독트린과 동아시아 권위주의체제의 등장: 한국, 필리핀, 그리고 인도네시아의 비교분석〉,《한국정치학회보》 제22집 2호. 321-338쪽.
배긍찬, 1999.〈1970년대 전반기의 국제환경 변화와 남북관계〉, 정신문화연구원 편,《1970년대 전반기의 정치사회변동》. 서울: 백산서당.
백완기, 2012.《인촌 김성수의 삶》. 나남.
백종국, 1992.〈민중연합, 민주연합과 한국의 민주화〉,《사회비평》 제7호.
베버, 막스, 2011.《막스 베버: 소명으로서의 정치》(최장집 교수의 정치철학 강의 1). 최장집 편, 박상훈 역. 폴리테이아.
베일린, 버나드, 1994.《미국 혁명의 이데올로기적 기원》. 배영수 역. 새물결.
베케트, 사무엘, 2006.《고도를 기다리며 외》. 용경식 역. 하서출판사.
브라진스키, 그렉, 2011.《대한민국 만들기, 1945-1987: 경제 성장과 민주화 그리고 미국》. 책과함께.
사마천, 2003.〈육가열전(陸賈列傳)〉,《사기(史記)》. 김학선 역. 서울: 평단문화사.
서관모, 1990.〈사회경제적 갈등구조: 6. 한국사회의 계급구조〉,《평화강좌》. 199-230쪽.
서범석, 2013.〈김종삼 시의 '서정적 자아'와 분단의식〉,《비평의 빈자리와 존재 현실》. 박문사.
서병훈, 1988.〈계급갈등과 정치변동: 칠레(1973)와 태국(1976)의 경우〉,《한국과 국제정치》 제4권 2호. 291-331쪽.
서병훈, 2006.〈"포퓰리즘 구하기": 개념 규정을 위한 시도〉,《철학연구》 72권. 203-223쪽.
서병훈, 2008.《포퓰리즘: 현대 민주주의의 위기와 선택》. 서울: 책세상.
〈서울에 대스홀을 허許하라—경무국장에게 보내는 아등我等의 서書〉,《삼천리》(1937년, 1월호).
서재진, 1991.《한국의 자본가 계급》. 나남.
서중석, 2005.《이승만의 정치 이데올로기》. 서울: 역사비평사.
서중석, 2007.《한국현대사 60년》. 서울: 역사비평사.

서희경, 2010. 〈남북한 헌법 제정과정 비교: 1947-1948〉, 이철순 외, 《남북한 정부수립 과정 비교 1945-1948》. 인간사랑.

손호철, 1991. 〈국가자율성 개념의 과학적 이해〉, 《한국 정치학의 새구상》. 서울: 풀빛.

손호철, 1989. 〈부르스 커밍스의 한국현대사 연구비판〉, 《실천문학》 제15호.

손호철, 1993. 《전환기의 한국 정치》. 창비.

손호철, 1995a. 〈박정희 정권의 재평가: 개발독재 바람직했나?〉, 《해방 50년의 한국정치》. 서울: 샛길.

손호철, 1995b. 〈해방3년사의 쟁점들: 부르스 커밍스의 연구를 중심으로〉, 《현대한국정치: 이론과 역사》. 사회평론.

손호철, 1997. 〈한국정치: 무엇을 어떻게 공부할 것인가?〉, 《현대한국정치: 이론과 역사》. 사회평론. 32-33쪽.

손호철, 2011. 《현대 한국정치: 이론, 역사, 현실, 1945-2011》. 서울: 이매진.

송건호, 1983. 〈60, 70년대의 통일논의〉, 《한국 민족주의론 II》. 서울: 창작과비평사.

송호근, 1997. 〈권위주의적 노동정치와 노동운동의 성장〉, 《한국의 노동정치와 시장》. 서울: 나남.

스타인버그, 데이비드, 1996. 〈한국의 인권과 시민사회〉, 《계간 사상》(1996년, 겨울).

신동엽, 1960. 〈풍경〉, 《現大文學》(1960년 2월호).

신동엽 외, 1967. 《52인 시집》. 서울: 신구문화사.

신동엽, 1969. 〈누가 하늘을 보았다 하는가〉, 《고대문화》(1969년 5월).

신동엽, 1979. 《신동엽 시집》. 서울: 창작과비평사.

신명직, 2003, 《모던뽀이, 경성을 거닐다》. 현실문화연구. 75-129쪽.

신병식, 1992. 〈한국 토지 개혁에 관한 정치 경제적 연구〉. 서울대 대학원 정치학과 박사학위 논문.

신병식, 1997. 〈제1공화국 토지개혁의 정치경제〉. 《한국정치학회보》 제31집 3호. 25-46쪽.

신복룡 편, 1991. 《한국분단사 자료집》 제6권. 원주문화사.

신복룡, 2001. 《한국 분단사 연구: 1943-1953》. 한울아카데미.

신용하, 1998. 《일제 식민지 근대화론 비판》. 문학과지성사.

신용하, 2004. 《증보 신채호의 사회사상 연구》. 서울: 나남.

신종대, 2005. 〈분단체제와 '친북청산': 국가정체성, 민족정체성, '친북청산'의 연관구조와 동학〉, 양승함 편, 《한국사회의 주요 쟁점과 국가관리》. 연세대 국가관리원.

신채호, 1948. 《조선상고사》. 종로서원.

안병영, 1991. 〈노 대통령 지도력의 세 가지 특징〉, 《신동아》 379호.

안병직, 2002. 〈역사란 무엇인가〉, 안병직 외, 《오늘의 역사학》. 한겨레신문사.

안호상 편, 1950.《일민주의의 본바탕》. 일민주의연구원.
안호상, 1992.《민족 사상의 정통과 역사》. 한뿌리.
양동안, 1990.〈한국전쟁이 한국정치에 끼친 영향〉,《현대사회》(1990년, 여름). 51쪽.
엘거, 디트마, 2008.《다다이즘》. 김금미 역. 마로니에북스.
여의도통신.〈제헌국회, 40여 일만의 헌법제정 그 숨겨진 이야기〉(2008.7.16)
여현덕, 1989.〈8·15 직후의 민주주의 논쟁〉, 박현채 외《해방 전후사의 인식》(제3권). 한길사.
역사문제연구소, 1989.《해방3년사 연구입문》. 까치.
오명석, 1998.〈1960-1970년대의 문화정책과 민족문화담론〉,《비교문화연구》제4호. 135-138쪽.
오영진, 2013.〈참여시는 왜 세계를 요구하는가?〉(2013년 겨울).《수유너머 N》인사원 발표논문.
유석춘, 2005.〈현대 한국의 지배구조와 자본축적〉. 서울대학교 통일포럼 학술회의. 프레스센터.
유영익, 1997.〈수정주의와 한국현대사연구〉,《한국사 시민강좌》제20집.
유영익, 2006.〈거시적으로 본 1950년대의 역사 — 남한의 변화를 중심으로〉, 박지향·김일영·김철·이영훈 지음,《해방전후사의 재인식 2》. 서울: 책세상.
유영익, 2006.〈이승만 국회의장과 대한민국 헌법 제정〉,《역사학보》제189집(2006.3).
유인호, 1979.《농촌경제의 허상과 실상》. 평민사.
유진오, 1980.《헌법기초회고록》. 일조각.
유철규, 1998.〈금융자유화와 외환위기, 그리고 IMF 금융개혁〉, 이병천·김균 편,《위기, 그리고 대전환》. 서울: 당대.
유치환, 1966(1949).〈罪辱〉,《青馬詩集》. 서울: 문성당.
윤치영, 1991.《윤치영의 20세기: 동산 회고록》. 서울: 삼성출판사.
이경재, 1986.《유신쿠데타》. 서울: 일월서각.
이경재, 1987.〈민중의 승리: 5·17에서 6·29까지〉,《신동아》335호.
이내영·박은홍, 2004.《동아시아의 민주화와 과거청산: 한국, 필리핀, 태국의 비교연구》. 서울: 아연출판부.
이내영·이근·정원철, 2003.《2002 대선 평가와 노무현 정부의 과제 : 전문가 400여 명 설문결과와 논평》. 서울: 이슈투데이.
이덕일, 1997.〈소현세자의 꿈과 좌절〉,《당쟁으로 보는 조선역사》. 서울: 석필.
이덕일, 2007a.《송시열과 그들의 나라》. 서울: 김영사.
이덕일, 2007b.《역사사랑》. 서울: 랜덤하우스코리아.
이병천 편저, 2003.《개발독재와 박정희 시대: 우리 시대의 정치경제적 기원》. 창비.
이상우, 1984.《비록: 박정희 시대 1》. 서울: 중원문화사.
이상우, 1985.《비록: 박정희 시대 2》. 서울: 중원문화사.
이상우, 1986.《박정권 18년 — 그 권력의 내막》. 서울: 동아일보사.

이상우, 1988. 〈유신 쿠데타와 위기의 한·미 관계〉, 《군부와 광주와 반미》. 서울: 청사.
이상오, 2011. 《경계와 여백》. 푸른사상.
이성우, 2007. 〈한국 권력구조개편의 정치: 정치행위자의 선호를 중심으로〉. 고려대학교 대학원 박사논문.
이성우, 2009. 〈헌법 심의기능 강화를 위한 새로운 모색: 한국 제헌헌법 심의과정 분석〉, 《동서연구》 Vol .21(No. 2).
이성형, 1985. 〈국가, 계급 및 자본축적: 8·3조치를 중심으로〉, 최장집 편, 《한국 자본주의와 국가》. 서울: 한울.
이승만, 1949. 《一民主義槪述》. 서울: 一民主義普及會.
이승현. 〈미국과 소련의 경제정책 비교, 1945-1948〉, 이철순 편, 《남북한 정부수립과정 비교: 1945-1948》. 인간사랑.
이영조, 2008. 〈민중적 동원과 적대적 상생의 정치〉, 굿소사이어티 편, 《대한민국 60년: 성찰과 전망》. 파주: 지식산업사.
이영찬, 2001. 《유교사회학》 서울: 예문서원.
이영훈, 1997. 〈토지조사사업의 수탈성 재검토〉, 김홍식 외, 《조선토지조사사업의 연구》 서울: 민음사.
이완범, 2000. 〈한국전쟁 연구 50년과 과제〉, 《경제와 사회》 46호(2000년, 여름호).
이우영, 1991. 〈박정희 통치이념의 지식사회학적 연구〉, 연세대 사회학과 박사학위논문(1991년 6월).
이원순, 1988. 《인간 이승만: 대한민국의 건국 대통령》. 서울: 신태양사.
이장규, 2008. 《경제는 당신이 대통령이야: 전두환시대 경제비사》. 서울: 올림.
이재열, 2006. 〈한국의 사회통합과 중산층 육성의 과제〉. 한국사회학회 중산층 역할과 사회발전 제1차 포럼.
이정복, 1982a. 〈민주와 민중〉, 《신동아》 8월호.
이정복, 1982b. 〈민주와 민중〉, 《신동아》 9월호.
이정복, 1985. 〈산업화와 한국정치체제의 변화〉, 《한국정치학회보》 제19집.
이정복, 1991. 〈관료적 권위주의론과 유신체제〉, 석호 한배호박사 회갑기념논문집 발간위원회 편, 《한국의 자본주의와 민주주의》. 서울: 법문사.
이정복, 2006. 〈관료적 권위주의론과 한국정치〉, 《한국정치의 분석과 이해》. 서울대학교출판부.
이정식, 1977. 《유신의 정치논리》. 서울: 박영사.
이정식, 1984. 《항일농민운동연구》. 동녘.
이정식, 2010. 〈해방 3년사 연구의 새로운 방향: 남북한의 '반쪽' 연구를 넘어서〉, 《남북한 정부수립과정 비교 1945-1948》. 인간사랑. 25-26쪽.

이혜숙, 1986.〈미군 정기 노동운동의 성격과 전개과정〉,《현상과 인식》(겨울호). 26쪽.
이호재, 1986.《한국외교정책의 이상과 현실》. 법문사.
이화수, 1985.《四月革命: 政治行態學的 硏究》. 서울: 평민사.
임도한, 2003.〈한국전쟁과 남북한의 전쟁시〉, 이기윤·신영덕·임도한 편,《한국전쟁과 세계문학》. 국학자료원.
임, 헨리·곽준혁 편저, 2009.《근대성의 역설》. 서울: 후마니타스.
임혁백·안석교 공저, 2000.《새천년의 한국과 세계: 국가비전과 전략》. 서울: 나남.
임혁백, 1991.〈한국에서의 민주화 과정분석: 전략적 선택이론을 중심으로〉,《한국정치학회보》 26(1).
임혁백, 1994a.《시장·국가·민주주의》. 서울: 나남.
임혁백, 1994b.〈5공의 민주화 투쟁과 직선제 개헌〉, 동아일보사 편,《5공평가대토론》. 서울: 동아일보사.
임혁백, 1994c.〈전환기의 국가 — 자본 관계의 변화〉, 손봉숙 외 저,《전환기의 한국 민주주의 1987-1992》. 서울: 법문사.
임혁백, 1995c.〈한국 권위주의의 실패와 한국 민주주의의 공고화: 제도, 문화, 엘리트〉,《국제정치논총》 제35집 1호.
임혁백, 1994d.〈한국에서의 민주화 과정 분석〉,《시장·국가·민주주의》. 서울: 나남.
임혁백, 1994e.〈한국의 자본주의 발전과 정치적 민주화의 상관관계〉,《시장·국가·민주주의: 한국민주화와 정치경제이론》. 서울: 나남.
임혁백, 1995a.〈반공과 근대화 그리고 정치의 실종〉,《역사비평》(1995년, 여름호).
임혁백, 1995b.〈한국 권위주의의 실패와 한국 민주주의의 공고화: 제도, 문화, 엘리트〉,《국제정치논총》 제35집 1호. 289-299쪽.
임혁백, 1999.〈통일한국의 헌정제도 디자인〉,《아세아연구》 101집.
임혁백, 2000.《세계화시대의 민주주의: 현상·이론·성찰》. 나남.
임혁백, 2004a.〈3김시대의 한국 민주주의의 공고화: 성과, 실패, 이월과제〉. 한일공동연구 발표논문.
임혁백, 2004b.〈유신의 역사적 기원: 박정희의 마키아벨리적인 시간(上)〉,《한국정치연구》 제13집 2호. 223-258쪽.
임혁백, 2005a.〈유신의 역사적 기원: 박정희의 마키아벨리적인 시간(下)〉,《한국정치연구》 제14집 제1호. 115-146쪽.
임혁백, 2005b.〈한국 민주화와 권위주의 과거청산〉, 양승함 편,《한국 사회의 주요쟁점과 국가관리》. 서울: 연세대학교 국가관리연구원.
임혁백, 2006a.〈한국 민주주의의 발달과 인권의 변화발전〉,《인권평론》 창간호. 57-59쪽.

임혁백, 2006b. 〈지속 가능한 진보의 대안〉, 《한국사회, 어디로 가야하나》. 한국선진화포럼.
임혁백, 2007. 〈공공성의 붕괴인가, 공공성의 미발달인가 : 한국에서의 허약한 공화주의〉, 《사회비평》 통권38호.
임혁백, 2008a. 〈발전국가와 민주주의는 양립불가능한가?: 권위주의적 산업화론에 대한 비판적 검토〉. 정부수립60주년기념, 한국정치외교사학회 학술회의(10월 31일). 연세대 상남경영원.
임혁백, 2008b. 〈한국 정치에서의 소통〉, 《평화연구》 제16권 1호.
임혁백, 2009a. 〈건국 이후 60년간 한국 국가성격의 변화〉, 이정복 편, 《21세기 한국정치의 발전방향》. 서울대출판부.
임혁백, 2009b. 〈박정희에 대한 정치학적 평가: 인간, 근대화, 유신, 그리고 몰락〉, 명지대 국제한국학연구소 연례학술회의(2009년 12월 18일). 명지대 서울캠퍼스.
임혁백, 2009c. 〈박정희의 역사적 재조명: 그는 누구이며, 무엇을 하였으며, 왜 1979년에 몰락하였는가?〉, 한국공공경제학회 학술세미나, "박정희 시대의 재평가"(2009년 10월 5일). 한성에듀센터 대회의실.
임혁백, 2009d. 〈발전국가와 민주주의는 양립불가능한가?: 권위주의적 산업화론에 대한 비판적 검토〉, 《대한민국 정부수립 60주년 한국 현대 정치외교의 주요 쟁점과 논의》. 서울: 선인.
임혁백, 2009e. 〈위기의 한국사회와 한국사회과학의 위기〉, 《아세아연구》 제52권 4호. 110-129쪽.
임혁백, 2009f. 《신유목적 민주주의》. 서울: 나남.
임혁백, 2011a. 〈개헌의 필요성과 실현가능성〉, 《1987년 이후의 한국 민주주의: 3김 정치시대와 그 이후》. 서울: 고려대학교출판부.
임혁백, 2011b. 《1987년 이후의 한국 민주주의: 3김 정치시대와 그 이후》. 서울: 고려대학교출판부.
임혁백, 2011c. 〈위기의 한국 사회와 한국 사회과학의 위기〉, 《아세아 연구》. 제52권 4호.
임혁백, 2011d. 〈한국에서의 불통의 정치와 소통 정치의 복원〉, 한국언론학회 편, 《한국사회의 소통위기》 서울: 커뮤니케이션북스.
임혁백, 2012a. 〈박정희에 대한 정치학적 평가〉, 《평화연구》 제20권 제2호.
임혁백, 2012b. 《대선 2012: 어떤 리더십이 선택될 것인가》. 서울: 인텔리겐찌아.
임현진·공유식·김병국, 1994. 〈한국에서의 민족 형성과 국가 건설: 결손 국가론 서설〉, 《전환기 한국정치학의 새 지평》(구범모 교수 화갑기념 논총). 나남.
장기근 저, 2002. 《논어》. 명문당.
장달중, 1992. 〈한국정치의 사회적 기원과 자유민주주의의 과제〉, 구범모 편, 《2000년대와 한국의 선택》. 성남: 한국정신문화연구원.
장동희, 2006. 〈21세기 한반도의 통일전략과 원효의 화쟁사상〉, 《단국대학교 정책과학연구》 16(1).

장상환, 1985. 〈농지개혁과정에 관한 실증적 연구〉, 강만길 외, 《해방 전후사의 인식 2》. 한길사.
장상환, 1999. 〈한국전쟁과 경제구조의 변화〉, 정신문화연구원 편, 《한국전쟁과 사회구조의 변화》. 백산서당.
장시원, 1980. 〈식민지하 조선의 반봉건적 토지소유에 관한 연구〉, 《경제사학》 4집.
장원석, 2004. 〈부르스 커밍스의 북한독해 일고〉, 《통일문제연구》 16(1).
장창국, 1984. 《육사졸업생》. 중앙일보사.
재정경제부·한국개발연구원 공편저, 1998. 《국민과 함께 내일을 연다: 국민의 정부 경제 청사진》. 과천: 대한민국정부.
전경련, 1983. 〈양적 성장의 한계와 기업경영의 마찰〉, 《전경련 20년사》. 서울: 전경련.
전남사회운동협의회 편, 1985. 《죽음을 넘어 시대의 어둠을 넘어: 광주 5월 민중항쟁의 기록》. 서울: 풀빛.
전남사회문제연구소 편, 1988, 《5·18광주민중항쟁 자료집》. 광주: 도서출판 광주.
전봉관, 2007. 〈1030년대 한국시의 아방가르드와 데카당스: 김기림 '기상도'의 현재적 의미를 중심으로〉, 《한국사학연구》 20호.
전상인, 2001. 《고개 숙인 수정주의》. 전통과현대.
전상인, 1992. 〈부르스 커밍스의 한국사. 한국사회의 인식〉, 《한국과 국제정치》 8(1).
전상인, 2000. 〈커밍스의 한국전쟁연구와 한국정치학〉, 《사회과학논평》 19.
전쟁기념사업회, 1990-1992. 《한국전쟁사》(1-6권). 행림출판.
전재호, 2000. 《반동적 근대주의자 박정희》. 서울: 책세상.
전철환, 1983. 〈4월 혁명의 사회경제적 배경〉, 강만길 외, 《4월혁명론》. 서울: 한길사.
정구영, 1987. 《정구영회고록: 실패한 도전》. 이영석 편. 서울: 중앙일보사.
鄭吉雄, 2006. 〈유학의 '내·외' 문제를 통해 정다산의 '중용' 해석을 논함〉, 《다산학》 8호.
丁若鏞. 《中庸自箴》.
丁若鏞. 《中庸講義》.
丁若鏞, 1995. 《國譯 與猶堂全書》. 여강출판사.
정연태, 2000. 〈식민지근대화론의 새로운 성과에 대한 비판적 검토〉, 《역사비평》(봄호).
정윤재, 2003. 《정치리더십과 한국민주주의》. 서울: 나남.
정윤형, 1984. 〈개방체제로의 이행과 1960년대 경제개발의 성격〉, 박현채 외, 《한국사회의 재인식》. 서울: 한울.
정윤형, 1987. 〈유신체제와 8·3조치의 성격〉, 《한국경제론》. 서울: 까치.
정재경, 1979. 《한민족의 중흥사상: 박정희 대통령의 정치철학》. 서울: 신화출판.
정재영, 1997. 《박정희 사상서설: 휘호를 중심으로》. 서울: 집문당.
정태영, 2006. 《조봉암과 진보당: 한 민주사회주의자의 삶과 투쟁》. 서울: 후마니타스.

정태헌, 1999. 〈카터 에커트의 식민사관과 한국자본주의 발생론〉, 한국정신문화연구원 편, 《한국현대사의 재인식 16 — 해외학자 한국현대사연구분석 2》. 백산서당.
정태헌, 2004. 〈연구사를 통해 본 경제성장론 식민사상의 대두배경과 문제점〉, 한국정신문화연구원 편, 《한국현대사의 재인식 25 — 식민지근대화론의 이해와 비판》. 백산서당.
정태헌, 2007. 《한국의 식민지적 근대 성찰》. 서울: 선인.
정태헌, 2007. 〈국가와 민족 없는 '경제성장론'은 무의미〉, 《교수신문》(2007.3.26).
정호기, 2007. 〈박정희 시대 '동상건립운동'과 애국주의〉, 《정신문화연구》 106호(2007년 봄호). 335-363쪽.
조갑제, 1998. 《내 무덤에 침을 뱉어라, 1, 2》. 조선일보사.
조갑제, 2005. 《박정희의 마지막 하루: 10·26, 그날의 진실》. 월간조선사.
조관자, 2002. 〈'민족의 힘'을 욕망한 '친일 내셔널리스트' 이광수〉, 《기억과 역사의 투쟁》. 삼인.
조기준, 1973. 〈조선후기사회의 성격에 관한 제 문제〉, 《한국자본주의성립사론》. 서울: 대왕사.
조동걸, 2011. 《우사 조동걸 전집》. 서울: 역사공간.
조민, 1994. 《한국민족주의 연구》. 민족통일연구원.
조병선, 2001. 〈형법을 통한 과거청산의 한독비교〉, 《형사법연구》 제15호.
조선노동조합전국평의회(1946.8.23). 〈현하에 있어서의 스트라이크 전략의 문제 — 조선노동운동 당면의 제 문제, 특히 2, 3의 우익적 편향에 대하여〉.
조인원, 1998. 《국가와 선택》. 서울: 나남.
조희연, 1997. 〈동아시아 발전론의 재검토〉, 《경제와 사회》 36호(1997년, 겨울).
조희연, 1998. 《한국의 국가·민주주의·정치변동: 보수·자유·진보의 개방적 경쟁구도를 위하여》. 서울: 당대.
조희연, 2002. 〈정치적 자유화의 '축복'과 경제적 자유화의 '재앙': 문민정부와 국민정부의 정치경제 개혁과 사회운동〉, 《시민과 세계》 제2호.
조희연, 2004. 《비정상성에 대한 저항에서 정상성에 대한 저항으로》 서울: 아르케.
주창윤, 2007. 〈역사드라마의 장르사적 변화과정〉, 《한국극예술연구》 제25권. 369-398쪽.
진덕규 외, 1981. 《1950年代의 認識》. 서울: 한길사.
진덕규, 1993. 《현대정치학》. 서울: 학문과사상사.
진덕규, 1994. 〈현대민족주의의 개념전개에 대하여〉, 《통일문제연구》 제6권 1호. 9-38쪽.
진덕규, 2000. 《한국 현대정치사 서설》. 서울: 지식산업사.
진덕규, 2002. 《한국정치의 역사적 기원》. 서울: 지식산업사.
진덕규, 1985. 〈한국현대정치구조 연구서설: 제3공화국시대의 정치구조분석〉, 《한국사회변동연구 2》. 서울: 민중사.
차남희, 1997. 《저항과 순응의 역사 정치학》. 이화여자대학교출판부.

차두삼, 1985. 〈한국의 군사엘리트와 정치발전에 관한 연구〉. 서울대학교 석사학위논문.
차명수. 2006. 〈경제성장·소득분배·구조변화〉, 김낙년 편, 《한국의 경제성장, 1910-1945》. 서울: 서울대학교출판부.
채만식, 1934. 〈레디메이드 인생〉, 《신동아》.
채희완·임진택, 1985. 〈마당극에서 마당굿으로〉, 정이담 외, 《문화운동론》. 서울: 공동체.
천정환, 2011. 〈교양의 재구성, 대중성의 재구성: 박정희 군사독재 시대의 교양주의와 자유교양운동〉, 《한국현대문학연구》 제35집. 281-315쪽.
최광영, 1990. 〈한국전쟁의 원인〉, 하영선 편, 《한국전쟁의 새로운 접근: 전통주의와 수정주의를 넘어서》. 서울: 나남.
최상용, 2012. 《중용의 정치사상》. 서울: 까치글방.
최영, 1995. 《박정희의 사상과 행동》. 서울: 현음사.
최장집, 1984. 《해방 전후사의 인식》 제4권. 한길사.
최장집, 1988. 《한국의 노동운동과 국가》. 부산: 열음사.
최장집, 1989a. 〈군부권위주의 체제의 내부 모순과 변화의 동학, 1972-1986〉, 《한국현대정치의 구조와 변화》. 서울: 까치.
최장집, 1989b. 《현대 한국정치의 구조와 변화》. 서울: 까치.
최장집, 1990a. 〈과대성장국가의 형성과 정치균열의 전개〉, 《현대한국정치의 구조변화》. 서울: 까치.
최장집 편, 1990b. 《한국전쟁연구》. 역사비평사.
최장집, 1991. 〈지역감정의 지배 이데올로기적 기능〉, 김종철·최장집 외 편, 《지역감정 연구》. 서울: 학민사.
최장집, 1993a. 〈보나파르티즘의 전개와 이론〉, 《한국 민주주의의 이론》. 서울: 한길사.
최장집, 1993b. 〈지배이념의 구조·기능·변화〉, 《한국 민주주의의 이론》. 서울: 한길사.
최장집, 1993c. 《한국민주주의의 이론》. 서울: 한길사.
최장집, 1996a. 〈국민국가의 형성과 근대화의 문제, 1945-1961〉, 《한국민주주의의 조건과 전망》. 서울: 나남.
최장집 1996b. 《한국 민주주의의 조건과 전망》. 서울: 나남.
최장집, 1996c. 〈한국의 자본주의 발전과 민주주의, 1945-1995〉, 한국민주주의의 조건과 전망》. 서울: 나남.
최장집, 1997. 《'한국전쟁 발발과 기원'의 의미와 평가》. 서울: 나남.
최정운, 1999, 《오월의 사회과학》. 서울: 풀빛.
최장집·이성형, 1991. 〈한국사회의 정치 이데올로기〉, 한국산업사회학회 편, 《한국사회와 지배이데올로기》. 서울: 녹두.
최태욱, 2005. 〈사회통합형 세계화 추진을 위한 정치제도 조건〉, 《신진보리포트》(창간호).

칼리니스쿠, 마타이, 1993.《모더니티의 다섯 얼굴》. 이영욱 외 역. 시각과 언어.
칼 마르크스, 2012.《루이 보나파르트의 브뤼메르 18일》. 최형익 역. 서울: 비르투.
커밍스, 브루스, 1986.《한국전쟁의 기원》. 김자동 역. 일월서각.
커밍스, 브루스, 1989.《한국전쟁의 전개과정》. 차성주·양동주 역. 태암.
커밍스, 브루스, 1997.《브루스 커밍스의 한국 현대사》. 김동노·이교선·이진준·한기욱 역. 서울: 창비.
트루아, 카트린 클링죄어, 2008. 김영선 편,《초현실주의》. 서울: 마로니에북스.
하영선 편, 1990.《한국전쟁의 새로운 접근: 전통주의와 수정주의를 넘어서》. 나남.
한국사사전편찬회, 2005.《한국 근현대사사전: 1860-1990》. 서울: 가람기획.
한국정치연구회 편, 1998.《박정희를 넘어서》. 서울: 푸른숲.
한명기, 1999.《임진왜란과 한중관계》. 역사비평사.
한배호, 1990a. 〈제1공화국의 정치체제〉,《현대한국정치론 1》. 서울: 나남.
한배호, 1990b. 〈준경쟁적 권위주의 지배의 등장과 붕괴〉, 한배호 편,《한국현대정치론 1》. 서울: 나남.
한배호, 1994a. 〈이승만 정권의 권위주의적 정치과정〉,《한국정치변동론》. 서울: 법문사.
한배호, 1994b.《한국정치변동론》. 법문사.
한상진, 1983. 〈관료적 권위주의와 한국사회〉, 서울대학교 사회학연구회 편,《한국사회의 전통과 변화》 서울대학교 사회학 연구회.
한상진, 1988.《한국사회와 관료적 권위주의》 서울: 문학과지성사.
한상진, 1995. 〈해방 50년 한국사회: 돌진적 근대화로부터 성찰적 근대화로〉,《계간 사상》.
한승조, 1977.《한국정치의 지도이념: 유신개벽사상의 과거, 현재, 미래》. 서울: 서향각.
한완상, 1973.《현대사회와 청년문화》. 법문사.
한용원, 1990. 〈제1공화국의 국가형성, 정치과정, 정책〉, 한배호 편,《한국 현대정치론 1》. 서울: 나남.
한용원, 1993.《한국의 군부정치》. 서울: 대왕사.
한용원, 2010a. 〈남북한 군대의 창설과정 비교: 1945-1948〉, 이철순 편,《남북한 정부수립 과정 비교 1945-1948》. 인간사랑. 139-212쪽.
한용원, 2010b.《남북한 정부수립과정 비교, 1945-1948》. 서울: 인간사랑.
한지수, 1989a. 〈반공이데올로기와 정치폭력〉,《실천문학》 제15권(1989년, 가을). 112쪽.
한지수, 1989b. 〈지배이데올로기의 재생산 메카니즘〉, 한국정치연구회 편,《한국정치론》. 서울: 백산서당.
한홍구, 2012. 〈새로운 민요: 청년문화와 포크송〉,《한겨레》(2012.10.5.).
행사교육연구회 편, 1978.《학교행사사전》. 서울: 한국독서문화원.

허재영, 1987. 〈한국의 자유민주주의: 그 전개와 특징〉, 조진경 외, 《한국사회의 성격과 운동: 80년대 한국사회 2》. 서울: 공동체.
헨더슨, 그레고리, 2000. 《소용돌이의 한국정치》(완역판). 이종삼·박행웅 역. 서울: 한울.
한국노동연구원, 2009. 《노동리뷰》(월간) 통권 제57호.
한국현대사 사료연구소, 1996. 《5·18, 그 삶과 죽음의 기록》. 서울: 풀빛.
한국현대사사료연구회 편, 1990. 《광주오월민중항쟁사료전집》. 서울: 풀빛.
현진건, 1921. 〈빈처〉, 《개벽》 1월호.
홍승직, 1962. 〈대학생은 무엇을 생각하고 있나?〉, 《사상계》(1962년 4월). 121-122쪽.
황한식, 1985. 〈미군정하 농업과 토지개혁정책〉, 강만길 외, 《해방 전후사의 인식 2》. 한길사.

찾아보기

용어

인명

비동시성의 동시성

한국근대정치의 다중적 시간

초판 발행 2014년 12월 24일
초판 5쇄 2020년 4월 17일

지은이 임혁백
펴낸곳 고려대학교출판문화원
www.kupress.com
kupress@korea.ac.kr
(02841) 서울특별시 성북구 안암로 145
Tel 02-3290-4230, 4232
Fax 02-923-6311
찍은곳 (주)동화인쇄

ISBN 978-89-7641-868-5 94340

값 43,000원
※ 잘못 만들어진 책은 바꿔드립니다.